Peter Dordal

Rechnernetze

Das umfassende Handbuch

Rheinwerk
Computing

Liebe Leserin, lieber Leser,

auf den englischen SciFi-Autor Arthur C. Clarke geht die Erkenntnis zurück, dass jede hinreichend fortschrittliche Technologie nicht von Magie zu unterscheiden ist: *»Any sufficiently advanced technology is indistinguishable from magic.«*

Für das Internet kann dies ohne Zweifel gelten. Wie findet eine Unzahl an Paketen den Weg durch ein komplexes, dezentralisiertes Netzwerk und wird am Ende ihrer Reise zu einem Katzenbild zusammengesetzt? Magie!

Falls Sie sich mit dieser Erklärung nicht zufriedengeben und es genauer wissen wollen, wird Ihnen dieses Lehrbuch zu allen Netzwerkthemen weiterhelfen. Prof. Peter Lars Dordal erklärt die technischen Hintergründe und zeigt Ihnen, wie große, moderne Netzwerke funktionieren.

Die Arbeiten an diesem Werk begannen schon 2012. Prof. Dordal veröffentlicht seitdem die englische Fassung seines Buchs unter *http://intronetworks.cs.luc.edu/*. Dort finden Sie auch weitere Lehrmaterialien und die Lösungen zu den markierten Aufgaben. 2020 ist die 2. Auflage erschienen, die wir als Basis für die Übersetzung genommen haben. Ich freue mich sehr, dass sein Werk nun auch in deutscher Sprache veröffentlich werden kann. Es wird Sie durch Ihr Studium und den Berufsalltag begleiten und Ihnen zur Seite stehen, wenn Sie Probleme rund um den Datenaustausch lösen müssen.

Zum Abschluss noch ein Wort in eigener Sache: Dieses Werk wurde mit großer Sorgfalt geprüft und produziert. Sollte dennoch einmal etwas nicht so funktionieren, wie Sie es erwarten, freue ich mich, wenn Sie sich mit mir in Verbindung setzen. Ihre Kritik und konstruktiven Anregungen sind uns jederzeit willkommen.

Ihr Dr. Christoph Meister
Senior Lektor Rheinwerk Computing

christoph.meister@rheinwerk-verlag.de
www.rheinwerk-verlag.de
Rheinwerk Verlag · Rheinwerkallee 4 · 53227 Bonn

Auf einen Blick

Wir hoffen, dass Sie Freude an diesem Buch haben und sich Ihre Erwartungen erfüllen. Ihre Anregungen und Kommentare sind uns jederzeit willkommen. Bitte bewerten Sie doch das Buch auf unserer Website unter **www.rheinwerk-verlag.de/feedback**.

An diesem Buch haben viele mitgewirkt, insbesondere:

Lektorat Christoph Meister
Gutachter Matthias Wübbeling
Übersetzung Isolde Kommer, Christoph Kommer, Großerlach
Herstellung Stefanie Meyer
Typografie und Layout Vera Brauner
Einbandgestaltung Mai Loan Nguyen Duy
Coverbild iStock: 626607316 © blew_i
Satz SatzPro, Krefeld
Druck Beltz Grafische Betriebe, Bad Langensalza

FSC
www.fsc.org
MIX
Papier aus verantwortungsvollen Quellen
FSC® C089473

Dieses Buch wurde gesetzt aus der TheAntiquaB (9,35 pt/13,7 pt) in FrameMaker.

Gedruckt wurde dieses Buch mit mineralölfreien Farben auf chlorfrei gebleichtem, FSC®-zertifiziertem Offsetpapier (90 g/m²).

Hergestellt in Deutschland.

Bibliografische Information der Deutschen Nationalbibliothek:
Die Deutsche Nationalbibliothek verzeichnet diese Publikation in der Deutschen Nationalbibliografie; detaillierte bibliografische Daten sind im Internet über *http://dnb.dnb.de* abrufbar.

ISBN 978-3-8362-9094-4

1. Auflage 2023

Autorisierte Übersetzung der amerikanischen Originalausgabe von Peter Lars Dordal

Informationen zu unserem Verlag und Kontaktmöglichkeiten finden Sie auf unserer Verlagswebsite **www.rheinwerk-verlag.de**. Dort können Sie sich auch umfassend über unser aktuelles Programm informieren und unsere Bücher und E-Books bestellen.

Inhalt

19 TCP Reno und Überlastmanagement 611

20 TCP-Dynamik 647

25 Netzwerkverwaltung und SNMP 817

Materialien zum Buch

Auf der Webseite zu diesem Buch stehen folgende Materialien für Sie zum Download bereit:

- **Beispieldateien**
- **Musterlösungen zu den markierten Aufgaben**

Gehen Sie auf *www.rheinwerk-verlag.de/5561*. Klicken Sie auf den Reiter MATERIALIEN. Sie sehen die herunterladbaren Dateien samt einer Kurzbeschreibung des Dateiinhalts. Klicken Sie auf den Button HERUNTERLADEN, um den Download zu starten. Je nach Größe der Datei (und Ihrer Internetverbindung) kann es einige Zeit dauern, bis der Download abgeschlossen ist.

Die amerikanische Originalausgabe finden Sie unter *http://intronetworks.cs.luc.edu*

Der vollständige Text der RFCs können unter *https://www.rfc-editor.org* eingesehen werden.

Geleitwort des Fachgutachters

Computernetze sind heute allgegenwärtig. Mobiles Internet ist aus dem Alltag unserer Gesellschaft nicht mehr wegzudenken. Das »Internet« selbst ist dabei nur der abstrakte Begriff für eine schier unüberschaubare Menge an Diensten und Anwendungen, die Menschen heute täglich verwenden. Die technische Grundlage dieses abstrakten Begriffs bilden dabei Protokolle und Standards, Hardware und Übertragungsmedien, die bereits seit vielen Jahren im Einsatz sind und nachträglich erweitert wurden. Das Internet ist heute ein so komplexes technisches Konstrukt, dass nur wenige wirklich verstehen, wie die Zusammenhänge sind und warum das Internet grundsätzlich noch in der Form existiert, in der es vor über 50 Jahren einmal gestartet ist.

Peter Dordal von der *Loyola University Chicago* ist der Autor dieses Werkes. Was dieses Buch von den bereits bekannten Büchern über Computernetze unterscheidet, ist dabei vor allem die Struktur. Den Leserinnen und Lesern wird nicht ein *Top-Down-* oder *Bottom-Up*-Konzept präsentiert, das sich auf die eine oder auf die andere Art ganz besonders eignet, um sich das komplexe Thema Computernetze zu erschließen. Natürlich gibt es eine Ordnung der Kapitel, diese ist aber nicht dogmatisch an einem Konzept ausgerichtet, sondern orientiert sich vor allem an der Vorstellung Peter Dordals, wie er sein ganzes Wissen zu diesem Thema an Studierende vermitteln möchte. Dabei beginnt er ganz bewusst mit einem Rundumschlag, um beim Lesen schnell die ganze Bandbreite erfassen zu können und durch Interesse in den Bann der Computernetze gezogen zu werden.

Die Kapitel besitzen eine sehr praxisbezogene und aktive Sprache und Präsentation, dabei ist es egal, ob über 30 Jahre alte Protokolle oder moderne Anwendungen vorgestellt werden. Der Umfang und die Tiefe der theoretischen Grundlagen und die immer wieder eingebrachten Anekdoten und praktischen Beispiele erschweren es, das Buch zwischendurch abzusetzen und eine Pause zu machen. Die angebotenen Übungen dienen nicht nur der Vertiefung, sondern auch der Verständniskontrolle und haben fast immer auch einen praktischen Bezug.

Die Begeisterung von Peter Dordal bei der Darstellung und Lehre von Computernetzen erinnerte mich an meine eigene Begeisterung während der Studienzeit bei der Teilnahme an den Angeboten rund um Computernetze. Gemeinsam mit der Entscheidung, sein englisches Buch als Open Textbook allen Interessierten kostenfrei zugänglich zu machen, war diese Begeisterung der wichtigste Grund für meine Entscheidung, die fachliche Betreuung der Übersetzung zu übernehmen.

Eine Schwierigkeit bei der Übersetzung von Fachliteratur ist die Verwendung der (ja eigentlich vollständig englischen) Fachsprache. Selbst wenn deutsche Begriffe für

Konzepte, Protokolle oder Hardware existieren, ist die Nutzung dieser oft nicht besonders verbreitet und mutet dabei meist etwas eigenartig und umständlich an. Daher haben wir versucht, die Fachbegriffe intuitiv an die gesprochene Sprache anzupassen, möglichst sinnvoll für das Verständnis und für die Ausbildung der eigenen Fachsprache durch den Leser ist.

Ein herzliches Dankeschön gilt hier Isolde Kommer mit Ihrem Team, die bei der Übersetzung eine grandiose Arbeit geleistet haben. Ein weiterer Dank gebührt Christoph Meister, der das Projekt von Verlagsseite gestartet und vor allem geduldig betreut hat. Abschließend danke ich meiner Frau und meinen Kindern, die mich während der Arbeit unterstützt und während der Freizeit begeistert haben.

Dr. Matthias Wübbeling

Kapitel 1
Netzwerke im Überblick

Es mag Fachgebiete geben, auf denen Einigkeit über die Darstellungsreihenfolge der Themen besteht.

Computernetzwerke gehören nicht dazu.

Wie in den meisten technischen Disziplinen gibt es auch auf dem Gebiet der Netzwerktechnologie zahlreiche Verflechtungen, und es ist schwierig, eine Darstellungsreihenfolge ohne permanente »Vorwärtsverweise« auf spätere Kapitel zu finden. Dies gilt selbst dann, wenn – wie hier – eine weitgehend von den Grundlagen ausgehende Systematik verfolgt wird. Daher habe ich einen anderen Ansatz gewählt: Das erste Kapitel beinhaltet eine Zusammenfassung der Grundlagen – LANs, IP und TCP –, und in den späteren Kapiteln vertiefen wir das Gelernte.

Local Area Networks oder *LANs* sind die »physischen« Netze, die die Verbindung zwischen den Geräten eines Hauses, einer Schule oder eines Unternehmens herstellen. LANs sind, wie der Name schon sagt, »lokal«; die *IP*- oder Internetprotokollschicht stellt eine Abstraktion für die Verbindung mehrerer LANs zum Internet dar. *TCP* schließlich ist für den Transport, die Verbindungen und das eigentliche Senden von Benutzerdaten verantwortlich.

Dieses Kapitel behandelt auch einige weitere wichtige Aspekte. Der Abschnitt über die *Datagrammweiterleitung*, die für die paketbasierte Vermittlung und das Routing von zentraler Bedeutung ist, ist grundlegender wichtig. In diesem Kapitel werden auch Pakete im Allgemeinen, Überlast und Sliding Windows behandelt, wobei auch diese Themen in späteren Kapiteln wieder aufgegriffen werden. Auch Firewalls und Network Address Translation werden hier und nicht anderswo behandelt.

1.1 Schichten

Diese drei Aspekte – LAN, IP und TCP – werden oft als *Schichten* bezeichnet; sie bilden die Verbindungsschicht, die Netzwerkschicht und die Transportschicht. Zusammen mit der Anwendungsschicht (die von Ihnen verwendeten Software) bilden sie das *Vier-Schichten-Modell* für Netzwerke. Eine Schicht ähnelt in diesem Zusammenhang stark dem Konzept einer Programmierschnittstelle oder Bibliothek, wobei eine bestimmte Schicht nur mit den beiden unmittelbar darüber und darunter liegenden Schichten direkt kommuniziert. Eine Anwendung übergibt ein Datenpaket an die TCP-Bibliothek, die wiederum die IP-Bibliothek aufruft, die wiederum die LAN-

Schicht für die eigentliche Übermittlung aufruft. Eine Anwendung interagiert überhaupt *nicht* direkt mit der IP- und LAN-Schicht.

Die LAN-Schicht ist für die eigentliche Zustellung der Pakete unter Verwendung der von der LAN-Schicht bereitgestellten Adressen zuständig. Sie wird häufig konzeptionell unterteilt in die »physische Schicht« oder Bitübertragungsschicht, die sich z. B. mit den analogen elektrischen, optischen oder funktechnischen Signalisierungsmechanismen befasst, und eine darüber liegende abstrahierte »logische« LAN-Schicht, die alle digitalen – d. h. nicht analogen – Operationen an Paketen beschreibt; siehe Abschnitt 2.1.4, »Die LAN-Schicht«. Die physische Schicht ist normalerweise nur für die Entwicklerinnen und Entwickler von LAN-Hardware von Interesse; die Schnittstelle der Kernel-Software zum LAN entspricht der logischen LAN-Schicht.

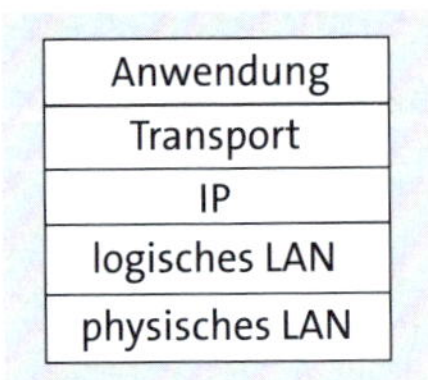

Abbildung 1.1 Das Schichten-Modell für Netzwerke

Diese physisch-logische Unterteilung des LAN ergibt das *Fünf-Schichten-Modell* des Internets. Dabei handelt es sich weniger um eine formale Hierarchie als um eine Ad-hoc-Klassifizierungsmethode. Wir werden weiter unten in Abschnitt 1.15, »IETF und OSI«, darauf zurückkommen. Dann stellen wir auch zwei weitere, eher undurchsichtige Schichten vor, sodass sich ein *Sieben-Schichten-Modell* ergibt.

1.2 Datenrate, Durchsatz und Bandbreite

Jede Netzwerkverbindung – z. B. auf der LAN-Schicht – besitzt eine *Datenrate*: die Rate, mit der Bits übertragen werden. In einigen LANs (z. B. Wi-Fi) kann die Datenrate im Zeitverlauf variieren. Der *Durchsatz* bezieht sich auf die effektive Gesamtübertragungsrate, wobei beispielsweise der Übertragungs-Overhead, Protokollineffizienzen und eventuell sogar konkurrierender Netzwerk-Traffic berücksichtigt werden. Er wird in der Regel auf einer höheren Netzwerkschicht als die Datenrate gemessen.

Der Begriff *Bandbreite* kann sich auf beides beziehen, wir verwenden ihn hier jedoch meist als Synonym für die Datenrate. Der Begriff stammt aus der Funkübertragung: Dort ist die Breite des verfügbaren Frequenzbands bei sonst gleichen Bedingungen proportional zur erreichbaren Datenrate.

Im Zusammenhang mit TCP wird manchmal der Begriff *Goodput* für die Menge an nutzbaren Daten, die an die empfangende Anwendung geliefert wir, verwendet, also quasi für den »Durchsatz der Anwendungsschicht«. Insbesondere werden neu übertragene Daten bei der Berechnung des Goodputs nur einmal gezählt, während sie bei manchen Auslegungen des Begriffs »Durchsatz« doppelt gezählt werden.

Die Datenübertragungsraten werden normalerweise in Kilobit pro Sekunde (Kbit/s) oder Megabit pro Sekunde (Mbit/s) gemessen; das klein geschriebene »b« steht hier für Bits. Im Zusammenhang mit Datenübertragungsraten entspricht ein Kilobit 10^3 Bits (nicht 2^{10}) und ein Megabit 10^6 Bits. Ein wenig inkonsequent folge ich der Tradition, kB und MB zu verwenden, um Daten*volumen* von 2^{10} bzw. 2^{20} Byte zu bezeichnen, wobei das großgeschriebene »B« für Byte steht. Die neueren Abkürzungen KiB und MiB wären präziser, aber das Verwechslungsrisiko hält sich in Grenzen.

1.3 Pakete

Pakete sind relativ kleine Datenpuffer, die als Einheit über eine Reihe zusammenhängender Verbindungen übertragen werden. Den Paketen muss zwingend ein *Header* mit Zustellungsinformationen vorangestellt werden (siehe Abbildung 1.2). Normalerweise – bei der sogenannten *Datagrammweiterleitung* – enthält der Header eine *Zieladresse*. Header in Netzwerken, die die so genannte *Virtual-Circuit*-Weiterleitung verwenden, enthalten stattdessen eine Kennung für die *Verbindung*. Fast alle Netzwerke sind heute (und in den letzten 50 Jahren) paketbasiert, obwohl wir später kurz auf einige »leitungsvermittelte« Optionen für die Sprachtelefonie eingehen werden.

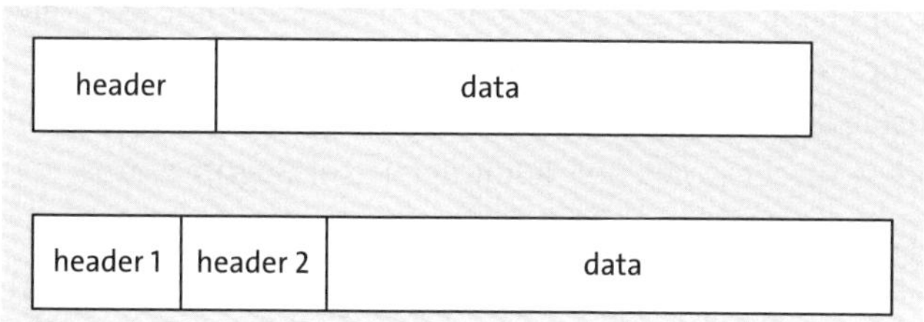

Abbildung 1.2 Einzel- und Mehrfach-Header

Auf der LAN-Schicht können Pakete als Durchsetzung einer Puffer- (und Adressierungs-)Struktur auf die seriellen Leitungen der unteren Schicht betrachtet werden; durch weitere Schichten werden dann weitere Strukturen hinzugefügt. Oft werden Pakete auf der LAN-Schicht als *Frames* und auf der Transportschicht als *Segmente* bezeichnet.

Die maximale von einem bestimmten LAN (z. B. Ethernet, Token Ring oder ATM) unterstützte Paketgröße ist ein wesentliches Merkmal dieses LANs. Bei Ethernet sind maximal 1500 Byte Daten möglich. Zum Vergleich: TCP/IP-Pakete enthielten ursprünglich oft nur 512 Byte Daten, während frühe Token-Ring-Pakete bis zu 4 kB Daten enthalten konnten. Es gibt zwar Verfechter sehr großer Pakete, sogar größer als 64 kB, aber im anderen Extrem verwendet das ATM-Protokoll (*Asynchronous Transfer Mode*) 48 Byte Daten pro Paket, und es gibt gute Gründe, geringe Paketgrößen zu bevorzugen.

Ein mögliches Problem ist die Weiterleitung von Paketen von einem LAN mit großen Paketen an ein LAN mit kleinen Paketen (oder durch dieses hindurch); in späteren Kapiteln beschäftigen wir uns damit, wie die IP- oder Internet-Protocol-Schicht dieses Problem löst.

Normalerweise fügt jede Schicht ihren eigenen Header hinzu. Ethernet-Header sind in der Regel 14 Byte, IP-Header 20 Byte und TCP-Header 20 Byte groß. Wenn eine TCP-Verbindung 512 Byte Daten pro Paket sendet, machen die Header 10 % des Gesamtvolumens aus, ein ganz vernünftiger Overhead. Bei einer üblichen Voice-over-IP-Option enthalten die Pakete 160 Byte Daten und 54 Byte Header, sodass die Header etwa 25 % der Gesamtgröße ausmachen. Durch die Komprimierung der 160 Bytes Audio kann der Datenanteil jedoch auf 20 Bytes sinken, und das bedeutet, dass die Header nun 73 % der Gesamtmenge ausmachen (siehe Abschnitt 24.11.4, »RTP und VoIP«).

In Netzen mit Datagrammweiterleitung enthält der entsprechende Header die Adresse des Ziels und eventuell weitere Zustellinformationen. Die inneren Knoten des Netzes, die *Router* oder *Switches*, versuchen dann sicherzustellen, dass das Paket dem gewünschten Ziel zugestellt wird.

Das Konzept der Pakete und der Paketvermittlung wurde erstmals 1962 von Paul Baran vorgestellt ([PB62]). In erster Linie ging es Baran um die Stabilität des Netzwerks beim Ausfall eines Knotens; die bestehenden zentral vermittelten Protokolle waren anfällig für einen Ausfall der Zentraleinheit. Donald Davies entwickelte im Jahr 1964 unabhängig davon viele dieser Konzepte; auch der Paket-Begriff wurde von Davies geprägt.

Vielleicht sollte erwähnt werden, dass Pakete aus 8-Bit-*Bytes* aufgebaute Puffer sind. Sämtliche Hardware definiert heute ein einheitliches Byte (die Hardware einigt sich per Konvention auf die Reihenfolge, in der die Bits eines Bytes übertragen werden müssen). Nicht immer waren 8-Bit-Bytes wie heute universell im Einsatz. Die letzte große, nicht byteorientierte Hardwareplattform, die sich mit der Internet-Ära im weitesten Sinne überschnitt, war vielleicht der DEC-10, der eine Wortgröße von 36 Bit hatte; ein Wort konnte fünf 7-Bit-ASCII-Zeichen enthalten. Mit den frühen Internet-Spezifikationen wurde der Begriff *Oktett* (ein 8-Bit-Byte) eingeführt. Damit mussten Pakete aus Oktettfolgen bestehen; nicht oktettorientierte Hosts mussten in der Lage sein, die Pakete zu konvertieren. So wurde Ordnung in das Chaos gebracht. Allerdings gibt es immer noch Datenprobleme aufgrund von Byteorientierung; so können beispielsweise binäre Ganzzahlen als Bytefolge entweder in *Big-Endian-* oder *Little-Endian-*Byte-Reihenfolge dargestellt werden (Abschnitt 16.1.5, »Binärdaten«). RFC 1700 legt fest, dass Internet-Protokolle die Big-Endian-Byte-Reihenfolge verwenden, die daher manchmal als Netzwerk-Byte-Reihenfolge bezeichnet wird.

1.4 Datagrammweiterleitung

Beim Datagrammweiterleitungsmodell für die Paketzustellung enthalten die Paketköpfe eine Zieladresse. Es ist Aufgabe der zwischengeschalteten Switches oder Router, diese Adresse zu prüfen und das Paket an das richtige Ziel weiterzuleiten.

Dies wird bei der Datagrammweiterleitung dadurch erreicht, dass jeder Switch eine *Weiterleitungstabelle* mit ⟨destination,next_hop⟩-Paaren bereitstellt. Beim Eintreffen eines Pakets sucht der Switch in seiner Weiterleitungstabelle nach der (vermutlich weltweit eindeutigen) Zieladresse und findet die *next_hop*-Informationen: die Adresse des unmittelbaren Nachbarn, an den – oder die Schnittstelle, über die – das Paket weitergeleitet werden soll, um es seinem endgültigen Ziel einen Schritt näher zu bringen. Der next_hop-Wert in einer Weiterleitungstabelle ist ein einzelner Eintrag; jeder Switch ist nur für einen Schritt auf dem Weg des Pakets verantwortlich. Wenn alles gutgeht, können die vernetzten Switches das Paket jedoch Hop für Hop an sein endgültiges Ziel weiterleiten.

Die »destination«-Einträge in der Weiterleitungstabelle müssen nicht genau mit den Zieladressen der Pakete übereinstimmen, obwohl das hier in den Beispielen – und bei der Ethernet-Datagrammweiterleitung – der Fall ist. Beim IP-Routing entsprechen die »destination«-Einträge in der Tabelle jedoch *Präfixen* von IP-Adressen; dies führt zu einer enormen Platzersparnis. Die Grundvoraussetzung ist, dass der Switch mithilfe seiner Weiterleitungstabelle und der Zieladresse im ankommenden Paket eine Lookup-Operation durchführen kann, um den nächsten Hop zu bestimmen.

Für den Moment stellen wir noch zurück, wie die Weiterleitungstabelle aufgebaut ist. Wir kommen in Abschnitt 2.4.2, »Ethernet-Lernalgorithmus«, für Ethernet-Switches und in Kapitel 13, »Routing-Update-Algorithmen«, für IP-Router darauf zurück. Vorerst können die Weiterleitungstabellen als durch Erstkonfiguration erstellt betrachtet werden.

In Abbildung 1.3 hat Switch S1 die Schnittstellen 0, 1 und 2 und Switch S2 die Schnittstellen 0, 1, 2, 3. Wenn A ein Paket an B senden will, muss S1 einen Eintrag in der Weiterleitungstabelle aufweisen, der angibt, dass das Ziel B über seine Schnittstelle 2 erreicht wird, und S2 muss einen Eintrag aufweisen, der das Paket über die Schnittstelle 3 weiterleitet.

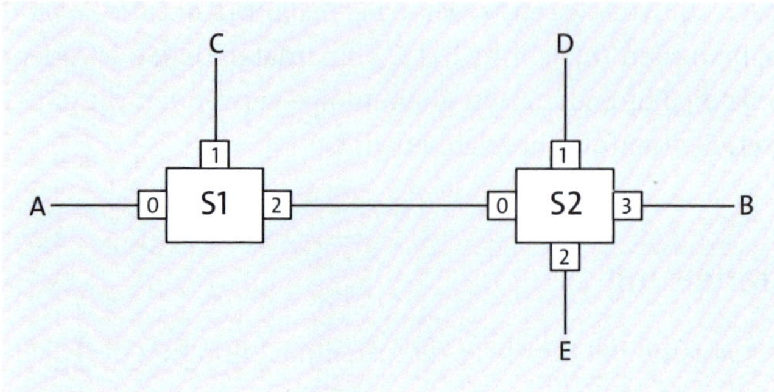

Abbildung 1.3 Zwei Switches (S1 und S2) mit ihren Schnittstellennummern

Die vollständige Weiterleitungstabelle für S1 mit Schnittstellennummern in der Spalte `next_hop` könnte folgendermaßen aussehen:

destination	next_hop
A	0
C	1
B	2
D	2
E	2

Tabelle 1.1 Weiterleitung von S1

Die Tabelle für S2 könnte wie folgt aussehen, wobei wir der Einfachheit halber die Ziele A und C zusammengefasst haben.

destination	next_hop
A,C	0
D	1
E	2
B	3

Tabelle 1.2 Weiterleitung von S2

Im oben gezeigten Netzwerk sind alle Verbindungen Punkt-zu-Punkt, und deshalb entspricht jede Schnittstelle dem einzigen unmittelbaren Nachbarn, der von dieser

Schnittstelle erreicht wird. Wir können also die Schnittstelleneinträge in der Spalte `next_hop` durch den Namen des entsprechenden *Nachbarn* ersetzen. Für menschliche Leserinnen und Leser ist die Verwendung von Nachbarn in der `next_hop`-Spalte in der Regel deutlich leichter verständlich. Die Tabelle von S1 kann nun wie folgt aussehen (mit Konsolidierung der Einträge für B, D und E):

destination	next_hop
A	A
C	C
B, D, E	S2

Tabelle 1.3 Weiterleitung von S1

Ein zentrales Merkmal der Datagrammweiterleitung ist, dass jedes Paket »isoliert« weitergeleitet wird; die beteiligten Switches haben keine Kenntnis von logischen Verbindungen auf höherer Schicht, die zwischen den Endpunkten bestehen. Man bezeichnet dies auch als *zustandslose* Weiterleitung: Die Weiterleitungstabellen weisen keinen verbindungsbezogenen Zustand auf. In RFC 1122 wird es folgendermaßen formuliert (im Zusammenhang mit der Datagrammweiterleitung auf IP-Schicht):

> *Um die Stabilität des Kommunikationssystems zu verbessern, sind die Gateways zustandslos konzipiert, sodass sie jedes IP-Datagramm unabhängig von anderen Datagrammen weiterleiten. Dadurch können redundante Pfade genutzt werden, um auch bei Ausfällen zwischengeschalteter Gateways und Netzwerke einen zuverlässigen Dienst bereitzustellen.*

Die grundlegende Alternative zur Datagrammweiterleitung sind *virtuelle Verbindungen*, Abschnitt 5.4, »Virtuelle Verbindungen«. In Netzwerken mit virtuellen Verbindungen unterhält jeder Router einen Status über jede Verbindung, die ihn durchläuft; verschiedene Verbindungen können unterschiedlich weitergeleitet werden. Wenn die Weiterleitung von Paketen z. B. von verbindungsspezifischen Informationen abhängt – etwa von den beiden TCP-Portnummern – handelt es sich nicht um eine Datagrammweiterleitung. (Abgesehen davon handelt es sich wohl trotzdem um eine Datagrammweiterleitung, wenn Web-Traffic – an TCP-Port 80 – anders weitergeleitet wird als der übrige Traffic, weil diese Regel nicht von der spezifischen Verbindung abhängt).

Bei der Datagrammweiterleitung können manchmal auch andere Informationen als die Zieladresse verwendet werden. Theoretisch kann das IP-Routing auf der Grundlage der Zieladresse und bestimmter *Quality-of-Service*-Informationen erfolgen, sodass z. B. für Volumen-Traffic mit hoher Bandbreite und für Echtzeit-Traffic mit niedriger

Latenz eine unterschiedliche Weiterleitung zum selben Ziel möglich ist. In der Praxis ignorieren die meisten Internet-Service-Provider (ISP) die vom Benutzer bereitgestellten QoS-Informationen im IP-Header, es sei denn, sie haben eine entsprechende Vereinbarung getroffen, und leiten nur auf der Grundlage des Ziels weiter.

Vermittlungsgeräte, die auf der LAN-Schicht arbeiten und Pakete auf der Grundlage der LAN-Adresse weiterleiten, werden gemäß der bestehenden Konvention als *Switches* bezeichnet (oder ursprünglich als Bridges; manchmal wird dieser Begriff weiterhin bevorzugt), während Geräte, die auf der IP-Schicht arbeiten und Pakete auf der Grundlage der IP-Adresse weiterleiten, als *Router* bezeichnet werden. Die Datagrammweiterleitung wird sowohl von Ethernet-Switches als auch von IP-Routern verwendet, wobei die Ziele in Ethernet-Weiterleitungstabellen einzelne Knoten sind, während die Ziele in IP-Routern ganze *Netzwerke* (d. h. Gruppen von Knoten) sind.

In IP-Routern an Endnutzerstandorten ist es üblich, dass eine Weiterleitungstabelle einen Catchall-Standardeintrag enthält, der für jede IP-Adresse gilt, die nicht lokal ist und daher ins Internet weitergeleitet werden muss. Im Gegensatz zu den konsolidierten Einträgen für B, D und E in der obigen Tabelle für S1, die wahrscheinlich als separate Einträge implementiert werden müssten, ist ein Standardeintrag ein einzelner Datensatz, der angibt, wohin das Paket weitergeleitet werden soll, wenn keine andere Zielübereinstimmung gefunden wird. Hier eine Weiterleitungstabelle für S1 mit einem Standardeintrag, der die letzten drei Einträge ersetzt:

destination	next_hop
A	0
C	1
default	2

Tabelle 1.4 Weiterleitung von S1

Standardeinträge sind nur dann sinnvoll, wenn man an einer Adresse erkennen kann, dass sie nicht für einen nahe gelegenen Knoten steht. Dies ist in IP-Netzen üblich, da eine IP-Adresse das Zielnetz enkodiert und die Router im Allgemeinen alle lokalen Netze kennen. In Ethernets ist dies jedoch selten der Fall, da es normalerweise keine Korrelation zwischen Ethernet-Adressen und Lokalität gibt. Wäre S1 ein Ethernet-Switch und wüsste, dass die Schnittstellen 0 und 1 direkt mit einzelnen Hosts und nicht mit Switches verbunden sind, und würde S1 die Adressen dieser Hosts kennen, dann wäre es sinnvoll, die Schnittstelle 2 zur Standardroute zu machen. In der Praxis wissen Ethernet-Switches jedoch nicht, welche Geräteart mit einer bestimmten Schnittstelle verbunden ist.

1.5 Topologie

In dem im vorigen Abschnitt dargestellten Netzwerk gibt es keine Schleifen; Graphentheoretiker würden von einem *azyklischen* Netzwerkgraphen oder einem *Baum* sprechen. In einem schleifenfreien Netzwerk gibt es einen eindeutigen Pfad zwischen jedem Knotenpaar. Der Weiterleitungstabellen-Algorithmus muss nur sicherstellen, dass jedes Ziel in den Weiterleitungstabellen erscheint; die Frage der Auswahl zwischen alternativen Pfaden stellt sich nicht.

Ohne Schleifen gibt es jedoch auch keine *Redundanz*: Jede unterbrochene Verbindung führt dazu, dass das Netz in zwei Teile aufgeteilt wird, die nicht miteinander kommunizieren können. Wäre alles andere gleich (was nicht der Fall ist, aber das spielt jetzt keine Rolle), wäre Redundanz eine gute Sache. Redundanz zwingt uns jedoch auch dazu, Entscheidungen zwischen den verschiedenen Pfaden zu einem Ziel zu treffen. Betrachten wir folgendes Netzwerk:

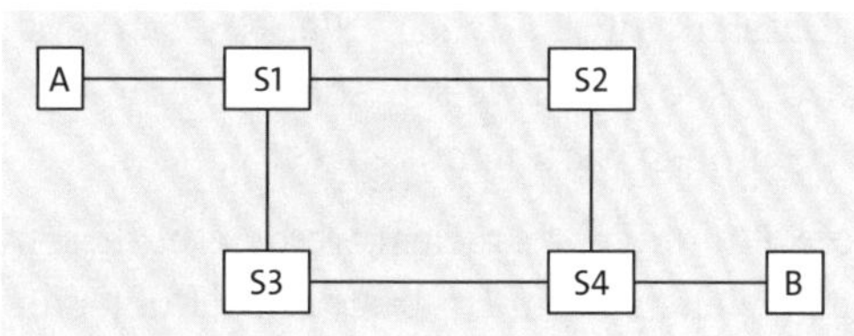

Abbildung 1.4 Ein Netzwerk mit mehr als einem Pfad von A zu B

Sollte S1 S2 oder S3 als next_hop zu B angeben? Beide Pfade A–S1–**S2**–S4–B und A–S1–**S3**–S4–B führen dorthin. Es gibt keine richtige Antwort. Selbst wenn ein Pfad »schneller« ist als der andere, ist es nicht unbedingt falsch, den langsameren zu wählen (vor allem, wenn der langsamere Weg, sagen wir, weniger teuer ist). Ein Protokoll irgendeiner Art muss einen Mechanismus bereitstellen, mit dem S1 die Wahl treffen kann (auch wenn dieser Mechanismus einfach die Wahl des ersten entdeckten Pfads zum gegebenen Ziel sein kann). Auch sollen Protokolle sicherstellen, dass S1 auf die noch funktionierende S1–S3–S4–B-Route umschaltet, wenn S1 B über S2 erreicht und die S2–S4-Verbindung ausfällt.

Wir werden noch erfahren, dass in vielen LANs (insbesondere Ethernet) »Baum«-Netze ohne Redundanz bevorzugt werden, während IP über komplexe Protokolle zur Unterstützung der Redundanz verfügt (Kapitel 13, »Routing-Update-Algorithmen«).

1.5.1 Traffic-Engineering

In einigen Fällen kann die obige Entscheidung zwischen den Strecken A–S1–S2–S4–B und A–S1–S3–S4–B von wesentlicher Bedeutung sein – vielleicht ist die Verbindung S2–S4 langsamer als die anderen oder stärker überlastet. Wir verwenden den Begriff *Traffic-Engineering*, um die absichtliche Auswahl einer Route gegenüber einer anderen oder die Erhöhung der Priorität einer Traffic-Klasse zu bezeichnen. Die Auswahl der Route kann entweder direkt durch die Konfiguration erfolgen oder implizit durch die Auswahl oder Einstellung von Algorithmen, die diese Routenauswahl dann automatisch treffen. Als Beispiel für Letzteres bauen die Algorithmen von Abschnitt 13.1, »Distanzvektor-Routing-Update-Algorithmus«, selbstständig Weiterleitungstabellen auf, die jedoch stark von der administrativen Zuweisung der Verbindungskosten beeinflusst werden.

Bei der reinen Datagrammweiterleitung, die entweder auf der LAN- oder der IP-Schicht eingesetzt wird, wird der von einem Paket eingeschlagene Weg allein durch sein Ziel bestimmt, und das Traffic-Engineering beschränkt sich auf die Entscheidung zwischen alternativen Pfaden. Wir haben jedoch bereits angedeutet, dass die Datagrammweiterleitung so erweitert werden kann, dass sie Informationen zur Dienstgüte berücksichtigt; dadurch kann Voice-Traffic – mit seiner relativ geringen Bandbreite, aber seiner Intoleranz gegenüber Verzögerungen – einen völlig anderen Pfad einschlagen als die Übertragung großer Dateien. Alternativ kann der Netzwerk-Manager dem Voice-Traffic einfach eine höhere Priorität zuweisen, sodass dieser nicht in Warteschlangen hinter den Dateiübertragungen warten muss.

Die Angaben zur Dienstgüte können vom Endnutzer festgelegt werden. In diesem Fall möchte der Internet-Dienstanbieter sie vielleicht nur für bestimmte Nutzer anerkennen, was wiederum bedeutet, dass der ISP seine Entscheidungen über die Weiterleitung implizit von der Trafficquelle abhängig macht. Alternativ kann die QoS-Information vom ISP selbst festgelegt werden, basierend auf seiner bestmöglichen Einschätzung der Anwendung; dies bedeutet, dass der ISP Paketgröße, Portnummer (Abschnitt 1.12, »Transport«) und andere Inhalte als Teil der Routing-Entscheidung verwenden kann. Für einige explizite Mechanismen, die diese Art von Routing unterstützen, siehe Abschnitt 13.6, »Routing nach anderen Attributen«.

Auf der LAN-Schicht sind die Mechanismen zur Steuerung des Datenverkehrs historisch bedingt begrenzt, siehe jedoch Abschnitt 3.4, »Software-Defined Networking«. Auf der IP-Schicht stehen mehr Strategien zur Verfügung; siehe Kapitel 24, »Quality of Service«.

1.6 Routing-Schleifen

Ein potenzieller Nachteil der Datagrammweiterleitung ist die Möglichkeit einer *Routing-Schleife*: einer Reihe von Einträgen in den Weiterleitungstabellen, die dazu führen, dass einige Pakete endlos zirkulieren. In Abbildung 1.4 hätten wir z. B. eine Routing-Schleife, wenn für das (nicht existierende) Ziel C S1 an S2, S2 an S4, S4 an S3 und S3 an S1 weiterleiten würde. Ein Paket, das an C gesendet wird, würde einerseits nicht zugestellt werden und könnte andererseits auch durch das endlose Umlaufen einen

Großteil der Bandbreite verbrauchen. Routing-Schleifen entstehen typischerweise, weil die Erstellung der Weiterleitungstabellen oft »verteilt« erfolgt und es keine globale Instanz gibt, die Inkonsistenzen aufdeckt. Selbst wenn es eine solche Instanz gibt, können aufgrund von Verzögerungen bei der Benachrichtigung vorübergehende Routing-Schleifen entstehen.

Routing-Schleifen können auch in Netzen auftreten, in denen die zugrundeliegende Link-Topologie schleifenfrei ist; im vorigen Diagramm könnte z. B. – wiederum für das Ziel C – S1 an S2 und S2 zurück an S1 weiterleiten. Wir bezeichnen einen solchen Fall als *lineare* Routing-Schleife.

Alle Datagrammweiterleitungsprotokolle benötigen eine Möglichkeit, Routing-Schleifen zu erkennen und zu vermeiden. Bei Ethernet beispielsweise werden nichtlineare Routing-Schleifen vermieden, indem Schleifen in der zugrundeliegenden Netztopologie unterbunden werden. Lineare Routing-Schleifen werden vermieden, indem Switches ein Paket nicht über die Schnittstelle zurückleiten, über die es angekommen ist. IP sieht ein 1-Byte-»Time to Live«-Feld (TTL) im IP-Header vor; es wird vom Absender gesetzt und bei jedem Router um 1 dekrementiert. Wenn die TTL eines Pakets den Wert 0 erreicht, wird es verworfen. Auf diese Weise wird die Anzahl der Weiterleitungen eines umgeleiteten Pakets auf den anfänglichen TTL-Wert begrenzt, in der Regel 64.

Beim Datagramm-Routing ist ein Switch nur für den nächsten Hop zum endgültigen Ziel verantwortlich. Hat ein Switch einen vollständigen Pfad im Visier, gibt es keine Garantie, dass der next_hop oder ein anderer nachgeschalteter Switch entlang dieses Pfads weiterleiten. Missverständnisse können potenziell zu Routing-Schleifen führen. Betrachten Sie dieses Netzwerk:

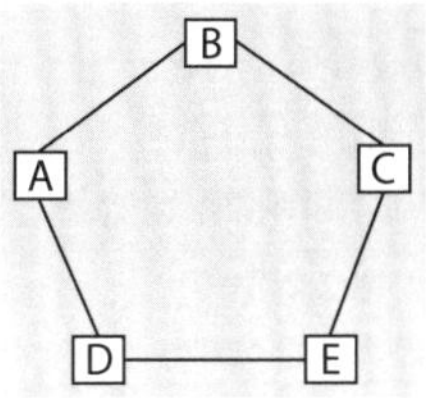

Abbildung 1.5 Ein Netzwerk mit fünf Nodes in einem Ring.

Für D könnte der scheinbar beste Pfad zu B D-E-C-B sein (vielleicht in der Annahme, dass die Verbindung A-D vermieden werden sollte). Wenn E in ähnlicher Weise entscheidet, dass der beste Pfad zu B E-D-A-B ist, und wenn D und E beide ihren next_hop für B auf der Grundlage dieser besten Pfade wählen, dann bildet sich eine lineare Routingschleife: D leitet über E nach B und E leitet über D nach B. Obwohl D und E jeweils einen brauchbaren *Pfad* identifiziert haben, wird dieser nicht tatsächlich verfolgt. Moral: Erfolgreiches Datagramm-Routing erfordert Zusammenarbeit und eine einheitliche Sicht auf das Netz.

1.7 Überlast

Bei Switches besteht die Möglichkeit einer Überlast, eines Staus: Pakete kommen schneller an, als sie versendet werden können. Das kann schon bei zwei Schnittstellen passieren, wenn die eingehende Schnittstelle eine höhere Bandbreite hat als die ausgehende. Eine andere häufige Quelle für solche Staus ist der Traffic, der an mehreren Eingängen ankommt, aber für denselben Ausgang bestimmt sind.

Wenn Pakete für eine bestimmte ausgehende Schnittstelle schneller ankommen, als sie gesendet werden können, bildet sich für diese Schnittstelle eine Warteschlange. Sobald diese voll ist, werden die Pakete *verworfen* oder *gedroppt*. Die gängigste Strategie (wenn auch nicht die einzige) besteht darin, alle eintreffenden Pakete zu verwerfen, wenn die Warteschlange voll ist.

Der Begriff »Überlast« kann sich entweder auf den Punkt beziehen, an dem sich die Warteschlange gerade zu füllen beginnt, oder auf den Punkt, an dem die Warteschlange voll ist und Pakete verloren gehen. In ihrer Arbeit [CJ89] bezeichnen Chiu und Jain den ersten Punkt als *Knie*; an diesem Punkt flacht die Steigung des Graphen zwischen Last und Durchsatz ab. Den zweiten Punkt bezeichnen sie als *Klippe*; hier können Paketverluste zu einem sprunghaften Rückgang des Durchsatzes führen. Andere Autoren verwenden den Begriff *Contention* für Überlast am Knie.

Im Internet sind die meisten Paketverluste auf Überlast zurückzuführen. Das liegt nicht daran, dass der Stau besonders stark ist (obwohl dies manchmal der Fall sein kann), sondern daran, dass andere Verlustarten (z. B. aufgrund von Paketverfälschungen) vergleichsweise unbedeutend sind.

Wann ist ein Upgrade angebracht?

Die Entscheidung, wann die Bandbreite eines Netzes *wirklich* nicht mehr ausreicht, ist keine technische, sondern eine wirtschaftliche Frage. Die Kundenzahl kann steigen, die Kosten für die Bandbreite können sinken oder die Kunden sind einfach bereit, mehr für schnellere Datenübertragung zu zahlen; es kann sich hier um externe oder um interne »Kunden« handeln. Die Überwachung von Verbindungen und Routern auf Überlast kann jedoch helfen, genau zu bestimmen, welche *Teile* des Netzes am stärksten von einer Aufrüstung profitieren würden.

Beachten Sie, dass Überlast *nicht* bedeutet, dass es dem Netz an Bandbreite mangelt. Absender von Volumen-Traffic (wenn auch nicht in Echtzeit) versuchen, so schnell wie möglich zu senden, und Überlast ist einfach die *Rückmeldung* des Netzes, dass die maximale Übertragungsrate erreicht wurde. Wenn Sie tiefer in dieses Thema einsteigen und alternative Definitionen von längerfristiger Überlast erhalten möchten, siehe [BCL09].

Überlast *ist* ein Zeichen für ein Problem in Echtzeitnetzen, mit dem wir uns in Kapitel 24, »Quality of Service«, beschäftigen werden. In solchen Netzen müssen Verluste durch Überlast generell auf ein absolutes Minimum beschränkt werden; eine Möglichkeit besteht darin, die Annahme neuer Verbindungen zu begrenzen, wenn nicht genügend Ressourcen verfügbar sind.

1.8 Mehr über Pakete

Ungeachtet der von Baran geäußerten Bedenken hinsichtlich des Ausfalls von Knotenpunkten liegt der Hauptgrund für die Verwendung von Paketen vielleicht darin, dass ein und dieselbe Verbindung zu verschiedenen Zeiten verschiedene Pakete transportieren kann, die den Traffic zu verschiedenen Zielen und von verschiedenen Absendern darstellen. Somit sind Pakete der Schlüssel zur Unterstützung *gemeinsam genutzter Übertragungsleitungen*, d. h., sie ermöglichen das *Multiplexing* mehrerer Kommunikationskanäle über ein einziges Kabel. Die Alternative einer separaten physischen Leitung zwischen jedem Rechnerpaar wird sehr schnell untragbar komplex (obwohl *virtuelle Verbindungen* zwischen jedem Rechnerpaar in einem Rechenzentrum nicht unüblich sind; siehe Abschnitt 5.4, »Virtuelle Verbindungen«).

Aus der Perspektive dieses gemeinsam genutzten Mediums ist ein wichtiges Paketmerkmal die maximale Paketgröße, da diese die maximale Zeit angibt, die ein Absender senden kann, bevor andere Absender eine Chance erhalten. Wäre die Paketgröße nicht begrenzt, würde das Netz für alle anderen länger nicht zur Verfügung stehen, wenn jemand eine große Datei mit einem einzigen 1-Gigabit-Paket herunterlädt. Ein weiterer Nachteil großer Pakete ist, dass bei einer Beschädigung des Pakets das gesamte Paket erneut übertragen werden muss; siehe Abschnitt 7.3.1, »Fehlerhäufigkeit und Paketgröße«.

Wenn ein Router oder Switch ein Paket empfängt, wird (normalerweise) das gesamte Paket eingelesen, bevor der Header an die Reihe kommt und entschieden wird, an welchen nächsten Knoten das Paket weitergeleitet werden soll. Dies wird als *Store-and-Forward* bezeichnet und führt zu einer Weiterleitungsverzögerung, die der Zeit entspricht, die zum Einlesen des gesamten Pakets benötigt wird. Für einzelne Pakete ist dies schwer zu vermeiden (obwohl einige Switches ein *Cut-through-Switching* implementieren, um mit der Weiterleitung eines Pakets zu beginnen, bevor es vollständig angekommen ist). Wenn man jedoch eine lange Reihe von Paketen sendet, kann man die Auswirkungen der Weiterleitungsverzögerung größtenteils verhindern, indem man mehrere Pakete gleichzeitig auf dem Weg hält; siehe Abschnitt 7.3, »Paketgröße«.

Die Gesamtpaketverzögerung vom Absender zum Empfänger ist die Summe der folgenden Werte:

- *Bandbreitenverzögerung*, d. h. das Senden von 1000 Bytes bei 20 Bytes/Millisekunde dauert 50 ms. Dies ist eine Verzögerung pro Verbindung.
- *Ausbreitungsverzögerung* aufgrund der Lichtgeschwindigkeit. Wenn Sie z. B. jetzt ein Paket über ein 5000 km langes Kabel quer durch die USA mit einer Ausbreitungsgeschwindigkeit von 200 m/µsec (= 200 km/ms, etwa ⅔ der Lichtgeschwindigkeit im Vakuum) senden, wird das erste Bit erst 25 ms später am Ziel ankommen. Die Bandbreitenverzögerung bestimmt dann, wie lange es danach dauert, bis das gesamte Paket ankommt.
- *Übertragungsverzögerung*, gleich der Summe der Bandbreitenverzögerungen aus jedem Router entlang des Pfades
- *Warteschlangenverzögerung* oder Wartezeit in der Warteschlange bei frequentierten Routern. In ungünstigen Momenten kann diese Wartezeit 1 Sekunde überschreiten, was jedoch selten vorkommt. Normalerweise beträgt sie weniger als 10 ms und oft sogar weniger als 1 ms. Die Warteschlangenverzögerung ist die einzige Verzögerungskomponente, die sich durch sorgfältige Technik verringern lässt.

Siehe Abschnitt 7.1, »Paketverzögerung«, für weitere Einzelheiten.

1.9 LANs und Ethernet

Ein lokales Netzwerk (LAN) ist ein System aus den folgenden Komponenten:

- physische Verbindungen, die letztlich serielle Leitungen sind
- gemeinsame Schnittstellenhardware, die die Hosts mit den Verbindungen verknüpft
- Protokolle, damit alles reibungslos funktioniert

Wir gehen ausdrücklich davon aus, dass jeder LAN-Knoten in der Lage ist, mit jedem anderen LAN-Knoten zu kommunizieren. Manchmal erfordert dies die Zusammenarbeit von Zwischenknoten, die als Switches fungieren.

Die bei weitem häufigste Art von (drahtgebundenen) LAN ist Ethernet, das ursprünglich 1976 in einem Paper von Metcalfe und Boggs [MB76] beschrieben wurde. Die Popularität von Ethernet ist vor allem auf die niedrigen Kosten zurückzuführen, obwohl der Hauptgrund für die niedrigen Kosten von Ethernet darin liegt, dass die hohe Nachfrage zu Skaleneffekten bei der Herstellung geführt hat.

Das ursprüngliche Ethernet hatte eine Bandbreite von 10 Mbit/s (Megabit pro Sekunde; wir verwenden ein kleines »b« für Bits und ein großes »B« für Bytes), obwohl heutzutage Ethernet meist mit 100 Mbit/s arbeitet und Gigabit-Ethernet (1000 Mbit/s) und noch schnelleres Ethernet in Serverräumen weit verbreitet ist. (Zum Vergleich: Die Datenübertragungsrate zu einer typischen Festplatte beträgt etwa 1000 Mbit/s.) Drahtlose LANs (»Wi-Fi«) werden immer beliebter und haben in vielen Bereichen das kabelgebundene Ethernet bei den Endbenutzern verdrängt.

Viele frühe Ethernet-Installationen waren ungeschaltet; jeder Host zapfte einfach ein langes Primärkabel an, das sich durch das Gebäude (oder die Etage) zog. Im Prinzip konnten dann zwei Stationen gleichzeitig senden, wodurch die Daten unlesbar wurden; dies wurde als *Kollision* bezeichnet. Ethernet verfügt über mehrere Konstruktionsmerkmale, die darauf abzielen, die durch Kollisionen verschwendete Bandbreite zu minimieren: Stationen prüfen vor der Übertragung, ob die Leitung frei ist, sie überwachen die Leitung *während* der Übertragung, um Kollisionen während der Übertragung zu erkennen, und wenn eine Kollision erkannt wird, führen sie eine zufällige Backoff-Strategie aus, um eine sofortige erneute Kollision zu vermeiden. Siehe Abschnitt 2.1.5, »Slot-Zeit und Kollisionen«. Während Kollisionen bei Ethernet definitiv den Durchsatz verringern, sollte man sie im Großen und Ganzen vielleicht als Teil eines bemerkenswert kostengünstigen Vermittlungsprotokolls für den gemeinsamen Zugriff betrachten.

In ungeschalteten Ethernetzen wird jedes Paket von jedem Host empfangen, und es obliegt der Netzwerkkarte in jedem Host, festzustellen, ob das ankommende Paket an diesen Host gerichtet ist. Es ist fast immer möglich, die Karte so zu konfigurieren, dass sie *alle* ankommenden Pakete an den angeschlossenen Host weiterleitet; dies stellt ein Sicherheitsrisiko dar, und Passwort-Sniffer, die auf diese Weise heimlich Passwörter abhörten, waren weit verbreitet.

Passwort-Sniffing

Im Herbst 1994 änderte ich an der Loyola University das Root-Passwort auf mehreren Unix-Rechnern der CS-Abteilung am anderen Ende des Campus per Fernzugriff über Telnet. Ich verriet es niemandem. Innerhalb von zwei Stunden meldete sich jemand anderes mit dem neuen Kennwort von einem Rechner in Europa aus bei einem dieser Rechner an – wahrscheinlich ein Fall von Passwort-Sniffing.

Zwei Monate später fand die so genannte »Christmas Day Attack« statt (Abschnitt 18.3, »Der dreifache Handshake – erneut betrachtet«). Einer der für diesen Angriff genutzten Hosts war der gehackte apollo.it.luc.edu von Loyola. Es ist unklar, inwieweit Passwort-Sniffing bei diesem Angriff eine Rolle spielte.

Aus Gründen des Datenschutzes und der Effizienz sind heute fast alle Ethernets vollständig geswitcht; dadurch stellt man sicher, dass jedes Paket nur an den Host übermittelt wird, für den es auch bestimmt ist. Ein Vorteil des Switching ist, dass die meisten Ethernet-Kollisionen effektiv eliminiert werden; zwar werden sie im Prinzip durch ein Warteschlangenproblem ersetzt, allerdings sind die Warteschlangen von Ethernet-Switches in der Praxis so selten ausgelastet, dass sie selbst für Netzmanager fast unsichtbar sind (im Gegensatz zu den Warteschlangen von IP-Routern). Switching verhindert auch das Abhören auf Host-Basis, obwohl eine bessere Lösung für dieses Problem wohl die Verschlüsselung ist. Der vielleicht wichtigste Nachteil von Switches bestand früher darin, dass sie teuer und unzuverlässig waren; heute sind sie spottbillig, wenn man sie direkt an ein normales Kabel anschließt.

Ethernet-Adressen sind sechs Bytes lang. Jeder Ethernet-Karte (oder *Netzwerkschnittstelle*) wird bei der Herstellung eine (vermeintlich) eindeutige Adresse zugewiesen; diese Adresse ist in das ROM der Karte eingebrannt und wird als *physische* oder *Hardware*-Adresse bzw. *MAC*-Adresse (*Media Access Control*) der Karte bezeichnet. Die ersten drei Bytes der physischen Adresse wurden dem Hersteller zugewiesen; die folgenden drei Bytes sind eine vom Hersteller vergebene Seriennummer.

IP-Adressen hingegen werden administrativ durch den lokalen Standort zugewiesen. Der grundlegende Vorteil von Hardware-Adressen besteht darin, dass die Hosts ihre eigenen Adressen beim Start automatisch kennen; eine manuelle Konfiguration oder Serverabfrage ist nicht erforderlich. Es ist nicht ungewöhnlich, dass ein Standort über eine große Anzahl von identisch konfigurierten Workstations verfügt, bei denen alle Netzwerkunterschiede letztlich von der eindeutigen Ethernet-Adresse jeder Workstation herrühren.

Die Netzwerkschnittstelle überwacht ständig alle ankommenden Pakete; wenn sie auf ein Paket mit einer Zieladresse stößt, die mit ihrer eigenen physischen Adresse übereinstimmt, leitet sie das Paket an die angeschlossene CPU weiter (über einen CPU-Interrupt).

Ethernet verfügt auch über eine festgelegte *Broadcast-Adresse*. Wenn ein Host an die Broadcast-Adresse sendet, wird sein Paket von jedem anderen Host im Netz empfangen; wenn ein Switch ein Broadcast-Paket an einem Port empfängt, leitet er das Paket an jeden anderen Port weiter. Dieser Broadcast-Mechanismus ermöglicht es Host A, mit Host B in Kontakt zu treten, wenn A die physische Adresse von B noch nicht kennt; typische Broadcast-Anfragen haben die Form »Kann der zuständige Server bitte antworten?« oder (aus dem ARP-Protokoll) »Kann der Host mit der angegebenen IP-Adresse bitte die physische Adresse mitteilen?«.

Traffic, der an einen bestimmten Host adressiert ist – also kein Broadcast – wird als *Unicast* bezeichnet.

Da Ethernet-Adressen von der Hardware zugewiesen werden, bietet die Kenntnis einer Adresse keinen direkten Hinweis darauf, wo sie sich im Netz befindet. Im geswitchten Ethernet müssen die Switches daher für jede einzelne Ethernet-Adresse im

Netz einen Weiterleitungstabellen-Datensatz führen, was bei sehr großen Netzen letztlich unhandlich wird. Nehmen wir Postadressen zum Vergleich: Ethernet ist in etwa so, als würde man versuchen, die Post unter Verwendung von Sozialversicherungsnummern als Adressen zuzustellen, wobei jede Postbeamtin einen großen Katalog erhält, in dem die Sozialversicherungsnummer jeder Person zusammen mit ihrem physischen Standort aufgeführt ist. In Wirklichkeit wird Post natürlich »hierarchisch« adressiert, wobei immer präzisere Angaben verwendet werden: Bundesland, Stadt, Postleitzahl, Straßenadresse und Name/Zimmernummer. Mit anderen Worten: Ethernet lässt sich nicht gut auf »große« Formate skalieren.

Bei Netzen mit bis zu 10.000–100.000 Knoten funktioniert Ethernet mit Switches jedoch recht gut. Weiterleitungstabellen mit einer Größe in diesem Bereich sind einfach zu verwalten.

Um Pakete korrekt weiterleiten zu können, müssen die Switches wissen, wo sich die aktiven Zieladressen im LAN befinden; traditionelle Ethernet-Switches verwenden hierzu einen passiven *Lernalgorithmus*. (IP-Router arbeiten hingegen mit »aktiven« Protokollen und einige neuere Ethernet-Switches mit dem in Abschnitt 3.4, »Software-Defined Networking«, erläuterten Ansatz). Normalerweise wird eine physische Adresse eines Hosts in die Weiterleitungstabelle eines Switches eingetragen, wenn ein Paket von diesem Host zum ersten Mal *empfangen* wird; der Switch merkt sich die Ankunftsschnittstelle und die *Quell*adresse des Pakets und geht davon aus, dass dieselbe Schnittstelle für die Rücksendung von Paketen an diesen Absender verwendet werden soll. Wenn eine bestimmte Zieladresse noch nicht gesehen wurde und daher nicht in der Weiterleitungstabelle enthalten ist, haben Ethernet-Switches immer noch die Möglichkeit des *Flooding*: Sie leiten das Paket an alle weiter, indem sie die Zieladresse wie eine Broadcast-Adresse behandeln und die Sortierung den Host-Ethernet-Karten überlassen. Da dieses broadcastähnliche Verfahren in der Regel nicht für mehr als ein Paket verwendet wird (danach haben die Switches die korrekten Weiterleitungstabelleneinträge erlernt), sind die Risiken eines übermäßigen Datenverkehrs und des Abhörens minimal.

Die ⟨Host,interface⟩-Weiterleitungstabelle ist oft einfacher zu verstehen als ⟨Host, next_hop⟩, wobei der next_hop-Knoten derjenige Switch oder Host ist, der sich am unmittelbar anderen Ende der Verbindung mit der jeweiligen Schnittstelle befindet. In einem vollständig geswitchten Netz, in dem jede Verbindung nur zwei Schnittstellen verbindet, sind die beiden Perspektiven gleichwertig.

1.10 IP – Internet Protocol

Um das Ethernet-Skalierungsproblem zu lösen und auch andere Arten von LANs und Punkt-zu-Punkt-Verbindungen zu unterstützen, wurde das *Internet Protocol* entwickelt. Das zentrale Problem bei der Entwicklung von IP bestand vielleicht darin, eine universelle Konnektivität (jeder kann sich mit jedem verbinden) so zu unterstützen, dass eine Skalierung bis zu einer enormen Größe möglich ist (im Jahr 2013 scheint es etwa ~10^9 Knoten zu geben, obwohl IP bis zu 10^{10} Knoten oder mehr funktionieren sollte), ohne dass es zu unüberschaubar großen Weiterleitungstabellen kommt (derzeit haben die größten Tabellen etwa 300.000 Einträge).

In den Anfängen wurden IP-Netze als »Internetze« von Basisnetzwerken (LANs) betrachtet; heute ignorieren die Nutzer LANs normalerweise und betrachten das Internet als ein großes (virtuelles) Netz.

Um die universelle Konnektivität zu unterstützen, bietet IP einen globalen Mechanismus für *Adressierung und Routing*, sodass Pakete tatsächlich von beliebigen Hosts jedem anderen Host zugestellt werden können. IP-Adressen (für die gängigste Version 4, die wir als *IPv4* bezeichnen) bestehen aus 4 Byte (32 Bit) und sind Teil des *IP-Headers*, der üblicherweise auf den Ethernet-Header folgt. Der Ethernet-Header verbleibt nur für einen Hop bei einem Paket; der IP-Header begleitet das Paket während seiner gesamten Reise durch das Internet.

Ein wesentliches Merkmal von IPv4- (und IPv6-) Adressen ist, dass sie in einen *Netzwerkteil* (ein Präfix) und einen *Hostteil* (den Rest) unterteilt werden können. Der »alte« Mechanismus zur Bezeichnung der IPv4-Netz- und -Host-Adressanteile bestand darin, die Aufteilung anhand der ersten Bits vorzunehmen:

Erste paar Bits	**Erstes Byte**	**Netzwerk-Bits**	**Host-Bits**	**Name**	**Anwendung**
0	0–127	8	24	class A	wenige, sehr große Netzwerke
10	128–191	16	16	class B	Netzwerke von Institutionen
110	192–223	24	8	class C	Netzwerke kleinerer Organisationen

Die ursprüngliche IP-Adressenzuweisung für die Loyola University Chicago war zum Beispiel 147.126.0.0, eine Klasse B. In binärer Form ist 147 gleich **10010011**.

Anders als Ethernet-Adressen werden IP-Adressen administrativ zugewiesen. Früher erhielt man sein Klasse-B-Netzpräfix von der *Internet Assigned Numbers Authority* (IANA), die diese Aufgabe inzwischen delegiert hat, und wies dann den Host-Teil so zu, wie es für den eigenen Standort angemessen war. Infolge dieser administrativen Zuweisung dient eine IP-Adresse in der Regel nicht nur als *Endpunktkennung*, sondern auch als *Locator* mit eingebetteten Standortinformationen (zumindest im Sinne des Standorts innerhalb der IP-Adresszuweisungshierarchie, der nicht notwendigerweise geografisch ist). Hingegen sind Ethernet-Adressen Endpunktkennungen, aber *keine* Ortsangaben.

Die obige Definition der Klassen A/B/C wurde 1981 in RFC 791 dargelegt, womit IP eingeführt wurde. Klasse D wurde 1986 durch RFC 988 hinzugefügt; Adressen der Klasse D müssen mit den Bits 1110 beginnen. Diese Adressen sind für *Multicast* gedacht, d. h. für das Senden eines IP-Pakets an jedes Mitglied einer Empfängergruppe (im Idealfall, ohne es mehr als einmal auf einer Verbindung zu übertragen).

Heutzutage ist die Aufteilung in Netz- und Host-Bits dynamisch und kann an verschiedenen Stellen der Adresse auf verschiedenen Schichten des Netzes vorgenommen werden. Eine kleine Organisation könnte beispielsweise einen /27-Adressblock ($\frac{1}{8}$ der Größe einer Klasse-C /24) von ihrem ISP erhalten, z. B. 200.1.130.96/**27**. Der ISP routet auf der Grundlage dieses /27-Präfixes zur Organisation. Auf einer höheren Schicht könnte das Routing jedoch auf dem Präfix 200.1.128/**18** basieren; dies könnte z. B. einen Adressblock darstellen, der dem ISP zugewiesen wurde (beachten Sie, dass die ersten 18 Bits von 200.1.130.x mit 200.1.128 übereinstimmen; die ersten beiden Bits von 128 und 130 sind, als 8-Bit-Mengen genommen, »10«). Der Netz-/Host-Unterteilungspunkt ist *nicht* im IP-Header enthalten; die Router handeln diesen Unterteilungspunkt aus, wenn sie die next_Hop-Weiterleitungsinformationen aushandeln. Wir werden in Abschnitt 9.5, »Der klassenlose IP-Delivery-Algorithmus«, darauf zurückkommen.

Der Netzwerkteil einer IP-Adresse wird manchmal auch als *Netzwerknummer, Netzwerkadresse* oder *Netzwerkpräfix* bezeichnet. Wie wir weiter unten noch sehen werden, werden die meisten Weiterleitungsentscheidungen nur anhand des Netzwerkpräfixes getroffen. Das Netzwerkpräfixe wird üblicherweise angegeben, indem die Host-Bits auf null gesetzt werden und die resultierende Adresse mit einem Schrägstrich, gefolgt von der Anzahl der Netzwerk-Bits in der Adresse, abgeschlossen wird: z. B. 12.0.0.0/8 oder 147.126.0.0/16. Beachten Sie, dass 12.0.0.0/8 und 12.0.0.0/9 unterschiedliche Dinge darstellen; beim Letzteren muss das zweite Byte jeder Host-Adresse, die die Netzwerkadresse erweitert, zwingend mit einem Null-Bit beginnen. Ein anonymer Block von IP-Adressen kann nur durch den Schrägstrich und die folgende Ziffer bezeichnet werden, z. B. »wir brauchen für alle unsere Kunden einen /22-Block«.

Alle Hosts mit der gleichen Netzwerkadresse (gleichen Netzwerkbits) befinden sich im *gleichen IP-Netz* und *müssen sich im gleichen LAN befinden*. Wie wir weiter unten sehen werden, gehen zwei Hosts mit der gleichen Netzwerkadresse davon aus, dass sie einander direkt über das zugrunde liegende LAN erreichen können, und wenn das nicht der Fall ist, schlägt die Verbindung fehl. Eine Folge dieser Regel ist, dass außerhalb des Standorts nur die Netzwerkbits betrachtet werden müssen, um ein Paket zum Standort zu leiten.

Normalerweise haben alle Hosts (oder genauer gesagt alle Netzwerkschnittstellen) im selben physischen LAN dasselbe Netzwerkpräfix und sind somit Teil desselben IP-Netzwerks. Gelegentlich ist ein LAN jedoch in mehrere IP-Netze unterteilt.

Jede einzelne LAN-Technologie unterstützt eine *maximale Paketgröße*; Ethernet beispielsweise etwa 1500 Byte, während der einst konkurrierende Token Ring ein Maximum von 4 kB hatte. Heute ist die Welt weitgehend auf Ethernet und fast vollständig auf Ethernet-Paketgrößenbegrenzungen standardisiert. Dies war jedoch nicht der Fall, als IP eingeführt wurde, und es gab echte Bedenken, dass zwei Hosts in getrennten Netzen mit großen Paketen versuchen könnten, Pakete auszutauschen, die für ein Zwischennetz mit kleinen Paketen zu groß sind.

Daher wurde beschlossen, dass IP neben Routing und Adressierung auch *Fragmentierung* unterstützen muss: die Aufteilung großer Pakete in mehrere kleinere Pakete (in anderen Zusammenhängen wird dies auch als *Segmentierung* bezeichnet). Der IP-Ansatz ist nicht sehr effizient, und IP-Hosts unternehmen erhebliche Anstrengungen, um eine Fragmentierung zu vermeiden. IP verlangt, dass Pakete von bis zu 576 Byte unterstützt werden, und so bestand eine gängige Strategie für einen Host darin, ein Paket auf maximal 512 Nutzdatenbytes zu begrenzen, wenn das Paket über einen Router gesendet werden sollte; Pakete, die an einen anderen Host im selben LAN gerichtet waren, konnten natürlich eine größere Paketgröße verwenden. Trotz ihrer begrenzten Verwendung ist die Fragmentierung jedoch konzeptionell wichtig, damit IP große Pakete unterstützen kann, ohne etwas über die dazwischen liegenden Netze zu wissen.

IP ist ein *Best-Effort*-System; es gibt keine Bestätigungen oder erneute Übertragungen auf der IP-Schicht. Das Paket wird losgeschickt, in der Hoffnung, dass es ankommt. Meistens ist das auch der Fall.

Von der Architektur her stellt dieses Best-Effort-Modell ein sogenanntes *verbindungsloses* Netzwerk dar: Die IP-Schicht unterhält keine Informationen über Endpunkt-zu-Endpunkt-Verbindungen und leitet die Pakete einfach wie ein riesiges LAN weiter. Die Verantwortung für den Aufbau und die Aufrechterhaltung von Verbindungen liegt bei der nächsthöheren Schicht, der TCP-Schicht. Die verbindungslose Vernetzung ist *nicht* der einzige mögliche Weg: Die Alternative wäre eine Art *verbindungsorientiertes* Inter-Netzwerk gewesen, bei dem die Router Zustandsinformationen über einzelne Verbindungen erhalten. Weiter hinten in Abschnitt 5.4, »Virtuelle Verbindungen«, beschäftigen wir uns damit, wie die Kommunikation über virtuelle Verbindungen für einen verbindungsorientierten Ansatz verwendet werden kann; die Vermittlung über virtuelle Verbindungen ist die primäre Alternative zur Datagrammweiterleitung.

Verbindungslose (IP-ähnliche) und verbindungsorientierte Netze haben jeweils Vorteile. Die verbindungslose Kommunikation ist konzeptionell zuverlässiger: Wenn

Router keinen Verbindungsstatus haben, können sie auch keinen Verbindungsstatus *verlieren*. Der Weg, den die Pakete in einer übergeordneten Verbindung nehmen, kann leicht dynamisch umgeleitet werden. Schließlich machen es verbindungslose Netze den Providern schwer, nach Verbindungen abzurechnen, was früher (in der Ära der Telefongespräche für einen Dollar pro Minute) bei vielen neuen Nutzerinnen und Nutzern für Erstaunen sorgte. (Dies war nicht immer eine Selbstverständlichkeit; in [CK74] wird unter anderem die Möglichkeit einer Abrechnung pro Paket erwogen).

Der Hauptvorteil der verbindungsorientierten Netze besteht hingegen darin, dass die Router dann viel besser in der Lage sind, *Reservierungen* zu akzeptieren und *Dienstgütegarantien* zu geben. Dies ist nach wie vor ein wunder Punkt im aktuellen Internet: Wenn Sie Voice-over-IP benutzen oder Videokonferenzen abhalten wollen, werden Ihre Pakete vom Internet-Kern genauso behandelt, als wären es Dateiübertragungen mit niedriger Priorität. Es gibt keine Möglichkeit der Priorisierung.

Die häufigste Form von IP-Paketverlusten sind Überläufe von Router-Warteschlangen, die einer Überlastung des Netzes entsprechen. Paketverluste aufgrund von Paketverfälschungen sind selten (z. B. weniger als eins von 10^4, eventuell viel weniger). In einer verbindungslosen Welt kann jedoch eine große Anzahl von Hosts gleichzeitig versuchen, Datenverkehr über einen Router zu senden, sodass ein Überlauf der Warteschlange kaum zu vermeiden ist.

Obwohl wir der Einfachheit halber oft davon ausgehen, dass Router eine feste Größe der Eingangswarteschlange haben, ist die Realität oft etwas komplizierter. Siehe Abschnitt 21.5, »Aktives Warteschlangenmanagement« und Kapitel 22, »Queuing und Scheduling«.

1.10.1 IP-Weiterleitung

IP-Router verwenden die in Abschnitt 1.4, »Datagrammweiterleitung«, beschriebene Datagrammweiterleitung, um Pakete zuzustellen. Die in den Weiterleitungstabellen aufgeführten »Ziel«-Werte sind jedoch keine einzelnen Hosts, sondern Netzwerkpräfixe, die ganze LANs repräsentieren. Das Ziel der IP-Weiterleitung ist also die Zustellung an das richtige LAN; die Zustellung an den endgültigen Host erfolgt in einem separaten Prozess, sobald das endgültige LAN erreicht ist.

Der Sinn der Trennung zwischen Netzwerk und Host innerhalb der IP-Adressen besteht darin, dass die Router nur die Netzwerkpräfixe der Zieladressen in ihren IP-Weiterleitungstabellen auflisten müssen. Diese Strategie ist der Schlüssel zur Skalierbarkeit von IP: Sie spart große Mengen Platz in den Weiterleitungstabellen, sie spart Zeit, da kleinere Tabellen eine schnellere Suche ermöglichen, und sie spart die Bandbreite und den Overhead, den die Router benötigen würden, um einzelne Adressen zu überwachen. Um eine Vorstellung davon zu bekommen, wie viel Platz in den Weiterleitungstabellen eingespart wird: 2013 gab es etwa eine Milliarde Hosts im Internet, aber nur etwa 300.000 Netzwerke, die in den Weiterleitungstabellen der obersten Schicht aufgeführt sind.

Mit der Verwendung von IP-Netzwerkpräfixen als Weiterleitungstabellen-Ziele geht es beim Abgleich einer tatsächlichen Paketadresse mit einem Weiterleitungstabellen-Eintrag nicht um einen einfachen Vergleich; Router müssen vielmehr entsprechende Präfixe vergleichen.

IP-Weiterleitungstabellen werden manchmal auch als »Routing-Tabellen« bezeichnet; in diesem Buch bemühe ich mich jedoch zumindest ansatzweise, den Begriff »Weiterleitung« für den Prozess der Paketweiterleitung zu verwenden und »Routing« für die Mechanismen, mit denen die Weiterleitungstabellen verwaltet und aktualisiert werden. (Wollte ich ganz konsequent sein, würden wir den Begriff »Weiterleitungsschleife« und nicht »Routingschleife« verwenden).

Betrachten wir nun ein Beispiel, wie IP-Weiterleitung (oder Routing) funktioniert. Wir gehen davon aus, dass alle Netzwerkknoten entweder *Hosts* – Benutzerrechner mit einer einzigen Netzwerkverbindung – oder *Router* sind, die nur die Weiterleitung von Paketen übernehmen. Router sind für die Benutzer nicht direkt sichtbar und haben immer mindestens zwei verschiedene Netzwerkschnittstellen, die verschiedene Netzwerke repräsentieren, die der Router verbindet. (Maschinen können sowohl Hosts als auch Router sein, aber das macht die Sache nur komplizierter).

Angenommen, A ist der sendende Host und sendet ein Paket an einen Zielhost D. Der IP-Header des Pakets enthält die IP-Adresse von D im Feld »destination address« (er enthält auch die eigene Adresse von A als »source address«). Zunächst muss A feststellen, ob sich D im selben LAN wie er selbst befindet oder nicht, d. h. ob D *lokal* ist. Dazu schaut er sich den Netzteil der Zieladresse an, den wir mit D_{net} bezeichnen. Wenn diese Netzadresse dieselbe ist wie die von A (d. h. wenn sie numerisch gleich A_{net} ist), dann geht A davon aus, dass D sich im selben LAN befindet wie er selbst und kann die direkte LAN-Zustellung nutzen. Es sucht die passende physische Adresse für D (wahrscheinlich mit dem ARP-Protokoll, Abschnitt 10.2, »Address Resolution Protocol: ARP«), fügt dem Paket einen LAN-Header vor dem IP-Header hinzu und sendet das Paket direkt über das LAN an D.

Wenn jedoch A_{net} und D_{net} nicht übereinstimmen – D ist *nicht lokal* – dann sucht A einen verwendbaren Router. Die meisten normalen Hosts verwenden nur einen Router für alle nicht-lokalen Paketzustellungen, sodass diese Wahl sehr einfach ist. A leitet dann das Paket an den Router weiter, wiederum mit direkter Zustellung über das LAN. Die IP-Zieladresse des Pakets bleibt in diesem Fall D, die LAN-Zieladresse ist die des Routers.

Wenn der Router das Paket empfängt, entfernt er den LAN-Header, lässt aber den IP-Header mit der IP-Zieladresse stehen. Er extrahiert das Ziel D und sieht sich dann D_{net} an. Der Router prüft zunächst, ob sich eine seiner Netzwerkschnittstellen im selben

LAN befindet wie D. Wie erläutert, ist der Router mit mindestens einem weiteren Netzwerk neben dem von A verbunden. Wenn ja, dann verwendet der Router die direkte LAN-Zustellung zum Ziel, wie oben beschrieben. Handelt es sich bei D_{net} hingegen nicht um ein LAN, mit dem der Router direkt verbunden ist, konsultiert der Router seine interne Weiterleitungstabelle. Diese besteht aus einer Liste von Netzen mit jeweils einer zugehörigen next_hop-Adresse. Diese ⟨net,next_hop⟩-Tabellen sind vergleichbar mit den ⟨host,next_hop⟩-Tabellen des Switch-Ethernet; Erstere sind kleiner, weil es viel weniger Netze als Hosts gibt. Die next_hop-Adressen in der Tabelle sind so gewählt, dass der Router sie immer über eine direkte LAN-Zustellung über eine seiner Schnittstellen erreichen kann; normalerweise sind dies andere Router. Der Router sucht in der Tabelle nach D_{net}, findet die next_hop-Adresse und verwendet die direkte LAN-Zustellung, um das Paket zu diesem next_hop-Rechner zu bringen. Der IP-Header des Pakets bleibt im Wesentlichen unverändert, obwohl der Router höchstwahrscheinlich einen völlig neuen LAN-Header anhängt.

Das Paket wird auf diese Weise von Router zu Router weitergeleitet, bis es schließlich an einem Router ankommt, der mit D_{net} verbunden ist; von diesem letzten Router wird es dann über das LAN direkt an D zugestellt.

Zur Verdeutlichung dient Abbildung 1.6.

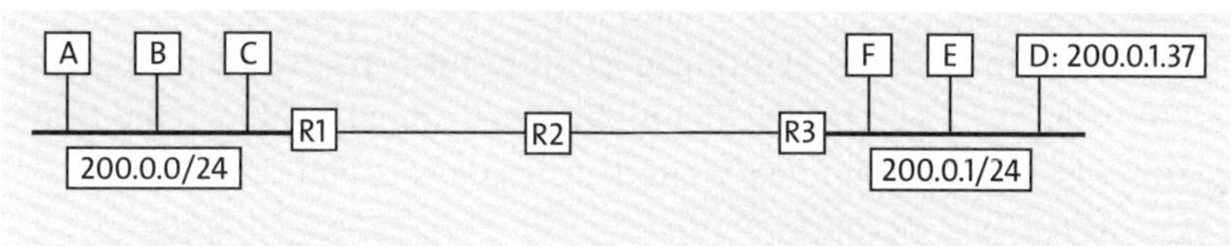

Abbildung 1.6 Zwei durch drei Router verbundene LANs

Bei Ethernet-Weiterleitung müsste R2 Einträge für jeden Punkte A, B, C, D, E und F pflegen. Bei IP-Weiterleitung muss R2 nur zwei Einträge in seiner Weiterleitungstabelle pflegen: 200.0.0/24 und 200.0.1/24. Wenn A an D mit der Adresse 200.0.1.37 sendet, wird diese in den IP-Header eingefügt, festgestellt, dass 200.0.0 ≠ 200.0.1 ist, und daraus gefolgert, dass es sich bei D um keine lokale Zustellung handelt. A sendet daher das Paket an den Router R1, wobei die LAN-Zustellung verwendet wird. R1 sucht in der Weiterleitungstabelle nach dem Zielnetz 200.0.1 und leitet das Paket an R2 weiter, der es wiederum an R3 weiterleitet. R3 sieht nun, dass er direkt mit dem Zielnetz 200.0.1 verbunden ist, und stellt das Paket über das LAN an D zu, indem er die physische Adresse von D nachschlägt.

In diesem Diagramm sind die IP-Adressen für die Enden der Verbindungen R1-R2 und R2-R3 nicht dargestellt. Ihnen könnten globale IP-Adressen zugewiesen werden, sie könnten aber auch »private« IP-Adressen verwenden. Wenn man davon ausgeht, dass es sich bei diesen Verbindungen um Punkt-zu-Punkt-Verbindungen handelt, benötigen sie möglicherweise gar keine IP-Adressen; wir kommen in Abschnitt 9.8, »Unnummerierte Schnittstellen«, darauf zurück.

Man kann sich die Netzwerkpräfixe-Bits als Analogie zur Postleitzahl und die Host-Bits als Analogie zur Straßenadresse vorstellen. Die internen Abteilungen des Postamts bringen einen Brief zur richtigen Postleitzahl, und dann bringt ihn ein einzelner Briefträger (das LAN) zur richtigen Adresse. Alternativ kann man sich die Netzwerkbits wie die Vorwahl einer Telefonnummer und die Hostbits wie die restlichen Ziffern vorstellen. Neuere Protokolle, die verschiedene Netz-/Host-Teilungspunkte an verschiedenen Stellen im Netz unterstützen – manchmal als *hierarchisches Routing* bezeichnet –, ermöglichen die Unterstützung von Adressierungsschemata, die z. B. Postleitzahl/Straße/Benutzer oder Vorwahl/Vermittlung/Teilnehmer entsprechen.

Als Internet-*Backbone* bezeichnen wir die IP-Router, die sich auf das groß angelegte Routing im kommerziellen Internet spezialisiert haben und in der Regel über Weiterleitungstabelleneinträge für alle öffentlichen IP-Adressen verfügen; dies ist im Wesentlichen eine geschäftliche und keine technische Definition. Wir können die Aussage bezüglich der Tabellengröße im vorherigen Absatz dahingehend revidieren, dass es zwar viele *private* IP-Netzwerke gibt, aber etwa 800.000 separate Netzwerkpräfixee (Stand 2019), die für das Backbone sichtbar sind. (Im Jahr 2012, als ich mit dem Schreiben dieses Buchs angefangen habe, waren es etwa 400.000 Präfixe.) Eine Weiterleitungstabelle mit 800.000 Einträgen ist durchaus realistisch; eine hundertmal größere Tabelle nicht, geschweige denn eine tausendmal größere. Eine Grafik zum Wachstum der Netzwerkpräfixee/Weiterleitungstabelleneinträge finden Sie in Abschnitt 15.5, »BGP-Tabellengröße«.

Das wirbellose Internet

Das Backbone ist nicht mehr so wichtig, wie es einmal war. Einst lief der gesamte Traffic zwischen verschiedenen Providern über das Backbone. Das alte Backbone gibt es immer noch, aber heute ist es auch üblich, dass der Traffic von großen Providern wie Google einen Backbone-freien Weg nimmt; solche Provider verbinden sich (oder »peeren«) direkt mit großen privaten ISPs wie Comcast. Google bezeichnet dies als sein »Edge Network«; siehe *peering.google.com* und auch Abschnitt 15.7.1, »MED-Werte und Traffic-Engineering«.

IP-Router an Nicht-Backbone-Standorten kennen in der Regel alle lokal zugewiesenen Netzpräfixe, z. B. 200.0.0/24 und 200.0.1/24. Wenn ein Ziel nicht mit einem lokal zugewiesenen Netzpräfix übereinstimmt, muss das Paket in das Internet insgesamt geroutet werden; für typische Nicht-Backbone-Standorte bedeutet dies fast immer, dass das Paket an den ISP gesendet wird, der die Internet-Konnektivität bereitstellt. In der Regel enthalten die lokalen Router einen *Standardeintrag* für alle nicht lokalen Netze; das bedeutet, dass der Router nur für lokal zugewiesene Netze einen expliziten

Eintrag benötigt. Dadurch wird die Größe der Weiterleitungstabelle erheblich reduziert. Das Internet-Backbone lässt sich in etwa als diejenigen Router beschreiben, die *keinen* Standardeintrag haben.

Für die meisten Zwecke kann das Internet als Kombination aus Endbenutzer-LANs und Punkt-zu-Punkt-Verbindungen betrachtet werden, die diese LANs mit dem Backbone verbinden; Punkt-zu-Punkt-Verbindungen vernetzen außerdem das Backbone. In Abbildung 1.6 sind sowohl LANs als auch Punkt-zu-Punkt-Verbindungen dargestellt.

Wie Router ihre ⟨destnet,next_hop⟩-Weiterleitungstabellen aufbauen, ist ein eigenes großes Thema, mit dem wir uns in Kapitel 13, »Routing-Update-Algorithmen«, beschäftigen. Im Gegensatz zu Ethernet verfügen IP-Router *nicht* über einen Flooding-Zustellungsmechanismus als Ausweichmöglichkeit, sodass die Tabellen im Voraus erstellt werden müssen. (Es gibt eine eingeschränkte IP-Broadcast-Variante, die aber im Grunde nur dazu dient, das lokale LAN zu erreichen, und die bei der Zustellung völlig nutzlos ist, wenn das Zielnetz unbekannt ist).

Die meisten Algorithmen zur Erstellung von Weiterleitungstabellen, die auf einer Gruppe von Routern unter gemeinsamer Verwaltung verwendet werden, gehören entweder in die Kategorie der *Distanzvektor*- oder der *Link-State*-Algorithmen; diese werden in Kapitel 13, »Routing-Update-Algorithmen«, beschrieben. *Nicht* gemeinsam verwaltete Router – d. h. benachbarte Router, die verschiedenen Organisationen angehören – tauschen Informationen über das *Border Gateway Protocol* (BGP) aus (Kapitel 14, »IP-Routing im großen Maßstab«). BGP ermöglicht es, Routing-Entscheidungen auf der Grundlage einer Verschmelzung von »technischen« Informationen (welche Standorte sind überhaupt erreichbar und über welchen Weg) mit »Policy«-Informationen, die rechtliche oder kommerzielle Vereinbarungen darstellen, zu treffen: Welche externen Router werden »bevorzugt«, wessen Datenverkehr wird von einem ISP auch dann weitergeleitet, wenn er nicht an einen der Kunden des ISP gerichtet ist, usw.

Die meisten »Router« in Privathaushalten verwenden neben der Weiterleitung von Paketen auch die Netzwerkadressübersetzung (*Network Address Translation*, siehe Abschnitt 9.7, »Netzwerkadressübersetzung«.

1.10.2 Die Zukunft von IPv4

Wie bereits erwähnt, ist für die Zuweisung von IP-Adressblöcken die Internet Assigned Numbers Authority – IANA – zuständig. Diese hat die Aufgabe der Zuweisung von Netzwerkpräfixen schon vor langer Zeit an einzelne Standorte delegiert; sie beschränkte sich auf die Vergabe von /8-Blöcken (Klasse-A-Blöcken) an die fünf *regionalen Registrare*:

- ARIN – Nordamerika
- RIPE – Europa, Naher Osten und Teile Asiens
- APNIC – Ostasien und Pazifikraum
- AfriNIC – der größte Teil von Afrika
- LACNIC – Mittel- und Südamerika

Ende Januar 2011 gingen der IANA die /8-Blöcke aus. Unter *http://www.iana.org/assignments/ipv4-address-space/ipv4-address-space.xml* findet sich eine Tabelle mit allen IANA-Zuweisungen von /8-Blöcken; eine Prüfung der Tabelle zeigt, dass nun alle zugewiesen wurden.

Im September 2015 ging der IPv4-Adresspool von ARIN zur Neige (*https://www.arin.net/announcements/2015/20150924.html*). Die meisten ARIN-Kunden sind Internetdienst-Provider, die neue IPv4-Adressen nur noch durch den Kauf ungenutzter Adressblöcke von anderen Organisationen erhalten können.

Wenige Monate, nachdem der IANA-Pool 2011 erschöpft war, erwarb Microsoft 666.624 IP-Adressen (2604 Class-C-Blöcke) in einer Nortel-Konkursauktion für 7,5 Millionen US-Dollar. Drei Jahre später fielen die Preise für IP-Adressen auf die Hälfte, kletterten aber bis 2019 auf 20 Dollar und mehr. In diesem Jahr kaufte Amazon einen Block mit 4 Millionen Adressen (44.0.0.0/10) für 108 Millionen US-Dollar, also 27 US-Dollar pro Adresse. Die Preise blieben bis 2020 im Bereich von 20 Dollar, stiegen aber bis Ende 2021 auf 50 bis 55 Dollar, wobei im Januar 2022 mehrere /19-Blöcke in diesem Bereich verkauft wurden. Der Markt für IPv4-Adressblöcke entwickelt sich weiter, aber die einzige wirkliche Lösung ist die breite Einführung von IPv6 mit seinen reichlich vorhandenen 128-Bit-Adressen.

Ein Preis für IPv4-Adressen um 20–30 US-Dollar dürfte sich auf den privaten Internetzugang kaum auswirken, wo sich die jährlichen Verbindungsgebühren oft auf 600 US-Dollar belaufen. Unternehmen setzen NAT (Abschnitt 9.7, »Netzwerkadressübersetzung«) in großem Umfang ein, sodass nur eine kleine Anzahl von weltweit sichtbaren Adressen benötigt wird. Die IPv4-Adressenknappheit scheint sich nicht einmal auf drahtlose Netzwerke auszuwirken. Sie führt jedoch zu ineffizienten Routing-Tabellen, da Standorte, die früher einen einzigen /17-Adressblock – und damit einen einzigen Eintrag in der Backbone-Weiterleitungstabelle – besaßen, nun auf über hundert /24-Blöcke und entsprechende Weiterleitungseinträge verteilt sein können.

1.11 DNS

IP-Adressen sind schwer zu merken (bei IPv6 fast unmöglich). Das *Domain Name System* oder DNS (Abschnitt 10.1, »DNS«) schafft Abhilfe, indem es eine Möglichkeit schafft, hierarchische Textnamen in IP-Adressen umzuwandeln. So kann man zum

Beispiel `www.luc.edu` statt 147.126.1.230 eingeben. Praktisch jede Internet-Software verwendet die gleichen grundlegenden Bibliotheksaufrufe, um DNS-Namen in tatsächliche Adressen umzuwandeln.

Eine Möglichkeit, die DNS bietet, ist die Änderung der IP-Adresse einer Website, ohne dass der Name geändert werden muss. So kann eine Website z. B. zu einem neuen Provider verlegt werden, ohne dass die Nutzer sich umgewöhnen müssen. Es ist auch möglich, verschiedene DNS-Namen auf dieselbe IP-Adresse aufzulösen und – mit einigen einfachen Tricks – den http-(Web-)Server an dieser IP-Adresse die verschiedenen DNS-Namen als völlig unterschiedliche Websites behandeln zu lassen.

Das DNS ist hierarchisch und verteilt. Bei der Suche nach `cs.luc.edu` können vier verschiedene DNS-Server abgefragt werden: für die sogenannte *DNS-Root-Zone*, für `edu`, für `luc.edu` und für `cs.luc.edu`. Die Suche in einer Hierarchie kann mühsam sein, daher werden die DNS-Suchergebnisse normalerweise lokal zwischengespeichert. Wird ein Name nicht im Cache gefunden, kann die Suche einige Sekunden dauern. Die DNS-Hierarchie muss nichts mit der Hierarchie der IP-Adressen zu tun haben.

1.12 Transport

Die IP-Schicht befördert Pakete von einem Knoten zum anderen, ist aber für den Transport nicht gut geeignet. Zum einen ist das IP-Routing ein »Best-Effort«-Mechanismus, sodass Pakete verlorengehen können (und dies auch tun). Außerdem gehen die Daten möglicherweise nicht in der richtigen Reihenfolge ein. Schließlich unterstützt IP nur das Senden an einen bestimmten Host; normalerweise möchte man an eine bestimmte Anwendung senden, die auf diesem Host läuft. E-Mail- und Web-Traffic oder zwei verschiedene Websitzungen sollten nicht vermischt werden!

Die Transportschicht liegt über der IP-Schicht und begegnet solchen Problemen oft durch eine Art von *Verbindungsabstraktion*. Der bei weitem bekannteste Mechanismus der Transportschicht ist das *Transmission Control Protocol*, kurz *TCP*. TCP erweitert IP um die folgenden Funktionen:

- **Zuverlässigkeit:** TCP nummeriert jedes Paket, merkt sich, welche verloren gegangen sind und sendet sie nach einem Timeout erneut. Es hält früh eintreffende Pakete, die nicht die korrekte Reihenfolge haben, für die Zustellung zum richtigen Zeitpunkt zurück. Jedes ankommende Datenpaket wird vom Empfänger quittiert; wird ein Quittungspaket nicht innerhalb einer bestimmten Zeit vom Sender empfangen, kommt es zum Timeout und zur erneuten Übertragung.
- **Verbindungsorientiertheit:** Sobald eine TCP-Verbindung hergestellt ist, sendet eine Anwendung Daten, indem sie einfach auf diese Verbindung schreibt. Eine weitere Adressierung auf Anwendungsebene ist nicht erforderlich. TCP-Verbindungen werden vom Kernel des Betriebssystems verwaltet, nicht von der Anwendung.

- **Stream-Orientierung:** Eine Anwendung, die TCP verwendet, kann 1 Byte auf einmal oder 100 kB auf einmal schreiben; TCP puffert die Daten und/oder teilt sie in entsprechend große Pakete auf.
- **Portnummern:** Sie ermöglichen die Angabe der Anwendung, die die Daten empfängt, sowie die Identifizierung der sendenden Anwendung.
- **Verwaltung des Durchsatzes:** TCP versucht, den Durchsatz zu maximieren und gleichzeitig nicht unnötig zur Überlastung des Netzes beizutragen.

TCP-Endpunkte haben die Form ⟨Host,Port⟩; diese Paare sind als *Socket-Adressen* oder manchmal nur als *Sockets* bekannt, obwohl sich Letzteres eher auf die Objekte des Betriebssystems bezieht, die die an die Socket-Adressen gesendeten Daten empfangen. Server (genauer gesagt Serveranwendungen) lauschen auf Verbindungen zu Sockets, die sie geöffnet haben; der Client ist dann jeder Endpunkt, der eine Verbindung zu einem Server initiiert.

Wenn Sie einen Hostnamen in einen Webbrowser eingeben, öffnet dieser eine TCP-Verbindung zum Port 80 des Servers (dem Standard-Port für den Web-Traffic), d. h. zum Server-Socket mit der Socket-Adresse ⟨server,80⟩. Wenn Sie mehrere Browser-Registerkarten geöffnet haben, kann jede von ihnen eine Verbindung zum *selben* Server-Socket herstellen, aber die Verbindungen sind dadurch unterscheidbar, dass sie auf der Client-Seite (d. h. auf Ihrer Seite) separate Ports (und damit separate Socket-Adressen) verwenden.

Ein stark ausgelasteter Server kann Tausende von Verbindungen zu seinem Port 80 (dem Web-Port) und Hunderte von Verbindungen zu Port 25 (dem E-Mail-Port) unterhalten. Web- und E-Mail-Traffic werden durch die unterschiedlichen Ports voneinander getrennt. Alle Clients, die auf denselben Port zugreifen, werden jedoch getrennt gehalten, da jeder von einem eindeutigen ⟨Host,Port⟩-Paar kommt. Eine TCP-Verbindung wird durch die Socket-Adresse ⟨Host,Port⟩ an *jedem* Ende bestimmt; der Traffic auf verschiedenen Verbindungen vermischt sich nicht. Das heißt, es kann mehrere unabhängige Verbindungen zu ⟨www.luc.edu,80⟩ geben. Dies ist in gewisser Weise vergleichbar mit einem Anruf in einem Callcenter, in dem mehrere Anruferinnen und Anrufer gleichzeitig dieselbe gebührenfreie Nummer anrufen können. Jeder Anruf dieser Nummer wird von einem anderen Mitarbeiter entgegengenommen (der einem anderen CPU-Prozess entspricht), und die verschiedenen Anrufer können sich nicht gegenseitig »belauschen«.

TCP verwendet den *Sliding-Windows-Algorithmus*, Kapitel 8, »Sliding Windows«, um mehrere Pakete gleichzeitig auf dem Weg zu halten. Die *Fenstergröße* gibt die Anzahl der Pakete an, die gleichzeitig unterwegs sind (TCP misst die Fenstergröße in Bytes, aber Pakete sind einfacher zu visualisieren). Wenn die Fenstergröße z. B. 10 Pakete beträgt, sind zu jedem Zeitpunkt 10 Pakete unterwegs (vielleicht 5 Datenpakete und 5 zurückkommende Bestätigungen). Unter der Annahme, dass keine Pakete verloren gehen, verschiebt sich das Fenster mit jeder eintreffenden Bestätigung um ein Paket nach vorne. Das Datenpaket, das 10 Pakete voraus ist, wird dann gesendet, sodass insgesamt 10 Pakete auf der Leitung bleiben. Betrachten wir zum Beispiel den Moment, in dem die zehn Pakete 20–29 unterwegs sind. Wenn ACK[20] empfangen wird, sinkt die Zahl der ausstehenden Pakete auf 9 (Pakete 21–29). Um 10 Pakete im Umlauf zu halten, wird Data[30] gesendet. Wenn ACK[21] empfangen wird, wird Data[31] gesendet, und so weiter.

Durch Sliding Windows werden die Auswirkungen der Übertragungs- sowie Ausbreitungsverzögerung minimiert, da diese nur einmal für das gesamte Fenster und nicht einmal pro Paket zählen. Sliding Windows bieten zudem eine automatische, wenn auch nur teilweise, Bremse gegen Überlast: Die Warteschlange an einem beliebigen Switch oder Router entlang der Strecke kann die Fenstergröße nicht überschreiten. Dies ist ein Vorteil gegenüber der Übertragung mit *konstanter Rate*, die, wenn die verfügbare Bandbreite unter die Übertragungsrate fällt, immer zu überfüllten Warteschlangen und einem erheblichen Prozentsatz an verworfenen Paketen führt. Wenn die Fenstergröße zu groß ist, kann es natürlich auch bei einem Sliding-Windows-Sender zu Paketverlusten kommen.

Zumindest unter dem Gesichtspunkt des Durchsatzes ist die ideale Fenstergröße so beschaffen, dass ein ganzes Fenster in einem Umlauf gesendet werden kann, sodass die nächste ACK immer genau dann eintrifft, wenn der Sender die Übertragung des Fensters beendet hat. Die Bestimmung dieser idealen Größe ist jedoch schwierig. Zum einen variiert die ideale Größe mit der Netzauslastung. Aus diesem Grund nähert sich TCP der idealen Größe an. Die gängigste TCP-Strategie – die des so genannten TCP Reno – besteht darin, die Fenstergröße langsam zu erhöhen, bis es zu Paketverlusten kommt, was TCP als Zeichen dafür nimmt, dass die Grenze der verfügbaren Netzwerkressourcen erreicht ist. An diesem Punkt wird die Fenstergröße auf die Hälfte des vorherigen Wertes reduziert, und der langsame Anstieg wird fortgesetzt. Das Ergebnis ist eine »Sägezahn«-Kurve der Fenstergröße im Zeitverlauf, die (mehr oder weniger) um die »optimale« Fenstergröße oszilliert. Eine idealisierte Sägezahnkurve finden Sie in Abschnitt 19.1.1.

Diese Strategie zur Optimierung der Fenstergröße hat ihre Wurzeln in dem Versuch, die verfügbare Bandbreite zu maximieren, schränkt aber auch die Anzahl der Paketverluste stark ein. Infolgedessen ist TCP das Internetprotokoll, das für die Verringerung (oder zumindest die Bewältigung) von *Überlast* im Internet zuständig ist und – damit zusammenhängend – für eine *faire* Zuteilung von Bandbreite an konkurrierende Verbindungen sorgt. Zumindest im klassischen Fall spielen Kern-Internet-Router bei der Überwachung von Engpässen oder Fairnesskriterien im Grunde keine Rolle. Mit anderen Worten: Das Internet legt die Verantwortung für die Vermeidung von Engpässen (*Congestion Avoidance*) kooperativ in die Hände der Endnutzer. Obwohl

»Betrug« möglich ist, hat dieser kooperative Ansatz bisher bemerkenswert gut funktioniert.

TCP ist zwar allgegenwärtig, aber seine Echtzeitleistung ist nicht immer gleichbleibend: Wenn ein Paket verloren geht, übergibt der empfangende TCP-Host keine weiteren Daten an die empfangende Anwendung, bis das verlorene Paket erfolgreich erneut übertragen wurde; dies wird oft als *Head-of-Line-Blocking* bezeichnet. Das ist ein ernsthaftes Problem für Ton- und Videoanwendungen, die mit geringen Verlusten problemlos umgehen können, aber mit plötzlichen großen Verzögerungen richtige Schwierigkeiten haben. Ein paar verlorene Pakete sollten idealerweise nur ein paar kurze Sprachaussetzer (bei Mobiltelefonen ziemlich häufig) oder Flimmern/Schneeflocken auf dem Videobildschirm (oder lediglich die Wiederholung des vorherigen Bilds) bedeuten; beides ist besser als eine vollständige Pause.

Die grundlegende Alternative zu TCP wird *UDP – User Datagram Protocol* – genannt. UDP stellt wie TCP Portnummern zur Verfügung, um die Zustellung an mehrere Endpunkte innerhalb des empfangenden Hosts zu unterstützen, d. h. an einen bestimmten Prozess auf dem Host. Wie bei TCP besteht ein UDP-Socket aus einem ⟨host,port⟩-Paar. UDP enthält ebenfalls wie TCP eine Prüfsumme über die Daten. Allerdings fehlen bei UDP die anderen TCP-Funktionen: Es gibt keinen Verbindungsaufbau, keine Erkennung verlorener Pakete, keine automatische Zeitüberschreitung/Wiederholung der Übertragung, und die Anwendung muss ihre eigene Paketierung vornehmen. Diese Einfachheit ist nicht unbedingt negativ: Der fehlende Verbindungsaufbau bedeutet, dass die Datenübertragung schneller beginnen kann, und die fehlende Erkennung verlorener Pakete bedeutet, dass es kein Head-of-Line-Blocking gibt (siehe Kapitel 16, »UDP-Übertragung«).

Das Real-Time Transport Protocol (*RTP*) befindet sich über UDP und bietet zusätzliche Unterstützung für Sprach- und Videoanwendungen.

1.12.1 Muster der Traffic-Kommunikation

Die beiden »klassischen« Traffic-Muster für die Internetkommunikation sind die folgenden:

- interaktive oder stoßweise Kommunikation, z. B. über ssh oder telnet, mit langen Leerlaufzeiten zwischen kurzen Bursts
- massenhafte Dateiübertragungen, etwa das Herunterladen einer Webseite

TCP kommt mit beidem gut zurecht, auch wenn seine Überlastmanagementfunktionen nur dann zum Tragen kommen, wenn große Datenmengen auf einmal übertragen werden. Das Surfen im Internet ist eine Mischung aus beidem: Im Laufe der Zeit kommt es in der Regel zu erheblichen Bursts, aber einzelne Seiten überschreiten mittlerweile oft 1 MB.

Zu den oben genannten Vorgängen können noch *Anfrage/Antwort*-Operationen hinzugefügt werden, z. B. zur Abfrage einer Datenbank oder für DNS-Anfragen. Auch hier ist TCP weit verbreitet, obwohl der meiste DNS-Traffic nach wie vor über UDP abgewickelt wird. In regelmäßigen Abständen werden Forderungen nach einem neuen Protokoll laut, das sich speziell mit diesem Muster befasst, obwohl die Verwendung von TCP an dieser Stelle gut etabliert ist. Wenn eine *Abfolge* von Anfrage/Antwort-Operationen vorgesehen ist, ist eine einzelne TCP-Verbindung sehr sinnvoll, da der Verbindungsaufbau-Overhead im Vergleich minimal ist. Mehr darüber erfahren Sie in Abschnitt 16.5, »Remote Procedure Call (RPC)«, und Abschnitt 18.15.2, »SCTP«.

In diesem Jahrhundert gab es eine explosionsartige Zunahme von *Streaming-Videos* (Abschnitt 26.3.2, »Kryptografische Grundlagen«) mit einer Länge von einigen Minuten bis zu einigen Stunden. Streaming-Radiosender können unbegrenzt wiedergegeben werden. TCP funktioniert hier normalerweise gut, vorausgesetzt, der Empfänger kann z. B. eine Minute voraus sein und das empfangene, aber noch nicht gesehene Video puffern. Auf diese Weise hat der Empfänger Zeit, sich zu stabilisieren, wenn der Durchsatz aufgrund von Überlast einbricht. Beim Radiostreaming funktioniert die Pufferung etwas weniger gut, da der Hörer nicht zu weit hinterherhinken möchte, wobei zehn Sekunden angemessen sind. Glücklicherweise ist die Audiobandbreite geringer.

Ein weiteres Problem beim Videostreaming ist der Bandbreitenbedarf. Die meisten Videostreaming-Dienste versuchen, den verfügbaren Durchsatz abzuschätzen und sich dann durch Änderung der Videoauflösung daran anzupassen (Abschnitt 24.3, »Echtzeit-Datenverkehr«).

Normalerweise funktioniert das Videostreaming nach dem Start-Stopp-Prinzip: Der Sender pausiert, wenn der Wiedergabepuffer des Empfängers »gefüllt« ist, und setzt die Wiedergabe fort, wenn der Wiedergabepuffer unter einen bestimmten Schwellenwert fällt.

Bei *interaktivem* Video (oder auch Voice-Audio) gibt es viel weniger Möglichkeiten für die Zwischenspeicherung von Streams. Wenn jemand bei einem Internet-Telefongespräch eine einfache Frage stellt, möchte er oder sie in der Regel mehr oder weniger sofort eine Antwort erhalten und nicht warten, bis die Antwort im Stream-Puffer des Gegenübers angekommen ist. 200 ms Pufferung sind spürbar. Hier kommen wir in den Bereich des echten Echtzeit-Traffic. UDP wird oft verwendet, um Head-of-Line-Blocking zu vermeiden. Geringere Bandbreiten sind hilfreich; für Sprachübertragungen werden traditionell nur 8 kB/Sek. benötigt, bei Komprimierung noch weniger. Andererseits kann es Beschränkungen für die *Schwankungen* der Übertragungszeit geben (bekannt als *Jitter*; siehe Abschnitt 24.11.3, »RTP Control Protocol«, für eine spezifische numerische Interpretation). Interaktives Video mit seinen viel höheren Bandbreitenanforderungen ist ein schwierigeres Thema; glücklicherweise scheinen die Benutzerinnen und Benutzer die üblichen Pausen und Stockungen zu tolerieren.

Auf der Transportschicht sind im Wesentlichen alle Netzverbindungen zwischen einem *Client* und einem *Server* angesiedelt. Häufig wiederholt sich dieses Muster auch auf der Anwendungsschicht: Der Client kontaktiert den Server und leitet eine Anmeldesitzung ein, durchsucht einige Webseiten oder schaut sich einen Film an. Manchmal passt der Austausch auf der Anwendungsschicht jedoch besser zum *Peer-to-Peer*-Modell, bei dem die beiden Endpunkte mehr oder weniger gleichberechtigt sind. Einige Beispiele sind:

- Internet-Telefonie: Es ist nicht von Vorteil, denjenigen, der den Anruf tätigt, als »Client« zu bezeichnen.
- Nachrichtenübermittlung in einem CPU-Cluster, häufig unter Verwendung von Abschnitt 16.5, »Remote Procedure Call (RPC)«.
- Die Routing-Kommunikationsprotokolle in Kapitel 13, »Routing-Update-Algorithmen«. Wenn Router A Router B benachrichtig, könnte man A als Client bezeichnen, aber wenn A und B einander wiederholt benachrichtigen, macht das Peer-to-Peer-Modell mehr Sinn.
- sogenanntes Peer-to-Peer-Filesharing, bei dem Einzelpersonen Dateien mit anderen Einzelpersonen austauschen (im Gegensatz zum »Cloud-basierten« Filesharing, bei dem die »Cloud« der Server ist).

RFC 5694 enthält weitere Informationen über Peer-to-Peer-Muster.

1.12.2 Content-Distribution Networks

Websites, die extrem viele Inhalte zu verbreiten haben, nutzen häufig ein spezielles Kommunikationsmuster, das als *Content-Distribution Network* oder *CDN* bezeichnet wird. Um den Datenverkehr über große Entfernungen zu reduzieren oder die Umlaufzeit zu verringern, repliziert eine Website ihre Inhalte in mehreren Datenzentren (auch *Points of Presence* (*PoPs*), *Knoten*, *Übergabepunkte*, *Kontaktstellen* oder *Edge-Server* genannt). Wenn ein Nutzer eine Anfrage stellt (z. B. für eine Webseite oder ein Video), wird die Anfrage an das nächstgelegene (oder fast nächstgelegene) Rechenzentrum weitergeleitet, und der Inhalt wird von dort bereitgestellt.

CDN-Zuordnung

Eine geografische Karte der Server im NetFlix-CDN aus dem Jahr 2016 finden Sie in [BCTCU16]. Die Karte wurde ausschließlich durch Endnutzermessungen erstellt. Die meisten Server befinden sich in Nord- und Südamerika und Europa.

Große Webseiten enthalten in der Regel sowohl *statische* als auch individuelle *dynamische* Inhalte. Auf einer typischen Facebook-Seite könnten zum Beispiel die Videos und die Javascript-Skripte als statisch angesehen werden, während die einzelnen

Pinnwandeinträge als dynamisch gelten könnten. Das CDN kann alle oder die meisten statischen Inhalte auf jedem seiner Edge-Server zwischenspeichern, während die dynamischen Inhalte von einem zentralen Server stammen. Alternativ können die dynamischen Inhalte auch auf jedem CDN-Edge-Knoten repliziert werden, was jedoch zu Problemen bei der Echtzeitkoordination führt.

Werden dynamische Inhalte *nicht* repliziert, kann das CDN private Hochgeschwindigkeitsverbindungen zwischen den Knoten einrichten, die eine rasche Bereitstellung an jeden Knoten mit geringer Überlast ermöglichen. Alternativ dazu können die CDN-Knoten auch einfach über das öffentliche Internet kommunizieren. Schließlich kann das CDN so konfiguriert sein (oder auch nicht), dass es schnellen *interaktiven* Traffic zwischen den Knoten unterstützt, z. B. Telekonferenz-Traffic, wie in Abschnitt 24.6.1, »Eine CDN-basierte Alternative zu IntServ«, beschrieben.

Unternehmen können ihre eigenen CDNs einrichten, nehmen aber häufig die Dienste spezialisierter CDN-Provider in Anspruch, die ihre CDN-Dienste in vielen Fällen mit Website-Hosting-Diensten kombinieren.

Im Prinzip braucht man für die Einrichtung eines CDN nur eine Vielzahl von Rechenzentren, von denen jedes über eine eigene Internetverbindung verfügt; auch private Verbindungen zwischen Rechenzentren sind üblich. In der Praxis versuchen viele CDN-Provider auch, direkte Verbindungen zu den ISPs aufzubauen, die ihre Kunden versorgen, zum Beispiel das oben genannte Google Edge Network. Dies kann die Leistung verbessern und die Traffickosten senken; wir werden in Abschnitt 15.7, »BGP und Traffic-Engineering«, darauf zurückkommen.

Die Suche nach dem Edge-Server, der einem bestimmten Benutzer am nächsten ist, ist eine schwierige Angelegenheit. Es gibt drei gebräuchliche Techniken. Bei der ersten erhalten alle Edge-Server unterschiedliche IP-Adressen, und DNS wird so konfiguriert, dass die Benutzer die IP-Adresse des nächstgelegenen Edge-Servers erhalten (Abschnitt 10.1, »DNS«). Im zweiten Fall hat jeder Edge-Server *dieselbe* IP-Adresse, und der Traffic wird unter Verwendung des Anycast-Routing vom Benutzer zum nächstgelegenen Edge-Server geleitet (Abschnitt 15.8, »BGP und Anycast«). Bei HTTP-Anwendungen schließlich kann ein zentraler Server den ungefähren Standort des Benutzers ermitteln und die Webseite dann an den nächstgelegenen Edge-Server weiterleiten.

1.13 Firewalls

Wenn ein Programm auf Ihrem Rechner einen offenen TCP-Port abhört, ergibt sich das Problem, dass jemand eine Verbindung herstellen und dann unter Ausnutzung einer Schwachstelle in der Software auf Ihrer Seite etwas Bösartiges mit Ihrem Rechner anstellen kann. Der Schaden kann vom unbeabsichtigten Herunterladen persönlicher Daten bis hin zur Kompromittierung und Übernahme Ihres gesamten Computers reichen, wodurch dieser zum Verteiler von Viren und Würmern oder zum Sprungbrett für spätere Einbrüche in andere Rechner wird.

Eine Strategie, die als *Pufferüberlauf* bekannt ist (Abschnitt 27.2, »Stapelüberlauf«), war die Grundlage für eine Vielzahl von Angriffen mit totaler Kompromittierung. Die Idee besteht darin, einen Punkt in einem Serverprogramm zu identifizieren, an dem es einen Speicherpuffer mit vom Netzwerk bereitgestellten Daten füllt, ohne die Länge sorgfältig zu prüfen; fast jeder Aufruf der C-Bibliotheksfunktion `gets(buf)` reicht aus. Der Angreifer erstellt dann eine übergroße Eingabezeichenkette. Wird diese vom Server gelesen und im Speicher abgelegt, läuft der Puffer über und überschreibt nachfolgende Teile des Speichers, die typischerweise die Stack-Frame-Zeiger enthalten. Üblicherweise geht es darum, dass die Kontrolle nicht an die aufrufende Funktion zurückgegeben wird, wenn der Server das Ende der aktuell ausgeführten Funktion erreicht, sondern an den eigenen Payload-Code des Angreifers, der sich innerhalb der Zeichenkette befindet.

Eine *Firewall* ist ein Mechanismus, der als potenziell riskant betrachtete Verbindungen blockiert, z. B. solche von außerhalb des Standorts. Normale Arbeitsstationen müssen in der Regel keine Verbindungen aus dem Internet annehmen; Client-Rechner leiten stattdessen Verbindungen zu (besser geschützten) Servern ein. Das Blockieren eingehender Verbindungen funktioniert also recht gut; bei Bedarf (z. B. für Spiele) können bestimmte Ports selektiv freigegeben werden.

Die ursprünglichen Firewalls waren in Router eingebaut. Eingehender Datenverkehr zu Servern wurde oft blockiert, es sei denn, er wurde an einen der wenigen »offenen« Ports gesendet; bei Nicht-Servern wurden normalerweise alle eingehenden Verbindungen blockiert. Auf diese Weise konnten interne Rechner einigermaßen sicher arbeiten, auch wenn es manchmal lästig ist, keine eingehenden Verbindungen annehmen zu können.

Heutzutage sind Firewalls auf Hostbasis – zusätzlich zu Router-basierten Firewalls – üblich: Sie können Ihren Arbeitsplatz so konfigurieren, dass eingehende Verbindungen zu den meisten (oder allen) Ports nicht akzeptiert werden, unabhängig davon, ob eine Software auf der Arbeitsstation eine solche Verbindung anfordert. Ausgehende Verbindungen können in vielen Fällen ebenfalls verhindert werden.

Der typische Heimrouter implementiert die so genannte Netzwerkadressübersetzung (Abschnitt 9.7, »Netzwerkadressübersetzung«), die auch einen Firewall-Schutz bietet.

1.14 Einige nützliche Dienstprogramme

Es gibt eine Vielzahl von nützlichen Programmen zur Untersuchung und Diagnose von Netzwerken. Hier führe ich einige der einfacheren, gebräuchlicheren und verfügbaren Programme auf; manche davon werden in den nachfolgenden Kapiteln ausführlicher behandelt. Einige dieser Programme, wie `ping`, sind in der Regel standardmäßig vorhanden; andere müssen installiert werden.

ping

`ping` eignet sich, um festzustellen, ob ein anderer Rechner erreichbar ist, z. B.

```
ping www.cs.luc.edu
ping 147.126.1.230
```

Mehr zur Funktionsweise erfahren Sie in Abschnitt 10.4, »Internet Control Message Protocol«. Manchmal schlägt `ping` fehl, weil die erforderlichen Pakete von einer Firewall blockiert werden.

ifconfig, ipconfig, ip

Um Ihre eigene IP-Adresse zu finden, können Sie `ipconfig` unter Windows, `ifconfig` unter Linux und Macintosh oder das neuere `ip addr list` unter Linux verwenden. Standardmäßig werden alle aktiven Schnittstellen ausgegeben, dies kann aber auf Wunsch auf ausgewählte Schnittstellen beschränkt werden. Der `ip`-Befehl im Besonderen kann auch viele weitere Dinge erledigen. Der Windows-Befehl `netsh interface ip show config` liefert ebenfalls IP-Adressen.

nslookup, dig and host

Dieses Programmtrio wurde vom Internet Systems Consortium entwickelt und wird für DNS-Abfragen verwendet. Die Programme unterscheiden sich durch ihren Komfort und ihre Optionen. Das älteste ist `nslookup`, das Programm mit den meisten Optionen ist `dig`, und das neueste und für den normalen Gebrauch wohl bequemste ist `host`.

```
nslookup intronetworks.cs.luc.edu
Non-authoritative answer:
Name:    intronetworks.cs.luc.edu
Address: 162.216.18.28
```

```
dig intronetworks.cs.luc.edu
...
;; ANSWER SECTION:
intronetworks.cs.luc.edu. 86400 IN      A       162.216.18.28
...
```

```
host intronetworks.cs.luc.edu
intronetworks.cs.luc.edu has address 162.216.18.28
intronetworks.cs.luc.edu has IPv6 address 2600:3c03::f03c:91ff:fe69:f438
```

Weitere Informationen erhalten Sie in Abschnitt 10.1.2, »nslookup und dig«.

traceroute

`traceroute` listet unter Linux die Route von Ihnen zu einem entfernten Host auf. Das Windows-Dienstprogramm `tracert` ist funktionell gleichwertig.

```
traceroute intronetworks.cs.luc.edu

 1  147.126.65.1 (147.126.65.1)  0.751 ms  0.753 ms  0.783 ms
 2  147.126.95.54 (147.126.95.54)  1.319 ms  1.286 ms  1.253 ms
 3  12.31.132.169 (12.31.132.169)  1.225 ms  1.231 ms  1.193 ms
 4  cr83.cgcil.ip.att.net (12.123.7.46)  4.983 ms cr84.cgcil.ip.att.net
                          (12.123.7.170)  4.825 ms  4.812 ms
 5  cr83.cgcil.ip.att.net (12.123.7.46)  4.926 ms  4.904 ms  4.888 ms
 6  cr1.cgcil.ip.att.net (12.122.99.33)  5.043 ms cr2.cgcil.ip.att.net
                        (12.122.132.109)  5.343 ms  5.317 ms
 7  gar13.cgcil.ip.att.net (12.122.132.121)  3.879 ms  18.347 ms
      ggr4.cgcil.ip.att.net (12.122.133.33)  2.987 ms
 8  chi-b21-link.telia.net (213.248.87.253)  2.344 ms  2.305 ms  2.409 ms
 9  nyk-bb2-link.telia.net (80.91.248.197)  24.065 ms nyk-bb1-link.telia.net
                          (213.155.136.70)  24.986 ms nyk-bb2-link.telia.net
                           (62.115.137.58)  23.158 ms
10  nyk-b3-link.telia.net (62.115.112.255)  23.557 ms  23.548 ms nyk-b3-
            link.telia.net (80.91.248.178)  24.510 ms
11  netaccess-tic-133837-nyk-b3.c.telia.net (213.248.99.90)  23.957 ms
                                                 24.382 ms  24.164 ms
12  0.e1-4.tbr1.mmu.nac.net (209.123.10.101)  24.922 ms  24.737 ms  24.754 ms
13  207.99.53.42 (207.99.53.42)  24.024 ms  24.249 ms  23.924 ms
```

Der letzte Router (und `intronetworks.cs.luc.edu` selbst) antwortet nicht auf die Traceroute-Pakete, sodass die Liste nicht ganz vollständig ist. Weitere Informationen erhalten Sie in Abschnitt 10.4.1, »Traceroute und Time Exceeded«.

Traceroute sendet standardmäßig drei Abfragen für jeden Router. Manchmal kommen die Antworten nicht alle von demselben Router zurück, wie oben bei den Routern 4, 6, 7, 9 und 10. Router 9 sendete drei verschiedene Antworten zurück.

Auf Linux-Systemen kann der Befehl `mtr` als Alternative zu `traceroute` zur Verfügung stehen; er wiederholt die Traceroute in Abständen von einer Sekunde und erstellt kumulative Statistiken.

route und netstat

Die Befehle `route`, `route print` (Windows), `ip route show` (Linux) und `netstat -r` (alle Systeme) zeigen die lokale IP-Weiterleitungstabelle des Hosts an. Bei Workstations, die nicht als Router fungieren, enthält diese in der Regel nicht viel mehr als die Route zum Standard-Router. Die Standardroute wird manchmal als Ziel 0.0.0.0 mit der Netzmaske 0.0.0.0 (entspricht 0.0.0.0/0) aufgeführt.

Der Befehl `netstat -a` zeigt die bestehenden TCP-Verbindungen und offenen UDP-Sockets an.

netcat

Das Programm `netcat`, oft auch `nc` genannt, ermöglicht es dem Benutzer, TCP- oder UDP-Verbindungen herzustellen und Textzeilen hin und her zu senden. Weitere Informationen finden Sie in Abschnitt 16.1.4 sowie Abschnitt 17.7.1.

WireShark

Wireshark ist eine praktische Kombination aus Paketaufzeichnung und Paketanalyse. Beispiele finden Sie in Abschnitt 17.4, »TCP und WireShark«, sowie Abschnitt 12.4, »IPv6 und IPv4 gemeinsam benutzen«.

WireShark hieß ursprünglich Etherreal. Ein früheres reines Kommandozeilenprogramm zur Paketaufzeichnung ist `tcpdump`, obwohl WireShark die Unterstützung für die Dekodierung von Paketformaten stark erweitert hat. Sowohl WireShark als auch `tcpdump` unterstützen sowohl die Live-Paketaufnahme als auch das Lesen von `.pcap`-(Packet Capture) und `.pcapng`-Dateien.

WireShark ist das einzige hier aufgeführte Programm, das nicht über die Befehlszeile läuft. Manchmal ist es erwünscht, Pakete auf einem entfernten System zu überwachen. Wenn X-Windows involviert ist (z. B. unter Linux), kann dies geschehen, indem man sich von seinem lokalen System aus mit `ssh -X` anmeldet, was die X-Windows-Weiterleitung aktiviert, und dann `wireshark` (oder vielleicht `sudo wireshark`) von der Kommandozeile aus startet. Andere Alternativen sind tcpdump und tshark; Letzteres ist Teil der WireShark-Distribution und unterstützt die gleichen Paketdekodierungsmöglichkeiten wie WireShark. Schließlich gibt es noch termshark, ein Frontend für tshark. Dessen terminalbasierte Schnittstelle ist der grafischen Schnittstelle von WireShark recht ähnlich.

1.15 IETF und OSI

Die genannten Internet-Protokolle werden von der *Internet Engineering Task Force* (IETF) definiert (unter der Schirmherrschaft des *Internet Architecture Board* (IAB), das wiederum der *Internet Society* (ISOC) untersteht). Die IETF veröffentlicht »Request For Comment«- oder *RFC*-Dokumente, die alle formalen Internet-Standards enthalten; diese sind unter *http://www.ietf.org/rfc.html* abrufbar (beachten Sie, dass zu dem Zeitpunkt, zu dem ein Dokument hier erscheint, die eigentliche Frist für die Einreichung von Kommentaren in der Regel längst abgelaufen ist). Das Fünf-Schichten-Modell ist eng mit der IETF verbunden, obwohl es keine offizielle Norm ist.

RFC-Standards erlauben manchmal eine gewisse Flexibilität. Vor diesem Hintergrund wird in RFC 2119 das offizielle Verständnis der Begriffe *MUST* und *SHOULD* festgelegt. Eine mit *MUST* gekennzeichnete Funktion ist »eine absolute Anforderung für die Spezifikation«, während der Begriff *SHOULD* in den folgenden Fällen verwendet wird:

> *Es kann unter bestimmten Umständen triftige Gründe dafür geben, einen bestimmten Punkt zu vernachlässigen, aber die Konsequenzen müssen verstanden und sorgfältig abgewogen werden, bevor ein anderer Weg eingeschlagen wird.*

Das ursprüngliche ARPANET-Netz wurde von der *Defense Advanced Research Projects Agency* (DARPA) der US-Regierung entwickelt; es ging 1969 online. Die National Science Foundation gründete 1986 das NSFNet, das das ARPANET weitgehend ersetzte. Im Jahr 1991 wurde der Betrieb des NSFNet-Backbone an ANSNet, ein privates Unternehmen, übergeben. Die ISOC wurde 1992 gegründet, als sich die NSF weiter aus dem Netzwerkgeschäft zurückzog.

Kennzeichnend für den IETF-Entwurf waren David Clarks Erklärung

> *Wir lehnen ab: Könige, Präsidenten und Abstimmungen.*
> *Wir glauben an: groben Konsens und funktionierenden Code.*

sowie das Robustheitsprinzip des RFC-Herausgebers Jon Postel, hier in RFC 761/ RFC 793:

> *TCP-Implementierungen sollten einem allgemeinen Robustheitsprinzip folgen: Sei konservativ in dem, was du tust, sei liberal in dem, was du von anderen akzeptierst.*

Der Aphorismus von Postel wird oft verkürzt als »sei liberal in dem, was du akzeptierst, und konservativ in dem, was du sendest« zitiert. In dieser Form wurde er in den letzten Jahren gelegentlich im Hinblick auf kryptografische Protokolle kritisiert, bei denen eine laxe Durchsetzung zu Sicherheitslücken führen kann. Fairerweise muss man jedoch sagen, dass Postel dies in einer Zeit schrieb, in der die Protokollspezifikationen manchmal nicht die Regeln für jede mögliche Situation umfassend festlegten und zu strenge Implementierungen mitunter nicht interoperabel waren. Was *sollte* geschehen, wenn ein TCP-Paket mit gesetztem SYN-Bit ankam, um eine neue Verbindung aufzubauen, und auch mit gesetztem FIN-Bit, um diese Verbindung zu beenden? Heutzutage sind die TCP-Spezifikationen jedoch normalerweise viel vollständiger, und das gilt sogar in noch stärkerem Maß für die kryptografischen Protokolle. Eine Möglichkeit, Postels Regel zu verstehen, ist, dass Protokollimplementierungen *so streng wie nötig sein sollten, aber nicht strenger.*

Es hält sich hartnäckig die – falsche – Vorstellung, dass die verteilte Routing-Architektur von IP auf ein Mandat des US-Verteidigungsministeriums zurückgeht, wonach das ursprüngliche ARPAnet so aufgebaut sein sollte, dass es einen Atomangriff übersteht. Tatsächlich schienen die Entwickler von IP sich darüber keine Gedanken zu machen. Paul Baran schrieb jedoch in seinem 1962 erschienenen Papier, in dem er das Konzept der Paketvermittlung umriss:

> *Wenn [die Anzahl der Stationen] ausreichend groß ist, können hochgradig robuste Systemstrukturen aufgebaut werden – selbst im thermonuklearen Zeitalter.*

1977 begründete die Internationale Organisation für Normung (*ISO*) das Projekt *Open Systems Interconnection* (*OSI*), ein Verfahren zur Schaffung neuer Netzwerkstandards. OSI stellte einen Versuch dar, Netzwerkstandards unabhängig von einer einzelnen Regierung zu schaffen.

Das OSI-Projekt ist heute vielleicht vor allem für sein *siebenschichtiges* Netzwerkmodell bekannt: Zwischen Transport- und Anwendungsschicht wurden die *Sitzungs-* und die *Darstellungsschicht* eingefügt. Die Sitzungsschicht sollte »Sitzungen« zwischen Anwendungen abwickeln (einschließlich des ordnungsgemäßen Schließens von Verbindungen der Transportschicht wie es in TCP enthalten ist) und des Wiederaufbaus »unterbrochener« Verbindungen der Transportschicht, was TCP dringend gebrauchen könnte), und die Darstellungsschicht sollte Aspekte wie die Definition universeller Datenformate (z. B. für binäre numerische Daten oder für Nicht-ASCII-Zeichensätze) abwickeln und schließlich auch Komprimierung und Verschlüsselung umfassen.

Datenpräsentation und Sitzungsmanagement sind wichtige Konzepte, aber in vielen Fällen hat es sich nicht als notwendig oder gar als besonders nützlich erwiesen, sie zu echten Schichten zu machen. Der Schichtenansatz hat sich als sehr hilfreich erwiesen, um Netzwerksoftware in separate Abschnitte zu gliedern, ist aber schwer genau zu definieren. Ein Ansatz besteht darin, zu erklären, dass eine Schicht nur mit den unmittelbar darüber und darunter liegenden Schichten direkt kommunizieren soll. Die Anwendung gibt ihre Daten an die Transportschicht weiter, um den Transport-Header zu empfangen. Diese gibt die Daten an die IP-Schicht weiter, um den IP-Header zu empfangen, und so weiter bis zur LAN-Schicht. Jede Schicht kann als gekapseltes Softwareobjekt oder Modul der darüber liegenden Schicht betrachtet werden, und jede Schicht kapselt ihrerseits das Paket der übergeordneten Schicht, indem sie einen neuen Header hinzufügt. Dies gilt größtenteils für die Transport-, IP- und LAN-Schicht, aber es gibt auch Unregelmäßigkeiten: Die Prüfsumme der Transportschicht benötigt beispielsweise Informationen aus der IP-Schicht und wird unter Umständen erst in der LAN-Schicht berechnet (Abschnitt 16.1.3, »Simplex-Talk über UDP«, Unterabschnitt »UDP und IP-Adressen«, und Abschnitt 17.5, »TCP-Offloading«).

Selbst wenn man diese Unregelmäßigkeiten berücksichtigt, ist es schwierig, den Status einer vollwertigen Schicht für die Sitzungs- und Darstellungsaktivitäten zu rechtfertigen. Häufig verwaltet die Anwendungsschicht ihre eigenen Transportverbindungen und ist für das direkte Lesen und Schreiben von Daten aus der und in die Transportschicht verantwortlich. Die Anwendung verwendet dann herkömmliche Bibliotheken für Darstellungsaktionen wie Verschlüsselung, Komprimierung und Formatübersetzung und für Sitzungsaktionen wie die Behandlung unterbrochener Transportverbindungen und das Multiplexen von Datenströmen über eine einzige Transportverbindung. Die Version 2 des HTTP-Protokolls enthält beispielsweise ein Unterprotokoll für die Verwaltung mehrerer Datenströme; dieses wird normalerweise als Teil der Anwendungsschicht betrachtet, und zwar einfach deshalb, weil es keiner anderen Anwendung zur Verfügung steht.

Eine gegenteilige Ansicht ist, dass man den SSL/TLS-Transportverschlüsselungsdienst, Abschnitt 28.5.2, »TLS«, als Beispiel für eine echte Darstellungsschicht betrachten kann. Anwendungen lesen und schreiben Daten in der Regel direkt an den SSL/TLS-Endpunkt, der seinerseits *meist* die zugrunde liegende TCP-Verbindung kapselt (als Softwaremodul). Die Kapselung ist jedoch unvollständig, da SSL/TLS-Anwendungen normalerweise für den Aufbau ihrer eigenen Transportschicht (TCP)-Verbindungen verantwortlich sind; siehe Abschnitt 28.5.3, »Ein TLS-Programmierbeispiel«. Letztendlich ist das Sieben-Schichten-Modell zwar recht verbreitet, aber vom Standpunkt der Software-Architektur aus gesehen spielen diese beiden zusätzlichen Schichten nicht wirklich in der gleichen Liga wie das Fünf-Schichten-Modell.

OSI beinhaltet seine eigene Version von IP und TCP. Das IP-Äquivalent ist *CLNP*, das *ConnectionLess Network Protocol*, obwohl OSI auch ein verbindungs*orientiertes* Protokoll CMNS definiert. Das TCP-Äquivalent ist TP4; OSI definiert auch TP0 bis TP3, aber für verbindungsorientierte Netzwerke.

Es scheint klar zu sein, dass die Hauptgründe für das Scheitern der OSI-Protokolle auf dem Markt ihre schwerfällige Bürokratie für die Protokollverwaltung, ihr Grundsatz, dass Protokolle vor Beginn der Implementierung fertiggestellt werden müssen, und ihr Beharren auf der starren Einhaltung der Spezifikationen bis hin zur Nicht-Interoperabilität waren; in der Tat könnte Postels obiger Aphorismus als Antwort auf diesen letzten Punkt gedacht gewesen sein. Im Gegensatz dazu galt (und gilt noch immer) bei der IETF die Regel der »zwei funktionierenden Implementierungen«, damit ein Protokoll zum »Draft Standard« wird. Aus RFC 2026:

> *Eine Spezifikation, von der mindestens* ***zwei unabhängige und interoperable Implementierungen*** *aus unterschiedlichen Codebasen entwickelt wurden und für die genügend positive Praxiserfahrungen gesammelt wurden, kann auf die Stufe »Draft Standard« gehoben werden. [Hervorhebung hinzugefügt]*

Diese Regel hat oft dazu beigetragen, dass Schwachstellen im Entwurf von Protokollen früh genug entdeckt wurden, sodass die Probleme behoben werden konnten. Der OSI-Ansatz ist ein eklatantes Scheitern des »Wasserfall«-Entwurfsmodells, wenn man es mit dem zyklischen »Prototyping«-Modell der IETF vergleicht. Es ist jedoch erwähnenswert, dass die IETF ebenfalls nicht in der Lage war, mit den raschen Änderungen im HTML-Bereich Schritt zu halten, insbesondere im Bereich der Browser; die OSI-Fehler wurden meist erst im Nachhinein deutlich.

Der Versuch, Protokolle einer bestimmten Schicht zuzuordnen, ist oft so sinnlos wie irrelevant. Nach einer Auffassung gehört das Echtzeitprotokoll RTP zur Transportschicht, aber knapp oberhalb der UDP-Schicht; andere ordnen RTP der Anwendungsschicht zu. Teile des RTP-Protokolls ähneln der Sitzungs- und Darstellungsschicht. Eine Schlüsselkomponente des IP-Protokolls sind die verschiedenen Router-Aktualisierungsprotokolle, von denen einige übergeordnete Schichten verwenden. In ähnlicher Weise könnte man Tunneling als Protokoll der Verbindungsschicht betrachten, aber Tunnel werden oft auf der Anwendungsschicht erstellt und verwaltet.

Ein manchmal besserer Ansatz zum Verständnis von »Schichten« besteht darin, sie stattdessen als Teile eines *Protokollgraphen* zu betrachten. In Abbildung 1.7 sehen Sie zwei Protokoll-Teilschichten innerhalb der Transportschicht (UDP und RTP) und ein Protokoll (ARP), das sich nicht ohne weiteres einer Schicht zuordnen lässt.

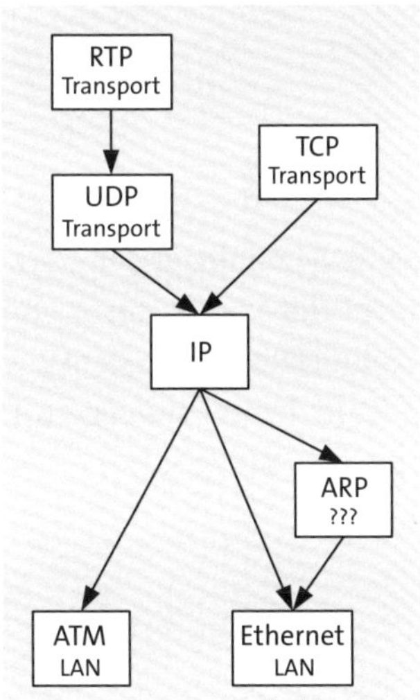

Abbildung 1.7 Ein Protokollgraph

1.16 Berkeley Unix

Obwohl sie nicht offiziell an die IETF gebunden waren, wurden die Berkeley Unix-Versionen *de facto* zu Referenzimplementierungen für die meisten TCP/IP-Protokolle.

4.1BSD (BSD für Berkeley Software Distribution) wurde 1981 veröffentlicht, 4.2BSD 1983, 4.3BSD 1986, 4.3BSD-Tahoe 1988, 4.3BSD-Reno 1990 und 4.4BSD 1994. Zu den Nachfolgern gehören heute FreeBSD, OpenBSD und NetBSD. Die TCP-Implementierungen TCP Tahoe und TCP Reno (Kapitel 19, »TCP Reno und Überlastmanagement«) erhielten ihre Namen von den entsprechenden 4.3BSD-Releases.

1.17 Epilog

Damit ist unser Rundgang durch die Grundlagen abgeschlossen. In den verbleibenden Kapiteln werden wir das hier beschriebene Material vertiefen.

1.18 Übungen

1. Geben Sie Weiterleitungstabellen für jeden der Switches S1–S4 im folgenden Netzwerk mit den Zielen A, B, C, D an. Geben Sie in der Spalte next_hop den *Nachbarn* auf dem entsprechenden Link anstelle der Schnittstellennummer an.

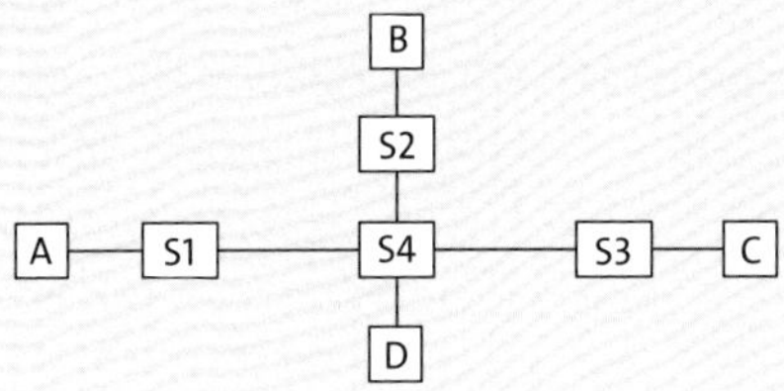

2. Geben Sie Weiterleitungstabellen für jeden der Switches S1–S4 im folgenden Netzwerk mit den Zielen A, B, C, D an. Verwenden Sie wieder die Nachbarform von next_hop und nicht die Schnittstellenform. Versuchen Sie, die Route zu jedem Ziel so kurz wie möglich zu halten. Welche Entscheidung muss in dieser Übung getroffen werden, die die in der vorangegangenen Übung nicht relevant war?

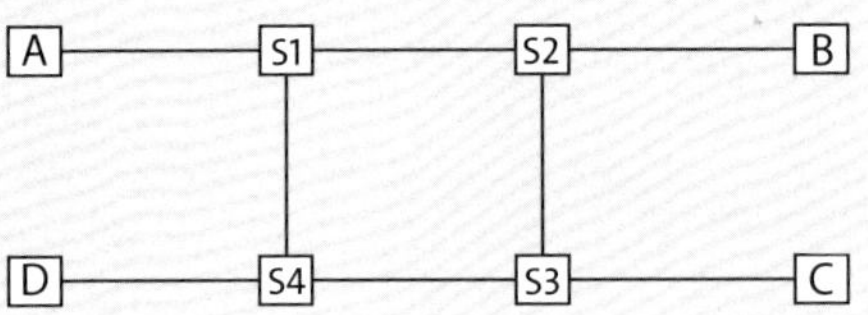

3. Nehmen wir an, dass im Netzwerk der vorherigen Übung Ziele, die direkt mit einem unmittelbaren Nachbarn verbunden sind, immer über diesen Nachbarn erreicht werden; z. B. enthält die Weiterleitungstabelle von S1 immer ⟨B,S2⟩ und

1

⟨D,S4⟩. Damit bleiben nur die Wege zu den diagonal gegenüberliegenden Knoten unbestimmt (z. B. S1 nach C). Zeigen Sie, dass unabhängig davon, welche next_hop-Einträge für die diagonal gegenüberliegenden Ziele gewählt werden, niemals Routing-Schleifen gebildet werden können. (Hinweis: Die Anzahl der Verbindungen zu jedem diagonal gegenüberliegenden Switch ist immer 2).

4. ◇ Geben Sie Weiterleitungstabellen für jeden der Switches A–E in dem folgenden Netz an. Die Ziele sind A–E selbst. Halten Sie alle Routenlängen so kurz wie möglich (ein Hop für einen direkten Nachbarn, zwei Hops für alles andere). Wenn ein Ziel ein unmittelbarer Nachbar ist, können Sie der Einfachheit halber seinen next_hop *direkt* oder *lokal* angeben. Geben Sie Ziele an, für die mehr als ein next_hop zur Verfügung steht.

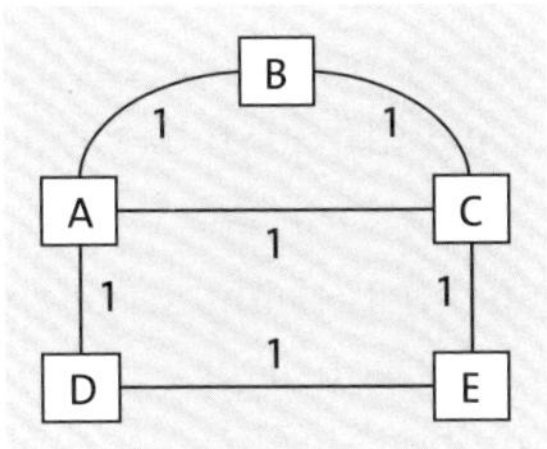

5. Betrachten Sie die folgende Anordnung von Switches und Zielen. Geben Sie Weiterleitungstabellen (in Form von Nachbarn) für S1–S4 an, die Standard-Weiterleitungeinträge enthalten; die Standardeinträge sollten auf S5 zeigen. Die Standardeinträge leiten also automatisch zu den unten rechts gezeigten »möglichen anderen Zielen« weiter.

   Entfernen Sie alle Tabelleneinträge, die durch den Standardeintrag impliziert werden (d. h., wenn der Standardeintrag zu S3 lautet, entfernen Sie alle anderen Einträge, deren nächster Hop S3 ist).

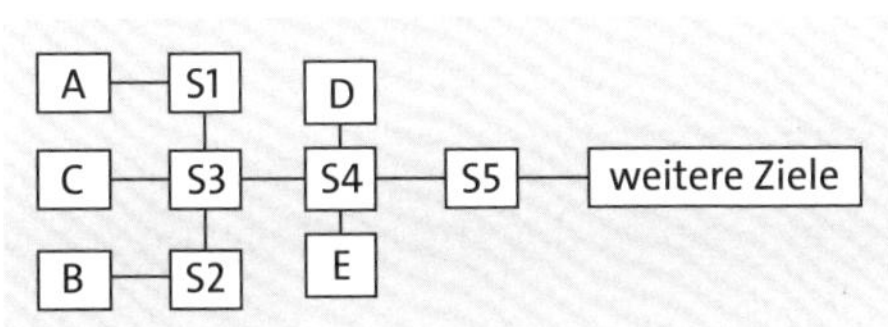

6. Vier Switches sind wie folgt angeordnet. Die Ziele sind S1 bis S4 selbst.

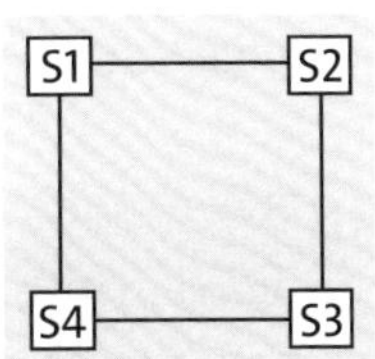

a) Geben Sie die Weiterleitungstabellen für S1 bis S4 unter der Annahme an, dass Pakete an benachbarte Knoten entlang der Verbindungsstrecke und Pakete an diagonal gegenüberliegende Knoten im Uhrzeigersinn gesendet werden.

b) Geben Sie die Weiterleitungstabellen für S1 bis S4 an, unter der Annahme, dass die Verbindung S1–S4 überhaupt nicht genutzt wird, auch nicht für S1⟷S4-Traffic.

7. Angenommen, wir haben die Switches S1 bis S4; die Ziele der Weiterleitungstabellen sind die Switches selbst. Die Tabellen für S2 und S3 sehen wie folgt aus, wobei der next_hop-Wert in der Nachbarform angegeben ist:

   - S2: ⟨S1,S1⟩ ⟨S3,S3⟩ ⟨S4,S3⟩
   - S3: ⟨S1,S2⟩ ⟨S2,S2⟩ ⟨S4,S4⟩

   Daraus können wir schließen, dass S2 sowohl mit S1 als auch mit S3 direkt verbunden sein muss, da sie in der Tabelle als next_hops aufgeführt sind; in ähnlicher Weise muss S3 direkt mit S2 und S4 verbunden sein.

   a) Die gegebenen Tabellen sind mit dem in Aufgabe 6.0 dargestellten Netzwerk *konsistent*. Sind die Tabellen auch mit einem Netzwerk konsistent, in dem S1 und S4 *nicht* direkt verbunden sind? Wenn ja, beschreiben Sie ein solches Netzwerk; wenn nicht, erklären Sie, warum S1 und S4 verbunden sein müssen.

   b) Nehmen wir nun an, dass die Tabelle von S3 wie folgt geändert wird. Finden Sie ein mit diesen Tabellen konsistentes Netzlayout, in dem S1 und S4 nicht direkt verbunden sind. Fügen Sie keine zusätzlichen Switches hinzu.

      • S3: **⟨S1,S4⟩** ⟨S2,S2⟩ ⟨S4,S4⟩

   Obwohl die Tabelle für S4 nicht angegeben ist, gehen Sie davon aus, dass die Weiterleitung korrekt funktioniert. Sie sollten jedoch *nicht* davon ausgehen, dass die Pfade die kürzestmöglichen sind. Hinweis: Aus der obigen Tabelle für S3 geht hervor, dass der Pfad von S3 nach S1 mit S3 ⟶ S4 beginnt; wie wird dieser Pfad fortgesetzt? Der nächste Switch entlang des Pfades kann nicht S1 sein, weil S1 und S4 nicht direkt miteinander verbunden sind.

8. Angenommen, ein Netz sieht wie folgt aus, wobei der einzige Weg von A nach C über B führt:

   ... --A----B----C-- ...

   a) Erklären Sie, warum eine einzelne Routingschleife nicht sowohl A als auch C einschließen kann. Hinweis: Wie leitet B nach D weiter, wenn die Schleife das Ziel D einschließt?

   b) Angenommen, eine Routing-Schleife folgt dem Pfad A--S_1--S_2-- ... --S_n--A, wobei keiner der S_i gleich A ist. Zeigen Sie, dass alle S_i verschieden sein müssen. (Daraus folgt, dass jede Routing-Schleife, die durch die Datagrammweiterleitung entsteht, entweder eine Hin- und Herleitung zwischen einem Paar benachbarter Switches oder einen tatsächlichen Graphenzyklus in der Netztopologie beinhaltet; lineare Schleifen mit einer Länge von mehr als 1 sind unmöglich).

9. Betrachten Sie die folgende Anordnung von Switches:

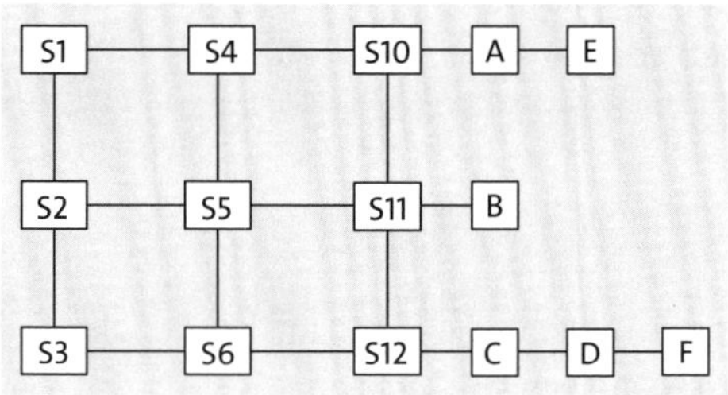

Angenommen, S1–S6 haben die folgenden Weiterleitungstabellen. Angenommen, für jedes der folgenden Ziele wird ein Paket von S1 an das Ziel gesendet.

a) A

b) B

c) C

d) D

e) E

f) F

Geben Sie die Switches an, die das Paket durchläuft, einschließlich des anfänglichen Switches S1, bis hin zum letzten Switch S10–S12.

- S1: (A,S4), (B,S2), (C,S4), (D,S2), (E,S2), (F,S4)
- S2: (A,S5), (B,S5), (D,S5), (E,S3), (F,S3)
- S3: (B,S6), (C,S2), (E,S6), (F,S6)
- S4: (A,S10), (C,S5), (E,S10), (F,S5)
- S5: (A,S6), (B,S11), (C,S6), (D,S6), (E,S4), (F,S2)
- S6: (A,S3), (B,S12), (C,S12), (D,S12), (E,S5), (F,S12)

10. Angenommen, eine Reihe von Knoten A-F und Switches S1–S6 ist wie dargestellt verbunden.

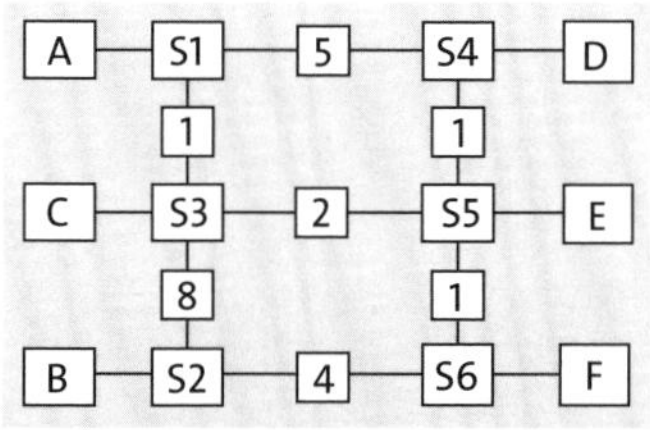

Die Verbindungen zwischen den Switches sind mit *Gewichtungen* versehen, die von einigen Routing-Anwendungen verwendet werden. Die Gewichtungen stellen die Kosten für die Nutzung dieser Verbindung dar. Finden Sie für jede der folgenden Übertragungen den Weg über S1–S6 mit den niedrigsten Gesamtkosten (d. h. mit der kleinsten Summe der Gewichtungen). Der kostengünstigste Weg von A nach E ist z. B. A–S1–S2–S5–E, mit Gesamtkosten von 1+2=3; der alternative Weg A–S1–S4–S5–E hat Gesamtkosten von 5+1=6.

a) ◊ A→F

b) A→D

c) A→C

d) Geben Sie die vollständige Weiterleitungstabelle für **S2** an, bei der alle Routen nach den niedrigsten Gesamtkosten ausgewählt werden.

11. In Übung 7 sind die Routen der Pakete A-D relativ direkt, während die Routen von E und F ziemlich umständlich sind.

    a) Weisen Sie den sieben Verbindungen S1–S2, S2–S3, S1–S4, S2–S5, S3–S6, S4–S5 und S5–S6 wie in Übung 10 Gewichtungen zu, sodass die Route des Ziels E in Übung 9 zum optimalen Pfad (geringstes Gesamtgewicht der Verbindungen) wird.

    b) Weisen Sie den sieben Verbindungen, die die Route von Zielort F in Übung 9 optimieren, Gewichtungen zu. (Dies ist ein anderer Satz Gewichtungen als in Teil (a)).

    Tipp: Sie können dazu allen Verbindungen *mit Ausnahme von* ein oder zwei »schlechten« Verbindungen eine Gewichtung von 1 zuweisen; die »schlechten« Verbindungen erhalten eine Gewichtung von 10. In jedem der beiden Fälle (a) und (b) wird die Route gewählt, die alle »schlechten« Verbindungen vermeidet. Sie müssen (a) komplett anders behandeln als (b); es gibt keine Zuordnung von Gewichtungen, die beide Routen berücksichtigen kann.

12. Angenommen, wir haben die folgenden drei IP-Netze der Klasse C, die durch die Router R1–R4 verbunden sind. Es besteht keine Verbindung zum externen Internet. Geben Sie die Weiterleitungstabelle für jeden Router an. Bei Netzen, die direkt mit einem Router verbunden sind (z. B. 200.0.1/24 und R1), ist das Netz in die Tabelle aufzunehmen, aber der nächste Hop als *direkt* oder *lokal* anzugeben.

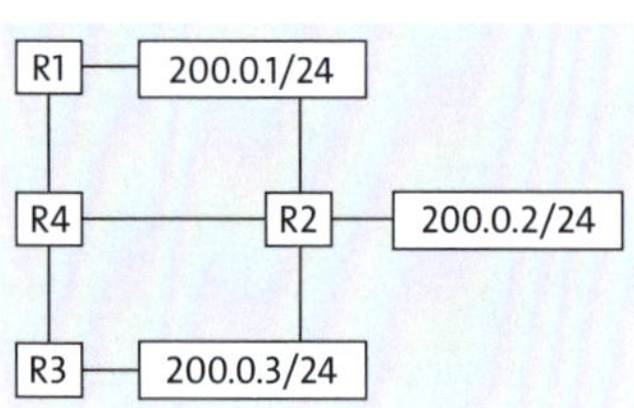

Kapitel 2
Ethernet-Grundlagen

Wir widmen uns nun einer tiefergehenden Analyse des allgegenwärtigen Ethernet-Protokolls. In diesem Kapitel beschäftigen wir uns mit allgemeineren Ethernet-Konzepten, wie sie in jedem Haushalts- oder Büro-Netzwerk anzutreffen sind, unter anderem Switching und dem Ethernet-Lernalgorithmus. Das nachfolgende Kapitel befasst sich dann mit erweiterten Funktionen, wie z. B. dem Spanning-Tree-Algorithmus, virtuellen LANs, spezieller Ethernet-Hardware, TRILL/SPB und softwaredefinierten Netzwerken (*Software-defined Networking*, SDN).

Derzeit findet sich auf Anwenderebene in der Regel ein 100-Mbit/s- oder Gigabit-Ethernet, wobei in Serverräumen und Backbones Gigabit- und 10-Gigabit-Ethernet der Standard sind. Da Ethernet-Geschwindigkeiten aufgrund möglicher Paketkollisionen allerdings auf seltsame Weise skalieren, beginnen wir mit der 10-Mbit/s-Variante. Obwohl der 10-Mbit/s-Geschwindigkeitsstandard veraltet und selbst der Ethernet-Kollisionsmechanismus weitgehend überholt ist, spielt das Kollisionsmanagement etwa in drahtlosen Netzwerken weiterhin eine wichtige Rolle.

Die ursprüngliche Ethernet-Spezifikation stammt aus dem Paper von Metcalfe und Boggs aus dem Jahr 1976, [MB76]. Die Datenrate betrug 10 Megabit pro Sekunde und alle Verbindungen wurden über Koaxialkabel anstelle der heutigen Twisted-Pair-Kabel hergestellt. Die Autoren beschrieben ihre *passive Architektur* wie folgt:

> *Wir können uns die redundanten Verbindungen und das dynamische Routing der Store-and-Forward-Paketvermittlung zur Sicherstellung einer zuverlässigen Kommunikation nicht leisten, also entscheiden wir uns für Zuverlässigkeit durch Einfachheit. Wir haben uns dafür entschieden, die gemeinsam genutzte Kommunikationsstruktur passiv zu gestalten, sodass der Ausfall eines aktiven Elements nur die Kommunikation eines einzigen Teilnehmenden beeinträchtigt.*

Das klassische Ethernet war tatsächlich einfach und – größtenteils – passiv. In seiner grundlegenden Form bestand das Ethernet-Medium aus einem langen Stück Koaxialkabel, an das die Teilnehmenden mittels *Abzweigungen* angeschlossen werden konnten. Wenn zwei Teilnehmende gleichzeitig sendeten – meist weil beide darauf warteten, bis ein dritter Teilnehmer fertig wurde –, gingen ihre Signale durch die daraus resultierende *Kollision* verloren. Die einzigen aktiven Komponenten neben den Teilnehmenden waren *Repeater*, die ursprünglich nur dazu gedacht waren, Ende-zu-Ende-Verbindungen zwischen Kabelabschnitten herzustellen.

Aus den Repeatern entwickelten sich schon bald Multiport-Geräte, die den Aufbau beliebiger Baumtopologien (also ohne Schleifen) ermöglichten. Zu diesem Zeitpunkt wurde aus dem langen Kabel, das sich von Host zu Host schlängelte und die Standardverkabelung darstellte, ein »sternförmiges« Netzwerk, bei dem jeder Host direkt mit einem zentralen Mehrfach-Repeater verbunden war. Diese Umstellung ermöglichte den Ersatz des teuren Koaxialkabels durch das viel preiswertere Twisted-Pair-Kabel; die Verbindungen konnten nicht mehr so lang sein, aber das war auch gar nicht nötig.

Repeater, die Kollisionen weiterleiteten, wurden bald durch *Switches* ersetzt, die dies nicht mehr taten (Abschnitt 2.4, »Ethernet-Switches«). Switches unterteilten ein Ethernet in voneinander getrennte *Kollisionsdomänen* oder physische Ethernets, durch die sich Kollisionen ausbreiten konnten; eine Aggregation physischer Ethernets, die über Switches miteinander verbunden waren, wurde dann manchmal als *virtuelles Ethernet* bezeichnet. Die Kollisionsbereiche wurden immer kleiner, bis sie dann auf einzelne Links reduziert wurden und schließlich ganz verschwanden.

Während all dieser frühen Entwicklungen hat das Ethernet nie echte redundante Verbindungen implementiert, da die Topologie immer frei von Schleifen sein musste. Im Jahr 1985 übernahm das Ethernet jedoch einen Mechanismus, mit dem ungenutzte Backup-Links beim Ausfall eines primären Links schnell in Betrieb genommen werden konnten (siehe Abschnitt 3.1, »Spanning-Tree-Algorithmus und Redundanz«). Zu Beginn dieses Jahrhunderts wurde schließlich die Unterstützung für redundante Verbindungen (und Schleifen-Topologien) in Form von TRILL und SPB eingeführt (siehe Abschnitt 3.3, »TRILL und SPB«).

2.1 Klassisches 10-Mbit/s-Ethernet

Ursprünglich bestand das Ethernet aus einem langen Stück Kabel (das möglicherweise durch *Repeater* unterbrochen wurde). Sobald eine teilnehmende Station sendete, wurden die Daten überall entlang dieses Kabels übertragen. Eine solche Anordnung ist als *Broadcast-Bus* bekannt; alle Pakete wurden, zumindest auf physischer Ebene, auf das gemeinsame Medium übertragen und konnten theoretisch von allen anderen Knoten gesehen werden. Logischerweise werden die meisten Pakete jedoch nicht per Broadcast, sondern Punkt-zu-Punkt übertragen. Dazu befand sich zwischen der CPU einer jeden Station und dem Kabel ein Peripheriegerät (also eine Karte), die so genannte *Netzwerkschnittstelle*, die sich um die Einzelheiten des Sendens und Empfangens kümmerte. Diese Netzwerkschnittstelle entschied (und tut dies immer noch), wann ein empfangenes Paket mittels CPU-Interrupt an den Host weitergeleitet werden sollte.

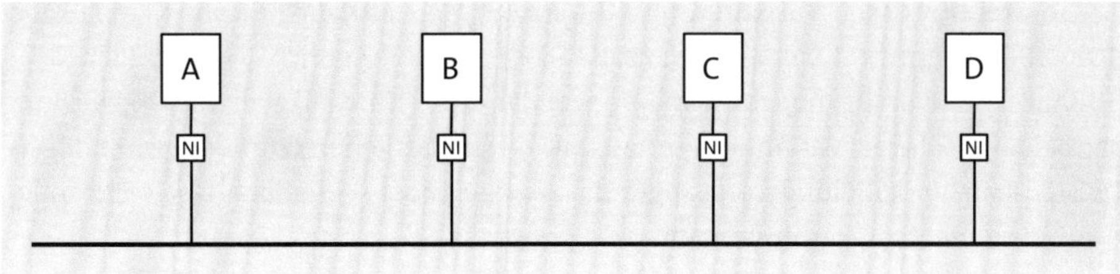

Abbildung 2.1 Hosts und Kabel mit Netzwerkschnittstellen dazwischen

Immer wenn zwei Teilnehmende zur gleichen Zeit sendeten, *kollidierten* die Signale und störten sich gegenseitig; beide Übertragungen schlugen fehl. Die korrekte Behandlung von Kollisionen war ein wesentlicher Bestandteil der Zugangsvermittlungsstrategie für das gemeinsam genutzte Medium. Um Kollisionsverluste zu minimieren, implementierte jede Station folgende Maßnahmen:

- vor dem Senden warten, bis die Leitung still ist
- Während der Übertragung die Leitung ständig auf Anzeichen für eine Kollision überwachen; wird eine Kollision festgestellt, die Übertragung einstellen
- bei Kollisionen eine Backoff- und Retransmit-Strategie anwenden

Diese Eigenschaften lassen sich mit dem Akronym *CSMA/CD* zusammenfassen: Carrier Sense, Multiple Access, Collision Detect. Der Begriff »Carrier Sense« wurde von Metcalfe und Boggs als Synonym für »Signal Sense« verwendet; es gibt keine Trägerfrequenz im eigentlichen Sinne. Es sollte betont werden, dass Kollisionen im Ethernet ein normales Ereignis sind, das sich durch die oben genannten Mechanismen gut handhaben lässt.

IEEE 802 Network Standards

Die IEEE-Netzwerkstandards beginnen alle mit 802: 802.3 steht für Ethernet, 802.11 für WLAN, 802.16 für WiMAX, und es gibt noch viele andere. Manchmal wird behauptet, 802 stehe für das Datum einer frühen Sitzung: Februar 1980. Das IEEE veröffentlicht jedoch Normen unter fortlaufender Nummerierung (mit gelegentlichen Lücken): 799 – Handling and Disposal of Transformer PCBs, 800 – D-C Aircraft Rotating Machines, 803 – Recommended Practice for Unique Identification in Power Plants usw.

Das klassische Ethernet gab es als Version 1 [1980, DEC-Intel-Xerox], Version 2 [1982, DIX] und als *IEEE 802.3*. Zwischen diesen Versionen bestehen einige kleinere elektrische Unterschiede und ein ziemlich wichtiger Unterschied im Paketformat. Darüber hinaus wurde eine Zeit lang das Trailing-Header-Paketformat von Berkeley Unix verwendet.

Es gab drei physische Varianten für 10-Mbit/s-Ethernet-Kabel: dickes Koaxialkabel (10BASE-5), dünnes Koaxialkabel (10BASE-2) und schließlich Twisted-Pair-Kabel (10BASE-T). Die ursprüngliche Variante war das dicke Koaxialkabel; die Entwicklung der beiden späteren Varianten erfolgte aus wirtschaftlichen Gründen. Die billigere Twisted-Pair-Verkabelung verdrängte das Koaxialkabel schließlich fast vollständig, zumindest für Host-Verbindungen.

Die ursprüngliche Spezifikation sah bereits den Einsatz von *Repeatern* vor, bei denen es sich im Grunde um Signalverstärker handelte, auch wenn diese möglicherweise versuchten, ein verrauschtes Signal zu bereinigen. Repeater verarbeiteten jedes Bit einzeln, ohne dabei eine Pufferung vorzunehmen. In der Telekommunikationswelt könnte man einen Repeater als *digitalen Regenerator* bezeichnen. Ein Repeater mit mehr als zwei Anschlüssen wurde gemeinhin als *Hub* bezeichnet; Hubs ermöglichten Verzweigungen und damit auch viel komplexere Topologien.

Das Aufkommen von Hubs ermöglichte *Stern-Topologien,* bei denen jeder Host direkt mit dem Hub verbunden war, statt alle Hosts mit einem einzigen langen Koaxialkabel. Dies wiederum ermöglichte den Einsatz von Twisted-Pair-Kabeln, die im Gegensatz zu den dicken Koaxialkabeln statt 500 Metern maximal nur noch 100 Meter lang sein durften und vom Host zum zentralen Hub im Kabelschrank geführt werden mussten. Das war viel bequemer, als Koaxialkabel durch das ganze Gebäude zu schlängeln. Ein Ausfall des Hubs hätte das Netzwerk zusammenbrechen lassen, aber die Hubs erwiesen sich als weitgehend zuverlässig.

Kurze Zeit später kamen *Bridges* auf, die später als *Switches* bezeichnet wurden. Während Repeater auf Bit-Ebene arbeiten, liest ein Switch ein ganzes Paket ein und leitet es als Einheit weiter, wobei die Zieladresse berücksichtigt wird, um zu bestimmen, wohin das Paket weitergeleitet werden soll. Abgesehen von möglichen kollisionsbedingten Leistungsproblemen sind Hubs und Switches untereinander austauschbar. Letztendlich wurden die meisten Hubs in den Kabelschränken durch Switches ersetzt.

Im Gegensatz zu den Switches leiten Hubs Kollisionen weiter. Wenn das Signal, das eine Kollision darstellt, am Port eines Hubs ankommt, wird es wie jedes andere Signal auch an alle anderen Ports weitergeleitet. Wenn ein Switch eine Kollision an einem Anschluss feststellt, sind die anderen Anschlüsse nicht davon betroffen; es werden immer nur erfolgreich empfangene Pakete an andere Ports weitergeleitet.

Ursprünglich dienten Switches der Verbindung (»Bridging«) zwischen separaten physischen Netzwerken; ein Switch für diesen Zweck benötigte nur zwei Anschlüsse. Später wurde ein mit Switches ausgestattetes Ethernet als ein großes »virtuelles« Ethernet betrachtet, das aus kleineren Kollisionsdomänen besteht. Obwohl der Begriff »Switch« heute viel gebräuchlicher ist als »Bridge«, wird letzterer immer noch verwendet, insbesondere von der IEEE. Für manche ist ein Switch eine Bridge mit mehr als zwei Ports, obwohl diese Unterscheidung relativ bedeutungslos ist, da schon seit Jahren keine Bridge mit zwei Ports mehr produziert wird. Wir kommen auf Switches weiter unten in Abschnitt 2.4, »Ethernet-Switches«, zurück.

Bei der ursprünglichen dicken Koaxialverkabelung wurden die Verbindungen über *Abzweigungen* hergestellt, wofür oft tatsächlich der Koaxialmittelleiter angezapft wurde. Dünnes Koaxialkabel ermöglichte den Einsatz von T-Stücken zum Anschluss von Hosts. Bei Twisted-Pair-Kabeln ist kein Abgriff mitten in der Kabelstrecke möglich; sie werden ausschließlich für Punkt-zu-Punkt-Verbindungen zwischen Hosts, Switches und Hubs verwendet. Abgriffe innerhalb einer Kabelstrecke waren allerdings stets nur ein Hilfsmittel, um nicht auf aktive Geräte wie Hubs und Switches angewiesen zu sein.

Hubs spielen auch heute noch eine Rolle, wenn das Ethernet-Signal von A nach B überwacht werden soll (z. B. zu Analysezwecken im Rahmen der Angriffserkennung), wobei inzwischen allerdings auch manche Switches eine Form des Monitorings unterstützen.

Alle drei Kabelvarianten konnten miteinander verbunden werden, wenn auch nur über entsprechende Repeater und Hubs, und alle verwendeten die gleiche Übertragungsgeschwindigkeit von 10 Mbit/s. Twisted-Pair-Kabel werden auch heute noch für 100-Mbit/s-Ethernet verwendet, allerdings muss es sich dabei um eine leistungsfähigere Version handeln, die als Kategorie 5 bezeichnet wird, im Gegensatz zur Kategorie 3 für 10 Mbit/s.

In Ethernets mit 10 Mbit/s wurden die Daten in Manchester-Kodierung übertragen; siehe Abschnitt 6.1.3, »Manchester«. Dazu musste die Elektronik im Endeffekt mit 20 Mbit/s arbeiten. Schnellere Ethernets nutzen andere Kodierungsverfahren.

2.1.1 Ethernet-Paketformat

Hier ist das Format eines typischen Ethernet-Pakets (DIX-Spezifikation); es wird auch bei neueren, schnelleren Ethernets verwendet (siehe Abbildung 2.2):

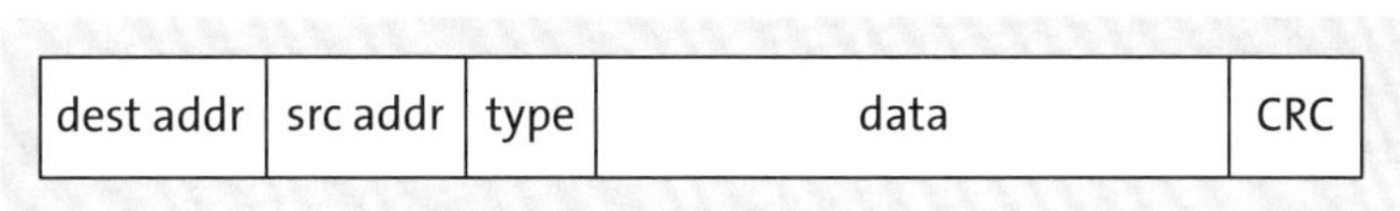

Abbildung 2.2 Ethernet-Packets mit Header-Feldern

Die Ziel- und Quelladressen sind 48 Bit lang und das Type-Feld 16 Bit, die Datenlänge ist variabel bis zu einem Maximum von 1500 Byte mit einer abschließenden CRC-Prüfsumme von 32 Bit. Die Prüfsumme wird von der Ethernet-Hardware erstellt, niemals von der Host-Software. Es gibt auch eine Präambel, die nicht gezeigt wird: ein Block von 1er-Bits, gefolgt von einer 0 am Anfang des Pakets, diese dient der Synchronisierung. Das Type-Feld bezeichnet die nächsthöhere Protokollschicht; gängige Type-Werte sind etwa 0x0800 = IP, 0x8137 = IPX oder 0x0806 = ARP.

In der IEEE 802.3-Spezifikation wurde das Type-Feld durch das Length-Feld ersetzt, obwohl sich diese Änderung nie durchsetzte. Die beiden Formate lassen sich unterscheiden, sofern die verwendeten Type-Werte größer sind als die maximale Ethernet-Länge von 1500 (oder 0x05dc); die im vorigen Absatz genannten Type-Werte erfüllen alle diese Bedingung.

Die maximale Ethernet-Paketlänge von 1500 Byte hat sich in der Vergangenheit bewährt, kann sich aber bei Geschwindigkeiten von 10 Gbit als unpraktisch klein erweisen. Aber 1500 Bytes haben sich im gesamten Internet, nicht nur in Ethernet-LANs, de facto als maximale Paketgröße durchgesetzt; sie zu erhöhen, wäre schwierig. TCP TSO (Abschnitt 17.5, »TCP-Offloading«) ist eine Alternative.

Jede Ethernet-Karte hat eine (hoffentlich eindeutige) physische Adresse im ROM hinterlegt; standardmäßig wird jedes Paket, das an diese Adresse gesendet wird, von der Karte empfangen und an das Host-System weitergeleitet. Pakete, die an andere physische Adressen adressiert sind, werden von der Karte zwar gesehen, (standardmäßig) jedoch ignoriert. Alle Ethernet-Geräte unterstützen außerdem eine nur aus Einsen bestehende Broadcast-Adresse: Ein an diese Adresse gesendetes Paket wird an alle angeschlossenen Hosts weitergeleitet.

Manchmal ist es möglich, die physische Adresse einer bestimmten Karte softwaremäßig zu verändern. Fast immer lässt sich eine Karte zudem in den sogenannten *Promiscuous Mode* versetzen, woraufhin sie alle Pakete im Netz, unabhängig von der Zieladresse, an den angeschlossenen Host weiterleitet. Dieser Modus war ursprünglich für Diagnosezwecke gedacht, wurde aber vor allem wegen der Sicherheitslücke bekannt, die er eröffnet: Früher war es nicht ungewöhnlich, einen Host mit einer im Promiscuous Mode arbeitenden Netzwerkkarte zu finden, auf dem ein Prozess die ersten 100 Bytes (die vermutlich Benutzername und Passwort beinhalten) jeder Telnet-Verbindung mitschnitt.

2.1.2 Ethernet Multicast

Eine weitere Kategorie von Ethernet-Adressen ist die *Multicast-Adresse*, die zur Übertragung an eine Reihe von Teilnehmenden dient; das Streaming von Videos an mehrere gleichzeitige Zuschauerinnen und Zuschauer könnte per Ethernet-Multicast erfolgen. Das niederwertigste Bit im ersten Byte einer Adresse zeigt an, ob es sich um eine physische oder eine Multicast-Adresse handelt. Um Pakete zu empfangen, die an eine bestimmte Multicast-Adresse adressiert sind, muss der Host seiner Netzwerkschnittstelle mitteilen, dass er dies wünscht; anschließend werden dann alle ankommenden Pakete, die an diese Multicast-Adresse adressiert sind, an den Host weitergeleitet. Alle Empfänger einer bestimmten Multicast-Adresse können als *Multicast-Gruppe* bezeichnet werden. Übergeordnete Protokolle können zwar vorsehen, dass der abonnierende Host auch einen anderen Host, z. B. den Absender, benachrichtigt, jedoch ist dies nicht erforderlich, obwohl es möglicherweise der einfachste Weg ist, die betreffende Multicast-Adresse zu erfahren. Wenn mehrere Hosts dieselbe Multicast-Adresse abonnieren, erhält jeder eine Kopie jedes übertragenen Multicast-Pakets.

Nun können wir alle Fälle auflisten, in denen eine Netzwerkschnittstelle ein empfangenes Paket an den angeschlossenen Host weiterleitet:

- wenn die Zieladresse des empfangenen Pakets mit der physischen Adresse der Schnittstelle übereinstimmt
- wenn die Zieladresse des empfangenen Pakets die Broadcast-Adresse ist
- wenn sich die Schnittstelle im Promiscuous Mode befindet
- wenn die Zieladresse des empfangenen Pakets eine Multicast-Adresse ist und der Host der Netzwerkschnittstelle mitgeteilt hat, dass sie an diese Multicast-Adresse gerichtete Pakete annehmen soll

Wenn Switches beteiligt sind, müssen sie normalerweise Multicast-Pakete auf allen ausgehenden Verbindungen weiterleiten, genau wie bei Broadcast-Paketen; Switches haben keine offenkundige Möglichkeit, herauszufinden, wo sich überall Multicast-Teilnehmende befinden könnten. Um dies zu umgehen, versuchen einige Switches, eine Art Multicast-Filterung vorzunehmen, manchmal durch Snooping von Multicast-Protokollen in einer höheren Netzwerkebene. Multicast-Ethernet wird für IPv4 nur selten verwendet, spielt aber in der IPv6-Konfiguration eine größere Rolle.

2.1.3 Interne Struktur von Ethernet-Adressen

Das zweitniedrigste Bit einer physischen Ethernet-Adresse gibt an, ob diese Adresse als global eindeutig oder nur lokal eindeutig angesehen wird; es wird auch als *Universal/Local-Bit* bezeichnet. Bei echten physischen Ethernet-Adressen sollten das Multicast- und das Universal/Local-Bit des ersten Bytes beide 0 sein. Auf der physischen Schicht überträgt Ethernet die Bits jedes Bytes von niedrig bis hoch (genau wie viele andere serielle Protokolle wie etwa HDLC (Abschnitt 6.1.5, »Framing«) und das allgegenwärtige serielle Protokoll RS-232 aus dem vergangenen Jahrhundert); das bedeutet, dass diese beiden Markierungs-Bits tatsächlich die ersten Adressbits sind, die übertragen werden. Es ist nicht klar, ob dies jemals von Bedeutung war.

Wenn physischen Ethernet-Karten vom Hersteller (globale) Ethernet-IDs zugewiesen werden, dienen die ersten drei Bytes zur Kennzeichnung des Herstellers. Sie werden vom IEEE zugewiesen und sind offiziell als *organizationally unique identifiers* bekannt. Diese können auf verschiedenen Seiten im Internet nachgeschlagen werden, um den mit einer bestimmten Ethernet-Adresse verbundenen Hersteller zu identifizieren[1].

Solange der betreffende Hersteller bei der Zuweisung der zweiten drei Bytes gewissenhaft vorgeht, sollte jede vom Hersteller bereitgestellte Ethernet-Adresse weltweit eindeutig sein. Fehler kommen hierbei allerdings durchaus vor.

Ethernet-Adressen für virtuelle Maschinen müssen sich von der Ethernet-Adresse des Host-Systems unterscheiden und können (z. B. bei so genannten »Bridged«-Konfigurationen) im LAN ebenso sichtbar werden wie die Adresse des Host-Systems. Die ersten drei Bytes der virtuellen Ethernet-Adressen werden häufig der OUI entnommen, die dem Hersteller der emulierten Karte zugewiesen ist; die letzten drei Bytes werden dann entweder zufällig oder über die Konfiguration festgelegt. Im Prinzip sollte das universelle/lokale Bit 1 sein, da die Adresse nur lokal eindeutig ist, aber das wird oft ignoriert. Es ist durchaus möglich, dass virtuelle Ethernet-Adressen so zugewiesen werden, dass sie eine lokale Bedeutung haben, obwohl dies nicht üblich zu sein scheint.

2.1.4 Die LAN-Schicht

Die LAN-Schicht stellt der Netzwerkschicht nach oben hin einen Mechanismus zur Verfügung, um ein Paket zu adressieren und es von einer Station zur nächsten zu senden. Nach unten hin ist sie für das Zusammenspiel mit der physischen Schicht zuständig. Die LAN-Schicht beinhaltet die Adressierung, Zustellung, den Empfang und die Weiterleitung von Paketen sowie Fehler- und Kollisionserkennung und erneute Übertragungsversuche im Kollisionsfall.

In den IEEE-Protokollen ist die LAN-Schicht in die MAC-Schicht *(Media Access Control)* und eine höhere LLC-Unterschicht *(Logical Link Control)* für übergeordnete Flusskontrollfunktionen unterteilt. Die LLC-Schicht ist im IEEE-Standard 802.2 definiert (im Gegensatz zu 802.3 für die MAC-Schicht) und gilt auch für Nicht-Ethernet-LANs. Bei Ethernet wurden viele der LLC-Funktionen fast vollständig durch die Flusskontrolle auf der Transportschicht (z. B. TCP) ersetzt. Die LLC-Schicht definiert eine Form des HDLC-Protokolls (Abschnitt 6.1.5, »Framing«), das wiederum optional Sliding Windows (Abschnitt 8.2, »Die Sliding-Windows-Strategie«) unterstützt. Das viel ältere X.25-LAN-Protokoll bot ebenfalls eine teilweise Unterstützung für HDLC. In ähnlicher Weise unterstützt ATM, Abschnitt 5.5, »Asynchronous Transfer Mode: ATM«, einige transportartige Funktionen auf höherer Ebene, jedoch kein Sliding Windows.

1 Die offizielle IEEE-Seite findet sich unter *http://standards.ieee.org/develop/regauth/oui/public.html* (OUIs müssen hier ohne Doppelpunkte eingegeben werden).

Da die LLC-Schicht oftmals kaum genutzt wird und die bekanntesten Funktionen der LAN-Schicht eigentlich zur MAC-Unterschicht gehören, ist es üblich, die LAN-Schicht mit ihrer MAC-Unterschicht zu kennzeichnen, insbesondere bei IEEE-Protokollen, bei denen die MAC-Schicht einen offiziellen Status hat. Speziell die Adressen der LAN-Schicht werden wahrscheinlich am ehesten als MAC-Adressen bezeichnet.

Normalerweise findet ein Großteil des Funktionsumfangs der LAN/MAC-Schicht in der Netzwerkkarte statt. Host-Systeme (einschließlich Treiber) erkennen z. B. üblicherweise keine Kollisionen (auch wenn sie möglicherweise Kollisionsstatistiken von der Karte abfragen). In einigen Fällen, z. B. bei der Ratenanpassung in WLAN-Netzen (Abschnitt 4.2.2, »Dynamische Geschwindigkeitsanpassung«), kann sich der Treiber des Hostsystems einschalten.

2.1.5 Slot-Zeit und Kollisionen

Der *Durchmesser* eines Ethernets ist die maximale Entfernung zwischen zwei beliebigen Stationen. Die tatsächliche Gesamtlänge des Kabels kann viel größer sein, wenn es sich beispielsweise um eine Stern-Topologie handelt. Der maximal zulässige Durchmesser, gemessen in Bits, ist auf 232 begrenzt (ein Beispiel für ein solches »Budget« finden Sie unten). Damit beträgt die Umlaufzeit 464 Bits. Sobald eine an einer Kollision beteiligte Station diese entdeckt, sendet sie ein spezielles *Blockiersignal* von bis zu 48 Bits. Mit diesen 48 Blockierbits erhöht sich die Gesamtzahl auf 512 Bits bzw. 64 Bytes. Die Zeit zum Senden dieser 512 Bits ist die *Slot-Zeit* eines Ethernets; Zeitintervalle im Ethernet werden oft in Bitzeiten beschrieben, aber in herkömmlichen Zeiteinheiten beträgt die Slot-Zeit 51,2 µsec.

Der Wert der Slot-Zeit bestimmt mehrere weitere Aspekte des Ethernets. Wenn eine Station eine Slot-Zeit lang gesendet hat, kann für den Rest des Pakets keine Kollision mehr auftreten (außer bei einem Hardwarefehler). Das liegt daran, dass eine Slot-Zeit ausreicht, damit jede andere Station bemerkt, dass die erste Station mit der Übertragung begonnen hat. Nach Ablauf dieser Zeit wird sie also warten, bis die erste Station fertig ist. Nach einer Slot-Zeit kann man also davon sprechen, dass eine Station das Netz *übernommen* hat. Die Slot-Zeit wird auch als Basisintervall für die Zeitplanung für erneute Übertragungen verwendet.

Umgekehrt kann eine Kollision prinzipiell zu jedem Zeitpunkt bis zum Ende der Slot-Zeit stattfinden. Daher hat Ethernet eine *minimale Paketgröße*, die der Slot-Zeit entspricht, d. h. 64 Byte (bzw. 46 Byte im Datenteil). Eine Station, die ein Paket dieser Größe überträgt, hat die Gewissheit, dass der Absender eine Kollision bemerkt, falls sie Kollision auftritt (und in der Lage ist, den Algorithmus zur erneuten Übertragung anzuwenden). Kleinere Pakete könnten vom Absender unbemerkt kollidieren, was letztlich den Durchsatz stark verringert.

Wenn wir weniger als 46 Byte Daten senden müssen (z. B. ein 40-Byte-TCP-ACK-Paket), muss das Ethernet-Paket auf die Mindestlänge aufgefüllt werden. Daher müssen alle auf Ethernet aufbauenden Protokolle eine Möglichkeit bieten, die tatsächliche Datenlänge anzugeben, da diese sich nicht aus der Größe des empfangenen Pakets ableiten lässt.

Ein konkretes Beispiel für eine möglichst lang hinausgezögerte Kollision zeigt Abbildung 2.3. A und B sind 5 Einheiten voneinander entfernt und die Bandbreite beträgt 1 Byte/Einheit. A beginnt bei T=0 mit dem Senden von »helloworld«; B beginnt, direkt mit dem Eintreffen der Nachricht von A zu senden, bei T=5. B hat vor der Übertragung gelauscht, konnte aber noch kein Signal von A feststellen. A entdeckt die Kollision erst nach 10 Einheiten, was der doppelten Entfernung entspricht.

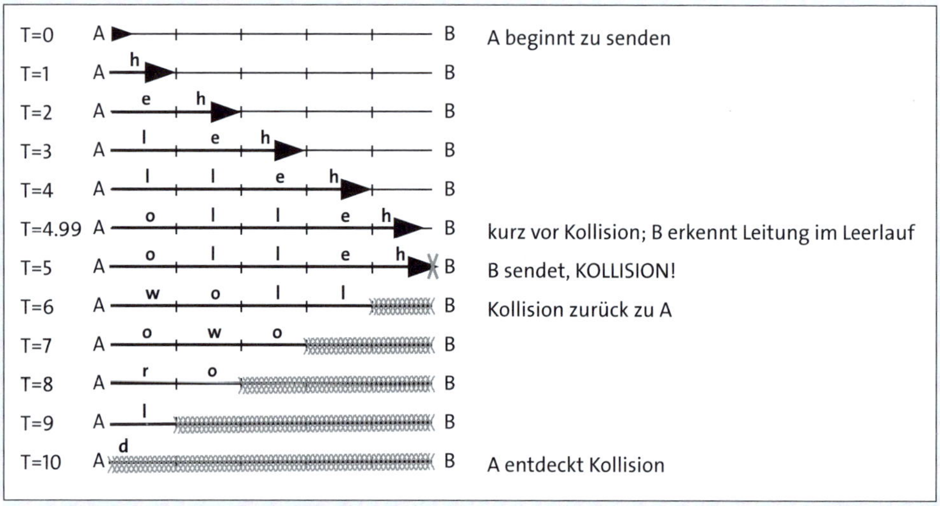

Abbildung 2.3 Ethernet-Kollision: es vergeht eine volle RTT, bevor die Kollision erkannt wird.

In Tabelle 2.1 finden Sie typische Maximalwerte für die Zeitverzögerung bei 10-Mbit/s-Ethernet aufgrund verschiedener Komponenten. Diese Werte sind dem Digital-Intel-Xerox (DIX)-Standard von 1982 entnommen, nur dass das »Punkt-zu-Punkt-Verbindungskabel« durch Standardkabel ersetzt wurde. Die DIX-Spezifikation erlaubt 1500 m Koaxialkabel mit zwei Repeatern und 1000 m Punkt-zu-Punkt-Kabel; die nachstehende Tabelle zeigt 2500 m Koaxialkabel und vier Repeater, in Anlehnung an die spätere Ethernet-Spezifikation IEEE 802.3. Einige der undurchsichtigeren Verzögerungen wurden weggelassen. Die Angaben sind Einweg-Verzögerungszeiten in Bits. Der größtmögliche Pfad kann aus vier Repeatern und zehn Transceivern (einfache elektronische Geräte zwischen dem Koaxialkabel und den Netzwerkkarten) bestehen, jeder mit einem eigenen Verbindungskabel (zwei Transceiver pro Repeater, plus einer an jedem Endpunkt).

Element	Länge	Verzögerung in Bits	Erklärung (c = Lichtgeschwindigkeit)
Koax	2500 m	110 Bits	23 Meter/Bit (0,77c)
Transceiver-Kabel	500 m	25 Bits	19.5 Meter/Bit (0,65c)
Transceiver		40 Bits, max. 10 Einheiten	je 4 Bits
Repeater		25 Bits, max. 4 Einheiten	je 6+ Bits (DIX 7.6.4.1)
Encoder		20 Bits, max. 10 Einheiten	je 2 Bits (zur Signalerzeugung)

Tabelle 2.1 Ethernet-Verzögerungsbudget

Insgesamt sind es hier 220 Bits; bei einer vollständigen Erfassung wären es 232. Einige der angegebenen Werte sind etwas hoch, aber es gibt auch Signalanstiegszeitverzögerungen, Sense-Verzögerungen und Timer-Verzögerungen, die weggelassen wurden. Das Ergebnis ist ziemlich genau.

In der vorstehenden Tabelle zum Verzögerungsbudget ist die »Länge« eines Bits implizit enthalten. Die Ausbreitungsgeschwindigkeit in Kupfer beträgt etwa 0,77c, wobei $c=3\times10^8$ m/s = 300 m/µs die Lichtgeschwindigkeit im Vakuum ist. In 0,1 Mikrosekunden (der Zeit für die Übertragung eines Bits bei 10 Mbit/s) legt das Signal also etwa $0{,}77\times c\times10^{-7}$ = 23 Meter zurück.

Ethernet-Pakete haben auch eine *maximale* Paketgröße von 1500 Byte. Diese Begrenzung dient in erster Linie der Fairness, damit eine Station das Kabel nicht übermäßig monopolisieren kann (und damit die Stationen Puffer reservieren können, die garantiert ein ganzes Paket aufnehmen können). Früher haben die Hardware-Hersteller oft ihre eigenen inkompatiblen »Erweiterungen« für Ethernet auf den Markt gebracht, die die maximale Paketgröße auf bis zu 4 kB vergrößerten. Es gibt eigentlich keinen technischen Grund, der dagegen spricht, außer der Kompatibilität.

Der Signalverlust in einem einzelnen Kabelabschnitt ist auf 8,5 db oder etwa 14 % der ursprünglichen Stärke begrenzt. Durch Repeater wird das Signal wieder auf seine ursprüngliche Stärke gebracht. Der Grund für die Längenbeschränkung pro Segment liegt darin, dass die Kollisionserkennung im Ethernet eine strenge Begrenzung der zulässigen Signalstärkeverluste für das entfernte Signal erfordert. Eine Station kann zwar sehr schwache Fremdsignale erkennen und zuverlässig lesen, aber nicht, während sie selbst lokal sendet. Genau das ist jedoch erforderlich, damit die Kollisionserkennung funktioniert: Die fremden Signale müssen stark genug sein, um auch dann gehört zu werden, wenn die empfangende Station selbst sendet. Die Begrenzung pro Segment hat also nichts mit der Gesamtlängenbegrenzung zu tun; Letztere wird nur festgelegt, um sicherzustellen, dass ein Sender garantiert eine Kollision erkennt, selbst wenn er die Mindestgröße des Pakets sendet.

2.1.6 Exponentieller Backoff-Algorithmus

Bei einer Kollision dient der exponentielle Backoff-Algorithmus auf der MAC-Schicht dazu, zu bestimmen, wann die einzelnen Stationen ihre Übertragung wieder aufnehmen sollten. Wir sprechen hier von exponentiellem Backoff, weil sich der Bereich, aus dem der Backoff-Wert gewählt wird, nach jeder aufeinanderfolgenden Kollision mit demselben Paket verdoppelt. Hier ist der vollständige Ethernet-Übertragungsalgorithmus, einschließlich Backoff und wiederholter Übertragungen:

1. vor dem Senden abhören (»carrier detect«)
2. wenn die Leitung besetzt ist, warten, bis der Sender aufhört, und dann weitere 9,6 Mikrosekunden (96 Bit) warten. Eine Folge davon ist, dass zwischen den Paketen immer eine 96-Bit-Lücke bleibt, sodass die Pakete nicht zusammenlaufen.
3. senden bei gleichzeitiger Kollisionsüberwachung
4. wenn eine Kollision auftritt, das Blockiersignal senden und eine Backoff-Zeit wie folgt wählen: Für die Übertragung N, $1 \le N \le 10$ (N=0 steht für den ursprünglichen Versuch), wähle k zufällig mit $0 \le k < 2^N$. Warte k Slot-Zeiten (k×51.2 µs). Überprüfe dann, ob die Leitung frei ist, und warte gegebenenfalls das Ende der Übertragung ab, bevor Schritt 3 erneut durchgeführt wird. Für $11 \le N \le 15$ wähle k zufällig mit $0 \le k < 1024$ $(= 2^{10})$
5. nach Erreichen von N=16 (16 Übertragungsversuchen) abbrechen.

Exponentielles Backoff bedeutet, dass bei N=1 eine 50%-ige Chance auf eine erneute Kollision besteht, wenn zwei Hosts auf die Beendigung der Übertragung eines Dritten gewartet haben und sie dann gleichzeitig zu senden beginnen und es zu einer Kollision kommt; bei N=2 besteht eine 25%-ige Chance usw. Für N≥10 beträgt die maximale Wartezeit 52 Millisekunden; ohne diese Begrenzung würde sich die maximale Wartezeit bei N=15 bis auf 1,5 Sekunden erhöhen. Wie bereits weiter oben bei der Betrachtung der Minimale Paketgröße angedeutet, geht diese Strategie zur Übertragungswiederholung davon aus, dass der Absender in der Lage ist, die Kollision bereits beim Senden zu erkennen, sodass er weiß, dass das Paket erneut gesendet werden muss.

Abbildung 2.4 zeigt ein Beispiel für mehrere Stationen, die alle gleichzeitig zu senden versuchen und den obigen Sende-/Backoff-Algorithmus verwenden, um zu entscheiden, wem der Kanal tatsächlich zugewiesen wird. Wir gehen von fünf potenziellen Sendern, A1, A2, A3, A4 und A5, aus, die alle darauf warten, dass eine sechste Station ihre Übertragung abschließt. Wir gehen davon aus, dass die Kollisionserkennung immer eine Slot-Zeit in Anspruch nimmt (bei näher beieinander liegenden Knoten geht es tatsächlich viel schneller) und dass die Slot-Startzeiten für jede Station synchronisiert sind; so können wir die Zeit in Slots messen. Ein durchgezogener Pfeil am Anfang eines Slots signalisiert, dass der Sender in diesem Slot mit der Übertragung begonnen hat; ein X steht für eine Kollision. Wenn eine Kollision auftritt, wird der Backoff-Wert k darunter angezeigt. Eine gestrichelte Linie zeigt an, dass der Sender k Slots auf seinen nächsten Versuch wartet.

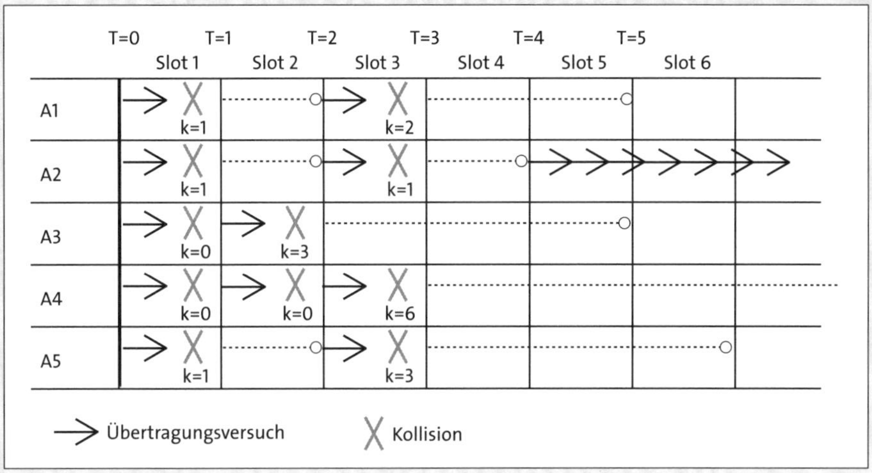

Abbildung 2.4 Ethernet-Kollisionen mit exponentiellem Rücklauf

Bei T=0 gehen wir davon aus, dass die sendende Station fertig ist, und alle A_i senden und kollidieren. Bei T=1 haben alle A_i die Kollision erkannt und wählen jeweils ein zufälliges k<2. Nehmen wir an, A1 wählt k=1, A2 wählt k=1, A3 wählt k=0, A4 wählt k=0 und A5 wählt k=1.

Die Stationen, die k=0 ausgewählt haben, senden sofort bei T=1 weiter. Das hat zur Folge, dass A3 und A4 erneut kollidieren und bei T=2 nun ein zufälliges k<4 wählen. Nehmen wir an, A3 wählt k=3 und A4 wählt k=0; A3 wird es dann bei T=2+3=5 erneut versuchen, während A4 es bei T=2, also jetzt, erneut versucht.

Bei T=2 starten nun die ursprünglichen A1, A2 und A5 ihren zweiten Übertragungsversuch, während A4 es zum dritten Mal versucht. Es kommt zur Kollision. Nehmen wir an, A1 wählt k=2, A2 wählt k=1, A5 wählt k=3, und A4 wählt k=6 (A4 wählt nach dem Zufallsprinzip ein k<8). Die vorgesehenen Sendeversuchszeiten liegen nun für A1 bei T=3+2=5, für A2 bei T=4, für A5 bei T=6 und für A4 bei T=9.

Bei T=3 versucht niemand zu senden. Aber bei T=4 ist A2 die einzige Station, die sendet, wodurch sie erfolgreich den Kanal übernimmt. Bei T=5 prüfen A1 und A3 den

Kanal, d. h. sie lauschen zuerst und warten, bis A2 fertig ist. Bei T=9 prüft A4 den Kanal erneut und beginnt ebenfalls auf das Ende der Übertragung von A2 zu warten.

In einem Ethernet sind maximal 1024 Hosts zulässig. Diese Zahl ergibt sich offensichtlich aus dem maximalen Bereich für die Backoff-Zeit von $0 \leq k < 1024$. Wenn 1024 Hosts gleichzeitig versuchen, zu senden, besteht eine gute Chance, dass eine Station den Kanal für sich beanspruchen kann, sobald der Backoff-Bereich $k<1024$ (N=10) erreicht hat, d. h. der Mindestwert aller zufällig gewählten k wird eindeutig sein.

Dieser Backoff-Algorithmus ist nicht »fair« in der Hinsicht, dass die Priorität einer Station sinkt, je länger sie auf das Senden gewartet hat. Neu übertragende Stationen mit N=0 brauchen überhaupt nicht zu warten. Der Ethernet-Capture-Effekt veranschaulicht diese Ungerechtigkeit.

2.1.7 Capture-Effekt

Der Capture-Effekt ist ein Szenario, das den möglichen Mangel an Fairness beim exponentiellen Backoff-Algorithmus verdeutlicht. Das ungeswitchte Ethernet muss dazu voll ausgelastet sein, d. h. jeder der beiden Sender hat immer ein übertragungsbereites Paket.

Nehmen wir an, A und B seien zwei solcher ausgelasteter Netzknoten, die gleichzeitig mit der Übertragung ihrer ersten Pakete beginnen. Sie kollidieren. Angenommen, A gewinnt und sendet. Wenn A fertig ist, versucht B, erneut zu senden. Aber A hat ein zweites Paket, und so versucht A es auch. A wählt einen Backoff $k<2$ (d. h. zwischen 0 und 1 einschließlich), aber da B bereits seinen zweiten Versuch unternimmt, muss er $k<4$ wählen. Das bedeutet, dass A die besseren Gewinnchancen hat. Nehmen wir an, A gewinnt.

Nachdem diese Übertragung beendet ist, versuchen A und B es noch ein weiteres Mal: A mit seinem ersten Versuch für sein drittes Paket und B mit seinem dritten Versuch für sein erstes Paket. Jetzt wählt A wieder $k<2$, aber B muss $k<8$ wählen; dieses Mal hat A eine wesentlich höhere Gewinnchance. Jedes Mal, wenn B bei einem Backoff scheitert, verringert sich die Wahrscheinlichkeit, dass er das nächste Backoff gewinnt, um etwa die Hälfte. Es ist durchaus möglich und kommt in der Praxis auch vor, dass B bis zum Erreichen der maximalen Versuchsanzahl von N=16 alle Backoffs verliert; wenn er die ersten drei oder vier verloren hat, ist dies sogar ziemlich wahrscheinlich. An diesem Punkt verwirft B das Paket einfach und fährt mit dem nächsten fort, wobei N auf 1 zurückgesetzt und k aus {0,1} gewählt wird.

Der Capture-Effekt kann durch eine entsprechende Änderung des Backoff-Algorithmus behoben werden; in [MM94] wurde die *Binary Logarithmic Arbitration Method* (BLAM) vorgeschlagen. Der BLAM-Algorithmus wurde für den damals aufkommenden 100-Mbit/s-Fast-Ethernet-Standard in Betracht gezogen. Letztendlich setzte sich allerdings eine Hardware-Strategie durch: Fast Ethernet unterstützt den kollisionsfreien »Vollduplex«-Modus (siehe Abschnitt 2.2, »100 Mbit/s (Fast) Ethernet«). Fast Ethernet unterstützt zwar auch weiterhin auch den ursprünglichen »Halbduplex«-Modus, man ging aber davon aus, dass alle Standorte, denen die Leistung so wichtig war, dass den Capture-Effekt für sie von Bedeutung war, sich für Vollduplex entscheiden würden.

2.1.8 Hubs und Topologie

Ethernet-Hubs (Multiport-Repeater) verändern die Topologie, nicht aber die grundlegenden Einschränkungen. Hubs ermöglichten ein Netzwerkmodell, bei dem jede Station nun eine eigene Verbindung zum Kabelschrank hatte. Schleifen sind weiterhin unzulässig. Der maximale Durchmesser eines aus mehreren durch Hubs verbundenen Segmenten bestehenden Ethernets wird nach wie vor durch die Umlaufzeit und die Notwendigkeit zur Kollisionserkennung vor Abschluss des Sendevorgangs begrenzt. Der »Durchmesser« des Netzes oder die maximale Entfernung zwischen zwei Hosts ist jedoch nicht mehr gleichbedeutend mit der »Gesamtlänge«. Da Twisted-Pair-Verbindungen mit etwa 100 Metern sehr viel kürzer sind, kommt die Beschränkung des Durchmessers nur selten zum Tragen.

2.1.9 Fehler

Bei Paketen können einzelne Bits durch elektrisches Rauschen in der Leitung vertauscht oder verstümmelt worden sein; die geschätzte Häufigkeit hierfür liegt zwischen 1 zu 10^4 bis 1 zu 10^6. Die Wahrscheinlichkeit von Bitfehlern ist nicht konstant; wenn sie auftreten, dann wahrscheinlich stoßweise. Pakete können auch in Hubs verloren gehen, obwohl dies weniger wahrscheinlich erscheint. Aufgrund von Kollisionen können Pakete nur dann verloren gehen, wenn der sendende Host nach 16 erfolglosen Übertragungsversuchen aufgibt. Ethernet-Pakete enthalten einen 32-Bit-CRC-Fehlererkennungscode (siehe Abschnitt 7.4.1, »Zyklische Redundanzprüfung: CRC«), um Bitfehler zu erkennen. Pakete können auch vom sendenden Host falsch adressiert worden sein, oder, was am wahrscheinlichsten ist, sie treffen zu einem Zeitpunkt beim empfangenden Host ein, an dem dessen Netzwerkschnittstelle keinen freien Puffer mehr hat. Deshalb werden die Daten von einem Protokoll aus einer höheren Schicht verworfen.

2.1.10 CSMA-Persistenz

Eine Carrier-Sense/Multiple-Access-Sendestrategie gilt als *nicht-persistent*, wenn der Sender bei belegter Leitung eine zufällig gewählte Zeit lang wartet. Eine Strategie ist *p-persistent*, wenn der Absender, nachdem er auf das Freiwerden der Leitung gewartet hat, mit einer Wahrscheinlichkeit p≤1 sendet. Ethernet verwendet eine 1-Persistenz. Eine Folge der 1-Persistenz ist, dass sicher eine Kollision auftritt, wenn mehrere Stationen auf die Freigabe der Leitung warten. Die daraus resultierende Kollision wird bei Ethernet jedoch mit dem üblichen exponentiellen Backoff-Verfahren gehandhabt. Wenn N Stationen auf die Übertragung warten, ist die Zeit, die eine Station benötigt, um den Backoff zu gewinnen, linear zu N.

Bei der Betrachtung der Wi-Fi-Mechanismen zur Kollisionsbehandlung in Abschnitt 4.2, »Wi-Fi«, werden wir sehen, dass Kollisionen dort nicht ganz so effizient behandelt werden können: Beispielsweise gibt es keine Möglichkeit, eine laufende Kollision zu erkennen, sodass die gesamte Paketübertragungszeit verschwendet wird. Im Fall von Wi-Fi wird eine p-Persistenz mit p<1 verwendet.

Von einem Ethernet-Broadcast-Storm war die Rede, wenn es zu viele Übertragungsversuche gab und der größte Teil der verfügbaren Bandbreite durch Kollisionen verbraucht wurde. Ein gut funktionierendes klassisches Ethernet hatte eine effektive Bandbreite von 50–80 % der nominalen 10-Mbit/s-Kapazität, aber Versuche, mehr zu übertragen, führten in der Regel dazu, dass sehr viel weniger Daten erfolgreich übertragen wurden.

2.1.11 Analyse des klassischen Ethernets

Wie viel Zeit wird bei Ethernet durch Kollisionen »verschwendet«? Eine paradoxe Eigenschaft von Ethernet ist, dass eine Zunahme der Übertragungsversuche auf einem belegten Segment den tatsächlichen Durchsatz verringern kann. Mehr Übertragungsversuche können zu längeren Wettbewerbsphasen (*Contention Periods*) zwischen den Paketen führen, da die Sender den Transmission-Backoff-Algorithmus einsetzen, um zu versuchen, den Kanal zu übernehmen. Welcher effektive Durchsatz lässt sich erzielen?

Es bietet sich an, die Zeit zwischen den Paketübertragungen als Wettbewerbsphase zu bezeichnen, selbst wenn in Wirklichkeit kein echter Wettbewerb besteht, d. h. wenn das Netz im Leerlauf ist; denn schließlich können wir nicht feststellen, ob die Stationen nicht senden, weil sie nichts zu senden haben, oder ob sie einfach darauf warten, dass ihr Backoff-Timer abläuft. Eine Zeitachse für Ethernet besteht also immer aus abwechselnden Paketübertragungen und Wettbewerbsphasen:

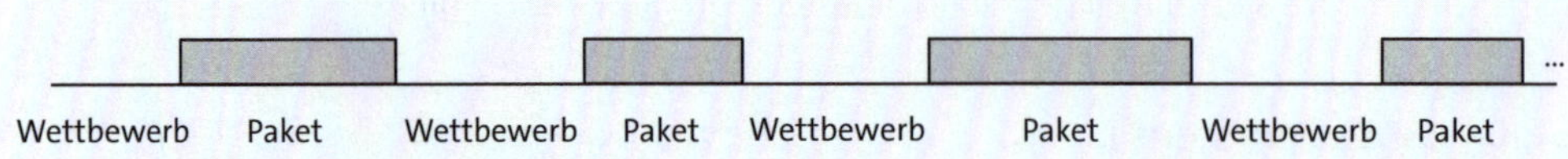

Abbildung 2.5 Abwechselnde Ethernet-Paketübertragungen und Wettbewerbsphasen

Für eine erste Betrachtung der Wettbewerbsphasen nehmen wir an, dass zu Beginn des Intervalls N Stationen auf eine Übertragung warten. Es stellt sich heraus, dass wir O(N) Slot-Zeiten erwarten können, bevor eine Station den Kanal erfolgreich übernimmt, wenn alle dem exponentiellen Backoff-Algorithmus folgen. Daher funktionieren Ethernets am besten, solange N klein ist und nur wenige Stationen gleichzeitig senden. Mehrere Stationen sind aber nicht unbedingt ein großes Problem. Oft beträgt die Anzahl der benötigten Slot-Zeiten nur etwa $N/2$, und die Slot-Zeiten sind kurz. Für N=20 beträgt $N/2$ 10 Zeitschlitze oder 640 Bytes. Eine Paketzeit kann jedoch 1500 Bytes betragen. Wenn die Paketintervalle 1500 Bytes und die Wettbewerbsphasen 640 Bytes betragen, ergibt sich ein Gesamtdurchsatz von 1500 / (640 + 1500) = 70 % der Kapazität. In der Praxis scheint dies eine vernünftige Obergrenze für den Durchsatz des klassischen Shared-Media-Ethernet zu sein.

Das ALOHA-Modell

Ein anderer Ansatz zur Analyse der Ethernet-Wettbewerbsphase ist die Verwendung des ALOHA-Modells, das ein Vorläufer des Ethernets war. Im ALOHA-Modell senden die Stationen Pakete, ohne vorher auf eine ruhige Leitung zu warten oder die Übertragung auf Kollisionen zu überwachen (dies entspricht der Situation mehrerer Bodenstationen, die an einen Satelliten senden; dabei wird angenommen, dass sich die Bodenstationen gegenseitig nicht sehen können). In ähnlicher Weise übertragen die Stationen während der Ethernet-Wettbewerbsphase Ein-Schlitz-Pakete unter praktisch denselben Bedingungen (wir kommen weiter unten darauf zurück).

Das ALOHA-Modell liefert in etwa ähnliche Durchsatzwerte wie das O(N)-Modell aus dem vorherigen Abschnitt. Wir gehen jedoch von einer eher konstruierten Annahme aus: Es gibt eine sehr große Anzahl aktiver Absender, die alle mit einer sehr niedrigen Rate senden. Das Modell ist daher möglicherweise nur begrenzt auf typische Ethernets anwendbar.

Um die Erfolgsrate von ALOHA zu modellieren, gehen wir davon aus, dass alle Pakete gleich groß sind. T sei die Zeit zum Senden eines Pakets (mit fester Größe); T steht für die Aloha-Slot-Zeit. Wir ermitteln die Übertragungsrate, die den Durchsatz optimiert.

Die Grundannahme dieses Modells ist, dass eine große Anzahl von N Hosts jeweils mit einer relativ niedrigen Rate von s Paketen/Slot sendet. G sei die durchschnittliche Anzahl der Übertragungsversuche pro Slot, also gilt G = Ns. Wir werden die durchschnittliche Rate S erfolgreicher Übertragungen pro Slot aus G ableiten.

Wenn sich zwei Pakete bei der Übertragung überschneiden, gehen beide verloren. Eine erfolgreiche Übertragung setzt also voraus, dass alle anderen für ein Intervall von 2T still sind: Wenn ein Sender im Intervall von t bis t+T erfolgreich ist, dann kann kein anderer Netzknoten versucht haben, im Intervall t-T bis t+T eine Übertragung zu starten. Die Wahrscheinlichkeit, dass eine Station während eines Zeitintervalls T sendet, ist G = Ns; die Wahrscheinlichkeit, dass die übrigen N-1 Stationen während eines Intervalls von 2T alle still sind, ist $(1-s)^{2(N-1)}$. Die Wahrscheinlichkeit für eine erfolgreiche Übertragung beträgt somit

$$S = Ns \times (1-s)^{2(N-1)}$$
$$= G(1-G/N)^{2N}$$

Vorsicht, Mathematik

Die Berechnung des Grenzwerts von $G(1-G/N)^{2N}$ und des Maximums von Ge^{-2G} erfordert gewisse Vorkenntnisse in der Infinitesimalrechnung. Für die Anwendung des Modells sind diese jedoch nicht entscheidend.

Für große N nähert sich die zweite Linie an Ge^{-2G} an. Die Funktion $S = G\,e^{-G}$ besitzt ein Maximum bei G=1/2, S=1/2e. Eine Rate von G=1/2 bedeutet, dass im Durchschnitt in jedem zweiten Slot ein Übertragungsversuch erfolgt; dies ergibt einen maximalen Durchsatz von 1/2e für eine erfolgreiche Übertragung. Mit anderen Worten, bei dieser maximalen Versuchsrate G=1/2 rechnen wir mit etwa 2e–1 Slot-Zeiten zwischen erfolgreichen Übertragungen. Was mit den verbleibenden G–S erfolglosen Versuchen geschieht, wird in diesem Modell nicht behandelt; wahrscheinlich führt ein übergeordneter Mechanismus (z. B. Backoff) zu erneuten Übertragungen.

Ein gegebener Durchsatz S<1/2e kann mit zwei verschiedenen Werten von G erreicht werden, d. h. eine gegebene Erfolgsrate kann auf eine vergleichbare Versuchsrate oder auf eine sehr hohe Versuchsrate mit einer ebenso hohen Fehlerrate zurückzuführen sein.

ALOHA und Ethernet

Die Relevanz des Aloha-Modells für das Ethernet besteht darin, dass es während einer Ethernet-Slot-Zeit keine Möglichkeit der Kollisionserkennung gibt (die Kollisionen haben den Sender noch nicht erreicht!), sodass die Konfliktphase im Ethernet dem ALOHA-Modell mit einer Aloha-Slot-Zeit T von 51,2 Mikrosekunden ähnelt. Sobald ein Ethernet-Sender jedoch erfolgreich ist, fährt er mit einer vollständigen Paketübertragung fort, die vermutlich um ein Vielfaches länger als T andauert.

Die durchschnittliche Länge der Wettbewerbsphase beträgt bei dem oben berechneten maximalen Durchsatz 2e–1 Slot-Zeiten (von ALOHA); denken Sie daran, dass unser Modell hier von vielen Sendern ausgeht, die jeweils mit einer sehr niedrigen Rate senden. Dies ist die minimale Wettbewerbsphase; bei geringerer Last ist die Wettbewerbsphase aufgrund größerer Leerlaufzeiten länger und bei höherer Last ist die Wettbewerbsphase aufgrund von vermehrten Kollisionen länger.

Schließlich sei P die Zeit für das Senden eines ganzen Pakets in T-Einheiten, sprich, die durchschnittliche Paketgröße in T-Einheiten. P ist also die Länge der Paket-Phase in

Abbildung 2.5. Die Konfliktphase hat eine Länge von 2e–1, sodass die Gesamtzeit für das Senden eines Pakets (Konflikt + Paketzeit) 2e–1+P beträgt. Der nutzbringende Anteil davon ist natürlich P, sodass der effektive maximale Durchsatz P/(2e–1+P) beträgt.

Bei 10 Mbit/s entspricht T=51,2 Mikrosekunden 512 Bits oder 64 Bytes. Für P=128 Bytes = 2 × 64 beträgt die effektive Bandbreite 2/(2e–1+2) oder 31 %. Für P=512 Bytes=8 × 64 beträgt die effektive Bandbreite 8/(2e+7), also 64 %. Für P=1500 Bytes errechnet das Modell eine effektive Bandbreite von 80 %.

Diese Zahlen sind unseren früheren Werten recht ähnlich, die auf einer kleinen Anzahl von Stationen basieren, die ständig senden.

2.2 100 Mbit/s (Fast) Ethernet

Das klassische Ethernet ist mit 10 Mbit/s nach modernen Maßstäben recht langsam, sodass die IEEE im Jahr 1995 Standards für Ethernet mit 100 Mbit/s geschaffen hat. Mit dieser Geschwindigkeit wird Ethernet gemeinhin als *Fast Ethernet* bezeichnet; diese Bezeichnung gilt auch heute noch, obwohl Fast Ethernet durch Gigabit Ethernet verdrängt wird. Die bei weitem verbreitetste Form des 100-Mbit/s-Ethernet ist offiziell als 100BASE-TX bekannt und wird über Twisted-Pair-Kabel betrieben.

In der vorangegangenen Analyse des 10-Mbit/s-Ethernet wurden die Bandbreite, die minimale Paketgröße und der maximale Netzwerkdurchmesser miteinander in Beziehung gesetzt, um zu gewährleisten, dass Kollisionen vom Sender stets erkannt werden können. Ein Anstieg der Geschwindigkeit erfordert es, mindestens eine der anderen Randbedingungen ebenfalls zu skalieren. Bliebe beispielsweise der physische Durchmesser des Netzes bei der Umstellung auf 100 Mbit/s gleich, wäre die Round-Trip-Zeit im Fast-Ethernet in Mikrosekunden gleich, in Bits gemessen jedoch um das Zehnfache größer; dies könnte eine Mindestpaketgröße von 640 Byte statt 64 Byte bedeuten. (Tatsächlich könnte die Mindestpaketgröße etwas kleiner sein, zum einen, weil das »Blockiersignal« nicht verlängert werden muss, und zum anderen, weil einige der Zahlenwerte im oben genannten 10-Mbit/s-Verzögerungsbudget größer als nötig waren; sie wäre aber immer noch so groß, dass ein erheblicher Teil der Bandbreite durch Padding verbraucht werden würde). Die Entwickler von Fast Ethernet vertraten die Ansicht, dass eine so große Mindestpaketgröße unpraktisch sei.

Fast Ethernet wurde jedoch zu einer Zeit entwickelt (um 1995), als zuverlässige Switches bereits weithin verfügbar waren; das obige Zitat aus Kapitel 2, »Ethernet-Grundlagen«, von [MB76] war damit bereits überholt. Große »virtuelle« Ethernet-Netzwerke ließen sich durch Zusammenschaltung kleiner physischer Ethernets mit Switches bilden, wodurch der Bedarf an physischen Ethernets mit großen Durchmessern entfiel. Anstatt also die Mindestpaketgröße zu erhöhen, wurde daher beschlossen, die

Kollisionserkennung durch eine Verringerung des Netzdurchmessers sicherzustellen. Der Netzdurchmesser wurde auf etwas über 400 Meter festgelegt, wobei Abstriche zur Berücksichtigung von Knotenpunkten gemacht wurden. Bei 2,3 Metern/Bit entsprechen 400 Meter 174 Bits, was für einen Umlauf 350 Bits ergibt. Die Slot-Zeit (und die minimale Paketgröße) bleibt bei 512 Bits – nun 5,12 µs – was in jedem Fall lang genug ist, um die Kollisionserkennung zu gewährleisten.

Dieser Durchmesser von 400 Metern kann allerdings irreführend sein: Der konkrete 100BASE-TX-Standard, bei dem sogenannte Twisted-Pair-Kabel der Kategorie 5 (oder besser) verwendet werden, begrenzt die Länge eines einzelnen Kabelsegments auf 100 Meter. Der maximale Durchmesser eines 100BASE-TX-Netzwerks beträgt – unter Einbeziehung von Hubs – knapp über 200 Meter. Die 400-Meter-Distanz gilt für glasfaserbasiertes 100BASE-FX im Halbduplex-Modus, was allerdings ziemlich unüblich ist.

Die Begrenzung des Netzwerkdurchmessers von 100BASE-TX auf 200 Meter mag gering erscheinen; in vielen Fällen entspricht dies einem einzelnen Hub, von dem mehrere 100-Meter-Kabelsegmente ausgehen. In der Praxis lassen sich solche Stern-Konfigurationen jedoch untereinander problemlos mit *Switches* verbinden. Wie wir weiter unten in Abschnitt 2.4, »Ethernet-Switches«, sehen werden, partitionieren Switches ein Ethernet in separate »Kollisionsdomänen«; die Regeln für den Netzdurchmesser gelten für jede Domäne einzeln, nicht aber für das Gesamtsystem. In einem vollständig geswitchten, also ohne Hubs aufgebauten 100BASE-TX-LAN ist jede Kollisionsdomäne einfach nur eine einzelne Twisted-Pair-Verbindung, für die dann die maximale Länge von 100 Metern gilt.

Mit Fast Ethernet wurde auch das *Vollduplex*-Konzept eingeführt: Es können zwei Twisted-Pair-Leitungen verwendet werden, eine für jede Richtung. Vollduplex-Ethernet ist auf Pfade beschränkt, die keine Hubs enthalten, also auf direkte Verbindungen von *Station zu Station*, wobei eine Station entweder ein Host oder ein Switch sein kann. Weil es bei einer solchen Verbindung nur zwei potenzielle Sender gibt und jeder Sender seine eigene Übertragungsleitung hat, ist das Vollduplex-Ethernet komplett *kollisionsfrei*.

Fast Ethernet verwendet (zumindest in der 100BASE-TX-Variante) die 4B/5B-Kodierung, die wir in Abschnitt 6.1.4, »4B/5B«, behandeln. Das heißt, dass die Elektronik 125 Mbit/s bewältigen muss, im Gegensatz zu den 200 Mbit/s beim Einsatz der Manchester-Kodierung.

Fast Ethernet 100BASE-TX eignet sich wegen der Begrenzung der maximalen Kabellänge nicht unbedingt für Verbindungen zwischen Gebäuden. Hier sind Punkt-zu-Punkt-Verbindungen über Glasfaserkabel eine gute Alternative, sofern Kollisionen durch den Einsatz von Vollduplex ausgeschlossen werden. Wir haben bereits erwähnt, dass der koaxial-basierte 100BASE-FX-Standard eine maximale Halbduplex-

Strecke von 400 Metern zulässt. Bei 100BASE-FX wird allerdings viel häufiger auf Vollduplex gesetzt, was auch die maximal zulässige Kabellänge auf 2.000 Meter ansteigen lässt.

2.3 Gigabit-Ethernet

Würden wir die Slot-Zeit von 51,2 µsec beibehalten, aber die Übertragungsrate auf 1000 Mbit/s erhöhen, läge der maximale Netzdurchmesser nur noch bei 20–40 Metern. Stattdessen wurde bei Gigabit Ethernet eine Slot-Zeit von 4096 Bit (512 Byte oder 4,096 µs) eingeführt, zumindest für die Twisted-Pair-Ausprägungen. Kurze Frames müssen mit Daten aufgefüllt werden, aber dieses Padding erledigt die Hardware. 1000Base-T Gigabit Ethernet nutzt die sogenannte PAM-5-Kodierung, die ein spezielles Pattern (oder Symbol) unterstützt, das nicht in den Daten vorkommen kann. Die Hardware füllt den Frame mit diesen speziellen Datenmustern auf, und der Empfänger kann so auf die vom Host-Betriebssystem vorgegebene Länge ohne Fülldaten zurückschließen.

Gigabit und Festplatten

Sobald ein Netzwerk die Gigabit-Schallmauer erreicht, ist es praktisch genauso schnell wie das Lesen oder Schreiben von Daten auf einer Festplatte. Wenn Daten auf einem anderen Netzwerkknoten gespeichert werden, verlangsamt dies die Abläufe nicht mehr. Dies eröffnet ganz neue Möglichkeiten etwa für den Aufbau von Datenbanken in Clustern.

Die Slot-Zeit von Gigabit-Ethernet ist jedoch weitgehend irrelevant, da fast immer Vollduplex (bidirektionaler) Betrieb unterstützt wird. Zusammen mit der Einschränkung, dass jeder Kabelabschnitt eine Verbindung von Station zu Station sein muss (Hubs also nicht mehr zulässig sind), bedeutet dies, dass es einfach keine Kollisionen mehr gibt und der Netzwerkdurchmesser keine Rolle mehr spielt. (10-Gigabit-Ethernet hat ganz offiziell den Anspruch aufgegeben, Kollisionen zu behandeln; alles muss komplett in Vollduplex ablaufen).

Es gibt tatsächlich mehrere Gigabit-Ethernet-Standards (genau wie bei Fast Ethernet auch). Die verschiedenen Standards gelten für unterschiedliche Verkabelungssituationen. Es gibt Formulierungen für Vollduplex-Glasfaserverbindungen, die für viele Kilometer ausgelegt sind (z. B. 1000Base-LX10), und sogar eine Version mit einer maximalen Kabellänge von 25 Metern (1000Base-CX), die theoretisch auch mit dem ursprünglichen 512-Bit-Slot funktionieren würde.

Das gängigste über Kupferkabel laufende Gigabit-Ethernet ist 1000BASE-T (manchmal fälschlicherweise als 1000BASE-TX bezeichnet). Es gibt zwar eine TX-Variante, diese erfordert allerdings Kabel der Kategorie 6 und wird daher nur selten verwendet;

viele Geräte mit TX-Kennzeichnung sind in Wirklichkeit für 1000BASE-T ausgelegt). Bei 1000BASE-T werden alle vier verdrillten Aderpaare des Kabels verwendet. Jede Doppelader überträgt mit 250 Mbit/s, und jede davon arbeitet bidirektional, sodass eine Vollduplex-Kommunikation möglich ist. Die bidirektionale Kommunikation über ein einziges Aderpaar erfordert eine sorgfältige Echounterdrückung an beiden Enden, wobei eine sogenannte »Hybridschaltung« verwendet wird, die das ausgehende Signal herausfiltert und dadurch ein Auslesen des eingehenden Signals ermöglicht.

Auf jeder Doppelader gibt es fünf Amplitudenstufen. Diese werden verwendet, um Zwei-Bit-Symbole mit einer Rate von 125 Symbolen/µs zu übertragen, was einer Datenrate von 250 Bit/µs entspricht. Für Zwei-Bit-Symbole sind theoretisch nur vier Amplitudenstufen erforderlich; das fünfte Symbol ermöglicht eine gewisse Redundanz, die für die Fehlererkennung und -korrektur, zur Vermeidung langer Reihen identischer Symbole und zur Unterstützung eines speziellen Pad-Symbols, wie oben erwähnt, verwendet wird. Die Kodierung wird als fünfstufige Pulsamplituden-Modulation oder PAM-5 bezeichnet. Die angestrebte Bitfehlerrate (BER) für 1000BASE-T beträgt 10^{-10}, was bedeutet, dass die Paketfehlerrate unter 1 zu 10^6 liegt.

Bei der Entwicklung schnellerer Ethernet-Geschwindigkeiten spielt die Wirtschaftlichkeit eine mindestens ebenso wichtige Rolle wie die Technologie. Wenn neue Übertragungsgeschwindigkeiten auf den Markt kommen, müssen die ersten Anwendenden oftmals aufwendig und gezielt Karten, Switches und Kabel kaufen, von denen bekannt ist, dass sie »zueinander kompatibel« sind; dies kommt der Installation eines proprietären LANs gleich. Der eigentliche Vorteil von Ethernet besteht jedoch darin, dass es, zumindest im Laufe der Zeit, einen Standard darstellt, sodass ein Betriebsstandort seine Karten und Geräte beliebig untereinander kombinieren kann. Mit einem bestimmten Ethernet-Standard die bereits vorhandenen Kabel zu unterstützen, ist aus wirtschaftlicher Sicht sogar noch wichtiger, da die Kosten zum Ziehen neuer Kabel zwischen den Büros häufig noch viel höher sind als die Kosten für neue Elektronik.

Da die Ethernet-Geschwindigkeiten immer weiter steigen, wird es für Host-Systeme immer schwieriger, mitzuhalten. Infolgedessen ist es üblich, einen beträchtlichen Teil der auf höherer Ebene anfallenden Verarbeitungsprozesse auf die Ethernet-Hardware auszulagern, wie etwa die Berechnung der TCP-Prüfsumme (siehe Abschnitt 17.5, »TCP-Offloading«).

2.4 Ethernet-Switches

Switches verbinden separate physische Ethernets (oder manchmal auch Ethernets mit anderen Arten von Netzen). Ein Switch besitzt mindestens zwei Ethernet-Schnittstellen; wenn ein Paket an einer Schnittstelle empfangen wird, wird es auf eine oder mehrere anderen Schnittstellen weitergesendet. Nur gültige Pakete werden weitergeleitet; Kollisionen werden *nicht* weitergegeben. Um den Bereich eines Ethernets zwischen Switches zu beschreiben, wird manchmal der Begriff *Kollisionsdomäne* verwendet; eine gegebene Kollision breitet sich nur innerhalb ihrer Kollisionsdomäne aus.

Das folgende Diagramm aus Abbildung 2.6 zeigt mehrere physische Ethernets, die durch die drei Switches S1, S2 und S3 miteinander verbunden sind. Die Hosts A, B, C und D befinden sich in zwei getrennten herkömmlichen Ethernets mit Mehrfachanschluss; die Hosts E und F haben direkte Punkt-zu-Punkt-Verbindungen zu S2 bzw. S3. Die Verbindung S2–S3 ist ebenfalls eine Punkt-zu-Punkt-Verbindung. Wenn A und B oder C und D zur gleichen Zeit senden, kollidieren die Pakete wie üblich. Wenn aber A und C gleichzeitig senden, empfängt S1 die beiden Pakete auf seinen beiden getrennten Schnittstellen parallel, ohne dass es zu einer Kollision kommt. S1 kann dann das Paket von C über seine linke Schnittstelle weiterleiten, während gleichzeitig das Paket von A über seine rechte Schnittstelle weitergeleitet wird.

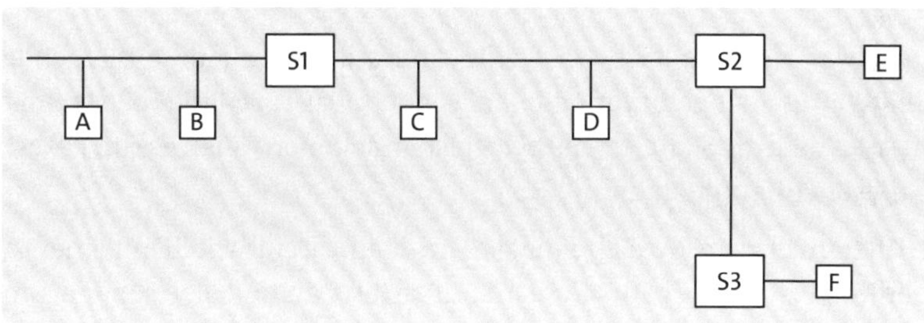

Abbildung 2.6 Ethernet mit den Switches S1, S2 und S3

Wenn E und F zur gleichen Zeit senden, werden ihre Pakete von S2 bzw. S3 empfangen. In Ermangelung von Weiterleitungsinformationen wird S2 das Paket von E parallel über seine linke und seine untere Schnittstelle weiterleiten (Flooding), wobei wir allerdings im nächsten Abschnitt sehen werden, dass echte Switches hinsichtlich der Weiterleitungsinformationen auch lernfähig sind. S3 wird das Paket von F über seine obere Schnittstelle weiterleiten, und die Pakete von E und F könnten auf der vertikalen S2–S3-Verbindung potenziell kollidieren. Es ist aber auch möglich, dass es sich bei S2–S3 um eine Vollduplex-Verbindung handelt, die gleichzeitige Übertragungen in beide Richtungen verarbeiten kann; falls nicht, würde der übliche Kollisionsschutzmechanismus dafür sorgen, dass das Paket von E S3 und das Paket von F S2 erreicht.

Switches haben das Ethernet-Layout grundlegend verändert: Alle Regeln zur Kollisionserkennung, einschließlich der Regeln für den maximalen Netzdurchmesser, gelten nur für Kollisionsdomänen und nicht für die größeren »virtuellen Ethernets«, die durch Aneinanderreihung von Kollisionsdomänen über Switches entstehen. Wie wir weiter unten sehen werden, ist ein geswitchtes Ethernet auch wesentlich abhörsicherer als ein nicht geswitchtes (z. B. Hub-basiertes) Ethernet.

2.4.1 Kosten für Switches

In den 1980er Jahren installierte ich einmal einen 10-Mbit/s-Ethernet-Switch mit zwei Anschlüssen (damals »Bridge« genannt), der 3000 $ kostete; siehe das Zitat in [MB76] in Kapitel 2, »Ethernet-Grundlagen«. Heutzutage besteht ein breites Angebot an Multiport-Ethernet-Switches mit 100 Mbit/s für rund 10 $, und fast alle installierten Ethernets sind vollständig geswitcht.

Wie bei einfacheren, nicht geswitchten Ethernets muss die Topologie für ein geswitchtes Ethernet im Prinzip frei von Schleifen sein. In der Praxis unterstützen die meisten Switches jedoch das Protokoll und den Algorithmus der Spanning-Tree-Schleifenerkennung (Abschnitt 3.1, »Spanning-Tree-Algorithmus und Redundanz«) der die Netztopologie automatisch »beschneidet«, um sie schleifenfrei zu machen, wobei die abgeschnittenen Links wieder in Betrieb genommen werden können, wenn ein primärer Link ausfällt.

Ein Switch leitet zwar keine Kollisionen weiter, muss aber für jede ausgehende Schnittstelle eine Warteschlange unterhalten, falls er ein Paket zu einem Zeitpunkt weiterleiten muss, an dem die Schnittstelle belegt ist; in seltenen Fällen gehen Pakete verloren, wenn dieser Puffer überläuft.

Ethernet unterstützt im Prinzip PAUSE-Management-Frames; ein Switch mit einer zu groß gewordenen Warteschlange kann diese im Prinzip an Datenquellen senden, um den Datenverkehr für eine im PAUSE-Frame angegebene Zeitspanne anzuhalten. PAUSE-Frames scheinen jedoch nur selten verwendet zu werden.

2.4.2 Ethernet-Lernalgorithmus

Herkömmliche Ethernet-Switches verwenden Datagrammweiterleitung, wie in Abschnitt 1.4, »Datagrammweiterleitung«, beschrieben. Der Trick besteht darin, sich ihre eigenen Weiterleitungstabellen aufzubauen, ohne dass dabei normale, nicht als Switch agierende Hosts mitwirken. Und wenn ein Switch als 1:1-Ersatz für einen Hub fungieren soll, kann er auch nicht auf die Mithilfe von anderen Switches zählen.

Der Switch beginnt hierzu mit einer leeren Weiterleitungstabelle und baut sich diese Tabelle dann schrittweise durch einen Lernprozess auf. Wenn ein Switch keinen Eintrag für ein bestimmtes Ziel hat, geht er wieder zum Flooding über: Er leitet das Paket auf sämtliche Schnittstelle weiter, außer auf jene, auf der das Paket eingegangen ist. Dies wird manchmal auch als »Unknown Unicast Flooding« bezeichnet; es ist gleichbedeutend mit der Behandlung des Ziels als Broadcast-Adresse. Durch dieses Fallback-to-flooding für unbekannte Ziele können sich Ethernet-Switches ihre Forwarding-Tabellen ohne jegliche Switch-zu-Switch- oder Switch-zu-Host-Kommunikation oder -Koordination selbst anlernen. Dieser Lernprozess ist mittlerweile im IEEE 802.1D-Standard verankert und wird mitunter als *transparentes Bridging* bezeichnet.

Ein Switch lernt die Adresszuordnung folgendermaßen: Für jede Schnittstelle unterhält der Switch eine Tabelle der physischen (MAC-)Adressen, die als Quelladressen in Paketen enthalten waren, die über diese Schnittstelle ankamen. Der Switch weiß also, dass das Paket nur über diese Schnittstelle gesendet werden muss, um diese Adressen zu erreichen, wenn eine von ihnen später als Zieladresse auftaucht. Wenn ein Paket mit der Quelladresse S und der Unicast-Zieladresse D an der Schnittstelle I ankommt, trägt der Switch also ⟨S,I⟩ in seine Weiterleitungstabelle ein.

Um das Paket nun tatsächlich auszuspielen, sucht der Switch auch das Ziel D in der Weiterleitungstabelle. Wenn es einen Eintrag ⟨D,J⟩ mit J≠I gibt – D ist also bekanntermaßen über die Schnittstelle J zu erreichen –, dann *leitet* der Switch das Paket über die Schnittstelle J *weiter*. Wenn J=I, d. h. wenn das Paket an derselben Schnittstelle eintrifft, über die auch das Ziel erreicht wird, wird das Paket überhaupt nicht weitergeleitet; es ist sehr wahrscheinlich nur deshalb an der Schnittstelle I angelangt, weil diese Schnittstelle mit einem Ethernet-Segment verbunden war, das entweder auch D beinhaltet oder einen anderen Switch, der das Paket näher in Richtung D transportiert.

Gibt es keinen Eintrag für D, muss der Switch das Paket über alle Schnittstellen J mit J≠I ausspielen; dies ist der *Fallback Flooding* für unbekannte Ziele. Schon nach kurzer Zeit wird die Fallback-to-flooding-Alternative immer seltener benötigt, da die Switches lernen, wo sich die aktiven Hosts befinden. (In einigen Switch-Implementierungen enthalten die Weiterleitungstabellen jedoch auch Zeitstempel, und die Einträge werden entfernt, wenn sie beispielsweise fünf Minuten lang nicht benutzt wurden).

Wenn die Zieladresse D eine Broadcast-Adresse oder bei vielen Switches auch eine Multicast-Adresse ist, ist Broadcasting (Flooding) erforderlich. Einige Switches versuchen, Multicast-Gruppen zu verfolgen, um Multicast-Verkehr nur an Schnittstellen mit bekannten Teilnehmenden weiterzuleiten; siehe Abschnitt 2.1.2, »Ethernet Multicast«.

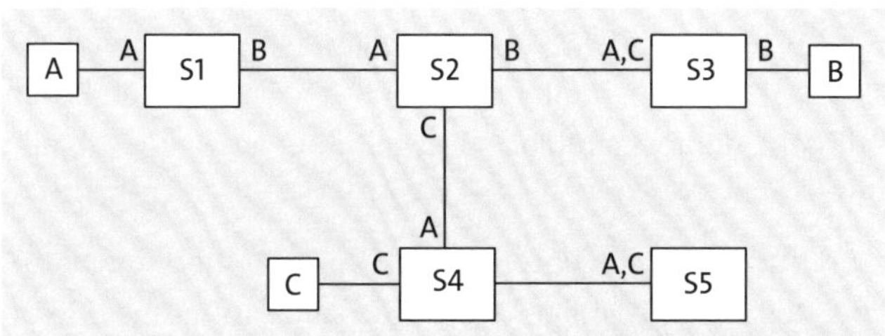

Abbildung 2.7 Fünf lernende Switches nach drei Paketübertragungen

Im obigen Diagramm werden die Tabellen der einzelnen Switches angezeigt. Dazu werden neben jeder Schnittstelle die (durch MAC-Adressen identifizierten) Ziele aufgelistet, die bekanntermaßen über diese Schnittstelle erreichbar sind. Die dargestellten Einträge sind das Ergebnis der folgenden Pakete:

- **A sendet an B**; alle Switches erfahren, wo A ist.
- **B sendet an A**; dieses Paket geht direkt an A; nur S3, S2 und S1 erfahren, wo B ist.
- **C sendet an B**; S4 weiß nicht, wo B ist, also geht dieses Paket an S5; S2 *weiß*, wo B ist, also geht das Paket *nicht* an S1.

Es sei darauf hingewiesen, dass sich die Hosts auf der Anwendungsschicht in der Regel nicht gegenseitig anhand ihrer MAC-Adressen identifizieren. In einem IPv4-basierten Netzwerk würde die Nutzung von ARP (Abschnitt 10.2, »Address Resolution Protocol: ARP«) zur Übersetzung von IPv4- in MAC-Adressen zusätzliche Broadcasts mit sich bringen, wodurch sich das obige Szenario anders abspielen würde (siehe Übung 10).

Switches erkennen direkt verbundene Nachbarn nicht automatisch; S1 erfährt erst dann von A, wenn A ein Paket sendet.

Sobald alle Switches erfahren haben, wo sich alle (oder die meisten) Hosts befinden, wird jedes Paket einzeln weitergeleitet und nicht mehr geflooded. Zu diesem Zeitpunkt werden die Pakete nicht mehr unnötigerweise über Verbindungen gesendet; ein Paket von A nach B durchläuft nur die Verbindungen, die auf dem (eindeutigen) Pfad von A nach B liegen. (Die Pfade müssen eindeutig sein, weil Switched-Ethernet-Netze keine Schleifen erlauben, zumindest keine aktiven. Gäbe es eine Schleife, würde ein Paket, das an ein unbekanntes Ziel gesendet wird, endlos innerhalb der Schleife weitergeleitet, wobei dies in der Praxis fast immer durch den Spanning-Tree-Algorithmus verhindert wird, Abschnitt 3.1, »Spanning-Tree-Algorithmus und Redundanz«.)

Switches haben den zusätzlichen Vorteil, dass Datenverkehr, der nicht an andere Orte als den eigentlichen Zielort fließt, viel schwerer abzuhören ist. Bei einem Ethernet ohne Switches kann ein Host, der so konfiguriert ist, dass er alle Pakete empfängt, den gesamten Datenverkehr abhören. Frühe Ethernets waren dafür berüchtigt, dass eine einzige skrupellose Station im Promiscuous-Modus beispielsweise alle im Netzwerk verwendeten Passwörter abfangen konnte. In einem vollständig geswitchten Ethernet sieht ein Host nur den Verkehr, der tatsächlich an ihn gerichtet ist; der Rest bleibt für ihn unzugänglich.

Dieser Switch-basierte Datenschutz ist jedoch potenziell anfällig für einen sogenannten *MAC-Flooding-Angriff*, bei dem ein böswilliger Host eine sehr große Anzahl von Paketen mit einer jeweils einzigartigen, gefälschten Quelladresse sendet. Diese gefälschten Adressen füllen die Forwarding-Tabellen der Switches und zwingen sie damit, ältere, legitime Einträge zu verwerfen. Dies wiederum bedeutet, dass die Switches für legitime Adressen den Fallback-to-flooding-Modus verwenden müssen, was ein Abhören ermöglicht. Eine gängige Abwehrmaßnahme gegen MAC-Flooding auf der Ethernet-Schicht ist die Port-Security, bei der jeder Port eines Switches nur mit einer begrenzten Anzahl von Forwarding-Table-Einträgen verknüpft werden kann. In diesem Fall werden die MAC-Flooding-Einträge eines Ports ignoriert, sobald dessen Limit erreicht wurde; hoffentlich geschieht dies, bevor legitime Einträge an anderen Ports verworfen werden müssen. Die Port-Security wird häufig von einem weiteren Mechanismus begleitet, mit dem ausgewählte MAC-Adressen als sicher eingestuft werden können, was bedeutet, dass sie auch im Falle von MAC-Flooding nicht aus der Weiterleitungstabelle entfernt werden. Verschlüsselung auf der Anwendungsschicht ist ein weiterer Schutz gegen MAC-Flooding.

Ein typischer großer Switch kann eine Weiterleitungstabelle mit 10^4 bis 10^5 Einträgen verwalten, wobei komplett geswitchte Netzwerke am oberen Ende dieser Skala nicht üblich sind. Die wichtigsten Größenbeschränkungen beim Switching ergeben sich aus der Anforderung, dass die Topologie frei von Schleifen sein muss (wodurch doppelte Pfade, die andernfalls für Redundanz sorgen könnten, ausgeschlossen werden) und dass der gesamte Broadcast-Verkehr immer und überall weitergeleitet werden muss. Wenn ein Switched-Ethernet wächst, macht der Broadcast-Traffic einen immer größeren Anteil am gesamten Datenverkehr aus, und die Organisation muss irgendwann auf eine Routing-Architektur umsteigen (z. B. wie in Abschnitt 9.6, »IPv4-Subnetze«). Eine allgemeine Empfehlung lautet, maximal 1000 Hosts pro LAN (oder VLAN) zuzulassen.

2.5 Epilog

Ethernet dominiert die (kabelgebundene) LAN-Schicht. Allerdings gibt es viele verschiedene Formen von Ethernet, mit einer Vielzahl von Kabeltypen und einem Geschwindigkeitsbereich, der vier Größenordnungen abdeckt. In vielerlei Hinsicht ist Ethernet eine logische Schnittstelle, die mehrere Implementierungen umfasst, welche sich nur mit Switches zusammenschalten lassen. Schnelleres Ethernet setzt auf vollständiges Switching und reine Punkt-zu-Punkt-Verbindungen. Sobald sich Ethernet endgültig von physisch bidirektionalen Verbindungen (Halbduplex-Verbindungen) verabschiedet, wird es völlig kollisionsfrei sein und damit auch keine Mindestpaketgröße mehr benötigen.

Andere kabelgebundene Netzwerke sind weitgehend verschwunden (oder wurden in »Ethernet« umbenannt). Drahtlose Netze haben sich hingegen dauerhaft etabliert und sind – zumindest vorläufig – weiterhin mit den Problemen des Kollisionsmanagements im ursprünglichen Ethernet konfrontiert, aus denen das Ethernet selbst herausgewachsen ist.

2.6 Übungen

1. Simulieren Sie die Wettbewerbsphase von fünf Ethernet-Stationen, die alle zum Zeitpunkt T=0 zu senden versuchen (vermutlich, wenn eine sechste Station mit dem Senden fertig ist), in Anlehnung an das Diagramm in Abschnitt 2.1.6, »Exponentieller Backoff-Algorithmus«. Nehmen Sie an, dass die Zeit in Slot-Zeiten gemessen wird und dass genau eine Slot-Zeit benötigt wird, um eine Kollision zu erkennen (wenn also zwei Stationen bei T=1 senden und kollidieren und eine von ihnen eine Backoff-Zeit k=0 wählt, dann wird diese Station bei T=2 erneut senden). Werfen Sie dazu eine Münze oder nutzen Sie eine andere Zufallsquelle.
2. Angenommen, wir haben die wie folgt angeordneten Ethernet-Switches S1 bis S3; jeder Switch verwendet den Lernalgorithmus aus Abschnitt 2.4, »Ethernet-Switches«. Alle Weiterleitungstabellen sind anfangs leer.

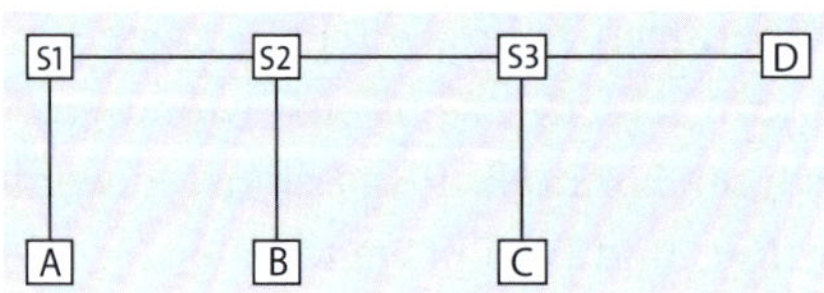

   a) Wenn A an B sendet, welche Switches sehen dieses Paket?

   b) Wenn B dann an A antwortet, welche Switches sehen dieses Paket?

   c) Wenn C dann an B sendet, welche Switches sehen dieses Paket?

   d) Wenn C dann an D sendet, welche Switches sehen dieses Paket?
3. ◊ Angenommen, die Ethernet-Switches S1 bis S4 sind wie folgt angeordnet. Alle Weiterleitungstabellen sind leer; jeder Switch verwendet den Lernalgorithmus aus Abschnitt 2.4, »Ethernet-Switches«.

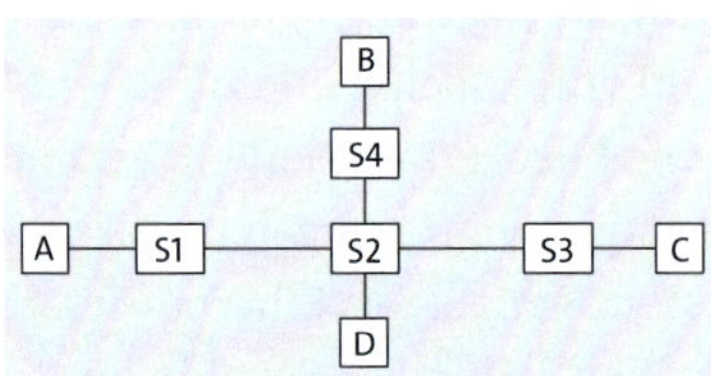

   Nehmen wir nun an, dass die folgenden Paketübertragungen stattfinden:

   - A sendet an D
   - D sendet an A
   - A sendet an B
   - B sendet an D

   Führen Sie für jeden Switch S1–S4 auf, welche Quelladressen (z. B. A, B, C, D) er gesehen hat (und welche Teilnehmenden er damit kennengelernt hat).

4. Wiederholen Sie die vorherige Übung mit derselben Netzwerktopologie, mit dem Unterschied, dass stattdessen die folgenden Paketübertragungen stattfinden:
   - A sendet an B
   - B sendet an A
   - C sendet an B
   - D sendet an A

   Geben Sie für jeden Switch an, welche Quelladressen (z. B. A, B, C, D) er gesehen hat (und von welchen Teilnehmenden er somit den Standort erfahren hat).
5. Finden Sie in dem unten dargestellten geswitchten Ethernet zwei Paketübertragungen, sodass bei einer dritten Übertragung A⟶D das Paket von B aus gesehen werden kann (d. h. es wird von S2 an alle Ports weitergeleitet), *nicht* aber von C (weil es von S3 an D weitergeleitet und nicht per Flooding an alle Ports übergeben wird). Alle Weiterleitungstabellen sind anfangs leer, und jeder Switch verwendet den Lernalgorithmus aus Abschnitt 2.4, »Ethernet-Switches«.

   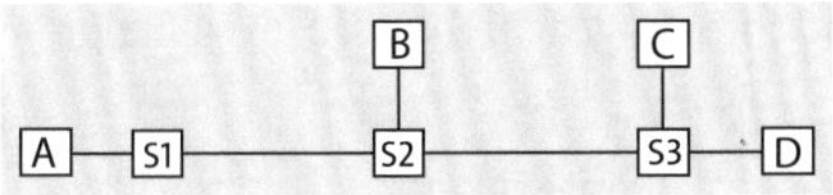

   Hinweis: Das Ziel D muss in der Weiterleitungstabelle von S3 enthalten sein, darf aber nicht in der von S2 vorkommen. Es muss also ein Paket von D gesendet worden sein, das von S3 gesehen wurde, aber nicht von S2.
6. Erläutern Sie, warum es in nachstehendem Ethernet mit lernenden Switches, dessen (disjunkte) nicht spezifizierte Teile mit einem Fragezeichen (?) gekennzeichnet sind, unmöglich ist, dass ein von A nach B gesendetes Paket von S1 direkt an S2, aber von S2 an alle anderen Ports von S2 weitergeleitet wird.

   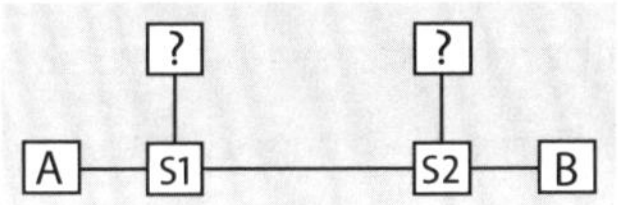

7. Im nachfolgenden Diagramm sei Knotenpunkt D mit S5 verbunden. Mit den im Diagramm dargestellten Tabellen (d. h. S5 weiß von A und C, usw.), sendet D nun an B.

   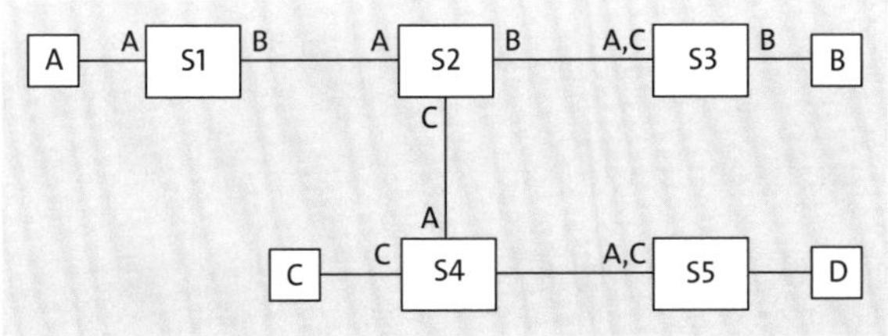

Welche Switches werden dieses von D an B gesendete Paket sehen und somit von D erfahren? Welche dieser Switches wissen noch *nicht*, wo B ist und werden deshalb auf Flooding zurückgreifen?

8. Angenommen, zwei Ethernet-Switches sind wie folgt in einer Schleife verbunden; S1 und S2 haben ihre Schnittstellen 1 und 2 beschriftet. Diese Switches nutzen nicht den Spanning-Tree-Algorithmus aus Abschnitt 3.1.

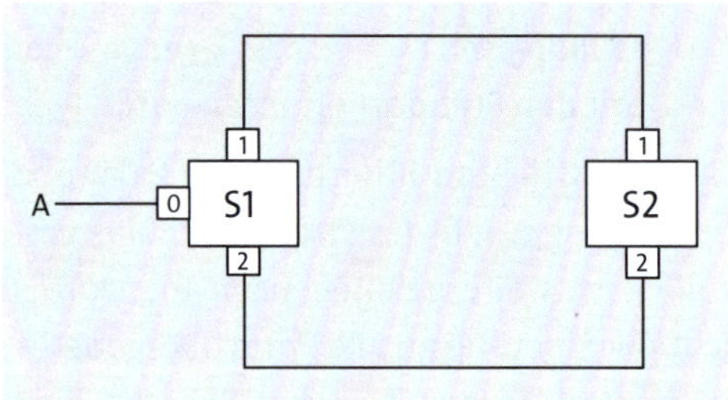

Nun versucht A, ein Paket an das (unbekannte) Ziel B zu senden. S1 wird daher das Paket über die Schnittstellen 1 und 2 senden. Was geschieht dann? Wie lange wird das Paket von A zirkulieren?

9. Angenommen, Sie möchten ein neues Protokoll entwickeln, damit alle an einem VLAN beteiligten Ethernet-Switches die VLAN-»Farbe«, die jedem Ziel in ihren Weiterleitungstabellen zugeordnet ist, verfolgen können. Angenommen, jeder Switch weiß, welche seiner Ports (Schnittstellen) mit anderen Switches und welche mit Hosts verbunden sind, und kennt im letzteren Fall die diesem Port zugewiesene Farbe.

   a) Überlegen Sie sich eine Methode, wie Switches diese Informationen über die Zielfarbe an andere Switches weitergeben können.

   b) Was muss getan werden, wenn ein Port, der früher für die Verbindung zu einem anderen Switch reserviert war, nun für einen Host verwendet wird?

10. Betrachten Sie das Szenario aus Abschnitt 2.4.2, »Ethernet-Lernalgorithmus«:

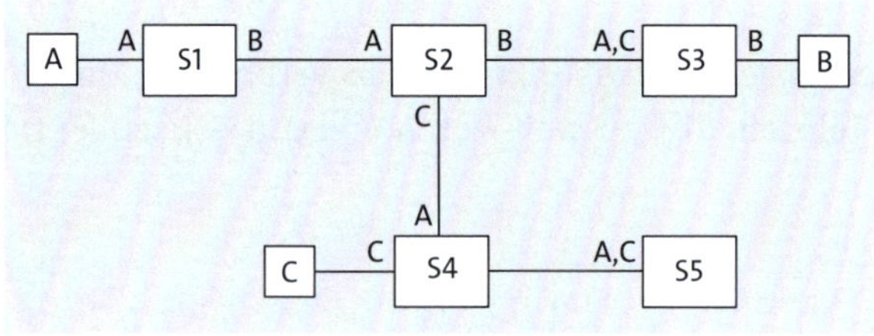

Folgende Paketübertragungen finden statt:

- A sendet an B
- B sendet an A
- C sendet an B

Nehmen wir nun an, dass der Absender vor jeder der obigen Paketübertragungen zunächst ein *Broadcast-Paket* sendet und der Empfänger dann ein Unicast-Antwortpaket sendet (dies entspricht in etwa dem ARP-Protokoll, das zur Übersetzung von IPv4-Adressen in physische Ethernet-Adressen verwendet wird, Abschnitt 10.2, »Address Resolution Protocol: ARP«). Welche Zieladressen stehen nach den drei oben genannten Übertragungen in den Weiterleitungstabellen der Switches S1–S5?

Kapitel 3
Weiterführende Ethernet-Themen

Im vorigen Kapitel haben wir uns mit der grundlegenden Funktionsweise von Ethernet beschäftigt, unter anderem mit Switching und Lernalgorithmen. In diesem Kapitel geht es um weiterführende Themen, die vor allem in großen Installationen anzutreffen sind:

- Spanning-Tree-Algorithmus
- virtuelle LANs
- Ethernet-Switch-Hardware
- TRILL und SPB
- softwaredefinierte Netzwerke und OpenFlow

Der erste Punkt ist eine Möglichkeit, Schleifen in der bestehenden Topologie zu tolerieren. Schleifen schleichen sich oft unbemerkt in Kabelnetze ein, können aber auch die erforderliche Redundanz sicherstellen. Der Spanning-Tree-Algorithmus erkennt Schleifen in physischen Verbindungen und definiert daraufhin eine »logische« (schleifenfreie) Baumtopologie.

Mit virtuellen LANs oder VLANs können nicht zusammenhängende Host-Untergruppen in einem großen Ethernet voneinander abgeschottet werden, sodass der Paketaustausch nur unter kontrollierten Bedingungen erfolgt. So können z. B. die Arbeitsstationen von Vertrieb und Technik physisch zusammengelegt, aber logisch getrennt werden.

TRILL und SPB erlauben die aktive Schleifenbildung im Ethernet, wobei der Traffic absichtlich über einen von mehreren Wegen zum Bestimmungsort geleitet wird (normalerweise über den kürzesten). Mehrfachwege ermöglichen *Redundanz*, eine wichtige Voraussetzung bei einem Verbindungsaufall.

Den radikalsten Schritt stellt das *Software-defined Networking*, kurz SDN, dar. Ethernet-Forwarding wird von einer Software kontrolliert statt von einem Lernalgorithmus wie in Abschnitt 2.4.2, »Ethernet-Lernalgorithmus«. Dies ermöglicht zumindest einen wesentlich gezielteren Umgang mit Schleifen in der Topologie. Aber das ist noch nicht alles: SDN ermöglicht auch viele weitere Strategien zur Gestaltung und Kontrolle großer und komplexer Netzwerke.

3.1 Spanning-Tree-Algorithmus und Redundanz

Bildet man mit Ethernet-Switches eine Schleife, wird theoretisch jedes Paket mit einem nicht bereits in den Weiterleitungstabellen erfassten Ziel endlos weitergereicht und verbraucht den größten Teil des verfügbaren Durchsatzes. Bei manchen frühen Switches war dies tatsächlich der Fall; üblicherweise wurde dies als katastrophales Versagen betrachtet.

In der Praxis ermöglichen Schleifen jedoch Redundanz – wenn eine Verbindung ausfällt, besteht immer noch eine 100%ige Konnektivität – und können daher wünschenswert sein. Aus diesem Grund enthalten Ethernet-Switches ein Switch-to-Switch-Protokoll, um eine schleifenfreie Teilmenge des Switch-Verbindungsgraphen zu konstruieren, die dennoch die Erreichbarkeit jedes Hosts sicherstellt. Sobald der Spanning Tree aufgebaut ist, werden nicht zum Baum gehörende Verbindungen deaktiviert, selbst wenn sie den effizientesten Weg zwischen zwei Knoten darstellen würden.

Fällt eine zum Spanning Tree gehörende Verbindung aus, wird das Netz zunächst partitioniert. Anschließend werden zuvor deaktivierte Verbindungen wieder in Betrieb genommen, und ein neuer Baum wird aufgebaut.

Wenn Switches gemeinsam einen Spanning Tree aushandeln können, könnte man sich fragen, ob sie auch schleifenfreie Weiterleitungstabellen für die ursprüngliche Nicht-Baum-Topologie aushandeln und so alle Verbindungen aktiv halten könnten. Die Herausforderung ist hier nicht die Koordinationsfähigkeit der Switches, sondern die zugrunde liegende Ethernet-Broadcast-Funktion. Solange die Topologie Schleifen aufweist und Broadcast aktiviert ist, können Broadcast-Pakete ewig zirkulieren. Und Broadcast lässt sich nicht ohne Weiteres deaktivieren; Switches greifen auf das Broadcast-basierte, in Abschnitt 2.4.2, »Ethernet-Lernalgorithmus«, erwähnte »Fallback-to-Flooding« zurück, um unbekannte Ziele zu erreichen. Wir kommen in Abschnitt 3.4, »Software-Defined Networking«, auf diesen Punkt zurück (siehe auch Übung 4).

Hubs und andere ungeswitchte Ethernet-Segmente verkomplizieren den Switch-Verbindungsgraphen ein wenig. Fehlen sie, sind die Knoten und Kanten des Diagramms einfach die Hosts (einschließlich Switches) und Verbindungen des Ethernets selbst. Sind ungeswitchte Multi-Host-Ethernet-Segmente vorhanden, wird jedes Segment zu einem einzelnen Knoten im Graphen, mit einer Kante zu jedem Switch, mit dem es direkt verbunden ist. (Alle Ethernet-Switches, die nicht am Spanning-Tree-Algorithmus teilnehmen, werden als Hubs behandelt).

Jeder Switch hat eine ID, z. B. seine kleinste Ethernet-Adresse, und jede mit einem Switch verbundene Kante nutzt dazu eine bestimmte numerische Schnittstelle. So sollen redundante (zyklische) Pfade deaktiviert und gleichzeitig jedes Segment beliefert werden können. Der Algorithmus geht auf Radia Perlman zurück [RP85].

Die Switches wählen zunächst einen Root-Knoten, z. B. den mit der kleinsten ID. Wenn dann ein bestimmtes Segment an zwei Switches angeschlossen ist, die beide mit dem Root-Knoten verbunden sind, wird möglichst der Switch mit dem kürzeren Pfad zum Root-Knoten verwendet; bei einem Gleichstand gewinnt der Switch mit der kleineren ID. Das einfachste Maß für die Pfadkosten ist die Anzahl der Hops, allerdings nutzen aktuelle Implementierungen im Allgemeinen einen Kostenfaktor, der umgekehrt proportional zur Bandbreite ist (eine größere Bandbreite verursacht also geringere Kosten). Manche Switches erlauben hier eine andere Konfiguration. Der Prozess ist dynamisch, d. h. bei einem Ausfall wird der Spanning Tree neu berechnet. Sollte der Ausfall das Netz in zwei Teile partitionieren, bauen beide einen Spanning Tree auf.

Sämtliche Switches senden regelmäßig Nachrichten an alle Schnittstellen, so genannte *Bridge Protocol Data Units* (BPDUs) oder »Hello«-Nachrichten. Diese werden an die Ethernet-Multicast-Adresse 01:80:c2:00:00:00 von der physikalischen Ethernet-Adresse der Schnittstelle ausgesendet. (Beachten Sie, dass Ethernet-Switches ansonsten keine eindeutige physikalische Adresse für die einzelnen Schnittstellen benötigen.) Die BPDUs enthalten

- die Switch-ID,
- die ID des Knotens, den der Switch als Root-Knoten anspricht,
- die Pfadkosten (z. B. Anzahl der Hops) zu diesem Root-Knoten.

Diese Nachrichten werden von den Switches erkannt und nicht einfach weitergeleitet. Die Switches verarbeiten vielmehr jede Nachricht und suchen nach

- einem Switch mit einer niedrigeren ID als alle anderen, die der empfangende Switch bisher erkannt hat (dieser wird dann zum neuen Root-Knoten)
- einem kürzeren Pfad zum bestehenden Root-Knoten
- einem Pfad gleicher Länge zum bestehenden Root-Knoten, aber über einen Nachbar-Switch mit einer niedrigeren ID (die Tie-Breaker-Regel). Wenn zwei Ports mit diesem Switch verbunden sind, wird die Portnummer als zusätzlicher Tie-Breaker verwendet.

In einem heterogenen Ethernet würden wir auch eine Präferenz für *schnellere* Pfade einführen, aber wir hier gehen wir davon aus, dass alle Verbindungen dieselbe Bandbreite haben.

Wenn ein Switch einen neuen Root-Knoten-Kandidaten erkennt, sendet er zur Ermittlung der Streckenabschnitte BPDUs an alle Schnittstellen. Der Switch schließt die Schnittstelle ein, die zum Root-Knoten führt.

Sobald sich dieser Prozess stabilisiert hat,

- kennt jeder Switch seinen eigenen Pfad zum Root-Knoten,
- weiß jeder Switch, welche seiner Ports die weiter entfernten Switches benutzen, um den Root-Knoten zu erreichen,
- kennt jeder Switch für jeden Port die direkt benachbarten Switches.

Jetzt kann der Switch einige (oder alle!) Schnittstellen »beschneiden« (»prunen«). Er deaktiviert alle Schnittstellen, die nicht durch die folgenden Regeln *aktiviert* wurden:

1. Er aktiviert den Port, über den er den Root-Knoten erreicht.
2. Er schaltet jeden seiner Ports frei, über den weiter entfernte Switches den Root-Knoten erreichen.
3. Wenn ein verbleibender Port mit einem Segment verbunden ist, an das auch andere Switches als »Segment-Nachbarn« angebunden sind, wird der Port aktiviert, wenn der Switch unter diesen Segment-Nachbarn die geringsten Kosten zur Root hat, bei Gleichstand der mit der kleinsten ID. Bei Gleichstand zweier Ports wird der Port mit der kleineren ID gewählt.
4. Wenn ein Port keine direkt angeschlossenen Switch-Nachbarn hat, ist er wahrscheinlich mit einem Host oder Segment verbunden, und der Port ist aktiviert.

Die Regeln 1 und 2 bestimmen den Spanning Tree; wenn S3 den Root-Knoten über S2 erreicht, stellt Regel 1 sicher, dass der Port von S3 zu S2 offen ist. Regel 2 stellt sicher, dass der entsprechende Port von S2 zu S3 offen ist. Regel 3 stellt sicher, dass jedes mit mehreren Switches verbundene Netzwerksegment einen eindeutigen Pfad zum Root-Knoten erhält: Wenn S2 und S3 Segmentnachbarn sind, die jeweils mit Segment N verbunden sind, dann schaltet S2 seinen Port zu N frei und S3 nicht (weil 2<3). Hier geht es in erster Linie darum, einen Pfad für alle *Host*-Knoten im Segment N zu schaffen; S2 und S3 erstellen ihre eigenen Pfade über die Regeln 1 und 2. Regel 4 stellt sicher, dass alle »Stub«-Segmente die Konnektivität beibehalten; dazu gehören alle Hosts, die direkt mit Switch-Ports verbunden sind.

3.1.1 Beispiel 1: Nur Switches

Die Situation wird etwas einfacher, wenn wir davon ausgehen, dass das Netz *komplett geswitcht* ist: Jeder Switch-Port ist mit einem anderen Switch oder mit einem (Single-Interface-)Host verbunden, d. h., es werden keine Repeater-Hubs (oder Koax-Segmente!) verwendet. In diesem Fall können wir auf Regel 3 ganz verzichten.

Alle Switch-Ports, die direkt mit einem Host verbunden sind, können identifiziert werden, da sie »silent« sind; der Switch empfängt keinerlei BPDU-Nachrichten auf diesen Schnittstellen, da die Hosts diese nicht senden. Alle diese Host-Ports werden über Regel 4 aktiviert. Hier ist unser Beispielnetz, bei dem die Nummern der Switches

(z. B. 5 für S5) ihre IDs darstellen; es werden keine Hosts und Schnittstellennummern gezeigt.

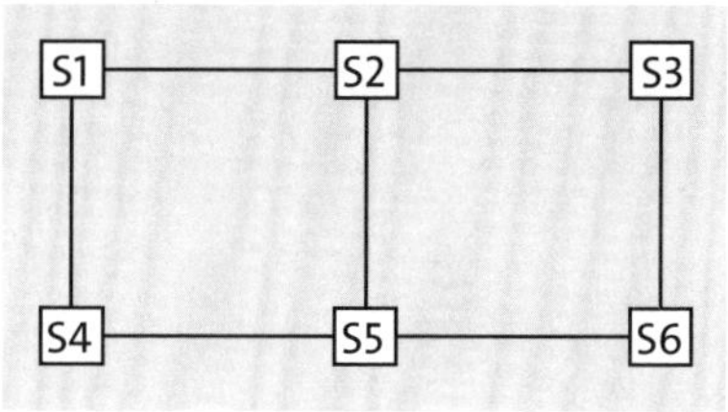

Die niedrigste ID hat S1; er wird somit zum Root-Knoten. S2 und S4 sind direkt miteinander verbunden, sodass sie die Schnittstellen aktivieren, über die sie S1 erreichen (Regel 1), während S1 seine Schnittstellen aktiviert, über er von S2 und S4 erreicht wird (Regel 2).

S3 hat eine eindeutige Route mit den niedrigsten Kosten zu S1 und aktiviert daher wiederum nach Regel 1 seine Schnittstelle zu S2, während S2 nach Regel 2 seine Schnittstelle zu S3 aktiviert.

S5 hat zwei Möglichkeiten; die Pfade von S2 und S4 zum Root-Knoten kosten gleich viel. Er entscheidet sich für den Nachbarn S2 mit der niedrigeren Nummer; die Schnittstelle zu S4 wird nicht aktiviert. Ebenso aktiviert S4 seine Schnittstelle zu S5 nicht.

Ganz ähnlich hat S6 hat zwei Möglichkeiten; er wählt S3.

Nachdem diese Verbindungen aktiviert wurden (streng genommen werden keine Verbindungen aktiviert, sondern Schnittstellen, aber es werden stets beide Schnittstellen einer Verbindung aktiviert oder keine Schnittstelle), sieht das Netzwerk folgendermaßen aus:

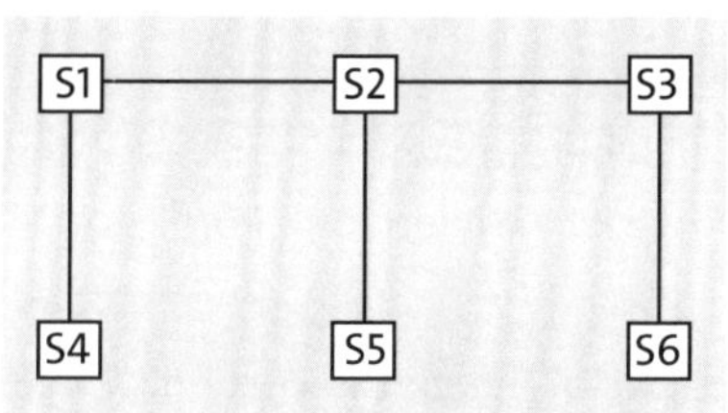

3.1.2 Beispiel 2: Switches und Segmente

Im folgenden Beispielnetzwerk können sich die Switches über ungeschaltete Ethernet-Segmente verbinden. S1, S2 und S3 sind beispielsweise Segment-Nachbarn; sie teilen sich Segment B. Wie zuvor stellen die Switch-Nummern ihre IDs dar. Die Buchstaben in den Wolken stellen Netzwerksegmente dar; die Wolken können mehrere

Hosts beinhalten. Beachten Sie, dass die Switches diese Hosts nicht erkennen können, sondern nur andere Switches.

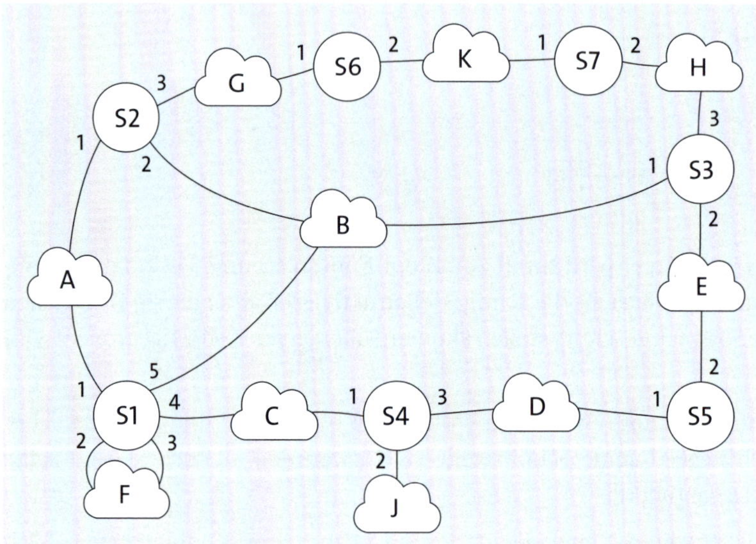

Abbildung 3.1 Switched Ethernet mit potenziell mehreren an Switch-Ports angeschlossenen Hosts

Schließlich erkennen alle Switches S1 als Root-Knoten (weil 1 die kleinste Zahl von {1,2,3,4,5,6} ist). S2, S3 und S4 sind einen (einzigen) Hop entfernt; S5, S6 und S7 sind zwei Hops entfernt.

Für die Switches, die einen Hop vom Root entfernt sind, aktiviert Regel 1 den Port 1 von S2, S3 und S4. Regel 2 schaltet die entsprechenden Ports an S1 frei: Port 1, 5 und 4. Ohne den Spanning-Tree-Algorithmus könnte S2 S1 sowohl über Port 2 als auch über Port 1 erreichen, Port 1 hat jedoch die kleinere Zahl.

Für S5 gibt es zwei Pfade zum Root-Knoten mit gleichen Kosten: S5⟶S4⟶S1 und S5⟶S3⟶S1. Switch S3 hat die niedrigere ID; sein Port 2 ist aktiviert, und Port 2 von S5 ist aktiviert.

S6 und S7 erreichen den Root-Knoten über S2 bzw. S3; wir aktivieren S6 Port 1, S2 Port 3, S7 Port 2 und S3 Port 3.

Die zu diesem Zeitpunkt noch deaktivierten Ports sind S1 Port 2 und 3, S2 Port 2, S4 Port 2 und 3, S5 Port 1, S6 Port 2 und S7 Port 1.

Beschäftigen wir uns jetzt mit Regel 3: Wie verbinden sich die Segmente (und damit ihre Hosts) mit dem Root-Knoten? Gemäß Regel 3

- aktivieren wir S2 Port 2 nicht, da das Netz (B) eine direkte Verbindung zum Root-Knoten S1 hat,

- aktivieren wir S4 Port 3, da S4 und S5 über diesen Pfad verbunden sind und S4 näher an dem Root-Knoten liegt. Dies gewährleistet die Anbindung von Netz D. S5 Port 1 schalten wir nicht frei.
- S6 und S7 liegen bei der Pfadlänge zur Root gleichauf. S6 hat jedoch die kleinere ID und aktiviert daher Port 2. S7 Port 1 wird nicht aktiviert.

Schließlich schaltet Regel 4 S4 Port 2 frei und verbindet damit Host J. Sie schaltet auch S1 Port 2 frei; Netz F hat zwei Verbindungen zu S1, wobei Port 2 die Verbindung mit der niedrigeren Nummer ist.

Für die Aktivierung der Ports werden nur die während der Erkennung des Root-Knotens gesammelten Daten verwendet; keine weitere Aushandlung findet statt. Der BPDU-Austausch wird jedoch fortgesetzt, um etwaige Topologie-Änderungen zu erkennen.

Eine deaktivierte Verbindung wird auch dann nicht benutzt, wenn es effizienter wäre. Das heißt, der Traffic von F nach B wird über B1, D und B5 geleitet, niemals über B7. Beim IP-Routing hingegen wird der »kürzeste Pfad« verwendet. Anders ausgedrückt: Der gesamte Ethernet-Traffic läuft über den Root-Knoten oder über einen Pfad zum oder vom Root-Knoten.

Algorhyme

I think that I shall never see
a graph more lovely than a tree.
A tree whose crucial property
is loop-free connectivity.
A tree that must be sure to span
so packet can reach every LAN.
First, the root must be selected.
By ID, it is elected.
Least-cost paths from root are traced.
In the tree, these paths are placed.
A mesh is made by folks like me,
then bridges find a spanning tree.

Radia Perlman

Das herkömmliche Spanning-Tree-Protokoll IEEE 802.1D ist relativ langsam; da die Aufbauphase des Baums durchlaufen werden muss, kann nach der ersten Aktivierung der Switches für ca. 30 Sekunden kein normaler Traffic weitergeleitet werden. Schnellere, überarbeitete Protokolle sollen dieses Problem lösen.

Ein weiteres Problem des Spanning-Tree-Algorithmus besteht darin, dass ein böswilliger Switch eine ID von 0 (oder einen ähnlichen künstlich kleinen Wert) annehmen kann und damit wahrscheinlich zum neuen Root-Knoten wird. Dadurch befindet sich dieser Switch in einer guten Position, um einen beträchtlichen Teil des Datenverkehrs abzuhören. Die Cisco-Funktion »Root Guard« soll unter anderem dies verhindern. Ein weiteres Ziel dieser und verwandter Funktionen besteht darin, die Spanning-Tree-Topologie bis zu einem gewissen Grad unter administrative Kontrolle zu stellen. So sollte meistens der Root-Switch zumindest geografisch einigermaßen mittig liegen, und schnelle Backbone- sollen gegenüber langsameren Verbindungen bevorzugt werden.

3.2 Virtuelles LAN (VLAN)

Was tun, wenn mehrere Personen sich an verschiedenen Orten befinden, aber »logisch« miteinander verbunden sind? Zum Beispiel war die CS-Abteilung der Loyola University eine Zeit lang aufgrund von Bauarbeiten auf zwei Gebäude verteilt.

Eine Möglichkeit besteht darin, weiterhin lokale LANs zu verwenden und IP-Routing zwischen verschiedenen Subnetzen einzurichten. Oft ist es jedoch praktisch (zum Beispiel wegen der Drucker), Arbeitsgruppen in einem einzigen »virtuellen« LAN oder *VLAN* zu konfigurieren. Ein VLAN sieht aus wie ein einzelnes LAN, in der Regel ein Ethernet-LAN: Alle VLAN-Mitglieder sehen von anderen Mitgliedern gesendete Broadcast-Pakete, und das VLAN wird letztlich als ein einziges IP-*Subnetz* betrachtet (Abschnitt 9.6, »IPv4-Subnetze«). Unterschiedliche VLANs sind letztendlich miteinander verbunden, aber wahrscheinlich nur über einen einzigen, zentralen IP-Router. Broadcast-Traffic in einem VLAN gelangt sich normalerweise *nicht* in andere VLANs; diese Isolierung des Broadcast-Traffic ist ein weiterer wichtiger Grund für die Verwendung von VLANs.

Bis auf Ausnahmen sollte ein VLAN maximal 256 Hosts enthalten, was der Größe eines /24-IPv4-Subnetzes entspricht.

VLANs können mithilfe eines Farbkonzepts visualisiert und entwickelt werden. Wir weisen allen Knoten im selben VLAN dieselbe Farbe zu, und die Switches leiten die Pakete entsprechend weiter. Das heißt, wenn S1 eine Verbindung zu den roten Rechnern R1 und R2 und den blauen Rechnern B1 und B2 herstellt und R1 ein Broadcast-Paket sendet, geht es an R2, aber nicht an B1 oder B2. Den Switches muss natürlich die Farbe der einzelnen Ports mitgeteilt werden.

Im Diagramm (Abbildung 3.2) haben S1 und S3 jeweils sowohl rote als auch blaue Ports. Das Switch-Netzwerk S1–S4 leitet den Traffic nur weiter, wenn Quell- und Zielport dieselbe Farbe haben. Rote Pakete können *nur dann* an das blaue VLAN weitergeleitet werden, wenn sie den Router R passieren, an dessen rotem Port ankommen und dessen blauen Port verlassen. R beschränkt den rot-blauen Traffic gegebenenfalls durch Firewall-Regeln.

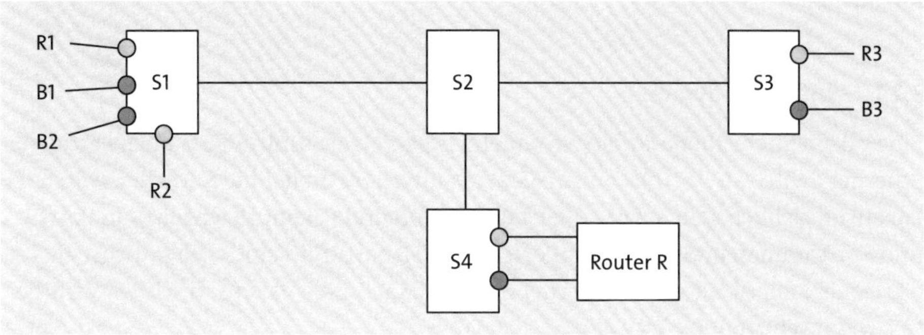

Abbildung 3.2 In zwei VLANs aufgeteiltes Netzwerk mit den Switches S1–S4, roten und blauen Markierungen

Wenn sich Quell- und Zielport am selben Switch befinden, muss dem Paket nichts hinzugefügt werden; der Switch kann die Farbe jedes seiner Ports überwachen. Der Datenverkehr von Switch zu Switch muss jedoch zusätzlich gekennzeichnet werden, um die Quelle anzugeben. Nehmen wir zum Beispiel an, dass der obige Switch S1 Pakete an S3 sendet, der über die Knoten R3 (rot) und B3 (blau) verfügt. Der Traffic zwischen S1 und S3 muss mit einem Farb-Tag versehen werden, damit S3 weiß, an welche Ports er zugestellt werden kann. Für dieses Paket-Tagging wird in der Regel das IEEE-802.1Q-Protokoll verwendet; in den Ethernet-Header wird nach der Quelladresse und vor dem Type-Feld ein 32-Bit-»Color«-Tag eingefügt. Die ersten 16 Bits dieses Felds – 0x8100 – bilden das neue Ethernet-Type-Feld und kennzeichnen den Frame als getaggt. Eine separate Ergänzung 802.3 erlaubt etwas größere Ethernet-Pakete, damit die Tags Platz finden.

Auch ein doppeltes Tagging und damit eine Tag-Ebene für den ISP und eine für seine Kunden ist möglich.

Schließlich bieten die meisten handelsüblichen Switches die Möglichkeit, den Datenverkehr zwischen verschiedenen VLANs selektiv zuzulassen; mit solchen Switches könnten beispielsweise Regeln erstellt werden, durch die sich R1 mit B3 zu verbinden kann, ohne Router R zu benutzen. Problematisch ist bei diesem Ansatz, dass viele Switch-Hersteller ihre Produkte nicht standardisieren. Dies erschwert beispielsweise die Entwicklung von Autorisierungsanwendungen, die es ermöglichen, Verbindungen zwischen VLANs im laufenden Betrieb zu öffnen. Ein weiteres Problem besteht darin, dass einige Switches Verbindungen zwischen VLANs nur auf Basis von MAC-Adressen zulassen, nicht aber z. B. auf der Grundlage von TCP-Portnummern. Das OpenFlow-Protokoll (Abschnitt 3.4.1, »OpenFlow-Switches«) hat das Potenzial, hier die notwendige Standardisierung zu schaffen. Aber auch ohne OpenFlow wurden bereits einige spezielle Zugangs- und Authentifizierungssysteme entwickelt, die den Host-Zugang durch dynamische Erstellung der entsprechenden Switch-Regeln ermöglichen.

3.2.1 Switch-Hardware

Einer der Unterschiede zwischen einem preiswerten und einem hochwertigeren Ethernet-Switch ist der unterstütze Grad an interner Parallelität. Kann der Switch die Pakete tatsächlich gleichzeitig übertragen, wenn drei Pakete gleichzeitig an Ports 1, 2 und 3 ankommen und jeweils für Ports 4, 5 und 6 bestimmt sind? Die Antwort »Ja« ist der Goldstandard für einen Ethernet-Switch: Er kann die Pakete so schnell verarbeiten, wie sie eintreffen.

Im schlimmsten Fall kommen bei einem Switch mit 2N Ports permanent Pakete an N Ports an und gehen an anderen N Ports ab. Das bedeutet, dass der Switch in der für die *Übertragung* eines Pakets benötigten Zeit intern N Pakete parallel *weiterleiten* muss.

So viel Geschwindigkeit ist manchmal gar nicht erforderlich. Geht die gesamte Last über nur einen der Ports ab (oder ein) – z. B. den Port, der mit dem Server oder dem Internet verbunden ist –, dann ist der obige Standard N-mal schneller als nötig; der Switch muss nur ein Paket auf einmal verarbeiten. Ein solcher Switch kann gezwungen sein, ausgehende Pakete an diesem einen Port in eine Warteschlange zu stellen, aber das stellt keine Performancebeeinträchtigung seitens des Switches dar. Dennoch wird eine größere Parallelität bei Switches im Allgemeinen positiv gesehen.

Die einfachste Switch-Architektur wird immer dann verwendet, wenn ein Switch um einen »Standard«-Computer herum aufgebaut wird: das *Shared-Memory*-Prinzip. Ein solches System besteht aus einer einzelnen CPU, einzelnen Speicher- und Peripheriebussen und mehreren Ethernet-Karten. Wenn ein Paket ankommt, muss die CPU es von der Ankunftsschnittstelle in den Arbeitsspeicher kopieren, die Weiterleitung bestimmen und das Paket dann an die Ausgangsschnittstelle kopieren. Um mit einer einmaligen Übertragung von 100 Mbit/s Schritt zu halten, muss die interne Übertragungsrate daher mindestens 200 Mbit/s betragen.

Die Höchstgeschwindigkeit eines solchen Geräts hängt weitgehend von der Geschwindigkeit des Peripherie-zu-RAM-Busses (dem sogenannten Front-Side-Bus) ab. Der USB 3.0-Bus arbeitet mit 5 Gbit/s. Bei einer Ethernet-Geschwindigkeit von 100 Mbit/s kann ein solcher Bus theoretisch $^{5\,\text{Gbit/s}}/_{200\,\text{Mbit/s}}$ = 25 Pakete in der Zeit übertragen, die ein Paket braucht, um anzukommen, wobei insgesamt bis zu 50 Ports unterstützt werden. Bei Gigabit-Ethernet können jedoch nur zwei Pakete verarbeitet werden. Für handelsübliche Switches mit fünf Ports ist das ausreichend, und solche Switches können im Allgemeinen diesen Grad an Parallelität bewältigen.

Die Busgeschwindigkeiten steigen mindestens um das Zehnfache, in Rechenzentren ist heute Ethernet mit 10 Gbit/s und sogar 40 Gbit/s üblich, und 24 Ports sind das absolute Minimum. Daher wird die Shared-Memory-Architektur für Hochleistungs-Switches im Allgemeinen nicht als ausreichend angesehen. Ist ein hohes Maß an Parallelität erforderlich, können verschiedene, als *Switch-Fabrics* bezeichnete Architekturen implementiert werden.

Eine gängige Lösung für das Problem interner Engpässe ist ein sogenanntes *Crossbar-Switch-Fabric* (oder *Koppelfeld*), das aus einem Netz von N×N normalerweise offenen Switch-Knoten besteht, die CPU-gesteuert geschlossen werden können. Die Pakete werden über einen verbundenen Pfad durch das Koppelfeld direkt von einer Ethernet-Schnittstelle zu einer anderen geleitet. Dies ermöglicht *parallele* Verbindungen zwischen jedem der N Eingänge und N Ausgänge.

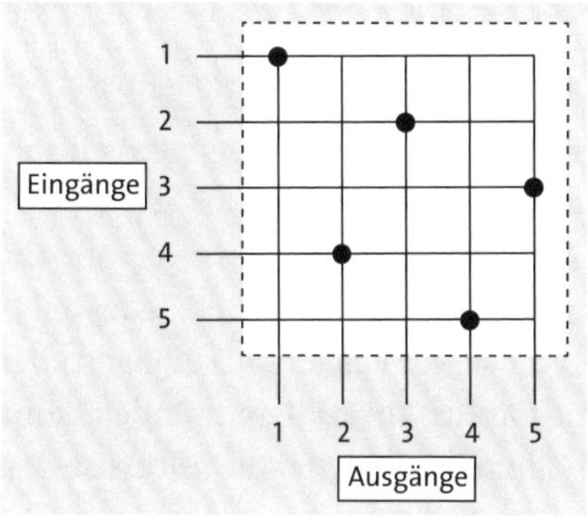

Abbildung 3.3 5×5-Koppelfeld mit fünf parallelen Verbindungen 1→1, 2→3, 3→5, 4→2, 5→4

Abbildung 3.3 zeigt ein 5×5-Koppelfeld mit 5 Eingängen und 5 separaten Ausgängen. (In einem echten Ethernet-Switch kann jeder Port ein Ein- oder Ausgang sein, aber dies ist hier relativ egal). Es sind 5 parallele Verbindungen dargestellt, von den Eingängen 1–5 zu den Ausgängen 1, 3, 5, 2 und 4; die großen Punkte stellen Halbleiterschaltelemente im geschlossenen Zustand dar. Die Pakete werden nacheinander über die einzelnen Switch-Pfade übertragen.

In Abschnitt 1.7, »Überlast«, haben wir gesehen, dass bei jedem Switch (oder Router) die überschüssigen Pakete an einem Ausgangsport in eine Warteschlange gestellt werden müssen, wenn sie schneller ankommen, als sie von diesem Port übertragen werden können. Wenn jedoch im abgebildeten Koppelfeld mehrere für denselben Ausgang bestimmte Pakete gleichzeitig eintreffen, müssen alle Pakete bis auf eines kurzzeitig auch auf der *Eingangs*seite in eine Warteschlange gestellt werden: Pakete können nicht parallel an dieselbe Ausgangsport-Warteschlange geliefert werden. Dasselbe gilt auch für die meisten anderen Switch-Fabrics, einschließlich das oben beschriebene einfache Shared-Memory-Switch. Während sich die »primären« Warteschlangen von Switches (und Routern) also auf der Ausgangsseite befinden, wo die

Pakete darauf warten, dass sie an die Reihe kommen, gibt es auch einen Bedarf an kleineren Warteschlangen auf der *Eingangsseite*. Dort warten die Pakete darauf, dass sie an der Reihe sind, in das Switch-Fabric zu gelangen.

Koppelfelder und deren Variationen sind ein gängiger Ansatz bei der Entwicklung von Hochgeschwindigkeits-Switches, die mehrere parallele Übertragungen unterstützen.

Eine andere Hardware-Innovation, die häufig von Hochleistungs-Switches verwendet wird, ist der *inhaltsadressierbare Speicher* bzw. *Assoziativspeicher* (*Content-Addressable Memory, CAM*), der die Suche in der Weiterleitungstabelle mit einem einzigen Speicherzugriff ermöglicht. In einem Shared-Memory-Switch muss jede Zieladresse in einer Hash-Tabelle oder einer anderen Datenstruktur nachgeschlagen werden; inklusive der Berechnung des Hash-Werts kann sich dieser Vorgang über mehrere Dutzend Speicherzyklen erstrecken.

Bei einigen Switches wird die Weiterleitungstabelle als CAM-Tabelle bezeichnet.

Der CAM-Speicher besteht aus einer großen Anzahl N von Speicherregistern, die an einen gemeinsamen Dateneingangsbus angeschlossen sind. Für die Ethernet-Vermittlung muss die Datenbreite des Busses und der Register mindestens so groß sein wie die Adressgröße von 48 Bit. Wird der Eingangsbus aktiviert, vergleicht jedes Speicherregister gleichzeitig den Wert auf dem Bus mit seinem eigenen Datenwert; bei einem Treffer löst das Register seine Ausgangsleitung aus. Ein Kodierer wandelt dann die Zahl k<N des betreffenden Registers in einen Binärwert um, der die Adresse k des Registers darstellt.

Der Kodierer kann Beziehungen zum Beispiel leicht anhand der Nummer des ersten übereinstimmenden Registers auflösen.

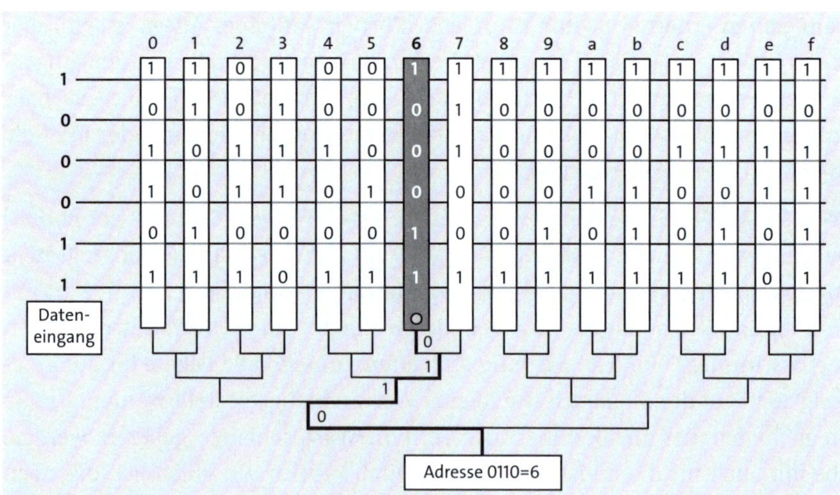

Abbildung 3.4 Inhaltlich adressierbarer Speicher

In der Abbildung 3.4 beträgt die Datenbreite 6, und es gibt 16 vertikal ausgerichtete Register mit den Hex-Nummern 0–f. Register 6 enthält den Eintrag 100011, der mit dem Dateneingang übereinstimmt, und gibt sein Signal für den Encoder frei. Der Ausgang des Encoders ist die entsprechende Adresse 0110.

Ternäres CAM (TCAM) ist eine gängige CAM-Variante, bei der jedes Speicherregister mit einem entsprechenden »Masken«-Register gepaart ist. Für ein beliebiges Bit wird nur dann ein Match deklariert, wenn das Bus-Bit mit dem Registerbit übereinstimmt *oder* das entsprechende Maskenbit 0 ist. Ein Maskenbit von 0 stellt somit einen Wildcard-Wert dar, der mit jeder Eingabe übereinstimmt. TCAM ist besonders dann sinnvoll, wenn es sich bei den Adressen nicht um Ethernet-, sondern um IP-Adressen handelt. In diesem geht es dann lediglich darum, die Adressbits abzugleichen, die dem Netzwerkpräfix entsprechen (Abschnitt 1.10, »IP – Internet Protocol«); der Maskeninhalt entspricht der IP-Adressmaske (Abschnitt 9.6, »IPv4-Subnetze«). Zur Umsetzung der Longest-Match-Regel (Abschnitt 14.1, »Classless Internet Domain Routing: CIDR«) ist es erforderlich, dass Adressen mit kürzeren Präfixen – als mehr Platzhalterbits auf der rechten Seite – vor Adressen mit längeren Präfixen erscheinen (und dass der Kodierer bei mehreren Übereinstimmungen den rechten – also längeren – Match bevorzugt). Das heißt, dass neue TCAM-Einträge an relativ bestimmten Positionen eingefügt werden müssen, und dadurch kann es zu einer starken Positionsverschiebung bestehender Einträge kommen. Siehe Abschnitt 9.5.1, »Effizientes Lookup in der Weiterleitungstabelle«.

3.3 TRILL und SPB

Je größer ein Ethernet wird, desto problematischer wird der Spanning-Tree-Algorithmus, vor allem weil nützliche Verbindungen deaktiviert werden und Redundanz verloren geht. In einem Hochleistungsnetz, z. B. einem Campus-Backbone oder Rechenzentrum, sind deaktivierte Verbindungen vergeudete Ressourcen. Ein weiteres Problem besteht darin, dass der Spanning Tree beim Ausfall einer einzelnen Verbindung viele Sekunden benötigen kann, um einen neuen Baum zu erstellen und die Konnektivität wiederherzustellen.

Zur Lösung dieser Probleme gibt es mittlerweile Protokolle, die aktive Schleifen in der Ethernet-Topologie *erlauben*, sodass *alle* Verbindungen ohne erneuten Aufbau eines Spanning Tree jederzeit genutzt werden können.

Im Kern geht es darum, in Ethernet-Switches – oder zumindest in jenen, die das entsprechende Protokoll unterstützen – Weiterleitungstabellen zu erstellen, die jedes Paket über den kürzesten Weg oder zumindest eine Annäherung an den kürzesten Weg leiten. Alle physischen Verbindungen können aktiv bleiben. Dies ist in der IP-

Welt schon lange üblich (Kapitel 13, »Routing-Update-Algorithmen«), stellt aber auf LAN-Ebene definitiv einen Bruch mit der Tradition dar.

Es existieren zwei konkurrierende Protokolle: TRILL (*TRansparent Interconnection of Lots of Links*) und SPB (*Shortest-Path Bridging*). TRILL ist in [RP04] sowie RFC 6325 und den Begleitdokumenten dokumentiert, SPB durch IEEE 802.1aq standardisiert. Wir konzentrieren uns hier auf TRILL (auch wenn Protokolle der Verbindungsschicht normalerweise in die Zuständigkeit der IEEE und nicht der IETF fallen).

Sowohl TRILL als auch SPB basieren darauf, dass anfangs nur einige wenige Switches Shortest-Path-fähig sein werden, so wie einst nur einige wenige Switches den Spanning-Tree-Algorithmus implementiert hatten. Im Lauf der Zeit werden jedoch wahrscheinlich die meisten oder gar alle Ethernet-Switches Shortest-Path-fähig sein. In Hochleistungsrechenzentren ist TRILL- oder SPB-basiertes Forwarding besonders wahrscheinlich.

In TRILL werden die TRILL-fähigen Ethernet-Switches als Router-Bridges oder RBridges bezeichnet (man könnte auch von RSwitches und TRILL-Switches sprechen). Zwischen den RBridges befinden sich *Legacy-Ethernets* (in [RP04] und RFC 6325 irreführenderweise als »Links« bezeichnet). Legacy-Ethernets bestehen aus Subnetzen aus Ethernet-Hosts und nicht TRILL-fähigen Switches. Ziel ist, dass die RBridges das gesamte Ethernet in relativ kleine Legacy-Ethernets aufteilen. Wenn *alle* Switches RBridges sind, sind die Legacy-Ethernets einfach einzelne Hosts. In Abbildung 3.5 isolieren vier RBridges die Legacy-Ethernets 1, 2, 3 und 4. Legacy-Ethernet 5 ist ein Beispiel für eine ineffiziente Partitionierung.

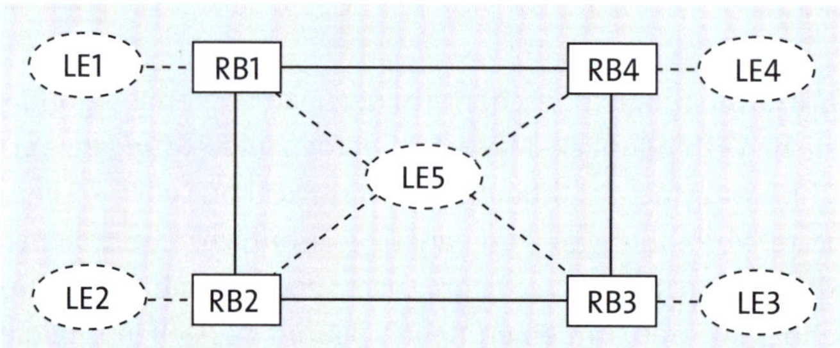

Abbildung 3.5 TRILL-Netzwerk mit den RBridges RB1 – RB4 und den Legacy-Ethernets LE1 – LE5

Jedes Legacy-Ethernet wählt eine *einzelne* angeschlossene RBridge. Bei LE1 bis LE4 fällt die Wahl eindeutig aus, LE5 muss aber eine Entscheidung treffen. Die ausgewählte RBridge wird als *Designated RBridge* (DRB) bezeichnet. Jedes Legacy-Ethernet baut dann seinen eigenen Spanning Tree auf, dessen Root möglicherweise (aber nicht unbedingt) seiner Designated RBridge ist.

Der Traffic von einem Legacy-Ethernet nach außen wird in der Regel über seine Designated RBridge geleitet; Verbindungen zu anderen RBridges werden nicht genutzt. Die Idee ist, dass Pakete von einem Legacy-Ethernet zu einem anderen zuerst an die Designated RBridge des Quellknotens und dann an die des Zielknotens über ein echtes Shortest-Path-Forwarding zwischen den RBridges, und von dort an den Zielknoten geliefert werden. Im Extremfall, wenn jeder Switch eine RBridge ist, nimmt der Traffic natürlich von Anfang bis Ende den kürzesten Pfad.

Die einzige Ausnahme von dieser Regel zur Weiterleitung durch die Designated RBridge ist, dass der DRB dieses Weiterleitung an andere RBridges für verschiedene VLANs innerhalb des Legacy-Ethernet delegieren kann. In diesem Fall verwendet jedes VLAN immer dieselbe RBridge für den gesamten externen Traffic.

Der zweite Teil des Prozesses besteht darin, dass jede RBridge die Gesamttopologie ermittelt, d. h., jede RBridge erstellt eine vollständige Map aller RBridges und ihrer Verbindungen untereinander. Dies geschieht mithilfe eines in Abschnitt 13.5, »Link-State-Routing-Update-Algorithmus«, beschriebenen *Link-State-Routing-Update-Protokolls*. Von den beiden primären Link-State-Protokollen IS-IS und OSPF wurde für TRILL das Erstere gewählt, da es sich leichter an eine Umgebung anpassen lässt, in der (wie hier) die Knoten nicht unbedingt über IP-Adressen verfügen. Die RBridges senden jeweils entsprechende Linkstatus-Pakete. Mit Multicast und Datenbanken pro RBridge wird sichergestellt, dass die Pakete nicht unendlich weitergeleitet werden. Die Linkstatuspakete können mit Spanning-Tree-Hello-Nachrichten verglichen werden. Sobald alle RBridges über eine vollständige Map sämtlicher anderen RBridges verfügen, kann jede eine optimale Route zu den anderen RBridges berechnen.

Wenn Designated RBridges Pakete aus ihren Legacy-Ethernets erkennen, erlernen sie die MAC-Adressen der darin befindlichen aktiven Hosts über das übliche Ethernet-Lernprotokoll. Sie teilen diese Adressen dann mit anderen RBridges über das IS-IS-Link-State-Protokoll, sodass die anderen RBridges schließlich lernen, wie sie die meisten oder gar alle Ethernet-Adressen im gesamten Netz erreichen können.

TRILL muss jedoch bei der Zustellung an bisher unbekannte Ziele auf Fallback-to-Flooding zurückgreifen. Dazu handeln die RBridges untereinander einen Spanning Tree aus, der alle RBridges umfasst. Jedes Paket mit unbekanntem Ziel wird entlang dieses RBridge-Spanning Tree geflutet und dann, wenn das Paket die einzelnen Designated RBridges für ein Legacy Ethernet erreicht, entlang des Spanning Tree dieses Ethernets. Dieser Vorgang wird auch für die Zustellung von Broadcast- und Multicast-Paketen verwendet.

Bei der Kommunikation untereinander handeln RBridges kompakte Zwei-Byte-Adressen – so genannte »Nicknames« – füreinander aus, statt der standardmäßigen Ethernet-Sechs-Byte-Adressen. Dies spart Platz in der Kommunikation zwischen den RBridges.

Wenn Pakete zwischen RBridges übertragen werden, wird ein spezieller TRILL-Header hinzugefügt. Dieser enthält ein Hopcount-Feld, das sonst im Ethernet nicht vorhanden ist. Alle Pakete, die in zeitweiligen Routing-Schleifen gefangen sind, werden letztendlich verworfen. IS-IS erzeugt gelegentlich (bzw. selten) solche Routing-Schleifen.

Der TRILL-Header enthält auch die Nicknames der Quell- und Ziel-RBridges. Das bedeutet, dass die eigentliche Paketweiterleitung zwischen RBridges die MAC-Adresse des Zielhosts nicht einbezieht; diese wird erst verwendet, nachdem das Paket die Designated RBridge für das Ziel-Legacy-Ethernet erreicht hat. Dann wird der TRILL-Header entfernt.

Fällt eine Verbindung zwischen zwei RBridges aus, senden die Endpunkte der Verbindung IS-IS-Update-Nachrichten, um alle anderen RBridges über den Ausfall zu informieren. Die anderen RBridges können dann ihre Weiterleitungstabellen neu berechnen, um die defekte Verbindung zu umgehen. Die Wiederherstellungszeit liegt in der Regel unter 0,1 Sekunden, was eine etwa hundertfache Verbesserung gegenüber den Wiederherstellungszeiten von Spanning-Trees darstellt.

Zur Verbesserung des Durchsatzes zwischen zwei RBridges unterstützt TRILL mehrere kostengleiche Pfade; Abschnitt 13.7, »ECMP«. In einem Hochleistungsrechenzentrum ist diese Funktion sehr wichtig.

Wie TRILL verwendet SPB IS-IS zwischen den SPB-fähigen Brücken, um die kürzeste Pfade zu finden, und kapselt Pakete für ihre Reise zwischen den RBridges mit einem speziellen Header ein. SPB enthält keinen Hopcount im Header; stattdessen wird die Weiterleitung genauer kontrolliert. SPB verwendet auch die ursprüngliche Ziel-MAC-Adresse für die Weiterleitung zwischen RBridges.

3.4 Software-Defined Networking

TRILL und SPB sind eine Möglichkeit, die Skalierungsprobleme von Spanning Trees zu lösen. *Software-Defined Networking* (SDN) ist ein weiterer, viel allgemeinerer Ansatz. Der Grundgedanke von SDN besteht darin, den Forwarding-Mechanismus jedes teilnehmenden Switches unter die Ägide eines *Controllers* zu stellen, eines benutzerprogrammierbaren Geräts, das jedem Switch Anweisungen für die Paketweiterleitung gibt. Wie TRILL und SPB ermöglicht auch dieser Ansatz die Koexistenz von Forwarding und redundanten Verbindungen. Der Controller kann ein einzelner Netzwerkknoten oder einen dezentralen Knotenverbund sein. Er verwaltet die Weiterleitungstabellen der einzelnen Switches.

Um den Broadcast-Traffic zu bewältigen, kann der Controller anfangs die Switches abfragen, ihre Anordnung bestimmen und daraus einen passenden Spanning Tree erstellen, damit die Switches dann den Broadcast-Traffic nur über diesen Spanning Tree leiten. Nicht zum Spanning Tree gehörende Verbindungen können jedoch im Gegensatz zu herkömmlichen Switches, die den Spanning-Tree-Algorithmus verwenden, weiterhin für die Weiterleitung an bekannte Ziele verwendet werden.

Wenn ein Switch ein an ein unbekanntes Ziel adressiertes Paket erkennt, meldet er es in der Regel an den Controller, der dann herausfinden muss, was als Nächstes zu tun ist. Es besteht die Möglichkeit, den Traffic zu unbekannten Zielen über denselben Spanning Tree zu leiten, der auch für Broadcast-Traffic verwendet wird. Auf diese Weise kann Fallback-to-Flooding sicher mit der vollen Nutzung von Schleifentopologien koexistieren.

Switches sind oft so konfiguriert, dass sie neue *Quell*adressen an den Controller melden, sodass dieser allen anderen Switches den besten Weg zur neuen Quelle mitteilen kann.

SDN-Controller können als einfache Firewalls konfiguriert werden, die eine Weiterleitung zwischen ausgewählten Knotenpaaren aus Sicherheitsgründen unterbinden. Hat ein Rechenzentrum beispielsweise einen Kunden A und einen Kunden B mit jeweils mehreren Knoten, kann das Netzwerk so konfiguriert werden, dass kein Knoten, der zu Kunde A gehört, Pakete an einen Knoten von Kunde B senden kann (mehr darüber erfahren Sie im folgenden Abschnitt).

Oft basiert die SDN-Implementierung auf standardisierten Modulen. Allerdings kann die Controller-Software auch lokal entwickelt werden, was eine sehr präzise Steuerung der Netzfunktionen ermöglicht. Diese Steuerung und nicht die Möglichkeit, Schleifentopologien mit Ethernet zu kombinieren, ist wohl das wichtigste Merkmal von SDN (siehe [FRZ13]).

3.4.1 OpenFlow-Switches

Das Herzstück von SDN ist die Fähigkeit des Controllers, Switches mitzuteilen, wie sie Pakete weiterleiten sollen. Als Nächstes betrachten wir die Paket-Weiterleitungsarchitektur für OpenFlow-Switches; OpenFlow ist ein spezieller SDN-Standard, der von der Open Networking Foundation entwickelt wurde; siehe [MABPPRST08] und die OpenFlow-Switch-Spezifikation (Version 2015): *https://opennetworking.org/wp-content/uploads/2014/10/openflow-switch-v1.5.1.pdf*

Die OpenFlow-Forwarding basiert auf einer oder mehreren *Flow-Tabellen*. Ein Flow-Tabelleneintrag besteht hauptsächlich aus einer Reihe von *Match-Feldern* und einer Reihe von Paket-Antwort-Anweisungen oder *Aktionen*, wenn der Abgleich erfolgreich ist. Typische Aktionen sind unter anderem:

- Paket verwerfen
- Paket über eine bestimmte einzelne Schnittstelle weiterleiten
- Paket über eine Reihe von Schnittstellen fluten

- Paket an den Controller weiterleiten
- Paketfeld ändern

Bei den Match-Feldern *kann* es sich natürlich um einen einzelnen Eintrag für die Ethernet-Zieladresse handeln. Sie können aber auch jedes andere Paket-Bitfeld und die Nummer der Eingangsschnittstelle enthalten. Zum Beispiel kann die Weiterleitung ganz (oder teilweise) auf IP-Adressen statt auf Ethernet-Adressen erfolgen, wodurch der OpenFlow-Switch als so genannter Layer-3-Switch (Abschnitt 9.6.3, »Subnetze versus Switching«) agieren kann, d. h. ähnlich einem IP-Router.

Das Matching kann nach der Ziel-IP-Adresse und dem Ziel-TCP-Port erfolgen, was ein getrenntes Forwarding für unterschiedliche TCP-basierte Anwendungen ermöglicht. In Abschnitt 13.6, »Routing nach anderen Attributen«, definieren wir regelbasiertes oder *Policy-based Routing*; beliebige solcher Routing-Entscheidungen können mit OpenFlow-Switches implementiert werden. In SDN-Einstellungen werden die Möglicheiten regelbasierten Routings manchmal verwendet, um Echtzeit-Traffic und großvolumige »Mammut«-Flows zu trennen. Im Beispiel `l2_pairs.py` im Zusatzmaterial erfolgt der Abgleich sowohl für die Ethernet-Quell- als auch die Zieladresse.

Flow-Tabellen ähneln grob den Weiterleitungstabellen, wobei die Match-Felder den Zieladressen und die Aktionen dem next_hop entsprechen. In einfachen Fällen enthält das Match-Feld eine einzelne Zieladresse, und die Aktion besteht in der Weiterleitung an den entsprechenden Switch-Port.

Normalerweise werden Broadcast-Pakete von OpenFlow-Switches geflutet, d. h., sie werden an alle Schnittstellen außer der Ankunftsschnittstelle weitergeleitet. Auf bestimmten Schnittstellen kann jedoch das NO_FLOOD-Attribut gesetzt werden, damit die Pakete, die geflutet werden sollen (Broadcast oder anderweitig), nicht auf diese Schnittstellen gesendet werden. Meist werden Spanning Trees für Broadcast-Traffic auf diese Weise implementiert. Eine mit NO_FLOOD gekennzeichnete Schnittstelle kann jedoch weiterhin für Unicast-Traffic verwendet werden. Normalerweise ist für Broadcast-Flooding kein Flow-Tabelleneintrag erforderlich.

Den Match-Feldern wird zudem ein *Prioritätswert* zugewiesen. Sollte ein Paket mit zwei oder mehr Flow-Tabelleneinträgen übereinstimmen, gewinnt der Eintrag mit der höchsten Priorität. Der Eintrag *table-miss* hat kein Match-Feld (entspricht somit jedem Paket) und eine Priorität von 0. Häufig besteht die Aktion des »table-miss«-Eintrags darin, das Paket an den Controller weiterzuleiten, wobei ein Paket, das keinem Eintrag entspricht, einfach verworfen wird.

Flow-Tabellenbefehle können auch das Verändern (»Mangling«) von Paketen beinhalten. Eine Anwendung auf Ethernet-Schicht könnte die VLAN-Farbcodierung sein (Abschnitt 3.2, »Virtuelles LAN (VLAN)«); auf der IPv4-Schicht könnte beispielsweise die TTL dekrementiert und die Prüfsumme aktualisiert werden (Abschnitt 9.1, »Der IPv4-Header«).

Zusätzlich zu den Match-Feldern und -Anweisungen enthalten Flow-Tabellen auch Zähler, Flags und eine last_used time. Durch Letztere können Flows entfernt werden, wenn eine Zeit lang keine passenden Pakete erkannt wurden. Die Zähler ermöglichen es dem OpenFlow-Switch, Quality-of-Service-Beschränkungen – z. B. Bandbreitenbegrenzung – für den Traffic zu implementieren.

3.4.2 Selbstlernende Switches in OpenFlow

Angenommen, wir wollen einen selbstlernenden Standard-Ethernet-Switch implementieren (Abschnitt 2.4.2, »Ethernet-Lernalgorithmus«). Der naheliegende Ansatz ist die Verwendung von Flows, die nur auf die Zieladresse abgestimmt sind. Dabei tritt jedoch ein Problem auf: Pakete werden standardmäßig nur dann an den Controller gemeldet, wenn es keinen Match mit dem Flow-Eintrag gibt. Angenommen, Switch S erkennt ein Paket von Host B an Host A und meldet es an den Controller. Dieser erstellt einen Flow-Eintrag in S für Ziel B (so wie es ein tatsächlicher selbstlernender Switch tun würde). Wenn nun ein Paket von einem dritten Host C nach B bei S eintrifft, wird es einfach weitergeleitet, da es dem Flow-Eintrag B entspricht, und daher nicht an den Controller gemeldet. Das bedeutet, dass der Controller nicht von Adresse C erfährt und keinen Flow-Eintrag für C einrichtet.

Mit einem einfachen Ansatz lässt sich dieses Problem vermeiden: dem Abgleich auf Ethernet-⟨destaddr,srcaddr⟩-*Paare*. Wenn ein Paket von A nach B am Switch S eintrifft und keinem bestehenden Flow-Eintrag bei S entspricht, wird es dem Controller gemeldet, der nun erfährt, dass A über den Port erreicht wird, über den das Paket bei S angekommen ist.

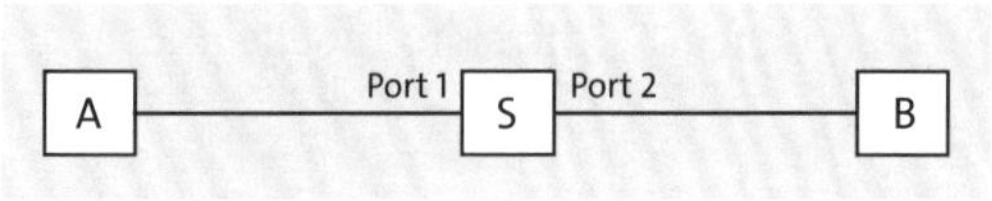

Abbildung 3.6 A sendet an B

Nehmen wir an, A sendet im obigen Netz ein Paket an B (oder broadcastet ein für B bestimmtes Paket), wobei die Flow-Tabelle von S leer ist. S meldet das Paket an den Controller (in Abbildung 3.6 nicht dargestellt), der es an S zurückschickt, damit es geflutet wird. Der Controller zeichnet jedoch auch auf, dass A von S aus über Port 1 erreicht werden kann.

Nehmen wir weiterhin an, B antwortet. Wenn dieses Paket von B bei S eintrifft, gibt es immer noch keine Flow-Tabelleneinträge, und somit meldet S das Paket erneut an den Controller. Diesmal hat der Controller aber aus dem ersten Paket gelernt und weiß, dass S A über Port 1 erreichen kann. Der Controller weiß nun auch durch das gerade eingetroffene Paket, dass B über Port 2 erreicht werden kann. Da er diese beiden

Weiterleitungsregeln kennt, erzeugt der Controller nun in S zwei Flow-Tabelleneinträge:

```
dst=B,src=A: forward out port 2
dst=A,src=B: forward out port 1
```

Trifft nun ein an B gerichtetes Paket von einem dritten Host C bei S ein, wird es nicht weitergeleitet, obwohl seine Zieladresse mit der ersten Regel übereinstimmt, da seine Quelladresse nicht A entspricht. Es wird stattdessen an den Controller geschickt (und schließlich geflutet). Antwortet B auf C, erzeugt der Controller die Regeln dst=C,src=B und dst=B,src=C. Würde das Paket von C nicht an den Controller gemeldet– vielleicht weil S eine Flow-Regel nur für dst=B hat –, würde der Controller niemals von C erfahren und wäre auch nicht in der Lage, eine Flow-Regel für das Erreichen von C aufzustellen.

Der Paar-Ansatz für den Lernvorgang ist bei einer einzigen Flow-Tabelle nahezu optimal. Das Problem bei diesem Ansatz ist, dass er sich nicht gut skalieren lässt; bei 10.000 Adressen im Netz benötigen wir 100.000.000 Eintragspaare in die Flow-Tabelle, um alle möglichen Weiterleitungen zu beschreiben. Die Kosten sind immens.

Ein kompakterer Ansatz ist die Verwendung zweier Flow-Tabellen: einer für den Abgleich mit dem Ziel und einer für den Abgleich mit der Quelle. Dabei muss sich der Controller – anders als in der obigen Variante nach dem Empfang des ersten Pakets von A – nie an partielle Forwarding-Informationen erinnern. Trifft ein Paket ein, wird es mit der ersten Tabelle abgeglichen, und alle durch den Match festgelegten Aktionen werden ausgeführt. Eine Aktion kann eine Aufforderung sein, den Match mit der zweiten Tabelle zu wiederholen, was zu einer zweiten Aktionenreihe führen kann. Wir wiederholen das obige Beispiel A→B, B→A, wobei T_0 die erste Tabelle und T_1 die zweite Tabelle bezeichnet.

Noch bevor irgendwelche Pakete erkannt werden, richtet der Controller die folgenden Matching-Regeln mit niedriger Priorität in S ein:

- T_0: kein Match: fluten, senden an T_1
- T_1: kein Match: an den Controller senden

Dies sind eigentlich *Standardregeln*: Da keine Paketfelder abgeglichen werden, passen sie auf alle Pakete. Die niedrige Priorität stellt sicher, dass Regeln, die besser übereinstimmen bei Verfügbarkeit immer verwendet werden.

Kommt das Paket von A nach B an, wird das Paket gemäß der obigen T_0-Regel nach B geflutet, während es gemäß der T_1-Regel an den Controller gesendet wird. Der Controller richtet dann in S die folgenden Regeln ein:

- T_0: match dst=A: weiterleiten über Port 1, senden an T_1
- T_1: match src=A: nichts tun

Nun sendet B seine Antwort an A. Die erste Regel ergibt einen Match, sodass das Paket von S an A weitergeleitet und erneut an T_1 gesendet wird. Die T_1-Regel ergibt jedoch *keinen* Match. Die einzige Übereinstimmung besteht mit der ist die ursprüngliche Standardregel, und das Paket wird an den Controller gesendet. Der Controller richtet daraufhin zwei weitere Regeln in S ein:

- T_0: match dst=B: weiterleiten über Port 2, senden an T_1
- T_1: match src=B: nichts tun

Da A und B weiterhin miteinander kommunizieren, sorgen die T_0-Regeln für eine ordnungsgemäße Weiterleitung, während die T_1-Regeln sicherstellen, dass keine weiteren Pakete aus diesem Flow an den Controller gesendet werden.

Beachten Sie, dass der Controller immer dieselbe Adresse in der T_0- und der T_1-Tabelle einrichtet, sodass die Adressliste in beiden Tabellen immer identisch ist. Die T_0-Tabelle gleicht jedoch immer die Zieladressen ab, die T_1-Tabelle die Quelladressen.

Eine weitere Anwendung für mehrere Flow-Tabellen sind Switches, die Entscheidungen zur Quality-of-Service-Priorisierung treffen. Das Ziel eines Pakets wird mithilfe der ersten Flow-Tabelle gefunden, während seine Priorität durch den Abgleich mit der zweiten Tabelle ermittelt wird. Das Paket wird dann über den in der ersten Tabelle festgelegten Port weitergeleitet, wobei die in der zweiten Tabelle festgelegte Priorität verwendet wird. Wie bei einem selbstlernenden Switch kann dies mit einer einzigen Tabelle geschehen, indem alle Kombinationen von ⟨destaddr,priority⟩ aufgelistet werden, aber manchmal ergibt das zu viele Einträge.

Wie erwähnt, können SDN-Controller als Firewalls verwendet werden. Auf der Ethernet-Adressebene ist die Konfiguration mühsam, aber durch die Nutzung des OpenFlow-Konzepts von IP-Adressen ist es z. B. einfach, den Traffic zwischen verschiedenen IP-Subnetzen zu blockieren, vergleichbar mit der Funktion eines Routers. OpenFlow ermöglicht auch die Blockierung des gesamten Traffic *außer* dem zwischen bestimmten Hostpaaren, die bestimmte Protokolle verwenden. Zum Beispiel könnten die Webserver von Kunde A mit den Datenbankservern von A über den Standard-TCP-Port kommunizieren, während der gesamte andere Traffic vom Web zur Datenbank blockiert wird.

3.4.3 Weitere OpenFlow-Beispiele

Nach der Emulation eines selbstlernenden Switches ist die Unterstützung von Ethernet-Topologien mit Schleifen die konzeptionell vielleicht einfachste OpenFlow-Anwendung; der Controller benötigt hier keine besondere Kenntnis der Netztopologie.

Zu Beginn werden die Switches vom Controller angewiesen, ihre benachbarten Switches zu melden. Anhand dieser Informationen kann der Controller dann vollständige Map der Switch-Topologie erstellen. (Zum Beispiel könnte der Controller jeden

Switch anweisen, ein speziell markiertes Paket an jeden seiner Ports zu senden, und die Empfänger-Switches melden diese Pakete dann an den Controller zurück). Sobald der Controller die Switch-Topologie kennt, kann er einen Spanning Tree berechnen und jeden Switch anweisen, geflutete Pakete nur über die Ports zu senden, die den Verbindungen im Spanning Tree entsprechen.

Sobald der Controller den Standort eines Zielhosts kennt (d. h. weiß, mit welchem Switch der Host direkt verbunden ist), berechnet er den kürzesten (oder billigsten, wenn die Anwendung unterschiedliche Verbindungskosten unterstützt) Weg von jedem Switch zu diesem Host. Der Controller weist dann jeden Switch an, wie er an diesen Host weiterleiten soll. Im Gegensatz zu herkömmlichen Ethernet-Switches werden bei der Weiterleitung wahrscheinlich Verbindungen verwendet, die nicht zum Spanning Tree gehören.

Interconnection-Fabric

Das vorangegangene Beispiel für eine Ethernet-Schleife ist recht allgemein; es funktioniert mit jeder Switch-Topologie. Viele andere OpenFlow-Anwendungen erfordern auf Seiten des Controllers gewisse Vorkenntnisse über die Switch-Topologie. Als Beispiel stellen wir ein sogenanntes Interconnection-Fabric vor – das unten abgebildete S1–S5-Netzwerk, in dem jeder obere (S1–S2) Switch direkt mit jedem unteren (S3–S5) Switch verbunden ist. Die untere Reihe stellt Serverracks dar, da Interconnection-Fabrics in unterschiedlicher Form in Rechenzentren sehr verbreitet sind. (Ein reales Beispiel finden Sie in diesem Facebook-Beispiel, obwohl die Verbindung hier per Routing und nicht per Switching mit SDN erfolgt (siehe Abschnitt 15.9, »BGP für internes Routing«). Facebook bezeichnet sein Fabric der oberen Ebene als *Spineplane: https://code.facebook.com/posts/360346274145943/introducing-data-center-fabric-the-next-generation-facebook-data-center-network/*. Die Zahlen in der Grafik bezeichnen die Switch-Ports.

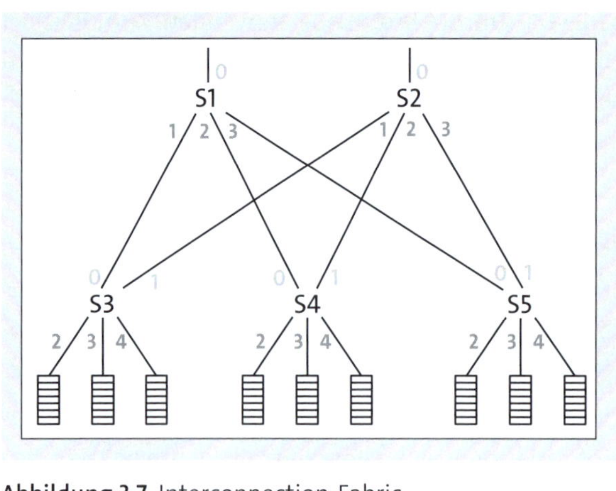

Abbildung 3.7 Interconnection-Fabric

Die beiden dargestellten Reihen enthalten zahlreiche Schleifen, z. B. S1–S3–S2–S4–S1 (auch wenn man die Reihe S3–S5 auslässt und S1 und S2 direkt mit den Serverschränken verbindet, bleiben diese Schleifen bestehen). Im vorigen Beispiel haben wir den Umgang mit Schleifen in einem geswitchten Netz durch die Berechnung eines Spanning Tree beschrieben, wobei Pakete nur entlang dieses Spanning Tree geflutet werden können. Dies ist sicherlich auch hier möglich, aber wenn wir dem Spanning-Tree-Algorithmus erlauben, die Schleifen zu beschneiden, geht die Parallelität zwischen S1–S2 und S3–S5 größtenteils verloren. Dieser generische Spanning-Tree-Ansatz entspricht nicht unseren Vorstellungen.

Nehmen wir zunächst an, dass S1 und S2 Zugangspunkte darstellen und unser Ziel darin besteht, den über Port 0 in diese Switches eingehenden Datenverkehr an das entsprechende Server-Rack zu leiten. Das heißt, der Datenverkehr fließt zwischen der oberen und der unteren Reihe.

Wenn wir wie in Kapitel 13, »Routing-Update-Algorithmen«, IP-Routing auf S1 bis S5 verwenden, müssen die drei Cluster von Server-Racks unterhalb von S3, S4 und S5 in drei *separaten* IP-Subnetzen liegen (Abschnitt 9.6, »IPv4-Subnetze«). Dies ist zwar technisch jederzeit möglich, allerdings müssen dann die Subnetze auf der Grundlage des physischen Standorts der Racks und nicht auf der Grundlage einer bestimmten logischen Organisation definiert werden.

Bei einem möglichen OpenFlow-Ansatz geht man davon aus, dass die drei Cluster von Server-Racks unter S3–S4–S5 ein *einziges* IP-Subnetz bilden. Wir können dann S1–S5 mit OpenFlow so konfigurieren, dass der Traffic *vom* Subnetz immer nach oben weitergeleitet wird, während der Traffic *zum* Subnetz immer nach unten weitergeleitet wird.

Eine noch einfachere Lösung, die keine Kenntnis des Server-Subnetz-Layouts erfordert, konfiguriert die Switches S1–S5 mithilfe von OpenFlow so, dass Datenverkehr mit unbekanntem Ziel, der an einem oberen Port eingeht, nur an die unteren Ports geflutet wird und umgekehrt. So werden Schleifen vermieden, weil sichergestellt ist, dass der gesamte Traffic die Interconnection-Fabric entweder nur aufwärts oder nur abwärts durchläuft. Nachdem der Zielserver unterhalb von S3–S5 geantwortet hat, erfährt S1 oder S2 natürlich, an welchen Switch von S3–S5 sie künftig an diesen Server adressierte Pakete weiterleiten sollen.

In realen Rechenzentren ist das Trafficaufkommen zwischen den Server-Racks oft viel größer als der am Standort eingehende oder ausgehende Datenverkehr. Wir könnten also alternativ annehmen, dass mehrere parallele Pfade zwischen den Paaren S3, S4 und S5 bereitgestellt werden sollen, sodass jeder Pfad entweder über S1 oder S2 verläuft. In diesem Fall versagt unsere Farbregel auf der oberen Ebene: Traffic, der über eine blaue Schnittstelle in S1 oder S2 eingeht, wird auch über eine blaue Schnittstelle wieder ausgehen. Der Farbtrick funktioniert aber trotzdem, wenn wir ihn nur auf S3, S4 und S5 beschränken: Traffic, der über eine blaue Schnittstelle eingeht, geht über eine rote aus und umgekehrt. (Die Aufteilung des Datenverkehrs auf die verschiedenen Pfade kann auch via SDN erfolgen; dabei ist es hilfreich, dass alle parallelen Pfade die gleiche Länge haben, sodass wir nicht den besten Pfad auswählen müssen. Ein alternativer Ansatz ist Equal-Cost Multipath Routing, siehe Abschnitt 13.7, »ECMP«).

Dieses Beispiel funktioniert aufgrund der speziellen Eigenschaften der Topologie. Bei der ersten Annahme – von oben nach unten – gibt es einen einzigen Pfad zwischen jedem Eingangsport (oberer Port) und jedem Ausgangsport (in Richtung der Serverschränke), sobald wir Pfade ausschließen, die über blaue Knoten in S1 oder S2 oder über rote Knoten in S3, S4 und S5 ein- und ausgehen. Schleifen werden auf einfache Weise vermieden. Bei der zweiten Annahme – von unten nach unten – haben wir nur die Pfade von rot nach rot in der unteren Reihe eliminiert. Jetzt gibt es mehrere Pfade zwischen jedem Paar von S3, S4 und S5 (das ist das Ziel), und wieder keine Schleifen.

Bei allgemeineren Topologien hingegen, in denen schleifenfreie Pfade *nicht* durch solche auf Port-Farben basierenden Regeln garantiert werden können, ist die Aufgabe des OpenFlow-Controllers bei der Pfadauswahl komplexer: Normalerweise muss der kürzeste Pfad erkannt und ausgewählt werden, wobei Schleifen vermieden werden müssen (wie im vorherigen Abschnitt beschrieben).

Load Balancer

Das vorherige Beispiel war eher *lokal*, da alle OpenFlow-Aktionen im Interconnection-Fabric enthalten sind. Als größeres (und möglicherweise realitätsnäheres) OpenFlow-Beispiel für spezielle Zwecke schauen wir im Folgenden, wie ein Server-Lastausgleich über SDN erreicht werden kann, d. h. die Benutzer werden transparent mit einem von mehreren identischen Servern verbunden. Jeder Server übernimmt nur den ihm zugewiesenen Teil der Gesamtlast. Für dieses Beispiel muss der Controller nicht nur die Topologie kennen, sondern auch das Ziel der Implementierung.

Zur Einrichtung des Load-Balancers stellen Sie sich vor, dass der SDN-Controller im Diagramm des vorherigen Abschnitts für alle Switches im Interconnection-Fabric und auch für alle Switches in den darunter liegenden Server-Racks zuständig ist. An diesem Punkt konfigurieren wir alle Frontline-Server innerhalb der Server-Racks identisch, auch mit *identischen IPv4-Adressen*. Bei einer eingehenden TCP-Verbindungsanfrage wählt der Controller einen Server aus (vielleicht unter Verwendung von Round-Robin, vielleicht den Server mit der geringsten Last) und richtet OpenFlow-Forwarding-Regeln ein, sodass der gesamte Datenverkehr aus der Außenwelt auf dieser TCP-Verbindung an diesen Server gesandt wird und umgekehrt. Um Chaos zu vermeiden, dürfen Server mit derselben IPv4-Adresse überhaupt nicht direkt miteinander kommunizieren. Die Lebensdauer der OpenFlow-Forwarding-Regel kann nach Belieben angepasst werden, z. B. entsprechend der typischen Lebensdauer einer Benutzersitzung.

Wenn das erste TCP-Paket einer Verbindung beim ausgewählten Server ankommt, muss der Server unter Umständen mithilfe von ARP die geeignete interne LAN-Adresse herausfinden, an die er seine Antwort senden soll. Manchmal muss ARP ein wenig angepasst werden, damit es akzeptabel in einer Umgebung funktioniert, in der einige Hosts dieselbe IPv4-Adresse haben.

Zu keinem Zeitpunkt wird die Tatsache, dass mehreren Servern dieselbe IPv4-Adresse zugewiesen wurde, direkt offengelegt: nicht gegenüber anderen Servern, nicht gegenüber internen Routern und auch nicht gegenüber Endbenutzern. (Server initiieren niemals ausgehende Verbindungen zu Benutzern, sodass keine Gefahr besteht, dass zwei Server denselben Benutzer kontaktieren).

Die identischen Frontline-Server müssen möglicherweise auf einen gemeinsamen internen Datenbank-Cluster zugreifen. Zu diesem Zweck kann jedem Server eine zweite IPv4-Adresse zugewiesen werden, die nicht mit anderen Servern geteilt wird, oder die gemeinsame öffentliche IPv4-Adresse und etwas OpenFlow-Know-how wird zum Einrichten entsprechender Weiterleitungsregeln verwendet. Beim letzten Ansatz könnten prinzipiell zwei Server zufällig über denselben TCP-Port eine Verbindung zur Datenbank herstellen. Dadurch würden die identischen IPv4-Adressen offengelegt, und die SDN-Controller müssten das verhindern. Falls unterstützt, wäre es ein Ansatz, dass die OpenFlow-Switches die IPv4-Adressen oder Ports der Server durch Mangling manipulieren, wie es bei NAT der Fall ist (Abschnitt 9.7, »Netzwerkadressübersetzung«).

Es gibt auch »traditionelle« Strategien zur Implementierung des Lastausgleichs. Beispielsweise kann man jedem Server eine eigene IPv4-Adresse zuweisen, dann aber mithilfe von Round-Robin-DNS (Abschnitt 10.1, »DNS«) verschiedene Benutzer verschiedenen Servern zuweisen. Alternativ kann man an den Anfang des Netzes ein Gerät setzen, einen so genannten *Load Balancer*, der eingehende Verbindungsanfragen einem internen Server zuweist und dann das entsprechende Forwarding einrichtet. Die Weiterleitung kann auf der IP-Schicht (d. h. über Routing), auf der TCP- oder der Anwendungsschicht erfolgen. Der Load Balancer ähnelt insofern NAT (Abschnitt 9.7, »Netzwerkadressübersetzung«), als er eine Zuordnungstabelle zwischen externen Benutzerverbindungen und internen Servern unterhält. Sobald ein Benutzer eine Verbindung herstellt, bleibt die Zuordnung zu dem gewählten Server für einen bestimmten Zeitraum bestehen. Ein Vorteil des hier beschriebenen SDN-Ansatzes besteht darin, dass die einzelnen Frontline-Server nicht speziell konfiguriert werden müssen; die gesamte Lastverteilung ist im SDN-Netzwerk enthalten. Außerdem übernehmen die SDN-Switches über die normale Weiterleitung hinaus praktisch keine zusätzlichen Aufgaben; der Controller ist nur dann nötig, wenn das erste neue TCP-Paket jeder Verbindung eintrifft.

Key-Value-Store

Die von OpenFlow abgeglichenen Paketfelder müssen nicht Teil der Paketköpfe sein; es können auch Datenfelder abgeglichen werden. Dadurch können bestimmte Formen von Key-Value-Caches mit SDN implementiert werden. Stellen Sie sich ein Datenabfrageprotokoll vor, das zum Beispiel eine Benutzerkennung verwendet, um ein gehashtes Passwort auf dem Server S nachzuschlagen. Sobald ein Controller den Schlüssel K (die Benutzerkennung) und den zugehörigen Wert V (das gehashte Passwort) während eines ersten vollständigen Austauschs erkannt hat, kann ein OpenFlow-Switch angewiesen werden, V direkt zurückzugeben, sobald ein späteres Abfragepaket mit dem Schlüssel K erkannt wird. Durch den Abgleich mit anderen Feldern kann überprüft werden, ob die Anfrage tatsächlich an S gerichtet ist. Das spätere Abfragepaket muss überhaupt nicht an S gesendet werden. Dies geht möglicherweise viel schneller, als wenn S wiederholte Anfragen bearbeiten müsste.

3.5 Epilog

Mit dem Wachstum der Rechenzentren ist auch das Ethernet gewachsen. Während ein komplexes Ethernet nun Zehntausende von Knoten bewältigen kann, bleibt das unvermeidliche Wachstum des Broadcast-Traffic ein ernsthafter limitierender Faktor. Irgendwann setzt sich der IP-Ansatz zur Skalierung großer Netzwerke durch Aufteilung in mehrere Subnetze (Abschnitt 9.6, »IPv4-Subnetze«) durch. Abgesehen davon haben die in diesem Kapitel vorgestellten Tools eine ganze Reihe sehr großer Ethernets ermöglicht, sowohl in Forschungseinrichtungen als auch in Rechenzentren. Bis zu einem gewissen Grad ist dies eine Kostenfrage: Schnelle Ethernet-Switches sind oft preisgünstiger als schnelle IP-Router.

Software-definierte Netzwerke werden als Zukunft des Netzwerks gepriesen. Möglicherweise wird diese Zukunft eines Tages kommen. Zwar ist SDN in einigen spezifischen Bereichen sehr erfolgreich, aber Ethernet-Installationen sind immer noch dominant.

3.6 Übungen

1. Das folgende Netzwerk entspricht dem in Abschnitt 3.1.1, »Beispiel 1: Nur Switches«, mit dem Unterschied, dass die Switches anders nummeriert sind. Auch hier ist die ID des Switches Sn gleich n, sodass S1 zum Root-Knoten wird. Welche Verbindungen werden durch den Spanning-Tree-Algorithmus »beschnitten« und warum? Skizzieren Sie das Netzwerk, das aus den verbleibenden Verbindungen besteht.

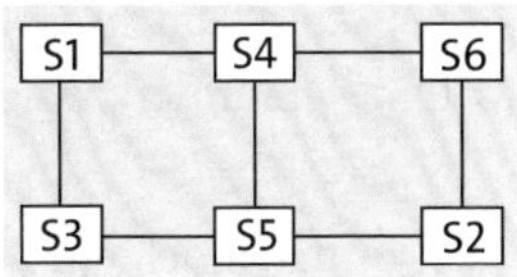

2. Betrachten Sie das folgende Netzwerk, das nur aus den ersten beiden Zeilen des Diagramms in Abschnitt 3.4.1, »OpenFlow-Switches«, besteht:

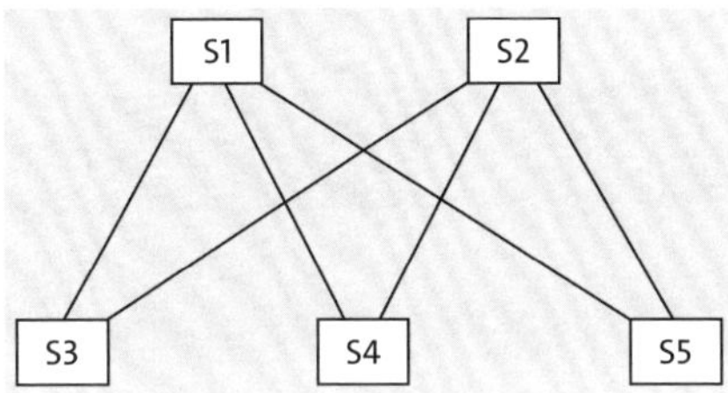

   a) ◇ Geben Sie das Netzwerk der verbleibenden Verbindungen nach Anwendung des Spanning-Tree-Algorithmus an. Angenommen, die ID von Switch Sn ist n. Welchen Weg nimmt der Traffic von S2 nach S5?

   b) Gehen Sie wie in Teil (a) vor, nehmen Sie aber an, dass S4 die ID 0 hat und somit der Root-Knoten ist, während die ID der anderen Sn n bleibt. Welchen Weg nimmt der Traffic von S1 nach S5?

3. Angenommen, Sie möchten ein neues Protokoll entwickeln, damit alle an einem VLAN beteiligten Ethernet-Switches die VLAN-»Farbe«, die jedem Ziel in ihren Weiterleitungstabellen zugeordnet ist, verfolgen können. Nehmen wir an, dass jeder Switch weiß, welche seiner Ports (Schnittstellen) mit anderen Switches und welche mit Hosts verbunden sind, und dass er im letzteren Fall die dem Port zugewiesene Farbe kennt.

   a) Schlagen Sie einen Weg vor, wie Switches diese Farbinformation an andere Switches weitergeben könnten.

   b) Was ist zu tun, wenn ein Port, der früher für die Verbindung mit einem anderen Switch reserviert war, nun für einen Host verwendet wird?

4. Diese Übung setzt eine gewisse Vertrautheit mit dem Distanzvektor-Routing voraus, das in Kapitel 13, »Routing-Update-Algorithmen«, beschrieben wird.

   a) Angenommen, Switches sind in der Lage, Hosts ohne Switch zu identifizieren, das heißt, die *direkt*, ohne Zwischenschaltung eines anderen Switches erreichbar sind. Erläutern Sie, wie der Algorithmus aus Abschnitt 13.1, »Distanzvektor-Routing-Update-Algorithmus«, verwendet werden kann, um optimale Ethernet-Weiterleitungstabellen zu erstellen, selbst wenn Schleifen in der Netzwerktopologie vorhanden sind.

b) Angenommen, Switches dürfen Pakete »markieren«; alle Pakete sind zunächst unmarkiert. Durch welchen Mechanismus können Switches erkennen, welche Hosts ohne Switch direkt verbunden sind?

c) Erläutern Sie, warum Ethernet-Broadcast (und Multicast) immer noch ein Problem darstellen.

5. ◇ Betrachten Sie die folgende Konstellation mit drei Hosts h1, h2, h3 und einem OpenFlow-Switch S mit den Ports 1, 2 und 3 sowie Controller C (nicht dargestellt).

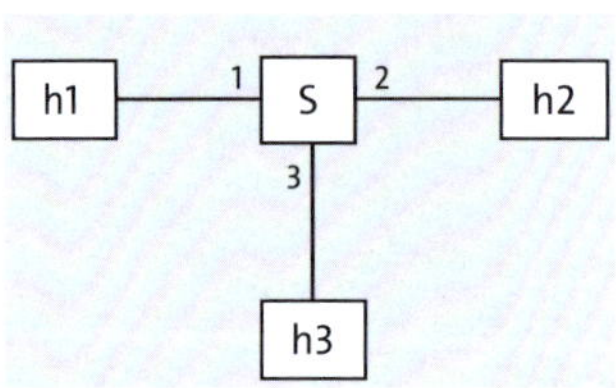

Anschließend werden vier Pakete übertragen:

a) h1→h2

b) h2→h1

c) h3→h1

d) h2→h3

Angenommen, S meldet an C alle Pakete mit *unbekanntem Ziel*, d. h. alle Pakete, für die S keinen Weiterleitungseintrag für das Paketziel hat. Die Paketmeldungen enthalten die Quell- und Zieladresse sowie den Ankunftsport. Beim Empfang einer Meldung installiert C auf S einen Weiterleitungstabelleneintrag für die Quelladresse, wenn diese zuvor unbekannt war. Zu diesem Zeitpunkt verwendet S seine Weiterleitungstabelle (einschließlich aller neuen Einträge), um das Paket weiterzuleiten, falls ein passender Eintrag vorhanden ist. Andernfalls leitet S das Paket wie üblich weiter.

Geben Sie für die vier oben genannten Pakete an,

- ob S das Paket an C meldet,
- wenn ja, jeden neuen Weiterleitungseintrag, den C auf S installiert,
- ob S dann in der Lage ist, das Paket mithilfe seiner Tabelle weiterzuleiten, oder auf Flooding zurückgreifen muss.

(Wenn S das Paket nicht an C meldet, muss S einen Eintrag in der Weiterleitungstabelle für dieses Ziel gehabt haben, sodass S das Paket normal weiterleiten kann).

6. Betrachten Sie die Anordnung mit drei Hosts h1, h2, h3 und einem OpenFlow-Switch S mit den Ports 1, 2 und 3 und dem Controller C (nicht abgebildet).

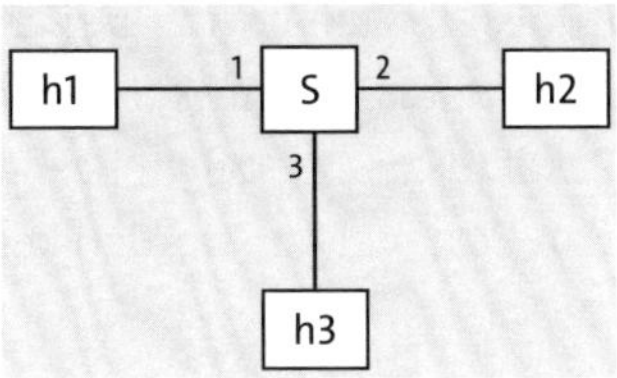

Es werden dieselben vier Pakete übertragen:

a) h1→h2

b) h2→h1

c) h3→h1

d) h2→h3

Nehmen Sie diesmal an, dass S alle Pakete mit unbekanntem Ziel oder *unbekannter Quelle* an C meldet (d. h. S hat weder für die Quell- noch für die Zieladresse des Pakets einen Weiterleitungeintrag). Geben Sie für die vier Pakete oben an,

- ob S das Paket an C meldet,
- wenn ja, jeden neuen Weiterleitungeintrag, den C auf S installiert,
- ob S dann in der Lage ist, das Paket mithilfe seiner Tabelle weiterzuleiten, oder auf Flooding zurückgreifen muss.

Wie zuvor enthalten die Paketmeldungen die Quell- und Zieladresse sowie den Ankunftsport. Ist die Quelladresse bisher unbekannt, so richtet C bei S beim Empfang einer Meldung einen Eintrag in der Weiterleitungstabelle für diese Quelladresse ein. Zu diesem Zeitpunkt verwendet S seine Weiterleitungstabelle (einschließlich aller neuen Einträge), um das Paket weiterzuleiten, sofern ein geeigneter Eintrag vorhanden ist. Andernfalls flutet S das Paket wie üblich. Wenn S wiederum kein Paket an C meldet, muss S ein Weiterleitungstabelleneintrag für dieses Ziel vorliegen und kann das Paket daher normal weiterleiten.

7. Betrachten Sie die folgende Anordnung von drei Switches S1–S3, drei Hosts h1–h3 und einem OpenFlow-Controller C.

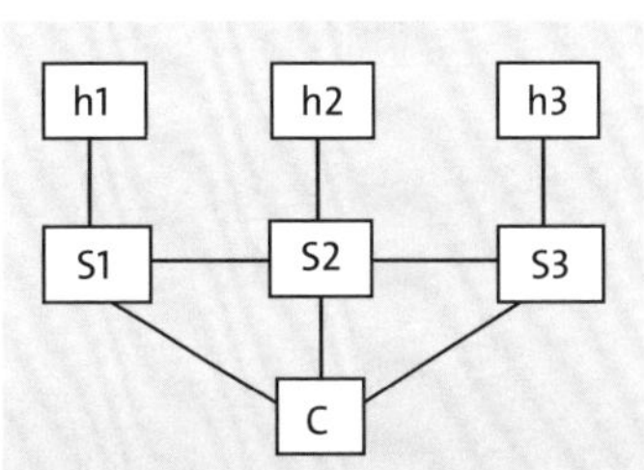

Wie in Übung 5 wird angenommen, dass die Switches Pakete nur dann an C melden, wenn sie noch keinen Weiterleitungstabelleneintrag für das Paketziel haben.

Nach jeder Meldung installiert C einen Weiterleitungstabelleneintrag auf dem meldenden Switch, um die Quelladresse des Pakets über den Ankunftsport zu erreichen. Zu diesem Zeitpunkt flutet der Switch das Paket (da das Ziel nicht bekannt ist). Kann ein Switch ein Paket weiterleiten, ohne es an C zu melden, werden keine neuen Weiterleitungseinträge erzeugt.

Die Pakete werden nun wie folgt gesendet:

h1→h2

h2→h1

h1→h3

h3→h1

h2→h3

h3→h2

Wie lauten am Ende die Weiterleitungstabellen für S1 ◊, S2 und S3?

8. Hier sind die Switch-Regeln für das Multiple-Flow-Tabellenbeispiel in Abschnitt 3.4.2, »Selbstlernende Switches in OpenFlow«:

	Match-Feld	Match-Aktion	no-match-Standard
T_0	destaddr	Weiterleiten und an T_1 senden	fluten und an T_1 senden
T_1	srcaddr	nichts tun	an den Controller senden

Erstellen Sie eine ähnliche Tabelle, bei der die Matches *umgekehrt* sind, d. h. T_0 entspricht dem Feld srcaddr und T_1 dem Feld destaddr.

Kapitel 4
Drahtlose LANs

Ethernet ist in Rechenzentren und manchen großen Unternehmensnetzwerken allgegenwärtig. Viele privat und geschäftlich genutzte Laptops kommen aber nie mit einem Ethernet-Kabel in Berührung; für Smartphones und ähnliche Geräte werden so gut wie nie Ethernet-Verbindungen eingesetzt.

Die Vernetzung von Laptops und erst recht von mobilen Geräten ist heute ohne drahtlose Verbindungen kaum noch vorstellbar. Sowohl zu Hause als auch im Büro sind Wi-Fi-Verbindungen die Norm. Bei Mobilgeräten ist die Vernetzung allgegenwärtig, die Rückkehr zu kabelgebundenen Geräten unvorstellbar.

4.1 Abenteuer im Funkland

In diesem Kapitel lassen wir die Leitungen (und Glasfaserkabel) hinter uns und betrachten die Paketübertragung per Funk, mit der wir die Netzwerkknoten von ihren Kabelverbindungen befreien. Wi-Fi (Abschnitt 4.2, »Wi-Fi«) und Mobilfunkverbindungen (Abschnitt 4.3, »WiMAX und LTE«) sind mittlerweile allgegenwärtig. Aber Funk ist nicht ganz dasselbe wie Kabel, und die drahtlose Paketübertragung bringt einige Veränderungen mit sich.

4.1.1 Datenschutz

Es ist schwer, ein kabelgebundenes Ethernet anzuzapfen, vor allem von außerhalb eines Gebäudes. Aber drahtlose Kommunikation kann jeder empfangen, oft auch noch aus großer Entfernung. Der Datenabgriff bei der TJX Corporation erfolgte durch Angreifer, die vor einem Firmengebäude parkten und eine Richtantenne darauf richteten[1]; es gab zwar eine Verschlüsselung, aber die war schwach (siehe Kapitel 27, »Sicherheit«, und Abschnitt 27.7.7, »Versagen der WEP-Verschlüsselung für Wi-Fi«). Und als Besucher eines Internetcafés wollen Sie ja im Allgemeinen auch nicht, dass andere Gäste ihre E-Mails lesen. Drahtlose Datenübertragung erfordert eine starke Verschlüsselung.

1 Wenn Sie mehr über den »Biggest Hack in US History« lesen wollen, werden Sie hier fündig: *https://aisel.aisnet.org/cgi/viewcontent.cgi?article=3391&context=cais*

4.1.2 Kollisionen

Eine *Kollisionserkennung* wie bei Ethernet ist bei der Funkübertragung nicht mehr machbar. Dies hat auch mit der relativen Signalstärke des Gegenstellensignals am lokalen Sender zu tun. Auch in einem kabelgebundenen Ethernet kann der Pegel des Gegenstellensignals bis auf $^1/_{100}$ des Sendesignalpegels absinken, aber selbst dieses 1%-Empfangssignal ist auch *während* des Sendens noch zu erkennen. Bei Funkverbindungen kann der Pegel des Gegenstellensignals – vom Sender aus gesehen – jedoch ohne Weiteres nur noch $^1/_{1.000.000}$ des Sendesignals (–60 dB) betragen, und es wird dann bei der Übertragung einfach überlagert. Selbst wenn sich das Problem mit der Signalstärke lösen ließe, wäre da immer noch das »Hidden-Node-Problem« (siehe auch Abschnitt 4.2.1, »Wi-Fi und Kollisionen«): Vielleicht können die Teilnehmer A und B beide direkt mit C kommunizieren, aber es gibt eine undurchdringbare Wand, die jede direkte Kommunikation zwischen A und B verhindert. Wenn A und B nun gleichzeitig senden, wird C eine Kollision feststellen, aber für A oder B gibt es keine Möglichkeit, diese Kollision direkt zu erkennen.

Daher müssen Wireless-Protokolle entsprechend aufgebaut sein. In Abschnitt 4.2.1, »Wi-Fi und Kollisionen«, sehen wir uns an, wie die gebräuchlichste Betriebsart von Wi-Fi dies handhabt. Wi-Fi kennt zudem auch einen PCF-Modus (Abschnitt 4.2.7, »Wi-Fi-Polling-Modus«) der weniger (aber nicht gar keine) Kollisionen mit sich bringt, indem er eine zentrale *Polling*-Stelle anruft. WiMAX und LTE schließlich gehen vom Polling zum *Scheduling* über, um Kollisionen noch weiter zu reduzieren. Kollisionen sind allerdings unvermeidlich, sobald neue Stationen in das Netzwerk eintreten.

Es ist auch erwähnenswert, dass eine Ethernet-Kollision alle Teilnehmer im physischen Ethernet (die »Kollisionsdomäne«) betrifft, während drahtlose Kollisionen *lokal* sind und beim Empfänger auftreten. Zwei Teilnehmer können zur gleichen Zeit und in Reichweite voneinander senden, ohne dass eine Kollision auftritt! Dies kann vorkommen, wenn sich die jeweiligen *Empfänger* nur in Reichweite eines der beiden sendenden Teilnehmer befinden. Nehmen wir als Beispiel an, dass drei Teilnehmer auf einer Linie angeordnet sind, A-C-B, wobei die Abstände A-C und C-B knapp unter der maximalen effektiven Reichweite liegen. Wenn A und B beide senden, kommt es tatsächlich bei C zu einer Kollision. Wenn aber C und B gleichzeitig senden, kann A das Signal von C problemlos empfangen, da das von B zu schwach ist, um zu stören.

4.1.3 Versteckte Teilnehmer (Hidden Nodes)

Bei der drahtlosen Datenübertragung kann es vorkommen, dass die Signale zweier Netzwerkknoten A und B, die sich nicht in Reichweite zueinander befinden und sich daher nicht gegenseitig erkennen können, bei einer dritten Station C interferieren.

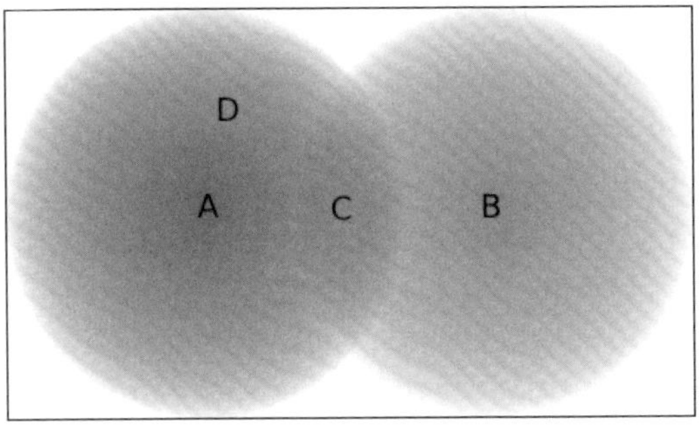

Abbildung 4.1 Wenn A und B zeitgleich senden, entsteht eine Kollision bei C – das für beide erreichbar ist – aber nicht bei D.

Dies sorgt für eine zusätzliche Komplikation bei der Kollisionsbehandlung: Wenn A und B gleichzeitig senden, entsteht eine Kollision bei C, aber weder A noch B können dies erkennen. Siehe Abschnitt 4.2.1, »Wi-Fi und Kollisionen«.

4.1.4 Bandbreite

In der Funktechnik steht der Begriff »Bandbreite« für den Frequenzbereich, den ein Signal nutzt, nicht für die Datenübertragungsrate. Keine Information lässt sich auf einer einzigen Frequenz übertragen; selbst die Signalisierung durch Ein- und Ausschalten einer Trägerfrequenz mit niedriger Übertragungsrate »verwischt« diesen Träger zu einem Band, dessen Breite ungleich null ist.

In diesem Sinne werden wir im weiteren Kapitelverlauf den Begriff »Datenrate« synonym für das verwenden, was wir bisher »Bandbreite« genannt haben. Für den Frequenzbereich werden wir die Begriffe »Kanalbreite« oder »Breite des Frequenzbands« verwenden.

Unter sonst gleichen Bedingungen ist die mit einem Funksignal erreichbare Datenrate proportional zur Kanalbreite. Die Proportionalitätskonstante wird durch das Shannon-Hartley-Theorem begrenzt: Die maximale Datenrate geteilt durch die Breite des Frequenzbands ist $\log_2(1+\mathrm{SNR})$, wobei SNR das *Signal-Rausch-Verhältnis* ist. Liegt das SNR beispielsweise bei 127 und die Breite des Frequenzbands bei 1 MHz, so beträgt die maximale theoretische Datenrate 7 Mbps, wobei $7 = \log_2(128)$ ist. Sinkt die Signalleistung S um etwa die Hälfte ab, sodass SNR=63 ist, sinkt die Datenrate auf 6 Mbps, da $6 = \log_2(64)$; die Beziehung zwischen Signalstärke und Datenrate ist logarithmisch.

Das Shannon-Hartley-Theorem geht davon aus, dass Rauschen eine bestimmte statistische Form hat, die als *Weißes Gaußsches Rauschen* bekannt ist. Theoretisch ist es möglich, den Shannon-Hartley-Grenzwert für andere, sehr spezifische Rauschquellen zu überschreiten.

OFDM

Die tatsächlich erreichbare Datenrate bei einer bestimmten Kanalbreite und einem bestimmten SNR hängt von der verwendeten Signalcodierung bzw. *Modulation* ab. Die meisten neueren Modulationsverfahren verwenden *OFDM* (»Orthogonal Frequency-Division Multiplexing«, deutsch: Orthogonales Frequenzmultiplexverfahren) oder eine Abwandlung davon.

Ein zentrales Merkmal von OFDM ist die Unterteilung eines breiteren Frequenzbands in mehrere schmale Unterkanäle; jeder Unterkanal überträgt dann einen proportionalen Anteil des gesamten Informationssignals, das auf eine unterkanalspezifische Trägerfrequenz moduliert wird. Alle Unterkanäle können jeweils einer einzigen Übertragung zugewiesen werden (Zeitmultiplex, Abschnitt 6.2, »Zeitmultiplexverfahren«), oder es können getrennte Gruppen von Unterkanälen verschiedenen Übertragungen zugewiesen werden, die dann (mit verhältnismäßig niedrigeren Datenraten) parallel ablaufen können. Letzteres wird als *Frequenzmultiplexing* bezeichnet.

In vielen Situationen kommt OFDM recht nahe an den Shannon-Hartley-Grenzwert heran. Noch wichtiger ist vielleicht, dass OFDM auch bei *Mehrweginterferenzen* (s. u.), die in städtischen Umgebungen und im Inneren von Gebäuden mit ihren vielen reflektierenden Oberflächen häufig anzutreffen sind, recht gut funktioniert. Mehrweginterferenzen sind jedoch nicht unbedingt mit dem Gaußschen Rauschen vergleichbar, von dem das Shannon-Hartley-Theorem ausgeht. Wir werden hier keine weiteren technischen Details von OFDM behandeln, sondern lediglich darauf hinweisen, dass die Implementierung normalerweise eine Art von digitaler Signalverarbeitung erfordert.

In der OFDMA-Variante steht das MA für Multiple Access (Mehrfachzugriff). Diese ermöglicht es mehreren Nutzern, nicht überlappende Gruppen von Unterkanälen zu verwenden und so eine gleichzeitige Übertragung zu erzielen. Sie ist eine Option für 802.11ax.

4.1.5 Kosten

Ein weiteres grundlegendes Problem ist, dass sich alle Beteiligten das gleiche Frequenzspektrum teilen. Für Mobilfunkanbieter hat diese Einschränkung die Preise für entsprechende Lizenzen in bemerkenswerte Höhen getrieben. Bei der AWS-3-Auktion der FCC von 2014–15 wurden für das 65-MHz-Band (zur Nutzung in den gesamten Vereinigten Staaten) fast 45 Mrd. USD erzielt. Das sind etwas mehr als 2 Dollar pro Megahertz und Telefon. Das entsprechende Problem für Wi-Fi-Nutzer in dicht besiedelten Gebieten ist, dass die verfügbaren Wi-Fi-Kapazitäten möglicherweise voll ausgelastet sind. In einem belebten Gebäude sieht man oft Dutzende von Wi-Fi-Access-Points, die um denselben Wi-Fi-Kanal konkurrieren; im Ergebnis erreicht kein Nutzer auch nur annähernd die nominalen Datenraten aus Abschnitt 4.2, »Wi-Fi«.

Höhere Datenraten erfordern breitere Frequenzbänder. Um die Kosten angesichts der festen Nachfrage zu senken, besteht die übliche Strategie darin, die Abdeckungszonen zu verkleinern, entweder durch Verringerung der Leistung (und ggf. Hinzufügen weiterer Zugangsstationen) oder durch den Einsatz von Richtantennen oder durch beides.

4.1.6 Mehrweginterferenz

Ein Funksignal deckt zwar meist einen großen Bereich ab – selbst mit den üblichen Richtantennen – allerdings auf überraschend ungleichmäßige Weise. Ein Signal kann einen Empfänger über eine direkte Sichtlinie und darüber hinaus über mehrere reflektierte Pfade, möglicherweise mit unterschiedlicher Länge, erreichen. Zusätzlich zur Reflexion kann das Signal einer reflexionsähnlichen *Streuung* und *Beugung* unterliegen. Zusammengenommen wird all dies als *Mehrweginterferenz* bezeichnet (oder, im Fall analoger Audiosignale, als *Mehrweg-Verzerrung*; im analogen TV-Zeitalter sprach man von *Geisterbildern*).

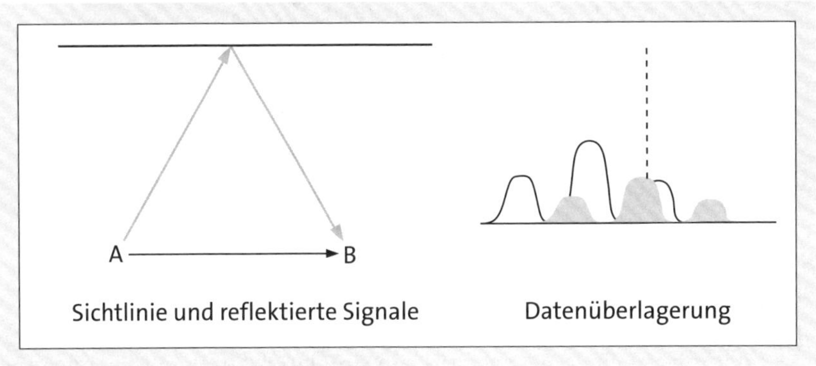

Abbildung 4.2 Mehrweginterferenz

Abbildung 4.2 zeigt zwei Übertragungswege von A nach B. Die jeweiligen Trägerpfade können sich gegenseitig stören oder ergänzen. Die längere Laufzeit des reflektierten Pfads verzögert auch dessen kodiertes Signal. Das Ergebnis ist, dass sich die sichtbaren und die reflektierten Datensymbole überlappen und gegenseitig stören können; dies wird als *Symbolübersprechen* oder *Intersymbolinterferenz* bezeichnet. Mehrweginterferenzen können sogar die Bedeutung des Datensymbols aus der Sicht des Empfängers verändern; so können sich beispielsweise die beiden niedrigen Datensignalspitzen oben am Punkt der vertikalen gestrichelten Linie summieren, sodass sie als höhere Spitze empfangen werden (vorausgesetzt, die zugrunde liegenden Trägersignale sind synchon).

Mehrweginterferenzen führen häufig zu starken Schwankungen der Signalintensität mit einer Periode von etwa einer halben Wellenlänge; dieses Phänomen wird als

Mehrweg-Fading bezeichnet. Ein Beispiel: Die Wellenlänge von UKW-Radiosendern beträgt ungefähr 3 Meter; in den Randbereichen von Empfangsgebieten kommt es daher durchaus vor, dass Sie mit dem Auto um eine viertel Wellenlänge nach vorne fahren und einen zuvor noch klar verständlicher Sender plötzlich nicht mehr empfangen oder Ihr Radio sogar auf einen anderen Sender wechselt, der auf derselben Frequenz, aber von einem anderen Standort aus ausgestrahlt wird.

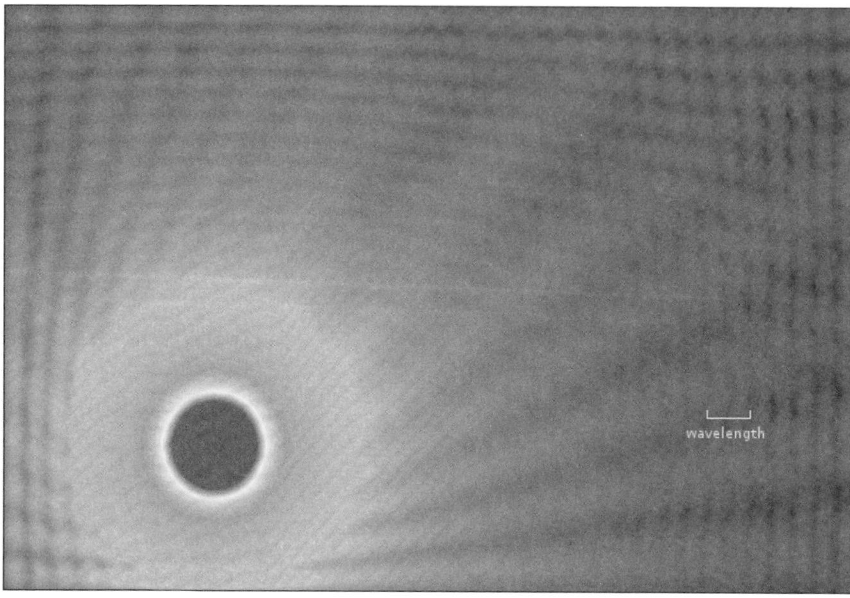

Abbildung 4.3 Signalintensität (simuliert) in einem Raum mit Wänden mit 40 % Reflektivität

Abbildung 4.3 stammt aus einer mathematischen Simulation zur Veranschaulichung des Mehrwegeffekts. Die Wände des Raums reflektieren 40 % des vom Sender in der orangefarbenen Kugel unten links ausgestrahlten Signals. Der Sender sendet ein unmoduliertes Trägersignal, das beliebig oft von den Wänden reflektiert werden kann; an jedem Punkt des Raums ergibt sich die Gesamtsignalintensität aus der Summe aller möglichen Reflexionswege. Rechts dargestellt ist die Variation der empfangenen Trägerstärke aufgrund von Mehrweginterferenzen zwischen der Sichtlinie und allen reflektierten Pfaden als kleine blaue Wellen. Beachten Sie, dass die Welligkeit (Ripple) etwa eine halbe Wellenlänge beträgt.

Im Vergleich zu dieser simulierten Intensitätskarte haben reale Wände in der Regel ein geringeres Reflexionsvermögen, echte Räume sind nicht zweidimensional, und die Trägersignale sind moduliert. In realen Räumen kommt es jedoch auch zu Streuung, Beugung und Abschattung durch darin befindliche Objekte, und in realen Funknetzwerkumgebungen sind erhebliche Schwankungen der Signalstärke (um den Faktor 3 bis 10) durch Mehrwegeffekte üblich.

Mehrweg-Fading kann entweder *flach* sein – alle Frequenzen sind mehr oder weniger gleich betroffen – oder *selektiv* – einige Frequenzen sind dann in unterschiedlichem Ausmaß betroffen. Es ist durchaus möglich, dass ein OFDM-Kanal (Abschnitt 4.1.4, »Bandbreite«) nur auf einigen seiner Teilkanalfrequenzen selektives Fading aufweist.

Grundsätzlich unternehmen Ingenieure erhebliche Klimmzüge, um das Problem der Mehrweginterferenz in den Griff zu bekommen. Wie wir jedoch in Abschnitt 4.2.3, »Mehrere Spatial Streams«, sehen werden, kann die Mehrweginterferenz manchmal positiv genutzt werden, indem fast benachbarte Antennen voneinander unabhängige Signale senden und empfangen können und so den effektiven Durchsatz erhöhen.

Ein alternatives Beispiel für Mehrweginterferenz, bei dem die Signalstärke keine Welligkeit aufweist, finden Sie in Übung 6.

4.1.7 Energieverbrauch

Wenn Sie auf das Netzwerkkabel verzichten und es durch ein Funknetzwerk ersetzen, ist die Wahrscheinlichkeit groß, dass Sie auch das Stromkabel einsparen und durch Akkus ersetzen wollen. Damit rückt das Thema Stromverbrauch in den Fokus. Der Wi-Fi-Standard sieht vor, den Energieverbrauch zu minimieren, indem ein Gerät die meiste Zeit »dösen« kann und dabei in regelmäßigen Abständen aufwacht, um zu prüfen, ob an es gerichtete Pakete zum Senden bereitstehen. Das 6LoWPAN-Projekt (IPv6 Low-power Wireless Personal Area Network) soll Geräte mit sehr geringem Stromverbrauch ermöglichen; siehe RFC 4919 und RFC 6282.

4.1.8 Kabelsalat

Drahtlose Verbindungen werden auch eingesetzt, um Kabel und den damit verbundenen Kabelsalat und natürlich das Problem inkompatibler Stecker zu beseitigen. Der drahtlose und stromsparende *Bluetooth*-Standard kommt für Dinge wie etwa Computermäuse und Telefon-Headsets häufig als Alternative zum Kabel zum Einsatz. Bluetooth stellt gleichzeitig ein stromsparendes Netzwerk dar; für viele Anwendungen beträgt die Reichweite etwa 10 Meter. *ZigBee* ist ein weiteres Mini-Netzwerk mit geringem Energiebedarf.

4.2 Wi-Fi

Wi-Fi ist eine Marke der Wi-Fi Alliance und bezeichnet eines von mehreren IEEE-Protokollen für drahtlose Netzwerke aus der 802.11-Familie, insbesondere 802.11a, 802.11b, 802.11g, 802.11n, 802.11ac und 802.11ax. (Streng genommen handelt es sich dabei um Ergänzungen zum ursprünglichen 802.11-Standard, aber de facto sind es auch eigenständige Standards). Wie klassisches Ethernet muss Wi-Fi Kollisionen behandeln; im Gegensatz zu Ethernet kann Wi-Fi jedoch keine laufenden Kollisionen erkennen, was die Backoff- und Retransmissions-Algorithmen verkompliziert (siehe oben in Abschnitt 4.1.2, »Kollisionen«).

Im Gegensatz zu allen bisher betrachteten kabelgebundenen LAN-Protokollen setzt Wi-Fi zusätzlich zu den normalen Datenpaketen auch *Steuer-* und *Verwaltungspakete* ein, die ausschließlich innerhalb der Wi-Fi-Schicht existieren; diese werden nicht von höheren Netzwerkschichten ausgelöst oder an diese vermittelt. Die Steuerpakete werden verwendet, um einige Schwächen der Funkübertragung auszugleichen, wie z. B. die fehlende Kollisionserkennung. Durch die Einbindung funkbasierter Steuerungs- und Verwaltungsprotokolle in die Wi-Fi-Schicht kann die IP-Schicht ohne weitere Änderungen weiterhin genauso mit Wi-Fi interagieren wie mit Ethernet.

Wi-Fi ist so konzipiert, dass es auf der logischen LAN-Schicht problemlos mit Ethernet interagieren kann. Die (physischen) MAC-Adressen für Wi-Fi haben die gleiche Länge von 48 Bit und die gleiche interne Struktur wie für Ethernet (Abschnitt 2.1.3, »Interne Struktur von Ethernet-Adressen«). Sie teilen sich auch den gleichen Namensraum: Es sollte nie eine Ethernet- und eine Wi-Fi-Schnittstelle mit der gleichen Adresse zu sehen sein. Infolgedessen können Datenpakete von Switches zwischen Ethernet und Wi-Fi weitergeleitet werden; in vielerlei Hinsicht sieht ein an Ethernet angeschlossenes Wi-Fi wie eine Erweiterung des Ethernet-LAN aus. Siehe Abschnitt 4.2.4, »Zugangspunkte«.

Mikrowellenherde und Wi-Fi

Der Einfluss eines eingeschalteten Mikrowellenherds auf Wi-Fi-Signale ist ziemlich deutlich, wenn sich das Gerät zwischen dem Sender und dem Empfänger befindet. Bei anderen Konfigurationen kann der Effekt unterschiedlich ausfallen. Die meisten Mikrowellenherde senden nur während einer Phase des Wechselstromzyklus, d. h. sie sind $^{1}/_{50}$ Sekunde ein- und $^{1}/_{50}$ Sekunde ausgeschaltet; dies kann ein kurzes Zeitfenster für Übertragungen schaffen.

Ursprünglich nutzte Wi-Fi das 2,4-GHz-*ISM*-Band (Industrial, Scientific and Medical), in dem auch Mikrowellenherde betrieben werden. 802.11a griff jedoch auf das 5-GHz-Band zurück, 802.11n unterstützt dieses Band optional und das neue 802.11ac arbeitet wieder ausschließlich mit 5 GHz. Bei 5 GHz ist die Fähigkeit zur Durchdringung von Wänden geringer, was oft zu einer niedrigeren effektiven Reichweite führt (in Bürogebäuden und Mehrfamilienhäusern kann dies jedoch ein Vorteil sein kann). Das 5-GHz-Band bietet viel mehr nutzbare Kanäle als das 2,4-GHz-Band, sodass in »überlaufenen« Bereichen deutlich weniger wechselseitige Störungen entstehen.

Das Wi-Fi-Funkspektrum ist in der Regel *lizenzfrei*, was bedeutet, dass keine besondere Genehmigung für die Übertragung erforderlich ist, aber auch, dass andere versuchen könnten, dasselbe Frequenzband gleichzeitig zu nutzen. Die Verfügbarkeit von unlizensierten Kanälen im 5-GHz-Band wird immer besser.

In Tabelle 4.1 sind die verschiedenen Wi-Fi-Versionen zusammengefasst. Alle Datenbitraten gehen von einem einzigen Spatial Stream aus; die Kanalbreiten sind nominal. Die Namen in der Spalte ganz rechts wurden von der Wi-Fi Alliance eingeführt, um die neueren Versionen besser bezeichnen zu können.

IEEE-Name	maximale Bitrate	Frequenz	Kanalbreite	neuer Name
802.11a	54 Mbps	5 GHz	20 MHz	
802.11b	11 Mbps	2.4 GHz	20 MHz	
802.11g	54 Mbps	2.4 GHz	20 MHz	
802.11n	65–150 Mbps	2.4/5 GHz	20–40 MHz	Wi-Fi 4
802.11ac	78–867 Mbps	5 GHz	20–160 MHz	Wi-Fi 5
802.11ax	bis 1200 Mbps	2.4/5+ GHz	20–160 MHz	Wi-Fi 6

Tabelle 4.1 Überblick über unterschiedliche Wifi-Versionen

Die maximale Bitrate wird in der Praxis nur selten erreicht. Für die *effektive* Bitrate muss mindestens die für die Kollisionsbehandlung erforderliche Zeit berücksichtigt werden. Noch wichtiger ist, dass alle oben genannten Wi-Fi-Varianten eine dynamische Geschwindigkeitsanpassung verwenden; die Bitrate wird in Umgebungen mit erhöhten Fehlerraten um den Faktor zehn (oder mehr) herabgesetzt. Auslöser können die Entfernung, Hindernisse, konkurrierende Übertragungen oder Funkstörungen sein. All dies bedeutet, dass in der Praxis für eine Datenrate von 150 Mbit/s mit 802.11n optimale Bedingungen herrschen müssen, insbesondere darf es keine konkurrierenden Sender geben und es bedarf einer freien Sichtverbindung. Die Leistung von 802.11n kann bis auf 10 Mbit/s zurückgehen, obwohl 40–100 Mbit/s (für einen 40-MHz-Kanal) eher die Regel sind.

Das 2,4-GHz-ISM-Band ist durch eine internationale Vereinbarung in bis zu 14 offiziell benannte (und meist aneinander angrenzende) Kanäle unterteilt, die jeweils rund 5 MHz breit sind, wobei die Nutzung in den Vereinigten Staaten auf die ersten 11 Kanäle beschränkt sein kann, in Europa gibt es 13 nutzbare Kanäle, in Japan sogar 14. Das 5-GHz-Band ist in ähnlicher Weise in 5-MHz-Kanäle unterteilt. Ein Wi-Fi-Sender benötigt jedoch mehrere dieser offiziellen Kanäle; ein typischer 2,4-GHz-802.11g-Sender verwendet tatsächlich ein Frequenzspektrum von bis zu 22 MHz oder bis zu fünf offiziellen Kanälen. Um eine Überlappung von Funksignalen zu vermeiden, ist die Wi-Fi-Nutzung im 2,4-GHz-Band daher oft auf die offiziellen Kanäle 1, 6 und 11 beschränkt.

Im Ergebnis gibt es meist nur drei verfügbare Wi-Fi-Bänder im 2,4-GHz-Bereich, sodass es regelmäßig auch zu gegenseitigen Beeinflussungen von Wi-Fi Teilnehmern kommt.

Es gibt fast 200 5-MHz-Kanäle im 5-GHz-Band. Die USA verlangen von den Nutzern dieses Bandes, dass sie Störungen von Wetter- und Militäranwendungen im gleichen Frequenzbereich vermeiden. Dies kann eine sorgfältige Begrenzung der Sendeleistung (im Rahmen des IEEE 802.11h-Zusatzes) und eine so genannte »dynamische Frequenzwahl« erfordern, um störungsarme Kanäle auszuwählen und auf solche Kanäle umzuschalten, falls später Störungen festgestellt werden. Gleichwohl stehen viel mehr Kanäle als bei 2,4 GHz zur Verfügung. Die größere Anzahl von Kanälen ist wohl der Hauptgrund dafür, dass 802.11ac schneller betrieben werden kann. Die Anzahl der für die Wi-Fi-Nutzung verfügbaren Kanäle hat zugenommen, da Konflikte mit bestehenden 5-GHz-Wettersystemen oftmals aufgelöst wurden.

802.11ax bietet eine vorläufige Unterstützung für zusätzliche Frequenzbänder im Bereich 6–7 GHz, die (in den USA) seit 2020 von der FCC freigegeben sind.

Wi-Fi-Entwickler können den Durchsatz durch eine Reihe von Techniken verbessern, darunter:

- verbesserte Funkmodulationsverfahren
- verbesserte Fehlerkorrektur-Codes
- kleinere Schutzintervalle zwischen den Symbolen
- breitere Kanäle
- Nutzung mehrerer Spatial Streams über mehrere Antennen

Die ersten beiden Punkte in der Liste scheinen inzwischen weitgehend ausgereizt; die OFDM-Modulation (Abschnitt 4.1.4, »Bandbreite«) kommt so nahe an die Shannon-Hartley-Grenze heran, dass es nur noch begrenzten Spielraum für Verbesserungen gibt, wobei 802.11ax dennoch den Übergang zu OFDMA für angebracht hielt. Der dritte Punkt verringert die Reichweite (weil der Schutz vor Mehrweginterferenzen abnimmt), kann aber die Datenrate um etwa 10% steigern; mit 802.11ax wurde die Unterstützung für die dynamische Änderung des Guard-Intervalls und der Symbolgröße eingeführt. Für die größten Geschwindigkeitssteigerungen sorgen die letzten beiden Punkte in der Liste.

Die Kanalbreite wird durch Hinzunahme weiterer 5-MHz-Kanäle erhöht. Die oben genannte Bitrate von 65 Mbit/s für 802.11n gilt beispielsweise für einen nominalen Frequenzbereich von 20 MHz, vergleichbar mit dem von 802.11g. In Gebieten mit geringem Wettbewerb durch andere Signale unterstützt 802.11n jedoch die Nutzung eines 40-MHz-Frequenzbands; die Bitrate steigt dann auf 135 Mbit/s (oder 150 Mbit/s, wenn ein kleineres Schutzintervall verwendet wird). Dies entspräche der Nutzung von zwei der drei verfügbaren 2,4-GHz-Wi-Fi-Bänder. In ähnlicher Weise spiegelt die große Spanne an 802.11ac-Bitraten die Unterstützung für Kanalbreiten von 20 MHz bis 160 MHz (32 offizielle 5-MHz-Kanäle) wider.

Die Nutzung mehrerer räumlicher Datenströme (Spatial Streams) ist die neueste Technik zur Steigerung der Datenrate; siehe Abschnitt 4.2.3, »Mehrere Spatial Streams«.

Für alle Kategorien in Tabelle 4.1 kommen zusätzliche Bits für Fehlerkorrektur-Codes zum Einsatz. Bei 802.11g mit 54 Mbit/s beträgt die tatsächlich gesendete Roh-Bitrate etwa $(^4/_3) \times 54 = 72$ Mbit/s, übertragen jeweils in Symbolen mit sechs Bit Länge pro Einheit.

4.2.1 Wi-Fi und Kollisionen

In Abschnitt 2.1, »Klassisches 10-Mbit/s-Ethernet«, haben wir uns ausführlich mit den Mechanismen zur Kollisionsbehandlung bei 10-Mbps-Ethernet befasst und sind zu dem Schluss gekommen, dass Ethernet-Kollisionen dank Switches und Vollduplex-Verbindungen bald der Vergangenheit angehören. Durch Wi-Fi sind Kollisionen jedoch wieder neu auf den Plan getreten. Ein Ethernet-Sender bemerkt eine etwaige Kollision noch innerhalb der ersten Slot-Zeit, indem er auf schwache Interferenzen mit seiner eigenen Übertragung achtet. Wie jedoch in Abschnitt 4.1.2, »Kollisionen«, erwähnt, können sendende Wi-Fi-Stationen laufende Kollisionen schlichtweg nicht erkennen. Wenn ein anderer Teilnehmer zur gleichen Zeit sendet, kann ein Wi-Fi-Sender dies nicht erkennen, obwohl sein Signal nicht empfangbar sein wird. Es gibt zwar einen weitgehend kollisionsfreien Modus für den Wi-Fi-Betrieb (Abschnitt 4.2.7, »Wi-Fi-Polling-Modus«), aber dieser wird nicht so häufig verwendet, und das Kollisionsmanagement hat einen erheblichen Einfluss auf die normale Wi-Fi-Leistung.

Link-Layer ACKs

Das erste Problem bei Wi-Fi-Kollisionen besteht darin, sie überhaupt zu erkennen. Da Kollisionen nicht direkt erkannt werden können, sieht das Wi-Fi-Protokoll zumindest für Unicast-Übertragungen *ACK-Pakete* auf der *Verbindungsschicht* vor. Diese ACKs sind unser erstes Beispiel für Wi-Fi-*Steuerpakete* und haben nichts mit den TCP-ACKs der übergeordneten Schicht zu tun.

Die zuverlässige Übertragung dieser Link-Layer-ACKs hängt von einem sorgfältigen Timing ab. Dabei sind drei Zeitintervalle relevant (die Zahlenwerte gelten für 802.11b/g im 2,4-GHz-Band). Der Wert, den wir hier IFS nennen, ist formal als DIFS bekannt (D für »distributed«; siehe Abschnitt 4.2.7, »Wi-Fi-Polling-Modus«).

- Slot-Zeit: 20 µs
- IFS, der »normale« InterFrame-Abstand: 50 µs
- SIFS, der *kurze* IFS: 10 µs

Zum Vergleich: Die RTT zwischen zwei Wi-Fi-Teilnehmern, die 100 Meter voneinander entfernt sind, beträgt weniger als 1 µs. Bei 11 Mbit/s genügt eine IFS-Zeit, um etwa 70 Byte zu senden; bei 54 Mbit/s reicht sie aus, um fast 340 Byte zu übertragen.

Sobald ein Teilnehmer C ein von A an ihn adressiertes Datenpaket erhalten hat, wartet er die Zeit SIFS ab und sendet sein ACK-Paket. In einer kleinen Wi-Fi-Domäne, in der das Signal jedes Teilnehmers für alle anderen Teilnehmer deutlich sichtbar ist, ist C zu diesem Zeitpunkt die einzige Station, die zum Senden berechtigt ist, denn, wie wir im nächsten Abschnitt sehen werden, müssen alle anderen Teilnehmer (einschließlich derjenigen im überlappenden Wi-Fi eines anderen Teilnehmers), die die Datenübertragung von A gesehen haben, nach Ende dieser Übertragung die längere IFS-Zeit abwarten. Diese anderen Teilnehmer erkennen das ACK von C innerhalb der IFS-Zeitspanne und werden die Übertragung daher nicht stören.

Leider verkompliziert das Hidden-Node-Problem diese Situation. Nur Teilnehmer, die die Datenübertragung von A gesehen haben, warten das IFS-Intervall ab. Es kann aber auch andere Teilnehmer geben, die sich außerhalb der Reichweite von A befinden und daher die IFS-Wartezeit nicht kennen, die aber trotzdem in der Lage sind, C zu stören. (Überraschenderweise klappt es manchmal trotzdem: Die Übertragung des anderen Teilnehmers könnte mit dem ACK von C bei C kollidieren, aber zu schwach sein, um das ACK von C zu dem Zeitpunkt zu stören, an dem es A erreicht hat, auf den es ja ankommt.) Siehe Übung 1.

Wenn ein Paket in eine Kollision verwickelt ist, sendet der Empfänger kein ACK, sodass der Sender weiß, dass etwas schief gelaufen ist. Leider kann der Sender *nicht* feststellen, ob das Problem auf eine Kollision, elektromagnetische Interferenzen, eine Abschirmung des Signals, eine zu große Entfernung oder die Abschaltung des Empfängers zurückzuführen ist. Da aber eine Kollision in der Regel die wahrscheinlichste Ursache ist und die Annahme, dass das verlorene Paket in eine Kollision verwickelt war, schlimmstenfalls zu einer leichten zusätzlichen Verzögerung bei der erneuten Übertragung führt, wird immer von einer Kollision ausgegangen.

Link-Layer-ACKs enthalten keine Informationen – wie etwa eine fortlaufende Nummer – zur Kennzeichnung des bestätigten Pakets. Diese ACKs bestätigen einfach die letzte Übertragung, die ein SIFS zuvor beendet wurde. Im Wi-Fi-Kontext ist dies unmissverständlich. Man kann es aber auch mit Abschnitt 8.1, »Zuverlässige Datenübertragung: Stop-and-Wait«, vergleichen, wo mindestens ein Bit zur fortlaufenden Nummerierung der Pakete erforderlich ist.

Kollisionsvermeidung und Backoff

CSMA/CD ist der Algorithmus für das Kollisionsmanagement im Ethernet, wobei CD für Collision Detection steht. Der entsprechende Wi-Fi-Mechanismus ist CSMA/**CA**, wobei CA für Collision Avoidance (*Kollisionsvermeidung*) steht. Wenn das Link-Layer-

ACK nicht empfangen wird, wird von einer erfolgten Kollision ausgegangen. Wie bei Ethernet gibt es auch hier einen Exponential-Backoff-Mechanismus, der allerdings etwas anders gestaffelt ist.

Jeder Sender, der ein neues Datenpaket senden möchte, wartet die IFS-Zeit ab, nachdem er das Medium erstmals erfasst hat, um festzustellen, ob es inaktiv ist. Wenn in diesem Zeitraum kein anderer Funkverkehr festgestellt wird, kann der Teilnehmer sofort senden. *Wird* jedoch anderer Datenverkehr registriert, muss der Absender selbst für seinen ersten Sendeversuch einen exponentiellen Backoff durchführen; schließlich warten vermutlich auch andere Teilnehmer, und eine anfängliche Kollision sollte unbedingt vermieden werden.

Als anfängliche Backoff wird ein Zufallswert $k<2^5 = 32$ gewählt (denken Sie daran, dass beim klassischen Ethernet ein anfänglicher Backoff von $k<2^0 = 1$ gewählt wird; sprich: k=0). Der potentielle Sender wartet dann k Slot-Zeiten ab. Währenddessen überwacht er weiterhin den anderen Nachrichtenverkehr; wird eine andere Übertragung erkannt, »stoppt« der Sender den Backoff-Timer. Die Wartezeit läuft weiter, wenn die andere Übertragung abgeschlossen ist und ein nachfolgendes Leerlaufintervall mit der Dauer IFS verstrichen ist.

Nach diesen Regeln warten die Absender von Datenpaketen also *immer* mindestens ein Leerlaufintervall der Länge IFS ab, bevor sie ihre Daten versenden. So ist sichergestellt, dass sie niemals mit einem ACK-Paket kollidieren, das nach einem Leerlaufintervall von nur der Länge SIFS gesendet wurde.

Wenn bei einem Ethernet zwei Teilnehmer darauf warten, dass ein dritter die Übertragung beendet, senden beide, sobald der dritte fertig ist, sodass es anfangs immer zu einer Kollision kommt. Bei Wi-Fi sind solche anfänglichen Kollisionen aufgrund des größeren Backoff-Bereichs von k<32 unwahrscheinlich.

Wenn ein Wi-Fi-Sender glaubt, dass eine Kollision stattgefunden hat, wiederholt er seinen Übertragungsversuch, nach Verdoppelung der Backoff-Spannes auf 64, dann 128, 256, 512, 1024 und nochmals 1024. Wenn diese sieben Versuche alle fehlschlagen, wird das Paket verworfen und der Sender beginnt von vorne.

In einer Slot-Zeit legen die Funksignale 6.000 Meter zurück; die Wi-Fi-Slot-Zeit hat – anders als bei Ethernet – nichts mit dem physischen Durchmesser des Netzes zu tun. Wie bei Ethernet stellt die Wi-Fi-Slot-Zeit jedoch die grundlegende Einheit für Backoff-Intervalle dar.

Schließlich ist zu beachten, dass Wi-Fi-Kollisionen im Gegensatz zu Ethernet-Kollisionen ein lokales Phänomen sind: Wenn A und B gleichzeitig senden, kommt es am Netzknoten C nur dann zu einer Kollision, wenn die Signale von A und B bei C stark genug sind, um sich gegenseitig zu stören. Es ist möglich, dass eine Kollision bei Teilnehmer C auf halber Strecke zwischen A und B auftritt, aber nicht bei Teilnehmer D, der sich in der Nähe von A befindet. Damit befassen wir uns nochmals weiter unten in Abschnitt 4.2.1, »Wi-Fi und Kollisionen«.

Wi-Fi RTS/CTS

Wi-Fi-Teilnehmer verwenden optional auch ein (*RTS/CTS*)-Protokoll (Request-to-Send/Clear-to-Send), das wiederum mit bestimmten Steuerpaketen ausgehandelt wird. Normalerweise wird dies nur für größere Datenpakete verwendet; oft wird der RTS/CTS-»Schwellenwert« (die Größe des größten Pakets, das *nicht* mit RTS/CTS gesendet wird) auf die maximale Paketgröße eingestellt (im Rahmen der Konfiguration des Access Points, Abschnitt 4.2.4, »Zugangspunkte«) wodurch diese Funktion im Endeffekt deaktiviert wird. Die Idee hinter RTS/CTS ist, dass ein großes Paket, das in eine Kollision verwickelt ist den potenziellen Durchsatz erheblich beeinträchtigt; bei großen Paketen sollten wir zuerst eine Anfrage stellen.

Das RTS-Steuerpaket – das klein ist – wird über das normale, oben beschriebene Verfahren gesendet; dieses Paket beinhaltet die Identität des Ziels und die Größe des vom Teilnehmer zu übertragenden Datenpakets. Der Empfänger antwortet nach der SIFS-Wartezeit mit CTS und verhindert damit jede weitere Übertragung nach dem RTS. Das CTS-Paket enthält auch die Größe des Datenpakets. Der ursprüngliche Absender wartet dann nach dem Empfang des CTS für die Zeitdauer von SIFS und sendet das Paket. Wenn alle anderen Teilnehmer sowohl die RTS- als auch die CTS-Nachrichten hören können, sollten nach dem erfolgreichen Senden von RTS und CTS keine Kollisionen bei der Paketübertragung auftreten, da die einzigen Leerlaufzeiten die Länge SIFS haben und die anderen Teilnehmer für die Dauer von IFS warten sollten.

Hidden-Node-Problem

Betrachten Sie Abbildung 4.4. Jeder Teilnehmer hat eine Reichweite von 100 Metern. Die Stationen A und B sind 150 Meter voneinander entfernt und können sich daher nicht gegenseitig empfangen; beide sind 75 Meter von C entfernt. Wenn A sendet und B im Rahmen der Kollisionsvermeidung zur Vorbereitung seiner eigenen Übertragung das Medium abtastet, wird B zu dem Schluss kommen, dass das Medium ungenutzt ist, und wird seine Übertragung beginnen.

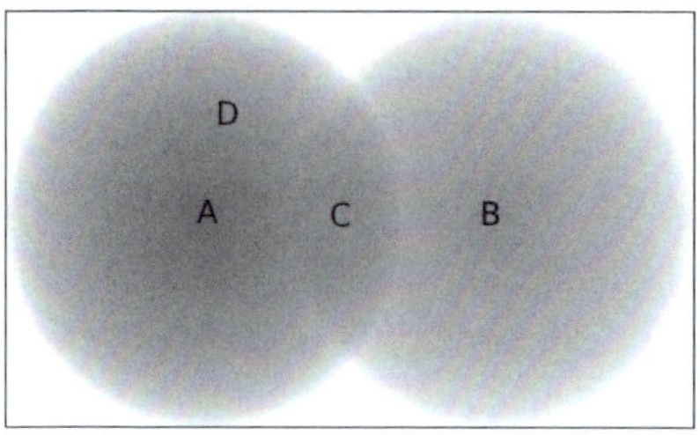

Abbildung 4.4 Wenn A und B zeitgleich senden, entsteht eine Kollision bei C – das für beide erreichbar ist – aber nicht bei D.

Allerdings befindet sich C sowohl in Reichweite von A als auch von B. Wenn A und B gleichzeitig senden, kommt es aus Sicht von C zu einer Kollision. C empfängt nichts Brauchbares. Wir sprechen hier von einer *Hidden-Node-Kollision*, da die Absender A und B sich nicht sehen können; das allgemeine Szenario ist als *Hidden-Node-Problem* bekannt.

Beachten Sie, dass Teilnehmer D nur das Signal von A empfängt, sodass bei D keine Kollision auftritt.

Das Hidden-Node-Problem kann auch auftreten, wenn A und B die Übertragungen des jeweils anderen aufgrund eines physischen Hindernisses wie einer für Funkwellen undurchlässigen Wand nicht empfangen können:

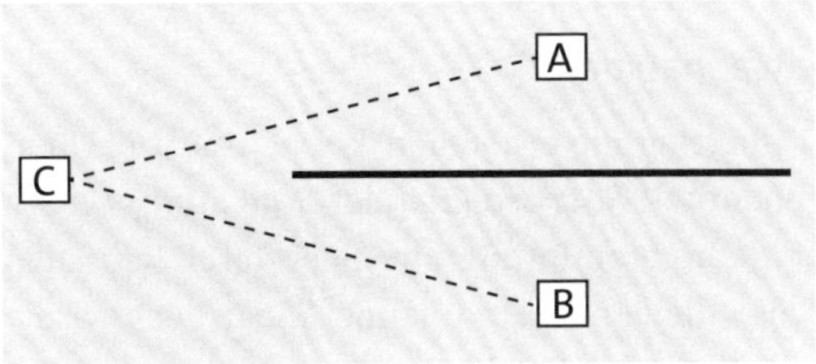

Abbildung 4.5 Ein weiteres Beispiel in dem A und B sich nicht sehen können, ihre Signale aber bei C kollidieren

Eine der Motivationen für das RTS/CTS-Protokoll ist die Vermeidung von Hidden-Node-Kollisionen. Stellen Sie sich vor, A sendet anstelle seines Datenpakets ein RTS-Paket, und C antwortet mit CTS. B hat das RTS-Paket von A nicht gehört, wohl aber das CTS von C. A wird nach einem SIFS-Intervall mit der Übertragung beginnen, aber B wird die Übertragung von A nicht empfangen. Dennoch wird B warten, denn das CTS-Paket enthielt die Größe des Datenpakets und damit implizit auch die Zeitspanne, die alle anderen Teilnehmer im Leerlauf bleiben sollten. Da RTS-Pakete recht kurz sind, ist die Wahrscheinlichkeit, dass sie selbst in Kollisionen verwickelt werden, viel geringer als bei Datenpaketen.

Wi-Fi-Fragmentierung

Konzeptionell verwandt mit RTS/CTS ist die Wi-Fi-Fragmentierung. Wenn die Fehler- oder Kollisionsraten hoch sind, kann ein Sender ein großes Paket in mehreren Fragmenten senden, von denen jedes sein eigenes Link-Layer-ACK erhält. Wie wir in Abschnitt 7.3.1, »Fehlerhäufigkeit und Paketgröße«, sehen werden, führt die Übertragung mehrerer kleinerer Pakete bei hohen Bitfehlerraten oft zu einer geringeren Gesamtzahl übertragener Bytes als der Versand der gleichen Daten in einem großen Paket.

Die Fragmente der Wi-Fi-Pakete werden von der Empfangsstation wieder zusammengesetzt, die zugleich das endgültige Ziel sein kann, aber nicht muss.

Wie der RTS/CTS-Schwellenwert wird auch der Fragmentierungsschwellenwert häufig auf die Größe des maximalen Pakets eingestellt. Eine Anpassung dieser Schwellenwerte ist nur selten erforderlich, kann aber sinnvoll sein, falls sich beim Monitoring hohe Kollisions- oder Fehlerraten zeigen. Leider ist es für einen einzelnen Teilnehmer praktisch unmöglich, zwischen kollisionsbedingten Empfangsfehlern und solchen, die durch andere Formen von Störungen verursacht werden, zu unterscheiden, sodass es schwierig ist, anhand von Empfangsstatistiken zwischen der Notwendigkeit von RTS/CTS oder einer Fragmentierung zu unterscheiden.

4.2.2 Dynamische Geschwindigkeitsanpassung

Wenn Wi-Fi-Sender Probleme bei der Übertragung feststellen, können sie ihre Übertragungsbitrate im Rahmen des sogenannten *Rate Scaling* oder *Rate Control* reduzieren. Die Idee dahinter ist, dass bei niedrigeren Bitraten weniger durch Rauschen verursachte Fehler auftreten. Wenn also die Fehlerrate unannehmbar hoch wird – vielleicht aufgrund einer größeren Entfernung – sollte der Sender auf eine niedrigere Bitrate zurückschalten. Bei 802.11g liegen die Standardraten bei 54, 48, 36, 24, 18, 12, 9 und 6 Mbit/s. Sendestationen versuchen, die Übertragungsrate zu finden, die den maximalen Durchsatz ermöglicht. 36 Mbit/s mit einer Paketverlustrate von 25 % führt beispielsweise zu einen effektiven Durchsatz von 36 × 75 % = 27 Mbit/s und ist damit besser als 24 Mbit/s ohne Verluste.

Sendestationen können ihre Bitrate für jedes Paket neu festlegen; außerdem können sie auch unterschiedliche Bitraten für verschiedene Empfänger wählen. Wenn ein Absender beispielsweise ein Paket sendet und kein bestätigendes Link-Layer-ACK erhält, kann er Absender auf die nächst niedrigere Bitrate zurückfallen. Der eigentliche Algorithmus zur Auswahl der Bitrate ist Bestandteil des jeweiligen Wi-Fi-Treibers; verschiedene Netzwerkknoten können unterschiedliche Algorithmen verwenden.

Der älteste Algorithmus zur Bitratenanpassung war Automatic Rate Fallback oder ARF, [KM97]. Die Rate wird nach zwei aufeinanderfolgenden Übertragungsfehlern (d. h., es wurde kein Link-Layer-ACK empfangen) abgesenkt und nach zehn erfolgreichen Übertragungen erhöht.

Ein wesentliches Problem beim Rate Scaling besteht darin, dass ein Paketverlust entweder aufgrund von schwachem Zufallsrauschen (weißes Rauschen oder thermisches Rauschen) oder durch Kollisionen (ebenfalls eine Form des Rauschens, aber weniger zufällig) entstehen kann; nur im ersten Fall bringt eine niedrigere Übertragungsrate wahrscheinlich Abhilfe. Wenn vermehrt Kollisionen auftreten, können die durch eine niedrige Bitrate verursachten längeren Paketübertragungszeiten die Häufigkeit von Hidden-Node-Kollisionen noch *erhöhen*. Tatsächlich kann hier eine *höhere* Übertragungsrate (die kürzere Übertragungszeiten bewirkt) helfen; auch die Aktivierung des RTS/CTS-Protokolls kann sinnvoll sein.

Signalstärke

Die meisten Wi-Fi-Treiber melden die Stärke des Empfangssignals. Neuere Treiber verwenden den »Received Channel Power Indicator« der IEEE; bei diesem RCPI handelt es sich um einen 8-Bit-Ganzzahl proportional zur absoluten von der Antenne empfangenen Leistung in Dezibel-Milliwatt (dBm). Die Werte für Wi-Fi reichen von –10 dBm bis –90 dBm und tiefer. Zum Vergleich: Das Licht des Polarsterns liefert in einer guten Nacht etwa –97 dBm an ein Auge; die Venus liefert normalerweise etwa –73 dBm. Das Signal eines GPS-Satelliten könnte mit –127 dBm an Ihrem Mobiltelefon ankommen.

Es wurden eine Reihe neuerer Algorithmen zur Geschwindigkeitsanpassung vorgeschlagen; siehe [JB05] für eine Zusammenfassung. Einer davon, Receiver-Based Auto Rate (RBAR, [HVB01]), versucht, das *Signal-Rausch-Verhältnis* in die Berechnung der Übertragungsrate einzubeziehen. Dies verhindert die durch Kollisionen entstehende Unübersichtlichkeit. Obwohl das Signal-Rausch-Verhältnis theoretisch stark mit der *Bitfehlerrate* bei der Übertragung korreliert, melden die meisten Wi-Fi-Funkmodule dem Host-System die *empfangene Signalstärke*. Dies ist nicht dasselbe wie das schwieriger zu bestimmende Signal-Rausch-Verhältnis. Deswegen hat sich der RBAR-Ansatz in der Praxis nicht so gut bewährt wie erhofft.

Mit dem Algorithmus der Collision-Aware Rate Adaptation (CARA, [KKCQ06]) versucht eine Sendestation (unter anderem) abzuleiten, dass ihr Paket durch eine Kollision und nicht durch Rauschen verloren gegangen ist, wenn nicht ein SIFS-Intervall nach Ende ihrer Paketübertragung ein ACK der Verbindungsschicht empfangen wurde *und* der Kanal immer noch belegt ist. Kollisionen werden auf diese Weise nur erkannt, wenn das kollidierende Paket *länger* ist, als das eigene Paket der Station und wenn kein Hidden-Node-Problem zum Tragen kommt.

Da die eigentlichen Daten in einem Wi-Fi-Paket möglicherweise mit einer Rate versendet werden, die nicht alle Teilnehmer korrekt empfangen können, beginnt jede Wi-Fi-Übertragung mit einer kurzen Präambel in Mindestbitrate. Auch die ACKs der Verbindungsschicht werden mit der kleinstmöglichen Bitrate gesendet.

4.2.3 Mehrere Spatial Streams

Die jüngste Innovation zur Verbesserung der Datenraten von Wi-Fi (und anderen drahtlosen Systemen) besteht in der Unterstützung mehrerer gleichzeitiger Datenströme durch eine als *MIMO* (Multiple-Input-Multiple-Output) bezeichnete Antennentechnik. Um N Datenströme nutzen zu können, müssen sowohl Sender als auch Empfänger über N Antennen verfügen; alle Antennen nutzen die gleichen Frequenzkanäle, aber jede Sendeantenne sendet einen anderen Datenstrom. Auf den ersten Blick scheint eine signifikante Verbesserung des Durchsatzes unmöglich, da die Antennenelemente in den jeweiligen Sende- und Empfangsgruppen jeweils nur etwa eine halbe Wellenlänge voneinander entfernt sind; im freien Raum ist MIMO tatsächlich nicht umsetzbar.

Der Grund, warum MIMO in den meisten alltäglichen Situationen funktioniert, ist, dass es sich die Mehrweginterferenzen positiv zunutze macht. Betrachten wir noch einmal die rechte Seite des letzten Bildes aus Abschnitt 4.1.6, »Mehrweginterferenz«, wo die Signalstärke entsprechend der blauen Welligkeit variiert; die Spitzen und Täler haben eine Periode von etwa einer halben Wellenlänge. Wir gehen zunächst davon aus, dass die Signalstärke so gering ist, dass der Empfang in den dunkelsten blauen Bereichen nicht mehr möglich ist; eine einzelne Antenne, die unglücklich in einer dieser »toten Zonen« positioniert ist, kann nichts empfangen.

Beginnen wir mit zwei einfacheren Fällen: SIMO (Single-Input-Multiple-Output) und MISO (Multiple-Input-Single-Output). Bei SIMO hat der Empfänger mehrere Antennen, bei MISO der Sender. Nehmen wir einmal an, dass die Seite mit den Mehrfachantennen zwei Antennen hat. Bei der einfachsten Implementierung von SIMO wählt der Empfänger das stärkere der beiden empfangenen Signale aus und verwendet nur dieses; solange sich mindestens eine Antenne nicht in einer »toten Zone« befindet, ist der Empfang erfolgreich. Bei zwei Antennen, die weniger als eine halbe Wellenlänge voneinander entfernt sind, stehen die Chancen gut, dass sich mindestens eine der beiden Antennen außerhalb einer toten Zone befindet und ein ausreichendes Signal empfangen kann.

In ähnlicher Weise wählt der Sender bei einfachem MISO diejenige seiner Antennen aus, die ein stärkeres Signal an den Empfänger übermitteln kann. Es ist unwahrscheinlich, dass sich der Empfänger in einer toten Zone für *beide* Senderantennen befindet. Beachten Sie, dass der Sender bei MISO eine Rückmeldung vom Empfänger erhalten muss, um zu wissen, welche Antenne er verwenden soll.

Mit Hilfe von Signalverarbeitungstechniken, sodass zwei Sender- oder zwei Empfängerantennen gleichzeitig verwendet werden können, geht aber noch einiges mehr (obwohl dies die Mathematik erheblich verkompliziert). Eine derartige Signalverarbeitung ist ab 802.11n Standard; der Wi-Fi-Header enthält zur Erleichterung dieses Prozesses zusätzliche Verwaltungspakete und Felder zur Übermittlung MIMO-bezogener Informationen. Eine Station kann der anderen zum Beispiel eine Folge von *Trainingssymbolen* senden, um das Ansprechverhalten Reaktion des Antennensystems zu erkennen.

MISO in Verbindung mit diesen Zusatzverfahren wird manchmal als *Beamforming* bezeichnet: Der Sender koordiniert seine verschiedenen Antennen, um das bei einem bestimmten Empfänger eingehende Signal zu maximieren.

In unserer obigen vereinfachten Beschreibung von SIMO und MIMO, bei der nur eine der Antennen auf der Mehrantennenseite verwendet wird, haben wir angedeutet, dass es darum geht, den Empfang im Grenzbereich zu verbessern. Mindestens eine Antenne auf der Seite mit mehreren Antennen kann erfolgreich mit der Einzelantenne auf der anderen Seite kommunizieren. *MIMO* hingegen kommt dann zum Einsatz, wenn die Übertragungsbedingungen insgesamt recht gut sind und alle Antennen auf einer Seite alle Antennen auf der anderen Seite erreichen können. Der springende Punkt ist, dass in einer Umgebung mit erheblichen Mehrweginterferenzen die Pfade von Antenne zu Antenne allesamt voneinander *unabhängig* bzw. *unkorreliert* sein können. Mindestens eine Empfangsantenne muss sich aus der Sicht mindestens einer Sendeantenne in einem »Graubereich« mit durch Mehrweginterferenzen reduzierter Signalstärke gefunden.

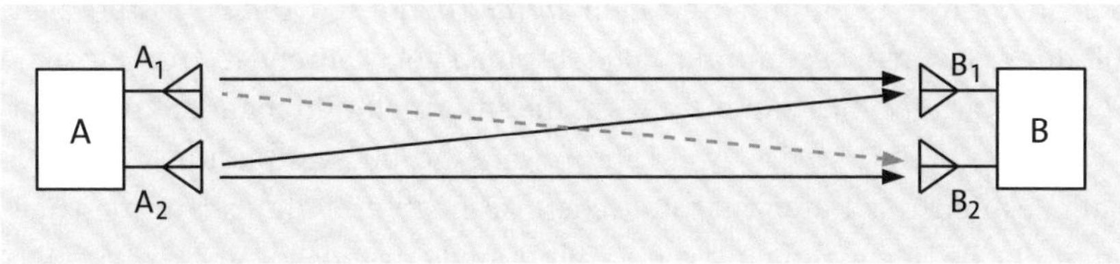

Abbildung 4.6 MIMO-Antennen

Ein konkretes Beispiel ist das obige Diagramm mit zwei Sendeantennen A_1 und A_2 auf der linken Seite und zwei Empfangsantennen B_1 und B_2 auf der rechten Seite. Die Antenne A_1 sendet das Signal S_1 und A_2 sendet das Signal S_2. Es gibt also vier physische Signalwege: A_1-zu-B_1, A_1-zu-B_2, A_2-zu-B_1 und A_2-zu-B_2. Wenn wir davon ausgehen, dass das Signal auf dem Weg A_1-zu-B_2 (blau-gestrichelt) mit der halben Stärke der anderen drei Strecken (schwarz-durchgezogen) ankommt, dann gilt:

- von B_1 empfangenes Signal: $S_1 + S_2$
- von B_2 empfangenes Signal: $S_1/2 + S_2$

Daraus kann B ohne weiteres die beiden eigenständigen Signale S_1 und S_2 ermitteln. Diese Signale bilden somit zwei *Spatial Streams*, wobei diese allerdings abstrakt zu sehen sind und keinem der vier physischen Signalpfade entsprechen.

Die Antennen sind jeweils mehr oder weniger Rundstrahlantennen; die Schwankungen in der Signalstärke sind auf Mehrweginterferenzen und nicht auf eine bestimmte räumliche Ausrichtung zurückzuführen. Auch wenn die diagonalen Pfade A_1-zu-B_2 und A_2-zu-B_1 etwas länger sind als die horizontalen Pfade A_1-zu-B_1 und A_2-zu-B_2, ist der Unterschied nicht annähernd groß genug, um B die Auflösung der beiden Signale zu ermöglichen.

In der Praxis kann die gesamte Erhöhung der Datenrate im Vergleich zu einer einzelnen Antenne deutlich weniger als Faktor 2 (oder N, der Anzahl der Antennen auf beiden Seiten) betragen.

Der 802.11n-Standard ermöglicht bis zu vier Spatial Streams, was einer theoretischen maximalen Bitrate von 600 Mbit/s entspricht. Der 802.11ac-Standard ermöglicht bis zu acht Spatial Streams und damit eine noch höhere theoretische Maximalgeschwindigkeit von fast 7 Gbit/s. Die MIMO-Unterstützung wird manchmal in der Schreibweise A×B×C dargestellt, z. B. 3×3×2, wobei A und B der Anzahl der Sende- und Empfangsantennen und C ≤ min(A,B) der Anzahl der Spatial Streams entspricht.

4.2.4 Zugangspunkte

Es gibt zwei Standard-Wi-Fi-Konfigurationen: *Infrastruktur* und *Ad-hoc*. Erstere sieht eine Verbindung zu einem bestimmten *Zugangspunkt* vor, während letztere einzelne mit Wi-Fi ausgestattete Teilnehmer umfasst, die informell miteinander kommunizieren. So können beispielsweise zwei Laptops eine Ad-hoc-Verbindung aufbauen, um bei einer Besprechung Daten auszutauschen. Ad-hoc-Verbindungen werden häufig für sehr einfache Netze ohne Internetverbindung verwendet. Komplexe Ad-hoc-Netze sind aber durchaus möglich; siehe Abschnitt 4.2.8, »MANETs«.

Die *Infrastruktur-Konfiguration* ist weitaus häufiger anzutreffen. Stationen in einem Infrastrukturnetz kommunizieren direkt nur mit ihrem Zugangspunkt, der wiederum mit der Außenwelt kommuniziert. Wenn sich die Wi-Fi-Knoten B und C den Zugangspunkt AP teilen und B ein Paket an C senden möchte, leitet B das Paket zunächst an AP weiter, und AP leitet es dann an C weiter. Dies führt zwar zu einer gewissen Ineffizienz, bedeutet aber, dass der Zugangspunkt und die zugehörigen Teilnehmer automatisch wie ein echtes LAN agieren: Jeder Teilnehmer kann jeden anderen Teilnehmer erreichen. (Außerdem findet der meiste Verkehr häufig zwischen Wi-Fi-Teilnehmern und der Außenwelt statt.) In einem Ad-hoc-Netz ist es dagegen üblich, dass zwei Netzwerkknoten einander nur über einen dritten Zwischenknoten erreichen können; tatsächlich handelt es ich hierbei um eine Form des Hidden-Node-Szenarios.

Wi-Fi-Zugangspunkte werden im Allgemeinen durch ihre SSID (»Service Set Identifier«) ausgewiesen, eine administrativ festgelegte, von Menschen lesbare Zeichenfolge wie »linksys« oder »loyola«. Auch Ad-hoc-Netzwerke haben SSIDs; diese werden beim Start pseudozufällig generiert und sehen aus wie 48-Bit-MAC-Adressen (die sie aber nicht sind).

Portable Zugangspunkte

Ein Wi-Fi-Zugangspunkt hat sehr spezielle Aufgaben zu erfüllen; Wi-Fi-fähige Teilnehmer-Geräte wie Smartphones und PCs/Laptops fungieren im Allgemeinen nicht als Zugangspunkte. Es ist jedoch oft möglich, ein stationäres Gerät in einen Zugangspunkt zu verwandeln, wenn die verbaute Funkhardware den Access-Point-Modus unterstützt und passende Treiber gefunden werden können. Das Linux-Paket `hostapd` ist eine solche Möglichkeit.

Viele Zugangspunkte unterstützen mehrere SSIDs gleichzeitig. So kann ein Zugangspunkt beispielsweise die SSID »gast« mit eingeschränkter Authentifizierung und die SSID »sicher« mit wesentlich stärkerer Authentifizierung unterstützen.

Schließlich ist Wi-Fi von vornherein vollständig mit Ethernet vereinbar. Wenn Station A mit dem Zugangspunkt AP verbunden ist und AP auch eine (kabelgebundene) Ethernet-Verbindung zu Station B herstellt, sendet A ein Paket an B, wobei er AP als Wi-Fi-Ziel angibt, B aber auch im Header als »eigentliches« Ziel enthalten ist. Sobald AP das Paket kabellos empfängt, fungiert er als Ethernet-Switch und leitet das Paket an B weiter. Auch wenn diese Weiterleitung für die Absender transparent ist, sind die Header-Formate von Ethernet und Wi-Fi-LAN doch recht unterschiedlich.

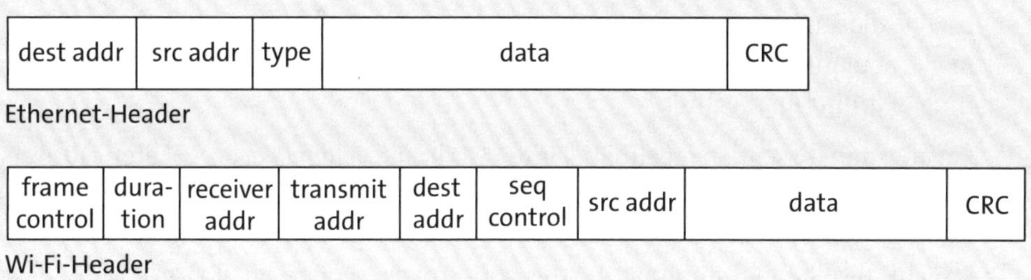

Abbildung 4.7 Ethernet-Header und Wi-Fi-Header

Abbildung 4.7 zeigt einen Ethernet-Header und den Wi-Fi-Header für ein typisches Datenpaket (ohne Wi-Fi-Quality-of-Service-Funktionen). Das Feld Ethernet type wird in der Regel in einen IEEE Logical-Link-Control-Header im Wi-Fi-Bereich mit der Bezeichnung »data« verschoben. Die Receiver- und Transmitter-Adressen sind die MAC-Adressen der Teilnehmer, die das (Unicast-)Paket empfangen und senden; diese können sich jeweils von den endgültigen Ziel- und Quelladressen unterscheiden. Wenn Station B ein Paket an Station C im selben Netz senden möchte, sind Quelle und Ziel B und C, aber Sender und Empfänger sind B und der Zugangspunkt. Im Infrastrukturmodus entspricht entweder die Empfänger- oder die Senderadresse stets dem Zugangspunkt; in typischen Situationen ist entweder der Empfänger das Ziel oder der Absender der Sender. Im Ad-hoc-Modus, wenn Routing auf LAN-Ebene verwendet wird, können alle vier Adressen unterschiedlich sein; siehe Abschnitt 4.2.8, »MANETs«.

Sich mit einem Netzwerk verbinden

Um einem Netzwerk beizutreten, muss ein Teilnehmer zunächst seinen Zugangspunkt finden und sich mit diesem *verbinden* und dort auch *authentifizieren*, bevor die allgemeine Kommunikation beginnen kann. Ältere Verfahren zur Authentifizierung – die so genannte »offene« Authentifizierung und die inzwischen veraltete WEP-Authentifizierung – erfolgten vor der Assoziierung, neuere Authentifizierungsprotokolle wie WPA2, WPA2-Personal und WPA2-Enterprise (Abschnitt 4.2.5, »Wi-Fi-Sicherheit«) erfolgen danach. Wir können die einzelnen Schritte des Ablaufs wie folgt zusammenfassen:

- Scannen (oder aktives Abfragen)
- offene Authentifizierung und Verbindung
- echte Authentifizierung
- DHCP (Bezug einer IP-Adresse, Abschnitt 10.3, »Dynamic Host Configuration Protocol (DHCP)«)

Authentifizierungsprozesse erfolgen durch den Austausch spezieller *Management*-Pakete, die auf die Wi-Fi-Schicht beschränkt sind. Gelegentlich können sich Teilnehmer erneut mit ihrem Zugangspunkt assoziieren, z. B. wenn sie eine Statusaktualisierung übermitteln möchten.

Zugangspunkte senden regelmäßig ihre SSID in speziellen *Beacon*-Paketen (aus Pseudo-Sicherheitsgründen kann die SSID in den Beacon-Paketen aber auch unterdrückt werden). Beacon Pakete sind eine Art von *Management*-Paketen auf der Wi-Fi-Schicht; das Standardintervall für Beacon-Broadcasts beträgt 100 ms. Dank dieser Übertragungen können Teilnehmer eine Liste der verfügbaren Netze einsehen; die Beacon-Pakete enthalten auch andere Wi-Fi-Netzparameter wie Modulationsparameter und verfügbare Datenraten.

Ein weiterer Nutzen von Beacons ist die Unterstützung des Energiesparmodus (*Doze*). Einige Teilnehmer können in diesen Energiesparmodus wechseln. In diesem Fall informieren sie den Access Point, zeichnen das angekündigte Zeitintervall für die Übertragung von Beacons auf und werden kurzzeitig aktiv, um die einzelnen Beacons zu empfangen. Die Beacons wiederum enthalten jeweils eine Liste (in Form einer kompakten Bitmap) aller schlummernden Teilnehmer, für die der Zugangspunkt ein auszulieferndes Paket bereithält.

Auch in Ad-hoc-Netzen gibt es Beacon-Pakete, an deren regelmäßiger Übertragung sich alle Netzwerkknoten über einen verteilten Algorithmus beteiligen.

Ein sich verbindender Teilnehmer kann entweder auf das nächste Beacon warten oder selbst ein spezielles *Probe-Request*-Paket senden, um ein Beacon-ähnliches Probe-Response-Paket zu erhalten. Bei diesen Abläufen werden mitunter mehrere Frequenzkanäle nacheinander abgehört oder zum Senden verwendet, da der Teilnehmer noch nicht weiß, welchen Kanal er verwenden soll. Nicht verbundene Teilnehmer senden häufig in regelmäßigen Abständen Probe-Request-Pakete, um sich über verfügbare Netze auf dem Laufenden zu halten; diese Probe-Pakete ermöglichen die Nachverfolgung anhand der MAC-Adresse des Teilnehmers. Siehe Abschnitt 4.2.4, »Zugangspunkte«, Unterabschnitt »Randomisierung von MAC-Adressen«.

Sobald er das Beacon empfangen hat, leitet der Teilnehmer einen *Verbindungsaufbau* ein. Es gibt immer noch einen rudimentären offenen Authentifizierungsprozess, der vor der Verbindung stattfindet, aber früher konnte dies auch eine shared WEP key-Authentifizierung sein. Später wurde über das 802.1X-Framework die Unterstützung einer breiten Palette von Authentifizierungsprotokollen eingeführt; wir kommen in Abschnitt 4.2.5, »Wi-Fi-Sicherheit«, darauf zurück. Für unsere Zwecke hier werden wir die offene Authentifizierung als Teil des Verbindungsaufbaus betrachten.

Wi-Fi-Treiber

Selbst im Jahr 2021 sind zu 100% quelloffene Wi-Fi-Treiber nur für bestimmte Geräte verfügbar, und selbst dann werden möglicherweise nicht alle Funktionen unterstützt. Etwas prinzipiell so Einfaches wie die Änderung der Quell-MAC-Adresse des Wi-Fi ist manchmal nicht möglich (siehe Abschnitt 4.2.4, »Zugangspunkte«, Unterabschnitt »Randomisierung von MAC-Adressen«). Die Nutzung mehrerer MAC-Adressen für einen Host nebst eingebetteter virtueller Maschinen ist ein weiterer Problemfall.

Bei der offenen Authentifizierung sendet der Teilnehmer eine Authentifizierungsanfrage an den Zugangspunkt und der Zugangspunkt antwortet. Alles, was der Teilnehmer wissen muss, ist die SSID des Access Points, wobei es in der Regel möglich ist, diesen so zu konfigurieren, dass er nur Teilnehmer mit MAC-Adressen (physischen Adressen) auf einer vorgegebenen Liste zulässt. Bisweilen umgehen Teilnehmer die MAC-Adressprüfung, indem sie ihre MAC-Adresse in eine akzeptable Adresse ändern, was jedoch nicht von allen Wi-Fi-Treibern unterstützt wird.

Da die SSID hier so etwas wie ein Passwort ist, sind einige Wi-Fi-Zugangspunkte so konfiguriert, dass Beacon-Pakete die SSID nicht enthalten; solche Zugangspunkte sind sozusagen *versteckt*. Leider lassen sich versteckte Zugangspunkte leicht enttarnen: Erstens wird die SSID von allen anderen Teilnehmern, die sich authentifizieren müssen, im Klartext gesendet, und zweitens kann ein Angreifer oft gefälschte Deauthentifizierungs- oder Trennungsanfragen senden, um legitime Teilnehmer zu zwingen, die SSID erneut zu senden. (Eine Lösung des letzten Problems bietet der »Management-Frame-Schutz« in Abschnitt 4.2.5, »Wi-Fi-Sicherheit«).

Die Authentifizierung mittels shared-WEP-key basierte auf dem (veralteten) WEP-Verschlüsselungsmechanismus (Abschnitt 4.2.5, »Wi-Fi-Sicherheit«). Es handelte sich um einen Challenge-Response-Austausch, bei dem der Teilnehmer dem Access Point nachwies, dass er den gemeinsamen WEP-Schlüssel kennt. Die eigentliche WEP-Verschlüsselung startete dann etwas später.

Sobald die offene Authentifizierung abgeschlossen ist, muss sich der Teilnehmer in einem Infrastrukturnetz im nächsten Schritt mit dem Zugangspunkt verbinden oder *assoziieren*. Das Hauptziel dieses Austauschs besteht darin, sicherzustellen, dass der Zugangspunkt (anhand der MAC-Adresse) weiß, welche Teilnehmer er erreichen kann. Dadurch weiß er auch, wie er Pakete von anderen Teilnehmern oder aus der Außenwelt stammende Pakete an den verbundenen Teilnehmer zustellen soll. In einem Ad-hoc-Netz ist eine solche Assoziation nicht erforderlich.

Der gesamte Verbindungsprozess (einschließlich sicherer Authentifizierung und DHCP, Abschnitt 10.3, »Dynamic Host Configuration Protocol (DHCP)«), dauert oft länger als erwartet, manchmal mehrere Sekunden. Siehe [PWZMTQ17] für eine Erörterung möglicher Ursachen. Einige Teilnehmern und Access-Points arbeiten offenbar nicht so gut zusammen wie andere Kombinationen.

Randomisierung von MAC-Adressen

Die meisten Wi-Fi-fähigen Geräte sind so konfiguriert, dass sie in regelmäßigen Abständen (und auf allen verfügbaren Kanälen) Wi-Fi-*Sondierungsanfragen (Probe Requests)* senden, zumindest solange sie nicht verbunden sind. Diese Testanfragen identifizieren verfügbare Wi-Fi-Netzwerke, aber sie geben auch die MAC-Adresse des Geräts preis. Dies ermöglicht es beispielsweise Ladengeschäften, Kunden anhand ihres Geräts nachzuverfolgen. Um ein derartiges Tracking zu verhindern, unterstützen einige Geräte jetzt die in [GG03] vorgeschlagene Randomisierung von MAC-Adressen: die Nutzung einer neuen, zufällig vom Gerät ausgewählten MAC-Adresse in angemessenen Abständen.

Probe Requests werden in der Regel dann gesendet, wenn das Gerät nicht mit einem Netzwerk verbunden ist. Der einfachste Ansatz zur Verhinderung des Trackings über Probe Requests besteht darin, die für Probes verwendete MAC-Adresse regelmäßig zu ändern. Ein Gerät kann seine MAC-Adresse sogar bei jeder Sondierungsanfrage ändern.

Die Änderung der MAC-Adresse, die für den tatsächlichen *Beitritt* zu einem Netz verwendet wird, ist ebenfalls wichtig, um eine Verfolgung zu verhindern, führt aber zu einigen Komplikationen. RFC 7844 schlägt folgende Möglichkeiten für die Auswahl zufälliger neuer Adressen vor:

- In regelmäßigen Zeitabständen
- **Pro Verbindung**: Jedes Mal, wenn das Gerät eine Verbindung zu einem Wi-Fi-Netzwerk herstellt, wählt es eine neue MAC-Adresse.
- **Pro Netzwerk**: wie oben, wobei das Gerät bei einer erneuten Verbindung mit demselben Netzwerk (erkannt durch die SSID) dieselbe MAC-Adresse verwendet

Die erste Option, nämlich die MAC-Adresse in regelmäßigen Abständen zu ändern, bringt Probleme mit sich. Erstens führt sie wahrscheinlich dazu, dass dem Gerät eine neue IP-Adresse zugewiesen wird, wodurch alle bestehenden Verbindungen beendet werden. Zweitens überprüfen viele Netzwerke die Authentifizierung – zumindest teilweise – immer noch anhand der MAC-Adresse. Die Option »pro Verbindung« schließt das erste Problem aus. Die Option »pro Netzwerk« umgeht beide Schwierigkeiten, ermöglicht aber, dass ein Standort, an dem das Gerät tatsächlich dem Netzwerk beitritt, wiederkehrende Verbindungen nachverfolgt. (Wenn Sie das Gerät so konfigurieren, dass es die Verbindung zwischen aufeinanderfolgenden Verbindungen »vergisst«, wird dies grundsätzlich verhindert, eventuell ist dieser Ansatz jedoch unpraktisch).

Ein anderer Ansatz zur Lösung des Tracking-Problems besteht darin, Sondierungsanfragen vollständig zu deaktivieren, außer auf ausdrückliche Anforderung.

Die Randomisierung der Wi-Fi-MAC-Adresse verhindert die Nachverfolgung von Geräten leider nicht vollständig; es gibt andere Kanäle, über die Geräte Informationen preisgeben können. So enthalten beispielsweise Probe Requests auch Daten zu Geräteeigenschaften, die sogenannten Information Elements; diese Werte sind oft eindeutig genug, um zumindest ein teilweises Fingerprinting zu ermöglichen. Darüber hinaus lassen sich viele Wi-Fi-Geräte anhand winziger Abweichungen in den von ihnen übertragenen modulierten Signalen verfolgen. Die Randomisierung der MAC-Adresse verhindert eine derartige »radiometrische Identifizierung« nicht. Zugangspunkte können sich auch als andere beliebte Zugangspunkte ausgeben und Geräte so dazu bringen, eine Verbindung mit ihren echten MAC-Adressen zu initiieren. Siehe [BBGO08] und [VMCCP16] für diese und ähnliche Beispiele.

Schließlich kann die Randomisierung von MAC-Adressen sowohl für Ethernet als auch für Wi-Fi eingesetzt werden. In der ursprünglichen IPv6-Spezifikation wurde beispielsweise die MAC-Adresse in die IPv6-Adressen eingebettet und damit die Möglichkeit geschaffen, ein Gerät anhand seiner IPv6-Adresse zu verfolgen. Die Randomisierung der MAC-Adresse kann auch diese Form der Nachverfolgung verhindern. Allerdings scheinen andere Techniken, die sich ausschließlich in der IPv6-Schicht implementieren lassen, beliebter zu sein; siehe Abschnitt 11.2.1, »Schnittstellenbezeichner«.

Roaming

Große Installationen mit mehreren Zugangspunkten können einen »Roaming«-Zugang einrichten, indem sie allen Zugangspunkten die gleiche SSID zuweisen. Ein einzelner Teilnehmer verbleibt bei dem Zugangspunkt, mit dem er ursprünglich verbunden war, bis die Signalstärke unter ein bestimmtes (vom Teilnehmer festgelegtes) Niveau absinkt, woraufhin er andere Zugangspunkte mit derselben SSID und einem stärkeren Signal sucht. Auf diese Weise kann ein großer Bereich mit mehreren Wi-Fi-

Zugangspunkten überzogen werden, sodass er wie eine große Wi-Fi-Domäne aussieht. Die Zugangspunkte sind häufig über ein kabelgebundenes LAN, das so genannte Verteilersystem, miteinander verbunden, obwohl auch der Einsatz von Wi-Fi selbst für die Verbindung zwischen den Access Points möglich ist (Abschnitt 4.2.4, »Zugangspunkte«). Ein Teilnehmer kann immer nur mit einem Zugangspunkt verbunden sein. In der 802.11-Terminologie wird eine Konfiguration mit mehreren Zugangspunkten und einer einzigen SSID als »extended service set« oder *ESS* bezeichnet.

Damit solch ein großflächiges Netz funktioniert, muss der Datenverkehr zu einem Funkteilnehmer, also etwa zu B, zunächst den aktuellen Zugangspunkt dieses Teilnehmers, z. B. AP, ausfindig machen. Damit das Verteilungssystem den aktuellen Standort von B ermitteln kann, muss B beim Wechsel von AP_{old} zu AP eine *erneute Verbindungsanfrage (reassociation request))* an AP senden, die die Adresse von AP_{old} enthält. Damit wird eine Reihe von Abläufen in Gang gesetzt, u. a. kontaktiert AP den bisherigen AP_{old}, um die vorherige Verbindung zu verifizieren (und zu beenden). Dieser Reassoziierungsprozess gibt AP auch die Möglichkeit, dem Verteilungssystem den neuen Standort von B mitzuteilen, was in der Norm nicht im Einzelnen dargelegt wird.

Handelt es sich bei dem Verteilungssystem um ein Switched-Ethernet, das den üblichen Lernmechanismus unterstützt (Abschnitt 2.4, »Ethernet-Switches«), besteht ein einfacher Ansatz für Roaming-Teilnehmer darin, dies so zu handhaben, wie in einem kabelgebundenen Ethernet, wo der Traffic einen ausgesteckten und an einem anderen Standort wieder eingesteckten Laptop findet. Angenommen, unser Wireless-Knotenpunkt B hat über das Verteilungssystem Pakete mit dem verkabelten Teilnehmer C ausgetauscht (vielleicht ein Router, der B mit dem Internet verbindet). Wenn B von AP_{old} zu AP wechselt, braucht er nur ein beliebiges Paket über das LAN an C zu senden, und die Ethernet-Switches auf dem Weg von B zu C lernen dann die Route durch das geswitchte Ethernet von C zurück zu Bs neuem AP und damit zu B. Auch der neue AP von B könnte dieses Switch-Updating-Paket senden, vielleicht als Teil seiner Antwort auf die erneute Verbindungsanfrage.

Dieser Vorgang kann dazu führen, dass andere Switches im Verteilungssystem immer noch den alten Standort von B in ihren Weiterleitungstabellen haben. Das ist nicht weiter schlimm, da es für jeden Switch korrigiert wird, sobald B ein Paket an ein von diesem Switch erreichtes Ziel sendet. Das Problem lässt sich ganz vermeiden, wenn B (oder eben sein neuer AP) nach dem Standortwechsel ein Ethernet-Broadcast-Paket aussendet.

Die Verlegung von Ethernet-Kabeln zu entfernten Zugangspunkten kann die Kosten für den Zugangspunkt selbst leicht übersteigen. Deshalb besteht ein erheblicher Druck, nach Möglichkeiten zu suchen, das Wi-Fi-Netz selbst als Verteilungssystem zu nutzen. Darauf kommen wir weiter unten im Abschnitt 4.2.4, »Zugangspunkte«, zurück.

Mit der Änderung von IEEE 802.11r wurde die Standardisierung von *schnellen Handoffs* von einem Zugangspunkt zu einem anderen innerhalb desselben ESS eingeführt. Sie ermöglicht es dem Teilnehmer und dem neuen Zugangspunkt, dieselben paarweisen Hauptschlüssel die zwischen dem Teilnehmer und dem alten Zugangspunkt ausgehandelt waren, wieder zu verwenden. Außerdem wird der Ablauf der erneuten Verbindung etwas vereinfacht. Die Wechsel müssen jedoch nach wie vor vom Teilnehmer eingeleitet werden. Die Änderung beschränkt sich auf Übergaben; für das Auffinden des Zugangspunkts, mit dem ein bestimmter Teilnehmer verbunden ist, oder für das Routing zwischen Zugangspunkten ist sie nicht relevant.

Da Handoffs vom Teilnehmer initiiert werden müssen, klappt das nicht immer ganz reibungslos. Innerhalb eines ESS sind die meisten neueren Geräte recht gut darin, Übergaben zu initiieren. Bei älteren Geräten ist dies jedoch nicht immer der Fall, und bei vielen mobilen Teilnehmern, die von einem ESS zum nächsten wechseln (wenn sich also die SSID ändert), ist es meist noch immer nicht so. Derartige Geräte können weit über die Entfernung hinaus an ihrem ursprünglichen Zugangspunkt festhalten, innerhalb derer das ursprüngliche Signal noch einen angemessenen Durchsatz bietet, solange es nicht ganz verschwindet. Viele Wi-Fi-Repeater oder Extender, die für den Hausgebrauch verkauft werden, benötigen eine zweite SSID und sind daher oft nicht in der Lage, Roaming vernünftig zu unterstützen.

Einige Access Points unterstützen proprietäre Methoden für den Umgang mit älteren mobilen Teilnehmern, die nur ungern zu einem näheren Access Point innerhalb desselben ESS wechseln, obwohl diese Techniken heute nur noch selten notwendig sind. Durch den Austausch untereinander können Zugangspunkte erkennen, wann das Signal eines Teilnehmers so schwach ist, dass ein Handoff angebracht wäre. Ein Ansatz besteht darin, dass der ursprüngliche Zugangspunkt eine Abkopplung einleitet. Der Teilnehmer verbindet sich dann wieder mit dem ESS, sollte sich aber mit einem Access Point innerhalb des ESS verbinden, der ein stärkeres Signal hat. Ein anderer Ansatz besteht darin, dass alle Zugangspunkte dieselbe MAC-Adresse verwenden, sodass sie nicht voneinander zu unterscheiden sind. Der Access Point, der das stärkste Signal vom Teilnehmer empfängt, wird für die Übertragung zum Teilnehmer verwendet.

Mesh-Netzwerke

Die Möglichkeit, sich innerhalb einer Wi-Fi-Installation mit mehreren Zugangspunkten frei bewegen zu können, ist für viele Benutzer sehr wichtig. Wenn eine solche Wi-Fi-Installation in einem typischen, für Ethernet vorverkabelten Bürogebäude eingerichtet wird, werden alle Access Points an das Ethernet angeschlossen, das somit zum Verteilungsnetz wird. In größeren Wohneinheiten und sogar in vielen Büros kann die Verlegung von Ethernet-Kabeln jedoch unerschwinglich sein. In solchen Fällen ist es sinnvoll, die Zugangspunkte selbst auch über Wi-Fi miteinander zu verbinden. Wenn

Alice sich mit Zugangspunkt A verbindet und ein für die Außenwelt bestimmtes Paket sendet, muss A das Paket vielleicht erst an Wi-Fi-Knoten B weiterleiten, der es wiederum an C weiterleitet, bevor die Übertragung abgeschlossen werden kann.

Dies ist jedoch manchmal leichter gesagt als getan, da die ursprünglichen Wi-Fi-Standards die Verwendung von Wi-Fi-Zugangspunkten als »Repeater« nicht vorsahen; es gab keinen Standardmechanismus für ein Wi-Fi-basiertes Verteilungsnetz.

Ein kostengünstiger Ansatz ist der Einsatz von Geräten, die manchmal als Wi-Fi-Extender verkauft werden. Solche Geräte erstellen in der Regel eine neue SSID und leiten den gesamten Datenverkehr an die ursprüngliche SSID weiter. Multi-Hop-Konfigurationen sind möglich, müssen aber in der Regel manuell konfiguriert werden. Da der ursprüngliche Zugangspunkt und der Extender unterschiedliche SSIDs haben, stellen viele Geräte nicht automatisch eine Verbindung zur näherliegenden SSID her, sondern bleiben bei der SSID, mit der sie ursprünglich verbunden waren, bis das Signal praktisch vollständig verschwindet. Für viele mobile Anwender ist dies Grund genug, sich von dieser Strategie zu verabschieden.

Der Wunsch nach einem Wi-Fi-basierten Verteilernetz hat zu mehreren proprietären Lösungen geführt. Es ist möglich, einen Satz sogenannter Wi-Fi-»Mesh-Router« zu erwerben, die oft mit einem erheblichen Aufschlag gegenüber »normalen« Routern verkauft werden. Nach der Einrichtung funktionieren diese meist ganz gut: Sie zeigen eine einzige SSID an und unterstützen schnelle Handoffs von einem Access Point zum nächsten, ohne dass der Nutzer selbst eingreifen muss. Aus Anwendersicht erscheint die Abdeckung nahtlos.

Der Nachteil eines proprietären Verfahrens besteht jedoch darin, dass die Geräte anderer Anbieter nur selten kompatibel sind, sobald man sich für eine Lösung entschieden hat. Dies hat zu einem Druck zur Standardisierung geführt. Das IEEE führte das »Mesh Networking« in seiner 802.11s-Ergänzung ein, die als Teil der 2012 erschienenen Fassung des vollständigen 802.11-Standards fertiggestellt wurde; diese setzte sich jedoch nur langsam durch. Die Wi-Fi Alliance führte 2018 Wi-Fi EasyMesh ein, eine aus 802.11s abgeleitete Lösung, aber bei der ersten Veröffentlichung waren noch keine Hersteller mit an Bord.

Wir gehen vorerst davon aus, dass sich das Wi-Fi-Mesh-Networking auf die Bereitstellung eines Verteilernetzes beschränkt, das die Zugangspunkte miteinander verbindet; normale Teilnehmer beteiligen sich dagegen nicht an der Weiterleitung von Paketen anderer Nutzer durch das Mesh. Gängige Implementierungen verfolgen oft diesen Ansatz, aber die 802.11s-Ergänzung erlaubt tatsächlich auch allgemeinere Ansätze.

Beim Aufbau eines Mesh-Netzwerks mit einem Wi-Fi-Verteilersystem – proprietär oder gemäß 802.11s – müssen die teilnehmenden Zugangspunkte folgende Punkte berücksichtigen:

- Sie müssen sich gegenseitig authentifizieren
- Sie müssen den richtigen Zugangspunkt identifizieren, um einen bestimmten Teilnehmer B zu erreichen
- Sie müssen den Wechsel des Teilnehmers B zu einem anderen Zugangspunkt korrekt behandeln
- Sie müssen sich darauf einigen, wie sie Pakete zwischen dem Teilnehmer und dem Internet durch das Netzwerk der Zugangspunkte leiten.

Letztendlich stellt sich mit dem Routing-Problem dieselbe Herausforderung wie bei MANETs (Abschnitt 4.2.8, »MANETs«), allerdings beschränkt auf den (einfacheren) Fall, dass alle Netzwerkknoten unter gemeinsamer Verwaltung stehen. Das Routing ist nicht trivial; der Pfad A→B→C könnte kürzer sein als der alternative Pfad A→D→E→C, dabei aber nur eine niedrigere Datenrate unterstützen.

Die typische 802.11s-Lösung besteht darin, dass mehrere Zugangspunkte an einem *Mesh-BSS* teilnehmen. Dadurch erscheinen alle Zugangspunkte wie in einem einzigen LAN. In diesem Fall ist das Mesh-BSS vom ESS der Teilnehmer getrennt und wird nur für die Kommunikation zwischen den Zugangspunkten verwendet.

Ein (oder mehrere) Zugangspunkte sind normalerweise mit dem Internet verbunden; diese werden als *Root-Mesh*-Teilnehmer bezeichnet.

Unter 802.11s wird die Mesh-Erkennung durch die anfängliche Konfiguration einer Mesh-SSID zusammen mit einer WPA3-Passphrase durchgeführt. Die gegenseitige Authentifizierung erfolgt dann über WPA3; es ist besonders wichtig, dass jedes Teilnehmerpaar sich gegenseitig symmetrisch authentifiziert.

Wenn sich Teilnehmer B mit dem Zugangspunkt AP verbindet, nutzt AP das Mesh-BSS, um von B gesendete Pakete an die Root-Mesh-Station (oder einen anderen AP) zu übermitteln. Beim gegenläufigen Datenverkehr gibt die an AP gesendete Wiederverbindungsanfrage von B dem AP die Möglichkeit, mit dem Mesh BSS zu interagieren, um den neuen Standort von B zu aktualisieren. Das Senden eines Pakets durch B über AP informiert auch das Mesh-BSS darüber, wie B zu finden ist.

Das Routing durch das Mesh-BSS läuft über das HWMP-Protokoll, Abschnitt 13.4.3, »HWMP«. Dieses Protokoll generiert in der Regel einen Baum aus Verbindungen von Teilnehmer zu Teilnehmer (also eine Teilmenge aller Verbindungsstrecken, die keine Schleifen enthalten), der auf der Root-Station aufbaut. Hierzu kommt eine Routing-Metrik zum Einsatz, die auf die drahtlose Umgebung abgestimmt ist, sodass Verbindungen mit hohem Durchsatz und geringer Fehlerrate bevorzugt werden.

Wenn ein Paket durch das Mesh BSS von Teilnehmer A zu Teilnehmer B geleitet wird, werden mehr Adressen im Paket-Header benötigt. Die eigentliche Quelle und das Ziel sind A und B, und der Sender und der Empfänger entsprechen dem jeweiligen Hop, aber das Paket benötigt auch eine Quelle und ein Ziel innerhalb des Mesh, vielleicht entsprechend der beiden Zugangspunkte, mit denen A und B verbunden sind. 802.11s behandelt dies durch Hinzufügen eines *Mesh-Kontrollfelds*, das aus einigen Management-Feldern (wie TTL und sequence number) und einem variablen Block mit bis zu drei zusätzlichen Adressen besteht.

Es ist auch möglich, dass normale Teilnehmer dem 802.11s-Mesh-BSS direkt beitreten, anstatt das Mesh BSS auf die Access Points zu beschränken. Das bedeutet, dass die Stationen als Routing-Nodes am Mesh teilnehmen. Bis heute hat sich dies noch nicht durchgesetzt.

Der EasyMesh-Standard der Wi-Fi Alliance ist nicht genau dasselbe wie der IEEE 802.11s-Standard. Zum einen legt EasyMesh fest, dass ein Zugangspunkt – derjenige, der mit dem Internet verbunden ist – ein »Multi-AP«-Controller ist; die anderen Zugangspunkte werden als Agents bezeichnet. Der EasyMesh-Standard enthält auch Teile des IEEE 1905.1 für Heimnetzwerke, was die Erstkonfiguration vereinfacht.

4.2.5 Wi-Fi-Sicherheit

Unverschlüsselter Wi-Fi-Verkehr ist für jeden sichtbar, der sich in der Nähe befindet und über einen entsprechenden Empfänger verfügt; dieser Abhörbereich lässt sich durch die Verwendung einer größeren Antenne noch erweitern. Aus diesem Grund ist Wi-Fi-Sicherheit wichtig, und Wi-Fi unterstützt verschiedene Arten der Datenverschlüsselung.

Der ursprüngliche – und inzwischen überholte – Standard für die Wi-Fi-Verschlüsselung war Wired-Equivalent Privacy (*WEP*). Er sah einen 5-Byte-Schlüssel vor, der später manchmal auf 13 Byte erweitert wurde. Der Verschlüsselungsalgorithmus basierte auf RC4, Abschnitt 27.7.4, »Stromverschlüsselung«. Der Schlüssel war ein *Pre-Shared-Key*, der für jeden Teilnehmer manuell konfiguriert werden musste.

Aufgrund der besonderen Art und Weise, wie WEP die RC4-Verschlüsselung nutzte, gab es eine fatale (und inzwischen berühmte) Schwachstelle. Die Bytes des Schlüssels konnten nacheinander »geknackt« – also erraten – werden. Die Kenntnis der Bytes 0 bis i–1 würde es einem Angreifer ermöglichen, Byte i mit einer relativ geringen Datenmenge zu erraten, und so weiter, durch den gesamten Schlüssel hinweg. In Abschnitt 27.7.7, »Versagen der WEP-Verschlüsselung für Wi-Fi«, finden Sie dazu weitere Details.

WEP wurde durch Wi-Fi Protected Access, kurz *WPA*, ersetzt. Hierbei kam der so genannte TKIP-Verschlüsselungsalgorithmus zum Einsatz, der wie WEP letztlich auf RC4 basierte, aber immun gegen den sequenziellen Angriff war, der WEP so anfällig machte. WPA wurde später im Rahmen der IEEE-802. 11i-Ergänzung durch WPA2 ersetzt, das auf die mutmaßlich stärkere AES-Verschlüsselung zurückgreift (Abschnitt 27.7.2, »Blockverschlüsselung«); die von WPA2 verwendete Variante heißt CCMP. Die WPA2-Verschlüsselung gilt als recht sicher, obwohl es eine Schwachstelle im zugehörigen

Wi-Fi Protected Setup-Protokoll gab. Im 802.11i-Standard ist WPA2 als das robuste Sicherheitsnetzwerkprotokoll bekannt. Zugangspunkte, die WPA oder WPA2 unterstützen, geben dies in ihren Beacon- und Probe-Response-Paketen an; diese Pakete enthalten auch eine Liste zulässiger Verschlüsselungsverfahren.

WPA2 (und WPA) gibt es in zwei Varianten: *WPA2-Personal* und *WPA2-Enterprise*. Sie verwenden beide die gleiche AES-Verschlüsselung, unterscheiden sich aber in der Art der Schlüsselverwaltung. WPA2-Personal, das für viele kleinere Standorte geeignet ist, verwendet einen gemeinsam genutzten Hauptschlüssel, der als PSK bezeichnet wird. Dieser Schlüssel muss in den Access Point (idealerweise nicht über Funk) und in jede sich verbindende Teilnehmerstation eingegeben werden. Der Schlüssel ist normalerweise ein sicherer Hash-Wert (Abschnitt 27.6, »Sichere Hashes«) eines Passworts. Der Einsatz eines einzigen Schlüssels für mehrere Teilnehmer erschwert die Änderung des Schlüssels oder den Widerruf des Schlüssels für einen bestimmten Benutzer.

Im Jahr 2018 führte das IEEE *WPA3* ein, um eine Reihe von Problemen zu beheben. Die vielleicht wichtigste Änderung ist, dass WPA3-Personal vom Vier-Wege-Handshake aus WPA2 zum SAE-Mechanismus der gegenseitigen Passwort-Authentifizierung wechselt, Abschnitt 27.8.2, »Simultaneous Authentication of Equals«. Wir behandeln WPA3 weiter unten noch näher.

WPA2-Vier-Wege-Handshake

In jedem sicheren Wi-Fi-Authentifizierungsprotokoll müssen sich der Teilnehmer gegenüber dem Zugangspunkt und der Zugangspunkt gegenüber dem Teilnehmer authentifizieren. Ohne den letzteren Teil könnten Teilnehmer versehentlich eine Verbindung zu bösartigen Zugangspunkten herstellen, die dann wahrscheinlich zumindest teilweisen Zugriff auf private Daten erhalten würden. Diese bidirektionale Authentifizierung wird durch den sogenannten *Vier-Wege-Handshake* erreicht, bei dem auch ein vom Hauptschlüssel unabhängiger *Sitzungsschlüssel*, der sogenannte »pairwise transient key« (*PTK*), erzeugt wird. Durch eine Kompromittierung des PTK sollte es einem Angreifer nicht möglich sein, den Hauptschlüssel zu ermitteln. Zur weiteren Erhöhung der Sicherheit wird der PTK zur Generierung des »temporal key« *TK* verwendet, der zur Verschlüsselung von Datennachrichten dient. Außerdem werden aus dem PTL auch ein separater Schlüssels zur Nachrichtensignierung, der im MIC-Code verwendet wird, und einige Management-Paketschlüssel erstellt.

Bei WPA2-Personal ist der Hauptschlüssel der Pre-Shared Key (PSK); bei WPA2-Enterprise ist der Hauptschlüssel der ausgehandelte »pairwise master key«, oder PMK. Der Vier-Wege-Handshake beginnt unmittelbar nach der Assoziierung und, bei WPA2-Enterprise, nach der Auswahl des PMK. Keines der vier Pakete, die Teil des Handshakes sind, wird verschlüsselt.

Sowohl der Teilnehmer als auch der Zugangspunkt wählen zunächst eine zufällige Zeichenfolge, eine so genannte *Nonce*, die normalerweise 32 Byte lang ist. In Abbildung 4.8 hat der Zugangspunkt (Authentifikator) ANonce und der Teilnehmer (Supplicant) SNonce gewählt. Der PTK ist ein sicherer Hash des Hauptschlüssels, beider Nonces und beider MAC-Adressen. Das erste Paket des Vier-Wege-Handshakes wird vom Zugangspunkt an den Teilnehmer gesendet und enthält seine Nonce, unverschlüsselt. Dieses Paket enthält auch einen *replay counter*, RC; der Zugangspunkt weist diese nacheinander zu und der Teilnehmer sendet sie zurück.

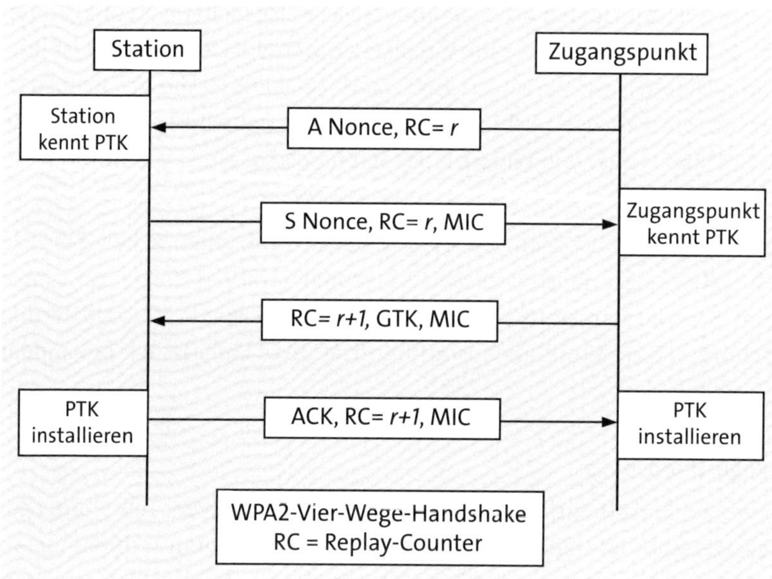

Abbildung 4.8 Vierfacher WPA2-Handshake; RC steht für den Replay-Counter

Zu diesem Zeitpunkt hat der Teilnehmer genügend Informationen, um den PTK zu berechnen; in der zweiten Nachricht des Handshakes sendet er nun seine eigene Nonce an den Access Point. Die Nonce wird wieder im Klartext gesendet, aber diese zweite Nachricht enthält zusätzlich eine digitale Signatur. Diese Signatur wird manchmal als Message Integrity Code (MIC) bezeichnet und heißt im 802.11i-Standard offiziell *Michael*. Sie wird ähnlich wie der HMAC-Mechanismus in Abschnitt 27.6.1, »Sichere Hashes und Authentifizierung«, berechnet und verwendet einen eigenen, vom PTK abgeleiteten Schlüssel.

Nach Erhalt der Nonce des Teilnehmers ist auch der Zugangspunkt in der Lage, den PTK zu berechnen. Mit dem nun vorliegenden PTK prüft der Zugangspunkt die angehängte Signatur. Wenn sie stimmt, beweist dies dem Zugangspunkt, dass der Teilnehmer den Hauptschlüssel tatsächlich kannte, da sich ohne diesen keine gültigen Signaturen erstellen lassen. Der Teilnehmer hat sich nun gegenüber dem Zugangspunkt authentifiziert.

In der dritten Phase des Handshakes sendet der Zugangspunkt, der nun ebenfalls im Besitz des PTK ist, eine signierte Nachricht an den Teilnehmer. Der Wiederholungszähler wird heraufgesetzt, und ein optionaler *group temporal key* kann zur Verschlüsselung von nicht per Unicast versendeten hinzugefügt werden. Wenn der GTK enthalten ist, wird er mit dem PTK verschlüsselt, obwohl die gesamte Nachricht ansonsten unverschlüsselt ist. Nachdem diese dritte Nachricht empfangen und verifiziert wurde, hat sich der Zugangspunkt gegenüber dem Teilnehmer authentifiziert. Als vierter und letzter Schritt erfolgt schlichtweg eine Bestätigung durch den Client.

Vier-Wege-Handshake-Pakete werden im EAPOL-Format gesendet, das im folgenden Abschnitt beschrieben wird. Dieses Format kann verwendet werden, um die Handshake-Pakete in WireShark-Scans zu identifizieren.

Eine signifikante Verwundbarkeit des Vier-Wege-Handshakes beim Einsatz von WPA2-Personal besteht darin, dass ein Lauscher, der die Nachrichten aufzeichnet, offline einen Brute-Force-Angriff auf den Schlüssel durchführen kann. Es können verschiedene Werte für die zur Generierung des PSK verwendeten Passphrase ausprobiert werden, bis die für das zweite und dritte Paket berechneten MIC-Werte mit den Werten in den entsprechenden aufgezeichneten Paketen übereinstimmen. Nun kann sich der Angreifer nicht nur beim Netzwerk authentifizieren, sondern auch Pakete entschlüsseln. Dieser Angriff ist bei WPA2-Enterprise schwieriger, da jeder Benutzer einen eigenen Schlüssel hat.

Andere WPA2-Personal-Teilnehmer im selben Netz können ebenfalls mithören, da alle Teilnehmer denselben PSK verwenden und der PTK aus dem PSK und den unverschlüsselt übertragenen Informationen generiert wird. Der Diffie-Hellman-Merkle-Mechanismus zum Schlüsselaustausch, siehe Abschnitt 27.8, »Diffie-Hellman-Merkle-Schlüsselaustausch«, würde diese Problematik vermeiden; auf diese Weise erzeugte Schlüssel können von einem Lauscher *nicht* ohne weiteres ermittelt werden, selbst wenn dieser über Insiderinformationen zu den Hauptschlüsseln verfügt. Dieses Verfahren kam jedoch nicht zum Einsatz, unter anderem auch deshalb, weil WPA nach dem Scheitern von WEP so schnell wie möglich in Betrieb genommen werden musste.

KRACK-Angriff

Der Zweck des Wiederholungszählers RC im obigen Diagramm, ist es, einen Angreifer daran zu hindern, ein altes Handshake-Paket nochmals zu verwenden. Trotz dieser Bemühungen können wiederholt ausgespielte oder reproduzierte Instanzen des dritten Handshake-Pakets manchmal genutzt werden, um die zugrunde liegende Verschlüsselung ernsthaft zu schwächen. Der als *Key Reinstallation Attack* oder KRACK bekannte Angriff ist in [VP17] dokumentiert. Es gibt mehrere Varianten des Angriffs, von denen einige sich auf bestimmte Implementierungen des IEEE-Standards konzentrieren und einige auf andere Wi-Fi-Schlüssel (z. B. den group temporal key) und

Schlüssel-Handshakes (z. B. den in Abschnitt 4.2.4, »Zugangspunkte«, Unterabschnitt »Roaming« beschriebenen Handshake). Wir betrachten hier nur die einfachste Form.

Die von WPA2 verwendeten Verschlüsselungsverfahren sind allesamt »Stream«-Verschlüsselungsverfahren (Abschnitt 27.7.4, »Stromverschlüsselung«), d. h. für jedes Paket wird mit Hilfe des Schlüssels ein *keystream* aus pseudozufälligen Bits der gleichen Länge wie das Paket erzeugt; zur Verschlüsselung des Pakets erfolgt dann eine XOR-Verknüpfung der Paketdaten mit diesem Keystream. Für die Sicherheit dieses Verfahrens ist es unerlässlich, dass die Keystreams verschiedener Pakete nicht miteinander in Beziehung stehen; um dies zu erreichen, umfasst der Keystream-Algorithmus eine *Verschlüsselungs-Nonce*, die zunächst bei 1 steht und für jedes nachfolgende Paket erhöht wird.

Der Kernpunkt von KRACK besteht darin, dass der Teilnehmer bei jeder Installation oder Neuinstallation des PTK auch diese Verschlüsselungs-Nonce auf 1 zurücksetzt. Dies hat zur Folge, dass der Keystream zurückgesetzt wird, sodass eine Zeit lang jedes neue Paket mit genau demselben Keystream verschlüsselt wird wie ein früheres Paket.

Diese Neuinstallation des Schlüssels auf Teilnehmerseite erfolgt immer dann, wenn eine Instanz des dritten Handshake-Pakets eintrifft. Weil ja immer auch Pakete verloren gehen könnten, muss das Handshake-Protokoll Duplikate eines jeden Pakets zulassen.

Die grundlegende Strategie von KRACK besteht nun darin, eine Neuinstallation des Schlüssels zu erzwingen, indem entweder der Zugangspunkt oder der Angreifer dem Teilnehmer Duplikate des dritten Handshake-Pakets zukommen lässt.

Um die Paketübertragung zu stören, muss der Angreifer in der Lage sein, Pakete vom Zugangspunkt zum Teilnehmer zu blockieren und zu verzögern, und er muss in der Lage sein, seine eigenen Pakete an den Teilnehmer zu senden. Am einfachsten lässt sich dies bewerkstelligen, indem der Angreifer als »Klon« des echten Zugangspunkts eingerichtet wird, der dieselbe MAC-Adresse hat, *aber auf einem anderen Wi-Fi-Kanal agiert*. Der Angreifer empfängt Nachrichten vom echten Zugangspunkt auf dem ursprünglichen Kanal und ist in der Lage, sie auf dem neuen Kanal selektiv an den Teilnehmer weiterzuleiten. Dies kann als kanalbasierter Man-in-the-Middle-Angriff bezeichnet werden; siehe Abschnitt 28.3, »Vertrauen und der Mann in der Mitte«. Alternativ kann der Angreifer auch in der Lage sein, vom Zugangspunkt verschickte Nachrichten selektiv zu stören.

Wenn es dem Angreifer gelingt, das vierte Handshake-Paket vom Teilnehmer zum Zugangspunkt zu blockieren, wird der Zugangspunkt schließlich eine Zeitüberschreitung feststellen und nochmals ein Duplikat des dritten Pakets mit einem ordnungsgemäß aktualisierten Wiederholungszähler aussenden. Der Angreifer kann das Duplikat des dritten Pakets auf Wunsch verzögern, um das Intervall für die Wiederverwendung des Keystreams zu verlängern. Die Antwort des Teilnehmers auf dieses doppelte dritte Paket wird verschlüsselt sein, aber der Angreifer kann in der Regel eine gefälschte, unverschlüsselte Version erzeugen.

Die Wiederverwendung des Keystreams zu erzwingen, bricht nicht automatisch die Verschlüsselung. In vielen Fällen kann jedoch der Klartext einzelner Pakete aus dem Kontext erraten werden, sodass sich durch XOR-Verknüpfung der zur Verschlüsselung des Pakets verwendete Keystream ermitteln lässt. Dies ermöglicht eine triviale Entschlüsselung jedes späteren Pakets, das mit demselben Keystream verschlüsselt wurde.

Weitere Möglichkeiten hängen von der Verschlüsselung ab. Beim TKIP-Verfahren kann eine Schwachstelle im MIC-Algorithmus die Ermittlung des im MIC verwendeten Schlüssels ermöglichen; dies wiederum würde dem Angreifer erlauben, neue, ordnungsgemäß signierte Pakete in die Verbindung einzuschleusen. Diese neuen Pakete können mit einem der geknackten Keystreams verschlüsselt worden sein. Diese Strategie funktioniert nicht mit der AES (CCMP)-Verschlüsselung.

Die KRACK-Sicherheitslücke wurde in `wpa_supplicant` durch das Verbot der Neuinstallation desselben Schlüssels behoben. Das heißt, eine neuerlich empfangene Übertragung des dritten Handshake-Pakets wird ignoriert; die Verschlüsselungs-Nonce wird nicht zurückgesetzt.

WPA2-Enterprise

Die Alternative *WPA2-Enterprise* erlaubt es jedem Teilnehmer, einen eigenen Schlüssel zu verwenden. Sie trennt die Verschlüsselungsmechanismen weitgehend von den Wi-Fi-Protokollen, sodass Netzwerkstandorte bei der Wahl der Verschlüsselungsmechanismen sehr frei sind. Trotz des »Enterprise« im Namen eignet sich das Verfahren auch gut für kleinere Standorte. WPA2-Enterprise basiert relativ eng auf dem 802.1X-Framework, das beliebige Authentifizierungsprotokolle als Plug-in-Module unterstützt.

Im Prinzip ist die einzige Verbesserung, die WPA2-Enterprise gegenüber WPA2-Personal bietet, die Möglichkeit, individuelle Wi-Fi-Passwörter zu vergeben. In der Praxis ist diese Funktion jedoch von enormer Bedeutung. Sie verhindert zum Beispiel, dass ein Benutzer die von einem anderen Benutzer gesendeten Pakete ohne weiteres entschlüsseln kann.

Die Schlüssel befinden sich alle in einem einzigen gemeinsamen System, dem so genannten *Authentifizierungsserver*, der in der Regel nichts mit dem Zugangspunkt zu tun hat. Der Client-Node (d. h. der Wi-Fi-Teilnehmer) wird als *Supplicant* bezeichnet, der Zugangspunkt als *Authenticator*.

Um den Authentifizierungsprozess zu initiieren, kontaktiert der Supplicant den Authenticator unter Verwendung des Extensible Authentication Protocol (*EAP*) mit einer Anfrage zur Authentifizierung bei diesem Zugangspunkt. EAP ist ein generisches Messaging-Framework, das mehrere spezielle Arten der Authentifizierung unterstützen soll; siehe RFC 3748 und RFC 5247. Die EAP-Anfrage wird an den Authentifizierungsserver weitergeleitet, der (über den Authentifikator) mehrere Challenge/Response-Nachrichten mit dem Supplicant austauschen kann. Es sollten keine geheimen Anmeldeinformationen im Klartext gesendet werden.

EAP wird in der Regel in Verbindung mit dem RADIUS-Protokoll (Remote Authentication Dial-In User Service) (RFC 2865) verwendet, das ein spezielles (aber flexibles) Authentifizierungsserver-Protokoll ist. WPA2-Enterprise wird manchmal auch als 802.1X-Modus, EAP-Modus oder RADIUS-Modus bezeichnet (obwohl WPA2-Personal ebenfalls auf 802.1X basiert und EAP in seinem Vier-Wege-Handshake verwendet).

Die EAP-Kommunikation erfolgt, bevor der Supplicant eine IP-Adresse erhält; daher muss ein Mechanismus bereitgestellt werden, der den Austausch von EAP-Paketen zwischen Supplicant und Authenticator unterstützt. Dieser Mechanismus wird als EAPOL bezeichnet, für EAP Over LAN. EAP-Nachrichten zwischen dem Authentifikator und dem Authentifizierungsserver können dagegen über IP übertragen werden; Netzwerkstandorte können sich sogar dafür entscheiden, den Authentifizierungsserver remote zu betreiben. Spezielle Protokolle, die das EAP/RADIUS-Framework nutzen, verwenden oft andere Paketformate als EAPOL, aber EAPOL wird im nachfolgenden Vier-Wege-Handshake eingesetzt.

Sobald der Authentifizierungsserver (z. B. RADIUS-Server) eingerichtet ist, können für jeden Benutzer individuelle Authentifizierungsmethoden eingegeben werden. Dabei kann es sich um Kombinationen aus Benutzername und Kennwort oder um eine Form von Sicherheitszertifikat oder manchmal um beides handeln. Der Authentifizierungsserver erlaubt in der Regel die Verwendung unterschiedlicher Verschlüsselungsprotokolle für verschiedene Supplikanten, sodass nicht unbedingt alle Teilnehmer ein gemeinsames Protokoll unterstützen müssen.

Bei WPA2-Enterprise muss der Access Point nicht mehr wissen, welches Authentifizierungsprotokoll tatsächlich verwendet wird; er ist lediglich der Vermittler, der EAP-Pakete zwischen dem Supplicant und dem Authentifizierungsserver weiterleitet. Insbesondere muss der Access Point kein bestimmtes Authentifizierungsprotokoll unterstützen. Der Zugangspunkt erlaubt dem Supplicant, sich mit dem Netz zu verbinden, sobald er vom Authentifizierungsserver die Erlaubnis dazu erhält.

Am Ende des Authentifizierungsprozesses haben der Supplicant und der Authentifizierungsserver als Teil dieses Prozesses auch ein Shared Secret festgelegt. In der WPA2-Enterprise-Terminologie wird dieses als *pairwise master key* oder PMK bezeichnet. Der Authentifizierungsserver übermittelt dann den PMK sicher an den Access Point (mit einem beliebigen Standardprotokoll; siehe Abschnitt 28.5, »SSH und TLS«). Im nächsten Schritt handeln dann der Supplicant und der Access Point ihren Sitzungsschlüssel aus. Dies geschieht mit Hilfe des Vier-Wege-Handshake-Mechanismus aus dem vorigen Abschnitt, wobei der PMK der Hauptschlüssel ist. Der daraus resultierende PTK wird, wie bei WPA2-Personal, als Sitzungsschlüssel verwendet.

Die WPA2-Enterprise-Authentifizierung erfordert in der Regel, dass der Access Point eine IP-Adresse besitzt, über die er den Authentifizierungsserver kontaktieren kann. Ein Access Point mit WPA2-Personal-Authentifizierung braucht keine IP-Adresse, möglicherweise verfügt er zwecks Konfigurationsschnittstelle aber dennoch über eine.

WPA2-Enterprise aktivieren

Die Einrichtung eines Wi-Fi-Netzwerks mit WPA2-Enterprise-Authentifizierung ist relativ einfach, sofern ein RADIUS-Authentifizierungsserver verfügbar ist. Wir geben hier einen Überblick über die Einrichtung der WPA2-Enterprise-Authentifizierung mit FreeRADIUS (version 2.1.12, 2018). Wir wollen Benutzerpasswörter aktivieren, aber *keine* Benutzerzertifikate. Die Passwörter werden auf dem Server unter Verwendung von SHA-1-Hashing gespeichert (Abschnitt 27.6, »Sichere Hashes«). Für den produktiven Einsatz ist dies nicht unbedingt stark genug; in Abschnitt 27.6.2, »Passwort-Hashes«, finden Sie weitere Alternativen. Da die Passwörter gehasht werden, muss der Client dem Authentifizierungsserver das eigentliche Passwort mitteilen; Authentifizierungsmethoden wie in Abschnitt 27.6.3, »CHAP«, kommen damit nicht in Frage.

Der erste Schritt ist die Einrichtung des Access Points. Das ist in der Regel recht einfach; sogar preisgünstige Zugangspunkte unterstützen WPA2-Enterprise. Nachdem Sie die Option zum Aktivieren der WPA2-Enterprise-Sicherheit ausgewählt haben, müssen Sie die IP-Adresse des Authentifizierungsservers sowie ein »Shared Secret« zur Authentifizierung von Nachrichten zwischen dem Access Point und dem Server eingeben (für Techniken zur Nachrichtenauthentifizierung siehe Abschnitt 27.6.1, »Sichere Hashes und Authentifizierung«).

Die Konfiguration des RADIUS-Servers ist etwas komplexer, da sowohl RADIUS als auch EAP recht allgemein gehalten sind; beide wurden lange vor 802.1X entwickelt und kommen auch in vielen anderen Situationen zum Einsatz. Da wir uns für die Nutzung gehashter Passwörter entschieden haben – was zugleich auch bedeutet, dass der Teilnehmer das Passwort im Klartext an den Authentifizierungsserver sendet – müssen wir eine Authentifizierungsmethode verwenden, die einen verschlüsselten Tunnel einrichtet. Die Protected-EAP-Methode ist hier gut geeignet; sie verschlüsselt den Datenverkehr mittels TLS (Abschnitt 28.5.2, »TLS«, im vorliegenden Fall allerdings ohne TCP). (Es gibt auch eine EAP-TLS-Methode, die TLS direkt verwendet und normalerweise Client-seitige Zertifikate erfordert, sowie eine getunnelte TTLS-Methode).

Innerhalb des verschlüsselten PEAP-Tunnels wollen wir die Passwort-Authentifizierung im Klartext verwenden. Hierzu soll das Password Authentication Protocol – PAP –

zum Einsatz kommen, das im Grunde nur nach dem Benutzernamen und dem Passwort fragt. FreeRADIUS erlaubt es nicht, PAP direkt innerhalb von PEAP laufen zu lassen, also schalten wir das Generic Token Card (GTC) dazwischen. (Es ist zwar weit und breit kein »Token Card«-Gerät oder Chipkartenleser zu sehen, aber das GTC ist eben wirklich ziemlich generisch).

Wahrscheinlich müssen wir dem RADIUS-Server auch die IP-Adresse des Zugangspunkts mitteilen. Der Zugangspunkt muss also speziell für diesen Austausch eine IP-Adresse *haben*.

Wir aktivieren all dies, indem wir die Datei `eap.conf` mit folgenden Einträgen versehen:

```
default_eap_type = peap

...

peap {
        default_eap_type = gtc
        ...
}

...

gtc {
        auth_type = PAP
        ...
}
```

Im nächsten Schritt wird auf dem Server ein Zugangsdatenpaar (Benutzername, gehashtes Passwort) erstellt. Der Einfachheit halber speichern wir die Anmeldeinformationen in der Datei users. Der Benutzername ist »alice«, das Passwort »snorri«. Gemäß den FreeRADIUS-Regeln müssen wir das Passwort in seinen mit base64 kodierten SHA-1-Hash umwandeln. Dazu gibt es mehrere Möglichkeiten; wir nutzen hier die OpenSSL-Befehlsbibliothek:

```
echo -n "snorri" | openssl dgst -binary -sha1 | openssl base64
```

Dies liefert die Zeichenkette `7E6FbhrN2TYOkrBti+8W8weC2W8=` zurück, die wir dann wie folgt in die `users`-Datei einfügen:

```
alice    SHA1-Password := "7E6FbhrN2TYOkrBti+8W8weC2W8="
```

Weitere Optionen sind `Cleartext-Password`, `MD5-Password` und `SSHA1-Password`, wobei letztere für mit Salt versehene Passwörter gedacht ist (die empfohlen werden).

Bei dieser Vorgehensweise kann Alice ihr Kennwort nur schwer ändern, es sei denn, sie ist Administratorin des Authentifizierungsservers. Das ist nicht unbedingt schlechter als bei WPA2-Personal, wo Alice ihr Kennwort mit anderen Benutzern teilt. Wenn wir allerdings eine nutzergesteuerte Kennwortänderung zulassen wollen, können wir den RADIUS-Server so konfigurieren, dass er die Anmeldedaten (Benutzername, gehashtes Passwort) in einer Datenbank anstatt in der Datei `users` sucht. Dann lässt sich relativ einfach eine webbasierte Schnittstelle einrichten, über die die Benutzer ihre Kennwörter ändern können.

Jetzt versuchen wir schließlich, uns zu verbinden. Jeder 802.1X-Client sollte nach dem Benutzernamen und dem Kennwort fragen, bevor er die Kommunikation mit dem Authentifizierungsserver aufnimmt. Manche fragen auch nach einer bevorzugten Authentifizierungsmethode (obwohl unser RADIUS-Server hier nur eine anbietet), einem optionalen Zertifikat (das wir nicht verwenden) oder einer »anonymen Identität«, mit der ein Client einen bestimmten Authentifizierungsserver auswählen kann, sofern es mehrere gibt. Wenn alles gut geht, sollte die Verbindung sofort hergestellt werden. Falls nicht, verfügt FreeRADIUS über ein Tool zum Testen der Authentifizierung und über umfangreiche Debugging-Ausgaben.

WPA3

Im Jahr 2018 führte die Wi-Fi Alliance WPA3 als Nachfolger von WPA2 ein. Als wichtigste Änderung wird der Vier-Wege-Handshake von WPA2 durch SAE, Abschnitt 27.8.2, »Simultaneous Authentication of Equals«, ersetzt. Der Vorteil von SAE besteht darin, dass ein Angreifer mit einem wörterbuchbasierten Brute-Force-Passwortangriff nichts ausrichten kann; am Ende von Abschnitt 4.2.5, »Wi-Fi-Sicherheit«, Unterabschnitt »WPA2-Vier-Wege-Handshake«, wird deutlich, dass WPA2 in dieser Hinsicht ziemlich verwundbar ist. Ein Angreifer kann immer noch *online* einen Brute-Force-Angriff auf WPA3 versuchen, z. B. indem er einen Lieferwagen innerhalb der Wi-Fi-Reichweite parkt und ein Passwort nach dem anderen ausprobiert, aber das ist langsam.

Eine weitere Konsequenz von SAE ist die Forward Secrecy (Abschnitt 28.2, »Vorwärts gerichtete Geheimhaltung«). Diese bedeutet, dass ein Angreifer, der den Kodierungsschlüssel für eine Sitzung erlangt, keine älteren (oder neueren) Sitzungen entschlüsseln kann. Selbst wenn ein Angreifer das Hauptkennwort in Erfahrung bringt, kann er keinerlei Sitzungsschlüssel erlangen (obwohl er in der Lage ist, eine Verbindung zum Netzwerk herzustellen). Wenn ein Angreifer bei WPA2 in den Besitz des PMK gelangt, lassen sich alle Sitzungsschlüssel aus den im Vier-Wege-Handshake ausgetauschten Nonce-Werten berechnen.

Wie bei WPA2 müssen auch bei WPA3 sowohl der Teilnehmer als auch der Zugangspunkt das Passwort im Klartext vorhalten (oder zumindest den vom Passwort abgeleiteten Schlüssel). Da sich beide Seiten gegenseitig authentifizieren müssen, ist es schwer vorstellbar, wie dies anders gelingen könnte.

WPA3 verschlüsselt sogar Verbindungen zu »offenen« Zugangspunkten durch die so genannte *Opportunistic Wireless Encryption*; siehe RFC 8110. WPA3 führt zudem längere Schlüssel ein und bietet einige neue Verschlüsselungsverfahren.

Obwohl sie kein direkter Bestandteil von WPA3 ist, wurde zeitgleich auch die EasyConnect-Funktion angekündigt. Sie ermöglicht eine einfachere Verbindung von Geräten ohne Bildschirm oder Tastatur, bei denen die Passworteingabe schwierig ist. Das EasyConnect-Gerät sollte mit einem QR-Code ausgestattet sein; durch Einscannen des Codes lässt sich das Gerät verbinden.

Schließlich enthält WPA3 einen offiziellen Fix für den KRACK-Angriff.

Umfang der Verschlüsselung

Ursprünglich deckte die Verschlüsselung nur die Datenpakete ab. Ein verbreiteter Angriff bestand darin, Management-Pakete zu fälschen, um beispielsweise Teilnehmer zu zwingen, sich von ihrem Access Point zu trennen. Manchmal wurde dies fortlaufend als Denial-of-Service-Angriff ausgeführt; dies konnte auch geschehen, um einen Teilnehmer zu zwingen, sich erneut zu verbinden und damit eine versteckte SSID aufzudecken, oder um Schlüsselinformationen preiszugeben, die Ansatzpunkte für einen Brute-Force-Entschlüsselungsangriff boten.

Mit der Ergänzung IEEE 802.11w aus dem Jahr 2009 wurde die Möglichkeit für Teilnehmer und Access Point eingeführt, gegenseitig einen *Management-Frame-Schutz* aushandeln zu können, der wichtige Management-Pakete, die *nach* Abschluss der Authentifizierungsphase ausgetauscht werden, verschlüsselt (und digital signiert). Dieser umfasst auch Pakete zwischen Teilnehmern und Zugangspunkten, die eine Deauthentifizierung oder Trennung der Verbindung anfordern, wodurch die oben genannten Angriffe wirksam verhindert werden. Allerdings ist der Schutz von Management-Frames (Stand 2015) bei WLAN-Access-Points für Endverbraucher nur selten standardmäßig aktiviert, selbst wenn die Datenverschlüsselung eingeschaltet ist.

4.2.6 Wi-Fi Monitoring

Je nach verwendetem Treiber ist es manchmal möglich, den gesamten Wi-Fi-Verkehr auf einem bestimmten Kanal zu überwachen. Dafür gibt es spezielle Tools wie aircrack-ng und kismet, oft genügt aber auch ein einfaches WireShark, wenn man den zugrundeliegenden Treiber in den sogenannten »Monitor«-Modus versetzen kann. Auf Linux-Systemen sollte dies mit dem Befehl `iwconfig wlan0 mode monitor` gelingen, (wobei `wlan0` Wi-Fi-Schnittstelle ist). Möglicherweise müssen Sie zuerst andere Prozesse beenden, die auf die Schnittstelle `wlan0` zugreifen, zum Beispiel mittels `service`

`NetworkManager stop`. Es kann auch notwendig sein, die Schnittstelle herunterzufahren. zum Beispiel mit `ifconfig wlan0 down`. In diesem Fall muss die Schnittstelle nach dem Wechsel in den Monitor-Modus wieder hochgefahren werden. Schließlich kann der Empfangskanal eingestellt werden, z. B. mittels `iwconfig wlan0 channel 6`. (Auf manchen Systemen ändert sich der Schnittstellenname nach dem Übergang in den Monitor-Modus womöglich).

Nachdem Modus und Kanal eingestellt sind, meldet Wireshark die 802.11-Management-Frame-Header und auch den so genannten Radiotap-Header, der Informationen über die Datenrate, den Kanal und die empfangene Signalstärke enthält.

Ein nützliches Experiment ist es, das Monitoring zu starten und dann ein Wi-Fi-fähiges Gerät einzuschalten. Der WireShark-Anzeigefilter `wlan.addr == device-MAC-address` hilft dabei, sich auf die relevanten Pakete zu konzentrieren (oder, besser noch, der Capture-Filter `ether host device-MAC-address`). Abbildung 4.9 ist ein Beispiel dafür.

7	0.084938505	SamsungE_03:ef:ad	Broadcast	802.11	158	Probe Request, SN=23, FN=0, Flags=........C
8	0.086005244	Cisco-Li_d1:24:40	SamsungE_03:ef:ad	802.11	139	Probe Response, SN=1230, FN=0, Flags=......
9	0.115989487	SamsungE_03:ef:ad	Cisco-Li_d1:24:40	802.11	75	Authentication, SN=24, FN=0, Flags=........
10	0.116954409	Cisco-Li_d1:24:40	SamsungE_03:ef:ad	802.11	72	Authentication, SN=1231, FN=0, Flags=......
11	0.118707312	SamsungE_03:ef:ad	Cisco-Li_d1:24:40	802.11	131	Association Request, SN=25, FN=0, Flags=...
12	0.119764782	Cisco-Li_d1:24:40	SamsungE_03:ef:ad	802.11	88	Association Response, SN=1232, FN=0, Flags=
13	0.120082784	Cisco-Li_d1:24:40	SamsungE_03:ef:ad	EAPOL	165	Key (Message 1 of 4)
14	0.148433526	SamsungE_03:ef:ad	Cisco-Li_d1:24:40	EAPOL	189	Key (Message 2 of 4)
15	0.151498719	Cisco-Li_d1:24:40	SamsungE_03:ef:ad	EAPOL	191	Key (Message 3 of 4)
16	0.154637132	SamsungE_03:ef:ad	Cisco-Li_d1:24:40	EAPOL	165	Key (Message 4 of 4)

Abbildung 4.9 Wireshark filtert Wi-Fi-Pakete

Wir sehen, dass der Teilnehmer SamsungE_03:3f:ad ein Probe-Request sendet, das vom Zugangspunkt Cisco-Li_d1:24:40 beantwortet wird. Die nächsten beiden Pakete stellen den Open-Authentication-Prozess dar, gefolgt von zwei Paketen, die den Verbindungsprozess repräsentieren. Die letzten vier Pakete vom Typ `EAPOL` bilden den Vier-Wege-Authentifizierungs-Handshake von WPA2-Personal.

4.2.7 Wi-Fi-Polling-Modus

Wi-Fi verfügt auch über einen »Polling«-Mechanismus, bei dem ein Teilnehmer (der Zugangspunkt) bestimmt, welche Stationen senden dürfen. Dieser Mechanismus kommt zwar nicht häufig zum Einsatz, hat aber das Potenzial, Kollisionen erheblich zu reduzieren oder sogar ganz zu vermeiden. Dieser Mechanismus wird als *Point Coordination Function* (PCF) bezeichnet, im Gegensatz zum kollisionsorientierten Mechanismus, der als *Distributed Coordination Function* bezeichnet wird. Der Name PCF verweist auf die Tatsache, dass in diesem Modus der Zugangspunkt koordiniert, welche Teilnehmer wann senden dürfen.

Die PCF-Option kann bei regulärem Datenverkehr den Durchsatz erhöhen, da weniger Kollisionen auftreten. Häufig wird jedoch die Ansicht vertreten, dass sie eigentlich für die Übertragung von Echtzeitdaten über Wi-Fi gedacht sei, z. B. für Sprachanrufe über Wi-Fi.

Der Gedanke hinter PCF ist, in regelmäßigen Abständen eine konfliktfreie Periode (*CFP*) zu planen. Während dieses Zeitraums kann der Zugangspunkt:

- Datenpakete an beliebige Empfänger senden
- *Poll*-Pakete an einen beliebigen Empfänger senden, damit dieser mit einem eigenen Datenpaket antworten kann
- eine Kombination der beiden oben genannten Pakete senden (nicht unbedingt an denselben Empfänger)
- Management-Pakete senden, einschließlich eines speziellen Pakets, das das Ende der CFP markiert

Keiner dieser Vorgänge kann zu einer Kollision führen (so lange keine unabhängige, aber überlappende Wi-Fi-Domäne im Spiel ist).

Teilnehmer, die Daten vom Zugangspunkt empfangen, senden nach einem SIFS-Intervall das übliche ACK. Ein vom Zugangspunkt an Teilnehmer B adressiertes Datenpaket kann im Wi-Fi-Header huckepack einen Poll-Request an einen anderen Teilnehmer C transportieren; dies spart eine Übertragung. Gepollte Teilnehmer, die Daten senden, erhalten ein ACK vom Access Point; dieses ACK kann im gleichen Paket mit der Poll-Anfrage an den nächsten Teilnehmer kombiniert werden.

Am Ende der CFP wird die reguläre *Contention Period* oder CP mit der üblichen CSMA/CA-Strategie fortgesetzt. Das Zeitintervall zwischen den Startzeiten aufeinanderfolgender CFP-Perioden beträgt in der Regel 100 ms und ist damit kurz genug, um einen gewissen Echtzeit-Datenverkehr zu erlauben.

Während der CFP warten alle Teilnehmer normalerweise nur die kurze IFS, SIFS, zwischen den Übertragungen. Dies funktioniert, weil normalerweise nur ein Teilnehmer für die Antwort vorgesehen ist: der Zugangspunkt oder der gepollte Teilnehmer. Wenn jedoch ein Teilnehmer gepollt wird und nichts zu Senden hat, wartet der Zugangspunkt für das Zeitintervall *PIFS* (PCF Inter-Frame Spacing), dessen Länge zwischen obigen SIFS und IFS liegt (unser früheres IFS sollte jetzt eigentlich DIFS heißen, für DCF IFS). Nach Ablauf von PIFS wartet jeder Teilnehmer, der kein Zugangspunkt ist und das CFP nicht kennt, weiterhin das volle DIFS ab und sendet daher nicht. Ein Beispiel für einen solchen CFP-unkundigen Teilnehmer könnte eine Station sein, die Teil eines völlig anderen, aber überlappenden Wi-Fi-Netzes ist.

Der Access Point führt in der Regel eine *Polling-Liste* der Teilnehmer, die während der CFP gepollt werden wollen. Die Teilnehmer beantragen die Aufnahme in diese Liste durch eine Signalisierung, wenn sie sich mit dem Zugangspunkt verbinden oder (was wahrscheinlicher ist) erneut verbinden. Ein gepollter Teilnehmer, der nichts zu senden hat, bleibt einfach still.

Der PCF-Modus wird von vielen preiswerteren Wi-Fi-Routern nicht unterstützt und bleibt oft auch dann ungenutzt, wenn er verfügbar ist. Beachten Sie, dass der PCF-Modus kollisionsfrei ist, *solange keine anderen Wi-Fi-Zugangspunkte aktiv und in Reichweite sind*. Der Standard enthält zwar einige Vorkehrungen für den Umgang mit der Präsenz anderer Wi-Fi-Netzwerke, aber diese sind nicht perfekt; zumindest werden sie nicht immer von anderen Zugangspunkten unterstützt. Unterm Strich ist das Polling daher nicht ganz so nützlich, wie es sein könnte.

4.2.8 MANETs

Die Abkürzung MANET steht für *mobile ad hoc network*; in der Praxis bezieht sich der Begriff im Allgemeinen auf Ad-hoc-Funknetzwerke, die komplex genug sind, dass zur Gewährleistung einer vollständigen Konnektivität ein interner Routing-Mechanismus erforderlich ist. Ein Mesh-Netzwerk im Sinne von Abschnitt 4.2.4, »Zugangspunkte«, ist ein solches MANET, obwohl MANETs auch Netzwerke mit deutlich geringerer zentraler Kontrolle umfassen, bei denen die Routing-Netzwerkknoten sehr mobil sein können. MANETs sind auch potenziell viel größer, wobei einige Konzepte für viele Hunderte Routing-Nodes ausgelegt sind, während ein typisches Wi-Fi-Mesh-Netzwerk vielleicht nur über eine Handvoll Zugangspunkte verfügt. Obwohl sich MANETs mit jedem Funksystem aufbauen lassen, gehen wir hier davon aus, dass Wi-Fi verwendet wird.

MANET-Nodes kommunizieren untereinander über Funksignale mit begrenzter Reichweite, so wie in Abbildung 4.10 dargestellt.

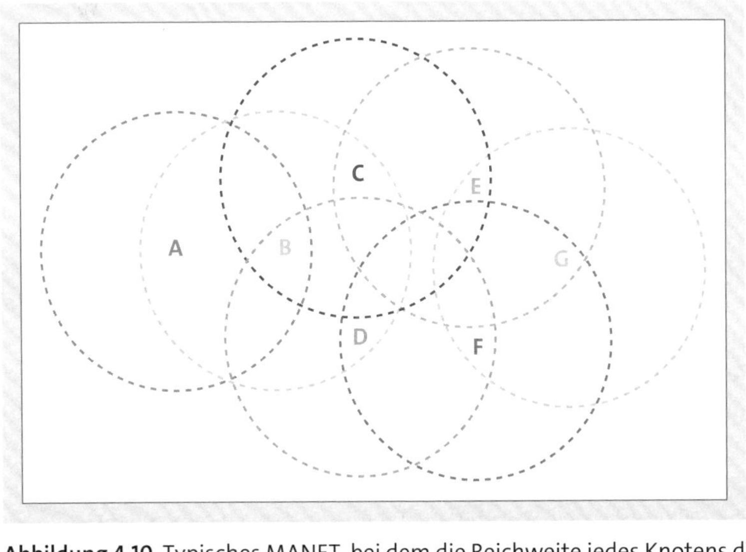

Abbildung 4.10 Typisches MANET, bei dem die Reichweite jedes Knotens durch einen Kreis um diesen Knoten herum dargestellt wird. A kann G entweder über die Route A–B–C–E–G oder über A–B–D–F–G erreichen.

Die Funkreichweite jedes Knotens wird durch einen Kreis dargestellt. Im Allgemeinen können zwei MANET-Knotenpunkte nur kommunizieren, indem sie Pakete über dazwischenliegende Nodes weiterleiten, wie es bei den Teilnehmern A und G im obigen Diagramm der Fall ist. Die Suche nach der optimalen Route über solche Zwischenstationen ist ein entscheidendes Problem.

MANETs for the people

In den Anfangsjahren der MANETs konzentrierten sich viele Entwürfe auf einen dezentralen, gemeinschaftlichen Ansatz, z. B. drahtlose Bürgernetze. Während des Arabischen Frühlings im Jahr 2010 wurden MANETs (in Verbindung mit einigen wenigen Nutzern, die über einen Satelliten-Internetzugang verfügten) häufig als Möglichkeit vorgeschlagen, die staatliche Internetzensur zu umgehen. Spulen wir ins Jahr 2022 vor, und ein Großteil der Presseartikel über »Mesh-Netzwerke« zielt auf Menschen mit einer besonders großzügigen Wohnsituation ab. Nichts ist beständiger als der Wandel.

In der Praxis ist die Reichweitenabdeckung der einzelnen Netzwerkknoten oft alles andere als kreisförmig, unter anderem aufgrund von Signalreflexionen und -abschirmung durch Hindernisse. Eine zusätzliche Komplikation ergibt sich, wenn sich die Teilnehmer (oder auch nur Hindernisse) in Echtzeit bewegen (daher das »mobile« in MANET); daraus ergibt sich, dass eine funktionierende Route schon kurze Zeit später nicht mehr funktionieren kann. Aus diesem und anderen Gründen gestaltet sich das Routing in MANETs wesentlich komplexer als in einem Ethernet. Ein geswitchtes Ethernet muss beispielsweise schleifenfrei sein, sodass es nie eine Wahl zwischen mehreren alternativen Routen gibt.

Beachten Sie, dass ein MANET ohne erfolgreiches Routing auf der LAN-Schicht keine vollständige Konnektivität zwischen allen Nodes bietet und somit nicht der Definition eines LANs in Abschnitt 1.9, »LANs und Ethernet«, entspricht. Mit Routing auf der LAN- oder IP-Schicht können ein oder mehrere MANET-Nodes als Gateways zum Internet dienen.

Beachten Sie ferner, dass MANETs im Allgemeinen weder Broadcast noch Multicast unterstützen, es sei denn, die Weiterleitung von Broadcast- und Multicast-Nachrichten innerhalb des MANETs ist in den Routing-Mechanismus integriert. Dies kann den Betrieb von IPv4- und IPv6-Netzen erschweren, selbst wenn man davon ausgeht, dass der MANET-Routing-Mechanismus den Bedarf an Broadcast/Multicast-Protokollen wie dem ARP von IPv4 (Abschnitt 10.2, »Address Resolution Protocol: ARP«) und der Nachbarschaftserkennung (Neighbor Discovery) von IPv6 (Abschnitt 11.6, »Nachbarschaftserkennung (Neighbor Discovery)«) ersetzt, die ansonsten eine wichtige Rolle bei der lokalen Paketübermittlung spielen. Der gängige IPv4-Adressvergabemechanismus, den wir in Abschnitt 10.3, »Dynamic Host Configuration Protocol (DHCP)«, beruht beispielsweise auf Broadcast und muss daher oftmals angepasst werden. In ähnlicher Weise stützt sich IPv6 für mehrere Zusatzdienste einschließlich der Adresszuweisung (Abschnitt 11.7.3, »DHCPv6«) und der Erkennung doppelter Adressen (Abschnitt 11.7.1, »Erkennung doppelter Adressen«) auf Multicast.

MANETs sind am unkompliziertesten, wenn alle Netzwerkknoten unter gemeinsamer, koordinierter Verwaltung stehen, so wie im oben beschriebenen Mesh-Wi-Fi. Viel komplexer wird es, wenn die jeweiligen Nodes in individuellem Besitz sind und jeder Eigentümer die Menge des »Transitverkehrs« – also des akzeptablerweise durch seine Nodes fließenden Traffics – begrenzen möchte. Genau mit dieser Situation sehen sich jedoch häufig Projekte konfrontiert, die einen gemeinschaftlichen Internetzugang auf Wi-Fi-Basis anbieten.

Letztendlich stellen wir fest, dass MANETs zwar von großem theoretischen Interesse sind, ihre praktische Bedeutung jedoch bescheiden ist; im Unternehmensumfeld sind sie beispielsweise jenseits der Mesh-Netzwerke aus Abschnitt 4.2.4, »Zugangspunkte«. Am nützlichsten erscheinen sie in Notfallsituationen, in ländlichen Gegenden und dort, wo das herkömmliche Infrastrukturnetzwerk ausgefallen ist oder deaktiviert wurde.

Routing in MANETs

Das Routing in MANETs kann entweder auf der LAN-Schicht unter Verwendung physikalischer Adressen oder auf der IP-Schicht mit einigen geringfügigen Regeländerungen (unten) erfolgen.

In jedem Fall müssen die Netzwerkknoten von der Existenz anderer Teilnehmer erfahren, und dann müssen geeignete Routen ausgewählt werden. Für die Auswahl der Route kann einer der Mechanismen verwendet werden, die wir später in Kapitel 13, »Routing-Update-Algorithmen«, behandeln.

Das Routing auf der LAN-Schicht ähnelt dem Routing durch Ethernet-Switches; jeder Netzwerkknoten erstellt eine entsprechende Weiterleitungstabelle. Im Gegensatz zum Ethernet kann es jedoch mehrere Pfade zu einem Ziel geben, die direkte Verbindung zwischen einem bestimmten Knotenpaar kann jederzeit unterbrochen oder wiederhergestellt werden, und es kann sogar eine Aushandlung erfordern, um festzulegen, welche MANET-Nodes die Weiterleitung übernehmen sollen.

Beim Routing auf der IP-Schicht gibt es die gleichen Probleme, aber zumindest konnten die Routing-Aktualisierungsalgorithmen der IP-Schicht schon immer mit mehreren Pfaden umgehen. Es gibt jedoch einige kleinere Probleme. Als wir in Abschnitt 1.10, »IP – Internet Protocol«, das IP-Forwarding vorstellten, gingen wir davon aus, dass Router ihre Entscheidungen nur anhand des Netzwerkpräfixes der Adresse treffen; wenn ein anderer Teilnehmer das gleiche Netzwerkpräfix hat, wurde angenommen, dass er direkt über das LAN erreichbar ist. Dieses Modell versagt in MANETs meist kläglich, da die direkte Erreichbarkeit hier nichts mit Adressen zu tun hat. Zumindest innerhalb eines MANETs muss daher ein modifizierter Weiterleitungsalgorithmus verwendet werden, bei dem *jede* Adresse in der Forwarding-Tabelle nachgeschlagen wird. Eine einfache Möglichkeit zur Implementierung besteht darin, dass die Weiterleitungstabellen nur *Host-spezifische* Einträge enthalten, wie sie in Abschnitt 5.1, »Virtuelle private Netzwerke«, besprochen werden.

Für MANETs wurden bereits mehrere Routing-Algorithmen vorgeschlagen. Die Leistung eines bestimmten Algorithmus kann von den folgenden Faktoren abhängen:

- der Größe des Netzwerks
- wie viele Nodes sich bereit erklärt haben, als Router zu dienen
- dem Mobilitätsgrad der Teilnehmer, falls zutreffend insbesondere der Routing-Nodes
- ob die Nodes (insbesondere die Routing-Nodes) unter gemeinsamer Verwaltung stehen und daher bereit sein können, ihre eigenen Übertragungsinteressen zugunsten des Gemeinwohls zurückzustellen
- Speicherplatz und Leistungsfähigkeit der einzelnen Nodes

4.3 WiMAX und LTE

Sowohl WiMAX als auch LTE sind Funknetzwerktechnologien, die sich für Datenverbindungen zu mobilen (und manchmal auch stationären) Geräten eignen.

Bei WiMAX handelt es sich um einen IEEE-Standard, 802.16; der ursprüngliche Name lautet WirelessMAN (für Metropolitan Area Network), und dieser Name taucht in den IEEE-Standards immer wieder auf. In seinen früheren Versionen war es für stationäre Teilnehmer gedacht (802.16d), wurde aber später erweitert, um mobile Teilnehmer zu unterstützen (802.16e). Die Version für stationäre Teilnehmer wird häufig für die Internetanbindung von Privathaushalten sowohl in städtischen als auch in ländlichen Gebieten verwendet.

LTE (die Abkürzung steht für Long Term Evolution) ist ein Produkt der Mobilfunkwelt; es wurde von Anfang an für Mobilfunkteilnehmer entwickelt. Sein offizieller Name – zumindest für seine Funkprotokolle – lautet *Evolved UTRA* oder E-UTRA, wobei UTRA wiederum für UMTS Terrestrial Radio Access steht. UMTS steht für Universal Mobile Telecommunications System, ein zentraler Datennetzwerkmechanismus für Mobilegeräte mit Standards aus dem Jahr 2000.

4G-Kapazität

Ein durchschnittlicher Mobilfunk-Datentarif umfasst häufig ein maximales monatliches Datenvolumen von 5 GB. Mit der 4G-Datenrate von 100 Mbit/s lässt sich dieses Kontingent in weniger als sechs Minuten herunterladen. Datenrate ist nicht alles.

Sowohl LTE als auch die mobile Version von WiMAX werden häufig als Netzwerktechnologie der *vierten Generation* (oder 4G) vermarktet. Die ITU hat 2008 eine spezielle Definition für 4G entwickelt, die offiziell IMT-Advanced heißt und eine Downloadrate von 100 Mbit/s für mobile Geräte und von 1 Gbit/s für mehr oder weniger stationäre Geräte vorsieht. Weder WiMAX noch LTE erfüllten dafür wirklich die technischen Voraussetzungen, was für die Marketingexperten jedoch kein Hindernis darstellte. Jedenfalls gab die ITU im Dezember 2010 eine Erklärung ab, in der sie »anerkennt, dass [der Begriff 4G], obwohl er nicht definiert ist, auch auf die Wegbereiter dieser Technologien, LTE und WiMax, angewendet werden kann«. Das so genannte Advanced LTE und WiMAX2 sind echte IMT-Advanced-Protokolle.

Wie in Abschnitt 4.1.4, »Bandbreite«, werden wir den Begriff »Datenrate« für das verwenden, was gemeinhin als »Bandbreite« bezeichnet wird, um Verwechslungen mit der funktechnischen Bedeutung des letzteren Begriffs zu vermeiden.

WiMAX kann wie Wi-Fi unlizensierte Frequenzen nutzen, wird aber in erster Linie über lizensierte Frequenzbänder eingesetzt; LTE wird fast ausschließlich über lizensierte Frequenzbänder genutzt.

Sowohl WiMAX als auch LTE unterstützen eine Reihe von Optionen für die Breite des Frequenzbandes; je breiter das Band, desto höher die Datenrate. Die Downlink-Datenraten (von der Basisstation zum Teilnehmer) können weit über 100 Mbit/s betragen (die Uplink-Raten sind in der Regel geringer). Die meisten LTE-Bänder liegen entweder im Bereich von 700–900 MHz oder oberhalb von 1700 MHz; die niedrigeren Frequenzen sind in der Regel besser geeignet, um Bäume und Mauern zu durchdringen.

Wie bei Wi-Fi sind auch WiMAX- und LTE-*Teilnehmerstationen* mit einem zentralen Zugangspunkt verbunden. Der WiMAX-Standard bevorzugt den Begriff *Basisstation*, den wir im Folgenden für beide Protokolle verwenden werden; LTE bevorzugt offiziell den Begriff »evolved NodeB« oder eNB.

Der Abdeckungsradius für LTE und WiMAX für Mobilfunkteilnehmer kann ein bis zehn Kilometer betragen, während er für Wi-Fi weniger als 100 Meter beträgt (manchmal sogar viel weniger). WiMAX für stationäre Teilnehmer lässt sich auch in einem größeren Maßstab betreiben; der Abdeckungsradius kann dann Dutzende von Kilometern betragen. Mit zunehmender Entfernung verringert sich die Datenrate.

Basisstationen mit großflächiger Abdeckung werden in der Regel auf Türmen montiert; Für Basisstationen mit kleinerem Radius, die meist nur in dicht mit Teilnehmern besiedelten Gebieten eingesetzt werden, genügen niedrigere Antennen, die diskret in die örtliche Bebauung integriert sind. Von den Teilnehmerstationen wird nicht erwartet, dass sie andere Stationen empfangen können; sie interagieren nur mit der Basisstation.

4.3.1 Uplink-Scheduling

Mit zunehmender Entfernung lässt sich die RTT zwischen Teilnehmer und Basis immer weniger vernachlässigen. Bei 10 Kilometern beträgt diese Signalllaufzeit 66 µs, ausgehend von der Lichtgeschwindigkeit bei etwa 300 m/µs. Bei 100 Mbit/s genügt dieses Zeitfenster zur Übertragung von 800 Bytes, sodass es vorrangig ist, die Anzahl der Roundtrips zu reduzieren. Daher ist es nicht mehr praktikabel, Zugriffskonflikte auf das Medium durch Kollisionen im Wi-Fi-Stil zu lösen; es ist nicht einmal praktikabel, den Wi-Fi PCF-Modus aus Abschnitt 4.2.7, »Wi-Fi-Polling-Modus«, einzusetzen, da das Polling zusätzliche RTTs erfordert. Stattdessen setzen WiMAX und LTE auf ein von der Basisstation gesteuertes *Scheduling* der Übertragungen.

Die Basisstation hat keine Schwierigkeiten, die Downlink-Übertragungen von der Basis zum Teilnehmer zu koordinieren: Die Basisstation sendet die Pakete einfach nacheinander (oder parallel auf mehreren Subcarrier-Frequenzen, falls OFDM zum Einsatz kommt). Wenn MISO-Antennen mit Beamforming oder mehrere physisch Richtantennen verwendet werden, wird die Basisstation dies ebenfalls berücksichtigen.

Komplizierter zu koordinieren sind die Uplink-Übertragungen vom Teilnehmer zur Basisstation. Sobald eine Teilnehmerstation ins *Netzwerk eingetreten* ist, um sich mit einer Basisstation zu verbinden, werden ihr regelmäßige Sende-Slots zugewiesen, einschließlich Zeiten und Frequenzen. Die Größe dieser Slots kann mit der Zeit variieren; die Basisstation kann regelmäßig neue Sendepläne erstellen. Jeder Teilnehmerstation wird mitgeteilt, dass sie auf den ihr zugewiesenen Frequenzen ab einer zugewiesenen Zeit und für eine zugewiesene Länge senden darf; die LTE-Längen beginnen bei 1 ms und die WiMAX-Längen bei 2 ms. Die Station synchronisiert als Teil des Netzeinführungsprozesses ihre Uhr mit der der Basisstation.

Jede Teilnehmerstation sendet nach einem bestimmten Zeitplan, sodass eine Übertragung bei der Basisstation eintrifft, kurz bevor die Übertragung der nächsten Station auf derselben Frequenz beginnt. Zwischen aufeinanderfolgenden Übertragungen müssen nur minimale »Schutzintervalle« eingeplant werden. Zwei (oder mehr) aufeinanderfolgende Uplink-Übertragungen können tatsächlich gleichzeitig »in der Luft« sein, da weiter entfernte Stationen früher mit der Übertragung beginnen müssen, damit ihre Signale zur erwarteten Zeit bei der Basisstation ankommen.

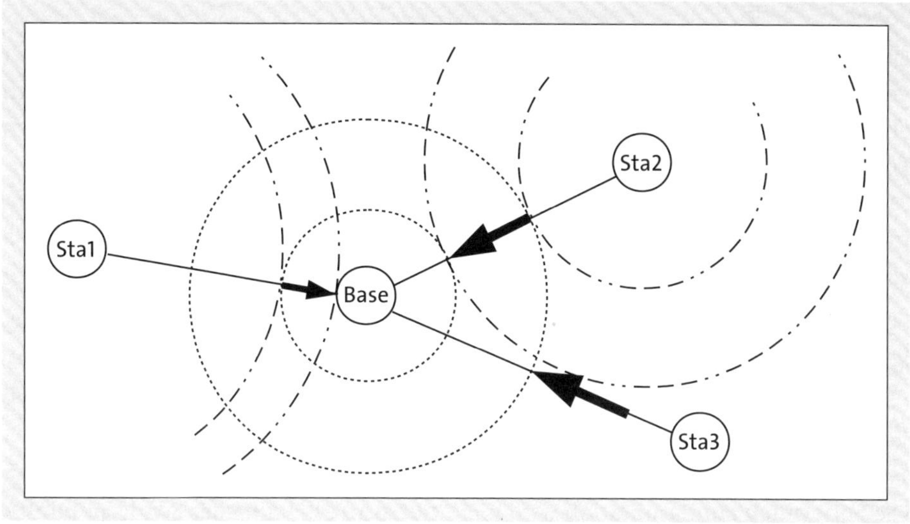

Abbildung 4.11 Drei Pakete auf dem Weg von den Stationen Sta1, Sta2 und Sta3. Die Pakete breiten sich von den Stationen wie Wellen mit Lichtgeschwindigkeit nach außen aus, räumlich begrenzt zwischen zwei konzentrischen gestrichelten Kreisen (die Kreise um Sta3 sind nicht dargestellt). Der Anteil der Pakete entlang der geraden Linie von der Station zur Basis ist als dicker Pfeil dargestellt. Die drei Pakete erreichen die Basis nacheinander und ohne Überlappung.

Das obige Diagramm veranschaulicht dies für Stationen, die physisch relativ weit voneinander entfernt sind (wie es für WiMAX mit großer Reichweite typisch sein kann). Dieser Strategie für das Uplink-Scheduling verhindert, dass die volle RTT anfällt, wie es beim Wi-Fi-Polling-Modus (Abschnitt 4.2.7, »Wi-Fi-Polling-Modus«) der Fall ist.

Zeitschlitze können periodisch (etwa für Sprachübertragungen) oder in veränderlichen Abständen festgelegt werden. Anforderungen an die Dienstqualität können ebenfalls in den Sendeplan einfließen; bei LTE liegt der Schwerpunkt auf Ende-zu-Ende-QoS, bei WiMAX auf Teilnehmer-zu-Basis-QoS.

Wenn eine Station Daten senden möchte, kann sie in ihrer nächsten planmäßigen Übertragung eine Nachfrage nach einem längeren Übertragungsintervall stellen; wird dieser Nachfrage entsprochen, kann die Station ihre Daten (oder zumindest einen Teil ihrer Daten) in ihrem nächsten planmäßigen Übertragungszeitfenster senden. Wenn eine Station mit dem Senden fertig ist, kann ihr Zeitfenster wieder auf das Minimum reduziert und auch weniger häufig eingeplant werden, aber es verschwindet nie vollständig. Stationen, die keine Daten zu senden haben, erhalten die Verbindung zur Basisstation aufrecht, indem sie während dieser Zeitschlitze »leere« Nachrichten senden.

4.3.2 Ranging

Die im vorherigen Abschnitt beschriebene Zeitplanung der Uplink-Strecke setzt voraus, dass jede Teilnehmerstation die Entfernung zur Basisstation kennt. Wenn eine Teilnehmerstation so senden soll, dass ihre Nachricht zu einem bestimmten Zeitpunkt bei der Basisstation eintrifft, muss sie die Übertragung um einen Zeitversatz früher beginnen, der der Signallaufzeit zwischen Station und Basis in einer Richtung entspricht. Dieser Prozess der Laufzeit- beziehungsweise Entfernungsmessung wird als *Ranging* bezeichnet.

Das Ranging kann mit jeglicher Art der RTT-Messung durchgeführt werden. Eine beliebige Verzögerung bei einer Antwort der Basisstation nach dem Empfang einer Teilnehmernachricht muss einfach von der Gesamt-RTT abgezogen werden. Natürlich muss diese Verzögerung der Basisstation auch an den Teilnehmer zurückgemeldet werden.

Die Entfernung zur Basisstation wird nicht nur zur Festlegung des Sendezeitpunkts der Teilnehmerstation verwendet, sondern auch zur Bestimmung ihres Leistungspegels; die Signale aller Teilnehmerstationen sollten unabhängig von ihrem Standort mit etwa der gleichen Leistung bei der Basisstation ankommen.

4.3.3 Network Entry

Durch das Scheduling wird die Möglichkeit von Kollisionen zwischen normalen Datenübertragungen ausgeschlossen. Es bleibt jedoch das Problem des erstmaligen Eintritts in das Netzwerk. Bei einem *Handoff* kann die neue Basisstation von der alten Basisstation informiert werden und einen entsprechenden Zeitplan an die neue Teilnehmerstation senden. Wurde die Teilnehmerstation jedoch gerade erst eingeschaltet oder kommt sie aus einem Gebiet ohne LTE/WiMAX-Abdeckung, sind potenzielle Übertragungskollisionen unvermeidlich. Glücklicherweise erfolgen Netzwerkeintritte nur selten, sodass Kollisionen noch seltener sind.

Eine Teilnehmerstation beginnt den Verbindungsaufbau zu einer Basisstation, indem sie die Übertragungen der Basisstation mithört. Diese Nachrichtenströme enthalten regelmäßige Management-Nachrichten, die u. a. Informationen über die möglichen Datenraten in beide Richtungen enthalten. Der Nachrichtenstrom der Basisstation enthält auch Informationen darüber, wann Versuche zum Eintreten in das Netzwerk unternommen werden können.

Bei WiMAX werden diese Zeitschlitze für Zugangsversuche als *Ranging Intervals* bezeichnet; die Teilnehmerstation wartet eines dieser Intervalle ab und sendet eine »Range-Request«-Nachricht an die Basisstation. Diese Ranging-Intervalle stehen allen Stationen offen, die versuchen, dem Netzwerk beizutreten, und wenn eine andere Station zeitgleich sendet, kommt es zu einer Kollision. Tritt eine Kollision auf, wird ein ähnliches exponentielles Backoff-Verfahren wie bei Ethernet/Wi-Fi verwendet.

Bei LTE wird der Zugangsprozess als *RACH* (Random Access CHannel) bezeichnet. Die Basisstation legt bestimmte 1-ms-Zeitfenster für den Netzzugang fest. Während einer dieser Zeitschlitze wählt ein Teilnehmer, der ins Netzwerk eintreten möchte, zufällig eine von bis zu 64 vorgegebenen *Random-Access-Präambeln* aus (einige Präambeln können für eine zweite, wettbewerbsfreie Form des RACH reserviert sein) und sendet diese. Der 1-ms-Zeitschlitz entspricht 300 Kilometern und ist damit viel größer als jede LTE-Funkzelle, sodass die Tatsache, dass der Teilnehmer seine Entfernung zur Basis noch nicht kennt, keine Rolle spielt.

Die Präambeln sind mathematisch »orthogonal«, d. h. solange nicht zwei RACH-Teilnehmer dieselbe Präambel wählen, kann die Basisstation auch überlappende Präambeln dekodieren und somit alle während des RACH-Zeitfensters übertragenen Präambeln empfangen. Die Basisstation sendet dann eine Antwort, in der die empfangenen Präambeln aufgelistet sind und die faktisch einen anfänglichen, nach Präambel indizierten Zeitplan enthält, wann jede neu eintretende Teilnehmerstation wirkliche Daten übertragen kann. Diese Antwort wird an eine spezielle temporäre Multicast-Adresse gesendet, die als *Radio Network Temporary Identifier* (RNTI) bezeichnet wird, da die Basisstation die tatsächliche Identität der neuen Teilnehmer ja noch nicht kennt. Diese Identitäten werden erst angelernt, wenn die neuen Teilnehmer nach diesem anfänglichen Zeitplan an die Basisstation senden.

Eine Kollision tritt auf, wenn zwei LTE-Teilnehmerstationen das Pech haben, dieselbe Präambel im selben RACH-Zeitfenster zu wählen; in diesem Fall erscheint die gewählte Präambel nicht im von der Basisstation übertragenen initialen Zeitplan. Wie bei WiMAX sind Kollisionen selten, weil Netzwerkeintritte selten sind. Teilnehmer, bei denen eine Kollision auftritt, versuchen es im nächsten RACH-Timeslot erneut und wählen eine neue zufällige Präambel.

Sowohl bei WiMAX als auch bei LTE ist der Netzwerkeintritt der einzige Zeitpunkt, an dem es zu Kollisionen kommen kann; danach werden alle Übertragungen der Teilnehmerstationen von der Basisstation vorausgeplant.

Wenn keine Kollision auftritt, kann jede Teilnehmerstation die erste Antwortübertragung der Basisstation nutzen, um ihre erste Entfernungsmessung durchzuführen. Die Teilnehmerstationen müssen über einen solchen Ranging-Messwert verfügen, bevor sie eine geplante Übertragung senden können.

4.3.4 Mobility

Es gibt einige wesentliche Unterschiede zwischen stationären und mobilen Teilnehmern. Erstens werden mobile Teilnehmer wahrscheinlich eine Art *Handoff* von einer Basisstation zur nächsten erwarten, wenn sich der Teilnehmer aus dem Abdeckungsbereich der ersten Station entfernt. Zweitens führt die Bewegung von Teilnehmern dazu, dass sich die Entfernungsinformationen zwischen Basisstation und Teilnehmer schnell ändern können (siehe Übung 4). Wenn der Teilnehmer seine Ranging-Informationen nicht häufig genug aktualisiert, sendet er möglicherweise zu früh oder zu spät. Wenn sich der Teilnehmer schnell genug bewegt, können sich zudem durch den Dopplereffekt auch die Frequenzen verschieben.

4.4 Ortsfeste Drahtlosnetzwerke

Zu dieser Kategorie gehören alle Systeme von Funkdienstanbietern, bei denen sich der Standort des Teilnehmers nicht ändert. Häufig, aber nicht immer, verfügt der Teilnehmer über eine Außenantenne, um den Empfang und die Reichweite zu verbessern. Ortsfeste drahtlose Systeme können über Satelliten oder auch *terrestrisch* betrieben werden.

4.4.1 Terrestrische Funknetzwerke

Terrestrische Funknetzwerke beinhalten eine direkte (nicht satellitengestützte) Funkverbindung zwischen den Teilnehmern und einem zentralen Zugangspunkt. Die Zugangspunkte befinden sich in der Regel auf Funktürmen und versorgen mehrere Teilnehmer, es gibt aber auch Punkt-zu-Punkt-»Richtfunkverbindungen« für Einzelteilnehmer. Ein Zugangspunkt mit mehreren Teilnehmern kann je nach Technologie ein Gebiet mit einem Radius von bis zu fünfzig Kilometern und mehr versorgen, wobei die üblichen Reichweiten unter 15 Kilometern liegen. WiMAX 802.16d ist eine Form des terrestrischen Drahtlosnetzwerks, aber es gibt noch weitere. Die Frequenzen können entweder lizensiert oder unlizensiert sein. Unlizensierte Frequenzbänder sind in den USA bei 900 MHz, 2,4 GHz und 5 GHz verfügbar. Für alle drei Bänder gilt, dass für die Übertragung eine direkte Sichtverbindung erforderlich ist, wobei diese Anforderung mit steigender Frequenz immer wichtiger wird. Niedrigere Frequenzen sind in der Regel besser geeignet, um Bäume und andere Hindernisse zu durchdringen.

Terrestrische stationäre Festnetzverbindungen wurden ursprünglich für ländliche Gebiete entwickelt, die für eine wirtschaftliche Kabelanbindung nicht dicht genug besiedelt sind. Inzwischen gibt es jedoch auch einige Anbieter stationärer Funkdienste in städtischen Gebieten, die häufig auf WiMAX setzen. Ein Vorteil den terrestrischen stationären Funkanbindung in abgelegenen Gebieten besteht darin, dass die Antennen einen viel kleineren geografischen Bereich abdecken als ein Satellit, was in der Regel bedeutet, dass eine höhere Datenrate pro Nutzer zur Verfügung steht und die Kosten pro Megabyte viel niedriger sind.

Abbildung 4.12 Foto des Autors beim Versuch, sein terrestrisches 2,4-GHz-Funksignal zu verbessern.

Außenantennen für Teilnehmer verwenden häufig einen Parabolspiegel, um den Empfang zu verbessern; die Größen reichen von 10 bis 50 cm Durchmesser. Die Größe der Schüssel kann von der Entfernung zur Basisstation abhängen.

Es gibt zwar standardisierte stationäre Funknetzsysteme wie WiMAX, aber auch eine Reihe proprietärer Alternativen, darunter Systeme von Trango und Canopy. Derartige Funkverbindungen können in der Tat als eine der letzten Bastionen proprietärer LAN-Protokolle angesehen werden. Dieser Mangel an Standardisierung ist auf eine Reihe von Faktoren zurückzuführen; zwei Hauptgründe sind die relativ bescheidene Gesamtnachfrage nach diesem Dienst und die Tatsache, dass die meisten Antennen vom Internet-Dienstanbieter professionell installiert werden müssen, um sicherzustellen, dass sie »ordnungsgemäß montiert, ausgerichtet, geerdet und vor Blitzschlag geschützt« sind.

4.4.2 Satelliteninternet

Ein Extremfall des stationären drahtlosen Internets ist das *Satelliteninternet*, bei dem die Signale über einen Satelliten auf einer geostationären Umlaufbahn (35786 km über der Erdoberfläche) übertragen werden. Privatkunden verwenden Parabolantennen mit einem Durchmesser von typischerweise 70 bis 100 cm Durchmesser, die damit größer sind als die für terrestrische Funknetze verwendeten Antennen, aber kleiner als die an den Zugangspunkten verwendeten Parabolantennen. Dank der geostationären Satellitenumlaufbahn müssen die Antennen nur einmalig bei der Installation ausgerichtet werden. Die Sendeleistung liegt typischerweise bei 1–2 Watt, was für ein Signal, das 35,786 km zurücklegt, bemerkenswert niedrig ist.

Das Hauptproblem im Zusammenhang mit dem Satelliten-Internet sind die sehr langen Signallaufzeiten (RTTs). Mit Lichtgeschwindigkeit liegen diese bei rund 500 ms, hinzu kommen die Wartezeiten durch den oft überlasteten Zugangspunkt (nach meiner persönlichen Erfahrung waren RTTs von fast 1.000 ms die Norm). Diese langen Verzögerungen beeinträchtigen Echtzeitdatenverkehr wie etwa für VoIP und Spiele, aber wie wir in Abschnitt 21.8, »Das Problem der Satelliten-TCP-Verbindungen«, sehen werden, funktionieren auch große TCP-Datenübertragungen bei sehr langen RTTs eher schlecht. Um das TCP-Problem teilweise zu kompensieren, bieten viele Satelliten-ISPs eine Art »Beschleunigung« für große Downloads an: eine Webseite wird beispielsweise schnell vom Zugangspunkt heruntergeladen und über einen proprietären Mechanismus zum Satelliten und von dort aus weiter zum Benutzer gestreamt. Die Beschleunigung hilft jedoch bei interaktiven Verbindungen wie VPNs nicht.

Ein weiteres häufiges Merkmal von Satelliteninternet über geostationäre Satelliten ist eine niedrige tägliche Nutzungsobergrenze, die in der Regel im Bereich von wenigen hundert Megabyte liegt. Die Volumenbegrenzungen hängen direkt mit den Kosten für die Wartung der Satelliten zusammen, aber auch mit der Tatsache, dass ein Satellit eine große Fläche abdeckt und sich daher eine große Anzahl von Nutzern die verfügbare Kapazität teilen müssen.

Die mit dem Satelliteninternet verbundenen Verzögerungsprobleme würden verschwinden, wenn sich die Satelliten in so genannten erdnahen Umlaufbahnen, d. h. in einigen hundert Kilometern Höhe über der Erde, befinden würden. Die RTTs wären dann mit dem terrestrischen Internet vergleichbar. Fest ausgerichtete Antennen ließen sich dann nicht mehr verwenden. Es müsste eine große Anzahl von Satelliten gestartet werden, um eine 24-Stunden-Abdeckung auch nur an einem Standort zu gewährleisten.

4.5 Epilog

Funknetzwerke haben die Welt revolutioniert. In wohlhabenden Ländern ist jeder ständig vernetzt. Aber auch in den ärmeren Weltregionen haben Funknetzwerke einer großen Zahl von Menschen zumindest einen teilweisen Zugang zum Internet ermöglicht. Natürlich hat diese drahtlose Revolution zu Konflikten bei der Zuweisung von Funkfrequenzen geführt.

4.6 Übungen

1. Ein offenbar wichtiger Teil des Wi-Fi-Standards IEEE 801.11 ist, dass Stationen nicht senden, wenn eine andere Station sendet; dies soll Kollisionen reduzieren. Dennoch heißt es in der Spezifikation: »Die Übertragung des ACK-Frames beginnt nach einer SIFS-Periode, ohne Rücksicht auf den Besetzt-/Belegt-Zustand des Mediums«, d. h. der ACK-Sender wartet *nicht* erst auf ein freies Netzwerk.

   Nennen Sie ein Szenario, in dem das Senden eines ACK zu *keiner* Kollision führt, obwohl das Medium *nicht* inaktiv ist! Das heißt, Station A hat gerade ein Paket an Station C gesendet, aber bevor C mit dem Senden seines ACK beginnen kann, fängt eine weitere Station B an zu senden. Hinweis: Dies ist ein weiteres Beispiel für das »Hidden-Node-Problem«, siehe Abschnitt 4.2.1, »Wi-Fi und Kollisionen«, wobei Station C hier wieder die »mittlere« Station ist. Denken Sie auch daran, dass eine gleichzeitige Übertragung nur dann eine Kollision verursacht, wenn irgendein Netzwerkknoten nicht in der Lage ist, eines der Signale zu lesen. Beachten Sie auch: Wenn C ungeachtet B sein ACK *nicht* sendet, ist das gerade von A gesendete Paket praktisch verloren.

2. ◊ Geben Sie ein Beispiel für eine Hidden-Node-Kollision mit drei Absendern (Abschnitt 4.2.1, »Wi-Fi und Kollisionen«); also für drei Knoten A, B und C, die sich allesamt gegenseitig nicht sehen aber alle einen vierten Knoten D erreichen können. Gelingt Ihnen das auch für mehr als drei Sendeknoten?

3. Angenommen, die durchschnittliche Wettbewerbsphase in einem Wi-Fi-Netz (802.11g) beträgt 64 Slot-Zeiten. Die durchschnittliche Paketgröße beträgt 1 kB, und die Datenrate beträgt 54 Mbit/s. Bei dieser Datenrate dauert es etwa (8×1024)/54 = 151 µs, um ein Paket zu übertragen.

   a) Wie lang ist die durchschnittliche Wettbewerbsphase in µs?

   b) ◊ Welcher Anteil der gesamten potenziellen Datenrate geht aufgrund von Konkurrenzsituationen verloren? (In Abschnitt 2.1.11, »Analyse des klassischen Ethernets«, finden Sie ein ähnliches Beispiel).

4. Von WiMAX- und LTE-*Teilnehmern* wird nicht erwartet, dass sie sich gegenseitig hören. Bei Wi-Fi-Stationen in Infrastruktur-Netzwerken (ohne Zugangspunkt) ist es dagegen erwünscht, andere Übertragungen (die nicht von einem Zugangspunkt stammen) zu hören. Nennen Sie einige Möglichkeiten, wie solche Stationen auf Pakete reagieren könnten, die von anderen Teilnehmern (keine Zugangspunkte) gesendet werden. Versuchen Sie, Beispiele für Stationen zu finden, die mit demselben Zugangspunkt verbunden sind, ebenso wie für Stationen, die mit verschiedenen Zugangspunkten verbunden sind. Die Antworten müssen nicht in Form von Übertragungen erfolgen. (Solche Antworten können von Wi-Fi-Stationen nicht *gefordert* werden, da der Empfang der entsprechenden Pakete oft recht lückenhaft ist).

5. Angenommen, WiMAX-Teilnehmerstationen können sich mit Geschwindigkeiten von bis zu 33 Metern/Sek. bewegen (der nach 802.16e zulässigen Höchstgeschwindigkeit).
   a) Wie viel früher (oder später) kann das Paket eines Teilnehmers eingehen? Nehmen Sie an, dass der Ranging-Prozess die Laufzeitverzögerung der Station einmal pro Minute aktualisiert. Die Lichtgeschwindigkeit beträgt etwa 300 Meter/µs.
   b) Wie viel Zeit muss bei 5000 Sendern pro Sekunde in jeder Sekunde für »Schutzintervalle« aufgewendet werden, um die oben genannten verfrühten/verspäteten Eingänge zu berücksichtigen? Sie müssen dazu die Zeit aus Teil (a) verdoppeln, da die Basisstation nicht wissen kann, ob das Signal eines mobilen Teilnehmers früher oder später ankommt.
6. In dieser Übung umreißen wir das *Zwei-Strahlen-Bodenreflexionsmodell* für die Funkwellenausbreitung, bei dem die Signalleistung umgekehrt proportional zur vierten Potenz der Entfernung ist und nicht dem üblichen Gesetz des umgekehrten Quadrats folgt. Eine gewisse Kenntnis trigonometrischer (oder komplex-exponentieller) Manipulationen ist dazu erforderlich.

   Angenommen, das Signal in der Nähe des Senders ist $A \sin(2\pi ft)$, wobei A die Amplitude, f die Frequenz und t die Zeit ist. Die Signalleistung ist proportional zu A^2. Bei einer Entfernung $r \geq 1$ wird die Amplitude um den Faktor $1/r$ verringert (die Leistung verringert sich also um $1/r^2$) und das Signal wird um die Zeit r/c verzögert, wobei c die Lichtgeschwindigkeit ist. Daraus ergibt sich

   $(A/r)\sin(2\pi f(t - r/c)) = (A/r)\sin(2\pi ft - 2\pi\lambda r)$

   wobei $\lambda = f/c$ der Wellenlänge entspricht.

   Das Empfangssignal ist die Überlagerung des direkten Signalwegs und der Reflexion des Signals am Boden, wie in Abbildung 4.13 dargestellt.

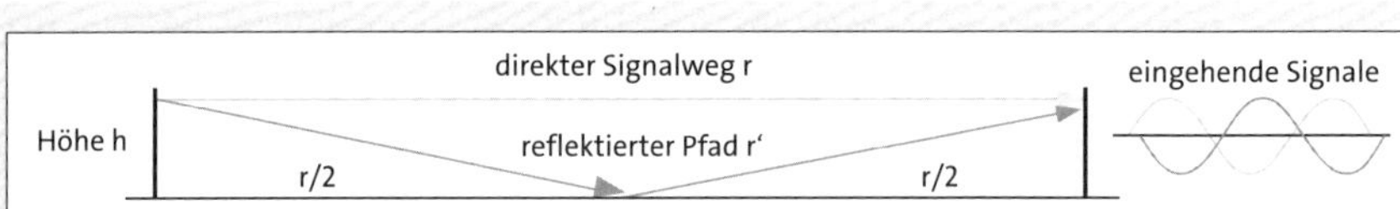

Abbildung 4.13 Das Zwei-Strahlen-Bodenreflexionsmodell

Sender und Empfänger sind der Einfachheit halber in gleicher Höhe über dem Boden dargestellt. Wir nehmen eine Bodenreflektivität von 100 % an (dies ist bei sehr flachen Winkeln vertretbar). Die Phase des Bodensignals wird durch die Reflexion um 180° gedreht und zudem durch den etwas längeren Laufweg etwas stärker verzögert.

a) Ermitteln Sie eine Formel für die Länge des reflektierten Signalwegs r' in Abhängigkeit von r und h. Eliminieren Sie die Quadratwurzel, indem Sie die Näherung $(1+x)^{1/2} \simeq 1 + x/2$ für kleine x verwenden. (Sie müssen zunächst r aus dem Quadratwurzelausdruck für r' herausrechnen).

b) Vereinfachen Sie die *Differenz* (aufgrund der 180°-Phasenumkehr bei der Reflexion) der Sichtlinien- und Reflexionssignalwege. Verwenden Sie die Näherung $\sin(X) - \sin(Y) = 2 \sin((X-Y)/2) \cos((X+Y)/2) \simeq (X\text{-}Y) \cos((X+Y)/2) \simeq (X-Y) \cos(X)$ für $X \simeq Y$ (oder verwenden Sie komplexe Exponentiale, wobei sin(X) der Realteil von $i\ e^{iX}$ ist). Sie können voraussetzen, dass r'-r kleiner als die Wellenlänge λ ist. Beginnen Sie mit $(A/r)\sin(2\pi ft - 2\pi\lambda r) - (A/r')\sin(2\pi ft - 2\pi\lambda r')$; hilfreich ist es, die r→r'-Veränderung auf jeweils einen Unterausdruck zu reduzieren, indem Sie diese Schreibweise verwenden (Addition und Subtraktion der identischen mittleren Terme):

$$((A/r)\sin(2\pi ft - 2\pi\lambda r) - (A/r')\sin(2\pi ft - 2\pi\lambda r)) + ((A/r')\sin(2\pi ft - 2\pi\lambda r) - (A/r')\sin(2\pi ft - 2\pi\lambda r'))$$

$$= (A/r - A/r')\sin(2\pi ft - 2\pi\lambda r) + (A/r')(\sin(2\pi ft - 2\pi\lambda r) - \sin(2\pi ft - 2\pi\lambda r'))$$

c) Zeigen Sie, dass die Amplitude dieser Differenz näherungsweise proportional zu $1/r^2$ ist, und die relative Leistung somit proportional zu $1/r^4$.

7. Nehmen Sie beim Vier-Wege-Handshake aus Abschnitt 4.2.5, »Wi-Fi-Sicherheit«, an, dass Station B (für Böse) den erfolgreichen Handshake von Station A und dem Zugangspunkt aufzeichnet. A verlässt daraufhin das Netzwerk, und B versucht eine *Replay-Attacke*: B nutzt die Pakete von A für den Handshake. An welchem Punkt genau bricht der Handshake zusammen?

Kapitel 5
Sonstige LAN-Technologien

In der kabelgebundenen Ära reichten normalerweise Ethernet und bei größeren Entfernungen manchmal Punkt-zu-Punkt-Verbindungen zwischen verschiedenen Standorten aus. Es gibt jedoch wichtige drahtgebundene Alternativen. Einige, wie Token Ring, haben eigentlich nur noch historische Bedeutung; andere, wie virtuelle Verbindungen, sind als Konzept wichtig, werden aber bis jetzt in der Praxis relativ selten angewandt (Abschnitt 24.12, »Multi-Protocol Label Switching (MPLS)«).

5.1 Virtuelle private Netzwerke

Nehmen wir an, Sie möchten von zu Hause aus eine Verbindung zum Netzwerk Ihres Arbeitsplatzes herstellen. Dort gelten jedoch Sicherheitsrichtlinien, die den Zugriff auf wichtige interne Ressourcen durch »externe« IP-Adressen nicht zulassen. Wie können Sie vorgehen, ohne eine Standleitung zu Ihrem Arbeitsplatz zu mieten?

Eine Lösung ist ein virtuelles privates Netzwerk oder *VPN*. Damit lassen sich *virtuelle Verbindungen* einrichten, die weit voneinander entfernte Knoten über das Internet miteinander verbinden. Ihr Heimcomputer stellt eine gewöhnliche Internet-Verbindung (TCP oder UDP) zu einem *VPN-Server* am Arbeitsplatz her (auch eine Paketkapselung auf IP-Schicht kann verwendet werden, wodurch die Timeout-Fehler vermieden werden, die manchmal durch das Senden von TCP-Paketen innerhalb eines anderen TCP-Streams entstehen; siehe Abschnitt 9.9, »Mobile IP«. Normalerweise ist jedes Ende der Verbindung mit einer per Software erstellten *virtuellen Netzwerkschnittstelle* verbunden; jeder der beiden virtuellen Schnittstellen wird eine IP-Adresse zugewiesen. (Virtuelle Schnittstellen sind nicht unbedingt erforderlich; VPNs, die mit IPsec, Abschnitt 28.6, »IPsec«, erstellt werden, verzichten normalerweise darauf). Soll ein Paket über die virtuelle Verbindung gesendet werden, wird es gekapselt und über die ursprüngliche Internet-Verbindung zum VPN-Server geschickt, wobei es sich seinen Weg durch das herkömmliche Internet bahnt; dieser Vorgang wird *Tunneling* genannt. In jeder Hinsicht verhält sich die virtuelle Verbindung wie eine beliebige andere physische Verbindung.

Getunnelte Pakete werden oft sowohl verschlüsselt als auch gekapselt, aber das ist ein anderes Thema. Ein relativ einfach zu implementierendes Beispiel für einen Tunneling-Mechanismus ist eine TCP-Heimarbeitsplatz-Verbindung als serielle Leitung und das Senden von Paketen über diese Leitung, wobei PPP mit HDLC verwendet wird; siehe Abschnitt 6.1.5, »Framing«, und RFC 1661 (dies kann allerdings zu den oben erwähnten TCP-in-TCP-Timeout-Problemen führen).

Am Arbeitsplatz wird die virtuelle Netzwerkschnittstelle im VPN-Server an einen Router oder Switch angeschlossen; bei dem Heimanwender bzw. der Heimanwenderin kann der virtuellen Netzwerkschnittstelle nun eine *interne* Arbeitsplatz-IP-Adresse zugewiesen werden. Der Heimcomputer ist jetzt sozusagen Teil des internen Arbeitsplatznetzes.

In Abbildung 5.1 erfolgt die reguläre Internetverbindung des Benutzers über die Hardwareschnittstelle `eth0`. Es wird eine Verbindung zum VPN-Server von Standort A hergestellt; auf dem Benutzerrechner wird eine virtuelle Schnittstelle `tun0` eingerichtet, die wie eine direkte Verbindung zum VPN-Server aussieht. Der Schnittstelle `tun0` wird eine Standort-A-IP-Adresse zugewiesen. Pakete, die über die `tun0`-Schnittstelle gesendet werden, laufen in Wirklichkeit über die ursprüngliche Verbindung über `eth0` und das Internet.

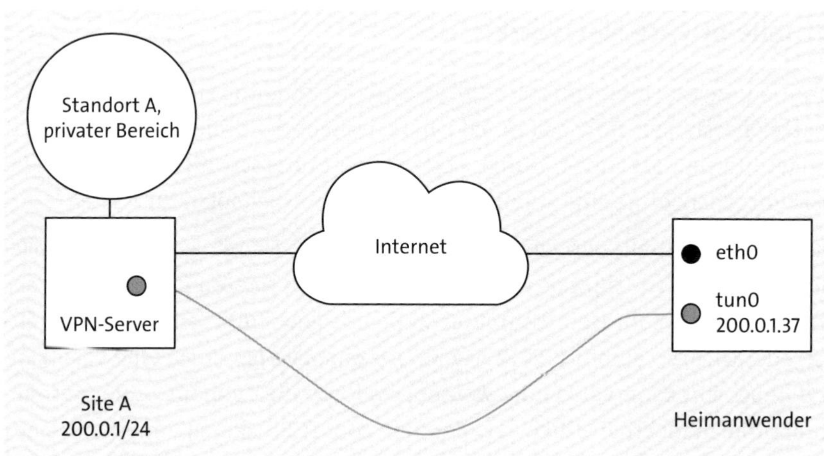

Abbildung 5.1 VPN: Die markierte Verbindung stellt den Tunnel dar. Die eigentliche Verbindung wird über eth0 hergestellt. Die Schnittstelle tun0 ist eine virtuelle Netzwerkschnittstelle mit einer Site-A-Adresse.

Nach der Einrichtung des VPN scheint die Schnittstelle `tun0` des Homoffice-Hosts lokal mit dem Standort A verbunden zu sein, sodass der Homeoffice-Host eine Verbindung zum privaten Bereich des Standorts A herstellen kann. Die Weiterleitungstabelle des Homeoffice-Hosts wird so konfiguriert, dass der Datenverkehr zu den privaten Adressen des Standorts A über die Schnittstelle `tun0` geleitet wird.

Per VPN werden häufig auch ganze Zweigstellen mit der Zentrale verbunden. In diesem Fall befindet sich das Tunnelende am lokalen Router der Zweigstelle, und der Tunnel überträgt den Datenverkehr für alle Arbeitsstationen der Zweigstelle.

Weitere VPN-Anwendungen sind der Versuch vorzugeben, dass man sich geografisch an einem anderen Ort befindet, und die Umgehung von Firewall-Regeln, die bestimmte TCP- oder UDP-Ports blockieren.

Aus Sicherheitsgründen ist es üblich, dass das private Ende der VPN-Verbindung (oder die Außenstelle) die VPN-Verbindung als Standardroute für den gesamten Datenverkehr *außer* dem zur Aufrechterhaltung des VPN selbst erforderlichen verwendet. Hier kann ein sogenannter *hostspezifischer* Eintrag in der Weiterleitungstabelle aufseiten des Heimarbeitsplatzes nötig sein, damit die Pakete des VPN-Tunnel-Traffics korrekt über `eth0` geroutet werden können. Durch diese Routing-Strategie können potenzielle Eindringlinge nicht über den ursprünglichen privaten Internetzugang auf das interne Heimarbeitsplatznetz zugreifen. Wenn vom Heimarbeitsplatz aus eine große Datei von anderswo als von der Arbeitsstelle heruntergeladen wird, wird diese deshalb zuerst zur Arbeitsstelle, dann über die VPN-Verbindung zurück ins Internet und schließlich an den Heimarbeitsplatz geschickt.

Um Netzwerküberlastungen besser abfangen zu können, werden IP-Pakete manchmal von betroffenen Routern gekennzeichnet; siehe Abschnitt 21.5.3, »Explicit Congestion Notification (ECN)«. Wenn das äußere Paket gekennzeichnet wird und dies am entfernten Endpunkt des VPN nicht auf das innere, eingekapselte Paket übertragen wird, geht die Kennzeichnung verloren. Überlast kann dann nicht mehr so gut abgefedert werden. RFC 6040 beschreibt eine geeignete allgemeine Strategie zur erneuten Kennzeichnung; RFC 7296 definiert dies speziell für IPsec (Abschnitt 28.6, »IPsec«). Ältere VPN-Protokolle unterstützen jedoch möglicherweise keine erneute Kennzeichnung bei Überlast.

5.2 Carrier-Ethernet

Carrier-Ethernet ist eine Punkt-zu-Punkt-Mietleitung zwischen zwei Standorten, bei der die Teilnehmerschnittstelle an jedem Ende der Leitung (einer beliebigen Art von) Ethernet gleicht. Der physische Pfad zwischen den Standorten muss jedoch nichts mit Ethernet zu tun haben; er kann nach Belieben des Betreibers implementiert werden. Insbesondere ist er vollduplex (oder erweckt zumindest den Anschein) und kollisionsfrei, und seine Länge kann weit über das von einem IEEE-Ethernet-Standard erlaubte Maximum hinausgehen.

Wie wir gesehen haben, ist Ethernet selbst zu einer Art generischer virtueller Schnittstelle für eine Vielzahl von physischen Implementierungen und Geschwindigkeiten geworden. Carrier-Ethernet führt diese Sichtweise zu ihrer logischen Schlussfolgerung: Von Ethernet kann man *nur* in Bezug auf die Endpunktschnittstellen sprechen; das dazwischen liegende Netz kann alles Mögliche sein.

Die Bandbreite kann in beliebigen, vom Netzbetreiber implementierten Schritten erworben werden; die Uplink-Bandbreite kann sich stark von der Downlink-Bandbreite unterscheiden. Es ist durchaus möglich, dass die Endpunkt-Ethernet-Schnittstellen viel schneller sind als die bereitgestellte Bandbreite, z. B. Gigabit-Ethernet-Schnittstellen für eine 40-Mbit/s-Verbindung. Der Sinn von Carrier-Ethernet besteht darin, eine Abstraktionsebene zwischen den Kunden, die lediglich eine Standard-Ethernet-Schnittstelle installieren müssen, und dem Anbieter zu schaffen, der die Implementierung der Verbindung nach Belieben aufrüsten kann, ohne dass auf Kundenseite irgendetwas geändert werden muss.

In gewisser Weise ähnelt Carrier-Ethernet der weit verbreiteten Praxis, DSL- und Kabel-Router für Privatkunden mit einer Ethernet-Schnittstelle auszustatten. Auch hier gilt, dass die eigentlichen Verbindungstechnologien nicht unbedingt wie Ethernet aussehen, die Schnittstelle jedoch schon.

Eine Carrier-Ethernet-Verbindung gleicht einer virtuellen VPN-Verbindung, läuft aber über das interne Netz des Anbieters und nicht über das allgemeine Internet. Carrier-Ethernet-Verbindungen stellen oft die primäre Internet-Konnektivität für einen Endpunkt bereit, während bei Internet-VPNs davon ausgegangen wird, dass beide Endpunkte bereits über eine vollständige Internet-Konnektivität verfügen.

5.3 Token Ring

Ein großer Teil des vorigen Kapitels war dem Kollisionsmechanismus des klassischen Ethernet zur Unterstützung des gemeinsamen Medienzugriffs gewidmet. Daher mag es nun überraschen, dass es einen einfachen Mehrfachzugriffsmechanismus gibt, der nicht nur *kollisionsfrei* ist, sondern auch *fair* in dem Sinne, dass jede Station eine Chance von 1/N erhält, wenn N Stationen senden wollen.

Diese Methode heißt Token Ring. Es gibt verschiedene Implementierungen, von *Fiber-Distributed Data Interface* (FDDI) bis zum sogenannten »IBM Token Ring«. Die zentrale Idee ist, dass die Stationen in einem Ring verbunden sind:

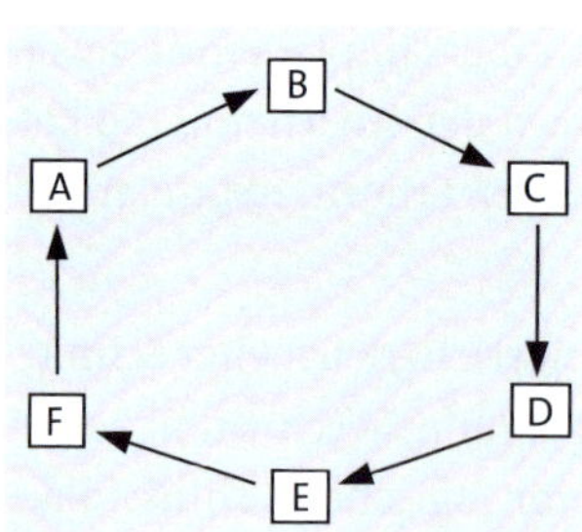

Abbildung 5.2 Der Token wird im Ring weitergegeben

Die Pakete werden in eine Richtung übertragen (in Abbildung 5.2 im Uhrzeigersinn). Die Stationen leiten die meisten Pakete innerhalb des Rings weiter, können aber auch Pakete entfernen. (Ein exakteres Bild erhalten Sie möglicherweise, wenn Sie sich vorstellen, dass die Weiterleitung die standardmäßige Kabelverbindung darstellt, während *Nicht*-Weiterleitung bedeutet, dass die Station diese Verbindung vorübergehend unterbricht).

Befindet sich das Netz im Leerlauf, einigen sich alle Stationen auf die Weiterleitung eines speziellen kleinen Pakets, des sogenannten *Token*. Möchte eine Station, z. B. A, senden, muss sie zunächst warten, bis das Token bei A eintrifft. Anstatt das Token weiterzuleiten, überträgt A ein eigenes Paket; dieses wandert durch das Netz, bis es von A entfernt wird. An diesem Punkt (oder in einigen Fällen an dem Punkt, an dem A die Übertragung seines Datenpakets beendet) leitet A dann das Token weiter.

In einem kleinen Ringnetz kann der Umfang des Rings einen kleinen Bruchteil eines Pakets ausmachen. Ringnetze sind dann »groß«, wenn mehrere Pakete vollständig auf dem Ring unterwegs sein können. Für jeden Fall sieht die Lösung etwas anders aus. (Es ist auch möglich, dass der physische Ring nur innerhalb des Token-Ring-Switches existiert und dass die Stationen über die übliche Punkt-zu-Punkt-Verkabelung mit diesem Switch verbunden sind).

Wenn alle Stationen Pakete senden müssen, ergibt sich in etwa folgendes Bild:

- A wartet auf das Token.
- A sendet ein Paket.
- A sendet das Token an B.
- B sendet ein Paket.
- B sendet das Token an C.
- C sendet ein Paket.
- C sendet das Token an D.
- ...

Alle Stationen erhalten gleich viele Übertragungschancen, und es wird keine Bandbreite durch Kollisionen verschwendet. (Eine Station, die ständig kleinere Pakete sendet, sendet die gleiche Paketanzahl wie eine Station, die ständig größere Pakete sendet, aber die Bandbreite ist entsprechend der kleineren Paketgröße geringer).

Ein Problem bei Token Ring besteht darin, dass die Weiterleitung der Pakete nach dem Ausschalten von Stationen *zwingend* fortgesetzt werden muss; dies wird in der Regel durch ein Durchschleifen mit ausgeschalteten Stationen belegter Ports gelöst, damit der Ring geschlossen bleibt.

Ein weiteres Problem besteht darin, dass eine Station darüber wachen muss, ob ein Token verschwindet oder ein Duplikat auftaucht.

Aufgrund seiner Fairness und Kollisionsfreiheit wurde IBM Token Ring einst als bester LAN-Mechanismus angesehen. Daher war Token-Ring-Hardware ziemlich teuer. Wegen der günstigeren Hardware und höheren Bitraten (selbst unter Berücksichtigung von Kollisionen) setzte sich schließlich Ethernet durch.

Mit *Token Bus* gab es außerdem eine viel frühere kollisionsfreie Mischform von 10-Mbit/s-Ethernet und Token Ring: Über einem (oft linearen) physischen Ethernet-Netzwerk lag eine Token-Ring-ähnliche Protokollschicht. Die Stationen waren physisch mit dem (linearen) Ethernet verbunden, erhielten aber Kennungen, die sie logisch in einem (virtuellen) Ring anordneten. Jede Station musste auf das Token warten und konnte erst dann ein Paket senden; danach schickte sie das Token an die nächste Station im virtuellen Ring weiter. Wie bei »echtem« Token Ring müssen Mechanismen zur Überwachung von Token-Verlusten vorhanden sein.

Token Bus Ethernet hat sich nie durchgesetzt, teilweise zweifellos wegen der komplexeren Software, aber vor allem wohl mangels Bedarf.

5.4 Virtuelle Verbindungen

Bevor wir uns zum Abschluss mit ATM beschäftigen, unternehmen wir einen kurzen Ausflug zu den virtuellen Verbindungen oder Virtual Circuits.

Der nicht eingeschlagene Weg

Die genaue Lektüre von Robert Frosts Gedicht »The Road not Taken« (den Text finden Sie etwa hier: *https://poets.org/poem/road-not-taken*) zeigt, dass der vermeintlich große Unterschied zwischen den beiden Straßen nur in der rückblickenden Vorstellung des Erzählers existiert; die Straßen waren in Wirklichkeit »ungefähr gleich«. Vielleicht gilt dies auch für die Datagrammweiterleitung und die virtuellen Verbindungen, siehe jedoch weiter unten die Abrechnung pro Verbindung.

Virtuelle Verbindungen sind der Weg, den IP nicht eingeschlagen hat.

Virtual-Circuit-Switching (oder -Routing) ist eine Alternative zur in Kapitel 1 vorgestellten Datagrammweiterleitung. Bei dieser kennen die Router den next_Hop zu jedem Ziel, und die Pakete werden gemäß dem *Ziel* adressiert. Beim Virtual-Circuit-Switching kennen die Router die Ende-zu-Ende-*Verbindungen*, und die Pakete werden durch eine Verbindungs-ID »adressiert«.

Bevor Datenpakete gesendet werden können, muss zunächst eine Verbindung aufgebaut werden. Für diese wird die Route berechnet, und dann wird jeder Einzelstrecke entlang des Pfads eine Verbindungs-ID zugewiesen, die üblicherweise *VCI* (Virtual Circuit Identifier) genannt wird. In den meisten Fällen sind die VCIs nur *lokal* eindeutig, d. h. jede Einzelstrecke der Verbindung kann eine andere VCI erhalten. Durch die fehlende globale Eindeutigkeit wird die VCI-Zuweisung viel einfacher. Obwohl sich die VCI entlang eines Pfads ständig ändert, kann sie als Identifikation der Verbindung angesehen werden. Um ein Paket zu senden, markiert der Host das Paket mit der VCI, die der Verbindung Host – Router1 zugewiesen ist.

Pakete erreichen (und verlassen) Switches über einen von mehreren *Ports*, deren Nummerierung bei 0 beginnen soll. Switches unterhalten eine *Verbindungstabelle*, die durch <VCI,port>-Paare indiziert ist; im Gegensatz zu einer Weiterleitungstabelle enthält die Verbindungstabelle eine Aufzeichnung jeder Verbindung durch diesen Switch zu diesem bestimmten Zeitpunkt. Wenn ein Paket eingeht, werden seine eingehende VCI_{in} und sein eingehender $Port_{in}$ in dieser Tabelle nachgeschlagen; daraus ergibt sich ein ausgehendes <VCI_{out},$port_{out}$>-Paar. Das VCI-Feld des Pakets wird dann in VCI_{out} *umgeschrieben* und das Paket über $Port_{out}$ gesendet.

Beachten Sie, dass das Paket in der Regel keine Informationen zur Absenderadresse enthält (obwohl der Absender anhand der Verbindung identifiziert werden kann, die wiederum anhand der VCI an jedem Punkt der Verbindung ermittelt werden kann). Pakete werden durch die Verbindung identifiziert, nicht durch das Ziel. Jeder Knoten entlang des Pfads (einschließlich der Endpunkte) kann im Prinzip die Verbindung nachschlagen und die Endpunkte herausfinden.

Beachten Sie auch, dass jeder Switch die VCI neu schreiben muss. Datagramm-Switches schreiben Adressen nie um (aktualisieren aber Hopcount/TTL-Felder). Der Vorteil ist, dass VCIs nur für eine bestimmte Verbindung eindeutig sein müssen, das vereinfacht die Benennung stark. Datagramm-Switches bedienen sich auch nicht der Ankunftsschnittstelle eines Pakets.

Betrachten Sie als Beispiel das Netzwerk in Abbildung 5.3. Die Switch-Ports sind mit 0, 1, 2 und 3 nummeriert. Zwei Pfade sind eingezeichnet, einer von A nach F in blau und einer von B nach D; jede Verbindung ist mit ihrer VCI-Nummer in der gleichen Farbe gekennzeichnet.

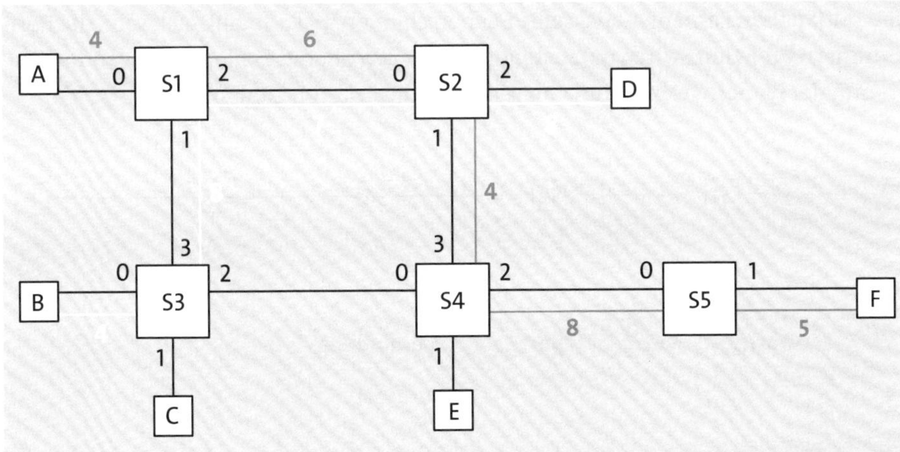

Abbildung 5.3 Das Beispiel-Netzwerk

Wir erstellen virtuelle Verbindungen zwischen

- A und F (in Abbildung 5.3 blau dargestellt),

  A und E,
- A und C,

  B und D in Abbildung 5.3 grau dargestellt),
- erneut A und F (separate Verbindung).

Für diese Verbindungen wurden die folgenden VCIs gewählt. Die Auswahl erfolgt hier mehr oder weniger zufällig, aber gemäß der Anforderung, dass sie für jede Verbindung eindeutig sein müssen. Da die Verbindungen als bidirektional gelten, kann eine von S1 nach S3 verwendete VCI erst wieder von S3 nach S1 verwendet werden, wenn die erste Verbindung geschlossen ist.

- A nach F: A–4–S1–6–S2–4–S4–8–S5–F; dieser Pfad führt von S1 über S2 nach S4.

  A nach E: A–5–S1–6–S3–3–S4–8–E; dieser Pfad führt (ohne besonderen Grund) von S1 nach S4 über S3, die gegenüberliegende Ecke des Quadrats.
- A nach C: A–6–S1–7–S3–3–C

  B nach D: B–4–S3–8–S1–7–S2–8–D
- A nach F: A–7–S1–8–S2–5–S4–9–S5–2–F

Auf einer Strecke verwenden niemals zwei verschiedene Pfade die gleiche VCI.

Aus den obigen Angaben konstruieren wir nun die tatsächlichen ⟨VCI,port⟩-Tabellen für die Switches S1–S4; die Tabelle für S5 dient als spätere Übung. Beachten Sie, dass entweder ⟨VCI_{in},$port_{in}$⟩ oder ⟨VCI_{out},$port_{out}$⟩ als Schlüssel dienen kann; in den in- und out-Spalten kann nicht dasselbe Paar erscheinen. Es kann hilfreich sein, die Portnummern für jeden Switch darzustellen, wie in den oberen Zahlen im folgenden Diagramm der blauen Verbindung von A nach F (die unteren Zahlen sind die VCIs):

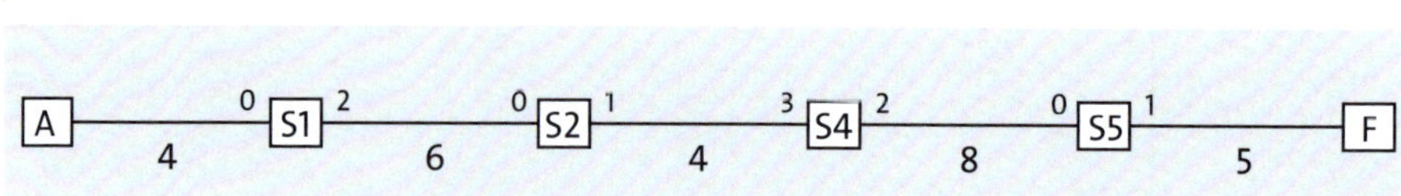

VCI_{in}	$port_{in}$	VCI_{out}	$port_{out}$	Verbindung
4	0	6	2	A⟶F #1
5	0	6	1	A⟶E

Tabelle 5.1 Switch S1

VCI_{in}	$port_{in}$	VCI_{out}	$port_{out}$	Verbindung
6	0	7	1	A⟶C
8	1	7	2	B⟶D
7	0	8	2	A⟶F #2

Tabelle 5.1 Switch S1 (Forts.)

VCI_{in}	$port_{in}$	VCI_{out}	$port_{out}$	Verbindung
6	0	4	1	A⟶F #1
7	0	8	2	B⟶D
8	0	5	1	A⟶F #2

Tabelle 5.2 Switch S2

VCI_{in}	$port_{in}$	VCI_{out}	$port_{out}$	Verbindung
6	3	3	2	A⟶E
7	3	3	1	A⟶C
4	0	8	3	B⟶D

Tabelle 5.3 Switch S

VCI_{in}	$port_{in}$	VCI_{out}	$port_{out}$	Verbindung
4	3	8	2	A⟶F #1
3	0	8	1	A⟶E
5	3	9	2	A⟶F #2

Tabelle 5.4 Switch S4

Der Namensraum für VCIs ist klein und kompakt (z. B. fortlaufend). Normalerweise können die VCI- und Port-Bitfelder verkettet werden, um einen zusammengesetzten Wert <VCI,Port> zu erzeugen, der so klein ist, dass er als Array-Index verwendet werden kann. VCIs funktionieren am besten als *lokale* Bezeichner. IP-Adressen hingegen müssen weltweit eindeutig sein und sind daher oft eher ungleichmäßig verteilt.

Virtual-Circuit Switching bietet folgende Vorteile:

- Verbindungen können Dienstgütegarantien aufweisen, da die Switches über die Verbindungen benachrichtigt werden und zum Zeitpunkt der Verbindungsaufnahme Kapazitäten reservieren können.

  Die Header sind kleiner und ermöglichen einen schnelleren Durchsatz.
- Die Header sind klein genug für eine effiziente Unterstützung der sehr kleinen Paketgrößen, wie sie für Sprachverbindungen optimal sind. ATM-Pakete haben z. B. 48 Bytes Daten.

Datagrammweiterleitung bietet dagegen die folgenden Vorteile:

- Router müssen weniger Statusinformationen verwalten.

  Routerabstürze und teilweiser Verlust des Verbindungsstatus stellen kein Problem dar.
- Bei deaktiviertem Router bzw. deaktivierter Verbindung ist eine Umleitung einfach, und sie hat keine Auswirkungen auf den Verbindungszustand. (Wie in Kapitel 1 erwähnt, war dies das Hauptanliegen von Paul Baran in seinem 1962 veröffentlichten Aufsatz zur Einführung der Paketvermittlung).

  Die Abrechnung pro Verbindung ist sehr schwierig.

Der letzte Punkt mag einst sehr wichtig gewesen sein; als ARPANET entwickelt wurde, kosteten Ferngespräche tagsüber um 1 $/Minute. Es ist unwahrscheinlich, dass die frühe Entwicklung des TCP/IP-Protokolls so erfolgreich gewesen wäre, wenn die Teilnehmenden für jedes Einzelprojekt minutengenaue Abrechnungskosten hätten rechtfertigen müssen.

Es ist durchaus möglich, virtuelle Verbindungen mit global eindeutigen VCIs zu schalten, etwa durch die Verkettung von Quell- und Ziel-IP-Adressen und Portnummern. Genau dies gilt für das IP-basierte RSVP-Protokoll (Abschnitt 24.6, »RSVP«). Allerdings gehen dann die Vorteile eines kompakten Namensraums (schnelles Nachschlagen und kleine Header) verloren.

Eine weitere IP-basierte Anwendung von virtuellen Verbindungen ist Multi-Protocol Label Switching (Abschnitt 24.12, »Multi-Protocol Label Switching (MPLS)«).

Beachten Sie, dass beim Virtual-Circuit-Switching *keine* Ressourcen durch ungenutzte Kanäle verbraucht werden, während dies beim Zeitmultiplexverfahren (z. B. gemeinsam genutzte T_1-Leitungen) ein Problem darstellt.

5.5 Asynchronous Transfer Mode: ATM

ATM ist eine Netzwerktechnik für Echtzeit-Traffic sowie die Übertragung umfangreicher Datenmengen. Wir stellen ATM hier als LAN-Schicht vor. Für diese wird es immer noch manchmal verwendet, aber ursprünglich sollte es auch die IP-Schicht und in gewissem Maße die Transportschicht ersetzen. Diese Pläne fanden jedoch innerhalb der IETF keine breite Unterstützung. Bei der Verwendung als LAN-Schicht werden IP-Pakete über ATM übertragen, wie in Abschnitt 5.5.1, »ATM-Segmentierung und -Reassemblierung«, beschrieben.

Ein charakteristisches Merkmal von ATM ist die geringe Paketgröße. ATM hat seine Wurzeln in der Telekommunikationsbranche und wurde daher vor allem zur Unterstützung von Voice-Traffic konzipiert. Ein bedeutender Grund für Verzögerungen im Voice-Traffic ist die Paketfüllzeit: Bei DS0-Geschwindigkeit (64 kbit/s) fallen Sprachdaten mit 8 Byte/ms an. Wenn wir 1-kB-Pakete senden, entsteht eine Verzögerung von etwa 1/8 Sekunde: Wenn eine Teilnehmerin aufhört zu sprechen, kann sie die Antwort des anderen Teilnehmers frühestens ¼ Sekunde später hören. Etwas geringere Latenzen können ein störendes Echo verursachen. Durch kleinere Pakete werden die Füllzeit und damit die Verzögerung verringert: Bei der Sprachübertragung über IP (VoIP) ist es üblich, alle 20 ms 160 Byte zu senden.

ATM hat diese Strategie der kleinen Pakete noch weiterentwickelt: Die Pakete bestehen aus 48 Byte Daten plus 5 Byte Header. Solche kleinen Pakete werden oft als *Zellen* bezeichnet. So kleine Header machen Virtual-Circuit-Routing erforderlich. IP-Pakete von derartig geringer Größe würden wahrscheinlich über 50 % der Bandbreite für den Header verbrauchen, wenn der LAN-Header eingeschlossen würde.

Abgesehen von der kürzeren Füllzeit haben kleinere Zellen noch weitere Vorteile: die geringere Übertragungsverzögerung und die minimale Warteschlangenverzögerung, zumindest für Traffic mit hoher Priorität. Standardmäßig wird Traffic mit hoher Priorität bevorzugt; dennoch darf er niemals die bereits begonnene Übertragung eines Pakets mit niedriger Priorität *unterbrechen*. Wenn Sie eine Sprachzelle mit hoher Priorität haben und jemand anderes gerade ein 1500-Byte-Paket gestartet hat, muss Ihre Zelle etwa 30 Zellen abwarten, da 1500 Byte etwa 30 Zellen ausmachen. Wenn der Traffic mit niedriger Priorität jedoch aus 30 Zellen besteht, müssen Sie nur warten, bis die erste Zelle fertig ist; die Verzögerung ist 30-mal geringer.

ATM beschränkt sich zudem auf Zellen mit *fester Größe*. Eine einzelne, nicht vollständig genutzte Zelle ist kaum nachteilig; eine feste Zellengröße vereinfacht dagegen das Hardware-Design und ermöglicht zumindest in der Theorie eine einfachere Parallelisierung.

Leider haben sich die Entwickler von ATM auch *gegen die Neuordnung* der Zellen entschieden. Das bedeutet, dass die Zellen ein kleineres Sequenznummernfeld verwenden können, aber auch der Aufbau paralleler Switches erheblich erschwert wird. In einem typischen parallelen Switchdesign könnten eingehende Zellen auf mehrere Eingangswarteschlangen verteilt sein; die Warteschlangen würden dann die VCI-Lookups parallel abarbeiten und die Zellen an die entsprechenden Ausgangswarteschlangen weiterleiten. Bei einer solchen Architektur ist es schwierig, eine Neuordnung zu vermeiden. Es ist nicht klar, inwieweit der spätere Niedergang von ATM mit der Entscheidung gegen eine Neuordnung zusammenhing.

ATM-Zellen bestehen aus 48 Byte Daten und einem 5-Byte-Header. Der Header enthält bis zu 28 Bits VCI-Informationen, drei »Type«-Bits, ein CLP-Bit (*Cell-Loss-Priority*) und eine 8-Bit-Prüfsumme nur über den Header. Die VCI ist in 8–12 Bits Virtual Path Identifier und 16 Bits Virtual Channel Identifier unterteilt, wobei Letztere vom Kunden verwendet werden sollen, um mehrere Verbindungen zwischen zwei Endpunkten voneinander zu trennen. Die Weiterleitung erfolgt nur durch vollständiges Switching, und es gibt keinen Mechanismus für das physische (LAN-)Broadcasting.

5.5.1 ATM-Segmentierung und -Reassemblierung

Aufgrund der geringen Paketgröße sind in ATM eigene Mechanismen für die Segmentierung und das erneute Zusammensetzen größerer Pakete definiert. Daher sind einzelne ATM-Verbindungen in einem IP-Netz recht praktisch. Diese Mechanismen werden als *ATM-Anpassungsschichten* (*ATM Adaptation Layers*) bezeichnet. Es gibt vier: AAL 1, 2, 3/4 und 5 (AAL 3 und AAL 4 waren früher separate Schichten, die dann zusammengelegt wurden). AAL 1 und 2 werden nur für Voice-Traffic verwendet; wir werden uns nicht weiter damit beschäftigen.

Der hier definierte Mechanismus der ATM-Segmentierung und -Reassemblierung soll nur auf große *Daten* angewendet werden; Zellen werden nie weiter unterteilt. Außerdem wird die Segmentierung immer am Dateneintrittspunkt in das Netz vorgenommen; die Reassemblierung erfolgt am Ausgang des ATM-Pfads. Die IPv4-Fragmentierung hingegen gilt konzeptionell für IP-Pakete und kann von Routern innerhalb des Netzwerks durchgeführt werden.

Für AAL 3/4 definieren wir zunächst einen High-Level-»Wrapper« für ein IP-Paket namens CS-PDU (Convergence Sublayer – Protocol Data Unit). Dabei werden vorne 32 Bits vorangestellt, hinten folgen weitere 32 Bits plus Padding. Diese werden dann in die benötigte Anzahl 44-Byte-Blöcke zerlegt; jeder Block wird zusammen mit den folgenden 32 Bits eines zusätzlichen Headers/Trailers in ein 48-Byte langes Informationsfeld, das ATM-Payload, eingefügt.

- 2-Bit-Type-Feld:
  - 10: Beginn einer neuen CS-PDU
  - 00: Fortführung CS-PDU
  - 01: Ende CS-PDU
  - 11: Einzelsegment CS-PDU

- 4-Bit-Sequenznummer, 0–15, geeignet zum Abfangen von bis zu 15 verlorenen Zellen
- 10-Bit-Feld MessageID
- CRC-10-Prüfsumme

Wir haben jetzt insgesamt 9 Byte Header für 44 Byte Daten; das sind mehr als 20 % Overhead. Das gefiel der damaligen IP-over-ATM-Community nicht, und so wurde AAL 5 entwickelt.

Mit AAL 5 wurde die Prüfsumme in die CS-PDU verlegt und von 10 auf 32 Bit erhöht. Das MID-Feld wurde verworfen, weil es ohnehin niemand benutzte (wenn man mehrere unterschiedliche Nachrichtentypen senden wollte, erstellte man einfach mehrere virtuelle Verbindungen). Ein Bit aus dem ATM-Header wurde übernommen und zur Kennzeichnung verwendet:

- 1: Beginn einer neuen CS-PDU
- 0: Fortsetzung einer bestehenden CS-PDU

Die CS-PDU wird nun in 48-Byte-Stücke zerlegt, die dann als Gesamt-Payload jeder ATM-Zelle verwendet werden. Mit 5 Byte Header für 48 Byte Daten ist der Overhead auf 10 % gesunken. Fehler werden durch die CS-PDU CRC-32 erkannt, auch verlorene Zellen (was mit einem CRC pro Zelle unmöglich ist!), da wir keine Zellsequenznummer mehr haben.

Sowohl bei AAL3/4 als auch bei AAL5 werden bei der *Reassemblierung* einfach aufeinanderfolgende Zellen *in der Reihenfolge ihres Eintreffens* aneinandergereiht und es wird eine neue CS-PDU begonnen, wenn es die entsprechenden Bits erfordern. Bei AAL3/4 muss der Empfänger die 4-Byte-AAL3/4-Header entfernen; bei AAL5 muss der Empfänger die CRC-32-Prüfsumme verifizieren, sobald alle Zellen empfangen wurden. Verschiedene Zellen aus verschiedenen virtuellen Verbindungen können auf dem ATM-»Backbone« zusammengemischt werden, aber bei jeder virtuellen Verbindungen müssen die Zellen eines übergeordneten Pakets direkt hintereinander gesendet werden.

Ein typisches IP-Paket ist in etwa 20 Zellen unterteilt. Für AAL 3/4 bedeutet dies, dass insgesamt 200 Bits für CRC-Codes verwendet werden, während es bei AAL 5 nur 32 Bits sind. Man könnte daher meinen, dass AAL 3/4 deshalb zuverlässiger wäre, aber paradoxerweise ist das nicht der Fall! Der Grund ist, dass Fehler *selten* auftreten und wir daher in der Regel einen oder höchstens zwei Fehler pro CS-PDU haben. Nehmen wir an, es liegt nur ein einziger Fehler vor, d. h. eine einzelne Gruppe beschädigter Bits, die so klein ist, dass wahrscheinlich eine einzige Zelle betroffen ist. Mit einer Wahrscheinlichkeit von $1/2^{10}$ würde in AAL 3/4 die CRC-10-Prüfsumme diesen Fehler nicht erkennen (d. h. die Prüfsumme des beschädigten Pakets entspricht zufällig der

Prüfsumme des ursprünglichen Pakets). Die AAL 5 CRC-32-Prüfsumme hingegen würde den Fehler mit einer Wahrscheinlichkeit von $1/2^{32}$ nicht finden. Selbst wenn es so viele Fehler gibt, dass gleich zwei Zellen beschädigt sind, werden die beiden CRC-10 den Fehler mit einer Wahrscheinlichkeit von $1/2^{20}$ nicht erkennen; CRC-32 ist besser. AAL 3/4 ist nur dann zuverlässiger, wenn mindestens vier Zellen fehlerhaft sind; in diesem Fall ist es besser, zu einem fehler*korrigierenden* Code zu wechseln.

Moral: Eine Prüfsumme über die gesamte Nachricht ist oft besser als mehrere kürzere Prüfsummen über Teile der Nachricht.

5.6 Epilog

Es gibt kaum ein kabelgebundenes LAN, das nicht als »Ethernet« bezeichnet wird.

Zumindest in der IP-Welt ist es manchmal verlockend, ATM als Nischentechnologie abzuschreiben. Doch virtuelle Verbindungen sind eine ernsthafte konzeptionelle Alternative zur Datagrammweiterleitung. Wie wir in Kapitel 24, »Quality of Service«, sehen werden, wirft IP Probleme mit der Handhabung von Echtzeit-Traffic auf, und virtuelle Verbindungen bieten eine Lösung. Das Internet hat bisher nur kleine Schritte in Richtung virtueller Verbindungen unternommen (wie MPLS, Abschnitt 24.12, »Multi-Protocol Label Switching (MPLS)«), aber sie bleiben eine verlockende Strategie.

5.7 Übungen

1. Angenommen, der entfernte Host A verwendet eine VPN-Verbindung, um sich mit Host B mit der IP-Adresse 200.0.0.7 zu verbinden. Die normale Internetverbindung von A erfolgt über das Gerät `eth0` mit der IP-Adresse 12.1.2.3; die VPN-Verbindung von A erfolgt über das Gerät `ppp0` mit der IP-Adresse 10.0.0.44. Immer wenn A ein Paket über `ppp0` senden will, wird es gekapselt über die Verbindung zu B auf 200.0.0.7 weitergeleitet.
   a) Angenommen, die IP-Weiterleitungstabelle von A ist so eingerichtet, dass der gesamte Traffic zu 200.0.0.7 `eth0` und der gesamte Traffic zu allen anderen Adressen `ppp0` verwendet. Was passiert, wenn ein Eindringling M versucht, eine Verbindung zu A unter 12.1.2.3 zu öffnen? Welche Route nehmen die Pakete von A nach M?
   b) Angenommen, die IP-Weiterleitungstabelle von A ist so (falsch) konfiguriert, dass der *gesamte* ausgehende Traffic `ppp0` verwendet. Beschreiben Sie, was passiert, wenn A versucht, ein Paket zu senden.

2. Angenommen, der entfernte Host A möchte über eine TCP-basierte VPN-Verbindung eine Verbindung zu Host B mit der IP-Adresse 200.0.0.7 herstellen. Die VPN-Software ist aber für Host A nicht verfügbar. Host A ist jedoch in der Lage, diese Software auf einer virtuellen Maschine V auszuführen, die von A *gehostet* wird; A und V haben in dem virtuellen Netzwerk, das sie verbindet, die jeweiligen IP-Adressen 10.0.0.1 und 10.0.0.2. V erreicht die Außenwelt über Netzwerkadressübersetzung (Abschnitt 9.7, »Netzwerkadressübersetzung«), wobei A als NAT-Router von V fungiert. Wenn V die VPN-Software ausführt, leitet er an B adressierte Pakete auf dem üblichen Weg über A per NAT weiter. Der Traffic zu jedem anderen Ziel wird über das VPN gekapselt.

   Kann A seine IP-Weiterleitungstabelle so konfigurieren, dass er das VPN nutzen kann? Wenn nicht, warum nicht? Wenn ja, wie? (Wenn es Ihnen lieber ist, können Sie annehmen, dass V ein physischer Host ist, der sich mit einer zweiten Schnittstelle von A verbindet; A fungiert weiterhin als NAT-Router von V).

3. Token Bus war ein proprietäres Ethernet-basiertes Netzwerk. Es funktionierte wie Token Ring, indem ein kleines Token-Paket in einer vereinbarten Reihenfolge von einer Station zur nächsten gesendet wurde. Eine Station konnte nur dann senden, wenn sie das Token gerade erhalten hatte.

   a) Gesetzt den Fall, die Datenrate beträgt 10 Mbit/s und das Token ist 64 Byte lang (die minimale Paketgröße für 10-Mbit/s-Ethernet). Wie lang ist die durchschnittliche Wartezeit bis zum Empfang des Tokens in einem nicht ausgelasteten Netz mit 40 Stationen? (Die durchschnittliche Anzahl der Stationen, die das Token durchlaufen muss, beträgt 40/2 = 20.) Ignorieren Sie die Ausbreitungsverzögerung und die Lücken, die Ethernet zwischen den Paketen benötigt.

   b) ◇ Skizzieren Sie ein Protokoll, mit dem die Stationen sich selbst sortieren können, um die Reihenfolge der Token-Übertragung zu bestimmen; d. h. eine Reihenfolge der Stationen $S_0 \dots S_{n-1}$, wobei der Station S_i den Token an die Station $S_{(i+1) \bmod n}$ sendet.

4. [SM90] enthielt einen Vorschlag für das Senden von IP-Paketen über ATM als N Zellen wie in AAL-5, gefolgt von einer Zelle, die das XOR aller vorherigen Zellen enthält. Auf diese Weise kann der Empfänger den Verlust einer Zelle kompensieren. Nehmen wir an, dass N=20 ist; mit dem SM90-Mechanismus würde jedes Paket 21 Zellen zur Übertragung benötigen, d. h. wir senden immer 5 % mehr.

   Nehmen wir an, die *Zellen*verlustrate ist p (vermutlich sehr klein). Wenn wir 20 Zellen ohne den SM90-Mechanismus senden, haben wir eine Wahrscheinlichkeit von etwa 20p, dass eine Zelle verloren geht, und wir müssen die gesamten 20 Zellen erneut übertragen. Daraus ergibt sich für die erneute Übertragung ein durchschnittlicher Wert von etwa 20p zusätzlichen Paketen. Für welchen Wert von p erfordern die Ansätze mit SM90 und ohne SM90 ungefähr die gleiche Gesamtzahl von Zellübertragungen?

5. Geben Sie im Beispiel in Abschnitt 5.4, »Virtuelle Verbindungen«, die VCI-Tabelle für Switch S5 an.
6. Angenommen, wir haben das folgende Netzwerk:

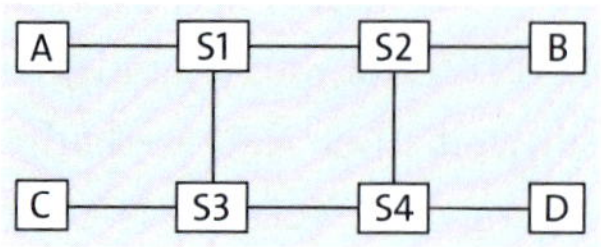

Die Switching-Tabellen für die virtuellen Verbindungen finden Sie unten. Die Ports sind durch den Knoten am anderen Ende gekennzeichnet. Identifizieren Sie alle Verbindungen, die bei A beginnen und somit ihren ersten Verbindungseintrag in der Tabelle für S1 haben. Geben Sie den Pfad für jede Verbindung und die VCI für jede Teilstrecke des Pfads an.

VCI_{in}	$port_{in}$	VCI_{out}	$port_{out}$
1	A	2	S3
2	A	2	S2
3	A	3	S2

Tabelle 5.5 Switch S1

VCI_{in}	$port_{in}$	VCI_{out}	$port_{out}$
2	S4	1	B
2	S1	3	S4
3	S1	4	S4

Tabelle 5.6 Switch S2

VCI_{in}	$port_{in}$	VCI_{out}	$port_{out}$
2	S1	2	S4
3	S4	2	C

Tabelle 5.7 Switch S3

VCI_{in}	**port_{in}**	**VCI_{out}**	**port_{out}**
2	S3	2	S2
3	S2	3	S3
4	S2	1	D

Tabelle 5.8 Switch S4

7. ◇ Gehen Sie von demselben Netz wie in der vorherigen Übung aus:

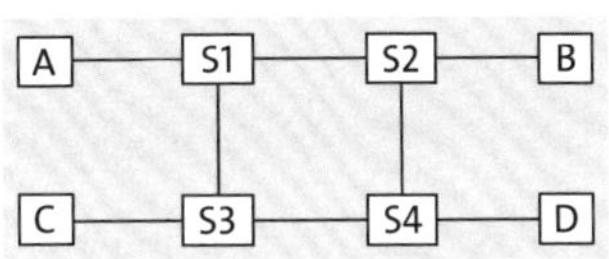

Die Switching-Tabellen für die virtuellen Verbindungen finden Sie unten. Die Ports werden durch den Knoten am anderen Ende symbolisiert. Identifizieren Sie alle Verbindungen. Geben Sie den Pfad für jede Verbindung und die VCI für jede Teilstrecke des Pfads an.

VCI_{in}	**port_{in}**	**VCI_{out}**	**port_{out}**
1	A	2	S2
3	S3	2	A

Tabelle 5.9 Switch S1

VCI_{in}	**port_{in}**	**VCI_{out}**	**port_{out}**
2	S1	3	S4
1	B	2	S4

Tabelle 5.10 Switch S2

VCI_{in}	**port_{in}**	**VCI_{out}**	**port_{out}**
2	S1	2	S4
1	S4	3	S1

Tabelle 5.11 Switch S3

VCI_{in}	$port_{in}$	VCI_{out}	$port_{out}$
3	S2	2	D
2	S2	1	S3

Tabelle 5.12 Switch S3

8. Gehen Sie von folgendem Netzwerk aus:

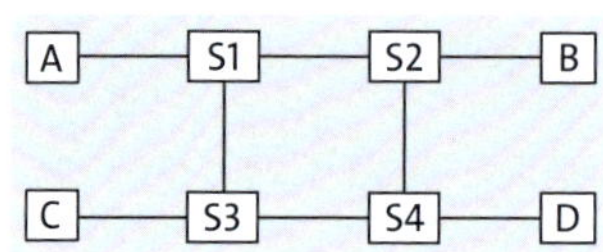

Erstellen Sie für folgende Verbindungen Virtual-Circuit-Switching-Tabellen, wobei Sie den kürzesten Pfad wählen.

a) A–D

b) C–B, via S4

c) B–D

d) A-D, via S2 oder S3 (je nachdem, welcher in Teil (a) *nicht* verwendet wurde)

9. Unten sehen Sie eine Reihe von Switches S1 bis S4. Definieren Sie VCI-Tabelleneinträge, mit denen die virtuelle Verbindung von A nach B dem Pfad

A ⟶ S1 ⟶ S2 ⟶ S4 ⟶ S3 ⟶ S1 ⟶ S2 ⟶ S4 ⟶ S3 ⟶ B

folgt.

Das heißt, jeder Switch wird *zweimal* besucht.

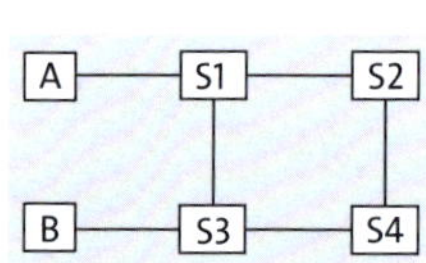

Kapitel 6
Verbindungen

6

Auf der untersten (logischen) Ebene sehen Netzwerkverbindungen wie serielle Leitungen aus. In diesem Kapitel sehen wir uns an, wie durch Kodierung und Framing Paketstrukturen auf seriellen Leitungen aufgebaut werden. Die Kodierung bestimmt, wie Bits und Bytes auf einer seriellen Leitung dargestellt werden; die Aufteilung der Daten in Frames ermöglicht es dem Empfänger, den Anfang und das Ende von Paketen zu identifizieren.

Abschließend behandeln wir die in der Telekommunikationsbranche eingesetzten seriellen Hochgeschwindigkeitsleitungen, T-Carrier und SONET, auf denen fast alle *Punkt-zu-Punkt*-Langstreckenverbindungen des Internets basieren.

6.1 Kodierung und Frames

Eine typische serielle Leitung überträgt letztlich eine *Bit*- und keine Bytefolge. Wie können wir darauf also einzelne Bytes abgrenzen? Dies wird dadurch etwas erschwert, dass wir es unterhalb der logischen Ebene auf der seriellen Leitung möglichst vermeiden sollten, lange Abfolgen identischer Bits zu übertragen, weil der Empfänger dabei schlichtweg aus dem Tritt geraten könnte; dieses Problem ist als *Taktsynchronisierung* (auch clock synchronization oder clock recovery problem) bekannt. Das heißt, dass wir die gewünschten Bits nicht immer einfach nacheinander senden können; zum Beispiel werden oft zusätzliche Bits eingefügt, um lange Abfolgen aufzubrechen. Wie dies genau geschieht, bestimmt der *Kodierungsmechanismus*.

Nachdem wir die Übertragung von Bits geregelt haben, müssen wir im nächsten Schritt festlegen, wie der Empfänger den Beginn eines jeden neuen Pakets erkennt. Ethernet-Pakete werden durch physische Lücken voneinander abgegrenzt, aber bei den meisten anderen Verbindungsmechanismen werden Pakete ohne Unterbrechungen durchgehend von Ende zu Ende gesendet. Die Frage, wie wir feststellen, wann ein Paket zu Ende ist und wann das nächste beginnt, ist das *Framing*-Problem.

Zusammengefasst:

- Kodierung: korrekte Erkennung aller Bits in einem Datenstrom
- Framing: korrekte Erkennung von Paketgrenzen

Beide sind miteinander verwandt, aber nicht identisch.

Bei (mehrere Kilometer) langen seriellen elektrischen Leitungen muss neben den Anforderungen an die Taktung zudem auch die durchschnittliche Spannung gleich Null sein, d. h. es darf keine Gleichstromkomponente geben. Wir werden uns hier jedoch hauptsächlich mit Leitungen befassen, die so kurz sind, dass dies kein größeres Problem darstellt.

6.1.1 NRZ

NRZ (Non-Return to Zero) ist vielleicht die einfachste Kodierung; sie entspricht einer direkten Bit-für-Bit-Übertragung der in den Daten enthaltenen Nullen und Einsen. Es gibt zwei Signalpegel, **lo** und **hi**. Je nachdem, ob das Datenbit 0 oder 1 ist, wird das Signal auf den einen oder den anderen Pegel gesetzt, wie in Abbildung 6.1 dargestellt. Beachten Sie, dass die Signalbits im Diagramm am *Anfang* des Impulses ausgerichtet sind, der den jeweiligen Signalwert repräsentiert.

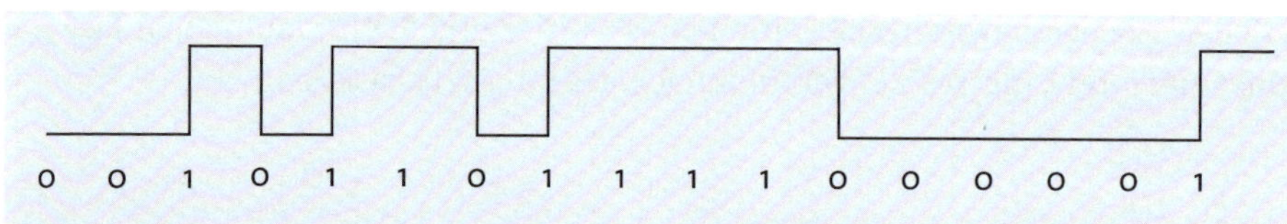

Abbildung 6.1 NRZ-Kodierung: 1 = hi, 0 = lo

NRZ ersetzt die ältere RZ-Kodierung (Return to Zero), bei der hi und lo +1 und –1 entsprachen und zwischen jedem Impulspaar, das aufeinanderfolgenden Bits entsprach, eine kurze Rückkehr auf den Nullpegel erfolgte.

Ein Nachteil von NRZ ist, dass wir nicht zwischen 0-Bits und einem schlichtweg nur inaktiven Signal unterscheiden können. Das größere Problem ist jedoch die fehlende *Synchronisation*: Bei langen Abfolgen von 0-Bits oder 1-Bits kann der Empfänger »den Faden verlieren«, z. B. wenn sein Taktgeber etwas zu schnell oder zu langsam läuft. Der Taktgeber des Empfängers kann sich immer dann neu synchronisieren, wenn es einen *Übergang* von einem Pegel zum anderen gibt. Angenommen, es wird ein Bit pro µs gesendet, der Sender sendet fünf 1-Bits hintereinander, und der Taktgeber des Empfängers läuft im Verhältnis 10 % zu schnell. Das gesendete Signal ist ein 5-µs-Hi-Puls, aber wenn der Impuls endet, zeigt der Taktgeber des Empfängers aufgrund der Taktbeschleunigung 5,5 µs an. Soll dies nun fünf oder sechs Einserbits darstellen?

6.1.2 NRZI

Eine Alternative, die hier Abhilfe schafft (wenn dies auch nicht sofort ersichtlich ist), ist *NRZI* (für NRZ Inverted.) Bei dieser Kodierung wird ein 0-Bit durch einen unveränderten Signalpegel und ein 1-Bit als *Übergang* von lo zu hi oder von hi zu lo dargestellt:

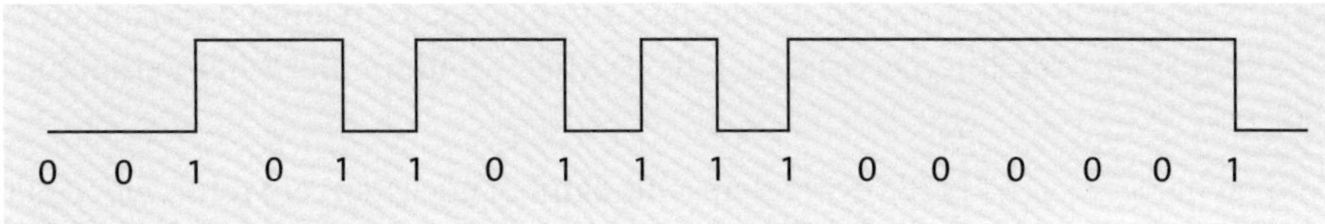

Abbildung 6.2 NRZI-Kodierung: 1 = Übergang, 0 = fehlender Übergang

Jedem 1-Bit ist nun also ein Signalübergang zugeordnet; ein 0-Bit wird durch einen fehlenden Übergang dargestellt. Dies löst das Synchronisationsproblem für 1-Bit-Abfolgen, das Problem der 0-Bit-Abfolgen wird dadurch aber noch nicht gelöst. NRZI lässt sich jedoch auch mit Techniken zur Reduzierung von 0-Bit-AbfoLgen kombinieren, wie etwa mit 4B/5B.

6.1.3 Manchester

Bei der Manchester-Kodierung wird der Datenstrom mit NRZI gesendet, wobei zwischen jedem Paar aufeinanderfolgender Datenbits ein *Taktübergang* eingefügt wird. Das bedeutet, dass die Signalisierungsrate nun doppelt so hoch ist wie die Datenrate, z. B. 20 MHz für 10-Mbit/s-Ethernet (welches die Manchester-Codierung verwendet). Die Signalisierung läuft so ab, als würden wir die Bandbreite verdoppeln und zwischen jedem Paar aufeinanderfolgender Datenbits ein 1-Bit einfügen und dieses zusätzliche Bit beim Empfänger entfernen:

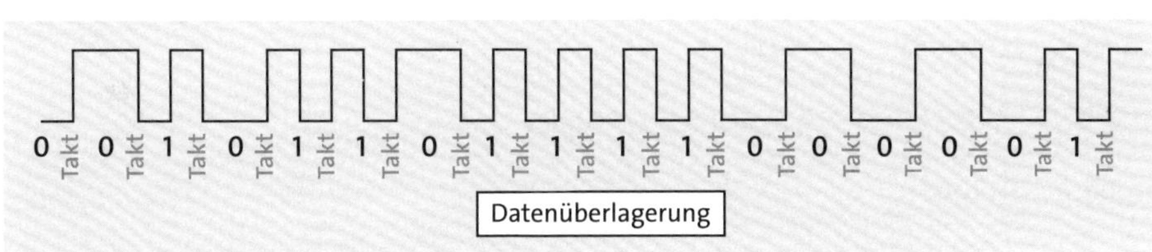

Abbildung 6.3 Manchester-Kodierung: NRZI im Wechsel mit Taktübergängen

Alle diese Übergänge bedeuten, dass der Taktgeber höchstens eine Bitzeit »zählen« muss; das Problem der Taktsynchronisierung ist im Wesentlichen gelöst, allerdings auf Kosten der verdoppelten Signalisierungsrate.

6.1.4 4B/5B

Bei der 4B/5B-Kodierung wird für jedes 4-Bit-»Nybble« an Daten ein bestimmtes 5-Bit-*Symbol* oder -Code übertragen, das so ausgewählt wird, dass es »genügend« 1-Bits enthält. Ein Symbol ist in diesem Sinne eine digitale oder analoge Übertragungseinheit, die zu einer Reihe von Datenbits dekodiert wird; die Datenbits werden nicht einzeln übertragen. (Die Übertragung von Symbolen anstelle einzelner Bits kommt bei Hochleistungsverbindungen fast durchgängig zum Einsatz, das gilt auch für alle Formen von Ethernet schneller als 10 Mbit/s und für alle Wi-Fi-Verbindungen).

Konkret hat jedes von 4B/5B verwendete 5-Bit-Symbol höchstens ein führendes 0-Bit und höchstens zwei abschließende 0-Bits. Die 5-Bit-Symbole, mit denen die Daten übertragen werden, werden dann mit NRZI gesendet, wobei 1er-Abfolgen sicher sind. Beachten Sie, dass die ungünstigste Folge von 0-Bits eine Länge von drei hat. Beachten Sie auch, dass die Signalisierungsrate hier das 1,25-fache der Datenrate beträgt. 4B/5B wird für 100-Mbps-Ethernet verwendet (Abschnitt 2.2, »100 Mbit/s (Fast) Ethernet«). Die Zuordnung zwischen 4-Bit-Datenwerten und 5-Bit-Symbolen wird durch den 4B/5B-Standard festgelegt:

data	symbol	data	symbol
0000	11110	1011	10111
0001	01001	1100	11010
0010	10100	1101	11011
0011	10101	1110	11100
0100	01010	1111	11101
0101	01011	IDLE	11111
0110	01110	HALT	00100
0111	01111	START	10001
1000	10010	END	01101
1001	10011	RESET	00111
1010	10110	DEAD	00000

Es gibt über sechzehn mögliche Symbole; dadurch können einige Symbole zur Signalisierung anstatt für Daten verwendet werden. IDLE, HALT, START, END und RESET sind oben abgebildet, aber es gibt noch weitere. Diese können etwa Steuerungs- und Statusinformationen aufnehmen, ohne dass dabei eine Verwechslung mit den Daten zu befürchten ist. Einige Kombinationen von Steuersymbolen führen zu bis zu vier 0-Bits in Folge; HALT und RESET haben zwei führende 0-Bits.

Bei 10-Mbps- und 100-Mbps-Ethernet werden kurze Pakete bis zur minimalen Paketgröße mit 0-Bytes aufgefüllt, was bedeutet, dass die nächste Protokollschicht zwischen Auffüllungen und tatsächlichen 0-Byte-Daten unterscheiden können muss.

Obwohl 100-Mbit/s-Ethernet das 4B/5B-Verfahren verwendet, werden dabei keine speziellen datenfreien Symbole zum Auffüllen von Paketen eingesetzt. Gigabit-Ethernet verwendet die PAM-5-Kodierung (Abschnitt 2.3, »Gigabit-Ethernet«) und nutzt spezielle Symbole ohne Daten (die von der Hardware eingefügt werden), um Pakete aufzufüllen; daher gibt es auf der Empfangsseite keine Unklarheiten darüber, wo die Datenbytes endeten.

Die Entscheidung für 5-Bit-Symbole in 4B/5B ist im Prinzip willkürlich; beachten Sie jedoch, dass wir für Daten von 0100 bis 1101 einfach eine 1 an vierter Stelle einfügen und bei den letzten beiden eine 0 an vierter Stelle. Die ersten vier Symbole (die mit den meisten Nullen) folgen jedoch keinem offensichtlichen Muster.

6.1.5 Framing

Wie kann ein Empfänger feststellen, wann ein Paket aufhört und das nächste beginnt, um zu verhindern, dass diese zusammenlaufen? Wir haben bereits die folgenden Techniken zur Lösung dieses *Framing*-Problems kennengelernt: Feststellen, wo Pakete enden:

- Lücken zwischen den Paketen (wie bei Ethernet)
- 4B/5B und spezielle Bitmuster

Prinzipiell wäre es auch möglich, ein Längenfeld in den Header einzufügen, aber dieses Verfahren scheint nicht weit verbreitet zu sein. Ein Problem bei dieser Technik ist, dass es nach einer Desynchronisation schwierig sein kann, die Ordnung wiederherzustellen.

Es gibt beträchtliche Überschneidungen zwischen Framing und Kodierung; zum Beispiel ist das Vorhandensein von datenfreien Bitmustern in 4B/5B auf einen Versuch zurückzuführen, das Kodierungsproblem zu lösen; diese spezielle Pattern können auch als eindeutige Frame-Begrenzungen fungieren.

HDLC

HDLC (*High-level Data Link Control*) ist ein allgemeines Paketformat auf Verbindungsebene, das für eine Reihe von Anwendungen genutzt wird, z. B. für das Point-to-Point Protocol (PPP) (das wiederum für PPPoE – PPP over Ethernet – genutzt wird, mit dem sich viele Internet-Teilnehmer mit ihrem Internetanbieter verbinden), und für Frame Relay, das immer noch als Low-Level-Protokoll für die Übertragung von IP-Paketen an viele Standorte über Telekommunikationsleitungen genutzt wird. HDLC unterstützt die folgenden beiden Methoden zur Frame-Abgrenzung:

- HDLC über asynchrone Verbindungen: Byte-Stuffing
- HDLC über synchrone Verbindungen: Bit-Stuffing

Beim grundlegenden Verkapselungsformat für HDLC-Pakete wird jedes Frame mit dem Byte 0x7E eingeleitet und beendet, oder, in binärer Darstellung, mit 0111 1110. Das Problem ist, dass dieses Byte auch innerhalb der Daten vorkommen kann; wir müssen sicherstellen, dass ein solches Datenbyte nicht als Frame-Ende fehlgedeutet wird.

Asynchrone serielle Leitungen verfügen über eine gewisse Art von Start/Stopp-Anzeige, meist zwischen Bytes; solche Leitungen sind tendenziell langsamer. Bei dieser Art von Leitungen nutzt HDLC das Byte 0x7D als Escape-Zeichen. Allen Datenbytes, die 0x7D oder 0x7E entsprechen, wird ein zusätzliches 0x7D vorangestellt. (Eigentlich werden sie als 0x7D gefolgt von (original_byte xor 0x20) übertragen). Diese Strategie entspricht im Grunde der Behandlung von Zeichenketten in der Programmiersprache C: Das Begrenzungszeichen der Zeichenkette ist " und das Escape-Zeichen ist \. Jedes Vorkommen von " oder \ innerhalb der Zeichenkette wird durch Voranstellen von \ maskiert.

Bei synchronen seriellen Leitungen (die in der Regel schneller sind als asynchrone) setzt HDLC normalerweise *Bit-Stuffing* ein. Sagen wir, als zugrundeliegende Bitkodierung wird zum Beispiel die Umkehrung von NRZI verwendet, womit Übergänge 0-Bits und fehlende Übergänge 1-Bits kennzeichnen. Das bedeutet, dass lange Abfolgen von Einsen jetzt das Problem darstellen und Abfolgen von Nullen unkritisch sind.

Immer wenn fünf aufeinanderfolgende 1-Bits in den Daten erscheinen, z. B. 011111, wird von der Übertragungshardware ein 0-Bit eingefügt oder »hineingestopft« (unabhängig davon, ob das nächste Datenbit auch eine 1 ist oder nicht). Das HDLC-Frame-Byte 0x7E = 0111 1110 kann also niemals als kodierte Information interpretiert werden, da es sechs 1-Bits in Folge enthält. Hätten wir 0x7E im Datenbereich, würden dies als 0111 11**0**10 übertragen.

Der HDLC-Empfänger weiß, dass

- sechs 1-Bits in einer Reihe das Ende des Pakets markieren
- bei fünf 1-Bits am Stück, gefolgt von einem 0-Bit, das 0-Bit entfernt wird

Beispiel (eingefügte Bits sind **fett** gedruckt):

```
Data:      011110   0111110    01111110
Sent as:   011110   01111100   011111010
```

Beachten Sie, dass HDLC Bit-Stuffing einsetzt, um zwei nicht miteinander zusammenhängende Probleme zu lösen: das Synchronisationsproblem, bei dem lange Abfolgen desselben Bits dazu führen, dass der Empfänger beim Mitzählen aus dem Tritt kommt, und das Framing-Problem, bei dem das übertragene Bitmuster 0111 1110 nun ein Flag darstellt, das niemals mit einem Datenbyte verwechselt werden kann.

B8ZS

Während die Einfügung eines gelegentlichen zusätzlichen Bits oder Bytes bei der Datenübertragung kein Problem darstellt, ist sie für die Sprachübertragung ein Graus: Zusätzliche Bits beeinträchtigen die präzise DS-0-Rate von 64 kbps. Daher werden bei langen Telekommunikationsleitungen Kodierungen wie 4B/5B bevorzugt, die keine Zeitschwankungen verursachen. Sehr lange (elektrische) Leitungen erfordern außerdem Kodierungen, die einen langfristigen *durchschnittlichen* Spannungspegel von 0 garantieren (im Gegensatz zu 0,5 bei NRZ, wo die Hälfte der Bits bei 1 V und die andere Hälfte bei 0 V übertragen wird); das heißt, das Signal darf keine Gleichstromkomponente haben.

Die *AMI*-Technik (Alternate Mark Inversion) eliminiert die Gleichstromkomponente durch den Einsatz von drei Spannungspegeln, nominell +1, 0 und –1; diese ternäre Kodierung wird auch *bipolar* genannt. Null-Bits werden mit der Spannung 0 kodiert, während 1-Bits abwechselnd die Werte +1 und –1 Volt annehmen. So könnten die Bits 011101 als 0,+1,–1,+1,0,–1 oder, kompakter, als 0+–+0– kodiert werden. Auf lange Sicht heben sich die Werte +1 und –1 auf.

Bei AMI gibt es nach wie vor Synchronisationsprobleme mit langen Abfolgen von 0-Bits. Die auf nordamerikanischen T1-Leitungen (1,544 Mbit/s) verwendete Lösung ist als *B8ZS* bekannt (bipolar with 8-zero substitution). Der Sender ersetzt jede Folge von 8 Nullbits durch ein spezielles Bitmuster, entweder 000+–0–+ oder 000–+0+–. Um sich für eine Variante zu entscheiden, prüft der Sender, ob das zuvor gesendete 1-Bit +1 oder –1 entsprach; im ersten Fall wird das erste Muster eingesetzt, in letzterem Fall das zweite Muster. In beiden Fällen wird dadurch die Regel verletzt, dass aufeinanderfolgende 1-Bits entgegengesetzte Vorzeichen haben sollten. Wenn das vorherige Bit beispielsweise + war, sieht der Empfänger Folgendes:

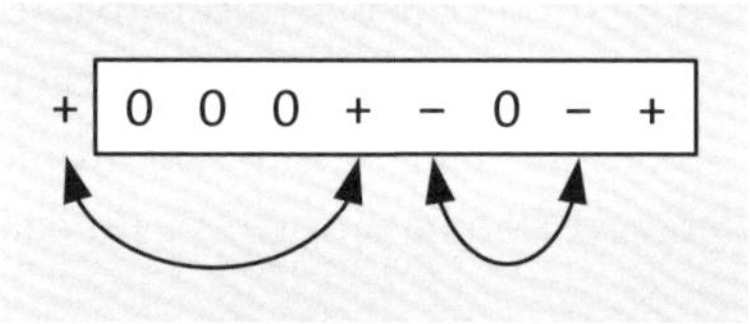

Abbildung 6.4 B8ZS-Kodierung. Die Bits in dem Kasten waren ursprünglich alle Nullen. Pfeile verbinden 1-Bit-Verstöße mit wechselnden Vorzeichen.

Dieser Verstoß durch zwei aufeinanderfolgende Signalpegel gleichen Vorzeichens ist der Hinweis für den Empfänger, dass das besondere Bitmuster entfernt und durch die ursprünglichen acht 0-Bits ersetzt werden soll.

6.2 Zeitmultiplexverfahren

Bei der klassischen *Leitungsvermittlung* erhält jede Verbindung eine eigene Leitung. Dies ist bei privaten Telefonanschlüssen immer noch üblich: Jeder Teilnehmer hat eine eigene Leitung zur Vermittlungsstelle. Aber diese Lösung mit einer separaten physischen Leitung für jeden Anschluss ist nicht gut skalierbar.

In vergangenen Zeiten war es nicht unüblich, Computer über serielle Leitungen statt über Paketnetzwerke miteinander zu verbinden. Am häufigsten wurde dies für Dateiübertragungen genutzt, aber auch Telnet-Logins wurden auf diese Art durchgeführt. Das Problem bei diesem Ansatz ist, dass die Leitung jeweils für eine Anwendung (oder einen Benutzer) reserviert werden musste.

Die Paketvermittlung implementiert naturgemäß Multiplexing (gemeinsame Nutzung) von Verbindungen; die Zieladresse ist der Demultiplexer. Port-Nummern ermöglichen das Demultiplexen mehrerer Datenströme an denselben Zielhost.

Es gibt auch andere Möglichkeiten, wie sich mehrere Kanäle eine einzige Leitung teilen können. Ein Ansatz ist das *Frequenzmultiplexverfahren*, bei dem jeder Kanal auf eine andere Trägerfrequenz gelegt wird. Beim analogen Kabelfernsehen wurde dies so gemacht. Einige Glasfaserprotokolle arbeiten ebenfalls nach diesem Verfahren und nennen es *Wellenlängenmultiplex*.

Die vielleicht am weitesten verbreitete Alternative zur Paketvermittlung ist das *Zeitmultiplexverfahren* (Time Division Multiplexing, TDM) in Sprachtelefoniesystemen, dem manchmal das Adjektiv »synchron« vorangestellt wird. Der Gedanke dahinter ist, dass wir uns für eine Anzahl von Kanälen, N, und die Länge eines Zeitfensters, T, entscheiden und jedem Sender erlauben, für die Zeit T auf dem Kanal zu senden, wobei sich die Sender im Umlaufverfahren abwechseln. Jeder Sender darf für die Zeit T in regelmäßigen Abständen von NT senden und erhält somit 1/N der Gesamtbandbreite. Die Zeitschlitze beanspruchen keine Bandbreite für Kopfdaten oder Adressen, obwohl manchmal ein kleiner Teil des Platzes zur Aufrechterhaltung der Synchronisierung zwischen den beiden Endpunkten verwendet wird. Hier ist eine Grafik für das Senden mit N=8:

...	A	B	C	D	E	F	G	H	A	B	C	D	E	F	G	H	A	B	...

Abbildung 6.5 Time-Division Multiplexing

Wenn ein Absender allerdings nichts zu senden hat, kann sein Zeitfenster auch von keinem anderen Absender genutzt werden. Da Datenverkehr zumeist *stoßweise* erfolgt und dabei auch erhebliche Leerlaufzeiten auftreten, wurde TDM für Datennetze traditionell eher ablehnend begegnet.

6.2.1 T-Carrier-Leitungen

TDM funktioniert jedoch sehr gut für Sprachnetze. Es funktioniert auch dann noch, wenn der Zeitschlitz T klein ist und paketbasierte Ansätze versagen, weil der Header-Overhead inakzeptabel groß wird. Betrachten wir einmal die digitale Signalhierarchie in der Telekommunikation. Eine einzelne digitalisierte Sprachleitung in Nordamerika besteht aus einem 8-Bit-Sample alle 1/8.000 Sekunden oder 64 kbit/s; dies ist ein sogenannter *DS0*-Kanal. Eine *T1*-Leitung – die unterste Ebene der *T-Carrier*-Hierarchie und auf logischer Ebene als *DS1*-Leitung definiert – besteht aus 24 DS0-Leitungen, die mittels TDM gemultiplext werden, wobei jeder Kanal jeweils ein einzelnes Byte sendet. So überträgt eine T1-Leitung alle 1/8.000 Sekunden 24 Byte an Nutzdaten, ein Byte pro Kanal (plus ein *Bit* für das Framing), also insgesamt 193 Bit. Dies ergibt eine Leitungsgeschwindigkeit von 1,544 Mbit/s.

Beachten Sie, dass die Frame-Größe pro Kanal hier nur ein Byte beträgt. Es gibt keine effiziente Möglichkeit, aus einzelnen Bytes bestehende Pakete zu senden. Der Vorteil dieses Ansatzes besteht darin, dass er die Latenzzeit auf der gesamten Leitung erheblich reduziert. Die größte Verzögerungsquelle bei paketbasierten digitalen Sprachleitungen ist die *Paketfüllzeit* auf Seiten des Absenders: der Absender erzeugt Sprachdaten mit einer Rate von 8 Byte/ms, und ein Paket kann erst dann gesendet werden, wenn es voll ist. Bei einem 1-kB-Paket ist das etwa eine Viertelsekunde. Standardmäßige Voice-over-IP- oder *VoIP*-Kanäle verwenden RTP, wobei alle 20 ms 160 Byte an Daten gesendet werden; bei ATM wird alle 6 ms ein 48-Byte-Paket gesendet. Die Füllzeitverzögerung für einen über eine T1-Leitung gesendeten Anruf beträgt dagegen nur vernachlässigbare 0,125 ms (fairerweise muss man sagen, dass auch 6 ms und sogar 20 ms im Hinblick auf die Anrufqualität relativ unbedeutend sind). Die T1-Strategie, bei der jedes Byte einzeln übertragen wird, bedeutet auch, dass T1-Multiplexer praktisch keine Pufferung vornehmen müssen, was bei der Einführung von T-Carrier im Jahr 1962 wichtig gewesen sein könnte.

Die zweitwichtigste T-Träger-/Digitalsignalleitung ist vielleicht T3/DS3; hierbei handelt es sich um das TDM-Multiplexing von 28 DS1-Signalen. Das Problem besteht darin, dass einzelne DS1-Signale etwas zu langsam laufen könnten, weshalb ein ausgeklügeltes Protokoll zum Einfügen von Taktsignalen (*pulse stuffing*) entwickelt wurde. Damit können an bestimmten Stellen zusätzliche Bits eingefügt werden, sodass die ursprünglichen T1-Komponenten auch bei Taktunregelmäßigkeiten exakt wiederhergestellt werden können. Die Lösung für das Pulse-Stuffing war nicht besonders gut skalierbar, sodass T-Carrier-Ebenen oberhalb von T3 nur sehr selten eingesetzt wurden.

Ursprünglich war T-Carrier dazu gedacht, mehrere DS0-Kanäle auf einer einzigen Hochgeschwindigkeitsleitung zu bündeln, aber es ermöglicht Anbietern auch, angemietete digitale Punkt-zu-Punkt-Verbindungen mit Datenraten anzubieten, die ein nahezu beliebiges Vielfaches der DS0-Rate betragen.

6.2.2 SONET

SONET steht für *Synchronous Optical NETwork* (synchrones optisches Netzwerk) und ist der Standardmechanismus der Telekommunikationsbranche für Hochgeschwindigkeits-TDM über Glasfaser. Während der »optische« Teil inzwischen flexibel ausgelegt werden kann, wird die Eigenschaft »synchron« sehr ernst genommen, und alle SONET-Sender und -Empfänger verwenden extrem genau synchronisierte Uhren. Als Bitkodierung kommt dabei NRZI zum Einsatz.

Aufgrund der Frame-Struktur beträgt die längste mögliche Abfolge von 0-Bits ~250 Bits (~30 Bytes), in der Regel ist sie jedoch wesentlich kürzer. Der akkurate Empfang von 250 0-Bits erfordert eine Taktgenauigkeit von (mindestens) 1/500, was potenziell machbar ist. SONET verfügt jedoch auch über eine »Bit-Scrambling«-Funktion, die eine XOR-Verknüpfung mit einem festen Bitmuster beinhaltet, um in den meisten Fällen sicherzustellen, dass in jedem Byte mindestens ein 1-Bit vorhanden ist.

Der Hauptgrund für die genaue Taktung von SONET ist jedoch nicht das Problem der Taktsynchronisation, in dem Sinne, wie wir den Begriff verwendet haben, sondern vielmehr das Demultiplexing und Remultiplexing mehrerer einzelner Bitströme in einer Umgebung, in der einige der Datenströme langsamer laufen könnten. Zu den wichtigsten Zielen bei der Entwicklung von SONET gehörte es, dieses Multiplexing auch ohne ein »pulse stuffing« wie bei der digitalen Signalhierarchie zu ermöglichen. Einzelne SONET-Datenströme *dürfen* de facto nicht zu langsam laufen (obwohl SONET gelegentlich ganz geringfügige Byte-Verschiebungen zulässt, siehe unten). Da mehrere SONET-Ströme in einer Vermittlungsstelle zerlegt und dann wieder in neue SONET-Ströme gemultiplext werden, wird durch die Synchronisierung zudem sichergestellt, dass keiner der Streams in Verzug gerät oder vorauseilt.

Das grundlegende SONET-Format ist als STS-1 bekannt. Die Daten sind in einem 9x90-Byte-Raster untergebracht. Die ersten 3 Bytes jeder Zeile (d. h. die ersten drei Spalten) bilden den Frame-Header. Frames enthalten keine Adressen; SONET ist ein Punkt-zu-Punkt-Protokoll und ein Knoten sendet eine kontinuierliche Abfolge von Frames an jeden seiner Nachbarn. Wenn die Frames ihr Ziel erreichen, müssen sie im Prinzip vollständig demultiplext werden, um die Daten weiterleiten zu können. In der Praxis wird das vollständige Demultiplexing auch auf verschiedene Weise umgangen.

Die tatsächlich gesendeten Bytes sind »gescrambled«: Die Daten erfahren vor der Übertragung eine XOR-Verknüpfung mit einem standardmäßigen, festen Pseudozufallsmuster. Dadurch ergeben sich mit hoher Wahrscheinlichkeit viele 1-Bits, bei denen eine Neusynchronisierung des Takts erfolgen kann.

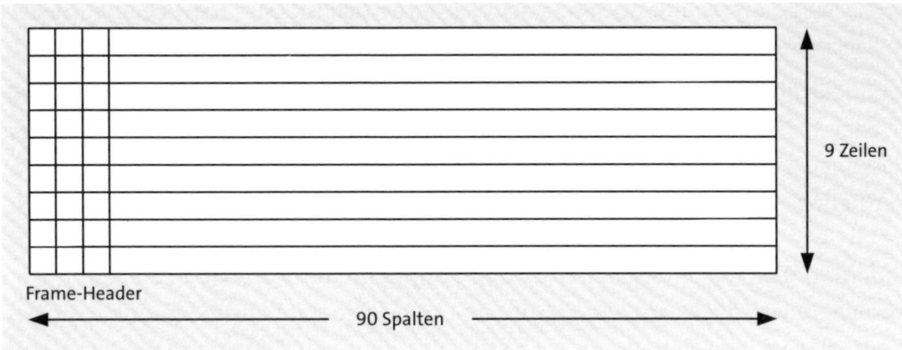

Abbildung 6.6 STS-1-Frame

Es gibt zwei weitere spezielle Spalten in einem Frame, von denen jede garantiert mindestens ein 1-Bit enthält, sodass die maximale Anzahl von Datenbytes auf ~30 begrenzt ist; dies ist also die längstmögliche Abfolge von 0-Bits.

Die ersten beiden Bytes eines jeden Frames haben den Wert 0xF628. Die Überprüfung der Frame-Synchronisation von SONET basiert auf der Überprüfung dieser Byte-Werte zu Beginn eines jeden Frames. Wenn der Empfänger desynchronisiert ist, startet er ein Verfahren zur Neusynchronisierung des Frames: Der Empfänger sucht in regelmäßigen Abständen von 810 Byte (6480 Bit) nach diesen 0xF628-Bytes. Nach einigen Frames mit 0xF628 an der richtigen Stelle ist der Empfänger »sehr sicher«, dass er die Synchronisationsbytes und keine Datenbyte-Position betrachtet. Beachten Sie, dass es in einem SONET-Frame keine offensichtliche Byte-Begrenzung gibt, sodass der Empfänger an jeder *Bitposition* auf 0xF628 prüfen muss.

SONET Frames werden mit einer Rate von 8.000 Frames/Sekunde übertragen. Dies ist die übliche Byte-Abtastrate für Standard-Sprachleitungen (»DS0«, oder 64 kbit/s). Die klassische Anwendung von SONET liegt in der Übertragung mehrerer DS0-Sprachanrufe mittels TDM: Innerhalb eines Frames wird jede Datenbyte-Position einem Sprachkanal zugewiesen. Die gleiche Byte-Position stellt in aufeinanderfolgenden Frames alle 1/8000 Sekunden ein Byte dar. Die einfache STS-1-Datenrate von 51,84 Mbit/s entspricht genau 810 Byte/Frame × 8 Bit/Byte × 8000 Frames/s.

Für einen Kunden, der einen SONET-basierten Kanal zur Datenübertragung angemietet hat, sieht eine SONET-Verbindung wie ein sehr schneller Bitstrom aus. Es gibt mehrere Standardverfahren zur Kodierung von Datenpaketen über SONET. Eine davon besteht darin, die Daten als ATM-Zellen zu verkapseln und die Zellen dann fortlaufend in den Bitstrom einzubetten. Eine andere Möglichkeit ist die Übertragung von IP-Paketen, die im Bitstrom mit HDLC-ähnlichem Bit-Stuffing kodiert sind, wodurch die SONET-Bytes und die IP-Bytes möglicherweise nicht mehr übereinstimmen. Der Vorteil der HDLC-Kodierung besteht darin, dass eine Neusynchronisierung von SONET dadurch nur noch sehr selten erforderlich ist. Der überwiegende Teil des IP-Backbone-Traffics wird heute über SONET-Verbindungen abgewickelt.

Innerhalb des 9×90-Byte-STS-1-Frames ist der 9×87-Bereich, der nominell auf die drei Header-Spalten folgt, für Nutzdaten vorgesehen; dieser Nutzdatenbereich hat seinerseits auch wieder drei reservierte Spalten, sodass 84 Spalten (9×84 Byte) für Daten zur Verfügung stehen. Dieser 9×87-Byte-Nutzdatenbereich kann innerhalb des physischen 9×90-Byte-Frames »schweben«, sprich, wenn die Eingangs-Frames zu langsam laufen, können die physischen Ausgangs-Frames mit der korrekten Rate übertragen werden, indem die Nutzdaten-Frames um jeweils ein Byte »nach hinten« rutschen. Wenn die Eingangs-Frames etwas zu schnell ankommen, können sie um jeweils ein Byte »nach vorne« rutschen; das zusätzliche Byte wird an einer reservierten Stelle in den drei Header-Spalten des physischen 9×90-Frames gespeichert.

Schnellere SONET-Datenströme werden durch Multiplexen langsamerer Datenströme erzeugt. Die nächste Stufe ist STS-3, ein STS-3 Frame besteht aus drei STS-1 Frames, also 9×270 Byte. STS-3 (oder besser gesagt, die physische Schicht für STS-3) wird auch OC-3 (für Optical Carrier) genannt. Über STS-3 hinaus sind schnellere Leitungen Multiplex-Kombinationen aus vier der nächst langsameren Leitungen. Hier einige der höheren Ebenen:

STS	STM	line rate
STS-1	STM-0	51,84 Mbps
STS-3	STM-1	155,52 Mbps
STS-12	STM-4	622,08 Mbps (= 12 × 51,84)
STS-48	STM-16	2,48832 Gbps
STS-192	STM-64	9,953 Gbps
STS-768	STM-256	39,8 Gbps

Die nutzbare Kapazität beträgt in der Regel 84/90 der oben genannten Geschwindigkeiten, da sechs der 90 Spalten eines STS-1-Frames für Overhead vorgesehen sind.

SONET bietet eine Vielzahl von Vermietungsmöglichkeiten mit unterschiedlichen Bandbreiten. Kunden mit hohem Datenaufkommen können eine ganze STS-1-Einheit oder eine noch größere Einheit mieten. Alternativ können die 84 Datenspalten eines STS-1-Frames auch in sieben *virtuelle Untergruppen* mit jeweils zwölf Spalten unterteilt werden; diese Gruppen können einzeln oder gebündelt gemietet oder weiter in drei Spalten unterteilt werden (was einer Datenrate knapp oberhalb der T1-Rate entspricht).

6.2.3 Optical Transport Network

Das Optical Transport Network (OTN) ist eine ITU-Spezifikation zur Datenübertragung über Glasfaserkabel; der Hauptstandard ist G.709. Eine vorläufige Version von G.709 wurde 1988 veröffentlicht, die Version 1.0 wurde 2001 freigegeben. OTN verzichtet auf die sprachorientierte Frame-Rate von SONET (8000 Frames/Sek.). OTN wird zwar immer noch häufig für die Sprachübertragung genutzt, aber die Übertragung erfüllt nicht mehr ganz so perfekt das Zeitmultiplex-Modell.

Abbildung 6.7 zeigt das Standard-OTN-Frame; jedes Frame ist in vier Reihen angeordnet. Es kann hilfreich sein, die 4.080 Spalten als 255 »Superspalten« mit jeweils 16 Byte Breite zu betrachten: eine für den Frame- und Nutzdaten-Overhead, 238 für die Nutzdaten selbst und 16 für die Fehlerkorrektur.

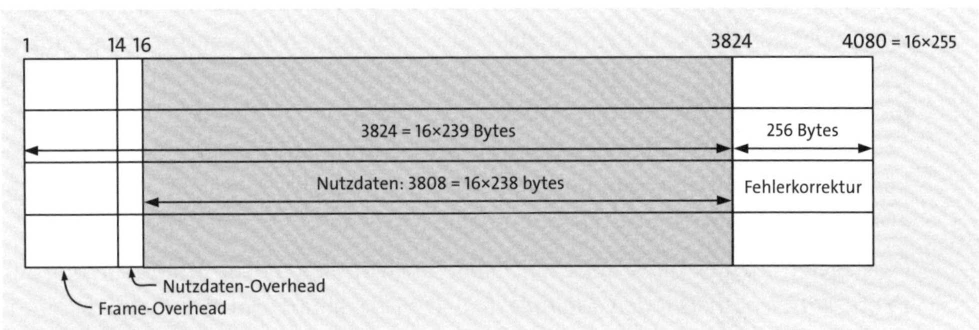

Abbildung 6.7 OTN-Frame-Format: 4080 Spalten × 4 Zeilen

Der Teil, der für die Übertragung von Kundendaten zur Verfügung steht, ist hervorgehoben; im Gegensatz zu SONET darf der Nutzlastanteil eines Frames nicht »schweben«. Die 256 Spalten am Ende sind für Fehlerkorrekturcodes vorgesehen (Abschnitt 7.4.2, »Fehlerkorrigierende Codes«); diese zusätzliche Fehlerkorrektur ist ein wesentlicher Vorteil von OTN gegenüber SONET.

OTN gibt es in drei Hauptgeschwindigkeiten, OTN1, OTN2 und OTN3; dazu kommen einige Varianten. Die OTN1-Datenrate wird so gewählt, dass ein SONET STS-48/STM-16-Datenstrom (2,48832 Gbit/s) genau in den blauen Nutzdatenbereich des Frames passt. Das bedeutet, dass die OTN1-Leitungsrate (255/238) × 2,48832 ≃ 2,6661 Gbit/s betragen muss. Die Frame-Rate wiederum beträgt also etwa 20,42 Frames/ms.

Vier OTN1-Streams können zu einem einzigen OTN2-Stream gemultiplext werden; vier OTN2-Streams können zu einem einzigen OTN3-Stream gemultiplext werden. Das Frame-Layout ändert sich jedoch nicht, sondern die Frame-Rate erhöht sich. Die Datenrate erhöht sich nicht exakt um den Faktor 4; die OTN2-Rate ist so gewählt, dass vier OTN1-Nutzdatenanteile *und zusätzliche 16 Spalten pro Frame* im Nutzdatenteil der OTN2-Frames übertragen werden können. Die zusätzlichen 16 Spalten dienen dazu, Einzelheiten über die Verschachtelung der vier OTN1-Frames zu spezifizieren; damit bleiben 3792 = 16 × 237 Spalten für die OTN1-Datenströme. Das Endergebnis ist, dass der OTN2-Stream Daten mit einer Geschwindigkeit von 4 × 238 / 237 mal der OTN1-Rate bzw. 4 × 255 / 237 mal der STS-48/STM-16-Rate übertragen muss. Dies entspricht etwa 10,709 Gbit/s.

Um Multiplexing ohne Pulse-Stuffing im Stil von T-Carrier zu ermöglichen, müssen OTN-Streams eine langfristige Bitratengenauigkeit von ±20 PPM haben, was einem Byte alle 3–4 Frames entspricht. Der Frame-Overhead-Bereich sorgt für den nötigen Spielraum.

Die letzten 256 Spalten eines jeden Frames sind der Fehlerkorrektur gewidmet; bei SONET gibt es nichts Vergleichbares. Standardmäßig werden diese Spalten für sogenannte *Reed-Solomon Codes* verwendet, und zwar in einer Formulierung, bei der 16 Byte Codes für jeweils 239 Byte Nutzlast verwendet werden (dies entspricht genau der relativen Größe der Nutzdaten- und Fehlerkorrekturspalten). Solche Codes können bis zu 8 Byte an Fehlern korrigieren. Mit ihrer Hilfe kann die Länge von Kabelstrecken erhöht werden, bevor eine Regenerierung vorgenommen werden muss. Alternativ können sie die Bitfehlerrate um den Faktor 100 reduzieren, was in Abschnitt 21.6, »Das TCP-Problem der hohen Bandbreiten«, von Bedeutung sein wird.

OTN bietet auf der physikalischen Ebene auch umfangreiche Unterstützung für *Dense Wavelength Division Multiplexing* (DWDM, eine Form des Frequenzmultiplexings). Hierbei können mehrere unabhängige OTN-Streams auf relativ nahe beieinander liegenden Wellenlängen übertragen werden. Dadurch wird die Gesamtkapazität eines bestimmten Glasfaserstrangs erheblich gesteigert. DWDM kommt auf einer niedrigeren Netzwerkschicht zum Einsatz als die oben beschriebene Frame-Organisation, und im Prinzip könnte auch SONET DWDM implementieren. In der Praxis wurde DWDM jedoch von Anfang an in OTN integriert.

6.2.4 Andere faseroptische Übertragungsarten

SONET und OTN werden hauptsächlich, wenn auch nicht ausschließlich, von Telekommunikationsunternehmen verwendet. Es gibt auch mehrere Glasfaser-Alternativen für kleinere Betriebe. Diese gehören oft zur Ethernet-Familie, obwohl sie außer ihrer Bitrate wenig miteinander oder mit Ethernet über Kupferkabel gemeinsam haben. Ein weiterer Standard, der Glasfaserverbindungen unterstützt, ist das so genannte *Fibre Channel*, das allerdings inzwischen auch Kupferkabel unterstützt.

Glasfaser-Ethernet ermöglicht Entfernungen von Hunderten Metern bis hin zu Dutzenden Kilometern. Im Allgemeinen benötigen die längeren Strecken Vollduplex, um die Anforderung an die Kollisionserkennung (Slot-Time) zu umgehen, nach der ein Sender ein volles Ethernet-Segment RTT lang durchsenden muss. Vollduplex ist bei hohen Ethernet-Geschwindigkeiten aber auch schon für kürzere Strecken üblich. Für 100-Mbit/s-Ethernet gibt es die Glasfaserstandards 100BASE-FX, 100BASE-SX, 100BASE-LX und 100BASE-BX. Letzterer unterstützt Entfernungen von bis zu 40 km; der begrenzende Faktor ist die erforderliche Signalregenerierung. Zu den optischen 1000-Gbit-Ethernet-Standards gehören 1000BASE-SX, 1000BASE-LX, 1000BASE-BX und 1000BASE-EX; letzterer unterstützt ebenfalls Entfernungen von bis zu 40 km. Diese Formen von Ethernet werden häufig in privaten »Glasfaser-Internet«-Anschlüssen eingesetzt, auch wenn in einzelnen Fällen die letzten hundert Meter noch über Kupferleitungen führen können.

Bei Geschwindigkeiten von 10 Gbit/s gehören 10GBASE-ER und 10GBASE-ZR zu den faseroptischen Alternativen mit großer Reichweite, die 40 bzw. 80 km unterstützen; 10GBASE-ZR basiert auf den Standards von SONET STM-64. Erwähnenswert ist, dass Glasfaser häufig auch für kurze Verbindungen mit Geschwindigkeiten von 1 Gbit/s und 10 Gbit/s verwendet wird; bei 10 Gbit/s unterstützen einige Kupferverbindungsstandards nur Entfernungen von wenigen Metern. Bis 2014 wurden mehrere 10-Gbit/s-Ethernet-Standards für die physische Übertragungsebene von Industriekonsortien und nicht von der IEEE herausgegeben.

Lichtwellenleiter und Gewitter

Einer der Vorteile von Glasfaserkabeln (insbesondere für Observatorien auf Berggipfeln) ist ihre Widerstandsfähigkeit gegen Schäden und Störungen durch Blitzschlag. Einige *Dense Wavelength Division Multiplexing*-Glasfaserkabel haben allerdings eine Ummantelung aus Metall, um die Stabilität zu erhöhen oder Schutz vor Tieren zu bieten; die Blitzschlagfestigkeit muss sorgfältig abgeklärt werden.

6.3 Epilog

Damit haben wir das Thema der gängigen physische Verbindungen abgearbeitet. Der wichtigste Punkt ist vielleicht, dass die Übertragung von Bits über beliebige Entfernungen nicht ganz so einfach ist, wie es möglicherweise zunächst scheint; eine simple NRZ-Übertragung ist *nicht* zielführend.

6.4 Übungen

1. Welche Bits werden durch die folgende Manchester-kodierte Sequenz dargestellt?

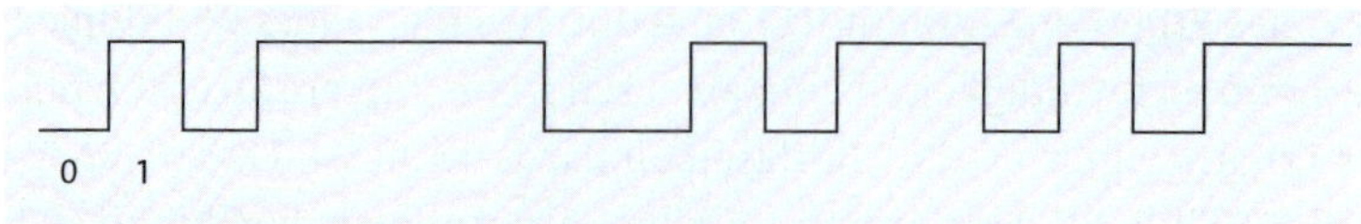

2. Begründen Sie, warum für das Senden von vier 0-Bits über NRZI ein Takt mit einer Genauigkeit von 1 zu 8 erforderlich ist. Nehmen wir an, dass der Empfänger seinen Takt bei jedem Empfang eines 1-Bit-Übergangs neu synchronisiert, ansonsten aber versucht, ein Bit in der Mitte seines Zeitschlitzes abzutasten.
3. a) Welche Bits werden durch die folgende Manchester-kodierte Sequenz dargestellt?

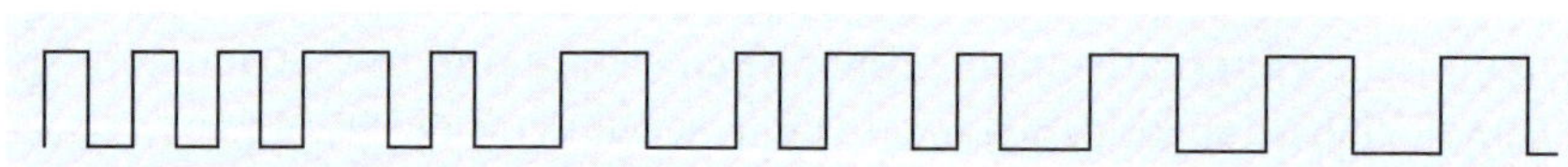

   b) Warum kann eindeutig bestimmt werden, dass der erste Übergang ein Takt- oder ein Daten- (1-Bit-) Übergang ist?

   c) Nennen Sie ein Beispiel für ein Signalmuster aus NRZI-kodierten 0- und 1-Bits, das keine zwei aufeinanderfolgenden 0-Bits enthält und das *keine* gültige Manchester-Kodierung von Daten darstellt. Ein solches Muster könnte also als spezielle Markierung für Bitfolgen verwendet werden, die keine Nutzdaten enthalten.
4. ◊ Wie lautet die 4B/5B-Kodierung für die 3-Byte-Zeichenfolge »Net«? (Tipp: »N« ist 0100 1110.)
5. Welche drei ASCII-Buchstaben (Bytes) werden durch das folgende 4B/5B-Muster kodiert? (Achten Sie auf die Groß- und Kleinschreibung.)

   010110101001110101010111111110

6. a) Angenommen, ein Gerät leitet SONET-STS-1-Frames weiter. Welcher prozentuale Taktdrift auf der eingehenden Leitung würde bewirken, dass die Ausgangs-Nutzdatenbereiche um ein Byte pro drei physikalische Frames nach hinten rutschen müssen?

   b) In Abschnitt 6.2.2, »SONET«, wurde behauptet, dass das Senden von 250 0-Bits eine Taktgenauigkeit von 1 zu 500 erfordert. Beschreiben Sie, wie ein SONET-Takt die Anforderung aus dem oberen Teil (a) erfüllen und dennoch bei dieser zweiten Anforderung versagen könnte. (Hinweis: In Teil (a) ist die Anforderung ein langfristiger Mittelwert).

Kapitel 7
Pakete

In diesem Kapitel beschäftigen wir uns mit einigen abstrakten Fragen zu Paketen und werfen einen genauen Blick auf die Übertragungszeiten. Wir denken auch darüber nach, wie groß Pakete sein sollten und wie man Übertragungsfehler erkennt. Diese Fragen hängen nicht von bestimmten Protokollen ab.

7.1 Paketverzögerung

Es gibt mehrere Ursachen für Verzögerungen bei der Paketübertragung. In einem LAN ist die sogenannte Bandbreitenverzögerung am wichtigsten: die Zeit, die ein Sender benötigt, um das Paket in die Leitung zu bringen. Dies ist einfach die Paketgröße geteilt durch die Bandbreite nach der Umwandlung in eine gemeinsame Einheit (entweder Bits oder Bytes). Für ein 1500-Byte-Paket im 100-Mbps-Ethernet beträgt die Bandbreitenverzögerung 12.000 Bits / (100 Bits/µsec) = 120 µsec.

Es gibt auch eine Ausbreitungsverzögerung, die sich auf die Ausbreitung der Bits mit Lichtgeschwindigkeit (für das betreffende Übertragungsmedium) bezieht. Diese Verzögerung ist die Entfernung geteilt durch die Lichtgeschwindigkeit; für 1.000 m Ethernet-Kabel mit einer Signalausbreitungsgeschwindigkeit von etwa 230 m/µsec beträgt die Ausbreitungsverzögerung etwa 4,3 µsec. Das heißt, wenn wir mit der Übertragung des 1500-Byte-Pakets aus dem vorigen Absatz zum Zeitpunkt T=0 beginnen, dann kommt das erste Bit an einem 1000 m entfernten Ziel bei T = 4,3 µsec an, das letzte Bit wird bei 120 µsec übertragen, und das letzte Bit kommt bei T = 124,3 µsec an.

Verzögerung minimieren

Im vergangenen Jahrhundert nutzten Computerspieler manchmal die langsamen Verbindungen (z. B. Wählverbindungen) anderer Spieler aus; Gegner konnten buchstäblich ausgeschaltet werden, bevor sie reagieren konnten. In aktualisierter Form haben einige Finanzhandelsunternehmen Mikrowellenverbindungen zwischen Handelszentren, z. B. New York und Chicago, eingerichtet, um Verzögerungen zu verringern. Im computerisierten Handel zählen Millisekunden. Eine direkte Sichtverbindung von New York nach Chicago – die wir auf 1200 km abrunden – braucht in der Luft, wo sich Signale im Wesentlichen mit Lichtgeschwindigkeit c = 300 km/ms ausbreiten, etwa 4 ms. Glasfaserkabel sind jedoch langsamer; selbst eine vollkommen geradlinige Strecke würde bei der Ausbreitungsgeschwindigkeit von Glasfasern von 200 km/ms 6 ms dauern. Bei Hochgeschwindigkeits-Traffic ist diese Einsparung von 2 ms von erheblicher finanzieller Bedeutung.

Die Bandbreitenverzögerung dominiert also innerhalb eines LANs.

Je größer die Netze jedoch werden, desto wichtiger wird die Ausbreitungsverzögerung. Genau dasselbe gilt auch für immer schnellere Netze: Die Bandbreitenverzögerung sinkt, während die Ausbreitungsverzögerung unverändert bleibt.

Ein wichtiger Unterschied zwischen Bandbreitenverzögerung und Ausbreitungsverzögerung besteht darin, dass die Bandbreitenverzögerung proportional zur gesendeten Datenmenge ist, die Ausbreitungsverzögerung dagegen nicht. Werden zwei Pakete hintereinander gesendet, verdoppelt sich die Bandbreitenverzögerung, die Ausbreitungsverzögerung zählt hingegen nur einmal.

Die Einführung von Switches führt zu einer *Store-and-Forward-Verzögerung*, d. h. einer Verzögerung der Zeit, die für das Einlesen des gesamten Pakets benötigt wird, bevor ein Teil davon neu übertragen werden kann. Die Store-and-Forward-Verzögerung kann auch als eine zusätzliche Bandbreitenverzögerung für die zweite Verbindung angesehen werden.

Schließlich kann ein Switch auch eine Warteschlangenverzögerung verursachen; oft hängt dies vom konkurrierenden Traffic ab. Wir werden uns in Kapitel 20, »TCP-Dynamik«, näher damit beschäftigen. Vorerst genügt es, dass eine konstante Warteschlangenverzögerung (z. B. aufgrund einer mehr oder weniger konstanten durchschnittlichen Auslastung der Warteschlange) für jeden Sender eher wie eine Ausbreitungsverzögerung als eine Bandbreitenverzögerung aussieht, denn wenn zwei Pakete hintereinander gesendet werden und auf diese Weise in der Warteschlange ankommen, erfahren beide nur eine einzige Warteschlangenverzögerung.

7.1.1 Beispiele für Verzögerungen

Fall 1: A------B

- Die Ausbreitungsverzögerung beträgt 40 µsec.
- Die Bandbreite beträgt 1 Byte/µsec (1 MB/sec, 8 Mbit/sec).
- Die Paketgröße ist 200 Bytes (200 µsec Bandbreitenverzögerung).

Die gesamte Einweg-Sendezeit für ein Paket beträgt dann 240 µsec = 200 µsec + 40 µsec. Um zwei Pakete hintereinander zu senden, erhöht sich die Zeit auf 440 µsec: Wir fügen eine weitere Bandbreitenverzögerung hinzu, aber keine weitere Ausbreitungsverzögerung.

Fall 2: A------------------B

- Wie das vorherige Beispiel, nur dass sich die Ausbreitungsverzögerung auf 4 ms erhöht.

Die Gesamtübertragungszeit für ein Paket beträgt nun 4200 µsec = 200 µsec + 4000 µsec. Für zwei Pakete sind es 4400 µsec.

Fall 3: A------R------B

- Wir haben nun zwei Verbindungen, jede mit einer Ausbreitungsverzögerung von 40 µsec; Bandbreite und Paketgröße wie in Beispiel 1.

Die Gesamtübertragungszeit für ein 200-Byte-Paket beträgt nun 480 µsec = 240 + 240. Es gibt zwei Ausbreitungsverzögerungen von je 40 µsec; A führt zu einer Bandbreitenverzögerung von 200 µsec und R zu einer Store-and-Forward-Verzögerung (oder zweiten Bandbreitenverzögerung) von 200 µsec.

Fall 4: A------R------B

- Wie 3, aber die Daten werden in zwei 100-Byte-Paketen gesendet.

Die Gesamtübertragungszeit beträgt nun 380 µsec = 3 × 100 + 2 × 40. Es gibt weiterhin zwei Ausbreitungsverzögerungen, die Bandbreitenverzögerung ist jedoch nur noch ¾ so groß, weil sich die Übertragung der ersten 100 Bytes auf der zweiten Verbindung mit der Übertragung der zweiten 100 Bytes auf der ersten Verbindung überschneidet.

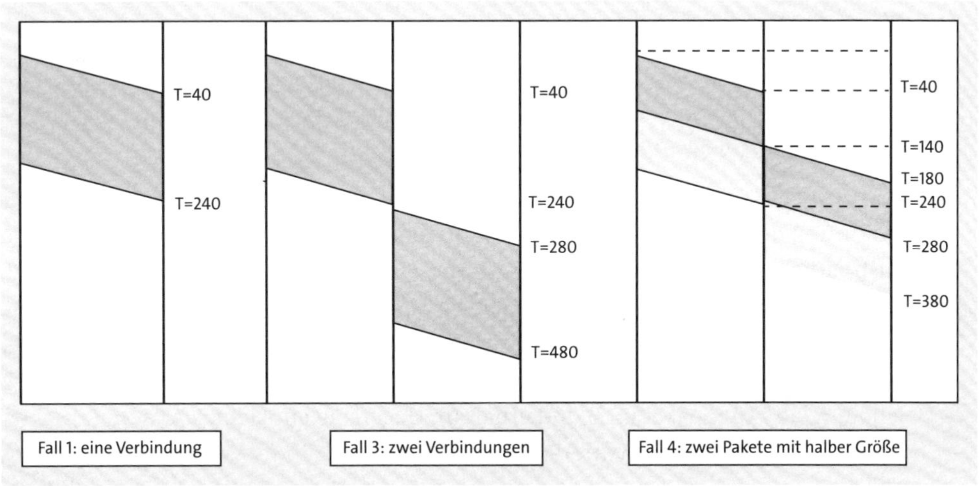

Abbildung 7.1 Bandbreitenverzögerung 200 µsec, Ausbreitungsverzögerung pro Verbindung 40 µsec

Diese Leiterdiagramme stellen die gesamte Übertragung dar; eine Momentaufnahme des Übertragungszustands zu einem beliebigen Zeitpunkt erhalten Sie, wenn Sie eine horizontale Linie ziehen. Im mittleren Diagramm, Fall 3, sind zum Beispiel zu keinem Zeitpunkt beide Verbindungen aktiv. Wichtig ist, dass es schneller geht, zwei kleinere Paketen zu senden als ein großes. Auf diesen wichtigen Punkt gehen wir weiter unten ein.

Betrachten wir nun eine Situation, in der die Ausbreitungsverzögerung die wichtigste Komponente ist. Die Paketumlaufzeit oder Round Trip Time bei der Überquerung des amerikanischen Kontinents beträgt in der Regel 50–100 ms (Ausbreitungsgeschwindigkeit 200 km/ms im Kabel, 5.000–10.000 km Kabelstrecke oder etwa 3–6.000 Meilen); in diesen Beispielen gehen wir von 100 ms aus. Bei einer Bandbreite von 1,0 Mbit/s entsprechen 100 ms etwa 12 kB oder acht kompletten Ethernet-Paketen. Bei dieser Bandbreite hätten wir vier Pakete und vier zurückkehrende ACKs entlang des Pfads. Bei 1,0 Gbit/s können wir in 100 ms 12.000 kB oder 800 Ethernet-Pakete senden, bevor das erste ACK zurückkommt.

In den meisten Netzwerkszenarien, die über LAN hinausgehen, wird die Verzögerung in der Regel auf die Round Trip Time (RTT) vereinfacht, also die Zeit zwischen dem Senden eines Pakets und dem Empfang einer Antwort.

Unterschiedliche Verzögerungsszenarien wirken sich die Protokolle aus: Für Netze mit begrenzter Bandbreite lassen sich die Protokolle leichter entwickeln. Zusätzliche RTTs kosten nicht viel, sodass wir einen beachtlichen Datenaustausch in beide Richtungen vorsehen können. Ist ein Netz jedoch durch Verzögerungen begrenzt, müssen sich die Protokollentwickler auf die Minimierung zusätzlicher RTTs konzentrieren. Ein Extremfall ist die drahtlose Übertragung zum Mond (0,3 Sekunden RTT) oder zum Jupiter (1 Stunde RTT).

Bei mir zu Hause hatte ich früher einen Satelliten-Internetdienst mit einer Ausbreitungsverzögerung von ~600 ms. Dies ist im Vergleich zu rein terrestrischen Verbindungen bemerkenswert hoch.

Bei »großen« Netzen mit relativ hoher Bandbreite (z. B. dem Internet) entfällt der größte Teil der Verzögerung, die nicht durch die Warteschlange bedingt ist, auf die Ausbreitung, sodass Bandbreite und Gesamtverzögerung praktisch unabhängig sind. Nur bei geringer Ausbreitungsverzögerung korrelieren die beiden miteinander. Da die Ausbreitungsverzögerung in dieser Größenordnung dominiert, können wir bei der grafischen Darstellung häufig Vereinfachungen vornehmen. In Abbildung 7.2 sendet A ein Datenpaket an B und erhält im Gegenzug ein kleines ACK. In (a) sehen Sie das Datenpaket, das mehrere Switches durchläuft; in (b) zeigen wir das Datenpaket so, als würde es über eine lange, ungeswitchte Verbindung gesendet, und in (c) gehen wir vom Idealfall aus, dass die Bandbreitenverzögerung (und damit die Breite der Paketleitung) keine Rolle mehr spielt. (Die meisten späteren Leiterdiagramme in diesem Buch folgen diesem Muster).

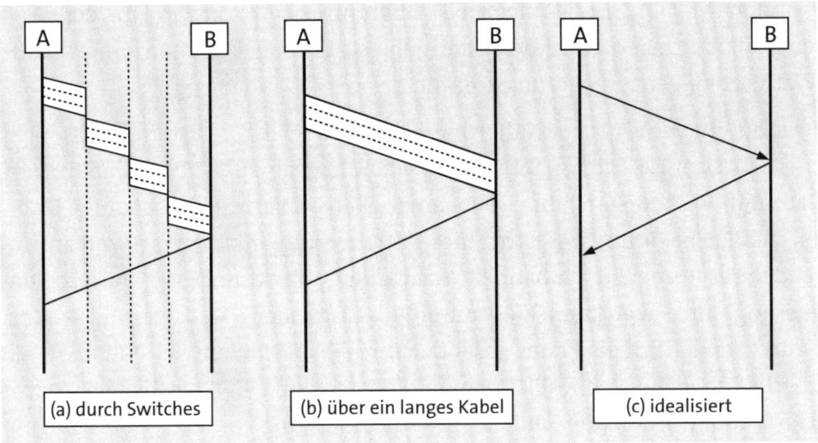

Abbildung 7.2 Paketübertragung über große Entfernung: (a) durch Switches, (b) über ein langes Kabel, (c) idealisiert

7.1.2 Bandbreite × Verzögerung

Das Produkt aus Bandbreite und Verzögerung (in der Regel Round-Trip-Delay oder RTT) gibt an, wie viel wir senden können, bevor wir eine Rückmeldung erhalten, oder wie viel zu einem bestimmten Zeitpunkt im Netz »anhängig« ist, wenn wir kontinuierlich senden. Beachten Sie, dass bei Verwendung der RTT anstelle der Einwegzeit die Hälfte der »anstehenden« Pakete als ACKs zurückkommen. Tabelle 7.1 zeigt ein paar ungefähre Werte, wobei 100 ms als typische RTT für eine interkontinentale Entfernung angesehen werden kann.

RTT	Bandbreite	Bandbreite × Verzögerung
1 ms	10 Mbps	1.2 kB
100 ms	1.5 Mbps	20 kB
100 ms	600 Mbps	8 MB
100 ms	1.5 Gbps	20 MB

Tabelle 7.1 Typische RTT-Zeiten

7.2 Schwankungen der Paketverzögerung

Bei vielen Verbindungen sind Bandbreitenverzögerung und Ausbreitungsverzögerung starr festgelegte Größen, erstere durch die Bandbreite und letztere durch die Lichtgeschwindigkeit. Damit bleibt die Warteschlangenverzögerung als Hauptquelle für Schwankungen übrig.

Insofern können wir RTT_{noLoad} als die Zeit definieren, die benötigt wird, um ein Paket von A nach B zu übertragen und eine Bestätigung zurückzubekommen, ohne dass es zu einer Warteschlangenverzögerung kommt.

Dies ist zwar oft ein vernünftiger Näherungswert, aber RTT_{noLoad} ist durchaus nicht immer eine feste Größe. Es gibt mehrere mögliche Ursachen für RTT-Schwankungen. In Ethernet- und Wi-Fi-Netzen gibt es eine anfängliche »Wartezeit«, bevor die Übertragung tatsächlich beginnt. Zwar hängt diese Verzögerung mit der Wartezeit auf andere Absender zusammen, doch handelt es sich nicht direkt um eine Warteschlangenverzögerung. Ein Paket kann hier auf eine beträchtliche Verzögerung treffen, selbst wenn es schließlich als Erstes gesendet wird. Insbesondere bei Wi-Fi können die Unsicherheiten, die durch Kollisionen in die Paketlaufzeiten einfließen – selbst wenn es keine konkurrierenden Sender gibt –, die Erfassung von Verzögerungen auf höherer Ebene erschweren.

Es ist auch möglich, dass verschiedene Pakete über leicht unterschiedliche Pfade geleitet werden, was zu (hoffentlich) geringfügigen Abweichungen in der Transportdauer führt, oder dass sie von verschiedenen Warteschlangen eines parallel verarbeitenden Switches unterschiedlich behandelt werden.

Auch die Bandbreite einer Verbindung kann dynamisch variieren. Stellen Sie sich zum Beispiel eine T1-Verbindung vor, die aus den üblichen 24 DS0-Kanälen besteht und bei der alle Kanäle, die gerade nicht für Sprachanrufe genutzt werden, zu einem einzigen Datenkanal zusammengefasst werden. Bei acht Anrufern würde sich die Datenbandbreite von 24 × DS0 um ein Drittel auf 16 × DS0 verringern. Alternativ könnten die Router je nach Bedarf eine unterschiedliche Bandbreite für den Traffic mit hoher Priorität *reservieren*, sodass die dem Best-Effort-Traffic zugewiesene Bandbreite schwanken kann. Die subjektive Bandbreite der Verbindung kann auch im Zeitverlauf schwanken, wenn einige Pakete auf der Verbindungsschicht stärker komprimiert werden können als andere.

Wenn schließlich mobile Knoten beteiligt sind, kann sich die Entfernung und damit die Ausbreitungsverzögerung ändern. Dies kann sehr bedeutsam sein, wenn man mit einem drahtlosen Gerät kommuniziert, das auf einer Reise quer durch den Kontinent mitgenommen wird.

Trotz dieser Schwankungsquellen gehen wir in der Regel davon aus, dass RTT_{noLoad} eindeutig definiert ist, insbesondere wenn wir uns auf den Warteschlangen-Aspekt der Verzögerung konzentrieren.

7.3 Paketgröße

Wie groß sollten die Pakete sein? Sollten sie groß (z. B. 64 kB) oder klein (z. B. 48 Byte) sein?

Bei Ethernet ging es hier um die gerechte Aufteilung der Leitung: große Pakete ermöglichten anderen Sendern keine rechtzeitige Übertragung. Dieses Problem bleibt in jedem Netz bestehen.

Andererseits verschwenden große Pakete einen geringeren Prozentsatz der Bandbreite für Header. In den meisten der von uns betrachteten Fälle übersteigt dieser Prozentsatz jedoch nicht 10 % (das VoIP/RTP-Beispiel in Abschnitt 1.3, »Pakete«, ist eine Ausnahme).

Es hat sich gezeigt, dass kleinere Pakete einen viel besseren Durchsatz haben, wenn Store-and-Forward-Switches beteiligt sind. Die Verbindungen auf beiden Seiten des Switches können gleichzeitig genutzt werden, wie in Beispiel 4 in Abschnitt 7.1.1, »Beispiele für Verzögerungen«, erläutert. Dies ist ein sehr realer Effekt, der das Interesse an der Unterstützung von IP-»Jumbogrammen« verringert hat. Das ATM-Protokoll (das sowohl für Sprache als auch für Daten gedacht ist) treibt dies auf die Spitze, indem es Pakete mit nur 48 Byte Daten und 5 Byte Header vorsieht.

Nehmen wir als Beispiel eine Strecke von A nach B mit vier Switches und fünf Verbindungen:

A------R1------R2------R3------R4------B

Angenommen, wir senden entweder ein großes Paket oder fünf kleinere Pakete. Die relative Zeit von A nach B ist in Abbildung 7.3 dargestellt:

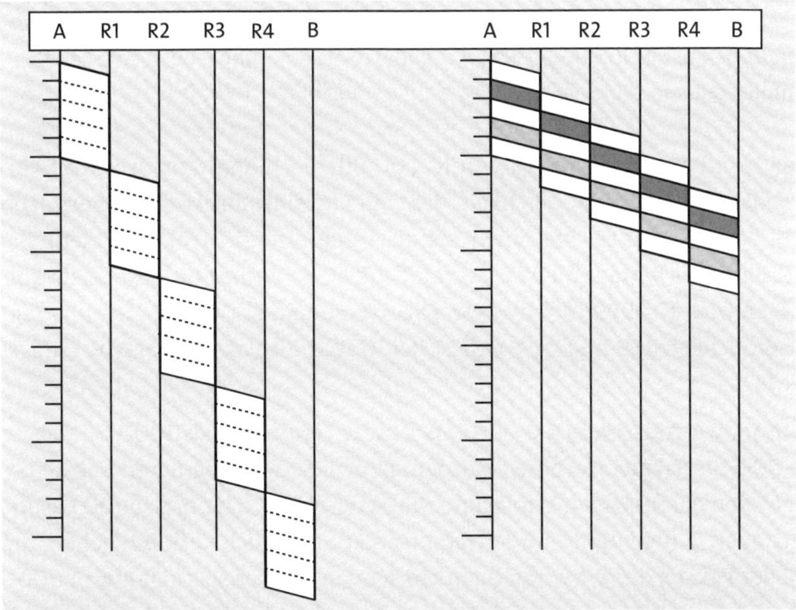

Abbildung 7.3 Links: ein großes Paket über fünf Verbindungen; rechts: fünf kleinere Pakete über fünf Verbindungen

Der springende Punkt ist, dass wir uns Parallelität zunutze machen können: Während die obige R4-B-Verbindung das Paket 1 übernimmt, verarbeitet die R3-R4-Verbindung das Paket 2 und die R2-R3-Verbindung das Paket 3 und so weiter. Die fünf kleineren Pakete *hätten* das fünffache der Header-Kapazität, aber solange die Header im Verhältnis zu den Daten klein sind, ist dies kein großes Problem.

Der von TCP verwendete Sliding-Windows-Algorithmus nutzt diese Idee als kontinuierlichen Prozess: Der Absender sendet einen kontinuierlichen Paketstrom, der von Verbindung zu Verbindung weitergereicht wird, sodass bei voller Kapazität alle Verbindungen zu jeder Zeit genutzt werden können.

7.3.1 Fehlerhäufigkeit und Paketgröße

Die Paketgröße wird in geringem Maße auch von der Fehlerquote bei der Übertragung beeinflusst. Bei relativ hohen Fehlerquoten ist es besser, kleinere Pakete zu senden, denn wenn ein Fehler auftritt, ginge das gesamte entsprechende Paket verloren.

Geringe Fehlerquoten

Bei geringer Bitfehlerrate können wir normalerweise die Fehlerwahrscheinlichkeit in einem N-Bit-Paket als p×N annähern, anstatt die exakte Lösung von 1 – (1–p)N zu berechnen (unter der Annahme der Unabhängigkeit von Bitfehlern). Die Näherung funktioniert am besten, wenn p×N ebenfalls klein ist. Für das 1000-Bit-Beispiel mit p= 1/10.000 beträgt der exakte Wert der Erfolgsrate 90,4833 % gegenüber der p×N-Näherung mit 90 %. Für das 10.000-Bit-Paket sagt die p×N-Näherung jedoch eine Fehlerwahrscheinlichkeit von 100 % voraus, was nicht gerade hilfreich ist.

Nehmen wir zum Beispiel an, dass 1 von 10.000 Bits nach dem Zufallsprinzip verfälscht ist, sodass die Wahrscheinlichkeit, dass ein einzelnes Bit *korrekt* übertragen wird, 0,9999 beträgt (dies ist viel mehr als die Fehlerraten in realen Netzen). Bei einem 1000-Bit-Paket beträgt die Wahrscheinlichkeit, dass *jedes* Bit des Pakets korrekt übertragen wird, $(0{,}9999)^{1000}$, also etwa 90,5 %. Für ein 10.000-Bit-Paket beträgt die Wahrscheinlichkeit $(0{,}9999)^{10.000} \simeq 37$ %. Bei 20.000-Bit-Paketen liegt die Erfolgsquote unter 14 %.

Nehmen wir an, wir müssen 1.000.000 Bits senden, entweder als 1000-Bit-Pakete oder als 20.000-Bit-Pakete. Nominell würden dafür 1.000 der kleineren Pakete benötigt, aber wegen der 90 %igen Erfolgsrate müssen wir 10 % davon, also 100 Pakete, erneut übertragen. Einige der Neuübertragungen können auch verloren gehen; die Gesamtzahl der Pakete, die wir voraussichtlich senden müssen, beträgt etwa 1.000 / 90% ≃ 1.111, also insgesamt 1.111.000 gesendete Bits. Als Nächstes wollen wir es mit den 20.000-Bit-Paketen versuchen. Hier ist die Erfolgsquote so schlecht, dass jedes Paket im Durchschnitt siebenmal gesendet werden muss; für eine verlustfreie Übertragung wären 50 Pakete erforderlich, aber wir brauchen tatsächlich 7×50 = 350 Pakete, also 7.000.000 Bits.

Moral: Wählen Sie die Paketgröße so klein, dass die meisten Pakete keine Fehler aufweisen.

Fairerweise muss man sagen, dass sehr große Pakete über die meisten Kabelverbindungen (z. B. TDM und SONET) zuverlässig übertragen werden können. Die drahtlose Übertragung ist jedoch ein größeres Problem.

7.3.2 Paketgröße und Echtzeit-Traffic

Es gibt noch ein weiteres Problem im Zusammenhang mit übermäßigen Paketgrößen. Wie wir in Kapitel 24, »Quality of Service«, sehen werden, ist es üblich, Volumen-Traffic auf denselben Verbindungen mit Echtzeit-Traffic zu mischen. In einem solchen System kann man dem Echtzeit-Traffic ohne Weiteres Vorrang einräumen, d. h. ein Router beginnt nicht mit der Weiterleitung eines Volumen-Traffic-Pakets, wenn noch Echtzeit-Pakete warten (in diesem Fall muss sichergestellt werden, dass der Echtzeit-Traffic nicht so groß ist, dass er den Volumen-Traffic verdrängt). Sobald jedoch ein Volumen-Traffic-Paket mit der Übertragung begonnen hat, ist es nicht mehr praktikabel, diese zu unterbrechen.

Aus diesem Grund ist eine Komponente jeder Maximalverzögerungsgrenze für Echtzeit-Traffic die Übertragungszeit für das größte *Volumen-Traffic*-Paket; wir nennen dies *Largest-Packet Delay*. In der Praxis sind die meisten IPv4-Pakete auf die maximale Ethernet-Paketgröße von 1500 Byte beschränkt, aber IPv6 bietet eine Option für so genannte »Jumbogramme« mit einer Größe von bis zu 2 MB. Die Übertragung eines solchen Pakets dauert bei einer 100-Mbit/s-Verbindung etwa $\frac{1}{6}$ einer Sekunde, was für eine reibungslose Koexistenz mit dem Echtzeit-Traffic wahrscheinlich zu viel ist.

7.4 Fehlererkennung

Die grundlegende Strategie zur Erkennung von Paketfehlern besteht darin, einige zusätzliche Bits hinzuzufügen – üblicherweise als *Fehlererkennungscode* bezeichnet –, die es dem Empfänger ermöglichen, festzustellen, ob das Paket während der Übertragung beschädigt wurde.

Ein beschädigtes Paket wird dann vom Empfänger verworfen; höhere Schichten unterscheiden nicht zwischen verlorenen Paketen und solchen, die nie empfangen wurden. Obwohl Pakete, die aufgrund von Bitfehlern verloren gehen, viel seltener vorkommen als Pakete, die aufgrund von Warteschlangenüberläufen verloren gehen, ist es wichtig, dass die Daten korrekt empfangen werden.

Intermittierende Paketfehler lassen sich im Allgemeinen in zwei Kategorien einteilen: niederfrequente Bitfehler, die z. B. durch kosmische Strahlung verursacht werden, und *Interferenz*fehler, die in der Regel durch elektrische Geräte in der Nähe entstehen. Fehler der letzteren Art treten im Allgemeinen in *Bursts* auf, mit mehreren fehlerhaften Bits pro Paket. Gelegentlich kommt es auch vor, dass ein defektes Netzwerkgerät Burst-Fehler verursacht.

Netzwerke gegen Kühlschränke

In Loyola hatten wir einmal eine Workstation, die als Mainframe-Terminal diente und deren Verbindung immer wieder abbrach. Schließlich merkten wir, dass dies immer dann Fall war, wenn der Kühlschrank im Büro ansprang. Es stellte sich heraus, dass das Kabel direkt hinter dem Kühlschrank verlief; durch eine Umverlegung wurde das Problem gelöst.

Der einfachste Mechanismus zur Fehlererkennung ist ein einzelnes Paritätsbit, das alle Ein-Bit-Fehler abfängt. Es gibt jedoch keine einfache Verallgemeinerung auf N Bits! Das heißt, es gibt keinen N-Bit-Fehlercode, der alle N-Bit-Fehler abfängt; siehe Übung 11.

Die so genannte *Internet-Prüfsumme*, die von IP, TCP und UDP verwendet wird, wird aus der Einerkomplement-Summe der 16-Bit-Wörter der Nachricht gebildet. Die Einerkomplementierung ist eine alternative Methode zur Darstellung vorzeichenbehafteter Ganzzahlen im Binärformat; wenn man zwei positive Ganzzahlen addiert und die Summe nicht über die Hardware-Wortgröße hinausgeht, sind die Einerkomplementierung und die inzwischen weit verbreitete *Zweierkomplementierung* identisch. Um die Einerkomplement-Summe der 16-Bit-Wörter A und B zu bilden, nimmt man zunächst die gewöhnliche Zweierkomplement-Summe A+B. Wenn dann ein Überlaufbit vorhanden ist, fügt man es als niederwertiges Bit wieder hinzu. Beträgt die Wortgröße also 4 Bits, ist die Einerkomplement-Summe von 0101 und 0011 1000 (kein Überlauf). Nehmen wir nun an, wir wollen die Einerkomplement-Summe von 0101 und 1100 ermitteln. Zuerst nehmen wir die »exakte« Summe und erhalten 1|0001, wobei die ganz linke 1 ein Überlaufbit über die 4-Bit-Wortgröße hinaus ist. Wegen dieses Überlaufs addieren wir dieses Bit wieder hinzu und erhalten 0010.

Die 4-Bit-Einerkomplement-Darstellung von Zahlen hat zwei Formen für Null: 0000 und 1111 (man kann leicht überprüfen, dass jede 4-Bit-Menge plus 1111 die ursprüngliche Menge ergibt; in der Zweierkomplement-Notation steht 1111 für –1, und ein Überlauf ist garantiert, sodass das Zurückaddieren des Überlaufbits die –1 aufhebt und uns die ursprüngliche Zahl übrig lässt). Tatsächlich ist die Einerkomplement-Summe niemals 0000, es sei denn, alle Bits aller Summanden sind 0; wenn sich die Summanden zufällig zu null addieren, dann ist die tatsächliche Binärdarstellung 1111. Dies bedeutet, dass wir 0000 in der Prüfsumme verwenden können, um »Prüfsumme nicht berechnet« darzustellen, was das UDP-Protokoll aus Effizienzgründen bei IPv4 noch zulässt. Bei IPv6 müssen UDP-Pakete eine berechnete Prüfsumme enthalten (RFC 2460, §8.1).

Was im Prüfsummenfeld des Pakets gespeichert wird, ist das *Komplement* der obigen Summe, oder 0xFFFF – Summe. Das heißt, wenn der Empfänger die Prüfsumme über denselben Bytebereich berechnet, sollte der erhaltene Wert null sein.

Einerkomplement

Vor langer Zeit, als Loyola noch keine Internet-Anbindung hatte, schrieb ich einen primitiven UDP/IP-Stack, um über das Ethernet eine Verbindung von einem Rechner ohne TCP/IP zu einem anderen mit TCP/IP herstellen zu können. Wir verwendeten »private« IP-Adressen der Form 10.0.0.x. Ich setzte so viele Header-Felder auf null, wie ich konnte, und kümmerte mich nicht darum, wie man die Einerkomplement-Addition implementiert; ich verwendete einfach Zweierkomplemente, nur für den IP-Header, und überhaupt keine UDP-Prüfsumme. Hey, es funktionierte.

Dann bekamen wir einen echten Klasse-B-Adressblock 147.126.0.0/16 und änderten die IP-Adressen. Meine Software funktionierte nicht mehr! Es stellte sich heraus, dass in der ursprünglichen Version alle IP-Header-Bytes so klein waren, dass es beim Zusammenzählen der 16-Bit-Wörter keine Überträge gab, sodass die Einerkomplementierung der Zweierkomplementierung entsprach. Bei den neuen Adressen war das nicht mehr der Fall. Sobald ich herausgefunden hatte, wie ich die Einerkomplement-Addition richtig implementieren konnte, funktionierten meine Backups wieder.

Einige Eigenschaften der Einerkomplement-Addition vereinfachen numerische Berechnungen. Erstens können wir bei der Ermittlung der Einerkomplement-Summe einer Reihe von 16-Bit-Werten das Hinzufügen der Überlaufbits bis zum Ende aufschieben. Konkret können wir die Einerkomplement-Summe der Werte ermitteln, indem wir sie mit der gewöhnlichen 32-Bit-Addition (Zweierkomplement) addieren und dann die Einerkomplement-Summe des oberen und unteren 16-Bit-Halbworts bilden. Das obere Halbwort steht hier für den kumulierten Überlauf (siehe Übung 10).

Wir können auch die Einerkomplement-Summe einer Reihe von 16-Bit-Werten ermitteln, indem wir sie paarweise zu 32-Bit-Werten verketten, die 32-Bit-Einerkomplement-Summe dieser Werte nehmen und dann, wie im vorigen Absatz, die Einerkomplement-Summe der oberen und unteren 16-Bit-Halbworte bilden.

Etwas überraschend ist, dass es bei der paarweisen Berechnung der 16-Bit-Einerkomplement-Summe einer Reihe von Bytes, keinen Unterschied macht, ob wir die Paare aufeinander folgender Bytes in Big-Endian- oder Little-Endian-Byte-Reihenfolge in Ganzzahlen umwandeln (Abschnitt 16.1.5, »Binärdaten«). Der Überlauf aus den niederwertigen Bytes wird mittels regulärer Überträge zu den höherwertigen Bytes addiert, und der Überlauf aus den höherwertigen Bytes wird nach der Einerkomplement-Regel zu den niederwertigen Bytes addiert.

Schließlich gibt es noch eine weitere Möglichkeit, die (16-Bit-)Einerkomplement-Summe zu betrachten: Sie ist in der Tat der *Rest*, der sich ergibt, wenn man die Nachricht (als sehr lange Binärzahl) durch $2^{16}-1$ dividiert, vorausgesetzt, man ersetzt einen Rest von 0 durch den entsprechenden Einerkomplement-Nullwert, der aus sechzehn 1-Bits besteht. Dies ist vergleichbar mit der dezimalen »Neuner-Regel«: Addieren wir die Ziffern einer Basis-10-Zahl und wiederholen wir den Vorgang, bis wir eine einzige Ziffer erhalten, dann ist diese Ziffer der Rest bei der Division der ursprünglichen Zahl durch 10–1 = 9. Die Analogie besteht darin, die Nachricht als eine sehr große, in Base-2^{16} geschriebene Zahl zu betrachten, wobei die »Ziffern« die 16-Bit-Wörter sind. Das wiederholte Aufaddieren der »Ziffern«, bis wir eine einzige »Ziffer« erhalten, entspricht der Einerkomplement-Summe der Wörter. Diese Methode der Einerkomplement-Addition ist nicht sehr praktisch, aber sie bietet eine nützliche Möglichkeit, Einerkomplement-Prüfsummen mathematisch zu analysieren.

Eine Schwäche jedes auf *Summen* basierenden Fehlererkennungscodes ist, dass das Umstellen von Wörtern zur gleichen Summe führt und der Fehler nicht erkannt wird. Vor allem wenn eine Nachricht fragmentiert ist und die Fragmente in der falschen Reihenfolge wieder zusammengesetzt werden, wird die Einerkomplement-Summe dies wahrscheinlich nicht erkennen.

Während einige Fehlererkennungscodes bestimmte Arten von systematischen Fehlern besser erkennen als andere (z. B. ist CRC in der Regel besser als die Internet-Prüfsumme bei der Erkennung von Transpositionsfehlern), hängt die Wirksamkeit eines Fehlererkennungscodes letztlich von seiner Länge ab. Angenommen, ein Paket P1 wird *zufällig* in P2 umgewandelt, hat aber noch seinen ursprünglichen N-Bit-Fehlercode EC(P1). Dieser N-Bit-Code wird den aufgetretenen Fehler *nicht erkennen*, wenn EC(P2) *zufällig* gleich EC(P1) ist. Die Wahrscheinlichkeit, dass zwei *zufällige* N-Bit-Codes übereinstimmen, beträgt $1/_{2N}$ (obwohl eine kleine zufällige Änderung in P1 möglicherweise nicht zu einer gleichmäßig verteilten zufälligen Änderung in EC(P1) führt; mehr dazu am Ende des CRC-Abschnitts weiter unten).

Dies bedeutet jedoch nicht, dass eins von 2^N Paketen fehlerhaft empfangen wird, da die meisten Pakete fehlerfrei sind. Wenn wir einen 16-Bit-Fehlercode verwenden und nur 1 von 100.000 Paketen tatsächlich fehlerhaft ist, dann beträgt die Rate, mit der fehlerhafte Pakete vorbeischleichen, nur 1 von 100.000 × 65536, also etwa 1 von 6 × 10^9. Wenn die Pakete 1500 Byte groß sind, haben Sie eine gute Chance (90+ %), ein Terabyte korrekt zu übertragen, und eine 37%ige Chance (1/e) bei zehn Terabyte.

7.4.1 Zyklische Redundanzprüfung: CRC

Der CRC-Fehlercode basiert auf der langen Division von Polynomen, wobei die Koeffizienten ganze Zahlen modulo 2 sind. Das hört sich kompliziert an, aber tatsächlich entfällt dadurch die Notwendigkeit von Übertragungen oder Anleihen bei Addition und Subtraktion. Zusammen mit der Verwendung von Modulo-2-Koeffizienten bedeutet dies, dass Addition und Subtraktion gleichwertig zu XOR werden. Wir behandeln die Nachricht in binärer Form als ein riesiges Polynom m(X) und verwenden die Bits der Nachricht als aufeinanderfolgende Koeffizienten (z. B. 10011011 = $X^7 + X^4 + X^3 + X + 1$). Wir standardisieren ein Divisorpolynom p(X) vom Grad N (N=32 für CRC-**32**-Codes); die vollständige Spezifikation eines bestimmten CRC-Codes erfordert die Angabe dieses Polynoms. (Eine vollständige Spezifikation erfordert auch die Angabe der Bitreihenfolge innerhalb der Bytes.) Wir hängen N 0-Bits an m(X) an (das Polynom $X^N m(X)$) und teilen das Ergebnis durch p(X). Die »Prüfsumme« ist der Rest r(X) mit maximalem Grad N–1 (d. h. N Bits).

Dies ist ein in der Praxis einigermaßen sicherer Hash gegen Netzwerkkorruption, da es sehr unwahrscheinlich ist, dass systematische Fehler denselben Hash-Code ergeben. CRC ist jedoch nicht sicher gegen *absichtliche* Verfälschung; bei einer beliebigen Nachricht `msg` gibt es einfache algebraische Mittel, um die letzten Bytes von `msg` so zu verändern, dass der CRC-Code des Ergebnisses gleich einem beliebigen vorgegebenen Wert im entsprechenden Bereich ist.

Nehmen wir zum Beispiel an, dass der CRC-Divisor 1011 ist (was dies zu einem CRC-3-Code macht) und die Nachricht 1001 1011 1100 lautet. Hier die Division: Wir subtrahieren wiederholt (mit XOR) eine Kopie des Divisors 1011, so verschoben, dass die führende 1 des Divisors mit der führenden 1 der vorherigen Differenz übereinstimmt. In der Quotientenzeile steht dann eine 1, die mit der letzten Ziffer des verschobenen Divisors übereinstimmt; andernfalls eine 0. (Es gibt mehrere Online-Rechner für derartige Aufgaben, etwa unter *http://www.ee.unb.ca/cgi-bin/tervo/calc.pl*.) Beachten Sie, dass an den Dividenden zusätzlich 000 angehängt wurde.

```
           1 0100 1101 011
       ┌------------------
1011   │ 1001 1011 1100 000
         1011
          --- -
          010 1011 1100 000
           10 11
           -- --
           00 0111 1100 000
               101 1
               --- -
               010 0100 000
```

```
10 11
-- --
00 1000 000
   1011
   ----
   0011 000
     10 11
     -- --
     01 110
      1 011
      - ---
      0 101
```

Am Ende bleibt der Rest 101; dies ist der N-Bit-CRC-Code. Der Code wird an die ursprüngliche Nachricht angehängt, d. h. ohne die hinzugefügten Nullen: 1001 1011 1100 101; algebraisch ist dies $X^N m(X) + r(X)$. Dies wird tatsächlich übertragen; in ein Polynom umgewandelt, ergibt sich bei der Division durch p(X) ein Rest von null. Dadurch vereinfacht sich die Aufgabe des Empfängers, den CRC-Code zu validieren, ein wenig: Er muss nur prüfen, ob der Rest gleich Null ist.

CRC lässt sich mithilfe von Bit-Schieberegistern leicht in Hardware implementieren. Auch schnelle Software-Implementierungen sind möglich, bei denen die Bits in der Regel Byte für Byte mit einer vorberechneten Lookup-Tabelle mit 256 Einträgen verarbeitet werden.

Ändern wir *genügend* Bits im Paket P1 zufällig, um P2 zu erzeugen, dann sind CRC(P1) und CRC(P2) unabhängige Zufallsvariablen mit einer Wahrscheinlichkeit von 1 zu 2^N, wobei N die CRC-Länge ist. Wenn wir jedoch nur ein *paar* Bits ändern, ist die Änderung *nicht* so zufällig. Insbesondere für viele CRC-Codes (d. h. für viele Optionen des zugrunde liegenden Polynoms p(X), garantiert die Änderung von bis zu drei Bits in P1 zur Erstellung einer neuen Nachricht P2, dass CRC(P1) ≠ CRC(P2). Bei der Internet-Prüfsumme ist dies nicht garantiert, selbst wenn wir wissen, dass nur zwei Bits geändert wurden.

Schließlich gab es auch Hashes, die als sicher galten, wie etwa MD-5 und SHA-1, oder noch heute gelten, wie ihre Nachfolger (Abschnitt 27.6, »Sichere Hashes«). Niemand weiß (oder gibt zu, zu wissen), wie man zwei Nachrichten mit demselben Hash erzeugt. Diese sicheren Hash-Codes werden jedoch im Allgemeinen nicht zur Fehlerkorrektur im Netz verwendet, da sie *viel* langsamer zu berechnen sind als CRC; sie werden im Allgemeinen nur für die sichere Authentifizierung und andere Funktionen auf höherer Ebene verwendet.

7.4.2 Fehlerkorrigierende Codes

Ist eine Verbindung verrauscht, können wir einen *Fehlerkorrekturcode* (auch *Vorwärtsfehlerkorrektur* genannt) hinzufügen, der es dem Empfänger in vielen Fällen ermöglicht, herauszufinden, welche Bits beschädigt sind, und diese zu korrigieren. Die Bitfehlerrate wird verbessert, allerdings um den Preis eines geringeren Durchsatzes. Fehlerkorrekturcodes enthalten in der Regel viel mehr Bits, als für die Fehlererkennung erforderlich sind. Wenn sich herausstellt, dass eine Kommunikationstechnologie eine inakzeptabel hohe Bitfehlerrate hat (z. B. drahtlose Kommunikation), besteht der nächste Schritt darin, einen Fehlerkorrekturcode in das Protokoll zu implementieren. Dadurch wird die »virtuelle« Bitfehlerrate (d. h. die korrigierte Fehlerrate) im Allgemeinen auf ein akzeptables Niveau reduziert.

Der vielleicht am einfachsten zu visualisierende Fehlerkorrekturcode ist die 2-D-Parität, für die wir $O(N^{1/2})$ zusätzliche Bits benötigen. Wir nehmen N×N Datenbits und ordnen sie in einem Quadrat an; dann berechnen wir die Parität für jede Spalte, für jede Zeile und für das gesamte Quadrat; das sind 2N+1 zusätzliche Bits. In Abbildung 7.4 sehen Sie eine Grafik mit N=4 und gerader Parität; die Spaltenparitätsbits befinden sich in der untersten (fünften) Zeile und die Zeilenparitätsbits in der ganz rechten (fünften) Spalte. Das Paritätsbit für das gesamte 4×4-Datenquadrat ist das Bit in der rechten unteren Ecke.

0	1	1	0	0
0	1	1	1	1
1	0	1	0	0
1	1	1	1	0
0	1	0	0	1

Abbildung 7.4 2-D-Parität

Nehmen wir nun an, dass ein Bit beschädigt ist; der Einfachheit halber gehen wir davon aus, dass es sich um eines der Datenbits handelt. Dann sind genau ein Spaltenparitätsbit und genau ein Zeilenparitätsbit falsch. Diese beiden falschen Bits markieren die Spalte und Zeile des falschen Datenbits, das wir dann in den korrekten Zustand umkehren können.

Wir können N vergrößern, aber wesentlich ist, dass es nur ein einziges fehlerhaftes Bit pro Quadrat gibt. Wir werden also entweder N klein halten oder einen ganz anderen Code wählen, der die Korrektur mehrerer Bits ermöglicht. In jedem Fall kann das Hinzufügen von Fehlerkorrekturcodes die Größe eines Pakets beträchtlich erhöhen; einige Codes verdoppeln oder verdreifachen sogar die Gesamtzahl der gesendeten Bits.

Hamming-Code

Der Hamming-Code ist ein weiterer beliebter Fehlerkorrekturcode; er fügt O(log N) zusätzliche Bits hinzu, wenn N jedoch groß genug ist, um eine wesentliche Verbesserung gegenüber der $O(N^{1/2})$-Leistung der zweidimensionalen Parität darzustellen, müssen Fehler sehr selten sein. Wenn wir 8 Datenbits haben, nummerieren wir die Bitpositionen 0 bis 7. Dann schreiben wir die Position jedes Bits als Binärwert zwischen 000 und 111; das sind die *Positionsbits* des jeweiligen Datenbits. Wir fügen nun folgendermaßen vier Codebits hinzu:

- ein Paritätsbit über alle 8 Datenbits
- ein Paritätsbit über diejenigen Datenbits, bei denen die erste Ziffer der Positionsbits 1 ist (die Positionen 4, 5, 6 und 7)
- ein Paritätsbit über die Datenbits, bei denen die zweite Ziffer der Positionsbits 1 ist (die Positionen 010, 011, 110 und 111 oder 2, 3, 6 und 7)
- ein Paritätsbit über die Datenbits, bei denen die dritte Stelle der Positionsbits 1 ist (die Positionen 001, 011, 101, 111 oder 1, 3, 5 und 7)

Anhand des ersten Codebits lässt sich erkennen, ob ein Fehler aufgetreten ist oder nicht; die übrigen drei Codebits geben dann die jeweiligen drei Positionsbits des fehlerhaften Bits an. Wenn z. B. das obige Codebit 2 korrekt ist, dann ist die erste Stelle der Positionsbits 0; andernfalls ist sie 1. Mit allen drei Positionsbits haben wir das falsche Datenbit identifiziert.

Konkret nehmen wir an, dass das Datenwort 10110010 lautet. Die vier Codebits sind dann:

- 0, das (gerade) Paritätsbit über alle acht Bits
- 1, das Paritätsbit über die zweite Hälfte, 1011**0010**
- 1, das Paritätsbit über die fetten Bits: 10**11**00**10**
- 1, das Paritätsbit über diese fetten Bits: 1**0**1**1**0**0**1**0**

Wenn die empfangenen Daten+Code nun 1011**1**010 0111 sind, wobei das fette Bit umgedreht ist, dann sagt die Tatsache, dass das erste Codebit falsch ist, dem Empfänger, dass ein Fehler vorlag. Das zweite Codebit ist ebenfalls falsch, also muss das erste Bit der Positionsbits 1 sein. Das dritte Codebit ist richtig, also muss das zweite Bit der Positionsbits 0 sein. Das vierte Codebit ist ebenfalls richtig, also ist das dritte Bit der Positionsbits 0. Die Positionsbits sind also binär 100 – oder 4 –, und somit weiß der Empfänger, dass das falsche Bit an Position 4 ist (von 0 an gezählt) und in den richtigen Zustand umgedreht werden kann.

7.5 Epilog

Die hier vorgestellten Themen sind vielleicht nicht sehr spektakulär und spielen bei der Entwicklung von Protokollen oft nur eine unterstützende Rolle hinter den Kulissen. Nichtsdestotrotz ist ihr Einfluss allgegenwärtig; wir können sie sogar als Teil der zugrunde liegenden »Physik« des Internets betrachten.

Als das frühe Internet beispielsweise immer schneller wurde und die Ausbreitungsverzögerung zum vorherrschenden begrenzenden Faktor wurde, wurden die Protokolle häufig überarbeitet, um die Anzahl der Hin- und Herübertragungen zu begrenzen. Ein klassisches Beispiel ist das Simple Mail Transport Protocol (SMTP), das mit RFC 1854 geändert wurde, um das gemeinsame Senden mehrerer Befehle – Pipelining genannt – statt einzelner Befehle zu ermöglichen.

Es gab zwar immer wieder Forderungen nach der Unterstützung großer Pakete in IPv4, und es gibt IPv6-Protokolle für »Jumbogramme« von mehr als einem Megabyte, doch werden diese aufgrund der Store-and-Forward-Kosten für große Pakete, wie in Abschnitt 7.3, »Paketgröße«, beschrieben, nur sehr selten verwendet.

Fast jedes Protokoll auf der LAN-Schicht, von Ethernet über Wi-Fi bis hin zu Punkt-zu-Punkt-Verbindungen, enthält einen Fehlererkennungscode, der die zugrunde liegende Transportzuverlässigkeit widerspiegelt. Ethernet enthält z. B. einen 32-Bit-CRC-Code, während Wi-Fi aufgrund der geräuschintensiveren drahtlosen Umgebung umfangreiche Fehlerkorrekturcodes enthält. Die Wi-Fi-Fragmentierungsoption (Abschnitt 4.2.1, »Wi-Fi und Kollisionen«) ist direkt mit Abschnitt 7.3.1, »Fehlerhäufigkeit und Paketgröße«, verknüpft.

7.6 Übungen

1. Angenommen, eine Verbindung hat eine Ausbreitungsverzögerung von 20 µsec und eine Bandbreite von 2 Bytes/µsec.
   a) Wie lange würde es dauern, ein 600-Byte-Paket über eine solche Verbindung zu übertragen?
   b) Wie lange würde es dauern, das 600-Byte-Paket über zwei solche Verbindungen zu übertragen, wenn dazwischen ein Store-and-Forward-Switch liegt?
2. Angenommen, auf dem Weg von A nach B gibt es einen einzigen Switch S: A---S---B. Jede Verbindung hat eine Ausbreitungsverzögerung von 60 µsec und eine Bandbreite von 2 Byte/µsec.
   a) Wie lange würde es dauern, ein einzelnes 600-Byte-Paket von A nach B zu senden?

b) Wie lange würde es dauern, zwei 300-Byte-Pakete von A nach B zu senden?

c) Wie lange würde es dauern, drei aufeinanderfolgende 200-Byte-Pakete von A nach B zu senden?

3. ◊ Wiederholen Sie die Teile (a) und (b) der vorigen Übung, ändern Sie jedoch die Ausbreitungsverzögerung pro Verbindung von 60 µs auf 600 µs.

4. Angenommen, auf dem Weg von A nach B gibt es einen einzigen Switch S: A---S---B. Die Ausbreitungsverzögerungen auf der A–S- und S–B-Strecke betragen 24 µs bzw. 35 µs. Die Bandbreitenverzögerungen pro Paket auf den A–S- und S–B-Verbindungen betragen 103 µsec bzw. 157 µsec. Das nachstehende Leiterdiagramm beschreibt das Senden von zwei aufeinanderfolgenden Paketen von A nach B. Beschriften Sie die Zeitintervalle (a) bis (e) am rechten Rand und geben Sie die Gesamtzeit für das Senden der Pakete an.

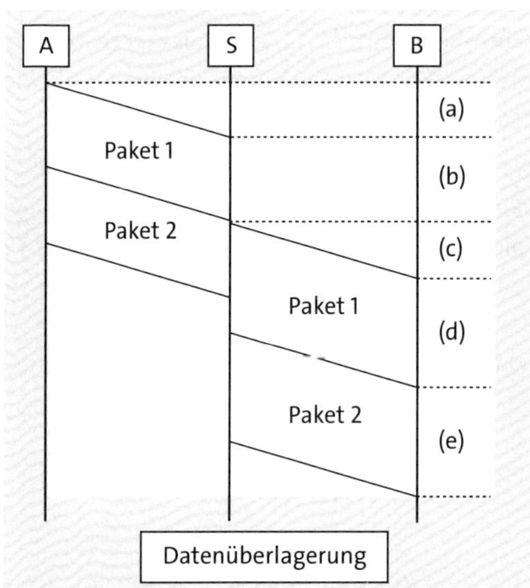

5. Nehmen wir dieselben Verzögerungen an wie in Übung 4, allerdings mit umgekehrten Bandbreitenverzögerungen: Die A-S-Bandbreitenverzögerung beträgt nun 157 µsec und die S–B-Bandbreitenverzögerung 103 µsec. Die Ausbreitungsverzögerungen bleiben unverändert. Zeichnen Sie das entsprechende Leiterdiagramm und die Gesamtzeit für zwei aufeinanderfolgende Pakete, die gesendet werden müssen. (Hinweis: Die Gesamtzeit sollte sich nicht ändern.)

6. Nehmen wir wieder an, dass es auf dem Weg von A nach B einen einzigen Switch S gibt: A---S---B. Die Bandbreite und Ausbreitungsverzögerungen pro Verbindung sind wie folgt:

Verbindung	Bandbreite	Ausbreitungsverzögerung
A--S	5 bytes/µsec	24 µsec
S--B	3 bytes/µsec	13 µsec

a) Wie lange würde es dauern, ein einzelnes 600-Byte-Paket von A nach B zu senden?

b) Wie lange würde es dauern, zwei 300-Byte-Pakete nacheinander von A nach B zu senden? Beachten Sie, dass das Paket 2 von A bei S ankommt, bevor S die Übertragung von Paket 1 nach B beendet hat, weil die Verbindung von S--B langsamer ist.

7. Angenommen, in der vorherigen Übung hat die A-S-Verbindung die kleinere Bandbreite von 3 Bytes/µsec und die S-B-Verbindung die größere Bandbreite von 5 Bytes/µsec. Die Ausbreitungsverzögerungen sind unverändert. Wie lange dauert es nun, zwei 300-Byte-Pakete von A nach B zu senden?

8. Gehen Sie von fünf Verbindungen aus: A---R1---R2---R3---R4---B. Jede hat eine Bandbreite von 100 Bytes/ms. Nehmen wir an, wir modellieren die Ausbreitungsverzögerung pro Verbindung als 0.

   a) Wie lange würde ein einzelnes 1500-Byte-Paket von A nach B brauchen?

   b) Wie lange würden fünf aufeinanderfolgende 300-Byte-Pakete von A nach B brauchen?

   Das Diagramm in Abschnitt 7.3, »Paketgröße«, kann helfen.

9. Nehmen Sie N Verbindungen mit gleicher Bandbreite auf dem Weg zwischen A und B an, wie im folgenden Diagramm dargestellt, wobei Sie M aufeinanderfolgende Pakete senden möchten.

   A --- S_1 --- ... --- S_{N-1} --- B

   BD sei die Bandbreitenverzögerung eines einzelnen Pakets auf einer einzelnen Verbindung, und die Ausbreitungsverzögerung auf jeder Verbindung sei null. Zeigen Sie, dass die gesamte (Bandbreiten-)Verzögerung (M+N–1)×BD ist. Hinweis: Die Gesamtzeit ist die Summe aus der von A benötigten Zeit, um mit der Übertragung des letzten Pakets zu beginnen, und der Zeit, die dieses letzte Paket (oder ein beliebiges anderes Paket) für den Weg von A nach B benötigt. Zeigen Sie, dass Ersteres (M–1)×BD und Letzteres N×BD ist. Beachten Sie, dass kein Paket jemals bei einem S_i warten muss, da das i-te Paket genau so lange braucht, um anzukommen, wie das (i–1)-te Paket braucht, um abgesendet zu werden.

10. Wiederholen Sie die Analyse in Abschnitt 7.3.1, »Fehlerhäufigkeit und Paketgröße«, um die wahrscheinliche Gesamtzahl der Bytes zu vergleichen, die gesendet werden müssen, um 10^7 Bytes zu übertragen:

    a) 1.000-Byte-Pakete

    b) 10.000-Byte-Pakete

    Nehmen wir an, die Bitfehlerrate beträgt 1 zu 16×10^5, sodass die Fehlerrate pro *Byte* etwa 1 zu 2×10^5 beträgt.

11. Im Text wird behauptet, dass es für N≥2 keinen N-Bit-Fehlercode gibt, der alle N-Bit-Fehler abfängt. (für N=1 funktioniert ein Paritätsbit). Beweisen Sie diese These für N=2. Tipp: Wählen Sie eine Länge M, und betrachten Sie alle M-Bit-Nachrichten mit einem *einzigen* 1-Bit. Jede solche Nachricht kann mit einem 2-Bit-Fehler in jede andere umgewandelt werden. Zeigen Sie mithilfe des Schubfachprinzips, dass für eine ausreichende Größe von M zwei Nachrichten m_1 und m_2 denselben Fehlercode haben müssen, d. h. $e(m_1) = e(m_2)$. Wenn dies der Fall ist, dann kann der Fehlercode den Fehler, der m_1 in m_2 umgewandelt hat, nicht erkennen.

12. Betrachten Sie die folgenden Vier-Bit-Zahlen (Dezimalwerte in Klammern):

    - 1000 (8)
    - 1011 (11)
    - 1101 (13)
    - 1110 (14)

    Die Einerkomplement-Summe dieser Zahlen kann mit der Divisionsmethode ermittelt werden, indem man sie als vierstellige Hex-Zahl 0x8bde behandelt und den Rest mod 15 nimmt; das Ergebnis ist 1.

    a) Ermitteln Sie diese Einerkomplement-Summe durch drei 4-Bit-Einerkomplement-Additionen. Für den Anfang sei angemerkt, dass die (exakte) Summe von 1000 und 1011 1|0011 ist, und die Addition des Übertragsbits zu den niederwertigen 4 Bits eine Einerkomplement-Summe des ersten Paares von 0100 ergibt.

    b) Die exakte (und 8-Bit-Zweierkomplement-) Summe der obigen Werte ist 46, oder 10|1110 im Binärsystem. Ermitteln Sie die Einerkomplement-Summe der Werte, indem Sie genau diese Summe nehmen und dann die Einerkomplement-Summe der oberen und unteren 4-Bits bilden. Beachten Sie, dass dies nicht dasselbe ist wie die Zweierkomplement-Summe der beiden Hälften.

13. [a,b] bezeichnet ein Bytepaar a und b. Die 16-Bit-Ganzzahl, die [a,b] bei Big-Endian-Konvertierung entspricht, ist a×256 + b; bei Little-Endian-Konvertierung ist sie a + 256×b.
    a) Ermitteln Sie die Einerkomplement-Summe von [200,150] und [90,230] durch Big-Endian-Konvertierung in die entsprechenden 16-Bit-Ganzzahlen 51.350 und 23.270. Konvertieren Sie am Ende wieder in zwei Bytes, wiederum durch Big-Endian-Konvertierung.
    b) Führen Sie das Gleiche mit der Little-Endian-Konvertierung durch. In diesem Fall lauten die 16-Bit-Ganzzahlen 38.600 und 58.970.

14. In der Beschreibung im Text der Internet-Prüfsumme wurde das Überlaufbit nach jeder Einerkomplement-Addition wieder hinzugefügt. Zeigen Sie, dass das gleiche Endergebnis erzielt wird, wenn wir die 16-Bit-Wörter mit 32-Bit-Zweierkomplement-Arithmetik addieren (Zweierkomplement ist die normale Arithmetik auf allen modernen Geräten) und dann die oberen 16 Bits der Summe zu den unteren 16 Bits addieren. (Wenn bei diesem letzten Schritt ein Überlauf auftritt, müssen wir auch diesen wieder hinzufügen).
15. Angenommen, eine Nachricht ist 110010101. Berechnen Sie die CRC-3-Prüfsumme mithilfe des Polynoms $X^3 + 1$, d. h. finden Sie den 3-Bit-Rest mit dem Divisor 1001.
16. Der oben vorgestellte CRC-Algorithmus erfordert, dass wir ein Bit nach dem anderen verarbeiten. Es ist möglich, den Algorithmus N Bits auf einmal durchzuführen (z. B. N=8), mit einer vorberechneten Nachschlagetabelle der Größe 2^N. Vervollständigen Sie die Schritte in der folgenden Beschreibung dieser Strategie für N=3 und das Polynom $X^3 + X + 1$ oder 1011.
17. Betrachten Sie den folgenden Satz von Bits, die mit gerader 2-D-Parität gesendet werden. Die Datenbits befinden sich im 4×4-Block oben links und die Paritätsbits in der Spalte ganz rechts und in der unteren Zeile. Welches Bit ist fehlerhaft?

1	1	0	1	1
0	1	0	0	1
1	1	1	1	1
1	0	0	1	0
1	1	1	0	1

18. a) Zeigen Sie, dass die 2-D-Parität drei beliebige Fehler *erkennen* kann.
    b) Finden Sie vier Fehler, die durch 2-D-Parität nicht erkannt werden können.
    c) Zeigen Sie, dass die 2-D-Parität nicht alle Zwei-Bit-Fehler korrigieren kann. Tipp: Setzen Sie beide Bits in dieselbe Zeile oder Spalte.
19. Jede der folgenden 8-Bit-Nachrichten mit 4-Bit-Hamming-Code enthält einen einzelnen Fehler. Korrigieren Sie die Nachricht.
    a) ◊ 10100010 0111
    b) 10111110 1011
20. a) Was passiert bei der 2-D-Parität, wenn das beschädigte Bit in der Paritätsspalte oder -zeile liegt?
    b) In der folgenden 8-Bit-Nachricht mit 4-Bit-Hamming-Code gibt es einen Fehler im Code-Teil. Wie kann dieser festgestellt werden?

       1001 1110 0100

Kapitel 8
Sliding Windows

In diesem Kapitel beschäftigen wir uns mit dem Aufbau zuverlässiger Datenübertragungsschichten auf unzuverlässigen tieferliegenden Schichten. Dies gelingt durch eine *Retransmit-on-Timeout*-Richtlinie, d. h., wenn ein Paket übertragen wird und innerhalb des Timeout-Intervalls keine Empfangsbestätigung eintrifft, wird das Paket erneut versendet. Protokolle, bei denen eine Seite Retransmit-on-Timeout implementiert, werden als *ARQ*-Protokolle (für *Automatic Repeat reQuest*) bezeichnet.

Neben der Zuverlässigkeit geht es uns zudem darum, so viele Pakete auf dem Weg zu halten, wie es das Netzwerk zulässt. Die Strategie, mit der dies erreicht werden soll, ist als *Sliding Windows* bekannt. Wir erkennen, dass der Sliding-Windows-Algorithmus auch der Schlüssel zur Bewältigung von Engpässen ist; darauf kommen wir später in Kapitel 19, »TCP Reno und Überlastmanagement«, zurück.

Das *Ende-zu-Ende*-Prinzip (Abschnitt 17.1) verdeutlicht, dass der Versuch fehlschlägt, durch eine zuverlässige tiefere Schicht eine zuverlässige Übertragungsschicht zu bekommen. Der richtige Weg ist es, über die Endpunkte einer Verbindung Zuverlässigkeit zu gewährleisten, so wie hier beschrieben.

8.1 Zuverlässige Datenübertragung: Stop-and-Wait

Retransmit-on-Timeout erfordert in der Regel eine fortlaufende Nummerierung der Pakete. Wenn allerdings gewährleistet ist, dass ein Netzwerkpfad die Paketreihenfolge nicht verändert, können die fortlaufenden Nummern überraschend schnell zurückgesetzt werden (bei Stop-and-Wait genügt eine Nummerierung mit einem einzelnen Bit). Da die Hypothese der unveränderten Reihenfolge jedoch für das Internet im Allgemeinen nicht als gegeben angesehen werden kann, gehen wir von einer konventionellen Nummerierung aus. Data[N] ist das N-te Datenpaket, das mit ACK[N] bestätigt wird.

Bei der *Stop-and-Wait*-Variante von Retransmit-on-Timeout sendet der Absender jeweils nur ein einzelnes ausstehendes Paket. Erfolgt keine Antwort, kann das Paket erneut gesendet werden, aber Data[N+1] verschickt der Sender erst, nachdem er ACK[N] erhalten hat. Natürlich sendet auch die Empfängerseite erst dann ACK[N], wenn sie Data[N] erhalten hat; *beide* Seiten bringen also immer nur ein Paket ins Spiel. Wenn keine Paketverluste auftreten, führt dies zu folgendem Ergebnis:

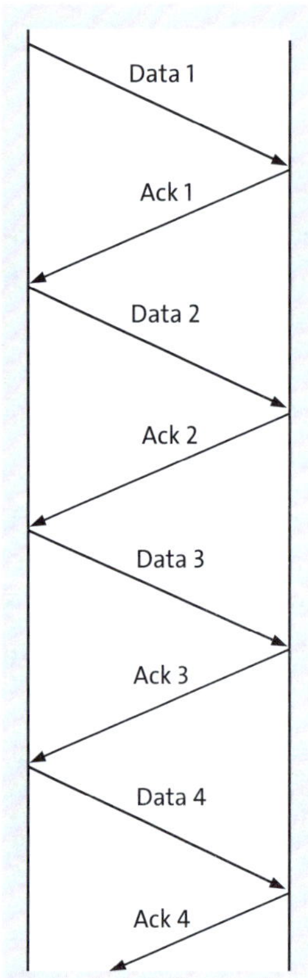

Abbildung 8.1 Stop and Wait

8.1.1 Paketverlust

Verlorene Pakete gehören jedoch zur Realität. Die linke Hälfte von Abbildung 8.2 zeigt ein verlorenes Datenpaket, wobei der Sender der Host ist, der Daten sendet, und der Empfänger der Host, der ACKs sendet. Der Empfänger ist sich des Verlusts nicht bewusst; für ihn sieht es einfach so aus, als ob Data[N] verspätet ankommt.

Die rechte Hälfte des Diagramms veranschaulicht im Vergleich dazu den Fall eines verlorenen ACK. Der Empfänger hat ein *Duplikat* von Data[N] erhalten. Wir gehen hier davon aus, dass der Empfänger eine *Retransmit-on-Duplicate*-Strategie implementiert hat, sodass seine Reaktion auf den Empfang des Duplikats von Data[N] die erneute Übertragung von ACK[N] ist.

Als letztes Beispiel sei in Abbildung 8.3 darauf hingewiesen, dass es möglich ist, dass ACK[N] (bzw. das erste Data[N]) erst nach dem Timeout-Intervall eintrifft. Nicht jedes Paket, das eine Zeitüberschreitung erfährt, ist auch tatsächlich verloren gegangen!

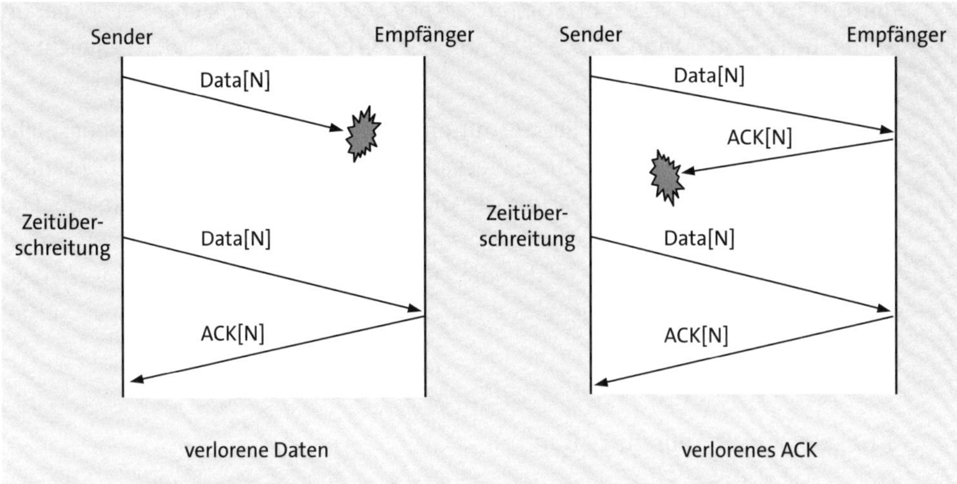

Abbildung 8.2 Paketverlust

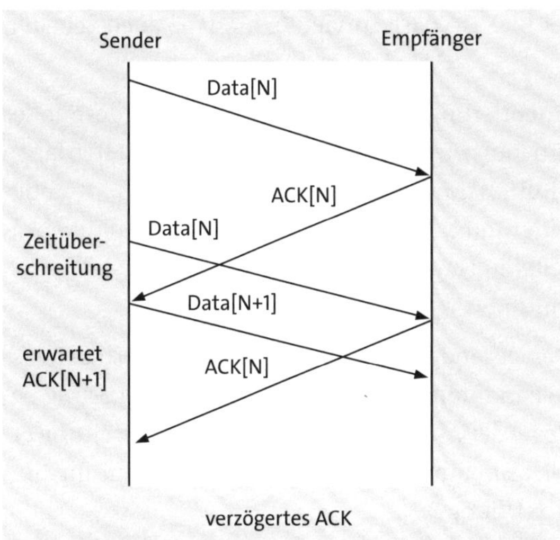

Abbildung 8.3 Verzögertes ACK

In diesem Fall erkennen wir, dass nach dem Versenden von Data[N] der Empfang eines verzögerten ACK[N] (statt des erwarteten ACK[N+1]) *als normales Ereignis angesehen werden muss.*

Im Prinzip kann jede Seite ein Retransmit-On-Timeout durchführen, wenn nichts empfangen wird. Beide Seiten können auch Retransmit-on-Duplicate implementieren; dies hat der Empfänger im zweiten Beispiel oben getan, *nicht* aber der Sender im dritten Beispiel (der Sender hat ein zweites ACK[N] erhalten, aber Data[N+1] nicht erneut übertragen).

Mindestens eine Seite *muss* Retransmit-on-Timeout implementieren; andernfalls führt ein verlorenes Paket zu einem Blockadezustand, bei dem sowohl der Absender als auch der Empfänger ewig warten. Die andere Seite *muss* mindestens eine der Optionen Retransmit-on-Duplicate oder Retransmit-on-Timeout implementieren, normalerweise nur Erstere. Wenn beide Seiten Retransmit-on-Timeout mit unterschiedlichen Timeout-Werten implementieren, funktioniert das Protokoll in der Regel trotzdem noch.

8.1.2 Sorcerer's Apprentice Bug

Eine merkwürdige Sache passiert, wenn eine Seite Retransmit-on-Timeout implementiert, aber *beide* Seiten Retransmit-on-Duplicate verwenden. Dies kann passieren, wenn der Implementierer die naive Ansicht vertritt, dass Retransmit-on-Duplicate »sicherer« sei; die Moral lautet hier ist, dass zu viel Redundanz auch Schaden anrichten kann.

Stellen wir uns vor, dass eine Implementierung diese Strategie verwendet (der Sender wiederholt seine Übertragung bei Timeouts), und dass das anfängliche ACK[3] so lange verzögert wird, dass Data[3] bei Zeitüberschreitung erneut gesendet wird. In Abbildung 8.4 ist das einzige Paket, das aufgrund einer Zeitüberschreitung erneut übertragen wird, das zweite Data[3]; alle weiteren Duplikate sind auf die beidseitige Retransmit-on-Duplicate-Strategie zurückzuführen.

Alle Pakete werden ab Data[3] *doppelt* gesendet. Die Übertragung wird normal abgeschlossen, nimmt aber die doppelte Bandbreite in Anspruch. Die übliche Lösung besteht darin, dass eine Seite (in der Regel der Absender) nur bei Zeitüberschreitung erneut sendet. Bei TCP ist dies der Fall; siehe Abschnitt 18.12, »Zeitüberschreitung und Neuübertragung bei TCP«. Siehe auch Übung 2.

Der Zauberlehrling

Der »Sorcerer's Apprentice Bug« ist nach Goethes Ballade vom Zauberlehrling benannt: Dieser verhext einen Besen, damit er für ihn Wasser schleppen muss. Nachdem alle Eimer voll sind, zerhackt der Lehrling den Besen in zwei Teile, nur um festzustellen, dass nun beide Besenhälften immer weiter Wasser herbeischaffen. Eine Trickfilmversion ist in dem Disney-Film Fantasia zu sehen, unterlegt mit der Musik von Paul Dukas.

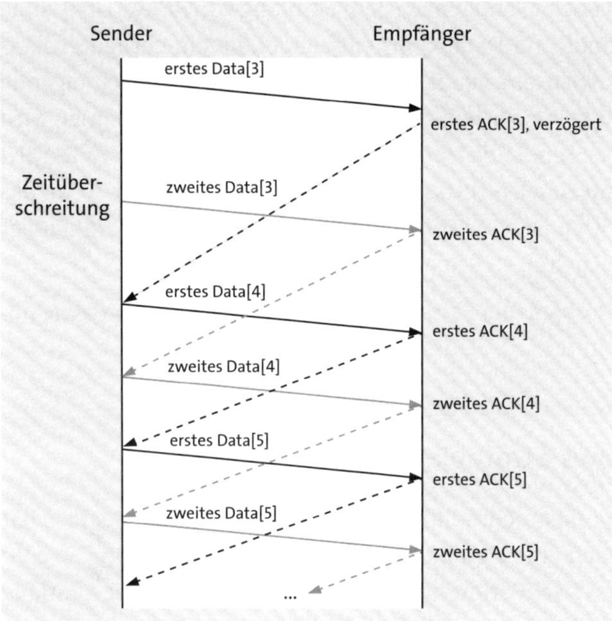

Abbildung 8.4 Der Sorcerer's Apprenctice Bug; erste Übertragungen in Schwarz, zweite Übertragungen in Blau

8.1.3 Datenflusssteuerung

Stop-and-Wait bietet auch eine einfache Form der *Flusssteuerung*, um zu verhindern, dass Daten schneller beim Empfänger ankommen, als sie verarbeitet werden können. Unter der Annahme, dass die zur Verarbeitung eines empfangenen Pakets benötigte Zeit kleiner als eine RTT ist, verhindert der Stop-and-Wait-Mechanismus, dass die Daten zu schnell ankommen. Liegt die Verarbeitungszeit leicht über der RTT, muss der Empfänger mit dem Senden von ACK[N] nur warten, bis Data[N] nicht nur angekommen ist, sondern auch verarbeitet wurde, und der Empfänger bereit für Data[N+1] ist.

Bei geringen Verarbeitungsverzögerungen pro Paket funktioniert dies recht gut, aber bei längeren Verzögerungen ergibt sich ein neues Problem: Data[N] kann eine Zeitüberschreitung aufweisen und erneut gesendet werden, obwohl es erfolgreich empfangen wurde; der Empfänger kann kein ACK senden, bevor er die Verarbeitung abgeschlossen hat. Ein Ansatz besteht darin, *zwei* Arten von ACKs zu haben: ACK_{WAIT}[N] was bedeutet, dass Data[N] angekommen ist, der Empfänger aber noch nicht bereit für Data[N+1] ist, und ACK_{GO}[N] was bedeutet, dass der Absender nun Data[N+1] senden kann. Der Empfänger sendet ACK_{WAIT}[N] wenn Data[N] eintrifft, und ACK_{GO}[N], wenn er mit der Verarbeitung dieses Pakets fertig ist.

Normalerweise wollen wir, dass der Sender nach dem Empfang von $ACK_{WAIT}[N]$ keine Zeitüberschreitung verzeichnet und Data[N] erneut sendet, da eine erneute Übertragung unnötig wäre. Dies wirft ein neues Problem auf: Wenn das nachfolgende $ACK_{GO}[N]$ verloren geht und keine der beiden Seiten ein Timeout verzeichnet, wird die Verbindung blockiert. Der Sender wartet auf das verloren gegangene $ACK_{GO}[N]$ und der Empfänger wartet auf Data[N+1], das der Sender erst dann sendet, wenn das fehlende $ACK_{GO}[N]$ eingetroffen ist. Eine Lösung besteht darin, dass der Empfänger auf ein Timeout-Modell umschaltet, vielleicht bis zum Eingang von Data[N+1].

TCP hat eine Lösung für das Problem der Flusssteuerung, die eine absenderseitige Abfrage beinhaltet; siehe Abschnitt 18.10, »Flusssteuerung bei TCP«.

8.2 Die Sliding-Windows-Strategie

Stop-and-Wait ist zuverlässig, aber nicht sonderlich effizient (es sei denn, der Pfad hat weder Zwischenstationen noch eine signifikante Ausbreitungsverzögerung, d. h. er besteht nur aus einer einzigen LAN-Verbindung). Die meisten Verbindungen entlang eines Multi-Hop-Stop-and-Wait-Pfads sind die meiste Zeit über im Leerlauf. Während einer Dateiübertragung wollen wir idealerweise keinen Leerlauf (zumindest nicht auf der langsamsten Verbindungsstrecke; siehe Abschnitt 8.3, »Lineare Flaschenhälse«).

Wir können den Gesamtdurchsatz verbessern, indem wir dem Absender gestatten, mit der Übertragung fortzufahren und Data[N+1] (und weitere Pakete) zu senden, *ohne* auf ACK[N] zu warten. Dabei darf der Absender den zurückgelieferten ACKs jedoch nicht *zu* weit vorauseilen. Wie wir noch sehen werden, enden zu schnell versendete Pakete schlichtweg in Warteschlangen oder, schlimmer noch, werden aus den Warteschlangen gelöscht. Wenn die Bandbreite der Netzwerkverbindungen groß genug ist, können Pakete außerdem auch auf der Empfängerseite verworfen werden.

Da nun beispielsweise Data[3] und Data[4] gleichzeitig unterwegs sein können, müssen wir uns erneut fragen, was ACK[4] bedeutet: Bedeutet es, dass der Empfänger nur Data[4] erhalten hat, oder bedeutet es, dass sowohl Data[3] als auch Data[4] angekommen sind? Wir nehmen Letzteres an, ACKs sind also *kumulativ*: ACK[N] kann erst gesendet werden, wenn Data[K] für alle K≤N eingetroffen ist. Nach diesem Verständnis gilt: Wenn ACK[3] verloren geht, wird dies durch ein später eintreffendes ACK[4] wettgemacht; andernfalls gilt: Wenn ACK[3] verloren geht, besteht die einzige Wiederherstellung darin, Data[3] erneut zu senden.

Der Absender wählt eine *Fenstergröße*, winsize. Die Grundidee von Sliding Windows ist, dass der Absender diese Anzahl von Paketen senden darf, bevor er auf ein ACK warten muss. Genauer gesagt verwaltet der Absender eine Zustandsvariable *last_ACKed*, die das letzte Paket darstellt, für das er ein ACK von der Gegenseite erhalten hat; wenn die Datenpakete von 1 beginnend nummeriert werden, dann gilt zu Anfang last_ACKed = 0.

Fenstergröße

In diesem Kapitel gehen wir davon aus, dass sich winsize nicht ändert. TCP variiert die winsize jedoch nach oben und unten, mit dem Ziel, den Wert so groß wie möglich zu machen, ohne Überlastungen zu verursachen; wir werden in Kapitel 19, »TCP Reno und Überlastmanagement«, darauf zurückkommen.

Zu jedem Zeitpunkt kann der Absender Pakete mit den Nummern last_ACKed + 1 bis last_ACKed + winsize versenden; dieser Paketbereich wird als *Fenster* bezeichnet. Wenn die erste Verbindung im Pfad nicht die langsamste ist, wird der Absender in der Regel all diese Pakete gesendet haben.

Wenn ACK[N] mit N > last_ACKed eintrifft (typischerweise ist N = last_ACKed+1), dann *verschiebt* sich das Fenster *nach vorne*; wir setzen last_ACKed = N. Dies erhöht auch die Obergrenze des Fensters und gibt dem Absender die Möglichkeit, mehr Pakete zu senden. Mit winsize = 4 und last_ACKed = 10 ist das Fenster zum Beispiel [11,12,13,14]. Wenn ACK[11] eintrifft, verschiebt sich das Fenster auf [12,13,14,15], sodass der Absender Data[15] senden kann. Wenn stattdessen ACK[13] eintrifft, wird das Fenster nach [14,15,16,17] weitergeschoben (es sei daran erinnert, dass ACKs kumulativ sind), und drei weitere Pakete können gesendet werden. Wenn es keine Änderung der Paketreihenfolge und keine Paketverluste gibt (und jedes Paket einzeln mit einem ACK versehen wird), dann schiebt sich das Fenster in Einheiten von jeweils einem Paket vorwärts; das nächste ankommende ACK wird immer ACK[last_ACKed+1] sein.

Beachten Sie, dass die Rückgaberate der ACKs immer genau der Rate entspricht, mit der die langsamste Verbindungsstrecke Pakete übermittelt. Das heißt, wenn die langsamste Verbindung (die »Flaschenhals«-Verbindung) alle 50 ms ein Paket liefert, dann gehen diese Pakete alle 50 ms beim Empfänger ein und die ACKs kommen alle 50 ms zurück. Somit werden neue Pakete mit einer durchschnittlichen Rate gesendet, die genau der Auslieferungsrate entspricht; dies ist die *Selbsttaktungseigenschaft* beim Sliding-Windows-Verfahren. Die Selbsttaktung verringert die Netzwerklast, indem sie die *Senderate* automatisch reduziert, sobald der verfügbare Bandbreitenanteil im Flaschenhals abnimmt.

Auf Vimeo finden Sie ein Video, das Sliding Windows mit Winsize = 5 in in Aktion zeigt: *https://vimeo.com/150452468*. Die zweite Verbindung, 1–2, hat eine Kapazität von fünf Paketen in beide Richtungen, sodass ein »Flight« (volles Fenster) von fünf Paketen diese Verbindung genau auslasten kann. Die Verbindung 0–1 hat eine Übertragungsrate von einem Paket in beide Richtungen. Das Video wurde mit dem Netzwerk-Animator »nam« erstellt.

Der erste Flight mit fünf Datenpaketen verlässt Node 0 kurz nach T=0 und verlässt Node 1 etwa bei T=1 (Videozeit). Die folgenden Durchläufe finden im Abstand von etwa sieben Sekunden statt. Die winzigen Pakete, die sich von Node 2 nach links zu Node 0 bewegen, stellen ACKs dar; gleich zu Beginn des Videos kann man fünf zurückgesendete ACKs des vorherigen Fensters sehen. Zu jedem Zeitpunkt (außer in den Momenten, in denen gerade Pakete empfangen wurden) sind im Prinzip fünf Pakete unterwegs, die entweder als Datenpakete auf einer Verbindung übertragen werden, als ACK übertragen werden oder in einer Warteschlange stehen (letzteres tritt in diesem Video nicht auf). Aufgrund gelegentlicher Video-Artefakte sind in einigen Frames nicht alle ACK-Pakete sichtbar.

8.2.1 Bandbreite × Verzögerung

Wie bereits in Abschnitt 7.1, »Paketverzögerung«, erwähnt, stellt das Produkt aus Bandbreite und RTT die Datenmenge dar, die gesendet werden kann, bevor die erste Antwort eintrifft. Dies spielt eine große Rolle bei der Analyse von Übertragungsprotokollen. In der Literatur wird das Produkt Bandbreite×Verzögerung (Delay) oft mit BDP abgekürzt.

Das Produkt bandwith × RTT ist im Allgemeinen der optimale Wert für die Fenstergröße. Es gibt jedoch einen Haken: Wählt ein Absender eine größere Fenstergröße als diese, dann wächst die RTT – aufgrund von Warteschlangenverzögerungen – einfach bis zu dem Punkt, an dem bandwith × RTT der gewählten Fenstergröße entspricht. Das heißt, der eigene Verkehr einer Verbindung kann die RTT_{actual} bis weit über die RTT_{noLoad} verlängern; siehe »3. Fall: winsize = 6«, weiter unten für ein Beispiel. Aus diesem Grund interessiert sich ein Absender oft mehr für bandwith × RTT_{noLoad} oder zumindest für die ursprüngliche RTT, bevor die eigenen Pakete des Absenders zur Überlastung beigetragen haben.

Wir werden das Produkt bandwith × RTT_{noLoad} gelegentlich als *Transferkapazität* der Route bezeichnen. Wie weiter unten noch deutlicher wird, bedeutet eine kleinere winsize eine unzureichende Auslastung des Netzes, während eine größere winsize dafür sorgt, dass jedes Paket irgendwo in einer Warteschlange steht.

Nachfolgend sind vereinfachte Diagramme für Sliding Windows mit Fenstergrößen von 1, 4 und 6 dargestellt, jeweils mit einer Pfadbandbreite von 6 Paketen/RTT (also bandwith × RTT = 6 Pakete). Abbildung 8.5 zeigt die anfänglichen Pakete, die in einem Pulk gesendet werden; diese verteilen sich dann auf dem Weg durch den Engpass, sodass nach dem ersten Pulk gleichmäßige Abstände zwischen den Paketen bestehen. (Echte Sliding-Windows-Protokolle wie TCP versuchen im Allgemeinen, solche anfänglichen Bündel zu vermeiden).

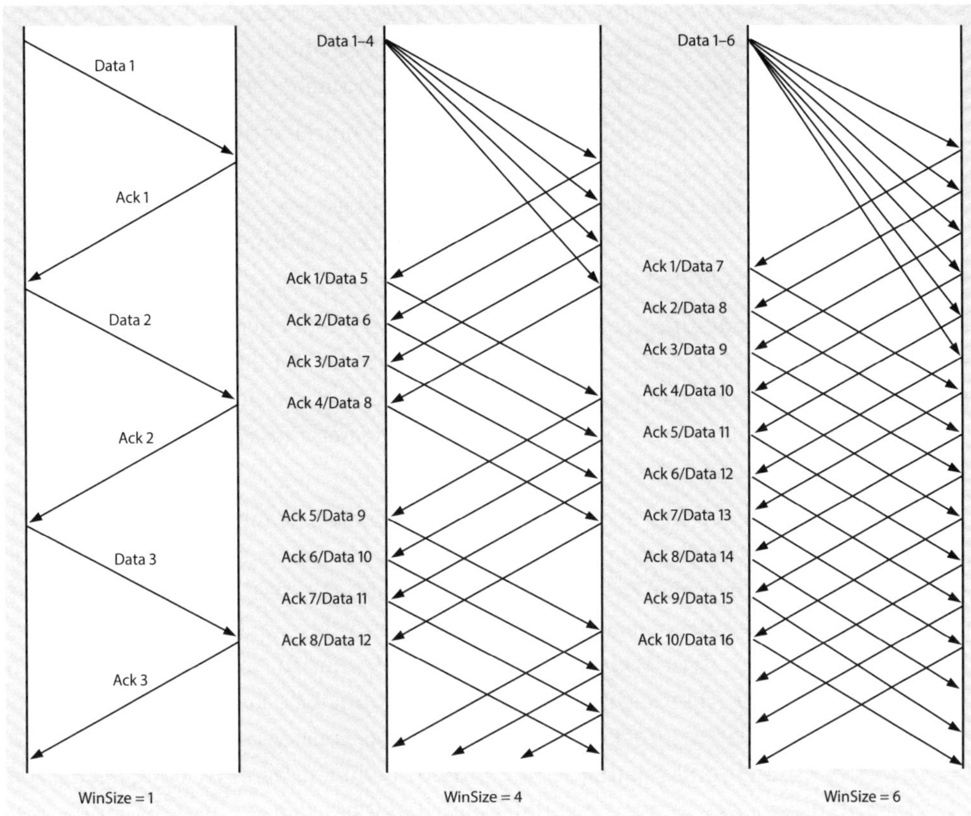

Abbildung 8.5 Sliding Windows, Bandbreite 6 Pakete/RTT

Mit winsize=1 senden wir 1 Paket pro RTT; mit winsize=4 senden wir *im Durchschnitt* immer 4 Pakete pro RTT. Anders ausgedrückt: Die drei Fenstergrößen führen zu einer Flaschenhalsauslastung von $1/6$, $4/6$ bzw. $6/6$ = 100%.

Es ist zwar verlockend, die Fenstergröße auf bandwith × RTT zu setzen, aber in der Praxis erweist sich dies oft als kompliziert; weder die Bandbreite noch die RTT sind konstant. Die verfügbare Bandbreite kann aufgrund von konkurrierendem Datenverkehr schwanken. Wenn ein Absender winsize zu groß wählt, wird die RTT einfach bis zu dem Punkt aufgebläht, an dem bandwith × RTT mit winsize übereinstimmt; d. h. der eigene Traffic einer Verbindung kann RTT_{actual} bis weit über RTT_{noLoad} ansteigen lassen. Dies geschieht selbst ohne konkurrierenden Datenverkehr.

8.2.2 Die Empfängerseite

Es mag überraschen, dass Sliding Windows ziemlich gut funktionieren, wenn der Empfänger von winsize=1 ausgeht, selbst wenn der Absender in Wirklichkeit einen viel größeren Wert verwendet. Jeder der Empfänger in den obigen Diagrammen empfängt Data[N] und antwortet mit ACK[N]; der einzige Unterschied mit der größeren Winsize des *Absenders* ist, dass die Data[N]-Pakete schneller ankommen.

Wenn wir den Sliding-Windows-Algorithmus für Einzelverbindungen verwenden, können wir davon ausgehen, dass die Pakete nie umsortiert werden, und eine Empfänger-Winsize von 1 funktioniert recht gut. Sobald jedoch Switches hinzukommen, wird es komplizierter (auch wenn einige Strecken zur Optimierung des Durchsatzes pro Verbindung Sliding-Windows *auf Verbindungsebene* einsetzen können).

Wenn eine Neuordnung der Pakete möglich ist, verwendet der Empfänger in der Regel die gleiche Fenstergröße wie der Sender. Das heisst, der Empfänger muss darauf vorbereitet sein, ein komplettes Fenster voller Pakete zu puffern. Wenn das Fenster z. B. [11,12,13,14,15,16] beträgt und Data[11] sich verspätet, muss der Empfänger möglicherweise Data[12] bis Data[16] puffern.

Wie der Absender verfügt auch der Empfänger über die Zustandsvariable last_ACKed, die jedoch nicht vollständig mit der Version des Absenders synchronisiert ist. Der Empfänger ist zu jedem Zeitpunkt bereit, Data[last_ACKed+1] bis Data[last_ACKed+winsize] zu akzeptieren. Jedes dieser eingehenden Pakete, außer dem ersten, muss der Empfänger puffern. Wenn Data[last_ACKed+1] eintrifft, sollte der Empfänger in seinem Pufferspeicher nachsehen und das größtmögliche kumulative ACK für die empfangenen Daten zurücksenden; wenn z. B. das Fenster [11–16] beträgt und sich Data[12], Data[13] und Data[15] in den Puffern befinden, dann ist bei Eingang von Data[11] die richtige Antwort ACK[13]. Data[11] füllt die »Lücke«, und der Empfänger hat nun alles bis zu Data[13] empfangen. Das neue Empfangsfenster ist [14–19], und sobald das ACK[13] den Absender erreicht, wird dies auch zum neuen Sendefenster.

8.2.3 Verlustwiederherstellung unter Sliding Windows

Angenommen, winsize = 4 und Paket 5 ist verloren gegangen. Es ist durchaus möglich, dass die Pakete 6, 7 und 8 empfangen wurden. Die einzige (kumulative) Bestätigung, die zurückgeschickt werden kann, ist jedoch ACK[4]; der Absender weiß nicht, wie viel des Fensterinhalts durchkam. Wegen der Möglichkeit, dass *nur* Data[5] (oder allgemeiner Data[last_ACKed+1]) verloren gegangen ist, und weil Verluste in der Regel mit einer Netzwerküberlastung einhergehen, wo wir das Netzwerk also gerade *nicht* weiter über Gebühr strapazieren möchten, wird der Absender in der Regel nur das erste verlorene Paket, z. B. Paket 5, erneut senden. Wenn die Pakete 6, 7 und 8 ebenfalls verloren gegangen sind, erhält der Sender nach der erneuten Übertragung von Data[5] ACK[5] und kann davon ausgehen, dass nun Data[6] gesendet werden muss. Wenn jedoch die Pakete 6–8 durchkamen, erhält der Sender nach der erneuten Übertragung ACK[8] zurück und weiß somit, dass 6–8 nicht erneut zu übermitteln sind und dass als nächstes Paket Data[9] gesendet werden kann.

Normalerweise würden Data[6] bis Data[8] kurz nach Data[5] ein Timeout erleiden. Nach der ersten Zeitüberschreitung unterdrücken Protokolle mit Sliding Windows jedoch im Allgemeinen weitere Zeitüberschreitungs-/Wiederübertragungsantworten, bis die Wiederherstellung weitgehend abgeschlossen ist.

Beim Eintritt einer vollständigen Zeitüberschreitung ist in der Regel der Sliding-Windows-Prozess selbst zum Erliegen gekommen, da dann meist auch keine Pakete mehr im Umlauf sind. Dies wird manchmal als *pipeline drain* bezeichnet. Nach der Wiederherstellung muss der Sliding-Windows-Prozess wieder anlaufen. Die meisten TCP-Implementierungen verfügen, wie wir später sehen werden, über einen (»Fast Recovery«)-Mechanismus zur frühzeitigen Erkennung von Paketverlusten, bevor die Pipeline vollständig leergelaufen ist.

8.3 Lineare Flaschenhälse

Betrachten Sie den Abbildung 8.6 dargestellten einfachen Netzwerkpfad. Die jeweiligen Bandbreiten sind in Paketen/ms angegeben. Die Mindestbandbreite, und damit auch die *Pfadbandbreite*, beträgt 3 Pakete/ms.

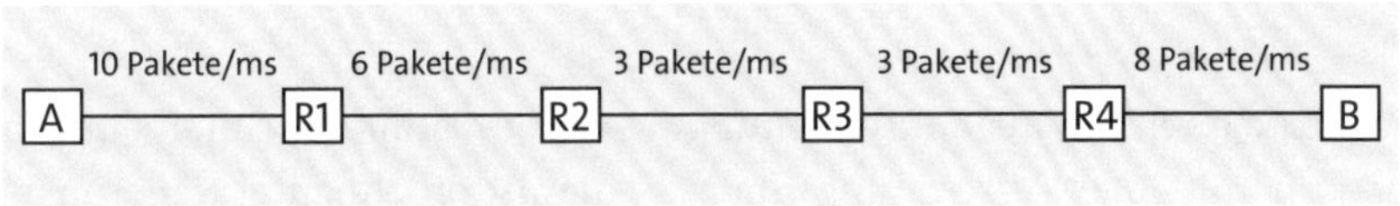

Abbildung 8.6 Ein einfacher Netzwerkpfad

Die langsamen Verbindungen sind R2-R3 und R3-R4. Wir werden die langsamste Verbindung als *Flaschenhals* oder *Bottleneck* bezeichnen; wenn es (wie hier) am unteren Ende mehrere gleich langsame Verbindungen gibt, dann gilt die erste dieser Verbindungen als Flaschenhals. Der Flaschenhals ist die Stelle, an der sich die Warteschlange ausbildet. Wenn der Datenverkehr mit einer Übertragungsrate von 4 Paketen pro Sekunde von A nach B gesendet wird, staut er sich in einer immer länger werdenden Warteschlange bei R2. Bei R3 entsteht *kein* Stau; der Traffic kommt hier mit der gleichen Geschwindigkeit an, mit der er auch wieder abfließt.

Wenn außerdem Sliding Windows verwendet wird (statt dass der Absender mit einer festen Rate sendet), staut sich der Netzwerkverkehr letztendlich bei keinem anderen Router als bei R2: Die Daten können B nicht schneller als mit der Rate von 3 Paketen/ms erreichen, und daher wird B auch keine ACKs mit einer höheren Rate zurücksenden, und daher wird A letztendlich auch keine Daten mit einer höheren Rate als dieser verschicken. Bei dieser Rate von 3 Paketen pro Sekunde staut sich der Verkehr nicht bei R1 (oder R3 oder R4).

Es bringt einen erheblichen Vorteil mit sich, eher von winsize als von *Übertragungsrate* zu sprechen. Wenn A mit einer Rate von über 3 Paketen/ms an B sendet, ergibt sich eine instabile Situation, da die Flaschenhals-Warteschlange unbegrenzt anwächst und keine Konvergenz hin zu einem stabilen Zustand besteht. Es tritt aber keine analoge Instabilität auf, wenn A Sliding Windows verwendet, selbst wenn die gewählte winsize recht groß ist (obwohl eine ausreichend große winsize die Warteschlange am Flaschenhals überlaufen lässt). Wenn ein Absender eher eine Sendefenstergröße als eine Rate angibt, konvergiert das Netz in kurzer Zeit zu einem stabilen Zustand; sollte sich eine Warteschlange bilden, wird diese mit der gleichen Rate, mit der die Pakete von dort abgehen, stetig wieder aufgefüllt und hat somit eine feste Größe.

8.3.1 Einfache Analyse für feste Fenstergröße

Wir werden die Auswirkungen der Fenstergröße auf den Gesamtdurchsatz und auf die RTT analysieren. Betrachten wir den folgenden Netzwerkpfad, wobei die Bandbreiten nun in Paketen/*Sekunde* angegeben sind.

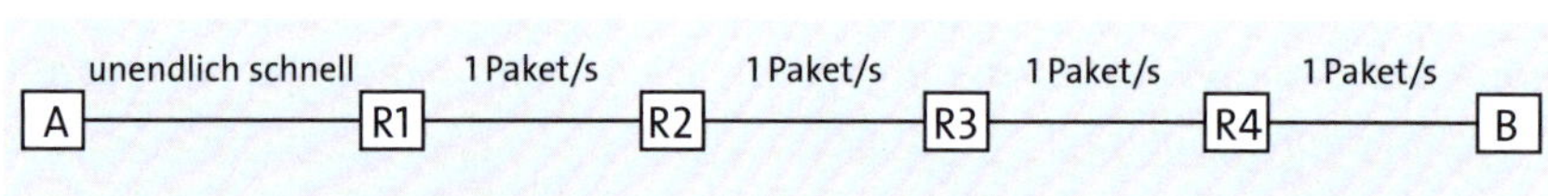

Wir nehmen an, dass in der Rückwärtsrichtung B⟶A alle Verbindungen unendlich schnell sind, d. h. mit einer Verzögerung von Null; dies ist oft ein guter Näherungswert, da in dieser Richtung nur ACK-Pakete übertragen werden und diese vernachlässigbar klein sind. In der A⟶B-Richtung nehmen wir an, dass die A⟶R1-Verbindung unendlich schnell ist, die anderen vier aber jeweils eine Bandbreite von 1 Paket/Sekunde (und keine Laufzeitkomponente) haben. Dadurch wird die Verbindung R1⟶R2 zum Flaschenhals; jegliche Warteschlange bildet sich also bei R1. Die »Pfadbandbreite« beträgt 1 Paket/Sekunde, und die RTT liegt bei 4 Sekunden.

Als annähernd gleichwertiges Alternativbeispiel könnten wir Folgendes verwenden:

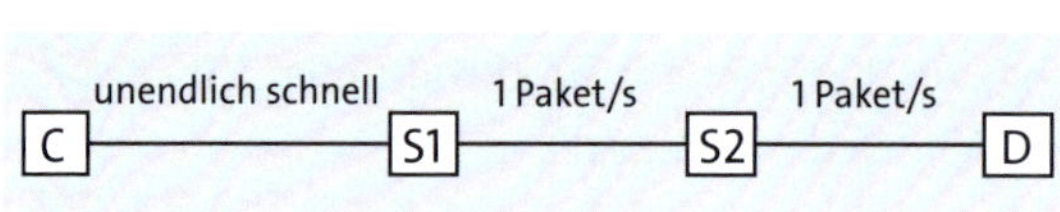

Die C-S1-Verbindung ist unendlich schnell (null Verzögerung), S1⟶S2 und S2⟶D benötigen jeweils 1,0 Sekunden Bandbreitenverzögerung (zwei Pakete benötigen also 2,0 Sekunden pro Verbindung usw.), und ACKs haben ebenfalls eine Bandbreitenverzögerung von 1,0 Sekunden in umgekehrter Richtung.

Wenn wir in beiden Szenarien ein Paket senden, dauert es in einem unausgelasteten Netz 4,0 Sekunden, bis das ACK zurückkommt. Dies bedeutet, dass die Verzögerung ohne Netzwerklast, RTT_{noLoad}, 4,0 Sekunden beträgt.

(Diese Modelle ändern sich erheblich, wenn wir die Bandbreitenverzögerung von 1 Paket/Sekunde durch eine *Ausbreitungsverzögerung* von 1 Sekunde ersetzen; im ersten Fall benötigen 2 Pakete 2 Sekunden, im zweiten Fall 1 Sekunde. Siehe Übung 6.)

Wir gehen davon aus, dass nur eine einzige Verbindung hergestellt wird, d. h. es gibt keine Konkurrenz. bandwidth × delay beträgt hier 4 Pakete (1 Paket/Sekunde × 4 Sekunden RTT)

1. Fall: winsize = 2

In diesem Fall ist winsize < bandwidth × delay (mit delay = RTT). Die folgende Tabelle zeigt, was in jeder Sekunde von A und von R1-R4 gesendet wird. Jedes Paket wird 4 Sekunden nach dem Senden bestätigt, d. h. RTT_{actual} = 4 s und gleich RTT_{noLoad}; dies bleibt auch bei kleinen Änderungen der winsize (z. B. auf 1 oder 3) gültig. Der Durchsatz ist proportional zu winsize: Wenn winsize = 2 ist, beträgt der Durchsatz 2 Pakete in 4 Sekunden, oder 2/4 = 1/2 Paket/s. Während jeder Sekunde bleiben zwei der Router R1-R4 untätig. Der gesamte Pfad wird zu weniger als 100 % ausgelastet.

Zeit	A	R1	R1	R2	R3	R4	B
T	sendet	puffert	sendet	sendet	sendet	sendet	ACKs
0	1,2	2	1				
1			2	1			
2				2	1		
3					2	1	
4	3		3			2	1
5	4		4	3			2
6				4	3		
7					4	3	
8	5		5			4	3
9	6		6	5			4

Beachten Sie den kurzen Rückstau bei R1 (dem Flaschenhals!) zu Beginn. Im eingefahrenen Zustand gibt es dann aber keine Warteschlangen mehr. Echte Sliding-Windows-Protokolle verfügen in der Regel über eine Möglichkeit, diesen »Initial Pileup« zu minimieren.

2. Fall: winsize = 4

Bei winsize=4 sind in jeder Sekunde alle vier langsamen Verbindungen belegt. Es gibt wieder einen anfänglichen Datenstoß, der zu einem kurzen Ansteigen der Warteschlange führt; RTT_{actual} für Data[4] beträgt 7 Sekunden. Die RTT_{actual} für jedes nachfolgende Paket beträgt jedoch 4 Sekunden, und nach T=2 gibt es keine Verzögerungen in der Warteschlange (und die Warteschlange ist leer). Der stabile Datendurchsatz der Verbindung beträgt 4 Pakete in 4 Sekunden, also 1 Paket/Sekunde. Beachten Sie, dass der Gesamtdurchsatz des Pfads nun der Bandbreite der Flaschenhalsstrecke entspricht, dies ist also der bestmögliche Durchsatz.

T	A sendet	R1 puffert	R1 sendet	R2 sendet	R3 sendet	R4 sendet	B ACKs
0	1,2,3,4	2,3,4	1				
1		3,4	2	1			
2		4	3	2	1		
3			4	3	2	1	
4	5		5	4	3	2	1
5	6		6	5	4	3	2
6	7		7	6	5	4	3
7	8		8	7	6	5	4
8	9		9	8	7	6	5

Bei T=4 hat R1 gerade das Senden von Data[4] abgeschlossen, wenn Data[5] von A eintrifft; R1 kann sofort mit dem Senden von Paket 5 beginnen. Dabei entsteht keine Warteschlange.

Der 2. Fall entspricht dem »congestion knee« (Überlastungsgrenze) von of Chiu und Jain [CJ89], definiert in Abschnitt 1.7, »Überlast«.

3. Fall: winsize = 6

T	A sendet	R1 puffert	R1 sendet	R2 sendet	R3 sendet	R4 sendet	B ACKs
0	1,2,3,4,5,6	2,3,4,5,6	1				
1		3,4,5,6	2	1			
2		4,5,6	3	2	1		
3		5,6	4	3	2	1	

T	A sendet	R1 puffert	R1 sendet	R2 sendet	R3 sendet	R4 sendet	B ACKs
4	7	6,7	5	4	3	2	1
5	8	7,8	6	5	4	3	2
6	9	8,9	7	6	5	4	3
7	10	9,10	8	7	6	5	4
8	11	10,11	9	8	7	6	5
9	12	11,12	10	9	8	7	6
10	13	12,13	11	10	9	8	7

Beachten Sie, dass Paket 7 bei T=4 gesendet und die Bestätigung bei T=10 empfangen wird, was einer RTT von 6,0 Sekunden entspricht. Alle nachfolgenden Pakete haben die gleiche RTT_{actual}. Das heißt, die RTT ist von RTT_{noLoad} = 4 Sekunden auf 6 Sekunden angestiegen. *Beachten Sie, dass wir weiterhin ein komplett gefülltes Fenster pro RTT senden*; d. h. der Durchsatz beträgt immer noch winsize/RTT, aber die RTT liegt jetzt bei 6 Sekunden.

Man könnte zunächst vermuten, dass bei einer winsize größer als dem Produkt aus bandwith×RTT_{noLoad} das gesamte Fenster nicht auf einmal in der Übertragung sein kann. Dies stimmt allerdings nicht; der Absender *hat* meistens das gesamte Fenster gesendet und in Übertragung, aber *die RTT wurde in die Höhe getrieben*, sodass es für den Absender so aussieht, als wäre winsize gleich dem Produkt aus bandwith×RTT.

Wenn winsize > bandwith×RTT_{noLoad} ist, stauen sich die zusätzlichen Pakete im Allgemeinen irgendwo auf dem Weg an einem Router (insbesondere an dem Router vor dem Flaschenhals). RTT_{actual} wird durch die Warteschlangenverzögerung auf winsize/Bandwidth angehoben, wobei die Bandbreite jene des Flaschenhalses ist; das bedeutet winsize = bandwith×RTT_{actual}. Der Gesamtdurchsatz ergibt sich aus dieser Bandbreite.

Von den 6 Sekunden RTT_{actual} in diesem Beispiel verbringt ein Paket 4 Sekunden damit, auf den einzelnen Verbindungen übertragen zu werden, da RTT_{noLoad}=4. Die anderen beiden Sekunden müssen also in einer Warteschlange zugebracht werden; es gibt keinen anderen Ort, an dem Pakete warten könnten. Ein Blick auf die Tabelle zeigt, dass sich tatsächlich in jeder Sekunde zwei Pakete in der Warteschlange bei R1 befinden.

Wenn sich der Flaschenhals in der allerersten Verbindung befindet, kann es sein, dass die Pakete zurückkommen, bevor der Absender das gesamte Fenster abgeschickt hat.

In diesem Fall können wir argumentieren, dass das gesamte Fenster vom Absender zumindest in die Warteschlange gestellt und somit in diesem Sinne »gesendet« wurde. Angenommen, das Netz sei zum Beispiel

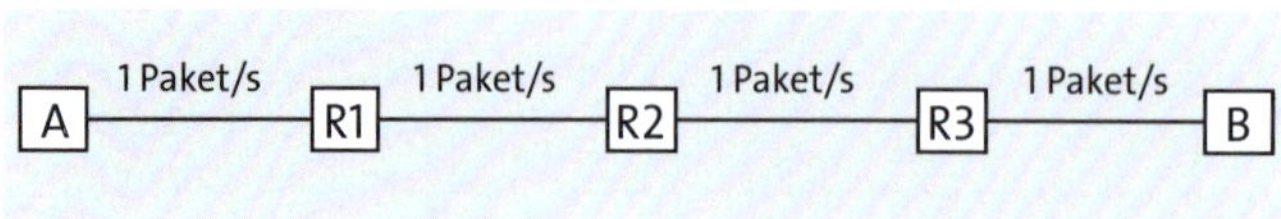

wobei, wie zuvor, jede Verbindung 1 Paket/Sekunde von A nach B transportiert und in der umgekehrten Richtung unendlich schnell ist. Wenn A dann winsize = 6 setzt, bildet sich bei A eine Warteschlange von 2 Paketen aus.

8.3.2 RTT-Berechnungen

Wir können einige quantitative Beobachtungen zum Verhalten von Sliding Windows und zur Auslastung der Warteschlangen machen. Erstens stellen wir fest, dass RTT_{noLoad} die physische »Reisedauer« ist (vorbehaltlich der in Abschnitt 7.2, »Schwankungen der Paketverzögerung«, angesprochenen Einschränkungen); jeder Zeitbetrag, der über RTT_{noLoad} hinausgeht, wird irgendwo in einer Warteschlange zugebracht. Daher gilt das Folgende unabhängig von konkurrierendem Datenverkehr und sogar für einzelne Pakete:

$$\text{queue\_time} = RTT_{actual} - RTT_{noLoad}$$

Wenn der Flaschenhals gesättigt (d. h. immer ausgelastet) ist, ist die Anzahl der Pakete, die sich tatsächlich auf dem Weg befinden (nicht in der Warteschlange stehen), immer bandwith × RTT_{noLoad}.

Zweitens senden wir pro tatsächlicher RTT immer genau ein Fenster voll, wobei wir davon ausgehen, dass keine Verluste auftreten und jedes Paket einzeln bestätigt wird. Dies ist vielleicht am besten durch einen Blick auf die obigen Diagramme nachzuvollziehen, aber hier ist ein einfaches, nichtvisuelles Argument: Wenn wir Data[N] zum Zeitpunkt T_D senden und ACK[N] zum Zeitpunkt T_A eintrifft, dann gilt per Definition RTT = $T_A - T_D$. Zum Zeitpunkt T_A darf der Absender Data[N+winsize] senden, also muss der Absender während des RTT-Intervalls $T_D \le T < T_A$ Data[N] bis Data[N+winsize−1] gesendet haben; das heißt, die Anzahl winsize an Paketen in der Zeit RTT. Daher gilt (unabhängig davon, ob es konkurrierenden Verkehr gibt oder nicht) immer

$$\text{throughput} = \text{winsize}/RTT_{actual}$$

wobei »throughput« die Paketsenderate der Verbindung ist.

Diese Beziehung gilt auch dann, wenn sich die winsize oder die Bandbreite des Flaschenhalses plötzlich ändert, obwohl sich in diesem Fall die RTT_{actual} von einem Paket zum nächsten ändern kann und der Durchsatz hier als eine über die RTT eines bestimmten Pakets gemittelte Messung betrachtet werden muss. Wenn der Absender seine Winsize verdoppelt, landen diese zusätzlichen Pakete sofort irgendwo in einer Warteschlange (vielleicht eine Warteschlange beim Absender selbst, weshalb es in Beispielen oft klarer ist, wenn die erste Verbindung eine unendliche Bandbreite hat, um dies zu verhindern). Wenn die Bandbreite des Flaschenhalses halbiert wird, ohne die Winsize zu verändern, muss die RTT aufgrund der Warteschlange ansteigen. Siehe Übung 17.

Im *stationären Zustand* von Sliding Windows, in dem Durchsatz und RTT_{actual} einigermaßen konstant sind, entspricht die durchschnittliche Anzahl der Pakete in der Warteschlange einfach throughput×queue_time (wobei der Durchsatz in Paketen/Sek. gemessen wird):

$$\begin{aligned} \text{queue\_usage} &= \text{throughput} \times (RTT_{actual} - RTT_{noLoad}) \\ &= \text{winsize} \times (1 - RTT_{noLoad}/RTT_{actual}) \end{aligned}$$

Um die Mittelwertbildung etwas zu verdeutlichen, verbringt jedes Paket die Zeit $(RTT_{actual} - RTT_{noLoad})$ in der Warteschlange, wie aus der ersten Gleichung oben hervorgeht. Die Gesamtzeit, die ein Fenster voller Pakete aufwendet, beträgt winsize × $(RTT_{actual} - RTT_{noLoad})$, und wenn man dies durch RTT_{actual} dividiert, erhält man die durchschnittliche Anzahl der Pakete in der Warteschlange über das betreffende RTT-Intervall.

Bei vorhandenem konkurrierendem Traffic stellt der oben erwähnte Durchsatz einfach den aktuellen Anteil der Verbindung an der Gesamtbandbreite dar. Diesen Wert erhalten wir, wenn wir die Rate der zurückkommenden ACKs messen. Wenn es keinen konkurrierenden Datenverkehr gibt und winsize unterhalb des Congestion Knee liegt – $\text{winsize} < \text{bandwidth} \times RTT_{noLoad}$ – dann ist winsize der begrenzende Faktor für den Durchsatz. Wenn es schließlich keinen Wettbewerb gibt und $\text{winsize} \geq \text{bandwidth} \times RTT_{noLoad}$ ist, dann nutzt die Verbindung 100% der Kapazität des Flaschenhalses und der Durchsatz der Gesamtverbindung ist gleich der physischen Bandbreite des Flaschenhals-Links. Mit anderen Worten,

$$RTT_{actual} = \text{winsize}/\text{bottleneck\_bandwidth}$$

$$\text{queue\_usage} = \text{winsize} - \text{bandwidth} \times RTT_{noLoad}$$

Dividiert man die erste Gleichung durch RTT_{noLoad} und stellt fest, dass $\text{bandwidth} \times RTT_{noLoad} = \text{winsize} - \text{queue\_usage} = \text{transit\_capacity}$, erhalten wir

$$\begin{aligned} RTT_{actual}/RTT_{noLoad} &= \text{winsize}/\text{transit\_capacity} \\ &= (\text{transit\_capacity} + \text{queue\_usage}) \,/\, \text{transit\_capacity} \end{aligned}$$

Unabhängig vom Wert von winsize sendet der Absender im stationären Zustand niemals schneller als die Flaschenhals-Bandbreite. Das liegt daran, dass die Flaschenhals-

Bandbreite die Rate der an der Gegenseite ankommenden Pakete bestimmt, die wiederum die Rate der beim Sender ankommenden ACKs bestimmt, die wiederum die weitere Senderate bestimmt. Dies veranschaulicht die selbsttaktende Eigenschaft von Sliding Windows.

In Kapitel 20, »TCP-Dynamik«, kommen wir auf die Frage der Bandbreite bei konkurrierendem Traffic zurück. Nehmen wir an, ein Sliding-Windows-Sender verwendet winsize > bandwidth × RTT_{noLoad}, was, so wie oben, zu einer festen Auslastung der Warteschlange führt, und es gibt keinen Wettbewerb. Dann startet eine andere Verbindung und konkurriert um die Flaschenhalsstrecke. Die *effektive* Bandbreite der ersten Verbindung verringert sich dadurch. Das bedeutet also, dass bandwidth × RTT_{noLoad} abnimmt und somit die Auslastung der Warteschlange der Verbindung zunimmt.

8.3.3 Grafiken an der Überlastungsgrenze

Betrachten Sie in Abbildung 8.7 die folgenden Diagramme der Fenstergröße gegenüber

- Durchsatz
- Verzögerung
- Warteschlangenauslastung

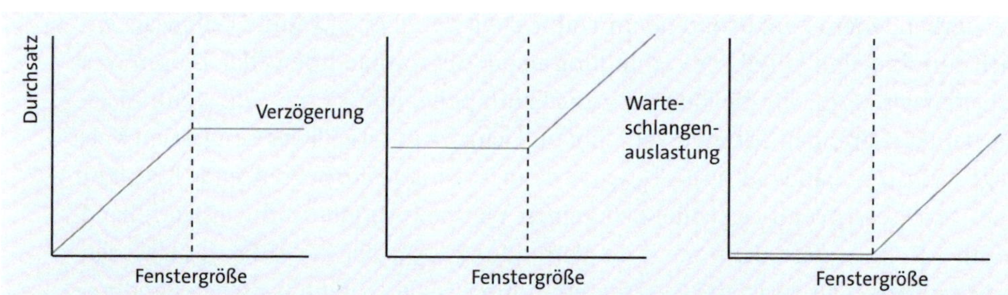

Abbildung 8.7 Graphen der Fenstergröße gegenüber Durchsatz, Verzögerung und Warteschlangenauslastung. Die vertikale gestrichelte Linie steht für winsize = Bandbreite × Verzögerung bei Nulllast

Der kritische Wert für winsize ist gleich bandwidth × RTT_{noLoad}; er wird als *Überlastungsgrenze* (»congestion knee«) bezeichnet. Für winsize unterhalb dieses Wertes gilt:

- der Durchsatz ist proportional zur Fenstergröße
- die Verzögerung ist konstant
- die Warteschlangenauslastung ist im stationären Zustand gleich Null

Für jede winsize oberhalb dieses Werts gilt

- der Durchsatz ist konstant (gleich der Flaschenhalsbandbreite)
- die Verzögerung steigt linear mit winsize an
- die Warteschlangenauslastung steigt linear mit winsize an

Im Idealfall liegt winsize an der kritischen Grenze. Der genaue Wert schwankt jedoch mit der Zeit: Die verfügbare Bandbreite ändert sich durch das Ein- und Aussetzen von konkurrierendem Datenverkehr und die RTT ändert sich aufgrund von Warteschlangen. Standardmäßiges TCP ist bestrebt, die meiste Zeit deutlich *über* der Grenze zu bleiben, vermutlich aufgrund der Überlegung, dass die Maximierung des Durchsatzes wichtiger ist als die Minimierung des Warteschlangenbedarfs.

8

Die *Leistung* einer Verbindung ist definiert als Durchsatz/RTT. Für Sliding Windows unterhalb der kritischen Grenze ist die RTT konstant und die Leistung ist proportional zur Fenstergröße. Für Sliding Windows oberhalb der Schwelle ist der Durchsatz konstant und die Verzögerung proportional zur Fenstergröße; die Leistung ist also proportional zu $1/_{winsize}$. Abbildung 8.8 zeigt ein ähnliches Diagramm wie das vorhergehende, Fenstergröße gegen Leistung:

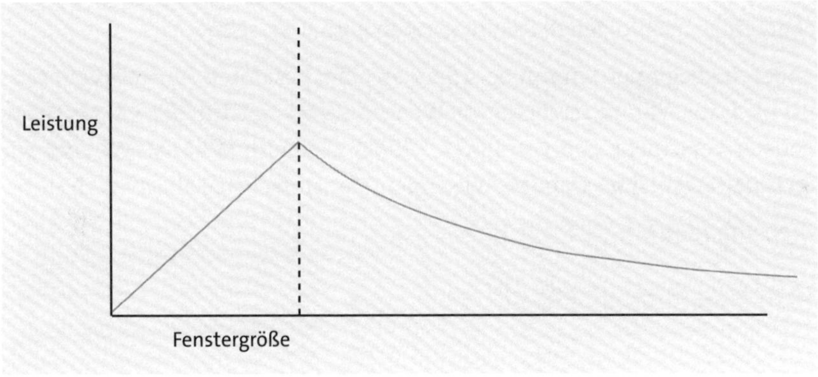

Abbildung 8.8 Das Verhältnis von Fenstergröße zur Leistung

8.3.4 Einfache paketbasierte Sliding-Windows-Implementierung

Hier ist ein Pseudocode für die Empfängerseite einer Sliding-Windows-Implementierung, wobei verlorene Pakete und Timeouts ignoriert werden. Wir nutzen die folgenden Abkürzungen:

```
W: winsize
LA: last_ACKed
```

Das nächste erwartete Paket ist also LA+1 und das Fenster ist [LA+1, ..., LA+W]. Wir haben eine Datenstruktur EarlyArrivals, in der wir Pakete ablegen können, die noch nicht an die Empfängeranwendung geliefert werden können.

Bei Eintreffen von Data[M]:

```
if M≤LA or M>LA+W, ignoriere das Paket
if M>LA+1, lege das Paket in EarlyArrivals ab
if M==LA+1:
   liefere das Paket (also Data[LA+1]) an die Anwendung
   LA = LA+1 (verschiebe das Fenster um 1 nach vorne)
   while (Data[LA+1] is in EarlyArrivals) {
      output Data[LA+1]
      LA = LA+1
   }
   send ACK[LA]
```

Eine mögliche Implementierung von EarlyArrivals ist ein Array von Paketobjekten der Größe W. Wir setzen das Paket Data[M] immer an die Position M % W.

Zu keinem Zeitpunkt zwischen den Paketankünften befindet sich Data[LA+1] in EarlyArrivals, aber einige nachfolgende Pakete können enthalten sein.

Auf der Sendeseite beginnen wir mit dem Senden eines gesamten Fensters voller Pakete Data[1] bis Data[W] und setzen LA=0. Wenn ACK[M] eintrifft, gilt LA<M≤LA+W und das Fenster verschiebt sich von [LA+1...LA+W] weiter zu [M+1...M+W], und wir dürfen nun Data[LA+W+1] bis Data[M+W] senden. Der einfachste Fall ist M=LA+1.

Bei Eintreffen von ACK[M]:

```
if M≤LA or M>LA+W, ignoriere das Paket
sonst:
   set K = LA+W+1, das erste Paket nach dem alten Fenstern
   set LA = M, direkt nach dem Ende es neuen Fensters
   for (i=K; i≤LA+W; i++) send Data[i]
```

Beachten Sie, dass neue ACKs eintreffen können, während wir uns in der Schleife auf der letzten Zeile befinden. Wir gehen hier davon aus, dass der Absender stillschweigend sendet, was er senden kann, und erst danach beginnt, weitere eintreffende ACKs zu verarbeiten. Einige Implementierungen wählen vielleicht einen asynchroneren Ansatz, bei dem ein Thread eintreffende ACKs verarbeitet und LA inkrementiert und ein anderer Thread alles sendet, was er senden darf.

Um auch Zeitüberschreitungen und erneute Übertragungen zu unterstützen, müsste jedes übertragene Paket zusammen mit dem Zeitpunkt seiner Übertragung gespeichert werden. In regelmäßigen Abständen muss diese Sammlung gespeicherter Pakete dann nach Paketen durchsucht werden, bei denen `send_time` + `timeout_interval` ≤ `current_time` ist; diese Pakete werden erneut übertragen. Wenn ein Paket Data[N] quittiert wird (vielleicht durch ein ACK[M] für M>N), kann es gelöscht werden.

8.4 Epilog

Dies schließt unsere Diskussion über den Sliding-Windows-Algorithmus im abstrakten Rahmen ab. Konkrete Implementierungen behandeln wir in Abschnitt 16.4.1, »TFTP und der Zauberlehrling«, (Stop-and-Wait) und in Abschnitt 18.7, »Sliding Windows bei TCP«; Letzteres zählt zu den wichtigsten Mechanismen im Internet.

8.5 Übungen

1. Skizzieren Sie ein Leiterdiagramm für Stop-and-Wait, wenn Data[3] beim ersten Senden verloren geht. Setzen Sie dabei voraus, dass es beim Absender keine Zeitüberschreitungen gibt (der Absender sendet jedoch bei Duplikaten erneut) und dass beim *Empfänger* eine Zeitüberschreitung von 2 Sekunden gilt. Führen Sie das Diagramm bis zu dem Punkt fort, an dem Data[4] erfolgreich übertragen wird. Nehmen Sie eine RTT von 1 Sekunde an.
2. Zeichnen Sie das Zauberlehrling-Diagramm aus Abschnitt 8.1.2, »Sorcerer's Apprentice Bug«, neu, wobei Sie davon ausgehen, dass der Absender jetzt bei Duplikaten *nicht* mehr erneut sendet, der Empfänger aber immer noch. ACK[3] wird, wie zuvor, so lange verzögert, bis der Absender Data[3] erneut sendet.
3. Angenommen, ein Stop-and-Wait-Empfänger wurde fehlerhaft implementiert. Wenn Data[1] eintrifft, werden ACK[1] und ACK[2] gesendet, getrennt durch ein kurzes Intervall; erst danach sendet der Empfänger beim Eintreffen von Data[N] ACK[N+1] statt des korrekten ACK[N].
   a) Zeichnen Sie ein Diagramm, das mindestens drei RTTs umfasst. Gehen Sie davon aus, dass keine Pakete verloren gehen.
   b) Wie hoch ist der durchschnittliche Durchsatz in Datenpaketen pro RTT? (Bei normalem Stop-and-Wait liegt der mittlere Durchsatz bei 1).
   c) Kann der Absender irgendetwas tun, um dieses Empfängerverhalten vor dem letzten Paket zu erkennen, wenn man davon ausgeht, dass keine Pakete verloren gehen und dass der Absender auf jedes ACK antworten muss, sobald es eintrifft?

   (Wenn ein Datenpaket verloren geht, kann es sein, dass der Empfänger es bereits quittiert hat, woraus sich ein Problem ergibt).

4. ◊ Betrachten Sie das alternative Modell von Abschnitt 8.3.1, »Einfache Analyse für feste Fenstergröße«:

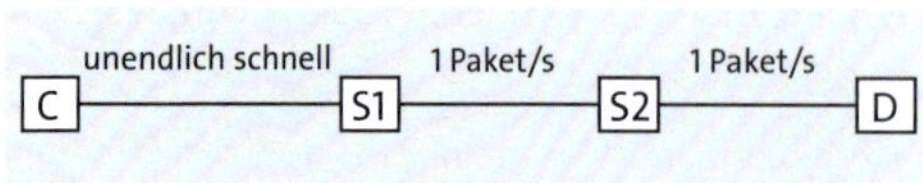

   a) Berechnen Sie anhand der Formeln in Abschnitt 8.3.2, »RTT-Berechnungen«, die stationäre Auslastung der Warteschlange für eine Fenstergröße von 6.
   b) Setzen Sie wiederum eine Fenstergröße von 6 voraus und erstellen Sie eine Tabelle wie in Abschnitt 8.3.1, »Einfache Analyse für feste Fenstergröße«, bis T = 8 Sekunden.
5. Erstellen Sie eine Tabelle wie in Abschnitt 8.3.1, »Einfache Analyse für feste Fenstergröße«, für das ursprüngliche Netzwerk A---R1---R2---R3---R4---B mit winsize = 8. Nehmen Sie wie in den Textbeispielen eine Bandbreitenverzögerung von 1 Paket/Sekunde für die Verbindungen R1⟶R2, R2⟶R3, R3⟶R4 und R4⟶B an. Die Verbindung A-R1 und alle gegenläufigen Verbindungen (von B nach A) sind unendlich schnell. Führen Sie die Tabelle für 10 Sekunden fort.
6. Erstellen Sie eine Tabelle wie in Abschnitt 8.3.1, »Einfache Analyse für feste Fenstergröße«, für ein Netzwerk A---R1---R2---B. Die Verbindung A-R1 ist unendlich schnell; die Verbindungen R1-R2 und R2-B haben jeweils eine *Ausbreitungsverzögerung* von 1 Sekunde in jeder Richtung und eine *Bandbreitenverzögerung* von null (d. h. ein Paket braucht 1,0 Sekunden für die Strecke von R1 nach R2; zwei Pakete brauchen ebenfalls 1,0 Sekunden für die Strecke von R1 nach R2). Nehmen Sie winsize=6 an. Führen Sie die Tabelle für 8 Sekunden lang fort. Beachten Sie, dass bei einer Bandbreitenverzögerung von Null mehrere gemeinsam gesendete Pakete bis zum Zielort zusammenbleiben; die Ausbreitungsverzögerung verhält sich ganz anders als die Bandbreitenverzögerung!
7. Nehmen Sie RTT_{noLoad} = 4 Sekunden an, sowie eine Flaschenhalsbandbreite von 1 Paket alle 2 Sekunden.
   a) Welche Fenstergröße ist erforderlich, um gerade noch an der Überlastungsgrenze zu bleiben?
   b) Nehmen Sie winsize=6 an. Welcher Wert ergibt sich schließlich für RTT_{actual}?
   c) Wiederum sei winsize=6, wie viele Pakete befinden sich im Gleichgewichtszustand in der Warteschlange?
8. Erstellen Sie eine Tabelle wie in Abschnitt 8.3.1, »Einfache Analyse für feste Fenstergröße«, für ein Netzwerk A---R1---R2---R3---B. Die Verbindung A-R1 sei unendlich schnell. Die Verbindungen R1-R2 und R3-B haben eine Bandbreitenverzögerung von 1 Paket/Sekunde ohne zusätzliche Ausbreitungsverzögerung. Die Verbindung R2–R3 hat eine Bandbreitenverzögerung von 1 Paket / 2 Sekunden und

keine Ausbreitungsverzögerung. Die umgekehrte B⟶A-Richtung (für ACKs) ist unendlich schnell. Nehmen Sie winsize = 6 an.

a) Führen Sie die Tabelle für 10 Sekunden fort. Beachten Sie, dass Sie die Warteschlange sowohl für R1 als auch für R2 darstellen müssen.

b) Führen Sie die Tabelle zumindest teilweise bis T=18 fort, und zwar so detailliert, dass Sie überprüfen können, ob RTT_{actual} für Paket 8 dem in der vorherigen Übung berechneten Wert entspricht. Sie benötigen dazu mehr als 10 Pakete, aber weniger als 16; hier bietet sich der Einsatz der Hexadezimalbezeichnungen A, B, C für die Pakete 10, 11, 12 an.

Tipp: Die Spalte für »R2 sendet« (oder, genauer gesagt, »R2 ist gerade dabei zu senden«) sollte wie folgt aussehen:

T	R2 sendet
0	
1	1
2	1
3	2
4	2
5	3
6	3
...	...

9. Erstellen Sie eine Tabelle wie in Abschnitt 8.3.1, »Einfache Analyse für feste Fenstergröße«, für ein Netzwerk A---R1---R2---B. Die Verbindung A–R1 sei unendlich schnell. Die R1-R2-Verbindung hat eine Bandbreitenverzögerung von 1 Paket / 2 Sekunden und die Verbindung R2-B hat eine Bandbreitenverzögerung von 1 Paket/ Sekunde, jeweils ohne zusätzliche Ausbreitungsverzögerung. Die umgekehrte Richtung B⟶A (für ACKs) sei unendlich schnell. Nehmen Sie winsize = 4 an. Empfohlene Spalten sind Zeit, »A sendet«, »R1 puffert«, »R1 sendet«, »R2 sendet« und »B Ack«. Tipp: Die Spalte »R1 sendet« sieht aus wie die Spalte »R2 sendet« aus dem Tipp zum vorherigen Problem, außer dass sie bei T=0 und nicht bei T=1 beginnt.

   Beachten Sie, dass bandwidth × RTT_{noLoad} = 1/2 × 3 = 1.5 gilt, und daher gemäß Gleichung 4 aus Abschnitt 8.3.2, »RTT-Berechnungen«, die Warteschlangenauslastung 4 – 1.5 = 2.5 beträgt.

   a) Führen Sie die Tabelle für 8 Sekunden fort.

   b) Hat R1 im statischen Zustand 2,5 Pakete in der Warteschlange? Wenn ja, was ist unter einem halben Paket zu verstehen?

10. Zeigen Sie, dass, wenn A unter Verwendung von Sliding Windows an B sendet und auf dem Weg von A nach B die erste Übertragungsstrecke aus Sicht von A *nicht* die langsamste ist, A schließlich das gesamte Fenster zum Versand ausstehend haben wird (außer direkt in dem Moment, nachdem ein neues ACK eingetroffen ist).

11. ◇ Angenommen, RTT_{noLoad} ist 100 ms und die verfügbare Bandbreite beträgt 1.000 Pakete/s. Es wird mit Sliding Windows gearbeitet.

    a) Wie hoch ist die Übertragungskapazität der Verbindung?

    b) Wenn RTT_{actual} auf 130 ms ansteigt (durch Verwendung einer größeren winsize), wie viele Pakete befinden sich dann gleichzeitig in einer Warteschlange?

    c) Was ist der Wert von RTT_{actual}, wenn winsize um 50 ansteigt?

12. RTT_{noLoad} sei 50 ms und die verfügbare Bandbreite 2000 Pakete/s (2 Pakete/ms). Es wird mit Sliding Windows gearbeitet.

    a) Wie groß muss das Fenster sein, um gerade noch an der Überlastungsgrenze zu bleiben?

    b) Wenn RTT_{actual} auf 60 ms ansteigt (aufgrund einer höheren winsize), wie viele Pakete befinden sich dann gleichzeitig in einer Warteschlange?

    c) Welcher Wert von winsize würde zu einer RTT_{actual} = 60 ms führen?

    d) Welcher Wert von winsize würde RTT_{actual} auf 100 ms ansteigen lassen?

13. Angenommen, es wird Stop-and-Wait eingesetzt (winsize=1), und Pakete könnten zwar verloren gehen, werden *aber niemals in ihrer Reihenfolge verändert* (d. h. wenn zwei Pakete P1 und P2 in dieser Reihenfolge gesendet werden und beide ankommen, dann kommen sie auch in dieser Reihenfolge an). Zeigen Sie, dass an dem Punkt, an dem der Empfänger den Eingang von Data[N] erwartet, nur die beiden Pakete Data[N] und Data[N–1] möglich sind. (Eine Folge davon ist, dass für Stop-and-Wait ohne Umsortierung eine aus einem Bit bestehende Nummerierung der Pakete ausreicht). Tipp: Wenn der Empfänger auf Data[N] wartet, muss er bereits Data[N–1] empfangen und ACK[N–1] gesendet haben. Außerdem wird der Absender, nachdem er Data[N] gesendet hat, niemals ein Data[K] mit K<N senden.

14. ◇ Setzen Sie winsize=4 in einer Sliding-Windows-Verbindung voraus und nehmen Sie zudem an, dass Pakete zwar verloren gehen können, *aber niemals in ihrer Reihenfolge verändert werden* (d. h. wenn zwei Pakete P1 und P2 in dieser Reihenfolge gesendet werden und beide ankommen, dann kommen sie auch in dieser Reihenfolge an). Zeigen Sie, dass, wenn sich Data[8] im Fenster des Empfängers befindet (es wurde also alles bis hin zu Data[4] empfangen und bestätigt), es nicht mehr möglich ist, dass selbst ein verspätetes Data[0] beim Empfänger eintrifft. (Eine Folge dieses allgemeinen Prinzips ist, dass wir – *ohne Reihenfolgenänderung* – die laufende Nummer des Pakets durch (sequence_number) mod (2×winsize+1) ersetzen können, ohne dass es zu Unklarheiten kommt).

15. Setzen Sie winsize=4 in einer Sliding-Windows-Verbindung voraus, und nehmen Sie wie in der vorherigen Übung an, dass Pakete zwar verloren gehen können, aber nie in ihrer Reihenfolge verändert werden. Nennen Sie ein Beispiel, in dem Data[8] im Fenster des Empfängers liegt (der Empfänger hat also vermutlich ACK [4] gesendet) und dennoch Data[1] ordnungsgemäß eintrifft. (Die in der vorangegangenen Übung ermittelte Grenze für verspätete Pakete stellt also das Optimum dar.)

16. Nehmen Sie ein Netzwerk A---R1---R2---B an, wobei die Verbindung A-R1 unendlich schnell ist und die Verbindung R1-R2 eine Bandbreite von 1 Paket/Sekunde in beide Richtungen hat, was eine RTT_{noLoad} von 2 Sekunden ergibt. Nehmen Sie zudem an, dass A zunächst mit winsize = 6 zu senden beginnt. Nach der Analyse in Unterabschnitt »3. Fall: winsize = 6« des Abschnitt 8.3.1, »Einfache Analyse für feste Fenstergröße«, sollte die RTT auf winsize/bandwidth = 6 Sekunden steigen. Geben Sie die RTTs der ersten acht Pakete an. Wie lange dauert es, bis die RTT auf 6 Sekunden ansteigt?

17. In dieser Übung betrachten wir die Beziehung zwischen Flaschenhalsbandbreite und $winsize/RTT_{actual}$ wenn sich erstere plötzlich ändert. Angenommen, das Netzwerk sieht wie folgt aus

    A---R1---R2---R3---B

    Die Verbindung A--R1 sei unendlich schnell. Die Verbindung R1→R2 hat eine Bandbreitenverzögerung von 1 Paket/Sekunde in Richtung R1→R2. Die übrigen Verbindungen R2→R3 und R3→B haben eine Bandbreitenverzögerung von 1 s in der angegebenen Richtung. Kleine ACK-Pakete werden unverzögert von B zurück nach A übertragen.

    A sendet an B mit winsize = 3. Die drei Pakete P0, P1 und P2 werden jeweils zu den Zeitpunkten T=0, T=1 und T=2 gesendet.

    Bei T=3 kommt P0 bei B an. Zu diesem Zeitpunkt halbiert sich die Bandbreite R1→R2 plötzlich auf 1 Paket / 2 Sekunden; P3 wird bei T=3 gesendet und kommt bei R2 bei T=5 an. Es kommt zum Zeitpunkt T=7 bei B an.

    a) Vervollständigen Sie die folgende Tabelle mit den Paketankunftszeiten

T	A sendet	R1 Warte-schlange	R1 sendet	R2 sendet	R3 sendet	B empfängt/ ACK
2	P2		P2	P1	P0	
3	P3		P3	P2	P1	P0
4	P4	P4	P3 weiter		P2	P1
5	P5	P5	P4	P3		P2

T	A sendet	R1 Warteschlange	R1 sendet	R2 sendet	R3 sendet	B empfängt/ ACK
6		P5	P4 weiter		P3	
7	P6					P3
8						
9	P7					
10						
11	P8					

b) Berechnen Sie für jedes der Pakete P2, P3, P4 und P5 während seines Umlaufs den Durchsatz, der sich aus winsize/RTT ergibt. Ermitteln Sie die RTT jedes Pakets aus der obigen Tabelle.

c) Wie viel Zeit verbringt jedes Paket auf der Netzwerkstrecke, sobald sich ein stabiler Zustand mit $RTT_{actual} = 6$ eingestellt hat? Wie viel Zeit verbringt jedes Paket in der Warteschlange von R1?

Kapitel 9
IP Version 4

Unterhalb der IP-Schicht gibt es mehrere LAN-Protokolle und darüber mehrere Transportprotokolle. IP selbst steht jedoch für sich alleine. Das Internet ist das IP-Internet. Wenn Sie irgendwo ein eigenes LAN-Protokoll oder ein eigenes Transportprotokoll verwenden wollen, funktioniert das Internet-Backbone trotzdem einwandfrei für Sie. Aber sobald Sie die IP-Schicht wechseln wollen, stoßen Sie auf Schwierigkeiten. (Sprechen Sie einfach mit den IPv6-Leuten oder den IP-Multicasting- oder IP-Reservierungsgruppen).

In diesem Kapitel geht es um das ursprüngliche IP-Kernprotokoll – bekannt als Version 4 oder IPv4 mit einer Adressgröße von 32 Bit. Der größte Teil des Internets verwendet heute noch IPv4, obwohl IPv6 auf dem Vormarsch ist. Wir werden sehen, dass die IP-Schicht effizientes, skalierbares Routing ermöglicht. Im folgenden Kapitel besprechen wir einige Begleitprotokolle: ICMP, ARP, DHCP und DNS.

Trotz seiner Allgegenwärtigkeit steht IPv4 vor einer ungewissen Zukunft: Dem Internet gehen die neuen großen IPv4-Adressblöcke aus (Abschnitt 1.10, »IP – Internet Protocol«). Daher wächst der Druck, auf IPv6 mit seiner 128-Bit-Adressengröße umzustellen. Der Fortschritt ist jedoch langsam, und Verzögerungstaktiken wie IPv4-Adressmärkte und NAT (Abschnitt 9.7, »Netzwerkadressübersetzung«) – durch die sich mehrere Hosts eine einzige öffentliche IPv4-Adresse teilen können – haben den Fortbestand von IPv4 ermöglicht. Abgesehen von der grundlegenden Änderung der Adressstruktur gibt es relativ wenige Unterschiede zwischen den Routing-Modellen von IPv4 und IPv6. Wir werden uns in diesem und den folgenden Kapiteln mit IPv4 und in Kapitel 11, »IPv6«, mit IPv6 befassen; wenn der Unterschied zwischen IPv4 und IPv6 keine große Rolle spielt, schreibe ich einfach »IP«.

IPv4 (und IPv6) ist in der Tat ein universelles *Routing- und Adressierungsprotokoll*. Routing und Adressierung werden gemeinsam entwickelt; jeder Knoten hat eine IP-Adresse, und jeder Router weiß, wie er mit IP-Adressen umgehen muss. Ursprünglich wurde IP als Möglichkeit betrachtet, mehrere LANs miteinander zu *verbinden*, doch ist es mittlerweile vielleicht sinnvoller, IP als virtuelles LAN zu betrachten, das alle physischen LANs überlagert.

Ein entscheidender Aspekt von IP ist seine *Skalierbarkeit*. Im Jahr 2019 hatte das Internet über 10^9 Hosts; diese Schätzung ist wahrscheinlich niedrig. Gleichzeitig lag die Größe der größten Weiterleitungstabellen jedoch noch unter 10^6 (Abschnitt 15.5, »BGP-Tabellengröße«). Ethernet skaliert hingegen schlecht, da die Weiterleitungstabellen für jeden aktiven Host einen Eintrag benötigen.

Wie viele IPv4-Hosts gibt es?

Es ist nicht einfach, die Größe des Internets zu ermitteln. Das Internet Systems Consortium führt eine auf DNS basierende Erhebung[1] durch, die im Jahr 2012 eine Milliarde *Hosts* erreichte und sich dort einpendelte. Aber nicht alle Geräte erhalten einen DNS-Eintrag; hinter NAT-Routern sind es nur wenige. Laut InternetLiveStats[2] gab es 2019 vier Milliarden Internet*nutzer*, etwa 50 % der Weltbevölkerung, wobei als »Internetnutzer« eine Person gilt, die zuhause Zugang zum Internet hat. Facebook[3] meldete im Juni 2019 2,4 Milliarden monatlich aktive Nutzer.

Außerdem bietet IP im Gegensatz zu Ethernet eine hervorragende Unterstützung für *mehrfache redundante Verbindungen*. Wäre das folgende Netz ein IP-Netzwerk, würde jeder Knoten mit jedem unmittelbaren Nachbarn über seine gemeinsame direkte Verbindung kommunizieren. Wäre es hingegen ein Ethernet mit dem Spanning-Tree-Algorithmus, dann würde eine der vier Verbindungen einfach komplett deaktiviert.

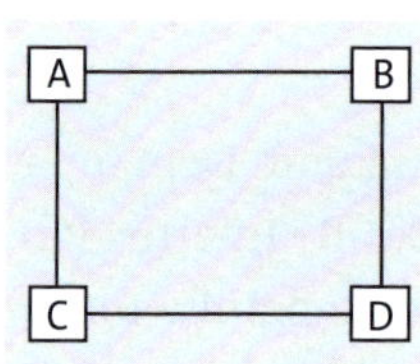

Das IP-Netzwerkdienstmodell funktioniert wie ein riesiges LAN. Das heißt, es gibt keine ACKs; man spricht hier von Best-Effort-Delivery. Dies mag überraschen, hat sich aber auch als sehr sinnvoll erwiesen.

Was brauchen Sie außer Routing und Adressierung noch, wenn Sie einen universellen Dienst anbieten wollen, der ein beliebiges Paket überall hinbringen kann? Jedes Netz (LAN) muss in der Lage sein, jedes Paket zu übertragen. Die Protokolle schreiben die Verwendung von Oktetten (Bytes) vor, sodass das einzige mögliche Kompatibilitätsproblem darin besteht, dass ein Paket *zu groß* für ein bestimmtes Netz ist. IPv4 regelt dies durch *Fragmentierung*: Ein Netzwerk kann ein zu großes Pakct in Einheiten aufteilen, die es erfolgreich übertragen kann. Die IPv4-Fragmentierung ist einerseits ineffizient und umständlich, garantiert auf der anderen Seite jedoch, dass jedes Paket potenziell jedem Knoten zugestellt werden kann. (Beachten Sie aber, dass mit IPv6 die universelle Fragmentierung aufgegeben wurde; Abschnitt 11.5.4, »IPv6-Fragment-Header«.)

1 *https://www.isc.org/survey*

2 *https://www.internetlivestats.com/internet-users/*

3 *https://newsroom.fb.com/company-info*

9.1 Der IPv4-Header

Der IPv4-Header muss die folgenden Informationen enthalten:

- Ziel- und Quelladressen
- Hinweis auf ipv4 statt ipv6
- einen TTL-Wert (Time To Live), um endlose Routing-Schleifen zu verhindern
- ein Feld, das angibt, was als Nächstes im Paket kommt (z. B. TCP vs. UDP)
- Felder zur Unterstützung von Fragmentierung und Reassemblierung

Der Header ist als eine Reihe von 32-Bit-Wörtern folgendermaßen aufgebaut:

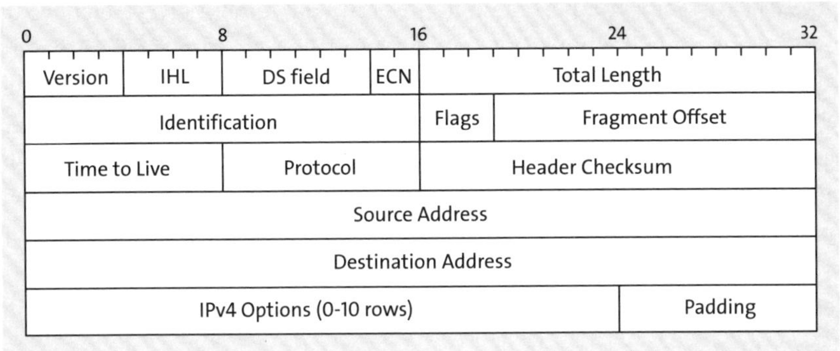

Abbildung 9.1 IPv4-Header

Der IPv4-Header und die Grundlagen des IPv4-Protokolls wurden ursprünglich in RFC 791 definiert. Seitdem wurden einige kleinere Änderungen vorgenommen. Die meisten wurden in RFC 1122 dokumentiert, das DS-Feld wurde jedoch in RFC 2474 und die ECN-Bits wurden erstmals in RFC 2481 vorgeschlagen.

Das *Version*-Feld ist bei IPv4 die Zahl 4: 0100. Das *IHL*-Feld steht für die Gesamtlänge des IPv4-Headers in 32-Bit-Wörtern; ein IPv4-Header kann also maximal 15 Wörter lang sein. Der Basis-Header umfasst fünf Wörter, sodass die IPv4-Optionen aus höchstens zehn Wörtern bestehen können. Wenn man sich IPv4-Pakete mit einem Paket-Erfassungstool ansieht, das die Pakete in Hexadezimalzeichen anzeigt, ist das erste Byte meist 0x45.

Das Feld *Differentiated Services* (DS) wird von der Differentiated Services Suite verwendet, um eine bevorzugte Behandlung für bestimmte Pakete festzulegen, z. B. für Pakete, die an VoIP oder anderen Echtzeitprotokollen beteiligt sind. Die *Explicit Congestion Notification* Bits sollen Routern, die von einer Überlast betroffen sind, die Möglichkeit zu geben, Pakete zu markieren und damit dem Absender zu signalisieren, dass die Übertragungsrate reduziert werden soll. Wir werden dies in Abschnitt 21.5.3, »Explicit Congestion Notification (ECN)«, behandeln. Diese beiden Felder zusammen ersetzen das alte 8-Bit-Feld *Type of Service*.

Das Feld *Total Length* ist vorgesehen, weil ein IPv4-Paket kleiner als die minimale LAN-Paketgröße (siehe Übung 1) oder größer als die maximale Paketgröße sein kann (wenn das IPv4-Paket über mehrere LAN-Pakete fragmentiert wurde). Die IPv4-Paketlänge kann mit anderen Worten nicht von der LAN-Paketgröße abgeleitet werden. Da das Feld Total Length 16 Bit beträgt, ist die maximale IPv4-Paketgröße 2^{16} Byte. Das ist wahrscheinlich viel zu groß, selbst wenn die Fragmentierung nicht zu vermeiden wäre (siehe jedoch IPv6-»Jumbogramme« in Abschnitt 11.5.1, »Hop-by-Hop-Options-Header«).

Das zweite Wort des Headers ist der Fragmentierung gewidmet, auf die wir weiter eingehen.

Das *Time-to-Live*(TTL)-Feld wird bei jedem Router um 1 dekrementiert; erreicht es 0, wird das Paket verworfen. Ein typischer Anfangswert ist 64; er muss größer sein als die Gesamtzahl der Hops im Pfad. In den meisten Fällen ist ein Wert von 32 ausreichend. Das TTL-Feld soll verhindern, dass Routing-Schleifen – deren Auftreten immer ein ernstes Problem darstellt – unbegrenzt Ressourcen verbrauchen. Später werden wir uns mit verschiedenen IP-Protokollen zur Aktualisierung der Routing-Tabelle beschäftigen und erkennen, dass sie das Risiko von Routing-Schleifen minimieren, aber nicht ausschließen. Hingegen gibt es für Ethernet-Header kein TTL-Feld, aber Ethernet verbietet auch Kreisläufe in der zugrunde liegenden Topologie.

Das *Protocol*-Feld enthält einen Wert, der den Inhalt des Paketkörpers angibt, zum Beispiel:

- 1: ein ICMP-Paket, Abschnitt 10.4, »Internet Control Message Protocol«
- 4: ein gekapseltes IPv4-Paket, Abschnitt 9.9.1, »IP-in-IP-Kapselung«
- 6: ein TCP-Paket
- 17: ein UDP-Paket
- 41: ein gekapseltes IPv6-Paket, Abschnitt 12.6, »IPv6-Konnektivität über Tunneling«
- 50: ein Encapsulating Security Payload, Abschnitt 28.6, »IPsec«

Eine Liste der zugewiesenen Protokollnummern wird von der IANA geführt.

Das Feld *Header Checksum* ist die »Internet-Prüfsumme«, die nur auf den Header, nicht aber auf den Body angewendet wird. Es soll lediglich das Verwerfen von Paketen mit beschädigten Header ermöglichen. Wird der TTL-Wert herabgesetzt, muss der Router die Header-Prüfsumme aktualisieren. Dies kann »algebraisch« erfolgen, indem an der richtigen Stelle zum Ausgleich eine 1 hinzufügt wird, aber es ist nicht schwer, einfach die 8 Halbwörter des durchschnittlichen Headers neu zu summieren. Die Header-Prüfsumme muss auch aktualisiert werden, wenn ein IPv4-Paket-Header von einem NAT-Router neu geschrieben wird.

Die Felder *Source Address* und *Destination Address* enthalten natürlich die IPv4-Adressen. Diese werden normalerweise nur von NAT-Firewalls aktualisiert.

Das Feld Source Address sollte eigentlich die IPv4-Adresse des Absenders enthalten, aber kaum ein Internetdienstanbieter prüft, ob der von ihm gesendete Traffic eine Quelladresse hat, die zu einem seiner Kunden passt, obwohl dies in RFC 2827 gefordert wird. Daher ist IP-*Spoofing* – das Versenden von IP-Paketen mit gefälschter Absenderadresse – ein Leichtes. Beispiele finden Sie in Abschnitt 18.3, »Der dreifache Handshake – erneut betrachtet«, und zum SYN-Flooding in Abschnitt 17.3, »Aufbau einer TCP-Verbindung«.

IP-Adress-Spoofing erleichtert auch einen allzu häufigen *Denial-of-Service*-Angriff auf der IP-Schicht, bei dem ein Server mit einer riesigen Menge an Datenverkehr überflutet wird, sodass die für den legitimen Traffic verfügbare Bandbreite auf ein Rinnsal reduziert wird. Diese Datenflut stammt in der Regel von einer großen Anzahl kompromittierter Rechner. Ohne Spoofing kann sogar eine lange Liste von Quellen blockiert werden, aber mit Spoofing wird dies ziemlich schwierig.

Eine IPv4-Option ist *Record Route*, bei der die Router ihre eigene IPv4-Adresse in den Optionsbereich des IPv4-Headers einfügen sollen. Leider ist mit nur zehn Wörtern nicht genug Platz vorhanden, um die meisten längeren Routen aufzuzeichnen (Abschnitt 10.4.1, »Traceroute und Time Exceeded«, weiter unten). Ähnlich die Option *Timestamp*: Zwischengeschaltete Router werden aufgefordert, Pakete mit ihrer Adresse und einem lokalen Zeitstempel zu markieren (um Platz zu sparen, kann die Option nur Zeitstempel anfordern). Es gibt nur Platz für vier <Adresse, Zeitstempel>-Paare, aber die Adressen können *im Voraus festgelegt* werden, d. h., der Absender kann bis zu vier IPv4-Adressen angeben, und nur diese Router füllen einen Zeitstempel aus.

Eine weitere Option, die inzwischen aus Sicherheitsgründen veraltet ist, besteht in der Unterstützung des Source Routings. Der Absender fügt in den Optionsbereich des IPv4-Headers eine Liste von IPv4-Adressen ein; das Paket wird so geroutet, dass es nacheinander jede dieser IPv4-Adressen durchläuft. Beim *Strict Source-Routing* mussten die IPv4-Adressen benachbart sein; kein Router konnte verwendet werden, dessen IPv4-Adresse nicht in der Liste stand. Beim *Loose Source-Routing* mussten die aufgelisteten Adressen nicht benachbart sein, und es wurde normales IPv4-Routing verwendet, um von einer aufgelisteten IPv4-Adresse zur nächsten zu gelangen. Beide Formen werden im Grunde nie verwendet, wiederum aus Sicherheitsgründen: Beim Source-Routing wurde ein Paket möglicherweise außerhalb der zumindest einigermaßen vertrauenswürdigen Zone des Internet-Backbones geroutet.

Schließlich wurde der IPv4-Header sorgfältig unter dem Gesichtspunkt der Speicherausrichtung entwickelt. Für die 4-Byte-Adressfelder gelten 4-Byte-Schritte, für die 2-Byte-Felder 2-Byte-Schritte. All dies wurde früher als so wichtig erachtet, dass im Eingangspuffer zwei Füllbytes vor einem zu speichernden Paket eingefügt wurden, sodass der nach dem 14-Byte-Ethernet-Header beginnende IPv4-Header in Vier-Byte-Schritten ausgerichtet war. Heute sind jedoch die Architekturen, für die diese Ausrichtung wichtig war, größtenteils verschwunden; bei ARM- und Intel-x86-Prozessoren spielt die Ausrichtung keine Rolle mehr.

9.2 Schnittstellen

IP-Adressen (sowohl IPv4 als auch IPv6) werden streng genommen nicht an Hosts oder Knoten vergeben, sondern an *Schnittstellen*. Im häufigsten Fall, in dem jeder Knoten eine einzige LAN-Schnittstelle hat, macht dies keinen Unterschied. In einem Raum voller Arbeitsstationen, die alle über eine einzige Ethernet-Schnittstelle `eth0` (oder vielleicht `Ethernet-Adapter Local Area Connection`) verfügen, könnte man die der Schnittstelle zugewiesene IP-Adresse genauso gut als der Arbeitsstation selbst zugewiesen betrachten.

Wahrscheinlich verfügt jede dieser Arbeitsstationen jedoch auch über eine *Loopback*-Schnittstelle (zumindest konzeptionell), die eine Möglichkeit bietet, IP-Pakete an andere Prozesse auf demselben Rechner zu senden. Auf vielen Systemen löst sich der Name »localhost« in die IPv4-Loopback-Adresse 127.0.0.1 auf (die IPv6-Adresse :1 wird ebenfalls verwendet); siehe Abschnitt 9.3, »Spezielle Adressen«. Die Zustellung von Paketen an die Loopback-Schnittstelle ist einfach eine Form der Interprozesskommunikation; eine funktional ähnliche Alternative sind *Named Pipes*.

Durch die Loopback-Übertragung ist es nicht erforderlich, das LAN überhaupt zu benutzen oder gar ein LAN zu *haben*. Für einfache Client/Server-Tests ist es oft praktisch, wenn sich Client und Server auf demselben Rechner befinden. In diesem Fall ist die Loopback-Schnittstelle ein bequemer (und schneller) Ersatz für eine »echte« Netzwerkschnittstelle. Auf unix-basierten Rechnern stellt die Loopback-Schnittstelle eine echte logische Schnittstelle dar, die üblicherweise `lo` genannt wird. Auf Windows-Systemen stellt die »Schnittstelle« möglicherweise keine tatsächliche Entität des Betriebssystems dar, aber das ist in der Praxis nur für diejenigen von Bedeutung, die daran interessiert sind, den gesamten Loopback-Traffic zu »sniffen«; Pakete, die an die Loopback-Adresse gesendet werden, werden trotzdem wie erwartet zugestellt.

Workstations haben oft auch spezielle andere Schnittstellen. Die meisten neueren Versionen von Microsoft Windows verfügen über eine Teredo-Tunneling-Pseudoschnittstelle und eine automatische Tunneling-Pseudoschnittstelle; beide sollen (wenn sie aktiviert sind) IPv6-Konnektivität unterstützen, wenn der lokale ISP nur IPv4 unterstützt. Das Teredo-Protokoll ist in RFC 4380 dokumentiert.

Beim Aufbau von VPN-Verbindungen, wie in Abschnitt 5.1, »Virtuelle private Netzwerke«, erläutert, endet jedes Ende der logischen Verbindung typischerweise an einer virtuellen Schnittstelle (eine davon ist in der Grafik in Abschnitt 5.1, »Virtuelle private Netzwerke«, mit `tun0` bezeichnet). Diese virtuellen Schnittstellen erscheinen für die beteiligten Systeme wie eine Punkt-zu-Punkt-Verbindung, die zum anderen Ende führt.

Wenn ein Computer eine virtuelle Maschine hostet, gibt es fast immer ein virtuelles Netzwerk, das den Host und die virtuellen Systeme verbindet. Der Host verfügt über eine virtuelle Schnittstelle zur Verbindung mit dem virtuellen Netzwerk. Er kann als NAT-Router für die virtuelle Maschine fungieren und diese hinter seiner eigenen IP-Adresse »verstecken«, oder er kann als Ethernet-Switch fungieren; in diesem Fall benötigt die virtuelle Maschine eine zusätzliche öffentliche IP-Adresse.

Wie lautet meine IP-Adresse?

Diese scheinbar einfache Frage ist in Wirklichkeit gar nicht leicht zu beantworten, wenn man mit »meine IP-Adresse« die IP-Adresse meint, die der direkt mit dem Internet verbundenen Schnittstelle zugewiesen ist. Eine Strategie besteht darin, die Adresse des Standard-Routers zu ermitteln und dann alle Schnittstellen zu durchlaufen (z. B. mit der Java-Klasse `NetworkInterface`), um eine IP-Adresse mit einem passenden Netzwerkpräfixe zu finden. Leider ist es schwierig, den Standard-Router (zur Identifizierung der primären Schnittstelle) auf betriebssystemunabhängige Weise zu finden, und selbst dann kann dieser Ansatz fehlschlagen, wenn die Wi-Fi- und die Ethernet-Schnittstelle beide IP-Adressen im selben Netzwerk zugewiesen bekommen, aber nur eine tatsächlich verbunden ist.

Router haben immer mindestens zwei Schnittstellen an zwei getrennten IP-Netzen. In der Regel bedeutet dies eine eigene IP-Adresse für jede Schnittstelle, obwohl einige Punkt-zu-Punkt-Schnittstellen verwendet werden können, ohne dass ihnen eine IP-Adresse zugewiesen wird (Abschnitt 9.8, »Unnummerierte Schnittstellen«).

9.2.1 Multihomed Hosts

Ein Host, der nicht als Router agiert und über mehrere Netzwerkschnittstellen (auch über Loopback hinaus) verfügt, wird oft als *multihomed* bezeichnet. Viele Laptops enthalten zum Beispiel sowohl eine Ethernet- als auch eine Wi-Fi-Schnittstelle. Beide können gleichzeitig verwendet werden, wobei ihnen jeweils unterschiedliche IP-Adressen zugewiesen werden. In privaten Netzwerken befinden sich die beiden Schnittstellen oft im selben IP-Netzwerk (z. B. im selben Wi-Fi/Ethernet-LAN mit Netzwerkbrücke); an sicherheitskritischen Standorten befinden sich die Ethernet- und Wi-Fi-Schnittstellen oft in ganz unterschiedlichen IP-Netzwerken (siehe jedoch Abschnitt 10.2.5, »ARP und Hosts mit mehreren Adressen«).

Mehrere physische Schnittstellen sind hier eigentlich nicht erforderlich; normalerweise ist es möglich, einer *einzigen* Schnittstelle mehrere IP-Adressen zuzuweisen.

Manchmal geschieht dies, damit zwei IP-Netze (zwei verschiedene Präfixe) ein einziges physisches LAN gemeinsam nutzen können; in diesem Fall würde der Schnittstelle eine IP-Adresse für jedes IP-Netz zugewiesen werden. In anderen Fällen werden einer einzelnen Schnittstelle mehrere IP-Adressen im selben IP-Netz zugewiesen – häufig, damit ein physischer Rechner als Server (z. B. ein Webserver) für mehrere verschiedene IP-Adressen fungieren kann, die mehreren verschiedenen Domänennamen entsprechen.

Multihoming wirft einige Probleme im Zusammenhang mit Paketen auf, die an eine Schnittstelle A mit der IP-Adresse A_{IP} gerichtet sind, aber über eine andere Schnittstelle B mit der IP-Adresse B_{IP} ankommen. Streng genommen sollten solche ankommenden Pakete verworfen werden, es sei denn, der Host wird als Router eingesetzt. In der Praxis führt die strenge Auslegung jedoch oft zu Problemen; Benutzer gehen davon aus, dass sie über die IP-Adresse A_{IP} den Host erreichen können, auch wenn die physische Verbindung zur Schnittstelle B besteht. Ein damit verbundenes Problem ist, ob der Host, der ein solches Paket empfängt, das an A_{IP} auf der Schnittstelle B adressiert ist, seine *Antwort* mit der Quelladresse A_{IP} senden darf, auch wenn die Antwort über die Schnittstelle B gesendet werden muss.

RFC 1122 §3.3.4, definiert hier zwei Alternativen:

- Das *Strong End-System Model*: Die IP-Adressen – eingehend und ausgehend – müssen mit der physischen Schnittstelle übereinstimmen.
- Das *Weak End-System Model*: Eine Übereinstimmung ist nicht erforderlich: Schnittstelle B kann an A_{IP} gerichtete Pakete annehmen und Pakete mit der Quelladresse A_{IP} senden.

Linux-Systeme verwenden in der Regel standardmäßig das schwache Modell, siehe auch Abschnitt 10.2.5, »ARP und Hosts mit mehreren Adressen«.

Auch wenn es wichtig ist, sich zumindest grundsätzlich über die Sonderfälle des Multihomings im Klaren zu sein, möchten wir noch einmal betonen, dass in den meisten normalen Kontexten jede Endbenutzer-Arbeitsstation eine IP-Adresse hat, die einer LAN-Verbindung entspricht.

9.3 Spezielle Adressen

Einige IPv4-Adressen stellen Sonderfälle dar.

Die Standard-IPv4-Loopback-Adresse ist 127.0.0.1, doch kann jede IPv4-Adresse, die mit 127 beginnt, als Loopback-Adresse dienen. Logischerweise repräsentieren sie alle den aktuellen Host. Die meisten Hosts sind so konfiguriert, dass der Name »localhost« in 127.0.0.1 aufgelöst wird. Jede beliebige Loopback-Adresse – z. B. 127.255.37.59 – sollte jedoch funktionieren, z. B. mit `ping`. Für ein Beispiel mit 127.0.1.0 lesen Sie Abschnitt 10.1, »DNS«.

Private Adressen sind IPv4-Adressen, die nur für den internen Gebrauch am Standort bestimmt sind, z. B. entweder hinter einer NAT-Firewall oder für keinerlei Internet-Verbindung. Wenn ein Paket an einem nicht privaten Router (z. B. an einem ISP-Router) mit einer privaten IPv4-Adresse als Quell- oder Zieladresse auftaucht, sollte das Paket verworfen werden. Es wurden drei Standardblöcke für private Adressen definiert:

- 10.0.0.0/8
- 172.16.0.0/12
- 192.168.0.0/16

Der letzte Block ist derjenige, aus dem die Adressen am häufigsten von DHCP-Servern zugewiesen werden (Abschnitt 10.3.1, »NAT, DHCP und das kleine Büro«), die in NAT-Routern eingebaut sind.

Mit Privatadressen gibt es einige Probleme. Erstens ist bei der Zusammenlegung von Unternehmen in der Regel eine umfassende Neunummerierung der Privatadressen erforderlich. Zweitens: Angenommen, Alice verwendet 10.0.0.0/8 für ihr Heimnetzwerk mit ihrem Laptop 10.0.0.23. Nehmen wir weiter an, dass Alice über ein VPN eine Verbindung zu Ihrer Arbeitsstelle herstellt und ihr Server am Arbeitsplatz ebenfalls 10.0.0.23 lautet. Die Verbindung zwischen Laptop und Server schlägt dann fehl. Sie würde auch fehlschlagen, wenn der Server 10.0.0.24 wäre, da Alices Laptop annimmt, dass er im lokalen Subnetz liegen sollte – das ist aber nicht der Fall. Es gibt auch noch weitere mögliche Konflikte. Der Hauptgrund dafür, dass diese Probleme nicht noch schlimmer sind, liegt vielleicht darin, dass die meisten Heimnetzwerke 192.168.0.0/16 verwenden, die meisten Unternehmensnetzwerke hingegen einen der beiden anderen privaten Adressblöcke.

Ein weiteres Problem betrifft Mobilfunknetze. Die meisten Telefone erhalten eine IPv4-Adresse für das Mobilfunknetz vom Netzbetreiber und eine Wi-Fi-IPv4-Adresse von dem Wi-Fi-Netz, mit dem der Besitzer bzw. die Besitzerin des Telefons gerade verbunden ist. Wenn der Netzbetreiber einen der oben genannten privaten Adressblöcke verwendet, kann es leicht passieren, dass bei einer Wi-Fi-Einrichtung die vom Netzbetreiber zugewiesene mobile IPv4-Adresse mit der Wi-Fi-Adresse in Konflikt gerät. Die Adressen können sogar identisch sein. Aus diesem Grund wurde in RFC 6598 der folgende spezielle Adressblock für Mobilfunkbetreiber eingerichtet und als *Shared-Address Block* bezeichnet:

- 100.64.0.0/10

Dieser verhält sich genau wie ein privater Adressblock, nur dass er ausschließlich von den Mobilfunkbetreibern verwendet werden darf.

Broadcast-Adressen sind eine spezielle Form von IPv4-Adressen, die in Verbindung mit LAN-Layer-Broadcast verwendet werden sollen. Die gebräuchlichsten Formen sind *Limited* oder *Local Broadcast*, komplett bestehend aus Einser-Bits, und *Directed Broadcast*, bestehend aus den Netzwerkadressbits von D, gefolgt von Einser-Bits für die Hostbits. Wenn Sie versuchen, ein Paket an die Broadcast-Adresse eines entfernten Netzes D zu senden, ist die Wahrscheinlichkeit groß, dass ein beteiligter Router sich weigert, es weiterzuleiten. Und wenn es tatsächlich ankommt, ist die Wahrscheinlichkeit sogar noch größer, dass ein Router im Netz D sich weigert, das Paket zu broadcasten. Selbst die Adressierung eines Broadcasts an das eigene Netz schlägt fehl, wenn das zugrunde liegende LAN keinen Broadcast auf LAN-Ebene unterstützt (z. B. ATM).

Die sehr bedeutende frühe Unix-Implementierung Berkeley 4.2 BSD verwendete Null-Bits für die Broadcast-Bits anstelle von Einser-Bits. Dies hat zur Folge, dass bis heute die Host-Bits nicht alle Einser-Bits oder alle Null-Bits sein können, um Verwechslungen mit der IPv4-Broadcast-Adresse zu vermeiden. In der Folge hat ein Klasse-C-Netz 254 statt 256 nutzbare Hostadressen.

9.3.1 Multicast-Adressen

Schließlich bleiben die *IPv4-Multicast-Adressen* als letztes Überbleibsel der Klasse A/B/C-Strategie übrig: Multicast-Adressen sind Klasse D, wobei das erste Byte mit 1110 beginnt (das erste Byte ist dezimal 224–239). Multicasting bedeutet, dass ein bestimmter *Satz* von Adressen beliefert wird, vorzugsweise mit einem Mechanismus, der effizienter ist als das Senden an jede einzelne Adresse. Ein vernünftiges Ziel von Multicast wäre, dass nicht mehr als eine Kopie des Multicast-Pakets eine bestimmte Verbindung durchläuft.

Die Unterstützung von IPv4-Multicast erfordert eine erhebliche Beteiligung der beteiligten Backbone-Router. Wenn beispielsweise die Hosts A, B und C jeweils an verschiedene Schnittstellen des Routers R1 angeschlossen sind und A ein Multicast-Paket an B und C senden möchte, muss R1 das Paket empfangen, herausfinden, dass B und C die beabsichtigten Empfänger sind, und das Paket *zweimal* weiterleiten, einmal an die Schnittstelle von B und einmal an die von C. R1 muss auch überwachen, welche Hosts der *Multicast-Gruppe* beigetreten sind und welche sie verlassen haben. Aufgrund dieser Router-Beteiligung ist die Unterstützung von Multicasting durch Backbone-Router noch nicht ganz ausgereift. Mehr über IPv4-Multicasting finden Sie in Kapitel 24, »Quality of Service«.

9.4 Fragmentierung

Was könnte außer Routing und Adressierung noch nötig sein, wenn Sie versuchen, (wie IP) zwei LANs miteinander zu verbinden? IPv4 (und IPv6) geht ausdrücklich davon aus, dass alle Pakete aus 8-Bit-Bytes bestehen (was in den Anfängen von IP nicht durchgängig der Fall war; bis heute wird in den RFCs von »Oktetten« gesprochen, um diese Anforderung zu unterstreichen). IP legt auch die Bitreihenfolge innerhalb eines Bytes fest, und es ist der Netzwerkhardware überlassen, diese korrekt zu übersetzen. Weder die Byte-Größe noch die Bit-Reihenfolge können daher die Weiterleitung von Paketen beeinträchtigen.

Es gibt jedoch noch eine weitere Funktion, die IPv4 bieten muss, wenn das Ziel eine universelle Konnektivität ist: Es muss einerseits Netze unterstützen, bei denen die maximale Paketgröße (*Maximum Transfer Unit*, MTU) kleiner ist als das weiterzuleitende Paket. Wenn wir andererseits IPv4 verwenden, um Token Ring (MTU = 4 kB, zumindest ursprünglich) mit Ethernet (MTU = 1500 B) zu verbinden, könnten die Token-Ring-Pakete zu groß sein, um an die Ethernet-Seite geliefert zu werden oder um ein Ethernet-Backbone auf dem Weg zu einem anderen Token Ring zu durchqueren. (Token Ring bot seinerzeit in der Regel eine Konfigurationsoption an, die die Interoperabilität mit Ethernet ermöglichte).

IPv4 muss also sowohl Fragmentierung als auch Reassemblierung unterstützen. Hier gibt es zwei mögliche Strategien: *verbindungsweise* Fragmentierung und Reassemblierung, wobei die Reassemblierung am anderen Ende der Verbindung erfolgt (wie bei ATM), sowie *pfadweise* Fragmentierung und Reassemblierung, wobei die Reassemblierung am anderen Ende des Pfades erfolgt. Der zuletzt genannte Ansatz wird von IPv4 verfolgt, zum einen, weil zwischengeschaltete Router zu beschäftigt sind, um eine Reassemblierung vorzunehmen (dies gilt heute noch genauso wie 1981, als RFC 791 veröffentlicht wurde), zum anderen, weil es keine absolute Garantie dafür gibt, dass alle Fragmente an denselben Next-Hop-Router gehen, und zum dritten, weil die IPv4-Fragmentierung immer als letztes Mittel angesehen wurde.

Ein IPv4-Sender sollte für verschiedene Pakete einen unterschiedlichen Wert für das *IDENT*-Feld verwenden. Wenn ein IPv4-Datagramm fragmentiert wird, behalten die Fragmente dasselbe IDENT-Feld, sodass dieses Feld in der Tat anzeigt, welche Fragmente zum selben Paket gehören.

Nach der Fragmentierung markiert das Feld *FragmentOffset* die Startposition des Datenanteils dieses Fragments innerhalb des Datenanteils des ursprünglichen IPv4-Pakets. Beachten Sie, dass die Startposition eine Zahl bis 2^{16} sein kann, die maximale IPv4-Paketlänge, während das FragOffset-Feld nur 13 Bits hat. Die Lösung besteht darin, dass die Datenabschnitte von Fragmenten ein Vielfaches von 8 (drei Bits) groß sein müssen und der FragOffset-Wert um 3 Bits nach links verschoben wird, bevor er verwendet wird.

Betrachten Sie als Beispiel das folgende Netzwerk, bei dem die MTUs den LAN-Header ausschließen:

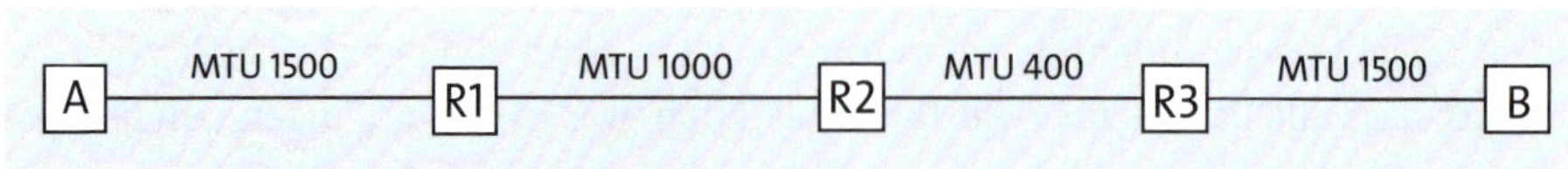

Angenommen, A adressiert ein Paket von 1500 Byte an B und sendet es über das LAN an den ersten Router R1. Das Paket enthält 20 Byte IPv4-Header und 1480 Byte Daten.

R1 fragmentiert das Originalpaket in zwei Pakete der Größen 20 + 976 = 996 und 20 + 504 = 524. 980 Bytes Nutzdaten im ersten Fragment würden passen, verletzen aber die Regel, dass die Größen der Datenabschnitte durch 8 teilbar sein müssen. Das erste Fragmentpaket hat FragOffset = 0; das zweite FragOffset = 976.

R2 *re*fragmentiert das erste Fragment wie folgt in drei Pakete:

1. size = 20 + 376 = 396, FragOffset = 0
2. size = 20 + 376 = 396, FragOffset = 376
3. size = 20 + 224 = 244 (Anmerkung: 376 + 376 + 224 = 976), FragOffset = 752.

R2 zerlegt das zweite Fragment in zwei Teile:

1. size = 20 + 376 = 396, FragOffset = 976 + 0 = 976
2. size = 20 + 128 = 148, FragOffset = 976 + 376 = 1352

R3 sendet die Fragmente dann ohne Reassemblierung an B weiter.

Beachten Sie, dass es etwas effizienter gewesen wäre, das Paket zu Beginn in vier Fragmente der Größen 376, 376, 376 und 352 zu fragmentieren. Beachten Sie auch, dass das Paketformat so konzipiert ist, dass Fragmente unterschiedlicher Größe problemlos verarbeitet werden können. Der Algorithmus basiert auf einer Mehrfachfragmentierung, die erst am endgültigen Zielort wieder zusammengesetzt wird.

Bei jedem Fragment ist das Feld Total Length des IPv4-Headers auf die Länge des Fragments eingestellt.

Wir haben die drei Flag Bits noch nicht angesprochen. Das erste Bit ist reserviert und muss 0 sein. Das zweite Bit ist das *Don't-Fragment*- oder DF-Bit. Wenn es vom Absender auf 1 gesetzt wird, darf ein Router das Paket *nicht* fragmentieren und muss es stattdessen verwerfen; siehe Abschnitt 18.6, »Path MTU Discovery«, für eine Anwendung. Das dritte Bit, das *More-Fragments*-Bit, wird für alle Fragmente *außer* dem letzten auf 1 gesetzt (dieses Bit wird also auf 0 gesetzt, wenn keine Fragmentierung stattgefunden hat). Das dritte Bit teilt dem Empfänger mit, wo die Fragmente aufhören.

Der Empfänger muss die ankommenden Fragmente wieder zu einem ganzen Paket *reassemblieren*. Die Fragmente kommen – anders als in ATM-Netzen – möglicherweise nicht in der richtigen Reihenfolge an, und es können auch Pakete ohne Zusammenhang dazwischen liegen. Der Reassembler muss erkennen, ob es sich bei den verschiedenen ankommenden Paketen um Fragmente desselben Originals handelt, und er muss herausfinden, wie er die Fragmente in der richtigen Reihenfolge wieder zusammensetzen kann; diese beiden Probleme waren bei ATM im Wesentlichen trivial.

Fragmente werden als zum selben Paket gehörig betrachtet, wenn sie dasselbe IDENT-Feld, dieselbe Quell- und Zieladresse und dasselbe Protokoll haben.

Da alle Fragmentgrößen ein Vielfaches von 8 Byte sind, kann der Empfänger mit einer Bitmap, in der jedes Bit ein 8-Byte-Fragmentstück darstellt, verfolgen, ob alle Fragmente empfangen wurden. Ein 1-kB-Paket kann bis zu 128 solcher Fragmente enthalten; die Bitmap wäre also 16 Byte groß.

Wenn ein Fragment eintrifft, das Teil eines neuen (und fragmentierten) Pakets ist, wird ein Puffer zugewiesen. Obwohl der Empfänger die endgültige Größe des Puffers nicht kennen kann, kann er normalerweise eine vernünftige Schätzung abgeben. Aufgrund des Felds FragOffset kann das Fragment dann im Puffer an der richtigen Stelle gespeichert werden. Außerdem wird eine neue Bitmap zugewiesen und ein *Reassembly-Timer* gestartet.

Wenn weitere Fragmente – nicht unbedingt in der richtigen Reihenfolge – eintreffen, können auch sie im richtigen Puffer an der richtigen Stelle abgelegt werden, und die entsprechenden Bits in der Bitmap werden auf 1 gesetzt.

Zeigt die Bitmap, dass alle Fragmente angekommen sind, wird das Paket als vollständiges IPv4-Paket weitergeschickt. Läuft hingegen der Reassembly-Timer ab, werden alle bisher empfangenen Teile verworfen.

TCP-Verbindungen führen in der Regel eine *Path MTU Discovery* durch und ermitteln die größte Paketgröße, die sie *ohne* Fragmentierung senden können (Abschnitt 18.6, »Path MTU Discovery«). Es ist allerdings zum Beispiel nicht ungewöhnlich, dass UDP-Protokolle Fragmentierung verwenden, besonders auf kurzen Strecken. Im Network File System (NFS)-Protokoll zum Beispiel wird UDP zur Übertragung von 8 kB großen Festplattenblöcken verwendet. Diese werden oft als ein einziges 8+ kB großes IPv4-Paket gesendet, das über Ethernet in fünf volle Pakete und einen Bruchteil fragmentiert wird. Die Fragmentierung funktioniert hier recht gut, da die Pakete in den meisten Fällen das Ethernet, auf dem sie gestartet wurden, nicht verlassen. Beachten Sie, dass dies ein Beispiel für eine Fragmentierung ist, die vom *Absender* und nicht von einem Zwischenrouter vorgenommen wird.

Schließlich kann jede IP-Verbindung eine eigene Fragmentierung und Reassemblierung auf der Verbindungsschicht anbieten; wir haben in Abschnitt 5.5.1, »ATM-Segmentierung und -Reassemblierung«, gesehen, dass bei ATM genau dies der Fall ist. Solche Mechanismen der Verbindungsschicht sind jedoch im Allgemeinen für die IP-Schicht unsichtbar.

9.5 Der klassenlose IP-Delivery-Algorithmus

In Kapitel 1 haben Sie erfahren, dass jede IPv4-Adresse in einen Netzanteil IP_{net} und einen Hostanteil IP_{host} unterteilt werden kann; der Teilungspunkt wird dadurch bestimmt, ob die IPv4-Adresse eine zur Netzklasse A, B oder C gehört. Wir haben in Kapitel 1 auch gelernt, dass der Teilungspunkt nicht immer so eindeutig ist. Wir stellen nun sowohl für Hosts als auch für Router den Delivery-Algorithmus vor, der nicht von einem global vordefinierten Teilungspunkt der IPv4-Adresse in Netz- und Hostanteile ausgeht. Dabei gehen wir davon aus, dass es eine `lookup()`-Methode gibt, die bei Angabe einer Zieladresse den next_hop-Nachbarn zurückgibt.

Anstelle einer klassenbasierten Unterteilung nehmen wir an, dass jede der den Schnittstellen eines Knotens zugewiesenen IPv4-Adressen mit einer zugehörigen Länge des Netzpräfixes konfiguriert ist; in Anlehnung an die Schrägstrichnotation in Abschnitt 1.10, »IP – Internet Protocol«, ist das Präfix selbst B/k, wenn B eine Adresse und die Präfixlänge $k = k_B$ ist. Wie üblich kann ein normaler Host nur eine IP-Schnittstelle haben, während ein Router immer über mehrere Schnittstellen verfügt.

D sei die gegebene IPv4-Zieladresse; wir wollen entscheiden, ob D *lokal* oder *nicht lokal* ist. Der betreffende Host oder Router kann mehrere IP-Schnittstellen haben, aber für jede Schnittstelle ist die Länge des Netzwerkteils der Adresse bekannt. Für jede Netzwerkadresse B/k, die einer der Schnittstellen des Hosts zugewiesen ist, vergleichen wir die ersten k Bits von B und D, d. h. wir fragen, ob D mit B/k *übereinstimmt*.

- Wenn einer dieser Vergleiche einen Match ergibt, erfolgt die Zustellung *lokal*; der Host stellt das Paket über das mit der entsprechenden Schnittstelle verbundene LAN an sein endgültiges Ziel zu. Dies bedeutet, dass er die LAN-Adresse des Ziels, falls zutreffend, nachschlägt und das Paket über die Schnittstelle an dieses Ziel sendet.
- Gibt es keinen Treffer, haben wir es mit einer *nicht lokalen* Zustellung zu tun, und der Host übergibt D an die `lookup()`-Routine der Weiterleitungstabelle und sendet an den zugehörigen next_hop (der einen physisch verbundenen Nachbarn darstellen muss). Es obliegt nun der `lookup()`-Routine, alle notwendigen Entscheidungen darüber zu treffen, wie D in D_{net} und D_{host} aufgeteilt werden kann; die Aufteilung kann nicht außerhalb von `lookup()` erfolgen.

Abstrakt gesehen ist die Weiterleitungstabelle eine Menge von Netzwerkadressen – jetzt auch mit Längen – jeweils in der Form B/k, jeweils mit einem zugehörigen next_hop Ziel. Die `lookup()`-Routine vergleicht im Prinzip D mit jedem Tabelleneintrag B/k und sucht nach einer Übereinstimmung (d. h. Gleichheit der ersten $k = k_B$-Bits). Der Netz-/Host-Teilungspunkt (d. h. k) stammt aus dem Tabelleneintrag; er wird nicht aus D oder anderen im Paket enthaltenen Informationen abgeleitet. Tatsächlich bietet der IPv4-Header keinen Platz, um einen Netz/Host-Teilungspunkt zu speichern, und außerdem können verschiedene Router entlang des Pfads unterschiedliche Werte von k mit derselben Zieladresse D verwenden. Router erfahren die Präfixlänge /k für ein Ziel B/k als Teil des Vorgangs, bei dem sie ⟨Ziel,next_hop⟩-Paare erhalten; siehe Kapitel 13, »Routing-Update-Algorithmen«.

In Kapitel 14, »IP-Routing im großen Maßstab«, werden wir sehen, dass in einigen Fällen mehrere Übereinstimmungen in der Weiterleitungstabelle existieren können, z. B. 147.0.0.0/8 und 147.126.0.0/16. Für solche Fälle wird die *Longest-Match-Regel* eingeführt, um den besten Match auszuwählen.

Hier ein einfaches Beispiel für einen Router mit den unmittelbaren Nachbarn A–E:

Ziel	next_hop
10.3.0.0/16	A
10.4.1.0/24	B
10.4.2.0/24	C
10.4.3.0/24	D
10.3.37.0/24	E

Die IPv4-Adressen 10.3.67.101 und 10.3.59.131 führen beide zu A. Die Adressen 10.4.1.101, 10.4.2.157 und 10.4.3.233 führen zu B, C bzw. D. Schließlich passt 10.3.37.103 sowohl zu A als auch zu E, aber die Übereinstimmung mit E ist länger, sodass das Paket in diese Richtung geleitet wird.

Die Weiterleitungstabelle kann auch einen *Standard*eintrag für den next_hop enthalten, den sie zurückgibt, falls das Ziel D keinem bekannten Netz entspricht. Wir vertreten hier die Ansicht, dass die Rückgabe eines solchen Standardeintrags ein gültiges Ergebnis der `lookup()`-Operation der Routingtabelle ist und keine dritte Option des obigen Algorithmus; ein Ansatz ist, dass der Standardeintrag der next_hop ist, der dem Ziel 0.0.0.0/0 entspricht, das in der Tat mit allem übereinstimmt (die Verwendung würde allerdings die obige Longest-Match-Regel erfordern).

Standardrouten sind von großer Bedeutung, damit die Weiterleitungstabellen klein bleiben. Selbst Backbone-Router haben manchmal Mühe, die Netzwerkadressen-Präfixe in ihren Weiterleitungstabellen durch Konsolidierung so kurz wie möglich zu halten.

An einem Standort mit einem einzigen ISP und ohne Internet-Kunden (d. h., der selbst kein ISP für andere ist) hat die Top-Level-Weiterleitungstabelle in der Regel nur eine einzige externe Route: die Standardroute zu ihrem ISP. Hat ein Standort jedoch mehr als einen ISP, kann die Weiterleitungstabelle der obersten Schicht schnell anwachsen. Internet2 zum Beispiel ist ein Konsortium von Forschungseinrichtungen mit internen Verbindungen mit sehr hoher Bandbreite, die als eine Art »paralleles Internet« fungieren. Vor Internet2 hatte die Weiterleitungstabelle von Loyola auf oberster Schicht die übliche einzelne externe Standardroute. Nach Internet2 hatten wir praktisch einen zweiten ISP und mussten den Datenverkehr zwischen dem kommerziellen und dem Internet2-ISP aufteilen. Die Standardroute zeigte immer noch auf den kommerziellen ISP, aber Loyolas Top-Level-Weiterleitungstabelle musste nun einen Eintrag für jeden einzelnen Internet2-Standort enthalten, sodass der Traffic zu jedem dieser Standorte über den Internet2 ISP weitergeleitet wurde (siehe Übung 5).

Router können auch so konfiguriert werden, dass sie die Übergabe von Quality-of-Service-Informationen an die `lookup()`-Methode erlauben, wie in Kapitel 1 erwähnt, um unterschiedliche Routing-Pfade für verschiedene Arten von Datenverkehr zu unterstützen (z. B. Massenübertragung von Dateien gegenüber Echtzeit).

Eine kleine Ausnahme von der hier beschriebenen Regel der lokalen Zustellung finden Sie weiter unten in Abschnitt 9.8, »Unnummerierte Schnittstellen«.

9.5.1 Effizientes Lookup in der Weiterleitungstabelle

Die schnelle Implementierung der obigen `lookup()`-Operation ist knifflig, besonders bei Zieleinträgen, die keine eindeutige Übereinstimmung ergeben, wie 10.0.0.0/8 und 10.11.0.0/16, die beide auf 10.11.12.13 passen. Ein einfaches Hashing ist nicht möglich, da der Präfixlängenwert k für den Aufruf von `lookup()` nicht verfügbar ist.

Der einfachste Ansatz ist ein *Trie* oder *Präfixbaum*, eine Art Baum, bei dem die untergeordneten Knoten mit Bitstrings beschriftet sind; die die zusammenhängenden Knotenbezeichnungen auf einem Zweig stellen ein Adresspräfix dar. Knotenbeschriftungen können einzelne Adressbits oder größere Bitgruppen darstellen. Ein Trie ermöglicht eine einfache Umsetzung der Longest-Match-Regel da wir im Trie absteigen müssen, bis keine weiteren Übereinstimmungen mehr möglich sind.

Als Beispiel konstruieren wir ein Trie für die folgende Weiterleitungstabelle:

Ziel	next_hop
1.10.0.0/16	A
1.10.104.0/24	B
1.10.105.0/24	C
1.11.0.0/16	D
1.12.116.0/24	E
1.12.117.0/24	F

Da alle Präfixlängen Vielfache von 8 Bit sind, wird der Präfixbaum mit Bytes als Knotenbeschriftungen aufgebaut:

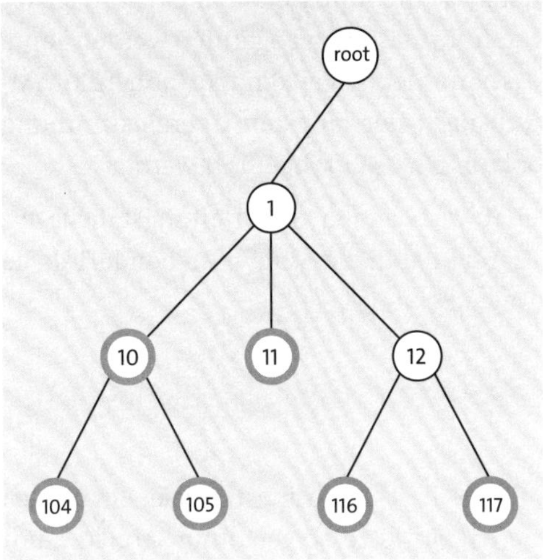

Abbildung 9.2 Präfixbaum

Markierte Knoten stehen für Übereinstimmung, die anderen für Nicht-Übereinstimmungen. Für jeden Eintrag in der obigen Tabelle gibt es einen solchen Knoten. Um 1.10.105.213 im Trie nachzuschlagen, betrachten wir die Adresse als Liste ⟨1,10,105,213⟩. Von der Wurzel aus durchlaufen wir die Knoten 1 und 10 und gelangen zu einem Knoten, der das Ziel 1.10.0.0/16 darstellt. Das nächste Element der Adressliste ist jedoch 105, sodass wir bis zum untergeordneten Knoten 105 weitergehen und somit zu 1.10.105.0/24 gelangen. Es gibt keine weiteren Unterknoten, sodass dieser Match so lang wie möglich ist.

Eine einfache Trie-Implementierung für beliebige Präfixlängen erfordert Ein-Bit-Knotenbezeichnungen. Der Luleå-Algorithmus [DBCP97] implementiert das Lookup jedoch mit einem Trie aus nur drei Ebenen, die die Adressbits 0–15, 16–23 und 24–31 darstellen. Am Anfang des Präfixbaums hilft ein Array der Größe 2^{16} bei der Bestimmung des ersten Kindknotens; ähnliche ergänzende Datenstrukturen helfen beim Nachschlagen von Kindknoten auf den nachfolgenden Ebenen.

Hochleistungs-Switches schließlich implementieren die `lookup()`-Operation häufig per Assoziativspeicher. Für IP-Forwarding wird die ternäre Form dieses Speichers, TCAM, benötigt, die im letzten Absatz von Abschnitt 3.2.1, »Switch-Hardware«, beschrieben wird. Wenn A/k ein IP-Adresspräfix der Länge k ist, dann wird A in das TCAM-Speicherregister eingetragen, und das entsprechende Maskenregister wird verwendet, um anzuzeigen, dass nur die ersten k Bits von Bedeutung sind.

Wenn das TCAM eine IPv4-Adresse zum Nachschlagen erhält, kann es nun mehrere Übereinstimmungen unterschiedlicher Länge geben. Um die Longest-Match-Regel umzusetzen, müssen wir zunächst sicherstellen, dass in der TCAM-Registerfolge die kürzeren Präfixe vor den längeren stehen. Der TCAM-Encoder wandelt dann die Position des passenden Registers in der Sequenz in eine Adresse um, die dem Register entspricht und mit der der Rest der Routing-Informationen abgerufen werden kann. Dieser Kodierer muss so ausgelegt sein, dass er immer längere Präfixe (höhere TCAM-Sequenzpositionen) bevorzugt. Ein Lookup nach der längsten Übereinstimmung kann dann in einem einzigen Speicher-Lookup-Zyklus durchgeführt werden.

Wenn Backbone-IPv4-Router aufgrund der anwachsenden Weiterleitungstabelle auf akute Schwierigkeiten stoßen, liegt dies häufig daran, dass die bestehende Tabelle den in der TCAM-Hardware verfügbaren Platz übersteigt.

9.6 IPv4-Subnetze

Subnetze waren der erste Schritt weg der Klasse-A/B/C-Routingstrategie: Ein großes Netz (z. B. Klasse A oder B) konnte in kleinere IPv4-Netze, so genannte Subnetze, unterteilt werden. Nehmen wir zum Beispiel ein typisches Klasse-B-Netz wie das der Loyola-Universität (ursprünglich 147.126.0.0/16); als Grundlage dient die Annahme, dass jedes Paket über das zugrunde liegende LAN an jeden internen Host zugestellt werden kann. Dies würde ein ziemlich großes LAN erfordern und voraussetzen, dass am gesamten Standort ein einziges physisches LAN verwendet wird. Was aber, wenn unser Standort über mehr als ein physisches LAN verfügt? Oder ist er wirklich zu groß für ein einziges physisches LAN? Die IP-Welt stieß schon bald auf dieses Problem.

Subnetze wurden erstmals in RFC 917 vorgeschlagen und mit RFC 950 offiziell eingeführt.

Für jedes Subnetz ein eigenes IPv4-Netzpräfix zu bekommen, ist schlecht für Router: Die Backbone-Weiterleitungstabellen müssen nun einen Eintrag für jedes Subnetz statt nur für jeden Standort haben. Es wird eine Möglichkeit benötigt, einen Standort nach außen als einziges IP-Netz erscheinen zu lassen, aber *innerhalb* des Standorts weiterhin IP-Layer-Routing zu unterstützen. Genau das leisten Subnetze.

Subnetze führen ein *hierarchisches Routing* ein: Zuerst wird zum primären Netz geroutet, dann innerhalb des Standorts zum Subnetz, und schließlich der letzte Hop zum Host.

Beim Routing mit Subnetzen wird die IP_{net}-Teilungslinie nach rechts verschoben. (Später, wenn wir uns mit CIDR befassen, werden wir es mit einer Verschiebung der Teilungslinie nach links zu tun bekommen). Für den Moment ist zu beachten, dass das Verschieben der Linie nach rechts innerhalb eines Standorts keinerlei Auswirkungen auf die Außenwelt hat; externe Router wissen nicht einmal von der standortinternen Subnetzbildung.

Im Diagramm, das Sie in Abbildung 9.3 sehen, leitet die Außenwelt den an 147.126.0.0/16 adressierten Traffic an den Router R. Intern ist der Standort jedoch in Subnetze unterteilt. Die Idee ist, dass der Traffic von 147.126.1.0/24 nach 147.126.2.0/24 geroutet und nicht geswitcht wird; die beiden beteiligten LANs sind möglicherweise nicht einmal kompatibel (die Ellipsen könnten z. B. Token Ring darstellen, während die Linien Ethernet repräsentieren). Die meisten der gezeigten Subnetze haben die Größe /24, was bedeutet, dass das dritte Byte der IPv4-Adresse Teil des Netzwerkteils der Adresse des Subnetzes geworden ist; ein /20-Subnetz ist ebenfalls dargestellt. RFC 950 hätte das Subnetz mit dem dritten Byte 0 nicht zugelassen, aber 0 für die Subnetzbits zu verwenden, funktioniert im Allgemeinen.

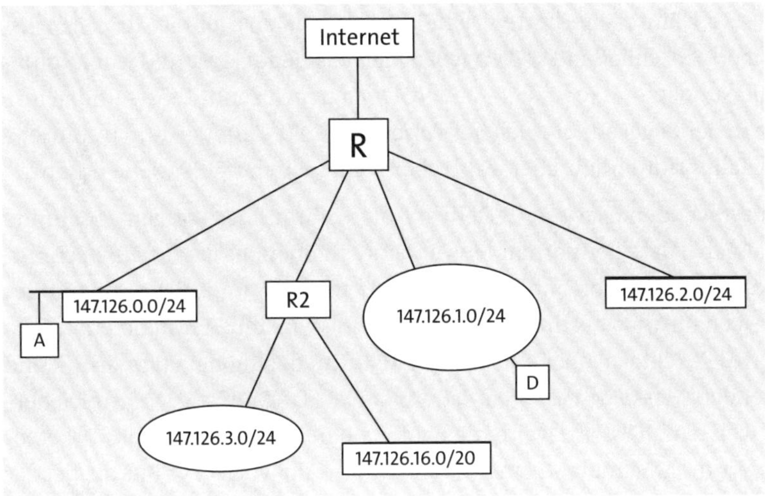

Abbildung 9.3 IPv4-Subnetze

Das interne Routing soll auf den gezeigten erweiterten Netzwerkpräfixen basieren, während wir extern weiterhin nur den einzigen Routing-Eintrag für 147.126.0.0/16 verwenden.

Um Subnetze zu implementieren, unterteilen wir das IPv4-Netz des Standorts in eine Kombination von physischen LANs – die Subnetze – und weisen jedem eine *Subnetzadresse* zu: eine IPv4-Netzwerkadresse, die die IPv4-Netzwerkadresse des *Standorts* als Präfix hat. Um dies konkreter auszudrücken, nehmen wir an, die IPv4-Netzwerkadresse des Standorts ist A und besteht aus n Netzwerkbits (die Standortadresse kann also mit der Schrägstrich-Notation als A/n geschrieben werden); im obigen Diagramm ist A/n = 147.126.0.0/16. Eine Subnetzadresse ist eine solche IPv4-Netzwerkadresse B/k:

- Die Adresse B/k liegt innerhalb des Standortes: Die ersten n Bits von B sind die gleichen wie die von A/n.
- B/k erweitert A/n: k≥n

Ein Beispiel B/k in Abbildung 9.3 ist 147.126.1.0/24. (Eine kleine Vereinfachung besteht darin, dass Subnetzadressen nicht unbedingt Präfixe sein müssen; siehe unten.)

Wir müssen nun herausfinden, wie die Pakete an das richtige Subnetz weitergeleitet werden sollen. Für eingehende Pakete könnten wir dies mit einem proprietären Protokoll am Eingangsrouter erreichen. Die kompliziertere Situation sind jedoch all die bestehenden internen Hosts, die unter der Klasse-A/B/C-Strategie immer davon ausgehen würden, über das LAN an jeden beliebigen Standort-Host zustellen zu können, während dies in Wirklichkeit nur für Hosts in ihrem eigenen Subnetz möglich ist. Wir brauchen eine allgemeinere Lösung.

Dazu gehen wir wie folgt vor. Für jede Subnetzadresse B/k erstellen wir eine *Subnetzmaske* für B, die aus k Einser-Bits besteht, gefolgt von so vielen Null-Bits, dass sich insgesamt 32 ergeben. Anschließend stellen wir sicher, dass jeder Host und jeder Router am Standort die Subnetzmaske für jede seiner *Schnittstellen* kennt. Hosts finden ihre Subnetzmaske in der Regel auf die gleiche Weise wie ihre IP-Adresse (durch statische Konfiguration, falls erforderlich, aber wahrscheinlicher durch DHCP, siehe unten).

Hosts und Router wenden nun den IP-Delivery-Algorithmus des vorigen Abschnitts an, mit der Maßgabe, dass bei Vorhandensein einer Subnetzmaske für eine Schnittstelle die Anzahl der Adressbits anhand der Subnetzmaske und nicht anhand des Klasse-A/B/C-Mechanismus bestimmt wird. Das heißt, wir stellen fest, ob ein an das Ziel D adressiertes Paket lokal über eine Schnittstelle mit der Subnetzadresse B/k und der entsprechenden Maske M zustellbar ist, indem wir D&M mit B&M vergleichen, wobei & für bitweises UND steht; wenn die beiden übereinstimmen, ist das Paket lokal. Dies erfordert im Allgemeinen eine Übereinstimmung von *mehr* Bits als bei der Verwendung der Klasse-A/B/C-Strategie zur Bestimmung des Netzwerkanteils der Adressen D und B.

Wie bereits erwähnt, können wir bei einer Adresse D ohne weiteren Kontext den Netz-/Host-Unterteilungspunkt normalerweise *nicht* bestimmen (z. B. bei ausgehenden Paketen). Dieser Teilungspunkt ist jedoch nicht das, was wir tatsächlich brauchen. *Tatsächlich* brauchen wir einfach eine Möglichkeit festzustellen, ob eine bestimmte Zielhostadresse D zum aktuellen Subnetz, sagen wir B, gehört; das heißt, wir müssen die ersten k Bits von D und B vergleichen, wobei k die (bekannte) Länge von B ist.

In Abbildung 9.3 wäre die Subnetzmaske für die /24-Subnetze 255.255.255.0; die bitweise UND-Verknüpfung einer beliebigen IPv4-Adresse mit der Maske ist dasselbe wie die Extraktion der ersten 24 Bits der IPv4-Adresse, d. h. des Subnetzteils. Die Maske für das /20-Subnetz wäre 255.255.240.0 (240 entspricht 1111 0000 im Binärformat).

In Abbildung 9.3 überschneidet sich keines der Subnetze und es gibt auch keine Konflikte: Die Subnetze 147.126.0.0/24 und 147.126.1.0/24 sind nicht miteinander verbunden. Es erfordert etwas mehr Aufwand, um zu erkennen, dass 147.126.16.0/20 sich nicht mit den anderen überschneidet, aber beachten Sie, dass eine IPv4-Adresse nur dann zu diesem Netzpräfix passt, wenn die ersten vier Bits des dritten Bytes 0001 sind, das dritte Byte selbst reicht also von dezimal 32 bis dezimal 63 = binär 0001 1111.

Wenn Host A = 147.126.0.1 an das Ziel D = 147.126.1.1 senden möchte und A *kein* Subnetz erkennt, wird die Zustellung fehlschlagen: A wird schließen, dass es sich bei der Schnittstelle um eine Klasse B handelt, und daher die ersten beiden Bytes von A und D vergleichen und, wenn eine Übereinstimmung gefunden wird, eine direkte LAN-Zustellung versuchen. Aber eine direkte Zustellung ist jetzt wahrscheinlich unmöglich, da die Subnetze nicht durch einen Switch verbunden sind. Erst mit der Subnetzmaske wird A erkennen, dass sein Netz 147.126.0.0/**24** und das von D 147.126.1.0/24 ist und dass dies nicht dasselbe ist. A *wäre* immer noch in der Lage, Pakete an sein eigenes Subnetz zu senden. A wäre sogar in der Lage, Pakete nach außen zu senden: Er würde erkennen, dass das Ziel in diesem Fall nicht mit 147.126.0.0/16 übereinstimmt, und würde daher an seinen Router weiterleiten. Hosts in anderen Subnetzen wären die einzigen, die nicht erreichbar wären.

Richtig ist, dass die Subnetzadresse das gesamte Präfix ist, z. B. 147.126.65.0/24. Oft ist es jedoch praktisch, die Subnetzadresse nur mit den Bits zu bezeichnen, die die Erweiterung der IPv4-Netzadresse des Standorts darstellen; wir könnten also salopp sagen, dass die Subnetzadresse hier 65 ist.

Die klassenbasierte IP-Adressstrategie ermöglichte es jedem Host überall im Internet, jede Adresse ordnungsgemäß in ihre Netz- und Hostanteile zu unterteilen. Bei den Subnetzen kann dieser Teilungspunkt nun variieren; zum Beispiel teilt sich die Adresse außerhalb von Loyola in 147.126.65.48 in 147.126 | 65.48, innerhalb von Loyola in 147.126.65 | 48. Dies bedeutet, dass die Netz-Host-Trennung nicht mehr eine absolute Eigenschaft von Adressen ist, sondern davon abhängt, wo sich das Paket auf seiner Reise befindet.

Technisch gesehen muss auch die Bedingung erfüllt sein, dass bei zwei beliebigen Subnetzadressen verschiedener, nicht zusammenhängender Subnetze keine der beiden ein Präfix der anderen ist. Wenn also A eine IP-Adresse und B eine Subnetzadresse mit Maske M ist (also B = B&M), dann bedeutet A&M = B, dass A mit keinem anderen Subnetz übereinstimmt. Unabhängig von den Regeln für die Netz-/Host-Aufteilung können wir nicht zulassen, dass das Subnetz 147.126.16.0/20 ein LAN repräsentiert, während 147.126.16.0/24 ein anderes repräsentiert; der zweite Subnetz-Adressblock ist eine Teilmenge des ersten. Wir *können* (und werden manchmal) den Adressbereich des ersten LANs auch so definieren, dass er alle Adressen in 147.126.16.0/20 umfasst, die nicht zugleich auch in 147.126.16.0/24 enthalten sind. Dies ist die Longest-Match-Regel.

Die obige Strategie ist eigentlich eine leichte Vereinfachung des Subnetz-Mechanismus: Die Bits der Subnetzadresse müssen nicht zusammenhängend sein, und die

Masken müssen nicht aus einer Reihe von Einser-Bits gefolgt von Null-Bits bestehen. Die Maske kann eine *beliebige* Bit-Maske sein; die Bits der Subnetzadresse sind per Definition diejenigen, bei die Maskenbits eine 1 enthalten. An einem Klasse-B-Standort könnten wir zum Beispiel das *vierte* Byte als Subnetzadresse und das *dritte* Byte als Hostadresse verwenden. Die Subnetzmaske würde dann 255.255.0.255 lauten. Während diese Lösung früher manchmal nützlich war, wenn es um »alte« IPv4-Adressen ging, die nicht einfach geändert werden konnten, macht man sich das Leben einfacher, wenn die Subnetzbits vor den Hostbits stehen.

9.6.1 Subnetz-Beispiel

Als Beispiel für unterschiedliche Subnetzmasken auf verschiedenen Schnittstellen sei hier die Aufteilung eines Klasse-C-Netzes in Subnetze der Größen 70, 40, 25 und 20 genannt. Die Subnetzadressen werden zwangsläufig unterschiedlich lang sein, da es keinen Platz für vier Subnetze gibt, die jeweils 70 Hosts aufnehmen können.

- A: Größe 70
- B: Größe 40
- C: Größe 25
- D: Größe 20

Wegen der unterschiedlichen Längen der Subnetzadressen kann die Aufteilung einer lokalen IPv4-Adresse LA in Netz und Host in den Subnetzen nicht isoliert vorgenommen werden, ohne die Host-Bits zu betrachten. Diese Aufteilung ist jedoch nicht das, was wir brauchen. Wir brauchen einfach eine Möglichkeit, festzustellen, ob die lokale Adresse LA zu einem bestimmten Subnetz, sagen wir B, gehört; das heißt, wir müssen die ersten n Bits von LA und B vergleichen, wobei n die Länge der Subnetzmaske von B ist. Dazu vergleichen wir LA&M mit B&M, wobei M die Maske ist, die n entspricht. LA&M ist nicht notwendigerweise dasselbe wie LA_{net}, wenn LA tatsächlich zu einem der anderen Subnetze gehört. Wenn jedoch LA&M = B&M ist, dann muss LA zum Subnetz B gehören, und in diesem Fall entspricht LA&M tatsächlich LA_{net}.

Wir nehmen an, dass die IPv4-Netzwerkadresse des Standorts 200.0.0.0/24 lautet. Die ersten drei Bytes jeder Subnetzadresse müssen mit 200.0.0 übereinstimmen. Nur einige der Bits des vierten Bytes werden Teil der Subnetzadresse sein, daher wechseln wir für das letzte Byte zum Binärformat und verwenden sowohl die /n-Notation (für die Gesamtzahl der Subnetzbits) als auch einen vertikalen Balken, um die Trennung zwischen Subnetz und Host zu markieren.

Beispiel: 200.0.0.10 | 00 0000 / 26

Dies bedeutet, dass das Null-Bit nach dem Einser-Bit im vierten Byte insofern »signifikant« ist, als dass ein Teilnetz nur dann übereinstimmen kann, wenn es genau diesem Null-Bit entspricht. Die restlichen sechs Null-Bits sind Teil des Host-Teils.

Um unsere vier Subnetzadressen zuzuordnen, müssen wir zunächst herausfinden, wie viele Host-Bits wir in jedem Subnetz benötigen. Subnetzgrößen sind immer Potenzen von 2, also runden wir die Subnetze auf die entsprechende Größe auf. Für Subnetz A bedeutet dies, dass wir 7 Hostbits benötigen, um $2^7 = 128$ Hosts unterzubringen, und dass wir ein einzelnes Bit im vierten Byte für die Subnetzadresse verwenden können. In ähnlicher Weise benötigen wir für B 6 Host-Bits und haben 2 Subnetz-Bits, und für C und D benötigen wir jeweils 5 Host-Bits und haben 8 – 5 = 3 Subnetz-Bits.

Wir beginnen nun mit der Auswahl sich nicht überschneidender Subnetzadressen. Wir müssen ein Bit im vierten Byte für das Subnetz von A wählen; nehmen wir einmal an, dass dieses Bit 1 ist. Das bedeutet, dass *jede andere Subnetzadresse* eine 0 in der ersten Bitposition des vierten Bytes haben muss, da es sonst zu Mehrdeutigkeiten kommen würde.

Nun zu der Subnetzadresse von B. Wir haben zwei Bits, mit denen wir arbeiten, und das erste Bit muss 0 sein. Das zweite Bit soll ebenfalls 0 sein. Wenn das vierte Byte mit 00 beginnt, gehört das Paket zum Subnetz B, und die Subnetzadressen für C und D dürfen daher *nicht* mit 00 beginnen.

Schließlich wählen wir die Subnetzadressen für C und D als 010 bzw. 011. Wir haben also:

Subnetz	Größe	Adressbits im 4. Byte	Host-Bits im 4. Byte	Dezimalbereich
A	128	1	7	128–255
B	64	00	6	0–63
C	32	010	5	64–95
D	32	011	5	96–127

Wie gewünscht, ist keine der Subnetzadressen in der dritten Spalte ein Präfix einer anderen Subnetzadresse.

Das Endergebnis ist ein nun *hierarchisches* Routing: Wir routen über die Standort-IP-Adresse, um zu einem Standort zu gelangen, und routen dann über die Subnetzadresse innerhalb des Standorts.

9.6.2 Verbindungen zwischen Subnetzen

Angenommen, das Subnetz der CS-Abteilung von Loyola (147.126.65.0/24) und eine Abteilung an einem anderen Standort, sagen wir 147.100.100.0/24, installieren eine private Verbindung. Wie wirkt sich dies auf das Routing aus?

Jeder Abteilungsrouter würde einen Eintrag für das andere Subnetz hinzufügen und über die private Verbindung leiten. Der an das andere Subnetz gerichtete Traffic würde über die private Verbindung geleitet. Der gesamte andere Traffic würde zum Standard-Router geleitet. Der Traffic von der entfernten Abteilung zu 147.126.64.0/24 würde den langen Weg nehmen, und der Traffic von Loyola zu 147.100.101.0/24 würde ebenfalls den langen Weg nehmen.

Subnetz-Anekdote

Vor langer Zeit war ich für zwei Hosts verantwortlich, abel und borel. Eines Tages wurde ich darüber informiert, dass die Rechner im Computerlabor 1 am anderen Ende des Geländes borel nicht erreichen konnten, wohl aber abel. Die Rechner in Labor 2, das an Labor 1 angrenzte, konnten jedoch sowohl borel als auch abel problemlos erreichen. Was war los?

Es stellte sich heraus, dass borel eine falsche (/16 statt /24) Subnetzmaske hatte und daher versuchte, die Labore lokal zu erreichen. Das hätte eigentlich bedeuten müssen, dass er keines der Labore erreichen konnte, da beide Labore in einem anderen Subnetz als meine Rechner lagen; ich war ratlos. Nach vielen weiteren Nachforschungen stellte sich heraus, dass sich zwischen abel/borel und dem Laborgebäude ein *Bridge-Router* befand: ein hybrides Gerät, das den Subnetz-Traffic auf der IP-Schicht ordnungsgemäß weiterleitete, aber auch Ethernet-Pakete direkt weiterleitete, Letzteres offenbar aus Gründen der Abwärtskompatibilität. Labor 2 war direkt mit dem Bridge-Router verbunden und befand sich daher trotz des scheinbar unterschiedlichen Subnetzes im selben LAN wie borel; Labor 1 war mit seinem eigenen Router R1 verbunden, der wiederum mit dem Bridge-Router verbunden war. Das Labor 1 war also auf LAN-Ebene von abel und borel isoliert.

Moral 1: Switching und Routing sind beide für sich genommen großartige Konzepte. Aber Switching auf einer Ebene gemischt mit Routing auf einer anderen ist keine gute Idee.

Moral 2: Testen Sie gründlich! Das Problem wurde nicht früher bemerkt, weil borel bisher nur mit anderen Hosts in seinem eigenen Subnetz und mit Hosts außerhalb der Universität kommunizierte. Beides funktionierte mit der falschen Subnetzmaske; das Problem waren die lokalen Hosts in anderen Subnetzen.

Wie entscheiden nahegelegene Subnetze an einem der beiden Endpunkte, ob sie die private Verbindung nutzen sollten? Der klassische Link-State- oder Distanzvektor-Algorithmus (Kapitel 13, »Routing-Update-Algorithmen«) setzt voraus, dass sie in der Lage sind, die private Verbindungsroute mit dem langen Weg zu vergleichen. Dies erfordert jedoch ein Gesamtbild der relativen Routingkosten, das, wie wir sehen werden, mit ziemlicher Sicherheit nicht existiert. Die beiden Abteilungen befinden sich in unterschiedlichen Routing-Domänen; wenn benachbarte Subnetze an beiden Enden die private Verbindung nutzen wollen, ist eine manuelle Konfiguration wahrscheinlich die einzige Option.

9.6.3 Subnetze versus Switching

Beim Netzwerkdesign kommt häufig die Frage auf, ob man viele kleine Subnetze oder stattdessen nur einige wenige größere Subnetze oder sogar nur ein einziges größeres Subnetz einrichten sollte. Bei mehreren kleinen Subnetzen würde IP-*Routing* verwendet, um sie miteinander zu verbinden; größere Subnetze würden einen Großteil dieses Routings durch Kommunikation auf der LAN-Schicht ersetzen, wahrscheinlich durch Ethernet-*Switching*. In der Netzwerk-Community wird die Frage »Routing oder Switching« immer wieder neu diskutiert, wobei das folgende Motto die gängige Meinung zusammenfasst:

Wenn möglich Switching, wenn erforderlich Routing.

Dieser Aphorismus spiegelt die Idee wider, dass Switching schneller, billiger und einfacher zu konfigurieren ist und dass Subnetzgrenzen nur dort gezogen werden sollten, wo es »notwendig« ist.

In der Tat sind Ethernet-Switching-Geräte im Allgemeinen billiger als Routing-Geräte, und das bei gleichem Funktionsumfang und gleicher Zuverlässigkeit. Außerdem erfordert das herkömmliche Switching relativ wenig Konfigurationsaufwand, während bei der Implementierung von Subnetzen nicht nur die Subnetze von Hand erstellt, sondern auch die Routing-Update-Protokolle eingerichtet und konfiguriert werden müssen. Der Preisunterschied zwischen Switching und Routing ist jedoch nicht immer gravierend, und die Konfiguration ist oft einfach.

Im Laufe der Zeit hat sich jedoch die Ansicht durchgesetzt, dass Switching schneller ist als Routing – oft zu Recht. Es stimmt, dass Router mehr zu tun haben als Switches: Sie müssen TTL dekrementieren, die Header-Prüfsumme aktualisieren und einen neuen LAN-Header anhängen. Aber diese Dinge sind relativ unbedeutend: Ein wichtiger Grund dafür, dass viele Router langsamer sind als Switches, könnte einfach darin liegen, dass sie zwangsläufig *als Firewalls fungieren müssen*. Das bedeutet eine »Tiefenprüfung« jedes Pakets, bei der z. B. jedes Paket mit einer großen Anzahl von Firewall-Regeln verglichen wird. Die Firewall muss möglicherweise auch den Status der Verbindung überwachen. All verringert die Forwarding-Rate, die in Paketen pro Sekunde gemessen wird.

Herkömmliches Switching lässt sich bemerkenswert gut skalieren, hat aber auch seine Grenzen. Erstens müssen Broadcast-Pakete in einem geschwitchten Netz weitergeleitet werden; sie werden jedoch nicht an verschiedene Subnetze durchgereicht. Zweitens mögen LAN-Netze keine redundanten Verbindungen (d. h. Schleifen). Zwar kann man sich auf den Spanning-Tree-Algorithmus verlassen, der Schleifen beschneidet, aber auch dieser Algorithmus verliert in größeren Netzwerken an Effizienz.

Mit dem Aufkommen der softwaredefinierten Netzwerke (Abschnitt 3.4, »Software-Defined Networking«) verschwimmt die Unterscheidung zwischen Routing und Switching. Der Begriff »Layer-3-Switch« wird manchmal verwendet, um Router zu beschreiben, die in nicht alle üblichen Firewall-Funktionen unterstützen. Dabei handelt es sich häufig um SDN-Ethernet-Switches (Abschnitt 3.4, »Software-Defined Networking«), die Weiterleitungsentscheidungen auf der Grundlage des Inhalts des IP-Headers treffen. Solche optimierten Switches/Router können auch einen großen Teil der intensiven Rechenarbeit mit ihren spezialiserten Hardware übernehmen, was einen weiteren Geschwindigkeitschub bringt.

SDN kann aber noch viel mehr als nur die Weiterleitung auf IP-Ebene übernehmen, indem es sich standortspezifische Layout-Informationen zunutze macht. Eine Anwendung, eine Switch-Hierarchie für den in einem Rechenzentrum eingehenden Traffic, wird in Abschnitt 3.4.1, »OpenFlow-Switches«, beschrieben. Andere SDN-Anwendungen ermöglichen Ethernet-Topologien mit Schleifen, das Auslagern großvolumiger Datenströme auf alternative Pfade und die Implementierung von regelbasiertem Routing wie in Abschnitt 3.4.1, »OpenFlow-Switches«, beschrieben. Einige SDN-Lösungen erfordern eine standortspezifische Programmierung, andere wiederum funktionieren mehr oder weniger direkt und ohne großartige Konfiguration.

An Standorten, für die die Frage nach Switching oder Routing schwer zu klären ist, wird in Zukunft wahrscheinlich verstärkt SDN eingesetzt werden.

9.7 Netzwerkadressübersetzung

Was tun Sie, wenn Ihr ISP Ihnen eine einzige IPv4-Adresse zuweist und Sie zwei Computer haben? Die Lösung heißt *Network Address Translation* (Netzwerkadressübersetzung) oder NAT. Die Fähigkeit von NAT, eine beliebig große Anzahl von Hosts hinter einer einzigen IPv4-Adresse (oder einer kleinen Anzahl von Adressen) zu »multiplexen«, macht es zu einem wichtigen Instrument für den Erhalt der IPv4-Adressen. Es ermöglicht zudem auch eine wichtige Form der Firewall-basierten Sicherheit. Die Dokumentation finden Sie in RFC 3022, dort als NAPT (*Network Address Port Translation*) bezeichnet. Ein anderer gebräuchlicher Begriff ist *IP-Masquerading*.

Die Grundidee besteht darin, dass jedem Host an einem Standort keine öffentlich sichtbare IPv4-Adresse zugewiesen, sondern nur eine solche Adresse an ein spezielles Gerät, einen so genannten NAT-Router, vergeben wird. Ein NAT-Router, wie er für den Einsatz in Privathaushalten oder kleinen Büros erhältlich ist, wird im Allgemeinen einfach als »Router« oder (etwas genauer) als »Residential Gateway« bezeichnet. Eine Seite des NAT-Routers ist mit dem Internet verbunden, die andere mit dem internen

Netz des Standorts. Den Hosts im internen Netz werden private IP-Adressen zugewiesen (Abschnitt 9.3, »Spezielle Adressen«), typischerweise in der Form 192.168.x.y oder 10.x.y.z. Verbindungen zu internen Rechnern, die ihren Ursprung in der Außenwelt haben, werden unterbunden. Wenn ein interner Rechner eine Verbindung nach außen herstellen will, fängt der NAT-Router die Verbindung ab und leitet die Pakete der Verbindung weiter, nachdem er die Quelladresse so umgeschrieben hat, dass es so aussieht, als käme sie von der eigenen IP-Adresse des NAT-Routers, die als 200.1.2.37 angegeben ist.

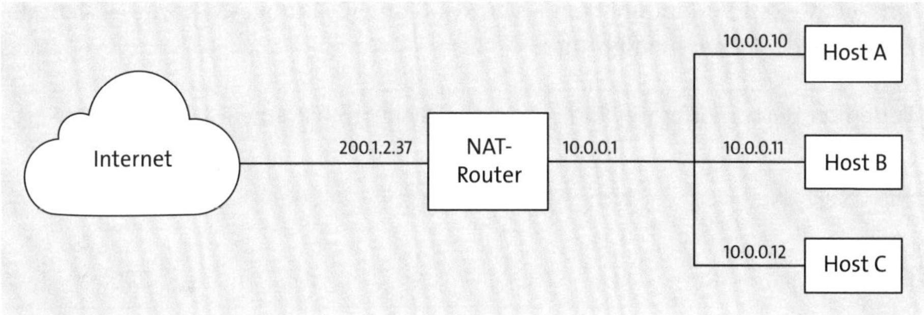

Abbildung 9.4 Ein NAT-Router bei der Arbeit

Das entfernte Gerät antwortet und sendet seine Antworten an die öffentliche IPv4-Adresse des NAT-Routers. Der NAT-Router merkt sich die Verbindung, da er die Verbindungsinformationen in einer speziellen Weiterleitungstabelle gespeichert hat, und leitet die Daten an den richtigen internen Host weiter, wobei er das Feld für die Zieladresse der eingehenden Pakete umschreibt.

Die NAT-Weiterleitungstabelle enthält auch Portnummern. Wenn zwei interne Hosts versuchen, sich mit demselben externen Host zu verbinden, kann der NAT-Router auf diese Weise feststellen, welche Pakete zu wem gehören. Nehmen wir zum Beispiel an, dass die internen Hosts A und B jeweils eine Verbindung von Port 3000 zu Port 80 auf den externen Hosts S und T herstellen. Die NAT-Weiterleitungstabelle könnte folgendermaßen aussehen. Es werden keine Spalten für die eigenen IPv4-Adressen des NAT-Routers benötigt; wir lassen NR für die externe Adresse des Routers stehen.

Entfernter Host	Entfernter Port	Externer Quellport	Interner Host	Interner Port
S	80	3000	A	3000
T	80	3000	B	3000

Ein Paket an S von ⟨A,3000⟩ würde so umgeschrieben, dass die Quelle ⟨NR,3000⟩ wäre. Ein Paket von ⟨S,80⟩, adressiert an ⟨NR,3000⟩, würde umgeschrieben und an ⟨A,3000⟩ weitergeleitet. Ebenso würde ein Paket von ⟨T,80⟩, das an ⟨NR,3000⟩ adressiert ist, umgeschrieben und an ⟨B,3000⟩ weitergeleitet; die NAT-Tabelle berücksichtigt sowohl den Quellhost und den Port als auch das Ziel.

Manchmal muss der NAT-Router auch die interne Portnummer umschreiben; dies ist dann der Fall, wenn zwei interne Hosts jeweils von *demselben* Port aus eine Verbindung zu demselben externen Host und Port herstellen wollen. Angenommen, B öffnet nun eine Verbindung zu ⟨S,80⟩, ebenfalls vom internen Port 3000. Diesmal muss der NAT-Router die Portnummer neu zuordnen, da dies die einzige Möglichkeit ist, zwischen Paketen von ⟨S,80⟩ zurück zu A und zu B zu unterscheiden. Da der interne Port der zweiten Verbindung von B von 3000 auf 3001 umgestellt wurde, sieht die neue Tabelle folgendermaßen aus:

Entfernter Host	Entfernter Port	Externer Quellport	Interner Host	Interner Port
S	80	3000	A	3000
T	80	3000	B	3000
S	80	3001	B	3000

Der NAT-Router stellt keine TCP-Verbindungen zwischen sich und den externen Hosts her, sondern leitet die Pakete einfach weiter (und schreibt sie neu). Die Endpunkte der Verbindung sind immer noch die externen Hosts S und T und die internen Hosts A und B. NR könnte jedoch sehr wohl die TCP-Verbindungen *überwachen*, um zu wissen, wann sie geschlossen sind (indem er nach FIN-Paketen sucht, Abschnitt 17.8.1, »Eine Verbindung beenden«), und somit aus der Tabelle entfernt werden können. Bei UDP-Verbindungen entfernen NAT-Router normalerweise den Weiterleitungseintrag nach einer gewissen Zeit der Inaktivität; siehe Kapitel 16, »UDP-Übertragung«, Übung 16.

NAT funktioniert immer noch für *einen Teil* des Datenverkehr ohne Portnummern, wie z. B. Netzwerk-Pings, obwohl die obige Tabelle dann nicht ganz aussagekräftig ist (siehe Abschnitt 10.4, »Internet Control Message Protocol«).

Richtig ausgeführt, verbessert NAT die Sicherheit eines Standorts, indem es einem externen Host unmöglich gemacht wird, eine Verbindung zu einem der internen Hosts zu ermitteln oder zu eröffnen. Zwar ist diese Firewall-Funktion von großer Bedeutung, doch kann derselbe Effekt auch ohne Adressübersetzung und *mit* öffentlichen IPv4-Adressen für alle internen Hosts erzielt werden, indem der Router die Weiterleitung eingehender Pakete verweigert, die nicht Teil einer bestehenden Verbindung sind. Auch dann muss der Router eine Tabelle wie die obige NAT-Tabelle führen, um solche Pakete zu erkennen. Die Adressübersetzung selbst ist also nicht die Quelle der Firewall-Sicherheit. Abgesehen davon kann ein NAT-Router kaum »offen versagen«, d. h. so versagen, dass er Verbindungen nach außen zulässt. Bei einer Nicht-NAT-Firefall kann das viel einfacher passieren.

Mehr über die übliche Form des NAT-Routers für private Anwendungsfälle erfahren Sie in Abschnitt 10.3.1, »NAT, DHCP und das kleine Büro«.

9.7.1 Probleme mit NAT

Die Tatsache, dass NAT-Router keine eingehenden Verbindungen zuzulassen, kann manchmal frustrierend sein. Wir veranschaulichen dies anhand von Voice-over-IP (VoIP) und dem Verbindungsaufbau-Protokoll SIP (RFC 3261). Die grundlegende Strategie besteht darin, dass jedes Telefon mit einem entfernten *Telefonserver* verbunden ist. Da diese Telefonserver in der Lage sein müssen, eingehende Verbindungen von überall her anzunehmen, dürfen sie sich nicht hinter NAT-Routern befinden. Die Telefone selbst befinden sich jedoch in der Regel dahinter.

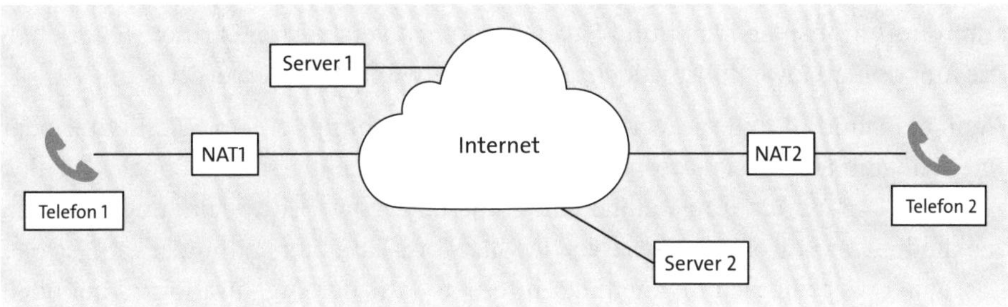

Abbildung 9.5 Ein Problem beim NAT-Routing

Damit Telefon1 Telefon2 anrufen kann, kontaktiert Telefon1 zuerst Server1, der dann Server2 kontaktiert. So weit, so gut. Der letzte Schritt besteht darin, dass sich Server2 mit Telefon2 in Verbindung setzt, was jedoch normalerweise nicht möglich ist, da NAT2 keine eingehenden Verbindungen zulässt.

Eine gängige Lösung besteht darin, dass Telefon2 eine dauerhafte Verbindung zu Server2 aufrechterhält (dasselbe gilt für Telefon1 und Server1). Durch diese permanenten Verbindungen von Telefon zu Server können wir dafür sorgen, dass das Telefon bei eingehenden Anrufen klingelt.

Ein zweites Problem bezieht sich speziell auf das SIP-Protokoll: Server und Telefon verwenden in der Regel den UDP-Port 5060 an *beiden* Enden. Bei einem einzelnen internen Telefon ist es wahrscheinlich, dass Port 5060 ohne Neuzuordnung durchgelassen wird, sodass das Telefon den Anschein erweckt, als würde es sich über den gewünschten Port 5060 verbinden. Bei zwei Telefonen (oben nicht gezeigt) scheint jedoch eines von beiden *über einen anderen* Port mit dem Server verbunden zu sein. Die Lösung besteht hier darin, dass der Server eine solche Portzuordnung toleriert.

VoIP-Systeme stoßen bei NAT jedoch auf ein viel größeres Problem. Sobald der Anruf zwischen Telefon1 und Telefon2 zustande gekommen ist, würden die Server es vorziehen, aus der Schleife herauszutreten und die Telefone direkt Sprachpakete austauschen zu lassen. Das SIP-Protokoll wurde so konzipiert, dass jedes Telefon dem jeweiligen Server den UDP-Socket (⟨IP-Adresse, Port⟩-Paar) mitteilt, den es für den Sprachaustausch verwenden will; die Server kommunizieren dann diese Telefon-Sockets gegenseitig und von dort aus an die anderen Telefone. Diese Socket-Informationen werden durch NAT jedoch nicht korrekt wiedergegeben, jedenfalls die IP-Adresse und sehr wahrscheinlich auch der Port. Wenn sich nur eines der Telefone hinter einer NAT-Firewall befindet, kann es die Sprachverbindung zum anderen Telefon herstellen, aber das andere Telefon sieht die Sprachpakete, die von einem anderen Socket kommen als vereinbart, und wird sie wahrscheinlich nicht als Teil des Anrufs erkennen. Wenn sich beide Telefone hinter NAT-Firewalls befinden, können sie unter Umständen überhaupt keine direkte Verbindung zueinander herstellen. Die übliche Lösung besteht darin, dass der VoIP-Server eines Telefons hinter einer NAT-Firewall im Kommunikationspfad bleibt und Pakete an seinen versteckten Partner weiterleitet. Das funktioniert zwar, führt jedoch zu einer unerwünschten Serverbelastung.

Wenn ein Standort externe Verbindungen zu Hosts hinter einem NAT-Router oder einer anderen Firewall zulassen möchte, ist *Tunneling* eine Option. Dabei wird eine »virtuelle LAN-Verbindung« eingerichtet, die über eine TCP-Verbindung zwischen dem Endnutzer und einem der Server des Standorts läuft; der Endnutzer kann so den Anschein erwecken, sich in einem der internen LANs der Organisation zu befinden (siehe Abschnitt 5.1, »Virtuelle private Netzwerke«. Eine andere Möglichkeit besteht darin, einen bestimmten Port zu »öffnen«: Im Wesentlichen wird ein statischer NAT-Tabelleneintrag vorgenommen, der einen bestimmten Port auf dem NAT-Router mit einem bestimmten internen Host und Port (normalerweise derselbe Port) verbindet. So können beispielsweise alle UDP-Pakete an Port 5060 auf dem NAT-Router an Port 5060 auf dem internen Host A weitergeleitet werden, auch wenn zuvor keine Pakete ausgetauscht wurden. Spieler, die Peer-to-Peer-Verbindungen aufbauen, müssen in der Regel auch eine Port-Opening-Konfiguration vornehmen. Dazu wird manchmal das Port Control Protocol (RFC 6887) verwendet. Siehe auch Abschnitt 9.7.3, »NAT-Traversal«, weiter unten.

NAT-Router funktionieren sehr gut, wenn es sich bei dem Kommunikationsmodell um clientseitige TCP-Verbindungen handelt, die von innen nach außen gehen und öffentliche Server als Ziel haben. Das NAT-Modell funktioniert weniger gut bei Peer-to-Peer-Netzen, wie bei den obigen Spielern, wo zwei Computer jeweils hinter einem anderen NAT-Router eine Verbindung herstellen wollen. Die meisten NAT-Router bieten zumindest eine begrenzte Unterstützung für das »Öffnen« des Zugangs zu einem bestimmten internen ⟨host,port⟩-Socket, indem sie einen semipermanenten Eintrag in der Weiterleitungstabelle erstellen.

NAT-Router haben auch oft Probleme mit UDP-Protokollen, da hier häufig der öffentliche Server von einem *anderen* Port aus antwortet als dem ursprünglich kontaktierten. Wenn z. B. Host A hinter einem NAT-Router versucht, TFTP (Abschnitt 16.2, »Trivial File Transport Protocol, TFTP«) zu verwenden, und ein Paket an Port 69 des öffentlichen Servers C sendet, dann wird C wahrscheinlich von einem *neuen* Port, z. B. 3000, antworten, und diese Antwort wird wahrscheinlich vom NAT-Router verworfen, da es dort noch keinen Eintrag für Traffic von ⟨C,3000⟩ gibt.

9.7.2 Middleboxen

Firewalls und NAT-Router werden manchmal als *Middleboxen* bezeichnet: Netzwerkgeräte, die den Datenverkehr über das für die grundlegende Weiterleitung Notwendige hinaus blockieren, drosseln oder verändern. Middleboxen spielen eine sehr wichtige Rolle bei der Netzwerksicherheit, aber manchmal (wie hier bei VoIP) stören sie auch. Das Wort »Middlebox« (im Gegensatz zu »Router« oder »Firewall«) hat in der Regel einen abwertenden Beigeschmack; Middleboxen haben in manchen Kreisen einen eher negativen Ruf erworben.

Die oben erwähnte Beeinträchtigung von VoIP durch NAT-Router ist direkt ihrer Funktion geschuldet: NAT handhabt Verbindungen von innen nach außen recht gut, aber der NAT-Mechanismus bietet keine Unterstützung für Verbindungen von innen nach außen. Manchmal jedoch blockieren Middleboxen den Datenverkehr, ohne dass es dafür einen technischen Grund gibt, einfach weil das korrekte Verhalten noch nicht allgemein implementiert wurde.

Ein Beispiel dafür ist das SCTP-Protokoll, Abschnitt 18.15.2, »SCTP«, das trotz einiger vermeintlicher Vorteile gegenüber TCP nur in sehr begrenztem Umfang genutzt wird, vor allem wegen der fehlenden Unterstützung durch NAT-Router. SCTP kann von Privatanwendern nicht genutzt werden, weil die Middleboxen nicht mithalten konnten.

Eine dritte Problemkategorie im Zusammenhang mit Middleboxen ist die übertriebene Blockierung aus Sicherheitsgründen. Auch SCTP ist von diesem Problem betroffen, wenn auch nicht ganz so verbreitet: Einige Router verwerfen einfach alle SCTP-Pakete, weil sie eine »unbekannte« – und daher verdächtige – Art von Traffic darstellen. Es gibt einen Grund für diese standardmäßige Blockierung: Wenn die Firewall eines Rechenzentrums den gesamten eingehenden TCP-Traffic mit Ausnahme von Port 80 (dem HTTP-Port) blockiert und SCTP im Rechenzentrum nicht absichtlich verwendet wird, spricht nichts dagegen, den gesamten eingehenden SCTP-Traffic zu blockieren. Wenn allerdings der Frontline-Router für Heim- oder Büroanwender den gesamten *ausgehenden* SCTP-Traffic blockiert, können die Nutzer SCTP nicht verwenden.

Als Folge übertriebener Blockierungen wird es viel schwieriger, neue Protokolle einzuführen. Wenn ein neues Protokoll auch nur für einen kleinen Teil der potenziellen Nutzer blockiert wird, ist es den Aufwand nicht wert (siehe auch Abschnitt 18.15.4, »Ein neuerlicher Blick auf QUIC«; der Entwurf von QUIC enthält mehrere Elemente zur Abschwächung von Middlebox-Problemen).

Ein weiteres Beispiel für übertriebenes Blockieren durch Middleboxen, wobei noch gefälschte TCP-RST-Pakete hinzukommen, finden Sie in Abschnitt 21.5.3, »Explicit Congestion Notification (ECN)«.

9.7.3 NAT-Traversal

Wenn sich ein Server hinter einem NAT-Router befinden muss, wird er herkömmlicherweise für das Internet sichtbar gemacht, indem ein oder mehrere ausgewählte Ports mithilfe des Port Control Protocol »geöffnet« werden. Überraschenderweise ist es oft möglich, eine UDP-Verbindung zwischen einem Client A und einem Server B herzustellen, die sich beide hinter verschiedenen NAT-Firewalls befinden, ohne dass ein besonderes Zusammenspiel zwischen NAT und Router erforderlich ist. Falls gewünscht können TCP-Verbindungen dann über die UDP-Verbindung getunnelt werden (siehe [MEGK10] und das Paket `pwnat` (*https://github.com/samyk/pwnat*)).

Nehmen wir zunächst an, dass der Server B die öffentliche IP-Adresse A_{public} des NAT-Routers von A kennt und weiß, dass A kommunizieren möchte. B beginnt daraufhin, eine Reihe von UDP-Paketen an einen vereinbarten Port bei A_{public} zu senden, wobei ein vereinbarter Quellport verwendet wird; diese Pakete könnten in Abständen von 10 Sekunden gesendet werden. Das pwnat-Paket verwendet Port 2222 für beide Endpunkte; davon gehen wir hier aus. Diese Pakete werden natürlich vom NAT-Router von A verworfen.

A sendet nun ein einziges UDP-Paket an die öffentliche IP-Adresse von B, von Port 2222 und an Port 2222. Wenn der NAT-Router von A diese Pakete sieht, wird er wie folgt einen NAT-Tabelleneintrag erstellen:

Entfernter Host	Entfernter Port	Externer Quellport	Interner Host	Interner Port
B_{public}	2222	2222[?]	A	2222

Unter der Annahme, dass der NAT-Router von A den Port 2222 nicht als externen Quellport neu zuordnet, ermöglicht das Vorhandensein dieses NAT-Tabelleneintrags die Zustellung der Pakete von B an A. A kann daraufhin antworten, und die bidirektionale Verbindung ist hergestellt. Eine Neuzuordnung von Port 2222 durch den NAT-

Router von A wäre ein ernsthaftes Problem, ist aber recht unwahrscheinlich, wenn kein anderer Host auf der Seite von A den Port 2222 verwendet.

Bisher haben wir angenommen, dass Server B im Voraus über das Vorhaben von A Bescheid wusste. Ein ähnlicher Trick unter Verwendung von ICMP (siehe Abschnitt 10.4, »Internet Control Message Protocol«) ermöglicht es A, B über sein Vorhaben und seine Existenz zu informieren, sodass B mit dem Senden einer Reihe von UDP-Paketen beginnen kann. Die Idee dahinter ist, dass B periodisch ICMP Echo-Request(ping-request)-Pakete an eine feste IP-Adresse $IP_{blackhole}$ sendet, die ausgewählt wurde, weil sie nicht benutzt wird. Alle diese Pakete werden irgendwo verworfen, schaffen aber eine ICMP-Öffnung im NAT-Router von B. Dabei soll Client A die öffentliche IP-Adresse B_{public} von B kennen und beginnen, ICMP-Time-Exceeded-Pakete an B_{public} zu senden, die wie gültige Antworten auf die Echo-Request-Pakete von B wirken. ICMP-Time-Exceeded-Nachrichten sind unabhängig von ihrer Quell-IP-Adresse zulässig; ihr Verwendungszweck ist die Meldung eines Problems durch zwischengeschaltete Router. Der NAT-Router von B wird nun (hoffentlich) die ankommenden Time-Exceeded-Pakete von A an B weiterleiten. Das ICMP-Time-Exceeded-Paket enthält eine Fehlermeldung für As öffentliche IP-Adresse A_{public}; wenn es empfangen wird, löst dies bei B den Versand von UDP-Paketen an $\langle A_{public},2222\rangle$ wie oben beschrieben aus. A und B müssen sich auf eine bestimmte Kennung für die Ping-Anfrage einigen.

Wie NAT-Router mit ICMP-Antworten umgehen, hängt von der Implementierung ab, und einige höherwertige NAT-Geräte bemerken Probleme mit den ICMP-Time-Exceeded-Paketen von B, entweder auf der Seite von A oder auf der von B. Bei den meisten NAT-Geräten für Verbraucher funktioniert diese Strategie jedoch recht gut.

9.8 Unnummerierte Schnittstellen

In Abschnitt 1.10, »IP – Internet Protocol«, und Abschnitt 9.2, »Schnittstellen«, wurde erwähnt, dass einige Geräte Punkt-zu-Punkt-IP-Verbindungen erlauben, ohne den Schnittstellen an den Enden der Verbindung IP-Adressen zuzuweisen. Solche IP-Schnittstellen werden als »unnummeriert« bezeichnet; sie sind in der Regel nur bei Routern sinnvoll. Es ist eine feste Voraussetzung, dass der Knoten (d. h. der Router) an jedem Endpunkt einer solchen Verbindung mindestens eine andere Schnittstelle *mit* einer IP-Adresse hat; andernfalls wäre der betreffende Knoten anonym und könnte nicht an den Router-zu-Router-Protokollen von Kapitel 13, »Routing-Update-Algorithmen«, teilnehmen.

Abbildung 9.6 zeigt eine Verbindung L zwischen den Routern R1 und R2, die mit den Subnetzen 200.0.0.0/24 bzw. 201.1.1.0/24 verbunden sind. Die Endpunktschnittstellen von L, beide mit `link0` bezeichnet, sind unnummeriert.

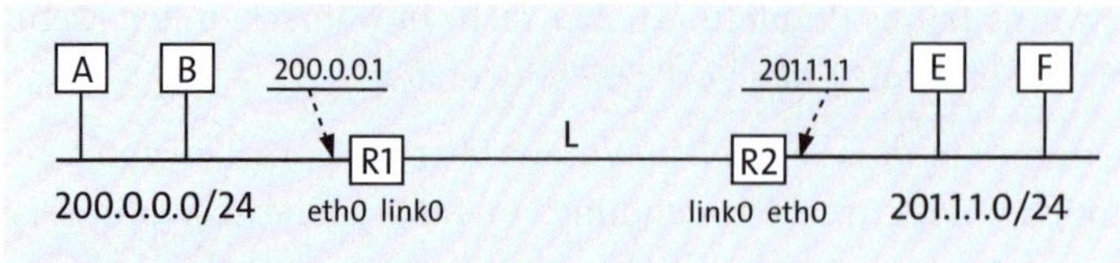

Abbildung 9.6 Zwei LANs, die durch eine nicht nummerierte Verbindung L verbunden sind

Den Endpunkten von L könnten immer private IPv4-Adressen zugewiesen werden (Abschnitt 9.3, »Spezielle Adressen«), etwa 10.0.0.1 und 10.0.0.2. Dazu müssten wir ein Subnetz erstellen; da die Host-Bits nicht alle 0 oder alle 1 sein können, ist die Mindestgröße des Subnetzes vier (z. B. 10.0.0.0/30). Außerdem verteilen die in Kapitel 13, »Routing-Update-Algorithmen«, vorgestellten Routing-Protokolle Informationen über das Subnetz in der gesamten Organisation oder »Routing-Domäne«, weshalb darauf geachtet werden muss, dass das Subnetz jeder Verbindung eindeutig ist. Die Verwendung von unnummerierten Verbindungen vermeidet dies.

Wenn R1 ein Paket *erzeugt*, das an R2 gesendet (oder über R2 weitergeleitet) werden soll, behandelt er standardmäßig seine `link0`-Schnittstelle so, als ob sie die IP-Adresse seiner Ethernet-Schnittstelle `eth0`, d. h. 200.0.0.1, teilen würde; R2 würde ebenso verfahren. Damit verletzen R1 und R2 nach wie vor die in Abschnitt 9.5, »Der klassenlose IP-Delivery-Algorithmus«, erläuterte IP-Local-Delivery-Regel; von R1 wird erwartet, dass es Pakete per Local-Delivery an 201.1.1.1 zustellt, es hat aber keine Schnittstelle, der eine IP-Adresse im Zielsubnetz 201.1.1.0/24 zugewiesen ist. Die notwendige Genehmigung wird jedoch durch RFC 1812 erteilt. In der Konfiguration muss R1 lediglich mitgeteilt werden, dass R2 ein direkt verbundener Nachbar ist, der über seine `link0`-Schnittstelle erreichbar ist. Auf Linux-Systemen könnte dies mit dem Befehl `ip route` auf R1 wie folgt geschehen:

```
ip route add 201.1.1.1 dev link0
```

Da L eine Punkt-zu-Punkt-Verbindung ist, gibt es keine LAN-Zieladresse und somit auch keine ARP-Abfrage.

ip route

Der hier gezeigte Linux-Befehl `ip route` wurde mit einer virtuellen Punkt-zu-Punkt-Verbindung getestet, die mit `ssh` und `pppd` erstellt wurde; der Name der Verbindungsschnittstelle war tatsächlich `ppp0`. Der Befehl schien zwar erwartungsgemäß zu funktionieren, aber es war nur möglich, die Verbindung zu erstellen, wenn zum Zeitpunkt der Erstellung Endpunkt-IP-Adressen zugewiesen wurden; diese wurden dann mit `ip route del` entfernt und anschließend mit dem hier gezeigten Befehl neu zugewiesen.

9.9 Mobile IP

Im ursprünglichen IPv4-Modell galt die feste, wenn auch unausgesprochene Voraussetzung, dass jeder IP-Host an Ort und Stelle bleiben würde. Eine der Rollen einer IPv4-Adresse ist einfach eine eindeutige Endpunktkennung, aber eine andere Rolle ist die eines *Locators*: ein Präfix der Adresse (z. B. der Netzwerkteil in der Klasse-A/B/C-Strategie oder das Provider-Präfix) gibt Aufschluss darüber, wo sich der Host physisch befindet. Bewegt sich ein Host also weit genug weg, benötigt er möglicherweise eine neue Adresse.

Wenn Laptops von einem Standort zum anderen transportiert werden, erhalten sie in der Regel an jedem Standort eine neue IP-Adresse, z. B. über DHCP, wenn sich der Laptop mit dem lokalen Wi-Fi verbindet. Was aber, wenn wir Geräte wie Smartphones unterstützen wollen, die aktiv bleiben und kommunizieren können, während sie sich über Tausende von Kilometern bewegen? Das Leben (und die Anwendungsentwicklung) könnten einfacher sein, wenn ein Gerät eine einzige, unveränderliche IP-Adresse hätte!

Eine Option, die häufig bei Smartphones verwendet wird, die an so genannte »3G«-Netze angeschlossen sind, besteht darin, das Datennetz des Telefons wie ein riesiges drahtloses LAN zu behandeln. Die IP-Adresse des Telefons muss sich nicht ändern, wenn es sich innerhalb dieses LANs bewegt, und es ist Sache des Telefonanbieters, herauszufinden, wie er das Routing auf LAN-Ebene verwaltet, ähnlich wie in Abschnitt 4.2.4, »Zugangspunkte«, Unterabschnitt »Roaming«, erläutert.

Mobile IP ist jedoch eine weitere in der RFC 5944 dokumentierte Option. Bei diesem System hat ein mobiler Host zunächst eine permanente *Heimatadresse* und während des Roamings auch eine temporäre *Care-of-Adresse*, die sich von Ort zu Ort ändert. Bei der Care-of-Adresse kann es sich beispielsweise um eine IP-Adresse handeln, die von einem lokalen Wi-Fi-Netz zugewiesen wird und in Ermangelung von Mobile IP *die* IP-Adresse des mobilen Hosts ist. (Eine solche Care-of-Adresse wird als »co-located« bezeichnet; die Care-of-Adresse kann auch mit einem anderen Gerät – einem so genannten *Foreign Agent* – in der Nähe des mobilen Hosts verbunden sein). Mit Mobile IP soll sichergestellt werden, dass der mobile Host immer über seine Heimatadresse erreichbar ist.

Um die Verbindung zur Heimatadresse aufrechtzuerhalten, benötigt ein Mobile-IP-Host einen *Heimat-Agenten* im Heimatnetz, dessen Aufgabe es ist, einen IP-Tunnel aufrechtzuerhalten, der immer eine Verbindung zur aktuellen Care-of-Adresse des Geräts herstellt. Pakete, die im Heimatnetz ankommen und an die Heimatadresse adressiert sind, werden vom Heimat-Agenten durch diesen Tunnel an das mobile Gerät weitergeleitet. Ebenso kann das mobile Gerät, wenn es Pakete *von* seiner Heimatadresse aus senden möchte – d. h. mit der Heimatadresse als IP-Quelladresse – den Tunnel nutzen, um das Paket an den Heimat-Agenten weiterzuleiten.

Der Heimat-Agent kann Proxy-ARP (Abschnitt 10.2.1, »ARP-Feinheiten«) verwenden, um sich selbst als geeignetes Ziel im Heimat-LAN für Pakete zu deklarieren, die an die Heimat-(IP-)Adresse adressiert sind; für den Heimat-Agenten ist es dann ein Leichtes, die Pakete weiterzuleiten.

Mithilfe der *Agent Discovery* kann der mobile Host entscheiden, ob er mobil ist oder nicht; wenn ja, muss er seinem Heimat-Agenten seine aktuelle Care-of-Adresse mitteilen.

9.9.1 IP-in-IP-Kapselung

Es gibt mehrere Formen der Paketkapselung, die für mobiles IP-Tunneling verwendet werden können. Standard ist die in RFC 2003 definierte IP-in-IP-Kapselung. Bei diesem Verfahren wird das gesamte ursprüngliche IP-Paket (mit dem an die Heimatadresse adressierten Header) als Grundlage für ein neues IP-Paket verwendet, dessen neuer IP-Header (der »äußere« Header) an die Care-of-Adresse adressiert ist.

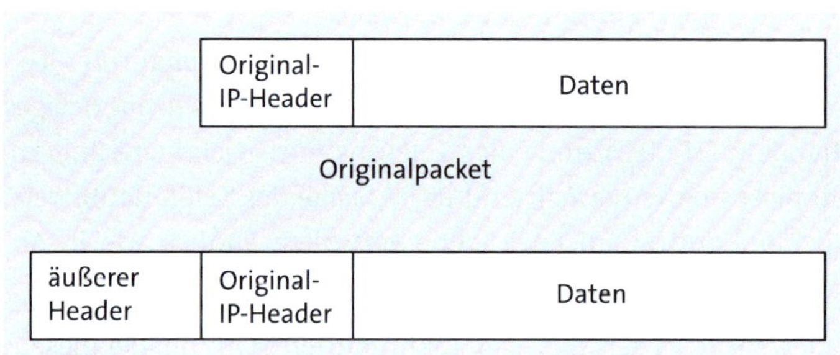

Abbildung 9.7 Gekapseltes Paket mit äußerem Header

Ein Wert von 4 im `Protocol`-Feld des äußeren IP-Headers signalisiert, dass Tunneling von IPv4 in IPv4 verwendet wird. Der Empfänger weiß, dass er das Paket anhand der Informationen im inneren Header weiterleiten muss. Die MTU des Tunnels ist die ursprüngliche MTU des Pfads zur Care-of-Adresse, abzüglich der Größe des äußeren Headers. Ein sehr ähnlicher Mechanismus wird für die IPv6-in-IPv4-Kapselung (d. h. mit IPv6 im inneren Paket) verwendet, mit dem Unterschied, dass der Wert des äußeren IPv4-`Protocol`-Felds jetzt 41 ist (Siehe Abschnitt 12.6, »IPv6-Konnektivität über Tunneling«).

Die IP-in-IP-Kapselung bringt einige Schwierigkeiten für NAT-Router mit sich. Wenn zwei Hosts A und B hinter einem NAT-Router gekapselte Pakete aussenden, unterscheiden sich diese eventuell nur durch die Quell-IP-Adresse. Der NAT-Router weiß beim Empfang der Antworten nicht, ob er sie an A oder an B weiterleiten soll. Eine Teillösung besteht darin, dass der NAT-Router nur einen internen Host unterstützt, der gekapselte Pakete sendet. Wenn der NAT-Router wüsste, dass für Mobile IP eine

Kapselung verwendet wird, könnte er anhand der Heimatadresse im inneren Header den korrekten Heimat-Agenten ermitteln, an den das Paket weitergeleitet werden soll, aber das ist eine große Annahme. Eine umfassendere Lösung wird in RFC 3519 beschrieben.

9.10 Epilog

Die Grundlagen von IPv4 haben wir nun besprochen. Dieses Wissen ist für das Verständnis moderner Netzwerke zentral und wird auch noch für absehbare Zeit wichtig bleiben. Auch wenn mit IPv6 bereits seit mehr als zwei Jahrzehnten ein Nachfolger in den Startlöchern steht, ist davon auszugehen, dass uns IPv4-Adressen noch einige Zeit begleiten werden.

IPv4 alleine reicht in den allermeisten Fällen jedoch nicht aus, um ein Netzwerk zu verwalten; es wäre zumindest sehr umständlich und schwierig, wenn man auf einige Begleitprotokolle verzichten müsste. Diese wollen wir uns im nächsten Kapitel anschauen.

9.11 Übungen

1. Angenommen, ein Ethernet-Paket stellt ein TCP-Acknowledgment dar; das heißt, das Paket enthält den Ethernet-Header, den IPv4-Header, einen 20-Byte-TCP-Header und eine 4-Byte-CRC-Prüfsumme. Ist ein solches Paket kleiner als die Mindestpaketgröße für 10-Mbit-Ethernet, und wenn ja, um wie viel?
2. Wie kann ein empfangender Host feststellen, ob ein ankommendes IPv4-Paket unfragmentiert ist? Hinweis: Ein solches Paket ist sowohl das »erste Fragment« als auch das »letzte Fragment«. Wie werden diese beiden Zustände im IPv4-Header gekennzeichnet?
3. Wie lange dauert es, bis das IDENT-Feld des IPv4-Headers umspringt, wenn der Absender-Host A so schnell wie möglich einen Strom von Paketen an Host B sendet? Gehen Sie von einer Paketgröße von 1500 Byte und einer Bandbreite 600 Mbps aus.
4. Das folgende Diagramm zeigt die Router A, B, C, D und E; E ist der »Grenzrouter«, der den Standort mit dem Internet verbindet. Alle Router-zu-Router-Verbindungen erfolgen über Ethernet-LAN /24-Subnetze mit Adressen der Form 200.0.x. Geben Sie Weiterleitungstabellen für jeden der Router A◇, B, C und D an. Jede Tabelle sollte jedes der aufgelisteten Subnetze sowie einen *Standardeintrag* enthalten, der den Traffic zu Router E leitet. Direkt verbundene Subnetze können mit einem next_hop »direkt« aufgelistet werden.

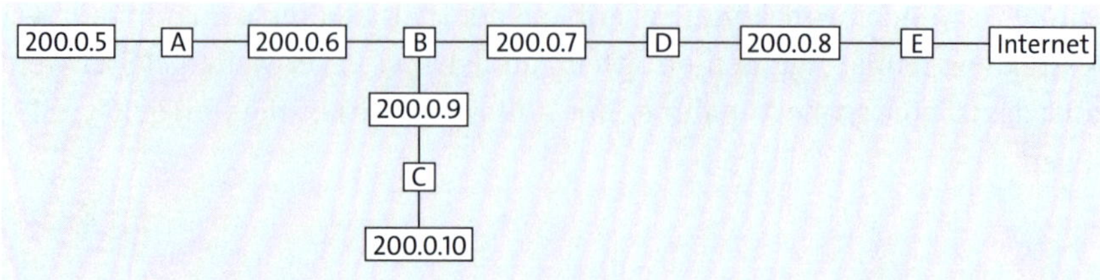

5. (Diese Übung ist ein Versuch, das Internet 2-Routing zu modellieren.) Angenommen, die Standorte S_1 ... S_n haben jeweils eine einzige Verbindung zum Standard-Internet, und jeder Standort S_i hat einen einzigen IPv4-Adressblock A_i. Die Verbindung jedes Standorts zum Internet erfolgt über einen einzigen Router R_i; die Standardroute jedes R_is zeigt in Richtung des Standard-Internets. Die Standorte unterhalten untereinander auch ein separates Netzwerk mit höherer Geschwindigkeit; jeder Standort hat eine einzige Verbindung zu diesem separaten Netzwerk, ebenfalls über R_i. Beschreiben Sie, wie die Weiterleitungstabellen auf jedem R_i aussehen müssen, damit der Traffic von einem S_i zum anderen immer das separate Hochgeschwindigkeitsnetz benutzt.
6. Geben Sie für jedes angegebene IPv4-Netzpräfix (mit Länge) an, welche der nachfolgenden IPv4-Adressen zum selben Subnetz gehören.
   a) **10.0.130.0/23**: 10.0.130.23, 10.0.129.1, 10.0.131.12, 10.0.132.7
   b) **10.0.132.0/22**: 10.0.130.23, 10.0.135.1, 10.0.134.12, 10.0.136.7
   c) **10.0.64.0/18**: 10.0.65.13, 10.0.32.4, 10.0.127.3, 10.0.128.4
   d) ◊ **10.0.168.0/21**: 10.0.166.1, 10.0.170.3, 10.0.174.5, 10.0.177.7
   e) **10.0.0.64/26**: 10.0.0.125, 10.0.0.66, 10.0.0.130, 10.0.0.62
7. Konvertieren Sie die folgenden Subnetzmasken in die /k-Schreibweise und umgekehrt:
   a) ◊ 255.255.240.0
   b) 255.255.248.0
   c) 255.255.255.192
   d) ◊ /20
   e) /22
   f) /27
8. Nehmen wir an, dass die Subnetzbits für die folgenden fünf Subnetze A-E alle vom Anfang des vierten Bytes der IPv4-Adresse stammen, d. h. es handelt sich um Subnetze eines /24-Blocks.
   - A: 00
   - B: 01

- C: 110
- D: 111
- E: 1010

a) Wie groß sind die einzelnen Subnetze und die entsprechenden dezimalen Bereiche? Zählen Sie die Adressen, bei denen die Host-Bits alle 0 sind oder die Host-Bits alle 1 sind, als Teil des Subnetzes.

b) Wie viele IPv4-Adressen im Klasse-C-Block gehören zu keinem der Subnetze A, B, C, D und E?

Kapitel 10
IPv4-Begleitprotokolle

IP bildet den Grundpfeiler des Internets, wird dabei aber von verschiedenen Mitstreitern unterstützt. DNS übersetzt für Menschen lesbare Hostnamen wie `intronetworks.cs.luc.edu` in IP-Adressen. ARP übersetzt IPv4-Adressen in Ethernet-Adressen für Ziele im selben LAN. DHCP weist IPv4-Adressen zu. Und ICMP ermöglicht die Übertragung IPv4-bezogener Fehler- und Statusmeldungen. Diesen vier Protokollen widmet sich das vorliegende Kapitel.

Das ursprüngliche DNS kann mit geringfügigen Erweiterungen auch für IPv6 verwendet werden, für die anderen drei Protokolle verfügt IPv6 jedoch über eigene Versionen (siehe Abschnitt 11.6, »Nachbarschaftserkennung (Neighbor Discovery)«, (ersetzt ARP), Abschnitt 11.7, »Zuweisung von IPv6-Hostadressen«, und Abschnitt 12.2, »ICMPv6«).

10.1 DNS

Das Domain Name System (DNS) ist ein wichtiges Begleitprotokoll zu IPv4 (und IPv6); eine Übersicht finden Sie in RFC 1034. DNS versetzt Anwender in die luxuriöse Situation, sich keine numerischen IP-Adressen merken zu müssen. Anstelle von 162.216.18.28 kann eine Benutzerin einfach intronetworks.cs.luc.edu eingeben, und DNS schlägt dann den Namen nach und ermittelt die entsprechende Adresse. DNS macht es auch einfacher, Dienste von einem auf einen anderen Server mit einer anderen IP-Adresse zu verlegen: da die Nutzer den Dienst über den DNS-Namen und nicht über die IP-Adresse finden, brauchen sie hierbei nicht gesondert benachrichtigt zu werden.

DNS unterstützt zwar eine Vielzahl von Abfragen, aber im Moment konzentrieren wir uns auf Abfragen für IPv4-Adressen, die so genannten `A` -Records. Für IPv6-Adressen wird der Record-Typ `AAAA` verwendet, und intern dient der Record-Typ `NS` zur Identifizierung der »Name Server«, die auf DNS-Anfragen antworten.

Ein Arbeitsplatzrechner kann zwar auch TCP/IP ohne DNS verwenden, aber für die Nutzer wäre es dann fast unmöglich, irgend etwas zu finden. Deshalb gehört zur grundlegenden Anfangskonfiguration eines Arbeitsplatzrechners mit Internetzugang fast immer die Festlegung der IP-Adresse seines DNS-Servers (siehe Abschnitt 10.3, »Dynamic Host Configuration Protocol (DHCP)«, weiter unten, in dem beschrieben wird, wie die Zuweisung von Anfangskonfigurationen häufig erfolgt).

Es ist immer ein DNS-Problem

Das ist eine weit verbreitete, wenn auch überspitzte Aussage unter Systemadministratorinnen und -administratoren, die sich mit Netzwerkproblemen beschäftigen. Obwohl das DNS insgesamt bemerkenswert zuverlässig ist, sind Funktionsstörungen oft schwierig zu diagnostizieren.

Der meiste DNS-Verkehr läuft heute über UDP, obwohl es auch eine TCP-Option gibt. Aufgrund der deutlich größeren Antworten erfordert DNSSEC oft TCP (Abschnitt 28.7, »DNSSEC«).

DNS ist ein *verteiltes* System, d. h. jede Domäne ist für die Unterhaltung ihrer eigenen *DNS-Server* zur Übersetzung von Namen in Adressen verantwortlich. DNS ist ein klassisches Beispiel für eine hochgradig verteilte Datenbank, bei der jeder Knoten eine relativ kleine Menge an Daten verwaltet. Dennoch war es früher üblich, dass jede Domäne ihren eigenen DNS-Server unterhielt; heute bieten Domänenregistrierungsstellen für viele ihrer Domänenkunden häufig DNS-Dienste an.

DNS ist zudem *hierarchisch* aufgebaut; für den DNS-Namen `intronetworks.cs.luc.edu` lauten die Hierarchiebenen:

- **edu**: die *Top-Level-Domain* (TLD) für Bildungseinrichtungen in den USA
- **luc**: Loyola-Universität Chicago
- **cs**: Die Informatikfakultät der Loyola-Universität
- **intronetworks**: ein Host-Name, der mit einer bestimmten IP-Adresse verbunden ist

Die Hierarchie der DNS-Namen (d. h. die Menge aller Namen und Namenssuffixe) bildet einen Baum. Es sind aber nicht nur Blattknoten, die einzelne Hosts darstellen. In obigem Beispiel entsprechen die Domänennamen luc.edu und cs.luc.edu zufällig auch gültigen Hostnamen.

Die DNS-Hierarchie ist oftmals nicht sonderlich tief, insbesondere bei DNS-Namen, die kommerziellen Websites zugewiesen sind. Solche Domänennamen bestehen oft einfach aus dem Firmennamen (oder einer Abwandlung davon), gefolgt von der Top-Level-Domain (oft `.com`). Dennoch haben die meisten Organisationen intern viele individuell benannte Server im Hintergrund mit dreistufigen (oder noch weiter unterteilten) Domänennamen; manchmal können einige davon ermittelt werden, indem man sich den Quelltext der Webseite ansieht und ihn nach Domänennamen durchsucht.

Top-Level-Domains werden von der ICANN[1] vergeben. Ursprünglich gab es sieben aus drei Buchstaben bestehende Top-Level-Domains – `.com`, `.net`, `.org`, `.int`, `.edu`,

1 *https://www.icann.org/*

.mil und .gov – sowie die aus zwei Buchstaben bestehenden Länderdomains (z. B. .de, .fr, .at). Inzwischen gibt es Hunderte nicht länderspezifischer Top-Level-Domains, wie z. B. .aero, .biz, .info und offenbar auch .wtf. Einige Top-Level-Domains sind *generisch*, d. h. jeder kann sich um eine Subdomain bewerben, wobei allerdings bestimmte Qualifikationskriterien gelten können. Andere Top-Level-Domains sind *gesponsert*, d. h., die Trägerorganisation bestimmt, wem eine Subdomain zugewiesen werden kann, und so können die Qualifikationskriterien etwas willkürlicher ausfallen.

Die ICANN muss nach wie vor alle neuen Top-Level-Domains genehmigen. Bewerbungen werden nur in bestimmten Intervallen angenommen; die Bewerbungsgebühr für das Intervall 2012 betrug 185.000 US-Dollar. Die eigentliche Vermietung von Domain-Namen an Unternehmen und Einzelpersonen erfolgt durch Organisationen, die als *Domain-Registrare* bekannt sind und im Rahmen eines Vertrags mit der ICANN zusammenarbeiten.

Der vollständige Baum aller DNS-Namen und -Präfixe ist verwaltungstechnisch in *Zonen* unterteilt: Eine Zone ist ein unabhängig verwalteter Teilbaum abzüglich etwaiger Unter-Teilbäume, die durch Delegation in eine eigene Zone eingeordnet wurden. Jede Zone hat ihren eigenen Stamm-DNS-Namen, der ein Suffix jedes DNS-Namens in der Zone ist. So enthält beispielsweise die Zone luc.edu die meisten DNS-Namen der Loyola-Universität, aber cs.luc.edu wurde in eine eigene Zone ausgegliedert. Eine Zone kann keine disjunkte Vereinigung zweier Teilbäume sein, d. h., cs.luc.edu und math.luc.edu müssen zwei verschiedene Zonen sein, es sei denn, beide bleiben Teil ihrer übergeordneten Zone.

Eine Zone kann DNS-Namen definieren, die tiefer als eine Ebene sind. So kann die Zone luc.edu beispielsweise Einträge für den Namen luc.edu für Namen mit einer zusätzlichen Ebene wie www.luc.edu und für Namen mit zwei zusätzlichen Ebenen wie www.cs.luc.edu definieren. Es ist allerdings üblich, dass jede Zone nur eine zusätzliche Ebene behandelt und für tiefere Ebenen Unterzonen erstellt.

Jede Zone hat ihre eigenen *autoritativen Nameserver*, die mit der Verwaltung der Einträge – bekannt als *Resource Records* oder RRs – für diese Zone beauftragt sind. Jede Zone muss aus Redundanzgründen mindestens zwei Nameserver haben. IPv4-Adressen werden als so genannte *A-Records* (für Address) gespeichert. Informationen über die Auffindbarkeit von Unterzonen werden als *NS-Records* (NS für Name Server) gespeichert. Weitere Resource-Record-Typen werden in Abschnitt 10.1.3, »Andere DNS-Einträge«, besprochen. Jeder DNS-Eintragstyp enthält auch ein *Time-to-Live*-Feld für das Caching.

Ein autoritativer Nameserver muss nicht zu der Organisation gehören, die die Zone verwaltet, und ein einziger Server kann als autoritativer Nameserver für mehrere voneinander unabhängige Zonen fungieren. Viele Domain-Registrare unterhalten zum Beispiel einzelne Nameserver, die DNS-Anfragen für all ihre Domain-Kunden bearbeiten, die keine eigenen Nameserver einrichten wollen.

Die *Root-Nameserver* verwalten die Zone, die die Wurzel des DNS-Baums bildet, die also durch den DNS-Namen einer leeren Zeichenfolge repräsentiert wird. Im Jahr 2019 gibt es davon dreizehn Stück. Die Root-Nameserver enthalten nur NS-Records, um die Nameserver für alle unmittelbaren Unterzonen zu bezeichnen. Jede Top-Level-Domain ist eine eigene Unterzone. Die IP-Adressen der Root-Nameserver sind weit verteilt. Ihre DNS-Namen (die nur von Nutzen sind, wenn bereits ein DNS-Abfragemechanismus vorhanden ist) lauten `a.root.servers.net` bis `m.root-servers.net`. Diese Namen kennzeichnen heute nicht mehr einzelne Rechner, sondern Cluster mit bis zu mehreren hundert Servern.

10.1.1 DNS-Resolver

Wir können nun einen ersten Entwurf für einen DNS-Abfragealgorithmus erstellen. Um die IP-Adresse von `intronetworks.cs.luc.edu` zu finden, wendet sich ein Host zunächst an einen Root-Nameserver (unter einer bekannten Adresse), um den Nameserver für die Zone `edu` ausfindig zu machen; dazu muss ein NS-Eintrag abgerufen werden. Anschließend wird der Nameserver der Zone `edu` abgefragt, um den Nameserver der Zone `luc.edu` ausfindig zu machen, der wiederum den NS-Eintrag mit der Adresse der Zone `cs.luc.edu` liefert. Letzterer hält einen A-Record für den eigentlichen Host bereit. Das System (oder die Anwendung), das diese DNS-Abfragen durchführt, wird als *DNS-Resolver* bezeichnet. Verwirrenderweise werden Resolver manchmal auch als »Nameserver« oder, genauer gesagt, als *nicht*-autoritative Nameserver bezeichnet.

Um den DNS-Verkehr insgesamt, insbesondere zu den Root-Nameservern, zu reduzieren, ist es sinnvoll, Zwischen- (und End-)Ergebnisse zwischenzuspeichern, damit der Host bei einer späteren Abfrage, z. B. nach uchicago.edu, die zuvor bereits erlernte Adresse des `edu`-Nameservers wiederverwenden kann.

Für eine noch größere DNS-Effizienz können wir einen DNS-Resolver bereitstellen, der die Anfragen für einen großen Pool von Nutzern bearbeitet. Die Idee ist, dass, wenn eine Benutzerin youtube.com oder facebook.com nachgeschlagen hat, diese Adressen für den nächsten Anwender lokal zur Verfügung stehen. Der Nutzen dieses Konsolidierungsansatzes hängt von der Verteilung der Suchanfragen, ihrer Lebensdauer und der Wahrscheinlichkeit ab, dass zwei Nutzer dieselbe Website besuchen. In den letzten Jahren ist dieser Vorteil der Zwischenspeicherung kleiner geworden, zumindest für »vollständige« DNS-Namen, da das Internet immer vielfältiger und die Cache-Lebensdauer immer kürzer wird. (Der Caching-Vorteil für »partielle« DNS-Namen wie `.edu` und `.com` ist nach wie vor erheblich.)

Unabhängig von den Vorteilen der Zwischenspeicherung werden solche DNS-Resolver mit gebündelter Nutzungsmöglichkeit fast universell eingesetzt. Fast alle ISPs und die meisten Unternehmen stellen beispielsweise einen Resolver zur Verfügung, um die DNS-Anforderungen ihrer Kunden und Mitarbeiter zu erfüllen. Wir bezeichnen diese nachfolgend als *Site-Resolver*. Die IP-Adressen dieser Site-Resolver werden in der Regel per DHCP bereitgestellt (Abschnitt 10.3, »Dynamic Host Configuration Protocol (DHCP)«); derartige Resolver sind daher die Standardauswahl für DNS-Dienste.

DNS Policing

Manchmal wird vorgeschlagen, dass der Domain-Name einer Website beschlagnahmt werden sollte, wenn diese illegale Aktivitäten oder Urheberrechtsverletzungen praktiziert, wie z. B. thepiratebay.se. Das Problem bei dieser Strategie ist, dass Benutzer ohne weiteres »nicht standardmäßige« Nameserver einrichten können (z. B. das Gnu Name System, GNS), die die gesperrte Website dann weiterhin aufführen.

Manchmal entscheiden sich Benutzer jedoch dafür, einen DNS-Resolver zu verwenden, der nicht von ihrem ISP oder Unternehmen bereitgestellt wird; es gibt eine Reihe *öffentlicher DNS-Server* (spricht: Resolver). Solche Resolver decken in der Regel viel größere Gebiete ab. Zur Auswahl stehen OpenDNS, Google DNS (Hauptadresse 8.8.8.8), Cloudflare (Hauptadresse 1.1.1.1) und das oben im Kasten erwähnte Gnu Name System, aber auch noch viele weitere. Eine Internetsuche nach »public DNS Server« liefert eine Liste dieser Server.

Theoretisch besteht ein Vorteil der Nutzung eines öffentlichen DNS-Servers darin, dass Ihr lokaler Internetanbieter Ihre DNS-Anfragen nicht mehr verfolgen kann. Einige Internetanbieter zeichnen jedoch trotzdem noch DNS-Anfragen ihrer Kunden auf und können diese unter Umständen sogar abfangen und verändern. Wenn dies Anlass zur Sorge bietet, ist eine DNS-Verschlüsselung erforderlich. Dazu gibt es zwei Hauptvorschläge:

- DNS over TLS (DoT): RFC 7858
- DNS over HTTPS (DoH): RFC 8484

TLS ist ein Verschlüsselungsprotokoll (Abschnitt 28.5.2, »TLS«). HTTPS – secure HTTP – nutzt die TLS-Verschlüsselung, aber die beiden sind nicht identisch. Lauschangreifer können DoT-Traffic beispielsweise immer noch als DNS-Traffic identifizieren (weil er an einen speziellen Port gesendet wird), aber der DoH-Traffic ist von HTTPS-Webtraffic nicht zu unterscheiden.

Die Verwendung eines beliebigen DNS-Servers, sei es über Plain DNS oder DoT oder DoH, hat immer zur Folge, dass der DNS-Server nun Zugriff auf alle Ihre DNS-Anfragen hat. Letztlich hängt die Entscheidung davon ab, wie sehr Sie Ihrem Site-Resolver im Vergleich zum gewählten öffentlichen Resolver trauen.

Sowohl DoT als auch DoH müssen oft gezielt konfiguriert werden, um sie als Standard-Resolver auf dem System zu aktivieren. Ab 2020 hat Mozilla jedoch damit begonnen, DoH standardmäßig im Firefox-Browser zu aktivieren, also auch ohne Unterstützung durch das Betriebssystem, wobei die Deaktivierung von DoH und die Rückkehr zum standardmäßigen DNS-Resolver des Systems problemlos möglich ist.

IPv6

Google und Cloudflare bieten auch öffentliche DNS für IPv6-Nutzer an, allerdings sind die Adressen nicht so leicht zu merken. Die von Google lautet 2001:4860:4860::**8888** und jene von Cloudflare 2606:4700:4700::**1111**.

Bei der Einrichtung von DoH für Firefox schuf die Mozilla Foundation das so genannte Trusted-Recursive-Resolver-Programm: *https://wiki.mozilla.org/Security/DOH-resolver-policy*. Die teilnehmenden Anbieter – zunächst nur Cloudflare, dann auch noch weitere – mussten vertraglichen Verpflichtungen zustimmen. Zu diesen Bedingungen gehört, dass der persönliche Browserverlauf nicht erfasst wird und dass Query Name Minimization (Abschnitt 10.1.2, »nslookup und dig«, Unterabschnitt »Abfragenamen minimieren«) unterstützt wird. Letztlich liegt die Entscheidung, welchem DNS man vertraut, jedoch beim Nutzer.

Einige öffentliche DNS-Server bieten zusätzliche Dienste an, z. B. das automatische Herausfiltern von Domain-Namen, die mit Sicherheitsrisiken in Verbindung gebracht werden, oder von Inhalten, die für junge Nutzer ungeeignet sind. Manchmal ist dieser Dienst kostenpflichtig. Ein häufiger Nachteil der Filterung von Inhalten auf DNS-Ebene besteht darin, dass Benutzer, die versuchen, auf gesperrte Inhalte zuzugreifen, keine Ahnung haben, was schief gelaufen ist, es sei denn, der DNS-Server liefert eine alternative Adresse, die auf eine Erklärungsseite verweist. Aus diesem Grund wird die Filterung von Inhalten manchmal lieber auf Browser- denn auf DNS-Ebene vorgenommen, obwohl auch die Filterung auf Browser-Ebene ihre Nachteile hat. Seit Oktober 2021 bietet Cloudflare (mit dem oben genannten öffentlichen DNS 1.1.1.1), noch zwei zusätzliche (und kostenlose) öffentliche DNS-Server an:

- 1.1.1.2, blockt bekannte Malware
- 1.1.1.3, blockt Malware und Inhalte für Erwachsene

Weitere Details sind unter blog.cloudflare.com nachzulesen: *https://blog.cloudflare.com/introducing-1-1-1-1-for-families*

Wie bereits erwähnt, verfügt jeder DNS-Eintrag über einen TTL-Wert (*Time-to-Live*), der von den Resolvern als Hinweis darauf verwendet wird, wie lange sie diesen Eintrag in ihrem Cache behalten sollen. DNS-TTL-Lebensdauern können bis zu mehrere

Tage betragen; RFC 1035 empfiehlt eine garantierte TTL von »mindestens einem Tag«. In den letzten Jahren sind die TTL-Werte jedoch deutlich zurückgegangen. Im folgenden Abschnitt 10.1.2, »nslookup und dig«, rufen wir die TTL-Werte für `facebook.com` und `google.com` von ihren jeweiligen autoritativen Nameservern ab; in beiden Fällen betragen sie 300 Sekunden (5 Minuten).

Autoritative Nameserver geben auch einen TTL-Wert für fehlgeschlagene Anfragen an. Gemäß RFC 2308 ist dies der im SOA-Record angegebene TTL-Wert. (Ursprünglich stellte die SOA-TTL die Standard-TTL für *erfolgreiche* Suchvorgänge dar.) TTLs für fehlgeschlagene Suchvorgänge sollten in der Regel recht kurz gehalten werden; andernfalls besteht die Gefahr, dass eine große Anzahl von Benutzern von einer Website ausgeschlossen wird. Betrachten wir zum Beispiel das folgende Szenario für die Aktualisierung eines DNS-Eintrags für den Host `foo.com`. Nehmen wir an, dass die TTL für fehlgeschlagene Lookups eine Woche beträgt: 10

Site foo.com	Site B (vielleicht ein großerInternetanbieter)
A-Record foo.com löschen	
	Site B sucht nach foo.com
	Site B erhält NXDOMAIN
A-Record foo.com sofort neu installieren	

Zu diesem Zeitpunkt teilt Website B ihren Nutzern möglicherweise eine Woche lang mit, dass foo.com nicht erreichbar ist, und die Website `foo.com` kann dieses Problem nicht beheben.

Wenn ich eine Anfrage nach `google.com` an den Site-Resolver der Universität Loyola sende, befindet sich dieser Eintrag mit ziemlicher Sicherheit im Cache. Wenn ich eine Abfrage für die falsche Schreibweise googel.com sende, befindet sich diese vielleicht nicht im Cache, aber der `.com`-Top-Level-Nameserver ist mit ziemlicher Sicherheit im Cache. Von diesem Nameserver aus findet mein lokaler Resolver den Nameserver für die Zone `googel.com`, und von diesem aus die IP-Adresse des Hosts `googel.com`.

Mit Stand von 2019 gibt es etwa 1500 Top-Level-Domains. Wenn ich, immer noch den Site-Resolver der Universität Loyola verwendend, eine Anfrage nach einer Website in einer der unbekannteren Top-Level-Domains stelle, ist die Wahrscheinlichkeit groß, dass diese Top-Level-Domain *nicht* im Cache enthalten ist. Aus dieser Art der Zwischenspeicherung ergibt sich also der Effekt, dass beliebte Top-Level-Domains sehr wahrscheinlich schneller gefunden werden können.

Anwendungen nutzen DNS fast immer über Bibliotheksaufrufe, wie etwa in Java über `InetAddress.getByName()`. Die Bibliothek leitet die Anfrage an den vom System vorgesehenen Resolver weiter (obwohl die Browser manchmal andere DNS-Optionen anbieten; siehe Abschnitt 28.7.4, »DNS over HTTPS«). Wir werden in Abschnitt 17.6.1, »Der TCP-Server«, auf DNS-Bibliotheksaufrufe zurückkommen.

Auf unix-basierten Systemen wurden die IPv4-Adressen der lokalen DNS-Resolver traditionell in der Datei `/etc/resolv.conf` gespeichert. Normalerweise wurde diese Datei mit den Adressen der aktuellen Resolver per DHCP (Abschnitt 10.3, »Dynamic Host Configuration Protocol (DHCP)«) aktualisiert, wenn dem System seine IPv4-Adresse zugewiesen wurde. Es ist jedoch möglich, wenngleich auch unüblich, spezielle Einträge in `/etc/resolv.conf` anzulegen, sodass Anfragen zu verschiedenen Domains an verschiedene Resolver geschickt werden, oder dass Hostnamen mit nur einer Ebene vor dem Lookup einen Domain-Namen angehängt bekommen. Unter Windows lässt sich eine ähnliche Funktionalität durch Einstellungen im Dialogfeld EIGENSCHAFTEN des Fensters NETZWERKVERBINDUNGEN erreichen.

Auf neueren Systemen läuft oft ein kleiner »Stub«-Resolver (z. B. dnsmasq unter Linux); solche Resolver werden manchmal auch DNS-*Forwarder* genannt. Der Eintrag in `/etc/resolv.conf` ist dann eine IPv4-Adresse von `localhost` (manchmal 127.0.1.1 statt 127.0.0.1). Ein solcher Stub-Resolver benötigt natürlich immer noch Zugang zu den Adressen von Site- oder öffentlichen Resolvern; manchmal werden diese Adressen durch statische Konfiguration und manchmal durch DHCP bereitgestellt (Abschnitt 10.3, »Dynamic Host Configuration Protocol (DHCP)«).

Wenn ein System mit einem Stub-Resolver dann interne virtuelle Maschinen betreibt, ist es meistens möglich, alles so zu konfigurieren, dass den virtuellen Maschinen eine IP-Adresse des Host-Systems als DNS-Resolver zugewiesen werden kann. Beispielsweise werden virtuellen Maschinen oft IPv4-Adressen in einem privaten Subnetz zugewiesen, und die Verbindung zur Außenwelt erfolgt über NAT (Abschnitt 9.7, »Netzwerkadressübersetzung«). In einem solchen Fall erhalten die virtuellen Maschinen die IPv4-Adresse der Schnittstelle des Hostsystems, die eine Verbindung zum privaten Subnetz herstellt. Es muss dann sichergestellt werden, dass der lokale Resolver auf dem Hostsystem Anfragen akzeptiert, die nicht nur an die designierte Loopback-Adresse, sondern auch an die private Subnetzadresse des Hostsystems gesendet werden. (Normalerweise akzeptieren lokale Resolver *keine* Anfragen, die von extern sichtbaren Adressen kommen).

Wenn jemand eine Anfrage nach einem nicht existierenden DNS-Namen stellt, sollte der Resolver eine Fehlermeldung zurückgeben, die technisch als *NXDOMAIN* (Non eXistent Domain) bezeichnet wird. Einige Resolver sind jedoch so konfiguriert, dass sie die IP-Adresse eines bestimmten Webservers zurückgeben; dies ist vor allem bei von Internetanbietern zur Verfügung gestellten Site-Resolvern üblich. Manchmal ist die dazugehörige Webseite hilfreich, und manchmal enthält sie ein Angebot zum Kauf des Domain-Namens von einer Registrierungsstelle. Auf jeden Fall könnte dort zusätzliche Werbung erscheinen. Für Benutzer, die versuchen, den betreffenden Domain-Namen über ein anderes Protokoll (ssh, smtp) als http zu kontaktieren, ist dies natürlich völlig nutzlos.

Auf der DNS-Protokollschicht kann eine DNS-Anfrage entweder *rekursiv* oder *nicht rekursiv* sein. Wenn A eine rekursive Anfrage an B sendet, um einen bestimmten DNS-Namen aufzulösen, übernimmt B die Aufgabe, bis es schließlich in der Lage ist, A eine Antwort zu geben. Ist die Anfrage dagegen nicht rekursiv, gibt B, wenn es kein autoritativer Nameserver für den fraglichen DNS-Namen ist, entweder eine Fehlermeldung oder einen NS-Eintrag für die Unterzone zurück, die der nächste Zwischenschritt auf dem Weg ist. Fast alle DNS-Anfragen von Hosts an ihre Site- oder an öffentliche Resolver sind rekursiv.

Eine grundlegende DNS-Antwort besteht aus einem ANSWER-Teil, einem AUTHORITY-Teil und einem optionalen ADDITIONAL-Teil. Im Allgemeinen enthält eine Antwort auf die Abfrage eines Hostnamens einen ANSWER-Bereich, der aus einem einzigen A-Record besteht, der eine einzelne IPv4-Adresse wiedergibt. Wenn ein Standort jedoch mehrere völlig gleichwertige Server hat, ist es möglich, ihnen allen denselben Hostnamen zu geben, indem der autoritative Nameserver so konfiguriert wird, dass er für den betreffenden Hostnamen mehrere A-Records zurückgibt, in denen nacheinander alle IPv4-Adressen der Server aufgeführt sind. Dies wird manchmal als *Round-Robin-DNS* bezeichnet. Es ist eine einfache Form des *Load-Balancings*. Aufeinanderfolgende Anfragen an den Nameserver sollten die Liste der A-Records in unterschiedlicher Reihenfolge zurückgeben; idealerweise sollte dasselbe auch bei aufeinanderfolgenden Anfragen an einen lokalen Resolver geschehen, der den Hostnamen in seinem Cache hat. Es ist auch üblich, dass ein einzelner Server mit einer einzigen IPv4-Adresse durch mehrere DNS-Namen identifiziert wird; siehe nächster Abschnitt.

Der Antwortabschnitt AUTHORITY enthält die DNS-Namen der autoritativen Nameserver, die für den betreffenden ursprünglichen DNS-Namen zuständig sind. Bei diesen Datensätzen handelt es sich häufig um NS-Records, die auf die Zone ihres Parents verweisen, aber auch SOA-Records, die eine Zone von innen heraus deklarieren, sind zu finden. Der Abschnitt ADDITIONAL enthält Informationen, die der Absender in diesem Zusammenhang für relevant hält; zum Beispiel enthält dieser Abschnitt oft A-Records für die autoritativen Nameserver.

Das Tor-Projekt verwendet DNS-ähnliche Namen, die auf ».onion« enden. Obwohl dies keine echten DNS-Namen sind, da sie nicht von der DNS-Hierarchie verwaltet werden, funktionieren sie für Tor-Nutzer als solche; siehe RFC 7686. Diese Namen folgen einem ungewöhnlichen Muster: Die nächste Ebene des Namens ist ein in 16 ASCII-Bytes umgewandelter 80-Bit-Hash des öffentlichen RSA-Schlüssels der Site (siehe Abschnitt 28.1, »RSA«). Beispielsweise ist `3g2upl4pq6kufc4m.onion` offenbar die Tor-Adresse der Suchmaschine DuckDuckGo. Anders als DuckDuckGo probieren viele Seiten unterschiedliche RSA-Schlüssel aus, bis sie einen finden, bei dem zumindest ein Anfangspräfix des Hashes mehr oder weniger sinnvoll aussieht; zum Beispiel nytimes2tsqtnxek.onion. Facebook hatte großes Glück[2], einen RSA-Schlüssel zu finden, dessen zugehörige Tor-Adresse facebookcorewwwi.onion lautet (auch wenn manchmal gemunkelt wird, *dass das Glück den Wohlhabenden besonders hold ist*). Diese Benennungsstrategie ist eine Form von *kryptographisch erzeugten Adressen*; ein weiteres Beispiel finden Sie in Abschnitt 11.6.4, »Sicherheit und Nachbarschaftserkennung«. Der Vorteil dieser Benennungsstrategie ist, dass Sie keine Zertifizierungsstelle (Abschnitt 28.5.2, »TLS«, Unterabschnitt »Zertifizierungsstellen«) benötigen, um den RSA-Schlüssel einer Site zu verifizieren; der Site-Name übernimmt diese Aufgabe bereits für Sie.

10.1.2 nslookup und dig

Verfolgen wir einmal einen nicht-rekursiven Lookup für intronetworks.cs.luc.edu mit Hilfe des Tools nslookup. nslookup ist zwar altbewährt, aber auch nicht mehr ganz aktuell, weshalb wir auch Beispiele mit dem Dienstprogramm dig (angeblich ein Akronym für »domain Internet groper«) anführen. Zeilen, die wir im interaktiven Modus von nslookup eingeben, beginnen unten mit der Eingabeaufforderung »>«; die Shell-Eingabeaufforderung ist »#«. Alle dig-Befehle werden direkt in die Shell-Eingabeaufforderung eingegeben.

Im ersten Schritt ermitteln wir die IP-Adresse des Root-Nameservers a.name-servers.net. Wir können dies mit einem normalen Aufruf von nslookup oder dig tun, wir können dazu in den Konfigurationsdateien unseres Nameservers nachsehen, oder wir können im Internet danach suchen. Die Adresse lautet 198.41.0.4.

Jetzt senden wir unsere nicht-rekursive Abfrage an diese Adresse. Der alleinstehende Bindestrich in der unteren nslookup-Befehlszeile bedeutet, dass 198.41.0.4 unser Nameserver und nicht das zu suchende Element sein soll; dig hat in der Befehlszeile Positionen sowohl für den Nameserver (nach dem @) als auch für den DNS-Namen. Für beide Befehle setzen wir die Option norecurse, um eine nicht-rekursive Abfrage zu senden.

```
# nslookup -norecurse - 198.41.0.4
> intronetworks.cs.luc.edu
*** Can't find intronetworks.cs.luc.edu: No answer

# dig @198.41.0.4 intronetworks.cs.luc.edu +norecurse
```

Beide Abfragen schlagen fehl, weil nslookup und dig standardmäßig nach einem A-Record fragen. Was wir brauchen, ist ein NS-Record: der Name der jeweils untergeord-

2 *https://lists.torproject.org/pipermail/tor-talk/2014-October/035413.html*

neten Zone, die abgefragt wird. (Die dig-Abfrage konnte keinen A-Eintrag finden, da sich im ANSWER-Abschnitt keine Einträge befinden)

```
> set query=ns
> intronetworks.cs.luc.edu
edu    nameserver = a.edu-servers.net
...
a.edu-servers.net       internet address = 192.5.6.30

# dig @198.41.0.4 intronetworks.cs.luc.edu NS +norecurse
;; AUTHORITY SECTION:
edu.                    172800  IN      NS      b.edu-servers.net.
;; ADDITIONAL SECTION:
b.edu-servers.net.      172800  IN      A       192.33.14.30
```


Die vollständigen Antworten enthalten in beiden Fällen eine Liste aller Nameserver für die .edu-Zone; wir führen oben nur die erste Antwort auf.

Beachten Sie, dass der vollständige DNS-Name intronetworks.cs.luc.edu in der Anfrage hier *keine* exakte Übereinstimmung mit dem DNS-Namen .edu im zurückgegebenen Ressourcendatensatz darstellt; Letzterer ist ein Suffix des Ersteren. Dies hat Auswirkungen auf den Datenschutz; der Root-Nameserver muss nicht wissen, dass wir nach intronetworks.cs.luc.edu suchen.

Die nächste NS-Abfrage senden wir an a.edu-servers.net (der in der vollständigen dig-Antwort erscheint)

```
# nslookup -query=ns -norecurse - 192.5.6.30
> intronetworks.cs.luc.edu
...
Authoritative answers can be found from:
luc.edu nameserver = bcdnswt1.it.luc.edu.
bcdnswt1.it.luc.edu     internet address = 147.126.64.64

# dig @192.5.6.30 intronetworks.cs.luc.edu NS +norecurse
;; AUTHORITY SECTION:
luc.edu.                172800  IN      NS      bcdnsls1.it.luc.edu.
;; ADDITIONAL SECTION:
bcdnsls1.it.luc.edu.    172800  IN      A       147.126.1.217
```

(Auch hier zeigen wir nur einen von mehreren luc.edu-Nameservern, die zurückgegeben werden).

Der nächste Schritt besteht darin, den Nameserver luc.edu nach dem Nameserver cs.luc.edu zu fragen.

```
# nslookup -query=ns - -norecurse 147.126.1.217
> cs.luc.edu
...
cs.luc.edu      nameserver = bcdnsls1.it.luc.edu.

# dig @147.126.1.217 intronetworks.cs.luc.edu NS +norecurse
;; AUTHORITY SECTION:
cs.luc.edu.            300     IN      SOA     bcdnsls1.it.luc.edu. postmaster
.luc.edu. 589544360 1200 180 1209600 300
```

Der Befehl nslookup gibt denselben Nameserver zurück wie zuvor; dig tut dies auch, zeigt aber zumindest an, dass es einen SOA- und keinen NS-Eintrag zurückgibt. Das erste Datenfeld des SOA-Ergebnisses – bcdnsls1.it.luc.edu. – ist der primäre Nameserver für cs.luc.edu. All dies ist eine etwas umständliche Art zu sagen, dass der gleiche Nameserver sowohl cs.luc.edu als auch luc.edu verwaltet; das heißt, es handelt sich um zwei Zonen, die zufällig vom gleichen Nameserver verwaltet werden. Vor 2019 wurde cs.luc.edu von einem separaten Nameserver verwaltet, aber nach einem schwerwiegenden Ausfall wurde sie wieder dem Nameserver luc.edu zugeordnet. Wenn wir in der letzten Abfrage oben das Label intronetworks weglassen, also dig @147.126.1.217 cs.luc.edu NS +norecurse ausführen, erhalten wir jetzt einen ANSWER-Abschnitt (statt AUTHORITY), der erklärt, dass bcdnsls1.it.luc.edu tatsächlich der maßgebliche Nameserver für cs.luc.edu ist.

Auf jeden Fall können wir jetzt direkt den A-Record anfordern:

```
# nslookup -query=A - -norecurse 147.126.1.217
> intronetworks.cs.luc.edu
...
Name:   intronetworks.cs.luc.edu
Address: 162.216.18.28

# dig @147.126.1.217 intronetworks.cs.luc.edu A +norecurse
;; ANSWER SECTION:
intronetworks.cs.luc.edu. 600  IN      A       162.216.18.28
```

Dies ist das erste Mal, dass wir einen ANSWER-Abschnitt erhalten (anstelle des AUTHORITY-Abschnitts)

Vor 2019 sah das Endergebnis von nslookup wie folgt aus:

```
intronetworks.cs.luc.edu        canonical name = linode1.cs.luc.edu.
Name:   linode1.cs.luc.edu
Address: 162.216.18.28
```

Hier haben wir einen CNAME-Eintrag (für *canonical name*) erhalten. Der Server, auf dem `intronetworks.cs.luc.edu` gehostet wird, hostet auch mehrere andere Websites mit anderen Namen, zum Beispiel *introcs.cs.luc.edu*. Dies wird als *virtuelles Hosting* bezeichnet. Anstatt für jeden Website-Namen einen eigenen A-Record zu erstellen, wurde DNS so eingerichtet, dass für jeden Website-Namen ein CNAME-Record erstellt wird, der auf einen einzigen physischen Server namens `linode1.cs.luc.edu` verweist. Für diesen Server wird dann nur noch ein A-Record benötigt. Nach 2019 kommt diese CNAME-Strategie nicht mehr zum Einsatz.

Beachten Sie, dass sowohl der CNAME als auch der zugehörige A-Eintrag zurückgegeben wurden, um die Suche zu vereinfachen. Die von `dig` zurückgegebene Antwort aus der Zeit vor 2019 erwähnte keine CNAMEs, da sie für den Benutzer oft nicht von Interesse sind; `dig` liefert jedoch auf ausdrückliche Anfrage auch CNAMEs.

Beachten Sie, dass die hier angegebene IPv4-Adresse 162.216.18.28 nichts mit dem IPv4-Adressblock 147.126.0.0/16 der Universität Loyola zu tun hat. Der Server, der `intronetworks.cs.luc.edu` hostet, wird von einem externen Anbieter verwaltet; es gibt also keine Verbindung zwischen der DNS-Namenhierarchie und der IP-Adressenhierarchie.

Ein weiteres Beispiel für die Verwendung von `dig` sind die Time-to-Live-Werte, die von `facebook.com` und `google.com` angegeben werden:

```
dig facebook.com
;; ANSWER SECTION:
facebook.com.        78      IN     A      157.240.18.35
;; AUTHORITY SECTION:
facebook.com.        147771  IN     NS     b.ns.facebook.com.

dig google.com
;; ANSWER SECTION:
google.com.          103     IN     A      172.217.9.78
;; AUTHORITY SECTION:
google.com.          141861  IN     NS     ns3.google.com.
```

Die TTLs betragen 78 bzw. 103 Sekunden. Aber das sind die TTLs, die vom lokalen Site-Resolver kommen. Um die TTL-Werte von `facebook.com` und `google.com` direkt zu erhalten, können wir wie folgt vorgehen:

```
dig @b.ns.facebook.com facebook.com
;; ANSWER SECTION:
facebook.com.        300     IN     A      157.240.18.35
```

```
dig @ns3.google.com google.com
;; ANSWER SECTION:
google.com.            300    IN    A     172.217.1.14
```

Das heißt, die maßgeblichen Nameserver der beiden Websites geben eine TTL von 300 Sekunden (5 Minuten) an. Der oben erhaltene TTL-Wert von 78 bedeutet, dass unser lokaler Resolver selbst vor 300 – 78 = 222 Sekunden zuletzt nach facebook.com gefragt hat.

Abfragenamen minimieren

Im obigen Beispiel, in dem wir den Lookup des DNS-Namens `intronetworks.cs.luc.edu` ausgehend vom Root verfolgt haben, haben wir bemerkt, dass der gesamte DNS-Name an den Root-Server gesendet wurde. Dies war unnötig, da die Root-Nameserver nur wissen, wie sie die `.edu`-Nameserver erreichen können; wir hätten eine NS-Anfrage nur für `.edu` senden können. Hier gibt es ein Datenschutzproblem. Die Root-Nameserver müssen nicht die vollständigen Anfragen aller Nutzer kennen.

RFC 7816 schlägt als Alternative *query name minimization* (oder QNAME minimization) vor. Die Idee ist, dem Root-Server nur eine Abfrage für `.edu`, denn dem `.edu`-Nameserver nur eine Abfrage für `luc.edu` zu senden, und so weiter. Nach jeder NS-Abfrage wird ein weiteres DNS-Label an den Abfragenamen angehängt, bevor mit der nächsten Abfrage an den nächsten Nameserver fortgefahren wird. Auf diese Weise erfährt kein Nameserver mehr von der Abfrage als das absolute Minimum.

Es gibt jedoch einen möglichen Haken, da nicht jede Ebene des DNS-Namens einem anderen Nameserver entspricht; anders ausgedrückt, nicht jeder ».« in einem DNS-Namen entspricht einem Zonenwechsel. Zum Beispiel ist es jetzt (2020) so, dass der Nameserver `luc.edu` für die ehemals unabhängige `cs.luc.edu`-Namenshierarchie zuständig ist und daher kein Bedarf mehr für einen NS-Eintrag `cs.luc.edu` besteht. Es gibt aus Gründen der Rückwärtskompatibilität zwar immer noch einen, aber wenn das nicht der Fall wäre, könnte eine NS-Abfrage an den `luc.edu`-Nameserver `cs.luc.edu` mit dem tatsächlich korrekten `NODATA`, oder, noch schlimmer, `NXDOMAIN` antworten (Letzteres sollte nicht passieren, kommt aber manchmal dennoch vor).

Die Lösung von RFC 7816 besteht darin, bei einer negativen Antwort eine weitere DNS-Namensebene hinzuzufügen und die Abfrage zu wiederholen. Das heißt, wenn eine Abfrage nach `cs.luc.edu` fehlschlägt, wird der volle Name abgefragt. Diese und andere Probleme führen dazu, dass sich QNAME Minimization noch nicht auf breiter Front durchgesetzt hat; einem APNIC-Blogbeitrag können Sie einige Zahlen dazu entnehmen: *https://blog.apnic.net/2020/09/11/dns-query-privacy-revisited/*

Beachten Sie, dass ein wirksamer Schutz nur in Bezug auf die innere Knotenebene erreicht wird. Außerdem erhält der lokale DNS-Resolver immer noch alle Informationen zu jeder Anfrage, die an ihn gesendet wird. Bei aktivem Caching müsste ein lokaler Resolver üblicherweise die Root- oder `.edu`-Nameservers gar nicht abfragen.

Nackte Domains

Wenn wir sowohl `www.cs.luc.edu` als auch `cs.luc.edu` nachschlagen, sehen wir, dass sie auf dieselbe Adresse aufgelöst werden. Die Verwendung von `www` als Hostname für den Webserver einer Domain wird manchmal als unnötig und altmodisch angesehen; viele Benutzer und Website-Administratoren bevorzugen den kürzeren, »nackten« Domainnamen, wie etwa `cs.luc.edu`.

Es erscheint verlockend, einen CNAME-Eintrag für die nackte Domain `cs.luc.edu` zu erstellen, der auf den vollständigen Hostnamen `www.cs.luc.edu` verweist, allerdings lässt RFC 1034 dies nicht zu:

> *If a CNAME RR is present at a node, no other data should be present; this ensures that the data for a canonical name and its aliases cannot be different.*

Es gibt jedoch mehrere andere DNS-Einträge für `cs.luc.edu`: einen NS-Eintrag, einen SOA-Eintrag (Start of Authority), der verschiedene Verwaltungsdaten wie die Ablaufzeit enthält, und einen MX-Eintrag, der im folgenden Abschnitt behandelt wird. All dies macht `www.cs.luc.edu` und `cs.luc.edu` zwangsläufig sehr verschieden. RFC 1034 fügt ergänzend hinzu:

> *This rule also insures that a cached CNAME can be used without checking with an authoritative server for other RR types.*

Eine bessere Möglichkeit, einen Eintrag für eine nackte Domain zu erstellen, ist es, zumindest aus Sicht des DNS, ihr einen eigenen A-Eintrag zu geben. Dies bedeutet zwar, dass bei einer Änderung der Webserveradresse *zwei* DNS-Einträge aktualisiert werden müssen, aber das ist durchaus machbar.

In jüngster Zeit wurden ANAME-Records zur Lösung dieses Problems vorgeschlagen; ein ANAME ist wie ein *eingeschränkter* CNAME, der nicht den oben genannten Beschränkungen nach RFC 1034 unterliegt. Ein ANAME-Eintrag für eine nackte Domain, der auf einen anderen Hostnamen und nicht auf eine Adresse verweist, ist zulässig. Siehe den Internet-Entwurf *draft-hunt-dnsop-aname* unter *https://tools.ietf.org/html/draft-hunt-dnsop-aname*. Einige große CDNs (Abschnitt 1.12.1, »Muster der Traffic-Kommunikation«) implementieren intern bereits ähnliche DNS-Änderungen. Der Endbenutzer muss sich dessen nicht bewusst sein; der Benutzer fordert einen A-Record an und der ANAME wird auf Seiten des CDN aufgelöst.

Schließlich gibt es auch ein Argument dafür, dass, zumindest wenn es um HTTP (Web)-Verkehr geht, das »www« *nicht* veraltet sei, und dass die nackte Domain stattdessen auf HTTP-Ebene auf den vollständigen Hostnamen *umgeleitet* werden sollte. Dies entschärft einige Probleme, z. B. haben Sie jetzt nur noch eine Website statt zwei (was allerdings eine zusätzliche RTT bedeutet). Sie müssen sich nicht mehr mit der Tatsache auseinandersetzen, dass HTTP-Cookies mit und ohne »www« unterschiedlich sind. Und einige CDNs sind möglicherweise nicht in der Lage, die Website auf einen anderen Server umzuleiten, wenn die nackte Domain über einen A-Record erreicht wird. All das sind jedoch keine DNS-Probleme.

10.1.3 Andere DNS-Einträge

Neben Adress-Lookups unterstützt DNS auch noch einige andere weitere Suchmöglichkeiten. Am bekanntesten ist wohl *Reverse DNS*, das eine IP-Adresse entgegennimmt und einen Namen zurückgibt. Etwas erschwerend wirkt sich die Tatsache aus, dass eine IP-Adresse mit mehreren DNS-Namen verbunden sein kann. In diesem Fall gibt DNS den kanonischen Namen (oder CNAME) zurück; eine bestimmte Adresse kann nur einen CNAME haben.

Eine gegebene IPv4-Adresse, z. B. 147.126.1.230, soll umgedreht und anschließend das Suffix `in-addr.arpa` daran angehängt werden.

```
230.1.126.147.in-addr.arpa
```

Es gibt eine DNS-Namenhierarchie für Namen dieser Form, mit Zonen und autoritativen Servern. Wenn all dies konfiguriert wurde – was oft nicht der Fall ist, insbesondere bei Arbeitsplatzrechnern von Benutzern – sollte eine Anfrage nach dem `PTR`-Eintrag, der dem oben genannten entspricht, einen DNS-Hostnamen zurückgeben. Im obigen Fall wird der Name luc.edu zurückgegeben (zumindest mit Stand 2018).

`PTR`-Einträge sind die einzigen DNS-Einträge, die eine völlig eigene Hierarchie haben; andere DNS-Typen passen in die »Standard«-Hierarchie. DNS unterstützt es beispielsweise auch, MX- oder Mail eXchange-Datensätze, die dazu dienen, einen Domänennamen (der möglicherweise keinem Hostnamen entspricht, und wenn doch, dann eher dem Namen eines Webservers) dem Hostnamen eines Servers zuzuordnen, der E-Mails im Namen der Domäne annimmt. Auf diese Weise kann der Domänenname einer Organisation, z. B. `luc.edu` sowohl für einen Webserver als auch – unter einer anderen IP-Adresse – für einen E-Mail-Server stehen. MX-Einträge können sogar eine Reihe von IP-Adressen repräsentieren, die E-Mails akzeptieren.

DNS hat von Anfang an TXT-Einträge für beliebige Textzeichenfolgen unterstützt. Das email Sender Policy Framework (RFC 7208) wurde entwickelt, um es E-Mail-Absendern zu erschweren, sich als eine fremde Domain auszugeben; dazu werden sogenannte SPF-Records als DNS-TXT-Records eingefügt.

Eine DNS-Abfrage nach TXT-Einträgen von google.com (nicht gmail.com!) könnte zum Beispiel folgendes Ergebnis liefern (2018)

```
google.com      text = "docusign=05958488-4752-4ef2-95eb-aa7ba8a3bd0e"
google.com      text = "v=spf1 include:_spf.google.com ~all"
```

Das SPF-System interessiert sich nur für den zweiten Eintrag; das `v=spf1` gibt die SPF-Version an. Dieser zweite Eintrag sagt uns, dass wir `_spf.google.com` nachschlagen sollen. Diese Abfrage liefert

```
text = "v=spf1 include:_netblocks.google.com include:_
netblocks2.google.com include:_netblocks3.google.com ~all"
```

Ein Lookup nach von `_netblocks.google.com` liefert nachfolgend

```
text = "v=spf1 ip4:64.233.160.0/19 ip4:66.102.0.0/20 ip4:66.249.80.0/
20 ip4:72.14.192.0/18 ip4:74.125.0.0/16 ip4:108.177.8.0/21 ip4:173.194.0.0/
16 ip4:209.85.128.0/17 ip4:216.58.192.0/19 ip4:216.239.32.0/19 ~all"
```

10

Wenn ein Host eine Verbindung zu einem E-Mail-Server herstellt und angibt, dass er E-Mails von einem Absender bei google.com zustellt, dann sollte die E-Mail-Liste des Hosts in der obigen Liste oder in einer der anderen enthaltenen Listen aufgeführt sein. Ist dies nicht der Fall, besteht eine gute Chance, dass es sich bei der E-Mail um Spam handelt.

Jeder DNS-Record (oder »Resource Record«) hat einen Namen (z. B `cs.luc.edu`) und einen Typ (z. B. `A` oder `AAAA` oder `NS` oder `MX`). Bei gegebenem Namen und Typ wird die Menge der übereinstimmenden Resource Records als *RRset* für diesen Namen und diesen Typ bezeichnet (technisch gesehen gibt es auch eine »class«, aber die Klasse aller DNS-Records, an denen wir interessiert sind, ist `IN`, für Internet). Wenn ein Nameserver auf eine DNS-Anfrage antwortet, wird (im Abschnitt ANSWER) immer ein ganzes RRset zurückgegeben: das RRset aller Resource Records, die dem in der ursprünglichen Anfrage enthaltenen Namen und Typ entsprechen.

In vielen Fällen haben RRsets ein einziges Mitglied, da viele Hosts eine einzige IPv4-Adresse haben. Dies ist jedoch nicht allgemein gültig. Wir haben oben das Beispiel gesehen, dass ein einzelner DNS-Name mehrere A-Records hat, wenn Round-Robin DNS verwendet wird. Ein einzelner DNS-Name kann auch separate A-Records für die öffentlichen und privaten IPv4-Adressen des Hosts haben. Auch TXT-Records enthalten oft mehrere Einträge in einem einzigen RRset. Im obigen TXT-Beispiel haben wir gesehen, dass SPF-Daten in DNS-TXT-Records gespeichert wurden, aber neben SPF gibt es noch andere Protokolle, die ebenfalls TXT-Records verwenden; Beispiele sind DMARC und Google-Site-Verification. Schließlich haben die meisten RRsets von MX-Records (Mail eXchange) mehrere Einträge, da Unternehmen es aus Redundanzgründen oft vorziehen, mehrere Server zu haben, die E-Mails empfangen können.

10.1.4 DNS Cache Poisoning

Der klassische Sicherheitsmangel im DNS, das so genannte Cache-Poisoning, tritt auf, wenn es einem Angreifer gelungen ist, einen DNS-Resolver davon zu überzeugen, dass die Adresse von z. B. www.example.com eine andere ist, als sie in Wirklichkeit ist. Ein erfolgreicher Angriff hat zur Folge, dass der Angreifer den für `www.example.com` bestimmten Datenverkehr auf seine eigene, bösartige Website umleiten kann.

Die einfachste Cache-Poisoning-Strategie besteht darin, einen Strom von DNS-Antwortpaketen an den Resolver zu senden, die erklären, dass die IP-Adresse von www.example.com die vom Angreifer gewählte IP-Adresse ist. Die Quell-IP-Adresse dieser Pakete sollte so gefälscht werden, dass sie der des autoritativen Nameservers für example.com entspricht; ein solches Spoofing ist mit UDP relativ einfach. Die meisten dieser Antwortpakete werden ignoriert, aber der Angreifer hofft darauf, dass eines davon kurz nachdem der Resolver eine DNS-Anfrage an den autoritativen Nameserver von `example.com` gesendet hat eintrifft, und dieser das manipulierte Antwortpaket als eine legitime Antwort interpretiert.

Um dies zu verhindern, enthalten DNS-Anfragen ein ID-Feld von 16 Bit Länge; die DNS-Antwort muss dieses Feld mit zurückgeben. Die Antwort muss außerdem vom richtigen Port aus erfolgen. Damit muss der Angreifer insgesamt 32 Bits erraten, aber oft lässt sich das ID-Feld (und noch häufiger der Port) aus dem bisherigen Verlauf erraten.

Bei einem anderen Ansatz muss der Angreifer darauf warten, dass der Ziel-Resolver eine legitime Anfrage an die Website des Angreifers, `attacker.com` stellt. Der Angreifer fügt dann im ADDITIONAL-Bereich der Antwortnachricht huckepack einen A-Record für `example.com` ein, der auf die vom Angreifer gewählte bösartige IP-Adresse für diese Website zeigt. Die Hoffnung ist, dass der die Nachricht empfangende Resolver alle A-Records aus dem ADDITIONAL-Bereich ohne weitere Überprüfung und ohne zu bemerken, dass sie in keinerlei Zusammenhang zueinander stehen, in seinen Cache aufnimmt. Früher war ein solches Verhalten von DNS-Resolvern durchaus üblich.

Die meisten neueren DNS-Resolver validieren die Antworten sorgfältig: Das ID-Feld muss übereinstimmen, der Quellport muss übereinstimmen, und alle empfangenen DNS-Einträge im Bereich ADDITIONAL müssen mindestens mit der DNS-Zone der Anfrage übereinstimmen. Außerdem sollten das ID-Feld der Anfrage und der Quellport auf sichere Weise pseudozufällig gewählt werden. Weitere Schwachstellen finden Sie in RFC 3833.

Das Hauptrisiko beim Cache Poisoning besteht darin, dass ein Resolver dazu gebracht werden kann, Benutzern ungültige DNS-Einträge zu liefern. Ein eng damit verbundenes Risiko besteht darin, dass ein Angreifer das gleiche Ergebnis durch das Spoofing eines autoritativen Nameservers erreichen kann. Beide Risiken lassen sich durch Verwendung der DNS-Sicherheitserweiterungen (*DNSSEC*) abmildern. Da DNSSEC mit Public-Key-Signaturen arbeitet, verschieben wir die Behandlung auf Abschnitt 28.7, »DNSSEC«.

10.1.5 DNS und CDNs

DNS wird häufig von CDNs (Abschnitt 1.12.2, »Content-Distribution Networks«) eingesetzt, um den einem Nutzer am nächsten gelegenen »Edge«-Server zu identifizieren. Dazu wird in der Regel *geoDNS* verwendet, eine etwas ungewöhnliche Variante von DNS. Wenn eine DNS-Anfrage bei einem der maßgeblichen Nameserver des CDN eingeht, wird dieser Server

- den ungefähren Standort des Clients ermitteln (Abschnitt 14.4.4, »IP-Geolokalisierung«)
- den nächstgelegenen Edge-Server zu diesem Standort ermitteln
- mit der IP-Adresse des nächstgelegenen Edge-Servers antworten

Dies funktioniert meistens recht gut. Der anfragende Client ist jedoch praktisch nie der Endbenutzer, sondern der vom Benutzer verwendete DNS-Resolver. In der Regel handelt es sich bei diesen Resolvern um die vom ISP oder der Organisation des Benutzers bereitgestellten Site-Resolver, und sie befinden sich physisch relativ nahe beim Benutzer; in diesem Fall befindet sich der oben angegebene Edge-Server ebenfalls in der Nähe des Nutzers. Wenn ein Benutzer jedoch einen (wahrscheinlich remote gehosteten) öffentlichen DNS-Resolver gewählt hat, so wie oben beschrieben, liegt die für den CDN-Edge-Server zurückgegebene IP-Adresse zwar in der Nähe des DNS-Resolvers, ist für den Endbenutzer aber wahrscheinlich alles andere als optimal.

Eine Lösung für dieses letzte Problem bietet RFC 7871, das es DNS-Resolvern ermöglicht, die IP-Adresse des Kunden in die an den autoritativen Nameserver gesendete Anfrage aufzunehmen. Aus Datenschutzgründen wird in der Regel nur ein Präfix der IP-Adresse des Benutzers angegeben, wie etwa /24. Trotzdem ist die Privatsphäre des Benutzers zumindest teilweise gefährdet. Aus diesem Grund empfiehlt RFC 7871, die Funktion standardmäßig zu deaktivieren und nur nach sorgfältiger Abwägung der Vor- und Nachteile zu aktivieren.

Ein um den Datenschutz besorgter Benutzer kann – theoretisch – seine eigene DNS-Software so konfigurieren, dass sie diese Funktion von RFC 7871 mit einem Präfix der IP-Adresse des Benutzers von Null-Länge enthält, das keine Adressinformationen übermittelt. Der Resolver wird dies dann nicht in ein längeres Präfix umändern.

Die Nutzung dieser Option bedeutet auch, dass der DNS-Resolver, der eine Benutzeranfrage zu einem bestimmten Hostnamen erhält, nicht mehr einfach eine zwischengespeicherte Antwort aus einer früheren Suche nach dem Hostnamen zurückgeben kann. Stattdessen muss der Resolver jedes von ihm verarbeitete ⟨Hostname,Präfix⟩-

Paar separat zwischenspeichern, wobei das Präfix das Präfix der IP-Adresse des Benutzers ist, die an den autoritativen Nameserver weitergeleitet wird. Dies kann die Größe des Cache um mehrere Größenordnungen erhöhen, was wiederum diverse Cache-Overflow-Angriffe ermöglichen könnte.

10.2 Address Resolution Protocol: ARP

Stellt ein Host oder Router A fest, dass die Ziel-IP-Adresse $D = D_{IP}$ mit der Netzwerkadresse einer seiner Schnittstellen übereinstimmt, muss er das Paket über das LAN (wahrscheinlich Ethernet) zustellen. Dazu muss er die zu D_{IP} passende LAN-Adresse (MAC-Adresse) D_{LAN} nachschlagen. Wie macht er das?

Eine Möglichkeit wäre die Verwendung eines speziellen Servers, aber in den Anfangszeiten der Entwicklung von IPv4 wurde angestrebt, derartige Server aus Kosten- und Zuverlässigkeitsgründen einzusparen. Stattdessen kommt das *Address Resolution Protocol* (ARP) zum Einsatz. Dies ist das erste von uns vorgestellte Protokoll, das sich die Existenz von Broadcast auf LAN-Ebene zunutze macht. In LANs ohne physischen Broadcast (z. B. ATM) muss ein anderer Mechanismus (in der Regel unter Einbeziehung eines Servers) genutzt werden.

Der Grundgedanke von ARP besteht darin, dass Host A eine ARP-Broadcast-Anfrage oder »who-has D_{IP}?«-Anfrage sendet, die die eigene IPv4- und LAN-Adresse von A enthält. Alle Hosts im LAN erhalten diese Nachricht. Der Host D, für den die Nachricht bestimmt ist, erkennt, dass er antworten sollte, und sendet eine ARP-Antwort oder »is-at«-Nachricht, die D_{LAN} enthält. Da die ursprüngliche Anfrage A_{LAN} enthielt, kann D seine Antwort direkt (als Unicast) an A senden.

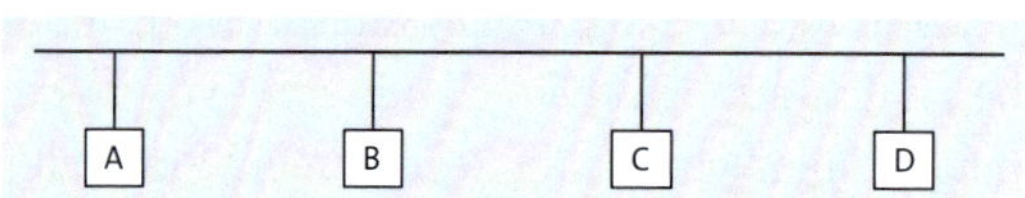

Abbildung 10.1 A sendet eine Broadcast-Anfrage »who-has D?«. D sendet seine Antwort als Unicast an A und schließt seine LAN-Adresse ein.

Zusätzlich unterhalten alle Hosts einen ARP-Cache, der aus ⟨IPv4,LAN⟩-Adresspaaren anderer Hosts im Netzwerk besteht. Nach dem obigen Austausch hat A $\langle D_{IP},D_{LAN}\rangle$ in seiner Tabelle; in der Erwartung, dass A ihm bald ein Paket schickt, auf das er antworten muss, legt D außerdem auch $\langle A_{IP},A_{LAN}\rangle$ in seinen Cache.

Die Einträge im ARP-Cache laufen irgendwann ab. Das Timeout-Intervall lag früher im Bereich von etwa 10 Minuten, aber Linux-Systeme verwenden inzwischen ein viel kürzeres Timeout (im Jahr 2012 wurden ~30 Sekunden beobachtet). Zwischenzeitlich, und wahrscheinlich im Zusammenhang mit diesem verkürzten Timeout-Intervall, wurden wiederholte ARP-Anfragen zu einem *abgelaufenen* Eintrag dann auch zunächst als *Unicast* und nicht als Broadcast an die zuvor aufgezeichnete Ethernet-Adresse gesendet. Dies reduziert die Gesamtmenge des Broadcast-Traffics; LAN-Broadcasts werden für neue Hosts natürlich weiterhin benötigt. Der ARP-Cache auf einem Linux-System kann mit dem Befehl `ip -s neigh`; inspiziert werden; der entsprechende Windows-Befehl lautet `arp -a`.

Das obige Protokoll ist ausreichend, aber es gibt noch einen weiteren Punkt. Wenn A seine »who-has D?«-Broadcast-Anfrage sendet, überprüfen alle anderen Hosts C ihren eigenen Zwischenspeicher nach einem Eintrag für *A. Gibt* es einen solchen Eintrag (wird dort also A_{IP} gefunden), wird der Wert für A_{LAN} mit dem Wert aus der ARP-Nachricht aktualisiert; gibt es dagegen noch keinen Eintrag, wird nichts weiter unternommen. Dieser Aktualisierungsprozess dient dazu, veraltete ARP-Cache-Einträge zu vermeiden, die entstehen können, wenn bei einem Host die Ethernet-Schnittstelle ausgetauscht wurde. (Insbesondere USB-Ethernet-Schnittstellen lassen sich sehr schnell austauschen.)

ARP ist ein recht effizienter Mechanismus zur Vermittlung zwischen IPv4- und LAN-Adressen. In der Regel finden die Netzwerkknoten benachbarte IPv4-Adressen über übergeordnete Protokolle heraus, und ARP füllt dann schnell die fehlende LAN-Adresse auf. In einigen Software-Defined Networking-Umgebungen (Abschnitt 3.4, »Software-Defined Networking«) können die LAN-Switches und/oder der LAN-Controller jedoch Kenntnisse über IPv4/LAN-Adressen-Korrespondenzen haben, was ARP möglicherweise überflüssig macht. Das geswitchte LAN (Ethernet) könnte im Prinzip sogar genau wissen, wie es *über das* LAN zu einer bestimmten IPv4-Adresse routen muss, was LAN-Adressen potenziell sogar überflüssig machen könnte. An einem solchen Punkt kann ARP lästig werden.

10.2.1 ARP-Feinheiten

Die meisten Hosts implementieren heute beim Start (oder Aufwachen) *self-ARP* oder *gratuitous ARP*: Wenn Teilnehmer A hochfährt, sendet er eine ARP-Anfrage nach *sich selbst*: »who-has A?«. Dies bewirkt zwei Dinge: Erstens wird bei allen Teilnehmern, die A in ihrem Cache hatten, As aktuelle Adresse A_{LAN} aktualisiert, falls es eine Änderung gab, und zweitens, sollte eine Antwort empfangen werden, dann bedeutet dies vermutlich, dass ein anderer Host im Netz die gleiche IPv4-Adresse wie A hat.

Self-ARP ist also der traditionelle IPv4-Mechanismus zur *Erkennung von Adressduplikaten*. Leider funktioniert er nicht immer so gut wie erhofft; oft wird nur eine einzige Self-ARP-Anfrage gesendet, und wenn eine Antwort empfangen wird, dann ist die einzige Reaktion oft eine Fehlermeldung; der Host kann die doppelte Adresse sogar weiter benutzen! Wurde die doppelte Adresse über DHCP empfangen, dann sollte der Host seinen DHCP-Server über den Fehler informieren und eine andere IPv4-Adresse anfordern.

RFC 5227 definiert einen verbesserten Mechanismus, der als *Address Conflict Detection* (ACD) bekannt ist. Ein Host, der ACD verwendet, sendet drei ARP-Anfragen für seine neue IPv4-Adresse, die im Abstand von einigen Sekunden erfolgen, wobei das ARP-Feld für die IPv4-Adresse des Absenders mit Nullen gefüllt bleibt. Dieser letzte Schritt bedeutet, dass jeder andere Host, der diese IPv4-Adresse in seinem Cache hat, das Paket ignoriert, anstatt seinen Cache zu aktualisieren. Erhält der ursprüngliche Host keine Antworten, sendet er zwei weitere ARP-Anfragen für seine neue Adresse, wobei diesmal das ARP-Feld für die IPv4-Adresse des Absenders mit der neuen Adresse ausgefüllt wird; dies ist die Phase, in der andere Hosts im Netz alle notwendigen Cache-Aktualisierungen vornehmen. Schließlich verlangt ACD, dass Hosts, die eine doppelte Adresse entdecken, diese nicht mehr verwenden dürfen.

Es ist auch möglich, dass andere Teilnehmer eine ARP-Anfrage stellvertretend für das eigentliche Ziel D beantworten. Dies wird als *Proxy-ARP* bezeichnet. Ein früher übliches Szenario hierfür war, dass Host C in einem LAN ein Modem an einer seriellen Schnittstelle angeschlossen hatte. Theoretisch sollte sich ein Host D, der sich in dieses Modem einwählt, in einem anderen Subnetz befinden, aber das erfordert die Zuweisung eines neuen Subnetzes. Stattdessen wählten viele Betriebsstätten eine einfachere Lösung. Einem Host, der sich an der seriellen Schnittstelle von C einwählt, könnte die IP-Adresse D_{IP} aus demselben Subnetz wie C zugewiesen werden. C wird dann so konfiguriert, dass es Pakete an D weiterleitet, d. h. Pakete, die über die serielle Verbindung ankommen, werden an die LAN-Schnittstelle weitergeleitet, und Pakete, die an C_{LAN} gesendet werden und an D_{IP} adressiert sind, werden an D weitergeleitet. Aber wir müssen auch ARP berücksichtigen, und da sich D nicht im LAN befindet, erhält es auch keine ARP-Broadcast-Anfragen. Stattdessen wird C so konfiguriert, dass er im Namen von D mit $\langle D_{IP}, \mathbf{C}_{LAN} \rangle$ antwortet. Dies funktionierte im Allgemeinen recht gut.

Proxy-ARP wird auch für Mobile IP verwendet, und zwar für den so genannten »Home Agent«, der den an die »Home Address« eines mobilen Geräts adressierten Datenverkehr abfängt und ihn dann (z. B. über Tunneling) an dieses Gerät weiterleitet. Siehe Abschnitt 9.9, »Mobile IP«.

Ein heikler Aspekt des ARP-Protokolls besteht darin, dass die Teilnehmer auf eine *Broadcast*-Anfrage antworten müssen. Solange es keine Proxies gibt, sollte dies theoretisch keine Probleme verursachen: Es dürfte nur einen Antwortenden geben. Es gibt jedoch Anekdoten aus früheren Netzwerkzeiten, in denen eine ARP-Broadcast-Anfrage eine Lawine von Antworten auslöste. Beim Protokolldesigns ist es also wichtig, die Entscheidung, wer auf eine Broadcast-Nachricht antworten sollte, mit größter Sorgfalt zu treffen. (Der Abschnitt 3.2.2 von RFC 1122 behandelt genau diesen Punkt im Zusammenhang mit der Beantwortung von ICMP-Broadcast-Nachrichten).

Implementierungen von ARP-Abfragen müssen auch ein Timeout und einige Warteschlangen enthalten, damit verloren gegangene Abfragen erneut gesendet werden können, und damit ein Ansturm von Paketen nicht zu einem Ansturm von Abfragen führt. Ein naiver ARP-Algorithmus ohne diese Funktionen könnte so aussehen:

Um ein Paket an das Ziel D_{IP} zu senden, prüfe, ob D_{IP} im ARP-Cache enthalten ist. Wenn ja, adressiere das Paket an D_{LAN}; wenn nicht, sende eine ARP-Anfrage für D

Um das Problem dieses Ansatzes zu verdeutlichen, stellen Sie sich ein 32-KB-Paket vor, das auf der IP-Ebene ankommt und über Ethernet gesendet werden soll. Es wird in 22 Fragmente zerlegt (wir gehen dabei von einer Ethernet-MTU von 1500 Byte aus), die alle auf einmal gesendet werden. Der oben dargestellte naive Algorithmus wird wahrscheinlich für *jedes* dieser Fragmente eine ARP-Anfrage senden. Was wir stattdessen brauchen, ist ungefähr so etwas:

- Um ein Paket an das Ziel D_{IP} zu senden:
  - Wenn D_{IP} im ARP-Cache ist, sende an D_{LAN} und kehre zurück
  - Wenn nicht, prüfen Sie, ob eine ARP-Anfrage für D_{IP} anhängig ist.
  - Wenn ja, stelle das aktuelle Paket in eine Warteschlange für D.
  - Wenn keine ARP-Anfrage für D_{IP} ansteht, löse eine aus,
  - lege das aktuelle Paket dabei wiederum in die (neue) Warteschlange für D

Wir brauchen außerdem:

- Wenn eine ARP-Anfrage für C_{IP} eine Zeitüberschreitung aufweist, sende sie erneut (bis zu einem gewissen Punkt)
- Wenn eine ARP-Anfrage für C_{IP} beantwortet wird, versende alle Pakete in der Warteschlange von C

10.2.2 ARP-Sicherheit

Angenommen, A möchte sich bei einem sicheren Server S mit einem Passwort anmelden. Wie kann sich B (für böse) als S ausgeben?

Hier ist eine ARP-basierte Strategie, die manchmal auch als *ARP-Spoofing* bezeichnet wird. Zunächst stellt B sicher, dass das echte S nicht erreichbar ist, indem es entweder bis zu einer planmäßigen Ausfallzeit wartet oder einen Denial-of-Service-Angriff gegen S startet.

Wenn A versucht, eine Verbindung herzustellen, beginnt es mit einer ARP-Anfrage »who-has S?«. B muss lediglich antworten: »S is-at B«. Dazu gibt es einen trivialen Weg: B muss lediglich seine eigene IP-Adresse in die von S umändern.

A stellt eine Verbindung her und wird möglicherweise davon überzeugt, B sein Kennwort mitzuteilen. B antwortet nun einfach mit etwas Plausiblem wie »Sicherung läuft; versuchen Sie es später erneut«, und verwendet in der Zwischenzeit die Anmeldedaten von A für den echten S.

Dies funktioniert auch, wenn der von A verwendete Kommunikationskanal verschlüsselt ist! Wenn A das SSH-Protokoll (Abschnitt 28.5.1, »SSH«), verwendet, erhält A eine Nachricht, dass sich der Schlüssel der anderen Seite geändert hat (B legt dann seinen eigenen SSH-Schlüssel vor, nicht den von S). Leider erkennen viele Benutzer (und sogar einige IT-Abteilungen) dies nicht als ernsthaftes Problem. Einige Organisationen – vor allem Schulen und Universitäten – verwenden persönliche Workstations mit »eingefrorener« Konfiguration, sodass das Dateisystem bei jedem Neustart auf seinen ursprünglichen Zustand zurückgesetzt wird. Solche Systeme mögen zwar virenresistent sein, aber in diesen Umgebungen wird der Benutzer von A stets die Meldung erhalten, dass die Anmeldedaten von S nicht bekannt sind.

10.2.3 ARP-Failover

Angenommen, Sie haben zwei Server an vorderster Front, A und B (B für Backup), und Sie möchten, dass B einspringt, wenn A ausfällt. Es gibt eine Reihe von Möglichkeiten, dies zu erreichen, aber zu den einfachsten gehört das sogenannte *ARP-Failover*. Zunächst setzen wir $A_{IP} = B_{IP}$, aber B nutzt das Netzwerk vorerst nicht, sodass diese Duplizierung kein Problem darstellt. Sobald B die Nachricht erhält, dass A ausgefallen ist, sendet er eine ARP-Anfrage für A_{IP}, in der B_{LAN} als LAN-Quelladresse ausgewiesen wird. Der Gateway-Router, der zuvor $\langle A_{IP},A_{LAN}\rangle$ in seinem ARP-Cache hatte, aktualisiert diesen auf $\langle A_{IP},B_{LAN}\rangle$, und Pakete, die zuvor an A gesendet wurden, gehen nun an B. Solange der Traffic von B nur zustandslose Operationen (wie zum Beispiel html) überträgt, kann B genau dort weitermachen, wo A aufgehört hat.

10.2.4 Erkennung von Sniffern

Schließlich gibt es noch eine interessante Möglichkeit, ARP zum Aufspüren von Ethernet-Passwort-Sniffern zu verwenden (was im Allgemeinen aufgrund von Verschlüsselung und Switching nicht mehr ganz so problematisch ist wie früher). Um herauszufinden, ob sich ein bestimmter Host A im Promiscuous-Modus befindet, senden Sie eine ARP-Anfrage »who-has A?«. Richten Sie die Anfrage jedoch nicht an die Broadcast-Ethernet-Adresse, sondern an eine nicht existierende Ethernet-Adresse.

Wenn der Promiscuous-Modus ausgeschaltet ist, wird die Netzwerkschnittstelle von A das Paket ignorieren. Ist der Promiscuous Mode jedoch eingeschaltet, wird die Netzwerkschnittstelle von A die ARP-Anfrage an A selbst weiterleiten, das sie dann wahrscheinlich beantworten wird.

Allerdings lehnen Linux-Kernel auf ARP-Softwareebene ARP-Anfragen an andere physische Ethernet-Adressen als ihre eigenen ab. Sie antworten jedoch auf fingierte Ethernet-Multicast-Adressen wie etwa ff:ff:ff:00:00:00 oder ff:ff:ff:ff:ff:fe.

10.2.5 ARP und Hosts mit mehreren Adressen

Wenn Host A zwei Schnittstellen `iface1` und `iface2` *im selben LAN* hat, mit den jeweiligen IP-Adressen A_1 und A_2, dann können beide üblicherweise austauschbar verwendet werden. An A1 gerichteter Traffic kann über `iface2` und umgekehrt, und Traffic *von* A_1 kann über `iface2` gesendet werden. In Abschnitt 9.2.1, »Multihomed Hosts«, wird dies als »Modell des schwachen Endsystems« beschrieben; der Grundgedanke ist, dass wir die IP-Adressen A_1 und A_2 als an A und nicht an ihre jeweiligen Schnittstellen gebunden betrachten sollten.

Im Rahmen dieses Modells kann ARP in der Regel so konfiguriert werden (dies ist sogar oft die Standardeinstellung), dass ARP-Anfragen für eine beliebige IP-Adresse, die von einer beliebigen Schnittstelle empfangen werden, mit einer beliebigen physischen Adresse beantwortet werden können. Normalerweise werden alle Anfragen mit der physischen Adresse der bevorzugten (d. h. schnelleren) Schnittstelle beantwortet. 10

Nehmen wir beispielsweise an, A hat eine Ethernet-Schnittstelle `eth0` mit der IP-Adresse 10.0.0.2 und eine schnellere Wi-Fi-Schnittstelle `wlan0` mit der IP-Adresse 10.0.0.3 (obwohl Wi-Fi-Schnittstellen natürlich nicht immer schneller sind). In dieser Konstellation würde eine ARP-Anfrage »who-has 10.0.0.2« mit der physischen Adresse von `wlan0` beantwortet werden, sodass der gesamte Datenverkehr zu A, egal an welche IP-Adresse, über `wlan0` eintreffen würde. Die Schnittstelle `eth0` würde im Wesentlichen ungenutzt bleiben. Auf ähnliche Weise, wenn auch nicht aufgrund von ARP, könnte sämtlicher von A gesendete Traffic mit der Quelladresse 10.0.0.2 über `wlan0` abgehen.

Diese Situation wird auf Linux-Systemen durch Ändern von `arp_ignore` und `arp_announce` in `/proc/sys/net/ipv4/conf/all` korrigiert.

10.3 Dynamic Host Configuration Protocol (DHCP)

DHCP ist der gängigste Mechanismus, um Hosts ihre IPv4-Adressen zuzuweisen. DHCP ging ursprünglich aus einem als Reverse ARP (RARP) bekannten Protokoll hervor, das sich zu BOOTP und dann zu seiner heutigen Form weiterentwickelte. Es ist in RFC 2131 dokumentiert. Denken Sie daran, dass ARP auf der Idee beruht, dass jemand eine ARP-Anfrage an einen Host sendet, die die IPv4-Adresse des Hosts enthält, und der Host darauf mit seiner LAN-Adresse antwortet. Bei DHCP sendet ein Host bei der Inbetriebnahme eine Anfrage mit seiner eigenen LAN-Adresse, woraufhin ihm ein Server antwortet, und ihm mitteilt, welche IPv4-Adresse er zugewiesen bekommt, daher der Name »Reverse ARP«.

Mit der DHCP-Antwortnachricht werden in der Regel auch mehrere andere wichtige Startparameter mitgeschickt. Im Gegensatz zur IPv4-Adresse hängen diese zusätzlichen Netzwerkparameter in der Regel nicht von dem speziellen Host ab, der die DHCP-Anfrage gesendet hat; sie sind wahrscheinlich für das Subnetz oder sogar den gesamten Standort konstant. Insgesamt enthält eine typische DHCP-Nachricht:

- IPv4-Adresse
- Subnetz-Maske
- Vorgabe-Router
- DNS-Server

Diese vier Punkte stellen eine standardmäßige *Minimalkonfiguration des Netzwerks* dar; in der Praxis können die Hosts ohne sie nicht richtig funktionieren. Die meisten DHCP-Implementierungen unterstützen das Mitsenden der drei letztgenannten Parameter und einer Vielzahl anderer Konfigurationswerte in den Serverantworten.

Der DHCP-Server verfügt über einen Bereich von IPv4-Adressen, die er vergeben kann, und unterhält eine Datenbank, in der gespeichert ist, welche IPv4-Adresse welcher LAN-Adresse zugewiesen wurde. Reservierungen können entweder permanent oder dynamisch sein; im letzteren Fall erneuern die Hosts ihre DHCP-Reservierung regelmäßig (typischerweise mindestens einmal pro Tag).

10.3.1 NAT, DHCP und das kleine Büro

Wenn Sie ein großes Netz mit mehreren Subnetzen haben, ist ein gewisses Maß an manueller Konfiguration unvermeidlich. Aber wie sieht es zu Hause oder in einem kleinen Büro mit einer einzigen Leitung vom Internetanbieter aus? Eine Kombination aus NAT (Abschnitt 9.7, »Netzwerkadressübersetzung«) und DHCP hat die automatische Konfiguration hier fast zur Realität werden lassen.

Der typische »Router« für zu Hause oder ein kleines Büro ist in Wirklichkeit ein NAT-Router (Abschnitt 9.7, »Netzwerkadressübersetzung«) mit eingebautem Ethernet-Switch, und in der Regel auch noch einem Wi-Fi-Zugangspunkt und einem DHCP-Server. In diesem Abschnitt werden wir den Begriff »NAT-Router« für dieses Gesamt paket verwenden. Ein besonders gekennzeichneter Port, der *externe* Port, stellt die Verbindung zur Leitung des Internetanbieters her und bezieht als DHCP-Client eine IPv4-Adresse für diesen Port. Die anderen, *internen* Ports sind über einen Ethernet-Switch miteinander verbunden; diese Ports sind als Gruppe mittels NAT mit dem externen Port verbunden. Wenn Drahtlosverbindungen unterstützt werden, ist die Wi-Fi -Seite direkt mit den internen Ports verbunden.

Die internen Ports sind vom Internet isoliert, sodass ihnen ein beliebiger nicht öffentlicher IPv4-Adressblock zugewiesen werden kann, z. B. 192.168.0.0/24. Der NAT-Router beinhaltet in der Regel einen DCHP-Server, der meist standardmäßig aktiviert ist und IPv4-Adressen an alle Verbindungen auf der internen Seite vergibt.

In der Regel funktioniert dies reibungslos. Wenn jedoch ein zweiter NAT-Router mit dem Netzwerk verbunden ist (manchmal wird versucht, damit, anstelle eines handelsüblichen Wi-Fi-Repeaters, die Reichweite des Wi-Fi zu vergrößern), hat man zwei DHCP-Server im selben Subnetz. Dies führt oft zu einem Chaos, das jedoch leicht durch Deaktivieren eines der beiden DHCP-Server behoben werden kann.

Während die IPv4-Autokonfiguration dank der allgegenwärtigen DHCP-Server in vielen Fällen »out of the box« funktioniert, hätte man in der Zeit, in der IPv4 entwickelt wurde, den Einsatz solcher Server als einen erheblichen Nachteil in Bezug auf Kosten und Zuverlässigkeit angesehen. IPv6 besitzt eine Autokonfigurationsstrategie (Abschnitt 11.7.2, »Zustandslose Autokonfiguration (Stateless Autoconfiguration, SLAAC)«) die ohne DHCP auskommt, auch wenn DHCPv6 sie am Ende möglicherweise verdrängen wird.

10.3.2 DHCP und Router

An größeren Standorten ist es oft erwünscht, nur einen oder zwei DHCP-Server zu haben, die jedoch mehrere Subnetze unterstützen sollen. Klassisches DHCP beruht auf Broadcast, das von Routern nicht weitergeleitet wird, und selbst wenn dies der Fall wäre, hätte der DHCP-Server keine Möglichkeit zu erfahren, in welchem Subnetz sich der betreffende Host tatsächlich befindet.

Dies wird im Allgemeinen durch *DHCP Relay* (manchmal noch unter dem älteren Namen BOOTP Relay bekannt) gelöst. Der Router (oder manchmal auch ein anderer Knoten im Subnetz) empfängt die DHCP-Broadcast-Nachricht von einem Host und notiert die Subnetzadresse der Zielschnittstelle. Der Router leitet dann die DHCP-Anfrage zusammen mit dieser Subnetzadresse an den vorgesehenen DHCP-Server weiter; diese weitergeleitete Nachricht wird direkt (als Unicast) und nicht per Broadcast gesendet. Da die Subnetzadresse enthalten ist, kann der DHCP-Server die korrekte IPv4-Adresse ermitteln, die er zuweisen muss.

Diese Funktion muss auf dem Router eigens aktiviert werden.

10.4 Internet Control Message Protocol

Das Internet Control Message Protocol (ICMP) ist ein Protokoll zum Senden von Fehler- und Statusmeldungen auf der IP-Schicht; es ist in RFC 792 definiert. ICMP ist wie IP ein *Host-to-Host*-Protokoll, die Mitteilungen werden also nie an einen bestimmten Port zugestellt, selbst wenn sie als Antwort auf einen Fehler im Zusammenhang mit einer von diesem Port gesendeten Nachricht gesendet werden. Mit anderen Worten: Einzelne UDP- und TCP-Verbindungen erhalten keine ICMP-Meldungen, selbst wenn es hilfreich wäre, sie zu erhalten.

ICMP-Nachrichten werden durch ein 8-Bit-*Type*-Feld identifiziert, gefolgt von einem 8-Bit-Subtype oder *code*. In Tabelle 10.1 sind die gängigsten ICMP-Typen mit den in der Beschreibung aufgeführten Untertypen aufgeführt.

Typ	**Beschreibung**
Echo Request	`ping`-Anfragen
Echo Reply	`ping`-Antworten
Destination Unreachable	Ziel**netzwerk** unerreichbar
	Ziel-**Host** unerreichbar
	Ziel-**Port** unerreichbar
	Fragmentierung erforderlich, aber DF-Flag gesetzt
	Kommunikation mit Zielnetzwerk administrativ verweigert
Source Quench	Überlaststeuerung
Redirect Message	Umleitung des Datagramms für das **Netzwerk**
	Umleitung des Datagramms für den **Host**
	Umleitung für TOS und Netzwerk
	Umleitung für TOS und Host
Router Solicitation	Suche/Auswahl/Anzeige des zuständigen Routers
Time Exceeded	TTL während des Transits abgelaufen
	Fragment Reassembly Time überschritten
Bad IP Header or Parameter	Der Fehler wird im Pointer-Feld aufgeführt.
	erforderliche Option fehlt
	falsche Länge
Timestamp Reply	Wie `ping`, aber mit Anforderung eines Zeitstempels vom Ziel

Tabelle 10.1 ICMP-Typen

Die Formate Echo und Timestamp sind *Anfragen*, die von einem Host an einen anderen gesendet werden. Bei den meisten anderen Formaten handelt es sich um *Fehler-*

meldungen, die von einem Router an den Absender des fehlerhaften Pakets gesendet werden. Fehlermeldungsformate enthalten den IP-Header und die nächsten 8 Bytes des fraglichen Pakets; die 8 Bytes enthalten die TCP- oder UDP-Portnummern. Redirect- und Router-Solicitation-Nachrichten haben informativen Charakter, sie folgen aber dem Format der Fehlermeldung. Anfrageformate enthalten einen 16-Bit-*Query-Identifier*, der vom Anfragenden zugewiesen und vom Antwortenden zurückgesendet wird.

ICMP ist vielleicht am bekanntesten für Echo Request/Reply, auf dem das `ping`-Tool (Abschnitt 1.14, »Einige nützliche Dienstprogramme«) basiert. Ping ist nach wie vor sehr nützlich für die Fehlersuche im Netzwerk: Wenn Sie einen Host anpingen können, ist das Netzwerk erreichbar, und eventuelle Probleme liegen weiter oben in der Protokollkette. Leider werden Ping-Antworten oft von vielen Firewalls blockiert, weil diese der Meinung sind, dass selbst die Offenlegung der Existenz von Computern ein Sicherheitsrisiko darstellt. Diese Entscheidung mag zwar mitunter angemessen sein, in der Praxis beeinträchtigt sie aber den Nutzen von ping erheblich.

10

ping-Paketgröße

Ich musste einmal ein Problem analysieren, bei dem Pings beinahe zu 100 % erfolgreich waren, die Dateiübertragung jedoch sofort fehlschlug. Dies konnte entweder auf einen Netzwerkfehler oder eine fehlerhafte Anwendung zur Dateiübertragung zurückzuführen sein. Als Ursache erwies sich ein defektes Netzwerkgerät mit einer sehr hohen Bitfehlerrate: 1500 Byte große Dateiübertragungspakete waren häufig beschädigt, aber Ping-Pakete mit einer Standardgröße von 32–64 Byte waren größtenteils nicht betroffen. Wenn die Bitfehlerrate so hoch ist, dass Pakete mit 1500 Byte eine Erfolgsquote von 50 % haben, kann man bei Paketen mit 50 Byte von einer Erfolgsquote von 98 % ($\simeq 0{,}5^{1/30}$) ausgehen. Sobald die Größe der Ping-Pakete entsprechend erhöht wurde, war sofort klar, dass der Fehler im Netzwerk und nicht in der Dateiübertragungsanwendung lag.

Ping kann auf Linux-Systemen mit der Option `-T` und unter Windows mit `-s` dazu gebracht werden, IP-Zeitstempel (Abschnitt 9.1, »Der IPv4-Header«) mit einzubeziehen.

Source Quench wurde verwendet, um zu signalisieren, dass eine Überlastung eingetreten ist. Ein Router, der ein Paket aufgrund von Überlastung verwirft, wurde dazu angehalten, ICMP Source Quench an den Absender-Host zu senden. Die TCP-Schicht ging in der Regel angemessen damit um (indem sie die Gesamtsenderate reduziert), aber bei UDP-Anwendungen kamen diese nicht an. ICMP Source Quench hat nicht ganz so funktioniert, wie beabsichtigt, und wurde mit RFC 6633 offiziell abgeschafft. (Router können TCP-Verbindungen mit Hilfe der ECN-Bits über drohende Überlastungen informieren).

Der Typ Destination Unreachable hat zahlreiche Untertypen:

- **Network unreachable**: irgendein Router hatte keinen Eintrag zur Weiterleitung des Pakets und keine Standardroute
- **Host unreachable**: Das Paket hat einen Router erreicht, der sich im selben LAN wie der Host befindet, aber der Host hat nicht auf ARP-Anfragen geantwortet
- **Port unreachable**: Das Paket wurde an einen UDP-Port eines bestimmten Hosts gesendet, aber dieser Port war nicht geöffnet. TCP reagiert dagegen auf diese Situation, indem es dem verbindenden Endpunkt mit einem `reset`-Paket antwortet. Leider wird die Meldung »UDP Port Unreachable« an den Host gesendet, nicht an die Anwendung auf diesem Host, die das unzustellbare Paket gesendet hat. Daher ist sie nahezu unbrauchbar, um Anwendungen zu informieren, wenn Pakete nicht zugestellt werden können.
- **Fragmentation required but DF flag set**: Ein Paket erreichte einen Router und war zu groß, um ohne Fragmentierung weitergeleitet zu werden. Das »Don't Fragment«-Bit im IPv4-Header war jedoch gesetzt, was eine Fragmentierung verbietet.
- **Administratively Prohibited**: Diese Nachricht wird von einem Router gesendet, der weiß, dass er das betreffende Netz erreichen kann, aber so konfiguriert ist, dass er das Paket verwirft und die Nachricht »Administratively Prohibited« zurückschickt. Ein Router kann auch als sogenanntes *Blackhole* konfiguriert werden: Er verwirft das Paket und sendet nichts zurück.

In Abschnitt 18.6, »Path MTU Discovery«, werden wir sehen, wie TCP die ICMP-Meldung *Fragmentation required but DF flag set* als Teil der *Path MTU Discovery* verwendet, also der Ermittlung des größten Pakets, das ohne Fragmentierung *an ein bestimmtes Ziel* gesendet werden kann. Die Grundidee ist, dass wir das DF-Bit bei einigen der gesendeten Pakete setzen; wenn wir diese Meldung zurückbekommen, war das Paket zu groß.

Einige Standorte und Firewalls blockieren ICMP-Pakete zusätzlich zu Echo Request/Reply, und für einige Nachrichten kann man dies mit relativ geringen Konsequenzen durchsetzen. Die Blockierung von *Fragmentation required but DF flag set* kann allerdings TCP-Verbindungen ernsthaft beeinträchtigen, je nachdem, wie die Path MTU Discovery implementiert ist, und wird daher nicht empfohlen. Wenn ICMP-Filterung in Erwägung gezogen wird, ist es am besten, die Entscheidungen zum Blockieren/Erlauben auf den ICMP-Typ oder sogar auf den Typ und den Code zu stützen. Die meisten Firewalls unterstützen zum Beispiel Regelsätze der Form »ICMP destination-unreachable« erlauben; alle anderen ICMP-Meldungen blockieren«.

Die Option *Timestamp* funktioniert ähnlich wie Echo Request/Reply, aber der Empfänger fügt seinen eigenen lokalen Zeitstempel für die Ankunftszeit mit Millisekunden-Genauigkeit hinzu. Siehe auch die Option IP-Zeitstempel in Abschnitt 9.1, »Der IPv4-Header«, die offenbar häufiger verwendet wird.

Das Type/Code-Nachrichtenformat erleichtert es, neue ICMP-Typen hinzuzufügen. Im Laufe der Jahre wurde eine beträchtliche Anzahl zusätzlicher Typen definiert; eine vollständige Liste wird von der IANA geführt: *http://www.iana.org/assignments/icmp-parameters/icmp-parameters.xhtml*. Mehrere dieser neueren ICMP-Typen wurden nur selten eingesetzt und wurden schließlich verworfen, viele durch RFC 6918.

ICMP-Pakete werden in der Regel korrekt durch NAT-Router weitergeleitet, allerdings muss der Router aufgrund der fehlenden Portnummern etwas mehr Arbeit leisten. RFC 3022 und RFC 5508 behandeln dieses Problem. Bei ICMP-Abfragen, wie z. B. ping, kann das Feld ICMP Query Identifier verwendet werden, um die zurückkommende Antwort zu erkennen. ICMP-Fehlermeldungen sind etwas kniffliger, da es keine direkte Verbindung zwischen der eingehenden Fehlermeldung und einem der vorherigen ausgehenden (nicht ICMP-konformen) Pakete gibt, die die Antwort ausgelöst haben. Die Header des Pakets, das die ICMP-Fehlermeldung ausgelöst hat, sind jedoch in den Hauptteil der ICMP-Meldung eingebettet. Der NAT-Router kann anhand dieser eingebetteten Header feststellen, wie die ICMP-Meldung weiterzuleiten ist (der NAT-Router muss auch die Adressen dieser eingebetteten Header umschreiben).

10.4.1 Traceroute und Time Exceeded

Das Programm Traceroute verwendet ICMP-Zeitüberschreitungsmeldungen. Ein Paket wird an das Ziel gesendet (oft per UDP an einen unbenutzten Port), wobei die TTL auf 1 gesetzt wird. Der erste Router, den das Paket erreicht, verringert die TTL auf 0, verwirft es und gibt eine ICMP Time Exceeded Meldung zurück. Der Absender kennt nun den ersten Router in der Kette. Das zweite Paket wird mit einer TTL von 2 gesendet, und der zweite Router auf dem Pfad sendet eine ICMP Time Exceeded Meldung. So geht es weiter, bis schließlich der entfernte Host etwas zurücksendet, wahrscheinlich ICMP Port Unreachable.

Ein Beispiel für eine Traceroute-Ausgabe finden Sie in Abschnitt 1.14, »Einige nützliche Dienstprogramme«. In diesem Beispiel werden die drei Traceroute-Anfragen für den N-ten Router manchmal von zwei oder sogar drei verschiedenen Routern beantwortet; dies deutet eher auf parallel arbeitende Router als auf geänderte Routen hin.

Viele Router antworten nicht mehr mit ICMP Time Exceeded Nachrichten, wenn sie Pakete verwerfen. Für den Entfernungswert, der einem solchen Router entspricht, meldet Traceroute ***.

Traceroute geht davon aus, dass sich der Pfad nicht ändert. Dies ist nicht immer der Fall, obwohl es in der Praxis nur selten ein Problem darstellt.

Effizienz der Route

Vor längerer Zeit (~2001) zeigte Traceroute, dass der Datenverkehr zwischen meiner Wohnung und meinem Büro, die beide im Raum Chicago liegen, über den Internet

Exchange Point MAE-EAST außerhalb von Washington DC lief. Diese ineffiziente Route wurde später korrigiert. Eine derartige Situation entsteht in der Regel durch zwei übergeordnete Anbieter, die nicht genügend Internet Exchange Points ausgehandelt haben.

Traceroute zu einem nicht existierenden Standort funktioniert bis zu dem Punkt, an dem das Paket den Internet-»Backbone« erreicht: den ersten Router, der keine vorgegebene Route hat. An diesem Punkt wird das Paket nicht mehr weiter geleitet (und ein ICMP Destination Network Unreachable sollte zurückgegeben werden).

Traceroute interagiert auch etwas seltsam mit Routern, die MPLS verwenden (siehe Abschnitt 24.12, »Multi-Protocol Label Switching (MPLS)«). Solche Router – höchstwahrscheinlich interne Router großer ISPs – leiten ICMP Time Exceeded möglicherweise weiter in Richtung ihres Ziels, bevor sie sie an den Absender zurückschicken. Infolgedessen können die gemeldeten Werte für die Round-Trip-Zeit um einiges höher sein, als es eigentlich der Fall sein sollte.

10.4.2 Redirects

Die meisten Hosts, die keine Router sind, starten ihre IPv4-Weiterleitungstabelle mit einem einzigen (Vorgabe-)Router, der zusammen mit seiner IPv4-Adresse über DHCP ermittelt wurde. Mit Hilfe von ICMP-Redirect-Nachrichten erfahren Hosts von anderen nützlichen Routern. Hier ist ein klassisches Beispiel:

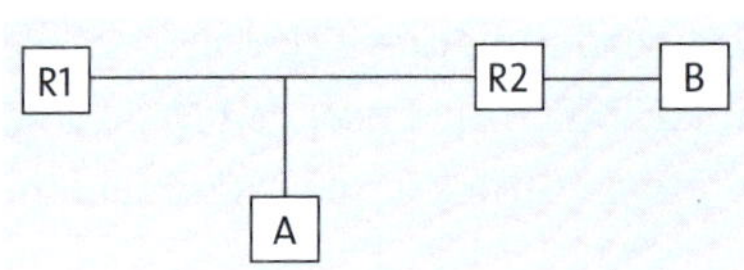

A ist so konfiguriert, dass sein Standard-Router R1 ist. Er adressiert ein Paket an B und sendet es an R1. R1 empfängt das Paket und leitet es an R2 weiter. Allerdings bemerkt R1 auch, dass R2 und A sich im selben Netz befinden und A das Paket direkt an R2 hätte senden können. Daher sendet R1 eine entsprechende ICMP-Redirect-Nachricht an A (»Redirect Datagram for the Network«), und A fügt seiner eigenen Weiterleitungstabelle eine Route zu B über R2 hinzu.

10.4.3 Router Solicitation

Diese ICMP-Nachrichten werden von einigen Routerprotokollen verwendet, um unmittelbare Nachbarn zu erkennen. Bei der Betrachtung von Routing-Update-Algorithmen in Kapitel 13, »Routing-Update-Algorithmen«, stehen diese am Anfang des Ablaufs.

10.5 Epilog

An diesem Punkt haben wir die Behandlung der Grundmechanismen von IPv4 abgeschlossen. Es folgt noch eine Erörterung der Frage, wie IP-Router ihre Weiterleitungstabellen aufbauen. Dies erweist sich als komplexes Thema, das in das Routing innerhalb einzelner Organisationen und ISPs – Kapitel 13, »Routing-Update-Algorithmen« – sowie das Routing zwischen Organisationen – Kapitel 14, »IP-Routing im großen Maßstab«, unterteilt wurde.

Zuvor vergleichen wir jedoch im nächsten Kapitel IPv4 mit IPv6, das inzwischen zwanzig Jahre alt aber noch immer nicht allzu weit verbreitet ist. Das größte Problem, das IPv6 behebt, ist der unzureichende Adressraum von IPv4, aber es gibt auch einige weitere, weniger dramatische Verbesserungen.

10.6 Übungen

1. In Abschnitt 10.2, »Address Resolution Protocol: ARP«, wurde festgestellt, dass in neueren Implementierungen »wiederholte ARP-Anfragen zu einem abgelaufenen Eintrag zunächst als Unicast gesendet werden«, um den Broadcast-Verkehr zu reduzieren. Angenommen, Host A verwendet ARP, um die LAN-Adresse (MAC-Adresse) von B abzurufen. Kurze Zeit später ändert B seine LAN-Adresse, entweder durch einen Hardware-Tausch oder durch Änderung der Software-Einstellungen.
   a) Was passiert, wenn A nun eine wiederholte ARP-Anfrage nach B als *Unicast* sendet?
   b) Was passiert, wenn A nun eine wiederholte ARP-Anfrage nach B als *Broadcast* sendet?
2. Angenommen, A sendet per Broadcast eine ARP-Anfrage »who-has B?«, empfängt Bs Antwort, und sendet B daraufhin ein normales IPv4-Paket. Wenn B nun antworten möchte, warum ist es dann wahrscheinlich, dass A bereits in Bs ARP-Cache vorhanden ist? Nennen Sie einen Umstand, unter dem dies scheitern kann.
3. Angenommen, A sendet eine ARP-Anfrage »who-has B«, listet aber versehentlich die physikalische Adresse eines anderen Rechners C statt seiner eigenen auf (d. h. die ARP-Anfrage von A hat IP_{src} = A, aber LAN_{src} = C). Was wird passieren? Wird A eine Antwort erhalten? Werden andere Hosts im LAN in der Lage sein, an A zu senden? Welche Einträge werden in den ARP-Caches von A, B und C vorgenommen?
4. Angenommen, Host A verbindet sich über Wi-Fi mit dem Internet. Der Standard-Router ist R_W. Host A beginnt nun, Pakete mit einem Remote-Host B auszutauschen: A sendet an B, B antwortet, usw. Die genaue Form der Verbindung spielt keine Rolle, außer dass TCP möglicherweise nicht funktioniert.

a) Sie schließen nun das Ethernet-Kabel von A an. Der Ethernet-Anschluss soll sich in einem anderen Subnetz befinden als das Wi-Fi (sodass das Modell des starken bzw. schwachen Endsystems aus Abschnitt 10.2.5, »ARP und Hosts mit mehreren Adressen«, hier nicht zum Tragen kommen). Angenommen, A wählt automatisch die neue Ethernet-Verbindung als Standardroute mit Router R_E. Was passiert mit der ursprünglichen Verbindung zu A? Können Pakete weiterhin hin- und hergehen? Ändert sich die für beide Richtungen verwendete Rücksendeadresse?

b) Nun *trennen* Sie die Wi-Fi-Schnittstelle von A und lassen die Ethernet-Schnittstelle angeschlossen. Was passiert nun mit der Verbindung zu B? Hinweis: An welche IP-Adresse werden die Pakete von B gesendet?

Siehe auch Kapitel 13, »Routing-Update-Algorithmen«, Übung 16, und Kapitel 18, »TCP – Probleme und Alternativen«, Übung 5.

Kapitel 11
IPv6

Was konnten wir aus den Erfahrungen mit IPv4 lernen? In erster Linie werden mehr als 32 Bits für Adressen benötigt; das Hauptmotiv für die Entwicklung der neuen IP-Version namens IPv6 war das Schreckgespenst, dass die IPv4-Adressen ausgehen könnten (was auf der Ebene bereits geschehen ist; siehe die Erläuterungen am Ende von Abschnitt 1.10, »IP – Internet Protocol«). Ein weiterer wichtiger Punkt ist, dass IPv4 einen gewissen Konfigurationsaufwand erfordert (oder erforderte); IPv6 sollte dies verbessern.

In diesem Kapitel wird das grundlegende Format von IPv6-Paketen beschrieben, einschließlich Adressformat und Adresszuweisung. Das folgende Kapitel beschäftigt sich mit zusätzlichen Funktionen von IPv6.

1990 war das Problem des IPv4-Adressraums bereits bekannt, und die IETF befasste sich aktiv mit Vorschlägen zur Ablösung von IPv4. 1993 wurde eine Arbeitsgruppe für die so genannte »IP next generation« (IPng) gegründet, um die neue Version auszuwählen; RFC 1550 war die offizielle Einladung dieser Gruppe, Vorschläge einzureichen. Im Juli 1994 stimmten die IPng-Direktoren und -Direktorinnen dafür, eine modifizierte Version des »Simple Internet Protocol Plus«, kurz SIPP (RFC 1710), als Grundlage für IPv6 zu akzeptieren. Die ersten IPv6-Spezifikationen, die 1995 veröffentlicht wurden, waren RFC 1883 (jetzt RFC 2460, mit Aktualisierungen) für das Basisprotokoll und RFC 1884 (jetzt RFC 4291, ebenfalls mit Aktualisierungen) für die Adressierungsarchitektur.

Ursprünglich waren die SIPP-Adressen 64 Bit lang, aber in den Monaten vor der Annahme als Grundlage für IPv6 wurde die Länge auf 128 erhöht. 64 Bits hätten wahrscheinlich ausgereicht, aber das Problem ist weniger die tatsächliche Anzahl als vielmehr die Einfachheit der Adressenzuweisung; je mehr Bits, desto einfacher wird dies, da Standorten relativ große Adressblöcke zugewiesen werden können, ohne dass eine Verschwendung zu befürchten ist. Ein zweiter Grund für den Sprung von 64 auf 128 Bits war die Möglichkeit, die inzwischen veralteten CLNP-Adressen (Abschnitt 1.15, »IETF und OSI«) unterzubringen, die bis zu 160 Bits lang, aber komprimierbar waren.

IPv6 ist bis zu einem gewissen Grad zum Konzept einer festen Aufteilung zwischen Netzwerk- und Host-Anteilen zurückgekehrt; bei den meisten IPv6-Adressen sind die ersten 64 Bits das Netzwerkpräfixe (einschließlich eines etwaigen Subnetz-Anteils), die restlichen 64 Bits stellen den Host-Anteil dar. In RFC 2460 aus dem Jahr 1998 wurde festgelegt, dass die 64/64-Aufteilung für alle Adressen mit Ausnahme derjenigen gilt, die mit den Bits 000 beginnen; diese Adressen wurden dann für den unwahrscheinlichen Fall reserviert, dass die 64/64-Teilung in Zukunft Probleme bereiten sollte. Dies war eine Änderung gegenüber 1995, als RFC 1884 48-Bit-Hostanteile und 80-Bit-Präfixe vorsah.

Obwohl die IETF das Thema gelegentlich wieder aufgreift, scheint die 64/64-Aufteilung zum jetzigen Zeitpunkt zu bleiben; zur Diskussion und Begründung siehe Abschnitt 12.3.1, »Subnetze und /64«, sowie RFC 7421. Die 64/64-Aufteilung erfolgt jedoch nicht automatisch; es gibt keine Standard-Präfixlänge wie im IPv4-Schema der Klassen A/B/C. Daher ist es irreführend, IPv6 als Rückkehr zum IPv4-Klassenadressierungsschema zu betrachten. Router-Ankündigungen müssen immer die Präfixlänge enthalten, und bei der manuellen Zuweisung von IPv6-Adressen muss die /64-Präfixlänge explizit angegeben werden; siehe Abschnitt 12.5.3, »Manuelle Adresskonfiguration«.

High-Level-Routing kann jedoch, wie bei IPv4, auf Präfixen beliebiger Länge erfolgen (in der Regel bedeutet dies Längen kürzer als /64). Das Routing kann auch für unterschiedliche Präfixlängen an verschiedenen Punkten des Netzes erfolgen.

IPv6 ist mittlerweile zwanzig Jahre alt, und dennoch war die Nutzung im Jahr 2015 noch recht überschaubar. Die Verknappung der IPv4-Adressen zeichnete sich jedoch bedrohlich ab; die IPv6-Akzeptanzrate stieg schnell mit der Verteuerung der IPv4-Adressen.

11.1 Der IPv6-Header

Der feste Teil des IPv6-Headers ist unten abgebildet; mit 40 Byte ist er doppelt so groß wie der IPv4-Header. Der feste Teil des Headers soll nur bereitstellen, was jedes Paket braucht: Es gibt keine Unterstützung für Fragmentierung, keine Header-Prüfsumme und keine Optionsfelder. Es wurde jedoch das Konzept der Erweiterungsheader eingeführt, um einige dieser Optionen zu unterstützen; einige IPv6-Erweiterungsheader werden in Abschnitt 11.5, »IPv6-Erweiterungsheader«, beschrieben. Welcher Header als Nächstes kommt, wird durch das Feld Next Header identifiziert, ähnlich wie das IPv4-Protocol-Feld. Einige andere feste Header-Felder wurden ebenfalls gegenüber ihren IPv4-Entsprechungen umbenannt: IPv4 TTL wurde in IPv6 zum Hop_Limit (weiterhin von jedem Router dekrementiert, wobei das Paket verworfen wird, wenn es 0 erreicht), und das IPv4-DS-Feld wurde in IPv6 zur Traffic Class.

Flow Label ist neu. RFC 2460 besagt, dass es

> *von einer Quelle verwendet werden kann, um Paketsequenzen zu kennzeichnen, für die eine besondere Verarbeitung durch die IPv6-Router vorgesehen ist, wie z. B. nicht standardmäßiger Quality of Service oder ein »Echtzeit«-Dienst.*

Absender, die keine Quality-of-Service-Optionen nutzen, sollten Flow Label auf null setzen.

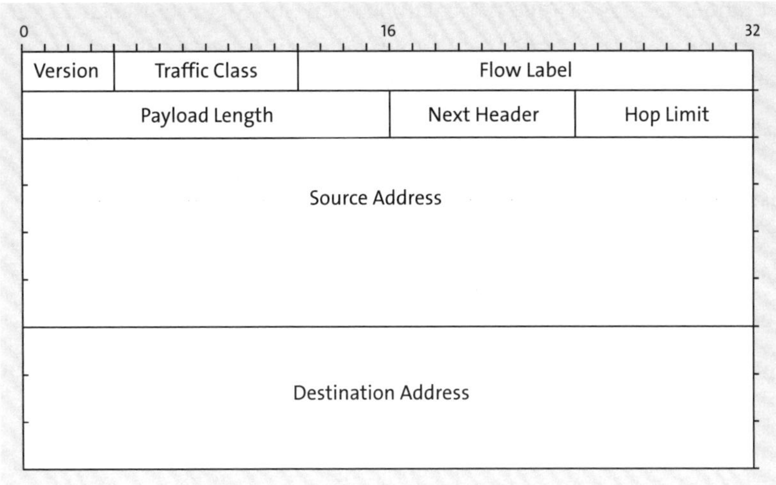

Abbildung 11.1 IPv6-Header

Wenn Flow Label verwendet wird, stellt es einen vom Absender berechneten Hash der Quell- und Zieladressen und möglicherweise der Traffic-Klasse dar. Router können dieses Feld nutzen, um schnell die Priorität oder den Reservierungsstatus des Pakets zu ermitteln. Alle Pakete, die zu demselben Flow gehören, sollten denselben Routing-Erweiterungsheader beinhalten (siehe Abschnitt 11.5.3, »Routing-Header«). Flow Label enthält normalerweise keine Informationen über die Quell- und Zielportnummern, außer dass nur einige der Verbindungen zwischen einem Hostpaar dieses Feld nutzen können.

Ein *Fluss*, wie der Begriff hier verwendet wird, geht in *eine* Richtung; der Rück-Traffic gehört zu einem anderen Fluss. In der Vergangenheit wurde der Begriff »Fluss« auch in anderen Zusammenhängen verwendet: eine einzelne bidirektionale TCP-Verbindung, mehrere *zusammenhängende* TCP-Verbindungen oder sogar der gesamte Traffic aus einem bestimmten Subnetz (z. B. der »Computer-Labor-Fluss«).

11.2 IPv6-Adressen

IPv6-Adressen werden in acht Gruppen von vier Hexadezimalziffern notiert, wobei a–f gegenüber A–F bevorzugt wird (RFC 5952). Die Gruppen werden durch Doppelpunkte getrennt, wobei die führenden Nullen entfernt werden, z. B.

```
fedc:13:1654:310:fedc:bc37:61:3210
```

Wenn eine Adresse eine lange Reihe von Nullen enthält – zum Beispiel, wenn die IPv6-Adresse eine eingebettete IPv4-Adresse hatte –, dann sollte beim Schreiben der Adresse die Zeichenfolge »::« verwendet werden, um so viele 0000-Blöcke wie für eine Adresse mit der richtigen Länge nötig darzustellen; um Mehrdeutigkeit zu vermeiden, kann dies nur einmal verwendet werden. Auch eingebettete IPv4-Adressen können weiterhin das Trennzeichen ».« verwenden:

```
::ffff:147.126.65.141
```

Das obige Beispiel zeigt ein Standard-IPv6-Format zur Darstellung von IPv4-Adressen (siehe Abschnitt 12.4, »IPv6 und IPv4 gemeinsam benutzen«). 48 Bits werden explizit dargestellt; das :: bedeutet, dass diesen 80 Null-Bits vorangestellt sind.

Die IPv6-Loopback-Adresse ist ::1 (d. h. 127 Null-Bits gefolgt von einem Einser-Bit).

Präfixe von Netzwerkadressen können wie bei IPv4 mit der Notation »/« geschrieben werden:

```
12ab:0:0:cd30::/60
```

In RFC 3513 wurde vorgeschlagen, die anfängliche Zuweisung von IPv6-Unicast-Adressen auf Adressen zu beschränken, die mit den Bits 001 beginnen, d. h. auf den Block 2000::/3 (20 in binärer Form ist 0010 0000).

Normalerweise bestehen IPv6-Adressen aus einem 64-Bit-Netzpräfix (eventuell einschließlich Subnetz-Bits), gefolgt von einem 64-Bit-»Schnittstellenbezeichner« (siehe Abschnitt 11.3, »Netzwerkpräfixe«, und Abschnitt 11.2.1, »Schnittstellenbezeichner«.

IPv6-Adressen haben alle einen zugehörigen *Gültigkeitsbereich*, der in RFC 4007 definiert ist. Der Gültigkeitsbereich einer Unicast-Adresse ist entweder *global*, d. h. sie soll global geroutet werden können, oder *Link-local*, d. h. sie funktioniert nur mit direkt verbundenen Nachbarn (Abschnitt 11.2.2, »Link-local-Adressen«). Die Loopback-Adresse wird als Link-local angesehen. Für Multicast-Adressen gibt es einige weitere Gültigkeitsbereiche, z. B. »site-local« (RFC 4291). Der Geltungsbereich einer IPv6-Adresse ist implizit in den ersten 64 Bits kodiert; Adressen im Block 2000::/3 haben beispielsweise einen globalen Geltungsbereich.

Pakete mit Adressen mit lokalem Geltungsbereich (z. B. Link-local-Adressen) für das Ziel oder die Quelle können nicht geroutet werden (Letzteres, weil eine Antwort unmöglich wäre).

Obwohl Adressen der Kategorie »Unique-local-Adresse« in Abschnitt 11.3, »Netzwerkpräfixe«, offiziell einen globalen Geltungsbereich haben, verhalten sie sich in der Praxis immer noch so, als hätten sie den inzwischen offiziell veralteten »site-local«-Gültigkeitsbereich.

11.2.1 Schnittstellenbezeichner

Wie bereits erwähnt, lassen sich die meisten IPv6-Adressen in ein 64-Bit-Netzpräfix und einen 64-Bit-»Host«-Teil aufteilen, wobei Letzterer den »Host«-Bits einer IPv4-

Adresse entspricht. Diese Bits des »Host«-Anteils werden offiziell als *Schnittstellenbezeichner* bezeichnet; die Änderung der Terminologie spiegelt das Konzept wider, dass alle IP-Adressen an Schnittstellen und nicht an Hosts gebunden sind.

Ursprünglich sollte der Schnittstellenbezeichner in den meisten Fällen von der LAN-Adresse abgeleitet werden, er kann aber auch administrativ festgelegt werden. Bei einer 48-Bit-Ethernet-Adresse sollte der darauf basierende Schnittstellenbezeichner durch Einfügen von 0xfffe zwischen den ersten drei und den letzten drei Bytes gebildet werden, um insgesamt 64 Bit zu erhalten. Das siebte Bit des ersten Bytes (das Ethernet-»universal/local«-Flag) wurde dann auf 1 gesetzt. Das Ergebnis dieses Prozesses ist offiziell als *Modified EUI-64 Identifier* bekannt, wobei EUI für Extended Unique Identifier steht; Einzelheiten finden sich in RFC 4291. Für einen Host mit der Ethernet-Adresse 00:a0:cc:24:b0:e4 würde der EUI-64-Identifier beispielsweise 02a0:ccff:fe24:b0e4 lauten (die führende 00 wird zu 02, wenn das siebte Bit eingeschaltet wird). Als das EUI-64-Format vorgeschlagen wurde, ging man allgemein davon aus, dass Ethernet-MAC-Adressen irgendwann 64 Bit lang sein würden.

EUI-64-Schnittstellenbezeichner stellen ein großes Problem für den Schutz der Privatsphäre dar: Unabhängig davon, wo ein (tragbarer) Rechner eine Verbindung zum Internet herstellt – zu Hause, am Arbeitsplatz, am Flughafen oder im Internetcafé – bleibt ein solcher Schnittstellenbezeichner immer gleich und dient somit als dauerhafter Fingerabdruck des Rechners. Infolgedessen wird von EUI-64-Bezeichnern für persönliche Computer und mobile Geräte abgeraten. (Einige ortsgebundene Hosts verwenden weiterhin EUI-64-Schnittstellenbezeichner oder alternativ administrativ zugewiesene Schnittstellenbezeichner).

RFC 7217 schlägt eine Alternative vor: Der Schnittstellenbezeichner ist ein sicherer Hash (Abschnitt 27.6, »Sichere Hashes«) eines »Net_Iface«-Parameters, des 64-Bit-IPv6-Adresspräfixes und eines hostspezifischen geheimen Schlüssels (es gibt noch einige weitere Parameter als Zutaten, aber sie brauchen uns hier nicht zu interessieren). Der »Net_Iface«-Parameter kann die MAC-Adresse der Schnittstelle sein, aber auch der »Name« der Schnittstelle, z. B. `eth0`. Auf diese Weise erstellte Schnittstellenbezeichner ändern sich von Verbindungspunkt zu Verbindungspunkt (weil sich das Präfix ändert), geben die Ethernet-Adresse nicht preis und sind (zumindest wegen des Schlüssels) willkürlich über den 2^{64} großen Interface-Identifier-Raum verteilt. Das letzte Merkmal macht die Suche nach IPv6-Adressen praktisch unmöglich; siehe Übung 4.

Schnittstellenbezeichner wie im vorigen Abschnitt ändern sich nicht, es sei denn, das Präfix ändert sich, und das geschieht normalerweise nur, wenn der Host in ein neues Netz verlegt wird. In Abschnitt 11.7.2, »Zustandslose Autokonfiguration (Stateless Autoconfiguration, SLAAC)«, werden wir sehen, dass Schnittstellenbezeichner aus Gründen des Datenschutzes oft in regelmäßigen Abständen geändert werden.

Schließlich werden die Schnittstellenbezeichner oft zentral über DHCPv6 zugewiesen (siehe Abschnitt 11.7.3, »DHCPv6«).

Die Fernabfrage von auf EUI-64-Bezeichnern basierenden IPv6-Adressen ist viel einfacher als die von RFC-7217-Kennungen, da Erstere nicht sehr zufällig sind. Wenn ein Angreifer den Hardware-Hersteller und damit die ersten drei Bytes der Ethernet-Adresse erraten kann (Abschnitt 2.1.3, »Interne Struktur von Ethernet-Adressen«), gibt es nur 2^{24} statt 2^{64} Möglichkeiten. Da die letzten drei Bytes oft in serieller Reihenfolge vergeben werden, kann der Suchraum noch weiter eingeengt werden. Auch wenn es auf Security by Obscurity hinausläuft, ist das Verbergen interner globaler IPv6-Adressen oft von praktischer Bedeutung.

Weitere Informationen zum Host-Scanning in IPv6-Netzwerken finden Sie in RFC 7707 und *draft-ietf-opsec-ipv6-host-scanning-06*: *https://tools.ietf.org/html/draft-ietf-opsec-ipv6-host-scanning-06*

11.2.2 Link-local-Adressen

IPv6 definiert *Link-local-Adressen* mit so genanntem Link-local-Scope, die nur in einem einzigen LAN verwendet und niemals geroutet werden sollen. Sie beginnen mit dem 64-Bit-Link-local-Präfix, das aus den zehn Bits 1111 1110 10 besteht, gefolgt von 54 weiteren Null-Bits, also fe80::/64. Die verbleibenden 64 Bits sind die Schnittstellenbezeichner für die betreffende Verbindungsschnittstelle. Die Link-locale EUI-64-Adresse des Rechners im vorigen Abschnitt mit der Ethernet-Adresse 00:a0:cc:24:b0:e4 lautet also fe80::2a0:ccff:fe24:b0e4.

Die Hauptanwendungen von Link-local-Adressen sind »Bootstrap«-Adressen für die Autokonfiguration globaler Adressen (Abschnitt 11.7.2) und optionale permanente Adressen für Router. IPv6-Router kommunizieren mit benachbarten Routern häufig über ihre Link-local-Adressen, da diese sich nicht ändern, wenn sich globale Adressen (oder Subnetzkonfigurationen) ändern (RFC 4861 §6.2.8). Wenn EUI-64-Schnittstellenbezeichner verwendet werden, ändert sich die Link-local-Adresse, wenn die Ethernet-Hardware ausgetauscht wird. Werden jedoch RFC 7217-Schnittstellenbezeichner verwendet und stellt der »Net_Iface«-Parameter dieses Mechanismus den Schnittstellennamen und nicht die physische Adresse dar, kann die Link-local-Adresse während der gesamten Lebensdauer des Hosts konstant bleiben. (Wenn RFC 7217 zur Generierung von Link-local-Adressen verwendet wird, ist der Hash-Parameter »prefix« das Link-local-Präfix fe80::/64).

Durch die Identifizierung von Routern mithilfe ihrer Link-local-Adressen ist es oft möglich, Router so zu konfigurieren, dass sie nicht einmal Global-Scope-Adressen haben; für die Weiterleitung von Datenverkehr und den Austausch von Routing-Update-Nachrichten sind Link-local-Adressen ausreichend. In ähnlicher Weise leiten viele normale Hosts Pakete an ihren Standard-Router weiter, indem sie dessen Link-local-Adresse verwenden. Auf die Adressierung von Routern kommen wir in Abschnitt 12.6.2, »Einen Router einrichten«, mit dem Unterabschnitt »Ein zweiter Router« zurück.

Für nicht-Ethernet-ähnliche Schnittstellen, z. B. Tunnelschnittstellen, gibt es möglicherweise keinen natürlichen Kandidaten für die Schnittstellenbezeichner. In diesem Fall *kann* eine Link-local-Adresse manuell zugewiesen werden, wobei die niederwertigen 64 Bits so gewählt werden, dass sie für die betreffende Verbindung eindeutig sind.

Wenn an eine Link-local-Adresse gesendet wird, muss irgendwo separat die »Zonenkennung« der Verbindung angegeben werden, oft durch Anhängen einer Zeichenkette mit dem Schnittstellennamen an die IPv6-Adresse, z. B. fe80::f00d:cafe**%eth0** (Siehe Abschnitt 12.5.1, »ping6«, und Abschnitt 12.5.2, »TCP-Verbindungen mit Link-Local-Adressen«, für Beispiele einer solchen Verwendung von Link-local-Adressen.

Für IPv4 gibt es auch echte Link-local-Adressen, die in RFC 3927 definiert sind, obwohl sie nur selten verwendet werden; solche Adressen befinden sich im Block 169.254.0.0/16 (nicht zu verwechseln mit dem Block 192.168.0.0/16 für private Adressen). Abgesehen von diesen Adressen identifizieren IPv4-Adressen immer implizit das Verbindungssubnetz aufgrund des Netzwerkpräfixes.

Sobald die Link-local-Adresse erstellt ist, muss sie den Test zur Erkennung von *Adressduplikaten* bestehen, bevor sie verwendet werden kann; siehe Abschnitt 11.7.1, »Erkennung doppelter Adressen«.

11.2.3 Anycast-Adressen

Mit IPv6 wurden auch *Anycast*-Adressen eingeführt. Jedem Mitglied einer Gruppe von Routern kann eine Anycast-Adresse zugewiesen werden (zusätzlich zu den Unicast-Adressen der einzelnen Router); ein an diese Anycast-Adresse adressiertes Paket wird nur an ein Mitglied dieser Gruppe zugestellt. Dies unterscheidet sich von Multicast-Adressen; ein an letztere adressiertes Paket wird an *jedes* Mitglied der Gruppe zugestellt.

Es liegt an der lokalen Routing-Infrastruktur zu entscheiden, welches Mitglied der Anycast-Gruppe das Paket erhält; normalerweise wird es an das »nächstgelegene« Mitglied gesendet. Auf diese Weise können Hosts an jeden beliebigen Router einer Gruppe senden, anstatt an den ihnen zugewiesenen individuellen Standardrouter.

Anycast-Adressen sind nicht als solche gekennzeichnet, und ein Knoten, der an eine solche Adresse sendet, muss sich des Anycast-Status nicht bewusst sein. Es handelt sich einfach deshalb um Anycast-Adressen, weil die beteiligten Router so konfiguriert wurden, dass sie sie als solche erkennen.

Es gibt auch IPv4-Anycast, aber in einer eingeschränkteren Form (Abschnitt 15.8, »BGP und Anycast«); normalerweise werden Router viel weniger direkt konfiguriert (z. B. durch BGP).

11.3 Netzwerkpräfixe

Bisher sind wir davon ausgegangen, dass eine IPv6-Adresse, zumindest aus Sicht eines Hosts, aus einem 64-Bit-Netzwerkpräfix und einem 64-Bit-Schnittstellenbezeichner besteht. Seit 2015 ist dies eine Anforderung; RFC 4291 (IPv6 Addressing Architecture) besagt:

> *Für alle Unicast-Adressen, außer denen, die mit dem Binärwert 000 beginnen, müssen die Schnittstellen-IDs 64 Bit lang sein …*

Diese /64-Anforderung wird gelegentlich von der IETF überdacht, wird sich aber für den IPv6-Haupt-Traffic wahrscheinlich nicht ändern. Die feste 64/64-Aufteilung ist eine Abkehr von IPv4, bei dem die Host/Subnetz-Unterteilung seit der Entwicklung von Subnetzen von der lokalen Konfiguration abhängt.

Beachten Sie, dass der Netz/Schnittstellen-Unterteilungspunkt (Netz/Host) zwar fest ist, Router jedoch weiterhin CIDR verwenden können (Abschnitt 14.1, »Classless Internet Domain Routing: CIDR«) und die Weiterleitung weiterhin auf Präfixen basieren kann, die kürzer als /64 sind.

Seit 2015 sind alle Zuweisungen für global routbare IPv6-Präfixe Teil des 2000::/3-Blocks.

IPv6 definiert auch eine Reihe von speziellen Netzwerkpräfixen, darunter das Link-local-Präfix und Präfixe für Anycast- und Multicast-Adressen. Wie wir bereits gesehen haben, identifiziert das Präfix ::ffff:0:0/96 beispielsweise IPv6-Adressen mit eingebetteten IPv4-Adressen.

Die wichtigste Klasse von 64-Bit-Netzpräfixen sind jedoch diejenigen, die von einem Provider oder einer anderen Instanz bereitgestellt werden und die die erste Hälfte der global routbaren IPv6-Adressen darstellen. Dies sind die Präfixe, die für die Außenwelt sichtbar werden.

IPv6-Kunden wird in der Regel ein relativ großer Adressblock zugewiesen, z. B. /48 oder /56. Ersteres erlaubt 64 – 48 = 16 Bits für die lokale »Subnetz«-Spezifikation innerhalb eines 64-Bit-Netzpräfixes; Letzteres erlaubt 8 Subnetz-Bits. Diese Subnetzbits werden – wie bei IPv4 – durch die Routerkonfiguration bereitgestellt; siehe Abschnitt 12.3, »IPv6-Subnetze«. Die IPv6-Analogie zur IPv4-Subnetzmaske besteht darin, dass alle Netzwerkpräfixe an die Hosts mit einer entsprechenden Länge geliefert werden, wobei diese Länge fast immer 64 Bit beträgt.

Viele Standorte verwenden nur einen einzigen, nach außen sichtbaren Adressblock. Einige Standorte können jedoch Multihomed sein und somit über mehrere unabhängige Adressblöcke verfügen.

Standorte können auch über private *Unique-local-Adresspräfixe* verfügen, die privaten IPv4-Adressblöcken wie 192.168.0.0/16 und 10.0.0.0/8 entsprechen. Sie werden offiziell *Unique-local-Unicast-Adressen* genannt, sind in RFC 4193 definiert und ersetzen einen früheren Plan für *Site-local-Adressen* (und den offiziellen Site-local-Bereich), der in RFC 3879 formell abgelehnt wurde (obwohl Unique-local-Adressen manchmal noch informell als site-local bezeichnet werden).

Die ersten 8 Bits eines Unique-local-Präfixes sind 1111 1101 (fd00::/8). Das zugehörige Präfix 1111 1100 (fc00::/8) ist für die zukünftige Verwendung reserviert; beide zusammen können als fc00::/7 zusammengefasst werden. Die letzten 16 Bits eines 64-Bit-Unique-local-Präfixes stellen die Subnetz-ID dar und werden entweder administrativ oder per Autokonfiguration zugewiesen. Die 40 Bits dazwischen, von Bit 8 bis Bit 48, stellen die *globale ID* dar. Ein Standort muss die globale ID auf einen Pseudozufallswert setzen.

Das sich daraus ergebende Unique-local-Präfix ist »mit ziemlicher Sicherheit« global eindeutig (und gilt als *global gültig* im Sinne von Abschnitt 11.2, »IPv6-Adressen«), obwohl es nicht dazu gedacht ist, außerhalb eines Standorts verwendet zu werden. Darüber hinaus lässt ein Standort normalerweise keine Pakete von außerhalb zu, die an ein Ziel mit der globaler ID als Präfix adressiert sind. Ein Grund für die Wahl eindeutiger globale IDs für jeden Standort ist die Berücksichtigung möglicher späterer Zusammenschlüsse von Organisationen, ohne dass eine Neunummerierung erforderlich ist; dies war ein Dauerproblem für Standorte, die private IPv4-Adressblöcke verwendeten. Ein weiterer Grund ist die Unterstützung von VPN-Verbindungen von anderen Standorten. Wenn ich beispielsweise zu Hause den IPv4-Block 10.0.0.0/8 verwende und über VPN eine Verbindung zu einem Standort herstelle, der ebenfalls 10.0.0.0/8 verwendet, ist es möglich, dass mein Drucker dieselbe IPv4-Adresse hat wie der Anwendungsserver.

11.4 IPv6-Multicast

IPv6 hat sich vom *Broadcast* auf der LAN-Schicht gelöst und bietet stattdessen eine breite Palette von *Multicast*-Gruppen auf der LAN-Schicht. Beachten Sie, dass Multicast auf der LAN-Schicht oft unkompliziert ist. Problematisch ist normalerweise Multicast auf der IP-Schicht (Abschnitt 24.5, »Globales IP-Multicast«, siehe Abschnitt 2.1.2, »Ethernet Multicast«, für die Ethernet-Implementierung). Diese Umstellung auf Multicast soll den Broadcast-Traffic normalerweise einschränken, obwohl viele Switches den LAN-Multicast-Traffic immer noch überall wie Broadcast behandeln.

Eine IPv6-Multicast-Adresse beginnt mit den acht Bits 1111 1111 (ff00::/8); es wurden zahlreiche spezielle Adressen und sogar Adressklassen definiert. Für die tatsächliche Zustellung entsprechen die IPv6-Multicast-Adressen durch eine eindeutig definierte statische Zuordnung den Multicast-Adressen der LAN-Schicht (z. B. Ethernet). Wenn x, y, z und w die letzten vier Bytes der IPv6-Multicast-Adresse in Hexadezimalzeichen sind, lautet die entsprechende Ethernet-Multicast-Adresse 33:33:x:y:z:w (RFC 2464). Ein typischer IPv6-Host muss mehreren Ethernet-Multicast-Gruppen beitreten.

Die IPv6-Multicast-Adresse mit der größten Reichweite ist *All-Nodes* mit der Adresse ff02::1; die entsprechende Ethernet-Multicast-Adresse lautet 33:33:00:00:00:01. Dies entspricht im Wesentlichen dem LAN-Broadcast von IPv4, obwohl die Verwendung von LAN-Multicast hier bedeutet, dass Hosts ohne IPv6 keine an diese Adresse gesendeten Pakete erkennen sollten. Eine weitere wichtige IPv6-Multicast-Adresse ist ff02::2, die *All-Routers*-Adresse. Diese Adresse ist dafür gedacht, alle Router zu erreichen – und zwar nur Router und keine normalen Hosts.

Normalerweise senden IPv6-Knoten im Ethernet auf der LAN-Schicht *Multicast-Listener-Discovery*(MLD)-Nachrichten an Multicast-Gruppen, die sie nutzen möchten. Diese Nachrichten ermöglichen es Multicast-fähigen Ethernet-Switches, die Weiterleitung so zu optimieren, dass nur die Hosts, die der betreffenden Multicast-Gruppe beigetreten sind, die Nachrichten erhalten. Andernfalls behandeln Switches Multicast wie Broadcast; schlimmer noch, einige Switches leiten Multicast-Pakete einfach nicht an Ziele weiter, die nicht ausdrücklich der Gruppe beigetreten sind.

11.5 IPv6-Erweiterungsheader

In IPv4 enthielt der IP-Header ein Protokollfeld zur Identifizierung des nächsten Headers, normalerweise UDP oder TCP. Alle IPv4-Optionen waren im IP-Header selbst enthalten. In IPv6 wurde dies durch ein Schema ersetzt, das eine beliebige Kette von zusätzlichen IPv6-Headern erlaubt. Das Feld IPv6 Next Header *kann* signalisieren, dass es sich bei dem folgenden Header um UDP oder TCP handelt, es kann aber auch eine von mehreren IPv6-Optionen anzeigen. Zu diesen optionalen bzw. Erweiterungsheadern gehören:

- Hop-by-Hop options
- Destination options
- Routing
- Fragment
- Authentication
- Mobility
- Encapsulated Security Payload

Diese Erweiterungsheader müssen der Reihe nach verarbeitet werden; die empfohlene Reihenfolge ist die oben aufgeführte. Die meisten von ihnen sind nur für die Verarbeitung auf dem Zielhost bestimmt, mit Ausnahme des Hop-by-Hop- und des Routing-Headers.

11.5.1 Hop-by-Hop-Options-Header

Dieser Header besteht aus einer Reihe ⟨type,value⟩-Paaren, die von jedem Router auf dem Pfad verarbeitet werden sollen. Ein Tag im Type-Feld gibt an, was der Router tun soll, wenn er die Option nicht versteht: das Paket verwerfen oder mit der Verarbeitung der restlichen Optionen fortfahren. Die einzigen in RFC 2460 angegebenen Hop-by-Hop-Optionen dienten zum Auffüllen, um die Ausrichtung folgender Header festzulegen.

RFC 2675 definierte später eine Hop-by-Hop-Option zur Unterstützung von IPv6-*Jumbogrammen*: Datagramme, die größer als 65.535 Byte sind. Die Notwendigkeit solch großer Pakete bleibt angesichts von Abschnitt 7.3, »Paketgröße«, unklar. IPv6-Jumbogramme sollen nicht verwendet werden, wenn das zugrundeliegende LAN keine größere MTU als 65.535 Bytes hat; die LAN-Welt bewegt sich derzeit nicht in diese Richtung.

Da die Hop-by-Hop-Options-Header von jedem Router verarbeitet werden müssen, der auf sie stößt, könnten sie das Internet-Routing-System überlasten. Aus diesem Grund rät RFC 6564 dringend von neuen Hop-by-Hop-Options-Headern ab, es sei denn, eine Prüfung bei jedem Hop ist unerlässlich.

11.5.2 Destination-Options-Header

Dieser Header ist dem Hop-by-Hop-Options-Header sehr ähnlich. Auch er besteht aus einer Reihe von ⟨type,value⟩-Paaren, und die ursprüngliche RFC 2460-Spezifikation definierte nur Auffülloptionen. Der Destination-Options-Header soll am Zielort verarbeitet werden, bevor das Paket an die Transportschicht übergeben wird.

Seit RFC 2460 wurden einige weitere Destination-Options-Headertypen definiert, von denen jedoch keiner allgemein verwendet wird. RFC 2473 definierte einen Destination-Options-Header zur Begrenzung der Verschachtelung von Tunneln, Tunnel Encapsulation Limit genannt. RFC 6275 definiert einen Destination-Options-Header für die Verwendung in Mobile IPv6. RFC 6553 zum Routing-Protokoll für leistungsarme und verlustbehaftete Netze (Routing Protocol for Low-Power and Lossy Networks, RPL) definiert einen Destination Options-Typ (und Hop-by-Hop-Optionen) für von RPL-Daten.

Eine vollständige Liste der Optionstypen für Hop-by-Hop-Options- und Destination-Options-Header findet sich unter *www.iana.org/assignments/ipv6-parameters*, in Übereinstimmung mit RFC 2780.

11.5.3 Routing-Header

Der ursprüngliche Routing-Header (Typ 0) enthielt eine Liste von IPv6-Adressen, über die das Paket geleitet werden sollte. Diese brauchten nicht zusammenhängend zu sein. Wenn die Liste, die auf dem Weg zum Ziel D besucht werden sollte, ⟨R1,R2,...,Rn⟩ war, dann enthielt dieser Optionsheader ⟨R2,R3,...,Rn,D⟩ mit R1 als anfänglicher Zieladresse; R1 sollte dann diesen Header auf ⟨R1,R3,... ,Rn,D⟩ aktualisieren (d. h. das alte Ziel R1 und der aktuelle nächste Router R2 werden vertauscht) und das Paket weiter an R2 senden. Dies sollte so lange fortgesetzt werden, bis Rn das Paket an das endgültige Ziel D adressierte. Der Header enthielt einen Zeiger »Segments Left«, der die nächste zu verarbeitende Adresse anzeigte und bei jedem Ri inkrementiert wurde. Wenn das Paket bei D ankam, enthielt der Routing-Header die Routingliste ⟨R1,R3,...,Rn⟩. Dies entspricht im Prinzip dem Loose Source Routing von IPv4. Beachten Sie jedoch, dass die Router *zwischen* den aufgelisteten Routern R1...Rn diesen Header nicht zu untersuchen brauchten; sie verarbeiteten das Paket nur auf der Grundlage seiner aktuellen Zieladresse.

Diese Form des Routing-Headers wurde mit RFC 5095 aufgrund von Bedenken wegen eines Traffic-Amplification-Angriffs verworfen. Ein Angreifer könnte ein Paket mit einem Routing-Header losschicken, der eine abwechselnde Liste von nur zwei Routern ⟨R1,R2,R1,R2,...,R1,R2,D⟩ enthält; dies würde erheblichen Traffic auf der R1–R2-Verbindung erzeugen. RFC 6275 und RFC 6554 definieren eingeschränktere Routing-Header. RFC 6275 definiert einen recht begrenzten Routing-Header, der für IPv6-Mobilität verwendet werden soll (und definiert auch den IPv6-Mobility-Header). Der oben erwähnte, für RPL verwendete Routing-Header in RFC 6554 hat die gleiche Grundform wie der oben beschriebene Typ-0-Header, ist aber auf bestimmte Routing-Domänen mit geringem Stromverbrauch beschränkt.

11.5.4 IPv6-Fragment-Header

IPv6 unterstützt eine begrenzte Fragmentierung im Stil von IPv4 über den Fragment-Header. Dieser Header enthält ein 13-Bit-Fragment-Offset-Feld, das – wie bei IPv4 – die 13 höherwertigen Bits des tatsächlichen 16-Bit-Offsets des Fragments enthält. Dieser Header enthält auch ein 32-Bit-Identifikationsfeld; alle Fragmente desselben Pakets müssen denselben Wert in diesem Feld aufweisen.

Die IPv6-Fragmentierung erfolgt *ausschließlich* durch den ursprünglichen Absender; Router auf dem Weg dorthin dürfen ein Paket weder fragmentieren noch refragmentieren. Eine Fragmentierung durch den Absender würde z. B. erfolgen, wenn der Absender ein IPv6-Paket mit einer Größe von 8 kB über UDP versenden und es entsprechend der Ethernet-MTU von 1500 Byte fragmentieren müsste.

Muss ein Paket fragmentiert werden, identifiziert der Absender zunächst den *nicht fragmentierbaren Teil*, der aus dem festen Teil des IPv6-Headers und etwaigen Erweiterungs-Headern besteht, die jedes Fragment begleiten müssen (dazu gehören Hop-by-Hop- und Routing-Header). Diese nicht fragmentierbaren Header werden dann an jedes Fragment angehängt.

IPv6 verlangt auch, dass jede Verbindung im Internet über eine MTU von mindestens 1280 Bytes über den LAN-Header hinaus verfügt; Fragmentierung und Reassemblierung auf der Verbindungsschicht können verwendet werden, um diese Anforderung zu erfüllen (das gilt auch für ATM-Verbindungen (Abschnitt 5.5, »Asynchronous Transfer Mode: ATM«) bei IP-Traffic).

Generell sollte eine Fragmentierung auf der Anwendungsschicht nach Möglichkeit vermieden werden. UDP-basierte Anwendungen, die versuchen, Datenblöcke in Dateisystemgröße (in der Regel 8 kB) zu übertragen, nutzen weiterhin die Fragmentierung.

11.5.5 Häufige Probleme mit dem Erweiterungs-Header

In der IPv4-Welt prüfen viele Middleboxen (Abschnitt 9.7.2, »Middleboxen«) nicht nur die Zieladresse, sondern auch die TCP-Port-Nummern; Firewalls beispielsweise tun dies routinemäßig, um den gesamten Traffic zu blockieren, der nicht an eine bestimmte Liste von Ports geht. In der IPv6-Welt kann eine Middlebox Schwierigkeiten haben, den TCP-Header zu *finden*, da sie eine möglicherweise lange Liste von Erweiterungs-Headern durchlaufen muss. Schlimmer noch: Einige dieser Erweiterungsheader sind möglicherweise neuer als die Middlebox und werden daher nicht erkannt. Einige Middleboxen verwerfen Pakete mit nicht erkannten Erweiterungsheadern einfach, was die Einführung neuer Header problematisch macht.

RFC 6564 nimmt sich dieses Problems an, indem vorgeschrieben wird, dass alle künftigen Erweiterungs-Header ein gemeinsames »type-length-value«-Format verwenden sollen: Das erste Byte gibt den Typ des Erweiterungs-Headers an, das zweite Byte seine Länge. Dies erleichtert das schnelle Durchlaufen der Erweiterungs-Header-Kette. Einige ältere Erweiterungs-Header – zum Beispiel der Encapsulating-Security-Payload-Header in RFC 4303 – befolgen diese Regel nicht; die Middleboxen müssen solche Header als Sonderfälle behandeln.

RFC 2460 besagt:

> *Mit einer Ausnahme [nämlich Hop-by-Hop-Header] werden Erweiterungsheader von keinem Knoten entlang des Zustellungspfads eines Pakets geprüft oder ver-*

arbeitet, bis das Paket den im Feld Destination Address des IPv6-Headers angegebenen Knoten (bzw. im Fall von Multicast alle Knoten einer Gruppe) erreicht.

Nichtsdestotrotz versuchen Zwischenknoten manchmal, Erweiterungs-Header hinzuzufügen. Dies kann sich negativ auf die Path MTU Discovery (Abschnitt 18.6, »Path MTU Discovery«) auswirken, da der Absender nicht mehr die Kontrolle über die Gesamtgröße des Pakets hat.

RFC 7045 versucht, einige allgemeine Regeln für den praktischen Umgang mit Erweiterungs-Headern aufzustellen. Zum Beispiel sollen Router zwar Pakete mit bestimmten Erweiterungs-Headern verwerfen dürfen, dies aber nicht einfach deshalb, weil diese Header nicht erkannt werden. Außerdem *dürfen* Router Hop-by-Hop-Options-Header ignorieren oder Pakete mit solchen Headern über eine langsamere Warteschlange verarbeiten.

11.6 Nachbarschaftserkennung (Neighbor Discovery)

In IPv6 stellt Nachbarschaftserkennung (Neighbor Discovery, *ND*) eine Reihe verwandter Protokolle dar, die mehrere IPv4-Tools ersetzen, insbesondere ARP, ICMP-Redirects sowie die meisten nicht adressbezogenen Elemente von DHCP. Die in ND ausgetauschten Nachrichten sind Teil des ICMPv6-Frameworks, Abschnitt 12.2, »ICMPv6«. Die ursprüngliche Spezifikation für ND ist in RFC 2461 enthalten, die später durch RFC 4861 aktualisiert wurde. ND bietet die folgenden Dienste:

- Auffinden des/der lokalen Router(s) (Abschnitt 11.6.1, »Router-Ermittlung (Router Discovery)«)
- Ermitteln der Netzadressen-Präfixe, die über die lokale Zustellung erreicht werden können (bei IPv6 gegebenenfalls mehrere; Abschnitt 11.6.2, »Präfix-Ermittlung (Prefix discovery)«)
- Ermitteln der LAN-Adresse eines lokalen Hosts anhand seiner IPv6-Adresse (Abschnitt 11.6.3, »Nachbarschaftsanfragen (Neighbor Solicitation)«))
- Erkennung von IPv6-Adressduplikaten (Abschnitt 11.7.1, »Erkennung doppelter Adressen«)
- Erkennung nicht erreichbarer Nachbarn

11.6.1 Router-Ermittlung (Router Discovery)

IPv6-Router senden in regelmäßigen Abständen Router-Advertisement(RA)-Pakete an die Multicast-Gruppe. Normale Hosts, die wissen wollen, welchen Router sie benutzen sollen, können auf einen dieser regelmäßigen Multicasts warten oder sofort ein RA-Paket anfordern, indem sie eine Router-Solicitation-Anfrage an die Router-

Multicast-Gruppe senden. Durch Router-Advertisement-Pakete werden die Router identifiziert; dieser Prozess wird manchmal auch als *Router Discovery* bezeichnet. Bei IPv4 hingegen wird die Adresse des Standard-Routers normalerweise huckepack in die DHCP-Antwort aufgenommen (Abschnitt 10.3, »Dynamic Host Configuration Protocol (DHCP)«).

Diese RA-Pakete enthalten neben der Identifizierung der Router auch eine Liste aller im LAN verwendeten Netzwerkadressen-Präfixe. Dies ist die im folgenden Abschnitt besprochene »Präfixermittlung«. Diese liefert in einem einfachen Netzwerk den Netzwerkteil der IPv6-Adresse; in IPv4-Netzwerken liefert DHCP normalerweise die gesamte IPv4-Adresse.

RA-Pakete können auch andere wichtige Informationen über das LAN enthalten, wie z. B. eine vereinbarte MTU.

Die IPv6-Router-Nachrichten stellen eine Änderung gegenüber IPv4 dar, bei dem Router außer weitergeleiteten Paketen nichts senden müssen. Um zu einem IPv4-Router zu werden, muss ein Knoten lediglich IPv4-Forwarding in seinem Kernel aktiviert haben; es ist dann Aufgabe von DHCP, benachbarte Knoten über den Router zu informieren. Bei IPv6 liegt die Verantwortung für diese Benachrichtigung beim Router selbst: Damit ein Knoten ein IPv6-Router wird, *muss* (RFC 4294) er neben der Weiterleitung von Paketen auch Software zur Unterstützung von Router-Advertisement einsetzen. Nichtsdestotrotz spielt der RA-Mechanismus keine Rolle im Forwarding-Prozess selbst; ein IPv6-Netzwerk kann ohne Router-Advertisements betrieben werden, wenn jeder Knoten z. B. manuell konfiguriert so wird, dass er weiß, wo sich die Router befinden und welche Nachbarn verbunden sind. (Ich betone, dass eine solche manuelle Konfiguration sehr schlecht skaliert.)

Auf Linux-Systemen ist der Router-Advertisement Agent meistens der radvd-Daemon (siehe Abschnitt 12.6, »IPv6-Konnektivität über Tunneling«, weiter unten).

11.6.2 Präfix-Ermittlung (Prefix discovery)

Eng verwandt mit der Router Discovery ist der Prozess der Präfix-Ermittlung, durch den die Hosts erfahren, welche IPv6-Netzadressen-Präfixe im Netz gültig sind. Hier erfahren die Hosts auch, welche Präfixe als lokal im LAN des Hosts angesehen werden und somit auf der LAN-Schicht erreichbar sind, anstatt für die Zustellung die Unterstützung eines Routers zu benötigen. Anders ausgedrückt: IPv6 beschränkt also die Feststellung, ob eine Zustellung lokal ist, *nicht* auf den IPv4-Mechanismus, bei dem ein Knoten eine Zieladresse mit den einzelnen Netzadress-Präfixen vergleicht, die den Schnittstellen des Knotens zugewiesen sind.

Auch bei IPv4 können sich zwei IPv4-Netzpräfixe dasselbe LAN teilen (z. B. ein privates 10.1.2.0/24 und ein öffentliches 147.126.65.0/24), aber eine Folge des IPv4-Routings ist, dass zwei solche Subnetze einander nur über einen Router im LAN erreichen können, obwohl sie im Prinzip in der Lage sein sollten, direkt zu kommunizieren. Bei IPv6 entfällt diese Einschränkung.

Die vom Router gesendeten Router-Ankündigungspakete sollten eine vollständige Liste gültiger Netzadress-Präfixe als *Präfix-Information* enthalten. In einfachen Fällen kann diese Liste ein einziges global routbares 64-Bit-Präfix enthalten, das dem LAN-Subnetz entspricht. Gehört ein bestimmtes LAN zu mehreren (sich überschneidenden) physischen Subnetzen, enthält die Präfixliste einen Eintrag für jedes Subnetz; diese 64-Bit-Präfixe haben wahrscheinlich selbst ein gemeinsames standortweites Präfix der Länge N<64. Bei Multihomed-Standorten kann die Präfixliste mehrere nicht miteinander verbundene Präfixe enthalten, die den verschiedenen Adressblöcken entsprechen. Schließlich können auch standortspezifische »Unique-local«-IPv6-Adresspräfixe enthalten sein.

Jedes Präfix hat eine bestimmte *Lebensdauer*; Knoten, die ein Präfix aus einem RA-Paket erhalten, dürfen es nur für die Dauer dieser Lebensdauer verwenden. Nach Ablauf (und wahrscheinlich schon viel früher) muss ein Knoten ein neueres RA-Paket mit einer neueren Präfixliste erhalten. Der Grund für die Einbeziehung der Präfix-Lebensdauer liegt letztlich darin, dass Standorte problemlos *umnummeriert* werden können, d. h. der Provider und kann gewechselt werden, woraufhin ein neues Netzadress-Präfix von einem neuen Router bereitgestellt wird. Jedes Präfix ist außerdem mit einem Bit getaggt, das anzeigt, ob es für die Autokonfiguration verwendet werden kann, wie in Abschnitt 11.7.2, »Zustandslose Autokonfiguration (Stateless Autoconfiguration, SLAAC)«, weiter unten beschrieben.

Jedes Präfix ist außerdem mit einem Flag versehen, das anzeigt, ob das Präfix *on-link* ist. Wenn es gesetzt ist, wird angenommen, dass jeder Knoten, der dieses Präfix empfängt, sich im selben LAN befindet. Die Knoten gehen davon aus, dass sie einen Nachbarn mit demselben On-Link-Präfix mithilfe von Neighbor-Solicitation erreichen können, um die LAN-Adresse des Nachbarn zu finden. Wenn ein Nachbar ein Off-Link-Präfix teilt, muss ein Router verwendet werden. Das IPv4-Äquivalent zu zwei Knoten, die dasselbe On-Link-Präfix teilen, ist dasselbe Subnetz-Präfix. Ein Beispiel für Subnetze mit Präfix-Erkennungsinformationen finden Sie in Abschnitt 12.3, »IPv6-Subnetze«.

Router geben Off-Link-Präfixe nur in besonderen Fällen bekannt; dies würde bedeuten, dass ein Knoten Teil eines Subnetzes ist, aber andere Mitglieder des Subnetzes nicht direkt erreichen kann. Dies kann in einigen Drahtlosumgebungen der Fall sein, z. B. in MANETs (Abschnitt 4.2.8, »MANETs«), in denen einige Knoten im selben Subnetz außerhalb der gegenseitigen Reichweite liegen. Ein anderer Fall kann die Verwendung von IPv6-Mobilität sein (Abschnitt 9.9, »Mobile IP«, RFC 3775).

11.6.3 Nachbarschaftsanfragen (Neighbor Solicitation)

Neighbor-Solicitation-Nachrichten sind die IPv6-Entsprechungen von IPv4-ARP-Anfragen. Es handelt sich im Wesentlichen um Abfragen des Inhalts »Wer hat die IPv6-Adresse X?« Während ARP-Anfragen per Broadcast gesendet werden, werden IPv6-Solicitation-Messages an die *Solicited-Node Multicast-Adresse* gesendet –auf der LAN-Schicht in der Regel eine recht kleine Multicast-Gruppe. Diese Adresse lautet ff02::0001:x.y.z.w, wobei x, y, z und w die niederwertigen 32 Bits der IPv6-Adresse sind, die der Absender zu ermitteln versucht. Jeder IPv6-Host im LAN muss alle Solicited-Node-Multicast-Adressen subskribieren, die seinen eigenen IPv6-Adressen entsprechen (normalerweise sind das nicht allzu viele).

Neighbor-Solicitation-Nachrichten werden regelmäßig wiederholt, aber Folgeüberprüfungen werden zunächst an die hinterlegte Unicast-LAN-Adresse gesendet (dies ist bei ARP-Implementierungen üblich, aber optional). Anders als bei ARP wird nicht erwartet, dass andere Hosts im LAN die erste Neighbor-Solicitation-Nachricht abhören. Die Antwort des Zielhosts auf eine Neighbor-Solicitation wird *Nachbarschaftsanzeige (Neighbor Advertisement)* genannt; ein Host kann diese auch unaufgefordert senden, wenn er annimmt, dass sich seine LAN-Adresse geändert haben könnte.

Das Gegenstück zu Proxy-ARP ist nach wie vor möglich: Ein Knoten sendet im Namen eines anderen Knotens Neighbor Advertisements. Der wahrscheinlichste Grund dafür ist, dass es sich bei dem Knoten, der Proxy-Dienste empfängt, um einen »mobilen« Host handelt, der sich vorübergehend vom Heimat-LAN entfernt hat. Nachbarschaftsanzeigen, die als Proxys gesendet werden, beinhalten ein Flag, das anzeigt, dass das Proxy-Advertisement ignoriert werden soll, wenn sich das eigentliche Ziel meldet.

Sobald ein Knoten (Host oder Router) die LAN-Adresse eines Nachbarn durch Neighbor Solicitation entdeckt hat, überwacht er weiterhin die kontinuierliche Erreichbarkeit des Nachbarn.

Neighbor Solicitation beinhaltet auch Neighbor Unreachability Detection. Jeder Knoten (Host oder Router) überwacht seine bekannten Nachbarn; die Erreichbarkeit kann entweder aus dem laufenden IPv6-Trafficaustausch oder aus den Antworten auf Neighbor Advertisements abgeleitet werden. Wenn ein Knoten feststellt, dass ein benachbarter Host unerreichbar geworden ist, kann der ursprüngliche Knoten die Multicast Neighbor Solicitation wiederholen, falls sich die LAN-Adresse des Nachbarn einfach geändert hat. Wenn ein Knoten feststellt, dass ein benachbarter *Router* unerreichbar geworden ist, versucht er, einen alternativen Pfad zu finden.

Schließlich wurden auch die IPv4-ICMP-Redirect-Nachrichten in IPv6 in das Neighbor-Discovery-Protokoll verschoben. Durch diese kann ein Router einem Host mitteilen, dass ein anderer Router an einer besseren Position ist, um den Traffic zu einem bestimmten Ziel zu bearbeiten.

11.6.4 Sicherheit und Nachbarschaftserkennung

In den oben beschriebenen Protokollen wird empfangenen ND-Nachrichten vertraut; dies kann zu Problemen mit Knoten führen, die sich als etwas ausgeben, was sie nicht sind. Hier zwei Beispiele:

- Ein Host kann vorgeben, ein Router zu sein, indem er einfach Router-Advertisements aussendet; ein solcher Host kann auf diese Weise Traffic von seinen Nachbarn abfangen und ihn sogar – vielleicht selektiv – an den tatsächlichen Router weiterleiten.
- Ein Host kann vorgeben, ein anderer Host zu sein, in der IPv6-Analogie des ARP-Spoofing (Abschnitt 10.2.2, »ARP-Sicherheit«). Wenn Host A eine Neighbor Solicitation für Host B sendet, hindert nichts Host C daran, ein Neighbor Advertisement zu senden und damit zu behaupten, B zu sein (nachdem er zuvor der entsprechenden Multicast-Gruppe beigetreten ist).

Das Ziel dieser beiden Angriffstypen kann entweder Eavesdropping oder Denial of Service sein; es gibt auch reine Denial-of-Service-Angriffe. So kann beispielsweise Host C die DAD-Anfragen von Host B (siehe Abschnitt 11.7.1, »Erkennung doppelter Adressen«) mit der Behauptung beantworten, dass die betreffende IPv6-Adresse tatsächlich in Gebrauch ist, und so verhindern, dass B jemals eine IPv6-Adresse erhält. Eine gute Zusammenfassung dieser und anderer Angriffe findet sich in RFC 3756.

Es sei darauf hingewiesen, dass diese Angriffe nur von Knoten im selben LAN gestartet werden können; sie können nicht aus der Ferne begonnen werden. Dies verringert zwar das Risiko, beseitigt es aber nicht. Das höchste Risiko besteht an Standorten, an denen jedermann eine Verbindung herstellen kann, wie z. B. in Internet-Cafés. Aber auch in einer Umgebung, in der alle Arbeitsstationen »gesperrt« sind, kann ein von einem Virus befallener Knoten das Netzwerk beeinträchtigen.

In RFC 4861 wurde vorgeschlagen, dass Hosts an hinsichtlich solcher Angriffe gefährdeter Standorten den IPv6 Authentication Header oder den Encapsulated Security Payload Header verwenden könnten, um digitale Signaturen für ND-Pakete zu liefern (siehe Abschnitt 28.6, »IPsec«). Wenn ein Knoten so konfiguriert ist, dass er solche Überprüfungen verlangt, können die meisten ND-basierten Angriffe verhindert werden. Leider enthält RFC 4861 keine Vorschläge, die über eine statische Konfiguration hinausgehen, die schlecht skaliert und auch das Ziel der Autokonfiguration ziemlich vollständig untergräbt.

Eine flexiblere Alternative ist *SEND*, spezifiziert in RFC 3971. Dieses Verfahren verwendet Public-Key-Verschlüsselung (Kapitel 28, »Verschlüsselung mit öffentlichem Schlüssel«), um ND-Nachrichten zu validieren; für den Rest dieses Abschnitts ist eine gewisse Vertrautheit mit der in Kapitel 28, »Verschlüsselung mit öffentlichem Schlüssel«, erläuterten Materie erforderlich. Jede Nachricht wird vom Absender digital signiert, wobei der private Schlüssel des Absenders verwendet wird; der Empfänger kann die Nachricht mit dem entsprechenden öffentlichen Schlüssel des Absenders validieren. Dies macht es im Prinzip unmöglich, dass ein Absender einer Nachricht sich als ein anderer ausgibt.

In der Praxis besteht das Problem darin, dass öffentliche Schlüssel an sich nur garantieren (wenn sie nicht kompromittiert sind), dass der Absender einer Nachricht diejenige Einheit ist, die zuvor Nachrichten mit diesem Schlüssel gesendet hat. Im zweiten Beispiel oben, in dem C eine ND-Nachricht sendet und sich fälschlicherweise als B ausgibt, würde eine einfache Anwendung öffentlicher Schlüssel dies verhindern, *wenn* der ursprüngliche Host A zuvor eine Nachricht von B empfangen hatte und diesen Absender für den echten B hielt. In der Regel kann A jedoch nicht wissen, ob B oder C der echte B ist. A kann sich nicht darauf verlassen, von welchem Host er zuerst eine Nachricht erhalten hat, da es durchaus möglich ist, dass C seine Täuschung mit der allerersten Anfrage von A an B begann und B damit zuvorkam.

Eine gängige Lösung für dieses Problem der Identitätsgarantie besteht darin, eine Art »Public-Key-Infrastruktur« zu schaffen, z. B. Zertifizierungsstellen, wie in Abschnitt 28.5.2, »TLS«, Unterabschnitt »Zertifizierungsstellen«, beschrieben. In diesem Fall ist jeder Knoten so konfiguriert, dass er den von der Zertifizierungsstelle signierten Nachrichten vertraut; diese Stelle ist dann so konfiguriert, dass sie für die Identitäten anderer Knoten bürgt, wenn dies für einen sicheren Betrieb erforderlich ist. SEND implementiert seine eigene Version von Zertifizierungsstelle; diese werden als Vertrauensanker bezeichnet. Diese werden so konfiguriert, dass sie die Identität aller Router und vielleicht auch der Hosts garantieren. Die Details sind etwas einfacher als der in Abschnitt 28.5.2, »TLS«, Unterabschnitt »Zertifizierungsstellen«, beschriebene Mechanismus, da die Anker und Router unter einheitlicher Kontrolle stehen. Wenn Vertrauensanker verwendet werden, muss jeder Host mit einer Liste ihrer Adressen konfiguriert werden.

SEND unterstützt auch einen einfacheren Mechanismus zur Validierung des öffentlichen Schlüssels, der als kryptografisch generierte Adressen (*Cryptographically Generated Addresses* oder CGAs) bekannt ist (RFC 3972). Dabei handelt es sich um IPv6-Schnittstellenbezeichner, die sichere Hashes (Abschnitt 27.6, »Sichere Hashes«) des öffentlichen Schlüssels des Hosts (und einiger anderer nicht geheimer Parameter) sind. CGAs sind eine Alternative zu den in Abschnitt 11.2.1, »Schnittstellenbezeichner«, beschriebenen Schnittstellenbezeichner-Mechanismen. DNS-Namen in der von TOR verwendeten .onion-Domäne verwenden ebenfalls CGAs.

Die Verwendung von CGAs macht es für Host C unmöglich, sich erfolgreich als Host B auszugeben: nur B hat den öffentlichen Schlüssel, der zu Bs Adresse hasht, *und* den passenden privaten Schlüssel. Wenn C versucht, ein Neighbor Advertisement an A zu senden, in dem er behauptet, B zu sein, kann C die Nachricht mit seinem eigenen privaten Schlüssel signieren, aber der Hash des entsprechenden öffentlichen Schlüssels stimmt nicht mit dem Schnittstellenbezeichnerteil der Adresse von B überein. Ähnlich verhält es sich im DAD-Szenario: Wenn C versucht, B mitzuteilen, dass die von B neu gewählte CGA-Adresse bereits verwendet wird, dann hat C wiederum keinen Schlüssel, der zu dieser Adresse passt, und B ignoriert die Meldung.

Normalerweise erlauben CGI-Adressen den Empfängern einer Nachricht zu überprüfen, ob die Quelladresse der »Besitzer« des zugehörigen öffentlichen Schlüssels ist, ohne dass eine Public-Key-Infrastruktur erforderlich ist (Abschnitt 28.3, »Vertrauen und der Mann in der Mitte«). C *kann* immer noch vorgeben, ein Router zu sein, indem er seine eigene CGA-Adresse verwendet, da Routeradressen dem Anfragenden vorher nicht bekannt sind. Es ist jedoch einfacher, Router mit Vertrauensankern zu schützen, da es weniger von ihnen gibt.

SEND stützt sich auf die Tatsache, dass es nicht möglich ist, zwei Eingänge zu finden, die auf dieselbe 64-Bit-CGA-Adresse gehasht sind, da dies normalerweise 2^{64} Versuche erfordern würde. Eine IPv4-Analogie wäre unmöglich, da der Host-Teil der Adresse über nicht genügend Bits verfügt, um Hash-Kollisionen via Brute Force zu verhindern. Wenn der Host-Teil der Adresse beispielsweise zehn Bits hat, bräuchte C etwa 2^{10} Versuche durch Veränderung der ergänzenden Hash-Parameter, bis er eine Übereinstimmung mit der CGA von B gefunden hätte.

SEND wird in der IPv6-Welt nur sehr selten genutzt, was zum Teil daran liegt, dass IPv6 selbst so langsam eingeführt wird, aber auch daran, dass die Schwachstellen, vor denen SEND schützt, als schwer ausnutzbar gelten.

RA-guard ist ein einfacherer Mechanismus, um ND-Sicherheit zu erreichen, erfordert jedoch erhebliche Unterstützung durch die LAN-Schicht. Wie in RFC 6105 beschrieben, muss jeder Host direkt mit einem Switch verbunden sein, d. h. es darf kein Shared-Media-Ethernet geben. Die Switches müssen auch ziemlich intelligent sein; es muss möglich sein, sie so zu konfigurieren, dass sie wissen, welche Ports mit Routern und nicht mit Hosts verbunden sind, und es muss außerdem möglich sein, sie so zu konfigurieren, dass sie Router-Advertisements von Host-Ports, die *keine* Router-Ports sind, blockieren. Dadurch lässt sich recht effektiv verhindern, dass ein Host sich als Router ausgibt, und dies setzt zwar voraus, dass die Switches eine umfangreiche Paketprüfung durchführen können, aber das ist in der Tat eine recht gängige Funktion von Ethernet-Switches.

Im Falle von Wi-Fi ist es erforderlich, dass die Zugangspunkte (die eine Art Switch sind) in der Lage sind, Router-Advertisements zu blockieren; dies ist nicht ganz so weit verbreitet. Zur Bestimmung, welche Switch-Ports mit Routern verbunden sind, schlägt RFC 6105 vor, dass es eine kurze anfängliche Lernphase geben könnte, während der alle Switch-Ports, die mit einem Gerät verbunden sind, das *behauptet*, ein Router zu sein, dauerhaft als Router-Ports betrachtet werden.

11.7 Zuweisung von IPv6-Hostadressen

IPv6 bietet zwei konkurrierende Möglichkeiten für Hosts, ihre vollständigen IP-Adressen zu erhalten. Die eine ist *DHCPv6*, basierend auf DHCP von IPv4 (Abschnitt 10.3, »Dynamic Host Configuration Protocol (DHCP)«), bei dem die gesamte Adresse von einem DHCPv6-Server vergeben wird. Die andere ist die *StateLess Address Auto-Configuration* (SLAAC), bei der der Interface-Identifier-Teil der Adresse lokal generiert wird und das Netzwerkpräfixe über Prefix Discovery bezogen wird. Der ursprüngliche Gedanke hinter SLAAC war die Unterstützung einer vollständigen Plug-and-Play-Netzeinrichtung: Hosts in einem isolierten LAN konnten sofort miteinander kommunizieren, und wenn ein Router eingeführt wurde, der das LAN mit dem Internet verbindet, konnten die Hosts eindeutige, routingfähige Adressen anhand der vom Router verfügbaren Informationen ermitteln.

In den Anfängen der IPv6-Entwicklung war DHCPv6 möglicherweise nur für die Adresszuweisung an Router und Server gedacht, während SLAAC für »normale« Hosts gedacht war. Zu dieser Zeit war es noch üblich, IPv4-Adressen »statisch« über Konfigurationsdateien für jeden einzelnen Host zuzuweisen. In RFC 4862 heißt es, dass SLAAC verwendet werden soll, wenn »ein Standort keinen besonderen Wert auf die genauen Adressen legt, die die Hosts verwenden, solange sie eindeutig und ordnungsgemäß routbar sind«.

SLAAC und DHCPv6 entwickelten sich bis zu einem gewissen Grad parallel. Während SLAAC das Autokonfigurationsproblem recht gut löst, löst DHCPv6 es derzeit ebenso effektiv und bietet mehr administrative Kontrolle. Aus diesem Grund wird sich SLAAC möglicherweise weniger durchsetzen. Auf der anderen Seite gibt SLAAC den Hosts mehr Kontrolle über ihre IPv6-Adressen und bietet ihnen damit möglicherweise ein höheres Maß an Privatsphäre, da sie die Verwendung privater und temporärer Adressen am Endpunkt verwalten können.

Wenn ein Host mit dem Prozess der Nachbarschaftserkennung beginnt, empfängt er ein Router-Advertisement-Paket. In diesem sind zwei spezielle Bits enthalten: das M-Bit (für »managed«) und das O-Bit (für »other configuration«). Das M-Bit soll anzeigen, dass DHCPv6 im Netzwerk für die Adresszuweisung verfügbar ist. Das O-Bit soll anzeigen, dass DHCPv6 in der Lage ist, zusätzliche Konfigurationsinformationen (z. B. den Namen des DNS-Servers) an Hosts zu übermitteln, die SLAAC für den Bezug ihrer Adressen verwenden. Darüber hinaus hat jedes einzelne Präfix im RA-Paket ein A-Bit, das, wenn es gesetzt ist, anzeigt, dass das zugehörige Präfix mit SLAAC verwendet werden kann.

11.7.1 Erkennung doppelter Adressen

Wann immer ein IPv6-Host eine Unicast-Adresse erhält – eine Link-local-Adresse, eine über SLAAC erstellte Adresse, eine über DHCPv6 empfangene oder eine manuell konfigurierte Adresse – durchläuft er einen Prozess zur Erkennung doppelter Adressen (*Duplicate-Address Detection* (DAD). Der Host sendet eine oder mehrere Neighbor-Solicitation-Nachrichten (d. h. wie eine ARP-Abfrage), wie in Abschnitt 11.6, »Nachbarschaftserkennung (Neighbor Discovery)«, und fragt, ob ein anderer Host diese Adresse besitzt. Wird geantwortet, dann ist die Adresse ein Duplikat. Wie bei IPv4 ACD (Abschnitt 10.2.1, »ARP-Feinheiten«), aber *nicht* wie beim ursprünglichen IPv4 self-ARP wird das Quell-IP-Adressfeld dieser NS-Nachricht auf einen speziellen »unspecified«-Wert gesetzt; dies ermöglicht es anderen Hosts, sie als DAD-Anfrage zu erkennen.

Da dieser NS-Prozess einige Zeit in Anspruch nehmen kann und Adressen in der Tat fast immer eindeutig sind, definiert RFC 4429 einen *optimistischen DAD-Mechanismus*. Dieser erlaubt eine begrenzte Nutzung einer Adresse, bevor der DAD-Prozess abgeschlossen ist; in der Zwischenzeit wird die Adresse als »optimistisch« gekennzeichnet.

Außerhalb des optimistischen DAD-Intervalls darf ein Host eine IPv6-Adresse nicht verwenden, wenn der DAD-Prozess fehlgeschlagen ist. RFC 4862 geht sogar noch weiter: Wenn ein Host mit einer etablierten Adresse eine DAD-Abfrage für diese Adresse erhält, die anzeigt, dass ein anderer Host diese Adresse verwenden möchte, dann sollte der ursprüngliche Host die Verwendung der Adresse einstellen.

Wenn der DAD-Prozess für eine Adresse fehlschlägt, die auf einem EUI-64 Identifier basiert, dann hat ein anderer Knoten dieselbe Ethernet-Adresse und man hat größere Probleme, als nur eine funktionierende IPv6-Adresse zu finden. Wenn der DAD-Prozess für eine Adresse fehlschlägt, die mit dem RFC 7217-Mechanismus, Abschnitt 11.2.1, »Schnittstellenbezeichner«, konstruiert wurde, kann der Host einen neuen Schnittstellenbezeichner erzeugen und es erneut versuchen. Ein Zähler für die Anzahl der DAD-Versuche ist in dem Hash enthalten, der die Schnittstellenbezeichner berechnet; die Inkrementierung dieses Zählers führt zu einer völlig neuen Kennung.

Während DAD in Ethernet-ähnlichen Netzen mit echtem LAN-Layer-Multicast recht gut funktioniert, kann es z. B. in MANETs ineffizient sein (Abschnitt 4.2.8, »MANETs«), da weit entfernte Hosts die DAD-Neighbor-Solicitation-Nachricht möglicherweise erst nach einer gewissen Verzögerung oder sogar überhaupt nicht erhalten. An der Entwicklung von Verbesserungen des DAD für solche Netze wird weitergearbeitet.

11.7.2 Zustandslose Autokonfiguration (Stateless Autoconfiguration, SLAAC)

Um eine Adresse über das in RFC 4862 definierte SLAAC zu erhalten, muss ein Host zunächst seine Link-local-Adresse generieren (siehe Abschnitt 11.2.2, »Link-local-Adressen«), indem er das standardmäßige 64-Bit-Link-locale Präfix fe80::/64 an seine Schnittstellenbezeichner anhängt (Abschnitt 11.2.1, »Schnittstellenbezeichner«). Letzterer wird wahrscheinlich von der LAN-Adresse des Hosts abgeleitet, entweder mit EUI-64 oder dem RFC 7217-Mechanismus; wichtig ist, dass er ohne Beteiligung des Netzwerks verfügbar ist.

Der Host muss dann sicherstellen, dass seine neu konfigurierte Link-local-Adresse tatsächlich eindeutig ist; er verwendet DAD, um dies zu überprüfen. Angenommen, es wird kein Duplikat gefunden, dann kann der Host an diesem Punkt mit allen anderen Hosts im selben LAN kommunizieren, z. B. um herauszufinden, wo die Drucker sind.

Der nächste Schritt besteht darin zu prüfen, ob ein Router verfügbar ist. Der Host kann eine Router-Solicitation (RS) Nachricht an die All-Routers-Multicast-Adresse senden. Ein Router – falls vorhanden – sollte mit einer Router-Advertisement(RA)-Nachricht antworten, die auch eine Präfix-Informationsoption enthält, d. h. eine Liste von IPv6-Netzadressen-Präfixen Abschnitt 11.6.2, »Präfix-Ermittlung (Prefix discovery)«.

Wie bereits erwähnt, werden in der RA-Nachricht die Präfixe markiert, die für die Verwendung mit SLAAC in Frage kommen; wenn keine Präfixe markiert sind, sollte SLAAC nicht verwendet werden. Alle Präfixe werden auch mit einer Lebensdauer gekennzeichnet, die angibt, wie lange der Host das Präfix noch verwenden darf. Sobald das Präfix abläuft, muss der Host ein neues Präfix über eine neue RA-Nachricht anfordern.

Der Host wählt ein geeignetes Präfix aus, speichert die Information über die Lebensdauer des Präfixes und fügt das Präfix an seine Schnittstellenbezeichner an, um eine routingfähige Adresse zu erzeugen. Die so gebildete Adresse muss nun durch den oben beschriebenen DAD-Mechanismus verifiziert werden.

In der Ära der EUI-64-Schnittstellenbezeichner wäre es für den Empfänger eines Pakets prinzipiell möglich gewesen, die LAN-Adresse des Absenders aus dem Schnittstellenbezeichnerteil der von SLAAC erzeugten IPv6-Adresse des Absenders zu extrahieren. Dies wiederum würde es ermöglichen, den Neighbor-Solicitation-Prozess zu umgehen, um die LAN-Adresse des Absenders zu ermitteln. Dies war jedoch nie zulässig, auch nicht vor der Einführung der folgenden Datenschutzoptionen, da es keine Möglichkeit gibt, sicher zu sein, dass eine empfangene Adresse tatsächlich über SLAAC generiert wurde. Mit RFC 7217-basierten Schnittstellenbezeichnern ist die Extraktion von LAN-Adressen nicht einmal mehr eine potenzielle Option.

Ein Host, der SLAAC verwendet, kann mehrere Netzwerkpräfixe empfangen und somit für sich selbst mindestens eine Adresse pro Präfix generieren. RFC 6724 definiert ein Verfahren, mit dem ein Host, wenn er eine Verbindung zur Zieladresse D herstellen möchte, bestimmen kann, welche seiner eigenen Adressen er verwenden soll. Wenn es sich bei D beispielsweise um eine Unique-local-Adresse handelt, die nicht global sichtbar ist, dann wird der Host wahrscheinlich eine Quelladresse wählen, die ebenfalls Unique-local ist. RFC 6724 enthält auch Mechanismen, die es einem Host mit einer permanenten öffentlichen Adresse (die möglicherweise einem DNS-Eintrag entspricht, aber genauso gut direkt aus einem Schnittstellenbezeichner gebildet werden kann) erlauben, alternative »temporäre« oder »private« Adressen für ausgehende Verbindungen zu bevorzugen; siehe z. B. Abschnitt 11.7.2, »Zustandslose Autokonfiguration (Stateless Autoconfiguration, SLAAC)«. Schließlich definiert RFC 6724 auch die Sortierreihenfolge für mehrere Adressen, die dasselbe Ziel repräsentieren; siehe Abschnitt 12.4, »IPv6 und IPv4 gemeinsam benutzen«.

Am Ende des SLAAC-Prozesses kennt der Host seine IPv6-Adresse (oder einen Satz von Adressen) und seinen Standard-Router. In IPv4 wären dies über DHCP zusammen mit der Identität des DNS-Servers des Hosts erlernt worden; ein Problem bei SLAAC ist, dass es ursprünglich keine Möglichkeit für einen Host bot, seinen DNS-Server zu finden. Eine Strategie besteht darin, für diese Aufgabe auf DHCPv6 zurückzugreifen. RFC 6106 definiert nun jedoch einen Prozess, mit dem IPv6-Router DNS-Server-Informationen in die RA-Pakete aufnehmen können, die sie als Teil des SLAAC-Prozesses an Hosts senden; damit ist der letzte Schritt der Autokonfiguration abgeschlossen.

Wie die DNS-Namen für SLAAC-konfigurierte IPv6-Hosts in die DNS-Server gelangen, ist eine ganz andere Frage. Ein Ansatz besteht darin, solchen Hosts einfach keine DNS-Namen zu geben. Im NAT-Router-Modell für die IPv4-Autokonfiguration haben die Hosts auf der Eingangsseite des NAT-Routers ebenfalls keine DNS-Namen (obwohl sie auch nicht direkt erreichbar sind, während die SLAAC-IPv6-Hosts erreichbar wären). Wenn DNS-Namen für Hosts benötigt werden, könnte ein Standort DHCPv6 für die Adresszuweisung anstelle von SLAAC wählen. Es ist auch möglich, die Adressen herauszufinden, die SLAAC verwenden würde (über die Host-Identifier-Bits) und dann DNS-Einträge für diese Hosts zu erstellen. Schließlich können die Hosts auch *dynamisches DNS* (RFC 2136) verwenden, um ihre eigenen DNS-Einträge zu aktualisieren.

SLAAC-Datenschutz

Ein portabler Host, der immer SLAAC verwendet, wenn er sich von Netz zu Netz bewegt und seine SLAAC-Adressen immer auf die EUI-64-Schnittstellenbezeichner (oder einen anderen statischen Schnittstellenbezeichner) stützt, ist leicht zu verfolgen: Sein Schnittstellenbezeichner ändert sich nie. Dies ist einer der Gründe, warum der Verschleierungsmechanismus in RFC 7217 (Abschnitt 11.2.1, »Schnittstellenbezeichner«) das Netzwerkpräfix in den Hash einbezieht: die Verbindung zu einem neuen Netzwerk führt dann zu einem neuen Schnittstellenbezeichner.

Lange vor RFC 7217 führte RFC 4941 jedoch eine Reihe von *Datenschutzerweiterungen* für SLAAC ein: optionale Mechanismen für die Generierung alternativer Schnittstellenbezeichner, die wie bei RFC 7217 auf Pseudozufallsgenerierung unter Verwendung der ursprünglichen, auf der LAN-Adresse basierenden Schnittstellenbezeichner als »Seed«-Wert basieren.

RFC 4941 geht jedoch insofern weiter, als es *regelmäßige Änderungen* der Schnittstellenbezeichner unterstützt, um die Verfolgung eines Hosts im Laufe der Zeit zu erschweren, selbst wenn er sein Netzpräfix nicht ändert. Man wählt zunächst eine 128-Bit Secure-Hash-Funktion F(), z. B. MD5 (Abschnitt 27.6, »Sichere Hashes«). Neue temporäre Schnittstellen-IDs (IIDs) können dann wie folgt berechnet werden:

$$(IID_{new}, seed_{new}) = F(seed_{old}, IID_{old})$$

Dabei stellt das linke Paar die beiden 64-Bit-Teile des 128-Bit-Rückgabewerts von F() dar und die Argumente von F() werden miteinander verkettet. (Das siebte Bit von IID_{new} muss ebenfalls auf 0 gesetzt werden; vgl. Abschnitt 11.2.1, »Schnittstellenbezeichner«, wo dieses Bit auf 1 gesetzt wird). Dieser Vorgang ist sicher, auch wenn die ursprüngliche IID auf EUI-64 basiert.

Die Wahrscheinlichkeit, dass zwei Hosts auf diese Weise versehentlich dieselbe Schnittstellenbezeichner wählen, ist verschwindend gering; der Neighbor-Solicitation-Mechanismus mit DAD muss jedoch weiterhin verwendet werden, um zu überprüfen, ob die Adresse innerhalb des LAN des Hosts tatsächlich eindeutig ist.

Die oben genannten Privacy-Adressen sind nur für Verbindungen zu verwenden, die vom Client initiiert werden; sofern der Host eingehende Verbindungen akzeptiert und daher eine »feste« IPv6-Adresse benötigt, sollte die auf dem ursprünglichen EUI-64/RFC-7217-Schnittstellenbezeichner basierende Adresse weiterhin verfügbar sein. Daher ist der RFC-7217-Mechanismus auch dann noch wichtig für den Datenschutz, wenn der RFC-4941-Mechanismus voll funktionsfähig ist.

In RFC 4941 wurde festgelegt, dass Privacy-Adressen standardmäßig deaktiviert werden sollten, vor allem aufgrund von Bedenken hinsichtlich häufig wechselnder IP-Adressen. Diese Bedenken haben mit zunehmender Erfahrung abgenommen, sodass Privacy-Adressen mittlerweile oft automatisch aktiviert werden. Die typische Lebensdauer von Adressen reicht von einigen bis zu 24 Stunden. Sobald eine Adresse »abgelaufen« ist, bleibt sie normalerweise noch einige Zeit lang verfügbar, ist aber *veraltet*.

Eine Folge von Privacy-Adressen (für SLAAC oder DHCPv6) ist, dass ein Host in der Regel über *mehrere aktive Adressen* für ein beliebiges Netzwerkpräfixe zu einem bestimmten Zeitpunkt verfügt. RFC 7934 schlägt vor, dass ein Host seine Adresse aus Datenschutzgründen einmal pro Tag ändern könnte und dass jede Adresse eine Lebensdauer von sieben Tagen hätte. Hinzu kommt die Verwendung separater Adressen für virtuelle Maschinen und vielleicht auch für containerisierte Anwendungen, und RFC 7934 legt nahe, dass bis zu 20 Adressen erforderlich sein könnten. Die Zahl könnte noch viel höher sein; einige Vorschläge für Privacy-Adressen schlagen vor, sie viel öfter als einmal am Tag zu ändern (obwohl die Lebensdauer der Adressen auch verkürzt werden könnte). Es wäre in der Tat nicht völlig unvernünftig, wenn ein Browser für jede einzelne Website, auf die er zugreift, eine eigene IPv6-Adresse verwenden würde. Die Verwendung zu vieler Adressen erhöht jedoch den Speicher- und Trafficbedarf der Router-Nachbarschaftserkennung (Abschnitt 11.6, »Nachbarschaftserkennung (Neighbor Discovery)«).

DHCPv6 bietet auch eine Option für die vorübergehende Zuweisung von Adressen, ebenfalls zur Verbesserung des Datenschutzes, aber einer der potenziellen Vorteile von SLAAC ist, dass dieser Prozess vollständig unter der Kontrolle des Endsystems steht.

Die regelmäßige Änderung (z. B. alle paar Stunden oder seltener) des Host-Teils einer IPv6-Adresse sollte die externe Verfolgung eines Hosts erschweren, zumindest wenn die Verfolgung über Webbrowser-Cookies ebenfalls irgendwie verhindert wird. Ein privater Standort mit nur einer Handvoll Hosts kann jedoch durch die Kenntnis des gemeinsamen 64-Bit-Präfixes ziemlich leicht ermittelt werden.

Eine allgemeine Diskussion über Datenschutzfragen im Zusammenhang mit der IPv6-Adressierung findet sich in RFC 7721.

11.7.3 DHCPv6

Die Aufgabe eines DHCPv6-Servers besteht darin, einem anfragenden Host sein(e) Netzwerkpräfixe(e) mitzuteilen und außerdem eine 64-Bit-Host-Kennung zu liefern, ähnlich wie ein IPv4-DHCPv4-Server. Hosts senden zunächst eine DHCPv6-Anfrage an die Multicast-IPv6-Adresse All_DHCP_Relay_Agents_and_Servers ff02::1:2. Wie bei DHCPv4 besteht die Aufgabe eines Relay-Agents darin, eine DHCPv6-Anfrage mit dem korrekten aktuellen Subnetz zu kennzeichnen und sie dann an den eigentlichen DCHPv6-Server weiterzuleiten. Dadurch kann sich der DHCPv6-Server in einem anderen Subnetz befinden als der Anfragende. Beachten Sie, dass die Verwendung von Multicast den Bedarf an Relay-Agents nicht verringert. Tatsächlich ist der Multicast-Adressbereich von All_DHCP_Relay_Agents_and_Servers auf das aktuelle LAN beschränkt; Relay-Agents leiten dann an den eigentlichen DHCPv6-Server weiter, indem sie die *standort*übergreifende Adresse All_DHCP_Servers verwenden.

Hosts, die ihre Adresse über SLAAC beziehen, können dennoch eine spezielle Information-Request von DHCPv6 für ihren DNS-Server und alle anderen »statischen« DHCPv6-Informationen nutzen.

Clients können *temporäre* Adressen anfordern. Diese werden im Feld »Identity Association« der DHCPv6-Anfrage als solche gekennzeichnet. Sie werden ähnlich wie »permanente« Adressanfragen behandelt, mit dem Unterschied, dass der Client nur kurze Zeit später eine neue temporäre Adresse anfordern kann. Wenn der Client dies tut, wird eine *andere* temporäre Adresse zurückgegeben; eine wiederholte Anfrage nach einer permanenten Adresse würde dagegen normalerweise dieselbe Adresse wie zuvor zurückgeben. Temporäre Adressen werden in der Regel verwendet, um den Datenschutz zu verbessern: Die Verfolgung von Benutzern anhand ihrer IPv6-Adresse wird erschwert.

Wenn der DHCPv6-Server eine temporäre Adresse zurückgibt, kann er natürlich einen Logeintrag dieser Adresse speichern. Auch bei SLAAC ist dies möglich, da jede neue Adresse den Prozess der Nachbarschaftserkennung (Abschnitt 11.6, »Nachbarschaftserkennung (Neighbor Discovery)«) durchlaufen muss. SLAAC legt jedoch die Kontrolle über die kryptografischen Mechanismen für die Erstellung temporärer Adressen in die Hände des Endbenutzers und nicht in die eines zentralisierten Dienstes. Beispielsweise könnte der DHCPv6-Mechanismus für temporäre Adressen eine Schwachstelle aufweisen, die es einem externen Beobachter möglich machen würde, eine Beziehung zwischen verschiedenen temporären Adressen herzustellen, obwohl der unten beschriebene Secure-Hash-Mechanismus sicher zu sein scheint, solange der secret_key nicht kompromittiert wird.

Eine DHCPv6-Antwort enthält eine Liste (vielleicht mit der Länge 1) von IPv6-Adressen. Jede einzelne Adresse hat ein Verfallsdatum. Der Client muss eine neue Anfrage senden, bevor die gerade benutzte Adresse abläuft.

Bei DHCPv4 stammt der Host-Anteil der Adressen in der Regel aus »Adresspools«, die kleine Bereiche von Ganzzahlen wie 64–254 repräsentieren; diese Werte werden in der Regel fortlaufend zugewiesen. Ein DHCPv6-Server hingegen sollte die enorme Bandbreite (2^{64}) möglicher Host-Anteile ausnutzen, indem er mithilfe von Pseudozufälligkeit Werte stärker gestreut zuweist. Zum Teil soll dadurch Außenstehenden, die eine Hostadressen eines Standorts kennen, das Erraten der Adressen anderer Hosts stark erschwert werden, vgl. Abschnitt 11.2.1, »Schnittstellenbezeichner«.

Der Internet Draft *draft-ietf-dhc-stable-privacy-addresses* (*https://tools.ietf.org/id/draft-ietf-dhc-stable-privacy-addresses-00.txt*) schlägt den folgenden Mechanismus vor, mit dem ein DHCPv6-Server die Interface-Identifier-Bits für die von ihm vergebenen Adressen generieren kann; `F()` ist eine Secure-Hash-Funktion, deren Argumente miteinander verkettet werden:

```
F(prefix, client_DUID, IAID, DAD_counter, secret_key)
```

Die Argumente prefix, DAD_counter und secret_key entsprechen denen in Abschnitt 11.7.2, »Zustandslose Autokonfiguration (Stateless Autoconfiguration, SLAAC)«. Die client_DUID ist die Zeichenkette, mit der sich der Client gegenüber dem DHCPv6-Server identifiziert; sie kann auf der Ethernet-Adresse basieren, aber auch andere Optionen sind möglich. Die IAID (Identity Association Identifier) ist ein vom Client bereitgestellter Name für diese Anfrage; unterschiedliche Namen werden verwendet, wenn temporäre oder permanente Adressen angefordert werden.

Einige ältere DHCPv6-Server weisen möglicherweise noch Schnittstellenbezeichner in serieller Reihenfolge zu; solche veralteten Server könnten den SLAAC-Ansatz attraktiver machen.

11.8 Epilog

Bei IPv4 gibt es seit 2011 keine großen Adressblöcke mehr. IPv6 hat einen ausgereiften Entwicklungsstand erreicht. Die meisten gängigen Betriebssysteme bieten hervorragende IPv6-Unterstützung.

Dennoch verläuft die Umstellung langsam. Viele Internetdienstleister bieten nach wie vor nur begrenzte (oder gar keine) Unterstützung, und preiswerte IPv6-Firewalls, die die allgegenwärtigen NAT-Router für Verbraucherinnen und Verbraucher ersetzen sollen, sind gerade erst auf dem Markt. Die Zeit wird zeigen, wie sich all dies weiterentwickelt. Doch während es IPv6 nun schon seit zwanzig Jahren gibt, sind die IPv4-Adressblöcke der obersten Ebene erst vor kurzem verschwunden. Es ist gut möglich, dass sich dies als der Katalysator erweisen wird, den IPv6 braucht.

11.9 Übungen

1. Jede IPv6-Adresse ist mit einer bestimmten Solicited-Node-Multicast-Adresse verbunden.
   a) Erläutern Sie, warum in einem typischen Ethernet, wenn die ursprüngliche IPv6-Host-Adresse über SLAAC eingeholt wurde, die den Solicited-Node-Multicast-Adressen des Hosts entsprechende LAN-Multicast-Gruppe wahrscheinlich klein ist und in vielen Fällen nur aus einem Host besteht. (Die Paketzustellung an kleine LAN-Multicast-Gruppen kann sehr viel effizienter sein als die Zustellung an große Multicast-Gruppen.)
   b) Mit welchen Schritten könnte ein DHCPv6-Server sicherstellen, dass für die von ihm vergebenen IPv6-Adressen die LAN-Multicast-Gruppen, die den angeforderten Knoten-Multicast-Adressen der Host-Adressen entsprechen, klein sind?

2. Wenn ein Angreifer eine große Anzahl von Sondierungspaketen über IPv4 sendet, können Sie diese blockieren, indem Sie die IP-Adresse des Angreifers sperren. Nehmen wir an, der Angreifer verwendet IPv6, um die Sondierungen zu senden; für jede ändert der Angreifer die niederwertigen 64 Bits der Adresse. Können diese Angriffe wirksam blockiert werden? Wenn ja, was müssen Sie blockieren? Könnten Sie auch andere Benutzer blockieren?
3. Welche der folgenden IPv6-Adressen sind Teil des Blocks 2401:3c00::/22?
   a) 2401:3cfe:2357:f00d::1
   b) 2401:4c02:1248:beef::1
   c) 2401:3b0e:0139:cafe::1
   d) 2410:3d04:1247:face::1
4. Die Größe des IPv6-Headers ist fix und beträgt 40 Bytes. Wie lange dauert es, wenn man dies als minimale Paketgröße annimmt, 10^{15} Hosts (eine Billiarde) Sondierungspakete an einen Zielstandort zu senden (z. B. – aber nicht unbedingt – ping, Abschnitt 12.5.1, »ping6«), wenn die Bandbreite 1 Gbit/s beträgt?

Kapitel 12
Weitere IPv6-Funktionen

In diesem Kapitel setzen wir die Beschreibung von IPv6 fort und legen ein besonderes Augenmerk auf den Vergleich zwischen IPv4 und IPv6, die Interoperabilität zwischen IPv4 und IPv6 und den Betrieb von IPv6 in einer Umgebung, die es nicht von Haus aus unterstützt.

12.1 Weltweit sichtbare Adressen

Der vielleicht auffälligste Unterschied zwischen einem aktuellen IPv4-Netz und einem IPv6-Netz besteht darin, dass im IPv4-Netz die meisten Adressen der Endnutzer-Arbeitsplatzrechner wahrscheinlich hinter einem NAT-Router »versteckt« sind (Abschnitt 9.7, »Netzwerkadressübersetzung«). In einem IPv6-Netz hingegen ist *jede* Host-Adresse weltweit sichtbar, auch wenn der eingangsseitige Zugriff durch Firewalls eingeschränkt sein kann. Auch wenn manchmal behauptet wird, dass IPv4 mit NAT eine bessere Sicherheit bietet, liegt der eigentliche Vorteil darin, dass Standorte dadurch besser mit der begrenzten Anzahl an verfügbaren IPv4-Adressen zurechtkommen. (Reine IPv6-Netzwerke nutzen häufig eine Form von NAT, um die Verbindung zu reinen IPv4-Servern zu ermöglichen).

Zusätzlich zur Begrenzung der Anzahl der benötigten IPv4-Adressen bieten die alten IPv4-NAT-Router ein gewisses Maß an Privatsphäre, Sicherheit und Unannehmlichkeiten. Der Schutz der Privatsphäre in IPv6 lässt sich, wie im vorherigen Kapitel beschrieben, durch private oder temporäre Adressen erreichen. Es sei daran erinnert, dass solche Adressen in der IPv6-Welt immer noch weltweit sichtbar sind; Datenschutz bedeutet hier, dass die Adresse regelmäßig geändert wird.

Das Maß der durch NAT gebotenen Sicherheit beruht hauptsächlich auf der Tatsache, dass alle Verbindungen von innen heraus initiiert werden müssen; kein Paket von außen wird durch die NAT-Firewall gelassen, es sei denn, es ist eine Antwort auf ein von innen gesendetes Paket. Diese Funktion lässt sich jedoch auch über eine herkömmliche Firewall (IPv4 oder IPv6) ohne Adressübersetzung implementieren. Außerdem lässt sich eine solche herkömmliche Firewall problemlos so modifizieren, dass sie wie gewünscht begrenzte und regulierte Verbindungen von außen unterstützt; eine entsprechende Modifizierung eines NAT-Routers ist schwieriger. (Abgesehen davon kann sich ein pauschales Verbot von IPv6-Verbindungen, die von außen initiiert werden, als ebenso frustrierend erweisen wie IPv4-NAT.)

Ein zweiter Sicherheitsvorteil beim Verbergen von IPv4-Adressen besteht darin, dass es bei IPv4 einfach ist, ein /24-Subnetz abzubilden, indem man jeden der 254 möglichen Hosts anpingt oder anderweitig sondiert; ein solches Mapping kann die interne Struktur offenlegen. Für IPv6 dürfte eine solche Zuordnung unpraktisch sein, da ein /64-Subnetz $2^{64} \simeq 18$ Trillionen Hosts hat (siehe jedoch den Hinweis zur Zufälligkeit in Abschnitt 11.2.1, »Schnittstellenbezeichner«). Wenn die niederwertigen 64 Bits der IPv6-Adresse eines Hosts mit ausreichender Zufälligkeit gewählt werden, ist es praktisch unmöglich, den Host durch Ausprobieren zu finden; siehe Übung 4 aus dem vorherigen Kapitel.

Was die Nachteile angeht, so hat NAT schon immer Protokolle beeinträchtigt, die auf die Aushandlung neuer Verbindungen angewiesen sind (z. B. TFTP, FTP oder das für VoIP verwendete SIP); IPv6 bietet hier das Potenzial für erhebliche Vereinfachungen. Allerdings würde eine strikte Firewall-Regel, die alle eingehenden Verbindungen blockiert, diesen potenziellen Vorteil zunichte machen.

12.2 ICMPv6

RFC 4443 definiert eine aktualisierte Version des ICMP-Protokolls für IPv6. Wie bei der IPv4-Version werden die Nachrichten durch Typ- und Code- (Subtyp-) Felder mit einer Länge von 8 Bit gekennzeichnet, sodass neue Nachrichtenformate relativ einfach hinzugefügt werden können. Wir haben bereits die ICMP-Nachrichten gesehen, die zur Erkennung direkter Nachbarn eingesetzt werden (Abschnitt 11.6, »Nachbarschaftserkennung (Neighbor Discovery)«).

Im Gegensatz zu ICMPv4 unterscheidet ICMPv6 mit Hilfe des ersten Bits des Type-Felds zwischen Nachrichten mit Informationsgehalt und Fehlermeldungen. Unbekannte Informationsmitteilungen werden einfach verworfen, während unbekannte Fehlermeldungen, wenn möglich, an den passenden Prozess in einer höheren Schicht weitergeleitet werden müssen. So müssen z. B. »[UDP] port unreachable«-Nachrichten an den UDP-Absender des nicht zustellbaren Pakets weitergeleitet werden.

ICMPv6 enthält eine IPv6-Version von Echo Request / Echo Reply, auf der der Befehl `ping6` beruht (Abschnitt 12.5.1, »ping6«); anders als bei IPv4 werden eingehende IPv6-Echo-Antwortnachrichten dem Prozess übergeben, der die entsprechende Echo-Anforderung erzeugt hat. Die ICMPv6-Basisspezifikation enthält auch Formate für nachfolgende Fehlerzustände (diese Liste ist etwas übersichtlicher als die entsprechende ICMPv4-Liste):

- **Destination Unreachable**
  In diesem Fall wird einer der folgenden numerischen Codes zurückgegeben:
  - **0. No route to destination** wird zurückgegeben, wenn ein Router keinen next_hop-Eintrag hat.

- **1. Communication with destination administratively prohibited** wird zurückgegeben, wenn ein Router über einen next_hop-Eintrag *verfügt*, diesen aber aufgrund von Richtlinien nicht verwenden will. Die nachstehenden Codes 5 und 6 sind Sonderfälle dieser Situation; gegebenenfalls werden diese spezielleren Codes zurückgegeben.
- **2. Beyond scope of source address** wird zurückgegeben, wenn ein Router beispielsweise aufgefordert wird, ein Paket an eine globale Adresse weiterzuleiten, die Rücksendeadresse jedoch keine ist, sondern z. B. eindeutig lokal. Wenn in IPv4 ein Host mit einer privaten Adresse versucht, eine Verbindung zu einer globalen Adresse herzustellen, ist fast immer NAT im Spiel.
- **3. Address unreachable** eine Sammelkategorie für Routing-Fehler, die von keiner anderen Nachricht abgedeckt werden. Ein Beispiel wäre, wenn das Paket erfolgreich zum Last-Hop-Router geleitet wurde, aber die Nachbarschaftserkennung keine LAN-Adresse finden konnte, die der IPv6-Adresse entspricht.
- **4. Port unreachable** wird genau wie bei ICMPv4 zurückgegeben, wenn der Zielhost den angeforderten UDP-Port nicht geöffnet hat.
- **5. Source address failed ingress/egress policy**, siehe Code 1.
- **6. Reject route to destination**, siehe Code 1.

- **Packet Too Big**
  Dies entspricht dem ICMPv4-Flag »Fragmentation Required but DontFragment flag set«; bei IPv6 gibt es jedoch keine routerbasierte Fragmentierung.
- **Time Exceeded**
  Dies gilt für Fälle, in denen das Hop-Limit überschritten wurde, und auch dann, wenn eine *quellbasierte* Fragmentierung verwendet wurde und der Timer für die Reassembly der Fragmente abgelaufen ist.
- **Parameter Problem**
  Dies gilt, wenn ein fehlerhafter Eintrag im IPv6-Header, ein nicht erkannter Next-Header-Typ oder eine unerkannte IPv6-Option vorhanden ist.

12.2.1 Node Information Messages

ICMPv6 umfasst auch *Node Information* (NI) Messages, wie sie in RFC 4620 definiert werden. Eine Form der NI-Abfrage erlaubt es, einen Host direkt nach seinem Namen zu fragen; dies erfolgt in IPv4 über Reverse-DNS-Lookups (Abschnitt 10.1.3, »Andere DNS-Einträge«). Andere NI-Abfragen erlauben es, einen Host nach seinen weiteren IPv6-Adressen oder nach seinen IPv4-Adressen zu fragen. Empfänger von NI-Abfragen können so konfiguriert werden, dass sie die Antwort verweigern.

12.3 IPv6-Subnetze

In der IPv4-Welt haben Netzwerkverantwortliche manchmal Mühe, einen begrenzten Adressraum in einen Pool von Subnetzen angemessener Größe aufzuteilen. Bei IPv6 ist dies viel einfacher: Alle Subnetze haben die Größe /64 und folgen den in Abschnitt 11.3, »Netzwerkpräfixe«, dargelegten Richtlinien.

Es gibt eine verbreitete Ausnahme: RFC 6164 erlaubt den Einsatz von 127-Bit-Präfixen an beiden Enden einer Punkt-zu-Punkt-Verbindung. Das 128. Bit ist dann an einem Ende 0 und am anderen Ende 1.

Ein Standort, der von seinem Provider ein Adresspräfix der Größe /56 erhält, kann bis zu 256 /64-Subnetze zuweisen. Wie bei IPv4 liegen die Gründe für IPv6-Subnetze in der Zusammenführung inkompatibler LANs, in der Einschaltung von Routern als Firewalls zwischen den Subnetzen oder in der Auftrennung von Datenverkehr.

Das nachstehende Diagramm zeigt einen Standort mit dem externen Präfix 2001::/62, zwei Router R1 und R2 mit den angegebenen Schnittstellennummern und drei interne LANS, die den drei Subnetzen 2001:0:0:**1**::/64, 2001:0:0:**2**::/64 und 2001:0:0: **3**::/64 entsprechen. Das Subnetz 2001:0:0:**0**::/64 (2001::/64) dient zur Verbindung mit dem Internetanbieter.

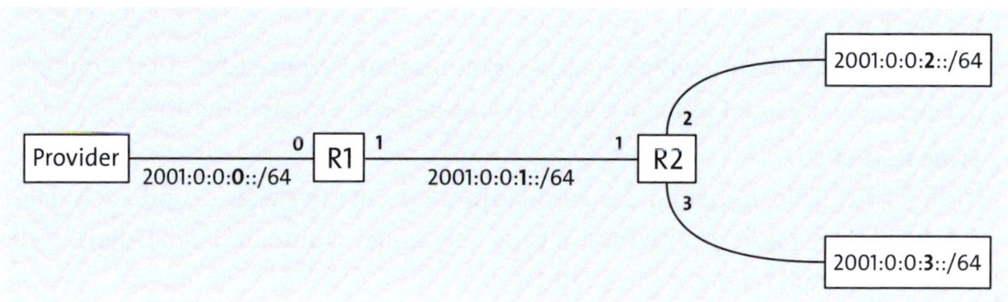

Die Schnittstelle 0 von R1 würde eine Adresse aus dem /64-Block 2001:0:0:**0**/64 zugewiesen bekommen, vielleicht 2001::2.

R1 wird über seine Schnittstelle 1 – mittels Router-Advertisements – bekannt geben, dass er eine *Route* zu ::/0 hat, und damit also die Vorgaberoute. Außerdem wird er über die Schnittstelle 1 das On-Link-Präfix 2001:0:0:1::/64 bekannt geben.

R2 wird über die Schnittstelle 1 seine Routen zu 2001:0:0:2::/64 und 2001:0:0:3::/64 bekannt geben. Außerdem wird er die Standardroute auf den Schnittstellen 2 und 3 bekannt geben. Auf Schnittstelle 2 wird er das On-Link-Präfix 2001:0:0:2::/64 und auf der Schnittstelle 3 das Präfix 2001:0:0:3::/64 bekannt geben. Als Backup könnte er auch das Präfix 2001:0:0:1::/64 auf seiner Schnittstelle 1 bekannt geben. In jedem Subnetz wird nur das On-Link-Präfix des Subnetzes bekannt gegeben.

12.3.1 Subnetze und /64

Die Aufteilung von Präfix- und Host-(Schnittstellen-)Längen bei IPv6 auf jeweils 64 Bit ist ein Kompromiss. Zwar wird dadurch die maximale Anzahl der Subnetze von 2^{128} auf 2^{64} reduziert, doch stellt dies in der Praxis kein realistisches Problem dar, denn 2^{64} ist immer noch eine riesige Zahl.

Da 64 Bits für Host-Identifikatoren übrig bleiben, lässt diese 64/64-Aufteilung noch genügend Raum, dass die Datenschutzmechanismen aus Abschnitt 11.7.2, »Zustandslose Autokonfiguration (Stateless Autoconfiguration, SLAAC)« und Abschnitt 11.7.3, »DHCPv6«, einen angemessenen Schutz bieten können.

Ein Großteil der jüngsten Überlegungen, andere Aufteilungen als 64/64 in Betracht zu ziehen, beruht auf Bedenken hinsichtlich der Adresszuweisungsrichtlinien der Internetanbieter. Indem man erklärt, dass jeder Benutzer eine /64-Zuteilung erhalten soll, hofft man, dass die Benutzer tatsächlich genug für mehrere Subnetze bekommen. Selbst ein Privatkunde mit nur, sagen wir, zwei Hosts und einem Router benötigt mehr als einen einzigen /64-Adressblock, da die Verbindung vom ISP zum Kunden in einem eigenen Subnetz liegen muss (es könnte ein 127-Bit-Präfix verwendet werden, wie oben beschrieben, aber viele Kunden hätten tatsächlich Bedarf an mehreren /64-Subnetzen). Wird /64 für ein Subnetz vorgeschrieben, besteht die Hoffnung, dass alle Nutzer z. B. Präfixe von mindestens /60 (16 Subnetze) oder sogar /56 (256 Subnetze) zugewiesen bekommen.

Selbst wenn sich diese Hoffnung nicht erfüllt, sollte jeder Nutzer nach der 64/64-Regelung *zumindest* eine /64-Zuweisung erhalten.

Wenn den Benutzern jedoch nur /64-Blöcke zur Verfügung gestellt *werden* und sie Subnetze verwenden wollen, müssen sie die 64/64-Regel lokal brechen. Vielleicht können sie vier Subnetze mit jeweils einem Präfix der Länge 66 Bit und mit nur 62 Bit für die Host-Kennung erstellen. Soll dies auf standardisierte Weise erfolgen, so bräuchte es mehr Flexibilität bei der Aufteilung zwischen Präfix und Host.

Wenn aber die Aufteilung zwischen Präfix und Host völlig willkürlich wird, hindert die Internetanbieter nichts an der Vergabe von Präfixen mit einer Länge von /80 (mit 48 Host-Bits) oder sogar /120.

Die allgemeine Hoffnung ist, dass die Internet-Dienstanbieter nicht mehr so geizig mit der Länge der Präfixe umgehen werden. Da die Verbreitung von IPv6 aber noch relativ überschaubar ist, ist noch nicht klar, in welche Richtung das alles gehen wird. In der IPv4-Welt verwenden die Nutzer NAT (Abschnitt 9.7, »Netzwerkadressübersetzung«), um beliebig viele Subnetze zu erstellen. In der IPv6-Welt wird NAT allgemein als schlechte Idee angesehen.

Schließlich ist es theoretisch möglich, einen Standort mit zwei Subnetzen auf ein einziges /64 zu quetschen, indem der Hauptrouter des Standorts in einen Switch umgewandelt wird; alle Hosts des Kunden sind nun gleichberechtigt mit dem Internetanbieter verbunden. Dies bedeutet aber, dass die Verwendung des Routers als Firewall, wie in Abschnitt 12.1, »Weltweit sichtbare Adressen«, beschrieben, erheblich erschwert wird. Für die meisten Benutzer ist dies zu riskant.

12.4 IPv6 und IPv4 gemeinsam benutzen

In diesem Abschnitt gehen wir davon aus, dass an einem Standort IPv6-Konnektivität besteht; sollte dies nicht der Fall sein, siehe Abschnitt 12.6, »IPv6-Konnektivität über Tunneling«.

Was wird verwendet, wenn auf einem Client-Rechner IPv6 und IPv4 in einer so genannten *Dual-Stack*-Konfiguration koexistieren? Wenn der Client eine TCP-Verbindung zu einer reinen IPv4-Website (oder zu einem anderen Netzwerkdienst) herstellen möchte, hat er keine Wahl. Was aber, wenn die Gegenstelle ebenfalls sowohl IPv4 als auch IPv6 unterstützt?

Der erste Schritt ist ein *DNS-Lookup*, das von der Anwendung durch den Aufruf der entsprechenden Prozedur der Adress-Lookup-Bibliothek ausgelöst wird; im Java-Stack-Beispiel aus Abschnitt 16.1.3, »Simplex-Talk über UDP«, verwenden wir `InetAddress.getByName()`. In der Sprache C erfolgt die Adresssuche mittels `getaddrinfo()` oder (dem inzwischen veralteten) `gethostbyname()`. Das DNS-System auf dem Client kontaktiert dann seinen DNS-Resolver und fragt nach dem entsprechenden Adresseintrag, der dem Servernamen entspricht.

Für IPv4-Adressen unterhält DNS sogenannte »A«-Einträge für »Adresse«. Das IPv6-Äquivalent ist der »AAAA«-Eintrag, der für »Adresse, viermal länger« steht. Ein Dual-Stack-Rechner fordert normalerweise beide Einträge an. Der Internet-Entwurf *draft-vavrusa-dnsop-aaaa-for-free* (*https://datatracker.ietf.org/doc/draft-vavrusa-dnsop-aaaa-for-free/*) schlägt vor, dass ein DNS-Server immer dann, wenn er einen IPv4-A-Record liefert, auch den entsprechenden AAAA-Record mitliefert, ähnlich wie mit IPv4-CNAME-Records huckepack entsprechende A-Records mitgesendet werden (Abschnitt 10.1.2, »nslookup und dig«). Die DNS-Anfragen werden an die vorkonfigurierte DNS-Resolver-Adresse des Clients gesendet (die wahrscheinlich über DHCP eingestellt wurde).

IPv6 und dieses Buch

Das englischsprachige Original dieses Lehrbuchs ist seit April 2015 über IPv6 abrufbar. Innerhalb der DNS-Zone `cs.luc.edu` bestehen folgende Definitionen:

- intronetworks: sowohl A- als auch AAAA-Records
- intronetworks6: nur AAAA-Records
- intronetworks4: nur A-Records

DNS selbst kann entweder über IPv4 oder IPv6 laufen. Ein DNS-Server (autoritativer Nameserver oder nur ein Resolver), der ausschließlich IPv4 verwendet, kann IPv6-AAAA-Record-Anfragen beantworten, und ein DNS-Server, der nur IPv6 verwendet, kann IPv4-A-Record-Anfragen beantworten. Idealerweise würde jeder Nameserver schließlich sowohl IPv4 als auch IPv6 für alle Abfragen unterstützen. Allerdings ist es üblich, dass Hosts mit neu aktivierter IPv6-Konnektivität weiterhin nur IPv4-Resolver verwenden. RFC 4472 enthält eine Diskussion einiger Probleme beim Betrieb.

Hier ist ein Beispiel für DNS-Anfragen für A- und AAAA-Einträge, die mit dem Dienstprogramm `nslookup` aus der Befehlszeile heraus gestellt wurden. (In diesem Beispiel wurde der DNS-Resolver über IPv4 angesprochen).

```
nslookup -query=A facebook.com
Name: facebook.com
Address: 173.252.120.6
nslookup -query=AAAA facebook.com
facebook.com has AAAA address 2a03:2880:2130:cf05:face:b00c:0:1
```


Einige Standorte haben reine IPv6-DNS-Namen. Wenn die DNS-Abfrage nur einen AAAA-Eintrag zurückgibt, muss IPv6 verwendet werden. Ein Beispiel aus dem Jahr 2015 ist *ipv6.google.com*. Im Allgemeinen werden solche reinen IPv6-Namen jedoch nur zu Diagnose- und Testzwecken empfohlen. Die primären DNS-Namen für IPv4/IPv6-Websites sollten beide Arten von DNS-Einträgen aufweisen, wie im obigen Facebook-Beispiel (und wie für *google.com*).

Java getByName()

Der Java-Aufruf `getByName()` hält sich zumindest in Version 8 möglicherweise *nicht* an die systemweiten Einstellungen nach RFC 6742; in der Dokumentation der *Java Networking Properties documentation* (*http://docs.oracle.com/javase/8/docs/api/java/net/doc-files/net-properties.html*, 2015) hieß es, dass »standardmäßig die Verwendung von IPv4-Adressen gegenüber IPv6-Adressen bevorzugt wird«. Dies kann durch Setzen der Systemeigenschaft `java.net.preferIPv6Addresses` auf `true` mittels `System.setProperty()` geändert werden.

Wenn die Client-Anwendung einen Bibliotheksaufruf wie etwa Javas `InetAddress.getByName()` verwendet, der eine *einzelne* IP-Adresse zurückgibt, versucht der Client, eine Verbindung mit der zurückgegebenen Adresse herzustellen. Wird eine IPv4-Adresse zurückgegeben, wird die Verbindung über IPv4 hergestellt, bei IPv6 ist es ähnlich. Wenn eine IPv6-Adresse zurückgegeben wird und die IPv6-Verbindung nicht funktioniert, schlägt die Verbindung fehl.

Für eine solche Anwendung trifft die DNS-Resolver-Bibliothek also effektiv die Entscheidung zwischen IPv4 und IPv6. RFC 6724, auf die wir bereits oben in Abschnitt 11.7.2, »Zustandslose Autokonfiguration (Stateless Autoconfiguration, SLAAC)«, gestoßen sind, bietet einen Konfigurationsmechanismus durch eine kleine Tabelle mit IPv6-Präfixen und Präzedenzwerten wie die folgende.

Präfix	Präzendenz	
::1/128	50	IPv6-Loopback
::/0	40	Standardübereinstimmung
2002::/16	30	6to4-Adresse; siehe Kasten in Abschnitt 12.6, »IPv6-Konnektivität über Tunneling«
::ffff:0:0/96	10	Identifiziert eine IPv6-Adresse mit eingebetteter IPv4-Adresse; siehe Abschnitt 11.3, »Netzwerkpräfixe«
fc00::/7	3	Unique-Local mit Reservierung; siehe Abschnitt 11.3, »Netzwerkpräfixe«

Einer Adresse wird eine Rangfolge zugewiesen, indem sie in der Tabelle nach der Regel der längsten Übereinstimmung (*longest prefix match*) gesucht wird (Abschnitt 14.1, »Classless Internet Domain Routing: CIDR«); eine Liste von Adressen wird dann in abnehmender Reihenfolge der Präzedenz sortiert. In der obigen Tabelle finden Sie keinen Eintrag für Link-Local-Adressen, aber standardmäßig rangieren sie unter den globalen Adressen. Dies kann geändert werden, indem man das Link-Local-Präfix fe80::/64 in die Tabelle aufnimmt und es höher als beispielsweise ::/0 eingliedert.

Die Standardkonfiguration sieht vor, dass IPv6 bevorzugt wird, wenn IPv6 verfügbar ist, d. h. wenn eine Schnittstelle eine IPv6-Adresse hat, die global routbar ist (oder sein sollte). Da sowohl IPv6 als auch IPv4 verfügbar sind, wird IPv6 bevorzugt, indem dem Präfix ::/0 – das allen IPv6-Adressen entspricht – eine höhere Priorität zugewiesen wird als dem IPv4-spezifischen Präfix ::ffff:0:0/96. Dies geschieht in der obigen Tabelle.

Die Bevorzugung von IPv6 funktioniert jedoch nicht immer gut; viele Hosts haben IPv6-Konnektivität durch Tunneling, die langsam oder eingeschränkt sein kann oder sogar ganz ausfällt. Die Präzedenztabelle kann so geändert werden, dass IPv4 gegenüber IPv6 bevorzugt wird, indem die Präzedenz für das Präfix ::ffff:0.0.0.0/96 auf einen höheren Wert als für ::/0 angehoben wird. Eine solche systemweite Konfiguration erfolgt auf Linux-Hosts in der Regel durch Bearbeiten der Datei `/etc/gai.conf` und unter Windows mit dem Befehl `netsh`, zum Beispiel `netsh interface ipv6 show prefixpolicies`.

Wir können diese systemweite IPv4/IPv6-Präferenz in Aktion sehen, indem wir OpenSSH (siehe Abschnitt 28.5.1, »SSH«) zwischen zwei Systemen verwenden, die jeweils sowohl IPv4 als auch IPv6 unterstützen (das entfernte System ist hier intronetworks.cs.luc.edu). Bei hoch eingestellter Präzedenz für das IPv4-Präfix erfolgt die Verbindung automatisch über IPv4:

- */etc/gai.conf*: `precedence ::ffff:0:0/96 100`
- ssh: `Connecting to intronetworks.cs.luc.edu [162.216.18.28] ...`

Wenn die Präzedenz des IPv4-Präfixes niedrig eingestellt ist, verwenden neue Verbindungen IPv6:

- */etc/gai.conf*: `precedence ::ffff:0:0/96 10`
- ssh: `Connecting to intronetworks.cs.luc.edu [2600:3c03::f03c:91ff:fe69:f438] ...`

Anwendungen können auch einen DNS-Resolver-Aufruf verwenden, der eine *Liste* aller Adressen zurückgibt, die zu einem bestimmten Hostnamen passen. (Oft hat diese Liste nur zwei Einträge, für die IPv4- und IPv6-Adressen, obwohl Round-Robin-DNS (Abschnitt 10.1, »DNS«) die Liste verlängern kann.) Der C-Aufruf `getaddrinfo()` gibt eine solche Liste zurück, ebenso wie der Java-Aufruf `InetAddress.getAllByName()`. Die RFC 6724-Einstellungen bestimmen dann die relative Reihenfolge der IPv4- und IPv6-Einträge in dieser Liste.

12

Wenn eine Anwendung eine solche Liste aller Adressen anfordert, ist es wahrscheinlich die gängigste Strategie, jede Adresse entsprechend der vom System vorgegebenen Reihenfolge nach auszuprobieren. Im Beispiel des vorigen Absatzes fordert OpenSSH tatsächlich mittels `getaddrinfo()` eine Liste von Adressen an, probiert sie aber laut Quellcode der Reihe nach aus und verbindet sich daher meist mit der ersten Adresse in der Liste, also mit der nach den Regeln von RFC 6724 bevorzugten Adresse. Alternativ könnte eine Anwendung benutzerspezifische Konfigurationseinstellungen implementieren, um zwischen IPv4 und IPv6 zu entscheiden, obwohl das Interesse der Benutzer daran eher gering ist (außer vielleicht bei den Leserinnen und Lesern dieses Buches).

Happy Eyeballs

Der *Happy Eyeballs*-Algorithmus, RFC 8305, verfolgt eine differenziertere Strategie, um zu entscheiden, ob eine Anwendung eine Verbindung über IPv4 oder IPv6 herstellen soll. Zunächst könnte der Client die IPv6-Adresse ausprobieren (d. h. er sendet TCP SYN an die IPv6-Adresse, siehe Abschnitt 17.3, »Aufbau einer TCP-Verbindung«). Gelingt dieser Verbindungsaufbau nicht innerhalb von, sagen wir, 250 ms, probiert der Client nun die IPv4-Adresse. 250 ms sind gerade lange genug, um den TCP-Handshake erfolgreich abzuschließen; diese Zeitspanne reicht nicht für eine erneute Übertragung aus – und soll es auch gar nicht. Der Client fällt auf IPv4 zurück, lange bevor das Scheitern von IPv6 sicher bestätigt ist.

IPv6-Server

Im Jahr 2015 unterstützten noch nicht allzu viele Websites IPv6, seitdem ist ihre Zahl aber stetig gestiegen. Einige Websites wie apple.com und microsoft.com benötigen das Präfix »www« für die IPv6-Verfügbarkeit. Bei den Netzwerkanbietern ist die Wahrscheinlichkeit größer, dass sie IPv6-fähig sind. Sprint.com verdient eine lobende Erwähnung für die kürzeste IPv6-Adresse, die ich je gefunden habe: 2600::aaaa.

Ein Happy-Eyeballs-Client sollte das siegreiche Protokoll zudem auch *zwischenspeichern*, sodass er bei der nächsten Verbindung nur das Protokoll zu verwenden versucht, das zuvor erfolgreich war. Der Cache-Timeout sollte in der Größenordnung von 10 Minuten liegen, sodass der Client bei einem Ausfall der IPv6-Verbindung und deren Wiederherstellung diese mit nur geringer Verzögerung wieder aufnehmen kann. Wenn der Happy-Eyeballs-Mechanismus auf der *Anwendungsschicht* implementiert ist, was häufig der Fall ist, dann ist leider oftmals auch der Geltungsbereich dieses Cache auf die jeweilige Anwendung beschränkt.

Mit zunehmender Verbreitung von IPv6 werden sich die Happy Eyeballs-Implementierungen wahrscheinlich dahingehend weiterentwickeln, dass sie größeres Vertrauen in die IPv6-Option setzen. Eine einfache Änderung besteht darin, die Zeitspanne zu verlängern, die der Client auf eine IPv6-Antwort wartet, bevor er aufgibt und es mit IPv4 versucht.

Wir können überprüfen, ob der Happy-Eyeballs-Mechanismus zum Einsatz kommt, indem wir den Datenverkehr mit WireShark beobachten. Als erstes Beispiel stellen wir uns vor, dass wir unserem Client-Host eine eindeutige lokale IPv6-Adresse geben (zusätzlich zu seiner automatischen Link-Local-Adresse); denken Sie daran, dass Unique-Local-Adressen nicht global routbar sind. Wenn wir nun eine Verbindung zu, sagen wir, *google.com* herstellen und den Datenverkehr mit WireShark überwachen würden, würden wir eine DNS AAAA-Abfrage (IPv6) für »google.com« sehen, unmittelbar gefolgt von einer DNS A-Abfrage (IPv4). Das anschließende TCP SYN würde jedoch nur an die IPv4-Adresse gesendet: Der Client-Host wüsste, dass seine IPv6-Unique-Local-Addresse nicht routbar ist, und es wird nicht einmal der Versuch dazu unternommen.

Als nächstes ändern wir die IPv6-Adresse des Client-Hosts in `2000:dead:beef:cafe::2`, und zwar durch manuelle Konfiguration (Abschnitt 12.5.3, »Manuelle Adresskonfiguration«) und ohne eine tatsächliche IPv6-Verbindung bereitzustellen. (Wir geben auch manuell einen falschen Standard-Router an.) Diese Adresse ist Teil des 2000::/3-Blocks und *sollte* global routbar sein.

Wir testen nun zwei Verbindungen zu `google.com` auf TCP-Port 80. Die erste erfolgt über den Firefox-Browser.

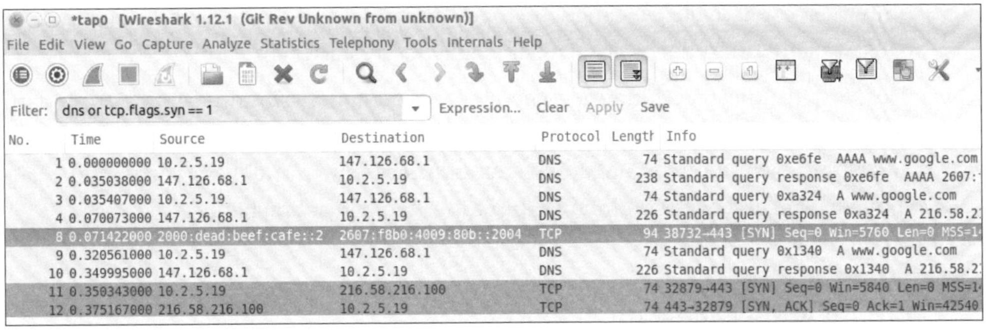

Abbildung 12.1 Die Abfrage in Wireshark (Teil 1)

Wir sehen zwei DNS-Anfragen, AAAA und A, in den Paketen 1–4, gefolgt vom ersten Versuch (hervorgehoben) bei T=0,071, durch Senden eines TCP SYN-Pakets (Abschnitt 17.3, »Aufbau einer TCP-Verbindung«) an die IPv6-Addresse von `google.com`, 2607:f8b0:4009:80b::200e eine TCP-Verbindung über IPv6 auszuhandeln. Nur 250 ms später, bei T=0,321, sehen wir eine zweite DNS A-Anfrage (IPv4), gefolgt von einem letztlich erfolgreichen Verbindungsversuch über IPv4 ab T=0,350. Diese spezielle Version von Firefox hat also den Dual-Stack-Mechanismus von Happy Eyeballs implementiert.

Nun probieren wir die Verbindung mit der bereits erwähnten OpenSSH-Anwendung aus, wobei wir `-p 80` angeben, um eine Verbindung zu Port 80 herzustellen. (Dieses Beispiel wurde etwas später erstellt; DNS liefert inzwischen 2607:f8b0:4009:807::1004 als IPv6-Adresse von google.com.)

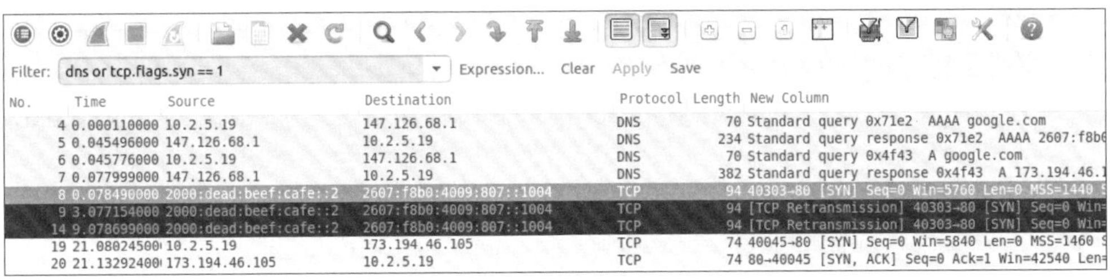

Abbildung 12.2 Die Abfrage in Wireshark (Teil 2)

Wir sehen zwei DNS-Anfragen, AAAA und A, in den Paketen mit den Nummern 4 und 6 (oben); diese werden vom Client über seine IPv4-Adresse 10.2.5.19 gestellt. Eine halbe Millisekunde nach der Rückkehr der A-Abfrage (Paket 7) sendet der Client ein TCP SYN-Paket an die IPv6-Adresse von `google.com`; dieses Paket ist hervorgehoben. Dieses SYN-Paket wird 3 Sekunden und dann 9 Sekunden später (in schwarz) erfolglos erneut gesendet. Nach 21 Sekunden gibt der Client IPv6 auf und probiert, über die IPv4-Adresse 173.194.46.105 eine Verbindung zu `google.com` herzustellen; diese Verbindung (unten) ist erfolgreich. Die lange Verzögerung zeigt, dass OpenSSH kein Happy Eyeballs implementiert hat, was auch der Quellcode bestätigt.

(Der Host, der diese Verbindungen herstellte, verwendete Ubuntu 10.04 LTS aus dem Jahr 2010. Die letztlich fehlgeschlagene TCP-Verbindung bricht nach drei Versuchen und nur 21 Sekunden ab; neuere Systeme unternehmen mehr Versuche und brauchen viel länger, bevor sie einen Verbindungsversuch abbrechen).

12.5 IPv6-Beispiele ohne Router

In diesem Abschnitt zeigen wir einige IPv6-Experimente, die ohne IPv6-Verbindung und sogar ohne IPv6-Router durchgeführt werden können. Ohne Router können wir weder SLAAC noch DHCPv6 verwenden. Stattdessen verwenden wir Link-Local-Adressen, bei denen neben der Adresse auch die Schnittstelle angegeben werden muss, und manuell konfigurierte Unique-Local-Adressen (Abschnitt 11.3, »Netzwerkpräfixe«). Ein praktisches Problem bei Link-Local-Adressen ist, dass Anwendungsdokumentationen, die beschreiben, wie man eine Spezifikation der Schnittstelle einbezieht, mitunter recht dünn gesät sind.

12.5.1 ping6

Die IPv6-Entsprechung zum bekannten `ping`-Befehl, die zum Senden von ICMPv6 Echo Requests verwendet wird, ist `ping6` auf Linux- und Mac-Systemen und `ping -6` unter Windows. Der ping6-Befehl unterstützt eine Option zur Angabe der Schnittstelle, z. B. `-I eth0`; wie oben erwähnt, ist dies beim Senden an Link-Local-Adressen obligatorisch. Hier sind einige Beispiele für ping6:

- `ping6 ::1`: Dies pingt die Loopback-Adresse des Hosts an; das sollte immer funktionieren.
- `ping6 -I eth0 ff02::1`: Dies pingt die Multicast-Gruppe *all-nodes* an der Schnittstelle `eth0`. Hier sind zwei der zurückgegebenen Antworten:
  - 64 bytes von fe80::3e97:eff:fe2c:2beb (dies ist der Host, *von* dem aus ich pinge)
  - 64 bytes von fe80::2a0:ccff:fe24:b0e4 (ein zweiter Linux-Host)

  Es wurden auch Antworten von einem Windows-Rechner und einem Android-Telefon empfangen. Ein VoIP-Telefon – im selben Subnetz, aber nur mit IPv4-Unterstützung – blieb stumm, trotz der Probleme von VoIP mit IPv4-NAT, die sich mit IPv6 vermeiden ließen. Anstelle der Schnittstellenoption `-I eth0` funktioniert in der Regel auch die »zone-identifier«-Syntax `ping6 ff02::1%eth0`; siehe folgender Abschnitt.
- `ping6 -I eth0 fe80::2a0:ccff:fe24:b0e4`: Dies pingt die Link-Local-Adresse des zweiten Linux-Hosts an, der die vorherige Anfrage beantwortet hat; auch hier sollte

die `%eth0`-Syntax funktionieren. Die Kennung der Zielschnittstelle verwendet hier das inzwischen veraltete EUI-64-Format; beachten Sie das »ff:fe« in der Mitte. Beachten Sie auch das umgedrehte siebte Bit der beiden Bytes 02a0; das Ziel hat die Ethernet-Adresse 00:a0:cc:24:b0:e4.

12.5.2 TCP-Verbindungen mit Link-Local-Adressen

Der nächste Versuch besteht darin, eine TCP-Verbindung herzustellen. Einige Befehle, wie z. B. das oben genannte ping6, bieten die Möglichkeit, in der Befehlszeile die Schnittstelle anzugeben. Ansonsten definiert RFC 4007 das Konzept eines Zonenbezeichners (*Zone-ID*), der durch ein »%«-Zeichen getrennt an die IPv6-Adresse angehängt wird, um die betreffende Verbindung anzugeben. Auf Linux-Systemen ist die Zone-ID meist der Schnittstellenname, z. B. `eth0` oder `ppp1`. Es werden auch numerische Zone-IDs verwendet, die in diesem Fall die Nummer der jeweiligen Schnittstelle in einer bestimmten Liste repräsentieren und als Zonenindex bezeichnet werden. Auf Windows-Systemen kann der Zonenindex für eine Schnittstelle oft aus der Ausgabe des `ipconfig`-Befehls abgeleitet werden, der diesen zusammen mit jeder Link-Local-Adresse ausgeben sollte. Der Einsatz von Zone-IDs ist häufig auf tatsächliche (numerische) IPv6-Adressen beschränkt, vielleicht weil es kaum Bedarf an symbolischen Link-Local-Adressen gibt.

Die folgende Link-Local-Adresse mit Zone-ID erzeugt eine ssh-Verbindung zum zweiten Linux-Host im Beispiel aus dem vorherigen Abschnitt:

```
ssh fe80::2a0:ccff:fe24:b0e4%eth0
```

Dass der ssh-Dienst auf IPv6-Verbindungen wartet, lässt sich auf diesem Host mittels `netstat -a | grep -i tcp6` überprüfen. Dass die ssh-Verbindung tatsächlich IPv6 *verwendet*, kann z. B. mit einem Netzwerk-Sniffer wie WireShark überprüft werden (hier ist der Filterausdruck `ipv6` oder `ip.version == 6` nützlich). Wenn die Verbindung fehlschlägt, ssh aber für IPv4-Verbindungen funktioniert und in der tcp6-Liste des netstat-Befehls als listening angezeigt wird, ist die Ursache wahrscheinlich ein durch die Firewall blockierter Port.

12.5.3 Manuelle Adresskonfiguration

Die Verwendung manuell konfigurierter Adressen ist ebenfalls möglich, entweder für globale oder für lokal eindeutige (Unique-Local, d. h. nicht mit dem Internet verbundene) Adressen. Ohne Router gibt es jedoch keine Präfix-Erkennung, Abschnitt 11.6.2, »Präfix-Ermittlung (Prefix discovery)«, woraus sich geringfügige Unterschiede ergeben können.

Der erste Schritt besteht darin, ein geeignetes Präfix zu wählen; im folgenden Beispiel verwenden wir das eindeutige lokale Präfix fd37:beef:cafe::/64 (obwohl dieses spezielle Präfix die Zufallsregeln für Unique-Local-Präfixe nicht erfüllt). Wir könnten auch ein global routingfähiges Präfix verwenden, aber hier wollen wir keine Hosts hinsichtlich der Erreichbarkeit in die Irre führen.

Ohne einen Router als Quelle für Router-Advertisements brauchen wir eine Möglichkeit, sowohl das Präfix als auch die *Präfixlänge* anzugeben; letztere kann man sich als Entsprechung zur IPv4-Subnetzmaske vorstellen. Man könnte meinen, dass die Standard-Präfixlänge /64 ist, da dies die einzige Präfixlänge ist, die generell erlaubt ist (Abschnitt 11.3, »Netzwerkpräfixe«), aber das ist oft nicht der Fall. In den folgenden Befehlen wird die Präfixlänge am Ende als /64 eingefügt. Diese Verwendung ist insofern etwas ungewöhnlich, als in der IPv4-Welt die Schrägstrich-Notation meist nur bei echten Präfixen verwendet wird, bei denen alle Bits jenseits der Schrägstrichlänge Null sind. (Der Linux-Befehl `ip` verwendet ebenfalls die Schrägstrich-Notation in diesem Sinne, um eine IPv4-Subnetzmaske anzugeben, z. B. 10.2.5.37/24. Die Befehle `ifconfig` und `netsh` unter Windows geben die IPv4-Subnetzmaske auf herkömmliche Weise an, z. B. 255.255.255.0.)

Hosts gehen in der Regel davon aus, dass ein auf diese Weise konfiguriertes Präfix mit einer Länge ein On-Link-Präfix darstellt, d. h., dass Nachbarn, die das Präfix gemeinsam nutzen, direkt über das LAN erreichbar sind.

Wir können nun die niederwertigen 64 Bits manuell zuweisen. Unter Linux geschieht dies mit:

- host1: `ip -6 address add fd37:beef:cafe::1/64 dev eth0`
- host2: `ip -6 address add fd37:beef:cafe::2/64 dev eth0`

Macintosh-Systeme können ähnlich konfiguriert werden, nur dass der Name der Schnittstelle wahrscheinlich `en0` und nicht `eth0` lautet. Auf Windows-Systemen lautet ein typischer Befehl für die IPv6-Adresskonfiguration

```
netsh interface ipv6 add address "Local Area Connection" fd37:beef:cafe::1/64
```

Auf host1 sollte nun der Befehl `ssh fd37:beef:cafe::2` eine ssh-Verbindung zu host2 herstellen, wiederum unter der Annahme, dass `ssh` auf host2 auf IPv6-Verbindungen wartet. Da die Adressen hier nicht Link-Local sind, können */etc/host*-Einträge für sie erstellt werden, um die Eingabe zu vereinfachen.

Diese Art der manuellen Zuweisung von IPv6-Adressen ist *nicht* empfehlenswert, außer für Experimente.

In einem LAN, das nicht mit dem Internet verbunden ist und daher kein tatsächliches Routing hat, kann dennoch ein Router Advertisement Agent (Abschnitt 11.6.1, »Router-Ermittlung (Router Discovery)«), wie z. B. *radvd*, mit einem manuell konfigurierten /64-Präfix gestartet werden. Der RA-Agent nimmt dieses Präfix in seine Advertisements auf, und halbwegs moderne Hosts konstruieren sich dann mit Hilfe von SLAAC vollständige Adressen aus diesem Präfix. IPv6 kann dann innerhalb des LANs verwendet werden. In diesem Fall sollte der RA-Agent auch so konfiguriert werden, dass er nur eine bedeutungslose Route ankündigt, z. B. ::/128, da die Knoten sonst fälschlicherweise glauben könnten, dass der RA-Agent volle Internet-Konnektivität bietet.

12.6 IPv6-Konnektivität über Tunneling

Die beste Option für die IPv6-Konnektivität ist die native Unterstützung durch den eigenen Internetanbieter. In einer solchen Situation sollte der eigene Router Router-Advertisement-Nachrichten aussenden, anhand derer alle Hosts herausfinden, wie sie das IPv6-Internet erreichen können.

Falls keine native IPv6-Unterstützung verfügbar sein sollte, besteht kurzfristig die Möglichkeit, eine Verbindung zur IPv6-Welt über *Paket-Tunneling* herzustellen (in selteneren Fällen wird auch ein anderer VPN-Mechanismus verwendet). RFC 4213 beschreibt die übliche *6in4*-Strategie, bei der einfach ein IPv4-Header vorne an das IPv6-Paket angehängt wird; sie ist der IPv4-in-IPv4-Kapselung aus Abschnitt 9.9.1, »IP-in-IP-Kapselung«, sehr ähnlich.

Es gibt mehrere Anbieter für diesen Dienst; suchen Sie dafür im Internet nach »IPv6 tunnel broker«. Einige Tunnel-Broker bieten diesen Dienst kostenlos an.

6in4, 6to4

6**in**4-Tunneling sollte nicht mit 6**to**4-Tunneling verwechselt werden, das die gleiche Verkapselung wie 6in4 verwendet, aber das IPv6-Präfix eines Standorts durch Einbettung seiner IPv4-Adresse konstruiert: Ein Standort mit der IPv4-Adresse **129**.3.5.7 erhält das IPv6-Präfix 2002:**81**03:0507::/48 (129 dezimal = 0x81). Siehe RFC 3056. Es gibt außerdem auch noch 6**over**4, RFC 2529.

Die Grundidee des 6in4-Tunneling besteht darin, dass der Tunnelbroker Ihnen ein /64-Präfix aus seinem eigenen Adressblock zuweist und sich bereit erklärt, einen IPv4-Tunnel mit 6in4-Kapselung zu Ihnen aufzubauen. Ihr gesamter IPv6-Verkehr aus dem Internet wird vom Tunnelbroker über diesen Tunnel zu Ihnen geleitet; umgekehrt erreichen die IPv6-Pakete von Ihrem Standort aus die Außenwelt über denselben Tunnel. Mit anderen Worten: Der Tunnel ist Ihre Verbindung zu einem IPv6-Router.

Im Allgemeinen muss die MTU des Tunnels mindestens 20 Byte kleiner sein als die MTU der physischen Schnittstelle, um Platz für den Header zu schaffen. Am näheren

Ende erfordert dies eine lokale Konfigurationsänderung; Tunnelbroker bieten oft eine Möglichkeit, die MTU am fernen Ende einzustellen. Praktische MTU-Werte variieren vom obligatorischen IPv6-Minimum von 1280 bis zum Ethernet-Maximum von 1500–20 = 1480.

Bei der Einrichtung des Tunnels wird keine zustandsbezogene Verbindung aufgebaut. Es werden lediglich der Tunnel-Client (d. h. Ihr Endpunkt) und der Broker die IPv4-Adressen des jeweils anderen aufzeichnen und vereinbaren, gekapselte IPv6-Pakete voneinander zu akzeptieren, sofern diese beiden Endpunktadressen als Quelle und Ziel verwendet werden. Der Tunnel auf der Client-Seite wird durch eine entsprechende »virtuelle Netzwerkschnittstelle« repräsentiert, z. B. `sit0` oder `gif0` oder `IP6Tunnel`. Die Tunnelanbieter stellen in der Regel die grundlegenden Befehle zur Verfügung, die für die Konfiguration der Tunnelschnittstelle und die Einstellung der MTU erforderlich sind.

Sobald der Tunnel eingerichtet ist, muss der Tunnelschnittstelle auf der Client-Seite eine IPv6-Adresse und eine (Standard-)Route zugewiesen werden. Wir nehmen an, dass das /64-Präfix für die Verbindung zwischen Broker und Client 2001:470:0:10::/64 lautet, wobei der Broker die Adresse 2001:470:0:10::**1** und der Client die Adresse 2001:470:0:10::**2** erhalten soll. Die Adresse und die Route werden auf dem Client mit den folgenden Befehlen eingerichtet (Linux/Mac bzw. Windows; Schnittstellennamen können abweichen, und einige Befehle gehen davon aus, dass die Schnittstelle eine Punkt-zu-Punkt-Verbindung darstellt):

```
ip addr add 2001:470:0:10::2/64 dev sit1
ip route add ::/0 dev sit1

ifconfig gif0 inet6 2001:470:0:10::2 2001:470:0:10::1 prefixlen 128
route -n add -inet6 default 2001:470:0:10::1

netsh interface ipv6 add address IP6Tunnel 2001:470:0:10::2
netsh interface ipv6 add route ::/0 IP6Tunnel 2001:470:0:10::1
```

Zu diesem Zeitpunkt sollte der Tunnel-Client volle IPv6-Konnektivität haben! Zur Überprüfung können Sie `ping6` verwenden oder reine IPv6-Versionen von Websites (z. B. intronetworks6.cs.luc.edu) oder Websites mit IPv6-Erkennung wie IsMyIPv6-Working.com besuchen. Alternativ kann man häufig ein Browser-Plugin installieren, um zumindest sichtbar zu machen, ob IPv6 verwendet wird. Schließlich lässt sich bei `netcat` mit der Option `-6` die Nutzung von IPv6 erzwingen, entsprechend dem HTTP-Beispiel in Abschnitt 17.7.1, »Noch einmal netcat«.

Es gibt noch ein weiteres potenzielles Problem. Wenn sich der Tunnel-Client hinter einem IPv4-NAT-Router befindet, muss dieser Router eingehende gekapselte 6in4-

Pakete korrekt zustellen. Dies kann manchmal ein Problem sein; gekapselte 6in4-Pakete unterscheiden sich doch etwas von dem TCP- und UDP-Traffic, für den ein gewöhnlicher NAT-Router für Privatverbraucher in erster Linie ausgelegt ist. Eine sorgfältige Untersuchung der Weiterleitungseinstellungen des Routers kann helfen, aber manchmal hilft nur ein neuerer Router. Probleme treten besonders wahrscheinlich dann auf, wenn zwei unterschiedliche interne Clients gleichzeitig versuchen, Tunnel einzurichten; siehe Abschnitt 9.9.1, »IP-in-IP-Kapselung«.

12.6.1 IPv6-Firewalls

Es wird dringend empfohlen, dass ein IPv6-Host neue eingehende Verbindungen über seine IPv6-Schnittstelle (z. B. die Tunnelschnittstelle) blockiert, ähnlich wie dies ein IPv4-NAT-Router tun würde. Ausnahmen können bei Bedarf für wichtige Dienste (wie ICMPv6) hinzugefügt werden. Mit dem Linux-Firewall-Befehls `ip6tables` und der IPv6-Tunnel-Schnittstelle `sit1` könnte dies wie folgt aussehen:

12

```
ip6tables --append INPUT --in-interface sit1 --protocol icmpv6 --jump ACCEPT
ip6tables --append INPUT --in-interface sit1 --match conntrack
   --ctstate ESTABLISHED,RELATED --jump ACCEPT
ip6tables --append INPUT --in-interface sit1 --jump DROP
```

Zu diesem Zeitpunkt sollte die Firewall durch Zugriffsversuche von außen auf interne Hosts getestet werden. Mindestens ein Ping6 von außen an eine beliebige globale IPv6-Adresse eines beliebigen internen Hosts sollte fehlschlagen, wenn die obige ICMPv6-Ausnahme entfernt wird (und erfolgreich sein, wenn die ICMPv6-Ausnahme wiederhergestellt wird). Dies lässt sich mit Hilfe einer der zahlreichen Websites überprüfen, die auf Anfrage Pings senden; solche Websites finden Sie, wenn Sie nach »online ipv6 ping« suchen. Es gibt auch einige Websites, die einen Remote-IPv6-TCP-Port-Scan durchführen; suchen Sie dazu nach »online ipv6 port scan«. Siehe auch Übung 4.

12.6.2 Einen Router einrichten

Der nächste Schritt besteht darin, den Tunnelendpunkt als Router einzurichten, damit auch andere Hosts am Client-Standort in den Genuss von IPv6-Konnektivität kommen. Dazu benötigen wir ein zweites /64-Präfix; wir nehmen an, dass dies 2001:470:0:20::/64 ist (beachten Sie, dass dies kein »angrenzendes« /64 ist; die beiden /64-Präfixe können nicht zu einem /63 zusammengeführt werden). R sei der Tunnelendpunkt mit der LAN-Schnittstelle `eth0` und A ein weiterer Rechner im LAN.

Wir werden das Linux-Paket `radvd` als unseren Router Advertisement Agent (Abschnitt 11.6.1, »Router-Ermittlung (Router Discovery)«) verwenden. In der Konfigurationsdatei radvd.conf müssen wir angeben, dass das LAN-Präfix 2001:470:0:20::/64 über das Interface eth0 als On-Link ausgewiesen werden soll:

```
interface eth0 {
        ...
        prefix 2001:470:0:20::/64
        {
                AdvOnLink on;           # Präfix als On-Link ausweisen
                AdvAutonomous on;       # SLAAC mit diesem Präfix zulassen
        };
};
```

Wenn nun radvd gestartet wird, erhalten andere LAN-Hosts (z. B. A) automatisch das Präfix (und damit eine vollständige SLAAC-Adresse). Radvd übermittelt automatisch die Standardroute von R (::/0), wobei diese nicht aus der Konfigurationsdatei, sondern aus der Routing-Tabelle von R stammt. (Es kann immer noch notwendig sein, die IPv6-Adresse von Rs eth0-Schnittstelle manuell zu konfigurieren, z. B. als 2001:470:0:20::1).

Auf der Version des Autors von Host A lautet die IPv6-Route nun wie folgt (einige irrelevante Attribute wurden hier weggelassen)

```
default via fe80::2a0:ccff:fe24:b0e4 dev eth0
```

Das heißt, Host A routet nach R über dessen *Link-Local*-Adresse (die immer garantiert on-link ist) und nicht über die Subnetzadresse.

Stehen kein radvd oder ein gleichwertiges Programm zur Verfügung, können R und A jeweils manuell eine /64-Adresse zugewiesen werden:

- Auf Host R: `ip -6 address add 2001:470:0:20::1/64 dev eth0`
- Auf Host A: `ip -6 address add 2001:470:0:20::2/64 dev eth0`

Wegen des »/64« (Abschnitt 12.5.3, »Manuelle Adresskonfiguration«) verstehen R und A hier, dass sie sich über das LAN erreichen können, und tun dies auch. Auch Host A muss die Standardroute über R mitgeteilt werden:

- Auf Host A: `ip -6 route add ::/0 via 2001:470:0:10::1 dev eth0`

Wir benutzen hier die Subnetzadresse von R, hätten aber auch die Link-Local-Adresse von R verwenden können.

Wahrscheinlich muss auch die MTU von As eth0 so konfiguriert werden, dass sie mit der der virtuellen Tunnelschnittstelle von R übereinstimmt (die, wie Sie sich erinnern, mindestens 20 Byte kleiner sein sollte als die MTU der physischen ausgangsseitigen Schnittstelle von R).

Ein zweiter Router

Fügen wir nun einen zweiten Router R2 hinzu, wie in der Abbildung 12.3 dargestellt. Die Verbindung R--R2 erfolgt über ein separates Ethernet-LAN, nicht über eine Punkt-zu-Punkt-Verbindung. Das LAN mit A ist, so wie im bereits bekannten Beispiel, Subnetz 2001:470:0:20::/64.

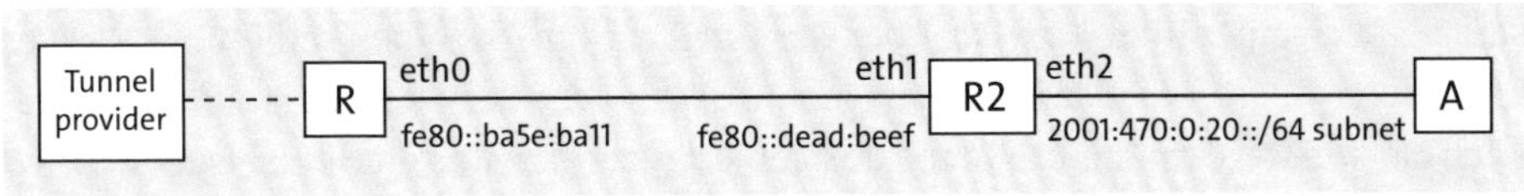

Abbildung 12.3 Ein zweiter Router im Beispiel

In diesem Fall muss R2 den Router-Advertisement-Dienst (z. B. radvd) ausführen. Wäre dies ein IPv4-Netz, bräuchten die Schnittstellen eth0 und eth1 auf der Verbindung R--R2 IPv4-Adressen aus einem neuen Subnetz (wobei die Verwendung privater Adressen eine Option ist). Wir können keine unnummerierten Schnittstellen verwenden (Abschnitt 9.8, »Unnummerierte Schnittstellen«), da die Verbindung R--R2 keine Punkt-zu-Punkt-Verbindung darstellt.

Mit IPv6 können wir jedoch das R--R2-Routing so konfigurieren, dass nur Link-Local-Adressen verwendet werden. Damit wir sie uns besser merken können, nehmen wir an, sie lauten wie folgt:

- eth0 von R1: `fe80::ba5e:ba11`
- eth1 von R2: `fe80::dead:beef`

Die Weiterleitungstabelle von R2 enthält eine Standardroute mit next_hop `fe80::ba5e:ba11` (R). Ebenso enthält die Weiterleitungstabelle von R einen Eintrag für das Zielsubnetz 2001:470:0:20::/64 mit next_hop `fe80::dead:beef` (R2). Weder eth0 noch eth1 benötigen eine andere IPv6-Adresse.

Die eth2-Schnittstelle von R2 benötigt wahrscheinlich eine globale IPv6-Adresse, z. B. wieder 2001:470:0:20::1. Andernfalls ist R2 möglicherweise nicht in der Lage festzustellen, dass seine eth2-Schnittstelle tatsächlich mit dem Subnetz 2001:470:0:20::/64 verbunden ist.

Ein Vorteil, eth0 oder eth1 keine globalen Adressen zu geben, ist, dass es dann für einen Angreifer von außen unmöglich ist, diese Schnittstellen direkt zu erreichen. Es spart auch Subnetze, obwohl diese bei IPv6 hoffentlich nicht knapp werden sollten. Alle Router an einem Standort benötigen für Verwaltungszwecke wahrscheinlich eine IP-Adresse, die innerhalb des gesamten Standorts erreichbar ist, die aber nicht global sichtbar sein muss.

12.7 Konnektivität von IPv6 nach IPv4

Was passiert, wenn Sie komplett auf IPv6 umsteigen, weil Ihr Internetanbieter (oder Telefonanbieter) keine IPv4-Adressen mehr hat? Manchmal – und hoffentlich immer öfter – werden Sie nur noch mit IPv6-Servern kommunizieren müssen. Die DNS-Namen `facebook.com` und `google.com` entsprechen zum Beispiel jeweils einer IPv4-Adresse, aber auch einer IPv6-Adresse. Aber was tun Sie, wenn Sie einen reinen IPv4-Server erreichen wollen? Es ist davon auszugehen, dass solche Server noch lange Zeit in Betrieb bleiben werden. Wir brauchen dazu eine Art zentralisierten Übersetzer von IPv6 nach IPv4.

Zu den ersten Strategien gehörte NAT-PT (RFC 2766). Dem Übersetzer wurde ein /96-Präfix zugewiesen. Der IPv6-Host hängte an dieses Präfix die 32-Bit-IPv4-Adresse des Ziels an und verwendete die daraus resultierende Adresse, um das IPv4-Ziel zu kontaktieren. An diese Adresse gesendete Pakete werden über IPv6 an den Übersetzer weitergeleitet, der den IPv6-Header in IPv4 übersetzt und dann das übersetzte Paket an das IPv4-Ziel weiterleitet. Wie bei IPv4-NAT (Abschnitt 9.7, »Netzwerkadressübersetzung«) werden bei der Rückübersetzung meist zusätzliche TCP-Portnummern angegeben, um Zweideutigkeiten aufzulösen. Dieser Ansatz setzt voraus, dass der IPv6-Host den Übersetzer kennt, und ist auf TCP und UDP beschränkt (wegen des Einsatzes von Portnummern). Aufgrund dieser und einiger anderer Einschränkungen wurde NAT-PT in RFC 4966 formell abgelöst

Haben Sie noch einen IPv4-Anschluss?

In den vergangenen Jahren haben bereits etliche Telefonanbieter viele ihrer Kunden in ihren mobilen Datennetzen auf IPv6 umgestellt. Die Umstellung verläuft oft erstaunlich geräuschlos. Verbindungen zu reinen IPv4-Diensten funktionieren dank NAT64 immer noch einwandfrei. Nahezu die einzige Möglichkeit, dies festzustellen, ist Überprüfung der IP-Adresse des Handys.

Als Ersatzprotokoll dient *NAT64*, das in RFC 6146 dokumentiert ist. Es beruht ebenfalls auf der Adressübersetzung und lässt daher keine Verbindungen von IPv4-Hosts zu IPv6-Hosts zu. Es ist jedoch sowohl für die beteiligten IPv6- als auch IPv4-Hosts transparent und beschränkt sich nicht auf TCP (wobei nach RFC 6146 allerdings nur TCP, UDP und ICMP unterstützt werden). Mit DNS64 (RFC 6147) verwendet es eine spezielle DNS-Variante als Zusatzprotokoll.

Um NAT64 zu verwenden, sendet ein IPv6-Client seine normale DNS-Anfrage, um die Adressen des Zielservers zu finden. Der DNS-Resolver (Abschnitt 10.1, »DNS«), der die Anfrage erhält, muss DNS64 verwenden. Wenn das Ziel nur eine IPv4-Adresse hat, gibt der DNS-Resolver dem IPv6-Client (als AAAA-Eintrag) eine synthetische IPv6-Adresse zurück, die aus einem Präfix und der eingebetteten IPv4-Adresse des Servers besteht, ähnlich wie bei NAT-PT (obwohl es mehrere Optionen für die Präfixlänge gibt; siehe RFC 6052). Das Präfix gehört zum eigentlichen NAT64-Übersetzer; jedes Paket, das an eine IPv6-Adresse adressiert ist, die mit dem Präfix beginnt, wird an den Übersetzer geliefert. Es gibt keine Beziehung zwischen dem NAT64-Übersetzer und dem DNS64-Resolver, abgesehen von der Tatsache, dass das Präfix des ersteren im letzteren voreingestellt ist.

Der IPv6-Client verwendet nun diese synthetische IPv6-Adresse, um den IPv4-Server zu kontaktieren. Seine Pakete werden aufgrund des Präfixes an den NAT64-Übersetzer selbst weitergeleitet, ähnlich wie bei NAT-PT. Beim Empfang des ersten Pakets vom IPv6-Client weist der NAT64-Übersetzer der neuen Verbindung eine seiner IPv4-Adressen zu. Da IPv4-Adressen knapp sind, kann dieser Pool verfügbarer IPv4-Adressen klein sein, sodass NAT64 die Verwendung einer IPv4-Adresse durch viele IPv6-Clients ermöglicht. Zu diesem Zweck stellt der NAT64-Übersetzer (für TCP und UDP) auch eine Portzuordnung zwischen dem eingehenden IPv6-Quellport und einer vom NAT64 zugewiesenen Portnummer her, um sicherzustellen, dass der Verkehr eindeutig umkehrbar ist. Wenn zwei IPv6-Clients versuchen, denselben IPv4-Server mit denselben Quellports zu kontaktieren, und ihnen dieselbe NAT64-IPv4-Adresse zugewiesen wird, ändert sich wie bei IPv4-NAT die Portnummer eines der Clients.

Wird eine ICMP-Anfrage gesendet, kommt anstelle der Portnummern der Query Identifier zum Einsatz. Um NAT64 auf neue Protokolle auszuweiten, braucht es ein entsprechendes Analogon der Portnummern, um das Demultiplexen mehrerer Verbindungen, die sich eine einzige IPv4-Adresse teilen, zu ermöglichen.

Nachdem die Übersetzung durch Anlegen entsprechender Tabelleneinträge eingerichtet wurde, wird das übersetzte Paket an die IPv4-Serveradresse gesendet, die in die synthetische IPv6-Adresse eingebettet wurde. Die Quelladresse ist die zugewiesene IPv4-Adresse des Übersetzers, und der Quellport wurde entsprechend der neuen Portzuordnung umgeschrieben. Zu diesem Zeitpunkt können Pakete ungehindert zwischen dem ursprünglichen IPv6-Client und seinem IPv4-Ziel fließen, ohne dass einer der beiden Endpunkte etwas von der Übersetzung mitbekommt (es sei denn, der IPv6-Client prüft sorgfältig die synthetische Adresse, die er über DNS64 erhält). Ein Timer innerhalb des NAT64-Übersetzers löscht die Verbindung zwischen den IPv6- und IPv4-Adressen, wenn die Verbindung eine Zeit lang nicht genutzt wird.

Nehmen wir an, der IPv6-Client hat die Adresse 2000:1234::abba und versucht, intronetworks4.cs.luc.edu auf TCP-Port 80 zu erreichen. Er wendet sich an seinen DNS-Server, der keinen AAAA-Eintrag, sondern die IPv4-Adresse 162.216.18.28 (in Hexadezimalzeichen: a2d8:121c) findet. Er nimmt das Präfix für seinen NAT64-Übersetzer, von dem wir annehmen, dass es 2000:cafe:: ist, und gibt dafür die synthetische Adresse 2000:cafe::a2d8:121c zurück.

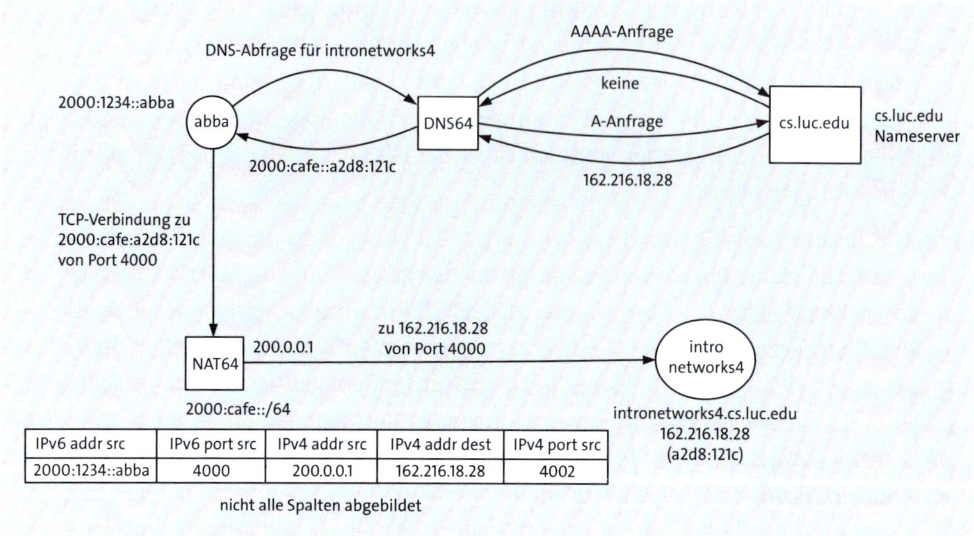

Abbildung 12.4 Konnektivität von IPv6 nach IPv4

Der IPv6-Client versucht nun, eine Verbindung zu 2000:cafe::a2d8:121c herzustellen, wobei er den Quellport 4000 verwendet. Das erste Paket kommt beim NAT64-Übersetzer an, der der Verbindung die ausgehende IPv4-Adresse 200.0.0.1 zuweist und den Quellport auf der IPv4-Seite auf 4002 neu zuordnet. Das neue IPv4-Paket wird an 162.216.18.28 weitergesendet. Die Antwort von intronetworks4.cs.luc.edu kommt zurück, an ⟨200.0.0.1,4002⟩. Der NAT64-Übersetzer stellt fest, dass dies ⟨2000:1234::abba,4000⟩ entspricht, und leitet sie an den ursprünglichen IPv6-Client zurück.

12.8 Epilog

IPv4 und IPv6 sind sich funktionell recht ähnlich. Die weit verbreitete Verwendung von NAT in der IPv4-Welt lässt IPv4 in der Praxis jedoch ganz anders erscheinen. IPv4 und IPv6 können natürlich nebeneinander existieren, als zwei parallele und unabhängige IP-Schichten. Die Nachfrage nach IPv4-zu-IPv6-Konnektivität hat aber mehreren Lösungen hervorgebracht.

12.9 Übungen

1. Angenommen, man versucht, `ping6` so zu benutzen, dass die ICMPv6-Echo-Anfrage an alle Nicht-Loopback-Schnittstellen gesendet wird, wenn die Adresse eine Link-Local-Adresse ist und keine Schnittstelle angegeben wurde. Könnte das End-

ergebnis anders ausfallen als bei einem herkömmlichen `ping6`, bei dem die richtige Schnittstelle angegeben ist? Wenn ja, wie wahrscheinlich ist dies?

2. Erstellen Sie eine ssh-Verbindung über IPv6 wie in Abschnitt 12.5, »IPv6-Beispiele ohne Router«. Untersuchen Sie die Pakete der Verbindung mit WireShark oder einem vergleichbaren Programm. Sieht der TCP-Handshake (Abschnitt 17.3, »Aufbau einer TCP-Verbindung«) bei IPv6 anders aus?
3. Erstellen Sie eine IPv6-ssh-Verbindung mit manuell konfigurierten Adressen wie in Abschnitt 12.5.3, »Manuelle Adresskonfiguration«. Verwenden Sie wiederum WireShark oder ein vergleichbares Programm, um die Verbindung zu überwachen. Kommt DAD (Abschnitt 11.7.1, »Erkennung doppelter Adressen«) zum Einsatz?
4. Angenommen, Host A erhält seinen IPv6-Verkehr über den Tunnelanbieter H, wie in Abschnitt 12.6, »IPv6-Konnektivität über Tunneling«, beschrieben. Um die Sicherheit zu verbessern, blockiert A alle Pakete, die nicht zu Verbindungen gehören, die er selbst initiiert hat (eine übliche Vorgehensweise), und macht dabei auch keine Ausnahme für ICMPv6-Verkehr (was keine gute Idee ist). H ist korrekt konfiguriert und kennt die MTU der Verbindung A-H. Für (a) und (b) beträgt diese MTU 1280, das für IPv6 zulässige Minimum. In weiten Teilen des Internets sind jedoch größere MTU-Werte zulässig.

   ```
   A --- H --- Internet --- B
   ```

   a) Wenn A versucht, ein IPv6-Paket größer als 1280 Byte an den entfernten Host B zu senden, wird A über den dadurch verursachten Fehler informiert? Warum oder warum nicht?
   b) Angenommen, B versucht, ein IPv6-Paket, größer als 1280 Byte an A zu senden. Wird B dann die ICMPv6-Nachricht `Packet Too Big` erhalten? Warum oder warum nicht?
   c) Nehmen wir nun an, dass die MTU der Verbindung A-H auf 1400 Byte erhöht wird. Skizzieren Sie ein Szenario, in dem A ein Paket mit einer Größe von mehr als 1280 Byte an den entfernten Host B sendet, das Paket zu groß ist, um es bis B zu schaffen, und A dennoch keine Benachrichtigung darüber erhält.

Kapitel 13
Routing-Update-Algorithmen

Wie bauen IP-Router ihre Weiterleitungstabellen auf, und wie pflegen sie sie?

Ethernet-Bridges haben bei unbekannten Zielen immer die Möglichkeit, auf Fallback-to-Flooding zurückzugreifen, sodass sie es sich leisten können, ihre Weiterleitungstabellen »inkrementell« aufzubauen, indem sie einen Host erst dann in die Weiterleitungstabelle aufnehmen, wenn er zum ersten Mal als *Absender* erkannt wird. Bei IP gibt es keinen Fallback-Zustellungsmechanismus: Weiterleitungstabellen müssen aufgebaut werden, *bevor* die Zustellung gelingen kann. Die manuelle Erstellung von Tabellen ist zwar möglich, aber nicht praktikabel.

In der Literatur ist es üblich, den Aufbau von Router-Tabellen als »Routing-Algorithmus« zu bezeichnen. Um eine Verwechslung mit dem grundlegenden Algorithmus zur Datagrammweiterleitung zu vermeiden, werden wir diesen Begriff jedoch vermeiden und stattdessen von »Routing-Update-Algorithmen« sprechen.

Die beiden hier betrachteten Algorithmus-Klassen sind *Distanzvektor* und *Link-State*. Beim Distanzvektor-Ansatz, der häufig an kleineren Standorten verwendet wird, tauschen die Router Informationen mit den unmittelbar benachbarten Routern aus; die Tabellen werden auf diese Weise durch eine Reihe solcher periodischer Austauschvorgänge aufgebaut. Beim Link-State-Ansatz verbreiten die Router schnell Informationen über den Zustand der einzelnen Verbindungen; alle Router in der Organisation erhalten diese Link-State-Informationen und jeder verwendet sie, um eine Karte des gesamten Netzes zu erstellen und zu pflegen. Die Weiterleitungstabelle wird dann (manchmal auf Anforderung) aus dieser Karte erstellt.

Beide Ansätze setzen voraus, dass konsistente Informationen über die *Kosten* jeder Verbindung verfügbar sind (z. B. dass die beiden Router an den Enden jeder Verbindung diese Kosten kennen und sich darüber einig sind, wie die Kosten ermittelt werden). Diese Anforderung klassifiziert diese Algorithmen als interne Routing-Update-Algorithmen: Die beteiligten Router sind Teil einer größeren Organisation oder eines anderen gemeinsamen Verwaltungssystems mit einer festgelegten Richtlinie für die Zuweisung von Verbindungsgewichtungen. Die Gruppe von Routern, die einer gemeinsamen Policy folgen, wird als *Routing-Domäne* oder (im BGP-Protokoll) als *Autonomes System* bezeichnet.

Die einfachste Strategie zur Gewichtung von Verbindungen besteht darin, jeder Verbindung die Kosten von 1 zuzuweisen; die Verbindungskosten können auch auf der Bandbreite, der Ausbreitungsverzögerung, den finanziellen Kosten oder administrativen Präferenzwerten basieren. Eine sorgfältige Zuweisung der Verbindungskosten spielt oft eine wichtige Rolle bei der Umlenkung des Traffic auf die schnelleren oder »besseren« Verbindungen.

In Kapitel 15 werden wir uns mit dem Border Gateway Protocol (BGP) befassen, bei dem keine Verbindungskosten-Berechnungen vorgenommen werden. BGP wird verwendet, um Routen durch andere Organisationen auszuwählen, und daher können eher finanzielle als technische Faktoren bei der Routing-Entscheidung die wichtigste Rolle spielen.

Normalerweise sind alle diese Algorithmen sowohl für IPv6 als auch für IPv4 anwendbar, auch wenn bestimmte Protokolle natürlich geändert werden müssen.

Abschließend sei darauf hingewiesen, dass das Routing seit den Anfängen des Internets nicht nur vom Zielort, sondern auch von der gewünschten »Dienstgüte« (Quality of Service, QoS) abhängen durfte; daher lauten die Einträge in der Weiterleitungstabelle streng genommen nicht ⟨destination, next_Hop⟩, sondern ⟨destination, QoS, next_hop⟩. Ursprünglich konnte das Feld Type of Service im IPv4-Header (Abschnitt 9.1, »Der IPv4-Header«) zur Angabe von QoS (damals oft ToS genannt) verwendet werden. Pakete konnten eine geringe Verzögerung, einen hohen Durchsatz oder eine hohe Zuverlässigkeit verlangen und entsprechend weitergeleitet werden. In der Praxis wurde das Feld Type of Service nur selten verwendet und schließlich durch das DS-Feld und die ECN-Bits abgelöst. Die ersten drei Bits des Felds Type of Service, die so genannten Prioritätsbits, bleiben jedoch verfügbar und können weiterhin für QoS-Routing-Zwecke verwendet werden (Beispiele für diese Bits finden Sie im Class Selector PHB in Abschnitt 24.7, »Differentiated Services«). Siehe auch RFC 2386.

Im Folgenden werden wir QoS-Informationen weitgehend ignorieren und davon ausgehen, dass Routing-Entscheidungen nur auf dem Zielort beruhen. Siehe jedoch den ersten Absatz von Abschnitt 13.5, »Link-State-Routing-Update-Algorithmus«, sowie Abschnitt 13.6, »Routing nach anderen Attributen«.

13.1 Distanzvektor-Routing-Update-Algorithmus

Distanzvektor ist der einfachste Routing-Update-Algorithmus, den das Routing Information Protocol (RIP) verwendet. Die Version 2 des Protokolls ist in RFC 2453 beschrieben.

Router identifizieren ihre Routernachbarn (durch eine Art Nachbarschaftserkennungsmechanismus) und fügen ihren Weiterleitungstabellen eine dritte Spalte hinzu, die die Gesamtkosten für die Zustellung an das entsprechende Ziel darstellt. Diese Kosten sind die »Distanz« in »Distanzvektor«. Die Weiterleitungstabelleneinträge haben nun die Form ⟨destination,next_hop,cost⟩.

Die Kosten werden jeder Verbindung administrativ zugewiesen, und der Algorithmus berechnet dann die Gesamtkosten zu einem Ziel als Summe der Verbindungskosten entlang des Pfades. Im einfachsten Fall werden jeder Verbindung Kosten in Höhe von 1 zugewiesen; in diesem Fall entsprechen die Gesamtkosten für ein Ziel der Anzahl der Verbindungen zu diesem Ziel. Dies ist als »Hopcount«-Metrik bekannt; es ist auch möglich, Verbindungskosten zuzuweisen, die die Bandbreite oder die Verzögerung jeder Verbindung widerspiegeln, oder was auch immer die Netzwerkadministratorinnen und -administratoren wünschen. Durchdachte Kostenzuweisungen sind eine Form des Traffic-Engineering und spielen manchmal eine große Rolle für die Netzleistung.

An diesem Punkt meldet jeder Router dann in regelmäßigen Abständen den ⟨destination,cost⟩-Teil seiner Tabelle an seine benachbarten Router; diese Tabellenabschnitte sind die »Vektoren« des Algorithmus. Dabei spielt es keine Rolle, ob die Nachbarn die Meldungen zur gleichen Zeit oder sogar mit der gleichen Geschwindigkeit austauschen.

Jeder Router überwacht auch seine kontinuierliche Konnektivität zu jedem Nachbarn; wenn der Nachbar N unerreichbar wird, werden seine Erreichbarkeitskosten auf unendlich gesetzt.

In einem realen IP-Netz wären die tatsächlichen Ziele *Subnetze*, die an Router angeschlossen sind; ein Router könnte direkt mit mehreren solcher Ziele verbunden sein. Im Folgenden werden wir jedoch alle direkt verbundenen Subnetze eines Routers mit dem Router selbst identifizieren. Das heißt, wir werden Weiterleitungstabellen erstellen, um jeden *Router* zu erreichen. Es ist zwar möglich, dass ein Ziel-Subnetz von zwei oder mehr Routern erreicht werden kann, wodurch die Identifizierung eines Routers mit der Menge seiner angeschlossenen Subnetze unterbrochen wird, aber in der Praxis ist dies von geringer Bedeutung. Siehe Übung 6 für ein Beispiel, in dem Subnetze *nicht* mit benachbarten Routern identifiziert werden.

13.1.1 Distanzvektor-Update-Regeln

A sei ein Router, der eine Meldung $\langle D, c_D \rangle$ vom Nachbarn N zu Kosten c_N erhält. Das bedeutet, dass A D *über N* mit den Kosten $c = c_D + c_N$ erreichen kann. A aktualisiert seine eigene Tabelle nach den folgenden drei Regeln:

- **Neues Ziel:** D ist ein bisher unbekanntes Ziel. A fügt ⟨D,N,c⟩ zu seiner Weiterleitungstabelle hinzu.
- **Niedrigere Kosten**: D ist ein bekanntes Ziel mit dem Eintrag $\langle D, M, c_{old} \rangle$, aber die neuen Gesamtkosten c sind geringer als c_{old}. A wechselt zur günstigeren Route und aktualisiert seinen Eintrag für D auf ⟨D,N,c⟩. Es ist möglich, dass M=N ist, was

bedeutet, dass N nun eine Kostensenkung an D meldet. (Wenn $c = c_{old}$, ignoriert A die neue Meldung; siehe Übung 8.)

- **next_hop-Erhöhung**: A hat einen bestehenden Eintrag ⟨D,**N**,c_{old}⟩, und die neuen Gesamtkosten c sind *größer* als c_{old}. Da es sich um eine Kostenerhöhung gegenüber dem Nachbarn N handelt, den A derzeit benutzt, um D zu erreichen, muss A diese Erhöhung in seine Tabelle aufnehmen. A aktualisiert seinen Eintrag für D zu ⟨D,N,c⟩.

Die ersten beiden Regeln gelten für neue Ziele und einen kürzeren Weg zu bestehenden Zielen. In diesen Fällen nehmen die Kosten zu jedem Ziel gleichförmig ab (zumindest wenn wir alle unerreichbaren Ziele als Kosten ∞ betrachten). Die Konvergenz erfolgt automatisch, da die Kosten nicht unendlich sinken können.

Die dritte Regel führt jedoch die Möglichkeit der Instabilität ein, da die Kosten ebenfalls steigen können. Sie stellt den Fall der *schlechten Nachrichten* dar, weil der Nachbar N erfahren hat, dass ein Verbindungsausfall seine eigenen Kosten zum Erreichen von D in die Höhe getrieben hat, und diese »schlechte Nachricht« nun an A weitergibt, der *über* N nach D leitet.

Der Fall der next_hop-Erhöhung gibt nur schlechte Nachrichten weiter; die allererste Kostenerhöhung muss immer von einem Router kommen, der erfährt, dass ein Nachbar N unerreichbar ist, und daher seine Kosten zu N auf ∞ aktualisiert. Ähnlich verhält es sich, wenn Router A vom Nachbarn B von einer next_Hop-Erhöhung zum Ziel D erfährt. Dann können wir die next_Hops zurückverfolgen, bis wir einen Router C erreichen, der entweder der Verursacher der cost=∞-Meldung ist oder der durch eine der ersten beiden Regeln von einer alternativen Route erfahren hat.

Beispiel 1

Für unser erstes Beispiel werden keine Verbindungen unterbrochen, sodass nur die ersten beiden oben genannten Regeln verwendet werden. Wir beginnen mit dem nachstehenden Netz mit leeren Weiterleitungstabellen; alle Verbindungskosten sind 1.

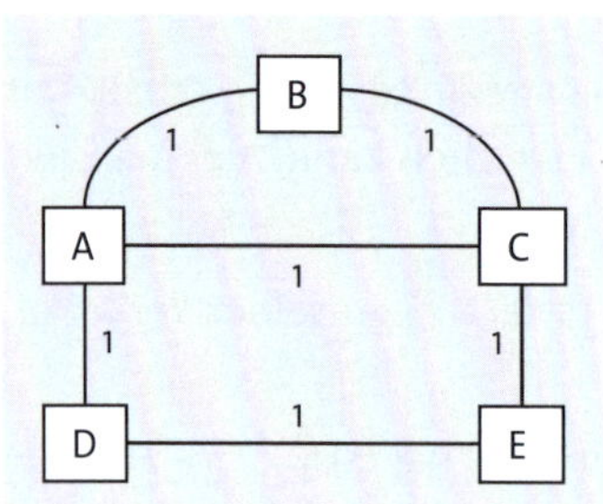

Nach der anfänglichen Nachbarschaftserkennung sind hier die Weiterleitungstabellen; jeder Knoten hat nur Einträge für seine direkt verbundenen Nachbarn:

- A: ⟨B,B,1⟩ ⟨C,C,1⟩ ⟨D,D,1⟩
- B: ⟨A,A,1⟩ ⟨C,C,1⟩
- C: ⟨A,A,1⟩ ⟨B,B,1⟩ ⟨E,E,1⟩
- D: ⟨A,A,1⟩ ⟨E,E,1⟩
- E: ⟨C,C,1⟩ ⟨D,D,1⟩

Nun soll sich D bei A melden; er sendet ⟨A,1⟩ und ⟨E,1⟩. A ignoriert ⟨A,1⟩ von D, aber ⟨E,1⟩ stellt ein neues Ziel dar; A fügt daher ⟨E,D,**2**⟩ zu seiner Tabelle hinzu. In ähnlicher Weise meldet sich A nun bei D und sendet ⟨B,1⟩ ⟨C,1⟩ ⟨D,1⟩ ⟨E,2⟩ (der Letzte ist der gerade hinzugefügte). D ignoriert As ⟨D,1⟩ und ⟨E,2⟩, aber As ⟨B,1⟩ und ⟨C,1⟩ veranlassen D, ⟨B,A,2⟩ und ⟨C,A,2⟩ zu erstellen. Die Tabellen von A und D sind nun tatsächlich vollständig.

Nehmen wir nun an, C meldet sich bei B; dadurch erhält B einen Eintrag ⟨E,C,2⟩. Wenn C auch an E meldet, dann enthält Es Tabelle ⟨A,C,2⟩ und ⟨B,C,2⟩. Die Tabellen sind jetzt:

- A: ⟨B,B,1⟩ ⟨C,C,1⟩ ⟨D,D,1⟩ ⟨E,D,2⟩
- B: ⟨A,A,1⟩ ⟨C,C,1⟩ ⟨E,C,2⟩
- C: ⟨A,A,1⟩ ⟨B,B,1⟩ ⟨E,E,1⟩
- D: ⟨A,A,1⟩ ⟨E,E,1⟩ ⟨B,A,2⟩ ⟨C,A,2⟩
- E: ⟨C,C,1⟩ ⟨D,D,1⟩ ⟨A,C,2⟩ ⟨B,C,2⟩

Wir haben zwei fehlende Einträge: B und C wissen nicht, wie sie D erreichen können. Wenn A sich bei B und C meldet, sind die Tabellen vollständig; B und C erreichen D jeweils über A zu den Kosten von 2. Es könnte aber auch die folgende Abfolge von Meldungen eingetreten sein:

E meldet sich bei C, was C veranlasst, ⟨D,E,2⟩ hinzuzufügen.

C meldet sich bei B, was B veranlasst, ⟨D,C,3⟩ hinzuzufügen.

In diesem Fall haben wir eine 100%ige Erreichbarkeit, aber B nimmt den längeren als den notwendigen Pfad B-C-E-D nach D. Eine weitere Meldung wird dies jedoch beheben: Nehmen wir an, A meldet sich bei B. B erhält ⟨D,1⟩ von A und aktualisiert seinen Eintrag ⟨D,C,3⟩ zu ⟨D,A,2⟩.

Man beachte, dass A über D nach E routet, während E über C nach A routet; diese Asymmetrie ist auf die unbestimmte Reihenfolge des anfänglichen Tabellenaustauschs zurückzuführen.

Wenn alle Verbindungsgewichtungen 1 sind und wenn jedes Nachbarpaar die Tabellen einmal austauscht, bevor irgendein Paar einen zweiten Austausch beginnt, dann wird der oben beschriebene Prozess die Routen in der Reihenfolge ihrer Länge erkennen, d. h. die kürzesten Pfade werden als erstes erkennt. Dies ist jedoch keine besonders wichtige Überlegung.

Beispiel 2

Das nächste Beispiel zeigt andere Verbindungsgewichtungen als Beispiel 1. Die erste entdeckte Route zwischen A und B ist die direkte Route mit Kosten von 8; schließlich erkennen wir die längere Route A-C-D-B mit Kosten von 2+1+3=6.

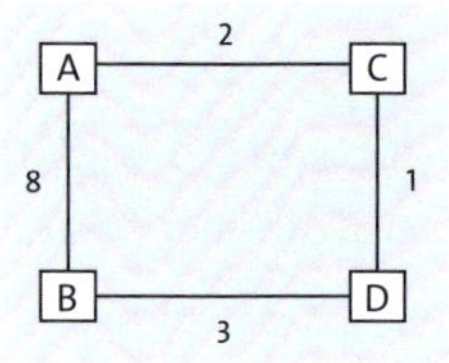

Zunächst sehen die Tabellen folgendermaßen aus:

- A: ⟨C,C,2⟩ ⟨B,B,8⟩
- B: ⟨A,A,8⟩ ⟨D,D,3⟩
- C: ⟨A,A,2⟩ ⟨D,D,1⟩
- D: ⟨B,B,3⟩ ⟨C,C,1⟩

Nach dem Austausch von A und C hat A ⟨D,C,3⟩ und C hat ⟨B,A,10⟩. Nachdem C und D sich ausgetauscht haben, aktualisiert C seinen Eintrag ⟨B,A,10⟩ zu ⟨B,D,4⟩ und D fügt ⟨A,C,3⟩ hinzu; D erhält Cs Meldung über ⟨B,10⟩, ignoriert sie aber. Nehmen wir nun an, B und D tauschen sich aus. D ignoriert die Route von B nach A, da er eine bessere Route hat. B erhält jedoch Ds Meldung ⟨A,3⟩ und aktualisiert seinen Eintrag für A zu ⟨A,D,6⟩. Zu diesem Zeitpunkt sehen die Tabellen wie folgt aus:

- A: ⟨C,C,2⟩ ⟨B,B,8⟩ ⟨D,C,3⟩
- B: ⟨A,D,6⟩ ⟨D,D,3⟩
- C: ⟨A,A,2⟩ ⟨D,D,1⟩ ⟨B,D,4⟩
- D: ⟨B,B,3⟩ ⟨C,C,1⟩ ⟨A,C,3⟩

Nun müssen wir noch zwei weitere Probleme lösen: Die Route von A nach B ist ineffizient Route zu B, und B verfügt über keine Route zu C. Das erste Problem wird behoben, wenn C ⟨B,4⟩ an A meldet; A ersetzt seine Route zu B durch ⟨B,C,6⟩. Das zweite Problem wird gelöst, wenn D sich bei B meldet; wenn A sich bei B meldet, fügt B vorübergehend die ineffiziente Route ⟨C,A,10⟩ hinzu; diese wird in ⟨C,D,4⟩ geändert, wenn die Meldung von D bei B eintrifft. Betrachten wir nur die A-B-Route: B entdeckt die kostengünstigere Route zu A, wenn sich erstens C bei D meldet und sich zweitens D bei B meldet; eine entsprechende Reihenfolge führt dazu, dass A die kostengünstigere Route entdeckt.

Beispiel 3

Unser drittes Beispiel soll veranschaulichen, wie der Algorithmus bei einer *Unterbrechung* der Verbindung vorgeht. Wir kehren zum ersten Diagramm zurück, in dem alle Tabellen ausgefüllt sind, und nehmen an, dass die Verbindung D-E unterbrochen wird. Dies ist der Fall der »schlechten Nachrichten«: Eine Verbindung ist unterbrochen und nicht mehr verfügbar. Hier kommt die dritte Regel ins Spiel.

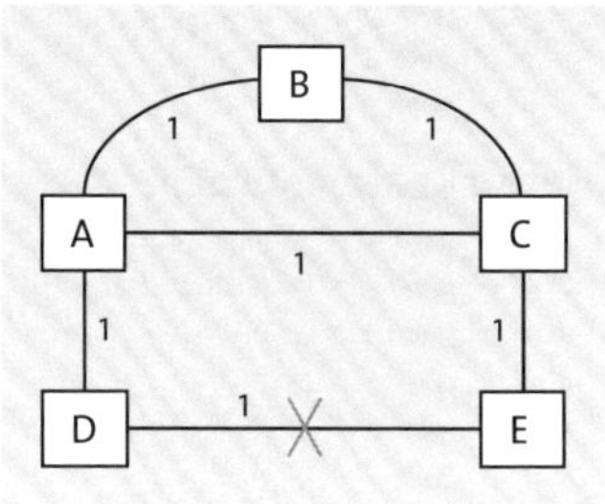

Wie oben gehen wir davon aus, dass A E über D erreicht, aber wir nehmen hier – anders als in Beispiel 1 – an, dass C D über A erreicht (siehe Übung 5 für den ursprünglichen Fall).

Nachdem die unterbrochene Verbindung erkannt wurde, aktualisieren D und E zunächst ihre Tabellen auf ⟨E,-,∞⟩ bzw. ⟨D,-,∞⟩ (ob sie tatsächlich ∞ in ihre Tabellen eintragen oder nicht, hängt von der Implementierung ab; im Prinzip entspricht dies einer gegenseitigen Streichung der Einträge. - in der next_hop-Spalte bedeutet, dass es keinen next_hop gibt).

Schließlich melden D und E die Unterbrechung an ihre jeweiligen Nachbarn A und C. A wendet die obige »bad-news«-Regel an und aktualisiert seinen Eintrag für E auf ⟨E,-,∞⟩. Wir haben angenommen, dass C jedoch über A nach D leitet und daher die Meldung von E ignoriert.

Wir gehen davon aus, dass sich im nächsten Schritt C bei E und A meldet. Wenn C seine Route ⟨D,2⟩ an E meldet, erstellt E den Eintrag ⟨D,C,3⟩ und kann D wieder erreichen. Wenn C sich bei A meldet, fügt A die Route ⟨E,C,2⟩ hinzu. Der letzte Schritt wird ausgeführt, wenn A sich das nächste Mal bei D meldet und D ⟨E,A,3⟩ erhält. Die Verbindung ist wiederhergestellt.

Beispiel 4

Die vorangegangenen Beispiele haben wir aus einer »globalen« Perspektive betrachtet, d. h. wir haben uns das gesamte Netz angesehen. Im nächsten Beispiel schauen wir uns an, wie ein bestimmter Router R reagiert, wenn er eine Distanzvektor-Meldung von seinem Nachbarn S erhält. Weder R noch S noch wir haben eine Vorstellung davon, wie das gesamte Netzwerk aussieht. Nehmen wir an, die Tabelle von R sieht anfangs wie folgt aus und die Verbindung S-R hat Kosten von 1:

destination	next_hop	cost
A	S	3
B	T	4
C	S	5
D	U	6

S sendet R nun die folgende Meldung, die nur Ziele und deren Kosten enthält:

destination	cost
A	2
B	3
C	5
D	4
E	2

R aktualisiert dann seine Tabelle wie folgt:

destination	next_hop	cost	Grund
A	S	3	Keine Änderung; S hat diese Meldung wahrscheinlich schon vorher abgeschickt
B	T	4	Keine Änderung; die Kosten von R über S sind an die Kosten von R über T gebunden
C	S	6	next_Hop Anstieg
D	S	5	Kostengünstigere Route über S
E	S	3	Neues Ziel

Unabhängig davon, wie hoch die Kosten von S für ein Ziel sind, sind die Kosten von R für dieses Ziel über S um eins höher.

13.2 Langsames Konvergenzproblem bei Distanzvektoren

Wenn die Verbindungen unterbrochen werden, gibt es ein erhebliches Problem mit der Aktualisierung der Distanzvektortabelle. Es können sich nicht nur Routing-Schleifen bilden, sondern die Schleifen können unbegrenzt bestehen bleiben! Nehmen wir als Beispiel die folgende Anordnung an, bei der alle Verbindungen die Kosten 1 haben:

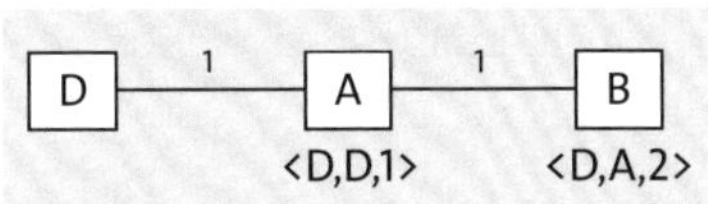

Nehmen wir nun an, die Verbindung D-A wird unterbrochen:

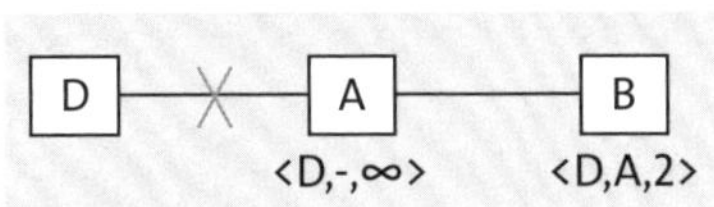

Wenn A sofort an B meldet, dass D nicht mehr erreichbar ist (Kosten = ∞), dann ist alles in Ordnung. Es ist jedoch möglich, dass B zuerst A benachrichtigt und A mitteilt, dass *er* eine Route nach D mit den Kosten 2 innehat, während B immer noch glaubt, dass er diese Route besitzt.

Das bedeutet, dass A nun den Eintrag ⟨D,B,3⟩ einrichtet. An diesem Punkt erhalten wir das Ergebnis, das wir in Abschnitt 1.6, »Routing-Schleifen«, eine lineare Routing-Schleife genannt haben: Wenn ein Paket an D adressiert ist, wird A es an B weiterleiten und B wird es zurück an A weiterleiten.

Schlimmer noch: Diese Schleife wird uns eine Weile begleiten. Irgendwann wird A ⟨D,3⟩ an B melden, woraufhin B seinen Eintrag auf ⟨D,A,4⟩ aktualisiert. Dann wird B ⟨D,4⟩ an A melden, und As Eintrag wird ⟨D,B,5⟩ lauten, usw. Dieser Vorgang wird als *unendlich langsame Konvergenz* bezeichnet. Wenn A und B sich jeweils einmal pro Minute melden, dauert es 2.000 Jahre, bis die Kosten eine gewöhnliche 32-Bit-Ganzzahl zum Überlaufen bringen.

13.2.1 Korrekturen für langsame Konvergenz

Die einfachste Lösung für dieses Problem ist die Verwendung eines kleinen Werts für unendlich. Die meisten Varianten des RIP-Protokolls verwenden infinity=16, wobei Aktualisierungen alle 30 Sekunden erfolgen. Der Nachteil eines so kleinen Unendlichkeitswerts ist, dass kein Pfad durch das Netzwerk länger als dieser Wert sein kann; dies macht Pfade mit gewichteten Verbindungskosten schwierig. Cisco IGRP verwendet einen variablen Unendlichkeitswert bis zu einem Maximum von 256; der Standardwert ist 100.

Es gibt mehrere bekannte andere Korrekturen: Split Horizon, Triggered Updates und Hold Down.

Split Horizon

Wenn A bei der Split-Horizon-Lösung N als seinen next_hop für das Ziel D verwendet, dann meldet A N einfach nicht, dass es D erreichen kann; d. h., bei der Vorbereitung seiner Meldung an N löscht es zunächst alle Einträge, die N als next_hop haben. Im obigen Beispiel würde Split Horizon bedeuten, dass B A niemals die Erreichbarkeit von D meldet, weil A der next_hop von B nach D ist.

Split Horizon verhindert alle linearen Routing-Schleifen. Es gibt jedoch andere Topologien, bei denen dadurch Schleifen nicht verhindert werden können, zum Beispiel die folgende:

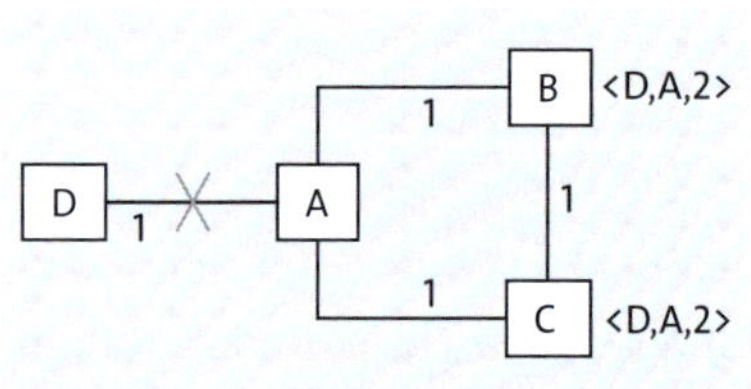

Angenommen, die Verbindung A-D wird unterbrochen, und A aktualisiert auf ⟨D,-,∞⟩. A meldet dann ⟨D,∞⟩ an B, der seine Tabelle auf ⟨D,-,∞⟩ aktualisiert. Aber bevor A auch ⟨D,∞⟩ an C melden kann, meldet C ⟨D,2⟩ an B. B aktualisiert daraufhin auf ⟨D,C,3⟩ und meldet ⟨D,3⟩ zurück an A; weder diese noch die vorherige Meldung widersprechen dem Split Horizon. Jetzt lautet der Eintrag von A ⟨D,B,4⟩. Schließlich meldet sich A bei C, woraufhin Cs Eintrag ⟨D,A,5⟩ wird, und die Zahlen steigen weiter an, während die Meldungen gegen den Uhrzeigersinn zirkulieren. Die eigentliche Routing erfolgt in der anderen Richtung, im Uhrzeigersinn.

Split Horizon umfasst oft auch *Poison Reverse*: Wenn A N als nächsten Hop zu D verwendet, dann meldet A tatsächlich ⟨D,∞⟩ an N, was eine eindeutigere Aussage darüber ist, dass A D nicht selbst erreichen kann. Es ist jedoch nicht ganz einfach, sich ein Szenario auszudenken, in dem Poison Reverse das Ergebnis tatsächlich beeinflusst.

Triggered Updates

Im ursprünglichen Beispiel löste sich die Schleife sofort auf, wenn A als Erster an B meldete; die Schleife trat auf, wenn B als Erster an A meldete. Nominell hat jedes Ergebnis eine Wahrscheinlichkeit von 50 %. Triggered Updates bedeuten, dass jeder Router Nachrichten sofort seinen Nachbarn weitergeben sollte, wenn er eine Veränderung zum Schlechteren feststellt. Wenn im ersten Beispiel A zuerst B informiert, ist das Problem gelöst. Ähnlich verhält es sich im zweiten Beispiel: Wenn A sowohl B als auch C informiert, bevor B oder C sich gegenseitig informieren, ist das Problem gelöst. Es bleibt jedoch ein kleines Zeitfenster, in dem B seine Meldung an A senden könnte, sobald A das Problem entdeckt hat, bevor A an B melden kann.

Hold Down

Hold Down ist eine Art empfängerseitige Version von Triggered Updates: Der Empfänger verwendet für eine gewisse Zeit (vielleicht zwei Router-Update-Zyklen) nach der Entdeckung der Unerreichbarkeit keine neuen alternativen Routen. So bleibt Zeit für die Ankunft schlechter Nachrichten. Im ersten Beispiel würde dies bedeuten, dass A, wenn er die Meldung ⟨D,2⟩ von B erhält, diese zurückstellt. Es würde dann wie üblich ⟨D,∞⟩ an B melden, woraufhin B nun ⟨D,∞⟩ an A zurückmelden würde, woraufhin die frühere Meldung ⟨D,2⟩ von B verworfen würde. Ein erheblicher Nachteil des Hold-Downs ist, dass auch legitime neue Routen durch den Hold-Down-Zeitraum verzögert werden.

Diese Mechanismen zur Verhinderung einer langsamen Konvergenz sind in der Praxis recht effektiv. Das Routing Information Protocol (RIP, RFC 2453) implementiert alle Mechanismen außer dem Hold-Down-Mechanismus und hat sich in kleineren Installationen durchgesetzt. 13

Das Potenzial für Routing-Schleifen und der begrenzte Wert für Unendlichkeit haben jedoch zur Entwicklung von Alternativen geführt. Eine davon ist die Link-State-Strategie, Abschnitt 13.5, »Link-State-Routing-Update-Algorithmus«. Eine weitere Alternative ist das Enhanced Interior Gateway Routing Protocol (EIGRP) von Cisco, Abschnitt 13.4.4, »EIGRP«. EIGRP gehört zwar zur Familie der Distanzvektor-Protokolle, ist aber nachweislich schleifenfrei. Um dies zu erreichen, muss es jedoch manchmal die Weiterleitung zu einigen Zielen aussetzen, während die Tabellen im Fluss sind.

13.3 Minimierung der Streckenkosten

Erreicht das Distanzvektor-Routing tatsächlich minimale Kosten? Und überhaupt: Verursacht jedes Paket die Kosten, die sein Absender erwartet? Nehmen wir an, Knoten A verfügt über einen Weiterleitungseintrag ⟨D,B,c⟩, was bedeutet, dass A Pakete über Next-Hop B an das Ziel D weiterleitet und erwartet, dass die Gesamtkosten c betragen. Wenn A ein Paket an D sendet und wir es auf dem tatsächlichen Pfad verfolgen, müssen die Gesamtkosten der Verbindung c sein? Wenn ja, sprechen wir von *exakten Kosten* für das Netzwerk.

Es zeigt sich, dass die die Antwort auf die Frage nach den exakten Kosten für den Distanzvektor-Algorithmus *ja* lautet, wenn wir die Regeln sorgfältig befolgen und das Netzwerk stabil ist (was bedeutet, dass sich keine Routing-Meldungen ändern, oder, konkreter, dass jede Aktualisierungsmeldung, die momentan im Umlauf ist, auf dem aktuellen Netzwerkzustand basiert); ein Beweis findet sich unten. Wenn es jedoch eine Routing-Schleife gibt, lautet die Antwort natürlich nein: Die tatsächlichen Kosten sind jetzt unendlich. Die Antwort wäre auch nein, wenn As Nachbar B gerade dazu übergegangen ist, eine längere Route nach D zu benutzen, als er zuletzt an A gemeldet hat.

Wir suchen jedoch die kürzeste Strecke nicht, weil wir besonders viel Geld sparen wollen; eine um 50 % längere Strecke würde im Allgemeinen ausreichen. (Als AT&T noch die größte Telefongesellschaft der Welt waren, schaltete das Unternehmen einmal eine Reihe von Werbeanzeigen, in denen längere Routen als *Feature* angepriesen wurden: Wenn der direkte Pfad überlastet war, konnte Ihr Anruf immer noch zu Ende geführt werden, indem man Sie auf dem längeren Weg umleitete.) Wenn jedoch alle Router den kürzesten Weg suchen – und wenn das Netz stabil ist –, dann sind alle Wege garantiert schleifenfrei, denn in diesem Fall liegen für das Netz exakte Kosten vor.

Hier ein einfaches Beispiel, das die Bedeutung der Gesamtkostenminimierung für die Vermeidung von Schleifen verdeutlicht. Gehen wir von folgendem Netzwerk aus:

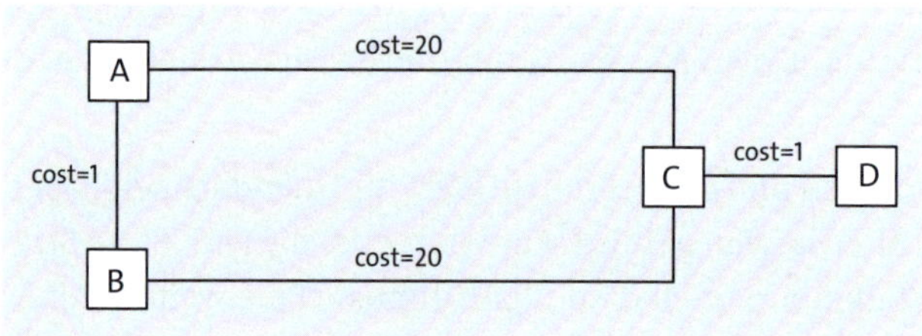

Nehmen wir nun an, dass A und B den Distanzvektor-Algorithmus verwenden, aber den kürzesten Weg *bis auf 10 %* genau wählen dürfen. A würde von C die Meldung erhalten, dass D mit Kosten von 1 erreicht werden kann, was Gesamtkosten von 21 ergibt. Der Weiterleitungseintrag über C würde ⟨D,C,21⟩ lauten. In ähnlicher Weise würde A von B die Meldung erhalten, dass D mit Kosten von 21 erreicht werden könnte, was Gesamtkosten von 22 ergäbe: ⟨D,B,22⟩. Analog dazu hat B die Wahl zwischen ⟨D,C,21⟩ und ⟨D,A,22⟩.

Wenn A und B beide die minimale Route wählen, bildet sich keine Schleife. Wenn jedoch sowohl A als auch B die 10%-Überschreitungsregel anwenden, dürfen sie die andere Route wählen: A könnte ⟨D,B,22⟩ wählen und B könnte ⟨D,A,22⟩ wählen. In diesem Fall hätten wir eine Routing-Schleife: A würde Pakete für D an B weiterleiten, und B würde sie direkt wieder an A weiterleiten.

Bei der Anwendung von Distanzvektor-Routing baut jeder Router seine Tabellen unabhängig voneinander auf. Ein Router könnte eine Vorstellung davon haben, welchen Weg seine Pakete zu ihrem Ziel nehmen würden; im obigen Fall könnte A zum Beispiel annehmen, dass seine Pakete mit dem Weiterleitungseintrag ⟨D,B,22⟩ den Weg A-B-C-D nehmen würden (obwohl sich Router beim Distanzvektor-Routing nicht besonders um das große Ganze kümmern). Betrachten wir noch einmal die obige Frage nach den exakten Kosten. Diese bleibt im 10%-Beispiel *offen*, da der tatsächliche Pfad nun unendlich ist.

Wir beweisen nun, dass im Netz beim Distanzvektor-Routing exakte Kosten vorliegen, vorausgesetzt

- jeder Router wählt den seiner Meinung nach kürzesten Weg zum endgültigen Ziel, und
- das Netz ist stabil, d. h., dass eine weitere Verbreitung von Meldungen keine Änderungen zur Folge hätte

Um dies zu veranschaulichen, nehmen wir an, dass der tatsächliche Weg, den ein Paket von der Quelle zum Ziel nimmt und der durch die Anwendung des verteilten Distanzvektor-Algorithmus ermittelt wird, länger ist als die von der Quelle berechneten Kosten. Wählen Sie ein Beispiel für einen solchen Pfad mit der *geringsten Anzahl von Verbindungen* unter allen solchen Pfaden im Netz. S sei die Quelle, D das Ziel und k die Anzahl der Verbindungen auf dem eigentlichen Pfad P. Der Weiterleitungseintrag von S für D sei ⟨D,N,c⟩, wobei N der next_hop-Nachbar von S ist.

Um diese Route durch den Distanzvektor-Algorithmus zu erhalten, muss S die Meldung $\langle D,c_D \rangle$ von N empfangen haben, wobei die Kosten der Verbindung S-N auch c_N und $c = c_D + c_N$ sind. Wenn wir ein Paket von N nach D verfolgen, muss es denselben Weg P nehmen, wobei die erste Verbindung gestrichen wird; diese Teilstrecke hat die Länge k–1, und daher sind die Kosten von N nach D gemäß unserer Hypothese, dass k die Länge des kürzesten Weges mit nicht exakten Kosten war, c_D. Das bedeutet aber, dass die Kosten auf dem Weg P von S nach D über N $c_D + c_N = c$ sein müssen, was unserer Auswahl von P als einem Weg, der länger ist als seine angekündigten Kosten, widerspricht.

Eine letzte Bemerkung zu den Pfadkosten: Eine Kostenminimierung kann nur innerhalb einer einzelnen Routing-Domäne erfolgen, in der vollständige Informationen über alle Verbindungen verfügbar sind. Durchquert ein Pfad mehrere Routing-Domänen, kann jede einzelne Routing-Domäne den optimalen Pfad berechnen, der diese Domäne durchquert. Diese »lokalen Minimalkosten« ergeben jedoch nicht unbedingt eine global minimale Pfadlänge, insbesondere dann nicht, wenn eine Domäne die minimalen Kosten von einem ihrer Router nur zur anderen *Domäne* und nicht zu einem Router innerhalb dieser anderen Domäne berechnet. Hier ein einfaches Beispiel. Die Router BR1 und BR2 sind die *Grenzrouter*, die die Domäne LD auf der linken Seite der vertikalen gestrichelten Linie mit der Domäne RD auf der rechten Seite verbinden. Von A nach B wählt LD den kürzesten Weg nach RD (nicht nach B, da LD wahrscheinlich keine Informationen über Verbindungen innerhalb von RD hat). Dies ist der Weg der Länge 3 durch BR2. Dies führt jedoch zu einer Gesamtpfadlänge von 3+8=11 von A nach B; die globale Mindestpfadlänge ist jedoch 4+1=5, durch BR1.

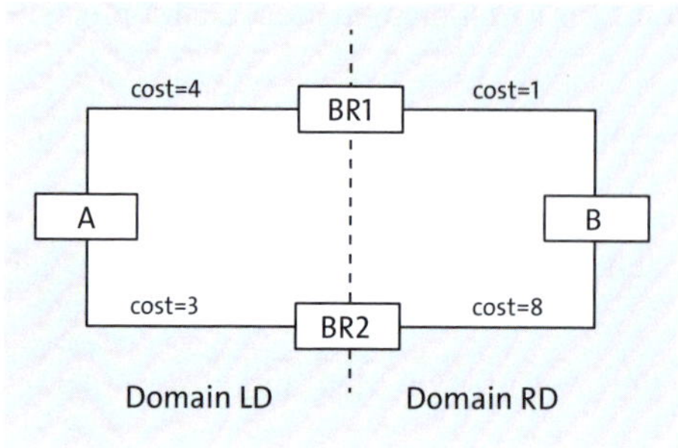

In diesem Beispiel treffen die Domänen LD und RD an zwei Punkten aufeinander. Bei einer Route über zwei Domänen, die nur an einem einzigen Punkt verbunden sind, addieren sich die domänenlokalen kürzesten Pfade zum global kürzesten Pfad.

13.4 Schleifenfreie Distanzvektor-Algorithmen

Es ist möglich, dass Routing-Update-Algorithmen, die auf der Distanzvektor-Idee basieren, Routing-Schleifen – und damit das Problem der langsamen Konvergenz – vollständig eliminieren. Wir beschreiben kurz zwei solche Algorithmen.

13.4.1 DSDV

DSDV oder *Destination-Sequenced Distance Vector* wurde in [PB94] vorgeschlagen. Routing-Schleifen werden durch Sequenznummern vermieden: Jeder Router zieht immer Pfade mit der aktuellsten Sequenznummer vor, und schlechte Nachrichten haben immer eine niedrigere Sequenznummer als der nächste Zyklus von korrigierten Informationen.

DSDV wurde ursprünglich für MANETs vorgeschlagen (Abschnitt 4.2.8, »MANETs«) und hat einige zusätzliche Funktionen zur Minimierung des Datenverkehr, die wir hier der Einfachheit halber ignorieren. Diese Technik ist vielleicht am besten für kabelgebundene Netze und für kleine, relativ stabile MANETs geeignet.

DSDV-Weiterleitungstabellen enthalten Einträge für jeden anderen erreichbaren Knoten im System. Ein Nachfolger von DSDV, Ad Hoc On-Demand Distanzvektor-Routing oder AODV, Abschnitt 13.4.2, »AODV«, erlaubt es, dass die Weiterleitungstabellen nur die aktiv genutzten Ziele enthalten; ein Mechanismus zur Entdeckung von Routen zu neuen aktiven Zielen ist vorgesehen.

Bei DSDV enthält jeder Eintrag in der Weiterleitungstabelle neben dem Ziel, den Kosten und dem next_hop auch die aktuelle Sequenznummer für dieses Ziel. Die Distanzvektor-Erreichbarkeitsmeldungen benachbarter Knoten enthalten diese Sequenznummern für jedes Ziel.

Wenn ein Router R eine Meldung vom Nachbarn N für das Ziel D erhält und die Meldung eine größere Sequenznummer enthält als die derzeitige Sequenznummer für D in der Weiterleitungstabelle von R, aktualisiert R immer auf die neuen Informationen. Die drei Kostenminimierungsregeln aus Abschnitt 13.1, »Distanzvektor-Routing-Update-Algorithmus«, werden nur angewendet, wenn die eingehende und die vorhandene Sequenznummer gleich sind.

Jedes Mal, wenn ein Router R eine Meldung an seine Nachbarn sendet, fügt er einen neuen Wert für seine *eigene* Sequenznummer hinzu, den er immer um 2 erhöht. Diese Zahl wird dann in den Weiterleitungstabelleneintrag jedes Nachbarn für R eingetragen und dann über den fortlaufenden Austausch von Meldungen im gesamten Netz verbreitet. Jede Sequenznummer, die auf diese Weise entsteht, ist gerade, und wenn die Sequenznummer eines anderen Knotens in der Weiterleitungstabelle für R gerade ist, dann sind seine Kosten für R endlich.

Meldungen mit unendlichen Kosten werden auf die übliche Weise erzeugt, wenn ehemalige Nachbarn feststellen, dass sie einander nicht mehr erreichen können; in diesem Fall erhöht jedoch jeder Knoten die Sequenznummer für seinen ehemaligen Nachbarn um 1 und erzeugt damit einen ungeraden Wert. Jeder Weiterleitungstabelleneintrag mit unendlichen Kosten wird daher immer eine ungerade Sequenznummer haben. Wenn A und B Nachbarn sind, A die aktuelle Sequenznummer s innehat und die A-B-Verbindung unterbrochen wird, beginnt B, A zu den Kosten ∞ mit der Sequenznummer s+1 zu melden, während A mit der Meldung seiner eigenen neuen Sequenznummer s+2 beginnt. Jeder andere Knoten, der nun eine Meldung von B (mit der Sequenznummer s+1) erhält, wird A mit Kosten von ∞ markieren, aber eine gültige Route zu A erhalten, wenn er eine Meldung von A mit der neuen (und größeren) Sequenznummer s+2 erhält.

Es wird der Triggered-Update-Mechanismus verwendet: Wenn ein Knoten eine Meldung erhält, in der einige Ziele mit unendlichen Kosten neu markiert sind, wird er diese Information sofort an seine anderen Nachbarn weiterleiten usw. Dies ist jedoch nicht unbedingt erforderlich; »schlechte« und »gute« Nachrichten werden durch die Sequenznummer unterschieden, durch die relative Ankunftszeit.

Es lässt sich nun einfach verifizieren, dass das Problem der langsamen Konvergenz gelöst ist. Wenn es nach einem Verbindungsabbruch einen alternativen Pfad vom Router R zum Ziel D gibt, wird R schließlich die letzte gerade Sequenznummer von D erhalten, die größer ist als jede Sequenznummer, die mit einer Meldung verbunden ist, die D als unerreichbar aufführt. Wenn andererseits das Netz durch die Unterbrechung partitioniert wurde und es von R aus keinen Pfad mehr zu D gibt, dann wird die höchste Sequenznummer, die in Rs Hälfte des ursprünglichen Netzes zirkuliert, ungerade sein, und die sämtliche zugehörigen Tabelleneinträge werden D mit Kosten von ∞ auflisten. Auf die eine oder andere Weise wird sich das Netz schnell auf einen Zustand einpendeln, in dem die Erreichbarkeit jedes Ziels genau beschrieben ist.

Es gilt sogar eine noch stärkere Aussage: Es entstehen nicht einmal vorübergehende Routing-Schleifen. Wir skizzieren einen Beweis. Erstens: Wenn ein Router R einen next_hop N für ein Ziel D hat, dann muss die Sequenznummer von N für D größer oder gleich der von R sein, da R seine aktuelle Route zu D aus einer der Meldungen von N erhalten haben muss. Daraus folgt, dass alle Router, die an einer Schleife für das Ziel D beteiligt sind, durchgehend die gleiche (gerade) Sequenznummer s für D haben müssen. Das bedeutet, dass die Schleife entstanden wäre, wenn nur die Meldungen mit der Sequenznummer s im Umlauf wären. Wie wir in Abschnitt 13.1.1, »Distanzvektor-Update-Regeln«, festgestellt haben, muss jede Anwendung der next_hop-Erhöhung auf eine unterbrochene Verbindung zurückgehen und somit eine ungerade Sequenznummer aufweisen. Die Schleife muss sich durch die Anwendung der ersten beiden Regeln aus den Sequenznummer-s-Meldungen gebildet haben. Dies widerspricht jedoch der Behauptung in Übung 10.

DSDV hat einen Nachteil: Knoten können manchmal kurzzeitig auf Routen ausweichen, die länger als optimal (aber immer noch korrekt) sind. Dies liegt daran, dass ein Router verpflichtet ist, die Route mit der neuesten Sequenznummer zu verwenden, selbst wenn diese länger Route ist als die bestehende. Wenn A und B zwei Nachbarn von Router R sind und B näher am Ziel D liegt, aber langsamer bei der Meldung ist, wird R jedes Mal, wenn die Sequenznummer von D erhöht wird, zuerst die längere Route von A erhalten und zu dieser wechseln, um kurz darauf die kürzere Route von B zu verwenden.

DSDV-Implementierungen lösen dieses Problem in der Regel dadurch, dass jeder Router R das Zeitintervall zwischen dem *ersten* Eintreffen einer neuen Route zu einem Ziel D mit einer bestimmten Sequenznummer bei R und dem Eintreffen der besten Route mit dieser Sequenznummer registriert. Während dieses Intervalls nach dem Eintreffen der ersten Meldung mit einer neuen Sequenznummer verwendet R die neue Route, nimmt sie aber nicht in die Meldungen an seine Nachbarn auf, da er davon ausgeht, dass bald eine bessere Route verfügbar sein wird.

Dies funktioniert am besten, wenn die Hopcount-Kostenmetrik verwendet wird, da in diesem Fall die beste Route wahrscheinlich zuerst eintrifft (da die Nachricht die wenigsten Hops zurücklegen musste) oder zumindest kurz nach der ersten Route ankommt. Wenn die Kostenmetrik des Netzes jedoch nicht mit der Anzahl der Hops zusammenhängt, kann der Zeitabstand zwischen der Ankunft der ersten Route und der besten Route mehrere Aktualisierungszyklen umfassen und erheblich sein.

13.4.2 AODV

AODV (*Ad-hoc On-Demand Distanzvektor-Routing*) ist ein weiterer Routing-Mechanismus, der häufig für MANETs vorgeschlagen wird, obwohl er auch für manche kabelgebundenen Netze geeignet ist. Im Gegensatz zu DSDV zirkulieren AODV-Nachrichten nur dann, wenn eine Verbindung unterbrochen wird oder wenn ein Knoten eine Route zu einem anderen Knoten sucht; dieser zweite Fall steht Pate für das »On-Demand« im Namen. Für größere MANETs kann dies zu einer erheblichen Reduzierung des Routing-Management-Traffic führen. AODV wird in [PR99] und RFC 3561 beschrieben.

Das »ad hoc« im Namen soll andeuten, dass das Protokoll für mobile Knoten, die ein Ad-hoc-Netz bilden, gut geeignet ist (Abschnitt 4.2.4, »Zugangspunkte«) Das trifft auch zu, aber das Protokoll funktioniert auch gut mit infrastrukturellen Wi-Fi-Netzwerken (mit Zugangspunkten).

AODV kennt drei Arten von Nachrichten: *RouteRequest* oder RREQ für Knoten, die nach einem Pfad zu einem Ziel suchen, *RouteReply* oder RREP als Antwort und *RouteError* oder RERR für die Meldung defekter Verbindungen.

AODV eignet sich recht gut für MANETs, in denen die Knoten sehr mobil sind, obwohl davon ausgegangen wird, dass alle Routing-Knoten vertrauenswürdig sind.

AODV ist aufgrund der Verwendung von Sequenznummern schleifenfrei. Es findet jedoch nicht immer sofort die *kürzeste* Route und kann diese möglicherweise sogar für einen beliebig langen Zeitraum nicht finden.

Jeder AODV-Knoten verwaltet eine Knoten-*Sequenznummer* und einen *Broadcast-Zähler*. Jede Routing-Nachricht enthält eine Sequenznummer für das Ziel, und jeder Routing-Datensatz eines Knotens enthält ein Feld für die Sequenznummer des Ziels. Kopien der Knoten-Sequenznummer, die von anderen Knoten verwaltet werden, sind möglicherweise nicht ganz auf dem neuesten Stand; die Knoten verwerfen jedoch immer Routen mit einer älteren (kleineren) Sequenznummer, sobald sie von einer Route mit einer neueren Sequenznummer erfahren.

AODV-Knoten überwachen auch andere Knoten, die direkt erreichbar sind; im folgenden Diagramm nehmen wir an, dass dies die durch eine Linie verbundenen Knoten sind.

Wenn Knoten A eine Route zu Knoten F finden möchte, wie im folgenden Diagramm dargestellt, erhöht A als erstes seine Sequenznummer und sendet einen *RouteRequest*. Diese Nachricht enthält die Adressen von A und F, die soeben erhöhte Sequenznummer von A, die höchste Sequenznummer einer früheren Route nach F, die A bekannt ist (falls vorhanden), ein Hopcount-Feld, das anfänglich auf 1 gesetzt ist, und den Broadcast-Zähler von A. Das Endergebnis sollte eine Route von A nach F sein, die an jedem Knoten entlang des Pfads eingegeben wird, und auch eine Rückroute von F zurück nach A.

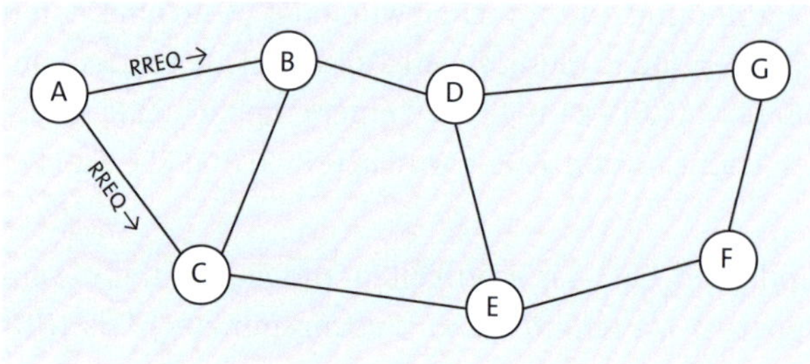

Der *RouteRequest* wird zunächst per UDP an die direkten Nachbarn von A, im obigen Diagramm B und C, gesendet. Wir nehmen vorerst an, dass der *RouteRequest* bis nach F gelangt, bevor eine *RouteReply* erzeugt wird. Dies ist immer dann der Fall, wenn das Flag »destination only« gesetzt ist. Ist dies nicht der Fall, ist es möglich, dass ein Zwischenknoten die *RouteReply* generiert.

Ein Knoten, der eine *RouteRequest* empfängt, muss sie über alle seine Schnittstellen an alle direkt erreichbaren Nachbarn senden (»broadcasten«), nachdem er das hopcount-Feld inkrementiert hat. B sendet also die Nachricht von A an C und D, und C sendet sie an B und E. Für dieses Beispiel nehmen wir an, dass C die Nachricht etwas langsam an E sendet.

Jeder Knoten, der eine *RouteRequest* empfängt, muss diese für einen kurzen Zeitraum (in der Regel 3 Sekunden) aufbewahren. Wenn er während dieses Zeitraums ein Duplikat der *RouteRequest* sieht, das durch dieselbe Quelle und denselben Sendezähler gekennzeichnet ist, verwirft er es. Diese Verwerfungsregel stellt sicher, dass *RouteRequest*-Nachrichten nicht endlos in Schleifen zirkulieren; sie kann mit dem »Reliable-Flooding«-Algorithmus in Abschnitt 13.5, »Link-State-Routing-Update-Algorithmus«, verglichen werden.

Ein Knoten, der eine neue *RouteRequest* empfängt, zeichnet auch einen Routing-Tabelleneintrag auf (oder aktualisiert ihn), um die Quelle der *RouteRequest* zu erreichen. Sofern nicht bereits eine neuere Route (d. h. mit größerer Sequenznummer) vorhanden war, wird der Eintrag mit der in der Nachricht enthaltenen Sequenznummer und mit next_hop der Nachbar markiert, von dem die *RouteRequest* empfangen wurde. Dieser Prozess stellt sicher, dass jeder Knoten bei der Verarbeitung einer *RouteRequest*-Nachricht eine Rückroute zum Absender einrichtet.

Wir nehmen an, dass die folgenden Vorgänge in der angegebenen Reihenfolge ablaufen:

- B leitet die *RouteRequest* an D weiter
- D leitet die *RouteRequest* an E und G weiter
- C leitet die *RouteRequest* an E weiter
- E leitet die *RouteRequest* an F weiter

Da E zuerst die Kopie der *RouteRequest* von D erhält, ignoriert es die Kopie von C. Dies bedeutet, dass der Rückweg zumindest anfangs länger als nötig ist. Varianten von AODV (wie z. B. HWMP) erlauben es E manchmal, die Nachricht von C mit der Begründung zu akzeptieren, dass C einen kürzeren Weg zurück nach A hat. Dies bedeutet, dass anfängliche *RouteRequest*-Nachrichten weiter im Netz nun falsche Hopcount-Werte haben, die jedoch durch spätere *RouteRequest*-Nachrichten korrigiert werden.

Nachdem die oben genannten Nachrichten empfangen wurden, hat jeder Knoten einen Pfad zurück zu A, wie durch die fetten Pfeile unten angezeigt:

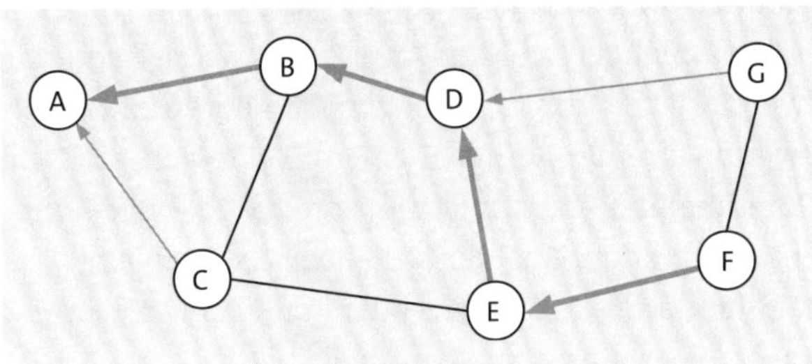

13

F erhöht nun seine eigene Sequenznummer und erstellt eine *RouteReply*-Nachricht; F sendet diese dann an A, indem er den oben hervorgehobenen Pfeilen folgt: F→E→D→B→A. Während jeder Knoten auf dem Pfad die Nachricht verarbeitet, erstellt (oder aktualisiert) er seine Route zum endgültigen Ziel F; die Rückroute zu A wurde zuvor erstellt, als der Knoten die entsprechende *RouteRequest* verarbeitete.

An diesem Punkt können A und F bidirektional kommunizieren. (Jede *RouteRequest* wird quittiert, um die Bidirektionalität der einzelnen Verbindungen zu gewährleisten.)

Dieser Weg F→E→D→B→A ist länger als nötig; ein kürzerer Pfad ist F→E→C→A. Der kürzere Weg wird gewählt, wenn E zu einem späteren Zeitpunkt erfährt, dass E→C→A ein besserer Weg ist, obwohl es keinen Mechanismus gibt, diese Route zu finden.

Wäre das »destination only«-Flag nicht gesetzt, hätte jeder Zwischenknoten, der vom *RouteRequest*-Flooding erreicht wird, mit einer Route nach F antworten können (wenn vorhanden). Ein solcher Knoten würde die *RouteReply* selbst erzeugen, ohne F einzubeziehen. Die Sequenznummer der Route des Zwischenknotens zu F muss größer sein als die Sequenznummer in der *RouteRequest*-Nachricht.

Wenn zwei benachbarte Knoten einander nicht mehr erreichen können, sendet jeder eine *RouteError*-Nachricht, um die Route ungültig zu machen. Zu diesem Zweck überwachen die Knoten, welche Routen durch sie verlaufen. Die Nachricht des einen Knotens erreicht die Quelle, die des anderen das Ziel, wodurch die Route ungültig wird.

In größeren Netzen ist es üblich, dass der Absender einer *RouteRequest* den TTL-Wert des IPv4-Headers (oder das IPv6-Hop_Limit) auf einen kleinen Wert setzt (RFC 3561 empfiehlt einen Anfangswert von 1), um die *RequestRoute*-Nachrichten zu begrenzen. Wenn keine Antwort empfangen wird, versucht der Absender es erneut mit einem etwas größeren TTL-Wert. In einem großen Netz wird dadurch die Menge der *RouteRequest*-Nachrichten reduziert, die zu weit gefasst sind und daher nicht mehr für die Suche nach einer Route verwendet werden können.

AODV kann nicht einmal kurzfristige Schleifen bilden. Um dies zu verdeutlichen, beginnen wir mit der Beobachtung, dass immer dann, wenn ein ⟨Destination,next_hop⟩-Weiterleitungseintrag an einem Knoten installiert wird – entweder aufgrund einer *RouteRequest* oder einer *RouteReply* –, der next_hop der Knoten ist, von dem die *RouteRequest* oder *RouteReply* empfangen wurde. Daher kann die Zielsequenznummer nicht kleiner werden, wenn wir uns vom ursprünglichen Knoten zu seinem next_hop bewegen. Das heißt, wenn wir einer Route zu einem Ziel folgen, sind die Ziel-Sequenznummern nicht abnehmend. Daraus folgt unmittelbar, dass bei einer Routing-Schleife die Ziel-Sequenznummer entlang der Schleife konstant bleibt. Das bedeutet, dass jeder Knoten über dieselbe *RouteRequest*- oder *RouteReply*-Nachricht von der Route erfahren haben muss, die weitergeleitet wurde.

Eine zweite Beobachtung vervollständigt die Beweisführung: Das Hopcount-Feld muss auf dem Weg zum Ziel strikt abnehmen; die Verarbeitungsregeln für *RouteRequests* und *RouteReplies* bedeuten, dass jeder Knoten einen Hopcount von eins mehr als der des Nachbarknotens einrichtet, von dem die Route empfangen wurde. Dies ist bei einer Route, die zum selben Knoten zurückführt, nicht möglich.

13.4.3 HWMP

Das Hybrid Wireless Mesh Protocol basiert auf AODV und wurde für den IEEE 802.11s Wi-Fi Mesh Networking Standard ausgewählt (Abschnitt 4.2.4, »Zugangspunkte«). Im Folgenden wird davon ausgegangen, dass HWMP in einem Wi-Fi-Netzwerk verwendet wird, obwohl das Protokoll für jede Art von Netzwerk gilt. Eine Gruppe von Knoten wird als Routing- (oder Forwarding-)Knoten betrachtet; gewöhnliche Wi-Fi-Stationen können – müssen aber nicht – dazu gehören.

HWMP ersetzt die in AODV verwendete Hopcount-Metrik durch eine »Airtime-Link-Metrik«, die mit steigendem Verbindungsdurchsatz und sinkender Verbindungsfehlerrate abnimmt. Dadurch wird die Verwendung von drahtlosen Verbindungen höherer Qualität gefördert.

HWMP verfügt über zwei Modi zur Routengenerierung: einen *On-Demand-Modus*, der AODV sehr ähnlich ist, und einen *proaktiven Modus*, der verwendet wird, wenn es mindestens einen identifizierten »Root«-Knoten gibt, der mit dem Internet verbunden ist. In diesem Fall bestimmt das routengenerierende Protokoll eine schleifenfreie Teilmenge der relevanten Routing-Verbindungen (d. h. einen Spanning Tree), über die jeder Routing-Knoten die Wurzel (oder eine der Wurzeln) erreichen kann. Bei dieser Tree-Generierung wird nicht versucht, die besten Wege zwischen Paaren von Nicht-Wurzelknoten zu finden, obwohl diese Knoten bei Bedarf den On-Demand-Modus nutzen können.

Im ersten Modus, dem On-Demand-Modus, implementiert HWMP eine Änderung gegenüber dem klassischen AODV: Wenn ein Knoten eine *RouteRequest*-Nachricht empfängt und später eine zweite *RouteRequest*-Nachricht mit zwar derselben Sequenznummer, aber einer kostengünstigeren Route, dann ersetzt die zweite Route die erste.

Im proaktiven Modus sendet der designierte Wurzelknoten – in der Regel der Knoten mit kabelgebundenem Internetzugang – regelmäßig speziell gekennzeichnete *Route-Request*-Nachrichten aus. Diese werden an die Broadcast-Adresse und nicht an ein bestimmtes Ziel gesendet, verbreiten sich aber ansonsten auf die übliche Weise. Routing-Knoten, die zwei Kopien von zwei verschiedenen Nachbarn erhalten, wählen diejenige mit dem kürzesten Weg aus. Sobald sich dieser Prozess stabilisiert hat, kennt jeder Routing-Knoten den besten Pfad zur Wurzel (oder zu *einer* Wurzel); die Tatsache, dass jeder Routing-Knoten den besten Pfad aus allen empfangenen *Route-Request*-Nachrichten auswählt, gewährleistet die letztendliche optimale Route. Routing-Knoten, die Traffic zu senden haben, können jederzeit eine *RouteReply* erzeugen, die sofort eine umgekehrte Route von der Wurzel zu dem betreffenden Knoten einrichtet. Die Umkehrung jeder Verbindung zur Wurzel ermöglicht es der Wurzel schließlich, Broadcast-Nachrichten zu senden.

Es gibt noch einen weiteren HWMP-Modus: Die Root-Knoten können *RootAnnounce* (RANN)-Nachrichten aussenden. Diese lassen andere Routing-Knoten wissen, was die Wurzel ist, sollen aber nicht dazu führen, dass Routen zur Wurzel erstellt werden.

13.4.4 EIGRP

EIGRP (*Enhanced Interior Gateway Routing Protocol*) ist ein ehemals proprietäres Cisco-Distanzvektorprotokoll, das im Februar 2013 als Internet-Entwurf veröffentlicht wurde. Wie DSDV eliminiert es das Risiko von Routing-Schleifen, selbst von flüchtigen. Es basiert auf dem *Distributed Update Algorithm* (DUAL) von [JG93]. EIGRP ist ein aktuelles Protokoll; wir stellen hier nur den allgemeinen Algorithmus vor. Unsere Diskussion folgt [CH99].

Wie bei allen Distanzvektor-Algorithmen führt jeder Router R eine Liste von Nachbarroutern N_R. Jeder R unterhält außerdem eine Datenstruktur, die (etwas irreführend) als *Topologietabelle* bezeichnet wird. Diese enthält für jedes Ziel D und jeden N in N_R die Angabe darüber, ob N die Möglichkeit gemeldet hat, D zu erreichen, und, falls ja, die gemeldeten Kosten c(D,N). Der Router speichert außerdem für jedes N in N_R die Kosten c_N der Verbindung von R nach N. Schließlich kann der Eintrag in der Weiterleitungstabelle für jedes Ziel als »passiv« gekennzeichnet sein, was bedeutet, dass es sicher zu benutzen ist, oder als »aktiv«, was bedeutet, dass Aktualisierungen laufen sind und die Route vorübergehend nicht verfügbar ist.

Wir gehen zunächst davon aus, dass für jeden Router R und jedes Ziel D der next_hop von R zu D in seiner Weiterleitungstabelle der Nachbar N ist, für den die folgenden Gesamtkosten ein Minimum sind: $c(D,N) + c_N$

Nehmen wir nun an, R erhält vom Nachbarn N_1 eine Distanzvektor-Meldung, dass er D mit den Kosten $c(D, N_1)$ erreichen kann. Dies wird auf die übliche Art und Weise verarbeitet, es sei denn, es handelt sich um erhöhte Kosten und N_1 ist Rs next_hop zu D; dies ist der dritte Fall in Abschnitt 13.1.1, »Distanzvektor-Update-Regeln«. In diesem Fall sei C die aktuellen Kosten von R nach D, und wir gehen davon aus, dass der Nachbar N von R ein *erreichbarer* next_hop ist, wenn die Kosten von N nach D (d. h. c(D,N)) strikt kleiner sind als C. R aktualisiert dann seine Route nach D, um den erreichbaren Nachbarn N zu verwenden, für den $c(D,N) + c_N$ ein Minimum ist. Beachten Sie, dass dies nicht unbedingt der kürzeste Weg ist; es ist möglich, dass es einen anderen Nachbarn M gibt, für den $c(D,M)+c_M$ kleiner ist, aber $c(D,M) \geq C$. Da der Weg von N nach D jedoch schleifenfrei ist und $c(D,N) < C$ ist, muss dieser neue Pfad durch N ebenfalls schleifenfrei sein; dies wird manchmal mit der Aussage »man kann keine Schleife bilden, wenn man eine kürzere Route wählt« zusammengefasst.

Wenn kein Nachbar N von R erreichbar ist – was im D-A-B-Beispiel in Abschnitt 13.2, »Langsames Konvergenzproblem bei Distanzvektoren«, der Fall wäre -, dann ruft R den DUAL-Algorithmus auf. Dieser wird manchmal als »Diffusions«-Algorithmus bezeichnet, da er eine diffusionsähnliche Ausbreitung von Tabellenaktualisierungen bewirkt, die von R ausgehen.

In diesem Fall bezeichnen wir mit C die neuen Kosten von R nach D auf der Grundlage der Meldung von N_1. R markiert das Ziel D als »aktiv« (was die Weiterleitung nach D unterdrückt) und sendet eine spezielle Anfrage in Form einer Distanzvektor-Meldung an jeden seiner Nachbarn, wobei er angibt, dass seine Kosten nach D nun auf C gestiegen sind. Der Algorithmus endet, wenn alle Nachbarn von R mit ihren eigenen Distanzvektor-Meldungen antworten; zu diesem Zeitpunkt markiert R seinen Eintrag für D wieder als »passiv«.

Einige Nachbarn können die Meldung von R ohne weitere Verbreitung an andere Knoten verarbeiten, bleiben »passiv« und antworten R sofort. Andere Nachbarn können jedoch, wie R, nun »aktiv« werden und den DUAL-Algorithmus fortsetzen. In diesem Prozess kann R andere Anfragen erhalten, die seine Distanzvektor-Meldung auslösen; solange R »aktiv« ist, wird er seine Kosten an D als C melden. Wir lassen das Argument beiseite, dass dieser Prozess – und damit das Netzwerk – schließlich konvergieren muss.

13.5 Link-State-Routing-Update-Algorithmus

Link-State-Routing ist eine Alternative zum Distanzvektor-Verfahren. Es wird oft – aber sicher nicht immer – als die bevorzugte Klasse von Routing-Update-Algorithmen für Netzwerke betrachtet, die »ausreichend groß« sind, wie die von ISPs. Es gibt zwei spezielle Link-State-Protokolle: das Open Shortest Path First (*OSPF*, RFC 2328) der IETF und das Intermediate Systems to Intermediate Systems (*IS-IS*, inoffiziell in RFC 1142 dokumentiert) der OSI.

Beim Distanzvektor-Routing kennt jeder Knoten nur ein Minimum an Netzwerktopologie: Er weiß nichts über die Verbindungen zu seinen unmittelbaren Nachbarn. Bei der Link-State-Methode speichert jeder Knoten ein *Maximum* an Netzinformationen: eine vollständige Karte aller Knoten und aller Verbindungen. Die Routen werden dann lokal aus dieser Karte berechnet, wobei der Shortest-Path-First-Algorithmus verwendet wird. Das Vorhandensein dieser Karte ermöglicht theoretisch die Berechnung verschiedener Routen für unterschiedliche Anforderungen an die Dienstgüte. Die Karte ermöglicht auch die Berechnung einer neuen Route, sobald die Nachricht über den Ausfall der bestehenden Route eintrifft; Distanzvektorprotokolle hingegen müssen auf die Nachricht über eine neue Route warten, nachdem eine bestehende Route ausgefallen ist.

Link-State-Protokolle verbreiten Informationen über den Netzplan durch eine modifizierte Broadcast-Variante über den Status jeder einzelnen Verbindung. Immer wenn eine Seite einer Verbindung feststellt, dass die Verbindung unterbrochen wurde (oder wenn ein Knoten feststellt, dass eine neue Verbindung verfügbar geworden ist), sendet sie Link-State-Pakete (LSPs), die das Netz »fluten«. Dieser Broadcast-Prozess wird als *Reliable Flooding* bezeichnet. Normalerweise sind Broadcast-Mechanismen nicht mit Netzen kompatibel, die topologische Schleifen (d. h. redundante Pfade) aufweisen; Broadcast-Pakete können endlos in der Schleife zirkulieren. Link-State-Protokolle müssen sorgfältig entwickelt werden, um sicherzustellen, dass sowohl jeder Router jeden LSP sieht, als auch, dass keine LSPs wiederholt zirkulieren. (Das Akronym LSP wird von IS-IS verwendet; das bevorzugte Akronym von OSPF ist LSA, wobei A für »Advertisement« steht). LSPs werden sofort bei Link-State-Änderungen gesendet, wie ausgelöste Aktualisierungen in Distanzvektorprotokollen – mit dem Unterschied, dass es kein »Rennen« zwischen »schlechten« und »guten Nachrichten« gibt.

Wenn beispielsweise ein Router ein LSP erhalten hat, ein anderer aber nicht, kann es sein, dass die Router eine inkonsistente Sicht auf das Netz haben und daher zueinander routen. Sobald das LSP jedoch alle beteiligten Router erreicht hat, sollte sich die Schleife auflösen. Es gibt keine Race Conditions wie beim Distanzvektor-Routing, die zu dauerhaften Routing-Schleifen führen können.

Es ist möglich, dass temporäre Routing-Schleifen gebildet werden; hat beispielsweise ein Router ein LSP erhalten, ein anderer aber nicht, kann es sein, dass beide Router eine inkonsistente Sicht auf das Netz haben und daher zueinander routen. Sobald das LSP jedoch alle beteiligten Router erreicht hat, sollte sich die Schleife auflösen. Es gibt keine »Wettlaufsituationen« wie beim Distanzvektor-Routing, die zu dauerhaften Routing-Schleifen führen können.

Der Link-State-Flooding-Algorithmus vermeidet die üblichen Probleme des Broadcasts bei Vorhandensein von Schleifen, indem jeder Knoten eine Datenbank mit allen LSP-Nachrichten führt. Der Absender jedes LSP schließt seine Identität, Informationen über die Verbindung, deren Status sich geändert hat, sowie eine *Sequenznummer* mit ein. Andere Router brauchen nur das LSP-Paket mit der größten Sequenznummer in ihrer Datenbank zu behalten; ältere LSPs können verworfen werden. Wenn ein Router ein LSP empfängt, überprüft er zunächst seine Datenbank darauf, ob das LSP alt ist oder aktuell, aber schon einmal empfangen wurde; in diesen Fällen werden keine weiteren Maßnahmen ergriffen. Wenn jedoch ein LSP mit einer noch nicht dagewesenen Sequenznummer eintrifft, wird das LSP in typischer Broadcast-Manier über alle Verbindungen mit Ausnahme der Ankunftsschnittstelle übertragen.

Betrachten wir als Beispiel die folgende Anordnung von Routern:

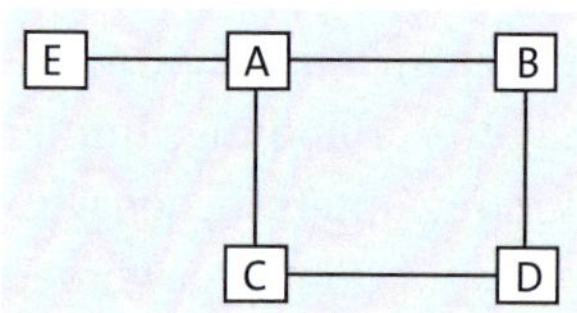

Angenommen, der Status der Verbindung A-E ändert sich. A sendet LSPs an C und B. Beide leiten die LSPs an D weiter; nehmen wir an, das LSP von B kommt zuerst an. Dann leitet D das LSP an C weiter; das LSP auf dem Weg C→D und das LSP auf dem Weg D→C könnten sich sogar auf der Leitung kreuzen. D wird die zweite LSP-Kopie, die es von C erhält, ignorieren und C wird die zweite Kopie, die es von D erhält, ignorieren.

Es ist wichtig, dass sich die LSP-Sequenznummern nicht überschneiden. (Protokolle, die es *tatsächlich* zulassen, dass ein numerisches Feld umspringt, haben in der Regel eine klare Vorstellung vom »aktiven Bereich«, aus dem geschlossen werden kann, dass die Nummerierung umgesprungen ist und nicht neu begonnen hat; im Link-State-Kontext ist dies schwieriger zu bewerkstelligen). OSPF verwendet hier die *Lollipop-Sequenznummerierung*: Sequenznummern beginnen bei -2^{31} und werden bis $2^{31}-1$ hochgezählt. Dann springen sie wieder auf 0 zurück. Solange eine Sequenznummer kleiner als Null ist, ist sie also garantiert eindeutig; gleichzeitig wird das Routing nicht unterbrochen, wenn mehr als 2^{31} Aktualisierungen erforderlich sind. Andere Link-State-Implementierungen verwenden 64-Bit-Sequenznummern.

Aktuelle Link-State-Implementierungen geben Link-State-Datensätzen oft eine maximale Lebensdauer; die Einträge *müssen* regelmäßig erneuert werden.

13.5.1 Shortest-Path-First-Algorithmus

Der nächste Schritt ist die Berechnung von Routen aus dem Netzwerkplan mithilfe des SPF-Algorithmus (Shortest-Path-First). Dieser berechnet die kürzesten Pfade von einem bestimmten Knoten, in unserem Beispiel A, zu allen anderen Knoten. Nachfolgend sehen Sie unser Beispielnetzwerk; wir interessieren uns für die kürzesten Wege von A nach B, C und D.

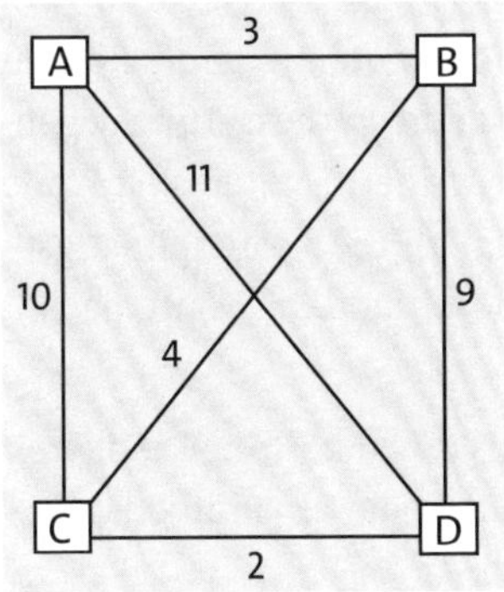

Zunächst stellen wir fest, dass der kürzeste Weg von A nach D A-B-C-D ist, was die Kosten 3+4+2=9 verursacht.

Der Algorithmus baut die Menge R aller kürzesten Wege iterativ auf. Zu Beginn enthält R nur die Route der Länge 0 zum Startknoten; jede Iteration erweitert R um ein neues Ziel und eine neue Route. In jeder Phase haben wir einen *aktuellen* Knoten, der den zuletzt zu R hinzugefügten Knoten darstellt. Der anfängliche *aktuelle* Knoten ist unser Startknoten, in diesem Fall A.

Wir haben außerdem eine Menge T (für »tentative« – vorläufig) von Routen zu anderen Zielen. Diese wird ebenfalls als leer initialisiert.

In jeder Phase finden wir alle Knoten, die unmittelbare Nachbarn des *aktuellen* Knotens sind und die nicht bereits Routen in der Menge R haben. Für jeden solchen Knoten N berechnen wir die Kosten der Route vom Startknoten zu N, die über den *aktuellen* Knoten führt.

Wir prüfen, ob dies unsere erste Route nach N ist oder ob die Route eine bereits in T enthaltene Route nach N verbessert; ist dies der Fall, fügen wir die Route in T entsprechend hinzu oder aktualisieren sie. Auf diese Weise werden die Routen in der Reihenfolge zunehmender (oder nicht abnehmender) Kosten ermittelt.

Am Ende dieses Prozesses wählen wir den kürzesten Weg in T und verschieben die Route und den Zielknoten nach R. Der Zielknoten dieses kürzesten Weges wird der nächste *aktuelle* Knoten. Gleichstände können beliebig aufgelöst werden, aber beachten Sie, dass wir wie beim Distanzvektor-Routing das Minimum wählen müssen, da sonst die Forderung nach den exakten Kosten nicht erfüllt wird.

Wir wiederholen diesen Vorgang, bis alle Knoten Routen in der Menge R haben.

Für das obige Beispiel beginnen wir mit *aktuell* = A und R = {⟨A,A,0⟩}. Die Menge T wird {⟨B,B,3⟩, ⟨C,C,10⟩, ⟨D,D,11⟩} sein. Der Eintrag mit den niedrigsten Kosten ist ⟨B,B,3⟩, also verschieben wir ihn nach R und machen weiter mit *aktuell* = B. Kein Pfad durch C oder D kann niedrigere Kosten haben.

Im nächsten Schritt sind C und D die Nachbarn von B ohne Routen in R; die Routen von A zu diesen über B sind ⟨C,B,7⟩ und ⟨D,B,12⟩. Ersteres ist eine Verbesserung gegenüber dem bestehenden T-Eintrag ⟨C,C,10⟩ und ersetzt ihn daher; Letzteres ist keine Verbesserung gegenüber ⟨D,D,11⟩. T ist nun {⟨C,B,7⟩, ⟨D,D,11⟩}. Die kostengünstigste Route in T ist die nach C, also verschieben wir diesen Knoten und die Route nach R und setzen C auf *aktuell*.

Auch hier muss ⟨C,B,7⟩ der kürzeste Pfad zu C sein. Gäbe es einen kostengünstigeren Pfad zu C, würden wir an dieser Stelle diesen kürzeren Pfad – oder ein Präfix davon – anstelle des Pfades ⟨C,B,7⟩ wählen; siehe den Beweis unten.

Für die nächste Iteration ist D der einzige Nicht-R-Nachbar; der Pfad von A nach D über C hat den Eintrag ⟨D,B,9⟩, eine Verbesserung gegenüber dem bestehenden ⟨D,D,11⟩ in T. Der einzige Eintrag in T ist nun ⟨D,B,9⟩; dieser hat die niedrigsten Kosten und wir verschieben ihn daher nach R.

Wir haben nun Routen in R zu allen Knoten und sind fertig.

Hier ist ein weiteres Beispiel, wieder mit Verbindungen, die mit Kosten beschriftet sind:

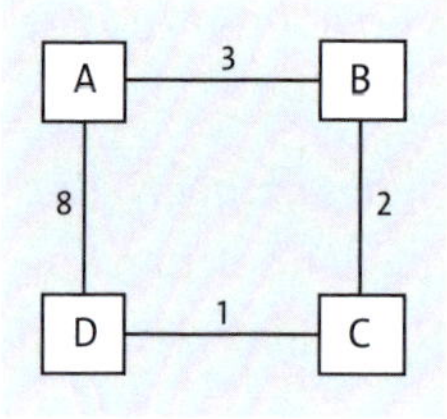

Wir beginnen mit aktuell = A. Am Ende der ersten Iteration wird ⟨B,B,3⟩ nach R verschoben, T ist {⟨D,D,8⟩}, und aktuell ist B. Die zweite Iteration fügt ⟨C,B,5⟩ zu T hinzu und verschiebt dies dann nach R; aktuell wird dann C. Die dritte Iteration führt die Route (von A) ⟨D,B,6⟩ ein; diese ist eine Verbesserung gegenüber ⟨D,D,8⟩ und ersetzt sie daher in T; am Ende der Iteration wird diese Route nach D nach R verschoben.

In den beiden obigen Beispielen werden die aktuellen Knoten entlang eines Pfades verarbeitet, A→B→C→D. Dies ist nicht allgemein der Fall; hier ist ein ähnliches Beispiel, aber mit anderer Länge, bei dem aktuell von B nach D springt:

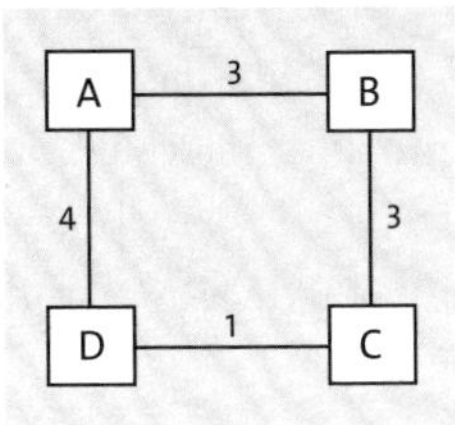

Wie im vorherigen Beispiel wird am Ende der ersten Iteration ⟨B,B,3⟩ nach R verschoben, mit T = {⟨D,D,4⟩}, und B wird *aktuell*. Die zweite Iteration fügt ⟨C,B,6⟩ zu T hinzu. Der kürzeste Pfad in T ist nun jedoch ⟨D,D,4⟩, und so wird D nun *aktuell*. In der letzten Iteration wird ⟨C,B,6⟩ in T durch ⟨C,D,5⟩ ersetzt. An diesem Punkt wird diese Route zu R hinzugefügt und der Algorithmus ist abgeschlossen.

Beweisführung: SPF-Pfade sind am kürzesten

Nehmen wir an, dass für einen bestimmten Knoten ein kürzerer Weg existiert als der von SPF erzeugte Pfad. A sei der Startknoten, U der erste Knoten, für den der SPF-Pfad nicht der kürzeste ist. T sei die vorläufige Menge und R die Menge der abgeschlossenen Routen zu dem Zeitpunkt, an dem wir U auf *aktuell* setzen. d seien die Kosten der neuen Route zu U. P = ⟨A,...,X,Y,...,U⟩ sei der kürzere Pfad zu U, mit Kosten c<d, wobei Y der erste Knoten entlang des Pfades ist, der keine Route in R aufweist (es ist möglich, dass Y=U ist).

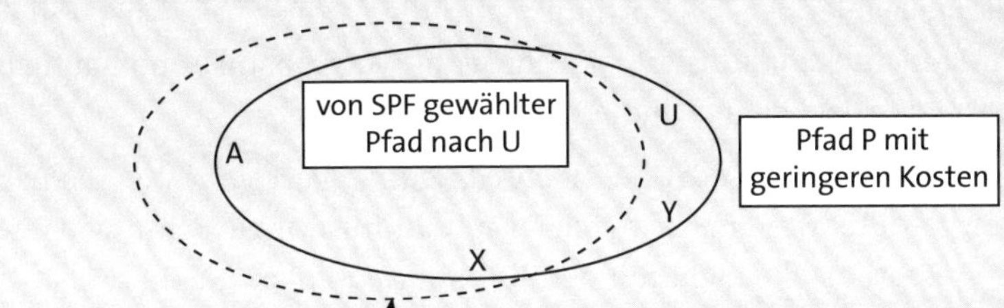

Abbildung 13.1 SPF-Pfade

In einer sehr frühen Phase des Algorithmus müssen wir eine Route zum Knoten X hinzugefügt haben, da die Route zu X in R liegt. In der folgenden Phase hätten wir das Präfix ⟨A,...,X,Y⟩ von P in T aufgenommen. Dieser Weg nach Y weist Kosten ≤c auf. Der Pfad muss sich zu dem Zeitpunkt, an dem wir U auf *aktuell* gesetzt haben, immer noch in T befinden, da es in R keine Route nach Y gibt, aber das bedeutet, dass wir stattdessen Y auf *aktuell* hätten setzen sollen, was der Wahl von U widerspricht.

Ein Link-State-Quellknoten S berechnet den gesamten Pfad zu einem Ziel D (tatsächlich berechnet er den Pfad zu jedem Ziel). Was jedoch den tatsächlichen Weg betrifft, den ein von S gesendetes Paket nach D nehmen wird, hat S nur bis zum ersten Hop N direkte Kontrolle. Während die Regel der exakten Kosten, die wir im Distanzvektor-Routing betrachtet haben, weiterhin gilt, kann der tatsächliche Weg, den das Paket nimmt, von dem an der Quelle berechneten Weg abweichen, wenn alternative Pfade gleicher Länge vorhanden sind. Zum Beispiel kann S einen Pfad S-N-A-D berechnen, und dennoch kann ein Paket den Pfad S-N-B-D nehmen, solange die Pfade N-A-D und N-B-D die gleiche Länge haben.

Link-State-Routing ermöglicht die On-demand-Berechnung von Routen (die Ergebnisse werden dann zwischengespeichert) oder die Berechnung in größerem Umfang. Das Link-State-Routing ermöglicht auch die Berechnung von Routen unter Berücksichtigung der Dienstgüte durch eine einfache Erweiterung des obigen Algorithmus.

Da der Startknoten festgelegt ist, kann der Shortest-Path-First-Algorithmus als *Single-Source*-Ansatz eingestuft werden. Wenn das Ziel darin besteht, die kürzesten Pfade zwischen allen Knotenpaaren in einem Netz zu berechnen, ist der Floyd-Warshall-Algorithmus eine Alternative, die in Netzen mit einer großen Anzahl von Verbindungen eine etwas bessere Leistung aufweist.

13.6 Routing nach anderen Attributen

Manchmal besteht der Wunsch, Pakete nach anderen Attributen als dem Ziel und/oder den QoS-Bits weiterzuleiten. Zum Beispiel könnten wir Pakete teilweise auf der Basis der Paketquelle oder der TCP-Portnummer routen wollen. Diese Art von Routing ist eindeutig nicht standardisiert, obwohl sie oft verfügbar ist und häufig eine wichtige Komponente des Traffic-Engineering darstellt.

Dies wird oft als regelbasiertes oder *Policy-based Routing* bezeichnet, da die Pakete nach Attributen geroutet werden, die durch lokale administrative Richtlinien festgelegt sind. (Dieser Begriff sollte nicht mit der BGP-Routing-Policy (Kapitel 15, »Border Gateway Protocol (BGP)«) verwechselt werden, die etwas ganz anderes bedeutet).

Regelbasiertes Routing wird nicht häufig verwendet, aber eine Routing-Entscheidung dieser Art kann weitreichende Auswirkungen haben. Wenn ein ISP beispielsweise den Voice-Traffic seiner Kunden anders leiten möchte als den Datenverkehr, braucht er nur das regelbasierte Routing anzuwenden, um den Traffic am Eingangspunkt zu klassifizieren und den Voice-Traffic an seinen eigenen Router zu senden. Danach können normale Router auf dem Sprachpfad und auf dem separaten Datenpfad die Weiterleitung ohne Verwendung regelbasierter Methoden fortsetzen.

Manchmal wird regelbasiertes Routing verwendet, um Pakete für eine besondere Verarbeitung zu *kennzeichnen*; dies kann bedeuten, dass sie weiter downstream geleitet werden oder dass sie auf demselben Weg wie der übrige Traffic gesendet werden, aber mit einer Vorzugsbehandlung. Für zwei Strategien zur Paketmarkierung siehe Abschnitt 24.7, »Differentiated Services«, und Abschnitt 24.12, »Multi-Protocol Label Switching (MPLS)«.

Auf Linux-Systemen ist regelbasiertes Routing Teil des Linux Advanced Routing, das oft mit fortgeschrittenen Warteschlangenfunktionen, bekannt als Traffic Control, kombiniert wird; die Kombination wird als LARTC bezeichnet: *http://www.lartc. org/*

Ein einfaches Beispiel für die Möglichkeiten: Angenommen, ein Standort hat zwei Verbindungen L1 und L2 zum Internet, wobei L1 die Standardroute zum Internet ist. Vielleicht ist L1 schneller und L2 dient eher als Backup; vielleicht wurde L2 hinzugefügt, um die abgehende Kapazität zu erhöhen. Ein Standort möchte aber aus einem der folgenden Gründe einen Teil des ausgehenden Datenverkehr über L2 leiten:

- Der Traffic kann Protokolle betreffen, die als weniger vorrangig gelten (z. B. E-Mail).
- Es kann sich um Echtzeit-Traffic handeln, der von einem geringeren Wettbewerb auf L2 profitieren kann.
- Der Datenverkehr kann von Absendern mit niedrigerer Priorität stammen; z. B. können einige Kunden auf die Nutzung von L2 verwiesen werden, weil sie weniger bezahlen
- Ein paar großvolumige Elephant Flows können von L1 auf L2 verlagert werden.

In den ersten beiden Fällen könnte das Routing auf den Zielportnummern basieren, im dritten Fall auf der Quell-IP-Adresse. Im vierten Fall kann sich die Klassifizierung der Elephant Flows eines Standorts im Laufe der Zeit angesammelt haben.

Beachten Sie, dass in der *eingehenden* Richtung nichts unternommen werden kann, es sei denn, L1 und L2 führen zum selben ISP, und selbst dort läge jedes spezielle Routing im Ermessen dieses ISP.

Der Trick bei LARTC besteht in der Kompatibilität mit bestehenden Routing-Update-Protokollen; dies wäre ein Problem, wenn die Kernel-Weiterleitungstabelle einfach Spalten für andere Paketattribute hinzufügen würde, von denen benachbarte Nicht-LARTC-Router nichts wissen. Stattdessen ist die Weiterleitungstabelle in mehrere ⟨dest, next_hop⟩ (oder ⟨dest, QoS, next_hop⟩) Tabellen aufgeteilt. Eine davon ist die *Main*-Tabelle, die von Routing-Update-Protokollen im Zusammenspiel mit den Nachbarn aktualisiert wird. Bevor ein Paket weitergeleitet wird, werden administrativ bereitgestellte Regeln konsultiert, um zu bestimmen, welche Tabelle anzuwenden ist; diese Regeln *dürfen* andere Paketattribute konsultieren. Die Sammlung von Tabellen und Regeln wird als *Routing Policy Database* bezeichnet.

Ein einfaches Beispiel: In der obigen Situation hätte die Haupttabelle einen Eintrag ⟨default, L1⟩ (genauer gesagt, sie hätte die IP-Adresse des entfernten Endes der L1-Verbindung anstelle von L1 selbst). Es würde auch eine weitere Tabelle geben, vielleicht mit dem Namen **slow**, mit einem einzigen Eintrag ⟨default, L2⟩. Wenn eine Regel erstellt wird, um ein Paket über die »langsame« Tabelle zu leiten, dann wird dieses Paket über L2 weitergeleitet. Hier ist eine solche Linux-Regel, die für den Traffic vom Host 10.0.0.17 gilt:

```
ip rule add from 10.0.0.17 table slow
```

Nehmen wir nun an, dass wir den Traffic zu Port 25 (dem SMTP-Port) über L2 leiten wollen. Dies ist schwieriger; Linux bietet hier keine Unterstützung für das Routing auf der Grundlage von Portnummern. Wir können jedoch stattdessen den iptables-Mechanismus verwenden, um alle Pakete, die für Port 25 bestimmt sind, zu »markieren«, und dann eine Routing-Regel erstellen, damit dieser markierte Traffic die slow-Tabelle verwendet. Die Markierung ist als *Forwarding Mark* oder `fwmark` bekannt; ihr Wert ist standardmäßig 0. `fwmark` ist nicht wirklich Teil des Pakets; sie wird nur mit dem Paket verknüpft, während dieses im Kernel verbleibt.

```
iptables --table mangle --append PREROUTING \\
        --protocol tcp --dest-port 25 --jump MARK --set-mark 1

ip rule add fwmark 1 table slow
```

Lesen Sie die entsprechenden Manpages für weitere Details.

Der iptables-Mechanismus kann auch verwendet werden, um die entsprechenden QoS-Bits zu setzen – die IPv4-DS-Bits (Abschnitt 9.1, »Der IPv4-Header«) oder die IPv6-Traffic-Klassen-Bits (Abschnitt 11.1, »Der IPv6-Header«) –, sodass eine einzige Standard-IP-Weiterleitungstabelle verwendet werden kann, obwohl die Unterstützung für die IPv4-QoS-Bits begrenzt ist.

13.7 ECMP

Equal-Cost-MultiPath-Routing (ECMP) ist eine Technik zur Kombination von zwei (oder mehr) Routen zu einem Ziel in einer einzigen Einheit, sodass der Traffic zu diesem Ziel (nicht unbedingt gleichmäßig) auf die Routen verteilt wird. ECMP wird von EIGRP (Abschnitt 13.4.4, »EIGRP«) und den Link-State-Implementierungen OSPF und IS-IS (Abschnitt 13.5, »Link-State-Routing-Update-Algorithmus«) unterstützt. Auf der Ethernet- Schicht wird ECMP vom Sinn her (wenn auch nicht dem Namen nach) von TRILL und SPB unterstützt (Abschnitt 3.3, »TRILL und SPB«). Es wird auch von BGP (Kapitel 15, »Border Gateway Protocol (BGP)«) für das Inter-AS-Routing unterstützt.

Eine einfachere Alternative zu ECMP ist das *Channel Bonding*, das auch als *Kanalbündelung* oder *Link Aggregation* bezeichnet wird und häufig auf dem Standard IEEE 802.3ad basiert. Beim Channel Bonding werden zwei parallele Ethernet-Verbindungen als eine einzige Einheit behandelt. In vielen Fällen ist es einfacher und billiger, zwei oder drei 1-Gbit/s-Ethernet-Verbindungen zu bündeln, als alles für 10 Gbit/s aufzurüsten. Kanalbündelung ist jedoch nur unter bestimmten Umständen möglich. So müssen beispielsweise beide Kanäle Ethernet-Kanäle sein und eine einzige Verbindung darstellen.

Ohne Kanalbündelung bedeuten gleiche Kosten nicht unbedingt gleiche Ausbreitungsverzögerung. Selbst bei zwei kurzen parallelen Verbindungen können Verzögerungen in der Warteschlange auf einer Verbindung dazu führen, dass die Reihenfolge der Paketzustellung nicht eingehalten wird. Da TCP die ungeordnete Zustellung von Paketen in der Regel als Beweis für einen Paketverlust interpretiert (Abschnitt 19.3, »TCP Tahoe und Fast-Retransmit«), kann dies zu einer großen Anzahl von ungewollten Neuübertragungen führen. Aus diesem Grund ist ECMP fast immer so konfiguriert, dass alle Pakete einer TCP-Verbindung über nur eine der Verbindungen (wie durch eine Hash-Funktion bestimmt) gesendet werden; einige Channel-Bonding-Implementierungen tun dies auch. Eine Folge davon ist, dass ECMP, das auf diese Weise konfiguriert ist, eine große Anzahl paralleler TCP-Verbindungen erkennen muss, um alle beteiligten Pfade einigermaßen gleichmäßig auszunutzen. In besonderen Fällen kann es jedoch praktisch sein, ECMP so zu konfigurieren, dass es mithilfe einer Round-Robin-Übertragung pro Paket zwischen den Pfaden wechselt; dieser Ansatz hat das Potenzial, eine viel bessere Lastverteilung zwischen den Pfaden zu erreichen.

Im Hinblick auf Routing-Update-Protokolle kann ECMP so betrachtet werden, dass zwei (oder mehr) next_hop-Werte mit jeweils gleichen Kosten mit demselben Ziel verbunden werden können.

13.8 Epilog

Damit sind die Grundlagen des IP-Routing abgeschlossen, insbesondere des Routings innerhalb großer, (relativ) homogener Organisationen wie Unternehmen mit mehreren Standorten oder Internet Service Provider. Alle beteiligten Router müssen sich auf die Verwendung desselben Protokolls einigen, und sie müssen sich auf eine einheitliche Zuweisung der Verbindungskosten einigen.

Bei sehr großen Organisationen sind diese Anforderungen unpraktisch. Das nächste Kapitel ist diesem Problem des IP-Routings in sehr großem Maßstab, z. B. im globalen Internet, gewidmet.

13.9 Übungen

1. Nehmen wir an, dass das Netzwerk wie folgt aussieht, wobei das Distanzvektor-Routing-Update erfolgt. Jede Verbindung hat Kosten von 1, und jeder Router hat anfangs in seiner Weiterleitungstabelle nur Einträge für seine unmittelbaren Nachbarn (also enthält die Tabelle von A ⟨B,B,1⟩, ⟨D,D,1⟩ und die Tabelle von B ⟨A,A,1⟩, ⟨C,C,1⟩).

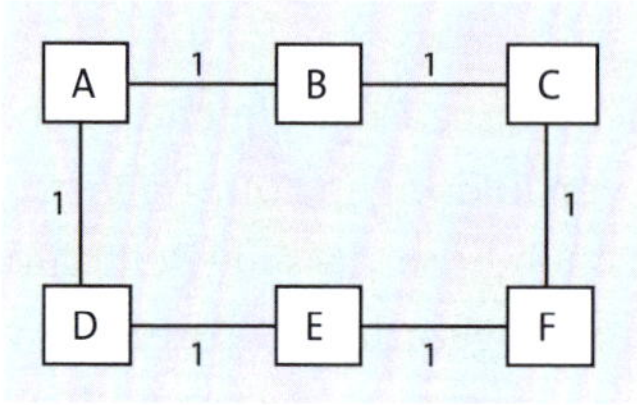

   a) Angenommen, jeder Router erstellt eine Meldung aus seiner Anfangskonfiguration und sendet diese an jeden seiner Nachbarn. Wie sieht die Weiterleitungstabelle jedes Routers nach diesen Austauschvorgängen aus? Mit anderen Worten: Der Austausch findet gleichzeitig statt; jeder Router sendet zunächst seine eigene Meldung aus und verarbeitet dann die Meldungen seiner beiden Nachbarn.
   b) Welche Ziele mit den entsprechenden Kostenwerten werden der Tabelle jedes Routers hinzugefügt, nachdem der Prozess des gleichzeitigen und parallelen Austauschs aus Teil (a) ein weiteres Mal wiederholt wird? Ignorieren Sie die next_hop-Werte.

   Hinweis: Für jeden Router wird bei diesem Schritt ein zusätzlicher Zieleintrag hinzugefügt. Dieser neue Zieleintrag kann bestimmt werden, ohne dass Sie den Austausch der Tabellen im Detail durchgehen müssen.

2. Nehmen wir nun an, dass die Konfiguration der Router die unten dargestellten Verbindungsgewichtungen hat. Die Weiterleitungstabelle jedes Routers enthält zunächst nur Einträge für seine unmittelbaren Nachbarn.

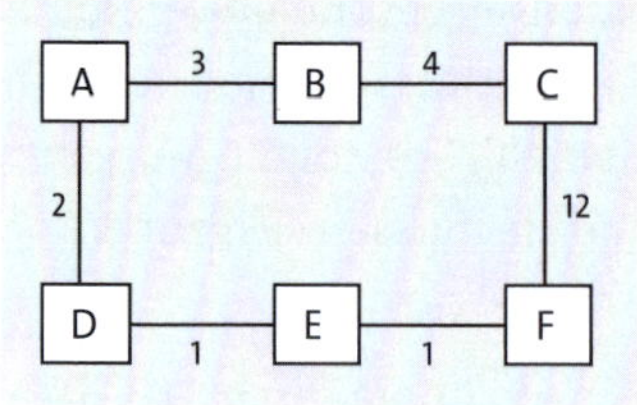

   a) Geben Sie, wie in der vorherigen Übung, die Weiterleitungstabelle jedes Routers an, nachdem sich jeder Router mit seinen unmittelbaren Nachbarn gleichzeitig und parallel ausgetauscht hat.

b) Wie viele Iterationen eines solchen parallelen Austauschs sind notwendig, bevor C lernt, F über B zu erreichen, d. h. bevor er den Eintrag ⟨F,B,11⟩ erstellt? Betrachten Sie die Antwort auf Teil (a) als die erste Iteration.

3. ◇ Ein Router R verfügt über die folgende Distanzvektortabelle:

destination	cost	next hop
A	2	R1
B	3	R2
C	4	R1
D	5	R3

R empfängt nun die folgende Meldung von R1; die Kosten der Verbindung R–R1 betragen 1.

destination	cost
A	1
B	2
C	4
D	3

Geben Sie die aktualisierte Tabelle von R an, nachdem er die Meldung von R1 verarbeitet hat. Liefern Sie für jeden sich ändernden Eintrag eine kurze Erklärung.

4. Ein Router R verfügt über die folgende Distanzvektortabelle:

destination	cost	next hop
A	5	R1
B	6	R1
C	7	R2
D	8	R2
E	9	R3

R empfängt nun die folgende Meldung von R1; die Kosten der Verbindung R–R1 betragen 1.

destination	cost
A	4
B	7
C	7
D	6
E	8
F	8

Geben Sie die aktualisierte Tabelle von R an, nachdem er die Meldung von R1 verarbeitet hat. Geben Sie für jeden sich ändernden Eintrag eine kurze Erläuterung in Anlehnung an Beispiel 4 in Abschnitt 13.1.1, »Distanzvektor-Update-Regeln«.

5. Zu Beginn von Beispiel 3 in Abschnitt 13.1.1, »Distanzvektor-Update-Regeln«, haben wir die Routing-Tabelle von C so geändert, dass er D über A statt über E erreicht: Der Eintrag ⟨D,E,2⟩ von C wurde in ⟨D,A,2⟩ geändert. Dies bedeutete, dass C am Anfang eine gültige Route nach D hatte.

   Wie könnte das Szenario aus Beispiel 3 ablaufen, wenn die Tabelle von C nicht geändert worden wäre? Geben Sie eine Abfolge von Meldungen an, die zu einem korrekten Routing zwischen D und E führt.

6. In der folgenden Übung sind A-D Router und die angeschlossenen Subnetze N1-N6, die die Endziele sind, werden explizit dargestellt. Im Fall von N1 bis N4 *sind* die Verbindungen die Subnetze. Die Router tauschen wie üblich Distanzvektormeldungen mit benachbarten Routern aus. In den unten angeforderten Tabellen können Sie, wenn ein Router eine direkte Verbindung zu einem Subnetz hat, den next_hop als »direct« angeben, z. B. aus der Tabelle von A: ⟨N1,direct,0⟩.

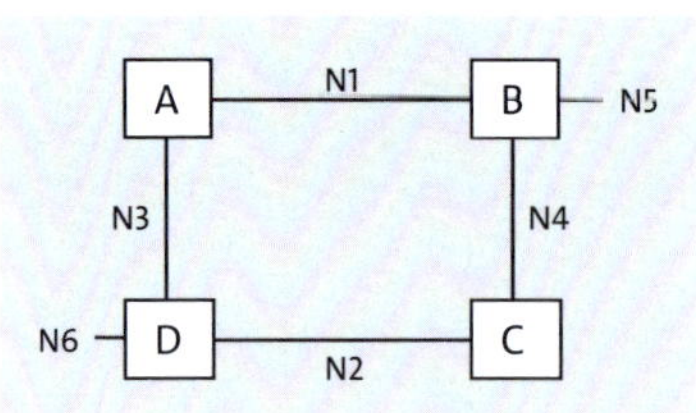

   a) Geben Sie die Anfangstabellen für A bis D vor dem Distanzvetor-Austausch an.
   b) Geben Sie die Tabellen an, nachdem sich jeder Router A–D mit seinen unmittelbaren Nachbarn gleichzeitig und parallel ausgetauscht hat.
   c) Welche Subnetze sind am Ende von (b) bei welchen Routern *nicht* bekannt?

7. Angenommen, A, B, C, D und E sind wie folgt miteinander verbunden. Jede Verbindung hat Kosten 1, und so ist jede Weiterleitungstabelle eindeutig bestimmt; die Tabelle von B ist ⟨A,A,1⟩, ⟨C,C,1⟩, ⟨D,A,2⟩, ⟨E,C,2⟩. Distanzvektor-Routing-Update wird verwendet.

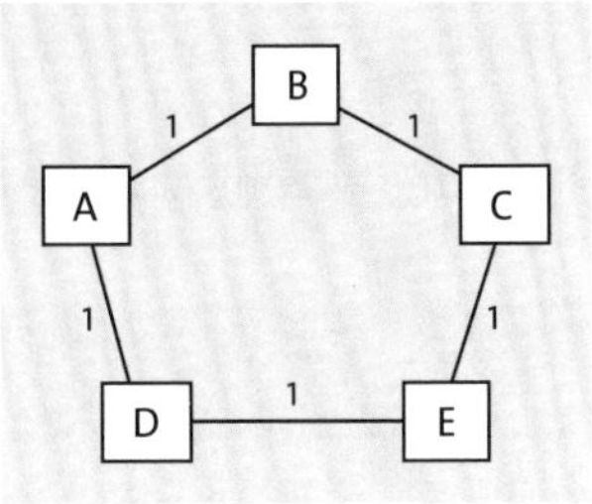

Nehmen wir nun an, die Verbindung D–E fällt aus, und D aktualisiert seinen Eintrag für E zu ⟨E,-,∞⟩.

a) Geben Sie die Tabelle von A an, nachdem D ⟨E,∞⟩ sich bei A gemeldet hat.
b) Geben Sie die Tabelle von B an, nachdem A sich bei B gemeldet hat.
c) Geben die Tabelle von A an, nachdem B sich bei A gemeldet hat; beachten Sie, dass B einen Eintrag ⟨E,C,2⟩ hat.
d) Geben Sie die Tabelle von D an, nachdem A sich bei D gemeldet hat.

8. In dem folgenden Netzwerk erhält A abwechselnd Meldungen über das Ziel D von den Nachbarn B und C. Angenommen, A verwendet eine modifizierte Form von Regel 2 aus Abschnitt 13.1.1, »Distanzvektor-Update-Regeln«, wobei seine Weiterleitungstabelle immer dann aktualisiert wird, wenn die neuen Kosten c kleiner *oder gleich* c_{old} sind.

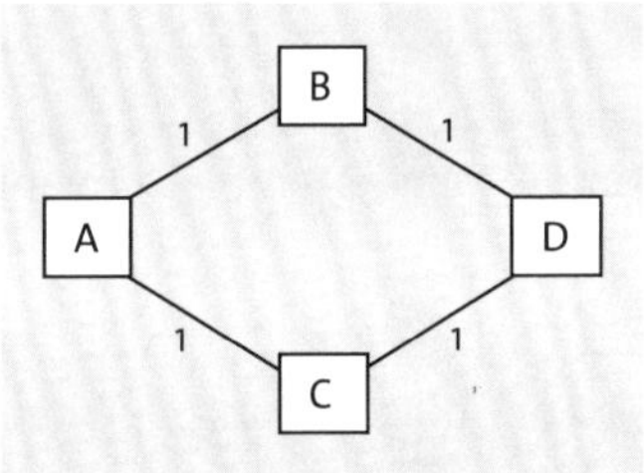

Warum stabilisiert sich der Weiterleitungseintrag von A für das Ziel D nie.

9. Betrachten Sie das Netzwerk in Abschnitt 13.2.1, »Korrekturen für langsame Konvergenz«, mit Distanzvektor-Routing-Updates. Die Tabelleneinträge von B und C für das Ziel D sind dargestellt. Alle Verbindungskosten sind 1.

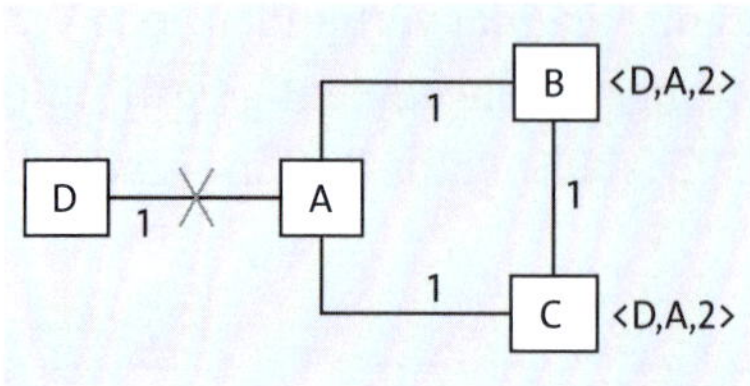

Angenommen, die Verbindung D–A wird unterbrochen, und es kommt zu diesen Update-Meldungen:

A meldet ⟨D,∞⟩ an B (wie zuvor).

C meldet ⟨D,2⟩ an B (wie zuvor).

A meldet nun ⟨D,∞⟩ an C (und nicht mehr B ⟨D,3⟩ an A).

a) Geben Sie die Weiterleitungstabelleneinträge von A, B und C für das Ziel D, einschließlich der Kosten, nach diesen drei Meldungen an.

b) Welche zusätzlichen Meldungen (ein Paar sollte ausreichen) führen zur Bildung der Routing-Schleife?

c) Welche (einzige) zusätzliche Meldung schließt die Möglichkeit einer Routing-Schleife aus?

10. Angenommen, das Netz aus Abschnitt 13.2, »Langsames Konvergenzproblem bei Distanzvektoren«, wird wie folgt geändert. Es wird eine Abstandsvektor-Aktualisierung verwendet; wieder bricht die Verbindung D–A.

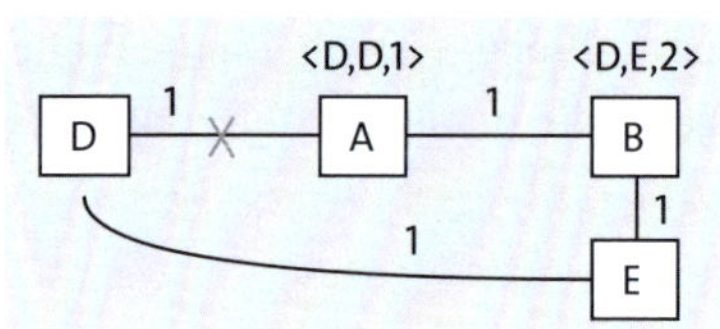

a) Erläutern Sie, warum die Rückmeldung von B an A, nachdem A ⟨D,-,∞⟩ gemeldet hat, jetzt gültig ist.

b) Erläutern Sie, warum ein Hold Down (Abschnitt 13.2.1, »Korrekturen für langsame Konvergenz«, Unterabschnitt »Hold Down«) die Nutzung der neuen Strecke A-B-E-D verzögert.

11. Die Router seien A, B, C, D, E und F, und alle Verbindungskosten seien 1. Die Distanzvektor-Weiterleitungstabellen für A und F sind unten aufgeführt. Geben Sie das Netz mit den wenigsten Verbindungen an, das mit diesen Tabellen vereinbar ist. Hinweis: Jedes Ziel, das zu Kosten von 1 erreicht wird, ist direkt verbunden; wenn X über Z zu Kosten von 2 nach Y gelangt, dann müssen Z und Y direkt verbunden sein.

dest	cost	next_hop
B	1	B
C	1	C
D	2	C
E	2	C
F	3	B

Tabelle 13.1 Tabelle von A

dest	cost	next_hop
A	3	E
B	2	D
C	2	D
D	1	D
E	1	E

Tabelle 13.2 Tabelle von F

12. Angenommen,
    a) die Router A und B verfügen über die jeweiligen Weiterleitungstabelleneinträge ⟨D,B,n⟩ und ⟨D,A,m⟩, wodurch eine Routing-Schleife entsteht. Erklären Sie, warum die Schleife schneller beseitigt werden kann, wenn A und B beide Poison Reverse mit Split Horizon (Abschnitt 13.2.1, »Korrekturen für langsame Konvergenz«) verwenden, als wenn A und B nur Split Horizon verwenden.
    b) das Netz sieht wie folgt aus. Die Verbindung A–B ist extrem langsam.

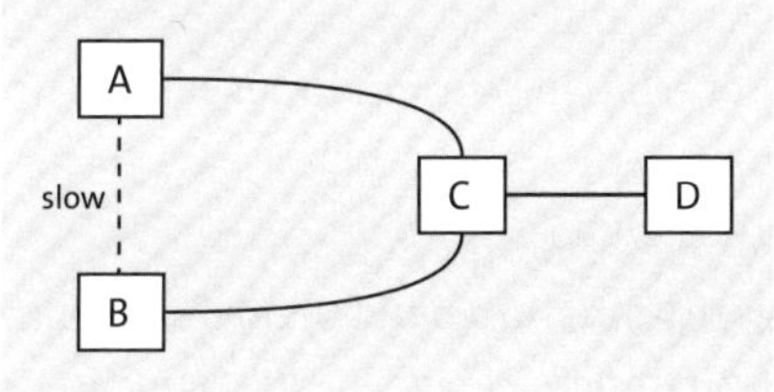

Angenommen, A und B senden sich gegenseitig Meldungen, in denen sie ihre Routen nach D bekannt geben, unmittelbar danach wird die Verbindung zwischen C und D unterbrochen und C meldet A und B, dass D nicht erreichbar ist.

Nachdem diese Unerreichbarkeitsmeldungen von C verarbeitet wurden, kommen die Meldungen von A und B, die sie sich vor der Unterbrechung gegenseitig geschickt haben, endlich an. Erläutern Sie, warum sich das Netz jetzt in dem in Teil (a) beschriebenen Zustand befindet.

13. Angenommen, der Distanzvektor-Algorithmus wird auf einem Netzwerk ausgeführt und keine Verbindungen brechen ab (gemäß dem letzten Absatz in Abschnitt 13.1.1, »Distanzvektor-Update-Regeln«, wird die next_hop-Erhöhung also nie angewendet).
    a) Beweisen Sie, dass immer dann, wenn A der next_hop von B zum Ziel D ist, die Kosten von A zu D kleiner sind als die von B. Hinweis: Wenn diese Behauptung wahr ist, dann bleibt sie auch nach Anwendung der Regeln in Abschnitt 13.1.1, »Distanzvektor-Update-Regeln«, wahr. Wenn die Regel der niedrigeren Kosten auf B angewandt wird, nachdem eine Meldung von A eingegangen ist, was zu einer Änderung der Kosten von B nach D führt, dann muss gezeigt werden, dass die Kosten von A geringer sind als die von B, und dass die neuen Kosten von B geringer sind als die von jedem Nachbarn C, der B als seinen next_hop nach D benutzt.
    b) Verwenden Sie Antwort aus (a), um zu beweisen, dass sich keine Routing-Schleifen bilden.
14. In Abschnitt 13.5, »Link-State-Routing-Update-Algorithmus«, wurde erwähnt, dass Link-State-Routing zu einer temporären Routingschleife führen kann. Nennen Sie ein konkretes Szenario, das die Entstehung (und dann die Auflösung) einer solchen Schleife veranschaulicht.

    Hinweis: Betrachten Sie das folgende Netzwerk.

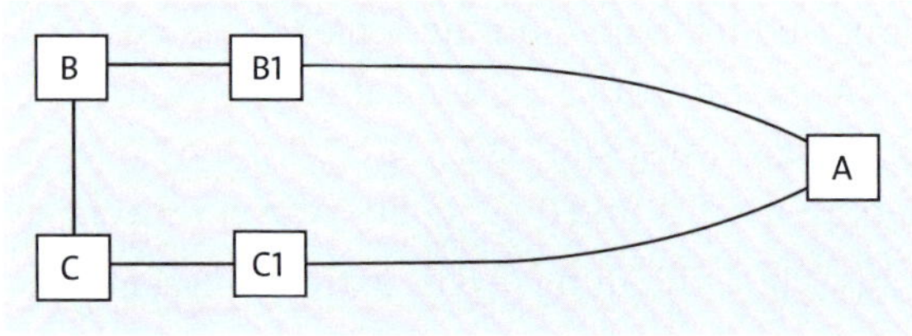

    Der next_hop von C zu A ist B aufgrund der relativen Verbindungsgewichtungen (nicht gezeigt) der Verbindungen A–B1 und A–C1. Dann erhält B eine Nachricht. (Es gibt auch mehrere andere mögliche Szenarien.)
15. Benutzen Sie den Shortest-Path-First-Algorithmus, um den kürzesten Weg von A nach E in dem untenstehenden Netzwerk zu finden. Zeigen Sie die Mengen **R** und **T** und den Knoten **aktuell** nach jedem Schritt.

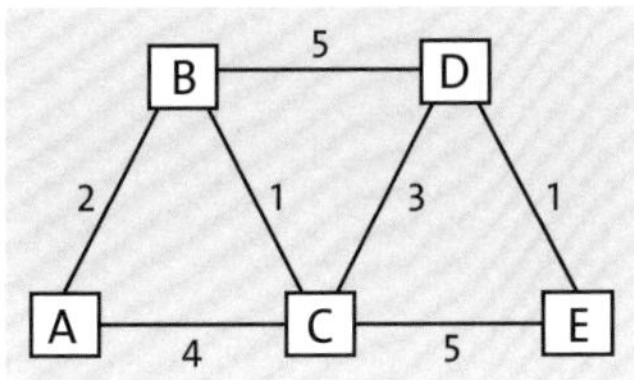

16. Angenommen, Sie schließen einen Laptop an ein Ethernet-LAN an *und* verbinden ihn über Wi-Fi mit demselben LAN. Vom Laptop zum LAN gibt es nun zwei Routen. Welche Route wird bevorzugt? Wie können Sie feststellen, in welche Richtung der Traffic fließt? Wie können Sie Ihr Betriebssystem so konfigurieren, dass es den einen oder den anderen Weg bevorzugt? (Siehe auch Abschnitt 10.2.5, »ARP und Hosts mit mehreren Adressen«, Übung 4 und Kapitel 17, »Grundlagen des TCP-Transports«, Übung 5)

Kapitel 14
IP-Routing im großen Maßstab

Im vorigen Kapitel haben wir zwei Klassen von Aktualisierungsalgorithmen für das Routing betrachtet: Distance-Vector und Link-State. Beide Ansätze setzen voraus, dass sich die teilnehmenden Router zunächst auf ein gemeinsames Protokoll und dann auf einen gemeinsamen Nenner zur Zuweisung der Verbindungskosten geeinigt haben. Wir werden dies im folgenden Kapitel über BGP, Kapitel 15, »Border Gateway Protocol (BGP)«, behandeln; ein grundlegendes Problem besteht darin, dass, wenn ein Standort den Hop-Count-Ansatz bevorzugt, bei dem jeder Verbindung Kosten von 1 zugewiesen werden, während ein anderer Standort die Verbindungskosten lieber proportional zu ihrer Bandbreite zuweist, *sinnvolle* Vergleiche der Pfadkosten zwischen den beiden Standorten einfach nicht möglich sind.

Bevor wir uns jedoch mit BGP befassen, müssen wir den Grundgedanken der IP-Weiterleitung nochmals überdenken. Von Anfang an hatten wir die Vorstellung, dass eine IP-Adresse in einen Netzwerk- und einen Host-Anteil aufgesplittet werden kann; die Aufgabe der meisten Router bestand darin, nur das Netzwerkpräfixe zu untersuchen und die next_hop-Weiterleitungsentscheidung auf dieser Grundlage zu treffen. Die Netz-/Host-Aufteilung für IPv4-Adressen basierte ursprünglich auf dem Class A/B/C-Mechanismus; die meisten IPv6-Adressen waren in jeweils 64 Bit für Netz und Host aufgesplittet. In Abschnitt 9.5, »Der klassenlose IP-Delivery-Algorithmus«, haben wir gesehen, wie man auf IPv4-Netzpräfixe beliebiger Länge routen kann; die gleiche Idee funktioniert auch für IPv6.

In diesem Kapitel weiten wir das aus, indem wir verschiedenen Routern an unterschiedlichen Positionen im Routing-Universum gestatten, ihre Weiterleitungsentscheidungen auf der Grundlage unterschiedlicher Netzwerkpräfixelängen zu treffen, und zwar für dieselbe Zieladresse. Das heißt, ein Backbone-Router könnte eine Weiterleitung an eine bestimmte IPv4-Adresse D nur auf Grundlage der ersten 12 Bits von D vornehmen; ein regionaler Router könnte seine Entscheidung auf die ersten 18 Bits stützen, und ein Standort-Router könnte eine Weiterleitung an das endgültige Subnetz auf Grundlage der ersten 24 Bits vornehmen. Auf diese Weise lassen sich *Routing-Hierarchien* mit mehreren Ebenen erstellen, was die Skalierbarkeit des Routings erheblich verbessern und die Größe der Weiterleitungstabellen verringern kann. Die eigentliche Weiterleitung durch einen Router erfolgt wie in 64, »Der klassenlose IP-Delivery-Algorithmus «.

Der Begriff *Routing-Domain* bezeichnet eine Gruppe von Routern unter gemeinsamer Verwaltung, die eine gemeinsame Zuweisung von Verbindungskosten verwenden; ein anderer Begriff dafür ist *Autonomes System*. Im vorigen Kapitel fand das gesamte Routing innerhalb einer Routing-Domain statt; jetzt werden wir uns das Internet als Ganzes vorstellen, das aus einem Flickenteppich unabhängiger Routing-Domains besteht. Auch wenn die Verwendung eines gemeinsamen Routing-Update-Protokolls innerhalb der Routing-Domäne keine absolute Voraussetzung ist – einige Subnetze können beispielsweise intern den Distance-Vector-Algorithmus verwenden, während die »Backbone«-Router des Standorts auf Link-State setzen – können wir davon ausgehen, dass alle Router eine einheitliche Sicht auf die Topologie des Standorts und auf die Kostenmetriken haben.

Beim IP-Routing »im großen Maßstab« geht es im Wesentlichen um die Koordinierung des Routings zwischen mehreren unabhängigen Routing-Domains. Schon in den Anfangszeiten des Internets gab es mehrere Routing-Domains, wenn auch nur deswegen, weil die Messung der Verbindungskosten noch zu unklar war (und es immer noch ist), um in Stein gemeißelt zu werden. Eine weitere Komponente des Routings im großen Maßstab ist jedoch die Unterstützung des hierarchischen Routings über die Ebene der Subnetze hinaus; darauf gehen wir als nächstes ein.

14.1 Classless Internet Domain Routing: CIDR

CIDR ist der Mechanismus zur Unterstützung von hierarchischem Routing im Internet-Backbone. Durch Subnetting wird die Trennlinie zwischen Netz und Host weiter nach rechts verschoben; mit CIDR lässt sie sich auch nach links verschieben. Beim Subnetting ist die geänderte Trennlinie nur innerhalb der Organisation sichtbar, welcher der IP-Netzadressenblock gehört; außerhalb ist das Subnetting nicht erkennbar. CIDR ermöglicht die Aggregation von IP-Adressblöcken in einer Weise, die für den Internet-Backbone sichtbar ist.

Bei der Einführung von CIDR für IPv4 im Jahr 1993 wurden die folgenden Begründungen angeführt, die sich alle auf die zunehmende Größe der Backbone-IP-Weiterleitungstabellen bezogen und nach Maßstäben des damaligen Class A/B/C-Mechanismus ausgedrückt wurden:

- Dem Internet gehen die Class-B-Adressen aus (dies passierte Mitte der 1990er Jahre)
- Es gibt zu viele Class-C-Adressen (sie sind am zahlreichsten), als dass Backbone-Weiterleitungstabellen effizient arbeiten könnten
- Irgendwann werden der IANA (Internet Assigned Numbers Authority) die IP-Adressen ausgehen (dies erfolgte 2011)

Ohne CIDR hätte die Zuweisung mehrerer Klasse-C-Adressen anstelle einer einzigen Klasse-B-Adresse zwar dem ersten Punkt in der obigen Liste Abhilfe verschafft, dabei aber auch den zweiten Punkt verschlechtert.

Ironischerweise wird der sehr angespannte Markt für IPv4-Adressblöcke wahrscheinlich zu immer größeren IPv4-Weiterleitungstabellen der Backbones führen, da die Standorte gezwungen sind, mehrere kleine Adressblöcke anstelle eines großen Blocks zu verwenden.

Im Jahr 2000 hatte CIDR den Class A/B/C-Mechanismus im Backbone-Internet weitgehend abgelöst und die Funktionsweise des Backbone-Routings mehr oder weniger vollständig verändert. Man kaufte einen Adressblock von einem Provider oder einem anderen IP-Adressenzuteiler, und dieser konnte jede gewünschte Größe von /32 bis /15 haben.

CIDR ermöglichte das IP-Routing auf Basis eines beliebig langen Adresspräfixes; der Class A/B/C-Mechanismus verwendet natürlich feste Präfixlängen von 8, 16 und 24 Bit. Darüber hinaus ermöglicht CIDR verschiedenen Routern auf verschiedenen Ebenen des Backbones die Weiterleitung aufgrund von Präfixen unterschiedlicher Länge. Wenn der Organisation P beispielsweise ein /10-Block zugewiesen wurde, könnte P eine *Unterteilung* in /20-Blöcke vornehmen. Auf der obersten Ebene würde das Routing zu P wahrscheinlich auf den ersten 10 Bits basieren, während das Routing innerhalb von P auf den ersten 20 Bits basieren würde.

Bei IPv6 gab es nie Adressklassen, und so wurde CIDR wohl von Anfang an nativ unterstützt. Das Routing zur Adresse 2400:1234:5678:abcd:: könnte auf Grundlage des /32-Präfixes 2400:1234:: oder des /48-Präfixes 2400:1234:5678:: oder des /56-Präfixes 2400:1234:5678:ab:: oder eines Präfixes jeder anderen Länge erfolgen.

CIDR wurde mit RFC 1518 und RFC 1519 offiziell für IPv4 eingeführt. Eine Zeit lang gab es Strategien, um eine Kompatibilität mit nicht CIDR-fähigen Routern zu gewährleisten; diese sind mittlerweile überholt. Insbesondere ist es für große IPv4-Router nicht mehr sinnvoll, bei fehlenden CIDR-Informationen auf den Class A/B/C-Mechanismus zurückzugreifen; wenn diese fehlen, sollte das Routing fehlschlagen.

Die Grundstrategie von CIDR lässt sich als Mechanismus zur Konsolidierung mehrerer Netzwerkblöcke mit demselben Ziel in einem einzigen Eintrag verstehen. Nehmen wir an, ein Router hat vier IPv4-Class-C-Adressen, die alle zum selben Ziel führen:

- 200.7.0.0/24 ⟶ foo
- 200.7.1.0/24 ⟶ foo
- 200.7.2.0/24 ⟶ foo
- 200.7.3.0/24 ⟶ foo

Der Router kann alle diese durch einen einzigen Eintrag ersetzen

- 200.7.0.0/**22** ⟶ foo

Dabei spielt es keine Rolle, ob foo ein einziges Endziel darstellt oder ob es vier Standorte repräsentiert, die zufällig zum selben next_hop geleitet werden.

Es lohnt sich, einen genauen Blick auf die Arithmetik zu werfen, um zu sehen, warum der Einzeleintrag /22 verwendet. Das bedeutet, dass die ersten 22 Bits mit 200.7.0.0 übereinstimmen müssen; dies sind alle ersten und zweiten Bytes und die ersten sechs Bits des dritten Bytes. Sehen wir uns das dritte Byte der obigen Netzwerkadressen in Binärschreibweise an:

- 200.7.000000 00.0/24 ⟶ foo
- 200.7.000000 01.0/24 ⟶ foo
- 200.7.000000 10.0/24 ⟶ foo
- 200.7.000000 11.0/24 ⟶ foo

Das /24 bedeutet, dass die Netzwerkadressen am Ende des dritten Bytes aufhören. Die vier obigen Einträge decken jede mögliche Kombination der letzten beiden Bits des dritten Bytes ab; damit eine Adresse mit einem der obigen Einträge übereinstimmt, reicht es aus, wenn sie mit 200.7 beginnt und die ersten *sechs Bits* des dritten Bytes 0-Bits sind. Dies ist eine andere Art, auszudrücken, dass die Adresse 200.7.0.0/22 entsprechen muss.

Die meisten Implementierungen verwenden eine Bitmaske, z. B. 255.255.252.0, und nicht die Zahl 22. Beachten Sie, dass 252 im Binärformat 1111 1100 ist, mit 6 führenden Einserbits, sodass 255.255.252.0 8+8+6=22 Einserbits gefolgt von 10 Nullerbits hat.

Der IP-Delivery-Algorithmus aus Abschnitt 9.5, »Der klassenlose IP-Delivery-Algorithmus«, funktioniert auch mit CIDR nach wie vor, allerdings mit der Einschränkung, dass die Weiterleitungstabelle des Routers nun eine Netzwerkpräfixe-Länge haben kann, die mit jedem Eintrag verbunden ist. Bei einem Ziel D suchen wir in der Weiterleitungstabelle nach Netzwerkpräfixe-Zielen B/k, bis wir eine Übereinstimmung finden, d. h. Gleichheit der ersten k Bits. Im Hinblick auf Masken wird bei einem Ziel D und einer Liste von Tabelleneinträgen ⟨Präfix,Maske⟩ = ⟨B[i],M[i]⟩ nach einem i gesucht, für das (D & M[i]) = B[i]) gilt.

Aber was ist mit möglichen mehrfachen Übereinstimmungen? Bei Subnetzen lag es in der Verantwortung des Subnetzbetreibers, diese zu vermeiden, aber bei CIDR ist diese Verantwortung viel zu breit gestreut, um durch ein IETF-Mandat für illegal erklärt zu werden. Stattdessen wurde mit CIDR die *Longest-Match-Regel* eingeführt: wenn das Ziel D sowohl mit B_1/k_1 als auch mit B_2/k_2 übereinstimmt, wobei $k_1 < k_2$ ist, dann ist die längere Übereinstimmung B_2/k_2 zu verwenden. (Hinweis: Wenn D mit zwei verschiedenen Einträgen B_1/k_1 und B_2/k_2 übereinstimmt, ist entweder $k_1 < k_2$ oder $k_2 < k_1$).

14.2 Hierarchisches Routing

Streng genommen ist CIDR einfach ein Mechanismus für das Routing zu IP-Adressblöcken beliebiger Präfixlänge, d. h. zum Setzen des Netz-/Host-Teilungspunkts an eine beliebige Stelle innerhalb der 32-Bit-IP-Adresse.

Da dieser Netz-/Host-Unterteilungspunkt jedoch *variabel* ist, unterstützt CIDR das Routing auf Grundlage *unterschiedlicher* Präfixlängen an verschiedenen Stellen der Backbone-Routing-Infrastruktur. So können beispielsweise Top-Level-Router auf Basis von /8- oder /9-Präfixen routen, während zwischengeschaltete Router auf Basis von Präfixen der Länge 14 routen können. Diese Funktion des Routing auf Grundlage einer geringeren Bit-Anzahl an einem Punkt im Internet und mehr Bits an einer anderen Stelle ist genau das, was mit *hierarchischem Routing* gemeint ist.

Wir haben das hierarchische Routing bereits im Zusammenhang mit Subnetzen betrachtet: Der Traffic könnte zunächst zu einem Class-B-Standort 147.126.0.0/16 geleitet werden, und dann innerhalb dieses Standorts zu Subnetzen wie 147.126.1.0/24, 147.126.2.0/24 usw. Mit CIDR ist die Hierarchie jedoch viel flexibler: Die oberste Hierarchieebene kann viel größer sein als die »Kunden«-Ebene, niedrigere Ebenen müssen nicht von den höheren Ebenen administrativ überwacht werden (wie es bei Subnetzen der Fall ist), und kann auch mehr als zwei Ebenen geben.

CIDR ist ein *Mechanismus* zur Zuteilung von Adressblöcken; es sagt nicht direkt etwas über die *Richtlinien* aus, die wir damit umsetzen wollen. Hier sind vier mögliche Anwendungen; die letzten beiden verwenden hierarchisches Routing:

- Anwendung 1 (veraltet): CIDR ermöglicht die Zuweisung mehrerer Klasse-C-Blöcke oder von Fragmenten einer Klasse-A-Adresse an einen einzigen Kunden, sodass für diesen Kunden nur ein Eintrag in der Weiterleitungstabelle erforderlich ist.
- Anwendung 2 (veraltet): CIDR ermöglicht die opportunistische *Aggregation* von Routen: Ein Router, der die vier oben genannten 200.7.x.0/24-Routen in seiner Tabelle sieht, kann sie zu einem einzigen Eintrag zusammenfassen.
- Anwendung 3 (aktuell): CIDR ermöglicht große Providerblöcke mit Unterverteilung durch den Provider. Dies wird als *providerbasiertes* Routing bezeichnet.
- Anwendung 4 (hypothetisch): CIDR ermöglicht große regionale Blöcke mit Unterverteilung innerhalb der Region, ähnlich wie beim ursprünglichen Schema für US-Telefonnummern mit Ortsvorwahlen. Dies wird als *geografisches* Routing bezeichnet.

Jedes dieser Verfahren hat das Potenzial, die Größe der Backbone-Weiterleitungstabellen erheblich zu verringern, was hier wohl das wichtigste Ziel ist. In jedem Fall wird CIDR verwendet, um die Erstellung von Adressblöcken beliebiger Größe zu unterstützen und dann das Routing zu diesen Blöcken als eine einzige Einheit durchzuführen. Der Internet-Backbone wäre zum Beispiel viel besser bedient, wenn alle Router nur einen einzigen Eintrag ⟨200.0.0.0/8, R1⟩ pflegen müssten, anstatt 256 Einträge ⟨200.x.0.0/16, R1⟩ für jeden Wert von x. (Wie wir weiter unten sehen werden, ist dies auch dann noch nützlich, wenn einige der x einen anderen next_hop haben). Zu den Sekundärzielen von CIDR gehört es, Ordnung in die Zuweisung von IP-Adressen zu bringen und (für die letzten beiden Punkte in der obigen Liste) eine Routing-Hierarchie zu ermöglichen, die den tatsächlichen Fluss des größten Teils des Datenverkehrs widerspiegelt.

Das hierarchische Routing bringt eine neue Schwierigkeit mit sich: Die gewählten Routen sind aus globaler Sicht möglicherweise nicht mehr optimal, zumindest wenn wir die Algorithmen zur Routing-Aktualisierung auch hierarchisch anwenden. Angenommen, auf der obersten Ebene basiert die Weiterleitung auf den ersten acht Bits der Adresse, und der gesamte Traffic für 200.0.0.0/8 wird an den Router R1 geleitet. Auf der zweiten Ebene leitet R1 dann den Datenverkehr (hierarchisch) über R2 an 200.20.0.0/16 weiter. Ein Paket, das von einem unabhängigen Router R3 an 200.20.1.2 gesendet wird, könnte daher über R1 geleitet werden, *selbst wenn es einen kostengünstigeren Pfad* R3→R4→R2 *gäbe, der R1 umgeht*. Der Top-Level-Weiterleitungseintrag ⟨200.0.0.0/8,R1⟩ könnte mit anderen Worten eine Vereinfachung der realen Situation darstellen. Das Verbot von »Backdoor«-Routen wie R3→R4→R2 ist unpraktisch (und wäre auch nicht gerade hilfreich); Kunden sind unabhängige Entitäten.

Dieses Problem des suboptimalen Routings kann nicht auftreten, wenn sich alle Router auf einen der Mechanismen für den kürzesten Weg aus Kapitel 13, »Routing-Update-Algorithmen«, verständigen; in diesem Fall würde R3 von dem kostengünstigeren Pfad R3→R4→R2 erfahren. Aber dann würden die potenziellen hierarchischen Vorteile durch die Verkleinerung der Weiterleitungstabellen verloren gehen. Schlimmer noch, eine vollständige globale Einigung aller Router auf ein gemeinsames Aktualisierungsprotokoll ist schlichtweg unpraktikabel; tatsächlich besteht eines der Ziele des hierarchischen Routings in der Bereitstellung einer praktikablen Alternative. Wir werden darauf weiter unten in Abschnitt 14.4.3, »Hierarchisches Routing über Provider«, zurückkommen.

14.3 Routing in früherer Zeit

Früher, zu Zeiten des NSFNet, war der Internet-Backbone noch eine einzige Routing-Domain. Die meisten Kunden waren zwar nicht direkt mit dem Backbone verbunden, aber die zwischengeschalteten Anbieter waren aus geografischer Sicht relativ kompakt, also *regional*, und hatten oft einen einzigen primären Routing-Austauschpunkt mit dem Backbone. Die IP-Adressen wurden den Teilnehmern direkt von der IANA zugewiesen, und die Weiterleitungstabellen des Backbones enthielten Einträge für jeden Standort, sogar für jene der Klasse C.

Da das NSFNet-Backbone und die regionalen Anbieter nicht notwendigerweise Kosteninformationen zu ihren einzelnen Links austauschten, waren die Routen selbst zu diesem frühen Zeitpunkt nicht unbedingt global optimal; es wurden Kompromisse und Näherungslösungen gefunden. Im NSFNet-Modell fanden die Router jedoch meist eine vernünftige Näherung für den kürzesten Weg zu jedem Standort, auf den die Backbone-Tabellen verwiesen. Die alte Routing-Domain des Backbones war zwar nicht allumfassend, aber wenn es Unterschiede zwischen zwei Routen gab, waren zumindest die jeweiligen Backbone-Abschnitte – die längsten Komponenten – identisch.

14.4 Providerbasiertes Routing

Beim providerbasierten Routing werden große CIDR-Blöcke an große Provider vergeben. Die verschiedenen Provider wissen jeweils, wie sie zueinander routen können. Die Teilnehmer erhalten ihre IP-Adressen (in der Regel) aus den Blöcken ihrer Provider; daher wird der Datenverkehr von außen zunächst an den Provider und dann *innerhalb* der Routing-Domain des Providers an den Teilnehmer weitergeleitet. Eventuell gibt es sogar eine Hierarchie von Providern, sodass die Pakete zunächst zum großen Provider und schließlich zum lokalen Provider geleitet werden. Es gibt unter Umständen keinen zentralen Backbone mehr; stattdessen können mehrere Anbieter jeweils parallele transkontinentale Netze aufbauen.

Hier ist ein einfacheres Beispiel, bei dem die Anbieter eindeutige Pfade zueinander haben. Nehmen wir an, wir haben die Anbieter P0, P1 und P2 mit folgenden Kunden:

- P0: Kunden A,B,C
- P1: Kunden D,E
- P2: Kunden F,G

Wir gehen außerdem davon aus, dass jeder Anbieter über einen IP-Adressblock wie folgt verfügt:

- P0: 200.0.0.0/8
- P1: 201.0.0.0/8
- P2: 202.0.0.0/8

Nun wollen wir den Kunden Adressen zuweisen:

- A: 200.0.0.0/16
- B: 200.1.0.0/16
- C: 200.2.16.0/20 (16 = 0001 0000)
- D: 201.0.0.0/16

- E: 201.1.0.0/16
- F: 202.0.0.0/16
- G: 202.1.0.0/16

Das Routing-Modell sieht vor, dass die Pakete zunächst an den entsprechenden Anbieter und dann an den Kunden weitergeleitet werden. Dieses Modell garantiert zwar im Allgemeinen nicht den kürzesten Ende-zu-Ende-Pfad, in diesem Fall aber schon, da jeder Anbieter nur einen einzigen Verbindungspunkt zu den anderen hat. Hier ist das Netzdiagramm:

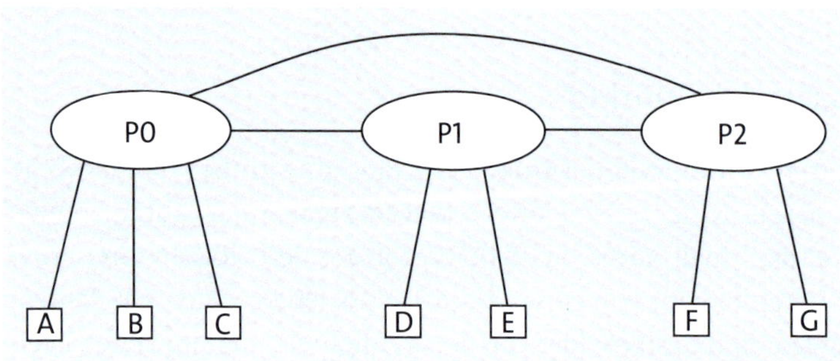

Mit diesem Diagramm sieht die Weiterleitungstabelle von P0 etwa so aus:

P0	
destination	**next_hop**
200.0.0.0/16	A
200.1.0.0/16	B
200.2.16.0/20	C
201.0.0.0/8	P1
202.0.0.0/8	P2

Das heißt, die Tabelle von P0 besteht aus

- einem Eintrag für jeden der eigenen Kunden von P0
- einem Eintrag für jeden anderen Anbieter

Hätten wir 1.000.000 Kunden, die sich gleichmäßig auf 100 Anbieter verteilen, dann würde die Tabelle jedes Anbieters nur 10.099 Einträge enthalten: 10.000 für seine eigenen Kunden und 99 für die anderen Anbieter. Ohne CIDR hätte die Weiterleitungstabelle eines jeden Anbieters 1.000.000 Einträge.

CIDR ermöglicht hierarchisches Routing, da die Routing-Entscheidung in verschiedenen Kontexten auf der Grundlage unterschiedlicher Präfixlängen getroffen werden kann. Wenn zum Beispiel ein Paket von D nach A gesendet wird, betrachtet P1 die ersten 8 Bits, während P0 die ersten 16 Bits betrachtet. Innerhalb des Kunden A könnte das Routing auf Grundlage der ersten 24 Bits erfolgen.

Selbst wenn wir einige zusätzliche »sekundäre« Verbindungen haben, d. h. zusätzliche Verbindungen, die keine alternativen Pfade zwischen den Anbietern schaffen, bleibt das Routing *relativ* einfach. Hier sind die privaten Kunde-zu-Kunde-Verbindungen C-D und E-F abgebildet; diese werden wahrscheinlich nur von den Kunden genutzt, die sie miteinander verbinden.

Zwei Kunden, A und E haben mehrere Verbindungen zu unterschiedlichen Anbietern: A-P1 und E-P2. Für solche Konstellationen wird häufig der Begriff *Multihoming* verwendet: Hosts mit mehreren Netzwerkschnittstellen in verschiedenen LANs, wozu auch sämtliche Router gehören. Hier meinen wir konkreter, dass es mehrere Netzwerkschnittstellen gibt, die mit verschiedenen Anbietern verbunden sind).

Typischerweise können A und E zwar ihre alternativen Provider-Verbindungen für den *ausgehenden* Traffic nutzen, ihr *eingehender* Traffic läuft jedoch weiterhin über ihren primären Provider P0 bzw. P1.

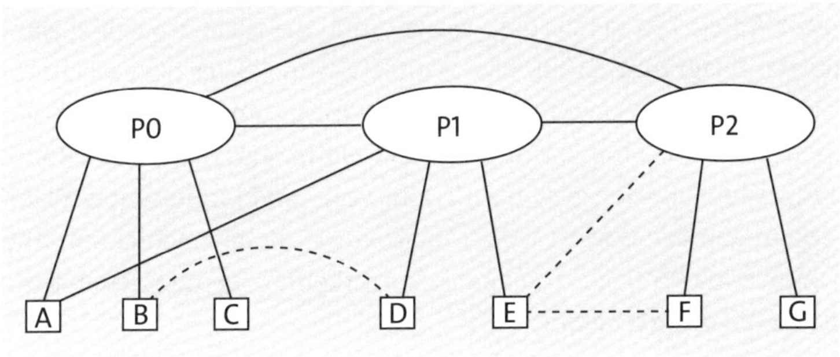

14.4.1 Internet Exchange Points

Die langen Verbindungen, die die Anbieter in diesen Diagrammen miteinander verbinden, sind etwas irreführend; nicht immer schätzen es Provider, lange gemeinsame Verbindungsstrecken zueinander zu teilen, bei deren Ausfall sich dann die Frage nach der Verantwortung stellt. Stattdessen verbinden sich die Anbieter oft über *Internet eXchange Points* (IXPs) miteinander; die Verbindung P0------P1 könnte also in Wirklichkeit P0---IXP---P1 sein, wobei P0 die linke Verbindungsstrecke besitzt und P1 die rechte. IXPs können entweder von Dritten betriebene Standorte sein, die allen Anbietern offen stehen, oder aber es handelt sich dabei um private Austauschpunkte. Der Begriff »Metropolitan Area Exchange« (MAE) taucht in den Namen der IXPs MAE-East, ursprünglich in der Nähe von Washington DC, und MAE-West, ursprünglich in San Jose, Kalifornien, auf; bei beiden handelt es sich jetzt eigentlich um mehrere von IXPs. MAE ist in diesem Zusammenhang inzwischen eine eigene Marke.

14.4.2 CIDR (und wie man nicht ins Gefängnis kommt)

Angenommen, wir wollen den Anbieter wechseln. Eine Möglichkeit dazu besteht darin, einen neuen IP-Adressblock des neuen Anbieters zu akzeptieren und alle unsere IP-Adressen zu ändern. Das Paper *Renumbering: Threat or Menace* [LKCT96] wurde – zumindest in den Anfangstagen von CIDR – häufig als Hinweis darauf zitiert, dass eine solche Neuadressierung zwangsläufig schlecht sei. Deshalb möchten wir prinzipiell zumindest die Möglichkeit einräumen, unsere IP-Adressenzuweisung bei einem Anbieterwechsel *beizubehalten*.

Ein Standard für die Adresszuweisung, der den Wechsel des Anbieters nicht zulässt, könnte sogar einen Verstoß gegen das US-Kartellgesetz darstellen; siehe *American Society of Mechanical Engineers v Hydrolevel Corporation*, 456 US 556 (1982). Die IETF hatte also bei der Ausarbeitung des CIDR-Standards mit Ermöglichung der Portabilität zwischen Anbietern den zusätzlichen Anreiz, nicht ins Gefängnis zu kommen (Kartellrechtsverstöße ziehen in der Regel außerdem auch noch weitere zivilrechtliche Strafen nach sich).

Die CIDR-*Longest-Match*-Regel ist genau das, was wir (und die IETF) brauchen. Nehmen wir in den obigen Diagrammen an, dass Kunde C von P0 nach P1 wechseln möchte, aber keine neuen Adressen wünscht. Welche Routing-Änderungen müssen dann vorgenommen werden? Eine Lösung besteht darin, dass P0 eine Route ⟨200.2.16.0/20, P1⟩ hinzufügt, die den gesamten Traffic von C an P1 weiterleitet; P1 leitet diesen Datenverkehr dann an C weiter. Die Tabelle von P1 sieht wie folgt aus, und P1 verwendet die Longest-Match-Regel, um den Datenverkehr für seinen neuen Kunden C von jenem für P0 zu unterscheiden.

P1	
destination	next_hop
200.0.0.0/8	**P0**
202.0.0.0/8	P2
201.0.0.0/16	D
201.1.0.0/16	E
200.2.16.0/20	**C**

Das funktioniert zwar, aber der gesamte eingehende Traffic von C mit Ausnahme des von P1 ausgehenden Traffics wird nun über den *ehemaligen* Anbieter P0 geroutet, der als solcher vielleicht nicht mehr die besten Beziehungen zu C unterhält: Der Traffic von C aus P2 wird über P2→P0→P1 geroutet, anstatt über den direkteren Weg P2→P1.

Eine bessere Lösung wäre, wenn *alle* Anbieter außer P1 die Route ⟨200.2.16.0/20, P1⟩ hinzufügen würden. Während der Traffic für 200.0.0.0/8 sonst zu P0 geht, wird dieser spezielle Subblock von allen Providern stattdessen zu P1 geroutet. Der wichtige Fall ist hier P2, stellvertretend für alle anderen Anbieter und deren Router: P2 leitet den 200.0.0.0/8-Datenverkehr an P0 weiter, *mit Ausnahme* des Blocks 200.2.16.0/20, der an P1 geht.

Die Tatsache, dass jeder andere Anbieter in der Welt einen Eintrag für C anlegen muss, kann einiges an Geld kosten, und C wird letztlich derjenige sein, der dafür bezahlen muss. Aber zumindest gibt es eine Wahlmöglichkeit: C kann der Neuadressierung zustimmen (was nicht schwer ist, wenn er gewissenhaft DHCP und vielleicht auch NAT verwendet hat), oder er kann dafür bezahlen, dass er seinen alten Adressblock behält.

Was das zweite Diagramm oben mit den verschiedenen privaten Verbindungen (als gestrichelte Linien dargestellt) betrifft, so ist die Longest-Match-Regel hier für deren Funktionieren wahrscheinlich *nicht* erforderlich. Die »private« Verbindung von A zu P1 könnte auch nur bedeuten, dass

- A seinen ausgehenden Traffic über P1 senden kann
- P1 den Datenverkehr von A über die private Verbindung an A weiterleitet

P2 kann also immer noch über P0 nach A weiterleiten. P1 darf seine Route zu A niemandem sonst bekannt geben.

14.4.3 Hierarchisches Routing über Provider

Beim providerbasierten Routing ist die gewählte Route möglicherweise nicht mehr von Ende zu Ende optimal. Wir ersetzen damit das Problem, eine optimale Route von A nach B zu finden, durch die beiden Probleme, eine optimale Route von A zum Anbieter P von B und dann vom Einstiegspunkt von P nach B zu finden. Diese Strategie spiegelt den zweistufigen hierarchischen Routing-Prozess wider, bei dem zunächst die Adressbits zur Identifizierung des Anbieters und dann die Adressbits einschließlich des Teilnehmeranteils geroutet werden.

Diese zweistufige Strategie führt möglicherweise nicht zu demselben Ergebnis wie die Suche nach der global optimalen Route. Das Ergebnis wird gleich sein, wenn die Kunden von B nur über den einzigen Eintrittsrouter RP von P erreicht werden können, was die Situation modelliert, dass P und dessen Kunden wie ein einziger Standort aussehen. Dieses Modell kann jedoch durch einen oder beide der folgenden Aspekte gestört werden:

- Es kann mehrere Einstiegsrouter in das Netz des Anbieters P geben, z. B. RP_1, RP_2 und RP_3, mit unterschiedlichen Kosten gegenüber A.
- Der Kunde B von P kann eine alternative Verbindung zur Außenwelt über einen anderen Provider haben, so wie in der zweiten Abbildung in Abschnitt 14.4, »Providerbasiertes Routing«, dargestellt.

Betrachten wir das folgende Beispiel für die erste (in der Praxis wichtigere) Situation, in der die Anbieter P1 und P2 drei gemeinsame Verbindungspunkte IX1, IX2, IX3 (von Internet eXchange, Abschnitt 14.4.1, »Internet Exchange Points«) haben. Den Verbindungen sind Kosten zugeordnet; wir nehmen an, dass die Kosten von P1 mit denen von P2 vergleichbar sind.

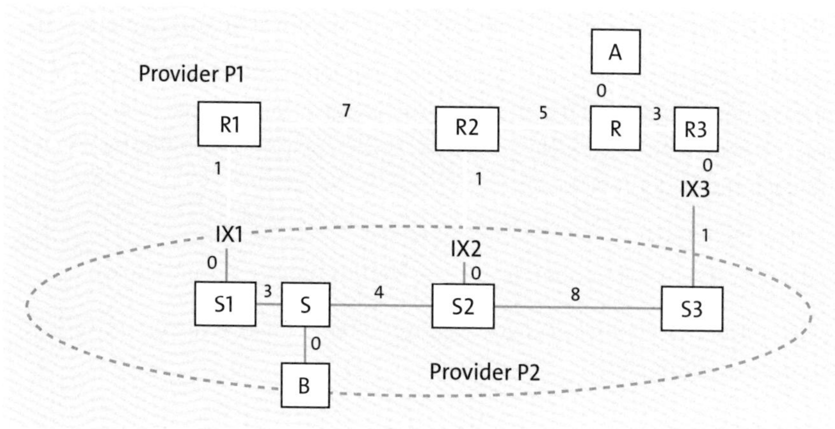

Abbildung 14.1 Verbindung zwischen zwei Providern

Die global kürzeste Route zwischen A und B verläuft über den Verbindungspunkt R2–IX2–S2 mit einer Gesamtlänge von 5 + 1 + 0 + 4 = 10. Der Datenverkehr von A nach B wird jedoch von P1 über den nächstgelegenen Verbindungspunkt zu P2 geleitet, nämlich über die Verbindung R3–IX3–S3. Der Gesamtpfad beträgt 3 + 0 + 1 + 8 + 4 = 16. Der Traffic von B nach A wird von P2 über die Verknüpfung R1–IX1–S1 geroutet, was einer Länge von 3 + 0 + 1 + 7 + 5 = 16 entspricht.

Diese Routing-Strategie wird manchmal auch als *Hot-Potato-Routing* bezeichnet; jeder Anbieter versucht, jeglichen Traffic (die heißen Kartoffeln) so schnell wie möglich loszuwerden, indem er ihn zum nächstgelegenen Austrittspunkt weiterleitet.

Die gewählten Pfade sind nicht nur *ineffizient*, sondern die Routen A⟶B und B⟶A sind auch *asymmetrisch*. Dies kann zum Problem werden, wenn das Timing in beide Richtungen kritisch ist oder wenn einer der beiden Pfade P1 oder P2 deutlich mehr Bandbreite oder weniger Überlast aufweist als der andere. In der Praxis spielt die Asymmetrie der Pfade jedoch nur selten eine Rolle.

Auch die Ineffizienz der Route selbst ist nicht unbedingt ein großes Problem. Routing-Update-Algorithmen konzentrieren sich in erster Linie deshalb auf den kürzesten Pfad, um zu gewährleisten, dass alle berechneten Routen schleifenfrei sind. Solange beide Hälften eines Pfads schleifenfrei sind und sich die Halbstrecken außer an ihrem gemeinsamen Mittelpunkt nicht überschneiden, sind diese Routen auch insgesamt schleifenfrei.

Der BGP-Wert »MED« (Abschnitt 15.6.3, »MULTI_EXIT_DISC«) bietet P1 einen optionalen Mechanismus, um zu vereinbaren, dass Datenverkehr von A⟶B den Verbindungsweg R1–S1 nehmen soll. Dies könnte wünschenswert sein, wenn das Netz von P1 »besser« ist und Kunde A bereit ist, mehr zu bezahlen, um seinen Traffic so lange wie möglich im Netz von P1 zu halten.

14.4.4 IP-Geolokalisierung

Im Prinzip könnten aufeinanderfolgende IP-Adressen durch die providerbasierte Adressierung über einen ganzen Kontinent verstreut sein. In der Praxis verfahren die Anbieter (auch viele Mobilfunkanbieter) jedoch nicht so; ein bestimmter kleiner Adressblock – vielleicht /24 – wird für eine begrenzte geografische Region verwendet. Verschiedene Blöcke gelten für verschiedene Gebiete. Demzufolge ist es prinzipiell möglich, aus einer bestimmten IP-Adresse den entsprechenden ungefähren geografischen Standort zu bestimmen; dies wird als *IP-Geolokalisierung* bezeichnet. Sogar Satelliten-Internetnutzer können geolokalisiert werden, wenn auch manchmal nur bis auf einige hundert Kilometer genau. Verschiedene Unternehmen haben detaillierte Standortkarten erstellt, auf denen viele Orte bis auf die Postleitzahl genau verzeichnet sind und die in der Regel als Online-Dienst zur Verfügung stehen.

Die IP-Geolokalisierung wurde ursprünglich entwickelt, um Werbetreibenden die Möglichkeit zu geben, regional passende Werbung zu schalten. Inzwischen wird sie jedoch für verschiedenste Zwecke verwendet, u. a. zur Ermittlung des nächstgelegenen CDN-Edge-Servers (Abschnitt 1.12.2, »Content-Distribution Networks«), für die Netzwerksicherheit, die Einhaltung nationaler Vorschriften, Tracking von Nutzern auf höherer Ebene und für Einschränkungen beim Streaming von urheberrechtlich geschützten Inhalten.

14.5 Geografisches Routing

Die klassische Alternative zum providerbasierten Routing ist das geografische Routing; als Vorbild dient hier das Telefonvorwahlsystem. Ein Anruf von einem beliebigen Ort in den USA bei der Hauptvermittlungsstelle der Loyola Universität, 773-274-3000, würde traditionell zuerst an die Vorwahl 773 in Chicago weitergeleitet. Von dort wird der Anruf an die 274er-Vermittlungsstelle für das nördliche Stadtgebiet und von dort an den Teilnehmer 3000 weitergeleitet. Eine ähnliche Strategie *kann* auch für das IP-Routing verwendet werden.

Die geografische Adressierung hat einige Vorteile. Die Ermittlung einer guten Route zu einem Ziel ist in der Regel einfach und hinsichtlich der physischen Laufweite nahezu optimal. Beim Anbieterwechsel muss keine Nummernumstellung vorgenommen werden (bei einem Umzug eventuell schon). Und die ungefähre Geolokalisierung der IP-Adressen (Bestimmung des Standorts eines Hosts anhand seiner IP-Adresse) erfolgt automatisch.

Das geografische Routing weist einige kleinere technische Probleme auf. Erstens kann das Routing zwischen unmittelbaren Nachbarn A und B, die zufällig durch eine Grenze zwischen größeren geografischen Zonen getrennt sind, ineffizient sein; Der Pfad könnte von A zum Mittelpunkt der Zone A, zum Mittelpunkt der Zone B und dann zu B führen. Ein weiteres Problem besteht darin, dass beispielsweise viele große Unternehmen selbst geografisch verteilt sind; wenn es um Effizienz geht, bräuchte jedes Büro im Netzwerk einer solchen Organisation einen separaten IP-Adressblock, der seinem physischen Standort entspricht.

Das eigentliche Problem beim geografischen Routing ist aber offensichtlich die Frage, wer den Datenverkehr transportiert. Das providerbasierte Modell hat darauf eine ganz natürliche Antwort: Jede Verbindung gehört einem bestimmten Provider. Beim geografischen IP-Routing könnte mein lokaler Provider anhand des Präfixes sofort wissen, dass ein Paket von mir von Chicago nach San Francisco zugestellt werden soll, aber wer wird es dorthin befördern? Mein Provider muss möglicherweise unterschiedliche Traffic-Verträge für mehrere verschiedene Regionen abschließen. Wenn verschiedene lokale Anbieter unterschiedliche Vereinbarungen für die Zustellung von Paketen auf der Langstrecke treffen, geht die Routing-Effizienz (zumindest in Bezug auf die Tabellengröße) des geografischen Routings wahrscheinlich verloren. Schließlich gibt es keine natürliche Antwort auf die Frage, wem diese langen Verbindungen zwischen den Regionen gehören sollten. Man sollte sich in Erinnerung rufen, dass das gegenwärtige Vorwahlsystem der USA geschaffen wurde, als das amerikanische Telefonnetz in den Händen des Monopolisten AT&T lag und die Frage, wer den Verkehr transportiert, sich überhaupt nicht stellte.

Allerdings repräsentieren die fünf größten regionalen Internet-Registrare geografische Regionen (in der Regel Kontinente), und die anbieterbezogene Adressierung liegt *unterhalb* dieser Ebene. Das heißt, die IANA hat Adressblöcke an die geografischen RIRs verteilt, und diese Registrare haben dann Adressblöcke an Anbieter vergeben.

Auf interkontinentaler Ebene spielt die Geografie eine Rolle: Einige physische Verbindungswege sind tatsächlich teurer als andere (kürzere). Erdkabel sind viel einfacher zu verlegen als Unterseekabel. Innerhalb eines Kontinents spielt die physische Entfernung jedoch nicht immer so eine große Rolle, wie man vielleicht annehmen könnte. Außerdem kann ein großer Flächenanbieter seine Adressblöcke jederzeit nach Regionen aufteilen, was eine interne geografische Weiterleitung in die richtige Region ermöglicht.

Das Webcomic XKCD hat ein Diagramm der IP-Adressenzuweisung im Jahr 2006 erstellt: *http://xkcd.com/195*

14.6 Epilog

CIDR war eine trügerisch einfache Idee. Auf den ersten Blick handelt es sich um eine einfache Erweiterung des Subnetz-Konzepts, bei der der Netz-/Host-Unterteilungspunkt sowohl nach links als auch nach rechts verschoben wird. Aber es hat zu einem echten hierarchischen Routing geführt, das meist providerbasiert erfolgt. Während CIDR ursprünglich als Lösung einiger frühzeitiger Krisen bei der Zuweisung von IPv4-Adressraum angeboten wurde, ist es inzwischen auch im Kern des IPv6-Routings angekommen.

14.7 Übungen

1. ◇ Betrachten Sie die folgende IPv4-Weiterleitungstabelle, die CIDR verwendet.

destination	next_hop
200.0.0.0/8	A
200.64.0.0/10	B
200.64.0.0/12	C
200.64.0.0/16	D

Geben Sie für jede der folgenden IP-Adressen an, an welches Ziel sie weitergeleitet wird. 64 entspricht 0x40 bzw. 0100 0000 in Binärform.

- 200.63.1.1
- 200.80.1.1

- 200.72.1.1
- 200.64.1.1

2. Betrachten Sie die folgende IPv4-Weiterleitungstabelle, die CIDR verwendet. Die IP-Adressbytes sind hier *hexadezimal*, sodass jede Hexadezimalziffer vier Adressbits entspricht. Dadurch entsprechen Präfixe wie /12 und /20 den Grenzen der Hexadezimalziffern. Zur Erinnerung an die hexadezimale Nummerierung wird »:« als Trennzeichen verwendet und nicht ».«

destination	next_hop
81:30:0:0/12	A
81:3c:0:0/16	B
81:3c:50:0/20	C
81:40:0:0/12	D
81:44:0:0/14	E

Echte Hex-Adressen für IPv4

Das hier verwendete hexadezimale Format für IPv4-Adressen ist in der realen Welt nicht zulässig, aber es gibt ein gültiges Hexadezimalformat, das relativ häufig unterstützt wird, nämlich 0xac.0xd9.0x04.0xce. Dieses Format wurde nie standardisiert, außer der Tatsache, dass es in BSD Unix verwendet wurde, aber seit 2021 wird es (mit vorangestelltem `http://`) von den Browsern Chrome und Firefox erkannt. Weitere Beispiele für archaische IPv4-Adressformate finden Sie in einem Blogbeitrag: *https://blog.dave.tf/post/ip-addr-parsing/*

Geben Sie für jede der folgenden IP-Adressen den next_hop für jeden Eintrag in der obigen Tabelle an, mit dem sie übereinstimmt. Wenn es mehrere Übereinstimmungen gibt, verwenden Sie die Longest-Match-Regel, um festzustellen, wohin das Paket weitergeleitet werden würde.

- 81:3b:15:49
- 81:3c:56:14
- 81:3c:85:2e
- 81:4a:35:29
- 81:47:21:97
- 81:43:01:c0

3. Betrachten Sie die folgende IPv4-Weiterleitungstabelle, die CIDR verwendet. Wie in Übung 1 sind die Bytes der IP-Adressen in *hexadezimaler* Schreibweise angegeben, und zur Erinnerung wird »:« als Trennzeichen verwendet.

destination	next_hop
00:0:0:0/2	A
40:0:0:0/2	B
80:0:0:0/2	C
c0:0:0:0/2	D

   a) Zu welchem next_hop würden die nachfolgenden Adressen jeweils geroutet werden? 63:b1:82:15, 9e:00:15:01, de:ad:be:ef

   b) Erklären Sie, warum jede IP-Adresse irgendwohin weitergeleitet wird, obwohl es keinen Standardeintrag gibt. Tipp: Konvertieren Sie die ersten Bytes ins Binärformat.

4. Geben Sie eine IPv4-Weiterleitungstabelle – unter Verwendung von CIDR – an, die alle Class-A-Adressen (erstes Bit 0) zu next_hop A, alle Class-B-Adressen (erste zwei Bits 10) zu next_hop B und alle Class-C-Adressen (erste drei Bits 110) zu next_hop C leitet.

5. Angenommen, ein IPv4-Router, der CIDR verwendet, hat die folgenden Einträge. Die Adressbytes sind dezimal, mit Ausnahme des dritten Bytes, das *binär* ist.

destination	next_hop
37.149.**00**00 0000.0/18	A
37.149.**01**00 0000.0/18	A
37.149.**10**00 0000.0/18	A
37.149.**11**00 0000.0/18	B

   Wenn der next_hop für den letzten Eintrag ebenfalls A wäre, könnten wir alle vier zu einem einzigen Eintrag 37.149.0.0/**16** → A zusammenfassen. Aber wenn der letzte next_hop B ist, wie lassen sich die vier Einträge dann zu *zwei* Einträgen zusammenfassen? Sie müssen die Longest-Match-Regel anwenden.

6. Angenommen, P, Q und R sind Internetanbieter mit den jeweiligen CIDR-Adressblöcken (mit Bytes in Dezimalzahlen) 51.0.0.0/8, 52.0.0.0/8 und 53.0.0.0/8. P hat dann die Kunden A und B, denen er folgende Adressblöcke zuweist:

A: 51.10.0.0/16

B: 51.23.0.0/16

Q hat die Kunden C und D und weist ihnen folgende Adressblöcke zu:

C: 52.14.0.0/16

D: 52.15.0.0/16

a) ◊ Geben Sie Weiterleitungstabellen für P, Q und R an, unter der Annahme, dass sie untereinander und mit jedem ihrer eigenen Kunden verbunden sind.

b) Nehmen wir nun an, A wechselt von Anbieter P zu Anbieter Q und nimmt seinen Adressblock mit. Geben Sie die Änderungen in den Weiterleitungstabellen von P, Q und R an. Gehen Sie nicht davon aus, dass P bereit ist, Datenverkehr von R weiterzuleiten, der für seinen Ex-Kunden A bestimmt ist. Möglicherweise benötigen Sie die Longest-Match-Regel zur Konfliktlösung.

7. Nehmen wir an, P, Q und R seien die Internetanbieter aus Übung 6. Diesmal nehmen wir an, dass der Kunde C von Provider Q zu Provider R wechselt. R hat nun einen neuen Eintrag 52.14.0.0/16 → C. Geben Sie die Änderungen in den Weiterleitungstabellen von P und Q an. Gehen Sie wiederum davon aus, dass Provider Q den für C bestimmten Verkehr von P nicht weiterleiten möchte.

8. Angenommen, P, Q und R sind Internetanbieter wie in Übung 6. Diesmal sind P und R nicht direkt miteinander verbunden, sondern leiten den Verkehr über Q zueinander weiter. Außerdem ist Kunde B »multihomed« und besitzt eine zusätzliche Sekundärverbindung zu Provider R; Kunde D ist ebenfalls »multihomed« und unterhält eine Sekundärverbindung zu Provider P. R und P verwenden diese Sekundärverbindungen, um an B bzw. D zu senden; diese Sekundärverbindungen werden jedoch nur innerhalb von R bzw. P verwendet. Geben Sie Weiterleitungstabellen für P, Q und R an.

9. Angenommen, das Internet-Routing in den USA verwendet geografisches Routing, und die ersten 12 Bits jeder IP-Adresse stehen für eine geografische Zone von ähnlicher Größe wie ein Telefonvorwahlgebiet. Megacorp erhält das Präfix 12.34.0.0/16, das geografisch in Chicago liegt, und weist seinen Niederlassungen in allen 50 Bundesstaaten Subnetze aus diesem Präfix zu. Megacorp routet seinen gesamten internen Datenverkehr über sein eigenes Netzwerk.

   a) Angenommen, der gesamte Datenverkehr von Megacorp muss in Chicago ein- und ausgehen. Welchen Weg nimmt der Datenverkehr zu und von der Niederlassung in San Diego zu einem Kunden, der ebenfalls in San Diego sitzt?

   b) Nehmen wir nun an, jede Niederlassung hat ihre eigene Verbindung zu einem lokalen Internetanbieter für den ausgehenden Traffic, verwendet aber weiterhin die eigenen 12.34.0.0/16-IP-Adressen. Welchen Weg nimmt nun der Traffic zwischen der Niederlassung in San Diego und dem benachbarten Kunden?

c) Angenommen, Megacorp gibt auf und erhält für jede Niederlassung ein eigenes geografisches Präfix, z. B. 12.35.1.0/24 für San Diego und 12.37.3.0/24 für Boston. Der Traffic von und zu Megacorp wird nun geografisch sinnvolle Wege nehmen. Megacorp möchte nun jedoch sicherstellen, dass der Datenverkehr zwischen den Niederlassungen weiterhin über das interne Netz läuft. Wie muss Megacorp seine internen IP-Weiterleitungstabellen konfigurieren, um dies zu gewährleisten?

Kapitel 15
Border Gateway Protocol (BGP)

Das Border Gateway Protocol (BGP) ist *der* Mechanismus, mit dem benachbarte (d. h. direkt verbundene) ISPs Routing-Informationen austauschen.

In Kapitel 13, »Routing-Update-Algorithmen«, haben wir uns mit *internen* Routing-Updateprotokollen befasst, d. h. solchen, bei denen alle beteiligten Router einem gemeinsamen Management unterstehen. Dieses Management kann dann das zu verwendende Routing-Update-Protokoll vorgeben und auch die Regeln für die Zuweisung der Kosten pro Verbindung. Sowohl bei der Distanzvektor- als auch bei der Link-State-Methode spielten die Kosten pro Verbindung eine wesentliche Rolle: Durch den Versuch, die Kosten zu minimieren, wurde sichergestellt, dass in einem stabilen Netz keine Routing-Schleifen vorhanden sind (Abschnitt 13.3, »Minimierung der Streckenkosten«).

Betrachten wir nun das Problem des *externen* Routings, d. h. der Auswahl zwischen Routen, die von unabhängigen, benachbarten Organisationen angeboten wurden. Das Routing-Update-Protokoll muss universell sein, sodass jedes Paar von benachbarten Organisationen kommunizieren kann. Die Verwendung der Verbindungskosten ist schwierig, da es mehrere inkompatible Methoden zur Messung der Verbindungskosten gibt. Und hier kommt BGP ins Spiel. 15

Für ein erstes BGP-Beispiel nehmen wir im folgenden Diagramm an, dass A, B, C und D unabhängig voneinander verwaltet werden; es kann sinnvoll sein, sich A, B und C als drei ISPs und D als ein Ziel vorzustellen.

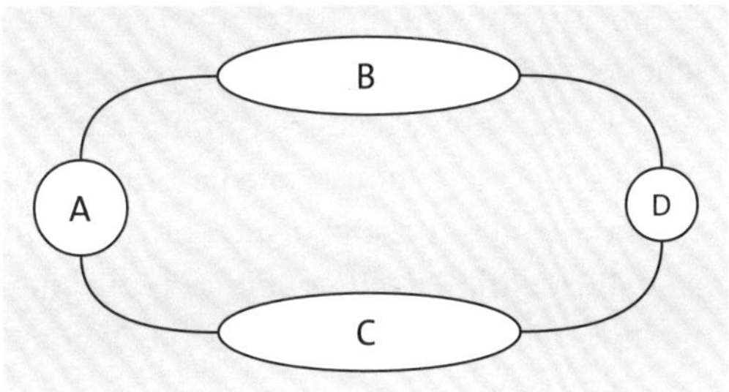

Organisation (oder ISP) A hat zwei Routen zum Ziel D – eine über B und eine über C – und muss sich zwischen diesen entscheiden.

Wenn A eines der internen Routing-Update-Protokolle verwenden wollte, um seinen Weg nach D zu wählen, stünde er vor mehreren rein technischen Problemen. Erstens: Was ist, wenn B Distanzvektor verwendet, C hingegen nur Link-State-LSP-Nachrichten? Zweitens: Was, wenn B seine Pfadkosten anhand der Hopcount-Metrik misst, während C die Kosten auf der Grundlage der Bandbreite, der Überlast oder finanzieller Erwägungen zuweist?

Die Vermischung unverbundener Metriken ist nicht notwendigerweise nutzlos: Für das oben erwähnte Ergebnis – den kürzesten, schleifenfreien Pfad – ist es lediglich erforderlich, dass die beiden Enden jeder Verbindung sich über die dieser Verbindung zugewiesenen Kosten einig sind. Der Vergleich von Äpfeln mit Birnen würde jedoch die beabsichtigte Verwendung dieser Metriken zur Ermittlung der Links, die den meisten Traffic erhalten sollen, völlig untergraben. Der Austausch von Informationen über die Verbindungskosten ohne eine gemeinsame Regelung zur Festlegung dieser Kosten ist in der Praxis nicht sinnvoll.

Aber A steht auch vor einem größeren Problem: Um D zu erreichen, ist es darauf angewiesen, dass sein Traffic von einem *Außenstehenden* – entweder B oder C – befördert wird. Außenstehende sind wahrscheinlich nicht geneigt, diesen Dienst ohne eine Form der Entschädigung anzubieten, entweder monetär oder durch gegenseitigen Austausch. Wenn A mit B eine Vereinbarung über die Beförderung des Traffic trifft, möchte A nicht, dass sein Traffic über C geleitet wird, *selbst wenn dieser Weg technisch kostengünstiger ist*. Wenn A an B zahlt, wird A erwarten, B zu nutzen. Wenn A nicht an C zahlt, wird C erwarten, dass A C nicht nutzt.

Das Border Gateway Protocol (BGP) ist für das externe Routing zuständig, d. h. für den Austausch von Routing-Informationen zwischen benachbarten unabhängigen Organisationen. Die aktuelle Version ist BGP-4, dokumentiert in RFC 4271.

Das Hauptziel von BGP ist die Unterstützung von so genannten Routing-Policies, d. h. die Auswahl von Routen auf der Grundlage von *Management-* oder *administrativen* Vorgaben. Wir behandeln dies weiter unten in Abschnitt 15.4, »BGP-Filterung und Routing-Policies«. (Routing-Policies haben nichts mit dem in Abschnitt 13.6, »Routing nach anderen Attributen«, beschriebenen regelbasierten Routing zu tun, bei dem verschiedene Pakete mit derselben Zieladresse unterschiedlich geroutet werden können, weil für einen Standort eine »Richtlinie« besteht, um andere Paketattribute als das Ziel zu berücksichtigen. Bei BGP nimmt der gesamte Datenverkehr zu einem bestimmten Ziel diese einzige Route, sobald die Richtlinien eines Standorts zur Auswahl einer Route zu diesem Ziel angewendet werden).

Letzten Endes bezieht sich der von BGP verwendete administrative Aufwand sehr wahrscheinlich darauf, wer was für den übertragenen Traffic bezahlt. Es ist auch möglich, allerdings weniger üblich, BGP zu verwenden, um andere Anforderungen zu implementieren, z. B. dass der Inlandsdatenverkehr innerhalb der nationalen Grenzen bleibt.

Der BGP-Begriff für eine Routing-Domäne unter koordinierter Verwaltung, die ein einheitliches internes Protokoll und eine einheitliche Verbindungskosten-Metrik verwendet, lautet *Autonomes System* (AS). Das bedeutet, dass alle BGP-Router innerhalb eines AS dieselbe konsistente Sichtweise auf das Routing haben müssen, und dass einige Autonome Systeme mehrere Routing-Protokolle verwenden und an verschiedenen Stellen sogar unterschiedliche Metriken nutzen können. Wie oben erwähnt, unterstützt BGP *keinen* Austausch von Verbindungskosten-Informationen zwischen Autonomen Systemen. Autonome Systeme werden durch eine weltweit eindeutige *AS-Nummer* identifiziert, die ursprünglich 16 Bit lang war, mittlerweile aber auf 32 Bit erweitert wurde.

Ein Standort muss BGP nutzen (und braucht daher eine AS-Nummer), wenn er mit mehr als einem anderen AS verbunden ist (oder verbunden sein könnte); Standorte, die nur mit einem einzigen ISP verbunden sind, brauchen BGP nicht. Für jeden Standort, an dem BGP ausgeführt wird, gibt es einen oder mehrere *BGP-Speaker*: die Geräte, die BGP ausführen. Wenn es mehrere sind, müssen sie aufeinander abgestimmt sein, um die Verbindungen und Advertisments des Standorts konsistent zu halten; dieser Koordinierungsprozess wird manchmal als *internes BGP* bezeichnet, um ihn von der Kommunikation mit benachbarten Autonomen Systemen zu unterscheiden. Letzterer Prozess wird dann als *externes BGP* bezeichnet.

Die BGP-Speaker eines Standorts sind oft nicht die stark ausgelasteten Border-Router, die direkt mit dem benachbarten AS verbunden sind, obwohl sie sich in der Regel in dessen Nähe und oft im selben Subnetz befinden. Jeder Verbindungspunkt mit einem benachbarten AS benötigt in der Regel einen eigenen BGP-Speaker. Verbindungen zwischen BGP-Speakern benachbarter Autonomer Systeme – manchmal auch *BGP-Peers* genannt – werden in der Regel administrativ konfiguriert; sie unterliegen keinem »Nachbarschaftserkennung«-Prozess, wie er von den meisten internen Routern verwendet wird.

Die BGP-Speaker müssen eine Datenbank mit allen empfangenen Routen führen, nicht nur mit den tatsächlich verwendeten Routen. Die Sprecher leiten jedoch nur die Routen an ihre Nachbarn weiter, die sie selbst (und damit ihr AS) tatsächlich nutzen; dies ist eine feste BGP-Regel.

Viele BGP-Implementierungen unterstützen Equal-Cost-Multi-Path-Routing (Abschnitt 13.7, »ECMP«), bei dem zwei (oder mehr) Verbindungen zum selben Nachbarn als eine behandelt werden können. Der Internet-Entwurf *draft-lapukhov-bgp-ecmp-considerations-01* (*https://tools.ietf.org/html/draft-lapukhov-bgp-ecmp-considerations-01*) geht darauf näher ein.

15.1 AS-Pfade

Auf der grundlegendsten Ebene beinhaltet BGP den Austausch von erreichbaren Zielen, ähnlich wie Distanzvektor-Routing ohne die Entfernungsinformationen. Mit dieser Strategie allein lassen sich jedoch keine Routing-Schleifen erkennen. BGP löst das Schleifenproblem, indem die Router nicht nur Informationen über das Ziel austauschen, sondern auch den gesamten Pfad, über den das Ziel erreicht wird. Pfade, die jeden Router einschließen, wären zu umständlich; stattdessen kürzt BGP den Pfad auf die Liste der durchlaufenen Autonomen Systeme ab. Dies wird als *AS-Pfad* bezeichnet, und dadurch können Router sicherstellen, dass ihre Routen kein AS mehr als einmal durchqueren und somit keine Schleifen entstehen.

Als Beispiel hierfür betrachten wir das folgende Netz, in dem wir die Autonomen Systeme auch als Ziel betrachten. Wir nehmen zunächst an, dass jedes AS seine unmittelbaren Nachbarn entdeckt. AS3 und AS5 werden dann jeweils AS4 von ihren Routen nach AS2 informieren, aber AS4 wird auf dieser Ebene keinen Grund haben, eine Route der anderen vorzuziehen (BGP verwendet den kürzesten AS-Pfad als Teil seiner »Tie-Breaking«-Regel, aber bevor es auf diese Regel zurückgreift, wird AS4 wahrscheinlich auf *geschäftlicher* Grundlagen entscheiden, ob es AS2 über AS3 oder AS5 erreichen sollte.

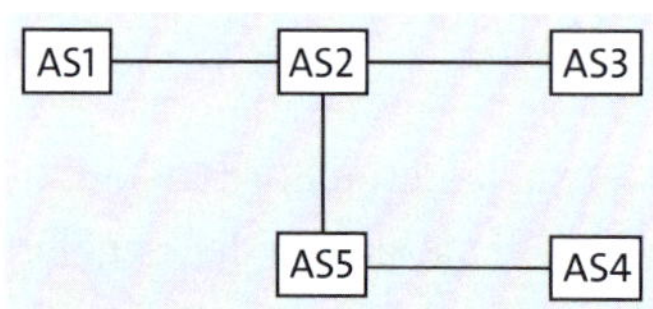

Außerdem wird AS2 AS3 über seine Route zum Erreichen von AS1 informieren; diese Meldung wird den AS-Pfad ⟨AS2,AS1⟩ enthalten. In ähnlicher Weise wird AS3 diese Route an AS4 bekannt geben, und AS4 wird sie dann an AS5 weitergeben.

Wenn AS5 seinerseits diese AS1-Route an AS2 weitergibt, *könnte* es eine Schleife bilden. Dies geschieht jedoch nicht, da A5 den gesamten AS-Pfad ⟨AS5,AS4,AS3,AS2,AS1⟩ in die Advertisements an AS2 einbezieht. AS2 weiß, dass es diese Route nicht verwenden soll, weil es erkennt, dass es ein Mitglied des AS-Pfads ist. Auf diese Weise tritt bei BGP das Problem der langsamen Konvergenz anders als bei den traditionellen Distanzvektorverfahren nicht auf.

Theoretisch ist es möglich, dass der kürzeste Weg (z. B. im Sinne der Hopcount-Metrik) vom einen zum anderen Host ein AS zweimal durchquert. In diesem Fall wird diese Route durch BGP unterbunden.

AS-Pfade können die Größe der AS-Datenbank beträchtlich erhöhen. Die Anzahl der Pfade, die ein Standort überwachen muss, ist proportional zur Anzahl der AS, da es einen AS-Pfad zu jedem Ziel-AS gibt. (Tatsächlich muss ein AS möglicherweise ein Vielfaches dieser Anzahl an AS-Pfaden überwachen, da ein AS möglicherweise von AS-Pfaden erfährt, die es nicht nutzen möchte.) Im Jahr 2019 gab es weltweit etwa 80.000 AS. Nehmen wir an, A sei die Anzahl der AS. In der Regel ist die durchschnittliche Länge eines AS-Pfads etwa log(A), obwohl dies von der Konnektivität abhängt; im Jahr 2019 betrug diese durchschnittliche Länge etwa sechs. Der vom BGP benötigte Speicherplatz beträgt

$$C \times A \times \log(A) + K \times N,$$

wobei C und K Konstanten sind.

Das andere Hauptziel von BGP besteht darin, administrativen Einfluss darauf zu nehmen, was beim internen Routing weitgehend eine technische Angelegenheit ist (obwohl ein Administrator bzw. eine Administratorin für das interne Routing Verbindungskosten festlegen kann). BGP ist die Schnittstelle zwischen ISPs (und zwischen ISPs und ihren größeren Kunden) und kann verwendet werden, um *vertragliche* Vereinbarungen darüber umzusetzen, welche ISPs den Traffic anderer ISPs befördern werden. Wenn ISP2 ISP1 über seine Route zum Zielort D informiert, ISP1 sich aber dafür entscheidet, den Traffic nicht an ISP2 zu senden, kann dies mithilfe des BGP umgesetzt werden. Wahrscheinlicher kann BGP auch eingesetzt werden, wenn ISP2 über eine Route nach D verfügt, aber nicht möchte, dass ISP1 diese Route nutzt, bevor er dafür bezahlt hat.

Trotz des Austauschs von AS-Pfad-Informationen können vorübergehende Routing-Schleifen bestehen. Dies liegt daran, dass das BGP möglicherweise zuerst beschließt, eine Route zu verwenden, und erst dann den neuen AS-Pfad exportiert; das AS auf der anderen Seite erkennt möglicherweise, dass es ein Problem gibt, sobald der AS-Pfad empfangen wird, aber bis dahin hat die Schleife zumindest kurzzeitig bestanden (siehe das erste Beispiel unten in Abschnitt 15.11, »Beispiele für BGP-Instabilität«).

Der Vorgänger des BGP war EGP, das schleifenfreie Routen garantierte, indem es nur eine einzige Route zu jedem AS zuließ und so das Internet in eine Baumtopologie zwang, zumindest auf der Ebene der Autonomen Systeme. Der AS-Graph konnte keine Zyklen oder alternativen Routen enthalten, und daher konnte es keine Redundanz durch alternative Pfade geben. Mit dem EGP wurde auch vermieden, dass Entscheidungen über den bevorzugten Pfad getroffen werden mussten; es gab nie mehr als eine Auswahlmöglichkeit. Das EGP wurde manchmal als ein Erreichbarkeitsprotokoll bezeichnet; es ging nur darum, ob ein bestimmtes Netz erreichbar war.

15.2 AS-Pfade und Routenaggregation

Es besteht ein gewisser Konflikt zwischen der Anforderung, jedem Ziel genaue AS-Pfade zu melden, und der Anforderung, so viele Adresspräfixe wie möglich in einem einzigen Präfix (einem einzigen CIDR-Block) zusammenzufassen. Betrachten Sie das folgende Netzwerk:

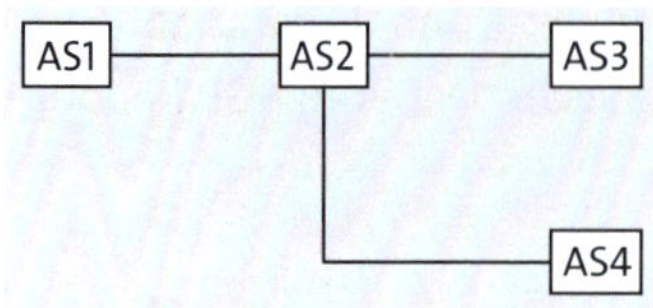

Angenommen, für AS2 existieren die folgenden Pfade:

- Pfad=⟨AS2⟩, Ziel 200.0.0/23
- Pfad=⟨AS2,AS3⟩, Ziel 200.0.2/24
- Pfad=⟨AS2,AS4⟩, Ziel 200.0.3/24

Wenn AS2 die Bündelung von Adressblöcken mithilfe von CIDR optimieren möchte, kann es die drei Ziele in einem einzigen Block 200.0.0/22 zusammenfassen. In diesem Fall gäbe es zwei Möglichkeiten, wie AS2 seine Routen an AS1 meldet:

- **Option 1:** 200.0.0/22 mit dem Pfad ⟨AS2⟩ melden. Aber dabei werden die AS3 und AS4 ignoriert! Diese sind legitimer Bestandteil der AS-Pfade zu einigen Zielen innerhalb des Blocks 200.0.0/22; die Schleifenerkennung könnte nun möglicherweise fehlschlagen.
- **Option 2:** 200.0.0/22 mit dem Pfad ⟨AS2,AS3,AS4⟩ melden, der kein tatsächlicher Pfad ist, aber alle beteiligten AS einschließt. Dadurch wird sichergestellt, dass die Schleifenerkennung funktioniert, bläht aber die Länge des AS-Pfads künstlich auf, der für bestimmte Entscheidungssituationen verwendet wird.

Da keine der beiden Optionen ideal ist, wurde das Konzept des *AS-Sets* eingeführt. Eine Liste von Autonomen Systemen, die der Reihe nach durchlaufen wird, wird nun zu einer *AS-Sequenz*. Im obigen Beispiel kann AS2 also das Netz 200.0.0/22 melden mit

- AS-Sequenz=⟨AS2⟩
- AS-Set={AS3,AS4}

AS2 erreicht somit sowohl die gewünschte Bündelung als auch eine exakte Angabe der AS-Pfadlänge.

Der AS-Pfad kann im Allgemeinen eine beliebige Liste mit AS-Sequenz- und AS-Set-Bestandteilen sein, aber in Fällen einer einfachen Bündelung, wie in diesem Beispiel, ergibt sich eine AS-Sequenz gefolgt von einem AS-Set.

RFC 6472 rät mittlerweile von der Verwendung von AS-Sets ab und empfiehlt, die oben beschriebene Bündelung zu vermeiden. Eine Folge dieser Empfehlung ist, dass jedes IP-Adresspräfix, das von einem öffentlichen Autonomen System angekündigt wird, zu einem entsprechenden Eintrag in den Weiterleitungstabellen der Backbone-Router führt.

15.3 Transit-Traffic

Es ist hilfreich, zwischen zwei Arten von Traffic aus Sicht eines bestimmten AS zu unterscheiden. *Lokaler* Traffic ist Traffic, der entweder von diesem AS ausgeht oder dort endet; dies ist Traffic, der zu diesem AS »gehört«. An Blatt-Standorten (d. h. an Standorten, die nur mit ihrem ISP und nicht mit anderen Standorten verbunden sind) ist der gesamte Traffic lokal.

Die andere Art von Traffic ist *Transit*-Traffic; das AS leitet ihn für eine nicht lokale Partei weiter. Für ISPs ist der meiste Traffic Transit-Traffic. Ein großer kann auch einen kleinen Teil des Transit-Traffic für eine bestimmte zugehörige (aber autonome!) Organisation weiterleiten.

Die Entscheidung, ob Transit-Traffic übertragen werden soll, ist ein klassisches Beispiel für eine administrative Entscheidung, die durch die BGP-Unterstützung für Routing-Policies umgesetzt wird. Die meisten realen BGP-Konfigurationsprobleme beziehen sich auf die Beförderung (oder Nicht-Beförderung) von Transit-Traffic.

15.4 BGP-Filterung und Routing-Policies

Wie bereits erwähnt, besteht ein Ziel von BGP darin, *Routing-Policies* zu unterstützen, d. h. Routing, das nicht nur auf technischen, sondern auch auf administrativen Belangen beruht. Einem BGP-Speaker können mehrere Routen zu einem Ziel bekannt sein. Um die eine Route zu wählen, die wir verwenden werden, kann er eine Mischung aus Optimierungsregeln und Policy-Regeln anwenden. Einige Beispiele für Policy-Regeln könnten sein:

- AS13 nicht verwenden, da wir keine gute Beziehung zu den Betreibern haben
- Transit-Traffic nicht zulassen

BGP implementiert Richtlinien durch *Filterregeln* – d. h. Regeln, die die Ablehnung bestimmter Routen erlauben – auf drei verschiedenen Stufen:

- Die *Importfilterung* wird auf die Listen der Routen angewendet, die ein BGP-Speaker von seinen Nachbarn erhält.
- Die *Best-Path-Selection* wird dann angewendet, wenn der BGP-Speaker entscheidet, welche der in der ersten Stufe akzeptierten Routen er tatsächlich verwenden wird.
- Die *Exportfilterung* wird durchgeführt, um zu entscheiden, welche Routen aus dem vorherigen Schritt ein BGP-Speaker tatsächlich ankündigen wird. Ein BGP-Speaker kann nur die von ihm verwendeten Routen bekanntgeben, muss aber nicht jede dieser Routen ankündigen.

Zwar gibt es dafür Standardregeln (alle importierten Routen akzeptieren, einfache Tie-Breaker verwenden, alles exportieren), doch wird ein Standort in der Regel zumindest einige *Regeln* durch diesen Filterungsprozess implementieren (z. B. »Routen über den ISP bevorzugen, mit dem wir einen Vertrag haben«).

Als Beispiel für Importfilterung könnte ein Standort beschließen, alle Routen von einem bestimmten Nachbarn zu ignorieren, oder alle Routen zu ignorieren, deren AS-Pfad ein bestimmtes AS enthält, oder vorübergehend alle Routen von einem Nachbarn zu ignorieren, der in letzter Zeit zu viel »Routeninstabilität« gezeigt hat (d. h. schnell wechselnde Routen). Die Importfilterung *kann* auch in der Phase der Best-Path-Selection erfolgen, indem der Best-Path-Auswahlprozess die Routen von ausgewählten Nachbarn ignoriert.

BGP-Pannen

In der realen Welt kommt es manchmal vor, dass ein kleiner regionaler ISP falsch konfiguriert ist und versucht, einem übergeordneten Provider zu signalisieren, dass er, sagen wir, jeden Standort in der Welt erreichen kann. Die Exportfilterung auf Seiten des kleinen ISP und die Best-Path-Selection und Importfilterung auf Seiten des großen ISP fangen dies oft – aber nicht immer – ab. Gelegentlich handelt es sich bei solchen Vorfällen um böswilliges *BGP-Hijacking*; siehe Abschnitt 15.12, »BGP-Sicherheit und Route Registrys«, für einen Ansatz zur Lösung der BGP-Sicherheitsprobleme.

Der nächste Schritt ist die *Best-path-Selection*, um die bevorzugten Routen aus allen gerade importierten auszuwählen. Zunächst müssen AS-Pfade mit Schleifen entfernt werden. Selbst wenn die Nachbarn sorgfältig darauf geachtet haben, keine Routen mit Schleifen anzukündigen, muss ein AS Routen ablehnen, in deren zugehörigem AS-Pfad es selbst enthalten ist.

Der nächste Schritt bei der Auswahl der besten Route und normalerweise der wichtigste bei der BGP-Konfiguration besteht darin, jeder empfangenen Route eine *local_preference* oder Gewichtung zuzuweisen. Die Richtlinien eines AS können einen bestimmten Wert zur local_preference für Routen hinzufügen, die ein bestimmtes AS beisteuern, usw. Sehr häufig beruhen die Präferenzen größerer Standorte auf vertraglichen Vereinbarungen mit bestimmten Nachbarn. So bevorzugen Provider-AS normalerweise von ihren Kunden erlernte Routen, da diese »billiger« sind. Ein kleinerer ISP, der mit zwei größeren verbunden ist, zahlt vielleicht dafür, dass er den Großteil seines abgehenden Traffic über einen der beiden größeren ISPs leitet; seine local_preference-Werte setzen diese Wahl dann um. Nachdem BGP den local_preference-Wert für jede Route berechnet hat, werden die Routen mit der besten local_preference ausgewählt.

Den Domänen steht es frei, ihre local_preference-Regeln nach Belieben zu wählen. Im Prinzip kann es sich dabei um recht merkwürdige Kriterien handeln; in Abschnitt 15.11,

»Beispiele für BGP-Instabilität«, werden wir ein Beispiel betrachten, bei dem AS1 Routen mit dem AS-Pfad ⟨AS3,AS2⟩ gegenüber dem strikt kürzeren Pfad ⟨AS2⟩ bevorzugt. Dieses Beispiel zeigt jedoch Instabilität; um dies zu vermeiden, sollten Domänen ihre Regeln in Übereinstimmung mit bestimmten Standardprinzipien festzulegen.

Local_preference-Werte werden intern über das Pfadattribut LOCAL_PREF übermittelt. Sie werden nicht mit anderen Autonomen Systemen geteilt.

Bei Gleichstand – zwei Routen zum gleichen Ziel mit der gleichen local_preference – lautet eine erste Tie-breaker-Regel, die Route mit dem kürzeren AS-Pfad zu bevorzugen. Obwohl dies oberflächlich betrachtet einem Shortest-Path-Algorithmus ähnelt, müsste eigentlich eine administrative Zuweisung von local_preference-Werten erfolgen. Die Entscheidung für einen kürzeren AS-Pfad ist vielleicht am ehesten mit der Entscheidung für eine kleinere AS-Nummer vergleichbar (obwohl die manchmal bedeutsame Entscheidung für einen Multi-Exit-Discriminator dazwischen liegt).

Der letzte wichtige Schritt in der Phase der Routenauswahl ist die Anwendung des Multi-Exit-Discriminator-Werts, siehe Abschnitt 15.6.3, »MULTI_EXIT_DISC«. Es ist durchaus möglich, dass ein Standort diesen Wert völlig ignoriert.

Schließlich kommen wir zu den trivialen Tie-Breaker-Regeln, obwohl es wirtschaftliche Folgen haben kann, wenn eine Tie-Breaker-Regel einem AS einen erheblichen Teil des Traffic zuweist, und deshalb nicht als »trivial« betrachtet werden sollte. Wenn eine solche Situation festgestellt wird, wird ihr wahrscheinlich in der Phase der lokalen Präferenzen begegnet. Die trivialen Tie-Breaker-Regeln berücksichtigen die internen Routingkosten, den numerischen Wert der AS-Nummer und den numerischen Wert der IP-Adresse des Nachbarn.

Nach Abschluss der Best-Path-Selection-Phase hat der BGP-Speaker nun die Routen ausgewählt, die sein eigenes Autonomes System verwenden wird. Diese Routen werden dann an die eigentlichen Router weitergegeben, bei denen es sich häufig um unterschiedliche Geräte handelt.

In der letzten Phase wird entschieden, welche Regeln an welche Nachbarn *exportiert* werden sollen. Nur Routen, für die sich der BGP-Speaker entschieden hat, d. h. Routen, die es bis zu diesem Punkt geschafft haben, können exportiert werden; ein Standort kann nicht über AS1 zum Ziel D routen und eine Route exportieren, die besagt, dass D über AS2 erreicht werden kann.

In der Phase der Export-Filterung kann ein AS Regeln für den Nicht-Transit durchsetzen. Wenn es keinen Transit-Traffic zum Ziel D durchführen möchte, wird es D bei keinem seiner AS-Nachbarn bekannt geben.

Die Exportphase kann zu Anomalien führen. Nehmen wir zum Beispiel an, dass AS1 D und AS5 über AS2 erreicht und dies AS4 ankündigt.

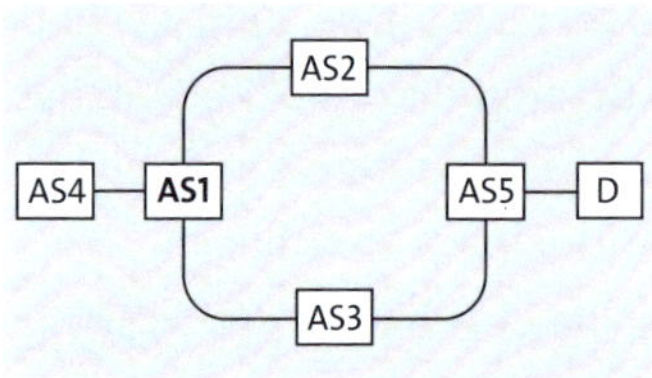

Stellen wir uns vor, dass AS1 später dazu übergeht, D über AS3 zu erreichen, dass ihm aber *durch eine Policy untersagt* wird, AS4 irgendwelche Routen anzukündigen, deren AS-Pfad AS3 enthält; eine solche Richtlinie lässt sich leicht durch Exportfilterung umsetzen. Dann muss AS1 einfach die Ankündigung an AS4 zurücknehmen, dass es D überhaupt erreichen kann, obwohl die Route nach D über AS2 immer noch existiert.

15.5 BGP-Tabellengröße

Im Prinzip gibt es eine Eins-zu-Eins-Entsprechung zwischen IP-Adresspräfixen, die von öffentlichen Autonomen Systemen bekannt gegeben werden, und Einträgen in der Backbone-IP-Weiterleitungstabelle. (Die inzwischen obsolete Technik der Routenaggregation, Abschnitt 15.2, »AS-Pfade und Routenaggregation«, führte hier zu einer kleinen Diskrepanz).

Die Menge aller Routen, die ein BGP-Speaker nach der Importfilterung erhält, wird manchmal als *Routing Information Base* (*RIB*) bezeichnet. Die resultierende Weiterleitungstabelle, die nach der Best-Path-Selection erstellt wird, ist dann die *Forwarding Information Base* (*FIB*), obwohl die vollständige FIB auch Routen enthalten kann, die über Nicht-BGP-Protokolle erlernt wurden. Jeder FIB-Eintrag enthält auch den tatsächlichen Next-Hop-Router, im Gegensatz zu den Next-AS-Informationen, die tatsächlich über BGP empfangen wurden. Der Einfachheit halber bezeichnen wir die aus BGP-Einträgen generierte Weiterleitungstabelle nur als BGP-FIB.

Die Größe der IPv4-BGP-FIB – d. h. die Anzahl der unterschiedlichen Präfixe in einer Backbone-IPv4-Weiterleitungstabelle – ist in Abbildung 15.1, die auf Daten von *bgp.potaroo.net* basiert, dargestellt, wobei eine leichte Glättung vorgenommen wurde.

Die Zeitspanne reicht von 1994 bis Juli 2019; am Ende gibt es 788 Tausend IP-Präfixe von (in Abbildung 15.1 nicht dargestellt) rund 65 Tausend Autonomen Systemen. Von 2001 bis 2002 ist das Diagramm flach, was die Nachwirkungen der sogenannten Dotcom-Blase widerspiegelt. Insgesamt ist der Anstieg im Laufe der Zeit ungefähr quadratisch, in den letzten zehn Jahren jedoch eher linear.

Die Grafik spiegelt nicht nur das Wachstum des Internets wider, sondern auch die Fragmentierung. In den letzten Jahren waren nur noch kleinere Adressblöcke verfügbar, sodass viele Websites und Provider ihre Internetpräsenz aus mehreren solchen

Blöcken zusammengeschustert haben, auch wenn sie eigentlich einen einzigen Block bevorzugt hätten.

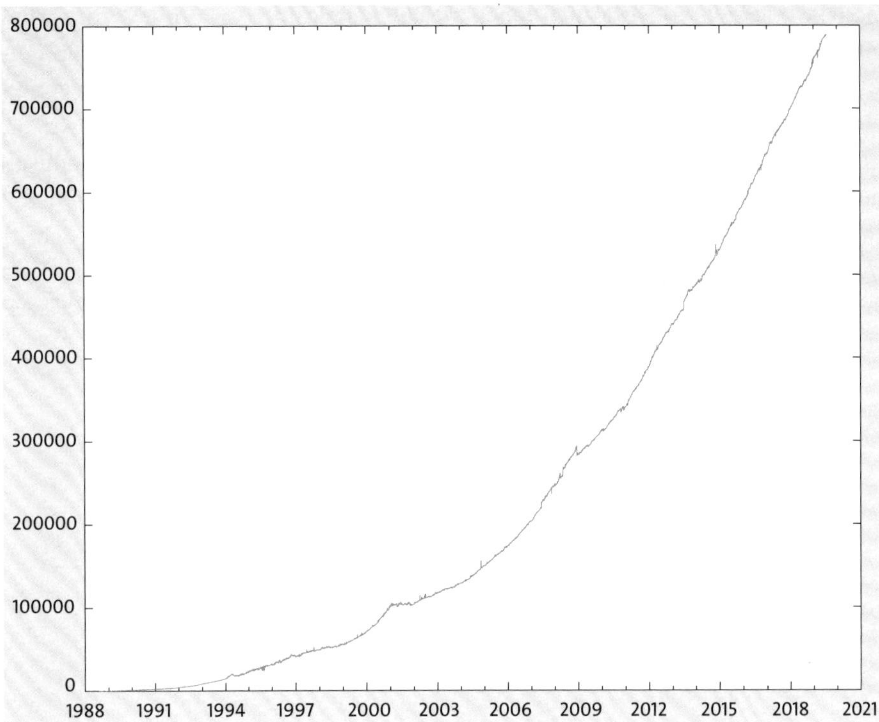

Abbildung 15.1 Anzahl der unterschiedlichen Präfixe in einer Backbone-IPv4-Weiterleitungstabelle

15.6 BGP-Pfadattribute

BGP unterstützt die Einbeziehung verschiedener *Pfadattribute* beim Austausch von Routing-Informationen. Mit den Nachbarn ausgetauschte Attribute können *transitiv* oder *nicht-transitiv* sein; Der Unterschied besteht darin, dass ein Nachbar-AS, der ein empfangenes Pfadattribut nicht erkennt, es trotzdem weiterleiten sollte, wenn es als transitiv gekennzeichnet ist, ansonsten aber nicht. Einige Pfadattribute sind vollständig *lokal*, d. h. innerhalb des Ursprungs-AS. Andere Flags zeigen an, ob ein Pfadattribut erforderlich oder optional ist und ob es teilweise oder vollständig berücksichtigt werden muss.

Der AS-Pfad selbst ist vielleicht das grundlegendste Pfadattribut. Hier sind einige weitere übliche Attribute.

15.6.1 NEXT_HOP

Dieses obligatorische externe Attribut ermöglicht es dem BGP-Speaker B1 von AS1, seinem BGP-Peer B2 von AS2 mitzuteilen, welchen tatsächlichen Router er zum Erreichen eines bestimmten Ziels verwenden soll. Wenn B1, B2 und der eigentliche Border-Router R1 von AS1 sich alle im selben Subnetz befinden, wird B1 die IP-Adresse von R1 als NEXT_HOP-Attribut angeben. Befindet sich B1 *nicht* im selben Subnetz wie B2, kennt er möglicherweise die IP-Adresse von R1 nicht; in diesem Fall kann er seine eigene IP-Adresse als NEXT_HOP-Attribut angeben. Die Router auf der Seite von AS2 suchen dann nach dem »unmittelbaren nächsten Hop«, den sie als ersten Schritt zum Erreichen von B1 verwenden würden, und leiten den Traffic dorthin weiter. Dies sollte entweder R1 sein oder zu R1 führen, der dann den Traffic ordnungsgemäß weiterleitet (*nicht* notwendigerweise zu B1).

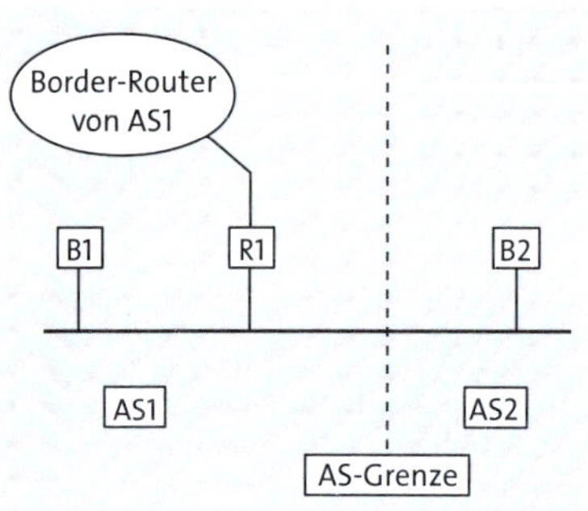

Abbildung 15.2 Border-Router von AS1

15.6.2 LOCAL_PREF

Wenn ein BGP-Speaker in einem AS mit local_preference-Werten konfiguriert wurde, die in der obigen Best-Path-Selection-Phase verwendet wurden, verwendet er das Pfadattribut LOCAL_PREF, um diese Präferenzen an alle anderen BGP-Speaker an einem Standort weiterzugeben. Mit anderen Worten: Sobald ein BGP-Speaker den local_preference-Wert einer bestimmten Route bestimmt hat, wird das LOCAL_PREF-Attribut verwendet, um diesen Wert gleichmäßig in der gesamten AS zu verteilen.

15.6.3 MULTI_EXIT_DISC

Das Attribut Multi-Exit Discriminator (*MED*) ermöglicht es einem AS, etwas über die interne Struktur eines anderen AS zu erfahren, *wenn er dies wünscht*. Die Verwendung der von einem Nachbarn bereitgestellten MED-Informationen kann für ein AS höhere Kosten verursachen, da es den Traffic über längere Strecken intern transportieren muss; die von einem benachbarten AS erhaltenen MED-Werte werden daher nur erkannt, wenn eine ausdrückliche administrative Entscheidung vorliegt.

Wenn ein Autonomes System AS1 mehrere Verbindungen zum Nachbarn AS2 unterhält, dann kann AS1 bei der Ankündigung eines internen Ziels D an AS2 jeden seiner BGP-Speaker entsprechende MED-Werte übermitteln, sodass AS2 weiß, über welche Verbindung AS1 AS2 bevorzugt D erreichen möchte. Dadurch kann AS2 den Verkehr so nach D leiten, dass er hauptsächlich von AS2 und weniger von AS1 übertragen wird. Die Alternative ist, dass AS2 nur das nächstgelegene Gateway zu AS1 verwendet, was bedeutet, dass der Traffic wahrscheinlich hauptsächlich von AS1 befördert wird.

MED-Werte werden erst spät im Prozess der Best-Path-Selection berücksichtigt; in diesem Sinne ist die Verwendung von MED-Werten ein Tie-Breaker, wenn zwei Routen die gleiche local_preference haben.

Betrachten wir als Beispiel das folgende Netzwerk (aus Abschnitt 14.4.3, »Hierarchisches Routing über Provider«, wobei Provider jetzt durch Autonome Systeme ersetzt wurden); die numerischen Werte auf den Verbindungen sind deren relative Kosten. Wir nehmen an, dass jeder Standort über drei BGP-Speaker verfügt, die sich an den Austauschpunkten IX1, IX2 und IX3 befinden.

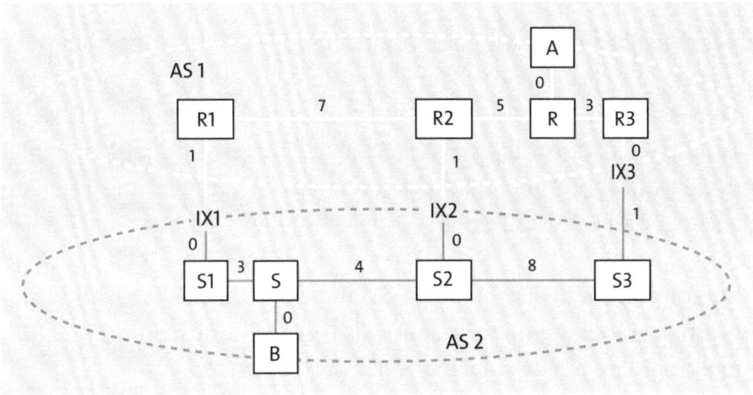

Abbildung 15.3 Ein beispielhaftes Netzwerk

In Abwesenheit des MED wird AS1 den Traffic von A nach B über die Verbindung R3–IX3–S3 senden, und AS2 wird den Traffic über S1-IX1-R1 zurückschicken. Dies sind die Verbindungen, die R bzw. S am nächsten liegen, was dem Wunsch von AS1 und AS2 entspricht, den ausgehenden Traffic so schnell wie möglich weiterzuleiten.

Die BGP-Speaker von AS1 auf IX1, IX2 und IX3 können jedoch MED-Werte an AS2 weitergeben, wenn sie das Ziel A bekanntgeben, was darauf hindeutet, dass der Traffic zwischen AS2 und AS1 bevorzugt über die ganz rechte Verbindung geleitet werden soll:

- IX1: Ziel A hat MED 200
- IX2: Ziel A hat MED 150
- IX3: Zielort A hat MED 100

Wenn AS2 sich dann an diese Information hält, wird AS2 den Traffic von B nach A über IX3 leiten, d. h. über den Austauschpunkt mit dem niedrigsten MED-Wert. Beachten Sie, wie wichtig es ist, dass AS2 den MED-Wert ignorieren darf; seine Verwendung kann Kosten von AS1 auf AS2 verlagern!

Die relative Reihenfolge der MED-Werte für R1 und R2 ist irrelevant, es sei denn, der IX3-Austausch wird deaktiviert. In diesem Fall würden die obigen numerischen MED-Werte bedeuten, dass AS2 dann IX2 bevorzugen sollte, um A zu erreichen.

Wir können die MED-Werte nicht verwenden, um den Traffic von A nach B zu veranlassen, den Weg über IX2 zu nehmen. Dieser Weg verursacht nur im globalen Sinne minimale Kosten, und die einzige Möglichkeit, eine globale Kostenminimierung zu erreichen, besteht darin, dass die beiden AS sich darauf einigen, eine gemeinsame Distanzmetrik zu verwenden und einen gemeinsamen metrikbasierten Routing-Algorithmus zu verwenden, sodass sie faktisch zu einem einzigen AS werden. AS1 gibt zwar unterschiedliche numerische MED-Werte für die drei Austauschpunkte an, doch werden diese nur für die Prioritätsfolge verwendet und nicht als numerisches Maß für die Kosten (obwohl sie manchmal daraus abgeleitet werden).

Im obigen Beispiel *erhöhen* sich durch den Import und die Verwendung von MED-Werten die Kosten von AS2, da der Traffic von AS2 nach AS1 über einen längeren Pfad innerhalb des AS2-Netzes geleitet wird. Dies ist in der Tat fast immer der Fall, wenn MED-Werte verwendet werden. Warum würde AS2 dem dann zustimmen? Ein einfacher Grund könnte sein, dass AS2 und AS1 diese Vereinbarung gemeinsam ausgehandelt haben; Vielleicht gewährt AS1 AS2 einen Ausgleich für die Zusammenschaltungsgebühren (»Peering«), weil AS2 die MED-Daten von AS1 nutzt. Möglicherweise verbessert die Nutzung der MED-Daten von AS1 durch AS2 auch die Qualität der Dienste, die AS2 seinen Kunden anbieten kann; wir werden in Abschnitt 15.7, »BGP und Traffic-Engineering«, auf ein Beispiel hierfür zurückkommen.

Im obigen Beispiel werden die MED-Werte auch verwendet, um zwischen mehreren Routen zum selben Ziel zu entscheiden, die alle durch *dasselbe* AS, nämlich AS1, führen. Einige BGP-Implementierungen erlauben die Verwendung von MED-Werten, um zwischen verschiedenen Routen durch verschiedene Nachbar-AS zu entscheiden. Die verschiedenen Nachbarn müssen alle die gleichen local_preference-Werte haben. AS2 könnte beispielsweise eine Verbindung zu AS3 und AS4 herstellen und die folgenden BGP-Informationen erhalten:

- AS3: Ziel A – MED 200
- AS4: Ziel A – MED 100

Unter der Annahme, dass AS2 AS3 und AS4 die gleiche local_preference zuweist, könnte es so konfiguriert sein, dass es diese MED-Werte als Tie-Breaker verwendet und somit den Traffic über AS3 nach A leitet. Auf Cisco-Routern wird der Befehl *always-compare-med* verwendet, um dieses Verhalten zu erreichen.

MED-Werte sind nicht dazu gedacht, Routing-Präferenzen an nicht benachbarte AS zu kommunizieren.

Weitere Informationen über die Verwendung von MED-Werten finden sich in RFC 4451 zu finden.

15.6.4 COMMUNITY

Community ist einfach ein Tag, das an Routen angehängt wird. Routen können mehrere Tags aufweisen, die der Mitgliedschaft in mehreren Communitys entsprechen. Einige Communitys sind global definiert, zum Beispiel NO_EXPORT und NO_ADVERTISE. Eine Route, die mit einer dieser beiden Communitys gekennzeichnet ist, wird nicht weiter geteilt. Andere Communitys könnten nur für einen bestimmten AS relevant sein.

Die Bedeutung von Communitys besteht darin, dass sie es einem AS ermöglichen, einige seiner Routen in bestimmte Kategorien einzuordnen, wenn es sie einem anderen AS bekannt gibt; die Kategorien müssen vom empfangenden AS erstellt und erkannt worden sein. Das empfangende AS ist natürlich nicht verpflichtet, die Community-Mitgliedschaften zu beachten, aber dies hat den Effekt, dass das ursprüngliche AS sich selbst »konfigurieren« kann, ohne das empfangende AS in den Prozess einzubeziehen. Communitys werden z. B. häufig von (großen) Kunden eines ISP genutzt, die ein bestimmtes Routing verlangen.

Ein Kunde müsste von seinem Provider in Erfahrung bringen, welche Communitys dieser definiert und wie ihre numerischen Codes lauten. Dann kann sich der Kunde nach Belieben in die Community des Providers einordnen.

Tabelle 15.1 zeigt einige der Community-Werte, die von einem nicht mehr existierenden ISP unterstützt wurden, den wir AS1 nennen wollen. Der vollständige Community-Wert hätte die AS-Nummer von AS1 enthalten.

Wert	Aktion
90	die von AS1 verwendete local_preference auf 90 setzen
100	die von AS1 verwendete local_preference auf 100 setzen (den Standardwert)
105	die von AS1 verwendete local_preference auf 105 setzen
110	die von AS1 verwendete local_preference auf 110 setzen
990	Die Route verlässt die Domäne von AS1 nicht; entspricht NO_EXPORT.
991	Die Route wird nur an die anderen Kunden von AS1 exportiert.

Tabelle 15.1 Community-Werte für AS1

15.7 BGP und Traffic-Engineering

BGP ist *der* Mechanismus für Traffic-Engineering zwischen Autonomen Systemen. Die wichtigsten Werkzeuge sind die Import- und Exportfilterung und die Auswahl des besten Pfads. Für Autonome Systeme mit mehreren Verbindungspunkten kann auch der oben genannte Multi-Exit-Discriminator eine große Rolle spielen.

Nach der Herstellung der grundlegenden Konnektivität ist die vielleicht wichtigste Entscheidung, die ein Standort über seine BGP-Konfiguration trifft, ob *Transit-Traffic* akzeptiert wird oder nicht. Ein erstes Beispiel hierfür ist die Konfiguration einer privaten Verbindung, wie der unten gestrichelt dargestellte link1 zwischen den »befreundeten«, aber unabhängigen Standorten A und B (link1 kann entweder eine gemeinsame »echte« Verbindung oder eine kurze »Jumper«-Verbindung innerhalb eines Internet Exchange Points sein):

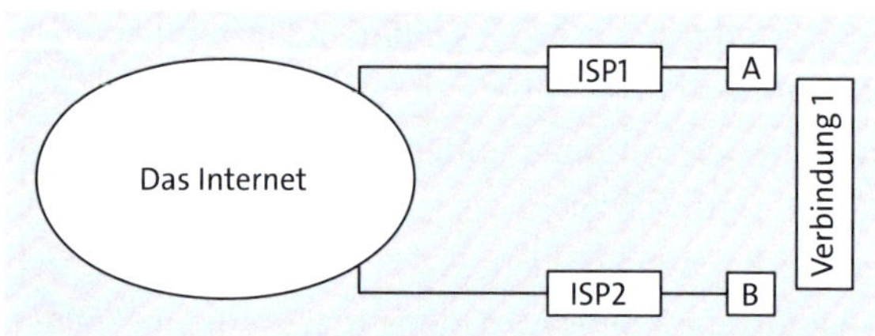

Abbildung 15.4 Transit-Traffic

Angenommen, A exportiert seine link1-Strecke nach B an seinen Provider ISP1. Dann kann ISP1 diese Route wiederum dem gesamten Internet ankündigen, sodass ein Teil oder der gesamte eingehende Traffic von B über ISP1 (bezahlt von A) und über A selbst geleitet wird. Ebenso könnte B für den Traffic von A bezahlen, wenn B seine link1-Strecke zu A an ISP2 exportiert.

Wirtschaftlich gesehen ist es nicht wünschenswert, den Transit-Traffic eines anderen zu übernehmen, es sei denn, man wird dafür entschädigt. In erster Linie geht es hier um die Nutzung der ISP1-A-Verbindung durch B und der ISP2-B-Verbindung durch A; die Nutzung der gemeinsam genutzten link1-Verbindung *könnte* eine sekundäre Frage sein, die von den relativen Bandbreiten und den Auffassungen von A und B von der angemessenen Nutzung von link1 abhängt.

Zwei gängige Optionen, auf die sich A und B in Bezug auf link1 einigen könnten, sind *No-Transit* und *Backup*.

Bei der *No-Transit*-Option exportieren A und B die Route einfach überhaupt nicht an ihre jeweiligen ISPs. Dies geschieht durch Exportfilter. Wenn ISP1 nicht weiß, dass A B erreichen kann, sendet er keinen Traffic von B an A.

Bei der *Backup*-Option soll der Traffic zu A normalerweise über ISP1 laufen, aber wenn die Verbindung zu ISP1 ausfällt, darf der Traffic von A über ISP2 und B laufen. Um dies zu erreichen, können A und B ihre link1-Route zueinander exportieren, aber dafür sorgen, dass ISP1 und ISP2 dieser Route einen niedrigen local_preference-Wert zuweisen. Solange ISP1 von *seinem* Upstream-Provider von einer Route nach B erfährt, wird er B auf diesem Weg erreichen und die Existenz der link1-Route nicht an B weitergeben; dasselbe gilt für ISP2. Fällt jedoch die ISP2-Route nach B aus, wird der Upstream-Provider von A keine Route nach B mehr bekanntgeben, sodass ISP1 beginnt, die link1-Route nach B zu verwenden und sie im Internet anzukündigen. Die link1-Route ist die primäre Route nach B, bis der Dienst von ISP2 wiederhergestellt ist.

A und B müssen ihre jeweiligen ISP davon überzeugen, der Route link1 eine niedrige local_preference zuzuweisen; sie können dies nicht direkt anordnen. Wenn ihre ISPs jedoch *Community*-Attribute erkennen, die, wie oben beschrieben, den Kunden erlauben, ihren local_preference-Wert zu beeinflussen, können A und B dies nutzen, um die gewünschte local_preference zu erstellen.

Um die gemeinsam genutzte Verbindung für *ausgehenden* Datenverkehr zu nutzen, benötigen A und B eine Möglichkeit, über den jeweils anderen zu senden, wenn ihre eigene ISP-Verbindung ausgefallen ist. Wenn A feststellt, dass seine ISP-Verbindung ausgefallen ist, kann er einfach seine Standardroute so ändern, dass sie auf B zeigt. Eine Möglichkeit, dies zu automatisieren, besteht darin, dass A und B ihren Standardroutenpfad (z. B. zu 0.0.0.0/0) als konkretes Ziel in BGP betrachten. ISP1 kündigt diese Route über BGP bei A an, aber auch B, und A hat seine Importregeln so konfiguriert, dass die Route von B nach 0.0.0.0/0 höhere Kosten verursacht. Dann wird A die Route nach 0.0.0.0/0 über ISP1 leiten, d. h. ISP1 als seine Standardroute verwenden, solange diese verfügbar ist, und zu B wechseln, falls sie nicht verfügbar ist.

A und B möchten vielleicht auch ihre gemeinsame private Verbindung für die *Lastverteilung* nutzen, aber dafür bietet BGP nur begrenzte Hilfe. Wenn sowohl ISP1 als auch ISP2 Routen zu A exportieren, hat A keine Kontrolle mehr darüber, wie andere Standorte den einen dem anderen vorziehen werden. A kann vielleicht einen Pfad künstlich teurer erscheinen lassen, indem er einen der ISPs im AS-Pfad dupliziert. A könnte dann diese Kosten so lange anpassen, bis die eingehenden Lasten vergleichbar sind, aber es gibt keine Garantie (oder auch nur die Wahrscheinlichkeit), dass dies stabil bleibt. Die Lastverteilung im ausgehenden Traffic obliegt den jeweiligen internen Routern von A und B.

Provider, die Transit-Traffic befördern, müssen auch Entscheidungen darüber treffen, wessen Traffic sie befördern werden; diese Entscheidungen werden wiederum mit BGP umgesetzt. In Abbildung 15.5 sind zwei Autonome Systeme B und C, die Transit-Traffic anbieten, mit den einzelnen Standorten (oder regionalen ISPs) A und D verbunden.

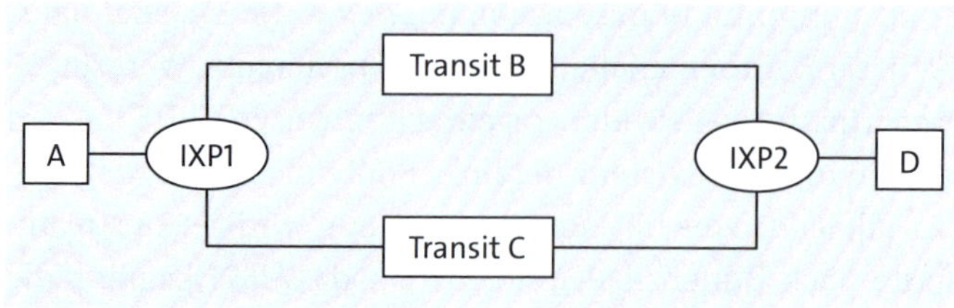

Abbildung 15.5 BGP-Beispiel (1)

In Abbildung 15.5 sind die Verbindungen links und rechts an den Internet Exchange Points IXP1 und IXP2 dargestellt (Abschnitt 14.4.1, »Internet Exchange Points«). IXPs sind üblicherweise der Ort, an dem solche Zusammenschaltungen stattfinden, aber nicht notwendigerweise; die Topologie sieht im Wesentlichen einfach folgendermaßen aus:

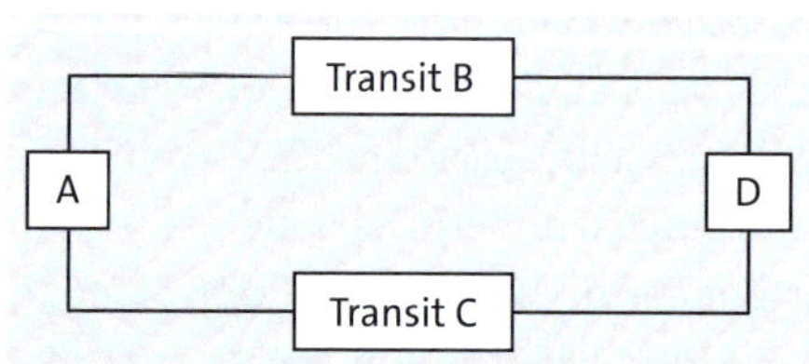

Abbildung 15.6 BGP-Beispiel (2)

B möchte sicherstellen, dass C nicht versucht, seine Langstreckentransitkosten zu sparen, indem es den A⟶D-Traffic an B am IXP1 und den D⟶A-Traffic an B am IXP2 weiterleitet. B geht diesem Problem aus dem Weg, indem er C nicht mitteilt, dass er A und D erreichen kann, und ebenso verhält es sich mit C. Die Transitdienstleister sind recht zurückhaltend, wenn es darum geht, die Erreichbarkeit anderer AS, für die sie keine Transitdienste erbringen wollen, nicht anzukündigen, da dies bedeuten könnte, dass sie an diesen Traffic gebunden bleiben.

Wenn B A mitteilt, dass er D erreichen kann, dann könnte A diese Route akzeptieren und seinen gesamten Traffic in Richtung D über B schicken, ohne dass C daran beteiligt wäre. B wird dies wahrscheinlich nicht tun, es sei denn, A zahlt für dieses Privileg. Wenn sowohl B als auch C A mitteilen, dass sie D erreichen können, hat A eine Wahl, die er mithilfe seiner Regeln für die Best-path-Selection treffen wird. In einem solchen Fall möchte A jedoch sicherstellen, dass er nicht den vollen Preis an B sowie C für die Beförderung des Traffics zahlt, während er nur einen von ihnen nutzt. Standort A könnte z. B. einer Vergütung auf der Grundlage des tatsächlichen Trafficaufkommens zustimmen, d. h., wenn er die Strecke von B bevorzugt, zahlt er nur an B.

Es ist durchaus möglich, dass B A mitteilt, dass er D erreichen kann, aber D nicht mitteilt, dass er A erreichen kann. Wie wir gesehen haben, teilt B A mit, dass er D nur erreichen kann, wenn A für dieses Privileg bezahlt hat; vielleicht zieht es D vor, mit C statt mit B Geschäfte zu machen. In diesem Fall würde der Traffic von A nach D über B laufen, während der Traffic von D nach A über C laufen würde.

In dem unwahrscheinlichen Fall, dass B und C sich gegenseitig am IXP1 ihre Route nach D mitteilen, könnte sogar eine Routing-Schleife entstehen. B könnte den nach D führenden Traffic an C weiterleiten, während C ihn an B zurückleitet. In diesem Fall würde B jedoch in seinem nächsten BGP-Advertisement an C am IXP1 angeben, dass er D über einen AS-Pfad erreicht, der mit C beginnt, und C würde ähnlich verfahren. B und C würden sich dann in den empfangenen AS-Pfaden wiederfinden und diese Routen nicht mehr verwenden.

15.7.1 MED-Werte und Traffic-Engineering

Wir wollen nun untersuchen, warum ein AS sich die Mühe machen sollte, MED-Werte zu importieren und zu verwenden, da dies fast immer die Kosten des Standorts erhöhen wird. Betrachten wir das folgende Diagramm in Abbildung 15.7 der Autonomen Systeme AS1 und AS2, in dem die Verbindungskosten dargestellt sind:

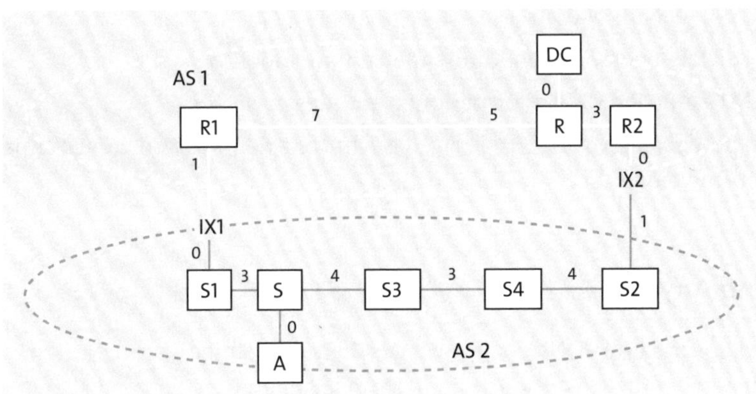

Abbildung 15.7 MED-Werte und Traffic-Engineering

Der Standort DC im obigen Diagramm ist ein Rechenzentrum, das seinen Nutzern – am Standort A – schnelle Downloads bieten möchte. Vielleicht liefert DC Hochleistungs-Videostreaming und muss sowohl Überlast als auch Paketverluste minimieren. Um diese hohe Qualität zu erreichen, baut er ein besonders robustes Netzwerk R1-R-R2 auf, das oben als AS1 dargestellt ist.

Ein erster Schritt besteht darin, AS1 direkt mit Kundennetzwerken wie AS2 zu verbinden (oder zu peeren), anstatt sich auf den Internet-Backbone zu verlassen. Zwei solcher Zusammenschaltungspunkte, IX1 und IX2, sind oben dargestellt.

An diesem Punkt wird der Traffic von A nach DC über IX1 laufen (auf dem kürzesten Weg von A nach AS1) und somit den größten Teil der Strecke in AS1 zurücklegen. Das ist gut, aber der Traffic von A nach DC besteht wahrscheinlich größtenteils aus Acknowledgments; diese werden wahrscheinlich nicht von dem speziellen Netz profitieren. Die eigentlichen *Daten*, die von DC an A gesendet werden, nehmen IX2, da dies der kürzeste Weg von AS1 zu AS2 ist. Die Daten werden also den größten Teil des Weges in AS2 zurücklegen und dabei das Hochleistungsnetz von AS1 umgehen. Dies ist nicht im Sinne von DC.

Das Bild ändert sich jedoch, wenn AS1 zustimmt, MED-Informationen von AS2 (und anderen Providern) zu akzeptieren. Wenn AS2 AS1 mitteilt, dass die bevorzugte Verbindung von AS2 zu A über IX1 verläuft, wird der Traffic von DC zu A über R1 zu IX1 und von dort zu A geleitet. Dadurch bleibt der *abgehende* Traffic von DC so lange wie möglich im AS1-Netz, statt an das andere Netz mit geringerer Qualität weitergeleitet zu werden. Das ist im Sinne von DC; deshalb hat DC das Hochleistungsnetz aufgebaut.

Anstatt ein eigenes Hochleistungsnetz aufzubauen, könnte DC einfach einen Vertrag mit einem bestehenden Hochleistungsnetz abschließen. Damit würde das Geschäftsmodell von AS1 wie folgt aussehen:

- Peering mit so vielen potenziellen Kundennetzen wie möglich
- Import und Nutzung der MED-Informationen aus diesen Netzen
- Werbung bei potenziellen Kunden wie DC, dass ihr Netz den Nutzern von DC eine bessere Erfahrung bietet

15.8 BGP und Anycast

In Abschnitt 10.1.5, »DNS und CDNs«, haben wir gesehen, dass einige CDNs DNS-Tricks verwenden, um den Benutzer-Traffic an den nächstgelegenen Edge-Server zu liefern. Eine weitere CDN-Option ist *Anycast*: die Verwendung derselben IP-Adresse für alle Edge-Server und die Einrichtung von Routern, die den nächstgelegenen Server ansteuern. IPv6-Router können für eine gewisse Kenntnis der Anycast-Zustellung konfiguriert werden, während dies bei IPv4 eher passiv über BGP erfolgen muss.

Um den Anycast-Ansatz zu implementieren, verwendet das CDN denselben IP-Adressblock an jedem seiner Rechenzentrumsstandorte. Jeder Kunde hat einen Server in jedem CDN-Rechenzentrum, und jedem dieser Server wird dieselbe IP-Adresse zugewiesen. Das CDN muss sicherstellen, dass die auf den einzelnen Servern bereitgestellten Inhalte identisch sind.

An jedem seiner Standorte kündigt das CDN dann diesen Adressblock bei seinen lokalen BGP-Nachbarn an. Die Erreichbarkeitsinformationen für den Adressblock verbreiten sich dann über BGP im gesamten Internet. Ein AS, das mit einem einzigen

CDN-Rechenzentrum verbunden ist, leitet den Adressblock des CDN an dieses Rechenzentrum weiter. Wenn AS1 von den Nachbarn AS2 und AS3 von dem CDN erfährt, wendet AS1 seinen üblichen Best-Path-Selection-Prozess an, um zu entscheiden, ob der Adressblock des CDN über AS2 oder AS3 geroutet werden soll. Letztendlich wird jedes AS im Internet genau eine Route zum CDN einrichten. Jede dieser Routen führt zu einem der Rechenzentren des CDN, aber verschiedene AS können Routen zu verschiedenen Rechenzentren einrichten.

Ein Vorteil des Anycast-Ansatzes gegenüber dem DNS-Ansatz besteht darin, dass Benutzer, die einen geografisch weit entfernten DNS-Resolver verwenden, keinen Nachteil erleiden. Ein weiterer Vorteil besteht darin, dass das BGP-Verfahren zur Auswahl des besten Pfades normalerweise bessere Routen hervorbringt als ein Verfahren, das ausschließlich auf der geografischen Entfernung basiert; beispielsweise können AS die besten Pfade auf der Grundlage der verfügbaren Bandbreite und nicht der Entfernung auswählen. Beim IP-Routing ist die geografische Lage nicht ausschlaggebend.

Es mag auf den ersten Blick seltsam erscheinen, mehrere Server mit *derselben* öffentlichen IP-Adresse zu haben, da eine solche Konfiguration innerhalb einer Organisation normalerweise einen schwerwiegenden Fehler darstellt. Keines der CDN-Rechenzentren wird jedoch diese Adressen verwenden, um miteinander zu kommunizieren; das CDN sorgt für die Verwendung anderer IP-Adressen für den Datenverkehr zwischen den Rechenzentren.

15.9 BGP für internes Routing

Obwohl BGP für die Verbindung Autonomer Systeme unter getrennter Verwaltung konzipiert wurde, wird es manchmal als internes Routing-Protokoll verwendet und ersetzt damit Distanzvektor- (Abschnitt 13.1, »Distanzvektor-Routing-Update-Algorithmus«) und Link-State-Ansätze (Abschnitt 13.5, »Link-State-Routing-Update-Algorithmus«). Diese Verwendung von BGP ist in der Regel auf große Rechenzentren beschränkt; siehe RFC 7938 und [AKSLYZ21]. Die typischen Vorteile von BGP gegenüber herkömmlichen internen Routing-Protokollen liegen in der Konfigurierbarkeit, der administrativen Kontrolle der Best-Path-Selection und der Routenankündigung sowie in der Möglichkeit, Routen mit Community-Attributen zu versehen.

Als Beispiel – entnommen aus [AKSLYZ21] – kehren wir zur Aufgabenstellung aus Abschnitt 3.4.3, »Weitere OpenFlow-Beispiele«, zurück. Die untere Reihe besteht hier aus so genannten Top-of-Rack-Switches, die obere Reihe aus einer Switch-Zwischenschicht. Wir interessieren uns hier für das Routing des Datenverkehrs zwischen der oberen (S1 und S2) und unteren (S3–S5) Reihe. Das Beispiel hier entspricht dem, was Facebook einen »Server-Pod« nennt, obwohl die Erläuterung auch für die ähnlichen »Spine Planes« gilt, die die nächsthöhere Schicht bilden.

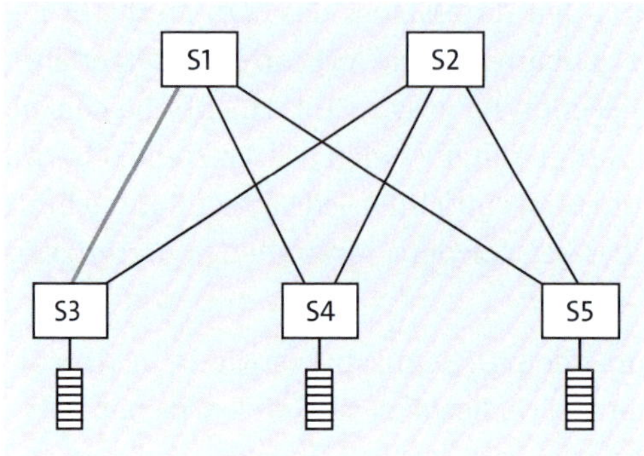

Ein Ziel dabei ist es, sicherzustellen, dass bei einem Ausfall der Verbindung S1–S3 die Daten über die beiden Pfade S1–S4–S2–S3 und S1–S5–S2–S3 geleitet werden. Dazu wird zunächst jeder der Pfade S1 bis S5 zu einem eigenen AS gemacht. Später wird die Gruppe von S1 bis S5 unter Verwendung von *AS-Confederation* (RFC 5065) als ein einziges AS behandelt. Da S1 bis S5 ihre individuellen AS-Nummern nicht außerhalb der Confederation exportieren, können die gleichen AS-Nummern immer wieder verwendet werden.

S3 kündigt zunächst sowohl S1 als auch S2 das von seinem Server-Rack verwendete Adresspräfix an. S3 kennzeichnet dieses Announcement mit einem BGP-Community-»rack_prefix«. S1 und S2 melden die empfangenen Rack-Präfixe in ihren entsprechenden Advertisements gebündelt nach oben, aber auch die einzelnen Rack-Präfixe nach unten, nun mit einem anderen BGP-Community-»backup_path« gekennzeichnet. S4 und S5 empfangen diese Advertisements und melden sie wieder nach oben an S1 (und S2). Zu diesem Zeitpunkt verfügt S1 über zwei Routen nach S3, die mit »backup_path« gekennzeichnet sind: S1–S4–S2–S3 und S1–S5–S2–S3. Längere Pfade (z. B. S1–S4–S2–S5–S1–S3) erhalten dieses Tag nicht.

Wenn nun die Verbindung S1–S3 ausfällt, können S1 (und S3) nach alternativen Routen mit dem Tag »backup_path« suchen. Diese sind leicht zu finden und können dann mit ECMP zusammengeschaltet werden (Abschnitt 13.7, »ECMP«). Dies ermöglicht einen schnellen Übergang zum Backup, bis die Verbindung S1–S3 wieder steht.

All dies ließe sich auch durch die Anpassung eines konventionelleren internen Routing-Protokolls erreichen, aber BGP funktioniert direkt auf Anhieb.

15.10 BGP-Beziehungen

Über BGP können beliebig komplexe Richtlinien erstellt werden, und wie wir im folgenden Abschnitt sehen werden, ist die Konvergenz zu einem stabilen Routensatz nicht garantiert. Bei der Nicht-Konvergenz geht es nicht um die »langsame Konvergenz ins Unendliche«, sondern um ein regelmäßiges Oszillieren der Routen zwischen konkurrierenden Alternativen.

Es zeigt sich jedoch, dass eine bessere Performance erzielt wird, wenn einige Bedingungen auf die verschiedenen AS-AS-Beziehungen angewendet werden. Im Paper [LG01] wurden BGP-Netzwerke analysiert, in denen jede AS-zu-AS-Beziehung einem der folgenden drei Muster entsprach, die weiter unten erläutert werden:

- Kunde zu Provider (das häufigste Muster)
- Peer-to-Peer (z. B. zwei Top-Level-Provider, die gegenseitig Traffic austauschen)
- Geschwister zu Geschwister (für sehr enge AS-zu-AS-Beziehungen)

Eine wichtige Folge dieser Beziehungen ist das Ausmaß, in dem die beteiligten Autonomen Systeme gegenseitig ihre »Nicht-Kunden«-Routen akzeptieren, und somit das Maß, in dem sie sich gegenseitig Transitdienste anbieten. Wir beginnen mit dem einfachsten Fall, nämlich dem von Kunde und Provider.

Wenn die Autonomen Systeme C und P eine *Kunde-Provider-Beziehung* unterhalten, wobei C der Kunde und P der Provider ist, dann bezahlt C P dafür, dass er einen Teil des Traffics oder den gesamten Traffic nach »draußen« befördert. P muss nicht den gesamten Traffic befördern, da C auch Kunde eines anderen Providers P' sein kann. C kann auch seine eigenen Unterkunden haben, wie z. B. C': 15

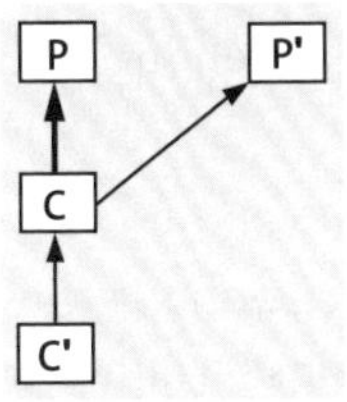

Indem er sich selbst als Provider anbietet, exportiert P alle seine Routen von sämtlichen Quellen zu C und teilt C mit: »Diese Ziele kann ich erreichen«. Wenn C keine anderen Provider hat, könnte er diese Routen in Form eines einzigen Standardrouteneintrags akzeptieren, der auf P zeigt; wenn C einen anderen Provider P' hat, könnte er einige Routen von P und einige von P' akzeptieren.

Ebenso wird C seine eigenen Routen immer nach P exportieren. Wenn C eigene Kunden hat, z. B. C', dann wird er auch diese Routen nach P exportieren. Zusammenfassend werden wir sagen, dass Cs eigene Routen und die Routen seiner eigenen Kunden und Unterkunden seine *Kundenrouten* sind.

Aber was ist mit Routen, die nicht von Kunden stammen, z. B. Routen, die von anderen Providern erlernt wurden? Diese exportiert C in der Regel *nicht*. Würde C eine Route zum Zielort D, die er von einem zweiten Provider P' gelernt hat, an P exportieren, könnte C am Ende eine Transportleistung für P erbringen, indem er den nach D führenden Traffic von P zu P' befördert. In seiner Eigenschaft als *Kunde* beabsichtigt C dies wahrscheinlich nicht.

Zusammenfassend lässt sich sagen, dass ein Provider seine Nicht-Kunden-Routen an seinen Kunden exportiert, ein Kunde jedoch normalerweise seine Nicht-Kunden-Routen *nicht* an seine Provider exportiert. Diese Regel ist in der Welt der realen Geschäftsbeziehungen nicht absolut; AS können alle möglichen Sondervereinbarungen aushandeln. Ein Kunde könnte sich beispielsweise bereit erklären, Transitdienste für eine Reihe von Zielorten zu erbringen, wenn er im Gegenzug einen günstigeren Tarif für die Abwicklung seines sonstigen Traffic erhält. Nichtsdestotrotz ist die Regel weitgehend zutreffend und bietet einen hilfreichen Ausgangspunkt für das Verständnis von Kunden-Provider-Beziehungen. In Abschnitt 15.10.1, »BGP-No-Valley-Theorem«, werden wir diese Regel in der Tat als *Definition* von Kunden-Provider-Beziehungen verwenden.

Betrachten wir nun eine *Peer-to-Peer*-Beziehung, d. h. eine Verbindung zwischen zwei Transitanbietern, die sich darauf geeinigt haben, ihren gesamten Kunden-Traffic untereinander auszutauschen, also den Transit-Traffic für den anderen zu übernehmen. Häufig wird die Zusammenschaltung von beiden Parteien als gleichwertig angesehen (z. B. weil die Parteien vergleichbare Trafficmengen austauschen); in einem solchen Fall würde die Beziehung wahrscheinlich »abrechnungsfrei« sein, d. h. keinen Geldaustausch beinhalten. Wenn jedoch der Volumenstrom erheblich asymmetrisch ist, kann sicherlich eine Entschädigung ausgehandelt werden, sodass die Beziehung eher einer Beziehung zwischen Kunden und Providern ähnelt.

Wie bei Kunden und Providern exportieren zwei Peers P1 und P2 jeweils alle ihre Kundenrouten an den anderen; auf diese Weise weiß P2, wie er die Kunden von P1 erreichen kann und vice versa. Auf diese Weise führen P1 und P2 jeweils Transit-Traffic für ihre eigenen Kunden durch.

Peers exportieren jedoch normalerweise ihre Nicht-Kunden-Routen *nicht*, weder in die eine noch in die andere Richtung. Wenn P1 von einem anderen Peer (oder Provider) P3 eine Route zum Ziel D erfährt, exportiert er diese nicht an P2. In diesem Fall würde P1 den Nichtkunden-Transit-Traffic von P2 zu P3 weiterleiten. Stattdessen wird von P2 erwartet, dass er sich auch mit P3 austauscht und auf diese Weise von der Route von P3s nach D erfährt. Alternativ kann P3 Kunde von P1 werden und somit für die Beförderung des Traffic von P3 durch P1 bezahlen.

Die so genannten *Tier-1*-Provider sind diejenigen, die keine Kunden von irgendjemandem sind; sie stellen die »Backbone«-Provider der obersten Schicht dar. Jedes Tier-1-AS muss in der Regel mit jedem anderen Tier-1-AS eine Peer-to-Peer-Beziehung eingehen, wobei es den AS freisteht, Ausnahmen auszuhandeln.

Schließlich können einige Beziehungen zwischen Autonomen Systemen, die nicht in die Muster Kunde-Provider oder Peer-Peer passen, als *Geschwisterbeziehungen* bezeichnet werden. Geschwister sind Internet-Dienstanbieter, die eine enge Beziehung zueinander haben; oft handelt es sich bei Geschwistern um AS, die aufgrund von Fusionen nun Teil der gleichen Organisation sind. Geschwister können auch nominelle Konkurrenten sein, die beabsichtigen, ihre gemeinsame Verbindung als kooperatives Backup zu nutzen, wie in Abschnitt 15.7, »BGP und Traffic-Engineering«, geschildert. Zwei Geschwister können, müssen aber nicht denselben Upstream-ISP als Provider haben.

Geschwister exportieren in der Regel alles zueinander – sowohl Kunden- als auch Nicht-Kunden-Routen – und nutzen daher potenziell ihre Verbindung für Transit-Traffic in beide Richtungen (obwohl sie sich gegenseitig Routen mit niedriger Präferenz zuweisen *können*, um die gemeinsame Verbindung nur zu nutzen, wenn nichts anderes verfügbar ist).

Wir können die drei Beziehungstypen im Hinblick auf den Export von Nicht-Kunden-Routen zusammenfassen:

- In Peer-to-Peer-Beziehungen werden Nicht-Kunden-Routen in keine der beiden Richtungen exportiert.
- Bei Beziehungen zwischen Kunden und Providern werden Nicht-Kunden-Routen nur vom Provider zum Kunden exportiert.
- Bei Beziehungen zwischen Geschwistern werden Nicht-Kunden-Routen in beide Richtungen exportiert.

Es ist möglich, zumindest einige Rückschlüsse auf die BGP-Beziehungen aus den tatsächlichen Exportinformationen der Standorte zu ziehen, wenn auch nicht mit exakter Genauigkeit, da die Standorte nicht standardisierte Vereinbarungen aushandeln können; siehe [LG01].

In der realen Welt sind BGP-Geschwisterbeziehungen relativ selten, wahrscheinlich weil sie nicht wirklich in das Modell der Trafficbeförderung als Dienst passen. Dies mag gut so sein, da Geschwisterbeziehungen mit universellem und bidirektionalem Routenexport tendenziell am komplexesten sind. Alle Beispiele für Nicht-Konvergenz in Abschnitt 15.11, »Beispiele für BGP-Instabilität«, erfordern Geschwisterbeziehungen.

Nachfolgend ein problematischer Fall von Geschwisterbeziehungen, in dem P1 und P2 Provider für C1 bzw. C2 und C1 und C2 Geschwister sind:

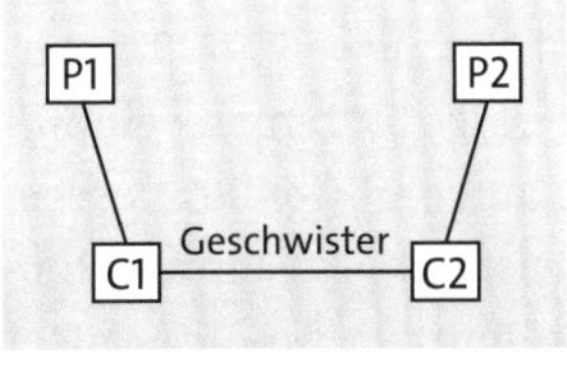

Angenommen, P1 exportiert an C1 eine Route zum Zielort D. C1 exportiert sie dann an das Geschwisterunternehmen C2. Wenn C2 diese Strecke als Kundenstrecke betrachtet, exportiert er sie an P2. In diesem Fall bieten C1 und C2 nun Transitdienste für den Traffic von P2 nach D an.

Geschwisterbeziehungen lassen sich jedoch erheblich eindämmen, wenn wir die Anforderung aufstellen, dass Gruppen verbundener Geschwister als Einheit agieren und die ursprüngliche Nicht-Geschwister-Quelle (d. h. Kunde, Provider oder Peer) jeder Route überwachen. Nehmen wir an, dass die Autonomen Systeme S und S? bei einer Kette von Autonomen Systemen $S_0...S_n$ zur *selben Geschwisterfamilie* gehören, sodass $S=S_0$, $S_n=S'$ und jedes aufeinanderfolgende S_i-1 und S_i, i≤n Geschwister sind. Wir können dann die folgende Eigenschaft definieren.

Selektive Export-Eigenschaft

Eine Geschwisterfamilie erfüllt diese Eigenschaft, wenn immer dann, wenn ein Mitglied der Familie durch einen Provider (bzw. Peer oder Kunden) von einer Route informiert wird, alle anderen Mitglieder der Familie bei der Export-Entscheidung die Route als Provider- (bzw. Peer- oder Kunden-)Route behandeln.

Mit anderen Worten: In der oben dargestellten Situation, in der C1 von seinem Provider P1 von einer Route nach D erfahren hat, wird C2 diese Route ebenfalls als Nicht-Kunden-Route behandeln und sie nicht nach P2 exportieren.

In der realen Welt passen BGP-Beziehungen möglicherweise in keine der drei oben genannten Kategorien, oder es gibt viele Geschwisterbeziehungen, für die die Eigenschaft des selektiven Exports nicht gilt. Häufig sind diese Beziehungen jedoch in einem sinnvollen Maß wirksam.

Wir können die Beziehungen auch auf eine bestimmte Gruppe von Zielen oder sogar auf ein einzelnes Ziel eingrenzen. Zum Beispiel könnte man sagen, dass die Autonomen Systeme C und P eine Kunden-Anbieter-Beziehung für das Ziel D haben, wenn C seine Route nach D von einem Nicht-Kunden erfährt, diese Route nicht an P exportiert und P seine eigene Route nach D an C exportiert.

BGP lässt durchaus komplizierte Variationen zu: Wenn ein regionaler Provider Kunde eines großen Transit-Backbones ist, dann könnte der Backbone nur die in der Transitvereinbarung aufgeführten Strecken bekannt geben (und nicht alle Strecken, wie oben). Hier wird vermutet, dass der regionale Provider über mehrere Verbindungen verfügt und nur für bestimmte Strecken einen Vertrag mit dem jeweiligen Transit-Backbone abgeschlossen hat. Wir können dies jedoch in die obige Systematik einordnen, indem wir uns entweder auf die in der Vereinbarung aufgeführten Routen beschränken oder indem wir erklären, dass der Transitdienstleister im Prinzip alle Routen exportiert, der regionale Kunde jedoch keine Routen importiert, für die er nicht bezahlt hat.

15.10.1 BGP-No-Valley-Theorem

Eine Folge der Einhaltung der obigen Klassifizierung und der damit verbundenen Exportregeln ist das *No-Valley-Theorem* von [LG01]: Angenommen, jedes Paar benachbarter AS hat eine Beziehung, die durch die obigen Regeln Kunde-Provider, Peer-to-Peer oder Geschwister beschrieben wird (die nun als *Definitionen* dieser drei Beziehungen betrachtet werden). Darüber hinaus hält sich jede Geschwisterfamilie an die selektive Exporteigenschaft. $A=A_0$ sei ein Autonomes System, das eine Route zum Ziel D mit dem AS-Pfad $\langle A_1,A_2,...,A_n\rangle$ erhalten hat. *Dann*: In diesem AS-Pfad gibt es höchstens eine Peer-to-Peer-Verbindung. Verbindungen links von der Peer-to-Peer-Verbindung (d. h. näher an A) sind entweder Kunden-/Provider-Verbindungen oder Geschwister-/Geschwister-Verbindungen, d. h. sie sind nicht abwärts gerichtet. Rechts von der Peer-to-Peer-Verbindung gibt es nur Provider-/Kunde oder Geschwister-/Geschwister-Verbindungen, d. h. diese sind nicht aufwärts gerichtet. Wenn es keine Peer-to-Peer-Verbindung gibt, können wir den AS-Pfad weiterhin in einen nicht abwärts gerichteten ersten Teil und einen nicht aufwärts gerichteten zweiten Teil unterteilen.

Intuitiv exportieren die Autonomen Systeme auf dem rechten (nicht aufwärts gerichteten) Teil des Pfades die Route nach D als Kundenroute. Autonome Systeme auf dem linken (nicht abwärts gerichteten) Teil des Pfades exportieren die Route vom Provider zum Kunden.

Das No-Valley-Theorem kann als eine Veranschaulichung der Wirkung der Einschränkungen in den Regeln für den Export von Kunden zu Providern und von Peers zu Peers betrachtet werden.

Wir geben ein einfaches Beispiel für den Fall, dass der AS-Pfad über keine Peer-to-Peer-Verbindung verfügt. Beachten Sie zunächst, dass die BGP-Regeln bedeuten, dass jedes Autonome System AS_i im Pfad die Route nach D vom Nachbarn AS_i+1 mit dem AS-Pfad $\langle A_i+1,...,A_n\rangle$ erhalten hat.

Würde das No-Valley-Theorem versagen, dann hätten wir irgendwo auf dem AS-Pfad in der Reihenfolge des ansteigenden i eine absteigende Verbindung, gefolgt von einer aufsteigenden Verbindung. Wählen Sie das größte i, bei dem diese Situation auftritt, und setzen Sie k an die Stelle der ersten nachfolgenden aufsteigenden Verbindung, sodass Folgendes zutrifft:

- A_i bis A_{i+1}: Provider zu Kunde
- A_j zu A_{j+1}: Geschwister zu Geschwister für $i<j<k-1$
- A_{k-1} zu A_k: Kunde zu Provider

Dann wurde die Strecke nach D von A_{k-1} von seinem Provider A_k erworben und ist somit eine Providerstrecke. $\{A_i+1,...,A_{k-1}\}$ ist eine Geschwisterfamilie, und daher behandelt A_{i+1} nach der Regel des selektiven Exports auch diese Strecke nach D als Providerstrecke. Daher kann es diese Nicht-Kunden-Route nicht zu einem anderen Provider A_i exportieren, was ein Widerspruch ist.

Wenn die Hypothesen des No-Valley-Theorems nur für Routen gelten, die ein bestimmtes Ziel oder eine bestimmte Menge von Zielen beinhalten, dann ist das Theorem für diese Routen immer noch wahr.

Die Hypothesen des No-Valley-Theorems reichen nicht ganz aus, um die Konvergenz des BGP-Systems zu einer stabilen Menge von Routen zu garantieren. Um Konvergenz im Fall ohne Geschwisterbeziehungen zu gewährleisten, wird in [GR01] gezeigt, dass die folgende einfache local_preference-Regel ausreicht:

> *Wenn AS1 zwei Routen r1 und r2 zu einem Ziel D erhält und das erste AS der Route r1 ein Kunde von AS1 ist, das erste AS von r2 aber nicht, dann wird r1 ein höherer local_preference-Wert zugewiesen als r2.*

Es gibt komplexere Regeln, die Fälle zulassen, in denen die local_preference-Werte gleich sein können; eine solche Regel besagt, dass strikte Ungleichheit nur erforderlich ist, wenn r2 eine Provider-Strecke ist. Andere einfache Regeln behandeln den Fall von Geschwisterbeziehungen, z. B. indem sie von Geschwistern local_preference-Regeln verlangen, die mit der Verwendung ihrer gemeinsamen Verbindung nur für Backups konsistent sind.

Unabhängig davon, ob die tatsächlichen BGP-Beziehungen mit den obigen Regeln übereinstimmen oder nicht, sind Vereinbarungen, die zu einer tatsächlichen BGP-Instabilität führen, im Internet selten.

15.11 Beispiele für BGP-Instabilität

Was passiert, wenn die »normalen« Regeln für BGP-Präferenzen *nicht* eingehalten werden? BGP lässt wirklich instabile Situationen zu; die Ursache ist, dass jedes AS bei der Auswahl der Präferenzfunktionen völlig unabhängig ist. Hier zwei einfache Beispiele, die aus [GR01] stammen.

Beispiel 1: Es gibt einen stabilen Zustand, aber die Konvergenz zu diesem Zustand ist nicht garantiert. Betrachten Sie die folgende Netzwerkanordnung:

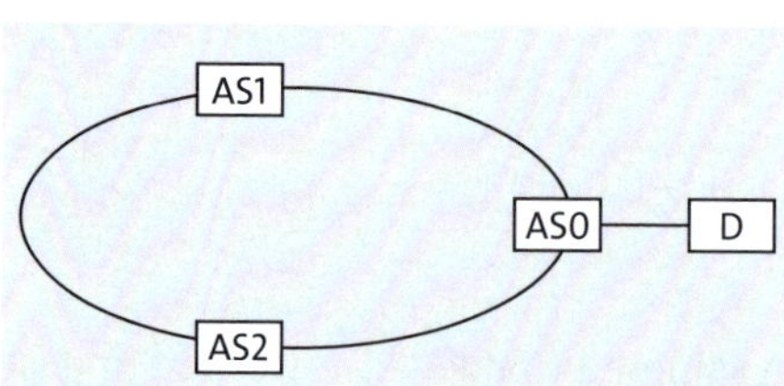

Wir nehmen an, dass AS1 AS-Pfade zum Ziel D in der folgenden Reihenfolge bevorzugt:

⟨AS2,AS0⟩, ⟨AS0⟩

Das heißt, ⟨AS2,AS0⟩ wird dem direkten Pfad ⟨AS0⟩ vorgezogen (eine Möglichkeit, diese Präferenz auszudrücken, könnte lauten: »Bevorzuge Routen, deren AS-Pfad mit AS2 beginnt«; vielleicht ist die Verbindung AS1-AS0 teurer). Analog dazu nehmen wir an, dass AS2 Pfade nach D in der Reihenfolge ⟨AS1,AS0⟩, ⟨AS0⟩ bevorzugt. Sowohl AS1 als auch AS2 beginnen mit dem Pfad ⟨AS0⟩; sie kündigen diesen gegenseitig an. Sobald beide die Advertisements des jeweils anderen erhalten, wenden sie ihre Präferenzreihenfolge an und leiten daher den Traffic von D an den jeweils anderen weiter; d. h. AS1 wechselt zu der Route mit dem AS-Pfad ⟨AS2,AS0⟩ und AS2 wechselt zu ⟨AS1,AS0⟩. Dies führt natürlich zu einer Routing-Schleife! Sobald sie jedoch diese Pfade zueinander exportieren, erkennen sie die Schleife im AS-Pfad und lehnen die neue Route ab, sodass beide wieder zu ⟨AS0⟩ wechseln, sobald sie sich gegenseitig die Änderung der von ihnen verwendeten Route mitteilen.

Diese Oszillation kann sich unbegrenzt fortsetzen werden, solange sowohl AS1 als auch AS2 zum gleichen Zeitpunkt von ⟨AS0⟩ wegschalten. Wenn jedoch AS1 zu ⟨AS2,AS0⟩ wechselt, während AS2 weiterhin ⟨AS0⟩ verwendet, dann ist AS2 »festgefahren« und die Situation stabil. In der Praxis ist daher eine Konvergenz zu einem stabilen Zustand wahrscheinlich.

AS1 und AS2 könnten beschließen, ihre D-Route nicht gegenseitig zu exportieren, um diese Instabilität zu vermeiden. Da sie diese Route zueinander exportieren, sind sie Geschwister im Sinne des vorherigen Abschnitts.

Beispiel 2: Es gibt keinen stabilen Zustand. Dieses Beispiel stammt aus [VGE00]. Nehmen wir an, dass das Ziel D mit AS0 verbunden ist und dass AS0 wiederum mit AS1, AS2 und AS3 verbunden ist, wie im folgenden Diagramm dargestellt:

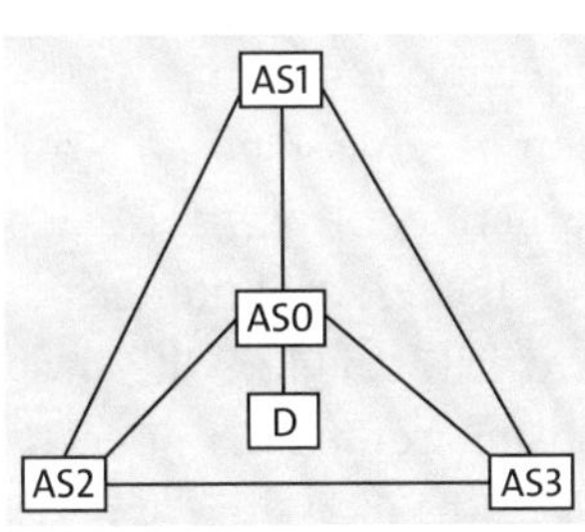

AS1-AS3 weisen jeweils eine direkte Route zu AS0 auf, aber wir nehmen an, dass jedes den AS-Pfad seines Nachbarn im Uhrzeigersinn bevorzugt: Das heißt, AS1 bevorzugt ⟨AS3,AS0⟩ gegenüber ⟨AS0⟩; AS3 bevorzugt ⟨AS2,AS0⟩ gegenüber ⟨AS0⟩, und AS2 bevorzugt ⟨AS1,AS0⟩ gegenüber ⟨AS0⟩. Dies ist ein spezielles, aber gültiges Beispiel für Eingabefilterung.

Angenommen, alle nehmen zunächst den AS-Pfad ⟨AS0⟩ und kündigen dies an, und AS1 ist das erste, das sich die eingehenden Advertisements ansieht. AS1 wechselt zur Route ⟨AS3,AS0⟩ und kündigt diese bei AS2 und AS3 an.

Zu diesem Zeitpunkt sieht AS2, dass AS1 ⟨AS3,AS0⟩ verwendet; wenn AS2 zu AS1 wechselt, wäre sein Pfad dann ⟨AS1,AS3,AS0⟩ und nicht ⟨AS1,AS0⟩, sodass kein Wechsel stattfindet.

Aber AS3 schaltet um: Es bevorzugt ⟨AS2,AS0⟩ und dieses ist immer noch verfügbar. Sobald AS3 diesen Wechsel vornimmt und bekannt gibt, sieht AS1, dass die zuvor verwendete Route ⟨AS3,AS0⟩ zu ⟨AS3,AS1,AS0⟩ geworden ist. An diesem Punkt schaltet AS1 zurück auf ⟨AS0⟩.

Jetzt kann AS2 zu ⟨AS1,AS0⟩ wechseln und tut dies auch. Danach stellt AS3 fest, dass es nun ⟨AS2,AS1,AS0⟩ verwendet und wechselt zurück zu ⟨AS0⟩. Dadurch kann AS1 auf die längere Route wechseln, und dann wechselt AS2 wieder auf die direkte Route, anschließend erhält AS3 die längere Route, dann wieder AS2 usw., immer im Uhrzeigersinn.

Da AS1, AS2 und AS3 jeweils ihre Route nach D an ihre beiden Nachbarn exportieren, müssen sie alle Geschwister voneinander sein.

15.12 BGP-Sicherheit und Route Registrys

Wie im Kasten »BGP-Pannen« in Abschnitt 15.4, »BGP-Filterung und Routing-Policies«, beschrieben, ist es für einen Standort recht einfach, eine Route zu einem Ziel bekannt zu geben, das er in Wirklichkeit nicht erreichen kann; BGP-Nachbarn, die eine solche Route akzeptieren, werden feststellen, dass dieses Ziel unerreichbar ist. BGP basiert traditionell auf Vertrauen, und Sicherheit ist schwierig zu erreichen.

Eine Strategie zur Verhinderung falscher BGP-Ansprüche besteht darin, die von BGP-Nachbarn bekannt gegebenen Ziele mit öffentlichen Datenbanken mit Informationen über Autonome Systeme und über die Zuweisung von IP-Adressblöcken abzugleichen. Solche Datenbanken werden von mehreren Internet-Registrierungsstellen verwaltet, darunter die in Abschnitt 1.10.2, »Die Zukunft von IPv4«, erwähnten regionalen Top-Level-Registrierungsstellen ARIN, RIPE, APNIC, AfriNIC und LACNIC sowie viele weitere Unterregistrierungsstellen. Diese Datenbanken werden als *Internet-Routing-Register* (IRR) bezeichnet. Es ist üblich, dass einige IRRs die Daten anderer spiegeln. Das Akronym »IRR« im Singular bezeichnet manchmal die Vereinigung aller IRRs.

Jede BGP-Routenmeldung enthält das Herkunfts-AS für den IP-Zieladressenblock aufgrund des AS-Pfads. Die grundlegendste Form der BGP-Sicherheit ist die Ursprungsvalidierung: Sie stellt sicher, dass das im AS-Pfad angegebene Herkunfts-AS tatsächlich berechtigt ist, das Herkunfts-AS für diesen IP-Adressblock zu sein; d. h., das Herkunfts-AS ist entweder Eigentümer des Blocks oder der designierte ISP für den Eigentümer des Blocks.

Die Ursprungsvalidierung würde ein Autonomes System daran hindern, sich selbst als Herkunfts-AS für den aktiven IP-Adressenblock eines anderen anzukündigen und damit den Zugang zu diesem Block zu verhindern; dies ist als *BGP-Hijacking* bekannt. Es würde auch verhindern, dass ein AS einen Block von IP-Adressen findet, den niemand tatsächlich nutzt, und ihn in betrügerischer Absicht als seinen eigenen beansprucht; dies ist als *IP-Präfix-Squatting* bekannt und kommt erstaunlich häufig vor.

Die Ursprungsvalidierung allein würde nicht verhindern, dass ein AS, z. B. Q, behauptet, eine direkte Verbindung zu einem anderen AS, z. B. R, zu haben, der der gültige Eigentümer eines IP-Adressblocks D ist. Wenn Q tatsächlich nicht mit R verbunden ist, geht der über Q nach D geroutete Traffic verloren. Q könnte somit zwar den Zugang zu D blockieren, wäre aber nicht in der Lage, diese Adressen zu nutzen. Idealerweise wollen wir auch eine Form der *Pfadvalidierung*, zum Beispiel prüfen, ob jedes AS entlang eines AS-Pfads ordnungsgemäß mit den benachbarten AS im AS-Pfad verbunden ist.

Die IRR-basierte Validierung ist für Kunden-Provider-AS-Beziehungen im Sinne von Abschnitt 15.10, »BGP-Beziehungen«, vorgesehen. P sei ein AS und Q sein Kunde; wir beschreiben, wie P mit IRRs – und sanftem Nachdruck von Q empfangene Routen validieren kann. Aus der Definition der Kunden-Provider-Beziehung ergibt sich, dass Q nur seine »Kundenrouten« an P bekannt gibt: seine eigenen Routen und die Kundenrouten seiner eigenen Kunden.

Wenn Q P eine Strecke zu einem seiner eigenen Adressblöcke A, P–←Q–A, ankündigt, kann P die IRR-Daten verwenden, um zu bestätigen, dass A tatsächlich zu Q gehört; ein Beispiel für die Suche nach Adressblöcken wird im nächsten Abschnitt gegeben. Es ist durchaus möglich, dass Q A in keinem IRR aufgeführt hat, sodass P ein solches Verzeichnis *verlangen* kann, indem er eine Richtlinie festlegt, dass Routen von Kunden ohne übereinstimmende IRR-Adressblockdatensätze nicht akzeptiert werden. In Ermangelung solcher Anforderungen sind die IRR-Daten bekanntermaßen unvollständig, obwohl sie dennoch nützlich sein können.

Nehmen wir nun an, R ist ein Kunde von Q, der den Adressblock B an Q weitergibt, und Q wiederum gibt B an P weiter: P–←Q–R–B. Der erste Schritt ist die Ursprungsvalidierung: P muss einen IRR-Datensatz finden, der R als Eigentümer von B ausweist. Für eine vollständige Validierung benötigt P diesmal jedoch auch den Nachweis, dass R ein Kunde von Q ist. Diese zweite Überprüfung – die Pfadvalidierung – geht über den Rahmen der Ursprungsvalidierung hinaus. Ist dies jedoch nicht der Fall, könnte Q möglicherweise versuchen, den Zugang zu B zumindest teilweise zu blockieren, indem es eine Route zu B über eine falsche Verbindung zu R beansprucht. Ein Ansatz für die Pfadvalidierung besteht darin, dass P verlangt, dass Q eine Liste seiner Kunden in Form eines »AS-Sets« bereitstellt.

Es gibt noch einen weiteren, wenn auch weniger vorsätzlichen, häufigen Fehler: das versehentliche Anbieten von Transitdiensten. Dies geschieht, wenn ein Autonomes System, z. B. Q, eine gültige Route zu einem Nicht-Kunden-Adressblock D (der sogar das gesamte Internet umfassen kann) hat und diese Route versehentlich einem benachbarten AS P ankündigt. P kann nun seinen gesamten Traffic über Q nach D leiten, worauf Letzteres möglicherweise nicht vorbereitet ist. Dies wird als *Routenleck* bezeichnet. Die IRR-Validierung kann sowohl Routenlecks als auch Hijacking und Präfix-Squatting verhindern: Wenn Q versehentlich eine Nicht-Kunden-Route an P ankündigt, kann diese anhand der IRR-Daten als solche erkannt werden, und P kann die Annahme der Route dann ablehnen.

Wenn die BGP-Beziehung zwischen Q und P eher die zwischen Geschwister als die zwischen einem Kunden und einem Provider ist, wird Q *alle* seine Routen an P exportieren (und umgekehrt). Es ist wahrscheinlich unpraktisch für P, jede von Q erhaltene Route zu überprüfen. Geschwister-AS haben jedoch in der Regel eine viel engere Beziehung als Provider-Kunden-AS; P könnte hier geneigt sein, einfach den von Q exportierten Routen zu vertrauen.

15.12.1 IRR-Abfragen

Auf IRR-Datensätze kann mit dem `whois`-Befehl zugegriffen werden, obwohl manchmal auch andere Schnittstellen bereitgestellt werden. Obwohl `whois` vielleicht am häufigsten verwendet wird, um Informationen über Domänen abzurufen (z. B. `whois luc.edu`), werden auch mehrere andere Abfragetypen unterstützt. Für fortgeschrittene Anwendungen von `whois` ist es normalerweise erforderlich, zusätzlich zur Abfrage einen bestimmten whois-Server mit der Option `-h` anzugeben. Hier wird beispielhaft der Server `whois.radb.net` verwendet. IRR-Datensätze werden mithilfe der Routing Policy Specification Language (RPSL) *erstellt*, die in RFC 2622 und dem dazugehörigen Dokument RFC 2650 definiert ist; die erstellten Datensätze werden dann in das entsprechende IRR hochgeladen.

Die Loyola-Universität ist Eigentümerin des Adressblocks 147.126.0.0/16 und kündigt diesen Block bei ihren BGP-Peers an. Mit dem folgenden Befehl können wir `whois` zur Abfrage dieses Blocks verwenden:

```
whois -h whois.radb.net 147.126.0.0/16
```

Wir erhalten eine Liste von Informationen zurück, einschließlich der AS-Nummer und des Eigentümers (die Ausgabe wurde hier gekürzt):

```
route:      147.126.0.0/16
origin:     AS7968
descr:      Loyola University Chicago
```

Wir können auch nach einer bestimmten IP-Adresse fragen, z. B. 147.126.2.45. Es stellt sich heraus, dass Loyola Datensätze für mehrere Unterblöcke von 147.126.0.0/16 hat (um die Zuweisung von IP-Adressen an verschiedene Standorte zu berücksichtigen), und für diese Abfrage erhalten wir Datensätze sowohl für den Top-Level-/16-Block als auch für 147.126.0.0/20 zurück. (Wenn man genau hinschaut, stellt man fest, dass diese Unterblöcke direkt von Loyola verwaltet werden, während der Top-Level-Block 147.126.0.0/16 (ab 2020) von XO Communications verwaltet wird).

Wir können auch die AS-Nummer selbst abfragen. Im folgenden Beispiel aus der RADB-Dokumentation gehört AS8 zur Rice University.

```
whois -h whois.radb.net as8
```

Die verkürzte Ausgabe (2020) lautet:

```
aut-num:    AS8
as-name:    RICE
descr:      Rice University AS
import:     from AS2914
            action pref=700;
            accept ANY AND NOT {0.0.0.0/0}
import:     from AS3356 4.30.109.33 at 4.30.109.34
            action pref=700; med=20;
            accept ANY

export:     to AS2914 128.241.2.165 at 128.241.2.166
            announce RS-RICE-PUBLIC-SUBNETS
export:     to AS3356 4.7.145.189 at 4.7.145.190
            announce RS-RICE-PUBLIC-SUBNETS
export:     to AS3356 4.30.109.33 at 4.30.109.34
            announce RS-RICE-PUBLIC-SUBNETS
```

In diesem Beispiel sehen wir sowohl *Import-* als auch *Exportregeln*, die den BGP-Import- und Exportfiltern entsprechen. Die erste Importregel besagt, dass wir von AS2914 (NTT Communications) jede Route *außer* einer Standardroute (0.0.0.0/0) akzeptieren. Die zweite Importregel für AS3356 (Level3/CenturyLink) enthält MED-Werte (Abschnitt 15.6.3, »MULTI_EXIT_DISC«). Neben der Validierung von Adressblöcken können die Provider-AS die deklarierten Import- und Exportregeln zum Abgleich mit den über BGP empfangenen Advertisements verwenden.

Die Exportregeln enthalten hier einen *Routensatz* RS-RICE-PUBLIC-SUBNETS (Routensatz-Namen müssen mit »RS-« beginnen); wir können weitere Informationen über diesen Routensatz mit `whois -h whois.radb.net '!iRS-RICE-PUBLIC-SUBNETS'` abfragen. Die Verwendung von Routensätzen erleichtert die Erstellung (und Pflege!) von Exportregeln, wenn mehrere IP-Adressblöcke exportiert werden.

Es ist auch möglich, *AS-Sätze* zu definieren, d. h. AS-Listen. Dies ist auch die bevorzugte Methode für ein AS, seinem Provider eine Liste seiner Kunden zu übermitteln. Wenn wir zum Beispiel AS19754 (The Fusion Network) nachschlagen, erhalten wir (unter anderem):

```
import:    from AS19754:AS-CUSTOMERS   accept PeerAS
export:    to AS1299   announce AS-TFNNET
export:    to AS19754:AS-CUSTOMERS   announce ANY
```

Das Schlüsselwort `PeerAS` steht für die AS-Nummer des Empfängers. `AS-TFNNET` ist ein einstufiger AS-Set-Name; `AS19754:AS-CUSTOMERS` ist ein hierarchischer AS-Set-Name (AS-Set-Namen müssen global eindeutig sein, daher ist es oft sinnvoll, eine AS-Nummer voranzustellen). Die dritte Zeile bedeutet, dass alle Routen an die lokale AS-CUSTOMERS-Liste gemeldet werden, d. h. *Transitdienste* werden den Kunden des AS wie erwartet zur Verfügung gestellt. Jeder übergeordnete Provider kann diese AS-CUSTOMERS-Liste abrufen, z. B. durch Verwendung des !i-Flags in der `whois`-Abfrage, wie im obigen Routensatz-Beispiel. Beachten Sie, dass im Kontext einer Kunden-Provider-Beziehung ein übergeordneter Provider ableiten kann, dass jedes AS, für das AS19754 Transitdienste anbietet, ein Kunde ist, und dass daher das AS-Set `AS19754:AS-CUSTOMERS` tatsächlich eine Kundenliste für AS19754 ist; die Tatsache, dass »CUSTOMER« im Namen erscheint, ist lediglich eine Konvention.

Diese und andere Befehle können für ein bestimmtes AS eine gute Beschreibung liefern, welche Netze und welche AS seine Kunden sind und für wen es Transitdienste anbietet, vorausgesetzt, das AS hat dafür gesorgt, die entsprechenden Datensätze zu erstellen. Bei geeigneter automatischer Verarbeitung und entsprechender BGP-Unterstützung kann dieser Ansatz bei der Validierung der über BGP erhaltenen Informationen sehr effektiv sein.

Die Organisation MANRS (Mutually Agreed Norms for Routing Security) wurde 2014 gegründet, um die Routing-Sicherheit zu verbessern und Best Practices zu fördern. Eine davon ist die Verwendung von IRR-Daten für die BGP-Validierung.

15.12.2 RPKI

Ein weiterer, neuerer Ansatz für die BGP-Integrität ist die Resource Public Key Infrastructure (RPKI), die in RFC 6840 beschrieben wird. Hier geht es darum, einen Mechanismus einzurichten, mit dem AS kryptografisch signierte Zusicherungen – bekannt als Zertifikate und sehr ähnlich den Zertifikaten in Abschnitt 28.5.2, »TLS«, und Unterabschnitt »Zertifizierungsstellen« – erhalten können, dass ein bestimmter IP-Adressblock tatsächlich dem AS gehört, das behauptet, der Ursprung der Routen zu diesem Adressblock zu sein. Damit wird die oben beschriebene Ursprungsvalidierung erreicht, obwohl andere Angriffe immer noch möglich sein können.

Ein AS, der an RPKI teilnehmen möchte, bündelt seine AS-Nummer und IP-Adressblöcke in einer »Certificate Request«, die er dann bei einer entsprechenden Stelle zur digitalen Signierung einreicht. Sobald die Anfrage signiert ist, wird sie zu einer *Route Origin Authorization* (ROA), die andere AS verwenden können, um zu überprüfen, ob die erste AS tatsächlich der Ursprung der von ihr beanspruchten Adressblöcke ist.

Die Unterzeichner von ROAs – ähnlich wie Zertifizierungsstellen (siehe Abschnitt 28.5.2, »TLS«, Unterabschnitt »Zertifizierungsstellen«) – sind größtenteils dieselben Organisationen, die auch IRRs verwalten: die IANA, die in Abschnitt 1.10.2, »Die Zukunft von IPv4«, erwähnten fünf regionalen Registrierungsstellen ARIN, RIPE, APNIC, AfriNIC und LACNIC sowie alle lokalen Registrierungsstellen, die von einer dieser Stellen beauftragt wurden. Da dies die Organisationen sind, die IP-Adressblöcke vergeben, sind sie in einer günstigen Position, um den Besitz von Adressblöcken zu überprüfen.

15

Das Eigentum an IP-Adressen ist jedoch ein rechtliches Problem, kein technisches. Wenn ein AS einen Adressblock an eine andere Person verkauft, muss die Übertragung dann vom zuständigen Routing Registry genehmigt werden? Die meisten Registrare verlangten dies schon immer auf dem Papier, aber die IRR und die RPKI verleihen dieser Policy Nachdruck. Was ist, wenn eine IP-Adressübertragung Teil einer rechtlichen Maßnahme ist, die im Land der beteiligten AS gültig ist, aber im Land der Registrierungsstelle nicht anerkannt wird? Wer kann haftbar gemacht werden, wenn der Zugang zu einer Website aufgrund eines nicht ordnungsgemäß unterzeichneten ROA gesperrt wird? Aus diesen und anderen Gründen beinhaltet ARIN ein etwas einschüchterndes *Relying Party Agreement* (*https://www.arin.net/resources/manage/rpki/rpa.pdf*), das AS unterzeichnen müssen, bevor sie an der Erstellung von ROAs teilhaben dürfen. Eine Analyse in [YW19] legt nahe, dass rechtliche Erwägungen die Einführung von RPKI verlangsamt haben.

Die Verifizierung von ROAs sowie der Zugang zu ROAs und IRRs im Allgemeinen sind *nicht* Teil des BGP-Protokolls. Wenn ein AS eine IRR oder ROA verwenden möchte, um seine Routing-Entscheidungen zu validieren, muss er die entsprechenden Informationen außerhalb von BGP selbst erhalten. Dies geschieht in der Regel dadurch, dass der lokale BGP-Router mit einem lokalen »Validierungsserver« kommuniziert, der die Einzelheiten der Verifizierung für neu entdeckte Routen übernimmt.

15.13 Epilog

Internes Routing – unter Verwendung von Distanzvektor- oder Link-State-Protokollen – ist sauber und logisch. Externes Routing mit BGP ist chaotisch und willkürlich. Das Erstaunlichste an BGP ist vielleicht, dass das Internet so gut funktioniert, wenn man die Komplexität der Providerverbindungen bedenkt. Die geschäftliche Seite des Routings hat *fast* nie Auswirkungen auf den normalen Benutzer. Bis zu einem gewissen Grad funktioniert BGP deshalb so gut, weil die Provider die Komplexität ihrer Filtereinstellungen freiwillig einschränken, aber das wiederum scheint größtenteils daran zu liegen, dass die Geschäftsbeziehungen realer ISPs keine komplexe Filterung erfordern.

15.14 Übungen

1. Betrachten Sie das folgende Netz der Provider P-S, die alle BGP verwenden. Die Provider sind die horizontalen Linien; jeder Provider ist sein eigenes AS.

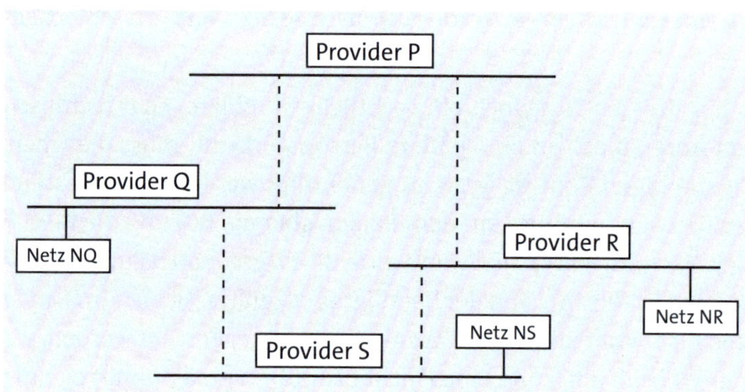

   a) ◊ Welche Routen zum Netz NS erhält P, wenn jeder Provider alle seine Routen ohne Filterung an seine Nachbarn exportiert? Geben Sie für jede Route den AS-Pfad an.
   b) Welche Routen zum Netz NQ erhält P? Geben Sie für jede Route den AS-Pfad an.
   c) Angenommen, R verwendet nun Exportfilterung, um keine seiner Routen an P anzukündigen, obwohl er weiterhin seine Routen an S ankündigt. Welche Routen zum Netz NR erhält P, mit AS-Pfaden?

2. Betrachten Sie das folgende Netzwerk mit den Autonomen Systemen AS1 bis AS6, die auch als Ziele fungieren. Wenn AS1 sich selbst über BGP an AS2 ankündigt, ist der bereitgestellte AS-Pfad beispielsweise ⟨AS1⟩.

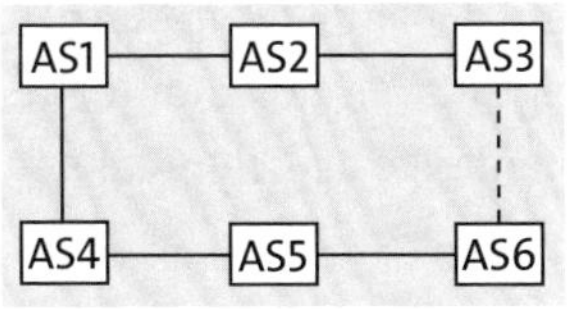

a) Wenn weder AS3 noch AS6 ihre AS3-AS6-Verbindung zu ihren linken Nachbarn AS2 und AS5 exportieren, welche Routen erhält dann AS2, um AS5 zu erreichen? Geben Sie die Routen nach AS-Pfad an.

b) Wiederum unter der Annahme, dass weder AS3 noch AS6 exportieren, welche Routen wird AS5 erhalten, um AS3 zu erreichen?

c) Angenommen, AS3 exportiert seine Verbindung zu AS6 an AS2, aber AS6 exportiert die Verbindung AS3-AS6 weiterhin nicht an AS5. Wie wird AS5 nun AS3 erreichen? Wie wird AS2 AS6 erreichen? Nehmen Sie an, dass bei der BGP-Best-Path-Selection keine lokalen Präferenzen verwendet werden und dass der kürzeste AS-Pfad gewinnt.

3. Nehmen wir an, wir versuchen, die BGP-Strategie des Austauschs von Zielen und Pfaden als interne Routing-Update-Strategie zu verwenden, vielleicht als Ersatz für das Distanzvektor-Routing. Es werden keine Kosten oder Hop-Counts verwendet, aber die Router fügen jedem Ziel eine Liste der Router hinzu, die zum Erreichen dieses Ziels verwendet werden. Router können auch Präferenzen für Routen haben, wie z. B. »bevorzuge meine Verbindung zu B, wann immer möglich«.

   a) Betrachten Sie das Netz aus Abschnitt 13.2, »Langsames Konvergenzproblem bei Distanzvektoren«:

```
D-----------A-----------B
```

   b) Die Verbindung zwischen D und A wird unterbrochen, und B bietet A an, was er für seine eigene Route nach D hält. Erklären Sie, wie der Austausch von Pfadinformationen hier eine Routingschleife verhindert.

   c) Angenommen, das Netz sieht aus wie unten dargestellt, und jeder Router kennt zunächst sich selbst und seine unmittelbaren Nachbarn. Welche Abfolge von Router-Advertisements kann dazu führen, dass A über A→D→E→B→C→F den Punkt F erreicht, und welche individuellen Router-Präferenzen wären notwendig? (Ursprünglich würde A zum Beispiel B direkt erreichen; welche Präferenz könnte ihn dazu bringen, A→D→E→B zu bevorzugen?)

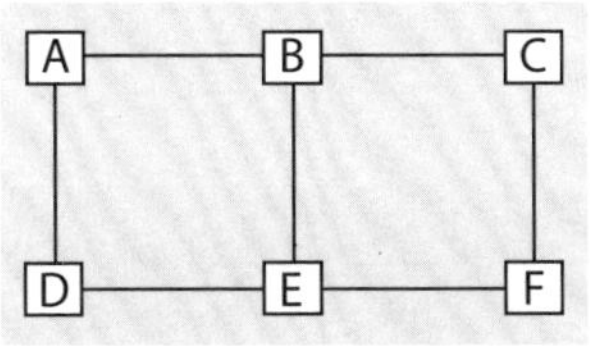

c) Erläutern Sie, warum diese Methode der Verwendung der Hopcount-Metrik mit Distanzvektor- oder Link-State-Routing gleichwertig ist, wenn die Router keine Präferenzen haben dürfen und wenn die Router-Pfadlänge als Tie-Breaker verwendet wird.

4. Wie weit kann im folgenden AS-Pfad von AS0 nach AS4 eine Kundenroute von AS0 in Richtung AS4 exportiert werden, wenn die Kunden unter den Providern liegen? Wie weit kann eine Kundenroute von AS4 in Richtung AS0 exportiert werden?

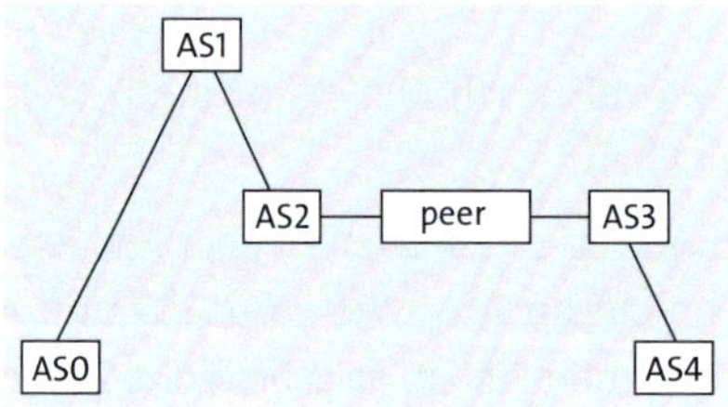

5. Vervollständigen Sie den Beweis des No-Valley-Theorems aus Abschnitt 15.10, »BGP-Beziehungen«, unter Einbeziehung von Peer-to-Peer-Verbindungen.

a) Zeigen Sie, dass das bestehende Argument auch funktioniert, wenn die Verbindung A_i zu A_{i+1} eine Peer-to-Peer-Verbindung und nicht eine Provider-to-Customer-Verbindung wäre, indem Sie beweisen, dass eine Aufwärtsverbindung nicht rechts von einer Peer-to-Peer-Verbindung erscheinen kann.

b) Zeigen Sie, dass das bestehende Argument funktioniert, wenn die A_{k-1} zu A_k eine Peer-to-Peer- und keine Kunde-zu-Provider-Verbindung wäre, wodurch bewiesen wäre, dass eine Abwärtsverbindung nicht links von einer Peer-to-Peer-Verbindung erscheinen kann.

c) Zeigen Sie, dass es keine zwei Peer-to-Peer-Verbindungen geben kann.

Kapitel 16
UDP-Übertragung

Die Standardübertragungsprotokolle oberhalb der IP-Schicht sind *TCP* und *UDP*. Wie wir in Kapitel 1 gesehen haben, ermöglicht UDP die einfache Übermittlung von Datagrammen an entfernte Sockets, d. h. an ⟨host,port⟩-Paare. TCP bietet eine viel umfangreichere Funktionalität zum Versenden von Daten, setzt aber voraus, dass der Remote-Socket vorab verbunden wurde. In diesem Kapitel beginnen wir mit dem viel einfacheren UDP, einschließlich dem UDP-basierten Trivial File Transfer Protocol.

Wir gehen auch auf einige grundlegende Probleme jedes Übertragungsprotokolls ein, wie etwa den Verlust der letzten Pakete oder Pakete, die so spät eintreffen, dass sie bei ihrer Ankunft möglicherweise falsch interpretiert werden. Diese grundlegenden Probleme sind auch auf TCP-Verbindungen anwendbar.

16.1 User Datagram Protocol – UDP

RFC 1122 bezeichnet UDP fast schon als »Null-Protokoll«; das ist zwar eine recht drastische Einordnung, aber UDP ist tatsächlich recht einfach gestrickt. Über die IP-Schicht hinaus besitzt es zwei zusätzliche Funktionen: *Portnummern* und eine *Prüfsumme*. Der UDP-Header enthält die Bestandteile aus Abbildung 16.1.

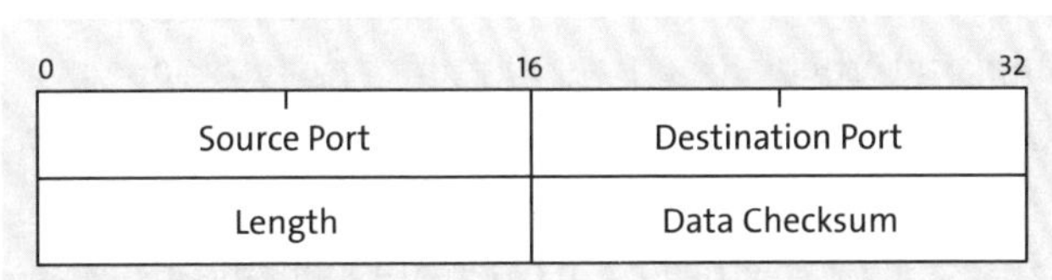

Abbildung 16.1 Der UDP-Header

Die Portnummern machen UDP zu einem echten Übertragungsprotokoll: Mit ihnen kann eine Anwendung nun eine Verbindung zu einem einzelnen Serverprozess herstellen (also zu dem Prozess, dem die betreffende Portnummer »gehört«), und nicht nur zu einem Host.

UDP ist in dem Sinne *unzuverlässig*, dass auf der UDP-Schicht keine Zeitüberschreitungen, Bestätigungen und erneute Übertragungen vorgesehen sind; für UDP geschriebene Anwendungen müssen diese selbst implementieren. Wie bei TCP wird ein ⟨Host,Port⟩-Paar bei UDP als Socket bezeichnet (obwohl UDP-Ports einen von TCP-Ports getrennten Namensraum darstellen). UDP ist auch *verbindungslos* (oder zustandslos); wenn eine Anwendung auf einem Host einen Port geöffnet hat, kann jeder andere Host im Internet ohne vorherige Aushandlung Pakete an diesen ⟨Host,Port⟩-Socket zustellen.

UDP-Pakete verwenden die 16-Bit-Internet-*Prüfsumme* (Abschnitt 7.4, »Fehlererkennung«) für die Daten. Auch wenn dies heute nur noch selten geschieht, lässt sich die Prüfsumme durch Setzen aller Bits im Prüfsummenfeld auf Null deaktivieren – dieser Wert tritt niemals als tatsächliche Einerkomplement-Summe auf. Die UDP-Prüfsumme umfasst den UDP-Header, die UDP-Daten und auch einen »Pseudo-IP-Header«, der die Quell- und Ziel-IP-Adressen (und auch ein Duplikat des `length`-Felds im UDP-Header) enthält. Wenn ein NAT-Router eine IP-Adresse oder einen Port umschreibt, muss die UDP-Prüfsumme aktualisiert werden.

UDP-Pakete können aufgrund von überlaufenden Warteschlangen entweder bei einem zwischengeschalteten Router oder beim empfangenden Host verworfen werden. In letzterem Fall kommen die Pakete also schneller an, als der Empfänger sie verarbeiten kann. Übergeordnete Protokolle, die ACK-Pakete definieren (z. B. UDP-basiertes RPC, siehe unten), sehen normalerweise eine gewisse *Flusssteuerung* vor, um dies zu verhindern.

UDP wird gerne zur »lokalen« Übertragung verwendet, die auf ein LAN beschränkt ist. In dieser Umgebung ist es üblich, UDP als Übertragungsgrundlage für ein *Remote-Procedure-Call*-(RPC)-Protokoll zu verwenden. Hinter RPC steckt der Gedanke, dass ein Host eine Prozedur auf einem anderen Host aufruft; die Parameter und der Rückgabewert werden mittels UDP hin- und hertransportiert. Auf RPC werden wir weiter unten in Abschnitt 16.5, »Remote Procedure Call (RPC)«, näher eingehen; der Sinn von UDP ist aber vorerst einmal, dass wir in einem lokalen LAN auf recht einfache Mechanismen für Zeitüberschreitung und erneute Übertragung zurückgreifen können.

UDP eignet sich gut für eine »Anfrage-Antwort«-Semantik, die über RPC hinausgeht; man kann TCP verwenden, um eine Nachricht zu senden und eine Antwort zu erhalten, aber dabei entsteht ein zusätzlicher Overhead durch den Auf- und Abbau der Verbindung. DNS verwendet hauptsächlich aus diesem Grund UDP. Wenn allerdings absehbar ist, dass in kurzer Zeit eine ganze Abfolge von Anfrage-Antwort-Operationen durchgeführt werden muss, könnte sich der Aufwand über TCP lohnen.

UDP wird auch gerne für Echtzeitübertragungen verwendet, bei denen es ansonsten zu *Head-of-Line-Blocking* kommen könnte. Wenn ein TCP-Paket verloren geht, stellt der empfangende *Host* alle weiteren Daten in die Warteschlange, bis die verlorenen Daten erfolgreich erneut übertragen werden, was durchaus einige RTTs dauern kann; die empfangende *Anwendung* hat keine Möglichkeit, ein abweichendes Verhalten einzufordern. UDP gestattet es der empfangenden Anwendung dagegen, verlorene Pakete einfach zu ignorieren. Dieser Ansatz ist sehr erfolgreich für Sprach- und Videoübertragungen, die *verlusttolerant* sind, da kleine Verluste das Empfangssignal nur geringfügig verschlechtern, zugleich sind diese aber um so stärker *verzögerungsinto-*

lerant, denn Pakete, die für eine Wiedergabe zu spät eintreffen, können ebenso gut auch gar nicht empfangen werden. Ähnlich verhält es sich bei einem Computerspiel, wo eine verloren gegangene Positionsaktualisierung mit der nächsten Aktualisierung hinfällig wird. Verlusttoleranz ist der Grund dafür, dass das *Real-Time Transport Protocol* (RTP) auf UDP und nicht auf TCP aufbaut. Bei VoIP-Telefongesprächen werden in der Regel RTP und UDP eingesetzt. Siehe auch das NoTCP Manifesto: *http://notcp.io*

Aber UDP hat auch eine Schattenseite: Mitunter ist es das Protokoll der Wahl bei Flooding-Angriffen im Internet, da es einfach ist, UDP-Pakete mit gefälschten Absenderadressen zu verschicken. Siehe den Internet-Entwurf *draft-byrne-opsec-udp-advisory* (*http://tools.ietf.org/html/draft-byrne-opsec-udp-advisory-00*). Allerdings ist es auch nicht besonders schwer, TCP-Verbindungsanforderungspakete (SYN) mit gefälschter Quelladresse zu versenden. Es ist jedoch ziemlich schwierig, so lange TCP-Quelladress-Spoofing zu betreiben, dass tatsächlich Daten an einen Anwendungsprozess geliefert werden können; siehe Abschnitt 18.3, »Der dreifache Handshake – erneut betrachtet«.

UDP ermöglicht manchmal auch so genannte *Traffic-Amplification*-Attacken: Der Angreifer sendet hierbei eine kleine Nachricht mit einer gefälschten Quelladresse an einen Server, und der Server antwortet dann mit einer viel größeren Antwortnachricht an die gefälschte Adresse. Dadurch wird beim Opfer ein größeres Datenverkehrsaufkommen erzeugt, als es der Angreifer direkt erzeugen könnte. Ein Ansatz besteht darin, dass der Server die Größe seiner Antwort begrenzt – idealerweise auf die Größe der Client-Anfrage – bis er überprüfen konnte, dass der Client tatsächlich Pakete empfängt, die an seine angebliche IP-Adresse gesendet werden. QUIC verwendet diesen Ansatz.

16.1.1 QUIC

Manchmal wird UDP einfach deshalb verwendet, weil neue oder experimentelle Protokolle damit vollständig als User-Space-Anwendungen laufen können; es sind keine Kernel-Updates erforderlich, wie es bei TCP-Änderungen der Fall wäre. Google hat in dieser Kategorie ein Protokoll namens QUIC entwickelt (*Quick UDP Internet Connections*, *http://www.chromium.org/quic*), das speziell zur Unterstützung des HTTP-Protokolls dient. QUIC kann in der Tat als ein speziell auf HTTPS zugeschnittenes Transportprotokoll angesehen werden: HTTP plus TLS-Verschlüsselung (Abschnitt 28.5.2, »TLS«).

QUIC profitiert ebenfalls vom fehlenden Head-of-Line-Blocking bei UDP. Ein Ziel von QUIC ist zum Beispiel die Unterstützung von Multiplex-Streams in einer einzigen Verbindung (z. B. für die verschiedenen Komponenten einer Webseite). Ein verlorenes Paket blockiert zwar bis zur erneuten Übertragung seinen eigenen Stream, aber die anderen Streams können ohne Wartezeit weiterlaufen. Eine frühe Version von QUIC unterstützte Fehlerkorrektur-Codes (Abschnitt 7.4.2, »Fehlerkorrigierende Codes«); dies ist ein weiteres Merkmal, das sich nur schwer mit TCP vereinbaren ließe.

In vielen Fällen eliminiert QUIC die anfängliche RTT, die für den Aufbau einer TCP-Verbindung erforderlich ist, und ermöglicht bereits mit dem allerersten Paket eine Datenübermittlung. Dies setzt aber in der Regel eine kurz zuvor bestandene Verbindung voraus, da das Akzeptieren von Daten im ersten Paket den Empfänger sonst für bestimmte Spoofing-Angriffe verwundbar macht. Außerdem entfällt bei QUIC in der Regel die zweite (und vielleicht dritte) RTT, die zum Aushandeln der TLS-Verschlüsselung benötigt wird (Abschnitt 28.5.2, »TLS«).

QUIC unterstützt eine erweiterte Überlaststeuerung, derzeit (2014) einschließlich eines UDP-Pendants von TCP CUBIC. QUIC erledigt dies auf der Anwendungsschicht, aber neue Mechanismen zu Überlaststeuerung innerhalb von TCP erfordern oft Änderungen am Client-Betriebssystem, selbst dann, wenn der Mechanismus hauptsächlich serverseitig angesiedelt ist. (QUIC erfordert möglicherweise Kernel-Unterstützung, um die ECN-Überlastrückmeldung zu nutzen, Abschnitt 21.5.3, »Explicit Congestion Notification (ECN)«, da hierzu Bits im IP-Header gesetzt werden müssen.) QUIC ist ein vielversprechender Ansatz, um die Flexibilität von UDP zur Unterstützung innovativer oder experimenteller Funktionen der Übertragungsschicht zu nutzen.

Ein Nachteil von QUIC ist die nicht standardisierte Programmierschnittstelle, aber es ist zu beachten, dass Google eine weit verbreitete Nutzung von QUIC im Web erreichen kann (und dies auch tut), indem es einfach die Client-Seite mit seinem Chrome-Browser verteilt. Ein weiterer, heimtückischerer Nachteil besteht darin, dass QUIC den »Gesellschaftsvertrag« bricht, nach dem alle TCP verwenden sollten, damit alle in Bezug auf Überlastprobleme gleichgestellt sind. Es stellt sich jedoch heraus, dass *nicht* alle TCP-Nutzer gleichberechtigt sind, da es inzwischen mehrere TCP-Varianten gibt. Außerdem *sollte* QUIC in einem fairen Wettbewerb mit TCP stehen. Dennoch wirft QUIC ganz neue und interessante Probleme auf.

Da viele Eigenschaften von QUIC eine Reaktion auf die Probleme mit TCP sind, werden wir das Protokoll nach der Einführung von TCP in Abschnitt 18.15.4, »Ein neuerlicher Blick auf QUIC«, noch detaillierter vorstellen.

16.1.2 DCCP

Das *Datagram Congestion Control Protocol* (*DCCP*) ist ein weiteres Übertragungsprotokoll, das auf UDP aufbaut und die grundlegende Toleranz von UDP gegenüber Paketverlusten beibehält. Es wird in RFC 4340 beschrieben. DCCP erweitert UDP um eine Reihe von TCP-ähnlichen Funktionen; für unsere Zwecke sind die wichtigsten der Verbindungsauf- und -abbau (siehe Abschnitt 18.15.3, »DCCP«) und das TCP-ähnliche Überlastmanagement (siehe Abschnitt 21.3.3, »DCCP-Überlaststeuerung«).

DCCP-Datenpakete sind zwar nummeriert, werden aber in der Reihenfolge ihres Eintreffens und nicht in der Reihenfolge der laufenden Nummer an die Anwendung übermittelt. DCCP erweitert UDP auch um Bestätigungen, allerdings in einer speziellen Form, die hauptsächlich der Überlaststeuerung dient. Bei unbestätigten Datenpaketen wird nicht davon ausgegangen, dass sie jemals erneut übertragen werden; diese Entscheidung obliegt alleine der Anwendung. Bestätigungen können einzelne Pakete oder, durch das DCCP-Acknowledgment-Vektor-Format, alle in einem Bereich von aktuellen Folgenummern empfangenen Pakete bestätigen (SACK TCP, Abschnitt 19.6, »Selektive Bestätigungen (SACK)«, unterstützt dies ebenfalls).

DCCP unterstützt die zuverlässige Zustellung von Steuerpaketen, die für den Verbindungsaufbau, den Verbindungsabbau und die Optionsaushandlung verwendet werden. Die Aushandlung von Optionen kann zu jedem beliebigen Zeitpunkt während einer Verbindung erfolgen.

DCCP-Pakete enthalten nicht nur die üblichen anwendungsspezifischen UDP-Portnummern, sondern auch einen 32-Bit-*Service-Code*. Dieser ermöglicht eine feiner abgestufte Paketbehandlung, da er die von einem eingehenden Paket angeforderte Verarbeitung eindeutig festlegt. Die Verwendung von Service-Codes löst auch Probleme, die entstehen, wenn Anwendungen aufgrund von Konflikten gezwungen sind, vom Standard abweichende Portnummern zu verwenden.

DCCP ist ausdrücklich für die Ausführung im Betriebssystem-Kernel und nicht im User-Space vorgesehen. Der Grund dafür ist, dass der ECN-Überlastrückmeldemechanismus (Abschnitt 21.5.3, »Explicit Congestion Notification (ECN)«) das Setzen von Flag-Bits im IP-Header erfordert und die meisten Kernel dies Anwendungen im User-Space nicht zugestehen.

16.1.3 Simplex-Talk über UDP

Ein frühes Standardbeispiel für Socket-Programmierung ist Simplex-Talk. Der Client liest Textzeilen vom Terminal des Benutzers und sendet sie über das Netzwerk an den Server; der Server zeigt sie dann auf seinem Terminal an. Der Server bestätigt nichts, was an ihn gesendet wurde, noch sendet er überhaupt irgendeine Antwort an den Client. Der Begriff »Simplex« bezieht sich auf die Einbahnstraße im Datenfluss; »Duplex Talk« ist die Grundlage für Instant Messaging (IM).

Selbst auf dieser einfachen Ebene müssen wir einige Details des Datenprotokolls beachten: Wir gehen hier davon aus, dass die Zeilen *mit* einer abschließenden Zeilenende-Markierung gesendet werden. In einer Welt, in der verschiedene Betriebssysteme unterschiedliche Steuerzeichen für das Zeilenende verwenden, kann es problematisch werden, diese mit in die übertragenen Daten aufzunehmen. Wenn wir jedoch zur TCP-Version kommen und ankommende Pakete aus irgendeinem Grund in eine Warteschlange gestellt werden, ist das eingebettete Zeilenende-Zeichen das einzige, was die ankommenden Daten in Zeilen trennt.

Wie bei fast allen Internetprotokollen muss die Serverseite eine Port-Nummer auswählen, die zusammen mit der IP-Adresse des Servers die *Socket-Adresse* bildet, mit der sich die Clients verbinden. Die Clients müssen diese Port-Nummer herausfinden oder sie aus ihrem Anwendungscode herauslesen. Auch die Clients haben eine Port-Nummer, die jedoch weitgehend unsichtbar ist.

Auf der Serverseite muss Simplex-Talk dies tun:

- nach einer bestimmten Port-Nummer fragen
- einen *Socket* erstellen, den Endpunkt für das Senden und Empfangen
- den Socket an die Socket-Adresse *binden*, wenn dies nicht bereits bei der Socket-Erstellung erfolgt ist
- Pakete empfangen, die an den Socket gesendet werden
- für jedes empfangene Paket dessen Absender und Inhalt ausgeben

Auf der Clientseite gibt es eine ähnliche Liste:

- die IP-Adresse des Servers mit Hilfe von DNS abfragen
- einen »anonymen« Socket erstellen; die Port-Nummer des Clients ist uns egal
- eine Zeile aus dem Terminal auslesen und an die Socket-Adresse ⟨server_IP,port⟩ senden

Der Server

Wir beginnen mit der Serverseite, die hier in Java dargestellt wird. Die Java-Socket-Implementierung basiert hauptsächlich auf der BSD socket library, Abschnitt 1.16, »Berkeley Unix«. Wir verwenden Port 5432; dies lässt sich leicht ändern, wenn z. B. beim Start eine Fehlermeldung wie »cannot create socket with port 5432« erscheint. Der hier von uns verwendete Port 5432 wird auch von PostgreSQL für TCP-Verbindungen genutzt. (Der Client müsste natürlich auch angepasst werden.)

Java-Klasse »DatagramPacket«

Die Java-Klasse `DatagramPacket` enthält die Paketdaten und die ⟨IP-Adresse,Port⟩ von Quelle oder Ziel. Pakete selbst enthalten natürlich sowohl Daten als auch Adressen, aber dennoch ist deren Zusammenfassung in einem einzigen Programmiersprachen-objekt keine besonders gängige Designentscheidung. Die ursprüngliche socket library in BSD implementierte Daten und Adresse als separate Parameter, und viele andere Sprachen sind diesem Beispiel gefolgt. Man kann argumentieren, dass der Java-Ansatz gegen das Single-Responsibility-Prinzip verstößt, weil Daten und Adresse so häufig getrennt behandelt werden.

Die Operationen zur Socket-Erstellung und zum Port-Binding sind in der Einzeloperation `new DatagramSocket(destport)` zusammengefasst. Sobald dieser Socket erstellt wurde, empfängt er Pakete von jedem Host, der ein Paket an ihn adressiert; eine vorherige Verbindung ist nicht erforderlich. In der ursprünglichen BSD-Socket-Bibliothek wird ein Socket mit `socket()` angelegt und mit der separaten Operation `bind()` an eine Adresse gebunden.

Die Serveranwendung benötigt keine Parameter; sie wird einfach gestartet. (Der Server akzeptiert sowohl IPv4- als auch IPv6-Verbindungen, worauf wir weiter unten zurückkommen.

Obwohl es für dieses Protokoll keine Rolle spielt, lassen wir den Server alle 15 Sekunden eine Zeitüberschreitung feststellen und eine Meldung anzeigen, nur um zu zeigen, wie das geht. Implementierungen echter UDP-Protokolle müssen im Grunde immer dafür sorgen, dass beim Empfangsversuch für ein Paket nach einer bestimmten Zeit stets ein Timeout erfolgt, falls keine Antwort eingeht.

```
/* simplex-talk server, UDP version */

import java.net.*;
import java.io.*;

public class stalks {

  static public int destport = 5432;
  static public int bufsize = 512;
  static public final int timeout = 15000; // time in milliseconds

  static public void main(String args[]) {
    DatagramSocket s;       // UDP uses DatagramSockets

    try {
      s = new DatagramSocket(destport);
    }
    catch (SocketException se) {
      System.err.println("cannot create socket with port " + destport);
      return;
    }
    try {
      s.setSoTimeout(timeout);    // set timeout in milliseconds
    } catch (SocketException se) {
      System.err.println("socket exception: timeout not set!");
    }
```

```
    // create DatagramPacket object for receiving data:
    DatagramPacket msg = new DatagramPacket(new byte[bufsize], bufsize);

  while(true) { // read loop
      try {
        msg.setLength(bufsize);  // max received packet size
        s.receive(msg);     // the actual receive operation
        System.err.println("message from <" +
         msg.getAddress().getHostAddress() + "," + msg.getPort() + ">");
      } catch (SocketTimeoutException ste) {  // receive() timed out
        System.err.println("Response timed out!");
        continue;
      } catch (IOException ioe) {        // should never happen!
        System.err.println("Bad receive");
        break;
      }

      String str = new String(msg.getData(), 0, msg.getLength());
      System.out.print(str);     // newline must be part of str
    }
    s.close();
  } // end of main
}
```

Listing 16.1 udp_stalks.java

UDP und IP-Adressen

Die Serverzeile `s = new DatagramSocket(destport)` erzeugt ein `DatagramSocket`-Objekt, das an den angegebenen Port gebunden ist. Wenn ein Host mehrere IP-Adressen hat (er also »multihomed« ist), werden Pakete, die an diesen Port an eine dieser IP-Adressen gesendet werden, an den Socket zugestellt, dies gilt auch für `localhost` (eigentlich für alle IPv4-Adressen zwischen 127.0.0.1 und 127.255.255.255) und die Subnetz-Broadcast-Adresse (z. B. 192.168.1.255). Wenn ein Client versucht, eine Verbindung zur Subnetz-Broadcast-Adresse herzustellen, können mehrere Server das Paket empfangen (insofern können wir von Glück reden, dass der Stalk-Server nicht antwortet).

Alternativ hätten wir auch Folgendes verwenden können

```
s = new DatagramSocket(int port, InetAddress local_addr)
```

in diesem Fall würden nur Pakete zugestellt, die an den Host und den Port über die spezifische IP-Adresse `local_addr` des Hosts gesendet werden. Dabei ist es unerheblich, ob die IP-Weiterleitung auf dem Host aktiviert wurde. In der ursprünglichen socket library in C erfolgte diese Bindung eines Ports an (normalerweise) einen Server-Socket über den Aufruf `bind()`. Um Verbindungen über jede beliebige IP-Adresse des Hosts zu ermöglichen, wird die spezielle IP-Adresse `INADDR_ANY` an `bind()` übergeben.

Wenn ein Host mehrere IP-Adressen hat, scheinen die socket library von BSD und ihre Abkömmlinge keine Möglichkeit zu bieten, herauszufinden, an welche dieser Adressen ein ankommendes UDP-Paket tatsächlich gesendet wurde (obwohl dies gemäß RFC 1122, §4.1.3.5 möglich sein sollte). Normalerweise ist dies jedoch kein größeres Problem. Wenn ein Host nur eine Schnittstelle in einem wirklichen Netzwerk hat (also ohne Loopback) und nur eine IP-Adresse für diese Schnittstelle, dann müssen alle Remote-Clients an diese Schnittstelle und Adresse senden. Antworten (falls es welche gibt, was bei stalk nicht der Fall ist) werden ebenfalls von dieser Adresse kommen.

Auch mehrere Schnittstellen müssen nicht zwangsläufig zu einer Mehrdeutigkeit führen. Der einfachste Fall, mit dem man experimentieren kann, ist der Einsatz von Loopback- und Ethernet-Schnittstelle (man müsste allerdings eine Anwendung einsetzen, die, anders als stalk, Antworten sendet). Wenn diese Schnittstellen die IPv4-Adressen 127.0.0.1 und 192.168.1.1 haben und der Client auf demselben Rechner läuft, werden Verbindungen zur Serveranwendung, die an 127.0.0.1 gesendet werden, von 127.0.0.1 beantwortet, und Verbindungen, die an 192.168.1.1 gesendet werden, werden von 192.168.1.1 beantwortet. Die IP-Schicht betrachtet diese als unterschiedliche Subnetze und füllt das IP-Quelladressfeld entsprechend dem jeweiligen Subnetz aus. Das Gleiche gilt, wenn mehrere Ethernet-Schnittstellen beteiligt sind oder wenn einer einzigen Ethernet-Schnittstelle IP-Adressen für zwei verschiedene Subnetze zugewiesen werden, z. B. 192.168.**1**.1 und 192.168.**2**.1.

Etwas komplizierter wird es, wenn einer einzelnen Schnittstelle mehrere IP-Adressen im *selben* Subnetz zugewiesen sind, z. B. 192.168.1.**1** und 192.168.1.**2**. Unabhängig davon, an welche Adresse ein Client seine Anfrage sendet, wird die Antwort des Servers in der Regel immer von einer bestimmten Adresse für dieses Subnetz kommen, z. B. 192.168.1.1. Daher ist es möglich, dass eine legitime UDP-Antwort von einer anderen IP-Adresse kommt als jener, an die die ursprüngliche Anfrage gesendet wurde.

Wenn dieses Verhalten nicht erwünscht ist, besteht eine Möglichkeit darin, mehrere Server-Sockets zu erstellen und jede der Netzwerk-IP-Adressen des Hosts an einen anderen Server-Socket zu binden.

Durch die Tatsache, dass die IP-Schicht üblicherweise die Quelladresse auswählt, wird die Diskussion der Netzwerkprotokollschichten in Abschnitt 1.15, »IETF und OSI«, ein wenig kompliziert. Nach dem klassischen »Verkapselungs«-Modell würde die UDP-Schicht den UDP-Header schreiben und dann das Paket (und die Ziel-IP-Adresse) an die IP-Schicht weitergeben, die dann den IP-Header schreibt und das Paket wiederum an die LAN-Schicht weiterreicht. Dies kann jedoch nicht ganz so funktionieren: Wird die IP-Quelladresse von der IP-Schicht ausgewählt, dann ist sie beim initialen Ausfüllen des UDP-Header-Prüfsummenfelds noch nicht verfügbar.

Prüfsummen sind kompliziert, und die tatsächlichen Implementierungen verwischen einfach die »Regeln« zwischen den Schichten: normalerweise bittet die UDP-Schicht die IP-Schicht um eine frühzeitige Bestimmung der IP-Quelladresse. Die Situation wird noch verkompliziert durch die Tatsache, dass heutzutage oftmals ein Großteil der Prüfsummenberechnung auf der LAN-Schicht von der LAN-Hardware durchgeführt wird; siehe Abschnitt 17.5, »TCP-Offloading«.

Der Client

Kommen wir jetzt zur Java-Version des Clients, *udp_stalkc.java*. Der Client – jeder Client – *muss* den Namen des Hosts angeben, an den er senden möchte; wie die Port-Nummer kann dieser Name fest in die Anwendung einprogrammiert werden, wird aber meist vom Benutzer angegeben. Die vorliegende Version verwendet `localhost` als Standard, akzeptiert aber auch jeden anderen Hostnamen als Kommandozeilenargument. Der Aufruf von `InetAddress.getByName(desthost)` greift auf das DNS-System zu, das den Namen desthost nachschlägt und bei Erfolg eine IP-Adresse zurückgibt. (`InetAddress.getByName()` akzeptiert auch Adressen in numerischer Form, z. B. »127.0.0.1«, in diesem Fall ist DNS nicht notwendig.) Wenn wir den Socket erstellen, geben wir beim Aufruf von `new DatagramSocket()` keine Portnummer an; das bedeutet, dass für den Client jeder Port funktioniert. Beim Erstellen des `DatagramPacket`-Objekts entspricht der erste Parameter einem Array mit der Länge Null, da das eigentliche Datenarray innerhalb der Schleife bereitgestellt wird.

Etwas unübersichtlich wird es dadurch, dass ein `BufferedReader`-Objekt zur Verarbeitung von Terminaleingaben erforderlich ist.

```
// simplex-talk-CLIENT in Java, UDP-Version

import java.net.*;
import java.io.*;

public class stalkc {

  static public BufferedReader bin;
  static public int destport = 5432;
  static public int bufsize = 512;

  static public void main(String args[]) {
    String desthost = "localhost";
    if (args.length >= 1) desthost = args[0];
```

```
bin = new BufferedReader(new InputStreamReader(System.in));

InetAddress dest;
System.err.print("Looking up address of " + desthost + "...");
try {
  dest = InetAddress.getByName(desthost);     // DNS-Anfrage
}
catch (UnknownHostException uhe) {
  System.err.println("unknown host: " + desthost);
  return;
}
System.err.println(" got it!");

DatagramSocket s;
try {
  s = new DatagramSocket();
}
catch(IOException ioe) {
  System.err.println("socket could not be created");
  return;
}

System.err.println("Our own port is " + s.getLocalPort());

DatagramPacket msg = new DatagramPacket(new byte[0], 0, dest, destport);

while (true) {
  String buf;
  int slen;
  try {
    buf = bin.readLine();
  }
  catch (IOException ioe) {
    System.err.println("readLine() failed");
    return;
  }

  if (buf == null) break;     // Anwender hat EOF-Zeichen getippt

  buf = buf + "\n";       // Newline-Zeichen anhängen
  slen = buf.length();
  byte[] bbuf = buf.getBytes();
```

```
      msg.setData(bbuf);
      msg.setLength(slen);

      try {
        s.send(msg);
      }
      catch (IOException ioe) {
        System.err.println("send() failed");
        return;
      }
    } // while
    s.close();
  }
}
```

Listing 16.2 udp_stalkc.java

Der Standardwert für `desthost` ist hier `localhost`; dies ist praktisch, wenn Client und Server auf demselben Rechner in getrennten Terminalfenstern laufen.

Alle Pakete werden an die Adresse ⟨dest,destport⟩ gesendet, die bei der Initialisierung von `msg` angegeben wurde. Alternativ hätten wir auch `s.connect(dest,destport)` aufrufen können. Dadurch wird nichts über das Netzwerk gesendet, da UDP verbindungslos ist, aber der Socket `s` wird lokal markiert, sodass er nur an ⟨dest,destport⟩ senden kann. In Java müssen wir die Zieladresse immer noch in jedes `DatagramPacket` einbetten, das wir mittels `send()` verschicken, sodass dies keinen Vorteil bietet, aber in anderen Sprachen erleichtert es mitunter die nachfolgenden Sendevorgänge.

Wie der Server arbeitet auch der Client sowohl mit IPv4 als auch mit IPv6. Das `InetAddress`-Objekt `dest` im obigen Server-Code kann entweder IPv4- oder IPv6-Adressen enthalten; `InetAddress` ist die Basisklasse mit den Unterklassen `Inet4Address` und `Inet6Address`. Wenn der Client und der Server überhaupt über IPv6 kommunizieren können und wenn der Wert von `desthost`, der dem Client übergeben wird, ein reiner IPv6-Name ist, dann ist `dest` ein `Inet6Address`-Objekt und IPv6 kommt zum Einsatz.

Wenn der Client beispielsweise von der Befehlszeile aus mit `java stalkc ip6-localhost` aufgerufen wird und der Name `ip6-localhost` zur IPv6-Loopback-Adresse `::1` aufgelöst wird, sendet der Client seine Pakete über IPv6 (und die Loopback-Schnittstelle) an einen stalk-Server auf demselben Host.

Wenn ein größerer Einfluss auf die Verwendung von IPv4 und IPv6 erwünscht ist, kann man den Aufruf `getByName()` durch den folgenden ersetzen, wobei `dests` nun vom Typ `InetAddress[]` ist:

```
dests = InetAddress.getAllByName(desthost);
```

Dies gibt ein Array mit allen Adressen zurück, die mit dem angegebenen Namen verbunden sind. Dann kann man die IPv6-Adressen finden, indem man dieses Array nach Adressen `addr` durchsucht, für die `addr instanceof Inet6Address` gilt.

In anderen Sprachen als Java haben IP-Adress-Objekte oft ein `AddressFamily`-Attribut, mit dessen Hilfe sich feststellen lässt, ob eine Adresse vom Typ IPv4 oder IPv6 ist. Siehe auch Abschnitt 12.4, »IPv6 und IPv4 gemeinsam benutzen«.

Abschließend finden Sie hier eine einfache Python-Version des Clients, *udp_stalkc.py*.

```
#!/usr/bin/python3

from socket import *
from sys import argv

portnum = 5432

def talk():
    rhost = "localhost"
    if len(argv) > 1:
      rhost = argv[1]
    print("Looking up address of " + rhost + "...", end="")
    try:
      dest = gethostbyname(rhost)
    except (GAIerror, herror) as mesg:   # GAIerror: error in gethostbyname()
      errno,errstr=mesg.args
      print("\n    ", errstr);
      return;
    print("got it: " + dest)
    addr=(dest, portnum)          # a socket address
    s = socket(AF_INET, SOCK_DGRAM)
    s.settimeout(1.5)        # we don't actually need to set timeout here
    while True:
      try:
        buf = input("> ")
      except:
        break
      s.sendto(bytes(buf + "\n", 'ascii'), addr)

talk()
```

Listing 16.3 udp_stalkc.py

Warum nicht C?

C ist zwar die wohl beliebteste Sprache für die Netzwerkprogrammierung, unterstützt aber keine IP-Adressen und andere Netzwerkobjekte als Datentypen erster Klasse, sodass wir sie hier aussparen. In Abschnitt 27.2.2, »Ein konkretes Beispiel für einen Stapelüberlauf«, und Abschnitt 28.5.3, »Ein TLS-Programmierbeispiel«, finden Sie aber Stalk-ähnliche C-Programme auf TCP-Basis. (Das Problem ist nicht allein die Schuld von C; eine Netzwerkadresse kann eine IPv4-Adresse oder eine IPv6-Adresse (oder sogar eine named pipe-Adresse) sein; diese Objekte sind unterschiedlich groß und daher müssen Adressen über Referenzen gehandhabt werden, was in C umständlich ist.)

Um mit diesen Programmen auf einem einzelnen Rechner zu experimentieren, starten Sie den Server in einem Fenster und einen oder mehrere Clients in anderen Fenstern. Dann können Sie folgende Dinge ausprobieren:

- zwei Clients gleichzeitig laufen lassen, die abwechselnd Nachrichten an denselben Server senden
- den Client mit der externen IP-Adresse des Servers in dezimaler Punktschreibweise aufrufen, z. B. 10.0.0.3 (beachten Sie, dass `localhost` 127.0.0.1 ist)
- den Java- und den Python-Client gleichzeitig ausführen und an denselben Server senden
- den Server auf einem anderen Host laufen lassen (z. B. auf einer virtuellen Maschine oder einem benachbarten Rechner)
- den Client mit einem nicht existierenden Hostnamen aufrufen

Man kann auch `netcat` als Client verwenden, obwohl `netcat` als Server für die Experimente mit mehreren Clients nicht funktionieren wird.

Beachten Sie, dass letzteres, je nach DNS-Server, nicht unbedingt fehlschlägt. Auf die Abfrage des DNS-Namens eines nicht existierenden Hosts wie zxqzx.org geben viele Internetanbieter die IP-Adresse eines Hosts zurück, auf dem ein Webserver mit einer gehosteten Fehler-/Such-/Werbeseite läuft. Dies ist für Suchanfragen im Web einigermaßen sinnvoll, aber darüber hinaus durchaus lästig, da es darauf hinausläuft, dass Nicht-Webanwendungen keine einfache Möglichkeit haben, nicht existierende Hosts zu identifizieren.

Simplex-Talk funktioniert, wenn sich der Server auf der öffentlichen Seite einer NAT-Firewall befindet. Es müssen von der Serverseite her keine Pakete an den Client übermittelt werden! Wenn jedoch die umgekehrte Richtung funktioniert, stimmt etwas mit der Firewall nicht.

16.1.4 netcat

Das vielseitige Dienstprogramm `netcat` (manchmal auch `nc` geschrieben) ermöglicht es, einzelne UDP- (und TCP-) Pakete zu senden und zu empfangen; wir können es als Ersatz für den stalk-Client oder, mit einer Einschränkung, für den -Server verwenden. (Das Dienstprogramm `netcat` unterstützt im Gegensatz zu stalk eine bidirektionale Kommunikation.)

Das Dienstprogramm `netcat` gibt es in unterschiedlichen Versionen für Windows-, Linux- und Macintosh-Systeme, sowohl als ausführbares Programm als auch als Quellcode. Die klassische Version finden Sie unter *sourceforge.net/projects/nc110*; eine neuere Implementierung ist `ncat`.

Genau wie stalk sendet auch `netcat` die abschließende End-of-Line-Markierung mit seinen Daten mit. Mit dem Parameter `-u` können Sie UDP anfordern. Um über UDP an Port 5432 auf `localhost` zu senden wie ein stalk-Client lautet der Befehl

```
netcat -u localhost 5432
```

Sie können dann mehrere Zeilen eingeben, die alle von einem gestarteten stalk-Server empfangen werden sollten. Falls gewünscht, können Sie mit dem Parameter `-p` den Quellport angeben;

z. B. `netcat -u -p 40001 localhost 5432`.

Für die Funktion als stalk-*Server* benötigen wir den Parameter `-l`, mit dem wir `netcat` auffordern, zu lauschen statt zu senden:

```
netcat -l -u 5432
```

Dann können Sie Zeilen mit `stalkc` oder `netcat` im Client-Modus senden. Nachdem `netcat` im Servermodus allerdings sein erstes UDP-Paket empfangen hat, akzeptiert es keine weiteren UDP-Pakete von anderen Quellen mehr (einige Versionen von `netcat` kennen dafür den Parameter `-k`, der dies für TCP, nicht aber für UDP ermöglicht). Dies geschieht, weil `netcat` sowohl auf der Server- als auch auf der Client-Seite den `connect()`-Aufruf verwendet, woraufhin der Server nur an die Socket-Adresse senden und von dieser empfangen kann, mit der er sich verbunden hat. Dies vereinfacht die bidirektionale Kommunikation. Häufig wird UDP `connect()`, wenn überhaupt, nur vom Client aufgerufen. Siehe den Absatz über `connect()`im Anschluss an den Java-Code von `stalkc` in Abschnitt 17.6.1, »Der TCP-Server«.

16.1.5 Binärdaten

Im obigen stalk-Beispiel hat der Client Zeichenketten an den Server gesendet. Was aber, wenn wir ein Protokoll implementieren, das die Übertragung von *Binärdaten* erfordert? Oder wenn wir ein solches Protokoll entwerfen? Der Client und der Server müssen sich nun auf eine geeignete *Kodierung* der Daten einigen.

Nehmen wir an, der Client sendet dem Server eine Liste mit 32-Bit-Ganzzahlen nach einem bestimmten Schema – die Länge der Liste soll in den ersten beiden Bytes stehen; der Rest des Pakets enthält die aufeinanderfolgenden Ganzzahlen selbst, mit einer Länge von jeweils vier Bytes, wie in Abbildung 16.2 dargestellt:

4	2003	3011	4003	10009

Abbildung 16.2 Paketdaten-Layout

Der Client muss das oben beschriebene Byte-Array erstellen, und der Server muss die Werte extrahieren. (Die Übermittlung der Listenlänge als `short int` ist nicht wirklich notwendig, da der Empfänger die Listenlänge auch aus der der Paketgröße ableiten könnte, aber wir wollen hier die Kodierung sowohl von `int`- als auch von `short int`-Werten veranschaulichen).

Das Protokoll muss auch festlegen, wie die Ganzzahlen selbst dargestellt werden. Es gibt zwei gängige Möglichkeiten, eine 32-Bit-Ganzzahl als Abfolge von vier Bytes darzustellen. Nehmen wir die ganze Zahl $0x01020304 = 1 \times 256^3 + 2 \times 256^2 + 3 \times 256 + 4$. Diese kann als Bytefolge [1,2,3,4], auch bekannt als *Big-Endian-Kodierung*, oder als [4,3,2,1], die so genannte *Little-Endian-Kodierung*, kodiert werden; die erste Variante wurde von früheren IBM-Mainframes verwendet, die zweite kommt bei den meisten Intel-Prozessoren zum Einsatz. (Wir gehen hier davon aus, dass beide Architekturen vorzeichenbehaftete Ganzzahlen mit Zweierkomplement darstellen; dies ist heute allgemein üblich, war es aber nicht immer).

Um 32-Bit-Ganzzahlen über das Netz zu senden, ist es natürlich möglich, die Daten als Big-Endian oder Little-Endian zu kennzeichnen oder die Kodierung zwischen den Endpunkten auszuhandeln. Der weitaus häufigste Ansatz im Internet – zumindest unterhalb der Anwendungsschicht – ist jedoch die Einhaltung der Konvention von RFC 1700 und der ausschließliche Gebrauch der Big-Endian-Kodierung. Die Big-Endian-Kodierung ist inzwischen auch als »Network Byte Order« bekannt.

Wie man von der »Host Byte Order« zur »Network Byte Order« konvertiert, ist abhängig von der Programmiersprache. Dieser Schritt muss immer gemacht werden, selbst auf Big-Endian-Architekturen, da der Code später auf einer anderen Architektur neu kompiliert werden könnte.

In Java wird die Konvertierung der Byte-Reihenfolge meist mit der Umwandlung von `int` in `byte[]` kombiniert. Der Client nutzt die Klasse `DataOutputStream`, um die Binärwerte durch Methoden wie `writeInt()` und `writeShort()` in einen Ausgabestrom zu schreiben, sowie die Klasse `ByteArrayOutputStream`, um den Ausgabestrom in den Typ `byte[]` zu konvertieren. Der folgende Code geht davon aus, dass sich die Liste der Ganzzahlen zunächst in einer `ArrayList<Integer>` namens `theNums` befindet.

```
ByteArrayOutputStream baos = new ByteArrayOutputStream();
DataOutputStream dos = new DataOutputStream(baos);
try {
  dos.writeShort(theNums.size());
  for (int n : theNums) {
    dos.writeInt(n);
  }
} catch (IOException ioe) { /* exception handling */ }

byte[] bbuf = baos.toByteArray();
msg.setData(bbuf);          // msg is the DatagramPacket object to be sent
```

Der Server muss dann den umgekehrten Weg nehmen; auch hier ist `msg` das ankommende DatagramPacket. Der folgende Code berechnet einfach die Summe der 32-Bit-Ganzzahlen in `msg`:

```
ByteArrayInputStream bais = new ByteArrayInputStream(msg.getData(), 0,
                                msg.getLength());
DataInputStream dis = new DataInputStream(bais);
int sum = 0;
try {
  int count = dis.readShort();
  for (int i=0; i<count; i++) {
    sum += dis.readInt();
  }
} catch (IOException ioe) {  /* more exception handling */  }
```

Eine Version von Simplex-Talk für Ganzzahlenlisten findet sich im Client *saddc.java* und Server *sadds.java*. Der Client liest von der Kommandozeile eine Liste zeichencodierter Ganzzahlen (getrennt durch Leerzeichen), erzeugt die oben beschriebene Binärcodierung und sendet sie an den Server; der Server gibt ihre Summe aus. Verwendet wird Port 5434; dies lässt sich bei Bedarf ändern.

In der Sprache C können wir einfach ein `char[]` der entsprechenden Größe zuweisen und die Werte in Netzwerk-Byte-Reihenfolge direkt dort hineinschreiben. Die Umwandlung in Netzwerk-Byte-Reihenfolge und zurück erfolgt mit den folgenden Bibliotheksaufrufen:

- `htonl()`: Umwandlung Host in Netzwerk für long integer (32 Bit)
- `ntohl()`: Umwandlung Netzwerk in Host für long integer
- `htons()`: Umwandlung Host in Netzwerk für short integer (16 Bit)
- `ntohs()`: Umwandlung Netzwerk in Host für short integer

Ein gewisses Maß an Typecasting zwischen `int *` und `char *` ist ebenfalls erforderlich. Da sowohl das Casting als auch die Umwandlung der Byte-Reihenfolge fehleranfällig sind, ist es am besten, wenn alle Konvertierungen in einem Block durchgeführt werden, und zwar unmittelbar nach dem Eintreffen eines Pakets oder unmittelbar vor dem Senden, und nicht erst bei Bedarf innerhalb des Programms.

Grundsätzlich muss der Entwickler eines Protokolls ein eindeutiges Format für alle Binärdaten wählen; die RFCs zur Definition von Protokollen enthalten immer solche Formatangaben. Dies kann besonders bei Fließkommadaten ein Problem sein, bei denen zwei Formate zwar Endian-mäßig gleich sein können, sich aber dennoch unterscheiden, z. B. in der Normalisierung oder der Größe des Exponentenfeldes. Formate für strukturierte Daten, wie z. B. Arrays, müssen ebenfalls spezifiziert werden; im obigen Beispiel wurde die Listengröße durch ein Längenfeld angegeben, aber auch andere Optionen sind denkbar.

Das obige Beispiel veranschaulicht die Kodierung mit fester Feldbreite. Eine weitere mögliche Option, die eine Kodierung mit variabler Länge realisiert, ist ASN.1 unter Verwendung der Basic Encoding Rules (Abschnitt 25.6, »ASN.1-Syntax und SNMP«); die Kodierung mit festen Feldern wird manchmal umständlich, wenn die Daten hierarchischer werden.

Auf der Anwendungsschicht ist der Gebrauch von nicht-binären Kodierungen üblich, wobei auch binäre Kodierungen weiterhin verbreitet sind. Zwei beliebte Formate, die menschenlesbare Unicode-Strings zur Datenkodierung verwenden, sind ASN.1 mit seinen XML-Kodierungsregeln und JSON. Das letztgenannte Format hat seinen Ursprung in JavaScript, wird aber inzwischen auch von vielen anderen Sprachen unterstützt.

16.2 Trivial File Transport Protocol, TFTP

Jetzt wollen wir ein echtes, auf UDP basierendes Protokoll betrachten: das Trivial File Transport Protocol, kurz TFTP. Obwohl TFTP Dateiübertragungen in beide Richtungen unterstützt, beschränken wir uns auf den häufigeren Fall, dass der Client eine Datei vom Server anfordert. TFTP bietet keinen Authentifizierungsmechanismus; alle abrufbaren Dateien sind für jedermann zugänglich. In dieser Hinsicht ähnelt TFTP dem einfachen Web-Browsing; wie ein Webserver muss auch ein TFTP-Dateiserver dafür sorgen, dass Anfragen abgelehnt werden, wenn sich die Datei – z. B. `../../../etc/passwd` – nicht in einem zulässigen Verzeichnis befindet.

Da TFTP auf UDP basiert und sich Clients sehr kompakt implementieren lassen, eignet es sich gut für die Übertragung von Startdateien auf sehr kompakte Systeme, auch auf solche ohne Festplatte. Da TFTP Stop-and-Wait verwendet, häufig nur ein festes Timeout-Intervall vorsieht und es nur begrenzte Sicherheit bietet, ist es in der Regel auf den internen Gebrauch in einem LAN beschränkt.

Obwohl TFTP ein sehr einfaches Protokoll ist, muss es für einen korrekten Betrieb mehrere grundlegende Übertragungsprobleme lösen; diese werden im folgenden Abschnitt ausführlich behandelt. TFTP wird hier unter anderem auch zur Einführung in diese Übertragungsprobleme vorgestellt; später werden wir im Zusammenhang mit TCP auf diese Probleme zurückkommen (Abschnitt 18.4, »Anomale TCP-Szenarien«).

TFTP wurde erstmals in RFC 783 dokumentiert und in RFC 1350 aktualisiert. Es kennt fünf Pakettypen:

- Read ReQuest, RRQ, mit dem Dateinamen und einer Text- oder Binär-Angabe
- Write ReQuest, WRQ
- Data, mit einer 16-Bit-Blocknummer und bis zu 512 Datenbytes
- ACK, mit einer 16-Bit-Blocknummer
- Error, für bestimmte Fehlermeldungen. Alle Fehler außer »Unknown Transfer ID« sind ein Grund für die Beendigung der Übertragung.

Die Nummerierung der Datenblöcke beginnt bei 1; wir bezeichnen das Paket mit dem *N*-ten Datenblock als Data[N]. Bestätigungen enthalten die Blocknummer des zu bestätigenden Blocks; ACK[N] bestätigt also Data[N]. Alle Datenblöcke enthalten 512 Byte, mit Ausnahme des letzten Blocks, der dadurch als letzter Block gekennzeichnet ist, dass er weniger als 512 Datenbytes enthält. Wenn die Dateigröße durch 512 teilbar war, enthält der letzte Block 0 Datenbytes. TFTP-Blocknummern haben eine Länge von 16 Bit und dürfen nicht überspringen.

Da TFTP kein TCP sondern UDP verwendet, muss es sich selbst um die Paketbildung kümmern und daher eine hinreichend kleine Blockgröße wählen, um Fragmentierung zu vermeiden (Abschnitt 9.4, »Fragmentierung«). Eine Aushandlung der Blockgröße wie in Abschnitt 18.6, »Path MTU Discovery«, wäre zwar möglich gewesen, hätte allerdings die Komplexität deutlich erhöht.

Der TFTP-Server lauscht auf UDP-Port 69 auf ankommende RRQ-Pakete (sowie auf WRQ-Pakete, die wir hier jedoch nicht betrachten). TFTP-Server-Implementierungen erstellen fast immer einen eigenen Prozess (oder Thread) für jede RRQ, die eine gültige Datei anfordert, um die Übertragung durchzuführen. Dieser Unterprozess erhält dann einen völlig neuen UDP-Port, der für alle weiteren Interaktionen mit dem Client genutzt wird, zumindest aber für diese konkrete Übertragung.

Wie wir weiter unten sehen werden, hat diese Portänderung erhebliche funktionale Auswirkungen hinsichtlich der Vermeidung alter, doppelter Pakete. Im Moment können wir sie jedoch damit rechtfertigen, dass sie das Leben des Implementierers wesentlich erleichtert. Mit der Port-Änderung muss der für die Übertragung verantwortliche Server-Unterprozess nur mit einem Client interagieren; alle ankommenden Pakete müssen von dem Client stammen, für den der Unterprozess erstellt wurde (möglicherweise eintreffende verirrte Pakete von anderen Endpunkten kann der Unterprozess ignorieren). Ohne die Portänderung hingegen wäre die Handhabung mehrerer gleichzeitiger Übertragungen ausgesprochen kompliziert: Der Server müsste für jedes ankommende Paket herausfinden, zu welcher Übertragung es gehört. Jeder Transfer hätte seine eigenen Statusinformationen, einschließlich Blocknummer, offener Datei und Zeitstempel des letzten erfolgreichen Pakets. Die Portänderungs-Regel hat den Nachteil, dass sie die Nutzung von TFTP durch NAT-Firewalls verhindert.

Treten keine Paketverluste oder andere Fehler auf, laufen TFTP-Dateianfragen normalerweise wie folgt ab:

1. Der Client sendet eine RRQ an den Server-Port 69.
2. Der Server erstellt einen Unterprozess, der vom Betriebssystem einen neuen Port, s_port, zugewiesen bekommt.
3. Der Server-Unterprozess sendet Data[1] von s_port.
4. Der Client empfängt Data[1] und erfährt so den Wert von s_port. Der Client prüft fortan, ob jedes zukünftige Data[N] über denselben Port eintrifft.
5. Der Client sendet ACK[1] (und alle zukünftigen ACKs) an den s_port des Servers.
6. Der Unterprozess des Servers sendet Data[2] usw. und wartet jedes Mal auf das ACK[N] vom Client, bevor er Data[N+1] sendet.
7. Der Übertragungsvorgang endet, wenn der Server seinen letzten Block mit einer Größe von weniger als 512 Byte sendet und der Client das entsprechende ACK sendet.

Wir werden das Erlernen von s_port durch den Client in Schritt 3 als *Einklinken* auf diesen Port bezeichnen. Abbildung 16.3 zeigt den Unterprozess des Servers (mit dem neuen Port s_port), er wird durch die Linie auf der rechten Seite dargestellt.

Als Nächstes wenden wir uns den Komplikationen zu, die durch Verlust und veränderte Reihenfolge von Paketen entstehen.

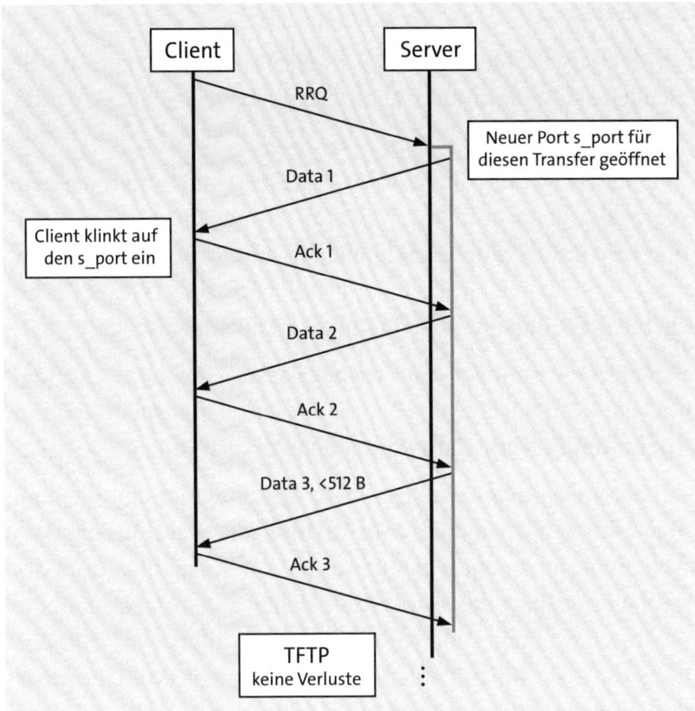

Abbildung 16.3 Verbindungsaufbau mit TFTP

16.3 Grundlegende Übertragungsprobleme

Aus der Möglichkeit, dass Pakete verloren gehen oder verzögert werden, ergeben sich mehrere grundlegende Probleme, die von jeder Übertragungsstrategie für einen ordnungsgemäßen Betrieb korrekt behandelt werden müssen; wir werden diese im Zusammenhang mit TCP in Abschnitt 18.4, »Anomale TCP-Szenarien«, erneut betrachten. Zu diesen Problemen gehören

- alte, doppelte Pakete
- verlorenes abschließendes ACK
- doppelte Verbindungsanforderung
- Reboots

In diesem Abschnitt werden wir diese Probleme sowohl allgemein erörtern als auch den besonderen Fall ihrer Behandlung durch TFTP betrachten.

16.3.1 Alte, doppelte Pakete

Das wahrscheinlich schwierigste Problem sind *alte, doppelte Pakete*: Pakete aus der Vergangenheit, die reichlich spät ankommen, aber fälschlicherweise als aktuell akzeptiert werden.

Nehmen wir für ein TFTP-Beispiel an, der Client wählt Port 2000 und fordert die Datei »foo« an, und der Server wählt daraufhin Port 4000 für seinen Unterprozess. Während dieser Übertragung wird Data[2] dupliziert (vielleicht durch Zeitüberschreitung und erneute Übertragung), und eine der Kopien wird stark verzögert. Die andere Kopie kommt jedoch rechtzeitig an, und die Übertragung wird abgeschlossen.

Nun startet der Client mehr oder weniger unmittelbar darauf eine zweite Anfrage, dieses Mal für die Datei »bar«. Unglücklicherweise wählt der Client erneut den Port 2000 und der Unterprozess des Servers wählt erneut den Port 4000.

Nehmen wir an, dass an der Stelle in der zweiten Übertragung, an der der Client auf Data[2] aus der Datei »bar« wartet, nun endlich das alte Duplikat Data[2] aus der Datei »foo« auftaucht. Nichts in dem Paket deutet darauf hin, dass etwas nicht stimmt: Die Blocknummer ist korrekt, der Zielport von 4000 stellt sicher, dass das Paket an den aktuellen Unterprozess des Servers zugestellt wird, und der Quellport von 2000 lässt das Paket so aussehen, als käme es vom aktuellen Client. Das falsche Data[2] wird daher als legitim akzeptiert, und die Dateiübertragung ist fehlerhaft.

Ein altes Paket aus einer *früheren* Instanz der Verbindung, wie oben beschrieben, wird als *externes* altes Duplikat bezeichnet. Ein wesentliches Merkmal des externen Falles ist, dass die Verbindung geschlossen und kurze Zeit später wieder geöffnet wird, wobei an beiden Enden dieselben Port-Nummern verwendet werden. Da eine Verbindung oft durch ihre Port-Nummern (genauer gesagt, ihre Socket-Adressen) *definiert* ist, sprechen wir von einer »Wiederöffnung« der Verbindung, auch wenn die zweite Instanz völlig unabhängig ist. Zwei separate Instanzen einer Verbindung zwischen denselben Socket-Adressen werden manchmal als *Inkarnationen* der Verbindung bezeichnet, insbesondere im Zusammenhang mit TCP.

Alte Duplikate können auch *interner* Natur sein, d. h. von einem früheren Zeitpunkt in derselben Verbindungsinstanz herrühren. Wenn TFTP z. B. seine 16-Bit-Blocknummern umspringen ließe, könnte ein sehr altes Data[3] anstelle von Data[$3+2^{16}$] akzeptiert werden. Interne alte Duplikate werden in der Regel verhindert – oder unwahrscheinlich gemacht –, indem die Daten entweder block- oder byteweise nummeriert werden und ausreichend viele Bits verwendet werden, sodass ein Umspringen des Zählers unwahrscheinlich ist. TFTP verhindert *interne* alte Duplikate einfach dadurch, dass die 16-Bit-Blocknummern nicht umspringen dürfen; dies ist wirksam, begrenzt aber die maximale Dateigröße auf 512B × (2^{16}–1), also etwa 32 MB. Wären wir nicht um alte Duplikate besorgt, könnte das Stop-and-Wait-Verfahren von TFTP mit 1-Bit-Folgenummern auskommen.

TFTP schützt sich gegen alte *externe* Duplikate, indem es von beiden Endpunkten verlangt, für jede einzelne Übertragung möglichst eine andere Port-Nummer zu wählen (RFC 1350 besagt, dass jede Seite ihre Port-Nummer »zufällig« wählen sollte). Solange es *einem* der beiden Endpunkte gelingt, einen neuen Port zu wählen, können externe alte Duplikate nicht dazwischenfunken; siehe Übung 7. Werden die Ports nach dem Zufallsprinzip ausgewählt, beträgt die Wahrscheinlichkeit, dass beide Seiten für die nachfolgende Verbindung dasselbe Port-Paar wählen, etwa $1/2^{32}$; werden die Ports vom Betriebssystem zugewiesen, besteht die implizite Annahme, dass das Betriebssystem denselben Port nicht zweimal kurz hintereinander neu vergibt. Verwendet eine nicht konforme Implementierung auf einer Seite ihre Port-Nummern wieder, sind TFTP-Übertragungen solange geschützt, wie die andere Seite erfolgreich einen neuen Port wählt, obwohl die Fehlerwahrscheinlichkeit damit auf $1/2^{16}$ ansteigt. Beachten Sie, dass dieses Problem ein zweiter, noch wichtigerer Grund dafür ist, dass der Server für jede Übertragung einen neuen Port wählt, unabhängig davon, ob es das Leben des Implementierers einfacher macht.

Zufällige Ports?

RFC 1350 legt fest: »Die TIDs [Port-Nummern] für eine Verbindung sollten zufällig gewählt werden, sodass die Wahrscheinlichkeit, dass dieselbe Nummer zweimal unmittelbar nacheinander gewählt wird, sehr gering ist.«

Eine wörtliche Interpretation wäre, dass eine Implementierung eine zufällige 16-Bit-Zahl wählen und diese als TID anfordern sollte. Mir ist jedoch keine Implementierung bekannt, die dies tatsächlich tut; alle scheinen Sockets zu erstellen (z. B. mit Javas `DatagramSocket()`) und die Port-Nummer zu akzeptieren, die das Betriebssystem dem neuen Socket zuweist. Diese Port-Nummer ist nicht »zufällig« im statistischen Sinne, aber sie *unterscheidet sich dennoch* höchstwahrscheinlich von jedem kurz zuvor verwendeten Port. Stellt dies eine Missachtung der RFC dar? Da habe ich keine Ahnung.

Nach einer gewissen Zeit werden Port-Nummern wiederverwendet, aber wir gehen davon aus, dass alte Duplikate eine viel geringere Lebensdauer aufweisen.

Sowohl das Szenario mit dem externen als auch das mit dem internen alten Duplikat geht davon aus, dass das alte Duplikat früher gesendet wurde, aber irgendwie für eine längere Zeit auf der Übertragungsstrecke aufgehalten wurde, während nachfolgende Pakete normal zugestellt wurden. Wie genau dies geschehen könnte, bleibt unklar; das vielleicht am wenigsten abwegige Szenario ist Folgendes:

- Eine erste Kopie des alten Duplikats wurde gesendet.
- Ein Routing-Fehler tritt auf; das Paket steckt in einer Routing-Schleife fest.

- Ein alternativer Pfad zwischen den ursprünglichen Hosts wird wiederhergestellt, und das Paket wird erfolgreich erneut übertragen.
- Einige Zeit später wird das in der Routing-Schleife feststeckende Paket freigegeben und erreicht sein endgültiges Ziel.

Ein anderes Szenario beinhaltet eine Pfadstrecke, die eine Bestätigung auf der Verbindungsschicht zurückgibt: Das Paket wurde einmal über die Verbindung gesendet, die Bestätigung ging verloren, und so wurde das Paket erneut gesendet. Es braucht dann aber immer noch einen Mechanismus, um eine der Kopien zu verzögern.

Die meisten Lösungen für das Problem der alten Duplikate gehen von einer *irgendwie gearteten* Obergrenze aus, wie spät ein altes Duplikat eintreffen darf. In der Praxis hat TCP dieses Zeitlimit früher offiziell auf 60 Sekunden festgesetzt, aber die Implementierungen gehen jetzt meist von 30 Sekunden aus. Andere Protokolle übernehmen oft stillschweigend die TCP-Grenze. Früher wurde von IP-Routern erwartet, dass sie den Wert des TTL-Felds eines Pakets für jede Sekunde, in der der Router das Paket in seiner Warteschlange hielt, um 1 herabsetzen; in einer solchen Welt können IP-Pakete nicht älter als 255 Sekunden sein.

Es ist auch möglich, externe alte Duplikate zu verhindern, indem ein *Verbindungszähler* als Parameter in den Transport- oder Anwendungsheader aufgenommen wird. Für jede aufeinanderfolgende Verbindung wird der Verbindungszähler um (mindestens) 1 erhöht. Jede Seite muss einen separaten Verbindungszähler unterhalten; sollte der Wert eines Verbindungszählers jemals verloren gehen, könnte ein geeigneter, auf Verzögerung basierender Sicherungsmechanismus verwendet werden. Als Beispiel siehe Abschnitt 18.5, »Schnelleres Öffnen von TCP-Verbindungen«.

16.3.2 Verlorenes abschließendes ACK

Bei den meisten Protokollen werden die meisten Pakete bestätigt. Das letzte Paket (fast immer ein ACK) kann allerdings selbst nicht bestätigt werden, da es dann ja nicht mehr das letzte Paket wäre. *Irgendwer* ist immer der Letzte. Dadurch bleibt für den Absender eine gewisse Unsicherheit: Hat das letzte Paket sein Ziel erreicht oder nicht?

Nehmen wir bei unserem TFTP-Beispiel einmal an, der Server sendet das letzte Paket, Data[3]. Der Client empfängt es, sendet ACK[3] und beendet die Übertragung; das ACK[3] geht jedoch verloren.

Der Server wird irgendwann eine Zeitüberschreitung feststellen und Data[3] erneut senden. Der Client ist jedoch nicht mehr da, um das Paket zu empfangen! Der Server setzt die Zeitüberschreitung und die erneute Übertragung des letzten Datenpakets fort, bis er aufgibt; er wird nie eine Bestätigung für eine erfolgreiche Übertragung erhalten.

Allgemeiner ausgedrückt: Wenn A eine Nachricht an B sendet und B mit einer Bestätigung antwortet, die an A zugestellt wird, dann sind A und B beide sicher, dass die Nachricht erfolgreich zugestellt wurde. B kann sich jedoch *nicht* sicher sein, dass A dies weiß.

Eine alternative Fassung des Problems des verlorenen finalen ACK-Pakets ist das *Problem der Byzantinischen Generäle*. Zwei Generäle wollen sich auf einen Angriffszeitpunkt einigen, indem sie Nachrichten austauschen. Die Generäle *müssen* jedoch gemeinsam angreifen oder gar nicht. Da einzelne Nachrichten auch verloren gehen könnten, kann sich keine der beiden Seiten jemals ganz sicher sein, dass die Vereinbarung eingehalten wird. Wenn die Generäle Alice und Bob sind, könnten die Nachrichten wie folgt aussehen:

- Alice sendet: Angriff zur Mittagszeit
- Bob antwortet: Einverstanden (d. h. ACK)

Nachdem Bob die Nachricht von Alice erhalten hat, wissen beide Seiten, dass ein Angriff zur Mittagszeit vorgeschlagen wurde. Nachdem Bobs Antwort Alice erreicht hat, wissen beide Seiten, dass die Nachricht zugestellt wurde. Wenn die Nachricht von Alice ein *Befehl* an Bob wäre, würde dies ausreichen.

Müssen Alice und Bob die Entscheidung allerdings zusammen treffen, reicht das nicht ganz aus: Am Ende des obigen Austauschs weiß Bob nicht, ob Alice seine Antwort erhalten hat; Bob zögert daher möglicherweise, weil er befürchtet, Alice wisse eventuell nicht, dass er mit an Bord ist. Alice, die sich dieser Möglichkeit bewusst ist, könnte selbst ebenfalls zögern.

Alice kann versuchen, dieses Problem zu lösen, indem sie Bobs ACK quittiert:

- Alice antwortet: Ok, wir sind uns einig über den Zeitpunkt am Mittag

Zu diesem Zeitpunkt weiß Alice allerdings nicht, ob Bob diese Nachricht erhalten hat. Sollte dies nicht der Fall sein, könnte Bob weiterhin zögern. Und da sie es nicht weiß, könnte auch Alice zögern. Das geht endlos so weiter. Siehe [AEH75].

Mathematisch gesehen gibt es keine perfekte Lösung für das Problem der Byzantinischen Generäle; die Generäle können sich nie sicher sein, ob sie sich beide komplett auf einen Angriff geeinigt haben. Nehmen wir trotzdem einmal an, dass eine Abfolge von Nachrichten sowohl für Alice als auch für Bob Gewissheit für ihre Übereinstimmung brächte. $M_1, \ldots, M_n$ sei die kürzest mögliche derartige Abfolge; ohne Verlust der Allgemeingültigkeit können wir nun annehmen, dass Alice M_n gesendet hat. Betrachten wir jetzt, was passiert, wenn diese letzte Nachricht verloren geht. Aus der Sicht von Alice ändert sich überhaupt nichts, also muss Alice immer noch sicher sein, dass Bob zugestimmt hat. Die nun kürzere Abfolge $M_1, \ldots, M_{n-1}$ kann aber auch für Bob keine Gewissheit bringen, da sie eine Länge kleiner als n aufweist, die hier als Mi-

16

nimum angenommen wurde. Bob ist sich also *nicht* sicher, und Alices Gewissheit ist daher unangebracht.

Aus technischer Sicht kann die Wahrscheinlichkeit eines Missverständnisses jedoch oft verschwindend gering gehalten werden. Wenn Alice die Antwort von Bob nicht sofort erhält, sendet sie ihre Nachricht in regelmäßigen Abständen erneut, bis sie ein ACK erhält. Wenn Bob sich auf dieses Verhalten verlassen kann, kann er sich nach einer ausreichenden Zeitspanne ziemlich sicher sein, dass eines seiner ACKs durchgekommen sein müsste.

Wenn Bob beispielsweise weiß, dass Alice es insgesamt sechs Mal versuchen wird, falls sie keine Antwort erhält, und Bob nur die ersten beiden Nachrichten von Alice empfängt, ist die Tatsache, dass Alice anscheinend aufgehört hat, ihre Übertragungen zu wiederholen, ein ausreichender Hinweis darauf, dass sie Bobs Antwort erhalten hat. Wenn jedes Nachrichten-/ACK-Paar eine Fehlerwahrscheinlichkeit von 10 % hat und Bob weiß, dass Alice ihre Nachricht im Laufe eines Tages bis zu sechs Mal wiederholen wird, dann kann Bob am Ende des Tages zu dem Schluss kommen, dass die Wahrscheinlichkeit, dass alle sechs seiner ACKs fehlgeschlagen sind, höchstens $(0{,}1)^6$, oder eins zu einer Million beträgt. In diesem Fall ist es nicht notwendig, dass Bob die Wiederholungsversuche von Alice tatsächlich mitzählt.

Ein TCP-Beispiel finden Sie in Kapitel 17, »Grundlagen des TCP-Transports«, Übung 4.

TFTP begegnet dem Problem des verlorenen letzten ACKs durch die Empfehlung (nicht aber die Forderung), dass der Empfänger nach dem Senden des letzten ACKs in einen *DALLY*-Zustand übergeht. In diesem Zustand reagiert der Empfänger nur auf Duplikate des letzten Datenpakets; seine Antwort ist die erneute Übermittlung des letzten ACK. Während *ein* verlorenes abschließendes ACK möglich ist, sind mehrere solcher Verluste unwahrscheinlich; früher oder später sollte der Sender das finale ACK erhalten und wird dann den Zustand verlassen.

Der DALLY-Zustand wird nach einer gewissen Zeit beendet. Dieses Intervall sollte mindestens das Doppelte des Timeout-Intervalls des Senders betragen, sodass der Sender insgesamt drei Versuche mit dem letzten Datenpaket unternehmen kann. Beachten Sie, dass der Empfänger keine direkte Möglichkeit hat, den Timeout-Wert des Senders zu ermitteln. Bedenken Sie auch, dass eine Verzögerung nur eine erhöhte Sicherheit bietet, aber keine Gewissheit: Es ist *möglich*, dass alle abschließenden ACKs verloren gegangen sind.

Die TCP-Entsprechung zum Dallying ist der TIMEWAIT-Zustand (Abschnitt 18.2, »TIMEWAIT«), wobei TIMEWAIT auch eine andere Rolle spielt, nämlich zur Verhinderung alter Duplikate.

16.3.3 Doppelte Verbindungsanforderung

Wir würden außerdem gerne in der Lage sein, zwischen doppelten (z. B. erneut übertragenen) Verbindungsanforderungen und nah aufeinander folgenden, aber getrennten Verbindungsanforderungen zu unterscheiden, besonders wenn die zweite von zwei getrennten Verbindungsanforderungen die Beendigung der ersten darstellt. Hier ist ein Abriss des Szenarios, das wir zu vermeiden versuchen (in diesem Fall für TFTP):

- Der Client sendet RRQ(»foo«)
- Der Client ändert seine Meinung, bricht ab oder startet neu (oder was auch immer)
- Der Client sendet RRQ(»bar«)
- Der Server antwortet mit Data[1] aus dem ersten RRQ, also mit der Datei »foo«, während der Client die Datei »bar« erwartet

Bei einem korrekten TFTP-Betrieb ist es Sache des Clients, die zweite RRQ(»bar«) von einem neuen Port aus zu senden. Solange der Client sich daran hält, kann er problemlos seine Meinung ändern. Der Server sendet dann möglicherweise Data[1] mit der Datei »foo« ins Leere – also an den ersten Client-Port -, bis es zur Zeitüberschreitung kommt, da TFTP keine richtige Abbruchnachricht kennt. Die Anfrage für die Datei »bar« sollte aber problemlos funktionieren. Ein kleineres Problem ist, dass eine TFTP-Anwendung beim Beenden möglicherweise nirgendwo die zuletzt benutzte Port-Nummer gespeichert hat und daher nicht garantieren kann, dass sich die neue Port-Nummer von den zuvor benutzten unterscheidet. Die beiden Strategien aus Abschnitt 16.3.1, »Alte, doppelte Pakete« – eine Port-Nummer nach dem Zufallsprinzip zu wählen oder sie vom Betriebssystem zuweisen zu lassen – sind hier jedoch recht effektiv.

TFTP steht jedoch vor einem etwas unerwarteten Problem, wenn der Client eine doppelte RRQ sendet; dies geschieht in der Regel dann, wenn es für die erste RRQ zur Zeitüberschreitung kommt. Natürlich ist es möglich, einen TFTP-Server so zu implementieren, dass er erkennt, dass es sich bei der zweiten RRQ um ein Duplikat handelt, etwa indem er feststellt, dass sie von derselben Client-Socket-Adresse stammt und denselben Dateinamen enthält. In der Praxis ist dies jedoch unvereinbar mit dem in Abschnitt 16.2, »Trivial File Transport Protocol, TFTP«, beschriebenen Ansatz der vereinfachten Implementierung, bei dem der Server für jede empfangene RRQ einen neuen Unterprozess startet.

Die meisten TFTP-Server-Implementierungen starten in diesem Fall zwei Sendeprozesse, einen für jeden empfangenen RRQ, von zwei Ports s_port1 und s_port2. Beide senden Data[1] an den Empfänger. Vom Empfänger wird erwartet, dass er sich auf den Port des ersten empfangenen Data[1]-Pakets »einklinkt« und dessen Quellport aufzeichnet. Das zweite Data[1]-Paket scheint nun von einem falschen Port zu stammen.

Die TFTP-Spezifikation schreibt vor, dass ein Empfänger auf Pakete von einem unbekannten Port mit einem ERROR-Paket mit dem Code »Unknown Transfer ID« (wobei »Transfer ID« gleichbedeutend mit »Port-Nummer« ist) antwortet; dies veranlasst den Sendeprozess, der das später eintreffende Data[1]-Paket gesendet hat, zur Abschaltung. Der Sendeprozess, der erfolgreich Data[1] gesendet hat, fährt normal fort. Wäre da nicht das Szenario mit den doppelten RRQs, ließen sich Pakete von einem unbekannten Port wahrscheinlich einfach ignorieren.

Theoretisch könnte ein böswilliger Akteur im LAN dieses TFTP-»Einklinkverhalten« ausnutzen, um erwartbare RRQs zu kapern. Wenn der Akteur weiß, dass Host C im Begriff ist, eine Datei über TFTP anzufordern, könnte er wiederholt böswillige Kopien von Data[1] an die wahrscheinlichen Ports von C senden. Wenn C eine Datei *anfordert*, könnte es anstelle der angeforderten Datei die böswillige Datei erhalten. Da die Schadsoftware jedoch die Port-Nummer des Clients erraten muss, scheint dieses Szenario nur von geringer Bedeutung zu sein. Allerdings laden viele festplattenlose Geräte beim Hochfahren eine Boot-Datei über TFTP, und zwar unter Umständen über eine vorhersehbare Port-Nummer.

16.3.4 Reboots

Jedes laufende Kommunikationsprotokoll muss die Möglichkeit berücksichtigen, dass eine Seite zwischen den Nachrichten der anderen Seite einen Neustart durchführen könnte. Das Hauptproblem ist die Erkennung des Neustarts, damit die andere Seite die nun unterbrochene Verbindung schließen kann.

Wenn die Sendeseite einer TFTP-Verbindung neu startet, wird der Paketaustausch einfach gestoppt, wobei hier ein typischer Empfänger vorausgesetzt wird, der bei Zeitüberschreitungen nicht erneut sendet. Wenn die Empfangsseite neu startet, versendet der Sender weiterhin Datenpakete, erhält aber keine weiteren Bestätigungen. In den meisten Fällen wird der neu gestartete Client diese einfach ignorieren.

Das zweite Problem bei Neustarts ist, dass das neu startende System in der Regel alle Erinnerungen an die zuletzt verwendeten Ports verliert, was es schwierig macht, sicherzustellen, dass es die zuletzt aktiven Ports nicht wieder verwendet. Daraus ergibt sich ein gewisses Risiko alter Duplikate.

Hier ist ein Szenario, das auf jenem zu Beginn des vorigen Abschnitts basiert, in dem ein Neustart des Clients zum Empfang einer falschen Datei führt. Angenommen, der Client sendet RRQ(»foo«), startet dann aber neu, bevor er ACK[1] sendet. Nach dem Neustart sendet der Client dann RRQ(»bar«) vom selben Port; nach dem Neustart kann der Client nicht mehr garantieren, dass ein kürzlich benutzter Port nicht erneut geöffnet wird. Nachdem der Server RRQ(»foo«) empfangen hat, sendet er verspätet Data[1] für »foo«. Der Client nimmt dies auf und akzeptiert die Datei »foo«, während er annimmt, die Datei »bar« zu empfangen.

In der Praxis scheint dieses Szenario nur von begrenzter Bedeutung zu sein, obwohl »Diskless«-Geräte häufig TFTP verwenden, um beim Neustart ihre Boot-Image-Datei anzufordern, und somit potenziell gefährdet sein könnten.

16.4 Weitere Anmerkungen zu TFTP

Wir werfen nun einen kurzen Blick auf andere Aspekte von TFTP, die nichts mit den oben genannten grundlegenden Übertragungsproblemen zu tun haben. Dazu liefern wir auch eine kurz umrissene Beschreibung einer Implementierung.

16.4.1 TFTP und der Zauberlehrling

TFTP nutzt eine sehr unkomplizierte Implementierung von Stop-and-Wait (Abschnitt 8.1, »Zuverlässige Datenübertragung: Stop-and-Wait«). Acknowledgment-Pakete enthalten die Blocknummer des zu bestätigenden Datenpakets, d. h. ACK[N] bestätigt Data[N].

In der ursprünglichen RFC 783-Spezifikation war TFTP anfällig für den Sorcerer's Apprentice Bug (Abschnitt 8.1.2, »Sorcerer's Apprentice Bug«). Die Behebung dieses Problems war der Grund für die Aktualisierung des Protokolls in RFC 1350 nach elf Jahren. Das Dokument RFC 1123, »Requirements for Internet Hosts« (auf das RFC 1350 verweist) beschreibt die notwendige Änderung folgendermaßen:

> *Implementierungen **müssen** die Lösung für dieses Problem enthalten: Der Sender (d. h. die Seite, von der die Datenpakete stammen) darf das aktuelle Datenpaket bei Erhalt eines doppelten ACK niemals erneut senden.*

16.4.2 TFTP-Zustände

Die TFTP-Spezifikation ist relativ informell; neuere Protokolle werden häufig unter Verwendung einer Terminologie der endlichen Zustände beschrieben. In einer solchen Spezifikation wird für jeden zulässigen Zustand die angemessene Antwort auf alle Pakete angegeben. Wir können diesen Ansatz auch auf TFTP anwenden.

Oben haben wir einen DALLY-Zustand definiert, der nur für den Empfänger gilt, sowie eine spezifische Antwort auf ankommende Data[N]-Pakete. Es gibt zwei weitere wichtige konzeptionelle Zustände für TFTP-Empfänger, die wir UNLATCHED und ESTABLISHED nennen könnten.

Wenn der Empfänger-Client zum ersten Mal eine RRQ sendet, kennt er die Port-Nummer nicht, von der aus der Absender Pakete senden wird. Wir bezeichnen diesen Zustand als UNLATCHED, da der Empfänger sich noch nicht in den richtigen Port »eingeklinkt« hat. In diesem Zustand wartet der Empfänger, bis er ein Paket vom Absender empfängt, das wie ein Data[1]-Paket *aussieht*, d. h. es stammt von der IP-Adresse des Absenders, hat eine plausible Länge, ist ein DATA-Paket und seine Blocknummer ist 1. Wenn dieses Paket empfangen wird, registriert der Empfänger s_port und geht in den Zustand ESTABLISHED über.

Im Zustand ESTABLISHED prüft der Empfänger für alle Pakete, ob die Quell-Port-Nummer s_port ist. Trifft ein Paket von einem anderen Port ein, sendet der Empfänger ein ERROR-Paket mit der Angabe »Unknown Transfer ID« an die Quelle zurück, setzt jedoch die ursprüngliche Übertragung fort.

Hier ist ein Entwurf in Java, wie ein Teil des TFTP-Empfänger-Quellcodes aussehen könnte; der Code hier behandelt den Zustand ESTABLISHED. Etwas untypisch ist, dass der Code eine Zeitüberschreitung auslöst und ACK-Pakete erneut sendet, wenn innerhalb des Intervalls `TIMEOUT` keine neuen Daten empfangen werden; im Allgemeinen werden Zeitüberschreitungen nur auf der TFTP-Senderseite implementiert. Die Fehlerbehandlung ist minimal, wenngleich Fehlerantworten als Reaktion auf Pakete vom falschen Port gesendet werden, wie im vorigen Abschnitt beschrieben. Für die meisten anderen überprüften Fehlerzustände gibt es keine definierte TFTP-Antwort.

Die Variablen `state`, `sendtime`, `TIMEOUT`, `thePacket`, `theAddress`, `thePort`, `blocknum` und `expected_block` müssten zuvor deklariert und initialisiert worden sein; `sendtime` steht für den Zeitpunkt, zu dem die letzte ACK-Antwort gesendet wurde. Mehrere Hilfsfunktionen, wie `getTFTPOpcode()` und `write_the_data()` müssten definiert werden. Der Remote-Port `thePort` würde zum Zeitpunkt des Eintritts in den ESTABLISHED-Zustand initialisiert werden; dies ist der Port, von dem aus ein Paket gesendet worden sein muss, damit es als gültig angesehen wird. Die Schleife wechselt hier in den Zustand DALLY, wenn ein Paket, das das Ende der Daten markiert, empfangen wurde.

```
// TFTP-Code für ESTABLISHED-Zustand

while (state == ESTABLISHED) {
  // abgelaufene Zeit überprüfen
  if (System.currentTimeMillis() > sendtime + TIMEOUT) {
    retransmit_most_recent_ACK()
    sendtime = System.currentTimeMillis()
  // das nächste Paket empfangen
  try {
    s.receive(thePacket);
  }
  catch (SocketTimeoutException stoe) { continue; }   // nochmal versuchen
  catch (IOException ioe) { System.exit(1); }      // andere Fehler

  if (thePacket.getAddress() != theAddress) continue;
```

```
  if (thePacket.getPort() != thePort) {
    send_error_packet(...);          // Unbekannte Transfer-ID; siehe Text
    continue;
  }
  if (thePacket.getLength() < TFTP_HDR_SIZE) continue;    // TFTP_HDR_SIZE = 4
  opcode = thePacket.getData().getTFTPOpcode()
  blocknum  = thePacket.getData().getTFTPBlock()
  if (opcode != DATA) continue;
  if (blocknum != expected_block) continue;
  write_the_data(...);
  expected_block ++;
  send_ACK(...);          // und speichern für mögliche Neuübertragung
  sendtime = System.currentTimeMillis();
  datasize = thePacket.getLength() - TFTP_HDR_SIZE;
  if (datasize < MAX_DATA_SIZE) state = DALLY;  // MAX_DATA_SIZE = 512
}
```

Beachten Sie, dass die Prüfung der verstrichenen Zeit völlig unabhängig von der Prüfung der `SocketTimeoutException` ist. Für den Empfänger ist es möglich, einen ständigen Strom »falscher« Pakete zu empfangen, sodass niemals eine `SocketTimeoutException` auftritt, aber dennoch kein »gutes« Paket ankommt und der Empfänger trotzdem (wie oben) für eine Zeitüberschreitung und erneute Übertragung sorgen muss.

16.4.3 Durchsatz bei TFTP

Bei einem einzigen physischen Ethernet würden TFTP-Sender und -Empfänger den Kanal abwechselnd nutzen, wobei die Umschaltzeit sehr gering wäre; der effektive Durchsatz wäre nahezu optimal.

Sobald jedoch die Speicher- und Weiterleitungsverzögerungen von Switches und Routern hinzukommen, wird Stop-and-Wait zu einem Flaschenhals für die Leistung. Nehmen wir an, dass der Weg vom Sender A zum Empfänger B über zwei Switches führt: A–S1–S2–B, und dass auf allen drei Verbindungen nur die Bandbreitenverzögerung ins Gewicht fällt. Da ACK-Pakete so viel kleiner sind als DATA-Pakete, können wir die Laufzeit der ACK-Pakete von B nach A praktisch ignorieren.

Mit diesen Annahmen beträgt der Durchsatz etwa ein Drittel der zugrunde liegenden Bandbreite. Dies liegt daran, dass nur eine der drei Verbindungen zu einem bestimmten Zeitpunkt aktiv sein kann; die beiden anderen müssen im Leerlauf sein. Wir könnten den Durchsatz um den Faktor drei verbessern, wenn wir A erlauben würden, drei Pakete auf einmal zu senden:

- Paket 1 von A nach S1
- Paket 2 von A nach S1, während Paket 1 von S1 nach S2 geht
- Paket 3 von A nach S1, während Paket 2 von S1 nach S2 und Paket 1 von S2 nach B geht

Dies entspricht Sliding Windows mit einer Winsize von drei. TFTP unterstützt dies nicht; im nächsten Kapitel befassen wir uns mit TCP, welches dies unterstützt.

16.5 Remote Procedure Call (RPC)

Ein ganz anderes Kommunikationsmodell, das in der Regel, aber nicht immer, über UDP implementiert wird, ist das des *Remote Procedure Call*, oder RPC. Der Name leitet sich von der Vorstellung ab, dass ein Prozeduraufruf über das Netzwerk erfolgt; Host A stellt eine *Anfrage* mit Parametern zusammen und sendet sie an Host B, der eine *Antwort* zurückschickt. Dafür wird auch der Begriff *Anfrage/Antwort-Protokoll* (request/reply protocol) verwendet. Die Seite, die die Anfrage stellt, wird als *Client* bezeichnet, die andere Seite als *Server*.

Ein gängiges Beispiel hierfür ist das DNS: Ein Host sendet eine DNS-Abfrage an seinen DNS-Server und erhält eine Antwort. Andere Beispiele sind die Überprüfung von Passwörtern, die Abfrage von Systeminformationen, Datenbankabfragen und Dateieingabe/-ausgabeoperationen. RPC ist auch als Mechanismus für die Kommunikation zwischen Prozessen innerhalb von CPU-Clustern recht erfolgreich, was vielleicht die zeitkritischste Anwendung ist.

Zwar kann für solche Vorgänge auch verwendet werden, doch entsteht dabei ein zusätzlicher Overhead durch den Auf- und Abbau einer Verbindung; in vielen Fällen besteht der RPC-Austausch aus nichts weiter als Anfrage und Antwort, sodass der TCP-Overhead hierfür nicht unerheblich wäre. RPC über UDP eignet sich besonders gut für Transaktionen, bei denen sich beide Endpunkte höchstwahrscheinlich im selben LAN befinden oder anderweitig so angeordnet sind, dass Verluste aufgrund von Überlastung vernachlässigbar sind.

Der Nachteil von UDP ist, dass die RPC-Schicht dann ihr eigenes Bestätigungsprotokoll bereitstellen muss. Das ist nicht sonderlich schwierig; normalerweise dient die Antwort dazu, die Anfrage zu bestätigen, und danach ist nur noch ein weiteres ACK erforderlich. Wenn das Protokoll über ein LAN läuft, ist es sinnvoll, ein festes Timeout-Intervall zu verwenden, etwa im Bereich von 0,5 bis 1,0 Sekunden.

Nichtsdestotrotz gibt es einige Feinheiten, die frühe RPC-Implementierungen manchmal außer Acht ließen, was insgesamt zu einer komplizierten Historie führte; siehe den Abschnitt 16.5, »Remote Procedure Call (RPC)«, weiter unten.

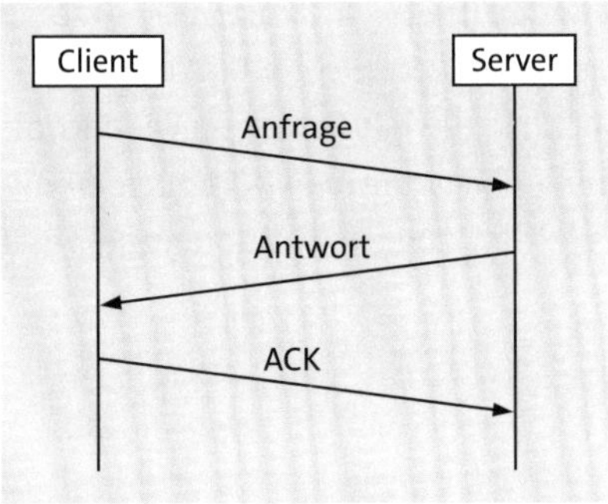

Abbildung 16.4 Eine einfache Bestätigung

Es ist wichtig, Anfragen und Antworten zu nummerieren (oder anderweitig zu kennzeichnen), damit der Client feststellen kann, welche Antwort zu welcher Anfrage passt. Dies bedeutet auch, dass die Antwort dazu dienen kann, die Anfrage zu bestätigen; wenn Antwort[N] nicht empfangen wird, sendet der Anfragende Anfrage[N] erneut. Dies kann entweder passieren, wenn die Anfrage[N] nie angekommen ist oder wenn die Antwort[N] verloren gegangen ist:

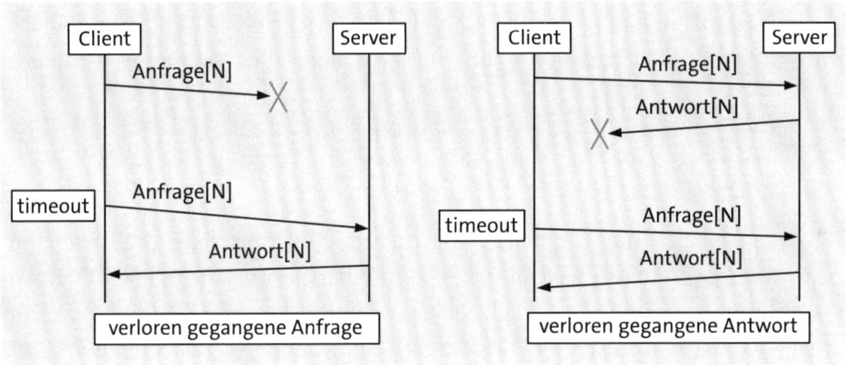

Abbildung 16.5 Verloren gegangene Anfrage und verloren gegangene Antwort

Wenn der Server reply[N] erstellt und an den Client sendet, muss er auch eine Kopie der Antwort im Cache aufbewahren, bis ACK[N] eintrifft.

Nach dem Senden von reply[N] kann der Server ACK[N] erhalten, was bedeutet, dass alles in Ordnung ist, oder er kann request[N] erneut empfangen, was bedeutet, dass reply[N] verloren gegangen ist, oder er kann eine Zeitüberschreitung erfahren, was bedeutet, dass entweder reply[N] oder ACK[N] verloren gegangen ist. In den letzten beiden Fällen sollte der Server Antwort[N] erneut senden und dann wieder auf ACK[N] warten.

Schließlich nehmen wir an, dass der Server-Host die erste Kopie jeder Anfrage[N] an seine Anwendung zur Verarbeitung von Anfragen liefert und *dass keine der beiden*

Seiten abstürzt (oder anderweitig mitten in einer Anfrage/Antwort/ACK-Abfolge ihren Zustand verliert). Nehmen wir zudem an, dass die *Pakete nicht umgeordnet* werden und dass jede Anfrage[N], Antwort[N] oder ACK[N], die häufig genug wiederholt gesendet wird, schließlich ihr Ziel erreicht. Dann haben wir eine *Exakt-einmal-Semantik*: Anfragen können zwar mehrfach übertragen werden, aber sie werden nur einmal bearbeitet (oder »ausgeführt«).

16.5.1 Network File System

Bezogen auf das gesamte Paketvolumen war die Anwendung, die frühzeitig am meisten Gebrauch von RPC machte, das *Network File System* (NFS) von Sun; dadurch konnte Clients ein Dateisystem auf dem Server zur Verfügung gestellt werden. Wenn der Client eine Datei öffnete, sendete der Server ein *Datei-Handle* zurück, das in der Regel die kennzeichnende »Inode«-Nummer der Datei enthielt. Bei `read()`-Operationen enthielt die Anfrage die Blocknummer der zu lesenden Daten, und die entsprechende Antwort enthielt die Daten selbst; die Blöcke waren im Allgemeinen 8 kB groß. Bei `write()`-Operationen enthielt die Anfrage den zu schreibenden Datenblock zusammen mit der Blocknummer; die Antwort enthielt eine Empfangsbestätigung.

Normalerweise wird ein 8-kB-Datenblock als einzelnes UDP/IPv4-Paket gesendet, wobei der Absender für die Übertragung über Ethernet eine IPv4-Fragmentierung vornimmt.

16.5.2 Sun RPC

Das oben beschriebene ursprüngliche einfache Modell ist durchaus praktikabel. In der von Sun Microsystems entwickelten RPC-Implementierung, die in RFC 1831 dokumentiert ist (und jetzt offiziell als Open Network Computing oder ONC RPC bekannt ist), wurde jedoch auf die abschließende Bestätigung verzichtet. Da es in einem LAN relativ wenige Paketverluste gibt, war dies nicht so gravierend, wie es vielleicht klingen mag, aber es hatte eine wichtige Konsequenz: Der Server konnte es sich nun nicht mehr leisten, die Antworten zwischenzuspeichern, da er niemals einen Hinweis darauf erhalten würde, dass er sie problemlos wieder löschen durfte. Daher wurde die Anfrage nach Erhalt einer zweiten Anfrage[N] erneut ausgeführt, wie im obigen Diagramm »verlorene Antwort« auf der rechten Seite zu sehen ist.

Dies wurde oft als *Mindestens-einmal-Semantik* beschrieben: Wenn ein Client eine Anfrage sendete und schließlich eine Antwort erhielt, konnte er sicher sein, dass die Anfrage mindestens einmal ausgeführt wurde, aber wenn eine Antwort verloren ging, konnte die Anfrage mehr als einmal übertragen werden. Die Anwendungen mussten daher wissen, dass diese Möglichkeit besteht.

Es stellte sich heraus, dass die doppelte Ausführung bei vielen Anfragen kein Problem darstellt. Eine Anfrage, die unabhängig davon, ob sie einmal oder zweimal ausgeführt wird, dasselbe Ergebnis (und dieselben Nebeneffekte auf dem Server) hat, wird als *idempotent* bezeichnet. Während eine Anfrage zum Lesen oder Schreiben des *nächsten* Blocks einer Datei nicht idempotent ist, *ist* eine Anfrage zum Lesen oder Schreiben von Block 37 (oder eines anderen bestimmten Blocks) idempotent. Die meisten Datenabfragen sind ebenfalls idempotent; eine zweite Abfrage liefert schlicht die gleichen Daten wie die erste. Sogar `open()`-Operationen für Dateien sind idempotent oder können zumindest so implementiert werden: Wenn eine Datei zum zweiten Mal geöffnet wird, wird einfach der Datei-Handle ein zweites Mal zurückgegeben.

Leider gibt es aber auch Operationen, die grundsätzlich nicht idempotent sind. Das Sperren von Dateien gehört dazu, ebenso wie jede Form des *exklusiven* Öffnens von Dateien. Ebenso verhält es sich mit dem Anlegen eines Verzeichnisses, denn der Vorgang muss fehlschlagen, falls das Verzeichnis bereits existiert. Selbst das Öffnen einer Datei ist nicht idempotent, wenn vom Server erwartet wird, dass er verfolgt, wie viele `open()`-Operationen aufgerufen wurden, um festzustellen, ob eine Datei noch in Gebrauch ist.

Warum also hat Sun RPC diesen Weg gewählt? Ein großer Vorteil der mindestens-einmal-Semantik ist, dass sie dem Server erlaubt, *zustandslos* zu sein. Der Server bräuchte keinen RPC-Zustand aufrechtzuerhalten, da ohne das abschließende ACK kein RPC-Zustand des Servers aufrechtzuerhalten ist; bei idempotenten Operationen müsste der Server im Allgemeinen auch keinen Anwendungszustand aufrechterhalten. Die praktische Konsequenz daraus war, dass ein Server nach einem Absturz direkt nach dem Neustart dort weitermachen konnte, wo er aufgehört hatte, da kein Zustand verloren ging.

16

Zustandslose Seelenruhe

Damals, als die Informatikabteilung der Loyola-Universität noch intensiv Sun NFS verwendete, ließen Serverabstürze die Leute seelenruhig ihre Büros verlassen, um herauszufinden, was passiert war; Client-Workstation-Prozesse, die Dateioperationen durchführten, hatten sich festgefahren. Alle liefen auf dem Flur umher, bis der Server neu gebootet war. Danach kehrten sie zu ihrer Arbeit zurück und konnten fast immer *dort weitermachen, wo sie aufgehört hatten.* Wäre der Server nicht zustandslos gewesen, wären die Benutzer nicht ganz so entspannt gewesen.

Natürlich ist es auch möglich, Wiederherstellungsmechanismen in zustandsabhängige Protokolle einzubauen.

Auch wenn die mindestens-einmal-Semantik heute wie eine unerhörte Abkürzung erscheinen mag, ist zu beachten, dass das im letzten Absatz von Abschnitt 16.5, »Remote Procedure Call (RPC)«, beschriebene exakt-einmal-Protokoll die ausgesprochen unrealistische Anforderung enthält, dass keine Seite abstürzt. Einige Ansätze zur Lösung des Reboot-Problems werden in Abschnitt 16.5.4, »Verfeinerungen von RPC«, behandelt.

Das Fehlen von Dateisperren und anderen nicht-idempotenten E/A-Operationen sowie das Aufkommen von billigem Speicherplatz auf Client-Workstations (und damit auch von zuverlässigeren Servern) führte schließlich zum Rückgang von NFS über RPC, obwohl es nicht komplett verschwunden ist. NFS kann, falls gewünscht, auch (zustandsabhängig!) über TCP betrieben werden.

16.5.3 Seriale Ausführung

In einigen RPC-Systemen, auch solchen mit expliziten ACKs, werden Anfragen vom Server seriell ausgeführt. Die serielle Ausführung erfolgt automatisch, wenn request [N+1] als implizites ACK[N] dient. Dies ist ein Problem für Datei-E/A-Operationen, da physische Festplattenlaufwerke im Allgemeinen am effizientesten sind, wenn die E/A-Operationen entsprechend der Geometrie der Festplatte neu geordnet werden können. Festplattenlaufwerke setzen in der Regel den *Elevator-Algorithmus* ein, um Anfragen zu verarbeiten: Der Lesekopf bewegt sich von den niedrig nummerierten Spuren nach außen zu den höher nummerierten Spuren und hält bei jeder Spur, für die eine E/A-Anfrage vorliegt, inne. Das Warten auf den Abschluss des N-ten Lesevorgangs, bevor die Festplatte aufgefordert wird, den N+1-ten Vorgang zu starten, ist langsam.

Die beste Lösung aus Sicht der Serveranwendung besteht hier darin, mehrere ausstehende Anfragen und Antworten außerhalb der Reihenfolge zuzulassen. Dies verkompliziert jedoch das RPC-Protokoll.

16.5.4 Verfeinerungen von RPC

Eine grundlegende Verbesserung von RPC auf Netzwerkebene betrifft die Vermeidung von Fragmentierung auf IP-Ebene. Während Fragmentierung in einem einzelnen LAN kein großes Leistungsproblem darstellt, kann sie über größere Entfernungen Schwierigkeiten bereiten. Eine mögliche Verfeinerung ist ein Protokoll für große Nachrichten auf RPC-Ebene, das eine Fragmentierung auf RPC-Schicht vornimmt und einen Mechanismus unterstützt, der bei Bedarf nur die tatsächlich verlorenen Fragmente erneut sendet.

Eine weitere Optimierung könnte die Möglichkeit betreffen, dass der Client oder der Server möglicherweise abstürzen und neu starten. Um Client-Neustarts zu erkennen, können wir auf der Client-Seite einen »Boot-Zähler« hinzufügen, der sich bei jedem Neustart erhöht und in den permanenten Speicher geschrieben wird. Dieser Wert wird dann in jede Anfrage mit aufgenommen und in jeder Antwort und jedem ACK zurückgesendet. Auf diese Weise kann der Server zwischen Anfragen, die vor und nach einem Neustart des Clients gesendet wurden, unterscheiden; solche Anfragen haben konzeptionell nichts miteinander zu tun, und der hier beschriebene Mechanismus stellt sicher, dass sie unterschiedliche Kennzeichnungen erhalten. Siehe Abschnitt 26.3.3, »SNMPv3-Engines«, für ein entsprechendes Beispiel.

Auf der Serverseite ist die Berücksichtigung von Abstürzen und Neustarts noch komplizierter. Wenn das Ziel einfach darin besteht, den Client darauf aufmerksam zu machen, dass der Server während einer Anfrage/Antwort-Abfolge neu gebootet haben könnte, könnten wir den Boot-Zähler des Servers mit in jede Antwort[N] aufnehmen; wenn der Client eine Änderung sieht, könnte es ein Problem mit der aktuellen Anfrage geben. Wir könnten auch die aktuelle Schätzung des Clients für den Boot-Zähler des Servers in jede Anfrage aufnehmen und den Server veranlassen, Anfragen zu verweigern, bei denen eine Diskrepanz besteht.

In Ausnahmefällen können wir Anfragen mit Datenbanktransaktionen vergleichen und auf der Serverseite ein datenbankähnliches Crash-Recovery-Journal einrichten. Ziel ist es, dem Server zu ermöglichen, bei einem Neustart die zum Zeitpunkt des Absturzes laufenden Anfragen zu identifizieren und sie entweder zurückzunehmen oder zu beenden. Dies ist nicht trivial und kann nur für bestimmte Anfrageklassen (z. B. Lese- und Schreibvorgänge) durchgeführt werden.

16.6 Epilog

UDP erhält zwar nicht so viel Aufmerksamkeit wie TCP, aber durch die Vermeidung von Overhead beim Verbindungsaufbau, fehlendes Head-of-Line-Blocking und seine hohe Performance im LAN kann es sich durchaus behaupten.

Wir verwenden UDP hier auch zur Veranschaulichung grundlegender Übertragungsprobleme, sowohl abstrakt als auch speziell für das TFTP-Protokoll. Wir werden diese grundlegenden Fragen im nächsten Kapitel im Zusammenhang mit TCP noch einmal ausführlich behandeln; diese Fragen spielten bei der Entwicklung von TCP eine wichtige Rolle.

16.7 Übungen

1. Führen Sie die am Ende von Abschnitt 16.1.3, »Simplex-Talk über UDP«, besprochenen UDP-Simplex-Talk-Experimente durch. Können mehrere Clients gleichzeitig eine Sitzung mit demselben Server unterhalten?
2. Angenommen, beide Seiten einer TFTP-Übertragung implementieren retransmit-on-timeout und keine der beiden Seiten implementiert retransmit-on-duplicate.

Was würde in den folgenden Fällen jeweils beim Verlust des ersten Data[3]-Pakets geschehen?

a) ◇ Zeitüberschreitung beim Sender = Zeitüberschreitung beim Empfänger = 2 Sekunden

b) Zeitüberschreitung beim Sender = 1 Sekunde; Zeitüberschreitung beim Empfänger = 3 Sekunden.

c) Zeitüberschreitung beim Sender = 3 Sekunden; Zeitüberschreitung beim Empfänger = 1 Sekunde.

Betrachten Sie die tatsächliche Übertragungszeit im Vergleich zu den Timeout-Intervallen als vernachlässigbar und gehen Sie davon aus, dass das erneut gesendete Data[3] erfolgreich empfangen wird.

3. Was ändert sich in der vorherigen Übung, wenn stattdessen das erste ACK[3]-Paket verloren geht?

4. Geben Sie für jeden der nachstehenden Zustände plausible Reaktionen eines TFTP-Empfängers beim Empfang eines Data[N]-Pakets an. Ihre Antworten hängen möglicherweise von N und der Paketgröße ab. Geben Sie die Ereignisse an, die einen Übergang von einem Zustand in einen anderen bewirken. Die TFTP-Zustände wurden in Abschnitt 16.4.2, »TFTP-Zustände«, beschrieben.

   a) UNLATCHED

   b) ESTABLISHED

   c) DALLYING

   Beispiel: Beim Empfang eines ERROR-Pakets würde der TFTP-Prozess in allen drei Zuständen beendet.

5. Erklären Sie, warum wir im Code des TFTP-Empfängers in Abschnitt 16.4.2, »TFTP-Zustände«, `thePacket.getLength()` überprüfen müssen, *bevor* wir den Opcode und die Blocknummer extrahieren.

6. Nehmen Sie an, dass sowohl der TFTP-Sender als auch der TFTP-Empfänger die Funktion »retransmit-on-timeout«, *nicht* aber »retransmit-on-duplicate« einsetzen. Skizzieren Sie ein spezifisches TFTP-Szenario, in dem der TFTP-Empfänger aus Abschnitt 16.4.2, »TFTP-Zustände«, ein Socket-Timeout-Intervall festlegt, dabei aber nie eine »harte« Zeitüberschreitung – d. h. eine `SocketTimeoutException` – erfährt und dennoch ein Timeout und eine erneute Übertragung vornehmen muss. Tipp: Sorgen Sie dafür, dass der Sender regelmäßig eine Zeitüberschreitung erfährt und ein Paket erneut sendet, und zwar in einem Intervall, das kürzer ist als die `SocketTimeoutException`-Periode des Empfängers, wobei dies aber nicht das Paket ist, auf das der Empfänger wartet.

7. Am Ende von Abschnitt 16.3.1, »Alte, doppelte Pakete«, haben wir behauptet, dass das Problem der alten Duplikate nicht auftritt, wenn eine der beiden Seiten des TFTP-Protokolls die Ports ändert.
   a) Wenn der Client (Empfänger) bei einer nachfolgenden Verbindung seine Port-Nummer ändert, der Server (Sender) jedoch nicht, wodurch wird dann verhindert, dass der Client ein vom Server gesendetes, altes, dupliziertes Datenpaket akzeptiert?
   b) Wenn der Server bei einer nachfolgenden Verbindung seine Port-Nummer ändert, der Client jedoch nicht, wodurch wird dann verhindert, dass der neue Client ein vom Server gesendetes, altes, dupliziertes DATA[N]-Paket mit N>1 akzeptiert?
8. In Teil (b) der vorherigen Übung wurde behauptet, dass ein altes Duplikat DATA [N] vom neuen Empfänger nicht als gültig akzeptiert werden könne, sofern N>1 ist. Nennen Sie ein Beispiel, in dem ein altes Duplikat DATA[1] als gültig angesehen *wird*.
9. Angenommen, die Implementierung eines TFTP-Servers sendet bei Erhalt eines doppelten ACK[N–1] anders als in Abschnitt 16.4.1, »TFTP und der Zauberlehrling«, erneut DATA[N]. Sie erhält eine Dateianfrage von einem *unvollständig implementierten* TFTP-Client, der ACK[1] an den richtigen neuen Port sendet, nachfolgend aber die ACK-Nummer niemals erhöht; die Antwort des Clients auf DATA[N] lautet immer ACK[1]. Was passiert? (Nach einer wahren Geschichte.)
10. Im einfachen RPC-Protokoll zu Beginn von Abschnitt 16.5, »Remote Procedure Call (RPC)«, nehmen wir an, dass der Server reply[N] sendet und eine Zeitüberschreitung erfährt und nichts vom Client zurückerhält. Im Text haben wir erklärt, dass dies höchstwahrscheinlich auf den Verlust von ACK[N] zurückzuführen ist. Geben Sie ein weiteres Verlustszenario an, das den Verlust zweier Pakete beinhaltet. Nehmen Sie dabei für Client und Server das gleiche Timeout-Intervall an.
11. Angenommen, eine Sun RPC `read()`-Anfrage wird aus irgend einem Grund doppelt ausgeführt. Leider wird der Datenblock zwischen den aufeinanderfolgenden `read()`-Operationen von einem anderen Prozess aktualisiert, sodass unterschiedliche Daten zurückgegeben werden. Scheitert hier die Idempotenz? Warum oder warum nicht?
12. Skizzieren Sie ein RPC-Protokoll, bei dem mehrere Anfragen ausstehen können und Antworten in beliebiger Reihenfolge gesendet werden können. Nehmen Sie an, dass die Anfragen nummeriert sind und dass ACK[N] die Antwort[N] bestätigt. Sollten ACKs kumulativ sein? Wenn nicht, was sollte beim Verlust eines ACKs passieren?
13. Betrachten wir das Anfrage[N]/Antwort[N]/ACK[N]-Protokoll aus Abschnitt 16.5, »Remote Procedure Call (RPC)«. Nehmen wir dabei an, dass die Anfragen fortlau-

fend nummeriert sind, die Pakete aber möglicherweise nicht in der richtigen Reihenfolge geliefert werden. So könnte die Anfrage[5] erneut eintreffen, nachdem ACK[5] gesendet wurde, und die erste Anfrage[5] könnte sogar erst nach dem Senden von ACK[6] eintreffen.

a) Wenn Anfragen wie in Abschnitt 16.5.3, »Seriale Ausführung«, seriell behandelt werden, welche Informationen muss die Serverseite dann vorhalten, um eine doppelte Ausführung einer Anfrage zu vermeiden?

b) ◇ Welche Informationen muss die Serverseite aufbewahren, wenn Anfragen nicht seriell behandelt werden, d. h. wenn mehrere Anfragen gleichzeitig ausstehend sein können? Nehmen wir an, dass der Server mit Antwort[6] antwortet, wenn Anfrage[6] vor Anfrage[5] eintrifft, obwohl es jetzt eine vorübergehende Lücke in den Sequenznummern gibt.

14. Angenommen, ein RPC-Client unterhält einen Boot-Zähler wie in Abschnitt 16.5.4, »Verfeinerungen von RPC«. Zeichnen Sie Diagramme für die Fälle (a) und (b) und geben Sie an, wie der Boot-Zähler zur Lösung der Situation verwendet wird.

    a) Der Client sendet Anfrage[N], startet aber neu, bevor er Antwort[N] erhält.

    b) Der Client sendet Anfrage[N], startet dann sofort neu und sendet eine weitere Anfrage ganz ohne Bezug, die zufällig auch die Nummer N hat.

    c) Was würde in dem Szenario in Teil (b) passieren, wenn das Antwort[N]-Paket *nicht* den Wert des Boot-Zählers aus dem Anfrage[N]-Paket zurücksenden würde?

15. In dieser Übung untersuchen wir den Zustand der UDP-Verbindung mittels `netcat` (Abschnitt 16.1.4, »netcat«). A und B seien zwei (nicht notwendigerweise unterschiedliche!) Hosts.

    a) Vergewissern Sie sich, dass Sie Nachrichten zwischen A und B austauschen können, nachdem Sie folgende Befehle ausgeführt haben; `-u` steht für UDP und mittels `-l` aktivieren Sie die Server-Seite (zum »Lauschen«).

       In einem Terminal auf B: `netcat -u -l 5432`

       In einem Terminal auf A: `netcat -u B 5432`

    b) Beenden Sie nun `netcat` auf A und starten Sie es neu. Wahrscheinlich wählt das zweite `netcat` einen anderen lokalen Port; überprüfen Sie, ob die Kommunikation fehlschlägt.

    c) Wiederholen Sie nun den Vorgang, aber geben Sie dieses Mal mit der Option `-p` zusätzlich den *Quell*port auf A an:

       In einem Terminal auf B: `netcat -u -l 5432`

       In einem Terminal auf A: `netcat -u -p 2345 B 5432`

       Überprüfen Sie, ob nach dem Beenden und Neustarten des Clients auf A die Kommunikation weiterhin möglich ist.

16. In dieser Übung untersuchen wir das Versenden von UDP-Paketen durch einen NAT-Router (Abschnitt 9.7, »Netzwerkadressübersetzung«), mittels `netcat` (Abschnitt 16.1.4, »netcat«). A sei ein interner Host, NR die *öffentliche* IP-Adresse des NAT-Routers und C ein externer Host. Wir werden alle Verbindungen initiieren, indem A auf Port 5432, der nicht durch eine Firewall geschützt sein darf, an C sendet (ein Wechsel auf einen anderen Port ist einfach).

    a) Stellen Sie sicher, dass Sie von A nach C senden können:

       In einem Terminal auf C: `netcat -u -l 5432`

       In einem Terminal auf A: `netcat -u C 5432`

       Wenn dies nicht funktioniert, versuchen Sie, die Port-Nummern oder die Firewall-Einstellungen von C zu ändern.

    b) Versuchen Sie, Text in das Terminal auf C einzugeben; `netcat` unterstützt bidirektionale Kommunikation. Erscheint die Ausgabe auf A?

    c) Schätzen Sie durch Ausprobieren die zulässige Verzögerung zwischen den A-zu-C-Paketen und der C-zu-A-Antwort ab. 1 Minute? 5 Minuten? 10 Minuten?

    d) Versuchen Sie, die Antwort von C über zwei komplett separate `netcat`-Sitzungen zu übertragen. Damit dies überhaupt funktionieren kann, muss der Quellport von A bekannt sein; wir setzen ihn hier auf 40001.

       Auf C: wie oben

       Auf A: `netcat -u -p 40001 C 5432`

       Sobald die Daten erfolgreich von A nach C übertragen worden sind, versuchen Sie den umgekehrten Weg. Die beiden oberen netcat-Prozesse von A nach C müssen zunächst beendet werden, um die Ports freizugeben. Dann:

       Auf A: `netcat -u -l 40001`

       Auf C: `netcat -u -p 5432 NR 40001`

16

Kapitel 17
Grundlagen des TCP-Transports

Die Standard-Transportprotokolle über der IP-Schicht sind *TCP* und *UDP*. Wie wir in Kapitel 16, »UDP-Übertragung«, gesehen haben, ermöglicht UDP die einfache Zustellung von Datagrammen an entfernte Sockets, d. h. an ⟨host,port⟩-Paare. TCP bietet eine viel umfangreichere Funktionalität für das Senden von Daten an (verbundene) Sockets. In diesem Kapitel wird das grundlegende TCP-Protokoll behandelt; im folgenden Kapitel geht es um einige spezielle Probleme im Zusammenhang mit möglichen Datenverlusten, um Details der TCP-Implementierung und um Protokolle, die als Alternativen zu TCP dienen.

TCP unterscheidet sich in mehrfacher Hinsicht von UDP. TCP ist *streamorientiert*, d. h. die Anwendung kann Daten in sehr kleinen oder sehr großen Mengen schreiben, und die TCP-Schicht kümmert sich um die entsprechende Paketierung (und auch darum, dass TCP einen Bytestrom überträgt, keine Nachrichten oder Datensätze; siehe Abschnitt 18.15.2, »SCTP«). TCP ist *verbindungsorientiert*, was bedeutet, dass vor Beginn einer Datenübertragung eine Verbindung aufgebaut werden muss. TCP ist *zuverlässig*, da es Sequenznummern verwendet, um die korrekte Reihenfolge der Zustellung zu gewährleisten, und einen Timeout/Retransmission-Mechanismus, um sicherzustellen, dass keine Daten verloren gehen, es sei denn, es kommt zu einem massiven Netzwerkausfall. Schließlich verwendet TCP automatisch den *Sliding-Windows*-Algorithmus, um einen Durchsatz zu erreichen, der relativ nahe an der maximal möglichen Leistung liegt.

Aufgrund dieser Eigenschaften ist TCP sehr gut für die Übertragung großer Dateien geeignet. Die beiden Endpunkte öffnen eine Verbindung, die Dateidaten werden von einem Ende in die Verbindung geschrieben und vom anderen Ende gelesen, und die oben genannten Funktionen gewährleisten, dass die Datei korrekt empfangen wird. TCP eignet sich auch sehr gut für interaktive Anwendungen, bei denen beide Seiten Ströme von kleinen Paketen senden und empfangen. Beispiele hierfür sind ssh oder telnet, wo bei jedem Tastendruck Pakete ausgetauscht werden, und Datenbankverbindungen, bei denen viele Abfragen pro Sekunde erfolgen können. TCP funktioniert sogar recht gut bei *Anfrage/Antwort*-Protokollen, bei denen eine Seite eine einzelne Nachricht sendet, die andere Seite antwortet und die Verbindung geschlossen wird. Der Nachteil hierbei ist jedoch der Overhead, der durch den Aufbau einer neuen Verbindung für jede Anfrage entsteht; ein besseres Anwendungsprotokolldesign könnte darin bestehen, mehrere Anfrage/Antwort-Paare über eine einzige TCP-Verbindung zuzulassen.

Man beachte, dass die Verbindungsorientierung und die Zuverlässigkeit von TCP abstrakte Merkmale darstellen, die auf der IP-Schicht aufbauen, die keines von beiden unterstützt.

Der verbindungsorientierte Charakter von TCP bedarf einer weiteren Erläuterung. Wenn bei UDP ein Server einen Socket (das Betriebssystemobjekt mit der entsprechenden Socket-Adresse) öffnet, kann jeder Client im Internet über seine Socket-Adresse an diesen Socket senden. Jede UDP-Anwendung muss daher darauf vorbereitet sein, die Quelladresse jedes ankommenden Pakets zu überprüfen. Bei TCP müssen alle Daten, die an einem *verbundenen* Socket ankommen, vom anderen Endpunkt der Verbindung stammen. Wenn ein Server S zunächst einen Socket s öffnet, ist dieser Socket »unverbunden«; er befindet sich im Zustand LISTEN. Er hat zwar immer noch eine Socket-Adresse aus Host und Port, aber ein Socket im LISTEN-Zustand empfängt niemals direkt Daten. Wenn ein Client C irgendwo im Internet Daten an s senden möchte, muss er zunächst eine Verbindung herstellen, die durch das *Socketpaar* definiert wird, das aus den Socketadressen (d. h. den Paaren ⟨IP_addr,port⟩) von C und S besteht. Als Teil dieses Verbindungsprozesses wird ein neuer *verbundener* Kind-Socket s_C erstellt; s_C empfängt alle von C gesendeten Daten. Normalerweise erstellt der Server auch einen neuen Thread oder Prozess, um die Kommunikation mit s_C abzuwickeln. In der Regel hat der Server mehrere verbundene Kind-Sockets des ursprünglichen Sockets s und für jeden einen Prozess, der mit ihm verbunden ist.

Wenn sowohl C1 als auch C2 eine Verbindung zu s herstellen, werden zwei verbundene Sockets an S erstellt, s_1 und s_2, und wahrscheinlich zwei separate Prozesse. Wenn ein Paket bei S eintrifft, das an die Socket-Adresse von s adressiert ist, wird auch die *Quell*-Socket-Adresse überprüft, um festzustellen, ob die Daten Teil der C1–S- oder der C2–S-Verbindung sind, und somit, ob ein Lesevorgang auf s_1 bzw. auf s_2 die Daten sehen wird.

Wenn S als ssh-Server fungiert, lauscht der LISTEN-Socket auf Port 22, und die angeschlossenen Kind-Sockets entsprechen den einzelnen Benutzer-Login-Verbindungen; der Prozess auf jedem Kind-Socket repräsentiert den Login-Prozess des jeweiligen Benutzers und kann stunden- oder tagelang laufen.

In Kapitel 1 haben wir die TCP-Sockets mit Telefonverbindungen verglichen, wobei der Server einer hochfrequentierten Telefonnummer 800-BUY-NOWW entspricht. Der unverbundene Socket entspricht der Nummer, die gewählt wird; die verbundenen Sockets entsprechen den tatsächlichen Anrufen. (Diese Analogie funktioniert jedoch nicht mehr, wenn man sich die Art und Weise ansieht, wie solche Mehrfach-Telefonverbindungen tatsächlich konfiguriert sind: jede hat in der Regel ihre eigene Nummer.)

17.1 Das Ende-zu-Ende-Prinzip

Das Ende-zu-Ende-Prinzip ist in [SRC84] dargelegt; es besagt, dass Transportfragen in der Verantwortung der betreffenden Endpunkte liegen und daher nicht an das Kernnetz delegiert werden sollten. Dieser Gedanke hatte großen Einfluss auf die Entwicklung von TCP.

Zwei Probleme, die unter diese Kategorie fallen, sind Datenkorruption und Überlast. Obwohl im Wesentlichen alle Verbindungen im Internet über Prüfsummen auf der Verbindungsschicht verfügen, um sich vor Datenverfälschungen zu schützen, fügt TCP trotzdem eine eigene Prüfsumme hinzu (zum Teil aufgrund von Datenfehlern, die *in* Routern auftraten). Aus diesem Grund ist TCP heute im Wesentlichen die einzige Schicht, die sich mit Überlastmanagement befasst.

Saltzer, Reed und Clark kategorisierten die Funktionen, die dem Ende-zu-Ende-Prinzip unterliegen, folgendermaßen:

> *Die fragliche Funktion kann nur mit dem Wissen und der Hilfe der Anwendung an den Endpunkten des Kommunikationssystems vollständig und korrekt implementiert werden. Daher ist es nicht möglich, diese Funktion als Merkmal des Kommunikationssystems selbst bereitzustellen. (Manchmal kann eine unvollständige Version der vom Kommunikationssystem bereitgestellten Funktion der Leistungsverbesserung dienen.)*

Dies bedeutet nicht, dass sich das Backbone-Internet nicht mit Staus befassen sollte; es bedeutet, dass Backbone-Überlastmanagementmechanismen das Ende-zu-Ende-Überlastmanagement nicht vollständig ersetzen sollten.

17.2 TCP-Header

In Abbildung 17.1 sehen Sie ein Diagramm des TCP-Headers. Wie bei UDP sind Quell- und Zielport 16 Bit lang. Das 4-Bit-Feld Data Offset gibt die Anzahl der 32-Bit-Wörter im Header an; wenn keine Optionen vorhanden sind, ist der Wert 5.

Wie bei UDP umfasst die Prüfsumme den TCP-Header, die TCP-Daten und einen IP-»Pseudo-Header« mit den Quell- und Ziel-IP-Adressen. Die Prüfsumme muss von einem NAT-Router, der die Header-Werte ändert, aktualisiert werden. (Obwohl die IP- und TCP-Schichten theoretisch getrennt sind und RFC 793 an einigen Stellen vorzuschlagen scheint, dass TCP über eine Nicht-IP-Internetwork-Schicht laufen kann, definiert RFC 793 auch ausdrücklich 4-Byte-Adressen für den Pseudo-Header. Mit RFC 2460 wurde der Pseudo-Header offiziell neu definiert, um IPv6-Adressen zu ermöglichen).

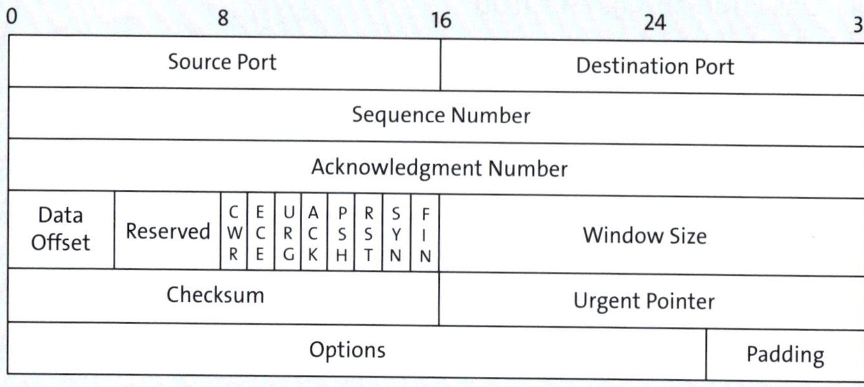

Abbildung 17.1 Pseudo-Header nach RFC 2460

Die *Sequenz-* und *Bestätigungsnummern* dienen der Nummerierung der Daten auf Byte-Ebene. So kann TCP 1024-Byte-Datenblöcke senden, wobei die Sequenznummer zwischen aufeinanderfolgenden Paketen um 1024 erhöht wird, oder 1-Byte-Telnet-Pakete senden, wobei die Sequenznummer jedes Mal um 1 erhöht wird. Es gibt keine Unterscheidung zwischen DATA- und ACK-Paketen; alle Pakete, die Daten von A nach B übertragen, übertragen auch die aktuellste Bestätigung der von B nach A gesendeten Daten. Viele TCP-Anwendungen sind weitgehend unidirektional, in diesem Fall würde der Sender im Wesentlichen dieselbe Bestätigungsnummer in jedes Paket aufnehmen, während der Empfänger im Wesentlichen dieselbe Sequenznummer aufnehmen würde.

Üblicherweise bezeichnet man den Datenanteil von TCP-Paketen als *Segmente*.

Die Geschichte von TCP

Die klare Trennung zwischen dem IP- und dem TCP-Header hat sich nicht vollständig durchgesetzt. In [CK74] wird ein Proto-TCP erörtert, bei dem die Sequenznummer (aber nicht die Bestätigungsnummer) im Äquivalent des IP-Headers erschien (vielleicht, damit sie für die Reassemblierung von Fragmenten verwendet werden konnte).

Der Wert der Sequenznummer ist *relativ* gesehen die Position des ersten Bytes des Pakets im Datenstrom bzw. die Position des ersten Bytes für den Fall, dass keine Daten gesendet wurden. Der Wert der Bestätigungsnummer ist, ebenfalls relativ gesehen, die Byte-Position für das nächste erwartete Byte. Wenn also ein Paket 1024 Datenbytes enthält und das erste Byte die Nummer 1 ist, dann ist das die Sequenznummer. Die Datenbytes wären die Positionen 1–1024, und das zurückgesendete ACK hätte die Bestätigungsnummer 1025.

Die gesendeten Sequenz- und Bestätigungsnummern stellen diese relativen Werte plus eine *initiale Sequenznummer* (ISN) dar, die für die gesamte Lebensdauer der Verbindung festgelegt ist. Jede Richtung einer Verbindung hat ihre eigene ISN.

TCP-Acknowledgments sind *kumulativ*: Wenn ein Endpunkt ein Paket mit einer Bestätigungsnummer von N sendet, bestätigt er den Empfang aller Datenbytes mit einer Nummer kleiner als N. Standard-TCP bietet keinen Mechanismus zur Bestätigung des Empfangs der Pakete 1, 2, 3 und 5; die höchste kumulative Bestätigung, die in dieser Situation gesendet werden könnte, wäre die Bestätigung von Paket 3.

Der TCP-Header definiert einige wichtige Flag-Bits; die kurzen Definitionen zeigt die folgende Liste:

- **SYN:** für SYNchronize; markiert Pakete, die Teil des Handshakes für eine neue Verbindung sind
- **ACK:** zeigt an, dass das Acknowledgment-Feld im Header gültig ist, d. h. alle Pakete bis auf das erste Paket
- **FIN:** für FINish; kennzeichnet Pakete, die zum Schließen der Verbindung gehören
- **PSH:** für PuSH; kennzeichnet »nicht gefüllte« Pakete, die umgehend an die Gegenseite zugestellt werden sollen
- **RST:** für ReSeT; zeigt verschiedene Fehlerzustände an
- **URG:** für URGent; Teil eines heute selten genutzten Mechanismus für hochpriorisierte Daten
- **CWR** und **ECE:** Teil des Explicit Congestion Notification Mechanismus, Abschnitt 21.5.3, »Explicit Congestion Notification (ECN)«

17.3 Aufbau einer TCP-Verbindung

TCP-Verbindungen werden über einen Austausch aufgebaut, der als *Drei-Wege-Handshake* bezeichnet wird. Wenn A der Client und B der LISTEN-Server ist, läuft der Handshake wie folgt ab:

- A sendet B ein Paket mit gesetztem SYN-Bit (ein SYN-Paket).
- B antwortet mit einem eigenen SYN-Paket; das ACK-Bit ist nun ebenfalls gesetzt.
- A antwortet auf Bs SYN mit seinem eigenen ACK.

Normalerweise wird der Drei-Wege-Handshake durch die Verbindungsanfrage einer Anwendung ausgelöst; Daten können erst nach Abschluss des Handshakes gesendet werden. Dies bedeutet eine Verzögerung von einer RTT, bevor Daten gesendet werden können. Der ursprüngliche TCP-Standard RFC 793 erlaubt zwar das Senden von

Daten mit dem ersten SYN-Paket als Teil des Handshakes, doch können diese Daten erst nach Abschluss des Handshakes an die Anwendung am entfernten Endpunkt weitergegeben werden. Die meisten traditionellen TCP-Programmierschnittstellen bieten keine Unterstützung für diese Option der frühen Datenübertragung.

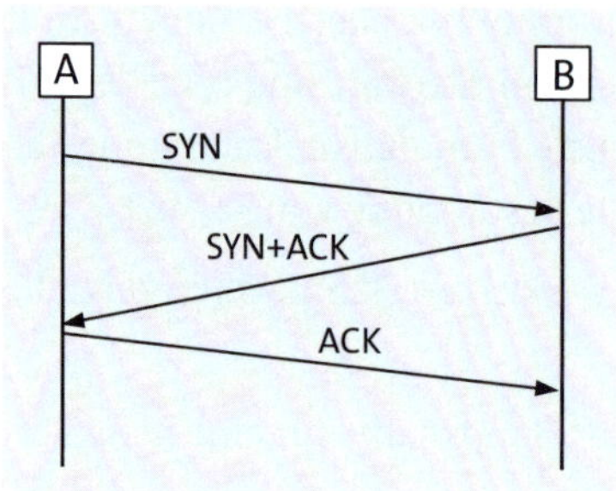

Abbildung 17.2 TCP-Drei-Wege-Handshake

Es wird immer wieder gefordert, dass TCP die Datenübertragung innerhalb des Handshakes selbst unterstützt, um eine mit RPC vergleichbare Anfrage/Antwort-Abwicklung zu erreichen (Abschnitt 16.5, »Remote Procedure Call (RPC)«). Wir kommen darauf in Abschnitt 18.5, »Schnelleres Öffnen von TCP-Verbindungen«, zurück.

Der Drei-Wege-Handshake ist anfällig für einen als *SYN-Flooding* bezeichneten Angriff. Der Angreifer sendet eine große Anzahl von SYN-Paketen an einen Server B. Für jedes ankommende SYN muss B Ressourcen bereitstellen, um die scheinbar legitime Verbindungsanfrage zu überwachen; bei genügend Anfragen können sich die Ressourcen von B erschöpfen. SYN-Flooding ist am einfachsten, wenn die SYN-Pakete einfach gefälscht sind, mit gefälschten, nicht zurückverfolgbaren Quell-IP-Adressen; mehr zu Spoofing in Abschnitt 9.1, »Der IPv4-Header«, und Abschnitt 18.3, »Der dreifache Handshake – erneut betrachtet«, weiter unten. SYN-Flood-Angriffe können auch in Form einer großen Anzahl echter Verbindungsversuche von einer großen Anzahl echter Clients erfolgen – die oft durch einen vorausgehenden Angriff kompromittiert und zum Dienst gezwungen wurden –, aber dies erfordert wesentlich mehr Ressourcen auf Seiten des Angreifers. Siehe Abschnitt 18.15.2, »SCTP«, für ein alternatives Handshake-Protokoll (leider nicht für TCP verfügbar), das SYN-Flood-Angriffe abschwächen soll, zumindest solche durch gefälschte SYNs.

Um die Verbindung zu *schließen*, kann ein oberflächlich gesehen ähnlicher Austausch von FIN-Paketen stattfinden:

- A sendet B ein Paket mit gesetztem FIN-Bit (ein FIN-Paket), das ankündigt, dass es die Datenübertragung beendet hat.
- B sendet A ein ACK des FIN-Pakets.

- B kann weiterhin zusätzliche Daten an A senden.
- Wenn B ebenfalls bereit ist, das Senden einzustellen, sendet es sein eigenes FIN an A.
- A sendet B ein ACK des FIN; dies ist das letzte Paket im Austausch.

Abbildung 17.3 zeigt das Leiterdiagramm für diesen Vorgang:

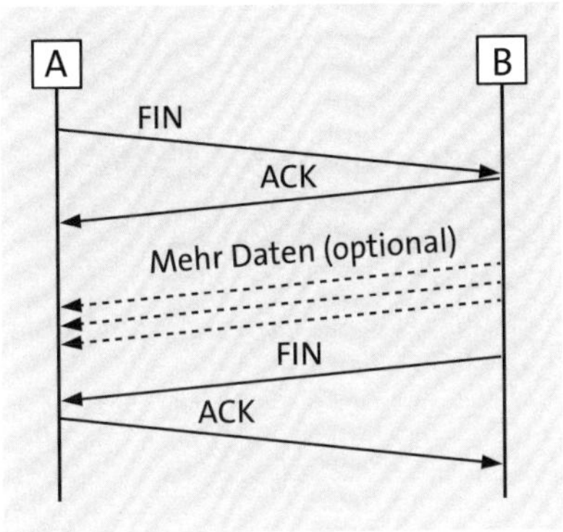

Abbildung 17.3 Ein typischer TCP-Close

Der FIN-Handshake entspricht eigentlich eher zwei getrennten Zwei-Wege-FIN/ACK-Handshakes. Wir werden auf das Schließen von TCP-Verbindungen in Abschnitt 17.8.1, »Eine Verbindung beenden«, zurückkommen.

Betrachten wir nun den vollständigen Austausch von Paketen in einer Beispielverbindung, in der A die Zeichenketten »abc«, »defg« und »foobar« sendet (RFC 3092). B antwortet mit »hello«, woraufhin A »goodbye« sendet und die Verbindung schließt. In der folgenden Tabelle werden *relative* Sequenznummern verwendet, d. h., die Sequenznummern beginnen auf beiden Seiten mit 0. Die **fetten** SEQ-Nummern auf der Seite von A entsprechen den **fetten** ACK-Nummern auf der Seite von B; sie zählen beide die von A nach B fließenden Daten.

	A sendet	B sendet
1	`SYN`, **`seq=0`**	
2		`SYN+ACK, seq=0,` **`ack=1`** `(expecting)`
3	`ACK,` **`seq=1`**`, ack=1 (ACK of SYN)`	
4	`"abc",` **`seq=1`**`, ack=1`	
5		`ACK, seq=1,` **`ack=4`**
6	`"defg",` **`seq=4`**`, ack=1`	

	A sendet	B sendet
7		`seq=1,` **`ack=8`**
8	`"foobar",` **`seq=8`**`, ack=1`	
9		`seq=1,` **`ack=14`**`, "hello"`
10	**`seq=14`**`, ack=6, "goodbye"`	
11,12	**`seq=21`**`, ack=6, FIN`	`seq=6,` **`ack=21`** `;; ACK of "goodbye", crossing packets`
13		`seq=6,` **`ack=22`** `;; ACK of FIN`
14		`seq=6,` **`ack=22`**`, FIN`
15	**`seq=22`**`, ack=7 ;; ACK of FIN`	

Wir werden weiter unten sehen, dass diese Tabelle leicht idealisiert ist, da Sequenznummern in der Realität *nicht* bei 0 beginnen.

Abbildung 17.4 zeigt das Leiterdiagramm für diese Verbindung:

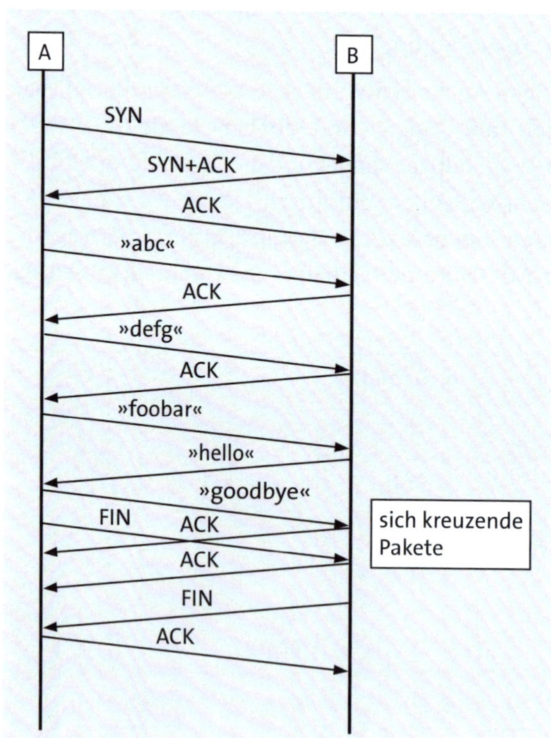

Abbildung 17.4 Sich kreuzende Pakete

Was die Sequenz- und Bestätigungsnummern betrifft, so zählen SYNs und FINs als 1 Byte. Somit zählt das SYN als Sequenznummer 0, und das erste Datenbyte (das »a« von »abc«) zählt als Sequenznummer 1. In ähnlicher Weise ist das von B gesendete ack=21 die Bestätigung von »goodbye«, während ack=22 die Bestätigung des nachfolgenden FIN von A ist.

Immer wenn B ACN=n sendet, sendet A weitere Daten mit SEQ=n.

TCP transportiert *keine* relativen Sequenznummern, d. h. die übertragenen Sequenznummern beginnen nicht bei 0. Stattdessen wählt jede Seite ihre *anfängliche Sequenznummer* (Initial Sequence Number, ISN) und sendet diese in ihrem ersten SYN. Das dritte ACK des Drei-Wege-Handshakes ist eine Bestätigung, dass die SYN-Antwort der Server-Seite korrekt empfangen wurde. Alle weiteren gesendeten Sequenznummern sind die von dieser Seite gewählte ISN plus die relative Sequenznummer (d. h. als ob die Nummerierung bei 0 beginnen würde). Wenn A ISN_A=1000 wählt, würden wir 1000 zu allen fettgedruckten Einträgen hinzufügen: A würde SYN(seq=1000) senden, B würde mit ISN_B und ack=1001 antworten, und die letzten beiden Zeilen würden ack=1022 bzw. seq=1022 beinhalten. Wenn B ISN_B=7000 wählt, würden wir 7000 zu allen **seq**-Werten in der Spalte »B sendet« und allen **ack**-Werten in der Spalte »A sendet« hinzufügen.

Die obige Tabelle bis zu dem Punkt, an dem B »Goodbye« sendet (mit den tatsächlichen anstelle der relativen Sequenznummern), sehen Sie nachfolgend:

	A, ISN=1000	B, ISN=7000
1	**SYN, seq=1000**	
2		SYN+ACK, seq=7000, **ack=1001**
3	ACK, **seq=1001**, ack=7001	
4	"abc", **seq=1001**, ack=7001	
5		ACK, seq=7001, **ack=1004**
6	"defg", **seq=1004**, ack=7001	
7		seq=7001, **ack=1008**
8	"foobar", **seq=1008**, ack=7001	
9		seq=7001, **ack=1014**, "hello"
10	**seq=1014**, ack=7006, "goodbye"	

Hätte B an dem Port, an den A sein SYN-Paket geschickt hat, nicht gelauscht, wäre seine Antwort **RST** (»reset«) gewesen, was in diesem Zusammenhang »connection refused« bedeutet. Wenn A vor dem SYN-Paket Daten an B gesendet hätte, wäre die Antwort ebenfalls RST gewesen.

Schließlich kann ein RST von beiden Seiten jederzeit gesendet werden, um die Verbindung abzubrechen. Manchmal senden Router entlang des Pfades »gefälschte« RSTs, um TCP-Verbindungen abzubrechen, die sie so konfiguriert haben, dass sie sie als unerwünscht betrachten; siehe Abschnitt 9.7.2, »Middleboxen«, und RFC 3360. Schlimmer noch: Manchmal sind externe Angreifer in der Lage, eine TCP-Verbindung mit einem gefälschten RST zu trennen; dazu müssen die Portnummern der Endpunkte und der aktuelle SEQ-Wert des RST-Absenders mit Brute Force erraten werden (RFC 793 verlangt normalerweise nicht, dass der ACK-Wert des RST-Pakets übereinstimmt, aber siehe Übung 9). In den Tagen der 4-kB-Fenstergröße war die Chance, einen gültigen SEQ-Wert zu erraten, eins zu einer Million, aber die Fenstergrößen haben sich stetig erhöht Abschnitt 21.6, »Das TCP-Problem der hohen Bandbreiten«); bei einer 4-MB-Fenstergröße liegt das Erraten von SEQs durchaus im Rahmen des Möglichen. Siehe auch RFC 4953 und die in RFC 5961 §3.2 vorgeschlagene Korrektur der RST-Validierung.

Wenn A eine Reihe von kleinen Paketen an B sendet, hat B die Möglichkeit, sie zu einem E/A-Puffer voller Größe zusammenzusetzen, bevor er sie an die empfangende Anwendung freigibt. Wenn A jedoch das *PSH*-Bit auf jedem Paket setzt, sollte B jedes Paket sofort an die empfangende Anwendung freigeben. In Berkeley Unix und den meisten (wenn nicht sogar allen) von BSD abgeleiteten Socket-Bibliothek-Implementierungen gibt es in der Tat keine Möglichkeit, das PSH-Bit zu setzen; es wird automatisch bei jedem Schreibvorgang gesetzt. (Aber selbst das ist nicht *garantiert*, da der Absender das Bit auslassen oder mehrere PuSHed-Schreibvorgänge in einem Paket zusammenfassen kann; das macht die Verwendung des PSH-Bits als Trennzeichen schwierig. In einer Reihe von Durchläufen des Programms, das den WireShark-Paket-Trace generieren soll, wurden die Zeichenketten »abc«, »defg« usw. meistens separat gePuSHt, aber gelegentlich wurden sie zu einem Paket zusammengefasst).

Was das *URG*-Bit anbelangt, so stellen Sie sich eine Telnet- (oder ssh-) Verbindung vor, bei der A eine große Datenmenge an B gesendet hat, deren Verarbeitung momentan stockt. Die Anwendung bei A möchte diese Verarbeitung abbrechen, indem sie das Unterbrechungszeichen CNTL-C sendet. Unter normalen Bedingungen müsste die Anwendung bei B vorher die Verarbeitung aller anstehenden Daten abschließen; die Verwendung des URG-Bits kann jedoch die sofortige asynchrone Zustellung des CNTL-C ermöglichen. Das Bit ist gesetzt, und das Urgent-Pointer-Feld des TCP-Headers zeigt auf das CNTL-C im aktuellen Paket, das im normalen Datenstrom weit vorne liegt. Die empfangende Anwendung überspringt dann die Verarbeitung des ankommenden Datenstroms, bis sie die dringenden Daten erreicht. Damit dies funktioniert, muss der empfangende Anwendungsprozess zum Erhalt eines asynchronen Signals beim Eintreffen dringender Daten bereit sein.

Die vordringlichen Daten erscheinen als Teil des normalen TCP-Datenstroms, und es ist Sache des Protokolls, den Beginn der Daten zu bestimmen, die als vordringlich zu betrachten sind, und was mit den ungelesenen, gepufferten Daten zu tun ist, die vor den wichtigen Daten gesendet werden. Für das CNTL-C-Beispiel im Telnet-Protokoll (RFC 854) könnten die dringenden Daten aus dem Telnet-Byte »Interrupt Process« bestehen, dem das Escape-Byte »Interpret as Command« vorausgeht, und die früheren Daten werden einfach verworfen.

Offiziell enthält der Wert des Urgent Pointers, wenn das *URG*-Bit gesetzt ist, den Offset vom Beginn der aktuellen Paketdaten bis zum *Ende* der vordringlichen Daten; er soll dem Empfänger mitteilen, dass er so schnell wie möglich bis zu diesem Punkt lesen sollte. Ursprünglich sollte der Dringlichkeitszeiger das letzte Byte der dringlichen Daten markieren, aber in §3.1 von RFC 793 wurde dies falsch verstanden und erklärt, dass er auf das erste Byte *nach* den vordringlichen Daten zeigt. Dies wurde in RFC 1122 korrigiert, aber die meisten Implementierungen halten sich bis heute an die »falsche« Interpretation. RFC 6093 geht auf diesen Umstand ein und schlägt vor, erstens die nahezu universelle »falsche« Interpretation als Standard zu akzeptieren und zweitens die Verwendung der TCP-Urgent-Data-Funktion zu vermeiden.

17.4 TCP und WireShark

Der folgende Screenshot des Programms WireShark (Abbildung 17.5) zeigt eine tcpdump-Aufzeichnung, die den oben beschriebenen TCP-Austausch darstellen soll. Beide an dem Paketaustausch beteiligten Hosts waren Linux-Systeme. Seite A verwendet Socket-Adresse ⟨10.0.0.3,45815⟩ und Seite B (der Server) verwendet ⟨10.0.0.1,54321⟩.

WireShark zeigt die *relativen* TCP-Sequenznummern an. Die ersten drei Pakete entsprechen dem Drei-Wege-Handshake, und Paket 4 ist das erste Datenpaket. Bei jedem Datenpaket werden die Flags [PSH, ACK] angezeigt. Die Daten im Paket lassen sich aus dem WireShark-Feld Len ableiten, da jeder der gesendeten Datenstrings eine andere Länge hat.

Die Pakete sind genauso nummeriert wie in der obigen Tabelle bis zum Paket 8, das die Zeichenfolge »foobar« enthält. Zu diesem Zeitpunkt zeigt die Tabelle, dass B mit einem kombinierten ACK und der Zeichenkette »hello« antwortet; in Wirklichkeit hat TCP nur das ACK und dann die Zeichenkette »hello« gesendet; dies sind die WireShark-Pakete 9 und 10 (beachten Sie, Len=5 für Paket 10). Wireshark-Paket 11 ist dann ein eigenständiges ACK von A nach B, das das »Hallo« bestätigt. WireShark-Paket 12 (das hervorgehobene Paket) entspricht dann dem Tabellenpaket 10 und enthält »goodbye« (Len=7); diese Zeichenfolge ist auf der rechten Seite des unteren Fensters zu sehen.

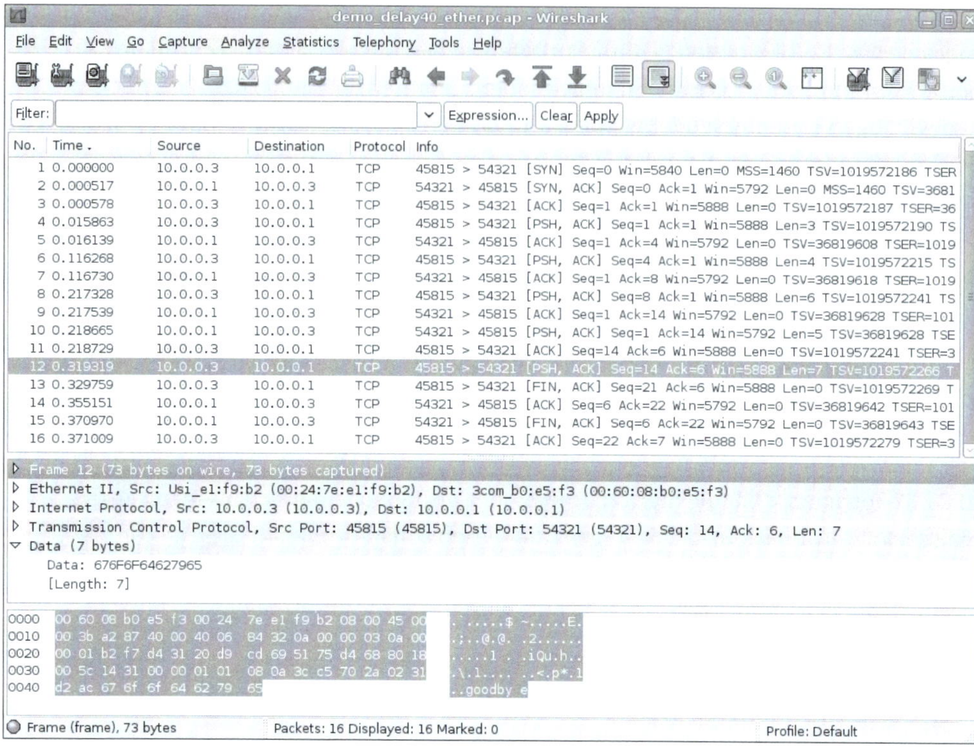

Abbildung 17.5 Wireshark

Die Tabellenansicht zeigt das FIN von A (Paket 11), das sich mit Bs ACK von »goodbye« (Paket 12) kreuzt. In der WireShark-Ansicht ist das FIN von A Paket 13 und wird etwa 0,01 Sekunden nach »goodbye« gesendet; B antwortet dann auf beide mit Paket 14. Das heißt, das in der Tabellenansicht dargestellte Paket 12 existiert in der WireShark-Ansicht nicht.

Die Pakete 11, 13, 14 und 15 in der Tabelle und 13, 14, 15 und 16 im WireShark-Screenshot entsprechen dem Schließen der Verbindung. Das Programm, das den Austausch auf der Seite von B generiert hat, musste eine »Sleep«-Verzögerung von 40 ms zwischen dem Erkennen der geschlossenen Verbindung (d. h. dem Lesen des FIN von A) und dem Schließen seiner eigenen Verbindung (und dem Senden seiner eigenen FIN) einbauen; andernfalls wäre das ACK des FIN von A im selben Paket mit dem FIN von B unterwegs gewesen.

Die ISN für A war in diesem Beispiel 551144795 und die ISN von B war 1366676578. Die eigentliche pcap-Packet-Capture-Datei befindet sich unter *demo_tcp_connection.pcap*. Diese pcap-Datei wurde durch eine TCP-Verbindung zwischen zwei physischen Rechnern erzeugt.

17.5 TCP-Offloading

Im obigen Wireshark-Beispiel verwendete die betroffene Hardware *TCP-Checksum-Offloading* (TCO), um die Netzwerkkarte die eigentlichen Prüfsummenberechnungen durchführen zu lassen; dies erlaubt ein geringes Maß an Parallelität. Infolgedessen sind die Prüfsummen für ausgehende Pakete in der Capture-Datei falsch. WireShark verfügt über eine Option zur Deaktivierung der Meldung dieses Problems. Trotz seines Namens kann TCO auch UDP-Pakete verarbeiten.

Die meisten Ethernet-Karten (und einige Wi-Fi-Karten) sind in der Lage, die Internet-Prüfsumme (Abschnitt 7.4, »Fehlererkennung«) über einen bestimmten Bereich von Bytes zu berechnen und das Ergebnis (nach Bildung des Komplements) an einem bestimmten Offset zu speichern. Karten können jedoch in der Regel die UDP- und TCP-»Pseudo-Header« nicht verarbeiten. Daher berechnet das Hostsystem die Pseudo-Header-Prüfsumme und speichert sie im normalen Prüfsummenfeld; die LAN-Karte bezieht dann diesen Pseudo-Header-Prüfsummenwert in ihre eigene Prüfsummenberechnung ein, und man erhält das richtige Ergebnis.

Bei vielen neueren Netzwerkkarten ist es auch möglich, den TCP-*Segmentierungsprozess* an die LAN-Hardware auszulagern; das heißt, der Kernel sendet einen sehr großen TCP-Puffer – vielleicht 64 KB – zusammen mit einem TCP-Header an die LAN-Hardware, und die LAN-Hardware teilt den Puffer in mehrere TCP-Pakete von jeweils höchstens 1500 Byte auf. Dies ist besonders nützlich, wenn die Anwendung kontinuierlich Daten schreibt, und wird als *TCP Segmentation Offloading* (TSO) bezeichnet. Die Verwendung von TSO setzt TCO voraus, aber nicht umgekehrt.

TSO kann unterteilt werden in »Large *Send* Offloading« (LSO) für ausgehenden Traffic und »Large Receive Offloading« (LRO) für eingehenden Traffic. Beim Offloading eingehender Daten sammelt die Netzwerkkarte mehrere eingehende Pakete, die zu derselben TCP-Verbindung gehören, und fasst sie in der richtigen Reihenfolge zu einem viel größeren Paket zusammen. Das bedeutet, dass die Netzwerkkarte nach dem Empfang eines Pakets warten muss, um zu sehen, ob weitere Pakete hinzukommen. Diese Wartezeit ist jedoch sehr kurz, höchstens ein paar Millisekunden. Insbesondere müssen alle konsolidierten eingehenden Pakete denselben TCP-Zeitstempelwert haben (Abschnitt 18.4, »Anomale TCP-Szenarien«).

TSO ist besonders wichtig bei sehr hohen Bandbreiten. Bei 10 Gbit/s kann ein System fast eine Million Pakete pro Sekunde senden oder empfangen, und die Verlagerung eines Teils der Paketverarbeitung auf die Netzwerkkarte kann für die Aufrechterhaltung eines hohen Durchsatzes entscheidend sein. TSO ermöglicht es einem Hostsystem, sich so zu verhalten, als ob es sehr große Pakete lesen oder schreiben würde, wobei die tatsächliche Paketgröße auf der Leitung bei den standardmäßigen 1500 Byte bleibt.

Auf Linux-Systemen kann der Status von TCO und TSO mit dem Kommando `ethtool --show-offload interface` überprüft werden. TSO kann mit `ethtool --offload interface tso off` deaktiviert werden.

17.6 TCP-Simplex-Talk

Im Folgenden geht es um eine Java-Version des Simplex-Talk-Servers für TCP. Wie bei der UDP-Version beginnen wir mit dem Einrichten des Sockets, hier ein `ServerSocket` namens `ss`. Dieser Socket bleibt die ganze Zeit im Zustand LISTEN. Die Haupt-`while`-Schleife beginnt dann mit dem Aufruf `ss.accept()` am Anfang; dieser Aufruf blockiert, bis eine eingehende Verbindung hergestellt ist, und gibt dann den verbundenen untergeordneten Socket s zurück. Der `accept()`-Aufruf modelliert das Verhalten des TCP-Protokolls, indem er auf Drei-Wege-Handshakes wartet, die von entfernten Hosts initiiert werden, und für jeden eine neue Verbindung herstellt.

Es werden Verbindungen von *allen* IP-Adressen des Server-Hosts akzeptiert, z. B. von der »normalen« IP-Adresse, der Loopback-Adresse 127.0.0.1 und, falls der Server Multihomed ist, von allen weiteren IP-Adressen. Im Gegensatz zum UDP-Fall (Abschnitt 16.1.3, »Simplex-Talk über UDP«, Unterabschnitt »UDP und IP-Adressen«) verlangt RFC 1122 (§4.2.3.7), dass Server-Antwortpakete immer von derselben Server-IP-Adresse gesendet werden, die der Client zunächst zur Kontaktaufnahme mit dem Server verwendet hat. (Siehe Kapitel 18, »TCP – Probleme und Alternativen«, und Übung 5 für ein Beispiel der Nichtkonformität.

17.6.1 Der TCP-Server

Eine Serveranwendung kann diese verbundenen untergeordneten Verbindungen entweder seriell oder parallel verarbeiten. Die Stalk-Version hier kann beide Situationen handhaben, entweder eine Verbindung nach der anderen (`THREADING = false`), oder indem sie für jede Verbindung einen neuen Thread erstellt (`THREADING = true`). In beiden Fällen wird der verbundene Kind-Socket an `line_talker()` übergeben, entweder als synchroner Prozeduraufruf oder als neuer Thread. Die Daten werden dann mit dem normalen `read()`-Aufruf aus dem zugehörigen `InputStream` des Sockets gelesen, während `receive()`zum Lesen von UDP-Paketen verwendet wird. Die Hauptschleife innerhalb von `line_talker()` wird erst beendet, wenn der Client die Verbindung schließt (oder ein Fehler auftritt).

Wenn im seriellen, nicht threading-fähigen Modus eine zweite Client-Verbindung hergestellt wird, während die erste noch aktiv ist, können Daten über die zweite Verbindung gesendet werden, die jedoch in der Schwebe bleibt, bis die erste Verbindung geschlossen wird; dann wird die Kontrolle an den Aufruf von `ss.accept()` zurückgegeben, die zweite Verbindung wird verarbeitet und plötzlich erscheinen die Daten der zweiten Verbindung.

Im Threading-Modus wartet die Hauptschleife fast die gesamte Zeit in `ss.accept()` zu warten; wenn eine untergeordnete Verbindung zurückgegeben wird, wird sofort ein neuer Thread gestartet, um diese zu verarbeiten, sodass der übergeordnete Prozess zu `ss.accept()` zurückkehren kann. Auf diese Weise kann das Programm, wie die UDP-Version, mehrere gleichzeitige Client-Verbindungen annehmen.

Dieser Code dient als ein sehr einfaches Beispiel für die Erstellung von Java-Threads. Die innere Klasse `Talker` besitzt eine `run()`-Methode, die zur Implementierung der `runnable`-Schnittstelle benötigt wird. Um einen neuen Thread zu starten, erstellen wir eine neue `Talker`-Instanz; der `start()`-Aufruf startet dann `Talker.run()`, das so lange läuft, wie der Client die Verbindung offen hält. Die Datei ist *tcp_stalks.java*.

```
/* THREADED simplex-talk TCP server */
/* can handle multiple CONCURRENT client connections */
/* newline is to be included at client side */

import java.net.*;
import java.io.*;

public class tstalks {

  static public int destport = 5431;
  static public int bufsize = 512;
  static public boolean THREADING = true;

  static public void main(String args[]) {
    ServerSocket ss;
    Socket s;
    try {
      ss = new ServerSocket(destport);
    } catch (IOException ioe) {
      System.err.println("can't create server socket");
      return;
    }
    System.err.println("server starting on port " + ss.getLocalPort());

    while(true) { // accept loop
      try {
        s = ss.accept();
      } catch (IOException ioe) {
        System.err.println("Can't accept");
        break;
```

```
    }

    if (THREADING) {
      Talker talk = new Talker(s);
      (new Thread(talk)).start();
    } else {
      line_talker(s);
    }
  } // accept loop
} // end of main

public static void line_talker(Socket s) {
   int port = s.getPort();
  InputStream istr;
  try { istr = s.getInputStream(); }
  catch (IOException ioe) {
    System.err.println("cannot get input stream");   // most likely cause:
                                                      // s was closed
    return;
  }
  System.err.println("New connection from <" +
    s.getInetAddress().getHostAddress() + "," + s.getPort() + ">");
  byte[] buf = new byte[bufsize];
  int len;

  while (true) {      // while not done reading the socket
    try {
      len = istr.read(buf, 0, bufsize);
    }
    catch (SocketTimeoutException ste) {
      System.out.println("socket timeout");
      continue;
    }
    catch (IOException ioe) {
      System.err.println("bad read");
      break;     // probably a socket ABORT; treat as a close
    }
    if (len == -1) break;         // other end closed gracefully
    String str = new String(buf, 0, len);
    System.out.print("" + port + ": " + str);  // str should
                                               // contain newline
  } //while reading from s
```

```
    try {istr.close();}
    catch (IOException ioe) {System.err.println("bad stream close");return;}
    try {s.close();}
    catch (IOException ioe) {System.err.println("bad socket close");return;}
    System.err.println("socket to port " + port + " closed");
  } // line_talker

  static class Talker implements Runnable {
    private Socket _s;

    public Talker (Socket s) {
      _s = s;
    }

    public void run() {
      line_talker(_s);
    } // run
  }  // class Talker
}
```

Listing 17.1 tcp_stalks.java

17.6.2 Der TCP-Client

In Listing 17.2 finden Sie den zugehörigen Client *tcp_stalkc.java*. Wie bei der UDP-Version ist der Standard-Host, zu dem eine Verbindung aufgebaut werden soll, `localhost`. Wir rufen zunächst `InetAddress.getByName()` auf, um die DNS-Suche durchzuführen. Ein Teil der Konstruktion des Socket-Objekts ist die Verbindung zum gewünschten `dest` und `destport`. Innerhalb der Haupt-`while`-Schleife verwenden wir einen gewöhnlichen `write()`-Aufruf, um Strings in den dem Socket zugeordneten `OutputStream` zu schreiben.

```
// TCP simplex-talk CLIENT in java

import java.net.*;
import java.io.*;

public class stalkc {

  static public BufferedReader bin;
  static public int destport = 5431;

  static public void main(String args[]) {
    String desthost = "localhost";
```

```
if (args.length >= 1) desthost = args[0];
bin = new BufferedReader(new InputStreamReader(System.in));

InetAddress dest;
System.err.print("Looking up address of " + desthost + "...");
try {
  dest = InetAddress.getByName(desthost);
}
catch (UnknownHostException uhe) {
  System.err.println("unknown host: " + desthost);
  return;
}
System.err.println(" got it!");

System.err.println("connecting to port " + destport);
Socket s;
try {
  s = new Socket(dest, destport);
}
catch(IOException ioe) {
  System.err.println("cannot connect to <" + desthost + ",
                                              " + destport + ">");
  return;
}

OutputStream sout;
try {
  sout = s.getOutputStream();
}
catch (IOException ioe) {
  System.err.println("I/O failure!");
  return;
}

//==============================================================

while (true) {
  String buf;
  try {
    buf = bin.readLine();
  }
  catch (IOException ioe) {
    System.err.println("readLine() failed");
```

```
        return;
      }
      if (buf == null) break;    // user typed EOF character

      buf = buf + "\n";        // protocol requires sender includes \n
      byte[] bbuf = buf.getBytes();

      try {
        sout.write(bbuf);
      }
      catch (IOException ioe) {
        System.err.println("write() failed");
        return;
      }
    } // while
  }
}
```

Listing 17.2 tcp_stalks.java

Eine Python3-Version des Stalk-Clients finden Sie beim Downloadmaterial.

Hier einige Dinge, die Sie mit `THREADING=false` im Server ausprobieren können:

- Starten Sie zwei Clients, während der Server läuft. Geben Sie in beide einige Nachrichtenzeilen ein. Beenden Sie dann den ersten Client.
- Starten Sie den Client vor dem Server.
- Starten Sie erst den Server und dann den Client. Beenden Sie den Server und geben Sie einige Nachrichtenzeilen an den Client ein. Was passiert mit dem Client? (Es kann ein paar Zeilen dauern.)
- Starten Sie den Server, dann den Client. Beenden Sie den Server und starten Sie ihn neu. Was passiert nun mit dem Client?

Versuchen Sie, mit `THREADING=true` mehrere Clients gleichzeitig mit dem Server zu verbinden. Inwiefern unterscheidet sich dieses Verhalten vom ersten Beispiel oben? Siehe auch Übung 13.

17.7 TCP und bind()

Die Server-Version ruft den `ServerSocket()`-Konstruktor auf, um einen Socket im LISTEN-Zustand zu erzeugen; hier muss der lokale Port angegeben werden. Die Client-Version ruft lediglich `Socket()` auf, und der Socket wird dann vom Betriebssystem an einen Port gebunden. Es ist auch möglich, einen Client-Socket zu erstellen, der an einen vom Programmierer spezifizierten Port gebunden ist; eine Anwendung besteht darin, internen Firewalls die Möglichkeit zu geben, die Traffic-Klasse anhand des Quellports zu identifizieren.

In C werden Sockets mit `socket()` erzeugt, mit `bind()` an einen Port gebunden und mit `listen()` in den Zustand LISTEN versetzt oder mit `connect()` mit einem Server verbunden. Bei Client-Sockets kann der Aufruf von `bind()` implizit von `connect()` ausgeführt werden.

Wenn zwei Sockets auf Host A über TCP mit zwei *verschiedenen* Servern, B1 und B2, verbunden sind, dann ist es möglich, dass das Betriebssystem beiden Sockets *denselben* lokalen Port zuweist. Auf Systemen mit einer außergewöhnlichen Anzahl von dauerhaften ausgehenden Verbindungen kann eine solche Wiederverwendung von Ports unerlässlich sein, da andernfalls keine lokalen Ports mehr zur Verfügung stehen könnten. Die Wiederverwendung von Ports ist jedoch keine Option, wenn `bind()` explizit aufgerufen wird, da das Betriebssystem zum Zeitpunkt des Aufrufs von `bind()` noch nicht weiß, ob der Socket für LISTENing verwendet werden soll, wofür ein Unique-local Port erforderlich ist. Um hier Abhilfe zu schaffen, gibt es unter Linux die Socket-Option `IP_BIND_ADDRESS_NO_PORT`, die `bind()` veranlasst, eine IP-Adresse an den Socket zu binden, aber die Portbindung auf ein späteres `connect()` zu verschieben. macOS bietet den Systemaufruf `connectx()` für eine ähnliche Funktionalität. Siehe auch diesen Cloudflare-Blogbeitrag: *https://blog.cloudflare.com/how-to-stop-running-out-of-ephemeral-ports-and-start-to-love-long-lived-connections/*

17.7.1 Noch einmal netcat

Wie bei UDP (Abschnitt 16.1.4, »netcat«) können wir das Dienstprogramm `netcat` als eines der beiden Enden der TCP-Simplex-Gesprächsverbindung verwenden. Als Client können wir verwenden

```
netcat localhost 5431
```

und als Server können wir verwenden

```
netcat -l -k 5431
```

Hier (aber nicht bei UDP) veranlasst die Option `-k` den Server, mehrere Verbindungen nacheinander anzunehmen. Die Verbindungen werden nacheinander bearbeitet, wie es beim obigen Stalk-Server mit `THREADING=false` der Fall ist.

Wir können `netcat` auch zum Herunterladen von Webseiten verwenden, indem wir das HTTP-Protokoll nutzen. Der folgende Befehl sendet eine HTTP-GET-Anfrage (Version 1.1, RFC 2616 und Aktualisierungen), um einen Teil der Website für dieses Buch abzurufen; er wurde der Einfachheit halber auf zwei Zeilen aufgeteilt.

```
echo -e 'GET /index.html HTTP/1.1\r\nHOST: intronetworks.cs.luc.edu\r\n'|
netcat intronetworks.cs.luc.edu 80
```

Das `\r\n` steht für die offiziell vorgeschriebene Zeilenendsequenz aus Wagenrücklauf und Zeilenumbruch, obwohl `\n` oft auch funktioniert. `index.html` kennzeichnet die angeforderte Datei; da `index.html` die Standardeinstellung ist, wird es oft weggelassen, obwohl das vorangestellte / trotzdem erforderlich ist. Der Webserver kann über ein virtuelles Hosting auch andere Websites unterstützen (Abschnitt 10.1.2, »nslookup und dig«); die `HOST:`-Spezifikation identifiziert dem Server die spezifische Website, nach der wir suchen. Die Version 2 von HTTP ist in RFC 7540 beschrieben; ihr primäres Format ist binär. (Für den Abruf von Webseiten über die Befehlszeile sind cURL und `wget` die Standardlösungen).

17.8 TCP-Zustandsdiagramm

Zu einer formalen Definition von TCP gehört das *Zustandsdiagramm* mit den Bedingungen für den Übergang von einem Zustand in einen anderen und den Antworten auf alle Pakete aus jedem Zustand. Das Zustandsdiagramm erschien ursprünglich in RFC 793; die folgende Interpretation (Abbildung 17.6) des Zustandsdiagramms stammt von Wikimedia und wurde von den Wikipedia-Benutzern Sergiodc2, Marty Pauley und DnetSvg angefertigt. Die blauen Pfeile zeigen die Abfolge der Zustandsübergänge an, die typischerweise vom Server befolgt werden; die dunklen Pfeile stellen den Client dar. Die Pfeile sind mit *event/action* beschriftet, d. h. beim Empfang eines SYN-Pakets wechseln wir von LISTEN zu SYN_RECD; die Aktion besteht darin, mit SYN+ACK zu antworten.

Normalerweise hat sich dieser Zustandsautomatenansatz für die Protokollspezifikation als sehr effektiv erwiesen und wird für die meisten Protokolle verwendet. Es macht dem Implementierer sehr deutlich, wie das System auf jedes ankommende Paket reagieren sollte. Es ist auch ein nützliches Modell für die Implementierung selbst.

Es ist kaum machbar, alle möglichen Übergänge im Zustandsdiagramm visuell darzustellen, daher werden alle Details normalerweise dem Begleittext überlassen. Obwohl es im obigen Zustandsdiagramm nicht erscheint, verlangen die zustandsabhängigen Antwortregeln von TCP beispielsweise, dass im Zustand ESTABLISHED, wenn der Empfänger ein ACK außerhalb des aktuellen Sliding Window sendet, die korrekte Antwort darin besteht, mit seinem eigenen aktuellen ACK zu antworten. Dies gilt auch für den Fall, dass der Empfänger *noch nicht gesendete Daten bestätigt*.

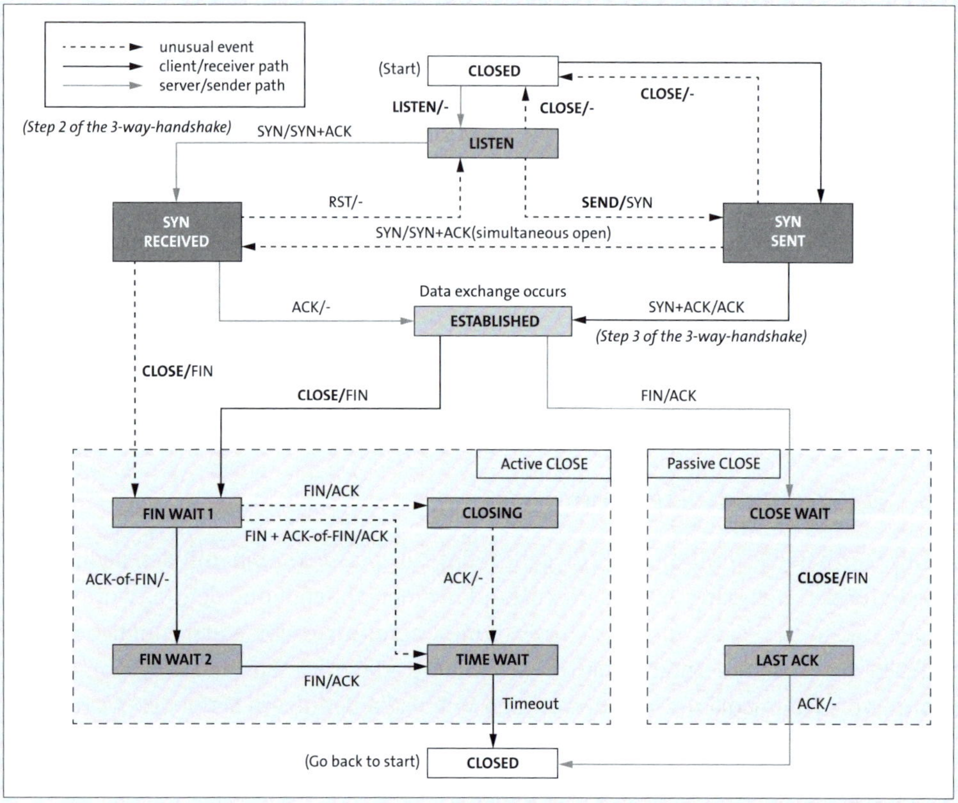

Abbildung 17.6 TCP-Zustandsdiagramm (Quelle: http://commons.wikimedia.org/wiki/File:Tcp_state_diagram_fixed.pdf)

Der Zustand ESTABLISHED und die darunter liegenden Zustände werden manchmal als *synchronisierte* Zustände bezeichnet, da in diesen Zuständen beide Seiten die ISN-Werte des anderen bestätigt haben.

Abbildung 17.7 zeigt das Leiterdiagramm für die oben beschriebene 14-Paket-Verbindung, diesmal mit den TCP-Zuständen beschriftet.

Obwohl es in der Praxis kaum jemals vorkommt, ist es möglich, dass jede Seite der anderen *gleichzeitig* ein SYN sendet, um eine Verbindung herzustellen (d. h. die SYNs kreuzen sich auf der Leitung). Das Analogon zur Telefonie besteht darin, dass jeder Teilnehmer den anderen gleichzeitig anruft. Bei herkömmlichen Festnetzverbindungen erhält jeder Teilnehmer dann ein Besetztzeichen. Bei Mobiltelefonen kann das anders sein. Mit TCP wird eine einzige Verbindung hergestellt. Mit OSI TP4 werden zwei Verbindungen hergestellt. Der OSI-Ansatz ist bei TCP nicht möglich, da eine Verbindung nur durch das beteiligte Socket-Paar bestimmt wird; wenn es nur ein Socket-Paar gibt, kann es auch nur eine Verbindung geben.

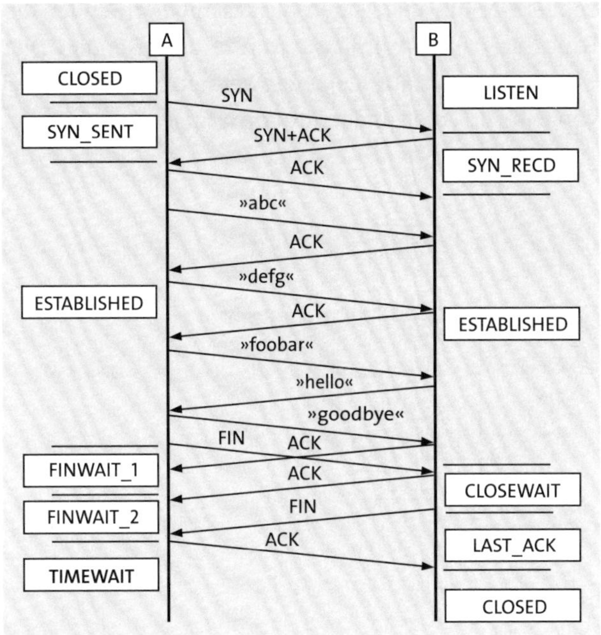

Abbildung 17.7 Das Leiterdiagramm der Verbindung

Es ist möglich, den Verbindungsstatus sowohl unter Linux als auch unter Windows mit `netstat -a` anzuzeigen. Die meisten Zustände sind kurzlebig, Ausnahmen sind LISTEN, ESTABLISHED, TIMEWAIT und CLOSE_WAIT. Manchmal sieht man eine große Anzahl von Verbindungen im Zustand CLOSE_WAIT, was bedeutet, dass der entfernte Endpunkt die Verbindung geschlossen und sein FIN gesendet hat, aber der Prozess auf Ihrer Seite hat `close()` auf seinem Socket nicht ausgeführt. Oft handelt es sich dabei um einen Programmierfehler; alternativ arbeitet der Prozess auf der lokalen Seite noch an etwas. Bei einer lokalen Portnummer p im Zustand CLOSE_WAIT auf einem Linux-System identifiziert der (privilegierte) Befehl `lsof -i :p` den Prozess, der Port p benutzt.

Leserinnen und Leser, die TCP implementieren, sollten RFC 793 und die Aktualisierungen konsultieren. Für den Rest von uns im Folgenden einige allgemeine Bemerkungen zum Schließen von Verbindungen.

17.8.1 Eine Verbindung beenden

Die »normale« TCP-Abschlusssequenz sehen Sie in Abbildung 17.8.

Das FIN von A ist in Wirklichkeit ein Versprechen an B, keine weiteren Daten zu *senden*. A muss jedoch weiterhin bereit sein, Daten von B zu empfangen, daher die optionalen Daten im Diagramm. Ein gutes Beispiel hierfür ist, wenn A einen Datenstrom zur Sortierung an B sendet; A sendet FIN, um anzuzeigen, dass es mit dem Senden fertig ist, und erst dann sortiert B die Daten und beginnt, sie an A zurückzusenden. Dies kann mit dem Befehl `cat thefile | ssh B sort` auf A erzeugt werden. Nur selten sind jedoch die optionalen Daten von B nach A, die auf das FIN von A folgen, vorhanden.

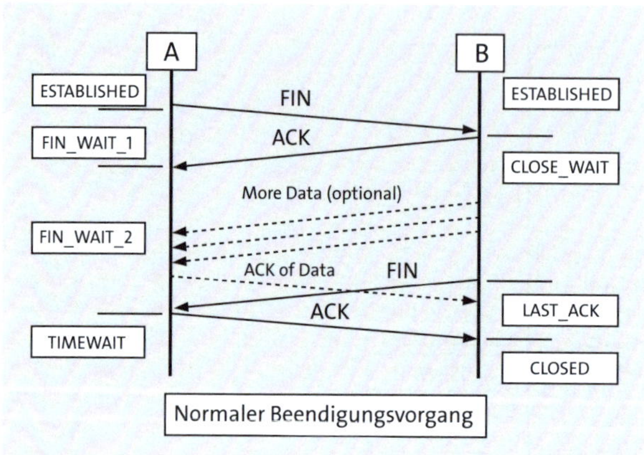

Abbildung 17.8 Die TCP-Abschlusssequenz

In dem obigen Diagramm sendet A ein FIN an B und erhält ein ACK, und später sendet B ein FIN an A und erhält ein ACK. Dies entspricht im Wesentlichen zwei separaten Zwei-Wege-Handshakes zum Schließen.

Jede der beiden Seiten kann die Verbindung beenden, so wie eine der beiden Parteien eines Telefonats auflegen kann. Die erste Seite, die ein FIN sendet – A im obigen Diagramm – nimmt den *aktiven CLOSE*-Pfad; die andere Seite nimmt den *passiven CLOSE*-Pfad. Im Diagramm wechselt der aktiv schließende A vom Zustand ESTABLISHED zu FIN_WAIT_1 zu FIN_WAIT_2 (nach Erhalt des ACK von B auf das FIN von A), dann zu TIMEWAIT und schließlich zu CLOSED. Der passiv-schließende B geht von ESTABLISHED zu CLOSE_WAIT zu LAST_ACK zu CLOSED.

Ein *gleichzeitiges Schließen* – bei dem beide Seiten einander FINs senden, bevor sie das FIN der anderen Seite erhalten – ist etwas wahrscheinlicher als ein gleichzeitiges Öffnen, wie oben beschrieben, aber immer noch nicht sehr wahrscheinlich. Jede Seite würde ihr FIN senden und in den Zustand FIN_WAIT_1 übergehen. Nach dem Empfang der FIN-Pakete der anderen Seite würde jede Seite ihr endgültiges ACK senden und in den Zustand CLOSING wechseln. Siehe Übungen 5 und 6.

Ein TCP-Endpunkt ist *halb geschlossen*, wenn er sein FIN gesendet hat (und damit verspricht, keine weiteren Daten zu senden) und auf das FIN der anderen Seite wartet; dies entspricht A im obigen Diagramm in den Zuständen FIN_WAIT_1 und FIN_WAIT_2. Mit der BSD-Socket-Bibliothek kann eine Anwendung ihre Verbindung mit dem entsprechenden Aufruf von `shutdown()` halb schließen.

Unabhängig davon ist ein TCP-Endpunkt *halb offen*, wenn er sich im Zustand ESTABLISHED befindet, aber während einer Pause im Paketaustausch die andere Seite neu gebootet hat; dies hat nichts mit dem Close-Protokoll zu tun. Sobald die ESTABLISHED-Seite ein Paket sendet, antwortet die neu gebootete Seite mit RST und die Verbindung wird vollständig geschlossen.

Fehlen die optionalen Daten von B an A, nachdem A sein FIN gesendet hat, reduziert sich die Schließsequenz auf das untenstehende linke Diagramm:

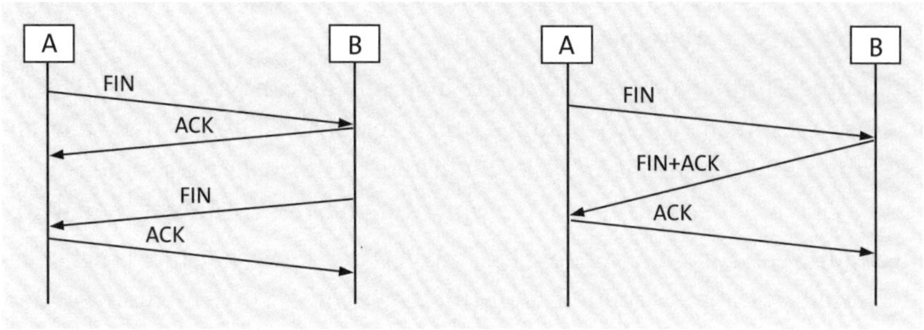

Abbildung 17.9 Zwei TCP-Close-Szenarien ohne B-nach-A-Daten

Ist B bereit, die Verbindung sofort zu schließen, können ACK und FIN von B kombiniert werden, wie im rechten Diagramm zu sehen ist. In diesem Fall geht A direkt von FIN_WAIT_1 zu TIMEWAIT über, indem er der mit »FIN + ACK-of-FIN« bezeichneten Verbindung des Zustandsdiagramms folgt. Theoretisch ist dies selten, da das ACK von As FIN vom Kernel erzeugt wird, aber das FIN von B kann nicht gesendet werden, bis der Prozess von B auf der CPU läuft. Wenn die TCP-Schicht die Policy verfolgt, ACKs *sofort* nach dem Empfang eines Pakets zu senden, wird dies nie passieren, da das ACK gesendet wird, lange bevor der Prozess von B irgendetwas tun kann.

17

Wenn B jedoch seine ACKs etwas *verzögert* (und wenn er keine weiteren Daten zu senden hat), dann ist es möglich – und in der Tat nicht ungewöhnlich – dass ACK und FIN von B zusammen gesendet werden. Verspätete ACKs sind, wie wir noch sehen werden, eine übliche Strategie (Abschnitt 18.8, »Verzögerte ACKs bei TCP«). Um das Szenario von Abschnitt 17.4, »TCP und WireShark«, zu erzeugen, war es notwendig, eine künstliche Verzögerung einzuführen, um die gleichzeitige Übertragung von Bs ACK und FIN zu verhindern.

17.8.2 Close() aufrufen

Die meisten Netzwerk-Programmierschnittstellen bieten eine `close()`-Methode zum Beenden einer Verbindung, die auf der close-Operation für Dateien basiert. Sie schließt jedoch in der Regel bidirektional und bildet somit das TCP-Schließprotokoll eher unvollkommen ab.

Wie wir im vorigen Abschnitt gesehen haben, wird die TCP-Schließsequenz natürlicher befolgt, wenn der aktiv schließende Endpunkt vor dem abschließenden `close()` `shutdown()` aufruft – mit dem Versprechen, nicht mehr zu senden, aber weiterhin zu empfangen. Folgendes *sollte* auf der Anwendungsschicht geschehen, wenn Endpunkt A einer TCP-Verbindung die Schließung seiner Verbindung mit Endpunkt B einleiten möchte:

- Die Anwendung von A ruft `shutdown()` auf und verspricht damit, keine Daten mehr zu senden. Das FIN von A wird an B gesendet. Von der Anwendung von A wird jedoch erwartet, dass sie weiterliest.
- Die Verbindung ist nun halb geschlossen. Beim Empfang von As FIN weiß die TCP-Schicht von B dies. Wenn die Anwendung von B versucht, weitere Daten zu lesen, erhält sie einen Hinweis auf das Ende der Datei (dies ist normalerweise eine `read()`- oder `recv()`-Operation, die sofort mit 0 empfangenen Bytes zurückgegeben wird.
- Die Anwendung von B ist nun mit dem Lesen von Daten fertig, hat aber möglicherweise noch weitere Daten zu senden. Wenn die Anwendung von B mit dem Senden fertig ist, ruft sie `close()` auf, woraufhin das FIN von B an A gesendet wird. Da die Verbindung bereits halb geschlossen ist, ist das `close()` von B eigentlich ein zweites halbes Schließen, das die weitere Übertragung durch B beendet.
- Die Anwendung von A liest weiter, bis sie ebenfalls einen Dateiende-Indikator erhält, der dem FIN von B entspricht.
- Die Verbindung ist nun vollständig geschlossen. Es sind keine Daten verloren gegangen.

Manchmal ist es für A aus dem Anwendungsprotokoll ersichtlich, dass B keine weiteren Daten mehr senden wird. In solchen Fällen könnte A einfach `close()` anstelle von `shutdown()` aufrufen. Dies ist jedoch riskant, es sei denn, das Protokoll ist glasklar: Wenn A `close()` aufruft und B später doch noch etwas mehr Daten sendet, oder wenn B bereits einige Daten gesendet hat, die A aber noch nicht gelesen hat, kann die TCP-Schicht von A ein RST an B senden, um anzuzeigen, dass nicht alle Daten von B ordnungsgemäß empfangen wurden. In RFC 1122 wird dies so beschrieben:

> *Wenn ein solcher Host einen CLOSE-Aufruf tätigt, während die empfangenen Daten noch im TCP anhängig sind, oder wenn nach dem CLOSE-Aufruf neue Daten empfangen werden,* ***sollte*** *sein TCP ein RST senden, um anzuzeigen, dass Daten verloren gegangen sind.*

Wenn das RST von A bei B ankommt, bevor alle von A gesendeten Daten von Bs Anwendung verarbeitet wurden, ist es durchaus möglich, dass die von A gesendeten Daten verloren gehen, d. h. nie von B gelesen werden.

In der BSD-Socket-Bibliothek kann A die Option `SO_LINGER` setzen, die bewirkt, dass das `close()` von A blockiert, bis die Daten von A an B geliefert wurden (oder bis der `SO_LINGER`-Timeout, den der Benutzer beim Setzen dieser Option angegeben hat, abgelaufen ist). `SO_LINGER` hat jedoch keinen Einfluss auf das obige Problem; Daten nach dem Schließen von B an A führen immer noch dazu, dass A ein RST sendet.

In dem Simplex-Talk-Programm in Abschnitt 17.6, »TCP-Simplex-Talk«, ruft der Client nicht `shutdown()` auf (er ruft implizit `close()` auf, wenn vorhanden). Wenn der Client fertig ist, ruft der Server `s.close()` auf. Die Tatsache, dass überhaupt keine Daten vom Server zum Client gesendet werden, verhindert jedoch das oben beschriebene Problem.

Manchmal wird von A erwartet, dass er eine große Menge an Daten an B sendet und dann beendet wird:

```
byte[] bbuf = byte[1000000];
...
sout.write(bbuf);          // Java OutputStream attached to the socket s
s.close()
```

In diesem Fall soll der `close()`-Aufruf dazu führen, dass A alle Daten sendet, bevor die Verbindung tatsächlich beendet wird. In RFC 793 wird dies so formuliert:

> *Das Schließen von Verbindungen soll ein ordnungsgemäßer Vorgang in dem Sinne sein, dass ausstehende SENDs so lange übertragen (und erneut übertragen) werden, wie es die Flusskontrolle zulässt, bis alle abgearbeitet sind.*

Die Linux-Interpretation dieses Vorgangs ist in der socket(7)-Manualseite beschrieben:

> *Wenn der Socket als Teil von* `exit(2)` *geschlossen wird, bleibt er immer im Hintergrund.*

Die Verweildauer wird nicht angegeben. Wenn es ein explizites `close(2)` vor `exit(2)` gibt, bestimmt der obige `SO_LINGER`-Status das Verhalten von TCP.

Alternativ kann A die Daten senden und dann versuchen, aus dem Socket zu lesen. A erhält eine End-of-File-Anzeige (normalerweise 0 gelesene Bytes), sobald der andere Endpunkt B schließt. Wenn B mit dem Schließen wartet, bis er alle Daten gelesen hat, bedeutet diese End-of-File-Anzeige, dass es für A sicher ist, `s.close()` aufzurufen. B könnte jedoch ebenso gut sofort nach dem Start `shutdown()` aufrufen, da er nicht beabsichtigt, Daten zu schreiben; in diesem Fall ist das von A empfangene Dateiende *kein* Hinweis darauf, dass es sicher ist, zu schließen.

Siehe auch Übungen 13 und 15.

17.9 Epilog

Damit haben wir die grundlegenden Mechanismen von TCP behandelt. Das nächste Kapitel befasst sich unter anderem mit einigen Details, die die Sicherheit und Zuverlässigkeit von TCP sichern sollen.

17.10 Übungen

1. Experimentieren Sie mit der TCP-Version von Simplex-Talk. Inwiefern reagiert der Server bei aktiviertem Threading anders als ohne, wenn zwei gleichzeitige Verbindungsversuche von zwei verschiedenen Client-Instanzen unternommen werden?
2. Verfolgen Sie die Zustände, die durchlaufen werden, wenn die Knoten A und B versuchen, eine TCP-Verbindung herzustellen, indem sie sich *gleichzeitig* SYN-Pakete schicken, die sich dann im Netz kreuzen. Zeichnen Sie das Leiterdiagramm und beschriften Sie die Zustände auf jeder Seite. Hinweis: Es sollte zwei Paare von sich kreuzenden Paketen geben. Ein SYN+ACK zählt im Zustandsdiagramm als ein ACK.
3. Angenommen, die Knoten A und B befinden sich jeweils hinter ihrer eigenen NAT-Firewall (Abschnitt 9.7, »Netzwerkadressübersetzung«).

   ```
   A ---- NAT_A ---- Internet ---- NAT_B ---- B
   ```

   A und B versuchen, über TCP eine Verbindung zueinander herzustellen; A verwendet den Quellport 2000 und B 3000. A sendet an die öffentliche IPv4-Adresse von NAT_B, Port 3000, und B sendet an NAT_A, Port 2000. Nehmen wir an, dass weder NAT_A noch NAT_B die Portnummern in ausgehenden Paketen ändern, zumindest nicht für die Pakete, die an diesem Verbindungsversuch beteiligt sind.

   a) Angenommen, A sendet ein SYN-Paket an (NAT_B, 3000). Es wird dann von NAT_B zurückgewiesen, da die Verbindung nicht von B initiiert wurde. Kurze Zeit später sendet B jedoch ein SYN-Paket an (NAT_A, 2000). Erklären Sie, warum dieses zweite SYN-Paket an A zugestellt *wird*.

   b) Nehmen wir nun an, dass A und B gleichzeitig versuchen, eine Verbindung aufzubauen, wobei jeder ein SYN-Paket an den anderen sendet. Zeigen Sie, dass die Verbindung erfolgreich ist.
4. Wenn zwei Knoten A und B gleichzeitig versuchen, mithilfe des OSI-TP4-Protokolls eine Verbindung herzustellen, werden zwei bidirektionale Netzwerkverbindungen aufgebaut (und nicht nur eine, wie bei TCP).

   a) Erklären Sie, warum diese Semantik mit dem bestehenden TCP-Header unmöglich ist. Hinweis: Wie würde der Empfänger erkennen, zu welcher der beiden möglichen Verbindungen ein Paket gehört, wenn es von ⟨A,port1⟩ bei ⟨B,port2⟩ ankommt?

b) Schlagen Sie ein zusätzliches Feld im TCP-Header vor, das die Implementierung der TP4-Semantik ermöglichen würde.

5. Gleichzeitige Verbindungsaufnahmen sind selten, gleichzeitige Verbindungsabbrüche hingegen relativ häufig. Wie handeln zwei TCP-Knoten das gleichzeitige Senden von FIN-Paketen aneinander aus? Zeichnen Sie das Leiterdiagramm und beschriften Sie die Zustände auf jeder Seite. Welcher Knoten geht in den Zustand TIMEWAIT über? Hinweis: Es sollten zwei Paare von sich kreuzenden Paketen vorhanden sein.
6. Das Zustandsdiagramm in Abschnitt 17.8, »TCP-Zustandsdiagramm«, zeigt einen gestrichelten Pfad von FIN_WAIT_1 zu TIMEWAIT bei Empfang von FIN+ACK. Alle FIN-Pakete enthalten ein gültiges ACK-Feld, aber das ist hier nicht gemeint. Unter welchen Umständen wird dieser direkte Bogen von FIN_WAIT_1 zu TIMEWAIT gewählt? Erläutern Sie, warum dieser Bogen beim gleichzeitigen Schließen nie verwendet werden kann. Hinweis: Betrachten Sie das Leiterdiagramm eines »normalen« Verbindungsendes.
7. Versuchen Sie, diese Probleme an einem Rechner nachzustellen.
   a) Angenommen, Sie sehen auf Ihrer Workstation mehrere Verbindungen im Zustand FIN_WAIT_1. Was geht hier wahrscheinlich vor sich? Bei wem liegt der Fehler?
   b) Was vor sich gehen, wenn Sie Verbindungen im Zustand FIN_WAIT_2 sehen?
8. Nehmen wir an, dass der Client-Host nach dem Herunterladen einer Datei vom Netz getrennt wird, sodass er keine weiteren Pakete senden kann. Die Verbindung des Servers befindet sich immer noch im Zustand ESTABLISHED. Verwenden Sie in jedem der folgenden Fälle das TCP-Zustandsdiagramm, um alle Zustände aufzulisten, die für den Server erreichbar sind.
   a) Vor dem Trennen der Verbindung befand sich der Client im Zustand ESTABLISHED, d. h. er hatte das erste FIN noch *nicht* gesendet.
   b) Bevor die Verbindung getrennt wurde, hatte der Client sein FIN gesendet und ging in den Zustand FIN_WAIT_1 über.

   Letztendlich würde die Serververbindung hier aufgrund wiederholter Zeitüberschreitungen tatsächlich in den Zustand CLOSED übergehen. Für diese Übung nehmen wir jedoch an, dass nur die im Zustandsdiagramm explizit dargestellten Übergänge erlaubt sind.
9. In Abschnitt 17.3, »Aufbau einer TCP-Verbindung«, haben wir festgestellt, dass RST-Pakete einen gültigen SEQ-Wert haben müssen, aber dass »RFC 793 nicht verlangt, dass der ACK-Wert des RST-Pakets übereinstimmt«. Es gibt eine Ausnahme für RST-Pakete, die im Zustand SYN-SENT ankommen: »RST ist gültig, wenn das ACK-Feld SYN bestätigt«. Erläutern Sie die Gründe für diese Ausnahme.

10. Angenommen, A und B erstellen eine TCP-Verbindung mit ISN_A=20.000 und ISN_B=5.000. A sendet drei 1000-Byte-Pakete (Data1, Data2 und Data3), die B jeweils mit einem ACK beantwortet. Dann sendet B ein 1000-Byte-Paket DataB an A und beendet die Verbindung mit einem FIN. Füllen Sie in der nachstehenden Tabelle die Felder SEQ und ACK für jedes der dargestellten Pakete aus.

A sendet	**B sendet**
SYN, ISNA=20,000	
	SYN, ISNB=5,000, ACK=______
ACK, SEQ=______, ACK=______	
Data1, SEQ=______, ACK=______	
	ACK, SEQ=______, ACK=______
Data2, SEQ=______, ACK=______	
	ACK, SEQ=______, ACK=______
Data3, SEQ=______, ACK=______	
	ACK, SEQ=______, ACK=______
	DataB, SEQ=______, ACK=______
ACK, SEQ=_____, ACK=______	
	FIN, SEQ=______, ACK=______

11. Angenommen, Sie laden eine große Datei herunter und ein Fortschrittsbalken zeigt an, wie viel von der Datei bereits heruntergeladen wurde. Nehmen wir an, dass sich der Fortschrittsbalken für jedes von der Anwendung empfangene Megabyte um 1 mm bewegt und der Durchsatz durchschnittlich 0,5 MB pro Sekunde beträgt (der Fortschrittsbalken bewegt sich also normalerweise mit einer Geschwindigkeit von 0,5 mm/Sek. weiter).

    Sie sehen, dass der Fortschrittsbalken eine Zeit lang nicht weiterläuft. Plötzlich springt er 5 mm nach vorne und bewegt sich dann wieder gleichmäßig mit 0,5 mm/Sek.

    a) Erläutern Sie den Sprung im Hinblick auf ein verlorenes Paket, die anschließende Zeitüberschreitung und erneute Übertragung.

    b) Geben Sie einen Näherungswert für die Verbindungs-Fenstergröße an, unter der Annahme, dass nur ein Paket verloren gegangen ist.

12. Angenommen, Sie entwickeln Software für eine Streaming-Video-Website. Sie möchten das Video-Read-ahead – die Lücke zwischen dem heruntergeladenen und dem tatsächlich gesehenen Inhalt – auf etwa 1 MB begrenzen; der Server sollte bei Bedarf eine Sendepause einlegen, um dies durchzusetzen. Andererseits soll der Empfänger in der Lage sein, bis zu dieser Größe vorauszulesen. Sie sollten davon ausgehen, dass der TCP-Verbindungsdurchsatz höher ist als der tatsächliche Videodatenverbrauch.

    a) Angenommen, die TCP-Fenstergröße beträgt genau 1 MB und der Empfänger liest einfach jedes Videobild von der TCP-Verbindung, zeigt es an und pausiert dann kurz, bevor er das nächste Bild entsprechend der Bildrate liest. Erklären Sie, wie der Flusskontrollmechanismus von Abschnitt 18.10, »Flusssteuerung bei TCP«, den gewünschten Effekt erzielt.

    b) Die Anwendungen können jedoch ihre TCP-Fenstergröße nicht kontrollieren. Nehmen wir an, die Empfängeranwendung ist der Anzeige 1 MB voraus und stoppt dann den Lesevorgang, bis mehr angezeigt werden kann. Erläutern Sie noch einmal, inwiefern der TCP-Flusskontrollmechanismus den Absender bald veranlassen wird, das Senden einzustellen. (Insbesondere würde der Sender nie mehr als winsize+1MB über das Notwendige hinaus senden.)

    (Es ist auch möglich, Absenderpausen über ein Protokoll der Anwendungsschicht zu implementieren).

13. Ändern Sie den Simplex-Talk-Server aus Abschnitt 17.6, »TCP-Simplex-Talk« so, dass `line_talker()` die `while`-Schleife verlässt, sobald es den ersten empfangenen String ausgegeben hat (oder entfernen Sie einfach die `while`-Schleife). Sobald die `while`-Schleife verlassen ist, ruft der vorhandene Code `s.close()` auf.

    a) Starten Sie den geänderten Server und stellen Sie eine Verbindung zu ihm mit einem Client her. Senden Sie eine einzige Nachricht und verwenden Sie `netstat`, um den TCP-Status von Client und Server zu untersuchen. Wie lauten diese Zustände?

    b) Senden Sie zwei Nachrichtenzeilen an den Server. Welches sind die TCP-Zustände des Clients und des Servers?

    c) Senden Sie drei Nachrichtenzeilen an den Server. Gibt es eine Fehlermeldung auf dem Client?

    d) Senden Sie zwei Nachrichtenzeilen an den Server, während Sie die Pakete mit WireShark überwachen. Der WireShark-Filterausdruck `tcp.port == 5431` kann nützlich sein, um irrelevanten Traffic zu eliminieren. Welche FIN-Pakete sehen Sie? Sehen Sie ein RST-Paket?

14. Skizzieren Sie ein Szenario, in dem TCP-Endpunkt A Daten an B sendet und dann `close()` auf seinem Socket aufruft, und B nach dem Beenden der Verbindung nicht alle Daten erhalten hat, obwohl das Netzwerk nicht ausgefallen ist. In Anlehnung an Abschnitt 17.6.1, »Der TCP-Server«, könnte der Code von A wie folgt aussehen:

    ```
    s = new Socket(dest, destport);
    sout = s.getOutputStream();
    sout.write(large_buffer)
    s.close()
    ```

    Hinweis: siehe Abschnitt 17.8.2, »Close() aufrufen«.

Kapitel 18
TCP – Probleme und Alternativen

Dieses Kapitel beschäftigt sich mit verschiedenen Problemen rund um die Zuverlässigkeit und Effizienz von TCP und einigen konkreten Alternativen zu diesem Protokoll.

18.1 Alte Duplikate bei TCP

Die aus konzeptioneller Sicht vielleicht größte Bedrohung für die Datenintegrität bei TCP sind externe alte Duplikate (Abschnitt 16.3.1, »Alte, doppelte Pakete«), also stark verspätete Pakete aus einer früheren Instanz der Verbindung.

Angenommen, zwischen A und B wird eine TCP-Verbindung geöffnet (siehe Abbildung 18.1). Ein Paket von A nach B mit der Sequenznummer N wird dupliziert und über Gebühr verzögert. Die Verbindung wird geschlossen, und daraufhin wird eine neue Verbindungsinstanz geöffnet, es wird also eine Verbindung über dieselben Ports hergestellt. Irgendwann im Verlauf der zweiten Verbindung, und wenn ein eingehendes Paket mit seq=N bei B gerade auch akzeptabel wäre, taucht das alte Duplikat auf. Später wird B natürlich wahrscheinlich ein seq=N-Paket von der neuen Verbindungsinstanz empfangen, aber dieses Paket wird von B dann als Duplikat angesehen (auch wenn die Daten nicht übereinstimmen) und (so unsere Annahme) ignoriert werden.

Bei TCP müssen die tatsächlichen Sequenznummern, und nicht die relativen Sequenznummern, übereinstimmen. Im Diagramm wird dies nicht berücksichtigt.

Genau wie bei TFTP ist es nicht einfach, ein denkbares Szenario zu finden, das die Entstehung eines solchen verspäteten Pakets erklärt. Nichtsdestotrotz zielen viele Designaspekte von TCP darauf ab, dieses Risiko möglichst zu minimieren.

Lösungen für das Problem der alten Duplikate beinhalten meist die Festlegung einer Obergrenze für die Lebensdauer eines jeden Pakets, die MSL, wie wir im nächsten Abschnitt sehen werden. Bei T/TCP (Abschnitt 18.5, »Schnelleres Öffnen von TCP-Verbindungen«) wurde hierfür ein Connection-Count-Feld eingeführt.

TCP ist auch anfällig für ein Umspringen der Sequenznummer, also für das Eintreffen eines alten Duplikats von *derselben* Verbindungsinstanz. Nimmt man jedoch an, dass die MSL 60 Sekunden beträgt, müssen für ein Umspringen der Sequenznummer 2^{32} Byte in 60 Sekunden gesendet werden, was eine Datenübertragungsrate von über 500 Mbit/s erfordert. TCP bietet eine Lösung für dieses Problem (*Protection Against Wrapped Segments*, PAWS), die jedoch erst relativ spät eingeführt wurde; wir kommen in Abschnitt 18.4, »Anomale TCP-Szenarien«, darauf zurück.

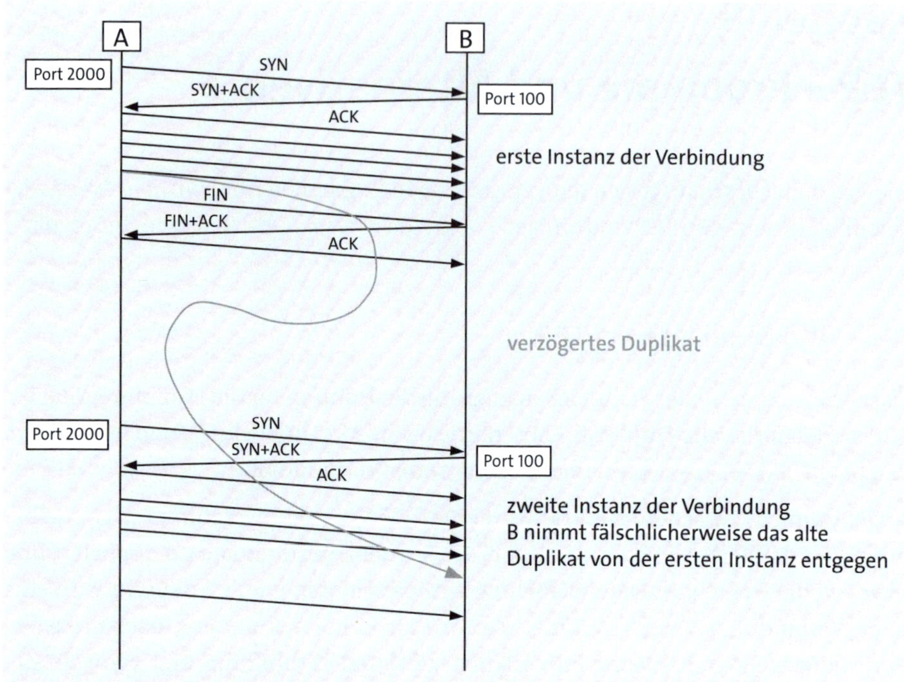

Abbildung 18.1 Alte Duplikate bei TCP

18.2 TIMEWAIT

Der TIMEWAIT-Zustand wird von der Seite eingenommen, die den Verbindungsabschluss initiiert; im Falle eines gleichzeitigen Abschlusses treten beide Seiten in den Zustand TIMEWAIT ein. Seine Dauer beträgt 2×MSL, wobei MSL = Maximum Segment Lifetime ein vereinbarter Wert für die maximale Lebensdauer für ein IP-Paket im Internet ist. Traditionell wurde MSL mit 60 Sekunden angesetzt, aber modernere Implementierungen gehen oft von 30 Sekunden aus (woraus sich ein TIMEWAIT-Intervall von 60 Sekunden ergibt).

Eine Funktion von TIMEWAIT besteht in der Lösung des Problems der externen alten Duplikate. TIMEWAIT verlangt, dass zwischen dem Schließen und dem erneuten Öffnen einer Verbindung eine ausreichend lange Zeitspanne vergehen muss, damit alle Pakete der ersten Instanz verschwinden. Nach Ablauf des TIMEWAIT-Intervalls kann kein altes Duplikat mehr eintreffen.

Eine zweite Funktion von TIMEWAIT ist es, das Problem des verlorenen abschließenden ACK zu lösen (Abschnitt 16.3.1, »Alte, doppelte Pakete«). Wenn Host A sein letztes ACK an Host B sendet und dieses verloren geht, wird B schließlich sein letztes Paket, also sein FIN, erneut senden. Solange sich A im Zustand TIMEWAIT befindet, kann es auf ein von B erneut gesendetes FIN mit einem doppelten abschließenden ACK antworten. Wie bei TFTP ist es möglich (wenn auch unwahrscheinlich), dass sowohl das abschließende ACK als auch alle während der TIMEWAIT-Periode gesendeten FINs verloren gehen; sollte dies geschehen, geht eine Seite davon aus, dass die Verbindung normal beendet wurde, während die andere Seite dies nicht glaubt.

TIMEWAIT blockiert nur solche Verbindungen, bei denen beide Seiten denselben Port verwenden, den sie zuvor benutzt haben. Wenn A eine Verbindung zu B herstellt und die Verbindung schließt, kann A erneut eine Verbindung zu B herstellen, wenn diese auf der Seite von A einen neuen Port verwendet.

Ein Host kann viele alte Verbindungen zum selben Port gleichzeitig im Zustand TIMEWAIT halten; der Host muss daher für jeden seiner Ports eine Liste aller entfernten ⟨IP-Adresse,Port⟩-Sockets führen, die sich derzeit in TIMEWAIT für diesen Port befinden. Wenn ein Host eine Verbindung als Client herstellt, läuft diese Liste wahrscheinlich auf eine Liste der kürzlich verwendeten Ports hinaus; wahrscheinlich wurde kein Port innerhalb des TIMEWAIT-Intervalls zweimal verwendet. Nimmt ein Server jedoch Verbindungen an einem standardisierten Port an und ist er dabei gleichzeitig die Seite, die die Schließung aktiv einleitet und damit später in TIMEWAIT geht, kann seine TIMEWAIT-Liste für diesen Port recht lang werden.

Grundsätzlich halten sich vielbeschäftigte Server lieber frei von diesen TIMEWAIT-Buchhaltungspflichten. Daher sind viele Protokolle so konzipiert, dass der Client aktiv die Schließung initiiert. Im ursprünglichen HTTP-Protokoll, Version 1.0, schickte der Server den mit der http-GET-Nachricht angeforderten Datenstrom zurück (Abschnitt 17.7.1, »Noch einmal netcat«), und signalisierte das Ende dieses Streams durch Schließen der Verbindung. In HTTP 1.1 wurde dies dahingehend korrigiert, dass der Client die Schließung initiierte; dies erforderte einen neuen Mechanismus, mit dem der Server anzeigen konnte, dass er die Übertragung dieser Datei abgeschlossen hat. HTTP 1.1 nutzte diesen neuen Mechanismus auch, um es dem Server zu ermöglichen, mehrere Dateien über eine Verbindung zurückzusenden.

In einer Umgebung, in der viele kurzlebige Verbindungen von Host A zu demselben Port auf Server B hergestellt werden, ist theoretisch die Möglichkeit gegeben, dass sich die Ports erschöpfen, dass also alle Ports in TIMEWAIT gebunden sind. Wenn A 1000 Verbindungen pro Sekunde herstellt, dann hat er nach 60 Sekunden 60.000 verfügbare Ports durchlaufen, und damit sind praktisch keine mehr übrig. Diese Rate ist zwar hoch, aber die frühen TCP-Implementierungen von Berkeley-Unix stellten den Clients oft nur rund 4.000 Ports zur Verfügung; bei einem TIMEWAIT-Intervall von 120 Sekunden würden sich die Ports hier also bereits bei nur 33 Verbindungen pro Sekunde erschöpfen.

Wenn Sie sich mittels ssh mit einem Server verbinden und dann den Befehl `netstat -a` auf Ihrem eigenen Rechner aufrufen (oder, bequemer, `netstat -a |grep -i tcp`), sollten Ihnen für Ihre Verbindung der Zustand ESTABLISHED angezeigt werden. Wenn Sie die Verbindung schließen und erneut überprüfen, sollte sie sich im Zustand TIMEWAIT befinden.

18.3 Der dreifache Handshake – erneut betrachtet

Wie bereits in Abschnitt 17.3, »Aufbau einer TCP-Verbindung«, erwähnt, wählen beide Seiten eine ISN; die tatsächlichen Sequenznummern sind die Summe aus der ISN des Absenders und der relativen Sequenznummer. Für diesen Mechanismus gibt es zwei ursprüngliche Gründe und einen, der später hinzukam (Abschnitt18.3, »Der dreifache Handshake – erneut betrachtet«). Die in RFC 1122 nochmals präzisierte ursprüngliche TCP-Spezifikation sah vor, dass die ISN durch einen speziellen *Taktgeber* bestimmt wird, der sich alle 4 Mikrosekunden um 1 erhöht.

Der Hauptgrund für die Verwendung von ISNs ist die Erkennung doppelter SYNs. Angenommen, A initiiert durch Senden eines SYN-Pakets eine Verbindung zu B. B antwortet mit SYN+ACK, aber diese Antwort geht verloren. A erfährt daraufhin ein Timeout und sendet sein SYN erneut. B empfängt nun das zweite SYN von A im Zustand SYN_RECEIVED. Handelt es sich dabei um eine völlig neue Anfrage (vielleicht hat sich A plötzlich neu gestartet) oder um ein Duplikat? Wenn A die taktgesteuerte ISN-Strategie verwendet, kann B (mit *ziemlicher* Sicherheit) feststellen, ob das zweite SYN von A neu oder ein Duplikat ist: nur in letzterem Fall stimmen die ISN-Werte in den beiden SYNs überein.

Wenn A ein SYN sendet, einen Neustart durchführt und das SYN als Teil einer Wiedereröffnung derselben Verbindung erneut sendet, besteht keine Gefahr für die Datenintegrität, aber das Eintreffen eines zweiten SYN mit einer neuen ISN bedeutet, dass die ursprüngliche Verbindung nicht fortgesetzt werden kann, da die ISN nun falsch ist. Der Empfänger des duplizierten SYN sollte alle bisher aufgezeichneten Verbindungszustände verwerfen und die Verarbeitung des zweiten SYN ganz neu beginnen.

Die taktgesteuerte ISN bot ursprünglich auch eine zweite Sicherheitsebene gegen externe alte Duplikate. Angenommen, A öffnet eine Verbindung zu B und wählt eine taktgesteuerte ISN N_1. A überträgt dann M Bytes an Daten, schließt die Verbindung und öffnet sie erneut mit der ISN N_2. Wenn $N_1 + M < N_2$ ist, kann das Problem der alten Duplikate *nicht auftreten*: alle absoluten Sequenznummern, die im ersten Fall der Verbindung verwendet werden, sind kleiner oder gleich $N_1 + M$, und alle absoluten Sequenznummern, die im zweiten Fall verwendet werden, sind größer als N_2. Tatsächlich erlaubten frühe Berkeley-Unix-Implementierungen der Socket-Bibliothek oft, dass eine zweite Verbindung, die diese ISN-Anforderung erfüllte, erneut geöffnet werden konnte, *bevor* TIMEWAIT abgelaufen war; dies konnte das Problem der Port-

Erschöpfung lösen. Wenn die erste Instanz der Verbindung Daten schneller als die ISN-Taktrate, d. h. mit über 250.000 Byte/Sek. übertragen hat, ist $N_1 + M$ natürlich größer als N_2, und TIMEWAIT müsste in diesem Fall erzwungen werden. Zu der Zeit, zu der TCP entwickelt wurde, waren dauerhafte Übertragungen mit über 250.000 Byte/Sek. jedoch nicht üblich.

Der dreifache Handshake wurde von Dalal und Sunshine in [DS78] eingehend analysiert. Die Autoren stellten fest, dass bei einem zweifachen Handshake die zweite Seite keine Bestätigung erhält, dass ihre ISN korrekt empfangen wurde. Die Autoren stellten auch fest, dass ein vierfacher Handshake – bei dem das ACK der ISNA getrennt von der ISN_B gesendet wird, wie Abbildung 18.2 dargestellt – fehlschlagen kann, wenn eine Seite neu startet.

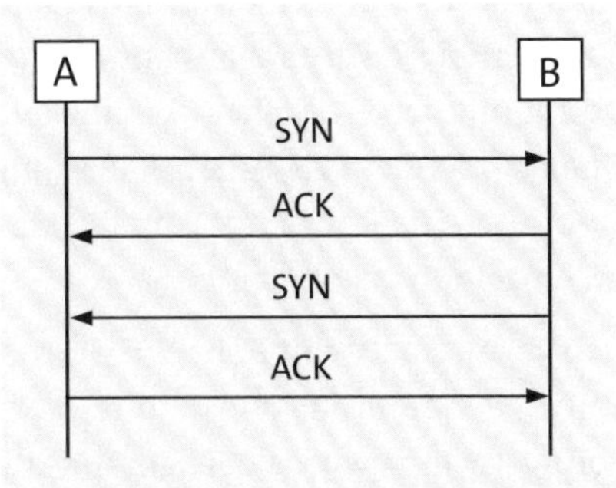

Abbildung 18.2 Möglicher Vier-Wege-Handshake; weniger sicher als die Drei-Wege-Variante

Damit dieser Fehler auftreten kann, nehmen Sie an, dass A nach dem Senden des SYN auf Leitung 1 mit ISN_{A1} neu startet. Das ACK auf Leitung 2 wird entweder ignoriert oder nicht empfangen. B sendet nun sein SYN auf Leitung 3, aber A interpretiert dies als eine neue Verbindungsanfrage; es antwortet auf Leitung 4 mit einem fünften SYN-Paket, das eine andere ISN_{A2} enthält. Für B ist die Verbindung nun ESTABLISHED, und wenn B dieses fünfte Paket bestätigt, aber seine Aufzeichnung der ISN von A nicht aktualisiert, wird die Verbindung fehlschlagen, da A und B unterschiedliche Vorstellungen von ISN_A haben.

ISNs und Spoofing

Die taktbasierte ISN erwies sich als erhebliche Schwachstelle: Sie ermöglichte es Angreifern häufig, die von einem Remote-Host möglicherweise verwendete ISN zu erraten. In diesem Zusammenhang war es auch nicht gerade hilfreich, dass eine frühe Version von Berkeley Unix die ISN nicht 250.000 Mal pro Sekunde, sondern einmal pro Sekunde um 250.000 (plus einen gewissen Zusatzbetrag für jede Verbindung) inkrementierte. Durch Erraten der ISN, die ein Remote-Host wählen würde, könnte sich der Angreifer als lokaler, vertrauenswürdiger Host ausgeben und so einen privilegierten Zugang erlangen.

Nehmen wir an, Host A vertraut seinem Nachbarn B und führt mit privilegiertem Status Befehle aus, die von B gesendet werden; dies war eine zu Zeiten des `rhost`-Befehls typische Situation. A authentifiziert diese Befehle, weil die Verbindung von der IP-Adresse von B kommt. Der Bösewicht M will Pakete an A senden, um sich als B *auszugeben* und somit einen privilegierten Befehl zur Ausführung zu bringen. Die Verbindung braucht nur *gestartet* zu werden; wenn der Trick entdeckt wird, nachdem der Befehl ausgeführt wurde, ist es zu spät. M kann leicht ein SYN-Paket an A mit der IP-Adresse von B im Quell-IP-Feld senden; wahrscheinlich kann M auch B vorübergehend deaktivieren, sodass die von A an B gesendete SYN-ACK-Antwort unbemerkt bleibt. Schwieriger ist es für M zu erraten, wie es ISN_A bestätigen kann (ACK). Wenn A jedoch ISNs mit einem langsam ansteigenden Takt generiert, kann M anhand früherer Verbindungsversuche das Taktmuster und somit mit beträchtlicher Genauigkeit ISN_A erraten. M sendet also SYN an A mit B als Quelle, A sendet SYN-ACK mit ISN_A an B, und M *errät* diesen Wert und sendet ACK(ISN_A+1) an A, wiederum mit B im IP-Header als Quelle, gefolgt von einem Befehl in einem einzelnen Paket.

Diese IP-Spoofing-Technik auf der TCP-Schicht wurde erstmals von Robert T. Morris in [RTM85] beschrieben; Morris lancierte später noch den Internet-Wurm unter Verwendung anderer Angriffstechniken. Die IP-Spoofing-Technik wurde bei dem Angriff auf die UCSD am Weihnachtstag 1994 verwendet, der von Loyolas apollo.it.luc.edu aus gestartet wurde; der Angriff wurde mit Kevin Mitnick in Verbindung gebracht, obwohl er offenbar nicht von ihm ausgeführt wurde. Mitnick wurde ein paar Monate später verhaftet.

Mit RFC 1948 wurde im Mai 1996 eine Technik eingeführt, die eine gewisse Zufälligkeit bei der ISN-Auswahl ermöglicht und gleichzeitig sicherstellt, dass dieselbe ISN nicht zweimal hintereinander für dieselbe Verbindung verwendet wird. Die ISN ist dabei die Summe aus dem 4-µs-Takt, C(t), und einem sicheren Hash der Verbindungsinformationen:

```
ISN = C(t) + hash(local_addr, local_port, remote_addr, remote_port, key)
```

Bei `key` handelt es sich um einen Zufallswert, den der Host beim Start auswählt. M kann zwar die aktuelle ISN von A abfragen und wahrscheinlich die Hash-Funktion und die ersten vier Parameter erraten, aber ohne den Key zu kennen, kann es den ISN-Wert, den A an B gesendet hätte, nicht bestimmen (oder problemlos erraten). Bei legitimen Verbindungen zwischen A und B hingegen steigt die ISN mit der Rate von 4 µs an.

RFC 5925 begegnet Spoofing und ähnlichen Angriffen durch die Einführung eines optionalen TCP-Authentifizierungsmechanismus: Der TCP-Header enthält eine Option, die einen sicheren Hash (Abschnitt 27.6, »Sichere Hashes«) des restlichen TCP-Headers und einen gemeinsamen geheimen Schlüssel enthält. Die erforderliche Schlüsselverwaltung schränkt die Einsatzmöglichkeiten dieses Mechanismus' ein; der klassische Anwendungsfall sind BGP-Verbindungen zwischen Routern (Kapitel 15, »Border Gateway Protocol (BGP)«).

Ein weiterer Ansatz zur Verhinderung von Spoofing-Angriffen besteht darin, Standorte und Internetanbieter aufzufordern, die Weiterleitung von IP-Paketen nach außen zu verweigern, deren Quelladresse nicht von diesem Standort oder Internetanbieter stammt. Wenn der ISP eines Angreifers dies umsetzt, kann der Angreifer keine Spoofing-Angriffe gegen die Außenwelt starten. Ein konkreter Vorschlag ist in RFC 2827 zu finden. Leider wurde er fast vollständig ignoriert.

Siehe auch die Diskussion zu SYN-Flooding in Abschnitt 17.3, »Aufbau einer TCP-Verbindung«, wenngleich dieser Angriff ohne ISN-Manipulation auskommt.

18.4 Anomale TCP-Szenarien

Wie jedes Übertragungsprotokoll muss auch TCP die in Abschnitt 16.3.1, »Alte, doppelte Pakete«, beschriebenen Übertragungsprobleme lösen.

Wie wir oben gesehen haben, löst TCP das Problem der doppelten Verbindungsanforderung (doppeltes SYN), indem es feststellt, ob sich die ISN geändert hat. TCP behandelt dies auf der Kernel-Ebene, während TFTP mit doppelten RRQs (eher halbherzig) auf Anwendungsebene umgeht.

TCP behandelt einen Verlust des abschließenden ACK mittels TIMEWAIT: Solange das TIMEWAIT-Intervall noch nicht abgelaufen ist, kann TCP ein verlorenes abschließende ACK erneut senden, wenn die andere Seite ihr abschließendes FIN nochmals sendet. In diesem Sinne erfüllt TIMEWAIT eine ähnliche Funktion wie der DALLY-Zustand von TFTP.

Externe alte Duplikate, die als Teil einer früheren Verbindungsinstanz eintreffen, werden durch TIMEWAIT verhindert, und sie lassen ebenfalls sich durch Verwendung einer taktbasierten ISN verhindern.

Interne alte Duplikate aus *derselben* Verbindungsinstanz, sprich Sequenznummernübersprunge, sind nur bei Bandbreiten über 500 Mbit/s ein Problem: Nur bei derart hohen Geschwindigkeiten können 4 GB in einer 60-sekündigen MSL übertragen werden. TCP-Implementierungen begegnen diesem Problem inzwischen mit PAWS: Protection Against Wrapped Segments (RFC 1323). PAWS erweitert den TCP-Header um eine 32-Bit-»Timestamp-Option«. Die Auflösung des Zeitstempel-Takts ist nicht spezifiziert; ein Zeittakt muss klein genug sein, dass die Sequenznummern in diesem Intervall nicht umspringen können (z. B. unter 3 Sekunden für 10.000 Mbit/s), und groß genug, dass die Zeitstempel nicht innerhalb der MSL-Zeit umspringen können. Auf Linux-Systemen beträgt die Auflösung des Zeitstempels in der Regel zwischen 1 und 10 ms; Messungen auf den Systemen des Autors ergaben 4 ms. Mit Hilfe der Zeitstempel lässt sich ein altes Duplikat aufgrund von Sequenznummernumläufen nun leicht erkennen.

Der PAWS-Mechanismus verlangt von ACK-Paketen zudem, dass sie neben ihrem eigenen Zeitstempel auch den Zeitstempel des Absenders zurückschicken. Hierdurch können Absender die Umlaufzeiten genau messen.

Reboots sind ein potenzielles Problem, da der Host vermutlich keine Aufzeichnungen darüber hat, welche abgebrochenen Verbindungen in TIMEWAIT verbleiben müssen. Auf dem Papier begegnet TCP diesem Problem, indem es von den Hosts verlangt, dass sie beim Start eine Ruhezeit (Quiet Time on Startup) einhalten: 1 × MSL lang dürfen keine neuen Verbindungen angenommen werden. Keine der bekannten Implementierungen tut dies tatsächlich; stattdessen gehen sie davon aus, dass der Neustartprozess selbst mindestens eine MSL dauert. Dies ist nicht mehr mit der gleichen Sicherheit wie früher gewährleistet, aber ernsthafte Konsequenzen gab es bisher keine.

18.5 Schnelleres Öffnen von TCP-Verbindungen

Wenn ein Client eine Verbindung zu einem Server herstellen, eine Anfrage senden und eine sofortige Antwort erhalten möchte, benötigt TCP eine komplette RTT für den dreifachen Handshake, bevor irgendwelche Daten übermittelt werden können. Dadurch ist TCP um eine RTT langsamer als UDP-basierte Anfrage-Antwort-Protokolle. Es wird immer wieder gefordert, dass TCP-Clients auch bereits Daten mit dem ersten SYN-Paket senden können *und* diese sofort nach Ankunft zugestellt werden – dies wird als *Accelerated Open* bezeichnet.

Bei einer Reihe von Anfragen und Antworten besteht die einfachste Möglichkeit, die Daten ohne Handshake-Verzögerung zu übermitteln, darin, alle Anfragen und Antworten über eine dauerhafte Verbindung zu leiten; die Handshake-Verzögerung gilt dann nur für die erste Anfrage. Wenn diese *Pipeline*-Verbindung lange genug inaktiv ist, kann sie geschlossen und später bei Bedarf wieder geöffnet werden.

Ein früher Vorschlag zur beschleunigten Verbindungseröffnung war *T/TCP*, oder »TCP für Transaktionen«, das in RFC 1644 beschrieben wurde. T/TCP führte eine TCP-Option namens CC zur *Zählung der Verbindungen* ein; jeder Teilnehmer fügt dabei einen 32-Bit-CC-Wert in sein SYN ein; die CC-Werte der einzelnen Teilnehmer sollten dabei jeweils monoton ansteigen. Accelerated Open war dann zulässig, wenn die Serverseite den vorherigen CC-Wert des Clients in einem Cache hielt und der neue CC-

Wert unbedingt größer als dieser Cache-Wert war. Dadurch wurde sichergestellt, dass das neue SYN kein Duplikat eines älteren SYN war.

Leider wird dadurch auch die Erkennung von doppelten SYNs und die bescheidene Verifizierung der Client-IP-Adresse durch den kompletten dreifachen Handshake umgangen, wodurch sich das Spoofing-Problem aus Abschnitt 18.3, »Der dreifache Handshake – erneut betrachtet«, verschärft. Wenn der böswillige Host M beim Senden einer privilegierten Anfrage an A vorgeben will, B zu sein, muss M nur ein einziges SYN+Data-Paket mit einem extrem großen Wert für CC senden. Grundsätzlich galt das Accelerated Open als erfolgreich, solange der CC-Wert größer war als der von A für B zwischengespeicherte Wert; er musste nicht um genau 1 größer sein.

TCP Fast Open

Der Mechanismus TCP Fast Open (TFO) aus RFC 7413 umfasst ein sicheres »Cookie«, das vom Client als TCP-Option gesendet wird; wenn ein SYN+Data-Paket ein gültiges Cookie enthält, hat der Client seine Identität hinreichend nachgewiesen und die Daten können sofort an die empfangende Anwendung weitergegeben werden.

Cookies können entweder 4 oder 16 Byte lang sein (wahrscheinlich, aber nicht notwendigerweise, passend zu IPv4 und IPv6) und werden vom Client durch einen vorherigen TCP-Handshake mit einer Cookie-Request-Option im SYN-Paket angefordert. Wenn ein Client ein noch gültiges Cookie in das SYN-Paket einer nachfolgenden Verbindung einfügt, werden die Daten, die zu diesem SYN-Paket gehören, vom Server sofort für die Anwendung freigegeben; der dreifache Handshake wird derweil noch abgeschlossen, aber die Daten warten nicht darauf.

Ein und dasselbe Cookie kann mehrfach wiederverwendet werden. Cookies haben jedoch eine Ablaufzeit, und sie sind auch spezifisch für die IP-Adresse des Clients (wenn auch nicht für die verwendeten TCP-Ports). Eine Möglichkeit der Implementierung besteht darin, dass der Server die Client-IP-Adresse verschlüsselt (anstatt sie zu hashen); in diesem Modell läuft das Cookie ab, wenn der Verschlüsselungsschlüssel abläuft.

Da Cookies vorab angefordert werden müssen, ist TCP Fast Open nicht grundsätzlich schneller als die obige Option der Pipeline-Verbindung. Außerdem verbraucht das Offenhalten einer TCP-Verbindung natürlich mehr Ressourcen als die bloße Speicherung eines Cookies. Eine typische Anwendung für TCP Fast Open ist der Zugriff auf Web-Server. Web-Clients und -Server halten bereits für eine gewisse Zeit eine dauerhafte Verbindung offen, aber »eine gewisse Zeit« bedeutet hier oft nur einige Sekunden; TCP-Fast-Open-Cookies könnten viel länger aktiv bleiben. Ein weiterer möglicher Einsatzbereich sind TCP-basierte DNS-Abfragen, für die es keinen etablierten Mechanismus zur Wiederverwendung von Verbindungen gibt.

Ein ernsthaftes praktisches Problem mit TCP Fast Open ist, dass einige Middleboxen (Abschnitt 9.7.2, »Middleboxen«) von ihnen nicht verstandene TCP-Optionen entfernen oder den Verbindungsversuch sogar ganz blockieren. Eine Folge davon ist, dass Clients, die TFO benutzen möchten, Fehlschläge protokollieren müssen und keinen weiteren Versuch zur erneuten Nutzung von TFO unternehmen dürfen (zumindest für eine angemessene Zeitspanne).

Außerdem sind SYN-Flooding-Angriffe nach wie vor möglich. So kann beispielsweise eine große Zahl kompromittierter Clients Cookies auf legitime Weise erhalten und diese dann in kurzer Zeit vielfach wiederverwenden. Alternativ kann das Cookie von einem Client an eine große Anzahl anderer Hosts verteilt werden, die dann die IP-Adresse des ursprünglichen Clients fälschen. Um die Auswirkungen solcher Angriffe zu minimieren, verlangt TFO, dass die Fast-Open-Option ignoriert wird, wenn die Anzahl der anstehenden Fast-Open einen bestimmten Schwellenwert überschreitet. Die Verbindungen werden dann zwar normal geöffnet, aber die Daten werden erst nach Abschluss des dreifachen Handshakes an die Serveranwendung übermittelt.

Schließlich besteht bei TFO auch die geringfügige Gefahr einer doppelten Datenübermittlung. Betrachten Sie zum Beispiel die nachstehende Ereignisfolge:

- Der Client sendet ein SYN mit gültigem TFO-Cookie und einigen Daten
- Das ACK vom Server geht verloren oder wird nie gesendet
- Der Server verarbeitet die Daten
- Der Server startet sich neu
- Der Client erfährt eine Zeitüberschreitung und sendet seine SYN+Cookie+Daten erneut, die beim Server ankommen

Die im letzten Schritt eintreffenden doppelten Daten werden erneut vom Server verarbeitet. Dies ist zwar *unwahrscheinlich*, aber wenn entweder der Client oder der Server nicht mit möglichen Duplikaten umgehen kann, sollte auf den Einsatz von TFO verzichtet werden. Insbesondere muss es möglich sein, TFO für jede einzelne Verbindung ein- oder auszuschalten. Wenn die durch SYN+Data übermittelte Anfrage idempotent ist (Abschnitt 16.5.2, »Sun RPC«), sollte die Duplizierung natürlich keine Rolle spielen.

Bei einem alternativen Szenario mit doppelter Datenübermittlung sendet der Client ein SYN+Cookie+Daten-Paket und schließt die Verbindung. Der Client geht dann in den TIMEWAIT-Zustand, nicht aber der Server. In der Zwischenzeit wird das SYN+Cookie+Daten-Paket im Netzwerk irgendwie dupliziert, und dieses Duplikat trifft beim Server ein. Dieses Szenario lässt sich (im Gegensatz zum Ersten) nicht dadurch verhindern, dass der Server-seitige Schlüssel zur Cookie-Erstellung nach einem Neustart ungültig wird.

18.6 Path MTU Discovery

TCP-Verbindungen sind effizienter, wenn sie große Pakete zwischen den Endpunkten weiterleiten können. Früher packten TCP-Endpunkte in jedes Paket, das nicht zur lokalen Zustellung bestimmt war, nur 512 Byte an Daten, um eine Fragmentierung zu vermeiden.

TCP-Endpunkte führen heutzutage in der Regel eine *Path MTU Discovery* durch, wodurch sie fast immer größere Pakete senden können; Backbone-ISPs können jetzt normalerweise 1500-Byte-Pakete übertragen. Die *Path-MTU* ist die größte Paketgröße, die ohne Fragmentierung über einen Pfad gesendet werden kann.

Die IPv4-Strategie besteht darin, ein erstes Datenpaket mit dem gesetztem IPv4-Bit `DONT_FRAG` zu senden. Wenn die ICMP-Meldung `Frag_Required/DONT_FRAG_Set` zurückkommt oder das Paket eine Zeitüberschreitung erleidet, probiert der Absender es mit einer kleineren Größe. Erhält der Absender hingegen ein TCP ACK für das Paket, das anzeigt, dass es bis zum anderen Ende durchkam, kann er eine größere Größe ausprobieren. Normalerweise wird der Größenbereich von 512–1500 Byte von weniger als einem Dutzend diskreter Werte abgedeckt; es geht nicht darum, die exakte Pfad-MTU zu finden, sondern rasch einen sinnvollen Näherungswert zu bestimmen.

Bei IPv6 gibt es kein `DONT_FRAG`-Bit. Die Ermittlung der Pfad-MTU über IPv6 umfasst das periodische Senden größerer Pakete; kommt die ICMPv6-Meldung `Packet Too Big` zurück, muss eine kleinere Paketgröße gewählt werden. Einzelheiten sind in RFC 19811 zu finden.

18.7 Sliding Windows bei TCP

Zur Verbesserung des Durchsatzes verwendet TCP Sliding Windows. Die Fenstergrößen werden in Bytes und nicht in Paketen gemessen; dadurch kann TCP die Daten in beliebige Segmentgrößen aufteilen. Beim anfänglichen dreifachen Handshake gibt jede Seite die maximale Fenstergröße an, die sie zu akzeptieren bereit ist, und zwar im Feld **Window Size** des TCP-Headers. Der Wert dieses 16-Bit-Felds kann nur maximal 64 kB betragen, und das Produkt bandwidth×delay für 1 Gbit/s × 100 ms beträgt 12 MB. Daher gibt es die TCP-Option **Window Scale**, die ebenfalls im anfänglichen Handshake ausgehandelt werden kann. Die Scale-Option gibt eine Zweierpotenz an, die mit dem tatsächlichen Wert der Fenstergröße multipliziert werden soll. Im obigen WireShark-Beispiel hat der Client im dritten Paket ein Window-Size-Feld von 5888 (= 4 × 1472) angegeben, im ersten Paket jedoch einen Window-Scale-Wert von 2^6 = 64, was einer effektiven Fenstergröße von 64 × 5888 = 256 Segmenten von 1472 Byte entspricht. Server-seitig wurde eine Fenstergröße von 5792 und ein Skalierungsfaktor von 2^5 = 32 angegeben.

TCP kann entweder einen großen Datenstrom übertragen, wofür Sliding Windows vollständig genutzt wird, oder es kann langsam generierte interaktive Daten senden; im letzteren Fall kann es vorkommen, dass bei TCP nie auch nur ein vollständiges Segment aussteht.

Im folgenden Kapitel werden wir sehen, dass ein Versender häufig die tatsächliche TCP-Fenstergröße herabsetzt, um Überlastungen zu vermeiden; die im TCP-Header enthaltene Fenstergröße wird als *Advertised Window Size* bezeichnet. Beim Start sendet TCP nicht ein komplettes Fenster auf einmal, sondern verwendet einen als »slow start« bekannten Mechanismus.

18.8 Verzögerte ACKs bei TCP

TCP-Empfängern ist es kurzzeitig erlaubt, ihre ACK-Antworten auf neue Daten zu verzögern. Den größten Nutzen hieraus ziehen vielleicht interaktive Anwendungen, die kleine Pakete austauschen, wie z. B. ssh und telnet. Wenn A ein Datenpaket an B sendet und eine sofortige Antwort erwartet, gibt die Verzögerung des ACK von B der *Empfängeranwendung* auf B Zeit, aufzuwachen und auf Anwendungsebene die Antwort zu erzeugen, die dann zusammen mit dem ACK von B gesendet werden kann. Ohne verzögerte ACKs kann die Kernel-Schicht auf B ihr ACK senden, bevor die empfangende Anwendung auf B überhaupt zur Ausführung kommt. Wenn die Antwortpakete klein sind, verdoppelt sich dadurch der Gesamtdatenverkehr. Die maximale ACK-Verzögerung beträgt laut RFC 1122 und RFC 2581 500 ms, obwohl eher 200 ms üblich sind.

Bei umfangreichem Datenverkehr bedeuten verzögerte ACKs lediglich, dass der Umfang des ACK-Traffics sinkt. Da ACKs kumulativ sind, kann ein ACK vom Empfänger im Prinzip mehrere Datenpakete des Senders bestätigen. Leider kann die Bestätigung von zu vielen Datenpaketen mit einem ACK den Selbsttaktungsaspekt von Sliding Windows beeinträchtigen; das Eintreffen dieses ACK löst dann eine Flut von zusätzlichen Datenpaketen aus, die sonst in regelmäßigen Abständen übertragen worden wären. Aus diesem Grund schreiben die oben genannten RFCs vor, dass mindestens für jedes zweite Datenpaket ein ACK gesendet werden muss. Eine Diskussion darüber, wie der Sender auf verzögerte ACKs reagieren sollte, findet sich in Abschnitt 19.2.1, »Per-ACK-Antworten«.

Die ACK-Verzögerungszeit kann für TCP normalerweise global als Systemparameter eingestellt werden. Linux bietet die Option `TCP_QUICKACK` als Flag für `setsockopt()`, um verzögerte ACKs auf Verbindungsbasis zu deaktivieren, allerdings nur bis zum nächsten TCP-Systemaufruf (einschließlich Lese- und Schreibvorgängen). Diese muss unmittelbar nach jedem Empfangsvorgang aufgerufen werden, um verzögerte ACKs vollständig zu deaktivieren. Diese Option ist außerdem auch nicht besonders portabel.

Die empfängerseitig verwendete TSO-Option aus Abschnitt 17.5, »TCP-Offloading«, kann ebenfalls die Anzahl der gesendeten ACKs reduzieren. Wenn jeweils zwei ankommende Datenpakete über TSO zu einem einzigen Paket zusammengefasst werden, dann erscheint es dem Empfänger so, als würde er jedes zweite Datenpaket quittieren. Die durch TSO verursachte ACK-Verzögerung ist jedoch in der Regel recht gering.

18.9 Nagle-Algorithmus

Genau wie verzögerte ACKs versucht auch der Nagle-Algorithmus (RFC 896), das Verhalten interaktiver Anwendungen mit kleinen Paketen zu verbessern. Er legt fest, dass ein TCP-Endpunkt, der kleine Datensegmente unterhalb der Maximalgröße erzeugt, diese in eine Warteschlange stellen sollte, bis er entweder ein volles Segment an Daten angesammelt hat oder ein ACK für alle zuvor gesendeten Pakete (egal, ob klein oder nicht) erhält. Wenn der Schwellenwert für volle Segmente beim Sender nicht erreicht wird, bedeutet dies, dass nur ein Segment pro RTT gesendet wird, das alle während dieser RTT erzeugten Daten enthält.

Bandbreite einsparen

Verzögerte ACKs und der Nagle-Algorithmus stammen beide aus einer vergangenen Epoche, in der die Bandbreite noch viel knapper bemessen war als heute. In RFC 896 schreibt John Nagle (1984, lange vor TCP Reno, Kapitel 19, »TCP Reno und Überlastmanagement«) »*In general, we have not been able to afford the luxury of excess long-haul bandwidth that the ARPANET possesses, and our long-haul links are heavily loaded during peak periods. Transit times of several seconds are thus common in our network.*« Heutzutage ist es unwahrscheinlich, dass eine bescheidene Anzahl von kleinen Paketen erkennbare, geschweige denn signifikante Probleme verursachen würde. Dennoch könnte die Abschaffung des Nagle-Algorithmus dazu führen, dass das Internet-Backbone mit einer großen Anzahl kleiner Pakete belastet wird, die größtenteils aus Headern bestehen; [MM01] weist darauf hin, dass »es ein Fehler wäre, ihn nicht mehr zu verwenden«.

Stellen Sie sich zum Beispiel vor, A möchte Pakete mit fortlaufenden Buchstaben (beginnend mit »a«) an B senden. Die Anwendung auf A erzeugt diese alle 100 ms, aber die RTT beträgt 501 ms. Bei T=0 sendet A »a«. Die Anwendung auf A erzeugt weiterhin »b«, »c«, »d«, »e« und »f« zu den Zeitpunkten 100 ms bis 500 ms, aber A sendet diese Pakete nicht sofort. Bei T=501 ms trifft ACK(»a«) ein; zu diesem Zeitpunkt sendet A sein angestautes »bcdef«. Das ACK dafür trifft bei T=1002 ein, und zu diesem Zeitpunkt hat A »ghijk« in die Warteschlange gestellt. Unterm Strich sendet A also nur ein Fünftel der Einzelpakete, die es ohne den Nagle-Algorithmus senden würde. Wenn diese Buchstaben von einem Benutzer generiert werden, der sie mit Telnet eingibt, und die ACKs auch die zurückgesendeten Antworten enthalten, dann holen die zurückgesendeten Antworten sehr bald auf, falls der Benutzer pausiert.

Der Nagle-Algorithmus spielt nicht immer gut mit verzögerten ACKs zusammen. Wenn eine Anwendung eine 2-KB-Transaktion generiert, die sich auf ein volles Paket und ein darauf folgendes kleineres Paket aufteilt, dann bewirkt der Nagle-Algorithmus, dass das zweite Paket nicht gesendet werden kann, bevor das erste bestätigt wurde. Ein Empfänger, der verzögerte ACKs verwendet, kann jedoch bis zu 500 ms warten, um das ACK zu senden, das den Versand des zweiten Pakets gestattet. Dadurch verzögert sich die gesamte Transaktion um die Verzögerungszeit des ACK. Schlimmer noch, dies kann bei jeder einzelnen Transaktion innerhalb einer umfangreichen *Reihe* von Transaktionen geschehen. Der Internet-Entwurf *A Proposed Modification to Nagle's Algorithm* (*https://tools.ietf.org/html/draft-minshall-nagle-01*) setzt sich mit diesem Problem auseinander, indem er den Sendern im Grunde immer erlaubt, *ein* kleines Paket zu senden, ohne eine Bestätigung zu erhalten, um die Möglichkeit zu berücksichtigen, dass ein Empfänger mit verzögertem ACK dieses kleine Paket empfangen muss, bevor er sein ACK sendet. Genauer gesagt besteht die Änderung darin, das Senden von kleinen Paketen zu verbieten, solange ein früheres unbestätigtes *kleines* Paket aussteht, im Gegensatz zur ursprünglichen Regel, die das Senden von kleinen Paketen verbietet, solange es *irgendwelche* früheren unbestätigten Pakete gibt, ob klein oder nicht.

Der Nagle-Algorithmus kann in der Socket-Bibliothek von BSD normalerweise für einzelne Verbindungen deaktiviert werden, indem `setsockopt()` mit der Option `TCP_NODELAY` aufgerufen wird.

18.10 Flusssteuerung bei TCP

Es kann vorkommen, dass eine sendende TCP-Station Daten schneller sendet, als der Empfänger sie verarbeiten kann. In diesem Fall kann ein TCP-Empfänger den Wert für die angekündigte Fenstergröße einer offenen Verbindung verringern und so den Sender informieren, dass er auf eine kleinere Fenstergröße umschalten soll. Dies ermöglicht eine *Flusssteuerung*.

Die Verkleinerung des Fensters wird in den vom Empfänger zurückgesendeten ACKs kommuniziert. Ein bestimmtes ACK soll die Fenstergröße nicht so stark verringern, dass der obere Rand des Fensters kleiner wird. Ein Fenster kann vom Byte-Bereich [20.000..28.000] auf [22.000..28.000] schrumpfen, aber niemals auf [20.000..26.000].

Wenn ein TCP-Empfänger mit dieser Technik die angekündigte Fenstergröße auf 0 verkleinert, bedeutet dies, dass der Sender keine Daten senden darf. Der Empfänger hat damit dem Sender mitgeteilt, dass die Daten zwar empfangen wurden, aber noch keine weiteren gesendet werden dürfen. Dies entspricht dem Abschnitt 8.1.3, »Datenflusssteuerung«, vorgeschlagenen ACK_{WAIT}. Wenn der Empfänger schließlich bereit ist, Daten zu empfangen, sendet er ein ACK, das die angekündigte Fenstergröße wieder erhöht.

Wenn der TCP-Sender seine Fenstergröße auf 0 reduziert hat und das ACK des Empfängers, welches das Fenster vergrößert, verloren geht, dann würde dies die Verbindung lahmlegen. TCP verfügt über eine spezielle Funktion, um dies zu vermeiden: Wenn die Fenstergröße auf Null reduziert wird, sendet der Sender in regelmäßigen Abständen Pakete ohne Daten an den Empfänger. Jedes dieser »Polling«-Pakete entlockt dem Empfänger das aktuelle ACK; unterm Strich erhält der Sender somit zuverlässig die Ankündigung einer möglichen Fenstervergrößerung. Diese »Polling«-Pakete werden durch den so genannten *Persist-Timer* gesteuert.

18.11 Silly-Window-Syndrom

Das Silly-Window-Syndrom ist ein Begriff für ein Szenario, in dem TCP immer nur kleine Datenmengen auf einmal transferiert. Da TCP/IP-Pakete eine feste Header-Mindestgröße von 40 Byte haben, ist die Netzwerknutzung beim Senden kleiner Pakete ineffizient. Das Silly-Window-Syndrom kann auftreten, wenn entweder die empfangende Anwendung Daten langsam verarbeitet oder die sendende Anwendung Daten langsam erzeugt.

Nehmen wir als Beispiel für einen langsamen Empfänger an, dass eine TCP-Verbindung eine Fenstergröße von 1000 Byte hat, die empfangende Anwendung aber jeweils nur 10 Byte in Abständen, die etwa der RTT entsprechen, verarbeitet. Dann kann Folgendes passieren:

- Der Absender sendet die Bytes 1–1000. Die Empfängeranwendung nimmt 10 Bytes entgegen, die von 1–10 nummeriert sind. Der TCP-Empfänger puffert die verbleibenden 990 Bytes und sendet ein ACK, das die Fenstergröße auf 10 reduziert (siehe Abschnitt 18.10, »Flusssteuerung bei TCP«).
- Nach Erhalt des ACK sendet der Absender 10 Bytes mit den Nummern 1001–1010, die ihm maximal zugestanden werden. In der Zwischenzeit hat die Empfängeranwendung die Bytes 11–20 verbraucht. Die Fenstergröße bleibt daher auch bei dem nächsten ACK bei 10.
- Der Absender sendet die Bytes 1011–1020, während die Anwendung die Bytes 21–30 verarbeitet. Die Fenstergröße bleibt bei 10.

Der Absender sendet unter Umständen für immer nur 10 Byte pro Paket. Dies ist für keine der beiden Seiten von Vorteil; der Absender könnte genauso gut seltener größere Pakete senden. Die in RFC 1122 beschriebene Standardlösung sieht vor, dass der

Empfänger die Fenstergröße mit Hilfe seiner ACKs auf 0 hält, bis er ein komplettes Paket (oder, bei kleinen Fenstergrößen, die Hälfte des Fensters) verbraucht hat. An diesem Punkt wird der Absender durch eine entsprechende Bekanntgabe der Fenstergröße im nächsten ACK aufgefordert, ein weiteres volles Datenpaket zu senden.

Das Silly-Window-Syndrom kann auch auftreten, wenn der Absender langsam Daten *erzeugt*, z. B. immer nur 10 Byte auf einmal. Dies lässt sich mit Hilfe des oben beschriebenen Nagle-Algorithmus verhindern. Für interaktive Anwendungen ist es jedoch mitunter sinnvoll, kleine Datenmengen in getrennten, aber eng beisammen liegenden Paketen zu versenden.

18.12 Zeitüberschreitung und Neuübertragung bei TCP

Wenn TCP ein Paket mit Nutzdaten sendet (also keine reinen ACK-Pakete), setzt es eine Zeitbegrenzung. Läuft diese Frist ab, bevor die Daten des Pakets bestätigt werden, wird dieses erneut gesendet. ACKs werden für jedes ankommende Datenpaket gesendet (es sei denn, verzögerte ACKs sind implementiert, siehe Abschnitt 18.8, »Verzögerte ACKs bei TCP«); dies entspricht dem empfängerseitigen Retransmit-on-Duplicate aus Abschnitt 8.1.1, »Paketverlust«. Da ACKs kumulativ sind und ein späteres ACK somit ein früheres ersetzen kann, stellen verlorene ACKs nur selten ein Problem dar.

Damit TCP sowohl für Verbindungen innerhalb des Serverraums als auch für weltweite Übertragungen, also mit RTTs von deutlich unter 1 ms bis zu fast 1 Sekunde, gut funktioniert, muss sich die Länge des Timeout-Intervalls *anpassen* können. TCP erreicht dies, indem es mit EstRTT permanent eine Schätzung der RTT vornimmt. In der ursprünglichen Version setzte TCP dann TimeOut = 2×EstRTT (in der Literatur wird der TCP-TimeOut-Wert oft als RTO bezeichnet, für Retransmission TimeOut). EstRTT selbst war ein gleitender Durchschnitt der periodisch gemessenen SampleRTT-Werte, gemäß

$$\text{EstRTT} = \alpha \times \text{EstRTT} + (1-\alpha)\times\text{SampleRTT}$$

für ein festes α, $0 < \alpha < 1$. Typische Werte für α könnten $\alpha = 1/2$ oder $\alpha = 7/8$ sein. Für α annähernd 1 ist dies »konservativ«, da sich EstRTT nur langsam ändert. Für α in der Nähe von 0 ist EstRTT volatiler.

Bei der RTT-Messung gibt es eine potenzielle Unklarheit: Wenn ein Paket zweimal gesendet wird, könnte die empfangene ACK eine Antwort auf die erste oder auf die zweite Übertragung sein. Der Karn/Partridge-Algorithmus löst dieses Problem: bei Paketverlust (und erneuter Übertragung) wird der Absender

- das Timeout-Intervall verdoppeln
- kein SampleRTT mehr ermitteln
- bei Wiederaufnahme der Übertragung das verdoppelte Timeout-Intervall als EstRTT verwenden

Die Festlegung von TimeOut = 2 × EstRTT erwies sich während Stauperioden als zu kurz und zu anderen Zeiten als zu lang. Jacobson und Karels ([JK88]) führten eine Methode zur Berechnung des TimeOut-Wertes auf der Grundlage der statistischen Variabilität von EstRTT ein. Nachdem alle SampleRTT-Werte gesammelt wurden, konnte der Absender auch EstDeviation aktualisieren, und zwar entsprechend

$$\text{SampleDev} = |\,\text{SampleRTT} - \text{EstRTT}\,|$$

$$\text{EstDeviation} = \beta \times \text{EstDeviation} + (1 - \beta) \times \text{SampleDev}$$

für ein festes β, $0 < \beta < 1$. Das Timeout-Intervall wurde dann auf EstRTT + 4 × EstDeviation gesetzt. EstDeviation ist eine Schätzung der sogenannten *mittleren Abweichung*; 4 mittlere Abweichungen entsprechen (bei normalverteilten Daten) etwa 5 *Standardabweichungen*. Wären die SampleRTT-Werte normalverteilt (was sie nicht sind), würde dies bedeuten, dass die Wahrscheinlichkeit, dass ein nicht verlorenes Paket außerhalb des TimeOut-Zeitraums ankommt, verschwindend gering ist.

Genaueres können Sie in [JK88] und [AP99] nachlesen.

In den meisten Implementierungen unterhält ein TCP-Sender nur einen Timer für die erneute Übertragung, unabhängig davon, wie viele Pakete noch ausstehen. Hier ist der empfohlene Algorithmus für die Timer-Verwaltung aus RFC 6298: 18

- Wenn ein Paket gesendet wird und der Timer nicht läuft, starte den Timer nach Ablauf der Zeitspanne Timeout neu.
- Wenn ein ACK eintrifft, das alle ausstehenden Daten quittiert, schalte den Timer aus.
- Wenn ein ACK eintrifft, das neue Daten, aber nicht alle ausstehenden Daten quittiert, setze den Timer auf die Zeitspanne Timeout zurück.

Wenn der Absender einen stetigen Strom von Paketen sendet, von denen keines verloren geht, stellt die letzte Klausel sicher, dass der Timer nie auslöst, was auch erwünscht ist. Wenn jedoch eine Reihe früherer ACKs langsam, aber gerade schnell genug, eintrifft, um den Timer immer wieder zurückzusetzen, kann es sein, dass ein verlorenes Paket erst nach einem Vielfachen von Timeout eine Zeitüberschreitung erfährt; das ist zwar nicht ideal, wird aber nicht als gravierend angesehen. Siehe Übung 6.

18.13 KeepAlive

Es gibt keinen Grund, warum eine TCP-Verbindung nicht über einen längeren Zeitraum ungenutzt bleiben sollte; ssh/Telnet-Verbindungen können beispielsweise tagelang ungenutzt bleiben. Es gibt jedoch das Problem nächtlicher Abschaltungen: Ein Arbeitsplatzrechner könnte sich per Telnet mit einem Server verbinden und dann am Ende des Tages abgeschaltet werden (nicht ordnungsgemäß heruntergefahren). Die Verbindung wäre dann nur noch halb geöffnet, aber da der Server keinen Datenverkehr erzeugt, würde er dies niemals bemerken; die Verbindung selbst würde weiterhin Ressourcen beanspruchen.

Um dies zu vermeiden, unterstützt TCP einen optionalen *KeepAlive*-Mechanismus: dabei »pollen« sich beide Seiten gegenseitig mit einem datenlosen Paket. Die ursprüngliche KeepAlive-Zeitspanne aus RFC 1122 betrug 2 Stunden, ließ sich aber auch auf 15 Minuten reduzieren. Wenn eine Verbindung den KeepAlive-Test nicht bestand, wurde sie geschlossen.

Vermutlich sind einige TCP-Implementierungen nicht ganz RFC 1122-konform: Entweder sind KeepAlives standardmäßig aktiviert, oder das KeepAlive-Intervall ist viel kleiner als in der Spezifikation gefordert.

KeepAlive in Aktion

Als ich mich vor langer Zeit eines Abends ins Internet eingewählt hatte (ja, so lange ist das schon her), wurde meine Telefonverbindung unterbrochen, während ich eine E-Mail-Nachricht in ein ssh-Fenster tippte. Pflichtbewusst stellte ich die Verbindung wieder her und erwartete, meine Nachricht in der Datei »dead.letter« zu finden, was auch der Fall gewesen wäre, wenn die Verbindung unterbrochen worden wäre, hätte ich die noch ältere tty-Einwahl genutzt. Aber da war leider nichts mehr zu finden. Ich rekonstruierte meine E-Mail so gut es ging und meldete mich ab.

Am nächsten Morgen fand ich meine verlorene E-Mail in einer Datei »dead.letter«, die auf zwei Stunden nach dem eigentlichen Verbindungsabbruch datiert war! Offenbar blieb die ursprüngliche ssh-Verbindung auf der Serverseite halb geöffnet hängen. Nach zwei Stunden trat dann die KeepAlive-Funktion auf den Plan und brach die Verbindung ab. Zu diesem Zeitpunkt sandte ssh meinem Mailprogramm das HangUp-Signal, und das Mailprogramm gab seine verbleibenden Daten in »dead.letter« aus.

18.14 TCP-Timer

Zusammenfassend kann man sagen, dass TCP die folgenden vier Arten von Timern unterhält. Sie können alle in einer einzigen Timer-Liste verwaltet werden.

- **TimeOut**: ein Timer für das jeweilige Segment; die TimeOut-Werte variieren stark
- 2×MSL **TIMEWAIT**: ein Timer für die jeweilige Verbindung
- **Persist**: der Timer, der zum Polling der Empfangsseite verwendet wird, wenn winsize = 0
- **KeepAlive**, siehe oben

18.15 Varianten und Alternativen

Eine Alternative zu TCP ist UDP mit programmgesteuerter Zeitüberschreitung und erneuter Übertragung; viele RPC-Implementierungen (Abschnitt 16.5, »Remote Procedure Call (RPC)«) funktionieren genauso und liefern vernünftige Ergebnisse. Innerhalb eines LANs leistet eine statische Zeitüberschreitung von etwa einer halben Sekunde in der Regel gute Dienste (es sei denn, das LAN hat getunnelte Verbindungen), und die Implementierung eines einfachen Mechanismus' für Zeitüberschreitung und Neuübertragung ist recht einfach, obwohl die adaptive Zeitüberschreitung wie in Abschnitt 18.12, »Zeitüberschreitung und Neuübertragung bei TCP«, etwas komplexer umzusetzen ist. QUIC (Abschnitt 16.1.1, »QUIC«) ist ein Beispiel für diese Strategie.

Wir betrachten hier vier weitere Protokolle. Das erste, MPTCP, basiert auf TCP selbst. Das zweite, SCTP, ist eine nachrichtenorientierte Alternative zu TCP, die ein völlig eigenständiges Protokoll darstellt.

Die beiden letzten, DCCP und QUIC, stellen Versuche dar, auf der Grundlage von UDP eine TCP-ähnliche Übertragungsschicht zu schaffen.

18.15.1 MPTCP

Multipath TCP (MPTCP) ermöglicht Verbindungen über mehrere Netzwerkschnittstellen auf einem Host, entweder nacheinander oder gleichzeitig. Die Architekturprinzipien von MPTCP werden in RFC 6182 umrissen; Details zur Implementierung finden sich in RFC 6824.

Zur Übertragung des eigentlichen Datenverkehrs richtet MPTCP mehrere Standard-TCP-Subflows zwischen dem sendenden und dem empfangenden Host ein; diese Subflows verbinden typischerweise verschiedene IP-Adressenpaare auf den jeweiligen Hosts.

So kann beispielsweise eine Verbindung zu einem Server über die kabelgebundene Ethernet-Schnittstelle des Clients aufgebaut und über Wi-Fi fortgesetzt werden, nachdem der Benutzer die Kabelverbindung getrennt hat. Entfernt sich der Client dann aus der Wi-Fi-Reichweite, kann die Verbindung über ein Mobilfunknetz fortgesetzt werden. Alternativ ermöglicht MPTCP die parallele Nutzung mehrerer Ethernet-Schnittstellen auf Client und Server, um einen höheren Durchsatz zu erzielen.

MPTCP verbietet offiziell den Aufbau mehrerer TCP-Verbindungen zwischen einem einzigen Schnittstellenpaar, um so Highspeed-TCP zu simulieren; RFC 6356 wird ein MWTCP-Algorithmus zur Überlaststeuerung beschrieben, der dies durchsetzt.

Angenommen, Host A mit zwei Schnittstellen mit den IP-Adressen A_1 und A_2 möchte eine Verbindung zu Host B mit den IP-Adressen B_1 und B_2 herstellen. Der Verbindungsaufbau erfolgt über das übliche dreifache TCP-Handshake zwischen einer der IP-Adressen von A, z. B. A_1, und einer der Adressen von B, B_1. Die SYN-Pakete müssen jeweils die TCP-Option `MP_CAPABLE` enthalten, um sich gegenseitig die Unterstützung von MPTCP zu signalisieren. Als Teil der Option `MP_CAPABLE` tauschen A und B auch pseudozufällige 64-Bit-Verbindungsschlüssel aus, die unverschlüsselt gesendet werden; diese werden später zum Signieren von Nachrichten verwendet, wie in Abschnitt 27.6.1, »Sichere Hashes und Authentifizierung«, beschrieben. Diese erste Verbindung entspricht dem ersten Subflow.

Sobald der initiale MPTCP-Subflow zustande gekommen ist, können weitere Subflow-Verbindungen aufgebaut werden. Normalerweise werden diese von der Client-Seite, hier A, initiiert, obwohl dies auch seitens B erfolgen könnte. Zu diesem Zeitpunkt kennt A jedoch die Adresse B_2 von B noch nicht, sodass der einzige mögliche zweite Subflow von A_2 nach B_1 geht. Neue Subflows enthalten in ihren ersten SYN-Paketen die Option `MP_JOIN` sowie digitale Signaturen, die mit den ursprünglichen Verbindungsschlüsseln signiert sind und bestätigen, dass der neue Subflow tatsächlich Teil dieser MPTCP-Verbindung ist.

An diesem Punkt können sich A und B über beide Verbindungen gleichzeitig Daten zusenden. Um die Daten nachzuverfolgen, unterhält jede Seite eine 64-Bit-Datensequenznummer (DSN) für die von ihr gesendeten Daten; jede Seite verwaltet außerdem eine Zuordnung zwischen der DSN und den Subflow-Sequenznummern. Beispiel: A könnte 1000-Byte-Datenblöcke abwechselnd über die Verbindungen A_1 und A_2 senden; die Blöcke könnten die DSN-Werte 10000, 11000, 12000, 13000, ... haben. Der Subflow A1 würde dann die Blöcke 10000, 12000 usw. transportieren und diese mit seinen eigenen Sequenznummern durchnummerieren (z. B. 20000, 21000, ...). Die Seiten tauschen DSN-Zuordnungsinformationen mit der TCP-Option `DSS` aus. Dieser Mechanismus bedeutet, dass alle über die MWTCP-Verbindung übertragenen Daten in der richtigen Reihenfolge zugestellt werden können und dass bei Ausfall eines Subflows dessen Daten auf einem anderen Subflow erneut übertragen werden können.

B kann A mit der Option `ADD_ADDR` seine zweite IP-Adresse B_2 mitteilen. Natürlich kann es sein, dass B_2 für A nicht direkt erreichbar ist, z. B. weil sie sich hinter einem NAT-Router befindet. Wenn B_2 jedoch erreichbar *ist*, kann A nun zwei weitere Subflows A_1--B_2 und A_2--B_2 öffnen.

All dies funktioniert auch dann, wenn sich eine oder beide Adressen von A hinter einem NAT-Router befinden, weil der NAT-Router in der Lage ist, die Subflow-TCP-Verbindungen korrekt weiterzuleiten. Adressen, die von einem Host zum anderen gesendet werden, wie z. B. die Übertragung der Adresse B_2 von B, können durch NAT ungültig werden, aber in diesem Fall schlägt der Versuch von A, eine Verbindung zu B_2 zu öffnen, einfach fehl.

Im Allgemeinen können Hosts so konfiguriert werden, dass sie mehrere Subflows parallel nutzen oder eine Schnittstelle nur für den Fall als Backup verwenden, dass die primäre Schnittstelle nicht angeschlossen oder außer Reichweite ist. Es wurden APIs vorgeschlagen, die eine Steuerung des MPTCP-Verhaltens auf Verbindungsbasis ermöglichen.

18.15.2 SCTP

Das Stream Control Transmission Protocol, SCTP, ist ein von TCP komplett unabhängiges Protokoll, das direkt über IP läuft. Es ist im Grunde eine nachrichtenorientierte Alternative zu TCP: Eine Anwendung schreibt eine Folge von Nachrichten, und SCTP liefert jede einzelne als Einheit, wobei es die Nachrichten bei Bedarf fragmentiert und wieder zusammensetzt. Wie TCP ist auch SCTP verbindungsorientiert und zuverlässig. SCTP nutzt eine Form von Sliding Windows und passt, wie TCP, die Fenstergröße an, um mit Überlastungen umzugehen.

Eine SCTP-Verbindung kann mehrere *Nachrichtenströme* unterstützen; die genaue Anzahl wird beim Start ausgehandelt. Eine Verzögerung bei der Weiterleitung in einem Stream blockiert niemals die Zustellung in anderen Streams. Innerhalb jedes Streams sind SCTP-Nachrichten fortlaufend nummeriert und werden normalerweise in der Reihenfolge der Nachrichtennummer zugestellt. Ein Empfänger kann jedoch verlangen, dass er die Nachrichten sofort nach erfolgreicher Zustellung erhält, d. h. möglicherweise auch in umgekehrter Reihenfolge. In jedem Fall ist gewährleistet, dass die Daten in jeder Nachricht in der richtigen Reihenfolge und ohne Verlust zugestellt werden.

Intern werden die Nachrichtendaten in SCTP-*Chunks* unterteilt, die in Paketen zusammengefasst werden. Ein SCTP-Paket kann Daten-Chunks aus verschiedenen Nachrichten und verschiedenen Streams enthalten; Pakete können auch Kontroll-Chunks enthalten.

Die Nachrichten selbst können recht groß sein; es gibt keine feste Grenze. Sehr große Nachrichten müssen möglicherweise in mehreren Systemaufrufen empfangen werden (z. B. Aufrufe von `recvmsg()`).

SCTP unterstützt eine MPTCP-ähnliche Funktion, bei der jeder Endpunkt mehrere Netzschnittstellen verwenden kann.

SCTP-Verbindungen werden mit einem vierfachen Handshake aufgebaut, im Gegensatz zu TCP mit seinem dreifachen Handshake. Das zusätzliche Paket bietet einen gewissen Schutz gegen das sogenannte SYN-Flooding (Abschnitt 17.3, »Aufbau einer TCP-Verbindung«). Die zugrunde liegende Idee ist, dass, wenn Client A eine Verbindungsanfrage an Server B stellt, B keine Ressourcen für die Verbindung bereitstellt, bis B eine Antwort auf seine eigene Nachricht an A erhalten hat. Dies bedeutet, dass A zumindest ein echter Host mit einer echten IP-Adresse ist.

Der vollständige vierfache Handshake zwischen Client A und Server B sieht kurz gefasst wie folgt aus:

- A sendet B ein INIT-Chunk (entspricht SYN) zusammen mit einem pseudozufälligen Tag_A.
- B sendet A ein `INIT ACK` mit Tag_B und einem Status-Cookie. Das Status-Cookie enthält alle Informationen, die B benötigt, um der Verbindung Ressourcen zuzuweisen, und ist mit einem nur B bekannten Schlüssel digital signiert (Abschnitt 27.6.1, »Sichere Hashes und Authentifizierung«). Entscheidend ist, dass B zu diesem Zeitpunkt *keine* Ressourcen für die sich anbahnende Verbindung bereitstellt.
- A sendet den Status-Cookie in einem `COOKIE ECHO`-Paket an B zurück.
- B geht in den Zustand ESTABLISHED über und sendet ein `COOKIE ACK` an A. Nach dessen Erhalt geht A in den Zustand ESTABLISHED über.

Wenn B das `COOKIE ECHO` erhält, prüft es die Signatur. Zu diesem Zeitpunkt weiß B, dass es das Cookie an A gesendet und eine Antwort erhalten hat, also muss A existieren. Erst dann weist B der Verbindung Speicherressourcen zu. Gefälschte INITs im ersten Schritt kosten B praktisch nichts.

Tag_A und Tag_B in den ersten beiden Paketen werden als *Verifizierungs-Tags* bezeichnet. Von nun an fügt B in jedes an A gesendete Paket Tag_A ein und umgekehrt. Obwohl diese Tags unverschlüsselt gesendet werden, erschweren sie es einem Angreifer, Daten in die Verbindung einzuschleusen.

Daten können in das dritte und vierte der oben genannten Pakete aufgenommen werden, d. h. A kann nach einer RTT mit dem Senden von Daten beginnen.

Leider erkennen nur wenige oder gar keine NAT-Router SCTP an, was die Verwendung von SCTP auf Internet-Pfade beschränkt, die kein NAT verwenden. Im Prinzip könnte SCTP die Zustellung von Webseiten vereinfachen, indem es eine Seitenkomponente pro Nachricht überträgt, aber die fehlende NAT-Unterstützung macht dies zunichte. SCTP wird auch von einigen Middleboxen (Abschnitt 9.7.2, »Middleboxen«) blockiert, da es sich dabei ja um ein unbekanntes und daher »verdächtiges« Protokoll handelt. Dies ist zwar nicht ganz so häufig wie das NAT-Problem, passiert aber doch oft genug, um eine breite Einführung von SCTP im allgemeinem Internet zu verhindern. SCTP wird in großem Umfang zur Signalisierung in der Telekommunikation verwendet, sowohl unternehmensintern als auch zwischen verschiedenen Anbietern, soweit NAT und widerspenstige Middleboxen verbannt werden können.

18.15.3 DCCP

Wie wir in Abschnitt 16.1.2, »DCCP«, gesehen haben, handelt es sich bei DCCP um ein UDP-basiertes Transportprotokoll, das u. a. den Verbindungsaufbau unterstützt. Es wird zwar viel seltener verwendet als TCP, bietet aber ein alternatives Beispiel dafür, wie die Übertragung durchgeführt werden kann.

DCCP definiert anstelle der unabhängigen Paketflags von TCP eine Reihe unterschiedlicher Pakettypen; dadurch sind keine unvorhergesehenen Kombinationen wie TCP SYN+RST möglich. Der Verbindungsaufbau beinhaltet Request und Respond; Datenübertragungen beinhalten Data, ACK und DataACK, und der Verbindungsabbau beinhaltet CloseReq, Close und Reset. Während es z. B. kein Respond+ACK geben kann, enthalten Respond-Pakete ein Acknowledgment-Feld.

Wie TCP verwendet DCCP ein dreifaches Handshake zum Öffnen einer Verbindung (siehe Abbildung 18.3):

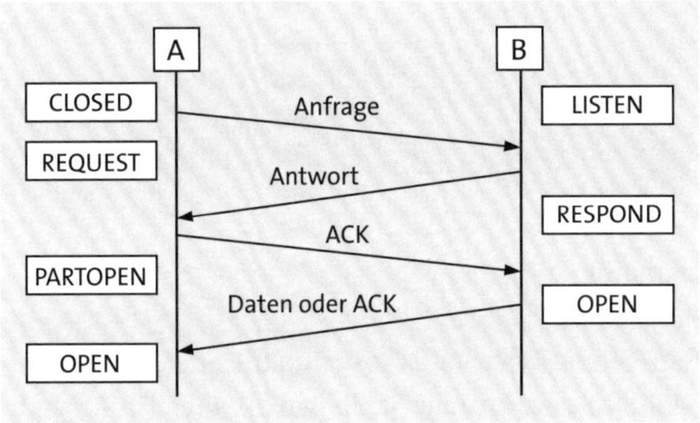

Abbildung 18.3 DCCP-»Drei«-Wege-Handshake; das vierte Paket, DATA oder ACK, wird nicht als Teil des Handshakes selbst betrachtet.

Der Zustand OPEN entspricht dem Zustand ESTABLISHED von TCP. Wie bei TCP wählt jede Seite eine ISN (im Diagramm nicht dargestellt). Da die Paketzustellung nicht zuverlässig ist und ACKs nicht kumulativ sind, verbleibt der Client im Zustand PARTOPEN, bis er bestätigt hat, dass der Server sein ACK zur Antwort des Servers erhalten hat. Im Zustand PARTOPEN kann der Client ACK und DataACK, jedoch keine Datenpakete ohne ACK senden.

Die Pakete werden fortlaufend nummeriert. Die Nummerierung umfasst alle Pakete, nicht nur die Datenpakete, und erfolgt paketweise und nicht byteweise.

Das DCCP-Zustandsdiagramm ist in Abbildung 18.4 dargestellt. Es ist einfacher als das TCP-Zustandsdiagramm, da DCCP keine gleichzeitigen Öffnungen unterstützt.

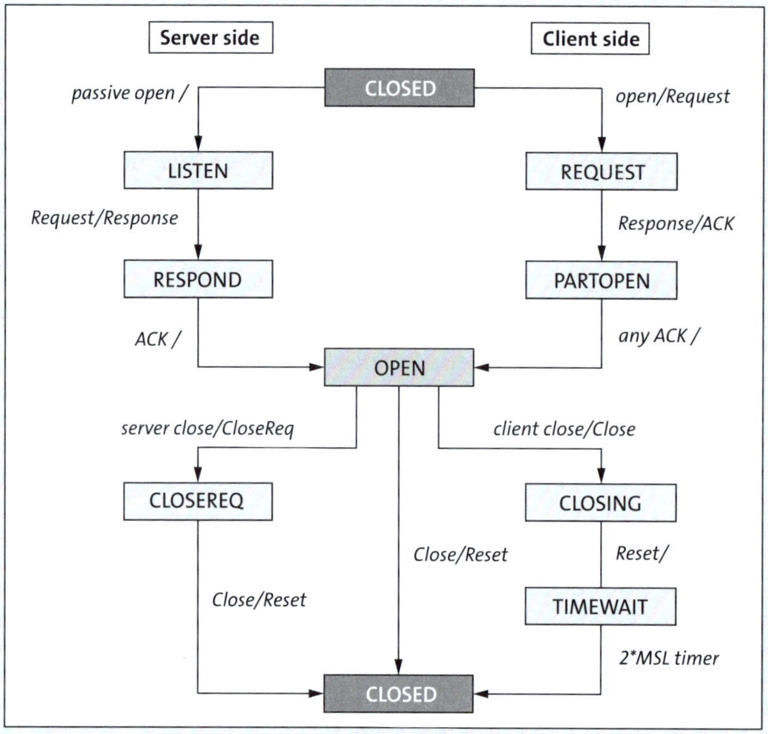

Abbildung 18.4 DCCP-Zustandsdiagramm

Um eine Verbindung zu schließen, sendet eine Seite Close und die andere Seite antwortet mit Reset. Reset wird sowohl für das normale Schließen als auch für Ausnahmebedingungen verwendet. Da derjenige, der Close sendet, dann in TIMEWAIT feststeckt, kann die Server-Seite CloseReq senden, um den Client aufzufordern, ein Close zu senden.

Es gibt auch zwei spezielle Paketformate, Sync und SyncAck, für die Neusynchronisierung von Sequenznummern nach einem Bündel von verlorenen Paketen.

Die andere wichtige von DCCP unterstützte TCP-ähnliche Funktion ist die Überlastkontrolle; siehe Abschnitt 21.3.3, »DCCP-Überlaststeuerung«.

18.15.4 Ein neuerlicher Blick auf QUIC

Wie DCCP ist auch QUIC (siehe auch Abschnitt 16.1.1, »QUIC«) ein UDP-basiertes Transportprotokoll, das ziemlich direkt auf HTTP plus TLS (Abschnitt 28.5.2, »TLS«) ausgerichtet ist. Das grundlegende Ziel von QUIC ist es, TLS-Verschlüsselungsschutz mit möglichst wenig Overhead zu bieten, und zwar auf eine Art und Weise, die bei Überlastung mit TCP konkurriert. Das Öffnen einer QUIC-Verbindung, einschließlich Verschlüsselung, dauert eine einzige RTT. QUIC kann jedoch auch als eine grundlegende Neufassung von TCP betrachtet werden; das Nachlesen spezifischer Funktionen gibt Aufschluss darüber, wie sich die entsprechenden TCP-Funktionen in den vergangenen rund dreißig Jahren entwickelt haben. Im Jahr 2021 wurde QUIC schließlich zum RFC-Status erhoben:

- RFC 8999: Version-independent Properties of QUIC
- RFC 9000: QUIC: A UDP-Based Multiplexed and Secure Transport
- RFC 9001: Using TLS to Secure QUIC
- RFC 9002: QUIC Loss Detection and Congestion Control
- RFC 9114: HTTP/3

Im Juni 2022 wurde der HTTP/3-Standard (unter Verwendung von QUIC) in RFC 9114 veröffentlicht. Zuvor gab es unter *https://tools.ietf.org/html/draft-ietf-quic-http* einen Entwurf. Diesem Entwurf wurde im November 2018 ein »HTTP/3« im Titel hinzugefügt, was die offizielle Geburt des Vorschlags markiert, dass QUIC zu HTTP Version 3 werden soll. Die Standardisierung von QUIC könnte der Anfang vom Ende für TCP sein, da die meisten Internetverbindungen über HTTP oder HTTPS laufen. Dennoch lassen sich viele Aspekte des TCP-Designs (Kapitel 19, »TCP Reno und Überlastmanagement«, und Kapitel 20, »TCP-Dynamik«) ganz natürlich auf QUIC übertragen; ein Wechsel von TCP zu QUIC sollte am besten als evolutionär betrachtet werden. (Ganz ähnlich stellt vermutlich auch die Standardisierung von IPv6 im Jahr 1995 den Anfang vom Ende von IPv4 dar, aber das war vor über 25 Jahren).

Der Entwurf von QUIC wurde durch das Schicksal von SCTP beeinflusst; letzteres wurde als neues Protokoll oberhalb von IP oft von allzu sicherheitsbewussten Middleboxen blockiert (Abschnitt 9.7.2, »Middleboxen«).

Die Tatsache, dass die QUIC-Schicht in einer Anwendung (oder in einer Bibliothek) und nicht im Kernel untergebracht ist, hat dafür gesorgt, dass QUIC sich viel schneller weiterentwickeln kann als TCP. Die langfristigen Folgen der Tatsache, dass die Übertragungsschicht außerhalb des Kernels angesiedelt ist, sind jedoch noch nicht vollständig geklärt; dies könnte es zum Beispiel für die Benutzer vereinfachen, unfaire Verfahren zur Überlaststeuerung zu installieren.

Header

Wir beginnen mit dem QUIC-Header. Es gibt zwar einige alternative Formen, aber der grundlegende Header ist unten abgebildet, mit einem `Type`-Feld von einem Byte Länge, eine 8 Byte langen `Connection ID` sowie den Feldern `Version` und `Packet Number` mit 4 Byte Länge.

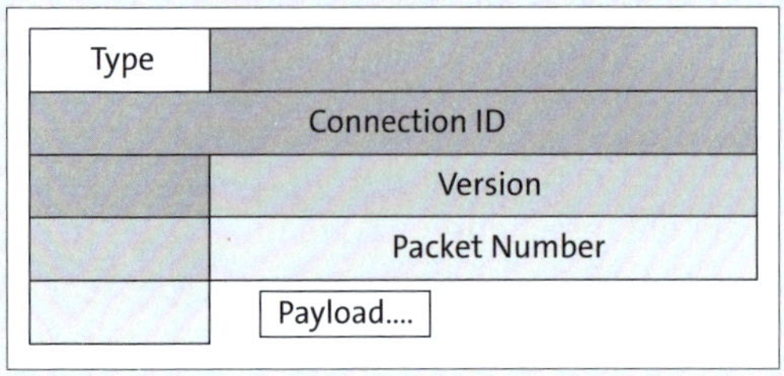

Abbildung 18.5 Typischer langer QUIC-Header

Das vielleicht Auffälligste an diesem Header ist, dass die in den IPv4-, IPv6-, UDP- und TCP-Headern durchgängig verwendete 4-Byte-Anordnung vollständig aufgegeben wurde. Auf den meisten modernen Prozessoren sind die Leistungsvorteile des Alignments vernachlässigbar; siehe den letzten Absatz in Abschnitt 9.1, »Der IPv4-Header«.

IP-Pakete werden durch das type-Feld von Ethernet, und TCP- und UDP-Pakete durch das Protocol-Feld des IPv4-Headers als solche gekennzeichnet. QUIC-Pakete werden jedoch *nicht* durch eine Kennzeichnung in den vorangehenden IP- oder UDP-Headern als solche identifiziert; es gibt in diesen Headern tatsächlich keinen Platz für eine QUIC-Kennzeichnung. QUIC erscheint für einen Beobachter als eine weitere Form von UDP-Traffic. Dies stellt eine Art Verteidigung gegen Middleboxen dar; QUIC-Pakete können nicht isoliert als solche identifiziert werden. WireShark (siehe Seitenleiste unten) identifiziert QUIC-Pakete, indem es sich den gesamten Verlauf der Verbindung ansieht, und selbst dann muss es noch einige (fundierte) Vermutungen anstellen. Middleboxen könnten das auch tun, aber es würde einiges an Aufwand bedeuten.

Die anfängliche `Connection ID` besteht aus 64 Zufallsbits, die vom Client ausgewählt werden. Der Server kann bei Annahme der Verbindung die `Connection ID` ändern; zu diesem Zeitpunkt ist die `Connection ID` für die Dauer der Verbindung festgelegt. Die `Connection ID` kann bei Paketen weggelassen werden, deren Verbindung anhand der zugehörigen IP-Adressen und Ports ermittelt werden kann; dies wird im `Type`-Feld angezeigt. Die `Connection ID` kann auch verwendet werden, um eine Verbindung zu einer anderen IP-Adresse und einem anderen Port zu migrieren, z. B. wenn sich ein mobiles Gerät außerhalb der WLAN-Reichweite befindet und die Kommunikation über einen mobile Datentarif fortgesetzt wird. Dies kann auch passieren, wenn eine Verbindung durch einen NAT-Router läuft. Der NAT-Weiterleitungseintrag kann eine Zeitüberschreitung erfahren (siehe den Kommentar zu UDP und Inaktivität in Abschnitt 9.7, »Netzwerkadressübersetzung«) und der Verbindung kann bei einer späteren Wiederaufnahme ein anderer ausgehender UDP-Port zugewiesen werden. QUIC verwendet die `Connection ID`, um zu erkennen, dass die neu zugewiesene Verbindung immer noch dieselbe ist wie zuvor.

Das `Version`-Feld wird verworfen, sobald die Version ausgehandelt wurde. Als Teil der Versionsaushandlung kann ein Paket mehrere Version-Felder haben. Solche Pakete setzen einen *Zufallswert* in die niederwertigen sieben Bits des `Type`-Feld, um zu verhindern, dass Middleboxen unbekannte Typen blockieren. Auf diese Weise sollte aggressives Middlebox-Verhalten frühzeitig entdeckt werden, bevor es sich ausbreitet.

QUIC im Blick

QUIC-Pakete können in WireShark mit dem Filter-String »quic« beobachtet werden. Um QUIC-Verkehr zu erzeugen, verwenden Sie einen Chromium-basierten Browser und rufen Sie eine von Google betriebene Website auf, z. B. google.com. Oft sind das Type-Feld und die Paketnummer die einzigen unverschlüsselten Felder. Eventuell müssen Sie QUIC im Browser aktivieren, was in Chrome über *chrome://flags* geschieht; siehe auch *chrome://net-internals*.

Die Paketnummer kann auf ein oder zwei Bytes reduziert werden, sobald die Verbindung hergestellt ist; dies wird durch das `Type`-Feld signalisiert. Intern verwendet QUIC Paketnummern im Bereich von 0 bis 2^{62}; diese internen Nummern dürfen nicht umspringen. Die niederwertigen 32 Bits (oder 16 Bits oder 8 Bits) der internen Nummer sind das, was im Paketkopf übertragen wird. Ein Paketempfänger leitet die höherwertigen Bits aus der letzten Bestätigung ab.

Die anfängliche Paketnummer muss zufällig im Bereich von 0 bis 2^{32}–1025 gewählt werden. Dies entspricht der Verwendung von Initial Sequence Numbers bei TCP.

Die Verwendung von 16-Bit- oder 8-Bit-Paketnummern ist auf Fälle beschränkt, in denen es keine Mehrdeutigkeit geben kann. Dies bedeutet in jedem Fall, dass die Anzahl der ausstehenden Pakete (die QUIC-Winsize) 2^7–1 für die 8-Bit-Paketnummerierung bzw. 2^{15}–1 für die 16-Bit-Paketnummerierung nicht überschreiten darf. Diese maximalen winsize-Werte stellen den Idealfall dar, in dem keine Umordnung der Pakete erfolgt; in der Praxis werden wahrscheinlich kleinere Werte verwendet. (Siehe Abschnitt 8.5, »Übungen«, Übung 9)

Frames und Streams

Die Daten in einem QUIC-Paket sind in einen oder mehrere Frames unterteilt. Den Daten jedes Frames ist ein einfacher Frame-Header vorangestellt, der die Länge und den Typ angibt. Einige Frames enthalten Steuerungsinformationen; Frames, die Daten der höheren Schicht enthalten, werden STREAM-Frames genannt. Jeder Frame muss vollständig innerhalb eines Pakets liegen.

Die Anwendungsdaten können je nach den Anforderungen der Anwendung in mehrere Streams aufgeteilt werden. Dies ist besonders nützlich bei HTTP, da ein Client eine große Anzahl verschiedener Ressourcen (HTML, Bilder, Javascript usw.) gleichzeitig anfordern kann. Stream-Daten sind in STREAM-Frames enthalten. Streams sind nummeriert, wobei Stream 0 für den kryptografischen TLS-Handshake reserviert ist. Das HTTP/2-Protokoll hat seinen eigenen Begriff von Streams eingeführt; diese lassen sich gut auf QUIC-Streams abbilden.

Die beiden niederwertigen Bits jeder Stream-Nummer zeigen an, ob der Stream vom Client oder vom Server initiiert wurde und ob er bi- oder unidirektional ist. Durch diese Designentscheidung können beide Seiten einen Datenstrom erstellen und sofort und *ohne Aushandlung* Daten darüber versenden; dies ist wichtig, um unnötige RTTs möglichst zu vermeiden.

Jeder einzelne Stream wird garantiert in der richtigen Reihenfolge zugestellt, aber es gibt keine Garantie für eine bestimmte Reihenfolge zwischen verschiedenen Streams. Innerhalb eines Pakets sind die Daten für einen bestimmten Stream in einem Frame für diesen Stream enthalten.

Ein Paket kann Stream-Frames für mehrere Streams enthalten. Wenn jedoch ein Paket verloren geht, werden Streams, die Frames in diesem Paket enthalten, bis zur erneuten Übertragung blockiert. Andere Streams können ohne Unterbrechung weiterlaufen. Dies schafft einen Anreiz, getrennte Streams in separaten Paketen unterzubringen.

Stream-Frames enthalten den Byte-Offset des im Frame enthaltenen Blocks an Stream-Daten (beginnend bei 0), um eine geordnete Wiederzusammensetzung des Streams zu ermöglichen. Wie wir gesehen haben, verwendet TCP ausschließlich diesen Ansatz der Byte-Nummerierung, allerdings beginnend mit der Initial Sequence Number und nicht mit null. QUICs Byte-Nummerierung auf Stream-Ebene hat nichts mit der Paketnummerierung auf oberster Ebene zu tun.

Neben den Stream-Frames gibt es eine große Anzahl von Management-Frames. Hier sind einige von ihnen:

- `RST_STREAM`: wie TCP RST, aber nur für einen Stream.
- `MAX_DATA`: Dies entspricht der von TCP angekündigten Fenstergröße. Wie bei TCP kann sie auf Null reduziert werden, um den Datenfluss zu unterbrechen und damit eine Flusssteuerung zu implementieren. Es gibt auch das ähnliche `MAX_STREAM_DATA`, das pro Stream gilt.
- `PING` und `PONG`: um zu überprüfen, ob der andere Endpunkt noch antwortet; sie dienen u. a. als Äquivalent zu TCP KEEPALIVEs.
- `CONNECTION_CLOSE` und `APPLICATION_CLOSE`: leiten die Beendigung der Verbindung ein; der Unterschied besteht nur darin, dass ein `CONNECTION_CLOSE` von einer Fehler- oder Erklärungsmeldung der QUIC-Schicht-begleitet sein kann, während ein `APPLICATION_CLOSE` beispielsweise von einer HTTP-Fehler-/Erklärungsmeldung begleitet sein kann.

- PAD: zum Auffüllen des Pakets auf eine größere Größe.
- ACK: für Bestätigungen, siehe unten.

Bestätigungen (Acknowledgments)

QUIC weist jedem Paket eine neue, fortlaufende Paketnummer (die Packet ID) zu, auch bei erneuten Übertragungen. Im Unterschied dazu weist TCP jedem Byte eine Sequenznummer zu. (QUIC-Stream-Frames nummerieren Daten byteweise, wie oben erwähnt.)

Verlorene QUIC-Pakete werden erneut übertragen, allerdings mit einer neuen Paketnummer. Aus diesem Grund kann ein Empfänger keine kumulativen Bestätigungen senden, da verlorene Pakete sonst niemals bestätigt werden. Der Empfänger handhabt dies wie nachfolgend beschrieben. Der Sender führt bei sich eine Liste der gesendeten, unbestätigten Pakete, von denen auch nicht bekannt ist, ob sie verloren gegangen sind. Dies sind die Pakete, die unterwegs (*in flight*) sind. Wenn ein Paket erneut übertragen wird, wird seine alte Paketnummer aus dieser Liste entfernt, da es nun als verloren gilt, und die neue Paketnummer ersetzt sie.

Soweit es angesichts dieser Richtlinien zur erneuten Übertragung und Umnummerierung möglich ist, folgt QUIC dem Geist von Sliding Windows. Es unterhält eine Statusvariable bytes_in_flight, die der winsize von TCP entspricht und die Gesamtgröße aller in der Übertragung befindlichen Pakete auflistet. Wie bei TCP erlauben neue Acknowledgments neue Übertragungen.

Die Bestätigungen selbst werden in speziellen Acknowledgement-Frames gesendet. Diese beginnen mit der Nummer des höchsten empfangenen Pakets. Anschließend folgt im Rest des Frames eine Liste von Paaren, die aus der Länge des nächsten Blocks zusammenhängender empfangener Pakete besteht, gefolgt von der Länge der dazwischen liegenden Lücke nicht empfangener Pakete.

Die TCP-Option Selective ACK (Abschnitt 19.6, »Selektive Bestätigungen (SACK)«) ist ähnlich, beschränkt sich aber auf drei Blöcke von empfangenen Paketen. Es ist durchaus möglich, dass sich einige der Lücken in einem QUIC ACK-Frame auf verlorene Pakete beziehen, die längst mit neuen Paketnummern erneut gesendet wurden, aber das spielt keine Rolle.

Der Absender darf gelegentlich Paketnummern auslassen, um zu verhindern, dass der Empfänger versucht, den Durchsatz durch die Bestätigung noch nicht empfangener Pakete zu erhöhen. Anders als bei TCP wird die Bestätigung eines nicht gesendeten Pakets als schwerwiegender Fehler angesehen und in dessen Folge die Verbindung beendet.

Wie bei TCP gibt es einen Timer für verzögerte ACKs, aber während dieser bei TCP meist auf 250 ms eingestellt ist, sind es bei QUIC 25 ms. QUIC enthält außerdem in jedem ACK-Frame die Einschätzung des Empfängers über die verstrichene Zeit zwischen dem Eintreffen des letzten Pakets und dem Versand des ACK, das es ausgelöst hat; dadurch kann wiederum der Absender die RTT besser abschätzen. Der Hauptvorteil der Designentscheidung, Paket-IDs nicht wiederzuverwenden, besteht darin, dass es keinerlei Mehrdeutigkeit bezüglich der RTT eines neu übertragenen Pakets gibt, ganz anders als bei TCP (Abschnitt 18.12, »Zeitüberschreitung und Neuübertragung bei TCP«). Beachten Sie jedoch, dass QUIC in einem Benutzerprozess und nicht im Kernel ausgeführt wird und daher möglicherweise nicht sofort auf ein ankommendes Paket reagieren kann, sodass die geschätzte Zeitverzögerung etwas zu kurz sein kann.

ACK-Frames werden selbst nicht mehr bestätigt. Das bedeutet, dass der Empfänger bei einem einseitigen Datenfluß keine Ahnung hat, ob seine ACKs ankommen (ein TCP-Empfänger kann sich in der gleichen Situation wiederfinden). Der QUIC-Empfänger kann einen PING-Frame an den Sender schicken, der nicht nur mit einem passenden PONG-Frame antwortet, sondern auch mit einem ACK-Frame, der die letzten Acknowledgment-Pakete des Empfängers bestätigt.

QUIC passt seinen `bytes_in_flight` an, um mit Überlastungen umzugehen, ähnlich wie TCP zum gleichen Zweck seine winsize (oder besser gesagt seine `cwnd`, Kapitel 19, »TCP Reno und Überlastmanagement«) steuert. Genauer gesagt versucht QUIC, die Reaktion von TCP Cubic auf Überlast zu imitieren und sollte daher theoretisch mit TCP Cubic-Verbindungen konkurrieren können. Es ist jedoch problemlos möglich, QUIC so einzurichten, dass es das Verhalten einer beliebigen anderen TCP-Variante modelliert.

Verbindungs-Handshake und TLS-Verschlüsselung

Die Eröffnung einer QUIC-Verbindung nutzt den TLS-Handshake, Abschnitt 28.5.2, »TLS«. Ein Client, der eine Verbindung aufbauen möchte, sendet ein QUIC-`Initial`-Paket, das die TLS-Nachricht `ClientHello` enthält. Der Server antwortet (mit einem `ServerHello`) in einem QUIC-`Handshake`-Paket. (Für besondere Situationen gibt es auch ein `Retry`-Paket.) Die TLS-Aushandlung ist im Stream 0 von QUIC enthalten. Während die Handshake-Regeln für TLS und QUIC recht eindeutig sind, gibt es bisher noch kein formales Zustandsdiagramm zur Beschreibung der Verbindungseröffnung.

Das `Initial`-Paket enthält auch eine Reihe von QUIC-*Übertragungsparametern*, die einseitig vom Client festgelegt werden; der Server trifft in seiner Antwort eine ähnliche Festlegung. Zu diesen Parametern gehören unter anderem die maximale Paketgröße, die Leerlaufzeit der Verbindung und der Anfangswert für `MAX_DATA`.

Ein wichtiges Merkmal von TLS v1.3 besteht darin, dass der Client, wenn er bereits früher mit dem Server verbunden war und noch über den in dieser früheren Sitzung ausgehandelten Schlüssel verfügt, diesen alten Schlüssel dazu nutzen kann, eine verschlüsselte Anfrage der Anwendungsschicht (in einem STREAM-Frame) unmittelbar nach dem `Initial`-Paket zu senden. Dies wird als *0-RTT*-Schutz (oder -Verschlüsselung) bezeichnet. Der Vorteil ist, dass der Client innerhalb einer einzigen RTT eine Antwort vom Server erhalten kann, statt erst nach vier RTTs bei herkömmlichem TCP (eine für den dreifachen TCP-Handshake, zwei für die TLS-Aushandlung und eine für die Anfrage/Antwort der Anwendung). Wie in Abschnitt 28.5.2, »TLS«, beschrieben, müssen Anfragen, die mit 0-RTT-Schutz übermittelt werden, idempotent sein, um Replay-Angriffe zu verhindern.

Sobald das erste `Handshake`-Paket des Servers zurück zum Client gelangt, ist der Client im Besitz des Schlüssels, der in der neuen Sitzung ausgehandelt wurde, und verschlüsselt fortan alles mit diesem sogenannten *1-RTT*-Schlüssel, und alle weiteren Daten gelten als 1-RTT-geschützt. Der ausgehandelte Schlüssel wird zunächst von der TLS-Schicht berechnet, die ihn dann an QUIC exportiert. Die QUIC-Schicht verschlüsselt daraufhin den gesamten Dateninhalt ihrer Pakete unter Verwendung des Formats aus RFC 5116.

Der QUIC-Header ist zwar unverschlüsselt, aber dennoch mit einer Authentifizierungs-Prüfsumme versehen, sodass Middleboxen keine Möglichkeit haben, hier etwas umzuschreiben. Ein solches Umschreiben wurde bei TCP bereits beobachtet und es hat die Weiterentwicklung von TCP mitunter erschwert.

Das Type-Feld eines QUIC-Pakets enthält einen speziellen Code zur Kennzeichnung von 0-RTT-Daten, der sicherstellt, dass der Empfänger weiß, welche Schutzstufe in Kraft ist.

Wenn ein QUIC-Server das `ClientHello` empfängt und sein `ServerHello` abschickt, hat er noch keinen Beweis dafür erhalten, dass der Client die IP-Adresse »besitzt«, die er vorgibt zu haben; das heißt, dass der Client seine IP-Adresse nicht gefälscht hat (Abschnitt 18.3, »Der dreifache Handshake – erneut betrachtet«). Wegen der für Antworten auf 0-RTT-Daten erforderlichen Idempotenz kann der Server keine Privilegien einräumen, wenn er auf diese Weise von einem Client getäuscht wird. Der Server kann jedoch unwissentlicher Teilnehmer an einer *Traffic-Amplification*-Attacke werden, wenn der echte Client den Versand einer größeren Antwort durch den Server an einen gefälschten Client auslösen kann, als sie der echte Client direkt sendet. Die Lösung besteht hier darin, dass das QUIC-`Initial`-Paket mit dem `ClientHello` mindestens 1200 Bytes groß sein muss. Die `Handshake`-Antwort des Servers wird wahrscheinlich kleiner sein und stellt somit keine Traffic Amplification dar.

Zum Schließen der Verbindung sendet eine Seite ein `CONNECTION_CLOSE` oder ein `APPLICATION_CLOSE`. Diese kann sie auch mehrfach als Antwort auf Pakete der anderen Seite senden. Wenn die andere Seite das `CLOSE`-Paket empfängt, sollte sie ebenfalls ein solches senden und dann in den so genannten *Draining*-Zustand übergehen. Wenn die einleitende Stelle des Schließvorgangs das von der anderen Seite zurückgesendete `CLOSE` empfängt, geht auch sie in den Draining-Zustand über. Ein Endpunkt, der sich in diesem Zustand befindet, darf keine weiteren Pakete mehr senden. Der Draining-Zustand entspricht TIMEWAIT von TCP (Abschnitt 18.2, »TIMEWAIT«) und zwar im Hinblick auf etwaige verlorene abschließende ACKs; er sollte für drei RTTs andauern. Ein TIMEWAIT-Analogon zur Vermeidung alter Duplikate ist nicht erforderlich, da eine neue QUIC-Verbindung auch eine neue `Connection ID` wählt.

Das Schließen einer QUIC-Verbindung ist nicht vergleichbar mit der TCP-Funktion, bei der eine Seite FIN sendet und die andere Seite unbegrenzt weiter Daten sendet, Abschnitt 17.8.1, »Eine Verbindung beenden«. Diese Verwendung von FIN ist in bidirektionalen Streams erlaubt; das für jeden Stream (und jede Übertragungsrichtung) separat gültige FIN-Bit befindet sich im Stream-Header. Alternativ kann eine Seite ihre Anfrage senden und ihren Stream schließen, und die andere Seite kann dann auf einem anderen Stream antworten.

18.16 Epilog

Damit haben wir weitere Mechanismen von TCP behandelt, aber ein wichtiges Thema bleibt noch offen: Wie steuert TCP seine Fenstergröße, um Überlastungen zu begrenzen und gleichzeitig Fairness zu wahren. Dies ist ein komplexes Thema, das wir in den nächsten drei Kapiteln behandeln werden.

18.17 Übungen

1. Eine Anwenderin bewegt die Computermaus und sieht, wie die Position des Mauszeigers auf dem Bildschirm aktualisiert wird. Angenommen, die Aktualisierungen der Mausposition werden über eine TCP-Verbindung mit einer relativ langen RTT übertragen. Die Benutzerin versucht, den Mauszeiger an einen bestimmten Punkt zu bewegen. Wie ist ihre Wahrnehmung der Mausbewegung
   a) mit dem Nagle-Algorithmus
   b) ohne den Nagle-Algorithmus
2. Host A sendet zwei Pakete mit einem einzigen Datenbyte, von denen eines »x« und das andere »y« enthält, an Host B. A implementiert den Nagle-Algorithmus und B implementiert verzögerte ACKs mit einer maximalen Verzögerung von 500 ms. Die RTT ist vernachlässigbar. Wie lange dauert die Übertragung? Zeichnen Sie ein Leiterdiagramm.
3. Angenommen, Sie sind Mitglied einer Gruppe, die TCP um eine Funktion erweitern möchte, die es ermöglicht, dass, wenn A und B1 verbunden sind, B1 seine Ver-

bindung an einen anderen Host B2 *weiterreichen* kann; als Endergebnis sind A und B2 verbunden und A hat einen ununterbrochenen Datenstrom empfangen. Sowohl A als auch B1 kann die Übergabe einleiten.

a) Angenommen, B1 ist der Host, der das letzte FIN- (oder HANDOFF-) Paket an A sendet. Wie würden Sie die Entsprechungen des TIMEWAIT-Zustands für Host B1 behandeln? Spielt die Tatsache, dass A die Verbindung fortsetzt, nur nicht mit B1, eine Rolle?

b) Nehmen wir nun an, dass A die Partei ist, die das endgültige FIN/HANDOFF an B1 sendet. Welche Änderungen an TIMEWAIT müssten auf der Seite von A vorgenommen werden? Beachten Sie, dass A die Verbindung möglicherweise immer wieder weitergeben kann, z. B. an B3, B4 und dann B5.

4. Angenommen, A stellt eine TCP-Verbindung zu B her und sendet die Nachricht »Angriff am Mittag«, gefolgt von FIN. Nach dem Empfang dieser Nachricht ist B sicher, dass es die gesamte Nachricht erhalten hat.

   a) Wessen kann sich A sicher sein, wenn es das FIN+ACK von B erhält?

   b) Wessen kann sich B sicher sein, wenn es das abschließende ACK von A erhält?

   c) Wessen kann sich A nach dem Versand seines abschließenden ACK nicht absolut sicher sein?

5. Host A stellt über Wi-Fi eine Verbindung zum Internet her und erhält die IPv4-Adresse 10.0.0.2. Anschließend öffnet er eine TCP-Verbindung *conn1* zum entfernten Host B. Nachdem *conn1* hergestellt wurde, wird das Ethernet-Kabel von A eingesteckt. Die Ethernet-Schnittstelle von A erhält die IP-Adresse 10.0.0.3, und A wählt diese neue Ethernet-Verbindung automatisch als Standardroute. Nehmen Sie an, dass A nun beginnt, 10.0.0.3 als Quelladresse von Paketen zu verwenden, die es als Teil von *conn1* sendet (entgegen RFC 1122).

   Nehmen Sie weiterhin an, dass die TCP-Implementierung von A dahingehend ausgelegt ist, dass, wenn ein Paket von $\langle B_{IP}, B_{port}\rangle$ an $\langle A_{IP}, A_{port}\rangle$ ankommt und dieses Socket-Paar einer bestehenden TCP-Verbindung zugeordnet werden soll, das Feld A_{IP} eine beliebige IP-Adresse von A sein darf (also entweder 10.0.0.2 oder 10.0.0.3) sein; es muss nicht mit der IP-Adresse übereinstimmen, mit der die Verbindung ursprünglich ausgehandelt wurde.

   a) Erklären Sie, warum *conn1* jetzt fehlschlägt, sobald ein Paket von A gesendet wird. Hinweis: Das Paket wird von 10.0.0.3 gesendet. Was wird B als Antwort senden? Wie wird A in Anbetracht der zweiten Annahme auf das Antwortpaket von B reagieren?

      (Ich sehe Verbindungen regelmäßig auf diese Weise scheitern. Vielleicht ist dieses Verhalten damit zu begründen, dass A zum Zeitpunkt der Einrichtung von *conn1* noch nicht multihomed war).

b) Nehmen wir nun an, dass alle vier Felder des Socket-Paars (⟨B_{IP}, B_{port}⟩, ⟨A_{IP}, A_{port}⟩) verwendet werden, um ein eingehendes Paket der entsprechenden TCP-Verbindung zuzuordnen. Die Verbindung *conn1* schlägt immer noch fehl, wenn auch nicht mehr so schnell. Erklären Sie, was passiert.

Siehe auch Abschnitt 10.2.5, »ARP und Hosts mit mehreren Adressen«, Kapitel 9, »IP Version 4«, Übung 4 und Kapitel 13, »Routing-Update-Algorithmen«, Übung 16.

6. Zeichnen Sie ein Leiterdiagramm, das zeigt, dass ein verlorenes Paket zum Zeitpunkt T übertragen wurde und der Timer für die Neuübertragung dennoch frühestens bei T + 3 × Timeout abläuft (die 3 hat hier keine besondere Bedeutung). Nehmen Sie an, dass der Algorithmus aus Abschnitt 18.12, »Zeitüberschreitung und Neuübertragung bei TCP«, zum Einsatz kommt. Tipp: Zeigen Sie eine Reihe von ACKs für *frühere* Pakete, die in Zeitabständen knapp unterhalb der Timeout-Zeit eintreffen und eine Reihe von Rücksetzvorgängen des Timers verursachen.

Kapitel 19
TCP Reno und Überlastmanagement

In diesem Kapitel geht es darum, wie TCP mit Staus umgeht, sowohl zum eigenen Vorteil der Verbindung (um den Durchsatz zu verbessern) als auch zugunsten anderer Verbindungen (was dazu führen kann, dass unsere Verbindung ihren eigenen Durchsatz *verringert*). Die frühen Arbeiten zum Thema Überlast erreichten 1990 mit der als *TCP Reno* bekannten Variante von TCP ihren Höhepunkt. Die Überlastmanagement-Mechanismen von TCP Reno sind auch heute noch der vorherrschende Ansatz im Internet, obwohl aktiv an alternativen TCPs geforscht wird.

Der zentrale TCP-Mechanismus besteht hier darin, dass eine Verbindung ihre Fenstergröße anpasst. Eine kleinere Fenstergröße bedeutet, dass weniger Pakete gleichzeitig im Internet unterwegs sind, und weniger Traffic bedeutet weniger Staus. Eine größere Fenstergröße bedeutet einen besseren Durchsatz, bis zu einem gewissen Punkt. Alle TCPs verringern die Winsize-Größe, wenn eine Überlast erkennbar ist, und erhöhen sie, wenn dies nicht der Fall ist. Der Trick besteht darin, herauszufinden, wann und um wie viel diese Winsize-Änderungen vorgenommen werden sollen. Viele der Verbesserungen bei TCP sind darauf zurückzuführen, dass immer mehr Informationen aus dem Strom der zurückkehrenden ACKs gewonnen werden.

Das Anternet

Die Ernteameise *Pogonomyrmex barbatus* nutzt einen Mechanismus, der mit TCP Reno verwandt ist, um zu »entscheiden«, wie viele Ameisen gleichzeitig auf Futtersuche gehen sollen [PDG12]. Die Anzahl der Ameisen, die das Nest verlassen, um auf Nahrungssuche zu gehen, ist eng mit der Anzahl der zurückkehrenden Jäger verbunden; wenn die Jäger schnell zurückkehren (was bedeutet, dass mehr Nahrung verfügbar ist), steigt die Gesamtzahl der Jäger (wie die zunehmende Winsize unten). Der Ameisenalgorithmus ist jedoch probabilistisch, während die meisten TCP-Algorithmen deterministisch sind.

Erinnern Sie sich an die Definition von Chiu und Jain aus Abschnitt 1.7, »Überlast«, wonach das »Knie« des Staus auftritt, wenn die Warteschlange anfängt zu wachsen, und die »Klippe« des Staus auftritt, wenn Pakete verworfen werden. Die Überlast kann an beiden Punkten gemanagt werden, obwohl verworfene Pakete eine erhebliche Verschwendung von Ressourcen darstellen können. Einige neuere TCP-Strategien versuchen, am Überlastknie einzugreifen (beginnend mit TCP Vegas), aber TCP Reno ist eine klippenbasierte Strategie: Pakete müssen verloren gehen, bevor der Absender die Fenstergröße reduziert.

In Kapitel 24, »Quality of Service«, werden wir einige Router-zentrierte Alternativen zu TCP für das Internet-Überlastmanagement betrachten. Diese haben sich jedoch größtenteils nicht durchgesetzt, und TCP ist das einzige, was sich dem Kollaps des Internet durch Überlast entgegenstemmt.

Die erste Frage, die man sich in Bezug auf das TCP-Überlastmanagement stellen könnte, lautet: Wie hat es diese Aufgabe bekommen? Von einem TCP-Sender wird erwartet, dass er seine Übertragungsrate überwacht, um mit anderen Sendern *zusammenzuarbeiten* und die Gesamtüberlastung der Router zu verringern. Während ein Teil des Ziels jedes TCP-Knotens eine gute, stabile Leistung für seine eigenen Verbindungen ist, führt diese Betonung der Zusammenarbeit mit den Endbenutzern zu der Möglichkeit des »Betrugs«: Ein Host könnte versucht sein, den Durchsatz seiner eigenen Verbindungen auf Kosten anderer zu maximieren. Den TCP-Knoten die Verantwortung für die Überlast der Kernrouter zu übertragen, ist in gewisser Weise so, als würde man den Füchsen die Verantwortung für den Hühnerstall übertragen. Genauer gesagt, kann ein solches Arrangement zur Allmendeproblematik (*Tragedy of the Commons*) führen. Mehrere TCP-Sender teilen sich eine gemeinsame Ressource – das Internet-Backbone – und während das Backbone am effizientesten ist, wenn alle Sender kooperieren, kann jeder einzelne Sender seine eigene Situation verbessern, indem er schneller sendet als erlaubt. Ein Argument der Befürworter von Virtual-Circuit-Routing ist, dass es die Implementierung einer breiten Palette von Optionen für das Überlastmanagement unter der Kontrolle einer zentralen Stelle ermöglicht.

Nichtsdestotrotz war TCP beim verteilten Überlastmanagement recht erfolgreich. Dies liegt zum Teil daran, dass die Systemhersteller einen Anreiz haben, das große Ganze im Auge zu behalten, und dass es in der Vergangenheit für einzelne Benutzer recht schwierig war, ihre TCP-Stacks durch eigene Versionen zu ersetzen. Ein weiterer Faktor, der zum Erfolg von TCP beiträgt, ist die Tatsache, dass das meiste ungünstige TCP-Verhalten eine Kooperation auf der *Serverseite* erfordert, und die meisten Servermanager haben einen Anreiz, sich kooperativ zu verhalten. Server wollen normalerweise die Bandbreite gerecht unter ihren zahlreichen Kunden aufteilen, und – zumindest theoretisch – könnte der ISP eines Servers Fehlverhalten bestrafen. Bislang hat das TCP-Konzept zumindest bemerkenswert gut funktioniert.

19.1 Grundlagen des TCP-Überlastmanagements

Das Überlastmanagement von TCP ist *fensterbasiert*, d. h. TCP passt seine Fenstergröße an die Überlast an. Die Fenstergröße kann man sich als die Anzahl der Pakete im Netz vorstellen, genauer gesagt, als die Anzahl der Pakete und ACKs, die sich entweder im Transit oder in der Warteschlange befinden. Ein alternativer Ansatz, der häufig für Echtzeitsysteme verwendet wird, ist das *ratenbasierte* Überlastmanagement, das zu Problemen führt, wenn die Senderate vorübergehend die verfügbare Rate überschreitet.

In den Anfängen von TCP ergab sich die Fenstergröße für eine TCP-Verbindung aus dem vom Empfänger vorgeschlagenen AdvertisedWindow-Wert, der im Wesentlichen angab, wie viele Paketpuffer er zuweisen konnte. Dieser Wert ist oft recht hoch, um große Produkte aus Bandbreite und Verzögerung zu berücksichtigen, und wird daher oft reduziert, um Überlast zu vermeiden. Wenn winsize aus diesem Grund nach unten angepasst wird, wird es normalerweise als *Congestion Window* oder `cwnd` bezeichnet (dieser Name taucht erstmals in Berkeley Unix auf). Streng genommen ist winsize = min(`cwnd`, AdvertisedWindow). In neueren TCP-Implementierungen kann die Variable `cwnd` tatsächlich für die Schätzung des Absenders der die Anzahl der im Umlauf befindlichen Pakete verwendet werden; siehe Abschnitt 19.4, »TCP Reno und Fast-Recovery«.

Wenn TCP über ein Netzwerk im Leerlauf sendet, ist die RTT pro Paket RTT_{noLoad}, die Reisezeit ohne Warteschlangenverzögerung. Wie wir in Abschnitt 8.3.2, »RTT-Berechnungen«, gesehen haben, ist (RTT- RTT_{noLoad}) die Zeit, die jedes Paket in der Warteschlange verbringt. Die Pfadbandbreite ist winsize/RTT, und somit ist die Anzahl der Pakete in den Warteschlangen winsize × (RTT- RTT_{noLoad}) / RTT. Normalerweise befinden sich alle Pakete in der Warteschlange des Routers, der am Anfang der Engpassstrecke steht. Beachten Sie, dass der Absender diese Zahl berechnen kann (unter der Voraussetzung, dass wir RTT_{noLoad} schätzen können; der gebräuchlichste Ansatz ist die Annahme, dass die kleinste gemessene RTT RTT_{noLoad} entspricht).

Die Selbsttaktung von TCP (d. h., neue Übertragungen werden durch zurückgegebene ACKs getaktet) garantiert, dass sich die Warteschlange – wiederum unter der Annahme eines ansonsten untätigen Netzes – nur am Engpass-Router aufbaut. Selbsttaktung bedeutet, dass die Rate der Paketübertragungen der verfügbaren Bandbreite der Flaschenhalsverbindung entspricht. Es gibt einige Spitzen, wenn ein Burst von Paketen gesendet wird (z. B. wenn der Absender seine Fenstergröße erhöht), aber im stabilen Zustand bedeutet Selbsttaktung, dass sich Pakete nur am Flaschenhals ansammeln.

Wir werden im nächsten Kapitel, in Abschnitt 20.2, »Flaschenhalsverbindungen mit konkurrierendem Datenverkehr«, auf den Fall des anderweitig *nicht* im Leerlauf befindlichen Netzes zurückkommen.

Die »optimale« Fenstergröße für eine TCP-Verbindung wäre bandwidth × RTT_{noLoad}. Mit dieser Fenstergröße hat der Sender die Transitkapazität auf dem Weg zu seinem Ziel genau ausgeschöpft und keinerlei Warteschlangenkapazität verbraucht.

Aber so funktioniert TCP eben nicht.

Stattdessen

- ermittelt TCP Reno eine vernünftige anfängliche Fenstergröße mithilfe einer Art von Polling,
- erhöht Fenstergröße langsam, wenn keine Verluste auftreten, da der maximal verfügbare Durchsatz möglicherweise noch nicht erreicht ist,
- verkleinert anderenfalls die Fenstergröße schnell, in der Annahme, dass bei Verlusten drastische Maßnahmen erforderlich sind.

In der Praxis liegt die TCP-Fenstergröße damit meist deutlich über dem theoretischen »Optimum«.

Eine Interpretation des TCP-Ansatzes besteht darin, dass es eine zeitlich veränderliche »Obergrenze« für die Anzahl der Pakete gibt, die das Netz annehmen kann. Jeder Absender versucht, in der Nähe dieses Werts, aber knapp darunter zu bleiben. Gelegentlich überschreitet ein Absender die Grenze und ein Paket wird irgendwo verworfen, aber dadurch erfährt der Absender nur ein wenig mehr darüber, wo die Obergrenze des Netzes liegt. Formal gesehen stellt diese Obergrenze das größte `cwnd` dar, das nicht zu einem Paketverlust führt, d. h. das `cwnd`, das zu diesem Zeitpunkt die Flaschenhals-Warteschlange vollständig füllt, sie aber nicht überlaufen lässt. Wir haben die Obergrenze erreicht, wenn die Warteschlange voll ist.

In der Terminologie von Chiu und Jain ist die andere Seite der Obergrenze die »Klippe«, an der Pakete verloren gehen. TCP versucht, oberhalb des »Knies« zu bleiben, d. h. des Punkts, an dem die Warteschlange zum ersten Mal dauerhaft in Anspruch genommen wird, sodass diese zumindest teilweise belegt bleibt; wenn es zu viel sendet und über die »Klippe« fällt, tritt es den Rückzug an.

Das Konzept der Obergrenze ist oft nützlich, aber nicht unbedingt so präzise, wie es klingen mag. Wenn wir die Obergrenze erreicht haben, indem wir die Größe des Sliding Windows *schrittweise* erweitert haben, ist winsize so groß wie möglich. Wenn der Absender jedoch plötzlich einen Ansturm von Paketen loslässt, kann sich die Warteschlange füllen und wir haben eine »vorläufige Obergrenze« erreicht, ohne die Transitkapazität voll auszunutzen. Eine weitere Ursache für die unklare Obergrenze ist die Tatsache, dass die Flaschenhalsverbindung mit anderen Verbindungen geteilt werden kann; in diesem Fall stellt die Obergrenze den Anteil unserer Verbindung dar, der im Zeitverlauf stark schwanken kann. Schließlich ist die Warteschlange bei Erreichen der Obergrenze *voll*, sodass eine beträchtliche Anzahl von Paketen in der Warteschlange wartet; ein Sender kann sich nicht sofort zurückfahren.

Es ist an der Zeit, sich mit der Existenz verschiedener TCP-Versionen zu beschäftigen, die jeweils unterschiedliche Algorithmen für das Überlastmanagement enthalten. Wir beginnen mit *TCP Tahoe* (1988) und *TCP Reno* (1990); die Namen *Tahoe* und *Reno* waren ursprünglich die Codenamen der Berkeley-Unix-Distributionen, die diese jeweiligen TCP-Implementierungen enthielten. Die Ideen hinter TCP Tahoe stammen aus einem Papier von Jacobson und Karels [JK88] aus dem Jahr 1988; TCP Reno verfeinerte diese Ideen ein paar Jahre später. Mehr als zwanzig Jahre später ist TCP Reno immer noch weit verbreitet und die unangefochtene TCP-Referenzimplementierung, obwohl einige geringfügige Verbesserungen (NewReno, SACK) hinzugekommen sind.

Ein gemeinsames Thema bei der Entwicklung verbesserter TCP-Implementierungen ist, dass ein Ende der Verbindung (in der Regel der Absender) immer größere Mengen an Informationen aus dem Paketfluss extrahiert. TCP Tahoe führte beispielsweise die Idee ein, dass doppelte ACKs wahrscheinlich ein verlorenes Paket bedeuten; mit TCP Reno wurde das Konzept eingeführt, dass doppelte ACKs für Pakete zurückgegeben werden, die erfolgreich übertragen wurden, aber auf einen Paketverlust folgen. TCP Vegas führte die feingranulare Messung der RTT ein, um damit zu erkennen, wenn $RTT > RTT_{noLoad}$ ist.

Es ist oft hilfreich, sich vorzustellen, dass ein TCP-Sender Pausen zwischen aufeinanderfolgenden gefüllten Fenster macht, d. h. es wird ein cwnd-Paket gesendet und nach einem kurzen Leerlauf ein weiteres cwnd-Paket. Die aufeinanderfolgenden Fenster mit Paketen werden oft als *Flights* bezeichnet. Es ist jedoch nicht garantiert, dass zwischen den Flights ein Abstand besteht.

19.1.1 Der einigermaßen stationäre Zustand

Wir beginnen mit dem Zustand, in dem TCP eine vernünftige Schätzung für cwnd vorgenommen hat, die bequem unter der Sendergröße AWS liegt und weitgehend zu funktionieren scheint. Dann nimmt TCP eine Feinabstimmung vor. Dieser »stationäre Zustand« von TCP – »stationär« im Sinne einer regelmäßigen Oszillation – wird gewöhnlich als *Congestion Avoidance Phase* (Phase der Vermeidung von Überlast) bezeichnet, obwohl alle Phasen des Prozesses letztlich auf die Vermeidung von Überlast ausgerichtet sind. Die zentrale Strategie besteht darin, dass cwnd bei Verlust eines Pakets schnell abnimmt, sonst aber »langsam« ansteigt. Dies führt zu einer langsamen Oszillation von cwnd, wodurch sich der durchschnittliche cwnd-Wert im Laufe der Zeit an langfristige Veränderungen der Netzkapazität anpassen kann.

Sobald TCP ein volles Fenster beendet hat, wir festgestellt, ob ein Paketverlust aufgetreten ist. Von TCP Tahoe und [JK88] wurde folgende cwnd-Anpassungsregel eingeführt:

- Wenn es im vorherigen Fenster keine Verluste gab, ist cwnd = cwnd +1.
- Wenn Pakete verloren gegangen sind, ist cwnd = cwnd/2.

Wir messen cwnd informell in Einheiten von vollen Paketen; streng genommen wird cwnd in Bytes gemessen und um die maximale TCP-Segmentgröße inkrementiert.

Diese Strategie wird als *Additive Increase/Multiplicative Decrease* oder AIMD bezeichnet; cwnd = cwnd+1 ist die additive Zunahme und cwnd = cwnd/2 ist die multiplikative Abnahme. Normalerweise ist cwnd=cwnd/2 ein mittelfristiges Ziel; tatsächlich setzt TCP Tahoe cwnd=1 in der unmittelbaren Folge einer tatsächlichen Zeitüberschreitung. Wenn es keine Verluste gibt, sendet TCP aufeinanderfolgende Fenster von, sagen wir, 20, 21, 22, 23, 24, ... Dies kommt einer konservativen »Sondierung« des Netzwerks und insbesondere der Warteschlange am Flaschenhals-Router gleich. TCP probiert größere cwnd-Werte aus, weil das Ausbleiben von Verlusten bedeutet, dass der aktuelle cwnd-Wert unter der »Netzobergrenze« liegt, d. h. die Warteschlange am Flaschenhals-Router ist noch nicht überfüllt.

Tritt ein Paketverlust auf (oder mehrere Verluste in einem einzigen Fenster), so halbiert TCP die Fenstergröße. (Wie wir sehen werden, handhabt TCP Tahoe dies auf eine etwas umständliche Weise). Die Idee ist, dass der Absender aggressiv auf Überlast reagieren muss. Genauer gesagt bedeuten verlorene Pakete, dass sich die Warteschlange des Flaschenhals-Routers gefüllt hat und der Absender so weit zurückgehen muss, dass er die Warteschlange leeren kann. Wenn wir davon ausgehen, dass die Transitkapazität in etwa gleich der Warteschlangenkapazität ist (sagen wir, beide sind gleich N), dann läuft die Warteschlange über und lässt Pakete fallen, wenn cwnd = 2N ist, und so ergibt cwnd = cwnd/2 cwnd = N, was nur die Transitkapazität füllt; die Warteschlange bleibt leer. (Wenn der Absender cwnd=N setzt, braucht die tatsächliche Anzahl der Pakete im Transit mindestens eine RTT, um von 2N auf N zu fallen).

Natürlich ist die Annahme einer Beziehung zwischen Transitkapazität und Warteschlangenkapazität höchst spekulativ. Bei einer 5.000 km langen Glasfaserverbindung mit einer Bandbreite von 10 Gbit/s würde die Umlauf-Transitkapazität etwa 60 MB oder 60.000 1kB-Pakete betragen. Die meisten Router haben wahrscheinlich keine so großen Warteschlangen. Warteschlangenkapazitäten, die die Transitkapazität übersteigen, sind jedoch üblich. Ein konkurrierendes Modell für einen Langstrecken-TCP-Pfad mit hoher Bandbreite sieht andererseits vor, dass die Größe der Warteschlange nur einen kleinen Teil des Produkts aus Bandbreite und Verzögerung ausmacht. Wir kommen darauf in Abschnitt 19.7, »TCP und Auslastung der Flaschenhalsverbindung«, und Abschnitt 21.5.1, »Bufferbloat«, zurück.

Wenn bei TCP ein Paketverlust auftritt und eine tatsächliche Zeitüberschreitung vorliegt (anders als ein Paketverlust, der von Fast-Retransmit erkannt wird, Abschnitt 19.3, »TCP Tahoe und Fast-Retransmit«), dann ist die Sliding-Windows-Pipeline leer. Es sind keine Pakete im Umlauf. Keine Selbsttaktung kann neue Übertragungen steuern. Sliding Windows muss daher von Grund auf neu starten.

Der Algorithmus zur Congestion Avoidance führt zu dem klassischen »TCP-Sägezahn«-Diagramm, bei dem die Spitzen an den Punkten liegen, an denen der langsam ansteigende cwnd-Wert die »Netzobergrenze« überschritten hat. Wir betonen, dass der TCP-Sägezahn spezifisch für TCP Reno und verwandte TCP-Implementierungen ist, die den AIMD-Mechanismus von Reno nutzen.

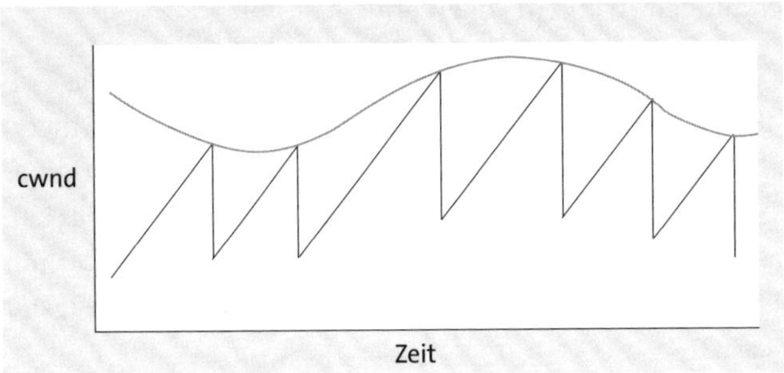

Abbildung 19.1 TCP-Sägezahn; die Kurve stellt die Netzwerkkapazität dar.

Bei Verlustfreiheit steigt der `cwnd`-Wert von TCP linear an; wenn ein Verlust auftritt, setzt TCP `cwnd = cwnd/2`. Dieses Diagramm ist eine Idealisierung, denn wenn ein Verlust auftritt, braucht der Absender einige Zeit, um ihn zu entdecken, vielleicht entsprechend dem TimeOut-Intervall.

Die Fluktuation, die hier in der roten Kurve gezeigt wird, ist etwas willkürlich. Wenn es nur einen oder zwei weitere konkurrierende Sender gibt, kann die Schwankung der Obergrenze ziemlich dramatisch sein, bei vielen gleichzeitigen Sendern können die Schwankungen geringer ausfallen.

Ein erster Blick auf die Fairness

Die Transitkapazität des Pfads ist mehr oder weniger gleichbleibend, ebenso die physische Kapazität der Warteschlange am Flaschenhals-Router. Diese Kapazitäten werden jedoch auch mit anderen Verbindungen geteilt, die sich im Lauf der Zeit ändern können. Aus diesem Grund variiert die Obergrenze in der Realität. Wenn sich zwei andere Verbindungen einen Pfad mit einer Gesamtkapazität von 60 Paketen teilen, könnte die »gerechteste« Zuteilung darin bestehen, dass jede Verbindung etwa 20 Pakete als ihren Anteil erhält. Wenn eine dieser anderen Verbindungen ausfällt, könnten die beiden verbleibenden Verbindungen jeweils 30 Pakete erhalten. Und wenn stattdessen eine vierte Verbindung hinzukommt, dann könnte nach Erreichen des Gleichgewichts jede Verbindung mit einem fairen Anteil von 15 Paketen rechnen.

Wird diese Art der »fairen« Aufteilung tatsächlich stattfinden? Oder könnte es sein, dass am Ende eine Verbindung 90 % der Bandbreite erhält, während zwei andere jeweils 5 % bekommen?

Chiu und Jain [CJ89] haben gezeigt, dass der AIMD-Algorithmus in der Tat zu einer ungefähr gleichen Aufteilung der Bandbreite konvergiert, wenn zwei Verbindungen sich einen Flaschenhals teilen, vorausgesetzt, dass

- beide Verbindungen die gleiche RTT haben,
- es während einer bestimmten RTT entweder bei beiden Verbindungen oder bei keiner der beiden Verbindungen zu einem Paketverlust kommt.

Um dies zu verdeutlichen, seien cwnd1 und cwnd2 die Überlast-Fenstergrößen der Verbindungen, und die Anzahl cwnd1 - cwnd2. Für jede RTT, in der kein Verlust auftritt, erhöhen sich cwnd1 und cwnd2 jeweils um 1, sodass cwnd1 - cwnd2 gleich bleibt. Kommt es zu einem Verlust, werden beide Werte halbiert, und somit wird auch cwnd1 – cwnd2 halbiert. Im Laufe der Zeit wird also der ursprüngliche Wert von cwnd1 – cwnd2 wiederholt halbiert (während jeder RTT, in der Verluste auftreten), bis er zur Bedeutungslosigkeit schrumpft, wobei cwnd1 ≃ cwnd2.

Grafische und tabellarische Versionen hierzu finden Sie im nächsten Kapitel, in Abschnitt 20.3, »TCP Reno – Fairness mit synchronisierten Verlusten«.

Die zweite oben aufgeführte Hypothese könnten wir als *Hypothese der synchronisierten Verluste* bezeichnen. Während es sinnvoll ist anzunehmen, dass die beiden Verbindungen im langfristigen *Durchschnitt* die gleiche Anzahl von Verlusten erfahren, ist es viel aussagekräftiger, anzunehmen, dass alle Verlustereignisse von beiden Verbindungen geteilt werden. Dieses Verhalten kommt in der Realität möglicherweise nicht vor und ist Gegenstand einiger Diskussionen; siehe [GV02]. Glücklicherweise gilt die RTT-Fairness auch dann, wenn jede Verbindung mit *gleicher Wahrscheinlichkeit* einen Paketverlust erleidet: Beide Verbindungen haben die gleiche Verlustrate und damit, wie wir in Abschnitt 21.2, »TCP-Reno-Verlustrate und cwnd«, sehen werden, auch den gleichen cwnd. Die Konvergenz zur Fairness kann jedoch sehr viel länger dauern. In Abschnitt 20.3, »TCP Reno – Fairness mit synchronisierten Verlusten«, betrachten wir auch einige alternative Hypothesen für den Fall einer ungleichen RTT.

19.2 Slow Start

Wie können wir eine erste Schätzung über die Netzwerkkapazität vornehmen? Mit welchem Wert von cwnd sollten wir beginnen? Und selbst wenn wir einen guten Zielwert für cwnd haben: Wie vermeiden wir es, das Netz zu fluten, indem wir einen ersten Burst von Paketen senden?

Die Antwort von TCP Reno ist als *Slow Start* bekannt. Wenn Sie versuchen, eine Zahl in einem festen Bereich zu erraten, werden Sie wahrscheinlich die binäre Suche verwenden. Da Sie den Bereich für die »Netzobergrenze« nicht kennen, ist es eine gute Strategie, zunächst cwnd=1 (oder cwnd=2) zu erraten und zu verdoppeln, bis Sie zu weit gegangen sind. Dann kehren Sie zu der vorherigen Annahme zurück, die bekanntermaßen funktioniert hat. Zu diesem Zeitpunkt liegen Sie garantiert innerhalb von 50 % der tatsächlichen Kapazität.

Der eigentliche Slow-Start-Mechanismus besteht darin, cwnd für jedes empfangene ACK um 1 zu erhöhen. Dies erscheint linear, aber das ist irreführend: Nachdem wir ein volles Fenster (cwnd many) gesendet haben, haben wir cwnd ACKs erhalten und somit cwnd-mal erhöht, und somit cwnd auf (cwnd+cwnd) = 2×cwnd gesetzt. Mit anderen Worten: cwnd=cwnd×2 nach jedem *vollen Fenster* ist dasselbe wie cwnd+=1 nach jedem *Paket*.

Wenn man davon ausgeht, dass die Pakete in vollen Fenstern transportiert werden, bedeutet dies, dass sich cwnd bei jeder RTT während des Slow Start *verdoppelt*; dies ist möglicherweise die einzige Stelle in der Informatikliteratur, an der exponentielles Wachstum als »langsam« beschrieben wird. Es ist jedoch in der Tat langsamer als die Alternative, ein ganzes Fenster auf einmal zu senden.

Abbildung 19.2 zeigt ein Diagramm des Slow Start in Aktion. In diesem Diagramm wird implizit angenommen, dass die Leerlauf-RTT so groß ist, dass weit mehr als die 8 Pakete der gezeigten maximalen Fenstergröße aufgenommen werden können.

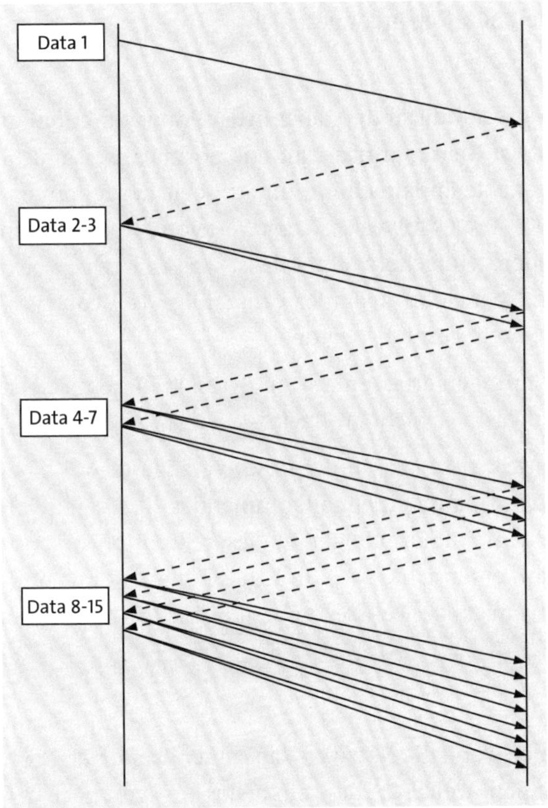

Abbildung 19.2 Slow Start mit einzelnen Paket-Flights

Für einen anderen Fall mit einer viel kleineren RTT siehe Abschnitt 19.2.3, »Beispiel: Slow Start bei mehreren Paketen«.

Schließlich füllt sich die Flaschenhals-Warteschlange und verwirft ein Paket. Nehmen wir an, dies geschieht nach N RTTs, also $cwnd=2^N$. Während der vorangegangenen RTT hat $cwnd=2^{N-1}$ funktioniert, also kehren wir zu diesem früheren Wert zurück, indem wir cwnd = cwnd/2 setzen.

19.2.1 Per-ACK-Antworten

Während des Slow Start ist die Zunahme von cwnd um eins pro empfangenem ACK gleichbedeutend mit der Verdopplung nach jedem vollen Fenster. Eine ähnliche Äquivalenz lässt sich für die bereits oben beschriebene Phase der Congestion Avoidance finden.

Während der Phase der Congestion Avoidance wird cwnd nach jedem vollen Fenster um 1 erhöht. Um dies als eine Zunahme *pro ACK* zu formulieren, verteilen wir diese Zunahme um 1 über das gesamte Fenster, das natürlich die Größe cwnd hat. Dies bedeutet, dass bei jedem empfangenen ACK folgendes geschieht:

cwnd = cwnd + 1/cwnd

Dies ist eine Annäherung, da sich cwnd ständig ändert, aber in der Praxis funktioniert sie gut. Da TCP cwnd in Bytes misst, ist Gleitkommaarithmetik normalerweise nicht erforderlich; siehe Übung 14. Eine exakte Entsprechung zur Strategie der Inkrementierung pro Fenster ist $cwnd = cwnd + 1/cwnd_0$, wobei $cwnd_0$ der Wert von cwnd zu Beginn des jeweiligen Fensters ist. Eine andere, einfachere Methode ist cwnd += 1/cwnd, wobei die Nachkommastelle erfasst wird, aber floor(cwnd) (der ganzzahlige Teil von cwnd) verwendet wird, wenn tatsächlich Pakete gesendet werden.

Die meisten aktuellen Implementierungen erfassen cwnd in Bytes, in diesem Fall ist die Integer-Arithmetik ausreichend, bis cwnd recht groß wird.

Wenn *verzögerte ACKs* implementiert sind (Abschnitt 18.8, »Verzögerte ACKs bei TCP«), dann bestätigt bei Massenübertragungen ein ankommendes ACK eigentlich zwei Pakete. RFC 3465 erlaubt es einem TCP-Empfänger, in dieser Situation cwnd um 2/cwnd zu erhöhen, was der Reaktion entspricht, cwnd um 1 zu erhöhen, wenn genügend ACKs empfangen werden, um ein ganzes Fenster zu bestätigen.

19.2.2 Slow Start Threshold

Manchmal nutzt TCP Slow Start, auch wenn die Netzwerkkapazität bekannt ist. Nach einem Paketverlust und einem Timeout weiß TCP, dass ein neues cwnd von $cwnd_{old}/2$ funktionieren sollte. Wenn cwnd 100 war, halbiert TCP es auf 50. Das Problem ist jedoch, dass nach der Zeitüberschreitung keine ACKs zurückkommen, um die weitere Übertragung selbst zu takten, und wir wollen nicht 50 Pakete auf einmal in das Netz einspeisen. Daher verwendet TCP beim Neustart des Datenflusses eine Art *Threshold*

Slow Start: Es nutzt Slow Start, hält aber an, wenn cwnd das Ziel erreicht. Konkret setzen wir bei Paketverlust die Variable ssthresh auf cwnd/2; dies ist unser neues Ziel für cwnd. Wir setzen cwnd selbst auf 1 und wechseln in den Slow-Start-Modus (cwnd += 1 für jedes ACK). Sobald cwnd jedoch ssthresh erreicht, schalten wir in den Congestion Avoidance-Modus um (cwnd += 1/cwnd für jedes ACK). Beachten Sie, dass der Übergang von Threshold Slow Start zu Congestion Avoidance völlig natürlich und leicht zu implementieren ist.

TCP verwendet Threshold Slow Start immer dann, wenn es mit einer leeren Leitung neu startet, d. h. jedes Mal, wenn Slow Start nach der allerersten Verwendung benötigt wird. (Wenn sich eine Verbindung einfach nur im *Leerlauf* befand, wird in der Regel ein Slow Start ohne Threshold verwendet, wenn der Traffic wieder aufgenommen wird).

Threshold Slow Start kann als Versuch gesehen werden, eine schnelle Fenstervergrößerung mit Selbsttaktung zu kombinieren.

Hingegen könnte man den anfänglichen Non-Threshold-Slow-Start als *unbegrenzten Slow Start* bezeichnen. Beachten Sie, dass der unbegrenzte Slow Start einem grundlegend anderen Zweck dient – der anfänglichen Sondierung, um die Netzobergrenze bis auf 50 % zu bestimmen – als der Slow Start mit Threshold.

Abbildung 19.3 zeigt das obige TCP-Sägezahn-Diagramm, das so verändert wurde, dass es Zeitüberschreitungen und Slow Start zeigt. Die ersten beiden Paketverluste werden als »Coarse-grained Timeouts« angezeigt; der Rest wird so dargestellt, als ob Fast-Retransmit verwendet würde.

19

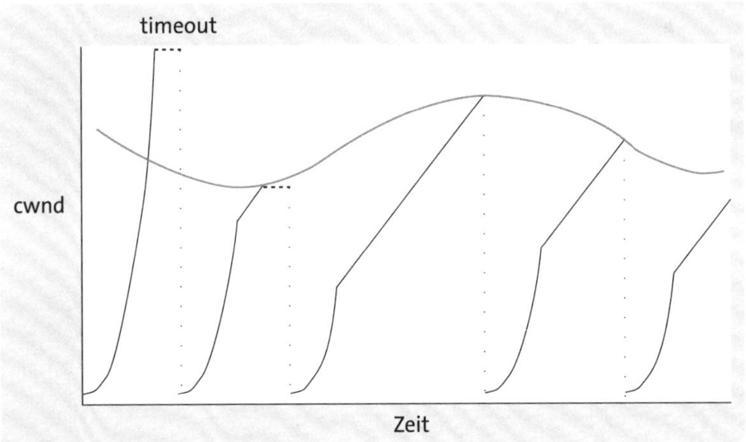

Abbildung 19.3 TCP Tahoe Sawtooth, die Kurve stellt die Netzkapazität dar. Slow Start wird nach jedem Paketverlust ausgeführt, bis ssthresh erreicht ist

RFC 2581 erlaubt es, Slow Start mit cwnd=2 zu beginnen.

19.2.3 Beispiel: Slow Start bei mehreren Paketen

Ein Slow Start kann dazu führen, dass mehrere Pakete an der Flaschenhalsverbindung verworfen werden; Paketverluste dauern eine ganze Weile an, weil der TCP-Sender sie nur langsam entdeckt. Die Netztopologie ist wie folgt, wobei die A–R-Verbindung unendlich schnell ist und die R-B-Verbindung eine Bandbreite in R⟶B-Richtung von 1 Paket/ms hat.

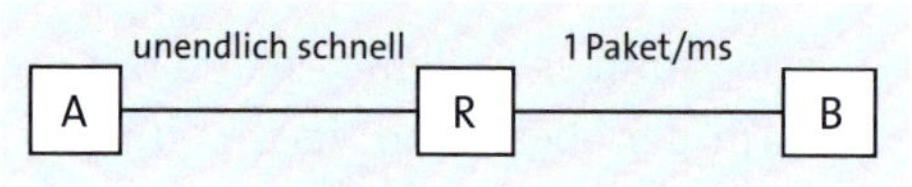

Nehmen wir an, dass R eine Warteschlangenkapazität von 100 hat, ohne das Paket, das es gerade an B weiterleitet, und dass ACKs sofort von B zurück zu A gelangen. In diesem und in späteren Beispielen werden wir weiterhin die Data[N]/ACK[N]-Terminologie von Abschnitt 8.2, »Die Sliding-Windows-Strategie«, verwenden, beginnend mit N=1; die TCP-Nummerierung erfolgt nicht ganz so, aber die Unterscheidung ist unwichtig.

Wenn A hier Slow Start verwendet, beginnen sich die aufeinanderfolgenden Fenster fast sofort zu überlappen. A sendet ein Paket bei T=0; es wird bei T=1 zugestellt. Die ACK wird sofort an A weitergeleitet, woraufhin A zwei Pakete sendet. Von diesem Zeitpunkt an treffen regelmäßig ACKs bei A ein, und zwar eines pro Sekunde.

Zeit	A empfängt	A sendet	R sendet	Rs Warteschlange
0		Data[1]	Data[1]	
1	ACK[1]	Data[2],Data[3]	Data[2]	Data[3]
2	ACK[2]	4,5	3	4,5
3	ACK[3]	6,7	4	5..7
4	ACK[4]	8,9	5	6..9
5	ACK[5]	10,11	6	7..11
..				
N	ACK[N]	2N,2N+1	N+1	N+2 .. 2N+1

Bei T=N enthält die Warteschlange von R N Pakete. Bei T=100 ist die Warteschlange von R voll. Data[200], bei T=100 gesendet, wird bei T=200 zugestellt und quittiert, was eine RTT von 100 ergibt. Bei T=101 empfängt R Data[202] und Data[203] und verwirft letztere. Leider muss das Timeout-Intervall von A natürlich größer sein als die RTT, sodass A den Verlust frühestens bei T=200 bemerkt. Zu diesem Zeitpunkt hat A bereits Pakete bis zu Data[401] gesendet, und die 100 Pakete Data[203], Data[205], ..., Data[401] sind alle verloren gegangen. Mit anderen Worten: Zu dem Zeitpunkt, an dem A die Nachricht von einem verlorenen Paket erhält, sind bereits mindestens 100 Pakete verloren gegangen.

Glücklicherweise tritt ein unbegrenzter Slow Start normalerweise nur einmal pro Verbindung auf.

19.2.4 Zusammenfassung des bisher Gelernten

Bislang haben wir die folgenden Funktionen:

- unbegrenzter Slow Start am Anfang
- Congestion Avoidance mit AIMD, sobald ein halbwegs stationärer Zustand erreicht ist
- Schwellenwert für Slow Start nach jedem Verlust
- Jeder Schwellenwert für einen Slow Start geht naturgemäß in eine Congestion Avoidance über

In der folgenden Tabelle werden die Phasen des Slow Start und der Congestion Avoidance anhand der Manipulation von `cwnd` dargestellt.

Phase	cwnd-Änderung, Verlust	cwnd-Änderung, kein Verlust	
	pro Fenster	pro Fenster	pro ACK
Slow Start	cwnd/2	cwnd *= 2	cwnd += 1
Congestion Avoidance	cwnd/2	cwnd +=1	cwnd += 1/cwnd

cwnd anzeigen

Linux-Benutzer können die aktuellen Werte von `cwnd` und `ssthresh` sowie eine Reihe anderer TCP-Statistiken mit dem Befehl `ss --tcp --info` einsehen.

Das Problem, mit dem TCP sowohl in der Slow-Start- als auch in der Congestion-Avoidance-Phase häufig konfrontiert ist, besteht darin, dass der Absender den Verlust eines Pakets erst viel später bemerkt (zumindest bis die aktuelle Warteschlange des Flaschenhals-Routers versendet wurde); dann kann es zu spät sein, um weitere Verluste zu vermeiden.

19.2.5 Der Anfangswert von cwnd

Bislang sind wir davon ausgegangen, dass Slow Start mit einem `cwnd`-Wert von einem Paket beginnt, wie in [JK88] vorgeschlagen. Aber 1988 ist schon eine ganze Weile her, und der anfängliche `cwnd` hat sich schleichend erhöht. Ein Jahrzehnt später wurde in RFC 2414 vorgeschlagen, den anfänglichen `cwnd` (der beim Start und nach einem Timeout verwendet wird) auf zwei bis vier Pakete zu setzen, mit einer maximalen Größe von 3×1460 (drei Pakete, wenn die maximale Ethernet-Paketgröße von 1500 Byte verwendet wird). Eine Zeit lang war der häufigste Wert zwei Pakete. Dann wurde in RFC 6928 aus dem Jahr 2013 eine »experimentelle« Änderung auf einen Anfangswert von bis zu zehn Paketen vorgeschlagen, wobei jedes Paket 1460 Byte groß sein kann. Dieser Wert von zehn Paketen ist inzwischen recht weit verbreitet.

Diese Erhöhung des anfänglichen `cwnd`-Werts hat vor allem mit der stetig steigenden Kapazität des Internets zu tun und der geringeren Wahrscheinlichkeit, dass ein einziges zusätzliches Paket einen wesentlichen Unterschied ausmacht. Das grundsätzliche Verhalten des Slow Start bleibt jedoch dasselbe.

Nicht-Reno-TCPs implementieren ebenfalls so etwas wie Slow Start, auch wenn es etwas anders aussehen kann. TCP BBR verfügt beispielsweise über einen STARTUP-Modus, der die gleiche Funktion wie der Slow Start bei TCP Reno erfüllt.

19.3 TCP Tahoe und Fast-Retransmit

TCP Tahoe hat ein weiteres wichtiges Merkmal. Erinnern Sie sich, dass TCP-ACKs kumulativ sind; wenn die Pakete 1 und 2 empfangen wurden und nun Data[4] ankommt, aber noch nicht Data[3], kann (und muss!) der Empfänger nur ein weiteres ACK[2] zurücksenden. Wenn wir also aus der Sicht des Senders die Pakete 1,2,3,4,5,6 senden und ACK[1], ACK[2], ACK[2], ACK[2], ACK[2], ACK[2] zurückbekommen, können wir daraus zwei Dinge schließen:

- Data[3] ist verloren gegangen, weshalb wir bei ACK[2] festhängen.
- Die Daten 4, 5 und 6 *haben* es wahrscheinlich geschafft und die drei doppelten ACK[2] ausgelöst (die drei ACK[2] nach dem ersten ACK[2]).

Die *Fast-Retransmit*-Strategie besteht darin, Data[N] erneut zu senden, wenn wir drei dupACKs für Data[N–1] erhalten haben, d. h. insgesamt vier ACK[N–1]s. Da dies einen Paketverlust darstellt, setzen wir auch `ssthresh` = `cwnd/2`, setzen `cwnd=1` und beginnen die Threshold-Slow-Start-Phase. Dadurch wird die mit dem verlorenen Paket verbundene Verzögerung von einer vollen Zeitüberschreitung, in der Regel 2×RTT, auf nur etwas mehr als eine RTT reduziert. Das verlorene Paket wird nun entdeckt, *bevor* sich die TCP-Pipeline entleert hat. Am Ende der nächsten RTT, wenn das ACK des erneut gesendeten Pakets zurückkommt, *ist* die TCP-Pipeline jedoch leer, weshalb ein Slow Start erforderlich ist.

TCP Tahoe enthält alle bisher besprochenen Funktionen: `cwnd+=1` und `cwnd=cwnd/2`, Slow Start und Fast-Retransmit.

Fast-Retransmit wartet auf das *dritte* dupACK, um die Möglichkeit einer gewissen Umverteilung der Pakete zu berücksichtigen. Angenommen, die Pakete 1 bis 6 werden gesendet, kommen aber in der Reihenfolge 1,3,4,2,6,5 an, vielleicht aufgrund eines Routers mit einer stark parallelisierten Architektur. Dann würden die zurückgesendeten ACKs wie folgt aussehen:

empfangen	Antwort
Data[1]	ACK[1]
Data[3]	ACK[1]
Data[4]	ACK[1]
Data[2]	ACK[4]
Data[6]	ACK[4]
Data[5]	ACK[6]

Das Warten auf das dritte dupACK ist in den meisten Fällen ein gelungener Kompromiss zwischen der Reaktionsfähigkeit auf verlorene Pakete und einem angemessenen Nachweis, dass das betreffende Datenpaket tatsächlich verloren gegangen ist.

Ein Router, der eine umfangreichere Neuordnung der Zustellung vornimmt, würde 19
jedoch bei Verbindungen mit Fast-Retransmit verheerende Folgen haben. Betrachten Sie insbesondere den Router R in der nachstehenden Abbildung; wenn er Pakete an B sendet, könnte er im Prinzip paketweise zwischen dem Weg über R1 und dem Weg über R2 wechseln wollen. Dies wäre ein Fehler, denn wenn die Pfade R1 und R2 unterschiedliche Ausbreitungsverzögerungen hätten, würde diese Strategie zu einer erheblichen Umordnung der Pakete führen. R sollte alle Pakete, die zu einer TCP-Verbindung gehören, über einen einzigen Pfad senden.

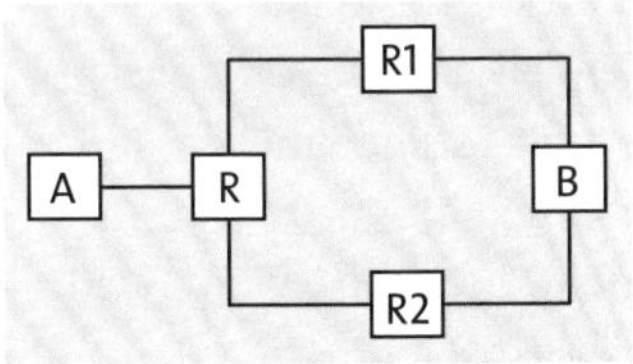

In der realen Welt unternehmen Router in der Regel beträchtliche Anstrengungen, um Fast-Retransmit zu ermöglichen; insbesondere die Verwendung mehrerer Pfade für eine einzige TCP-Verbindung ist fast durchgängig verpönt. Einige aktuelle Daten über die Neuordnung von Paketen finden sich in [VP97]; der Autor schlägt vor, dass ein Wechsel zur erneuten Übertragung auf dem zweiten dupACK riskant wäre.

19.4 TCP Reno und Fast-Recovery

Bei Fast-Retransmit muss der Absender cwnd=1 setzen, weil die Pipeline leer ist und keine ACKs eintreffen, um die Übertragung zu beschleunigen. Fast-Recovery ist eine Technik, die es dem Absender oft ermöglicht, die Entleerung der Pipeline zu vermeiden, und innerhalb einer einzigen RTT von cwnd auf cwnd/2 zu wechseln. TCP Reno ist TCP Tahoe plus Fast-Recovery.

Die Idee ist, die ankommenden dupACKs zu nutzen, um die Retransmission zu beschleunigen. Wir gehen davon aus, dass jedes ankommende dupACK anzeigt, dass ein Datenpaket, das auf das verlorene Paket folgt, erfolgreich zugestellt wurde; dabei spielt es keine Rolle, welches. Nach der Entdeckung des verlorenen Pakets durch Fast-Retransmit setzen wir cwnd=cwnd/2; der nächste Schritt besteht darin, herauszufinden, wie viele dupACKs wir abwarten müssen, bevor wir die Übertragung neuer Daten wieder aufnehmen können.

Zumindest anfangs gehen wir davon aus, dass nur ein Datenpaket verloren gegangen ist, obwohl wir im folgenden Abschnitt sehen werden, dass mehrere Verluste durch eine leichte Modifikation der Fast-Recovery-Strategie gehandhabt werden können.

Während des Wiederherstellungsprozesses können wir cwnd nicht direkt verwenden, da sich das Sliding Window nicht verändern kann, bis das verlorene Paket erneut übertragen wird. Stattdessen verwenden wir das Konzept der geschätzten Flight Size (Estimated Flight Size, *EFS*). Dies ist die beste Schätzung des Absenders über die Anzahl der ausstehenden Pakete. Unter normalen Umständen ist EFS das Gleiche wie cwnd. Entscheidend für Fast Recovery ist, dass EFS bei jedem eintreffenden DupACK um 1 dekrementiert werden sollte.

Linux-cwnd ist die Estimated Flight Size

In diesem Kapitel wird cwnd als die Winsize des Absenders im engeren Sinne definiert. Als solches kann das Paket N+cwnd nicht gesendet werden, bis das Paket N quittiert ist. Der Linux-Kernel verwendet jedoch cwnd als Synonym für Estimated Flight Size, was den Fast-Recovery-Code vereinfacht. Diese Verwendung gilt in der Tat für alle TCP-Varianten, obwohl es oft kaum einen Unterschied macht. Siehe tcp_cwnd_test(): *http://elixir.free-electrons.com/linux/v4.13.9/source/net/ipv4/tcp_output.c*

Wir skizzieren zunächst den allgemeinen Fall und sehen uns dann ein konkretes Beispiel an. Nehmen wir an, dass cwnd = N ist und dass Paket 1 verloren gegangen ist (die

Paketnummern sind hier relativ zu verstehen). Bis Paket 1 erneut übertragen wird, kann der Sender nur bis zu Paket N senden (Data[N] kann erst gesendet werden, nachdem ACK[0] beim Sender angekommen ist). Der Empfänger sendet N–1 dupACK[0]s, die die Pakete 2 bis N repräsentieren.

Zum Zeitpunkt des dritten dupACK, wenn der Verlust von Data[1] entdeckt wird, rechnet der Absender wie folgt: EFS war `cwnd` = N. Es sind drei dupACKs eingetroffen, die drei spätere Pakete repräsentieren, die nicht mehr unterwegs sind, sodass EFS jetzt N–3 ist. An diesem Punkt stellt der Absender fest, dass ein Paket verloren gegangen ist, was EFS kurzzeitig zu N–4 macht, aber dieses Paket wird dann sofort wieder gesendet, was EFS wieder auf N–3 bringt.

Der Absender erwartet zu diesem Zeitpunkt N–4 weitere dupACKs, gefolgt von einem neuen ACK für die erneute Übertragung des verlorenen Pakets. Dieses letzte ACK wird für das gesamte ursprüngliche Fenster sein.

Das neue Ziel für `cwnd` ist N/2 (der Einfachheit halber wird angenommen, dass N gerade ist). Wir warten also darauf, dass N/2 – 3 weitere dupACKs eintreffen, wobei EFS dann N–3– (N/2–3) = N/2 ist. *Nach* diesem Punkt nimmt der Sender das Senden neuer Pakete wieder auf; er sendet ein neues Paket für jedes der N/2–1 nachfolgend eintreffenden dupACKs (wir erinnern uns, dass es insgesamt N–1 dupACKs gibt). Diese neuen Übertragungen sind Data[N+1] bis Data[N+(N/2–1)].

Nach dem letzten dupACK kommt das ACK, das der erneuten Übertragung des verlorenen Pakets entspricht; es ist ACK[N] und bestätigt das gesamte ursprüngliche Fenster. Zu diesem Zeitpunkt gibt es N/2 – 1 unbestätigte Pakete Data[N+1] bis Data[N+(N/2)–1]. Der Sender schickt nun Data[N+N/2] los und ist damit in der Lage, die Sliding Windows mit `cwnd` = N/2 wieder aufzunehmen: Der Sender hat ACK[N] erhalten und hat genau ein volles Fenster für den neuen Wert N/2 von `cwnd` ausstehen. Das heißt, wir sind genau da, wo wir sein sollten.

Abbildung 19.4 veranschaulicht die Fast-Recovery für `cwnd=10`. Data[10] ist verloren.

Data[9] löst das erste ACK[9] aus, und die neun Pakete Data[11] bis Data[19] lösen jeweils ein dupACK[9] aus. Wir bezeichnen das von Data[N] ausgelöste dupACK[9] mit dupACK[9]/N, oben rechts dargestellt. Sofern nicht TCP SACK (unten) verwendet wird, hat der Sender keine Möglichkeit, N zu bestimmen oder diese dupACKs zu unterscheiden. Wenn dupACK[9]/13 (das dritte dupACK) beim Absender eintrifft, schließt der Absender mittels Fast-Recovery, dass Data[10] verloren gegangen ist und sendet es erneut. Zu diesem Zeitpunkt ist EFS = 7: Der Absender hat den ursprünglichen Stapel von 10 Datenpaketen plus Data[19] gesendet und ein ACK sowie drei dupACKs erhalten, also insgesamt 10 + 1 – 1 – 3 = 7. Der Absender hat auch gefolgert, dass Data[10] verloren gegangen ist (EFS –= 1), es dann aber erneut gesendet (EFS += 1). Sechs weitere dupACK[9]'s sind auf dem Weg.

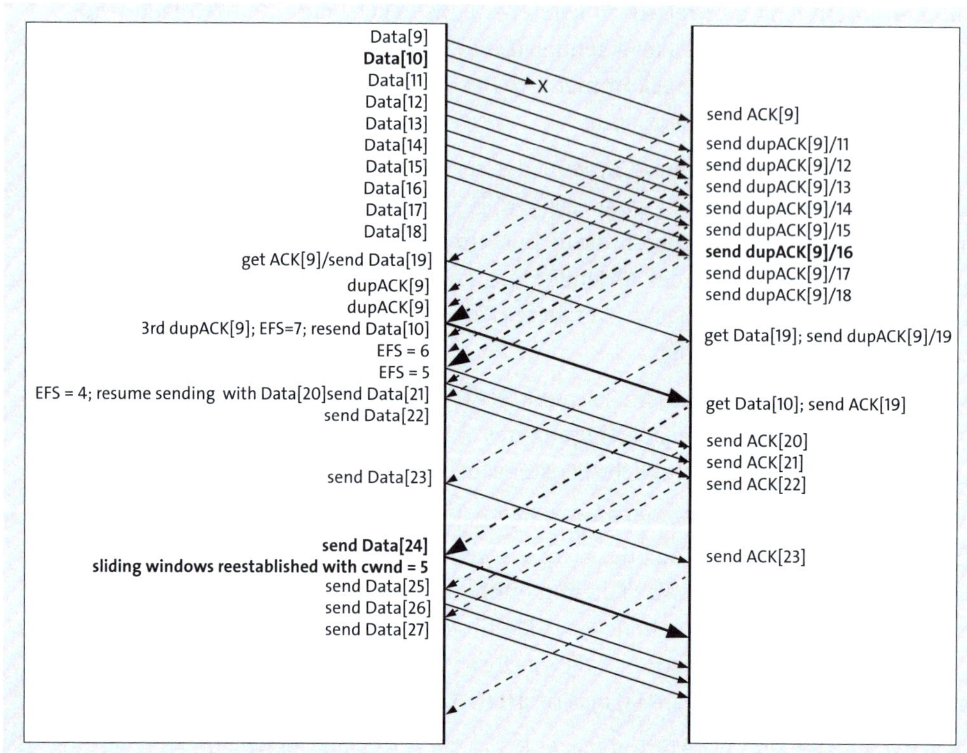

Abbildung 19.4 Fast-Recovery für cwnd=10

EFS wird für jedes nachfolgende dupACK dekrementiert; nachdem wir zwei weitere dupACK[9] erhalten haben, ist EFS 5. Das nächste dupACK[9] (dupACK[9]/16) reduziert EFS auf 4 und ermöglicht uns so die Übertragung von Data[20] (was EFS sofort wieder auf 5 ansteigen lässt). Wir haben folgende Pakete erhalten und gesendet:

erhalten:	gesendet:
dupACK[9]/16	Data[20]
dupACK[9]/17	Data[21]
dupACK[9]/18	Data[22]
dupACK[9]/19	Data[23]

Ich betone nochmals, dass der TCP-Sender die Zahlen 16 bis 19 in der obigen Erhalten-Spalte nicht sieht; er bestimmt den Zeitpunkt des Sendebeginns durch Zählen der dupACK[9]-Eingänge.

Rückwärts gehen

Die Bestimmung des Zeitpunkts, zu dem ein Fast-Recovery-Sender die Übertragung neuer Daten wieder aufnehmen sollte, ist fehleranfällig. Der vielleicht einfachste Ansatz ist es, von dem erneut gesendeten verlorenen Paket rückwärts zu gehen: Es sollte beim Empfänger ein ACK für das gesamte ursprüngliche Fenster auslösen. Als Data [10] oben verloren ging, war das »steckengebliebene« Fenster Data[10]-Data[19]. Die erneut gesendeten Data[10] lösen also ACK[19] aus; wenn ACK[19] eintrifft, sollte cwnd 10/2 = 5 sein, sodass Data[24] gesendet werden sollte. Das wiederum bedeutet, dass die vier Pakete Data[20] bis Data[23] früher gesendet worden sein müssen, und zwar über Fast-Recovery. Es gibt 10–1 = 9 dupACKs, also müssen wir mit dem sechsten Paket beginnen, um die letzten vier weiterzusenden. Das obige Diagramm zeigt in der Tat neue Fast-Recovery-Übertragungen, die mit dem sechsten dupACK beginnen.

Das Nächste, was beim Sender ankommt, ist das ACK[19], das durch die erneut gesendeten Data[10] ausgelöst wird; zu dem Zeitpunkt, an dem Data[10] beim Empfänger ankommt, sind Data[11] bis Data[19] bereits eingetroffen, sodass die kumulative-ACK-Antwort ACK[19] ist. Der Sender antwortet auf ACK[19] mit Data[24], und der Übergang zu cwnd=5 ist nun abgeschlossen.

Bei verlustfreiem Sliding Windows sendet ein Sender cwnd Pakete pro RTT. Wenn ein »Coarse-grained« Timeout auftritt, wird sie in der Regel erst nach mindestens einer vollständigen RTT des Leerlaufs der Verbindung entdeckt; während der Slow-Start-Phase gibt es zusätzliche, nicht genutzte RTTs. Es lohnt sich, die in Abbildung 19.4 gezeigte Fast-Recovery-Sequenz unter dem Gesichtspunkt der nicht ausgelasteten Bandbreite zu betrachten. Das Diagramm zeigt drei Round-Trip-Zeiten aus der Sicht des Absenders. Während der ersten RTT werden die zehn Pakete Data[9]-Data[18] gesendet. Die zweite RTT beginnt mit dem Senden von Data[19] und setzt sich mit dem Senden von Data[22] und den erneut gesendeten Data[10] fort. Die dritte RTT beginnt mit dem Senden von Data[23] und reicht bis Data[27]. Die RTTs senden 9, 5 und 5 Pakete (wir haben Data[10] zweimal gezählt); dies kommt dem Ideal einer sofortigen Reduzierung von cwnd auf 5 bemerkenswert nahe.

Der Grund, warum wir cwnd nicht direkt in der Formulierung von Fast-Recovery verwenden können, ist, dass das Fenster bei Data[10]-Data[19] eingefroren ist, bis die verlorenen Data[10] quittiert werden. In der ursprünglichen RFC 2001-Beschreibung von Fast-Recovery wurde die erneute Übertragung in Form von cwnd-*Inflation* und *-Deflation* beschrieben. Die Inflation würde an dem Punkt beginnen, an dem der Absender die Übertragung neuer Pakete wieder aufnimmt, woraufhin cwnd für jedes dupACK inkrementiert würde; im obigen Diagramm würde cwnd bei 15 enden. Wenn das ACK[20], das durch das verlorene Paket ausgelöst wurde, endlich eintrifft, endet die Wiederherstellungsphase und cwnd sinkt sofort auf 5.

19.5 TCP NewReno

TCP NewReno, beschrieben in [JH96] und RFC 2582 (derzeit RFC 6582), ist eine Verbesserung von Fast-Recovery, die den Fall, dass zwei oder mehr Pakete in einem Fenster verloren gehen, erheblich verbessert. Es wird als Teil des heutigen TCP Reno betrachtet. Wenn zwei Datenpakete verloren gehen und das erste erneut übertragen wird, bestätigt der Empfänger die Daten bis kurz vor dem zweiten Paket und sendet dann so lange dupACKs, bis auch das zweite verlorene Paket erneut übertragen wird. Diese ACKs bis kurz vor dem zweiten Paket werden manchmal als *partielle ACKs* bezeichnet, weil die erneute Übertragung des ersten verlorenen Pakets nicht zu einem ACK aller ausstehenden Daten geführt hat. Der NewReno-Mechanismus verwendet diese partiellen ACKs als Beweis für die erneute Übertragung späterer verlorener Pakete und auch, um das Tempo des Fast-Recovery-Prozesses beizubehalten.

Im untenstehenden Diagramm in Abbildung 19.5 sind die Pakete 1 und 4 in einem Fenster 0..11 der Größe 12 verloren gegangen. Zu Beginn der Übertragung erhält der Sender dupACK[0]s; die ersten 11 ACKs (gestrichelte Linien von rechts nach links) sind ACK[0] und 10 dupACK[0]s. Wenn Paket 1 nach Erhalt des dritten dupACK[0] erfolgreich weitergesendet wird, ist die Antwort des Empfängers ACK[3] (die dicke gestrichelte Linie). Dies ist das erste partielle ACK (ein vollständiges ACK wäre ACK[12] gewesen). Beim Empfang eines partiellen ACK während des Fast-Recovery-Prozesses geht TCP NewReno davon aus, dass das unmittelbar folgende Datenpaket verloren gegangen ist, und sendet es sofort erneut; der Sender wartet nicht auf drei dupACKs, denn wenn das folgende Datenpaket nicht verloren gegangen wäre, wären keine Instanzen des partiellen ACK erzeugt worden, selbst wenn eine Neuordnung der Pakete stattgefunden hätte.

Die Reaktion des TCP NewReno-Senders besteht darin, jedes partielle ACK als dupACK[0] zu behandeln, mit der Ausnahme, dass der Sender *auch* das Datenpaket erneut sendet, von dem er aufgrund des Empfangs des partiellen ACK weiß, dass es verloren ist. NewReno setzt die Fast-Recovery Wiederherstellung mit allen eintreffenden ACKs fort, egal ob es sich um die ursprünglichen dupACKs oder spätere partielle ACKs oder dupACKs handelt.

Wenn das erste ACK[3] des Empfängers beim Sender eintrifft, schließt NewReno daraus, dass Data[4] verloren gegangen ist und sendet es erneut. Es müssen keine weiteren ACK[3] eintreffen; wie oben erwähnt, kann der Sender aus dem einzigen ACK[3] schließen, dass Data[4] verloren gegangen ist. Der Absender reagiert auch so, als ob ein weiteres dupACK[0] eingetroffen wäre, und sendet Data[17].

Die Ankunft von ACK[3] signalisiert eine Verringerung der EFS um 2 Pakete: eines für den Verlust von Data[4] und eines für das angenommene zusätzliche dupACK[0]; die beiden Übertragungen als Antwort (von Data[4] und Data[17]) bringen die EFS wieder auf den alten Stand. Zu dem Zeitpunkt, an dem Data[16] gesendet wird, beträgt die tatsächliche (nicht die geschätzte) Flight Size 5 statt 6, da es aufgrund des Verlusts von Data[4] ein dupACK[0] weniger gibt. Sobald NewReno jedoch Data[4] erneut und dann Data[17] sendet, steigt die tatsächliche Flight Size wieder auf 6.

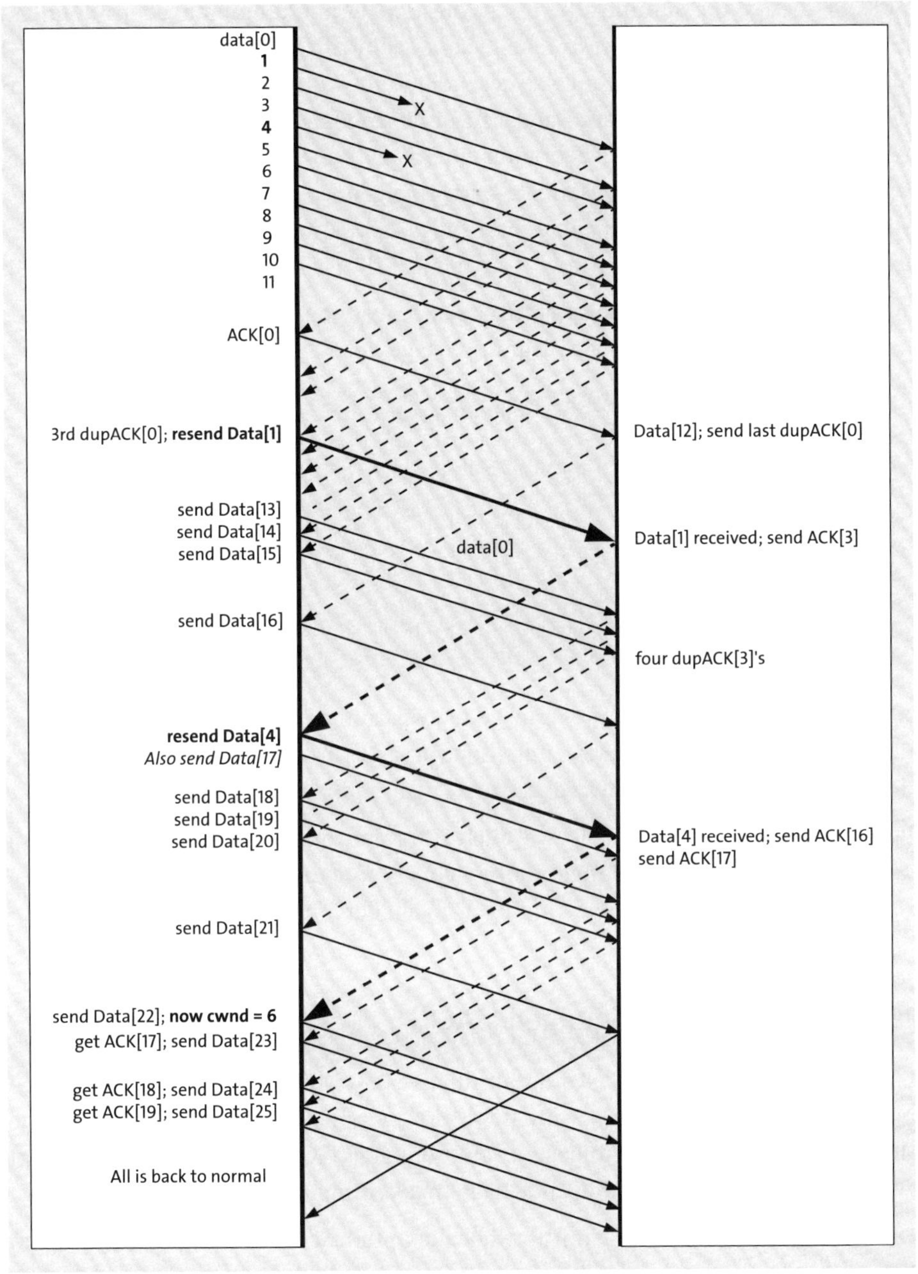

Abbildung 19.5 TCP NewReno

Es kommen noch vier weitere dupACK[3]-Daten an. NewReno sendet nach Erhalt jeder dieser Nachrichten neue Daten; dies sind Data[18] bis Data[21].

Die Antwort des Empfängers auf das erneut gesendeten Data[4] ist das Senden von ACK[16]; dies ist die Summe aller bis zu diesem Zeitpunkt empfangenen Daten. Zu dem Zeitpunkt, an dem dieses ACK beim Sender eintrifft, hatte dieser gerade Data[21] als Antwort auf das vierte dupACK[3] gesendet; seine Antwort auf ACK[16] ist das Senden des nächsten Datenpakets, Data[22]. Der Absender ist nun wieder zu den normalen Sliding Windows zurückgekehrt, mit einem cwnd von 6. In ähnlicher Weise löst das unmittelbar auf das erneut gesendete Data[4] folgende Data[17] ein ACK[17] aus (dies ist das erste Data[N], das ein genau passendes ACK[N] seit Beginn der Verluste auslöst), und die entsprechende Antwort auf das ACK[17] ist die Fortsetzung mit Data[23].

Wie im vorangegangenen Beispiel für Fast-Recovery betrachten wir die Anzahl der pro RTT gesendeten Pakete; das Diagramm zeigt vier RTTs aus der Sicht des Senders.

RTT	Erstes Paket	Gesendete Pakete	Wert
Erstes	Data[0]	Data[0]-Data[11]	12
Zweites	Data[12]	Data[12]-Data[15], Data[1]	5
Drittes	Data[16]	Data[16]-Data[20], Data[4]	6
Viertes	Data[21]	Data[21]-Data[26]	6

Nachdem der Verlust erkannt wurde, gehen wir zum neuen cwnd von 6 über, wobei nur ein einziges Paket (in der zweiten RTT) verpasst wird. NewReno ist jedoch nur in der Lage, ein neu übertragenes Paket pro RTT zu senden.

Beachten Sie, dass TCP NewReno, wie auch TCP Tahoe und Reno, eine Innovation auf der *Senderseite* ist; der Empfänger muss nichts Besonderes tun. Die nächste TCP-Variante, TCP SACK, erfordert eine Modifikation auf der Empfängerseite.

19.6 Selektive Bestätigungen (SACK)

Ein herkömmliches TCP ACK ist eine kumulative Bestätigung aller bis zu diesem Zeitpunkt empfangenen Daten. Wenn Data[1002] empfangen wird, aber nicht Data [1001], dann kann der Empfänger nur ein doppeltes ACK[1000] senden. Dies zeigt zwar an, dass auf Data[1001] folgend *etwas* angekommen ist, aber mehr auch nicht.

Für mehr Präzision bietet TCP mittlerweile die Option *Selective ACK* (SACK), die beim Empfänger implementiert ist. Wenn diese Option verfügbar ist, muss der Absender nicht anhand von dupACKs erraten, was durchgekommen ist. Der Empfänger kann ein ACK senden, das besagt:

- Alle Pakete bis zu 1000 wurden empfangen (das kumulative ACK).
- Alle Pakete bis 1050 wurden empfangen, *mit Ausnahme* der Pakete 1001, 1022 und 1035.

Der zweite Punkt ist der SACK-Teil. Nahezu alle TCP-Implementierungen unterstützen dies inzwischen.

Im Einzelnen enthalten SACKs die folgenden Informationen; die zusätzlichen Daten, die über das kumulative ACK hinausgehen, sind in einem TCP-Optionsfeld enthalten.

- das letzte kumulative ACK
- Die *drei* letzten Blöcke aufeinanderfolgender Pakete, die empfangen wurden

Wenn wir also 1001, 1022, 1035 und nun 1051 verloren haben und das höchste empfangene Paket 1060 ist, könnte das SACK aussagen:

- Alle Pakete bis zu 1000 wurden empfangen.
- 1060–1052 wurden empfangen.
- 1050–1036 wurden empfangen.
- 1034–1023 wurden empfangen

Damit weiß der Absender zwar, dass 1001 und 1022 nicht empfangen wurden, aber nichts über die Pakete dazwischen. Wenn der Absender jedoch die zuvor empfangenen SACKs aufmerksam verfolgt hat, weiß er wahrscheinlich bereits, dass alle Pakete 1002 bis 1021 empfangen worden sind.

Mit dem Begriff TCP SACK wird üblicherweise ausgesagt, dass die Empfangsseite selektive ACKs unterstützt und die Sendeseite diese mit einer einfachen Modifikation von TCP Reno nutzt.

In der Praxis bieten selektive ACKs in vielen Situationen bestenfalls eine leichte Leistungsverbesserung; TCP NewReno schneidet in Umgebungen mit moderaten Verlusten recht gut ab. Die Arbeit [FF96] vergleicht Tahoe, Reno, NewReno und TCP SACK in Situationen mit einem bis vier Paketverlusten in einer einzigen RTT. Während Classic Reno bei zwei Paketverlusten in einer einzigen RTT schlecht und bei drei Verlusten extrem schlecht abschnitt, verliefen die Szenarien mit drei Verlusten bei NewReno und TCP SACK bemerkenswert ähnlich. Erst bei vier Verlusten in einer einzigen RTT begann die Leistung von TCP SACK die von NewReno leicht zu übertreffen.

19.7 TCP und Auslastung der Flaschenhalsverbindung

Nehmen wir einen TCP-Reno-Sender ohne konkurrierenden Traffic. Was passiert mit dem Durchsatz, wenn `cwnd` auf und ab schwankt? Führen diese Halbierungen von `cwnd` zumindest zu einer Verringerung des Durchsatzes? Die Antwort hängt in gewissem Maße von der Größe der Warteschlange vor der Flaschenhalsverbindung im Verhältnis zur Transitkapazität des Pfads ab. Wie in Abschnitt 8.3.2, »RTT-Berechnungen«, erläutert, ist die Verbindung zu weniger als 100 % ausgelastet und die Warteschlange leer, wenn `cwnd` kleiner als die Transitkapazität ist. Wenn `cwnd` größer als die Transitkapazität ist, ist die Verbindung gesättigt (100% ausgelastet) und die Warteschlange enthält etwa (`cwnd` – Transitkapazität) Pakete.

Das Diagramm in Abbildung 19.6 zeigt zwei TCP-Reno-Sägezähne. Im ersten Fall übersteigt die Kapazität der Warteschlange die Transitkapazität des Pfades, im zweiten Fall ist die Kapazität der Warteschlange ein viel kleinerer Teil der Gesamtkapazität.

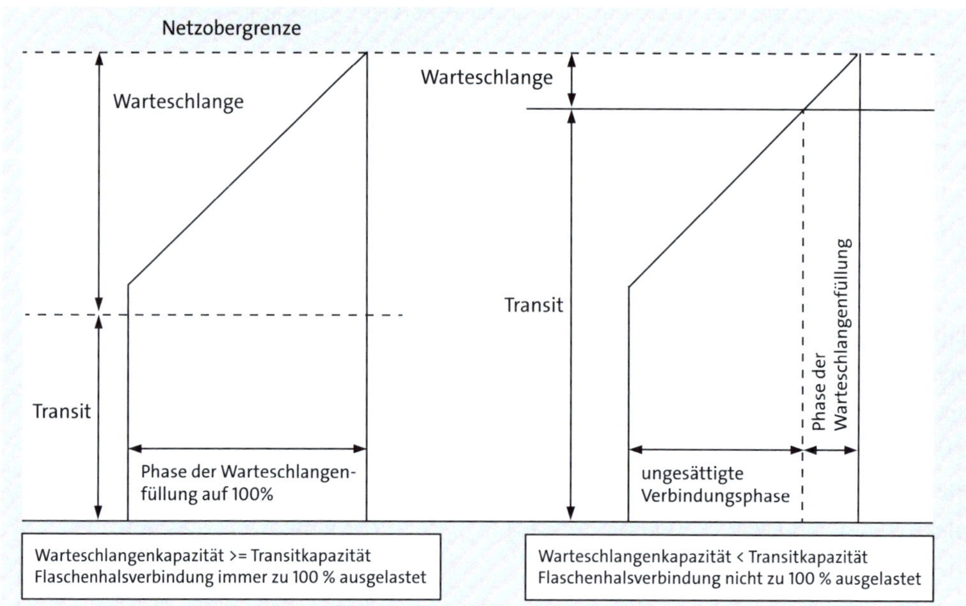

Abbildung 19.6 Zwei TCP-Reno-Sägezähne

Im linken Diagramm (Abbildung 19.6) ist die Flaschenhalsverbindung immer zu 100 % ausgelastet, auch am linken Rand der Sägezähne. Im rechten Diagramm ist das Intervall zwischen den Verlustereignissen (linker und rechter Rand des Zahns) in eine *ungesättigte* Verbindungsphase und eine Phase, in der sich die Warteschlange *füllt*, unterteilt. In der ungesättigten Phase liegt die Auslastung der Flaschenhalsverbindung unter 100 % und die Warteschlange ist leer; in der späteren Phase ist die Verbindung gesättigt und die Warteschlange beginnt sich zu füllen.

Betrachten wir noch einmal das idealisierte Netz mit einer R-B-Bandbreite von 1 Paket/ms.

Wir betrachten zunächst den Fall Warteschlange ≥ Transit. Nehmen wir an, dass die Gesamtverzögerung RTT_{noLoad} 100 ms beträgt, was hauptsächlich auf die Ausbreitungsverzögerung zurückzuführen ist; das Produkt aus Bandbreite und Verzögerung beträgt somit 100 Pakete. Es stellt sich die Frage, inwieweit TCP Reno nach Beendigung des Slow Start die R-B-Verbindung manchmal im Leerlauf lässt.

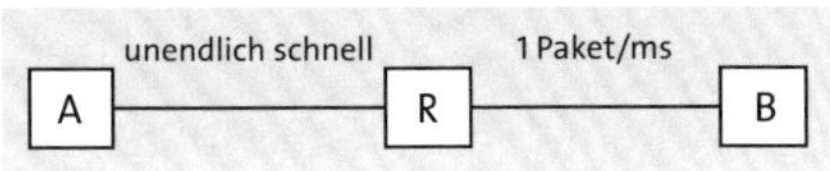

Die R-B-Verbindung ist immer gesättigt, wenn A immer 100 Pakete im Transit hält, d. h. wenn $cwnd \geq 100$ ist (Abschnitt 8.3.2, »RTT-Berechnungen«). Wenn $cwnd_{min} = 100$ ist, dann ist $cwnd_{max} = 2 \times cwnd_{min} = 200$. Damit dies das Maximum ist, muss die Kapazität der Warteschlange mindestens 99 betragen, sodass der Pfad 199 Pakete ohne Verlust aufnehmen kann: 100 Pakete im Transit plus 99 Pakete in der Warteschlange. Normalerweise lässt TCP Reno die Flaschenhalsverbindung nie untätig, solange die Kapazität der Warteschlange vor dieser Verbindung mindestens so groß ist wie die Transitkapazität des Pfades für den Hin- und Rückweg.

Nehmen wir stattdessen an, dass die Größe der Warteschlange 49 beträgt, also etwa 50 % der Transitkapazität. Der Paketverlust tritt ein, wenn cwnd 150 erreicht, also ist $cwnd_{min} = 75$. Qualitativ wird dieser Fall durch das zweite Diagramm oben dargestellt, obwohl das Verhältnis von Warteschlange zu Netzwerkobergrenze dort eher 1:8 als 1:3 ist. Es gibt nun Perioden, in denen die R-B-Verbindung untätig ist. Während der RTT-Intervalle, in denen $cwnd=75$ ist, beträgt der Durchsatz 75% des Maximums, und die R–B-Verbindung ist 25% der Zeit im Leerlauf.

Allerdings wird cwnd nur für das erste RTT nach dem Verlust 75 betragen. Nach 25 RTTs wird cwnd wieder auf 100 steigen und die Verbindung wird gesättigt sein. Wir haben also 25 RTTs mit einem durchschnittlichen cwnd von 87,5 (=(75+100)/2), was bedeutet, dass die Verbindung zu 87,5 % gesättigt ist, gefolgt von 50 RTTs, bei denen die Verbindung zu 100 % gesättigt ist. Der langfristige Durchschnitt liegt hier bei 95,8 % Auslastung der Flaschenhalsverbindung. Das ist gar nicht so schlecht, wenn man bedenkt, dass die Nutzung von 10 % der Verbindungsbandbreite für Paketköpfe fast immer als angemessen angesehen wird. Außerdem muss zu dem Zeitpunkt, an dem cwnd nach einem Verlust auf $cwnd_{min}=75$ fällt, die Warteschlange voll gewesen sein. Es kann ein oder zwei RTTs dauern, bis die Warteschlange geleert ist; während dieser Zeit ist die Auslastung der Verbindung noch höher.

Wenn die Flaschenhalsverbindung die meiste oder die ganze Zeit über gesättigt ist, wie im ersten Diagramm, kann es hilfreich sein, die durchschnittliche Größe der Warteschlange zu betrachten. Die Kapazität der Warteschlange sei C_{queue} und die Transitkapazität sei $C_{transit}$, wobei $C_{queue} > C_{transit}$. Dann schwankt cwnd zwischen einem Maximum von $C_{queue}+C_{transit}$ und einem Minimum von $(C_{queue}-C_{transit})/2 + C_{transit}$. Wir würden eine durchschnittliche Größe der Warteschlange etwa in der Mitte zwischen diesen beiden Werten erwarten, abzüglich des $C_{transit}$-Terms: $3/4 \times C_{queue} - 1/4 \times C_{transit}$.

Wenn $C_{queue}=C_{transit}$, sollte die erwartete durchschnittliche Größe der Warteschlange etwa $C_{queue}/2$ betragen.

19.7.1 TCP-Warteschlangengrößen

Im Hinblick auf die Auslastung der Verbindungen wird im vorigen Abschnitt empfohlen, die Warteschlangen der Router eher größer als kleiner zu wählen. Eine Warteschlangenkapazität, die mindestens so groß ist wie die Transitkapazität, scheint eine ausgezeichnete Wahl zu sein. Um einen Router auf diese Weise zu konfigurieren, nehmen wir zunächst eine Schätzung der durchschnittlichen RTT vor und multiplizieren diese dann mit der Ausgangsbandbreite, um die gewünschte Warteschlangenkapazität zu erhalten. Bei einer durchschnittlichen RTT von 50 ms führt eine Bandbreite von 1 Gbit/s zu einer Warteschlangenkapazität von etwa 6 MB oder 4000 Paketen zu je 1500 Byte. Wenn die Zahlen auf 100 ms und 10 Gbit/s steigen, muss die Warteschlangenkapazität 125 MB betragen.

Leider sind große Warteschlangen zwar hilfreich, wenn der Traffic ausschließlich aus Massen-TCP-Übertragungen besteht, führen aber zu proportional großen Warteschlangenverzögerungen, die beim Echtzeit-Traffic verheerende Folgen haben können. Ein Flaschenhals-Router mit einer Warteschlangengröße, die dem Produkt aus Bandbreite×Verzögerung eines Datenflusses entspricht, *verdoppelt* die RTT für diesen Datenfluss, wenn die Warteschlange voll ist. Schlimmer noch, wenn das Ziel eine 100%ige TCP-Verbindungsauslastung ist, dann muss die Router-Warteschlange für den Fluss mit der höchsten Bandbreite und der längsten RTT dimensioniert sein, bei kürzeren TCP-Verbindungen ist die Warteschlange viel größer als notwendig. Dieses Problem einer großen Warteschlangenkapazität, die zu übermäßiger Verzögerung führt, ist als *Bufferbloat* bekannt; wir werden in Abschnitt 21.5.1, »Bufferbloat«, darauf zurückkommen.

Aufgrund der Verzögerungsprobleme, die durch große Warteschlangen entstehen, müssen TCP-Verbindungen manchmal durch Flaschenhals-Router mit kleinen Warteschlangen geleitet werden. In diesem Fall wird ein Sägezahn einer TCP-Reno-Verbindung in eine große ungesättigte Phase und eine kleine Phase zum Auffüllen der Warteschlange aufgeteilt.

Der Bedarf an großen Puffern, wenn eine nahezu 100-prozentige Auslastung der Warteschlangen angestrebt wird, ist in hohem Maße spezifisch für das Sägezahnprofil von TCP Reno. Einige andere TCP-Implementierungen (insbesondere TCP Vegas, überfüllen die Warteschlange nicht. Allerdings kann TCP Vegas nicht gut mit TCP Reno konkurrieren, zumindest nicht mit der traditionellen FIFO-Warteschlange (Abschnitt 20.1, »Ein erster Blick auf das Queuing«) (siehe aber Abschnitt 22.6.1, »Fair Queuing und Bufferbloat«).

Der ungünstigste Fall für die TCP-Verbindungsauslastung ist eine Warteschlangengröße gleich oder nahe null. Bei einem Bandbreiten-×Verzögerungsprodukt von 100 Paketen bedeutet eine Warteschlange mit der Größe null, dass $cwnd_{max}$ 100 (oder 101) und $cwnd_{min}$ 50 ist. Die Auslastung der Verbindung reicht daher während der Lebensdauer des Sägezahns von 50/100 = 50 % bis zu 100 %; die durchschnittliche Auslastung beträgt 75 %. Das ist zwar nicht ideal, und mit einigen Nicht-Reno-TCP-Varianten wurde versucht, diese Zahl zu verbessern, aber 75 % Verbindungsauslastung ist gar nicht so schlecht und kann mit den 10 % der Bandbreite verglichen werden, die als Paketköpfe verbraucht werden (obwohl diese Zahl von 512 Byte Daten pro Paket ausgeht, was wenig ist). (Eine tatsächlich nullgroße Warteschlange funktioniert nicht gut; ein Grund – wenn auch nicht der einzige – ist, dass TCP Reno einen Zwei-Paket-Burst sendet, sobald cwnd erhöht wird).

Der Trafficmix hat einen großen Einfluss auf die angemessene Größe der Warteschlange. So wurde bei der Analyse im vorherigen Abschnitt von einer einzigen langfristigen TCP-Verbindung ausgegangen. Die Situation der Verbindungsauslastung verbessert sich mit zunehmender Anzahl von TCP-Verbindungen, zumindest wenn die Verluste unsynchronisiert sind, da die Halbierung der cwnd einer Verbindung einen proportional geringeren Einfluss auf die Gesamtauslastung der Warteschlange hat. In [AKM04] wird gezeigt, dass für einen Router mit N TCP-Verbindungen mit unsynchronisierten Verlusten eine Warteschlangengröße von ($RTT_{average}$ × Bandbreite)/$\sqrt{N}$ ausreicht, um die Verbindung fast immer gesättigt zu halten. Größere N-Werte sind in der Regel mit »Core«-Routern (Backbone) verbunden. In [EGMR05] werden noch kleinere Pufferkapazitäten vorgeschlagen, die in der Größenordnung des Logarithmus der maximalen Fenstergröße liegen. Dies geht jedoch von zwei wichtigen Annahmen aus: erstens, dass wir bereit sind, eine Verbindungsauslastung von etwas weniger als 100 % (wenn auch mehr als 75 %) zu tolerieren, und zweitens – was vielleicht noch wichtiger ist –, dass TCP so ausgelegt ist, dass alle Paket-Bursts – selbst der Größe zwei – über kleine Zeitintervalle verteilt werden. 19

Es gibt noch weitere Probleme, die durch zu kleine Warteschlangen entstehen, selbst wenn wir bereit sind, eine 75%ige Auslastung der Verbindungen zu akzeptieren. Der Internet-Traffic neigt – ähnlich wie der Stadtbusverkehr – dazu, sich zu »ballen«; Warteschlangen dienen dazu, diese Paketbündel vor unnötigen Verlusten zu bewahren. Eine stärkere Randomisierung des Datenverkehrs trägt dazu bei, den Bedarf an sehr großen Warteschlangen zu verringern, kann aber den Bündelungseffekt verstärken. Internet-»Core«-Router sehen mehr hochgradig randomisierten Traffic als Endbenutzer- oder »Edge«-Router; die Warteschlangen in Letzteren sind oft am schwierigsten zu konfigurieren. Siehe auch Übung 12.

Schließlich muss die Kapazität der Warteschlange nicht unbedingt statisch bleiben. Wir werden auf diesen Punkt in Abschnitt 21.5, »Aktives Warteschlangenmanagement«, zurückkommen. Außerdem rühren viele Probleme mit der Warteschlangengröße letztlich von der Tatsache her, dass der gesamte Traffic in eine einzige FIFO-Warteschlange geleitet wird; wir werden uns in Kapitel 22, »Queuing und Scheduling«, mit alternativen Warteschlangenstrategien befassen. Für ein spezielles Beispiel im Zusammenhang mit Bufferbloat siehe Abschnitt 22.6.1, »Fair Queuing und Bufferbloat«.

19.8 Verluste einzelner Pakete

Wiederum unter der Annahme, dass es auf der Flaschenhalsverbindung keinen Wettbewerb gibt, hat die TCP-Reno-Policy der additiven Zunahme eine einfache Konsequenz: Am Ende eines jeden Sägezahns geht nur ein einziges Paket verloren.

Um dies zu prüfen, sei A der Sender, R der Flaschenhals-Router und B der Empfänger:

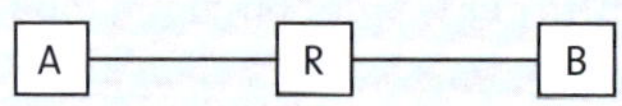

T sei die Bandbreitenverzögerung bei R, sodass die Pakete, die R verlassen, mindestens die Zeit T voneinander entfernt sind. A sendet also Pakete im Abstand von T Zeiteinheiten, es sei denn, cwnd wurde gerade erhöht und A sendet nacheinander ein Paketpaar. Das zweite Paket eines solchen Paares nennen wir das »Extrapaket«. Um die Sache etwas zu vereinfachen, gehen wir davon aus, dass die beiden Pakete eines Paares mehr oder weniger gleichzeitig bei R ankommen.

Nur ein zusätzliches Paket kann zu einem Anstieg der Auslastung der Warteschlange führen; jedes andere Paket kommt nach einem Intervall T nach dem vorherigen Paket an, wodurch R genügend Zeit erhält, ein Paket aus seiner Warteschlange zu entfernen.

Dies hat zur Folge, dass cwnd die Summe aus der Transitkapazität und der Warteschlangenkapazität erreicht, ohne dass R ein Paket fallen lässt. (Dies ist nicht unbedingt der Fall, wenn eine cwnd dieser Größe als einzelner Burst gesendet würde.)

Nehmen wir an, dass C diese Gesamtkapazität ist und dass cwnd C erreicht hat. Wenn A seine nächste additive Zunahme um cwnd += 1 durchführt, sendet er wie üblich nacheinander ein Paketpaar. Das zweite Paket dieses Paars – das Extrapaket – ist zum Scheitern verurteilt; es wird verworfen, wenn es den Flaschenhals-Router erreicht.

Zu diesem Zeitpunkt stehen noch C = cwnd – 1 Pakete aus, alle im Abstand von T. Sliding Windows läuft normal weiter, bis das ACK des Pakets kurz vor dem verlorenen Paket wieder bei A eintrifft. Ab diesem Zeitpunkt erhält A nur DupACKs. A hat seit der letzten Zunahme von cwnd C = cwnd–1 ACKs erhalten, muss aber C+1 = cwnd ACKs erhalten, um cwnd erneut zu erhöhen. Dies wird nicht geschehen, da keine neuen ACKs mehr eintreffen werden, bis das verlorene Paket übertragen wurde.

Danach wird cwnd reduziert und der nächste Sägezahn beginnt; das einzige Paket, das verloren geht, ist das »Zusatzpaket« des vorherigen Flights.

19.9 Annahmen zu TCP und Skalierbarkeit

In dem oben dargestellten TCP-Entwurf sind mehrere Annahmen enthalten. Die vielleicht wichtigste ist, dass *jeder Verlust als Beweis für eine Überlast behandelt wird.* Wie wir im nächsten Kapitel sehen werden, scheitert dies bei TCP mit hoher Bandbreite (wenn seltene zufällige Verluste signifikant werden); es scheitert auch bei TCP über Funk (entweder Wi-Fi oder andere), wo verlorene Pakete viel häufiger vorkommen als über Ethernet. Siehe Abschnitt 21.6, »Das TCP-Problem der hohen Bandbreiten«, und Abschnitt 21.7, »Das Problem der verlustbehafteten Verbindungen«.

Die Strategie der Inkrementierung von cwnd – cwnd wird bei jeder RTT um 1 erhöht – hängt auch vom Maßstab ab. Dieser Mechanismus funktioniert gut bei interkontinentalen RTTs in der Größenordnung von 100 ms und bei cwnd im niedrigen dreistelligen Bereich. Aber wenn cwnd = 2000 ist, dauert es 100 RTTs – vielleicht 20 Sekunden –, bis cwnd um 10 % wächst; der lineare Anstieg verlangsamt sich *proportional* recht deutlich. Auch wenn die RTT sehr lang ist, steigt cwnd nur langsam an.

Die Mindest-RTT für Internet über geostationäre Satelliten wird durch die Lichtgeschwindigkeit bestimmt und beträgt 480 ms. Typische Satelliten-Internet-RTTs liegen bei fast 1000 ms. So lange RTTs führen auch zu einem langsamen cwnd-Anstieg; darüber hinaus werden wir weiter unten sehen, dass diese TCP-Verbindungen im Vergleich zu anderen Verbindungen schlecht abschneiden. Siehe Abschnitt 21.8, »Das Problem der Satelliten-TCP-Verbindungen«. 19

Eine weitere implizite Annahme ist, dass wir alles in einer einzigen Verbindung senden, wenn wir viele Daten zu übertragen haben, anstatt einer Aufteilung auf mehrere Verbindungen. Das Web-HTTP-Protokoll verstößt jedoch regelmäßig gegen diese Annahme. Bei mehreren kurzen Verbindungen kann es vorkommen, dass cwnd nie richtig zum stationären Zustand für eine der Verbindungen konvergiert; TCP Reno unterstützt keine Übertragung der Informationen über cwnd von einer Verbindung zur nächsten.

Ein ähnliches Problem tritt auf, wenn eine Verbindung zwischen relativen Leerlaufperioden und voller Datenübertragung wechselt; die meisten TCPs setzen cwnd=1 und kehren zu Slow Start zurück, wenn das Senden nach einer Leerlaufperiode wieder aufgenommen wird.

Schließlich geht TCP bei Fast-Retransmit davon aus, dass Router die Pakete nicht wesentlich umordnen.

19.10 TCP-Parameter

Bei der TCP-Reno-Strategie der additiven Zunahme/multiplikativen Abnahme beträgt der Zunahmefaktor 1,0 und der Abnahmefaktor $\frac{1}{2}$. Es liegt nahe, sich zu fragen, ob diese Werte eine besondere Bedeutung haben oder welche Folgen es hat, wenn sie geändert werden.

Keiner dieser Werte spielt bei der Bestimmung des Durchschnittswerts von `cwnd` eine große Rolle, zumindest kurzfristig; dieser wird weitgehend von der Pfadkapazität bestimmt, einschließlich der Größe der Warteschlange des Flaschenhals-Routers. Es scheint klar zu sein, dass der genaue Wert des Zunahmeinkrements keinen Einfluss auf die Überlast hat; die Zunahme pro RTT ist zu gering, um hier einen großen Effekt zu haben. Der Verkleinerungsfaktor von $\frac{1}{2}$ *kann* eine Rolle spielen, wenn es darum geht, schnell auf eine beginnende Überlast zu reagieren, da er `cwnd` bei den ersten Anzeichen von verlorenen Paketen stark reduziert. TCP Vegas kommt jedoch in seinem »normalen« Modus recht erfolgreich mit einer Strategie der additiven Abnahme zurecht, indem `cwnd` um 1 verringert wird, sobald eine Überlastung droht (dies wird sicherheitshalber lange vor dem Paketverlust festgestellt), und reagiert in gewisser Weise besser auf Staus als TCP Reno. Mit anderen Worten, nicht nur der genaue Wert des AIMD-Abnahmefaktors ist für das Überlastmanagement nicht entscheidend, sondern auch die multiplikative Abnahme selbst ist nicht zwingend erforderlich.

In [JK88] gibt es zwei informelle Begründungen für einen Verringerungsfaktor von $\frac{1}{2}$. Die erste betrifft den Slow Start: Wenn bei der N-ten RTT festgestellt wird, dass `cwnd` $= 2^N$ zu groß ist, fällt der Sender auf `cwnd`$/2 = 2^{N-1}$ zurück, was bekanntermaßen bei der vorherigen RTT ohne Verluste funktioniert hat. Eine Änderung der Abnahmeregel könnte hier jedoch am besten mit einer gleichzeitigen Änderung des Slow Start einhergehen; alternativ könnte der Abnahmefaktor von $\frac{1}{2}$ für den »unbegrenzten« Slow Start beibehalten werden, während ein neuer Faktor von β für den Slow Start mit Schwellenwert gelten könnte.

Die zweite Begründung für den Abnahmefaktor von $\frac{1}{2}$ bezieht sich direkt auf die Phase der Congestion Avoidance; sie stammt aus dem Jahr 1988 und ist für moderne Leserinnen und Leser recht bemerkenswert:

> *Wenn die Verbindung stabil läuft und ein Paket verworfen wird, liegt es wahrscheinlich daran, dass eine neue Verbindung aufgebaut wurde und einen Teil der Bandbreite beansprucht ... Es ist wahrscheinlich, dass sich jetzt genau zwei Gespräche die Bandbreite teilen. D. h., man sollte das Fenster um die Hälfte verkleinern, weil sich die zur Verfügung stehende Bandbreite um die Hälfte verringert hat. [JK88], §D*

Heutzutage können stark ausgelastete Router Tausende von gleichzeitigen Verbindungen aufweisen. Jacobson und Karels führen weiter aus: »Wenn sich mehr als zwei

Verbindungen die Bandbreite teilen, ist die Halbierung des Fensters konservativ – und bei hoher Trafficintensität ist es wahrscheinlich klug, konservativ zu sein.« Dieser Ratschlag hat auch heute noch Gültigkeit.

Aber während sie bei der Festlegung von `cwnd` oder der Vermeidung eines staubedingten Kollapses keine große Rolle spielen, spielen diese Zunahme- und Abnahmefaktoren von 1 bzw. ½ in puncto *Fairness* eine *große* Rolle: Sie stellen sicher, dass konkurrierende Verbindungen die Bandbreite erhalten, die sie zugewiesen bekommen »sollten«. Wir werden in Abschnitt 20.3, »TCP Reno – Fairness mit synchronisierten Verlusten«, und auch in Abschnitt 21.4, »Noch einmal AIMD«, darauf zurückkommen.

19.11 Epilog

Wie in Netzwerken mit Lastspitzen und allgemeiner Auslastung umgegangen wird, ist seit mehr als 30 Jahren eine zentrale Frage der Forschung. Es hat dafür unterschiedliche Antworten und Lösungsansätze gegeben, die wir in den nächsten Kapiteln noch vertiefen werden.

Auch bei den TCP-Nutzungsmustern gibt es große Veränderungen. Vor zwanzig Jahren war die überwiegende Mehrheit des TCP-Traffic für Downloads von »großen« Servern bestimmt. Heute erfolgt mehr als die Hälfte des gesamten Internet-TCP-Traffic über Peer-to-Peer-Verbindungen und nicht mehr über Server-to-Client-Verbindungen. Die Zunahme des Online-Videostreamings stellt neue Anforderungen an eine hervorragende TCP-Echtzeitleistung.

Im nächsten Kapitel werden wir das dynamische Verhalten von TCP Reno untersuchen, wobei wir uns insbesondere auf die Fairness zwischen konkurrierenden Verbindungen und auf andere Probleme von TCP Reno-Sendern konzentrieren werden.

19.12 Übungen

1. Betrachten Sie das folgende Netzwerk, wobei jede Verbindung außer der ersten eine Bandbreitenverzögerung von 1 Paket/Sekunde hat. Nehmen wir an, dass ACKs sofort von B nach R (und damit nach A) gelangen. Angenommen, es gibt keine Ausbreitungsverzögerungen, sodass RTT_{noLoad} 4 ist; das Produkt aus Bandbreite×RTT sind dann 4 Pakete. Wenn A Sliding Windows mit einer Fenstergröße von 6 verwendet, hat die Warteschlange bei R1 schließlich die Größe 2.

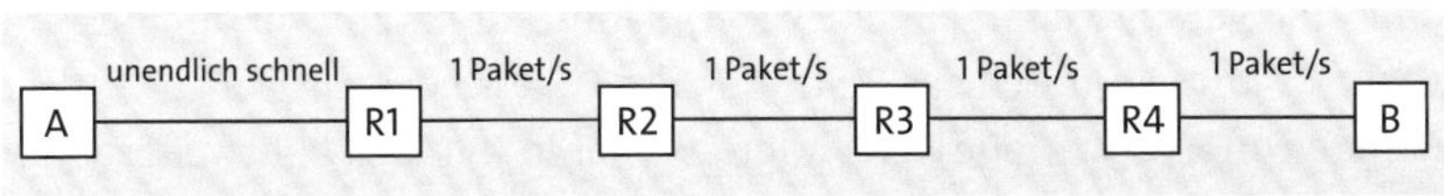

Angenommen, A verwendet *Threshold*-Slow-Start (Abschnitt 19.2.2, »Slow Start Threshold«) mit `ssthresh` = 6 und zunächst mit `cwnd` 1. Füllen Sie die untenstehende Tabelle bis zwei Zeilen nach `cwnd` = 6 aus; für diese letzten beiden Zeilen hat `cwnd` `ssthresh` erreicht und A sendet daher nur ein neues Paket für jedes empfangene ACK. Angenommen, die Warteschlange bei R1 ist so groß, dass keine Pakete verworfen werden. Wie groß wird die Warteschlange bei R1?

T	A sendet	R1-Warteschlangen	R1 sendet	B empfängt/ACKs	cwnd
0	1		1		1
1					
2					
3					
4	2,3	3	2	1	2
5			3		2
6					
7					
8	4,5	5	4	2	3

Beachten Sie, dass, die Warteschlange bei R1 anfangs 6 – 1 = 5 Pakete enthält, wenn A statt des Slow Start einfach das erste gefüllte Fenster mit 6 Paketen auf einmal sendet.

2. Betrachten Sie das folgende Netzwerk aus Abschnitt 19.2.3, »Beispiel: Slow Start bei mehreren Paketen«, mit Verbindungen, die mit Bandbreiten in Paketen/ms beschriftet sind. Nehmen wir an, dass ACKs sofort von B nach R (und damit nach A) gelangen.

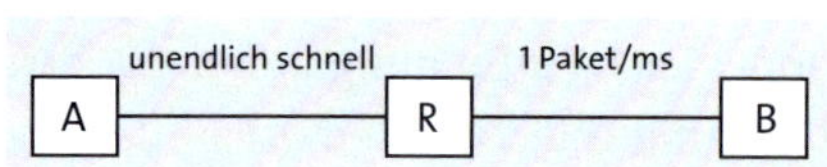

A sendet mit unbegrenztem Slow Start an B, beginnend mit Data[1] bei T=0. Anfangs ist `cwnd` = 1. Erstellen Sie eine Tabelle der Paketübertragungen und -lieferungen unter der Annahme, dass die maximale Größe der Warteschlange von R 4 beträgt (ohne das gerade weitergeleitete Paket). Fahren Sie bis zur Ankunft des ersten dupACK bei A fort, das durch das Eintreffen des Pakets bei B ausgelöst wurde, das auf das erste von R verworfene Paket folgte. Bis dahin werden keine weiteren Übertragungen stattfinden.

T	A sendet	R-Warteschlangen	R verwirft	R sendet	B empfängt/ACKs
0	Data[1]			Data[1]	

3. Betrachten Sie das Netz aus Übung 2. A beginnt wieder mit dem Senden an B unter Verwendung des unbegrenztem Slow Start, aber diesmal ist die Größe der Warteschlange von R 2, wobei das Paket, das gerade weitergeleitet wird, nicht mitgezählt wird. Erstellen Sie eine Tabelle, die alle Paketübertragungen von A, alle Paketverluste von R und, falls sinnvoll, weitere Spalten enthält. Nehmen Sie an, dass kein Mechanismus zur erneuten Übertragung verwendet wird (keine Timeouts, kein Fast-Retransmit) und dass A nur dann neue Daten sendet, wenn es neue ACKs erhält (mit anderen Worten, dupACKs lösen keine neuen Datenübertragungen aus). Unter diesen Annahmen werden neue Datenübertragungen irgendwann aufhören; die Tabelle wird fortgesetzt, bis alle gesendeten Datenpakete von B empfangen wurden.
4. Angenommen, eine Verbindung beginnt mit `cwnd=1` und erhöht `cwnd` bei jeder verlustfreien RTT um 1 und setzt `cwnd` bei jeder RTT mit mindestens einem Verlust auf `cwnd/2`, wobei abgerundet wird. Verlorene Pakete werden nicht erneut übertragen, und Ausbreitungsverzögerungen dominieren, sodass jedes Fenster mehr oder weniger zusammen gesendet wird. Die Pakete 5, 13, 14, 23 und 30 gehen verloren. Wie groß ist die Fenstergröße bei jeder RTT, bis die ersten 40 Pakete gesendet werden? Welche Pakete werden pro RTT gesendet? Hinweis: In der ersten RTT wird Data[1] gesendet. Es gibt keinen Verlust, sodass in der zweiten RTT `cwnd = 2` und Data[2] und Data[3] gesendet werden.
5. Angenommen, TCP Reno wird verwendet, um eine große Datei über einen Pfad mit ausreichend hoher Bandbreite zu übertragen, sodass während des Slow Start `cwnd` als Verdoppelung jeder RTT behandelt werden kann, wie in Abschnitt 19.2, »Slow Start«, erläutert. Angenommen, der Empfänger setzt keine Grenzen für die Fenstergröße.
   a) Wie viele RTTs wird es dauern, bis die Fenstergröße zum ersten Mal ~8.000 Pakete (etwa 2^{13}) erreicht, unter der Annahme, dass ein unbegrenzter Slow Start verwendet wird und es keine Paketverluste gibt?
   b) Wie viele Pakete wurden zu diesem Zeitpunkt ungefähr gesendet und quittiert?
   c) Nehmen wir nun an, die Bandbreite beträgt 100 Pakete/ms und die RTT 80 ms, sodass das Produkt aus Bandbreite und Verzögerung 8000 Pakete beträgt. Welcher Anteil der Gesamtbandbreite wird von der Verbindung bis zu dem Punkt genutzt, an dem die Fenstergröße 8000 erreicht? Hinweis: Die Gesamtbandbreite beträgt 8.000 Pakete pro RTT.

19

6. Nun geht es um TCP Reno und Fast-Recovery.
   a) Wiederholen Sie das Diagramm in Abschnitt 19.4, »TCP Reno und Fast-Recovery«, dort mit `cwnd=10`, für eine Fenstergröße von 8. Nehmen Sie wie zuvor an, dass das verlorene Paket Data[10] ist. Es wird sieben dupACK[9]s geben, die man als dupACK[9]/11 bis dupACK[9]/17 bezeichnen kann.
   b) Angenommen, Sie versuchen dies mit einer Fenstergröße von 6. Ist diese Fenstergröße groß genug, damit Fast-Recovery noch funktioniert? Wenn ja, bei welchem dupACK[9]/N beginnt die neue Datenübertragung? Wenn nicht, was läuft schief?
7. Angenommen, die Fenstergröße beträgt 100 und Data[1001] geht verloren. Es werden 99 dupACK[1000]'s gesendet, die wir als dupACK[1000]/1002 bis dupACK [1000]/1100 bezeichnen können. Es wird TCP Reno verwendet.
   a) Bei welchem dupACK[1000]/N beginnt der Absender mit dem Senden neuer Daten?
   b) Wenn die erneut gesendeten Daten[1001] beim Empfänger ankommen, welches ACK wird als Antwort gesendet?
   c) Wenn die Bestätigung in (b) beim Sender eintrifft, welches Datenpaket wird dann gesendet?

   Hinweis: Drücken Sie EFS in Form von dupACK[1000]/N aus, für N≥1004. Das dritte dupACK ist dupACK[1000]/1004; was ist EFS zu diesem Zeitpunkt nach der erneuten Übertragung von Data[1001]?
8. Angenommen, die Fenstergröße beträgt 40, und Data[1001] ist verloren gegangen. Paket 1000 wird normal quittiert. Die Pakete 1001–1040 werden gesendet, und 1002–1040 lösen jeweils ein Duplikat ACK[1000] aus.
   a) Welche tatsächlichen Datenpakete lösen die ersten drei dupACKs aus? (Das erste ACK[1000] wird durch Data[1000] ausgelöst; zählen Sie dieses nicht als Duplikat.)
   b) Nachdem das dritte dupACK[1000] empfangen und die verlorenen Daten[1001] erneut übertragen wurden, wie viele Pakete/ACKs sollten vom Sender als im Umlauf betrachtet werden?

      Wenn die erneut übertragenen Daten[1001] beim Empfänger ankommen, wird ACK[1040] zurückgeschickt.
   c) Was ist das erste gesendete Data[N], für das die Antwort ACK[N] ist, für N>1000?
   d) Welches ist das erste N, für das Data[N+20] als Antwort auf ACK[N] gesendet wird (dies stellt den Punkt dar, an dem die Verbindung wieder zu normalem Sliding Window mit einer Fenstergröße von 20 zurückkehrt)?

9. Erinnern Sie sich (Abschnitt 19.2, »Slow Start«), dass während des Slow Start cwnd für jedes ankommende ACK um 1 erhöht wird, was zur Übertragung von zwei neuen Datenpaketen führt. Angenommen, Slow Start wird so geändert, dass bei jedem ACK *drei* statt zwei neue Pakete gesendet werden; cwnd verdreifacht sich nun nach jeder RTT und nimmt die Werte 1, 3, 9, 27, ... an.
   a) Um wie viel muss cwnd jetzt bei jedem ankommenden ACK erhöht werden?
   b) Nehmen Sie für einen Pfad hauptsächlich Ausbreitungsverzögerung an. Es werden immer größere Fenster gesendet, deren Größen aufeinanderfolgende Potenzen von 3 sind, bis eine cwnd erreicht wird, bei der ein Paketverlust auftritt. Welche Fenstergröße ist aufgrund früherer Erfahrungen für den Absender ausreichend zuverlässig?
10. Angenommen, im Beispiel in Abschnitt 19.5, »TCP NewReno«, wäre Data[4] *nicht* verloren gegangen.
    a) Wenn Data[1] empfangen wird, welches ACK würde als Antwort gesendet werden?
    b) An welchem Punkt des Diagramms kann der Absender das normale Sliding windows mit cwnd = 6 wieder aufnehmen?
11. Angenommen, im Beispiel von Abschnitt 19.5, »TCP NewReno«, wären Data[1] und Data[2] verloren gegangen, aber nicht Data[4].
    a) Auf welche Data[N] wird das dritte dupACK[0] wird als Antwort gesendet?
    b) Wenn die erneut gesendeten Data[1] den Empfänger erreichen, ist ACK[1] die Antwort. Welche Datenpakete werden als Antwort gesendet, wenn dieses ACK [1] den Absender erreicht?
12. Angenommen, zwei TCP-Verbindungen haben die gleiche RTT und teilen sich eine Flaschenhalsverbindung, auf der sonst kein anderer Traffic stattfindet. Die Größe der Flaschenhals-Warteschlange ist im Vergleich zum Produkt Bandbreite × RTT_{noLoad} vernachlässigbar. Verlustereignisse treten in regelmäßigen Abständen auf und sind vollständig synchronisiert. Zeigen Sie, dass die beiden Verbindungen zusammen 75 % der Gesamtkapazität der Flaschenhalsverbindung ausnutzen, wie in Abschnitt 19.7, »TCP und Auslastung der Flaschenhalsverbindung«, erläutert (dort für eine einzelne Verbindung).

    Siehe auch Übung 16 des Kapitel 21, »Weitere TCP-Dynamiken«.
13. In Abschnitt 19.7, »TCP und Auslastung der Flaschenhalsverbindung«, haben wir gesehen, dass die Auslastung des Flaschenhalses 95,8 % beträgt, wenn die Kapazität der Warteschlange des Flaschenhals-Routers 50 % der Transitkapazität einer TCP-Reno-Verbindung beträgt und kein anderer Traffic stattfindet.
    a) Angenommen, die Warteschlangenkapazität beträgt $1/3$ der Transitkapazität. Zeigen Sie, dass die Auslastung der Flaschenhalsverbindung $11/12$ oder 91,7 %

beträgt. Zeichnen Sie ein Sägezahndiagramm und bestimmen Sie die relativen Längen der Phasen, in denen die Verbindung ungesättigt ist und die Warteschlange sich füllt. Sie können $cwnd_{max}$ auf 4/3 der Transitkapazität abrunden (der Wert von cwnd kurz vor dem Paketverlust; der genaue Wert von $cwnd_{max}$ ist um 1 höher).

b) ◇ Leiten Sie eine Formel für die Auslastung der Verbindung in Form des Verhältnisses **f**<1 von Warteschlangenkapazität zu Transitkapazität ab. Gehen Sie dabei von derselben vereinfachenden Annahme aus wie in Teil (a).

14. In Abschnitt 19.2.1, »Per-ACK-Antworten«, haben wir festgestellt, dass die Per-ACK-Antwort eines TCP-Senders darin besteht, cwnd wie folgt zu erhöhen:

    cwnd = cwnd + 1/cwnd

    a) Wie lautet die entsprechende Formulierung, wenn die Fenstergröße tatsächlich in Bytes und nicht in Paketen gemessen wird? Bezeichnen Sie mit SMSS die maximale Segmentgröße des Senders und mit bwnd = SMSS×cwnd das Congestion Window, gemessen in Bytes. Tipp: Lösen Sie diese letzte Gleichung für cwnd und setzen Sie das Ergebnis oben ein.

    b) Wie lautet die passende Formulierung von cwnd = cwnd + 1/cwnd, wenn verzögerte ACKs verwendet werden (Abschnitt 18.8, »Verzögerte ACKs bei TCP«) und wir trotzdem wollen, dass cwnd für jedes volle Fenster um 1 erhöht wird? Nehmen wir an, wir messen cwnd wieder in Paketen.

15. In Abschnitt 19.8, »Verluste einzelner Pakete«) haben wir etwas vereinfacht, indem wir annahmen, dass die Pakete im Wesentlichen gleichzeitig bei R eintreffen, wenn A ein Paketpaar sendet.

    Geben Sie ein Szenario an, in dem nicht das »zusätzliche« Paket (das zweite des Paares) verloren geht, sondern das darauffolgende Paket.

Kapitel 20
TCP-Dynamik

In diesem Kapitel befassen wir uns in erster Linie mit der Möglichkeit, dass es andere TCP-Verbindungen gibt, die mit uns um den Datendurchsatz konkurrieren. In Abschnitt 8.3, »Lineare Flaschenhälse«, (und in Abschnitt 19.7, »TCP und Auslastung der Flaschenhalsverbindung«) haben wir die TCP-Leistung durch einen *nicht umkämpften Flaschenhals* betrachtet; jetzt betrachten wir auch Konkurrenzsituationen.

Obwohl der Schwerpunkt dieses Kapitels auf TCP Reno liegt, gelten viele, wenn auch nicht alle, der hier vorgestellten Ideen auch für ander Spielarten von TCP und sogar auch für andere Mechanismen als TCP wie etwa QUIC.

Das folgende Kapitel greift dieses Thema wieder auf und zeigt weitere Beispiele für das Verhalten von TCP Reno im großen Maßstab.

20.1 Ein erster Blick auf das Queuing

In welcher Reihenfolge werden die Pakete in der Warteschlange der ausgehenden Schnittstelle eines Routers versendet? Die konventionelle Antwort lautet: in der Reihenfolge ihres Eintreffens; technisch gesehen handelt es sich um eine *FIFO*-Warteschlange (First-In, First-Out). Was passiert mit einem Paket, das bei einem Router eingeht, dessen Warteschlange für die gewünschte ausgehende Schnittstelle voll belegt ist? Nach konventioneller Lesart wird es verworfen; technisch gesehen handelt es sich dabei um ein sogenanntes *Tail Drop*. 20

Tail Drops sind in Zusammenhang mit *FIFO* zwar nach wie vor sehr wichtig, aber es gibt auch Alternativen. In einem zugegebenermaßen völlig anderen Kontext (dem IPv6-Äquivalent von ARP) heißt es in RFC 4681: »Wenn eine Warteschlange überläuft, *sollte* der neu eingetroffene Eintrag den ältesten Eintrag ersetzen.« Dies könnte man als »Head Drop« bezeichnen; es wird nicht für *Router*-Warteschlangen verwendet.

Warteschlangentheorie

Obwohl es in diesem Kapitel viele Warteschlangen gibt, verzichten wir auf die Begriffe der klassischen Warteschlangentheorie. Der Grund dafür ist, dass Warteschlangen, die mit Hilfe von Sliding Windows gebildet werden, sowohl in Bezug auf die Eingänge als auch auf die Abgänge hochgradig deterministisch sind (sogenannte »D/D/1«-Warteschlangen). Aus Sicht der Warteschlangentheorie haben interessante Warteschlangen eher zufällige (z. B. Poisson-verteilte) Ankunfts- oder Abfertigungszeiten oder beides, z. B. »M/M/1«-Warteschlangen. Der Vorteil von mit Sliding Windows gebildeten Warteschlangen liegt für uns darin, dass sie wesentlich einfacher zu handhaben sind als der allgemeine Fall. Bei der Analyse einzelner *Nachrichten* kommt jedoch der M/M/1-Warteschlange eine wesentlich größere Bedeutung zu; siehe z. B. [LK78].

Ein alternativer Mechanismus zum Verwerfen von Paketen, der für Router-Warteschlangen in Betracht gezogen wurde, ist das zufällige Verwerfen (*Random Drop*). Wenn ein Paket eintrifft, die Warteschlange am Ziel jedoch voll ist und N Pakete warten, wird eines der insgesamt N+1 Pakete – die N wartenden plus das neu eingetroffene – zufällig ausgewählt und verworfen. Das zuletzt eingetroffene Paket hat somit eine sehr gute Chance, einen vorderen Platz in der Warteschlange zu erhalten, aber es besteht auch eine reelle Wahrscheinlichkeit, dass es später verworfen wird. Siehe [AM90].

Obwohl Random Drop in seiner ursprünglichen Form, wenn überhaupt, dann nur selten im produktiven Einsatz ist, löst es ein spezielles Synchronisationsproblem, das mit der natürlichen Periodizität von TCP zusammenhängt und zum Erliegenkommen einer einzelnen Verbindung führen kann. Diese Situation ist unter dem Begriff *Phaseneffekte* bekannt. Mathematisch gesehen ist Random-Drop-Queuing manchmal einfacher zu handhaben als Tail Drop, da die Verlustwahrscheinlichkeit eines Pakets hierbei nur geringfügig von den Bedingungen des Wettlaufs mit anderen Paketen bis zur Ankunftszeit abhängt.

20.1.1 Priority Queuing

Eine gänzlich andere Alternative zu FIFO ist das *Priority Queuing*. Wir werden dies in Abschnitt 22.3, »Priority Queuing«, genauer betrachten. Die die Grundidee ist jedenfalls einfach: Immer wenn der Router bereit ist, das nächste Paket zu senden, schaut er zuerst, ob er Pakete höherer Priorität zu senden hat; Pakete niedrigerer Priorität werden nur gesendet, wenn kein Datenverkehr mit höherer Priorität wartet. Dies kann natürlich dazu führen, dass der Traffic mit niedrigerer Priorität komplett zum Erliegen kommt, aber oft bestehen für den höher priorisierten Traffic Bandbreitenbeschränkungen (dass er z. B. maximal 10 % der gesamten verfügbaren Bandbreite ausmacht), sodass es nicht zu einem solchen Stillstand kommt.

In einer Umgebung mit gemischtem Echtzeit- und Volumen-Traffic ist es naheliegend, auf Priority Queuing zu setzen, um dem Echtzeitdatenverkehr Vorrang zu geben, indem dieser der höher priorisierten Warteschlange zugewiesen wird. Dies funktioniert recht gut, solange, der Echtzeit-Traffic beispielsweise weniger als einen bestimmten Bruchteil des Gesamtdatenverkehrs ausmacht; wir werden in Kapitel 24, »Quality of Service«, darauf zurückkommen.

20.2 Flaschenhalsverbindungen mit konkurrierendem Datenverkehr

Bislang haben wir die Tatsache ignoriert, dass es noch andere TCP-Verbindungen gibt. Eine einzelne Verbindung für sich genommen braucht ihren Flaschenhals-Router nicht überlasten und Pakete verwerfen, zumindest nicht allzu häufig. Sobald jedoch andere Verbindungen auf den Plan treten, muss auch jede einzelne TCP-Verbindung versuchen, ihren Anteil an der Gesamtbandbreite zu maximieren.

Betrachten Sie einen einfachen Netzwerkpfad. Die Bandbreiten sind in Paketen/ms angegeben und die Mindestbandbreite oder *Pfadbandbreite* beträgt 3 Pakete/ms.

20.2.1 Beispiel 1: Linearer Flaschenhals

Es folgt das Beispiel, das wir in Abschnitt 8.3, »Lineare Flaschenhälse«, betrachtet haben; die Bandbreiten sind in Paketen/ms angegeben.

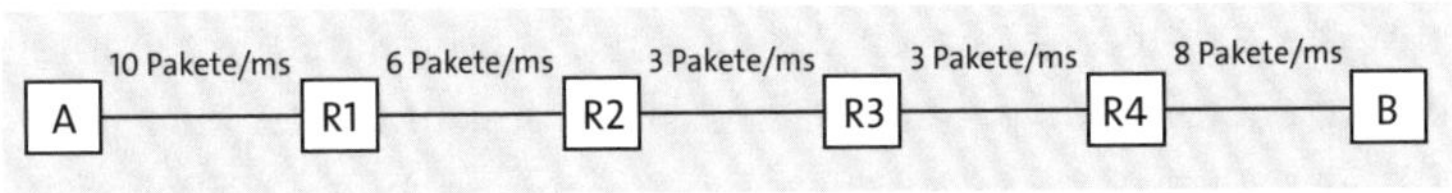

Der Engpass für den Traffic von A→B liegt bei R2, und die Warteschlange wird sich an der ausgehenden Schnittstelle von R2 ausbilden.

Wir haben bereits festgestellt, dass das Netzwerk in relativ kurzer Zeit in einen stabilen Zustand konvergiert, wenn der Absender Sliding Windows mit fester Fenstergröße verwendet. Dies gilt auch, wenn mehrere Absender beteiligt sind; ein mathematischer Nachweis der Konvergenz könnte jedoch etwas schwieriger werden.

20.2.2 Beispiel 2: Router-Wettbewerb

Das Konzept des Verbindungsengpasses ist nützlich, um eine Überlastung aufgrund einer einzelnen Verbindung zu verstehen. Wenn jedoch mehrere Absender um eine Verbindung *konkurrieren*, ist die Situation komplizierter. Betrachten Sie das folgende Diagramm, in dem die Verbindungsbandbreiten in Paketen/ms ausgewiesen sind:

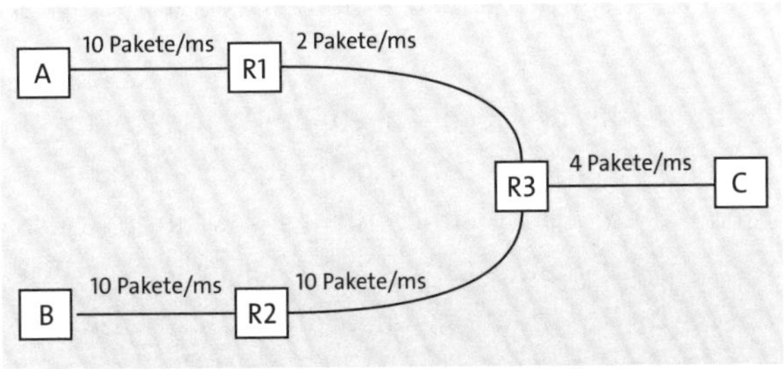

Nehmen wir einmal an, R3 verwendet *Priority* Queuing, wobei der Pfad B⟶C Vorrang vor A⟶C hat. Wenn der Durchfluss von B nach C auf 3 Pakete/ms festgelegt ist, dann beträgt der Anteil von A an der Verbindung R3-C 1 Paket/ms, und das Nadelöhr von A liegt bei R3. Sinkt jedoch der Gesamtdurchsatz von B auf 1 Paket/ms, dann sind auf der Verbindung R3-C 3 Pakete/ms verfügbar, und die Verbindung R1-R3 wird mit 2 Paketen/ms zum Engpass für den Pfad A-C.

Wechseln wir nun zur realistischeren FIFO-Warteschlange bei R3. Wenn der Fluss von B 3 Pakete/ms und der von A 1 Paket/ms beträgt, dann ist die R3-C-Verbindung (aber nur knapp) gesättigt: Wenn jede Verbindung sich an diese Raten hält, bildet sich bei R3 keine Warteschlange. Es ist allerdings nicht mehr zutreffend, 1 Paket/ms als *Anteil* von A zu bezeichnen: Wenn A mehr senden möchte, beginnt A, mit B zu konkurrieren. Zunächst wird die Warteschlange bei R3 wachsen; schließlich ist es durchaus möglich, dass die Gesamtdurchsatzrate von B sinkt, weil B im Wettbewerb um die Warteschlange von R3 gegenüber A verliert. Der letztgenannte Effekt ist sehr real.

Wenn sich zwei Verbindungen eine Flaschenhalsverbindung teilen, konkurrieren sie im Allgemeinen um die Bandbreite dieser Verbindung. Dieser Bandbreitenanteil wird jedoch genau durch den Anteil an der Warteschlange bestimmt, der kurz zuvor festgelegt wurde. Die feste Rate von R3 von 4 Paketen/ms entspricht einem Paket alle 250 µs. Wenn R3 eine Warteschlange von 100 Paketen hat und in dieser Warteschlange 37 Pakete von A und 63 Pakete von B stehen, dann besteht der Traffic von R3 nach C in den nächsten 25 ms (= 100 × 250 µs) aus diesen 37 Paketen von A und den 63 von B. Der Wettbewerb zwischen A und B um die Bandbreite von R3-C wird also zunächst als Wettbewerb um den Warteschlangenplatz von R3 ausgetragen. Dies ist so bedeutsam, dass es als Regel ausformuliert werden sollte.

Warteschlangenwettbewerbsregel

Die *Queue-Competition Rule* besagt, dass im stationären Zustand und wenn eine Verbindung einen Anteil $\alpha \leq 1$ der Warteschlange eines FIFO-Routers nutzt, diese Verbindung einen Anteil von α an der gesamten abgehenden Bandbreite des Routers hat.

In Abbildung 20.1 ist die Warteschlange und die ausgehende Verbindung von R3 zu sehen; die Warteschlange enthält vier Pakete von A und acht von B. Auch die Verbindung enthält Pakete in diesem Verhältnis; vermutlich kommen Pakete von B durchgängig doppelt so schnell an wie Pakete von A.

Im stationären Zustand werden A und B vier bzw. acht Pakete der Warteschlangenkapazität von R3 nutzen. Wenn Bestätigungspakete zurückkommen, füllt jeder Absender die Warteschlange entsprechend auf. Es ist jedoch nicht in As langfristigem Interesse, sich bei R3 mit einer Warteschlangenauslastung von vier Paketen zufrieden zu geben; A wird möglicherweise Schritte einleiten wollen, die in dieser Situation zu einer stufenweisen Erhöhung seines Anteils an der Warteschlange führen.

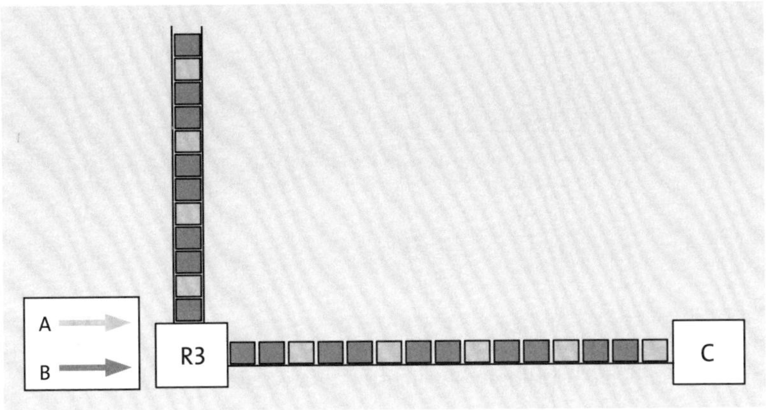

Abbildung 20.1 Die Warteschlange und die ausgehende Verbindung von R3

Obwohl wir bei der obigen Diskussion von festen Paket-Senderaten für A und B ausgegangen sind, führt diese meist zu Instabilität. Wenn die Raten von A und B zusammengenommen mehr als 4 Pakete/ms betragen, wächst die Warteschlange von R3 unbegrenzt an. Es ist viel besser, A und B *Sliding Windows* nutzen zu lassen und ihnen jeweils feste Fenstergrößen zu geben; in diesem Fall wird, wie wir sehen werden, bald ein stabiles Gleichgewicht erreicht. Jegliche Kombination von Fenstergrößen ist unabhängig von der verfügbaren Bandbreite zulässig; die Auslastung der Warteschlange (und, falls erforderlich, die Verlustrate) variiert je nach Bedarf, um sich an die tatsächliche Bandbreite anzupassen.

Wenn es mehrere konkurrierende Datenflüsse gibt, kann eine gegebene Verbindung in dem Sinne mehrere Engpässe aufweisen, dass sich an mehreren Routern entlang des Pfads Warteschlangen ausbilden. Im stationären Zustand können wir jedoch immer noch die Verbindung (oder die erste Verbindung) mit der geringsten Bandbreite identifizieren und diese als Flaschenhals bezeichnen. Beachten Sie, dass sich die so ermittelte Flaschenhalsverbindung mit der Fenstergröße des Absenders und mit konkurrierendem Datenverkehr verändern kann.

20.2.3 Beispiel 3: Wettbewerb und Warteschlangenauslastung

Im nächsten Diagramm hat die Engpassverbindung R-C eine normalisierte Bandbreite von 1 Paket pro ms (oder, abstrakter ausgedrückt, ein Paket pro Zeiteinheit). Die Bandbreiten der Verbindungen A-R und B-R spielen keine Rolle, außer sie sind größer als 1 Paket pro ms. Zu jeder Verbindung wird die *Ausbreitungsverzögerung* angegeben, die in derselben Zeiteinheit wie die Bandbreite gemessen wird; die Verzögerung stellt somit die Anzahl der Pakete dar, die die Verbindung gleichzeitig transportieren kann, wenn sie mit der Flaschenhalsrate gesendet werden.

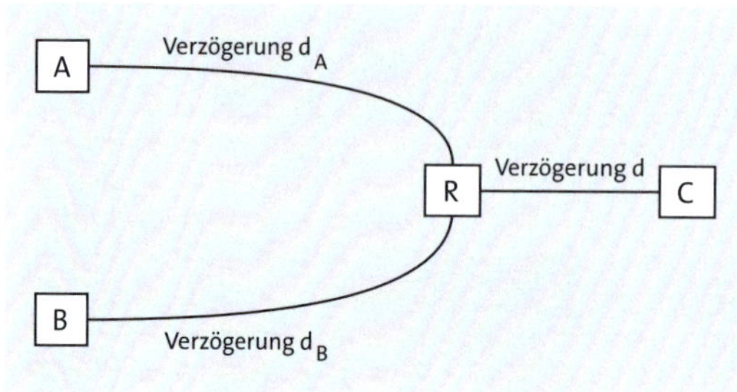

Die hier dargestellte Netzstruktur mit der gemeinsamen Strecke R-C als Engpass wird manchmal auch als *Singlebell*-Topologie bezeichnet. Eine vielleicht gebräuchlichere Alternative ist die *Dumbbell*-Topologie aus Abschnitt 20.3, »TCP Reno – Fairness mit synchronisierten Verlusten«, obwohl beide hier für unsere Zwecke gleichwertig sind.

Nehmen wir an, dass A und B jeweils an C senden, indem sie Sliding Windows mit festen Winsize-Werten w_A und w_B verwenden. Nehmen wir weiter an, dass diese Fenstergrößen groß genug sind, um die Verbindung R-C zu sättigen. *Wie groß wird die Warteschlange bei R sein?* Und wie wird sich die Bandbreite zwischen den Datenströmen A⟶C und B⟶C aufteilen?

Nehmen wir für das obige Beispiel mit zwei konkurrierenden Verbindungen an, dass der stationäre Zustand erreicht sei. α sei dann der Anteil der Bandbreite, den die Verbindung A⟶C erhält, und $\beta = 1 - \alpha$ sei der Anteil, den die Verbindung B⟶C erhält; wegen der von uns gewählten Normalisierung der Bandbreite R-C stellen α und β zugleich die jeweiligen Durchsätze dar. Aus der obigen Regel des Warteschlangenwettbewerbs ergibt sich, dass diese Bandbreitenanteile mit den Warteschlangenanteilen übereinstimmen müssen; wenn Q die kombinierte Warteschlangenauslastung beider Verbindungen bezeichnet, dann wird diese Warteschlange etwa αQ Pakete aus dem Datenstrom A⟶C und etwa βQ Pakete aus dem Datenstrom B⟶C enthalten.

Wir haben die Warteschlangenauslastung in Abschnitt 8.3.2, »RTT-Berechnungen«, für einen *einzelnen* Datenstrom genau berechnet; dort haben wir Folgendes abgeleitet:

$$\text{queue\_usage} = \text{winsize} - \text{throughput} \times \text{RTT}_{\text{noLoad}}$$

wobei wir hier »throughput« anstelle von »bandwidth« verwenden, um zu betonen, dass es sich um den dynamischen Anteil und nicht um die physische Übertragungskapazität handelt.

Diese Gleichung gilt im vorliegenden Fall für jeden einzelnen Datenstrom, wobei die $\text{RTT}_{\text{noLoad}}$ für die A⟶C-Verbindung 2(dA+d) beträgt (der Faktor 2 dient dazu, den Hin- und Rückweg zu berücksichtigen) und die $\text{RTT}_{\text{noLoad}}$ für die B⟶C-Verbindung 2(dB+d). Es gilt also

$$\alpha Q = w_A - 2\alpha (d_A + d)$$

$$\beta Q = w_B - 2\beta (d_B + d)$$

oder alternativ

$$\alpha [Q + 2d + 2d_A] = w_A$$

$$\beta [Q + 2d + 2d_B] = w_B$$

Wenn wir die ersten beiden der oberen Gleichungen addieren, erhalten wir die kombinierte Warteschlangenauslastung:

$$Q = w_A + w_B - 2d - 2(\alpha\, d_A + \beta\, d_B)$$

Der letzte Term, $2(\alpha\, d_A + \beta\, d_B)$, steht für die Anzahl der Pakete von A, die auf der Strecke A–R unterwegs sind, plus die Anzahl der Pakete von B, die auf der Strecke B–R unterwegs sind.

Diese Gleichungen können wir für α, β und Q in Abhängigkeit von den bekannten Größen zwar genau lösen, aber die algebraische Lösung ist nicht besonders erhellend. Stattdessen untersuchen wir einige einfachere Sonderfälle.

Der Fall gleicher Verzögerungen

Betrachten wir zunächst den Sonderfall *gleicher Verzögerungen*: $d_A = d_B = d'$. In diesem Fall vereinfacht sich der Term (α dA+β dB) zu d', und somit haben wir $Q = w_A + w_B - 2d - 2d'$. Wenn wir die entsprechenden Seiten des zweiten Paares der obigen Gleichungen dividieren, erhalten wir $\alpha/\beta = w_A/w_B$, d. h. die Bandbreite (und damit die Warteschlangenauslastung) verteilt sich genau entsprechend dem Verhältnis der Fenstergrößen.

Ist d_A jedoch größer als d_B, dann ist ein größerer Teil der A⟶C-Pakete im Umlauf und damit befinden sich weniger in der Warteschlange von R, sodass α etwas kleiner und β etwas größer ist.

Der Fall gleicher Fenstergößen

Wenn wir stattdessen von gleichen Winsize-Werten $w_A = w_B = w$ ausgehen, dann erhalten wir

$$\alpha/\beta = [Q + 2d + 2d_B] / [Q + 2d + 2d_A]$$

Das Bandbreitenverhältnis verschiebt sich hierbei zu Lasten eines größeren Wertes von d_A oder d_B. Das heißt, wenn $d_A > d_B$ ist, befinden sich mehr Pakete von A im Transit und somit weniger in der Warteschlange von R, sodass A einen kleineren Anteil an der Bandbreite hat. Diese Verschiebung ist jedoch nicht ganz proportional: Wenn wir annehmen, dass d_A das Doppelte von d_B beträgt und $d_B = d = Q/2$, dann ist $\alpha/\beta = 3/4$, und A erhält $3/7$ der Bandbreite gegenüber $4/7$ von B.

20

Gehen wir immer noch von $w_A = w_B = w$ aus und verringern wir w bis zu dem Punkt, an dem die Verbindung gerade gesättigt ist, aber Q=0 beträgt. An diesem Punkt ist $\alpha/\beta = [d+d_B]/[d+d_A]$, d. h. die Bandbreite teilt sich entsprechend den jeweiligen RTT-noLoad-Werten auf. Mit steigendem w wird zusätzliche Warteschlangenkapazität genutzt und α/β nähert sich 1 an.

Der Fall einer festgelegten W_B

Betrachten wir schließlich, was passiert, wenn w_B auf einen hinreichend großen Wert *festgelegt* wird, um eine Warteschlange bei R allein aus dem Traffic B–C zu bilden, während w_A dann von Null an auf einen Wert ansteigt, der viel größer als w_B ist. Bezeichnen wir die Anzahl der Pakete von B in der Warteschlange von R mit Q_B; bei wA = 0 gilt $\beta=1$ und $Q = Q_B = w_B - 2(d_B+d)$ = throughput × (RTT – RTT_{noLoad}).

Wenn w_A von Null an zu steigen beginnt, wird sich der Durchsatz von B durch diesen Wettbewerb verringern. Es gilt $\alpha = w_A/[Q+2d+2d_A]$; *kleine* Änderungen von w_A führen nicht zu großen Änderungen von Q und noch weniger von $Q+2d+2d_A$, sodass α anfangs ungefähr proportional zu w_A ist.

Für B bedeutet ein erhöhter Wettbewerb seitens A (erhöhtes w_A) immer eine Verringerung des Anteils von B an der Flaschenhalsverbindung R-C; diese Verbindung ist gesättigt, und jedes Paket von A, das dort unterwegs ist, muss einen Slot auf dieser Strecke für ein Paket von B wegnehmen. Dies wiederum bedeutet, dass die Bandbreite β von B mit steigendem w_A abnehmen muss. Wenn die Bandbreite von B sinkt, muss $Q_B = \beta Q = w_B - 2\beta(d_B+d)$ steigen; anders ausgedrückt: Wenn die Übergangskapazität sinkt, steigt die Auslastung der Warteschlange. Damit $Q_B = \beta Q$ für ein sinkendes β ansteigt, muss Q schneller zunehmen als β abnimmt.

Schließlich können wir feststellen, dass für große w_A und $\beta \to 0$ der Grenzwert für die Auslastung von Bs Warteschlange bei R Q_B das gesamte Fenster w_B sein wird, ausgehend von seinem Anfangswert (für $w_A=0$) von $w_B - 2(d_B+d)$. Wenn d_B+d im Verhältnis zu w_B klein war, wird der Anstieg von Q_B bescheiden ausfallen, und Q_B könnte daher als relativ konstant angesehen werden.

Wir weisen nochmals darauf hin, dass die Formeln hier auf der Annahme beruhen, dass die Flaschenhalsbandbreite ein Paket pro Zeiteinheit beträgt; siehe Übung 1 für die notwendigen Anpassungen für herkömmliche Bandbreitenmessungen.

Die Näherungslösung

Wenn d, d_A, d_B, w_A und w_B gegeben sind, lässt sich die Lösung nach α, β und Q auch *iterativ* ermitteln. Gegeben sei ein anfängliches $\langle\alpha,\beta\rangle$ als die jeweiligen Anteile der Pakete in der Warteschlange von R. In der nächsten Zeitspanne müssen α und β (gemäß der Warteschlangenregel) zu den Bandbreitenverhältnissen werden. Wenn die Verbindung A–C eine Bandbreite von α aufweist (es sei daran erinnert, dass die Verbindung R–C eine Bandbreite von 1,0 in Paketen pro Zeiteinheit hat, sodass ein Bandbreitenanteil von α einer tatsächlichen Bandbreite von α entspricht), dann beträgt die Anzahl der Pakete im bidirektionalen Umlauf $2\alpha(d_A+d)$, sodass die Anzahl der A–C-Pakete in der Warteschlange von R $Q_A = w_A - 2\alpha(d_A+d)$ beträgt; analog auch für Q_B. Jetzt haben wir $\alpha_{new} = Q_A/(Q_A+Q_B)$. Beginnt man mit einer geeigneten Schätzung für α und iteriert einige Male $\alpha \rightarrow \alpha_{new}$, so konvergiert die Sequenz gegen die Gleichgewichtslösung. Eine Konvergenz ist allerdings nicht garantiert und hängt von der Anfangsschätzung für α ab. Eine Abschätzung, die häufig zur Konvergenz führt, ist $w_A/(w_A+w_B)$.

20.2.4 Beispiel 4: Querverkehr und RTT-Schwankungen

Im folgenden Diagramm wollen wir betrachten, was mit dem A–B-Traffic passiert, wenn die Verbindung C⟶D hochgefahren wird. Die Bandbreiten sind in Paketen/ms angegeben und alle Warteschlangen arbeiten nach dem FIFO-Prinzip. (Da die Bandbreite nicht gleich 1,0 ist, können wir die Formeln aus dem vorhergehenden Abschnitt nicht direkt anwenden). Wir nehmen an, dass die Ausbreitungsverzögerungen klein genug sind, dass nur eine vernachlässigbare Anzahl von Paketen von C nach D gleichzeitig mit der Flaschenhalsrate von 5 Paketen/ms unterwegs sein kann. Alle Sendestationen verwenden Sliding Windows.

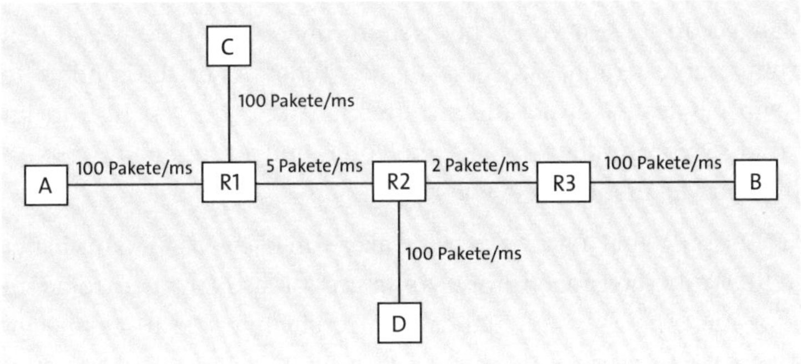

Angenommen, die A-B-Verbindung befindet sich im Leerlauf, und die Verbindung C⟶D beginnt mit einer Fenstergröße zu senden, die so gewählt ist, dass bei R1 eine Warteschlange von 30 von C abgesendeten Paketen entsteht (wenn die Ausbreitungsverzögerungen beispielsweise dergestalt sind, dass in beiden Richtungen jeweils zwei Pakete unterwegs sein können, würde uns dies mit winsize=34 gelingen).

Gehen wir nun davon aus, dass A zu senden beginnt. Auch wenn die Verbindung R1–R2 zu 100 % ausgelastet ist, wird ein von A gesendetes einzelnes Paket in die Warteschlange eingereiht; es muss bei R1 einfach hinter den 30 Paketen von C warten. Die Wartezeit in der Warteschlange beträgt 30 Pakete ÷ (5 Pakete/ms) = 6 ms. Wenn wir die Fenstergröße der Verbindung C⟶D ändern, verhält sich die Verzögerung für die

Pakete von A direkt proportional zur Anzahl der Pakete von C in der Warteschlange von R1.

Im Wesentlichen hat der Datenfluss C⟶D hier die RTT des Datenflusses A⟶B um 6 ms erhöht. Solange der Beitrag von A zur Warteschlange von R1 im Verhältnis zu jenem von C klein ist, sieht die Verzögerung in R1 für die Pakete von A eher wie eine Ausbreitungsverzögerung als wie eine Bandbreitenverzögerung aus, denn wenn A zwei aufeinanderfolgende Pakete sendet, werden sie wahrscheinlich nacheinander in die Warteschlange von R1 eingereiht und unterliegen somit einer einmaligen Warteschlangenverzögerung von 6 ms. Durch Anpassung der Fenstergröße für C⟶D können wir die RTT für den Datenfluss A⟶B innerhalb bestimmter Grenzen verlängern oder verkürzen.

Kehren wir zu der festen Fenstergröße für C⟶D (w_C) zurück, die so gewählt wurde, dass bei R1 eine Warteschlange von 30 Paketen von C entsteht. Wenn A seine eigene Fenstergröße von, sagen wir, 1 auf 5 erhöht, wird der C⟶D-Durchsatz leicht abnehmen, aber der Beitrag von C zur Warteschlange von R1 bleibt weiterhin dominant.

Wie am Ende von Unterabschnitt »Der Fall einer festgelegten WB«, dargelegt, bedeuten kleine Ausbreitungsverzögerungen, dass w_C nicht wesentlich größer als 30 sein wird. Wenn w_A von Null auf unendlich ansteigt, steigt C's Beitrag zur Warteschlange von R1 von 30 auf maximal wC, und so bleiben die 6 ms Verzögerung für A⟶B-Pakete relativ konstant, selbst wenn A's Fenstergröße bis zu dem Punkt ansteigt, dass As Beitrag zur Warteschlange von R1 den von C bei weitem überwiegt. (Wie wir in den nächsten Abschnitten zeigen werden, kann dies nur geschehen, wenn die Bandbreite von R2–R3 erhöht wird). Jedes Paket bei R1 eintreffende Paket von A trifft dort im Durchschnitt auf rund 30 vor ihm liegende Pakete von C und auf irgend etwas von sehr viel weniger bis sehr viel mehr Pakete von A.

Wenn die Fenstergröße von A bei 1 liegt, wartet ein Paket von A jeweils für 6 ms in der Warteschlange von R1. Wenn die Fenstergröße von A größer als 1 ist, aber trotzdem klein bleibt, sodass A nur einen kleinen Teil der Warteschlange von R1 ausmacht, dann warten die Pakete von A nur bei R1. Anfangs, während die Fenstergröße von A zunimmt, wächst die Warteschlange bei R1 an, aber alle anderen Warteschlangen bleiben leer.

Wenn jedoch die Winsize von A so groß wird, dass seine Pakete im stationären Zustand 40 % der Warteschlange von R1 beanspruchen, ändert sich diese Sachlage. An dem Punkt, an dem A 40 % der Warteschlange von R1 beansprucht, hat es nach der Warteschlangenwettbewerbsregel auch einen Anteil von 40 % an der Bandbreite der Verbindung R1–R2, das heißt, 40 % × 5 = 2 Pakete/ms. Da die Strecke R2–R3 eine Bandbreite von 2 Paketen/ms hat, *kann der A–B-Durchsatz nie über diesen Wert hinaus ansteigen*. Wenn der Beitrag von C-D zur Warteschlange von R1 konstant bei 30 Paketen gehalten wird, dann ist dieser Punkt erreicht, wenn der Beitrag von A zur Warteschlange von R1 bei 20 Paketen liegt.

Weil der proportionale Beitrag von A zur Warteschlange von R1 nicht weiter zunehmen kann, muss jede zusätzliche Erhöhung der Winsize von A dazu führen, dass diese Pakete sich nun in die Warteschlange von R2 einreihen.

Wir haben nun eine Situation erreicht, in der sich die Pakete von A sowohl bei R1 als auch bei R2 in die Warteschlange einreihen, was dem Einzelabsender-Prinzip zuwiderläuft, wonach sich Pakete nur bei einem Router einreihen können. Es ist jedoch zu beachten, dass für jeden festen Fenstergrößenwert von A eine hinreichend kleine Erhöhung derselben dazu führt, dass diese Erhöhung entweder vollständig in die Warteschlange von R1 oder vollständig in die Warteschlange von R2 eingeht. Wenn w_A die Fenstergröße (Winsize) von A zu dem Zeitpunkt darstellt, an dem A 40 % der Warteschlange von R1 hat (bei kleinen Ausbreitungsverzögerungen etwas mehr als 20 Pakete), dann wird bei winsize < w_A jeglicher Warteschlangenzuwachs auf R1 entfallen, während bei winsize > w_A jeglicher Warteschlangenzuwachs auf R2 entfallen wird. In gewissem Sinne »wechselt« die Flaschenhalsverbindung bei winsize = w_A von R1–R2 zu R2–R3.

Im folgenden Diagramm ist der Beitrag von A zur Warteschlange von R1 und der Beitrag von A zur Warteschlange von R2 dargestellt. Es kann aufschlussreich sein, dieses Diagramm mit dem dritten Diagramm im Abschnitt 8.3.3, »Grafiken an der Überlastungsgrenze«, zu vergleichen, das eine einzelne Verbindung mit einem einzelnen Engpass darstellt.

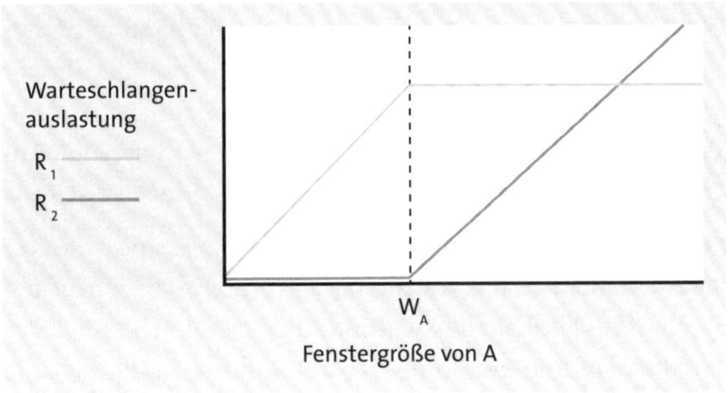

Abbildung 20.2 Fenstergröße und Warteschlangenauslastung

In Übung 8 betrachten wir einige kleinere Änderungen, die erforderlich sind, wenn die Ausbreitungsverzögerung *nicht* vernachlässigbar klein ist.

20.2.5 Beispiel 5: Veränderliche Flaschenhälse

Im nächsten Beispiel gibt es zwei Verbindungen, die mit dem Datenfluss A⟶B konkurrieren könnten: C⟶D und E⟶F. Jede von ihnen könnte Traffic senden, um den Datenverkehr von A⟶B zu drosseln (oder zumindest mit ihm zu konkurrieren). Jede von ihnen könnte eine Fenstergröße wählen, mit der sich eine permanente Warteschlange bei R1 oder R3 aufbaut; eine dauerhafte Warteschlange von 20 Paketen würde dazu führen, dass A⟶B-Traffic für 4 ms in der Warteschlange hängen würde.

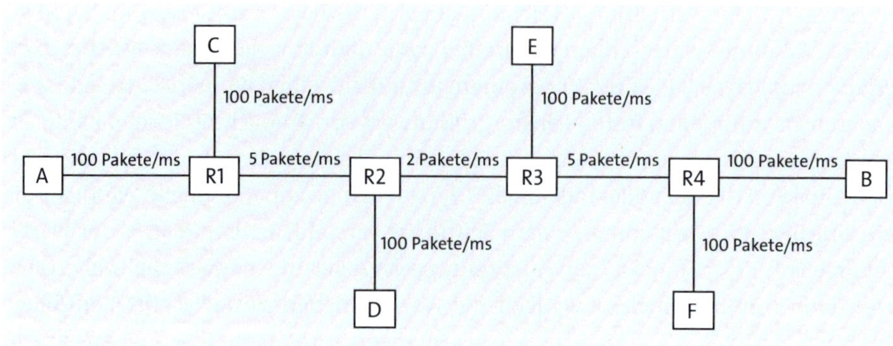

Trotz solcher Situationen werden wir in der Regel den Begriff »Flaschenhalsverbindung« verwenden, als ob es sich dabei um ein genau definiertes Konzept handelte. In den Beispielen 2, 3 und 4 wäre der Begriff »Konkurrenzverbindung« möglicherweise passender; für Beispiel 5 sollten wir vielleicht von *Konkurrenzverbindungen* sprechen.

20.2.6 Paketpaare

Ein Ansatz, mit dem ein Sender versuchen kann, die physikalische Bandbreite der Flaschenhalsverbindung zu messen, ist die Paketpaartechnik: Der Absender sendet wiederholt ein aus P1 und P2 bestehendes Paketpaar an den Empfänger, und zwar in unmittelbarer Abfolge. Der Empfänger registriert die Zeitdifferenz zwischen den Ankünften.

Über kurz oder lang ist zu erwarten, dass P1 und P2 nacheinander am Engpass-Router R ankommen und sich nebeneinander in die Warteschlange einreihen. Sie würden dann direkt nacheinander über die Flaschenhalsverbindung gesendet; wenn T der Zeitunterschied bei der Ankunft am anderen Ende der Verbindung ist, beträgt die physische Bandbreite size(P1)/T. Zumindest zeitweise verbleiben die Pakete für den übrigen Teil ihrer Reise in einem zeitlichen Abstand von T.

Theoretisch kann der Empfänger die unterschiedlichen Ankunftszeitdifferenzen für die verschiedenen Paketpaare messen und nach der *minimalen* Zeitdifferenz suchen. Oft ist dies die Zeitdifferenz, die durch die Bandbreitenverzögerung auf der Flaschenhalsverbindung verursacht wird, wie im vorigen Absatz beschrieben, und so kann der Empfänger schlussfolgern, dass die technische Bandbreite der Flaschenhalsverbindung size(P1)/T beträgt.

Zwei Faktoren können diese Analyse beeinträchtigen. Erstens könnten die Pakete in ihrer Reihenfolge verändert werden; P2 könnte vor P1 ankommen. Zweitens können P1 und P2 zusammen am Flaschenhals-Router eintreffen und nacheinander gesendet werden, aber dann gelangen sie vielleicht später im Netzwerk zu einem zweiten Router R2 mit einer (vorübergehenden) Warteschlange, die groß genug ist, dass P2 durchgelassen wird, während P1 in die Warteschlange von R2 aufgenommen wird. Wenn P1 und P2 nacheinander in der Warteschlange von R2 ankommen, spiegelt der Unterschied in der Ankunftszeit wahrscheinlich eher die (höhere) ausgehende Bandbreite von R2 als die von R wider.

Eine zusätzliche Analyse der Probleme im Zusammenhang mit dem Paketpaar-Verfahren ist in [VP97] zu finden, ebenso wie ein Vorschlag für ein verbessertes Verfahren mit der Bezeichnung *Packet Bunch Mode*.

20.3 TCP Reno – Fairness mit synchronisierten Verlusten

Dies bringt uns zu der Frage, was genau denn eigentlich eine »gerechte« Aufteilung der Bandbreite ist. Man kann davon ausgehen, dass »fair« gleichbedeutend mit »gleich« ist, doch wie wir weiter unten sehen werden, ist die Frage damit noch nicht ausdiskutiert.

Betrachten wir nochmals zwei konkurrierende TCP-Reno-Verbindungen: Verbindung 1 (oben) von A nach C und Verbindung 2 (unten) von B nach D, über den gleichen Flaschenhals-Router R *und mit der gleichen RTT*. Der Router R verwendet Tail-Drop-Queuing.

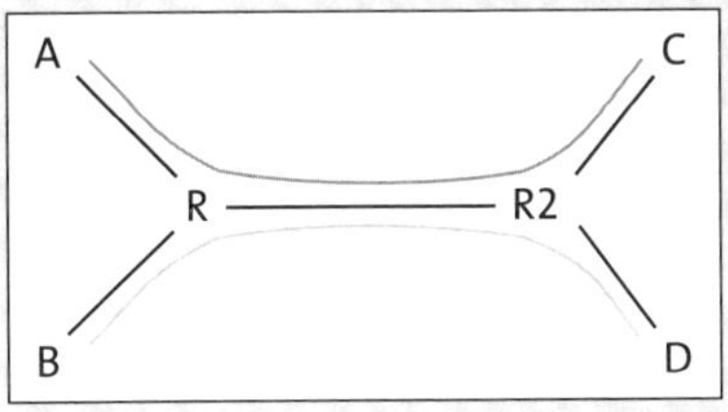

Das hier gezeigte Layout, bei dem sich die gemeinsame Verbindung in der Mitte jedes Pfads befindet, wird manchmal auch als *Dumbbell*-Topologie bezeichnet.

Vorläufig gehen wir auch weiterhin von der *Hypothese der synchronen Verluste* von TCP-Reno aus: dass für jede RTT entweder *beide* Verbindungen einen Verlust erleiden oder *keine*. (Diese Annahme ist fragwürdig; wir betrachten sie eingehender in Abschnitt 20.3.3, »Beeinflussung der RTT bei TCP Reno«). Dieses Modell haben wir bereits zuvor im Abschnitt 19.1.1 untersucht; dort haben wir argumentiert, dass der Ausdruck ($cwnd_1 - cwnd_2$) für jede RTT ohne Verlust gleich bleibt (beide cwnds erhöhen sich um 1), während der Ausdruck ($cwnd_1 - cwnd_2$) für jede RTT mit Verlust um den Faktor 2 abnimmt (beide cwnds nehmen um den Faktor 2 ab).

Abbildung 20.3 zeigt eine grafische Version dieses Arguments, wie sie ursprünglich in [CJ89] vorgestellt wurde. Wir tragen $cwnd_1$ auf der x-Achse und $cwnd_2$ auf der y-Achse auf. Ein (betragsmäßig gleicher) additiver Anstieg der beiden verschiebt den Punkt (x,y) = ($cwnd_1$,$cwnd_2$) entlang der Linie parallel zur 45°-Linie y=x; Verminderungen um den gleichen Multiplikator auf beiden Seiten verschieben den Punkt (x,y) entlang einer geraden Linie zurück zum Ursprung. Wenn die maximale Netzkapazität den Wert Max hat, kommt es immer dann zu einem Verlust, wenn x+y den Wert Max überschreitet, d. h. wenn der Punkt (x,y) die Linie x+y=Max kreuzt.

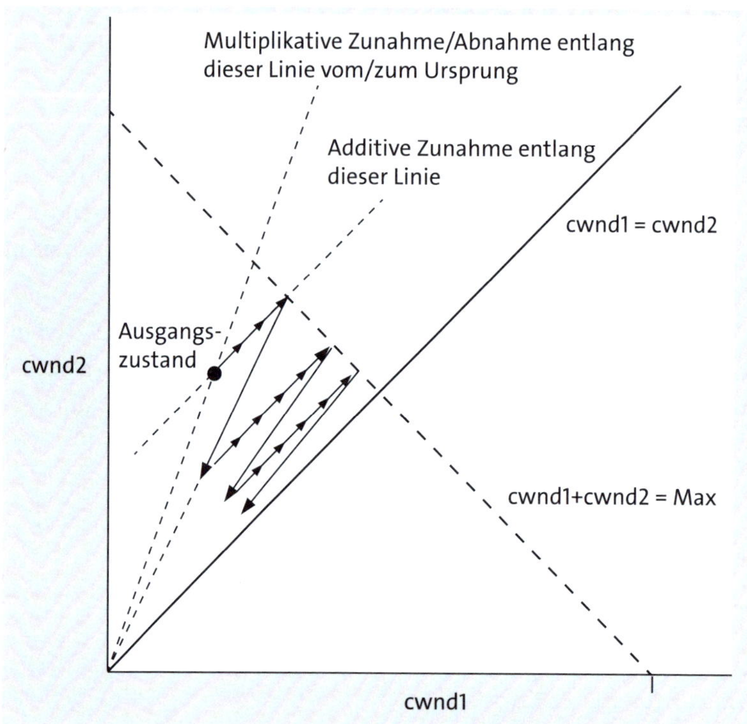

Abbildung 20.3 Hypothese der synchronen Verluste

Vom Ausgangszustand aus bewegt sich der Zustand durch additiven Zuwachs in kleinen Schritten, die durch die kleinen Pfeilspitzen gekennzeichnet sind in einem Winkel von 45° bis zur Linie x+y=Max. An diesem Punkt würde dann ein Verlust auftreten, und der Zustand springt die halbe Strecke zurück in Richtung Ursprung. Der Zustand bewegt sich dann schrittweise in einem Winkel von 45° zurück zur Linie x+y= Max und bewegt sich langsam weiter im Zickzack in Richtung der Linie gleicher Anteile y=x.

Jeder Versuch, cwnd über ein lineares Maß hinaus zu erhöhen, führt dazu, dass die Erhöhungsphase nicht parallel zur Linie y=x verläuft, sondern sich von ihr wegbewegt. Dadurch verlangsamt sich der Annäherungsprozess in Richtung gleicher Anteile.

Abschließend sehen Sie hier noch eine *zeitbezogene* Darstellung des Arguments. Wir nehmen an, dass die Kapazität des A-C-Pfads, die des B-D-Pfads und auch die Größe der Warteschlange von R jeweils 24 Pakete beträgt und dass in jeder RTT, in der $cwnd_1 + cwnd_2 > 24$ ist, beide Verbindungen einen Paketverlust erleiden. Wir nehmen außerdem an, dass die erste Verbindung anfangs cwnd=20 und die zweite cwnd=1 hat.

T	A–C	B–D	
0	20	1	
1	21	2	
2	22	3	gesamtes cwnd ist 25; Paketverlust
3	11	1	
4	12	2	
5	13	3	
6	14	4	
7	15	5	
8	16	6	
9	17	7	
10	18	8	zweiter Paketverlust
11	9	4	
12	10	5	
13	11	6	
14	12	7	
15	13	8	
16	14	9	
17	15	10	dritter Paketverlust
18	7	5	
19	8	6	

T	A–C	B–D	
20	9	7	
21	10	8	
22	11	9	
23	12	10	
24	13	11	
25	14	12	vierter Verlust
26	7	6	cwnds sind sehr nahe beisammen
...			
32	13	12	Verlust
33	6	6	cwnds sind gleich

Bislang scheint die Gerechtigkeit zu obsiegen.

20.3.1 Beispiel 2: Schnellerer additiver Zuwachs

Hier ist eine ähnliche Zeitleiste zu sehen – wieder basierend auf der Hypothese der synchronisierten Verluste – aber mit einer Änderung des additiven Zuwachses von 1 auf 2 für die Verbindung B-D (nicht aber für A-C); beide Verbindungen beginnen mit cwnd=1. Auch hier nehmen wir wieder wie zuvor an, dass ein Verlust dann auftritt, wenn $\text{cwnd}_1 + \text{cwnd}_2 > 24$

T	A–C	B–D	
0	1	1	
1	2	3	
2	3	5	
3	4	7	
4	5	9	
5	6	11	
6	7	13	
7	8	15	

T	A–C	B–D	
8	9	17	erster Paketverlust
9	4	8	
10	5	10	
11	6	12	
12	7	14	
13	8	16	
14	9	18	zweiter Verlust
15	4	9	im Prinzip dieselbe Situation wie bei T=9

Der Effekt besteht hier darin, dass der cwnd-Wert der zweiten Verbindung und damit ihr Durchsatz im Durchschnitt doppelt so hoch ist wie der der ersten Verbindung. Daher führen Veränderungen beim additiven Zuwachs zu sehr signifikanten Veränderungen der Ausgewogenheit. Im Allgemeinen erhöht ein additiver Steigerungswert von α den Durchsatz im Vergleich zu TCP Reno um den Faktor α.

20.3.2 Beispiel 3: Längere RTT

Für das nächste Beispiel wenden wir uns wieder dem standardmäßigen TCP Reno zu, mit einem Erhöhungsschritt von 1. Wir nehmen jedoch an, dass die RTT der Verbindung A-C *doppelt* so lang ist wie jene der Verbindung B-D, vielleicht aufgrund einer zusätzlichen Verzögerung auf der Strecke A-R. Aufgrund der längeren RTT sendet die erste Verbindung nur dann, wenn T gerade ist. Hier ist die Zeitleiste, auf der wir der ersten Verbindung einen beträchtlichen Vorsprung zugestehen. Wie bereits zuvor gehen wir davon aus, dass ein Verlust dann entsteht, wenn $\mathtt{cwnd}_1 + \mathtt{cwnd}_2 > 24$ ist.

T	A–C	B–D	
0	20	1	
1		2	
2	21	3	
3		4	
4	22	5	erster Verlust
5		2	

T	A–C	B–D	
6	11	3	
7		4	
8	12	5	
9		6	
10	13	7	
11		8	
12	14	9	
13		10	
14	15	11	zweiter Verlust
15		5	
16	7	6	
17		7	
18	8	8	B–D hat aufgeholt
20	9	10	*ab hier sind nur noch gerade T-Werte aufgeführt*
22	10	12	
24	11	14	dritter Verlust
26	5	8	B–D liegt nun in Führung
28	6	10	
30	7	12	
32	8	14	
34	9	16	vierter Verlust
35		8	
36	4	9	
38	5	11	
40	6	13	
42	7	15	

T	A–C	B–D	
44	8	17	fünfter Verlust
45		8	
46	4	9	genau der Zustand wie bei T=36

Das Intervall 36≤T<46 stellt hier den stationären Zustand dar; das durchschnittliche cwnd der ersten Verbindung ist 6, während das der zweiten Verbindung (8+9+...+16+17)/10 = 12,5 beträgt. Schlimmer noch, die erste Verbindung sendet nur halb so oft ein ganzes Fenster. Im Zeitintervall 36≤T<46 sendet die erste Verbindung 4+5+6+7+8 = 30 Pakete; die zweite Verbindung sendet 125. Die Kosten für die längere RTT der ersten Verbindung sind quadratisch; wenn die erste Verbindung eine RTT = $\lambda > 1$ im Vergleich zur zweiten hat, wird ihre Bandbreite um den Faktor $1/\lambda^2$ reduziert, wie wir weiter unten noch formaler zeigen werden.

Ist das fair?

Früher dachte man, dass es hier etwas zu korrigieren gäbe; siehe [F91] und [FJ92], §3.3, wo der Constant-Rate-Algorithmus zur Fenstervergrößerung diskutiert wird. Ein aktueller Versuch, dieses Problem zu beheben, ist *TCP Hybla*, [CF04].

Alternativ können wir die Bandbreitenzuweisung von TCP Reno auch einfach als »fair« *definieren*, zumindest in bestimmten Kontexten. Dieser Ansatz ist besonders dann üblich, wenn es darum geht, sicherzustellen, dass andere TCP-Implementierungen – und Datenströme, die nicht über TCP laufen – in etwa auf die gleiche Weise um die Bandbreite konkurrieren wie TCP Reno. Während die Strategie von TCP Reno heute in mancherlei Hinsicht als »gierig« angesehen wird, ist es allgemein anerkannt, dass es sehr schwierig ist, sie für das gesamte Internet zu »reparieren«.

20.3.3 Beeinflussung der RTT bei TCP Reno

Betrachten wir genauer, wie TCP die Bandbreite zwischen zwei Verbindungen aufteilt, die sich eine Flaschenhalsverbindung mit relativen RTTs von 1 und $\lambda>1$ teilen. Wir haben oben behauptet, dass die Bandbreite der langsameren Verbindung um den Faktor $1/\lambda^2$ reduziert wird; dies wollen wir nun unter bestimmten Annahmen belegen. Erstens nehmen wir widerspruchsfrei eine FIFO-Warteschlange mit Tail-Drop am Flaschenhals-Router an und gehen außerdem davon aus, dass die Maximalkapazität des Netzwerks (und damit cwnd am Verlustpunkt) »ausreichend« groß ist. Der Einfachheit halber wird auch angenommen, dass die maximale Netzwerkkapazität C konstant ist.

Wir brauchen noch eine weitere Annahme: dass die meisten Verlustereignisse von beiden Verbindungen gleichermaßen erlitten werden. Dies ist die am stärksten umstrittene *Hypothese der synchronen Verluste*; wir werden sie im nächsten Abschnitt genauer untersuchen. Zunächst aber hier die allgemeine Argumentation mit dieser Annahme.

Setzen wir voraus, dass Verbindung 1 die schnellere Verbindung ist, und nehmen an, dass ein stabiler Zustand erreicht wurde. Bei beiden Verbindungen treten Verluste auf, wenn $cwnd_1+cwnd_2 \geq C$ ist, da die Hypothese der synchronen Verluste gilt. c_1 und c_2 bezeichnen die jeweiligen Fenstergrößen zum Zeitpunkt kurz vor dem Verlust. Beide cwnd-Werte werden dann halbiert. N sei die Anzahl der RTTs *für Verbindung 1*, bevor die Netzwerkobergrenze wieder erreicht wird. Während dieser Zeit erhöht sich c_1 um N; c_2 erhöht sich um etwa N/λ, wenn N einigermaßen groß ist. Jede dieser Erhöhungen entspricht der Hälfte des entsprechenden cwnd; wir haben also $c_1/2 = N$ und $c_2/2 = N/\lambda$. Nimmt man das Verhältnis der jeweiligen Seiten, so erhält man $c_1/c_2 = N/(N/\lambda) = \lambda$ und kann daraus $c_1 = C\lambda/(1+\lambda)$ und $c_2 = C/(1+\lambda)$ berechnen.

Um die relativen Bandbreiten zu erhalten, müssen wir die Pakete zählen, die während der Zeit zwischen den Verlusten gesendet werden. Bei beiden Verbindungen beträgt die durchschnittliche cwnd etwa $\frac{3}{4}$ des Maximalwerts, d. h. die durchschnittliche cwnd beträgt $\frac{3}{4}$ c_1 bzw. $\frac{3}{4}$ c_2. Verbindung 1 hat N RTTs und sendet daher etwa $\frac{3}{4}$ $c_1{\times}N$ Pakete. Verbindung 2 mit ihrer langsameren RTT hat nur etwa N/λ RTTs (wieder nehmen wir an, dass N einigermaßen groß ist) und sendet daher etwa $3/4$ $c_2{\times}N/\lambda$ Pakete. Das Verhältnis dieser Pakete beträgt $c_1/(c_2/\lambda) = \lambda 2$. Verbindung 1 sendet anteilig $\lambda^2/(1+\lambda^2)$ der Pakete; Verbindung 2 sendet anteilig $1/(1+\lambda^2)$.

20.3.4 Hypothese der synchronen Verluste

Die Hypothese der synchronen Verluste geht davon aus, dass bei zwei TCP-Verbindungen, die sich eine Flaschenhalsverbindung teilen, immer dann, wenn die Warteschlange voll ist, spät eintreffende Pakete *beider* Verbindungen dies zu spüren bekommen und verworfen werden. Sobald die Warteschlange voll ist, bleibt sie so lange voll, bis beide Verbindungen einen Paketverlust erleiden. Die Hypothese ist vor allem dann von Bedeutung, wenn Paketverluste (so wie bei TCP Reno) Änderungen von cwnd verursachen.

Diese Hypothese dient in erster Linie einer bequemeren Betrachtung von TCP und sollte nicht als unumstößlich gesehen werden, auch wenn sie oft »weitgehend« zutrifft. Abgesehen davon ist es sicherlich möglich, hypothetische Situationen zu konstruieren, in denen die Verluste nicht synchron auftreten. Denken Sie daran, dass cwnd bei einer TCP-Reno-Verbindung für jede RTT nur um 1 erhöht wird; Verluste treten meist dann auf, wenn dieses einzelne zusätzliche Paket, das durch die Anhebung von cwnd erzeugt wird, bei seiner Ankunft auf eine volle Warteschlange trifft. Im Allgemeinen verlassen die Pakete die Warteschlange etwa so schnell, wie sie ankommen; tatsächliche Überlaufphasen der Warteschlange sind selten. Es ist durchaus denkbar, dass eine Verbindung die Warteschlange zumindest zeitweise um ein Paket überlaufen lässt und ihren cwnd halbiert, und zwar in einem so kurzen Zeitintervall, dass die andere Verbindung den Moment der überfüllten Warteschlange völlig verpasst. Alternativ dazu gibt es eine endliche Wahrscheinlichkeit, dass alle verlorenen Pakete bei einem bestimmten Verlustereignis von derselben Verbindung stammen, wenn der Überlauf der Warteschlange zu einer praktisch zufälligen Auswahl der verlorenen Pakete führt (für Random-Drop-Warteschlangen würde dies sogar mit Sicherheit zutreffen und auch bei Tail-Drop könnte es der Fall sein, wenn die Ankunftszeiten der Pakete ausreichend zufällig sind).

Die Hypothese der synchronen Verluste ist immer noch gültig, wenn eine oder beide Verbindungen *mehr* als einen Paketverlust innerhalb einer RTT erleiden; die Hypothese versagt nur dann, wenn eine Verbindung *keine* Verluste erleidet.

Wir werden auf ein mögliches Scheitern der Hypothese der synchronen Verluste in Abschnitt 21.2.2, »Nicht synchronisierte TCP-Verlustereignisse«, zurückkommen. Dabei tauchen zwei Probleme auf. Das erste besteht darin, dass eine als *Phaseneffekte* bekannte Form der Synchronisierung zu einer anhaltenden, vielleicht unerwarteten Verzerrung führen kann, wenn zwei Verbindungen isoliert miteinander konkurrieren. Das zweite ist, dass die Verbindung mit der längeren RTT häufig den Moment der gefüllten Warteschlange komplett verpasst, so wie oben im zweiten Absatz dieses Abschnitts beschrieben. Dies führt zu einem größeren cwnd als die Hypothese der synchronen Verluste es vorhersagen würde.

20.3.5 Verlust-Synchronisierung

Die Hypothese der synchronen Verluste geht davon aus, dass *alle* Verluste synchronisiert sind. Dieses Phänomen hat noch einen anderen Aspekt, der auch dann eine Rolle spielt, wenn nur ein angemessener Anteil der Verluste synchron verläuft: Synchrone Verluste können ein Indiz für eine allgemeine Ineffizienz bei der Bandbreitennutzung darstellen. Unmittelbar nach einem synchronen Verlust ist die Flaschenhalsverbindung höchstwahrscheinlich nicht ausgelastet, da (mindestens) zwei Verbindungen, die diese Verbindung nutzen, gerade ihre Übertragungsrate halbiert haben. Eine bessere Auslastung würde durch eine Staffelung der Verlustereignisse erzielt, sodass zu dem Zeitpunkt, zu dem Verbindung 1 einen Verlust erleidet, Verbindung 2 erst auf halbem Weg zum nächsten Verlust ist. Ein Beispiel dafür finden Sie in Übung 18 im nachfolgenden Kapitel.

Diese Verlustsynchronisation ist im Internet ein sehr realer Effekt, auch wenn nicht unbedingt *alle* Verluste synchronisiert werden. Ein wichtiger Faktor, der zur Synchronisierung beiträgt, ist die relativ langsame Reaktion aller beteiligten Parteien auf

Paketverluste. Im Diagramm in Abschnitt 20.3, »TCP Reno – Fairness mit synchronisierten Verlusten«, ist zu sehen, dass die Strecke A–R wahrscheinlich immer noch voll mit Paketen ist und die Warteschlange von R voll bleibt, wenn A sein `cwnd` erhöht. Das führt zu einem Überlauf bei R, und somit besteht die Wahrscheinlichkeit, dass Sender B ebenfalls einen Verlust erleidet, selbst wenn sein `cwnd` nicht besonders hoch war, einfach weil seine Pakete zum falschen Zeitpunkt ankamen.

Staus brauchen leider Zeit, um sich aufzulösen.

20.3.6 Extreme RTT-Unterschiede

Was passiert mit der Fairness von TCP Reno, wenn eine TCP-Verbindung eine 100-mal längere RTT hat als eine andere? Die kurze Antwort lautet, dass die schnellere Verbindung *möglicherweise* den 10.000-fachen Durchsatz erhält. Die längere Antwort ist, dass dies nicht ganz so einfach zu bewerkstelligen ist, wie man es sich vielleicht vorstellt. Voraussetzung für die oben dargelegten Argumente ist, dass beide Verbindungen sich eine gemeinsame Flaschenhalsverbindung teilen:

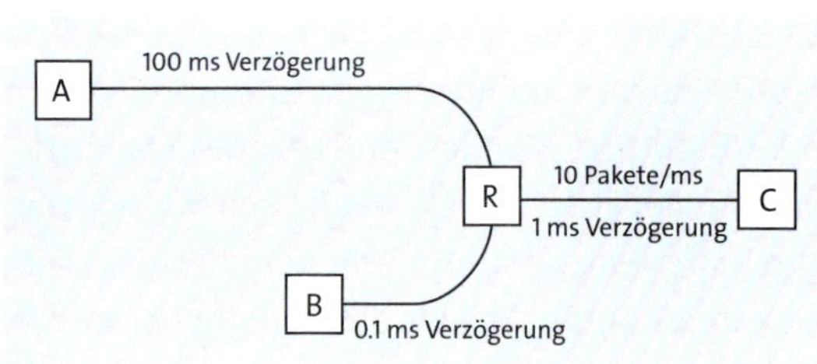

Im obigen Diagramm strebt die Verbindung A–C einen `cwnd` von etwa 200 ms × 10 Pakete/ms = 2.000 Pakete an; sie konkurriert mit der Verbindung B–D, die sich mit einem `cwnd` von 22 zufrieden gibt, um die Strecke R–C. Wenn die Warteschlangenkapazität von R ebenfalls etwa 20 beträgt, wird die Verbindung B-C mit dem größten Teil der Bandbreite etwa alle 20 RTTs, d. h. alle 22 ms, einen Verlust erleiden. Wenn die Verbindung A-C auch nur einen geringen Teil dieser Verluste mitträgt, ist sie wirklich in ernsthaften Schwierigkeiten.

Der `cwnd`-Wert von A–C kann jedoch nicht unter 1,0 fallen. Um die Hypothese des 10.000-fachen Durchsatzes unter Berücksichtigung dieser Einschränkung zu testen, müssten wir die Zahlen auf der Verbindung B-C so erhöhen, dass die Transitkapazität dort mindestens 10.000 beträgt. Dies würde eine R-C-Bandbreite von 400 Gbit/s oder eine unrealistisch große Verzögerung auf der Strecke A-R bedeuten.

Zweitens ist es in der Realität viel wahrscheinlicher, dass der Flaschenhals der Verbindung A–C irgendwo in der Mitte der langen Strecke liegt. In einem typischen realen

Szenario, das dem obigen Diagramm entspricht, sind B, C und R alle lokal an einem Standort, und die Bandbreite von Langstreckenpfaden ist fast immer geringer als die lokale LAN-Bandbreite innerhalb eines Standorts. Wenn der Pfad A–R irgendwo einen 1-Paket/ms-Engpass hat, dann ist es weniger wahrscheinlich, dass er vom B–C-Datenverkehr so erheblich beeinträchtigt wird.

Einige konkrete Simulationen ergaben für die Verbindung A–C einen durchschnittlichen `cwnd`-Wert zwischen 1 und 2 gegenüber einem `cwnd`-Wert von 20–25 für die Verbindung B–C, unabhängig davon, ob die beiden Verbindungen einen gemeinsamen Flaschenhals hatten oder ob der Flaschenhals der Verbindung A–C irgendwo auf dem Pfad A–R lag. Dies *könnte* darauf hindeuten, dass die Verbindung A–C tatsächlich durch den Mindestwert von 1,0 `cwnd` gerettet wurde.

20.4 Epilog

Der zentrale Überlastungsalgorithmus von TCP Reno basiert auf Algorithmen aus dem mittlerweile 34 Jahre alten Paper von Jacobson und Karel aus dem Jahr 1988 [JK88]. Einerseits gibt es Bedenken, dass TCP Reno zu viel Bandbreite verwendet (Gierproblem), andererseits, dass es nicht genug Bandbreite verwendet (insbesondere bei hoher Bandbreite).

Im nächsten Kapitel betrachten wir alternative Versionen von TCP, die versuchen, einige der oben genannten Probleme von TCP Reno zu lösen.

20.5 Übungen

20

1. In Abschnitt 20.2.3, »Beispiel 3: Wettbewerb und Warteschlangenauslastung«, haben wir diese Formel hergeleitet:

   $Q = w_A + w_B - 2d - 2(\alpha d_A + \beta d_B)$

   Das geschah unter der Annahme, dass die Flaschenhalsbandbreite 1 Paket pro Zeiteinheit beträgt. Geben Sie die Formel an, wenn die Flaschenhalsbandbreite r Pakete pro Zeiteinheit beträgt.

   Hinweis: Die obige Formel gilt, wenn wir die Zeit in Einheiten von 1/r messen; nur die Verzögerungen d, d_A und d_B müssen so umskaliert werden, dass sie sich auf die »normale« Zeit beziehen. Eine in »normaler« Zeit gemessene Verzögerung d entspricht einer in Einheiten von 1/r gemessenen Verzögerung $d' = r \times d$.

2. Betrachten Sie das folgende Netzwerk, dessen Bandbreiten durchweg in Paketen/ms angegeben sind. C sendet mit Hilfe von Sliding Windows an D, während sich A und B im Leerlauf befinden.

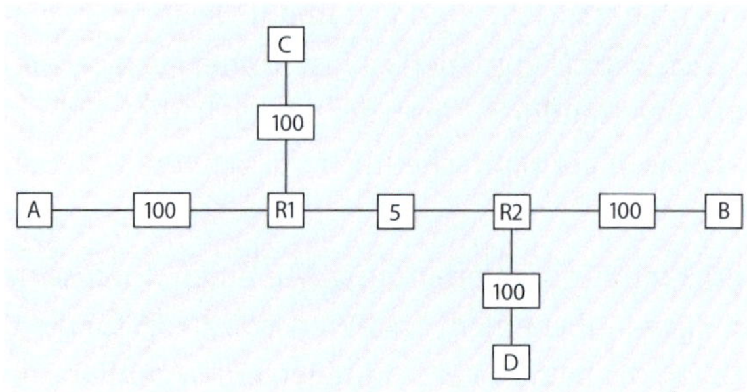

Nehmen wir an, die einfache Ausbreitungsverzögerung auf den 100-Pakete/ms-Verbindungen liegt bei 1 ms, und die einfache Ausbreitungsverzögerung auf der R1–R2-Verbindung beträgt 2 ms. Die RTT_{noLoad} für den Pfad C–D beträgt also etwa 8 ms, für ein Produkt bandwidth×delay von 40 Paketen. Wenn C eine winsize = 50 verwendet, dann hat die Warteschlange bei R1 die Größe 10.

Nehmen wir nun an, A beginnt mit dem Senden an B mittels Sliding Windows, ebenfalls mit winsize = 50. Wie groß wird die Warteschlange bei R1 sein?

Hinweis: Aufgrund der Symmetrie wird die Warteschlange zu gleichen Teilen auf die Pakete von A und C aufgeteilt, und A und C erzielen jeweils einen Durchsatz von 2,5 Paketen/ms. RTT_{noLoad} ändert sich jedoch nicht. Die Anzahl der im Transit befindlichen Pakete für jede Verbindung beträgt 2,5 Pakete/ms × RTT_{noLoad}.

3. Geben Sie für die vorangegangene Übung die durchschnittliche Anzahl der Datenpakete (keine ACKs) an, die auf jeder einzelnen Verbindung unterwegs sind:
   a) a) ◇ für den ursprünglichen Fall, in dem C der einzige Absender ist, mit winsize = 50 (die einzigen aktiven Verbindungen sind hier C–R1, R1–R2 und R2–D).
   b) für den neuen Fall, in dem auch B sendet, ebenfalls mit winsize = 50. In diesem Fall sind alle Verbindungen aktiv.

   Auf jeder Verbindung wird auch eine identische Anzahl von ACK-Paketen in der umgekehrten Richtung übertragen. Hinweis: Da winsize ≥ bandwidth × delay ist, werden die Pakete mit der Flaschenhalsrate gesendet.

4. ◇ Betrachten Sie das folgende Netzwerk, dessen Verbindungen mit einfachen Ausbreitungsverzögerungen in Millisekunden gekennzeichnet sind (ohne Berücksichtigung der Bandbreitenverzögerung beträgt die RTT_{noLoad} von A also 40 ms und jene von B 20 ms). Die Flaschenhalsverbindung mit einer Bandbreite von 6 Paketen/ms ist die Strecke R-D.

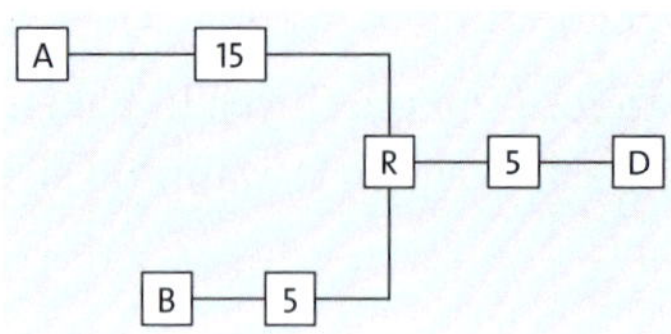

Anfänglich sendet B mit einer Winsize von 120 an D, was dem Produkt bandwidth×round-trip-delay für den Pfad B–D entspricht. A beginnt dann ebenfalls zu senden und erhöht seine Winsize, bis sein Anteil an der Bandbreite 2 Pakete/ms beträgt.

Wie groß ist die Winsize von A zu diesem Zeitpunkt? Wie viele Pakete haben A und B jeweils in der Warteschlange bei R?

Am einfachsten lässt sich dies lösen, indem man immer wieder die Beobachtung heranzieht, dass die Anzahl der auf einer Verbindung im Transit befindlichen Pakete immer gleich RTT_{noLoad} mal der tatsächlich auf dieser Verbindung empfangenen Bandbreite entspricht. Die algebraischen Methoden in Abschnitt 20.2.3, »Beispiel 3: Wettbewerb und Warteschlangenauslastung«, können ebenfalls angewendet werden, aber die Bandbreite wurde dort auf 1 normiert; alle hier angegebenen Laufzeiten müssten daher mit 6 multipliziert werden.

5. Betrachten Sie den Pfad C–D aus dem Diagramm in Abschnitt 20.2.4, »Beispiel 4: Querverkehr und RTT-Schwankungen«:

```
C---100---R1---5---R2---100---D
```

Für die Verbindungen werden die Bandbreiten in Paketen/ms angegeben. Nehmen wir an, dass nur C sendet.

a) ◇ Geben Sie Ausbreitungsverzögerungen für die Verbindungen C–R1 und R2–D an, sodass durchschnittlich 5 Pakete auf den Verbindungen C–R1 und R2–D in beiden Richtungen unterwegs sind, wenn C eine ausreichende Fenstergröße verwendet, um die Flaschenhalsverbindung R1-R2 zu sättigen.

b) Geben Sie Ausbreitungsverzögerungen für alle drei Verbindungen an, sodass, sich für eine Winsize von C, die der Transitkapazität für den Hin- und Rückweg entspricht, 5 Pakete pro Richtung auf der Verbindung C–R1, 10 auf der Verbindung R1–R2 und 20 auf der Verbindung R2–D befinden.

6. Angenommen, wir haben die nachstehende Netzwerktopologie aus Abschnitt 20.2.4, »Beispiel 4: Querverkehr und RTT-Schwankungen«, mit der Ausnahme, dass die R1–R2-Bandbreite 6 Pakete/ms und die R2–R3-Bandbreite 3 Pakete/ms beträgt. Die Verzögerungen sind so wie dargestellt, sodass RTT_{noLoad} für C–D 10 ms beträgt und RTT_{noLoad} für A–B bei 16 ms liegt. A verbindet sich mit B und C verbindet sich mit D.

a) ◇ Ermitteln Sie die Fenstergrößen w_A und w_C so, dass sich die Verbindungen A–B und C–D die Flaschenhalsbandbreite R1–R2 gleichmäßig teilen und es keine Warteschlange gibt.

b) Zeigen Sie, dass eine Erhöhung von w_A und w_C um jeweils 30 Pakete dazu führt, dass beide Verbindungen jeweils 30 Pakete in der Warteschlange von R1 haben – die Bandbreite ist also immer noch gleichmäßig verteilt – und keine in der Warteschlange von R2. Hinweis: Wie in (a) kann die Bandbreite von A–B 3 Pakete/ms nicht überschreiten, und die Pakete von C können sich nur bei R1 aufstauen. Um zu zeigen, dass A nicht unter 50 % der Bandbreite haben kann, ist zu beachten, dass A in diesem Fall keine Warteschlange bei R2 haben kann (weil die Pakete jetzt schneller abgehen, als sie eintreffen), sodass alle zusätzlichen Pakete von A ebenfalls bei R1 warten müssen.

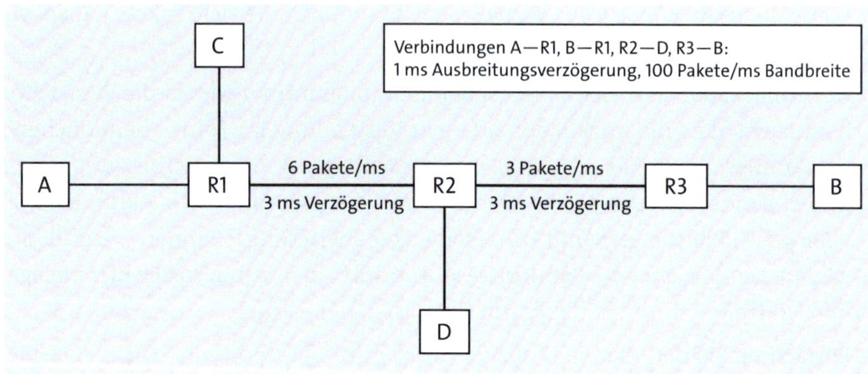

7. Gehen wir davon aus, dass wir das Netzwerk-Layout aus der vorherigen Übung 6 haben. Nehmen wir außerdem an, dass sich die Verbindungen A–B und C–D auf Fenstergrößen wie in 6 (b) geeinigt haben, sodass jede Verbindung mit 30 Paketen zur Warteschlange von R1 beiträgt. Jede Verbindung erhält somit 50 % der Bandbreite von R1–R2, und bei R2 gibt es keine Warteschlange.

   Nun wird die Winsize von A um 10 erhöht, zumindest anfänglich, was dazu führt, dass A über 50 % der Warteschlange von R1 beansprucht. Wie teilen sich diese zusätzlichen 10 Pakete zwischen R1 und R2 auf, wenn der stationäre Zustand erreicht ist? Hinweis: Während die Fenstergröße von A zunimmt, kann der Gesamtdurchsatz von A aufgrund der Bandbreitenbeschränkung der Verbindung R2–R3 nicht ansteigen.

8. Angenommen, wir haben das Netzwerk-Layout aus Übung 6, allerdings dahingehend abgewandelt, dass RTT_{noLoad} für C–D 5 ms beträgt. RTT_{noLoad} für A–B kann davon abweichen.

   Die Bandbreite R1–R2 beträgt 6 Pakete/ms, sodass der Durchsatz von C–D bei A im Leerlauf 6 Pakete/ms beträgt.

   a) Angenommen, A und C haben Fenstergrößen bei denen sie jeweils 30 Pakete in der Warteschlange bei R1 haben, wenn beide senden. Was ist die Winsize von C? Hinweis: Der Durchsatz von C beträgt jetzt 3 Pakete/ms.

   b) Nehmen wir nun an, dass die Winsize von C, für ein im Leerlauf befindliches A 60 beträgt. In diesem Fall würde die Transitkapazität auf der Strecke C–D Pakete/ms = 30 Pakete betragen, sodass C 60–30 = 30 Pakete in der Warteschlange von R1 hätte. A beginnt dann zu senden, wobei die Fenstergröße so gewählt wird, dass die Beiträge von A und C zur Warteschlange von R1 gleich sind; die Fenstergröße von C bleibt bei 60. Wie hoch ist die Belegung der Warteschlange durch C (und damit durch A) bei R1? Tipp: Ermitteln Sie die Transitkapazität für einen Durchsatz von 3 Paketen/ms.

c) Angenommen, die RTT_{noLoad} von A–B beträgt 10 ms. Ermitteln Sie für einen Winsize von C von 60 die Winsize für A, bei der die Anteile von A und C an der Warteschlange von R1 gleich sind.

9. Eine Möglichkeit, die von TCP Reno für Verbindungen mit langer RTT zur Verfügung gestellte geringere Bandbreite zu nutzen, besteht darin, dass alle Verbindungen eine Erhöhung um RTT^2 statt um 1 verwenden; d. h. alle Beteiligten verwenden AIMD(RTT^2,1/2) anstelle von AIMD(1,1/2) (oder AIMD($k \times RTT^2$,1/2), wobei k ein für alle gültiger beliebiger Skalierungsfaktor ist).

   a) Erstellen Sie eine Tabelle im Stil von Abschnitt 20.3.2, »Beispiel 3: Längere RTT«, weiter oben, die das Ergebnis zweier Verbindungen mit dieser Strategie zeigt, wobei eine Verbindung RTT = 1 und die andere RTT = 2 aufweist. Starten Sie die Verbindungen mit cwnd=RTT^2 und gehen Sie davon aus, dass bei $cwnd_1 + cwnd_2 > 24$ ein Verlust auftritt.

   b) Erläutern Sie, warum diese Strategie möglicherweise nicht wünschenswert ist, wenn eine Verbindung über ein Direkt-LAN mit einer RTT von 1 ms läuft, während die zweite Verbindung einen sehr langen Pfad und eine RTT von 1,0 s hat. (Hinweis: Der cwnd-Erhöhungswert für die kurze RTT-Verbindung müsste unabhängig davon gelten, ob die lange RTT-Verbindung vorhanden ist oder nicht).

10. Angenommen, zwei 1-kB-Pakete werden als Teil einer Paketpaar-Sondierung gesendet, und die gemessene Mindestzeit zwischen den Ankünften beträgt 5 ms. Wie hoch ist die geschätzte Flaschenhalsbandbreite? 20

11. Betrachten Sie die folgenden drei Ursachen für eine Netzwerkverzögerung von 1 Sekunde zwischen A und B. In allen Fällen wird davon ausgegangen, dass ACKs unmittelbar von B zurück nach A gelangen.

    (i) Ein zwischengeschalteter Router mit einer Bandbreitenverzögerung von 1 Sekunde pro Paket; alle anderen Bandbreitenverzögerungen sind vernachlässigbar

    (ii) Eine Zwischenverbindung mit einer Ausbreitungsverzögerung von 1 Sekunde; alle Bandbreitenverzögerungen sind vernachlässigbar

    (iii) Ein zwischengeschalteter Router mit einer Bandbreitenverzögerung von 100 ms pro Paket und einer ständig von einer anderen Quelle wieder aufgefüllten Warteschlange von 10 Paketen (so wie im Diagramm in Abschnitt 20.2.4, »Beispiel 4: Querverkehr und RTT-Schwankungen«).

    a) Gehen Sie davon aus, dass in jedem dieser Fälle die Paketpaar-Methode (Abschnitt 20.2.6, »Paketpaare«) zur Messung der Bandbreite verwendet wird.

Welches Zeitintervall kann man in den einzelnen Fällen mindestens erwarten, wenn man annimmt, dass die Pakete nicht umgeordnet werden?

b) Was wären die entsprechenden Werte der gemessenen Bandbreiten in Paketen pro Sekunde? (Zum Zweck der Bandbreitenmessung können Sie davon ausgehen, dass die »vernachlässigbare« Bandbreitenverzögerung in Fall (ii) 0,01 Sekunden beträgt).

12. Angenommen, A sendet unter Verwendung von TCP Reno Pakete an B. Die Umlaufverzögerung beträgt 1,0 Sekunden, und die Bandbreite beträgt 100 Pakete/Sekunde (1 Paket alle 10 ms).

    a) Geben Sie RTT_{actual} an, wenn die Fenstergröße 100 Pakete erreicht hat.

    b) Geben Sie RTT_{actual} an, wenn die Fenstergröße 200 Pakete erreicht hat.

Kapitel 21
Weitere TCP-Dynamiken

Ist TCP Reno fair? Bevor wir diese Frage stellen können, müssen wir festlegen, was wir unter Fairness verstehen. Wir schauen uns auch das langfristige Verhalten von TCP Reno (und Reno-ähnlichen) Verbindungen genauer an, da der Wert von `cwnd` entsprechend dem TCP-Sägezahnverlauf ansteigt und abfällt. Insbesondere analysieren wir den durchschnittlichen `cwnd`; es sei daran erinnert, dass der durchschnittliche `cwnd` geteilt durch die RTT den durchschnittlichen Durchsatz der Verbindung darstellt (wir ignorieren hier vorübergehend die Tatsache, dass die RTT nicht konstant ist, aber der dadurch verursachte Fehler ist normalerweise gering).

Nachdem wir eine grundsätzliche Beziehung zwischen TCP Reno `cwnd` und der Paketverlustrate hergestellt haben, sollten wir vielleicht einfach feststellen, dass jedes TCP-Reno-Verfahren »Reno-fair« ist, und eine Regel für »TCP[Reno]-Freundlichkeit« aufstellen.

Der letzte Teil dieses Kapitels behandelt die aktive Warteschlangenverwaltung: die Idee, dass Router einige Annahmen über den TCP-Traffic treffen können, um die sie passierenden Datenströme besser zu verwalten. Es zeigt sich, dass Router das Verhalten von TCP ausnutzen können, um eine bessere Gesamtleistung zu erzielen.

Das Kapitel schließt mit dem TCP-Problem der hohen Bandbreiten und verwandten TCP-Problemen.

21.1 Begriffe der Fairness

Es gibt mehrere Definitionen für die faire Zuweisung von Bandbreite zwischen Datenströmen, die sich einen Flaschenhalsverbindung teilen. Eine ist die *Fairness der gleichen Anteile*, eine andere die *TCP-Reno-Fairness* (die Bandbreite wird in der Art von TCP Reno aufgeteilt). Es gibt weitere Ansätze, um festzulegen, was eine faire Bandbreitenzuweisung ist.

21.1.1 Max-Min-Fairness

Eine Verallgemeinerung der Fairness der gleichen Anteile für den Fall, dass einige Datenflüsse nach oben gedeckelt werden, ist die Max-Min-Fairness, bei der die Bandbreite eines Datenflusses nicht erhöht werden kann, ohne eine *kleinere* Datenflussrate zu verringern. Alternativ dazu maximieren wir die Bandbreite des Datenflusses mit der kleinsten Kapazität und maximieren dann, wenn dieser Datenfluss festgelegt ist, den Datenfluss mit der nächstkleineren Bandbreite usw. Intuitivere ist die Erklärung, dass wir die Bandbreite in winzigen Schritten gleichmäßig auf die Datenströme verteilen, bis sie ausgeschöpft ist (was bedeutet, dass wir sie gleichmäßig aufgeteilt haben) oder ein Datenfluss seine von außen festegelegte Bandbreitenobergrenze erreicht. An diesem Punkt setzen wir die Aufteilung unter den verbleibenden Datenströmen fort, bis wir jeweils die äußerste Grenze eines Datenflusses erreichen.

Ein Beispiel: Wir haben die Verbindungen A–D, B–D und C–D, wobei die Verbindung A–R eine Bandbreite von 200 kbit/s und alle anderen Verbindungen eine Bandbreite von 1000 kbit/s haben. Wir beginnen bei Null und erhöhen die Zuweisungen für jede der drei Verbindungen, bis wir bei 200 kbit/s pro Verbindung angelangt sind und die Verbindung A–D die Kapazität der Verbindung A–R ausgeschöpft hat. Die verbleibenden 400 kbit/s werden dann zu gleichen Teilen auf B–D und C–D aufgeteilt, sodass beide am Ende jeweils 400 kbit/s haben.

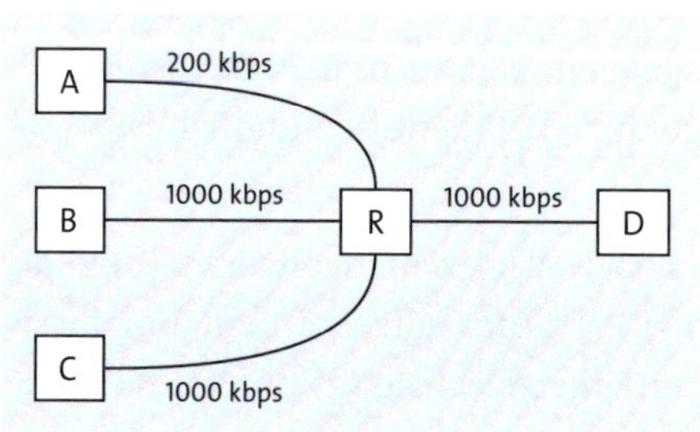

Ein weiteres Beispiel ist die so genannte *Parkflächentopologie*. Nehmen wir das folgende Netz an:

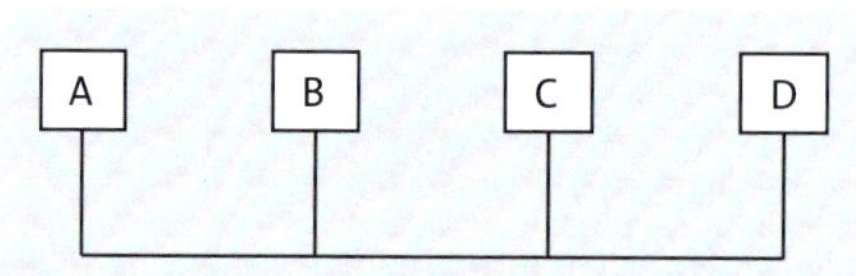

Es gibt vier Verbindungen: eine von A nach D, die alle drei Verbindungen umfasst, und drei Einzelverbindungen A–B, B–C und C–D. Jede Verbindung hat die gleiche Bandbreite. Wenn die Bandbreitenzuweisungen inkrementell auf die vier Verbindungen verteilt werden, ist der erste Punkt, an dem die Bandbreite einer Verbindung ausgeschöpft ist, erreicht, wenn alle vier Verbindungen jeweils 50 % der Verbindungsbandbreite erhalten haben; Max-Min-Fairness bedeutet hier, dass jede Verbindung den gleichen Anteil hat.

21.1.2 Proportionale Fairness

Eine Bandbreitenzuweisung mit den Raten $\langle r_1,r_2,...,r_N\rangle$ für N Verbindungen erfüllt die Bedingung der *proportionalen Fairness*, wenn es sich um eine gültige Bandbreitenzuweisung handelt und für jede andere Zuweisung $\langle s_1,s_2,...,s_N\rangle$ die aggregierte proportionale Änderung folgende Bedingungen erfüllt:

$$(r_1-s_1)/s_1 + (r_2-s_2)/s_2 + ... + (r_N-s_N)/s_N < 0$$

Alternativ bedeutet proportionale Fairness, dass die Summe $\log(r_1) + \log(r_2) + ... + \log(r_N)$ minimiert wird. Wenn sich die Verbindungen nur die Flaschenhalsverbindung teilen, wird die proportionale Fairness mit gleichen Anteilen erreicht. Betrachten wir jedoch das folgende Parkflächennetz:

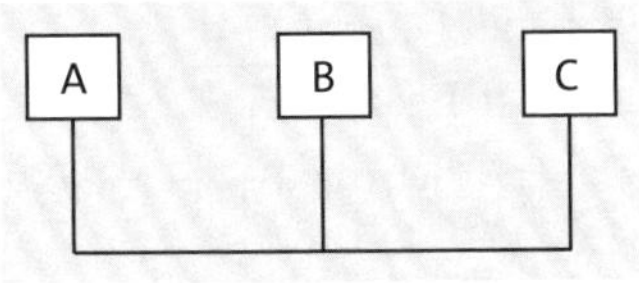

Angenommen, die Verbindungen A–B und B–C haben eine Bandbreite von 1 Einheit, und wir haben drei Verbindungen A–B, B–C und A–C. Eine proportional faire Lösung besteht dann darin, der Verbindung A–C eine Bandbreite von $\frac{1}{3}$ und jeder der Verbindungen A–B und B–C eine Bandbreite von $\frac{2}{3}$ zuzuweisen (sodass jede Verbindung eine Gesamtbandbreite von 1 hat). Bei jeder Änderung Δb der Bandbreite für die A–C-Verbindung ändern sich die A–B- und B–C-Verbindungen jeweils um $-\Delta b$. Das Gleichgewicht wird an dem Punkt erreicht, an dem eine Abnahme der A-C-Verbindung um 1 % zu zwei Zunahmen um 0,5 % führt, d. h., die Bandbreiten werden im Verhältnis 1:2 geteilt. Wenn x der Durchsatz der A–C-Verbindung ist, minimieren wir mathematisch gesehen $\log(x) + 2\log(1-x)$.

Proportionale Fairness behebt teilweise das Problem, dass TCP Reno lange RTT-Verbindungen benachteiligt; insbesondere ist die Tendenz von TCP hier immer noch nicht proportional fair, aber seine Reaktion kommt einer proportionalen Fairness näher als einer Max-Min-Fairness. Siehe [HBT99].

21.2 TCP-Reno-Verlustrate und cwnd

Wir können die durchschnittliche cwnd einer Verbindung als *Paketverlustrate* p ausdrücken, z. B. $p = 10^{-4}$ = ein verlorenes Paket von 10.000. Die Beziehung ergibt sich aus der Annahme, dass alle Paketverluste darauf zurückzuführen sind, dass die Netzobergrenze erreicht wurde. Wir gehen auch davon aus, dass bei Erreichen der Netzobergrenze nur ein Paket verloren geht, obwohl wir auch ein »Cluster« von zusammenhängenden Verlusten (innerhalb z. B. einer RTT) als ein einziges *Verlustereignis* zählen könnten.

C steht für die Netzobergrenze, d. h. wenn cwnd C erreicht, kommt es zu einem Paketverlust. Während C nur für ein sehr stabiles Netz konstant ist, variiert C normalerweise nicht sehr stark; wir nehmen an, dass es konstant ist. Dann schwankt cwnd zwischen C/2 und C, wobei es zu Paketverlusten kommt, wenn cwnd = C erreicht wird. Nehmen wir N = C/2 an. Dann werden zwischen zwei aufeinanderfolgenden Paketverlusten, d. h. über einen »Sägezahn« der TCP-Verbindung, insgesamt N+(N+1)+ ... +2N Pakete in N+1 Flights gesendet; diese Summe lässt sich algebraisch als 3/2 N(N+1) $\simeq$ 1,5 N^2 ausdrücken. Die Verlustrate beträgt also ein Paket pro 1,5 N^2, und die Verlustrate p ist 1/(1,5 N^2).

Das durchschnittliche cwnd in diesem Szenario ist 3/2 N (d. h. der Durchschnitt von N= $cwnd_{min}$ und 2N= $cwnd_{max}$). Wenn M = 3/2 N der durchschnittliche cwnd, $cwnd_{mean}$, ist, können wir die obige Verlustrate in Form von M ausdrücken: die Anzahl der Pakete zwischen den Verlusten beträgt 2/3 M^2, und somit $p=3/2\ M^{-2}$.

Lösen wir dies nun für $M=cwnd_{mean}$ in Bezug auf p; wir erhalten $M^2 = 3/2\ p^{-1}$ und somit

$$M = cwnd_{mean} = 1.225\ p^{-1/2}$$

wobei 1,225 die Quadratwurzel aus $\frac{3}{2}$ ist. In dieser Form legt eine gegebene Netzwerkverlustrate die Fenstergröße fest; diese Verlustrate ist letztlich an die Netzwerkkapazität gebunden. Wenn wir uns für den maximalen cwnd-Wert statt für den Mittelwert interessieren, multiplizieren wir die obige Zahl mit $\frac{4}{3}$.

Daraus ergibt sich die für eine Verbindung verfügbare *Bandbreite* wie folgt (obwohl die RTT nicht konstant sein muss):

$$\text{Bandbreite} = cwnd/RTT = 1{,}225/(RTT \times \sqrt{p})$$

$$\text{bandwidth} = cwnd/RTT = 1.225/(RTT \times \sqrt{p})$$

In [PFTK98] betrachten die Autoren ein TCP-Reno-Modell, das die gemessene Häufigkeit von Coarse-grained Timeouts berücksichtigt (zusätzlich zu schnellen Fast-Recovery-Antworten, die zu einer Halbierung von cwnd führen), und entwickeln eine entsprechende Formel.

Mit zunehmender Kapazität der Flaschenhals-Warteschlange steigen sowohl cwnd als auch die Anzahl der Pakete zwischen den Verlusten (1/p). Sobald die Warteschlange jedoch so groß ist, dass die Flaschenhalsverbindung zu 100 % ausgelastet ist, nimmt die Bandbreite nicht mehr zu.

Eine andere Annäherung an diese Formel ist, sich daran zu erinnern, dass 1/p die Anzahl der Pakete pro Sägezahn ist; das heißt, 1/p ist die »Fläche« des Sägezahns. Wenn man beide Seiten quadriert, besagt die Formel, dass die TCP Reno-Sägezahnfläche proportional zum Quadrat der durchschnittlichen Sägezahnhöhe (d. h. zu $\texttt{cwnd}_{mean}$) ist, wenn die Netzwerkkapazität steigt (d. h. wenn $\texttt{cwnd}_{mean}$ steigt).

21.2.1 Ungleichmäßige Sägezähne

Im Vorangegangenen haben wir angenommen, dass alle Sägezähne gleich groß sind. Aber wenn das nicht der Fall ist? In [OKM96] wurde dieses Problem unter der Annahme betrachtet, dass jedes Paket die gleiche (kleine) Verlustwahrscheinlichkeit hat (und somit die Intervalle zwischen den Paketverlusten exponentiell verteilt sind). In diesem Modell zeigt sich, dass die obige Formel immer noch gilt, nur die Konstante ändert sich von 1,225 auf 1,309833.

Um zu verstehen, warum unregelmäßige Sägezähne zu einer größeren Konstante führen, stellen Sie sich vor, Sie senden eine große Anzahl K von Paketen, bei denen n Verluste auftreten. Wenn die Verluste in regelmäßigen Abständen auftreten, dann weist der TCP-Graph n gleich große Sägezähne mit jeweils K/n Paketen auf. Wenn die n Verluste jedoch zufällig verteilt sind, werden einige Zähne größer und einige kleiner sein. Die *durchschnittliche* Sägezahnhöhe ist dieselbe wie im Fall der regelmäßigen Verteilung (siehe Übung 7). Die Anzahl der Pakete in einem Sägezahn hängt jedoch normalerweise mit dem *Quadrat* der Höhe dieses Sägezahns zusammen, sodass größere Zähne überproportional viele Pakete enthalten. Daher wird die Zufallsverteilung eine höhere Gesamtzahl an zugestellten Paketen und somit einen höheren mittleren cwnd-Wert aufweisen.

Siehe auch Übung 17 für eine einfache Simulation, die eine numerische Schätzung für die Konstante 1,309833 erzeugt.

Beachten Sie, dass Verluste in gleichmäßig verteilten, zufälligen Intervallen auch kein ideales Modell für TCP sind; bei Staus sind die Verlustereignisse weit von statistischer Unabhängigkeit entfernt. Insbesondere ist es unwahrscheinlich, dass unmittelbar nach einem Verlust ein weiterer Verlust auftritt, bis die Warteschlange Zeit hat, sich zu füllen.

21.2.2 Nicht synchronisierte TCP-Verlustereignisse

In Abschnitt 20.3.3, »Beeinflussung der RTT bei TCP Reno«, haben wir ein Modell betrachtet, bei dem alle Verlustereignisse vollständig synchronisiert sind, d. h., immer wenn die Warteschlange sich füllt, kommt es bei *beiden* TCP Reno-Verbindungen zu Paketverlusten. Wenn in diesem Modell $RTT_2/RTT_1 = \lambda$, dann sind $\texttt{cwnd}_1/\texttt{cwnd}_2 = \lambda$ und $\text{bandwith}_1/\text{bandwith}_2 = \lambda 2$, wobei $\texttt{cwnd}_1$ und $\texttt{cwnd}_2$ die jeweiligen Durchschnittswerte für cwnd sind.

Was passiert, wenn die Verlustereignisse für zwei Verbindungen nicht eine solche eindeutige Eins-zu-Eins-Entsprechung haben? Wir werden das Verhältnis der Verlustereignisse (oder genauer gesagt, der *TCP-Verlustreaktionen*) für Verbindung 1 gegenüber Verbindung 2 anhand der Bandbreiten- und RTT-Verhältnisse ableiten, ohne die Hypothese des synchronisierten Verlusts zu verwenden.

Beachten Sie, dass wir hier die Gesamtzahl der Verlustereignisse (oder Verlustreaktionen) – die Gesamtzahl der TCP-Reno-Sägezähne – über ein großes Zeitintervall vergleichen, und nicht die relativen Verlustwahrscheinlichkeiten *pro Paket*. Eine Verbindung könnte numerisch mehr Verluste haben als eine zweite Verbindung, aber aufgrund einer kleineren RTT mehr Pakete zwischen ihren Verlusten senden als die andere Verbindung und somit *weniger* Verluste pro Paket haben.

$losscount_1$ und $losscount_2$ seien die Anzahl der Verlustreaktionen für jede Verbindung über ein langes Zeitintervall T. Für i=1 und i=2 ist die Verlustwahrscheinlichkeit der i-ten Verbindung pro Paket $p_i = losscount_i/(bandwidth_i \times T) = (losscount_i \times RTT_i)/(cwnd_i \times T)$. Nach dem Ergebnis von Abschnitt 21.2, »TCP-Reno-Verlustrate und cwnd«, ist $cwnd_i = k/\sqrt{p_i}$ oder $p_i = k^2/cwnd_i^2$. Demnach erhalten wir

$$p_i = k^2/cwnd_i^2 = (losscount_i \times RTT_i) / (cwnd_i \times T)$$

und somit

$$losscount_i = k^2T / (cwnd_i \times RTT_i)$$

Durch Dividieren und Kürzen erhalten wir

$$losscount_1/losscount_2 = (cwnd_2/cwnd_1) \times (RTT_2/RTT_1)$$

Wir können noch ein wenig weiter gehen: γ sei die obige Verlustquote:

$$\gamma = (cwnd_2/cwnd_1) \times (RTT_2/RTT_1)$$

Da $RTT_2/RTT_1 = \lambda$ ist, müssen wir $cwnd_2/cwnd_1 = \gamma/\lambda$ erhalten und somit

$$bandwidth_1/bandwidth_2 = (cwnd_1/cwnd_2) \times (RTT_2/RTT_1) = \lambda^2/\gamma.$$

Beachten Sie: Wenn $\gamma=\lambda$, d. h., wenn die Verbindung mit längerer RTT weniger Verlustereignisse genau umgekehrt proportional zur RTT aufweist, dann gilt: $bandwidth_1/bandwidth_2 = \lambda = RTT_2/RTT_1$, und auch $cwnd_1/cwnd_2 = 1$.

21.3 TCP-Freundlichkeit

Angenommen, wir senden Pakete mit einem Nicht-TCP-Echtzeitprotokoll. Wie sollen wir mit Staus umgehen? Und wie können wir vor allem die Überlast so bewältigen, dass andere Verbindungen – insbesondere TCP-Reno-Verbindungen – fair behandelt werden?

Nehmen wir zum Beispiel an, wir senden interaktive Audiodaten in einer überlasteten Umgebung. Da es sich um Echtzeitdaten handelt, können wir nicht auf die Wiederherstellung verlorener Pakete warten und müssen daher UDP statt TCP verwenden. Nehmen wir weiter an, dass wir das Encoding so ändern können, dass die Übertragungsrate bei Bedarf reduziert wird – d. h., dass wir eine *adaptive* Encodierung verwenden –, dass wir es aber vorziehen würden, die Übertragungsrate auf einem hohen Niveau zu halten, wenn keine Staus auftreten. Vielleicht wollen wir auch eine relativ gleichmäßige Übertragungs*rate*; der TCP-Sägezahneffekt führt zu periodischen Schwankungen im Durchsatz, die wir vermeiden wollen.

Unsere Anwendung ist zwar nicht fensterbasiert, aber wir können trotzdem die Anzahl der Pakete überwachen, die zu einem bestimmten Zeitpunkt im Netz unterwegs sind; wenn die Pakete klein sind, können wir stattdessen Bytes zählen. Wir können dies anstelle des TCP-`cwnd` verwenden.

Wir können sagen, dass eine bestimmte Kommunikationsstrategie dann *TCP-freundlich* ist, wenn die Anzahl der Pakete im Netz jederzeit ungefähr gleich dem TCP-Reno-$\texttt{cwnd}_{mean}$ für die vorherrschende Paketverlustrate p ist. Beachten Sie, dass – unter der Annahme, dass Verluste unabhängige Ereignisse sind, was definitiv nicht ganz, aber oft nahezu richtig ist – in einem ausreichend langen Zeitintervall alle Verbindungen, die einen gemeinsamen Flaschenhals teilen, ungefähr die gleiche Paketverlustrate erfahren.

Der Sinn von TCP Friendliness besteht darin, die Anzahl der ausstehenden Pakete der Nicht-Reno-Verbindung zu regulieren, wenn ein Wettbewerb mit TCP Reno besteht, um ein gewisses Maß an Fairness zu erreichen. Ohne Wettbewerb wird die Anzahl der ausstehenden Pakete jeder Verbindung durch die Transitkapazität plus die Kapazität der Flaschenhals-Warteschlange begrenzt. Einige Nicht-Reno-Protokolle (z. B. TCP Vegas oder Traffic mit konstanter Rate, Abschnitt 21.3.2, »RTP«) können in Abwesenheit von Wettbewerb eine Verlustrate von Null haben, einfach weil sie die Warteschlange nie überfüllen.

Eine andere Möglichkeit, sich der TCP-Freundlichkeit zu nähern, besteht darin, die »Reno-Fairness« als die Bandbreitenzuweisungen zu *definieren*, die TCP Reno angesichts des Wettbewerbs vornimmt. TCP-Freundlichkeit bedeutet dann einfach, dass die gegebene Nicht-Reno-Verbindung ihren Reno-Fairness-Anteil erhält – nicht mehr und nicht weniger.

Wir werden auf TCP-Freundlichkeit im Zusammenhang mit allgemeinem AIMD in Abschnitt 21.4, »Noch einmal AIMD«, zurückkommen.

21.3.1 TFRC

TFRC oder TCP-Friendly Rate Control, RFC 3448, verwendet die erfahrene Verlustrate p und die oben genannten Formeln, um eine Übertragungsrate zu berechnen. Anschließend wird das Senden mit dieser Rate erlaubt, d. h. TFRC ist ratenbasiert und nicht fensterbasiert. Mit zunehmender Verlustrate wird die Senderate nach unten korrigiert, und so weiter. Die Anpassungen erfolgen jedoch sanfter als bei TCP, sodass die Anwendung eine sich allmählich ändernde Übertragungsrate erhält.

Aus RFC 5348:

> *TFRC ist so konzipiert, dass es im Wettbewerb um Bandbreite mit TCP-Datenflüssen einigermaßen fair ist, wobei wir einen Datenfluss als »einigermaßen fair« bezeichnen, wenn seine Übertragungsrate normalerweise innerhalb eines* ***Faktors von zwei*** *der Übertragungsrate eines TCP-Datenflusses unter den gleichen Bedingungen liegt. (Hervorhebung hinzugefügt; ein Faktor von zwei könnte in manchen Fällen nicht als »nahe genug« angesehen werden).*

Der Nachteil eines gleichmäßigeren Durchsatzes als bei TCP bei gleichzeitigem fairen Wettbewerb um die Bandbreite besteht darin, dass TFRC langsamer als TCP auf Änderungen der verfügbaren Bandbreite reagiert.

TFRC-Sender fügen in jdes Paket eine Sequenznummer, einen Zeitstempel und eine geschätzte RTT ein.

Der TFRC-Empfänger hat die Aufgabe, Rückmeldungspakete zurückzusenden, die als (Teil-)Bestätigungen dienen und auch einen vom Empfänger berechneten Wert für die Verlustrate über die vorherige RTT enthalten. Die Antwortpakete enthalten zudem Informationen über die aktuelle tatsächliche RTT, die der Sender zur Aktualisierung seiner geschätzten RTT verwenden kann. Der TFRC-Empfänger sendet möglicherweise nur ein solches Paket pro RTT zurück.

Das eigentliche Antwortprotokoll besteht aus mehreren Teilen, aber wenn die Verlustrate zunimmt, besteht der primäre Rückkopplungsmechanismus darin, eine neue (niedrigere) Senderate zu *berechnen*, wobei eine Variante der Formel $\text{cwnd} = k/\sqrt{p}$ verwendet wird, um dann auf diese neue Rate umzuschalten. Die Rate würde nur dann halbiert, wenn sich die Verlustrate p vervierfacht.

Neuere Versionen von TFRC verfügen über verschiedene Funktionen zur schnelleren Reaktion auf ein ungewöhnlich plötzlich auftretendes Problem, aber im normalen Gebrauch wird die berechnete Senderate die meiste Zeit über verwendet.

21.3.2 RTP

Das *Real-Time Protocol* (RTP) wird manchmal (aber nicht immer) mit TFRC gekoppelt. RTP ist ein UDP-basiertes Protokoll für das Streaming zeitabhängiger Daten.

Einige RTP-Merkmale sind:

- Der Sender legt eine *Rate* (statt einer Fenstergröße) für das Senden von Paketen fest.
- Der Empfänger sendet periodische Zusammenfassungen der Verlustraten.

- ACKs sind relativ selten.
- RTP ist für *Multicast* geeignet; eine sehr begrenzte ACK-Rate ist wichtig, wenn jedes gesendete Paket Hunderte von Empfängern haben kann
- Der Sender passt sein `cwnd`-Äquivalent auf der Grundlage der Verlustrate und der TCP-freundlichen Regel `cwnd`=k/√p nach oben oder unten an.
- Normalerweise wird eine Art »Stabilitätsregel« eingebaut, um plötzliche Änderungen der Rate zu vermeiden.

Als gängiges RTP-Beispiel könnte eine typische VoIP-Verbindung mit einer DS0-Rate (64 kbit/s) alle 20 ms ein Paket senden, das 160 Byte Sprachdaten plus Header enthält.

Damit eine Kombination aus RTP und TFRC Sinn macht, muss die zugrundeliegende Anwendung *ratenadaptiv* sein, sodass die Anwendung auch dann noch funktioniert, wenn die verfügbare Rate reduziert ist. Dies ist bei einfachen VoIP-Kodierungen oft nicht der Fall; siehe Abschnitt 24.11.4, »RTP und VoIP«.

Auf RTP werden wir in Abschnitt 24.11, »Real-time Transport Protocol (RTP)«, zurückkommen.

Das UDP-basierte Transportprotokoll QUIC (Abschnitt 16.1.1, »QUIC«) verwendet einen mit Cubic TCP kompatiblen Stauvermeidungsalgorithmus, was nicht ganz dasselbe ist wie TCP Reno. QUIC hätte jedoch genauso gut TFRC verwenden können, um TCP-Reno-freundlich zu sein.

21.3.3 DCCP-Überlaststeuerung

Wir haben DCCP bereits in Abschnitt 16.1.2, »DCCP«, und Abschnitt 18.15.3, »DCCP«, kennengelernt. DCCP umfasst auch eine Reihe von »Profilen« für das Staumanagement; eine Verbindung kann das Profil wählen, das ihren Anforderungen am besten entspricht. Die beiden Standardprofile sind das TCP-Reno-ähnliche Profil (RFC 4341) und das TFRC-Profil (RFC 4342). 21

Beim Reno-ähnlichen Profil wird jedes Paket quittiert (obwohl, wie bei TCP, ACKs bei der Ankunft jedes anderen Datenpakets gesendet werden können). Obwohl DCCP-ACKs nicht kumulativ sind, stellt die Verwendung des TCP-SACK-ähnlichen ACK-Vektorformats sicher, dass die Bestätigungen außer in extremen Verlustsituationen zuverlässig empfangen werden.

Der Absender verwaltet `cwnd` ähnlich wie ein TCP-Reno-Sender. Es wird für jede RTT ohne Verlust um eins erhöht und im Falle eines Paketverlustes halbiert. Da Sliding Windows nicht verwendet wird, stellt `cwnd` keine Fenstergröße dar. Stattdessen unterhält der Absender eine Estimated Flight Size (Abschnitt 19.4, »TCP Reno und Fast-Recovery«), die die beste Schätzung des Absenders über die Anzahl der ausstehenden

Pakete darstellt. In RFC 4341 wird dies als *Pipe-Wert* bezeichnet. Der Absender darf dann weitere Pakete senden, solange `pipe < cwnd` ist.

Das Reno-ähnliche Profil enthält auch einen Slow-Start-Mechanismus.

Im TFRC-Profil wird mindestens einmal pro RTT ein ACK gesendet. Da ACKs weniger häufig gesendet werden, kann es gelegentlich notwendig sein, dass der Sender ein ACK von ACK sendet.

Wie allgemein bei TFRC ist bei einem DCCP-Sender, der das TFRC-Profil verwendet, nicht die Fenstergröße, sondern die Übertragungsrate begrenzt.

DCCP bietet einen bequemen Programmierrahmen für die Verwendung von TFRC, komplett mit (zumindest in der Linux-Welt) einer traditionellen Socket-Schnittstelle. Der Entwickler bzw. die Entwicklerin muss sich nicht direkt mit den TFRC-Ratenberechnungen befassen.

21.4 Noch einmal AIMD

TCP Tahoe wählt einen Zunahmefaktor von 1, wenn keine Verluste auftraten, und andernfalls einen Abnahmefaktor von 1/2.

Ein anderer Ansatz für TCP-Freundlichkeit ist die Anwendung der AIMD- Strategie von TCP, jedoch mit geänderten Werten. Nehmen wir an, wir bezeichnen mit AIMD(α,β) die Strategie, die Fenstergröße nach einem verlustfreien Fenster um α zu erhöhen und bei einem Verlust die Fenstergröße mit $(1-\beta)<1$ zu multiplizieren (β=0,1 bedeutet also, dass das Fenster um 10 % verringert wird). TCP Reno entspricht demnach AIMD(1,0.5).

Jedes AIMD(α,β)-Protokoll folgt ebenfalls einem Sägezahnprofil, wobei die schräge Spitze des Sägezahns die Steigung α hat. Alle Kombinationen von $\alpha > 0$ und $0 < \beta < 1$ sind möglich. Die Abmessungen eines Zahns des Sägezahnprofils sind durch α und β etwas eingeschränkt. h sei die maximale Höhe des Zahns und w die Breite (gemessen in RTTs). Wenn die Verluste in regelmäßigen Abständen auftreten, ist die Höhe des Sägezahns am linken (unteren) Rand $(1-\beta)h$ und die gesamte vertikale Differenz ist βh. Diese vertikale Differenz muss auch αw sein, und so erhalten wir $\alpha w = \beta h$ oder $h/w = \alpha/\beta$; diese Werte finden Sie auf den Zähnen ganz rechts im Diagramm unten. Diese Gleichungen bedeuten, dass die Proportionen des Sägezahns (h zu w) durch α und β bestimmt werden. Schließlich ist die mittlere Höhe des Sägezahns $(1-\beta/2)h$.

Wir sind vor allem an AIMD(α,β)-Fällen interessiert, die TCP-freundlich sind (Abschnitt 21.3, »TCP-Freundlichkeit«). TCP-Freundlichkeit bedeutet, dass eine AIMD(α,β)-Verbindung mit der gleichen Verlustrate wie TCP Reno die gleiche mittlere `cwnd` hat. Jeder Zahn steht für einen Verlust. Die Anzahl der pro Sägezahn gesendeten Pakete ist, unter Verwendung von h und w wie im vorigen Absatz, $(1-\beta/2)hw$.

Geometrisch gesehen entspricht die Anzahl der pro Zahn gesendeten Pakete der *Fläche* des Zahns, sodass zwei Verbindungen mit der gleichen Verlustrate pro Paket Zähne mit der gleichen Fläche haben werden. TCP-Freundlichkeit bedeutet, dass zwei Verbindungen den gleichen mittleren cwnd-Wert und damit die gleiche durchschnittliche Zahnhöhe haben. Wenn die Zähne zweier Verbindungen die gleiche Fläche und die gleiche durchschnittliche Höhe haben, müssen sie auch die gleiche Breite (in RTTs) haben, und somit müssen die Verlustraten pro *Zeiteinheit* gleich sein, nicht nur die Verlustraten pro Anzahl der Pakete.

Abbildung 21.1 zeigt einen TCP-Reno-Zahn (mitte) zusammen mit einigen unfreundlichen AIMD(α,β)-Zähnen auf der linken Seite und zwei freundlichen Zähnen auf der rechten Seite, wobei der zweite freundliche Zahn dem Reno-Zahn überlagert ist.

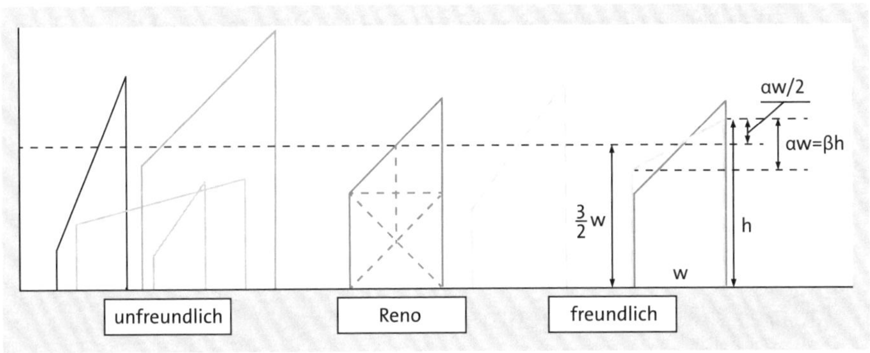

Abbildung 21.1 AIMD-Sägezähne, der Reno-Zahn mit Hilfslinien, die die Mittelpunkte markieren

Die zusätzlichen gestrichelten Linien innerhalb des mittleren Reno-Zahns verdeutlichen die 1×1×2-Proportionen von Reno und zeigen, dass die horizontale gestrichelte Linie, die $\text{cwnd}_{\text{mean}}$ darstellt, auf der Höhe $^3\!/_2$ w liegt, wobei w wie zuvor die Breite ist.

In dem Zahn ganz rechts, der dem Reno-Zahn überlagert ist, sehen wir, dass h = ($^3\!/_2$) × w + (α/2) × w. Wir wissen bereits, dass h = (α/β) × w ist; wenn wir diese Ausdrücke gleichsetzen, das w herauskürzen und mit 2 multiplizieren, erhalten wir (3+α) = 2α/β, oder β = 2α/(3+α). Durch Auflösen nach α erhalten wir

$$\alpha = 3\beta/(2-\beta)$$

oder α ≃ 1,5β für kleine β. Wenn sich der Abnahmefaktor 1-β an 1 annähert, kann das Protokoll durch passende Absenkung von α TCP-freundlich bleiben; z. B. AIMD($^1\!/_5$, $^1\!/_8$).

Ein kleines β bedeutet, dass eine Verbindung bei Verlusten keinen plötzlichen Bandbreiteneinbrüche unterliegt; dies kann bei Anwendungen wichtig sein, die auf eine regelmäßige Datenübertragungsrate angewiesen sind (z. B. Sprachübertragung). Solche Anwendungen werden manchmal als langsam reagierend bezeichnet, im Gegensatz zur schnellen Reaktion von TCP (cwnd = cwnd/2).

21.4.1 AIMD und Konvergenz zur Fairness

TCP-freundliche AIMD(α,β)-Protokolle konvergieren zwar zu Fairness, wenn sie mit TCP Reno konkurrieren (mit gleichen RTTs), aber eine Folge von abnehmendem β ist, dass es länger dauern kann, bis Fairness erreicht wird; hier ist ein Beispiel.

Wir nehmen an, wie oben in Abschnitt 20.3.3, »Beeinflussung der RTT bei TCP Reno«, dass Verlustereignisse für die beiden konkurrierenden Verbindungen synchronisiert sind. Erinnern wir uns daran, dass für zwei TCP-Reno-Verbindungen mit gleicher RTT (d. h. AIMD(α,β) mit $\beta=\frac{1}{2}$) D bei jedem Verlustereignis um die Hälfte reduziert wird, wenn die anfängliche Differenz in den jeweiligen `cwnd`s der Verbindungen D beträgt.

Nehmen wir nun an, wir haben zwei AIMD(α,β)-Verbindungen mit einem anderen Wert von β und wiederum mit einer Differenz D in ihren `cwnd`-Werten. Die beiden Verbindungen erhöhen `cwnd` jeweils um α pro RTT, sodass D konstant bleibt, wenn keine Verluste auftreten. Bei Verlustereignissen wird D um den Faktor 1–β verringert. Wenn $\beta=\frac{1}{4}$ ist, was $\alpha=\frac{3}{7}$ entspricht, dann wird D bei jedem Verlustereignis nur auf $\frac{3}{4}$ D reduziert, und die »Halbwertszeit« von D ist fast doppelt so groß. Die beiden Verbindungen werden bei D→0 immer noch zu Fairness konvergieren, aber es wird doppelt so lange dauern.

21.5 Aktives Warteschlangenmanagement

Aktives Warteschlangenmanagement (AQM) bedeutet, dass Router aktiv in die Verwaltung ihrer Warteschlangen eingreifen. Das primäre Ziel von AQM ist die Verringerung übermäßiger Warteschlangenverzögerungen; siehe Abschnitt 21.5.1, »Bufferbloat«. Ein sekundäres Ziel ist die Verbesserung der Leistung von TCP-Verbindungen – die den größten Teil des Internet-Traffic ausmachen – durch den Router. Indem den TCP-Verbindungen signalisiert wird, dass sie `cwnd` reduzieren sollten, werden auch die Gesamt-Warteschlangenverzögerungen verringert.

Normalerweise verwalten Router ihre Warteschlangen, indem sie entweder Pakete *markieren* oder *verwerfen*. Alle Router verwerfen Pakete, wenn kein Platz mehr für neu ankommende Pakete ist, aber es handelt sich um eine aktive Verwaltung, wenn Pakete verworfen werden, bevor der Platz in der Warteschlange vollständig erschöpft ist. Die Warteschlangenverwaltung kann am Überlast-»Knie« erfolgen, wenn sich die Warteschlangen gerade aufbauen (und eine Markierung sinnvoller ist), oder wenn die Warteschlange sich zu füllen beginnt und sich der »Klippe« nähert.

Im Großen und Ganzen könnten Prioritäts-Warteschlangen und Random-Drop-Mechanismen (Abschnitt 20.1, »Ein erster Blick auf das Queuing«) als Formen des AQM betrachtet werden, zumindest wenn das Ziel darin besteht, die Gesamtgröße der Warteschlangen zu verwalten. Gleiches gilt für Fair Queuing und Hierarchical

Queuing (Kapitel 22, »Queuing und Scheduling«). Die Mechanismen, die am häufigsten mit der AQM-Kategorie in Verbindung gebracht werden, sind jedoch RED und seine Nachfolger, insbesondere CoDel. Für eine Diskussion der potenziellen Vorteile von Fair Queuing für die Warteschlangenverwaltung siehe Abschnitt 22.6.1, »Fair Queuing und Bufferbloat«.

21.5.1 Bufferbloat

Wie wir in Abschnitt 19.7, »TCP und Auslastung der Flaschenhalsverbindung«, gesehen haben, sollte bei TCP-Reno-Verbindungen im Idealfall die Kapazität der Warteschlange am Flaschenhals-Router die Transitkapazität der Bandbreite × Verzögerung übersteigen. Die Berechnungen in Abschnitt 19.7.1, »TCP-Warteschlangengrößen«, legen nahe, dass die optimale Puffergröße für TCP Reno am Backbone-Router Hunderte von Megabyte betragen könnte. Da Arbeitsspeicher billig ist, liegen die Warteschlangengrößen in der Praxis oft am oberen Ende der Skala. Übermäßige Verzögerungen aufgrund einer zu großen Warteschlangenkapazität werden als *Bufferbloat* bezeichnet. Natürlich ist »übermäßig« eine Frage der Perspektive; wenn der einzige Traffic, an dem Sie interessiert sind, große TCP-Datenströme sind, sind große Warteschlangen gut. Wenn Sie jedoch an Echtzeit-Datenverkehr wie Sprache und interaktivem Video oder auch nur an schnellen Webseiten-Ladevorgängen interessiert sind, wird Bufferbloat zu einem Problem. Große Warteschlangen können auch zu Verzögerungsschwankungen (*Jitter*) führen.

Backbone-Router sind hier eine, aber nicht die einzige Kategorie von Übeltätern. Viele Router in Privathaushalten haben eine Warteschlangenkapazität, die ein Vielfaches des durchschnittlichen Produkts aus Bandbreite und Verzögerung beträgt, was bedeutet, dass die Warteschlangenverzögerung potenziell viel größer als die Ausbreitungsverzögerung ist. Auch Endsysteme haben oft große Warteschlangen; auf Linux-Systemen kann die Standardgröße der Warteschlange mehrere hundert Pakete betragen.

All diese verzögerungsbedingten Probleme lassen sich nicht gut mit interaktivem Traffic oder Echtzeit-Traffic vereinbaren (RFC 7567). Daher gibt es Vorschläge, Router mit viel kleineren Warteschlangen zu betreiben; siehe z. B. [WM05] und [EGMR05]. Dadurch kann sich die Auslastung der Flaschenhalsverbindung eines *einzelnen* TCP-Flows auf 75 % reduzieren. Bei *mehreren* TCP-Datenströmen mit unsynchronisierten Verlusten ist die Situation jedoch oft viel besser.

Dennoch kann die Entscheidung über die Kapazität einer Warteschlange für Router-Manager ein lästiges Problem darstellen. Der CoDel-Algorithmus ist sehr vielversprechend, aber wir beginnen mit einigen früheren Strategien.

21.5.2 DECbit

Bei der in [RJ90] vorgeschlagenen Technik zur Stauvermeidung *markieren* Router, die erste Anzeichen einer Überlast erkennen, die von ihnen weitergeleiteten Pakete; die Absender nutzen diese Markierungen, um ihre Fenstergröße anzupassen. Das System wurde in Anlehnung an den Arbeitgeber der Autoren als DECbit bekannt und in DECnet implementiert (eng verwandt mit der OSI-Protokollsuite), obwohl es offenbar nie eine TCP/IP-Implementierung gab. Die Idee hinter DECbit wurde schließlich in Form von ECN in TCP/IP übernommen. Während jedoch ECN – wie auch die anderen Überlastreaktionen von TCP – im unmittelbaren Bereich der Überlastklippe greift, schlug DECbit vor, die Begrenzung einzuleiten, wenn die Überlast noch minimal ist, also knapp über dem Überlastknie. DECbit war nie eine Lösung für Bufferbloat; in der DECbit-Ära war Speicher teuer und es gab nur selten große Warteschlangenkapazität.

Der DECbit-Mechanismus ermöglichte es den Routern, ein bestimmtes »Überlastbit« zu setzen. Dieses wurde in dem weiterzuleitenden Datenpakct gesetzt, der Status dieses Bits würde jedoch in der entsprechenden ACK zurückgesendet (andernfalls würde der Absender nie von dem Stau Kenntnis erhalten).

DECbit-*Router* definierten »Überlast« als durchschnittliche Größe der Warteschlange von mehr als 1,0; das heißt, Überlast bedeutete, dass die Verbindung gerade über das »Knie« ging. Die Router setzten das Überlastbit immer dann, wenn diese Bedingung für die durchschnittliche Warteschlangengröße erfüllt war.

Das Ziel für DECbit-*Sender* ist dann, dass 50% der Pakete als »Überlast« markiert werden. Sind weniger als 50 % der Pakete markiert, wird `cwnd` um 1 erhöht; bei mehr als 50 % word `cwnd` um den Faktor 0,875 verringert. Beachten Sie, dass sich dies stark von der TCP-Methode unterscheidet, da DECbit mit der Markierung von Paketen am Überlast-»Knie« beginnt, während TCP Reno nur auf Paketverluste reagiert, die an der »Klippe« auftreten.

Eine Folge dieses kniebasierten Mechanismus ist, dass DECbit im Gegensatz zu TCP Reno eine sehr begrenzte Auslastung der Warteschlange anstrebt. Bei einem überlasteten Router würde eine DECbit-Verbindung versuchen, etwa 1,0 Pakete in der Warteschlange des Routers zu behalten, während eine TCP-Reno-Verbindung den Rest der Warteschlange füllen könnte. Daher schneidet DECbit im Prinzip schlecht gegenüber jeder Verbindung ab, bei der der Absender die markierten Pakete ignoriert und einfach versucht, `cwnd` so groß wie möglich zu halten. TCP Vegas strebt auch eine begrenzte Auslastung der Warteschlange an.

21.5.3 Explicit Congestion Notification (ECN)

ECN ist das TCP/IP-Äquivalent zu DECbit, obwohl die tatsächliche Funktionsweise recht unterschiedlich ist. Die aktuelle Version ist in RFC 3168 spezifiziert und modifiziert eine frühere Version in RFC 2481. Der IP-Header enthält ein Zwei-Bit-ECN-Feld, bestehend aus dem ECN-Capable Transport (ECT)-Bit und dem Congestion Experienced (CE)-Bit; das ECN-Feld ist in Abschnitt 9.1, »Der IPv4-Header«, dargestellt. Das ECT-Bit wird von einem Absender gesetzt, um den Routern anzuzeigen, dass er den ECN-Mechanismus nutzen kann. (Dies sind eigentlich die älteren RFC 2481-Bezeichnungen für die Bits, aber für unsere Zwecke sind sie gut geeignet). Der TCP-Header enthält zwei weitere Bits: das ECN-Echo-Bit (ECE) und das Congestion Window Reduced-Bit (CWR); diese sind in der vierten Zeile in Abschnitt 17.2, »TCP-Header«, dargestellt.

Das ursprüngliche Ziel von ECN war es, den TCP-Durchsatz zu verbessern, indem die meisten Paketverluste und die daraus resultierenden Timeouts vermieden werden. Bufferbloat stand wiederum nicht zur Debatte.

ECN und Middleboxen

In den Anfängen von ECN reagierten einige nicht-ECN-fähige Firewalls auf Pakete mit gesetzten CWR- oder ECE-Bits, indem sie diese verwarfen und ein manipuliertes RST-Paket an den Absender zurückschickten. Siehe RFC 3360 für Details und eine Diskussion über diese nicht standardmäßige Verwendung von RST. Dies ist ein gutes Beispiel dafür, dass »Middleboxen« manchmal ein Hindernis für die Entwicklung von Protokollen darstellen; siehe Abschnitt 9.7.2 »Middleboxen«.

Router setzen das CE-Bit im IP-Header, wenn sie das Paket andernfalls verwerfen könnten (oder möglicherweise, wenn die Warteschlange mindestens halb voll ist, oder anstelle eines RED-Drops). Wie bei DECbit senden die Empfänger den CE-Status im ECE-Bit der nächsten ACK an den Sender zurück; der Grund für die Verwendung des ECE-Bits ist, dass dieses Bit zum TCP-Header gehört und somit die TCP-Schicht die Kontrolle darüber hat. 21

TCP-Sender behandeln ACKs mit gesetztem ECE-Bit genauso, als ob ein Verlust aufgetreten wäre: `cwnd` wird halbiert. Da kein tatsächlicher Verlust vorliegt, können die eintreffenden ACKs weiterhin mit Sliding Windows fortfahren. Der Fast-Recovery-Mechanismus wird nicht benötigt.

Wenn der TCP-Sender auf ein ECE-Bit geantwortet hat (durch Halbierung von `cwnd`), setzt er das CWR-Bit. Sobald der Empfänger ein Paket mit gesetztem CE-Bit in der IP-Schicht erhalten hat, setzt er das ECE-Bit in allen nachfolgenden ACKs, bis er ein Datenpaket mit gesetztem CWR-Bit erhält. Dies sorgt für eine zuverlässige Übermittlung der Überlastinformationen und hilft dem Absender, nur einmal auf mehrere Paketverluste innerhalb eines einzigen Fensters zu reagieren.

Beachten Sie, dass die anfängliche Paketmarkierung auf der IP-Schicht erfolgt, die Erzeugung des markierten ACK und die Antwort des Absenders auf markierte Pakete jedoch auf der TCP-Schicht (dasselbe gilt für DECbit, obwohl die Schichten unterschiedliche Namen haben).

Nur bei Paketen, die andernfalls verworfen worden wären, wird das CE-Bit gesetzt; der Router markiert *nicht* alle wartenden Pakete, sobald seine Warteschlange einen bestimmten Schwellenwert erreicht. Jedes markierte Paket muss wie üblich in der Warteschlange warten, bis es an der Reihe ist, weitergeleitet zu werden. Der Absender erfährt von der Überlast nach einer vollen RTT, während es bei Fast-Retransmit eine volle RTT plus vier Paketübertragungszeiten sind. Eine sehr viel frühere »Legacy«-Strategie bestand darin, dass Router nach dem Verwerfen eines Pakets sofort ein ICMP Source Quench-Paket an den Absender zurückschicken mussten. Dies ist eine schnellere Möglichkeit (die schnellstmögliche), um einen Absender über einen Verlust zu informieren. Sie wurde jedoch nie auf breiter Basis implementiert und mit RFC 6633 offiziell abgelehnt.

Da ECN-Überlasten genauso behandelt werden wie Paketverluste, steht ECN im Wettbewerb mit TCP Reno.

RFC 3540 ist ein Vorschlag (Stand 2016 noch nicht offiziell), den oben beschriebenen Mechanismus leicht abzuändern, um die Erkennung von Empfängern zu unterstützen, die versuchen, Anzeichen von Überlast zu verbergen. Ein Empfänger würde dazu das ECE-Bit in der ACK nicht setzen, wenn ein als überlastet gekennzeichnetes Datenpaket eintrifft. Ein solcher skrupelloser (oder falsch implementierter) Empfänger kann dann einen größeren Anteil an der Bandbreite erhalten, weil der `cwnd` des Senders größer ist, als er sein sollte. Durch die Änderung wird auch die Löschung des ECE-Bits (oder anderer ECN-Bits) durch Middleboxen erkannt.

Die neue Strategie, bekannt als *ECN nonce*, behandelt die ECN-Bits ECT und CE als eine Einheit. Der Wert 00 wird von nicht ECN-fähigen Absendern verwendet, und der Wert 11 wird von Routern als Überlastmarkierung verwendet. ECN-fähige Absender markieren Datenpakete, indem sie *zufällig* 10 (bekannt als ECT(0) oder 01 (bekannt als ECT(1) wählen. Diese Wahl kodiert das *Nonce-Bit*, wobei ECT(0) für ein Nonce-Bit von 0 und ECT(1) für 1 steht; das Nonce-Bit kann auch als der Wert des zweiten ECN-Bits angesehen werden.

Der Empfänger soll nun nicht nur das ECE-Bit setzen, sondern auch die laufende Ein-Bit-Summe der Nonce-Bits in einem neuen TCP-Header-Bit zurückgeben, dem Nonce-Sum-Bit (NS), das dem CRW-Bit unmittelbar vorausgeht. Diese Summe bezieht sich auf alle Datenpakete, die seit dem letzten Paketverlust oder dem letzten Paket, bei dem ein Stau auftrat, empfangen wurden. Versucht der Empfänger, eine Überlastung zu verbergen, indem er das ECE-Bit auf Null setzt, kann er das NS-Bit nicht richtig setzen, da ihm nicht bekannt ist, ob ECT(0) oder ECT(1) verwendet wurde. Bei jedem

Paket, das als Überlast gekennzeichnet ist, hat der Empfänger eine 50%ige Chance, richtig zu raten, aber mit der Zeit wird ein Rateerfolg immer unwahrscheinlicher. Wird eine ECN-Nichtkonformität erkannt, muss der Absender nun die Nutzung von ECN einstellen und kann als Vorsichtsmaßnahme ein kleineres cwnd wählen.

Obwohl wir ECN als einen von Routern implementierten Mechanismus beschrieben haben, kann er genauso gut von Switches implementiert werden und ist in vielen kommerziellen Switches verfügbar.

21.5.4 RED

»Herkömmliche« Router verwerfen Pakete erst dann, wenn die Warteschlange voll ist; die Absender erhalten vorher keinen offensichtlichen Hinweis darauf, dass eine Klippe droht. Durch ECN wird dies verbessert, indem TCP-Verbindungen über die bevorstehende Klippe informiert werden, sodass cwnd reduziert werden kann, ohne dass tatsächlich Pakete verloren gehen. Hinter *Random Early Detection* (RED)-Routern, die in [FJ93] vorgestellt wurden, steht die Idee, dass der Router gelegentlich ein Paket viel früher fallen lassen darf, etwa wenn die Warteschlange weniger als halb voll ist. Diese frühen Paketverluste sind ein Signal an die Absender, dass sie langsamer senden sollten; wir nennen sie *Signalverluste*. Zwar gehen tatsächlich Pakete verloren, doch werden sie so verworfen, dass normalerweise nur ein Paket pro Fenster (pro Verbindung) verloren geht. Das klassische TCP Reno kommt insbesondere mit mehreren Verlusten pro Fenster nicht gut zurecht, und RED kann solche Mehrfachverluste verhindern. Das Hauptziel von RED war, wie bei ECN, die Verbesserung der TCP-Leistung. Man beachte, dass RED sechs Jahre vor ECN entwickelt wurde.

RED ist streng genommen ein *Warteschlangenverfahren* im Sinne von Abschnitt 22.4, »Warteschlangenverfahren«; ein weiteres ist FIFO. Es ist jedoch oft hilfreicher, RED als Technik zu betrachten, die ein ansonsten FIFO-fähiger Router einsetzen kann, um die Leistung des TCP-Traffic zu verbessern. 21

Die Entwicklung eines Early-Drop-Algorithmus ist nicht trivial. Ein Vorgänger von RED, bekannt als Early Random Drop (ERD) Gateways, führte einfach eine kleine einheitliche Drop-Wahrscheinlichkeit p ein, z. B. p=0,01, sobald die Warteschlange einen bestimmten Schwellenwert erreicht hatte. Dies löst das TCP-Reno-Problem recht gut, außer dass das Verwerfen mit einer gleichmäßigen Wahrscheinlichkeit p zu einer überraschend hohen Rate von Mehrfachdrops in einem Cluster oder von langen Abschnitten ohne verworfene Pakete führt. Es musste mehr Gleichmäßigkeit erzielt werden, aber Drops in festen Abständen sind wiederum zu gleichmäßig.

Der eigentliche RED-Algorithmus leistet zweierlei: Erstens steigt die grundsätzliche Drop-Wahrscheinlichkeit– p_{base} – von einem minimalen Warteschlangenschwellenwert q_{min} bis zu einem maximalen Warteschlangenschwellenwert q_{max} stetig an (dies könnten 40 % bzw. 80 % der absoluten Warteschlangenkapazität sein); am maximalen Schwellenwert ist die Abwurfwahrscheinlichkeit noch recht gering. Die Basiswahrscheinlichkeit p_{base} steigt in diesem Bereich linear gemäß der folgenden Formel an, wobei p_{max} die maximale RED-Drop-Wahrscheinlichkeit ist; der in [FJ93] vorgeschlagene Wert für p_{max} war 0,02.

$$p_{base} = p_{max} \times (\text{avg\_queuesize} - q_{min})/(q_{max} - q_{min})$$

Zweitens: Je mehr Zeit nach einem RED-Drop vergeht, desto höher ist die tatsächliche Drop-Wahrscheinlichkeit p_{actual}, wie die folgende Formel zeigt:

$$p_{actual} = p_{base} \,/\, (1 - \text{count} \times p_{base})$$

Hier ist count die Anzahl der Pakete, die seit dem letzten RED-Drop gesendet wurden. Bei count=0 ist $p_{actual} = p_{base}$, aber p_{actual} steigt von da an mit einem garantierten RED-Drop innerhalb der nächsten $1/p_{base}$ Pakete. Auf diese Weise wird ein Mechanismus geschaffen, bei dem RED-Drops so gleichmäßig verteilt sind, dass es unwahrscheinlich ist, dass zwei RED-Drops im selben Fenster derselben Verbindung auftreten, und doch so zufällig, dass es unwahrscheinlich ist, dass die RED-Drops mit einer einzigen Verbindung synchronisiert bleiben und diese somit unfair beeinflussen.

Ein erheblicher Nachteil von RED ist, dass die Wahl der verschiedenen Parameter entschieden *ad hoc* erfolgt. Es ist nicht eindeutig, wie sie so eingestellt werden können, dass TCP-Verbindungen mit kleinen und großen Produkten aus Bandbreite und Verzögerung korrekt gehandhabt werden, oder wie sie überhaupt für eine bestimmte Ausgangsbandbreite eingestellt werden können. Die Wahrscheinlichkeit p_{base} sollte z. B. ungefähr 1/winsize betragen, aber winsize für TCP-Verbindungen kann um mehrere Größenordnungen variieren. RFC 2309 aus dem Jahr 1998 empfahl RED, aber der Nachfolger RFC 7567 aus dem Jahr 2015 ist davon abgerückt und empfiehlt stattdessen, eine geeignete AQM-Strategie zu implementieren, deren Details aber dem Router-Manager überlassen werden sollten.

In Abschnitt 24.8, »RED with In and Out«, sehen wir uns eine Anwendung von RED auf Quality-of-Service-Garantien an.

21.5.5 ADT

In [SKS06] wird der adaptive Drop-Tail-Algorithmus vorgeschlagen, bei dem die maximale Warteschlangenkapazität in Intervallen (etwa 5 Minuten) angepasst wird, um ein bestimmtes gewünschtes Ziel für die Verbindungsauslastung (etwa 95 %) zu erreichen. Am Ende jedes Intervalls wird die verfügbare Warteschlangenkapazität erhöht oder verringert (etwa um 5 %), je nachdem, ob die Auslastung der Verbindung unter oder über dem Zielwert lag. ADT lässt Pakete sonst nicht selektiv fallen; wenn innerhalb der aktuellen Warteschlangenkapazität Platz für ein ankommendes Paket ist, wird es akzeptiert.

ADT passt die Gesamtkapazität der Warteschlange gut an sich langsam ändernde Umstände an, z. B. an die Größe des Benutzerpools. ADT reagiert jedoch nicht auf kurzfristige Schwankungen. Insbesondere versucht es nicht, auf Schwankungen zu reagieren, die innerhalb eines einzelnen TCP-Reno-Sägezahns auftreten. ADT hält auch keinen zusätzlichen Warteschlangenplatz für vorübergehende Paket-Bursts vor.

21.5.6 CoDel

Der CoDel-Warteschlangenverwaltungsalgorithmus (ausgesprochen »coddle«) versucht wie RED, Signalisierungsverluste zu nutzen, um Verbindungen dazu zu bringen, ihre Warteschlangenauslastung zu reduzieren. Auf diese Weise kann CoDel eine große Gesamtkapazität der Warteschlange aufrechterhalten, die zur Aufnahme von Bursts zur Verfügung steht, während gleichzeitig die tatsächliche Auslastung der Warteschlange im Durchschnitt wesentlich geringer ist. Um dies zu erreichen, ist CoDel in der Lage, zwischen vorübergehenden Warteschlangenspitzen und der Auslastung einer »stehenden Warteschlange« zu unterscheiden, die über mehrere RTTs hinweg anhält; das klassische Beispiel für Letzteres ist der Aufbau der Warteschlange von TCP Reno am rechten Rand eines jeden Sägezahns. Im Gegensatz zu RED hat CoDel im Wesentlichen keine einstellbaren Parameter und passt sich an ein breites Spektrum von Bandbreiten und Trafficarten an. Siehe [NJ12] und den Internet-Draft *draft-ietf-aqm-codel-06* (*https://tools.ietf.org/html/draft-ietf-aqm-codel-06*). Ein ausdrückliches Ziel von CoDel ist die Verringerung von Bufferbloat.

CoDel misst den Mindestwert der Warteschlangenauslastung über einen bestimmten kurzen Zeitraum, der als *Intervall* bezeichnet wird. Das Intervall soll etwas größer sein als die meisten RTT_{noLoad}-Werte für Verbindungen; es beträgt normalerweise 100 ms. Anhand dieser Statistik über die minimale Auslastung kann CoDel leicht die Phase des Warteschlangenaufbaus einer TCP-Reno-Verbindung erkennen, die – außer bei Verbindungen mit kurzer RTT – viele Intervalle lang dauert. 21

CoDel misst die Auslastung der Warteschlange anhand der Verweildauer des Pakets in der Warteschlange und nicht anhand der Größe der Warteschlange in Bytes. Während diese beiden Größen auf jedem Router proportional sind, bedeutet die Verwendung von Zeit anstelle von Raum, dass der CoDel-Algorithmus unabhängig von der abgehenden Bandbreite ist und daher nicht für diese Bandbreite konfiguriert werden muss.

Die Zielvorgabe von CoDel für die Mindestauslastung der Warteschlange beträgt in der Regel 5 % des Intervalls oder 5 ms, obwohl auch 10 % angemessen sind. Ist die Mindestauslastung kleiner, werden keine Maßnahmen ergriffen. Wenn die Mindestauslastung größer wird, geht CoDel in den »Abwurfmodus« über, verwirft ein Paket und beginnt, weitere Paketabwürfe zu planen. Dies dauert so lange, bis die Mindestauslastung wieder unter dem Zielwert liegt und CoDel in seinen »Normalmodus« zurückkehrt.

Sobald der Abwurfmodus beginnt, wird der zweite Drop für ein Intervall nach dem ersten geplant, wobei der zweite Drop möglicherweise nicht erfolgt, wenn CoDel in den Normalmodus zurückkehren kann. Während CoDel im Abwurfmodus verbleibt, werden weitere Paketabwürfe nach Intervall/$\sqrt{2}$, Intervall/$\sqrt{3}$ usw. geplant, d. h. die Abwurfrate beschleunigt sich proportional zu $\sqrt{n}$, bis die Mindestzeit, die Pakete in der Warteschlange verbringen, wieder klein genug ist, dass CoDel in den Normalmodus zurückkehren kann.

Wenn der Traffic aus einer einzigen TCP-Reno-Verbindung besteht, wird CoDel eines seiner Pakete fallen lassen, sobald die Auslastung der Warteschlange 5 % erreicht. Dies führt zu einer Halbierung von `cwnd`, was höchstwahrscheinlich sogar einen zweiten Paketabwurf unnötig macht. Wenn die RTT der Verbindung ungefähr gleich dem Intervall ist, dann ist die Auslastung der Verbindung die gleiche, wie wenn die Kapazität der Warteschlange auf 5 % der Transitkapazität oder 79 % festgelegt wäre (Abschnitt 19.12, Übung 13). Bei einer geringen Anzahl von unsynchronisierten TCP-Verbindungen steigt die Auslastung der Verbindung jedoch auf über 90 % ([NJ12], Abb. 5 und 8).

Wenn der Traffic aus mehreren TCP-Reno-Verbindungen besteht, sollten einige wenige Drops genügen, damit die meisten Verbindungen ihre `cwnd`s halbieren und damit ihre kollektive Warteschlangenauslastung stark reduzieren. Aber auch wenn der Traffic aus einer einzigen UDP-Verbindung mit *fester Rate* besteht, deren Rate für den Flaschenhals zu hoch ist, funktioniert CoDel noch. In diesem Fall werden so viele Pakete wie nötig verworfen, um die Auslastung der Warteschlange zu verringern, und dieser Zyklus wird bei Bedarf wiederholt. Eine weitere Besonderheit von CoDel besteht darin, dass die Abwurfrate bei einem schnellen Wiedereintritt in den Abwurfmodus dort fortgesetzt wird, wo sie unterbrochen wurde.

Ein Anwendungsbeispiel für CoDel finden Sie in Abschnitt 23.6, »Verzögerung begrenzen«.

21.6 Das TCP-Problem der hohen Bandbreiten

Der TCP-Reno-Algorithmus hat eine schwerwiegende Konsequenz für Verbindungen mit hoher Bandbreite: Das benötigte `cwnd` impliziert eine sehr kleine – unrealistisch kleine – Paketverlustrate p. »Rausch«-Verluste (Verluste, die nicht auf Überlast zurückzuführen sind) sind zwar nicht häufig, aber nicht mehr vernachlässigbar; diese halten das Fenster deutlich kleiner, als es sein sollte. Die folgende Tabelle aus RFC 3649 basiert auf einer RTT von 0,1 Sekunden und einer Paketgröße von 1500 Byte für verschiedene Durchsatzraten. Die `cwnd`-Werte stellen die Produkte aus Bandbreite × RTT dar.

TCP-Durchsatz (Mbit/s)	RTTs zwischen Verlusten	cwnd	Paketverlustrate P
1	5.5	8.3	0.02
10	55	83	0.0002
100	555	833	2×10^{-6}
1000	5555	8333	2×10^{-8}
10,000	55555	83333	2×10^{-10}

Man beachte den sehr kleinen Wert der Verlustwahrscheinlichkeit, der zur Unterstützung von 10 Gbit/s erforderlich ist; dies entspricht einer Bitfehlerrate von weniger als 2×10^{-14}. Bei Glasfaser-Datenverbindungen wird leider oft eine physische Bitfehlerrate von 10^{-13} als akzeptabel angesehen; es gibt also keine Möglichkeit, die Fenstergröße der letzten Zeile der obigen Tabelle zu unterstützen. (Die Verwendung von fehlerkorrigierenden Codes auf OTN-Verbindungen, Abschnitt 6.2.3, »Optical Transport Network«, kann die Bitfehlerrate auf weniger als 10^{-15} reduzieren). Eine weitere Quelle für »Rausch«-Verluste sind Überläufe von Warteschlangen in Ethernet-Switches; Switches haben in der Regel viel kürzere Warteschlangen als Router. Bei 10 Gbit/s leitet ein Switch ein Paket pro Mikrosekunde weiter; bei dieser Rate muss ein Burst nicht lange dauern, um die Warteschlange des Switches zu überlasten.

Hier eine ähnliche Tabelle, die `cwnd` in Form der Paketverlustrate ausdrückt:

Paketverlustrate P	cwnd	RTTs zwischen Verlusten
10^{-2}	12	8
10^{-3}	38	25
10^{-4}	120	80
10^{-5}	379	252
10^{-6}	1,200	800
10^{-7}	3,795	2,530
10^{-8}	12,000	8,000
10^{-9}	37,948	25,298
10^{-10}	120,000	80,000

Die beiden obigen Tabellen zeigen, dass große Fenstergrößen extrem kleine Abwurfraten erfordern. Dies ist das *TCP-Problem bei hoher Bandbreite*: Wie können wir ein großes Fenster aufrechterhalten, wenn ein Pfad ein großes Produkt aus Bandbreite und Verzögerung aufweist? Das Hauptproblem besteht darin, dass nicht-kongestive Paketverluste (Rauschen) die Fenstergröße möglicherweise weit unter den möglichen Wert senken. Ein sekundäres Problem besteht darin, dass selbst wenn solche zufälligen Verluste nicht signifikant sind, der Anstieg von cwnd auf ein vernünftiges Niveau recht langsam sein kann. Wenn die Netzobergrenze bei etwa 2.000 Paketen liegt, dann würde die normale sägezahnförmige Rückkehr zur Obergrenze nach einem Verlust 1.000 RTTs dauern. Das ist zwar langsam, aber der Absender hätte immer noch einen durchschnittlichen Durchsatz von 75 %, wie wir in Abschnitt 19.7, »TCP und Auslastung der Flaschenhalsverbindung«, gesehen haben. Noch gravierender wäre es, wenn sich die Netzobergrenze aufgrund der Abnahme des konkurrierenden Traffic auf 4.000 Pakete verdoppeln würde. Dann würde der Absender weitere 2.000 RTTs benötigen, um den Punkt zu erreichen, an dem die Verbindung gesättigt ist.

In Abbildung 21.2 sind die Netzobergrenze und der ideale TCP-Sägezahn oben dargestellt. Der ideale TCP-Sägezahn sollte zwischen 50 % und 100 % der Obergrenze liegen. Im Diagramm treten bei den X »Rauschen« oder nicht-kongestive Verluste auf, die den Durchsatz auf ein viel niedrigeres Durchschnittsniveau senken.

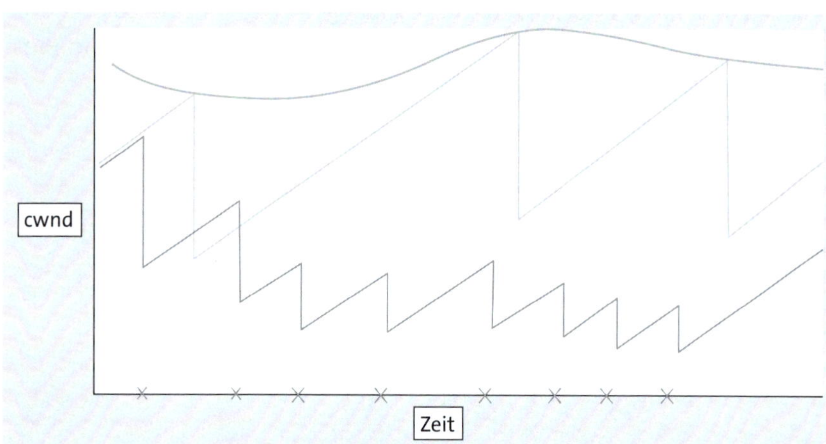

Abbildung 21.2 TCP ohne (oben) und mit (unten) zufälligen Verlusten; in diesem Diagramm treten zufällige Verluste 3–4 mal so häufig auf wie Engpassverluste.

21.7 Das Problem der verlustbehafteten Verbindungen

Eng verwandt mit dem Problem der hohen Bandbreite ist das Problem der verlustbehafteten Verbindungen, bei denen eine Verbindung auf dem Pfad eine relativ hohe *nicht-kongestive Verlustrate* aufweist; das klassische Beispiel für eine solche Verbindung ist Wi-Fi. Wenn TCP auf einem Pfad mit einer Verlustrate von 1,0 % verwendet wird, dann zeigt Abschnitt 21.2, »TCP-Reno-Verlustrate und cwnd«, dass der Absender einen durchschnittlichen cwnd von nur etwa 12 erwarten kann, egal wie hoch das Produkt aus Bandbreite und Verzögerung ist.

Der einzige Unterschied zwischen dem Problem der verlustbehafteten Verbindungen und dem Problem der hohen Bandbreite ist der Umfang; das Problem der verlustbehafteten Verbindungen betrifft ungewöhnlich große Werte von p, während das Problem der hohen Bandbreite Umstände betrifft, in denen p zwar recht niedrig, *aber nicht niedrig genug* ist. Wenn bei einer gegebenen nicht-kongestiven Verlustrate p das Produkt aus Bandbreite und Verzögerung weit über $1{,}22/\sqrt{p}$ liegt, ist der Sender nicht in der Lage, einen cwnd-Wert nahe der Netzobergrenze zu erreichen.

21.8 Das Problem der Satelliten-TCP-Verbindungen

Ein drittes TCP-Problem, das nur teilweise mit den beiden vorhergehenden zusammenhängt, ist das der TCP-Benutzer mit sehr langen RTTs. Das dramatischste Beispiel hierfür sind Satelliten-Internetverbindungen (Abschnitt 4.4.2, »Satelliteninternet«). Bei der Kommunikation wird das Signal über einen Satelliten in einer geostationären Umlaufbahn geleitet; ein Umlauf umfasst vier Auf- oder Abwärtsreisen von jeweils ~36.000 km und hat somit eine Ausbreitungsverzögerung von etwa 500 ms. Wenn wir von einer Bandbreite von 1 Mbit/s pro Nutzer ausgehen (Satelliten-ISPs bieten in der Regel eine recht begrenzte Bandbreite an, obwohl die Spitzenbandbreiten höher sein können), dann beträgt das Produkt aus Bandbreite und Verzögerung etwa 40 Pakete. Das ist nicht besonders hoch, selbst wenn man die typischen Warteschlangenverzögerungen von weiteren ~500ms mit einbezieht, aber die Tatsache, dass es viele Sekunden dauert, um auch nur eine moderate cwnd zu erreichen, ist für viele Anwendungen ein Ärgernis. Die meisten ISPs bieten einen »Beschleunigungs«-Mechanismus an, wenn sie eine TCP-Verbindung als Dateidownload identifizieren können; dabei wird die Datei in der Regel mithilfe eines proprietären Protokolls über den Satellitenabschnitt des Pfades übertragen. Dies ist jedoch nicht sehr nützlich bei TCP-Verbindungen mit mehreren bidirektionalen Austauschvorgängen, z. B. bei der Verwendung von VPN-Verbindungen.

21.9 Epilog

Der zentrale Überlastalgorithmus von TCP Reno basiert auf Algorithmen aus dem inzwischen fünfundzwanzig Jahre alten Papier von Jacobson und Karel aus dem Jahr 1988 [JK88]. Es gibt sowohl Bedenken, dass TCP Reno zu viel Bandbreite verwendet (das Problem der Gier) als auch, dass es nicht genug verwendet (das Problem der hohen Bandbreite bei TCP).

Im nächsten Kapitel betrachten wir alternative Versionen von TCP, die versuchen, einige der oben genannten Probleme im Zusammenhang mit TCP Reno zu lösen.

21.10 Übungen

1. Finden Sie für jeden Wert α oder β unten den anderen Wert, sodass AIMD(α,β) TCP-freundlich ist.

   a) β = 1/5

   b) β = 2/9

   c) α = 1/5

   Wählen Sie dann das Paar mit dem kleinsten α aus und zeichnen Sie ein Sägezahndiagramm, das annähernd proportional ist: α sollte die Steigung des linearen Anstiegs sein und β sollte der Anteil des Rückgangs am Ende jedes Zahns sein.

2. Angenommen, zwei TCP-Datenströme konkurrieren miteinander. Die Datenströme haben die gleiche RTT. Der erste Datenfluss verwendet AIMD(α1,β1) und der zweite AIMD(α2,β2); keiner der beiden Datenströme ist notwendigerweise TCP-Reno-fähig. Die beiden Verbindungen konkurrieren jedoch fair miteinander, d. h. sie haben die gleichen durchschnittlichen Paketverlustraten. Zeigen Sie, dass

   $\alpha_1/\beta_1 = (2-\beta_2)/(2-\beta_1) \times \alpha_2/\beta_2$.

   Nehmen Sie regelmäßige Verluste an und verwenden Sie die Methoden aus Abschnitt 21.4, »Noch einmal AIMD«. Tipp: Zeigen Sie zunächst mithilfe des dortigen Arguments, dass die Zähne der beiden Datenflüsse die gleiche Breite w und die gleiche durchschnittliche Höhe haben müssen. Die durchschnittliche Höhe ist nicht mehr 3w/2, kann aber immer noch durch w, α und β ausgedrückt werden. Zeigen Sie anhand eines Diagramms, dass für jeden Zahn die durchschnittliche Höhe = h×(1–β/2) ist, wobei h die Höhe der rechten Kante des Zahns ist. Setzen Sie anschließend die beiden Durchschnittshöhen der Zähne h_1/β_1 und h_2/β_2 gleich. Nutzen Sie schließlich die Beziehungen $\alpha_i w = \beta_i h_i$, um h_1 und h_2 zu eliminieren.

3. Zeigen Sie anhand des Ergebnisses der vorigen Übung, dass AIMD(α_1,β) (im Sinne eines fairen Wettbewerbs) äquivalent ist zu AIMD(α_2,0.5), mit α_2 = α1×(2–β)/3β.

4. Angenommen, zwei 1-kB-Pakete werden als Teil einer Paket-Paar-Prüfung gesendet, und die gemessene Mindestzeit zwischen dem Eintreffen beträgt 5 ms. Wie groß ist die geschätzte Flaschenhalsbandbreite?

5. Betrachten Sie erneut das Netz aus Abschnitt 21.1.1, »Max-Min-Fairness«:

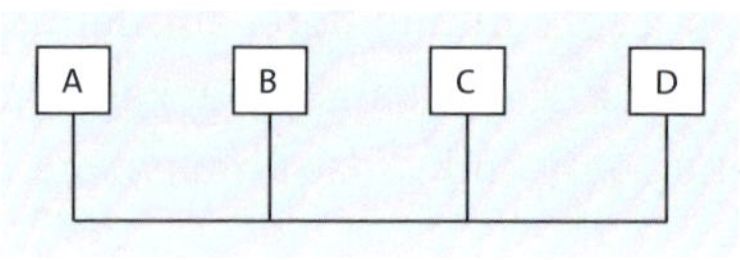

a) Angenommen, wir haben *zwei* Ende-zu-Ende-Verbindungen zusätzlich zu einer Einzelverbindung für jede Verbindung. Finden Sie die max-min-faire Zuteilung.

b) Angenommen, wir haben eine einzige Ende-zu-Ende-Verbindung und eine B–C- und C–D-Verbindung, aber zwei A-B-Verbindungen. Finden Sie die max-min-faire Zuteilung.

6. Betrachten Sie das Netzwerk mit zwei Verbindungen:

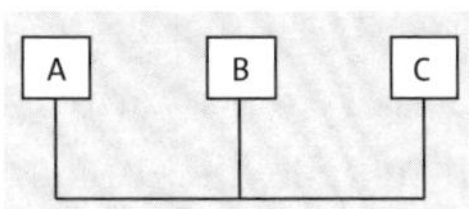

Angenommen, es gibt zwei A–C-Verbindungen, eine A–B-Verbindung und eine A–C-Verbindung. Finden Sie eine Aufteilung, die proportional fair ist.

7. Angenommen, wir verwenden TCP Reno, um K Pakete über R RTT-Intervalle zu senden. Die Übertragung erfährt n nicht notwendigerweise einheitliche Verlustereignisse; der TCP-cwnd-Graph hat daher n Sägezahnspitzen der Höhe N_1 bis N_n. Am Anfang des Graphen ist cwnd = A, und am Ende des Graphen ist cwnd = B. Zeigen Sie, dass die Summe $N_1 + ... + N_n$ 2(R+A–B) ist, und dass insbesondere die durchschnittliche Zahnhöhe unabhängig von der Verteilung der Verlustereignisse ist.

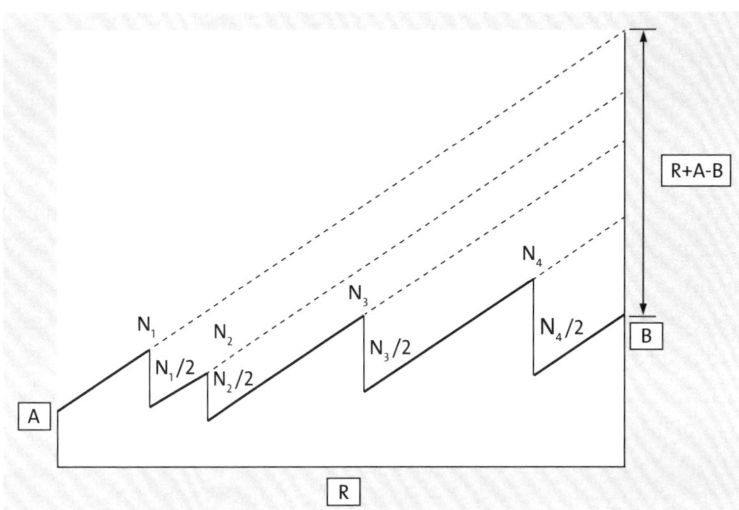

8. Angenommen, das Produkt aus Bandbreite und Verzögerung für einen Netzwerkpfad beträgt 1000 Pakete. Der einzige Traffic auf dem Pfad kommt von einer einzigen TCP-Reno-Verbindung. Ermitteln Sie für jeden der folgenden Fälle den durchschnittlichen cwnd und die ungefähre Anzahl der Pakete zwischen den Verlusten (den reziproken Wert der Verlustrate). Ihre Antworten sollten insgesamt die Formel in Abschnitt 21.2, »TCP-Reno-Verlustrate und cwnd«, widerspiegeln.

a) ◇ Die Kapazität der Flaschenhals-Warteschlange ist nahe null.

b) Die Kapazität der Flaschenhals-Warteschlange beträgt 1000 Pakete.

c) Die Kapazität der Flaschenhals-Warteschlange beträgt 3000 Pakete.

9. Angenommen, TCP Reno hat regelmäßig beabstandete Sägezahnspitzen gleicher Höhe, die Paketverluste treten jedoch paarweise auf, mit gerade so viel Abstand, dass beide Verluste in einem Paar getrennt gezählt werden. N ist groß genug, dass der Abstand zwischen den beiden Verlusten vernachlässigbar ist. Im Endeffekt reicht jeder große Zahn von N/4 bis N. In Abschnitt 21.2, »TCP-Reno-Verlustrate und cwnd«, ist $\text{cwnd}_{mean} = K/\sqrt{p}$ für eine Konstante K. Ermitteln Sie die Konstante. Hinweis: Aus den gegebenen Informationen kann man sowohl cwnd_{mean} als auch die Anzahl der in einem Zahn gesendeten Pakete bestimmen. Die Verlustrate ist p = 2/(Anzahl der in einem Zahn gesendeten Pakete).

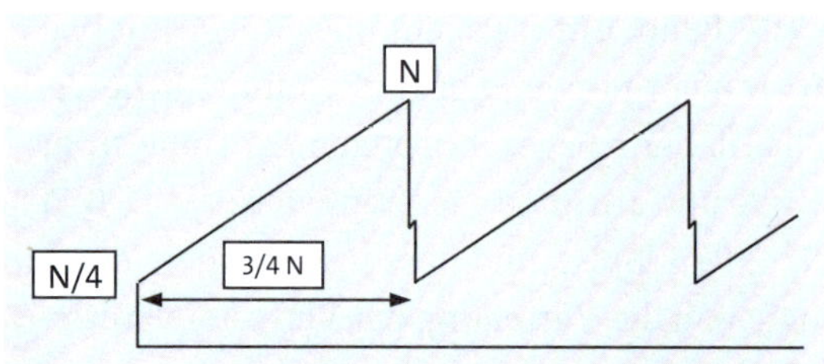

10. Wie in der vorherigen Übung nehmen wir an, dass eine TCP-Übertragung große Sägezähne der Höhe N hat. Zwischen jedem Paar aufeinander folgender großer Zähne gibt es jedoch K–1 zusätzliche Verluste, die zu K–1 zusätzlichen kleinen Zähnen führen; N ist groß genug, dass diese kleinen Zähne ignoriert werden können. Es wird eine Nicht-Reno-Variante von TCP verwendet, sodass zwischen diesen winzigen Zähnen angenommen wird, dass cwnd nicht halbiert wird; während des Verlaufs dieser winzigen Zähne ändert sich cwnd überhaupt nicht. Der große Zahn hat eine Breite N/2 und eine Höhe von N/2 bis N, und es gibt K Verluste pro großem Zahn. Ermitteln Sie das Verhältnis $\text{cwnd}/(1/\sqrt{p})$ in Abhängigkeit von K. Wenn K=1 ist, sollte Ihre Antwort auf die in Abschnitt 21.2, »TCP-Reno-Verlustrate und cwnd«, abgeleitete Lösung hinauslaufen.

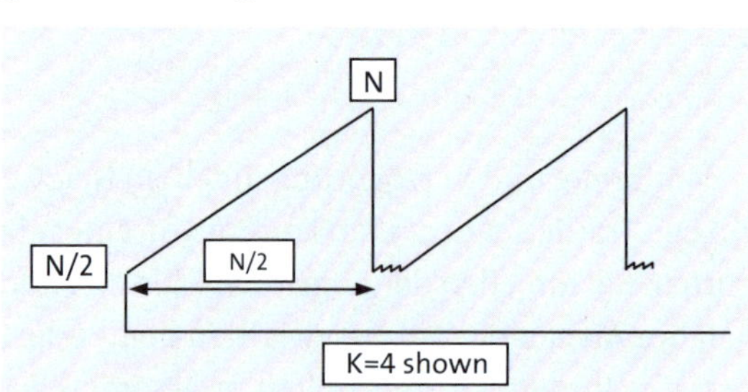

11. Angenommen, ein TCP-Reno-Zahn beginnt mit cwnd = c und enthält N Pakete. w sei die Breite des Zahns, wie üblich in RTTs. Zeigen Sie, dass $w = (c^2 + 2N)^{1/2} - c$. Hinweis: Die maximale Höhe des Zahns wird c+w und die durchschnittliche Höhe c + w/2 sein. Stellen Sie eine Gleichung auf, die c, w und N in Beziehung setzt, und lösen Sie w mit Hilfe der Quadratformel.
12. Angenommen, wir haben eine Nicht-Reno-Implementierung von TCP, bei der die Formel, die cwnd c mit der Zeit t, gemessen in RTTs seit dem letzten Verlustereignis, in Beziehung setzt, c = t2 lautet (im Gegensatz zu TCP Renos c = c0 + t). Der Sägezahn sieht dann wie folgt aus:

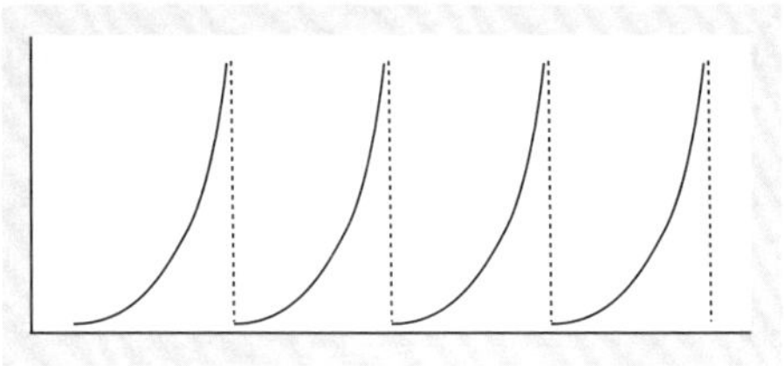

Die Anzahl der in einem Zahn der Breite T RTTs gesendeten Pakete entspricht dem Kehrwert der Verlustrate p und beträgt ungefähr T3/3 (dies kann man entweder als gegeben hinnehmen oder durch Bildung eines Integrals über t2 von 0 bis T oder mithilfe der Formel für 12 + 22 + ... + T2 nachweisen. Der durchschnittliche cwnd-Wert ist demnach T3/3T = T2/3.

Leiten Sie eine Formel her, die die durchschnittliche cwnd in Abhängigkeit von der Verlustrate p ausdrückt. Hinweis: Der Exponent für p sollte $-\frac{2}{3}$ sein, anders als die $-\frac{1}{2}$ in der Formel in Abschnitt 21.2, »TCP-Reno-Verlustrate und cwnd«.

13. Unter den Annahmen von Übung 12 wird cwnd um etwa 2t pro RTT inkrementiert. Zeigen Sie, dass die Regel für die Erhöhung von cwnd wie folgt ausgedrückt werden kann:

    $\text{cwnd} \mathrel{+}= \alpha\,\text{cwnd}^{1/2}$

    und finden Sie den Wert von α.

14. Zeigen Sie unter Verwendung derselben TCP-Annahmen wie in Übung 12, dass cwnd immer noch proportional zu $p^{-2/3}$ ist, wobei p die Verlustrate ist, und nehmen Sie Folgendes an:
    - Die obere Grenze jedes Zahns folgt der Kurve cwnd = $c(t) = t^2$, wie zuvor.
    - Jeder Zahn hat eine rechte Grenze bei t=T und eine linke Grenze bei $t=T_1$, wobei $c(T_1) = 0{,}5 \times c(T)$.

    (In der vorherigen Übung haben wir angenommen, dass $T_1 = 0$ ist und dass cwnd nach jedem Verlustereignis auf 0 fällt; hier nehmen wir an, dass eine multiplikative Abnahme mit β=1/2 wirksam ist). Die Anzahl der in einem Sägezahn gesendeten Pakete ist nun $k \times (T^3 - T_1^3)$, und der mittlere cwnd-Wert ist dies geteilt durch $T - T_1$.

21

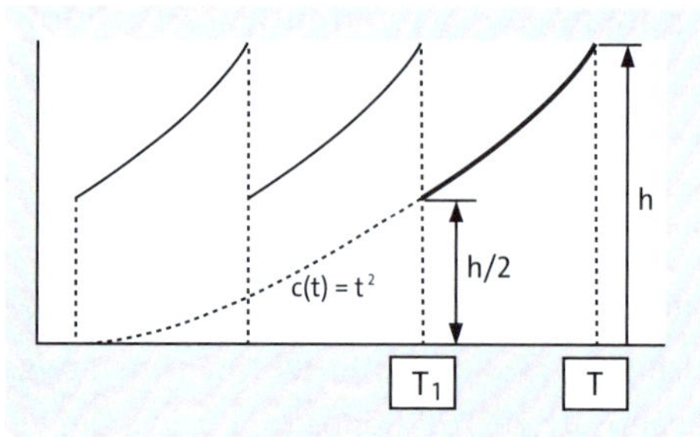

Beachten Sie, dass die Sägezähne hier mit zunehmender Höhe proportional schmaler werden. Tipp: Zeigen Sie, dass $T_1 = (0{,}5)^{0{,}5} \times T$ ist, und entfernen Sie dann T_1 aus den obigen Gleichungen.

15. Nehmen wir an, dass bei einem TCP-Reno-Lauf jedes Paket mit gleicher Wahrscheinlichkeit verloren geht; die Anzahl der Pakete N in jedem Zahn ist daher exponentiell verteilt. Das heißt, $N = -k \log(X)$, wobei X eine gleichmäßig verteilte Zufallszahl im Bereich $0<X<1$ ist (k, das hier keine Rolle spielt, ist das mittlere Intervall zwischen Verlusten). Schreiben Sie ein einfaches Programm, das einen solchen TCP-Reno-Lauf simuliert. Geben Sie am Ende der Simulation einen Schätzwert für die Konstante C in der Formel $cwnd_{mean} = C/\sqrt{p}$ aus. Sie sollten einen Wert von etwa 1,31 erhalten, wie in der Formel in Abschnitt 21.2.1, »Ungleichmäßige Sägezähne«.

    Tipp: Es ist nicht nötig, Paketübertragungen zu simulieren; wir erstellen einfach eine Reihe von Zähnen mit zufälliger Größe und führen laufende Summen über die Anzahl der gesendeten Pakete, die Anzahl der dafür benötigten RTT-Intervalle und die Anzahl der Verlustereignisse (d. h. Zähne). Nach jedem Verlustereignis (jedem Zahn) aktualisieren wir:

    - total_packets += in diesem Zahn gesendete Pakete
    - RTT_intervals += RTT-Intervalle in diesem Zahn
    - loss_events += 1 (ein Zahn = ein Verlustereignis)

    Wenn ein Verlustereignis, das das Ende eines Zahns markiert, bei einem bestimmten Wert von cwnd auftritt, beginnt der nächste Zahn bei der Höhe c = cwnd/2. Wenn N der Zufallswert für die Anzahl der Pakete in diesem Zahn ist, dann ist nach der vorherigen Übung die Zahnbreite in RTTs $w = (c^2 + 2N)^{1/2} - c$; die nächste Spitze (d. h. Verlustereignis) tritt also auf, wenn cwnd = c + w. Aktualisieren Sie die Summen wie oben und fahren Sie mit dem nächsten Zahn fort. Es sollte möglich sein, diese Simulation für 1 Million Zähne in recht kurzer Zeit durchzuführen.

16. Angenommen, zwei TCP-Verbindungen haben die gleiche RTT und teilen sich eine Flaschenhalsverbindung, um die es keine andere Konkurrenz gibt. Die Größe der Flaschenhals-Warteschlange ist im Vergleich zum Produkt Bandbreite × RTT_{noLoad} vernachlässigbar. Verlustereignisse treten in regelmäßigen Abständen auf.

In Übung 12 des vorigen Kapitels sollten Sie zeigen, dass bei synchronisierten Verlusten die beiden Verbindungen zusammen 75 % der Gesamtkapazität des Flaschenhalses ausnutzen

Nehmen wir nun an, dass die beiden TCP-Verbindungen keine gemeinsamen Verluste haben, sondern sich vielmehr in regelmäßigen Abständen *abwechseln*, wie im folgenden Diagramm dargestellt.

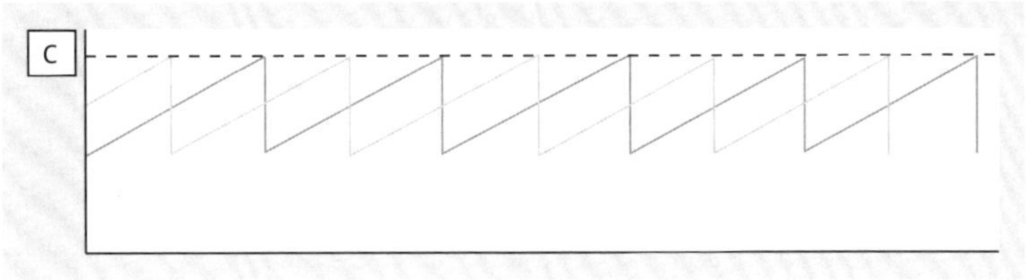

Beide Verbindungen haben ein maximales `cwnd` von C. Wenn bei Verbindung 1 ein Verlust auftritt, hat Verbindung 2 `cwnd` = 75% von C und umgekehrt.

a) Wie hoch ist die kombinierte Transitkapazität der Pfade, ausgedrückt in C? (Da die Größe der Warteschlange vernachlässigbar ist, ist die Transitkapazität ungefähr die Summe der `cwnd` am Verlustpunkt).

b) Ermitteln Sie die Auslastung der Flaschenhalsverbindung. Hinweis: Da die Größe der Warteschlange vernachlässigbar ist, entspricht dies ungefähr dem Verhältnis der durchschnittlichen Gesamt-`cwnd` zur Transitkapazität von Teil (a). Sie sollte mindestens 85% betragen.

Kapitel 22
Queuing und Scheduling

Müssen wir wirklich die gesamte Überlaststeuerung der TCP-Schicht überlassen? Im Laufe der Entwicklung des Internets haben sich auch Situationen ergeben, in denen wir die Router nicht den gesamten Datenverkehr nach dem Prinzip »Wer zuerst kommt, mahlt zuerst« bearbeiten lassen wollen. Traffic mit Laufzeitgrenzwerten – sogenannter *Echtzeit-Traffic*, oft für Sprach- oder Videoübertragungen genutzt – läuft beispielsweise vermutlich deutlich besser, wenn wir ihn bevorzugen können. Damit befassen wir uns in Kapitel 24, »Quality of Service«, näher. Aber auch abseits des Echtzeitdatenverkehrs könnte und daran gelegen sein, zu garantieren, dass unter mehreren Kunden jeder einzelne einen vereinbarten Bandbreitenanteil erhält, und zwar unabhängig davon, was die anderen Kunden bekommen. Wenn wir uns nur auf die Bandbreitenzuweisungsmechanismen von TCP Reno verlassen, und wenn ein Kunde eine Verbindung hat und ein anderer zehn, dann kann sich im Ergebnis auch ein Bandbreitenverhältnis von 1:10 einstellen. Hierüber könnte der erste Kunde ziemlich unglücklich sein.

Der grundlegende Mechanismus zur Umsetzung solcher Ziele beim der Datenverkehrssteuerung in einem gemeinsam genutzten Netz ist die *Warteschlangenbildung (Queuing)*, also die Entscheidung, wie die Router den in ihren Warteschlangen wartenden Traffic priorisieren. In diesem Kapitel und den nachfolgenden Kapiteln werfen wir einen Blick darauf, welche Router-basierten Strategien wir im Werkzeugkasten haben. In diesem Kapitel geht es vor allem um das so genannte *Fair Queuing*, bei dem die Bandbreite, die inaktiven Sendern zugewiesen war, auf die anderen, aktiven Sender aufgeteilt wird. Das folgende Kapitel 23, »Token-Bucket«, befasst sich mit Bandbreiten*begrenzungen*, bei denen keiner Neuzuteilung der Bandbreite von inaktiven Sendern erfolgt. Schließlich werden wir in Kapitel 24, »Quality of Service«, betrachten, wie einige dieser Ideen angewandt wurden, um dezentrale QoS-Optionen zu entwickeln.

In Abschnitt 20.1, »Ein erster Blick auf das Queuing«, haben wir uns bereits mit FIFO-Warteschlangen – sowohl in der Tail-Drop- als auch in der Random-Drop-Variante – und (kurz) mit Priority Queuing beschäftigt. Dies sind Beispiele für *Warteschlangenverfahren (Queuing Disciplines)*, ein Sammelbegriff für alles, was irgendwie die Annahme und Freigabe von Paketen erlaubt. Die RED-Gateway-Strategie (Abschnitt 21.5.4, »RED«) könnte auch als eigenständiges Warteschlangenverfahren betrachtet werden, obwohl es eng mit FIFO verwandt ist.

Warteschlangenverfahren stellen Werkzeuge zur Verfügung, um administrativ auferlegte Beschränkungen des Datenverkehrs zu erfüllen. So kann von zwei Absendern verlangt werden, dass sie sich eine ausgehende Verbindung zu gleichen Teilen oder im Verhältnis 60–40 % teilen, auch wenn ein Teilnehmer viel lieber 100 % der Bandbreite nutzen würde. Alternativ könnte ein Absender verpflichtet werden, maximal 10 Pakete auf einmal zu senden.

Eng verbunden mit dem Konzept der Warteschlange ist die Zeitplanung (*Scheduling*): die Entscheidung, welche Pakete wann gesendet werden. Das Scheduling kann so aussehen, dass die Pakete einer anderen Station sofort gesendet werden, oder dass zu schnell ankommende Pakete verzögert werden.

Während Priority Queuing eine praktische Alternative zur FIFO-Warteschlange darstellt, werden wir uns auch mit dem so genannten *Fair Queuing* beschäftigen, sowohl in flacher als auch in hierarchischer Form. Fair Queuing bietet eine unkomplizierte Strategie zur Aufteilung der Bandbreite auf mehrere Absender nach vorgegebenen Prozentsätzen.

Außerdem wird hier der *Token-Bucket*-Mechanismus vorgestellt, der sowohl für die zeitliche Planung als auch die *Beschreibung* des Datenverkehrs verwendet werden kann.

Einige der hier behandelten Themen – insbesondere im Zusammenhang mit Fair Queuing und dem Parekh-Gallager-Theorem – verleihen diesem Kapitel einen etwas stärker mathematischen Charakter als den vorherigen Kapiteln. Meist beschränkt sich dies aber auf die Beweise; die Behauptungen selbst sind weniger kompliziert.

22.1 Queuing und Echtzeitdatenverkehr

Eine Anwendung für ausgefeilte Warteschlangenmechanismen ist die Unterstützung von *Echtzeitübertragungen*, also von Traffic mit Grenzwerten hinsichtlich der maximal zulässigen Laufzeit bei der Zustellung.

In seiner ursprünglichen Version war das Internet wohl eher für nicht zeitkritische Übertragungen gedacht. Wenn Sie ein digitales Telefongespräch führen wollten, bei dem jedes (oder fast jedes) Byte garantiert innerhalb von 50 ms ankommt, waren Sie vielleicht besser beraten, stattdessen das (gesonderte) Telefonnetz zu nutzen.

Und natürlich ist ein komplett eigenständiges Netz für Echtzeitübertragungen durchaus eine praktikable Lösung. Allerdings ist diese auch kostenintensiv; wenn man sich auf ein einziges Netzwerk beschränkt, greifen zahlreiche positive Skaleneffekte. Deshalb ist es wünschenswert, Lösungen zu finden, wie das Internet den Echtzeitdatenverkehr direkt unterstützen kann.

Die zentrale Strategie zur Kombination von Echtzeit- und Volumenverkehr ist der Einsatz von Queuing-Verfahren, die dem Echtzeit-Traffic die erforderliche Leistung zugestehen. Priority Queuing ist der einfachste Mechanismus, wobei der unten beschriebene Fair-Queuing-Ansatz eventuell mehr Flexibilität bietet.

Wir schließen das Kapitel mit dem Parekh-Gallager-Theorem ab, das eine präzise Laufzeitgrenze für Echtzeit-Traffic liefert, der sich ein Netzwerk mit Volumen-Traffic teilt. Der Echtzeit-Traffic muss lediglich eine Token-Bucket-Spezifikation erfüllen und über eine faire Warteschlange Bandbreitengarantien erhalten; das tatsächliche Aufkommen des Volumen-Traffics spielt dabei keine Rolle. Und genau das ist für die Echtzeitunterstützung wichtig.

Dieses Kapitel enthält zwar recht elegante theoretische Überlegungen, aber es ist völlig unklar, inwieweit diese heutzutage in die Praxis umgesetzt werden, zumindest was den Echtzeit-Traffic auf der Ebene der Internetanbieter betrifft. Darauf werden wir im folgenden Kapitel zurückkommen. Echtzeit-Traffic-Management hat sich *dort* auf breiter Front durchgesetzt, wo der Datenverkehr auf mehrere »Gastnutzer« aufgeteilt werden muss: z. B. in der Hotelerie und vielleicht unter Studenten. Und viele Internetanbieter beschränken die Bandbreite für die meisten ihrer Kunden. Wir erkennen aber auch an, dass die fortschrittlicheren Formen des Echtzeit-Traffic-Managements bisher relativ wenig Verbreitung gefunden haben.

22.2 Traffic-Management

Auch wenn Ihr Datenverkehr keinen Echtzeitanforderungen unterliegt, können Sie die Bandbreite auf Wunsch administrativ auf bestimmte Prozentsätze aufteilen. So können Sie beispielsweise drei Abteilungen den gleichen Anteil an der Download- (oder Upload-) Kapazität zuweisen oder ihnen Anteile von 55 %, 35 % und 10 % garantieren. Wenn Sie ein Internetanbieter oder verantwortlich für einen öffentlichen Wi-Fi-Zugangspunkt sind, möchten Sie vielleicht sicherstellen, dass jeder einen ungefähr gleichen Anteil an der verfügbaren Bandbreite erhält, oder dass niemand mehr Bandbreite erhält, als er bezahlt hat.

Wenn Sie die brachliegende Kapazität unter den aktiven Usern aufteilen wollen, ist Fair Queuing das Mittel der Wahl, obwohl es mitunter auch sinnvoll ist, wenn auch der ISP an dieser Stelle eine Steuerungsfunktion übernimmt. Wenn es sich bei den Nutzern eher um Kunden handelt, die nur die Bandbreite erhalten, für die sie bezahlen, wollen Sie vielleicht pauschale Obergrenzen durchsetzen, selbst wenn dadurch ein Teil der Bandbreite brachliegt; hier wäre dann wohl das Token-Bucket-Filtering der richtige Weg. Wenn die Bandbreitenzuweisung nicht nur nach Abteilungen (oder Kunden), sondern auch nach Arbeitsgruppen (oder kundenspezifischen Unterkategorien) erfolgt, bietet das hierarchische Queuing die erforderlichen Steuerungsmöglichkeiten.

Im Allgemeinen teilt sich die Netzwerkverwaltung in die Überwachung der Hardware und die Steuerung des Datenverkehrs auf; die Tools in diesem Kapitel befassen sich mit Letzterer. Diese Werkzeuge können intern von Internetanbietern und an der Schnittstelle zwischen Kunden und Internetanbietern eingesetzt werden, aber die Steuerung des Datenverkehrs ergibt oft auch rein innerhalb einer einzelnen Organisation einen wirtschaftlichen Sinn. Anders als die oben beschriebene Unterstützung für Echtzeit-Traffic ist die Datenverkehrssteuerung im gesamten Internet weit verbreitet, wenn auch oft kaum sichtbar.

22.3 Priority Queuing

Lassen Sie uns zunächst die Details von *Priority Queuing* erläutern, das wir bereits in Abschnitt 20.1.1 kurz besprochen haben. Hier kann man sich vorstellen, dass eine bestimmte ausgehende Schnittstelle zwei (oder mehr) physische Warteschlangen unterhält, die für verschiedene Prioritätsstufen stehen. Pakete werden basierend auf einem Paketattribut, das ein explizites Prioritätskennzeichen oder der Zielsocket des Pakets sein kann, in die entsprechende Unterwarteschlange eingestellt. Wenn die ausgehende Verbindung frei wird und der Router das nächste Paket senden kann, schaut er immer zuerst in die Warteschlange mit der höheren Priorität; ist diese nicht leer, wird ein Paket aus dieser Warteschlange herausgenommen. Nur wenn die Warteschlange mit höherer Priorität leer ist, wird die Warteschlange mit niedrigerer Priorität bedient.

Beachten Sie, dass Priority Queuing nicht präemptiv arbeitet: Wenn ein Paket mit hoher Priorität ankommt, während gerade ein Paket mit niedriger Priorität versendet wird, wird die Übertragung dieses Pakets nicht unterbrochen. Erst wenn die Übertragung des niedriger priorisierten Pakets abgeschlossen ist, überprüft der Router erneut seine hoch priorisierte(n) Unterwarteschlange(n).

Priority Queuing kann dazu führen, dass der Datenverkehr mit niedriger Priorität vollständig zum Erliegen kommt, allerdings nur, wenn der höher priorisierte Traffic 100 % der ausgehenden Bandbreite beansprucht. Oft können wir garantieren (z. B. durch eine Steuerung der Zugangsberechtigung), dass sich der hochpriorisierte Verkehr auf einen bestimmten Anteil der gesamten ausgehenden Bandbreite beschränkt.

22.4 Warteschlangenverfahren

Als abstrakter Datentyp ist ein Warteschlangenverfahren (*Queuing Discipline*) einfach eine Datenstruktur, die die folgenden Operationen unterstützt:

- enqueue()
- dequeue()
- is_empty()

Beachten Sie, dass die enqueue()-Operation eine Möglichkeit enthält, um ein Paket zu verwerfen, wenn die Warteschlange voll ist. Bei FIFO-Warteschlangen muss die enqueue()-Operation nur die korrekte Ausgangsschnittstelle kennen; bei Priority Queuing muss enqueue() auch die Prioritätseinstufung des Pakets kennen – oder diese selbst herleiten können.

In manchen Fällen kann es auch sinnvoll sein, eine peek()-Operation hinzuzufügen, um das jeweils nächste Paket zurückzugeben, das im Bedarfsfall aus der Warteschlange genommen werden *würde*, oder um zumindest eine wichtige Information (z. B. Größe oder Ankunftszeit) über dieses Paket zu erhalten.

Wie bei FIFO- und Priority Queuing ist jedes Warteschlangenverfahren immer an eine bestimmte *ausgehende* Schnittstelle gebunden. In diesem Sinne liefert jedes Warteschlangenverfahren eine einzige Ausgabe.

Eingangsseitig ist die Situation mitunter etwas komplexer. Das FIFO-Warteschlangenverfahren verfügt über einen einzigen Eingangsdatenstrom, der jedoch von mehreren physischen Eingangsschnittstellen gespeist werden kann: Die enqueue()-Operation stellt alle Pakete in dieselbe physische Warteschlange. Ein Warteschlangenverfahren kann jedoch mehrere Eingangsdatenströme haben; wir bezeichnen diese als *Klassen* oder *Unterwarteschlangen* und das Warteschlangenverfahren selbst als *klassenorientiert (classful)*. So haben beispielsweise priorisierende Warteschlangen eine Eingangsklasse für jede Prioritätsstufe.

Wenn wir ein Paket in eine Warteschlange für ein klassenorientiertes Warteschlangenverfahren einreihen wollen, müssen wir zuerst einen *Klassifizierer (Classifier)* anwenden – möglicherweise außerhalb des Warteschlangenverfahrens selbst – um die Eingabeklasse zu bestimmen. (In der Linux-Dokumentation wird dieser Klassifizierer oft auch als *Filter* bezeichnet.) Wenn wir zum Beispiel eine priorisierende Warteschlange verwenden wollen, um VoIP-Paketen Vorrang zu geben, hat der Classifier die Aufgabe, festzustellen, bei welchen der ankommenden Pakete es sich tatsächlich um VoIP-Pakete handelt (vielleicht unter Berücksichtigung etwa von Größe, Port-Nummer oder Quell-Host), damit wir diese Informationen dann an die enqueue()-Operation weitergeben können. Der Klassifizierer kann auch bereits bestehende Traffic-*Reservierungen* berücksichtigen, sodass Pakete, die zu Datenflüssen mit Reservierungen gehören, bevorzugt behandelt werden, oder auch Paket-*Tags*, die von einem vorgelagerten Router vergeben wurden; auf beides kommen wir in Kapitel 24, »Quality of Service«, zurück.

Die Anzahl und Konfiguration der Klassen wird häufig bereits bei der Erstellung des Warteschlangenverfahrens festgelegt; dies ist normalerweise der Fall bei Priority Queuing. Abstrakt gesehen können die Klassen jedoch auch dynamisch sein; ein Beispiel dafür ist das Fair Queuing, das häufig eine Konfiguration unterstützt, bei der für jede einzelne TCP-Verbindung im laufenden Betrieb eine eigene Input-Klasse erstellt wird.

FIFO und Priority Queuing sind beide arbeitserhaltend oder *work-conserving,* d. h., die zugehörige Ausgangsschnittstelle ist nur bei einer leeren Warteschlange untätig. Ein nicht arbeitserhaltendes Warteschlangenverfahren könnte zum Beispiel einige Pakete künstlich verzögern, um eine administrativ auferlegte Bandbreitenbegrenzung durchzusetzen. Nicht arbeitserhaltende Warteschlangenverfahren werden häufig als *Traffic Shaper* bezeichnet; ein Beispiel hierfür finden Sie in Kapitel 23, »Token-Bucket«. Da verzögerten Paketen Übertragungszeiten zugewiesen werden und sie bis zum Erreichen dieses Zeitpunkts irgendwo aufbewahrt werden müssen, ist das Shaping intern meist komplexer als andere Warteschlangenmechanismen.

22.5 Fair Queuing

Eine wichtige Alternative zu FIFO und Priority Queuing ist *Fair Queuing.* Während FIFO und dessen Spielarten eine einzige Eingangsklasse haben und den gesamten ankommenden Datenverkehr in eine einzige physische Warteschlange einordnen, unterhält das Fair Queuing eine separate logische FIFO-Unterwarteschlange für jede Eingangsklasse; diese werden wir als klassenspezifische Unterwarteschlangen bezeichnen. Die Einteilung in Klassen kann fein untergliedert sein – z. B. eine separate Klasse für jede TCP-Verbindung – oder grob untergliedert – z. B. eine separate Klasse für jede Eingangsschnittstelle oder eine separate Klasse für jedes ausgewiesene interne Subnetz.

Unterstellen wir für einen Augenblick, dass alle Pakete gleich groß sind; so lässt sich das Fair Queuing viel leichter veranschaulichen. In diesem (speziellen) Fall – der manchmal als Nagle Fair Queuing bezeichnet und in RFC 970 vorgeschlagen wird – bedient der Router einfach die klassenspezifischen Unterwarteschlangen nach dem Round-Robin-Prinzip, indem er nacheinander jeweils ein Paket aus jeder Unterwarteschlange versendet. Wenn eine klassenspezifische Unterwarteschlange leer ist, wird sie einfach übersprungen. Wenn alle klassenspezifischen Unterwarteschlangen stets belegt sind, ähnelt dies dem Zeitmultiplexverfahren (Abschnitt 6.2, »Zeitmultiplexverfahren«). Wenn jedoch eine der klassenspezifischen Unterwarteschlangen leer läuft, verbraucht sie, anders als beim Zeitmultiplexing, keine ausgehende Bandbreite mehr. Da alle Pakete gleich groß sind, wird die Gesamtbandbreite gleichmäßig auf die nicht leeren klassenspezifischen Unterwarteschlangen aufgeteilt; wenn es K solcher Warteschlangen gibt, erhält jede 1/K der Ausgangsbandbreite.

Fair Queuing wurde in [DKS89], [LZ89] and [LZ91] auf Streams mit variablen Paketgrößen erweitert. Seitdem wurde viel daran gearbeitet, herauszufinden, wie sich Fair Queuing effizient implementieren lässt und wie geeignete Varianten entstehen können.

Es gibt zwei Ansätze für ein faires Queuing bei variabler Paketgröße. Bei dem neueren Ansatz geht es nur um langfristige Bandbreitengarantien, die mit den zugewiesenen Bandbreitenanteilen übereinstimmen, wie in Abschnitt 22.5.5, »Deficit Round Robin«, und Abschnitt 22.5.6, »Stochastisches Fair Queuing«. Abschnitt 22.5.3, »Bitweises Round-Robin-Verfahren«, und Abschnitt 22.5.4, »Das GPS-Modell«, bieten dieselben Bandbreitenzusicherungen, geben aber auch kurzfristige Laufzeitgarantien: wenn wir das nächste zu sendende Paket auswählen, wählen wir immer dasjenige, das am ehesten dazu »berechtigt« ist, das nächste zu sein, wobei die »Berechtigung« eines Pakets geringer wird, je größer es wird oder falls sein Datenstrom erst kurz zuvor Pakete abgesendet hat. Die Auswahl der Pakete erfolgt entsprechend der berechneten »virtuellen Fertigstellungszeit«, Abschnitt 22.5.2, »Virtuelle Fertigstellungszeiten«. Diesen ursprünglichen Ansatz bezeichnen wir manchmal auch als *Real-Time Fair Queuing*.

Real-time Fair Queuing hat potenziell erhebliche Vorteile zur Steuerung von Echtzeitdatenverkehr. Insbesondere können wir eine spezifische Laufzeitgarantie angeben; siehe Abschnitt 22.5.4, »Das GPS-Modell«. In der heutigen Welt, in der die Paketübertragungszeiten vielleicht eine Mikrosekunde betragen, die Anforderungen einer Anwendung an die Paketverzögerung aber mehrere Millisekunden – also das Tausendfache – betragen können, ist das Real-Time Fair Queuing allerdings nicht immer erforderlich.

22.5.1 Weighted Fair Queuing

Eine Erweiterung von Fair Queuing ist das *Weighted Fair Queuing* (WFQ), bei dem wir jeder Klasse einen bestimmten Prozentsatz statt eines gleichen Anteils zuweisen. Zum Beispiel könnten wir drei verschiedenen Abteilungen Bandbreitenanteile von 10 %, 30 % und 60 % zuweisen. Wenn alle drei Unterwarteschlangen aktiv sind, erhält jede Abteilung den angegebenen Prozentsatz. Wenn die 60 %-Unterwarteschlange nicht aktiv ist, erhalten die anderen 25 % bzw. 75 % der Bandbreite, sodass das Verhältnis von 1:3 gewahrt bleibt. Wenn die 10 %-Unterwarteschlange ungenutzt ist, erhalten die beiden anderen Unterwarteschlangen 33,3 % beziehungsweise 66,7 %.

Wenn alle Pakete gleich groß sind, stellt diese gewichtete faire Warteschlangenbildung konzeptionell eine direkte Verallgemeinerung des Fair Queuing dar, obwohl die tatsächlichen Details der Implementierung manchmal nicht trivial sind, da die obige Round-Robin-Implementierung natürlich zu gleichen Anteilen führt. Wenn wir zwei klassenspezifische Unterwarteschlangen haben, die Zuweisungen von 40 % und 60 %

(d. h. im Verhältnis 2:3) erhalten sollen, und alle Pakete die gleiche Größe haben, dann könnten wir WFQ implementieren, indem eine klassenspezifische Unterwarteschlange zwei Pakete und die andere drei Pakete sendet. Oder wir könnten die beiden miteinander kombinieren: Klasse 1 sendet ihr erstes Paket, Klasse 2 sendet ihr erstes Paket, Klasse 1 sendet ihr zweites, Klasse 2 sendet ihr zweites und ihr drittes. Wenn die Zuteilung im Verhältnis 1:√2 erfolgen soll, könnte der erste Absender immer 1 Paket senden, während der zweite in einem – unregelmäßigen – Muster sendet, das im Durchschnitt auf √2 hinausläuft: 1, 2, 1, 2, 1, 1, 2, ...

22.5.2 Virtuelle Fertigstellungszeiten

In der realen Welt sind die Pakete jedoch alles andere als gleich groß, und die Verquickung von Volumen- und Echtzeit-Traffic verschärft die Größenunterschiede eher noch. Auch in diesem Fall sind faire Warteschlangen und gewichtete faire Warteschlangen noch möglich, aber wir haben auch noch ein bisschen Arbeit vor uns. Dies ist ein wichtiger Praxisfall, da Fair Queuing häufig eingesetzt wird, wenn eine Eingabeklasse aus Echtzeit-Traffic mit kleinen Paketen besteht und nicht für das Senden kleiner Pakete »bestraft« werden soll. Als erstes werden wir die Strategie des »Real-Time« Fair Queuing vorstellen, die darin besteht, Pakete in der Reihenfolge einer berechneten virtuellen Fertigstellungszeit (*virtual finishing time*) zu übertragen, was Datenströme mit kleineren Paketen und Datenströme, die zuletzt keine Pakete gesendet haben, begünstigt. WFQ-Algorithmen, die auf virtuellen Fertigstellungszeiten basieren, wurden oben als »Real-Time Fair Queuing« bezeichnet. Mehr über den nicht in Echtzeit arbeitenden Ansatz lesen Sie in Abschnitt 22.5.5, »Deficit Round Robin«.

Wir stellen zwei Mechanismen zur Behandlung von Paketen unterschiedlicher Größe unter Verwendung virtueller Fertigstellungszeiten vor; die beiden sind letztlich gleichwertig. Der erste – Abschnitt 22.5.3, »Bitweises Round-Robin-Verfahren« – ist eine einfache Erweiterung des Round-Robin-Konzepts, und der zweite – Abschnitt 22.5.4, »Das GPS-Modell« – verwendet ein »fließendes« Modell der gleichzeitigen Paketübertragung. Beiden Mechanismen gemeinsam ist die Idee einer »virtuellen Taktuhr«, die mit einer Geschwindigkeit umgekehrt proportional zur Anzahl der aktiven Unterwarteschlangen läuft; wie wir sehen werden, liegt der Sinn einer derartig variierten Taktrate darin, dass die virtuelle Uhrzeit, zu der ein bestimmtes Paket theoretisch die Übertragung *abschließen* würde, nicht von der Aktivität in einer der anderen Unterwarteschlangen abhängt.

Schließlich stellen in Abschnitt 22.5.5, »Deficit Round Robin«, den Quantenalgorithmus vor, der eine effizientere Annäherung an die beiden exakten Algorithmen darstellt, der aber – da es sich um eine Annäherung handelt – nicht mehr die gleichen engen Laufzeitvorgaben erfüllt.

Zur geradlinigen Verallgemeinerung der Round-Robin-Idee auf unterschiedliche Paketgrößen nehmen wir zunächst eine Vereinfachung vor: Wir gehen davon aus, dass alle klassenspezifischen Unterwarteschlangen immer aktiv sind, wobei eine Unterwarteschlange immer dann als *aktiv* gilt, wenn sie nicht leer ist, wann immer der Router sie betrachtet.

Wenn jede Unterwarteschlange für *gleich* große Pakete stets aktiv ist, werden die Pakete in der Reihenfolge der aufsteigenden (oder jedenfalls nicht absteigenden) kumulativen Daten übertragen, die von jeder einzelnen Unterwarteschlange gesendet wurden. Mit anderen Worten: Jede Unterwarteschlange sendet ihr erstes Paket, und erst dann beginnen wir mit der Übertragung der zweiten Pakete usw.

Unter der Annahme, dass alle Unterwarteschlangen immer aktiv sind, können wir Pakete *unterschiedlicher* Größe nach demselben Prinzip behandeln. Für das Paket P sei C_P die kumulative Anzahl von Bytes, die von der Unterwarteschlange von P ab dem *Ende* von P gesendet wurden. Dann müssen wir einfach Pakete in nicht abnehmender Reihenfolge von C_P senden.

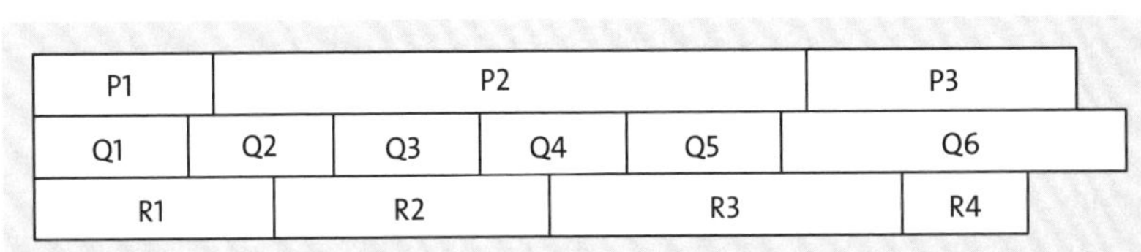

Abbildung 22.1 Fair Queuing mit variabler Paketgröße und allen aktiven Unterwarteschlangen; Paketübertragungsreihenfolge: Q1, P1, R1, Q2, Q3, R2, Q4, Q5, P2, R3, R4, P3, Q6

Im obigen Diagramm entspricht die Übertragung in nicht abnehmender Reihenfolge von CP der Übertragung von links nach rechts in der Reihenfolge der senkrechten Linien, die die Unterteilung der Pakete markieren, z. B. Q_1, P_1, R_1, Q_2, Q_3, R_2, ... Hierdurch wird sichergestellt, dass langfristig jede Unterwarteschlange den gleichen Bandbreitenanteil erhält.

Eine komplett gleichwertige Strategie, die sich besser auf den Fall verallgemeinern lässt, dass nicht alle Unterwarteschlangen ständig aktiv sind, besteht darin, jedes Paket in nicht abnehmender Reihenfolge der *virtuellen Fertigstellungszeiten* zu versenden, die für jedes Paket unter der Annahme berechnet werden, dass nur die Unterwarteschlange dieses Pakets aktiv ist. Die virtuelle Fertigstellungszeit F_P des Pakets P ist gleich C_P geteilt durch die ausgehende Bandbreite. Wir verwenden Fertigstellungszeiten anstelle von Startzeiten, denn wenn ein Paket sehr groß ist, sollten in anderen Unterwarteschlangen befindliche kleinere Pakete, die schneller fertig werden würden, zuerst gesendet werden.

Ein erstes Beispiel für die virtuelle Fertigstellungszeit

Nehmen wir als Beispiel an, es gibt die beiden Unterwarteschlangen P und Q. Nehmen wir weiter an, dass ein Datenstrom von 1001-Byte-Paketen P_1, P_2, P_3, ... für P ankommt und ein Datenstrom von 400-Byte-Paketen Q_1, Q_2, Q_3, ... für Q ankommt; jeder Datenstrom ist so stetig, dass beide Unterwarteschlangen immer aktiv sind. Schließlich nehmen wir an, dass die ausgehende Bandbreite 1 Byte pro Zeiteinheit beträgt, und setzen T=0 als Startpunkt an.

Für die Unterwarteschlange P würden die wie oben berechneten virtuellen Fertigstellungszeiten P_1 bei 1001, P_2 bei 2002, P_3 bei 3003 usw. lauten; für Q lägen die Fertigstellungszeiten für Q_1 bei 400, für Q_2 bei 800, für Q_3 bei 1200, usw. Die Reihenfolge der gemeinsamen Übermittlung aller Pakete in aufsteigender Reihenfolge der virtuellen Fertigstellungszeiten ergibt sich also wie folgt:

Paket	virtuelle Fertigstellung	tatsächliche Fertigstellung
Q_1	400	400
Q_2	800	800
P_1	1001	1801
Q_3	1200	2201
Q_4	1600	2601
Q_5	2000	3001
P_2	2002	4002

Für jedes Paket haben wir in der obigen Tabelle die virtuelle Fertigstellungszeit und dann die tatsächliche Fertigstellungszeit gemäß unserer Wanduhr berechnet, wobei wir davon ausgehen, dass die Pakete in nicht abnehmender Reihenfolge der virtuellen Fertigstellungszeit übertragen werden (wie gezeigt).

Da beide Unterwarteschlangen immer aktiv sind und die virtuellen Fertigstellungszeiten auf der Annahme beruhen, dass jede Unterwarteschlange 100 % der ausgehenden Bandbreite erhält, sind die tatsächlichen Fertigstellungszeiten auf lange Sicht etwa doppelt so lang wie die virtuellen Zeiten. Dies ist jedoch unerheblich; wichtig sind nur die *relativen* virtuellen Fertigstellungszeiten.

Ein zweites Beispiel für die virtuelle Fertigstellungszeit

Im nächsten Beispiel lassen wir jedoch zu, dass eine Unterwarteschlange eine Zeit lang inaktiv ist und dann aktiv wird. In dieser Situation funktionieren virtuelle Fertigstellungszeiten nicht ganz so gut, zumindest wenn sie direkt auf der Wanduhrzeit basieren. Wir kehren zu unserer anfänglichen Vereinfachung zurück, dass alle Pakete die gleiche Größe haben, die wir als 1 Einheit annehmen; dies ermöglicht uns, den Round-Robin-Mechanismus zur Bestimmung der Übertragungsreihenfolge anzuwenden und diese mit der virtuellen Fertigstellungsreihenfolge zu vergleichen. Angenommen, es gibt drei Warteschlangen P, Q und R, und P ist bis zur Wanduhrzeit 20 leer. Q ist ständig ausgelastet; ihr K-tes Paket Q_K, beginnend mit K=1, hat die virtuelle Fertigstellungszeit $F_K = K$.

Nehmen wir für den ersten Fall an, dass R völlig untätig ist. Wenn P's erstes Paket P1 zur Zeit 20 eintrifft, liegt seine virtuelle Fertigstellungszeit bei 21. Zum Zeitpunkt 20 wird das Hauptpaket in Q Q_{21} sein; die beiden Pakete haben also identische virtuelle Fertigstellungszeiten. Erfreulicherweise werden P_1 und Q_{21} bei der Round-Robin-Warteschlange in derselben Runde versandt.

Für den zweiten Fall nehmen wir jedoch an, dass R *auch* ständig beschäftigt ist. Bis zum Zeitpunkt 20 haben Q und R jeweils 10 Pakete gesendet; ihre nächsten Pakete sind Q_{11} und R_{11}, jeweils mit einer virtuellen Fertigstellungszeit von T=11. Wenn das erste Paket von P bei T=20 eintrifft, wiederum mit einer virtuellen Fertigstellungszeit von 21, sollte es im Rahmen des Round-Robin-Dienstes in derselben Runde wie Q_{11} und R_{11} gesendet werden. Deren virtuelle Fertigstellungszeiten weichen jedoch um etwa den Faktor zwei ab; die Warteschlange P ist aufgrund ihrer Inaktivität weit in Verzug geraten. Virtuelle Fertigstellungszeitennach unserer bisherigen Berechnungsmethode funktionieren einfach nicht.

Wie sich herausstellt, besteht der Trick darin, die verstrichene Zeit nicht in Form von Paketübertragungszeiten (also nach Wanduhrzeit) zu messen, sondern in Form von *Runden* der Round-Robin-Übertragung. Dies bedeutet, dass die Taktung der zur Messung der Ankunftszeiten verwendeten Uhr *skaliert* wird; das Zählen in Runden statt in Paketen bedeutet, dass wir diese Uhr mit einer Geschwindigkeit von 1/N laufen lassen, wenn N Unterwarteschlangen aktiv sind. Im Fall 1, mit N=1, bleiben die Fertigstellungszeiten unverändert. Im Fall 2, mit N=2, kommt das Paket P1 nach 20 Zeiteinheiten, aber nur 10 Runden an; die Uhr läuft mit halber Geschwindigkeit. Seine berechnete Fertigstellungszeit ist also 11, was genau den Fertigstellungszeiten der beiden Pakete Q_{11} und R_{11} entspricht, die sich mit P_1 eine Round-Robin-Übertragungsrunde teilen.

Im nächsten Abschnitt formalisieren wir dies, und erweitern das Konzept, um sowohl Pakete mit variabler Größe als auch Unterwarteschlangen mit gelegentlichem Leerlauf einzubeziehen. Beachten Sie, dass nur der Zeitgeber zur Messung der Ankunftszeiten skaliert wird; die berechneten Übertragungszeiten skalieren wir dagegen nicht.

22.5.3 Bitweises Round-Robin-Verfahren

Stellen Sie sich vor, dass von jeder aktiven Eingabe-Unterwarteschlange immer nur ein einzelnes *Bit* gesendet wird, und zwar nach dem Round-Robin-Prinzip. Dies ist zwar nicht direkt umsetzbar, erfüllt aber das Ziel, jede aktive Unterwarteschlange gleich zu behandeln, auch wenn die Pakete unterschiedlich groß sind. Wir werden das bitweise Round-Robin-Verfahren (*BBRR*) zur Modellierung der Paketfertigstellungszeiten verwenden und dann, wie im vorigen Beispiel, die Pakete auf die übliche Weise – ein vollständiges Paket nach dem anderen – in der Reihenfolge der zunehmenden nach BBRR errechneten virtuellen Fertigstellungszeiten versenden.

Manchmal kommt es vor, dass ein größeres Paket übertragen wird, während ein neues, kürzeres Paket eintrifft, für das eine frühere Fertigstellungszeit berechnet wird. Die laufende Übertragung wird jedoch nicht unterbrochen; der Algorithmus ist *nichtpräemptiv*.

Der Trick, der den BBRR-Ansatz praktikabel macht, besteht darin, eine »invariante« Formulierung der Fertigstellungszeit zu finden, die sich nicht verändert, wenn spätere Pakete eintreffen oder andere Unterwarteschlangen aktiv oder inaktiv werden. Zu diesem Zweck definieren wir in Anlehnung an das Beispiel aus dem vorigen Abschnitt den »Rundenzähler« R(t), wobei t die Zeit gemessen in Einheiten der Übertragungszeit für ein Bit ist. Gibt es aktive (nicht leere oder gerade sendende) Eingabe-Unterwarteschlangen, zählt R(t) die Anzahl der Round-Robin-1-Bit-Zyklen, die seit dem letzten Mal, als alle Unterwarteschlangen leer waren, stattgefunden haben. Wenn es K aktive Eingabe-Unterwarteschlangen gibt, dann erhöht sich R(t) um 1, wenn t um K erhöht wird; d. h. R(t) wächst mit der Rate 1/K.

Ein wichtiges Merkmal von R(t) ist, dass ein Paket der Größe S Bits, dessen Übertragung mittels BBRR bei $R_0 = R(t_0)$ beginnt, bei $R(t) = R_0+S$ abgeschlossen ist, *unabhängig davon, ob andere Eingabe-Unterwarteschlangen aktiv werden oder leer laufen*. Für jedes Paket, das aktiv über BBRR gesendet wird, wird R(t) für jedes Bit des gesendeten Pakets um 1 erhöht. Wenn in einem bestimmten Round-Robin-Zyklus K Unterwarteschlangen aktiv sind, werden insgesamt K Bits gesendet, und R(t) erhöht sich um 1.

Um die virtuelle BBRR-Fertigstellungszeit eines Pakets P zu berechnen, erfassen wir zunächst $R_P = R(t_P)$ zum Zeitpunkt der Ankunft. Nun berechnen wir den letzten R-Wert F_P wie folgt; wir können uns diesen als eine »Zeit« vorstellen, die mit Hilfe des Rundenzählers R(t) gemessen wird. Das heißt, R(t) stellt eine »virtuelle Uhr« dar, die manchmal eben etwas langsamer läuft. S sei die Größe des Pakets P in Bits. Wenn P auf einer zuvor leeren Eingabe-Unterwarteschlange ankam, dann kann seine BBRR-Übertragung sofort beginnen, und so ist sein R-Wert bei Fertigstellung F_P einfach R_P+S. Wenn die Unterwarteschlange des Pakets nicht leer war, schauen wir nach dem (zukünftigen) R-Endwert des Pakets, das unmittelbar vor P in seiner Unterwarteschlange liegt, sagen wir F_{prev}; der R-Fertigstellungswert von P ist dann $F_P = F_{prev} + S$. Dies wird manchmal beschrieben als:

```
F_P = Start + S              (S = Paketgröße, gemessen in Bits)
```

Für jedes neu eintreffende Paket P wird der BBRR-Fertigstellungswert F_P berechnet, und dann werden die Pakete auf herkömmliche Weise paketweise in aufsteigender Reihenfolge von F_P gesendet. Wie bereits erwähnt, ändert sich F_P nicht, wenn sich andere Unterwarteschlangen leeren oder aktiv werden und sich dadurch die Geschwindigkeit des Rundenzählers R(t) ändert.

Der Router, der R(t) verwaltet, muss diesen nicht für jedes Bit erhöhen; es genügt, ihn zu aktualisieren, wenn ein Paket eintrifft oder eine Unterwarteschlange leer läuft. Wenn der vorherige Wert von R(t) R_{prev} war, und von da an bis jetzt genau K Unterwarteschlangen nicht leer waren, und M Bitzeiten gemäß Wanduhr verstrichen sind, dann ist der aktuelle Wert von R(t) R_{prev} + M/K.

BBRR-Beispiel

Nehmen wir als Beispiel an, der Fair-Queuing-Router hat drei Eingabe-Unterwarteschlangen P, Q und R, die zunächst leer sind. Die folgenden Pakete treffen zu den angegebenen Zeitpunkten gemäß Wanduhr ein.

Paket	Warteschlange	Größe	Ankunftszeit, t
P_1	P	1000	0
P_2	P	1000	0
Q_1	Q	600	800
Q_2	Q	400	800
Q_3	Q	400	800
R_1	R	200	1200
R_2	R	200	2100

Bei t=0 ist R(t)=0 und wir weisen P_1 den Fertigstellungs-R-Wert $F(P_1)$=1000 und P_2 den Wert $F(P_2) = F(P_1)+1000 = 2000$ zu. Die Übertragung von P_1 beginnt.

Wenn die drei Q-Pakete bei t=800 ankommen, ist auch R(t)=800, da nur eine Unterwarteschlange aktiv war. Wir weisen den neu eintreffenden Q_1, Q_2 und Q_3 Fertigstellungs-R-Werte zu: $F(Q_1) = 800+600 = 1400$, $F(Q_2) = 1400+400 = 1800$ und $F(Q_3) = 1800+400 = 2200$. Zu diesem Zeitpunkt fängt BBRR an, zwei Unterwarteschlangen zu bedienen, sodass sich die R(t)-Rate halbiert. 1800, and $F(Q_3) = 1800+400 = 2200$.

Bei t=1000 ist die Übertragung des Pakets P_1 abgeschlossen; R(t) ist 800 + 200/2 = 900. Der kleinste R-Fertigstellungswert ist $F(Q_1)$ bei 1400, Q_1 ist also das zweite übertragene Paket. Die tatsächliche Fertigstellungszeit von Q_1 ist t = 1000+600 = 1600.

Bei t=1200 trifft R_1 ein; die Übertragung von Q_1 ist noch im Gange. R(t) ist 800 + 400/2 = 1000; wir berechnen $F(R_1)$ = 1000 + 200 = 1200. Dies ist weniger als der Fertigstellungs-R-Wert für Q_1, das gerade gesendet wird, aber Q_1 wird nicht vorzeitig abgebrochen. Zu diesem Zeitpunkt (t=1200, R(t)=1000) fällt die Geschwindigkeit von R(t) 1/3.

Bei t=1600 ist die Übertragung von Q_1 abgeschlossen. Wir haben R(t) = 1000 + 400/3 = 1133. Der nächstkleinere Fertigstellungs-R-Wert ist $F(R_1)$ = 1200, also beginnt die Übertragung von R_1.

Bei t=1800 wird R_1 abgeschlossen. Wir haben R(1800) = R(1200) + 600/3 = 1000 + 200 = 1200 (3 Unterwarteschlangen waren seit t=1200 beschäftigt). Die Warteschlange R ist jetzt leer, sodass die R(t)-Rate von 1/3 auf 1/2 steigt. Der nächstkleinere Fertigstellungs-R-Wert ist F(Q2)=1800, also beginnt die Übertragung von Q_2. Sie wird bei t= 2200 abgeschlossen.

Bei t=2100 haben wir R(t) = R(1800) + 300/2 = 1200 + 150 = 1350. R_2 kommt an und bekommt eine Fertigstellungszeit von $F(R_2)$ = 1350 + 200 = 1550 zugewiesen. Auch hier wird die Übertragung von Q_2 nicht vorzeitig abgebrochen, obwohl $F(R_2) < F(Q_2)$ ist. Die R(t)-Rate fällt wieder auf 1/3.

Bei t=2200 ist Q_2 abgeschlossen. R(t) = 1350 + 100/3 = 1383. Der nächstkleinere Fertigstellungs-R-Wert ist $F(R_2)$=1550, also beginnt die Übertragung von R_2.

Bei t=2400 endet die Übertragung von R_2. R(t) beträgt nun 1350 + 300/3 = 1450. Der nächstkleinere Fertigstellungs-R-Wert ist $F(P_2)$ = 2000, also beginnt die Übertragung von P_2. Die R(t)-Rate steigt auf 1/2, da die Warteschlange R wieder leer ist.

Bei t=3400 endet die Übertragung von P_2. R(t) ist 1450 + 1000/2 = 1950. Das einzige noch nicht gesendete Paket ist Q_3, mit $F(Q_3)$=2200. Wir senden es.

Bei t=3800 endet die Übertragung von Q_3. R(t) ist 1950 + 400/1 = 2350.

Paket	Sendezeit (Wanduhr)	Berechneter Fertigstellungs-R-Wert	R-Wert beim Versand	R-Wert bei Fertigstellung
P_1	0	1000	0	900
Q_1	1000	1400	900	1133
R_1	1600	1200*	1133	1200
Q_2	1800	1800	1200	1383
R_2	2200	1550*	1383	1450

Paket	Sendezeit (Wanduhr)	Berechneter Fertig-stellungs-R-Wert	R-Wert beim Versand	R-Wert bei Fertigstellung
P_2	2400	2000	1450	1950
Q_3	3400	2200	1950	2350

Pakete treffen ein, ihre Übertragung beginnt und endet in »Echtzeit«. Die Anzahl der in Echtzeit aktiven Warteschlangen wirkt sich jedoch auf die Rate des Rundenzählers R(t) aus; dieser Wert wird dann jedem Paket beim Eintreffen als virtuelle Fertigstellungszeit zugeordnet und bestimmt die Reihenfolge der Paketübertragung.

Die Änderung des R-Werts von Anfang bis Ende entspricht genau der Paketgröße, wenn das Paket über BBRR »virtuell gesendet« wird. Wenn das Paket als unteilbare Einheit gesendet wird, wie in der obigen Tabelle, ist die Änderung des R-Werts in der Regel viel geringer, da die R-Taktung sich verlangsamt, wenn mindestens zwei Unterwarteschlangen in Gebrauch sind.

Die berechneten Fertigstellungs-R-Werte steigen nicht an, wie man an den mit Sternchen (*) versehenen Werten erkennen kann. Das liegt daran, dass z. B. R_1 noch nicht verfügbar war, als es an der Zeit war, Q_1 zu senden.

Aus rechentechnischer Sicht ist die Aufrechterhaltung des R-Wert-Zählers unerheblich. Das primäre Performance-Problem bei der BBRR-Simulation ergibt sich aus der Notwendigkeit, den kleinsten R-Wert zu finden, wenn ein neues Paket gesendet werden soll. Wenn n die Anzahl der Pakete ist, die auf ihren Versand warten, dann können wir dies in der Zeit O(log(n)) tun, indem wir die R-Werte in einer geeigneten Datenstruktur sortiert vorhalten.

Der BBRR-Ansatz geht von gleich gewichteten Unterwarteschlangen aus; dies lässt sich nicht ohne Weiteres auf das Weighted Fair Queueing verallgemeinern, da die Anzahl der Unterwarteschlangen nur ganzzahlig sein kann. Wenn es zwei Warteschlangen gibt, von denen eine mit 40 % und die andere mit 60 % gewichtet werden soll, *könnten* wir BBRR mit fünf Unterwarteschlangen verwenden, von denen zwei (2/5) der 40%-Unterwarteschlange und die anderen drei (3/5) der 60%-Unterwarteschlange zugeordnet sind. Dies wird jedoch mit komplizierteren Brüchen immer schwieriger; das GPS-Modell ist hier die bessere Wahl.

22.5.4 Das GPS-Modell

Ein nahezu äquivalentes Modell zu BBRR ist das *Generalized Processor Sharing* Model (GPS); es wurde zunächst als Anwendung für das CPU-Scheduling entwickelt. Bei diesem Ansatz stellen wir uns die Pakete als Flüssigkeit und die Ausgangsschnittstelle als eine Rohrleitung vor, die eine bestimmte maximale Durchflussmenge hat. Die ersten

Pakete aus jeder Unterwarteschlange werden alle *gleichzeitig* in die Leitung gepresst, jedes mit dem ihm zugewiesenen Geschwindigkeitsbruchteil. Das GPS-Modell stellt im Prinzip eine »infinitesimale« Variante von BBRR dar. Das GPS-Modell hat den Vorteil, dass es sich ohne weiteres auf das *Weighted* Fair Queuing verallgemeinern lässt.

Bei der Analyse von Netzwerken wurden auch andere Flüssigkeitsmodelle verwendet, z. B. für die Untersuchung von TCP, die wir hier jedoch nicht berücksichtigen. Ein Beispiel findet sich in [MW00].

Gehen Sie für das GPS-Modell davon aus, dass es N Eingabe-Unterwarteschlangen gibt und die i-te Unterwarteschlange, $0 \leq i < N$, einen Anteil $\alpha_i > 0$ erhalten soll, wobei $\alpha_0+\alpha_1+ \ldots + \alpha_N-1=1$. Wenn zu irgendeinem Zeitpunkt eine Menge A von Eingabe-Unterwarteschlangen aktiv ist, sagen wir A = {0,2,4}, dann erhält die Unterwarteschlange 0 den Anteil $\alpha_0/(\alpha_0+\alpha_2+\alpha_4)$, und die Unterwarteschlangen 2 und 4 erhalten entsprechend ihren Anteil. Der Router leitet die Pakete aus jeder aktiven Unterwarteschlange gleichzeitig weiter, jedes mit der ihm zugewiesenen Rate.

Das GPS-Modell (und das BBRR-Modell) bietet ein ideales Maß an Isolation der Eingangsdatenströme: Jeder Datenstrom ist von Verzögerungen aufgrund von Paketen konkurrierender Datenströme *isoliert*. Der i-te Strom erhält eine Bandbreite von mindestens α_i und die Pakete warten nur auf andere Pakete, die zum selben Strom gehören. Wenn ein Paket für eine inaktive Unterwarteschlange eintrifft, beginnt die Weiterleitung sofort, verschachtelt mit allen anderen Aufgaben, die der Router durchführt. Der Traffic auf anderen Streams kann die reale Rate eines Streams reduzieren, nicht aber seine virtuelle Rate.

GPS ist zwar ein praktisches Modell, lässt sich aber noch viel weniger umsetzen als BBRR. Genau wie BBRR können wir das GPS-Modell allerdings verwenden, um die Reihenfolge der paketweisen Übertragung zu bestimmen. Sobald ein echtes Paket eintrifft, berechnen wir die Zeit, zu der es unter Verwendung von GPS abgeschlossen wäre. Die Pakete werden dann im Rahmen von WFQ nacheinander in Reihenfolge aufsteigender GPS-Fertigstellungszeiten übertragen.

Anstelle des BBRR-Rundenzählers R(t) wird eine virtuelle Taktgeberuhr VC(t) verwendet, die mit einer *erhöhten* Geschwindigkeit $1/\alpha \geq 1$ läuft, wobei α die Summe der αi für die aktiven Unterwarteschlangen ist. Das heißt, wenn die Unterwarteschlangen 0, 2 und 4 aktiv sind, läuft der VC(t)-Takt mit einer Rate von $1/(\alpha_0+\alpha_2+\alpha_4)$. Wenn alle α_i gleich sind, d. h. jeweils 1/N, dann läuft VC(t) immer N-mal schneller als R(t), und somit ist $VC(t) = N \times R(t)$; der VC-Takt läuft mit Wanduhrgeschwindigkeit, wenn alle Eingabe-Unterwarteschlangen aktiv sind, und beschleunigt sich, wenn Unterwarteschlangen inaktiv werden.

Für jede aktive Unterwarteschlange i ist die GPS-Übertragungsrate *relativ zur virtuellen Uhr* (d. h. in Einheiten von Bits pro virtueller Sekunde) immer gleich dem Bruchteil αi der vollen Ausgangsschnittstellenrate. Das heißt, wenn die Ausgangsrate 10 Mbit/s beträgt und ein aktiver Datenstrom den Bruchteil $\alpha = 0{,}4$ hat, dann wird er immer mit 4 Bits pro virtueller Mikrosekunde übertragen. Wenn alle Unterwarteschlangen aktiv sind und der VC-Takt mit Wanduhrgeschwindigkeit läuft, beträgt die tatsächliche Datenstromrate 4 Bits/µs. Wenn die Unterwarteschlange allein aktiv ist, beträgt ihre mit einer realen Uhr gemessene Geschwindigkeit 10 Bit/µsec, aber die virtuelle Uhr läuft 2,5 mal schneller, sodass 10 Bit/µsec 10 Bits pro 2,5 virtuelle Mikrosekunden oder 4 Bits pro virtuelle Mikrosekunde sind.

Um diese Behauptung zu präzisieren, sei A die Menge der aktiven Warteschlangen und α wiederum die Summe der α_j für j in A. Dann läuft VC(t) mit der Geschwindigkeit $1/\alpha$ und die Daten der aktiven Unterwarteschlange i werden mit der Rate α_i/α relativ zur Wanduhrzeit gesendet. Die Übertragungsrate der Unterwarteschlange i im Verhältnis zur virtuellen Zeit ist also $(\alpha_i/\alpha)/(1/\alpha) = \alpha_i$.

Wenn andere Unterwarteschlangen inaktiv oder aktiv werden, bewegen sich die VC(t)-Rate und die tatsächliche Übertragungsrate im Gleichschritt. Wie bei BBRR wird daher ein Paket P der Größe S in der Unterwarteschlange i, das zum virtuellen Zeitpunkt T mit der Übertragung beginnt, zum Zeitpunkt $T + S/(r\times\alpha_i)$ nach VC-Zeitmessung fertiggestellt, wobei r die tatsächliche Ausgangsrate des Routers ist, unabhängig davon, was in den anderen Unterwarteschlangen geschieht. Mit anderen Worten: *Die mit VC berechneten Fertigstellungszeiten sind invariant.*

Um die Berechnung der Fertigstellungszeiten zu vervollständigen, nehmen wir an, dass ein Paket P der Größe S in einer aktiven GPS-Unterwarteschlange i eintrifft. Das vorherige Paket in dieser Unterwarteschlange hat die Fertigstellungszeit F_{prev}, und das wird die Startzeit von P. Wenn P in einer inaktiven Unterwarteschlange eintrifft, kann es mit GPS sofort mit der Übertragung beginnen. In jedem Fall ist die Startzeit von P wie bei BBRR Pstart = $\max(VC(now), F_{prev})$ und die Fertigstellungszeit gemäß der VC-Uhr $F_P = P_{start} + S/(r\times\alpha_i)$. In einem Ausdruck entspricht diese Fertigstellungszeit $F_P = \max(VC(now), F_{prev}) + S/(r\times\alpha_i)$.

Im Abschnitt 22.8.1, »Algorithmus für Hierarchical Weighted Fair Queuing«, weiter unten betrachten wir WFQ-Router, die als Bestandteil einer Hierarchie tatsächlich nur zeitweise senden dürfen. In einem solchen Fall sollte die virtuelle Uhr angehalten werden, wenn die Ausgabe blockiert ist. Dies ist vielleicht am einfachsten für den BBRR-Scheduler zu verstehen: Der Rundenzähler RR(t) wird für jedes Bit, das von jeder aktiven Unterwarteschlange gesendet wird, um 1 erhöht. Wenn keine Bits gesendet werden können, sollte der Takt nicht erhöht werden.

Ein Beispiel dafür, was passiert, wenn dies nicht geschieht: Nehmen wir an, R hat zwei Unterwarteschlangen A und B; die erste ist leer und die zweite hat einen langen Rückstau. R verarbeitet normalerweise ein Paket pro Sekunde. Bei T=0/VC=0 wird die Ausgabe von R unterbrochen. Die Pakete in der zweiten Unterwarteschlange b_1, b_2, b_3, ... haben die virtuellen Fertigstellungszeiten 1, 2, 3, ... Bei T=10 nimmt R die Übertragung wieder auf, und das Paket a1 kommt in der Unterwarteschlange A an.

22

Wäre die virtuelle Uhr von R für das Intervall $0 \leq T \leq 10$ angehalten worden, würde a_1 die Fertigstellungszeit T=1 zugewiesen und hätte eine vergleichbare Priorität wie b_1. Wäre die virtuelle Uhr von R weitergelaufen, würde a1 die Fertigstellungszeit T=11 erhalten und erst gesendet werden, wenn b11 die Spitze der Warteschlange B erreicht hat.

Der WFQ-Scheduler

Um die tatsächliche Paketübertragung unter Weighted Fair Queuing zu planen, berechnen wir bei der Ankunft jedes Pakets die Fertigstellungszeit gemäß der virtuellen Uhr unter der Annahme, dass es mit GPS gesendet werden würde. Wenn der Sender bereit ist, mit der Übertragung eines neuen Pakets zu beginnen, wählt er aus den verfügbaren Paketen dasjenige mit dem niedrigsten Wert für die GPS-Fertigstellungszeit aus. Die GPS-Fertigstellungszeit eines Pakets hängt also nicht von späteren Ankünften oder Leerlaufzeiten in anderen Unterwarteschlangen ab. Wie bei BBRR können kleine, aber später eintreffende Pakete kürzere virtuelle Fertigstellungszeiten haben, aber ein Paket, das gerade übertragen wird, wird nicht gestoppt.

Fertigstellungsreihenfolge unter GPS und WFQ

Wir betrachten nun die Reihenfolge, in der Pakete die Übertragung im Rahmen von GPS und WFQ beenden. Ziel ist es, in Unterabschnitt »Laufzeit- und Fertigstellungsreihenfolge« von Abschnitt 22.5.4, »Das GPS-Modell«, eine enge dafür Grenze zu ziehen, wie lange Pakete unter WFQ im Vergleich zu GPS warten müssen. Wir unterstreichen abermals:

- GPS-Fertigstellungszeit: die theoretische Fertigstellungszeit auf Grundlage paralleler Übertragungen mehrerer Pakete nach dem GPS-Modell
- WFQ-Fertigstellungszeit: die tatsächliche Fertigstellungszeit unter der Annahme, dass die Pakete in aufsteigender Reihenfolge der berechneten GPS-Fertigstellungszeit gesendet werden

Eine Betrachtungsweise hierfür ist die Quantifizierung des Gedankens, dass WFQ kleinere Pakete auf natürliche Weise bevorzugt, zumindest wenn diese über zuvor ungenutzte Unterwarteschlangen gesendet werden. Dies hat nichts mit der Bandbreitengarantie zu tun, die eine bestimmte Eingabeklasse für kleine Pakete erhalten könnte; es bedeutet vielmehr, dass kleine Pakete größere Pakete, die in anderen Unterwarteschlangen warten, wahrscheinlich ausstechen werden. Der Quantenalgorithmus bietet langfristige WFQ-Bandbreitengarantien, aber *nicht* die gleichen Laufzeitgarantien.

Erstens, wenn alle Unterwarteschlangen immer aktiv sind (oder wenn eine feste Untermenge von Unterwarteschlangen immer aktiv ist), dann werden die Pakete unter WFQ in der gleichen Reihenfolge zum Abschluss gebracht, wie unter GPS. Das liegt daran, dass bei WFQ die Pakete in der Reihenfolge der GPS-Fertigstellungszeiten gemäß der virtuellen Uhr übertragen werden, und wenn alle Unterwarteschlangen immer aktiv sind, läuft die virtuelle Uhr synchron zur Wanduhrzeit (oder, wenn eine feste Untermenge von Unterwarteschlangen immer aktiv ist, mit einer Geschwindigkeit, die proportional zur Wanduhrzeit ist).

Wenn alle Unterwarteschlangen immer aktiv sind, können wir davon ausgehen, dass sich alle Pakete zum Zeitpunkt T=0 in ihren Unterwarteschlangen befanden; die Fertigstellungsreihenfolge ist die gleiche, solange jedes Paket eintraf, bevor seine Unterwarteschlange inaktiv wurde.

Wenn schließlich alle Unterwarteschlangen immer aktiv sind, wird jedes Paket unter WFQ mindestens genauso früh fertig wie unter GPS. Um dies zu sehen, sei P_j das j-te Paket, das entweder unter GPS oder WFQ fertiggestellt wird. Zu dem Zeitpunkt, an dem P_j unter WFQ fertig ist, hat der Router R 100 % seiner Ausgangsbandbreite ausschließlich für P_1 durch P_j verwendet. Wenn P_j unter GPS fertig ist, hat R auch P_1 durch P_j übertragen und möglicherweise auch Teile der späteren Pakete. Daher kann die Fertigstellungszeit von P_j unter GPS nicht früher sein.

Die Fertigstellungsreihenfolge und die relativen GPS/WFQ-Fertigstellungszeiten können sich jedoch ändern, wenn – was in der Regel zutreffen wird – einige Unterwarteschlangen zeitweise inaktiv sind, d. h. wenn Pakete für einige Unterwarteschlangen zeitweise »zu spät« eintreffen.

GPS-Beispiel 1

Als erstes Beispiel kehren wir zum Szenario aus Abschnitt 22.5.2, »Virtuelle Fertigstellungszeiten«, Unterabschnitt, »Ein erstes Beispiel für die virtuelle Fertigstellungszeit«, zurück. Die beiden Unterwarteschlangen des Routers sind *immer aktiv*; jede hat eine Belegung von α=50%. Die Pakete P1, P2, P_3, ..., alle mit der Größe 1001, warten in der ersten Warteschlange; die Pakete Q_1, Q_2, Q_3, ..., alle mit der Größe 400, warten in der zweiten Warteschlange. Die ausgehende Bandbreite beträgt 1 Byte pro Zeiteinheit, und T=0 ist der Startpunkt. 22

Die virtuelle Uhr des Routers läuft mit Wanduhrgeschwindigkeit, da beide Unterwarteschlangen immer aktiv sind. Wenn F_i die virtuelle Fertigstellungszeit von R_i darstellt, dann errechnen wir F_i nun als $F_i - 1 + 400 / \alpha = F_i - 1 + 800$. Die virtuellen Fertigstellungszeiten von P_1, P_2 usw. sind ebenfalls Vielfache von 2002.

Paket	virtuelle Fertigstellung	tatsächliche Fertigstellungszeit
Q_1	800	400
Q_2	1600	800
P_1	2002	1801

Paket	virtuelle Fertigstellung	tatsächliche Fertigstellungszeit
Q_3	2400	2201
Q_4	3200	2601
Q_5	4000	3001
P_2	4004	4002

In der obigen Tabelle sind die Werte in der Spalte »virtuelle Fertigstellung« einfach doppelt so hoch wie in der BBRR-Version, was die Tatsache widerspiegelt, dass die virtuellen Fertigstellungszeiten nun um dem Faktor $1/\alpha = 2$ skaliert sind. Die tatsächlichen Fertigstellungszeiten sind identisch mit denen, die wir zuvor berechnet haben.

Beachten Sie, dass die tatsächliche WFQ-Fertigstellungszeit in jedem Fall kleiner oder gleich der virtuellen GPS-Fertigstellungszeit ist.

GPS-Beispiel 2

Hat der Router nur eine einzige aktive Unterwarteschlange mit dem Anteil α und den Paketen $P_1, P_2, P_3, \ldots$, dann entsprechen die gemäß der virtuellen Taktuhr errechneten Fertigstellungszeiten der Pakete der Zeit auf der virtuellen Uhr zum Zeitpunkt der tatsächlichen Fertigstellung, zumindest wenn dies seit dem letzten Neustart der virtuellen Uhr bei T=VC=0 der Fall war. Sei r die Ausgangsrate des Routers, seien S_1, S_2, S_3 die Größen der Pakete und seien F_1, F_2, F_3 ihre virtuellen Fertigstellungszeiten mit F0=0. Dann gilt:

$$F_i = F_{i-1} + S_i/(r\alpha) = S_1/(r\alpha) + \ldots + S_i/(r\alpha)$$

Die tatsächliche Fertigstellungszeit Ai des i-ten Pakets ist $(S_1 + \ldots + S_i)/r$, also $\alpha \times F_i$. Die virtuelle Uhr läuft jedoch um den Faktor $1/\alpha$ schneller, sodass die tatsächliche Fertigstellungszeit auf der virtuellen Uhr $A_i / \alpha = F_i$ ist.

GPS-Beispiel 3

Das nächste Beispiel zeigt ein kleineres, aber später eintreffendes Paket, in diesem Fall Q_2, das gemäß GPS vor P_2 ankommt, nicht aber gemäß WFQ. Man kann sagen, dass P_2 gemäß WFQ Q_2 und R_1 *überspringt*.

Angenommen, die Pakete P_1, Q_1, P_2, Q_2 und R_1 erreichen einen Router zu den folgenden Zeiten T und weisen die folgenden Längen L auf. Die Ausgangsbandbreite beträgt 1 Längeneinheit pro Zeiteinheit, d. h. r=1. Die Gesamtzahl der Längeneinheiten beträgt 24. Jeder Unterwarteschlange wird ein gleicher Anteil der Bandbreite zugewiesen, z. B. α=1/3.

Unterwarteschlange 1	Unterwarteschlange 2	Unterwarteschlange 3
P_1: T=0, L=1	Q_1: T=0, L=2	R_1: T=10, L=5
P_2: T=2, L=10	Q_2: T=4, L=6	

Beim WFQ-Verfahren wird zuerst P_1 und dann Q_1 gesendet, wobei Q_1 an zweiter Stelle steht, weil seine Fertigstellungszeit weiter hinten liegt. Q_1 wird zur Wanduhrzeit T=3 fertiggestellt. Zu diesem Zeitpunkt ist P_2 das einzige Paket, das gesendet werden kann; es wird bei T=13 fertiggestellt.

Bis T=10 laufen unter GPS zwei Pakte gleichzeitig (weil Q_1 unter GPS bei T=4 endet und Q_2 bei T=4 eintrifft), und daher läuft die GPS-Uhr mit 3/2 der Wanduhrzeit und die BBRR-Uhr mit 1/2 der Wanduhrzeit. Bei T=4, wenn Q_2 eintrifft, steht die BBRR-Uhr auf 2 und die VC-Uhr auf 6 und wir berechnen die BBRR-Fertigstellungszeit als 2 + 6 = 8 und die GPS-Fertigstellungszeit als 6 + 6 / (1/3) = 24. Bei T=10 steht die BBRR-Uhr auf 5 und die GPS-Uhr auf 15. R_1 kommt dann an; wir berechnen seine BBRR-Fertigstellungszeit als 5 + 5 = 10 und seine GPS-Fertigstellungszeit als 15 + 5 / α = 30.

Da Q_2 nach der virtuellen Uhr die frühere Fertigstellungszeit hat, sendet WFQ es als nächstes nach P_2, gefolgt von R_1.

Abbildung 22.2 zeigt ein Diagramm der Übertragung unter GPS. Das Diagramm selbst ist auf Wanduhrzeit skaliert. Die BBRR-Taktuhr ist auf der unteren Skala dargestellt; die VC-Uhr läuft immer dreimal schneller.

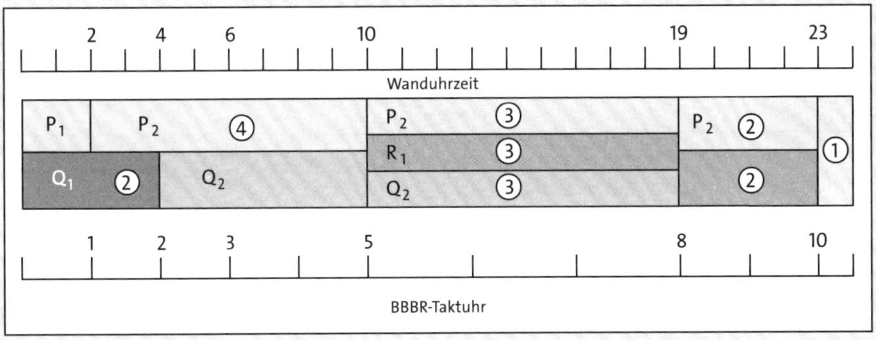

Abbildung 22.2 Übertragung unter GPS

Die eingekreisten Zahlen stellen die Größe des Paketteils dar, der in den durch die gestrichelten vertikalen Linien getrennten Intervallen gesendet wird; für jedes Paket summieren sich diese Werte zur Gesamtgröße des Pakets.

Beachten Sie, dass die Übertragungsreihenfolge unter WFQ P_1, Q_1, P_2, Q_2, R_1 ist, während die Fertigstellungsreihenfolge unter GPS P_1, Q_1, Q_2, R_1, P_2 ist. Das heißt, P_2 hat es geschafft, Q_2 und R_1 unter WFQ zu überholen, weil es einfach das einzige Paket war, das bei T=3 zur Übertragung bereitstand.

GPS-Beispiel 4

Als zweites Beispiel für das Überspringen nehmen wir die folgenden Paketankünfte an; in diesem Szenario kommt das kleinere, aber später eintreffende R_1 unter GPS vor P_1 und Q_2 ins Ziel, nicht aber unter WFQ.

Unterwarteschlange 1	Unterwarteschlange 2	Unterwarteschlange 3
P_1: T=0, L=1000	Q_1: T=0, L=200	R_1: T=600, L=100
	Q_2: T=0, L=300	

Abbildung 22.3 zeigt, wie die Pakete die Verbindung unter GPS im Zeitverlauf miteinander geteilt haben. Es ist zu erkennen, dass die GPS-Fertigstellungsreihenfolge Q_1, R_1, Q_2, P_1 lautet.

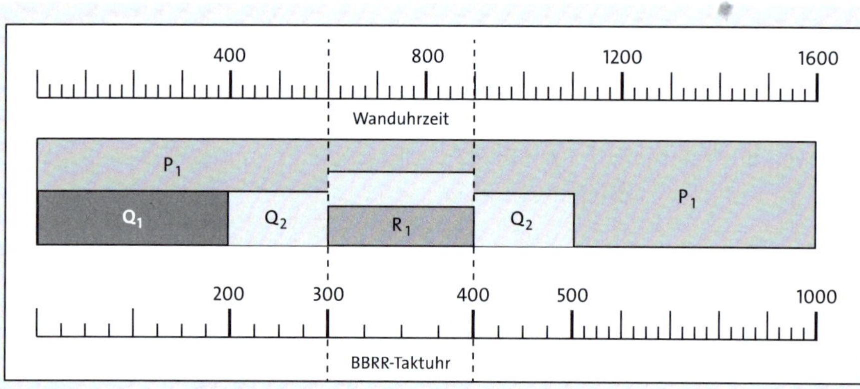

Abbildung 22.3 Geteilter Zeitverlauf

Bei WFQ ist die Übertragungsreihenfolge Q_1, Q_2, P_1, R_1, denn wenn Q_2 bei T=500 abgeschlossen wurde, ist R_1 noch nicht eingetroffen.

Laufzeit- und Fertigstellungsreihenfolge

Diese Beispiele führen uns zu der folgenden Behauptung hinsichtlich Laufzeitbeschränkung, die auf Parekh und Gallager [PG93] zurückgeht (siehe auch [PG94]); wir werden sie weiter unten in Abschnitt 23.12, »Parekh-Gallager Theorem«, anwenden. Dies ist wohl der tiefgreifendste Teil des Parekh-Gallager-Theorems. **Behauptung**: Für ein beliebiges Paket P kann die Fertigstellung von P gemäß Wanduhrzeit bei einem

Router R unter WFQ nicht weiter als um den Zeitbetrag, den R für die Übertragung eines größtmöglichen Pakets benötigt, hinter der Fertigstellung von P gemäß Wanduhrzeit bei R unter GPS liegen.

Symbolisch ausgedrückt: Wenn F_{WFQ} und F_{GPS} die Fertigstellungszeiten für P unter WFQ und GPS sind, r die ausgehende Übertragungsrate von R ist, und L_{max} die maximale Paketgröße, die bei R auftreten kann, dann gilt

$$F_{WFQ} \le F_{GPS} + L_{max}/r$$

Dies ist die bestmögliche Begrenzung; L_{max}/r ist die Zeit, die das Paket P warten muss, wenn es einen Augenblick zu spät angekommen ist und stattdessen ein anderes Paket der Größe L_{max} gestartet wurde.

Beachten Sie, dass, wenn die Unterwarteschlange eines Pakets inaktiv ist, das Paket unter GPS sofort nach dem Eintreffen mit der Übertragung beginnt; allerdings sendet GPS das Paket möglicherweise relativ langsam.

Um diese Behauptung zu beweisen, nummerieren wir die Pakete P_1 bis P_k in der Reihenfolge der WFQ-Übertragung, beginnend mit dem letzten Zeitpunkt, an dem mindestens eine Unterwarteschlange des Routers aktiv wurde. (Beachten Sie, dass diese Pakete über mehrere Eingabe-Unterwarteschlangen verteilt sein können.) Für jedes i sei F_i die Fertigstellungszeit von P_i unter WFQ, G_i die Fertigstellungszeit von P_i unter GPS und L_i die Länge von P_i; beachten Sie, dass für jedes i $F_i + 1 = L_i + 1/r + F_i$ gilt.

Wenn P_k unter GPS nach P_1 bis P_{k-1} fertiggestellt wird, dann gilt das obige Argument (Abschnitt 22.5.4, »Das GPS-Modell«, Unterabschnitt »Fertigstellungsreihenfolge unter GPS und WFQ«) immer noch für den Fall, dass alle Unterwarteschlangen aktiv sind, was beweist, dass P_k unter GPS nicht früher fertiggestellt werden kann als unter WFQ; wir erhalten also $F_k \le G_k$.

Andernfalls muss ein Paket P_i mit i<k unter GPS nach P_k fertiggestellt werden; P_i hat P_k unter WFQ *übersprungen*, vermutlich weil P_k zu spät ankam. P_m sei das jüngste (größte m<k) derartige übersprungene Paket, sodass P_m unter GPS nach P_k abgeschlossen wird, aber P_{m+1} bis P_{k-1} früher abgeschlossen werden (oder gleichauf liegen); dies wurde oben in Beispiel 3 für k=5 und m=3 dargestellt.

Als Nächstes stellen wir die Behauptung auf, dass keines der Pakete P_{m+1} bis P_k zum Zeitpunkt T_{start}, als P_m mit der Übertragung unter WFQ begann, bereits bei R angekommen sein kann. Wäre ein P_i mit i>m zum Zeitpunkt T_{start} vorhanden, dann würde die Tatsache, dass es unter WFQ nach P_m übertragen wird, bedeuten, dass die berechnete GPS-Fertigstellungszeit nach der von P_m liegt. Aber, wie wir schon früher argumentiert haben, entsprechen die nach der virtuellen Uhr berechneten GPS-Fertigstellungszeiten immer auch den tatsächlichen GPS-Fertigstellungszeiten nach der virtuellen Uhr, und P_i kann nicht sowohl vor als auch nach P_m fertiggestellt werden.

Eingedenk der Tatsache, dass F_m die Fertigstellungszeit von P_m unter WFQ ist, ist die obige Zeit T_{start} einfach $F_m - L_m/r$. Zwischen T_{start} und G_k müssen alle Pakete P_{m+1} bis P_k ankommen und dann, unter GPS, abgehen. Die absolute Mindestzeit für den Versand dieser Pakete unter GPS ist die WFQ-Zeit für die Ende-zu-Ende-Übertragung, die $(L_{m+1} + ... + L_k)/r = F_k - F_m$ beträgt. Somit gilt

$$G_k - T_{start} \geq F_k - F_m$$

$$G_k - (F_m - L_m/r) \geq F_k - F_m$$

$$F_k \leq G_k + L_m/r \leq G_k + L_{max}/r$$

Die letzte Zeile entspricht unserer gewünschten Schlussfolgerung.

22.5.5 Deficit Round Robin

Der BBRR-Ansatz hat die Kosten O(log n), wobei n die Anzahl der wartenden Pakete ist, wie oben beschrieben. Eine einfache, aber etwas ungenaue Alternative mit einer Leistung von O(1), die in [SV96] vorgestellt wurde, besteht darin, jeder Eingangs-Unterwarteschlange ein numerisches *Quantum* zuzuweisen, das proportional zum Bandbreitenanteil dieser Unterwarteschlange ist. Jede Unterwarteschlange verwaltet auch ein *Defizit*, das die kumulierte Datenmenge darstellt, für die sie in der Vergangenheit die Erlaubnis zum Senden erhalten hat, die sie aber nicht senden konnte, weil das nächste Paket zu groß war. Das Defizit ist stets kleiner als die Größe des ersten Pakets in der Unterwarteschlange. Wenn die Unterwarteschlange im Leerlauf ist (und es daher kein erstes Paket gibt), wird das Defizit immer auf Null gesetzt.

In jeder Runde wird einer Unterwarteschlange die Erlaubnis erteilt, ein zusätzliches Datenquantum zu senden, d. h. das Quantum wird zum Defizit der Unterwarteschlange addiert. Wenn dieses neue Defizit größer ist als die Größe des ersten Pakets, kann dieses Paket gesendet werden, und möglicherweise auch noch weitere Pakete. Die Größen der gesendeten Pakete werden dann von dem Defizit abgezogen, das nun kleiner ist als die Größe des neuen ersten Pakets, und die nächste Unterwarteschlange kommt an die Reihe.

Oft ist das Quantum eine Byteanzahl, die mindestens so groß ist wie die MTU des Netzwerks; in diesem Fall darf jede Unterwarteschlange pro Runde mindestens ein Paket senden. Dies ist jedoch keine Voraussetzung; oft ist das Quantum auch so klein, dass es viele Runden braucht, um ein ausreichendes Defizit zum Senden eines Pakets aufzubauen.

Ein Kostenfaktor dieses Ansatzes ist, dass die elegante Laufzeitbegrenzung aus Unterabschnitt »Laufzeit- und Fertigstellungsreihenfolge«, nicht mehr gilt. Tatsächlich muss ein Absender unter Umständen warten, bis alle anderen Absender jeweils ein volles Quantum gesendet haben, auch wenn er nur ein kleines Paket versenden möchte. Insbesondere ist Defizit-Round-Robin nicht das Gleiche wie BBRR, selbst wenn das Defizit ein Bit beträgt. Die Unterwarteschlangen erhalten immer eine Sendemöglichkeit in Round-Robin-Reihenfolge und nicht in der Reihenfolge der virtuellen Fertigstellungszeit.

Wenn das Quantum 1000 Bytes beträgt, das Defizit bei null liegt und wir zwei 600-Byte-Pakete in der aktuellen Unterwarteschlange haben, dann wird das erste der Pakete gesendet und das Defizit auf 400 aktualisiert. Befinden sich dagegen zwei 400-Byte-Pakete in der Unterwarteschlange, so ist das Defizit gleich 0, da die Unterwarteschlange durch den Versand der beiden 400-Byte-Pakete vollständig geleert wird. Beträgt das Quantum 1000 Bytes und trifft ein stetiger Strom von 600-Byte-Paketen in einer Unterwarteschlange ein, so werden diese wie folgt gesendet:

Runde	Quantum + vorheriges Defizit	gesendete Pakete	neues Defizit
1	1000	1	400
2	1400	2,3	200
3	1200	4,5	0

In drei Runden durfte die Unterwarteschlange 5×600 = 3000 Bytes senden, was genau 3 Quanten entspricht.

Wir können gewichtete faire Warteschlangen mit dem Quanten-Algorithmus implementieren, indem wir die Quantengrößen proportional zu den Gewichtungen anpassen, d. h. wenn die Gewichtungen 40 % und 60 % betragen, könnten die entsprechenden Quanten 1000 und 1500 Bytes groß sein. Wenn die Quanten Q_1, Q_2, ..., Q_n sind und wenn keine der Unterwarteschlangen jemals leer ist, dann erhält die i-te Unterwarteschlange langfristig einen Bandbreitenanteil $Q_i/(Q_1+Q_2+ ... +Q_n)$, genau wie bei anderen Fair-Queuing-Implementierungen.

22.5.6 Stochastisches Fair Queuing

Das stochastische Fair Queuing ([McK90]) ist eine andere Art der Annäherung an die faire Warteschlangenbildung. Ideal wäre es, jeder einzelnen TCP-Verbindung über einen Router eine eigene faire Warteschlangenklasse zuzuweisen, sodass keine Verbindung einen Anreiz hat, mehr als die Mindestanzahl von Paketen in der Warteschlange zu behalten. Die Verwaltung so vieler separater (und sich dynamisch ändernder) Input-Klassen ist jedoch rechenintensiv. Stattdessen wird eine Hash-Funktion verwendet, um jede TCP-Verbindung (die durch ihr Socket-Paar identifi-

22

ziert wird) in einen von mehreren *Buckets* zu stecken (die derzeitige Standard-Anzahl an Buckets in der Linux-Implementierung liegt bei 1024). Die Buckets werden dann als Eingangswarteschlangen für das Fair Queuing verwendet.

Wenn zwei Verbindungen in denselben Bucket gehasht werden, erhält jede nur Anspruch auf die Hälfte der Bandbreite. Daher verfügt die Hash-Funktion über einige zusätzliche Parameter, die es ermöglichen, sie in regelmäßigen Abständen zu *beeinflussen*; nach der Veränderung werden Socket-Paare, die zuvor in denselben Bucket gehasht haben, wahrscheinlich nicht mehr in denselben Bucket gehen.

Die als *sfq* bekannte Linux-Implementierung von Stochastic Fair Queuing verwendet den oben erwähnten quantenbasierten Deficit-Round-Robin-Algorithmus. Die verschiedenen Unterwarteschlangen teilen sich letztendlich einen gemeinsamen Pufferplatz. Trifft ein Paket ein, wenn kein Platz mehr verfügbar ist, wird das letzte Paket aus der vollsten Unterwarteschlange verworfen. Dadurch werden Datenströme belohnt, die ihre Warteschlangenauslastung auf einem bescheidenen Niveau halten.

22.6 Anwendungen von Fair Queuing

Wie wir in Abschnitt 20.2.2, »Beispiel 2: Router-Wettbewerb«, gesehen haben, belohnt ein Flaschenhals-Router mit FIFO-Warteschlange einen Absender mit zusätzlicher Bandbreite, wenn dieser so viele Pakete wie möglich in der Warteschlange hält. Fair Queuing kann sich jedoch ganz anders verhalten. Wenn die faire Warteschlangenbildung mit einer separaten Klasse für jede Verbindung verwendet wird, verflüchtigt sich dieser »Gier«-Vorteil; ein Absender muss nur verhindern, dass seine Warteschlange für die einzelnen Klassen leer läuft, um den ihm zugewiesenen Anteil zu erhalten. Die Absender können ihre Warteschlangennutzung auf ein oder zwei Pakete beschränken, ohne Gefahr zu laufen, von konkurrierendem Verkehr verdrängt zu werden.

Eine weitere Anwendung von Fair Queuing: Nehmen wir an, wir haben drei Webserver, A, B und C, denen wir gleiche Anteile bei der Übertragung über eine 6-Mbit/s-Verbindung zuweisen wollen; alle drei erreichen die Verbindung über Router R. Eine Möglichkeit wäre, R zu veranlassen, jeden der Server auf 2 Mbit/s zu beschränken, aber das ist nicht work-conserving: Wenn ein Server untätig ist, bleibt sein Anteil ungenutzt. Fair Queuing bietet einen besseren Ansatz: Wenn alle drei Server beschäftigt sind, erhält jeder 2 Mbit/s; wenn zwei von ihnen beschäftigt sind, erhält jeder 3 Mbit/s, und wenn nur einer beschäftigt ist, erhält er 6 Mbit/s. Internetanbieter können diese Strategie auch intern anwenden, wenn mehrere Datenströme um eine ausgehende Verbindung konkurrieren.

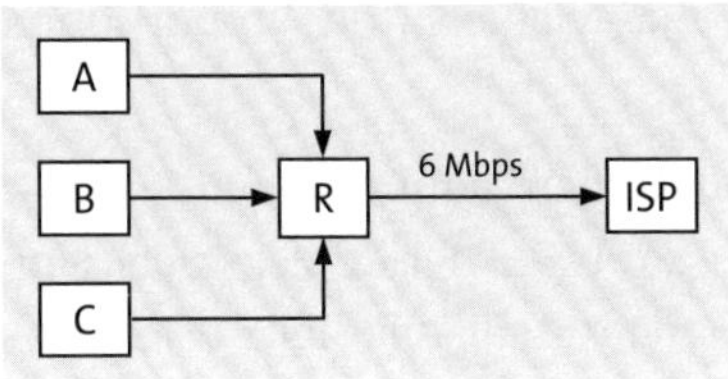

Leider funktioniert diese Strategie bei drei *Empfängern* nicht ganz so gut. Nehmen wir an, A, B und C sind drei Gruppen von Nutzern (z. B. drei Abteilungen), denen wir jeweils gleiche Anteile an einer *eingehenden* 6-Mbit/s-Verbindung geben wollen:

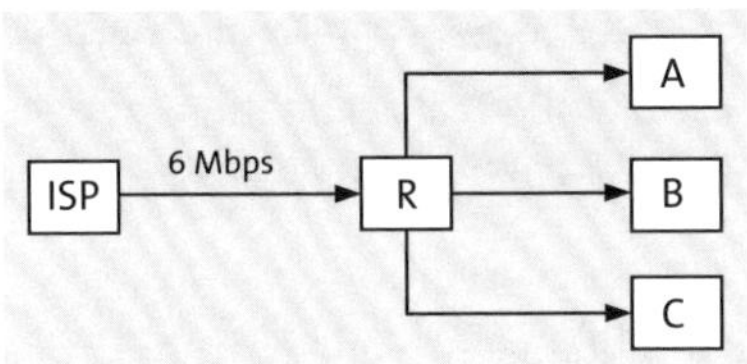

Seitens des Internetanbieters (Upstream), wo sich die drei Datenströme anhand ihrer Ziele identifizieren ließen, könnten faire Warteschlangen für eingehende Verbindungen eingesetzt werden. Aber auf den Router des Internetanbieters haben wir meist wohl keinen Einfluss. Sobald die drei Datenströme bei R eingehen, ist es zu spät, um ihnen Anteile zuzuweisen; es bleibt nichts anderes übrig, als den Traffic an A, B bzw. C weiterzuleiten. Wir werden auf dieses Szenario weiter unten in Abschnitt 23.4.1, »Anwendungen von Token-Bucket«, zurückkommen.

Beachten Sie, dass wir für diese Art von Anwendungen administrativ festlegen können müssen, wie die Pakete in verschiedene Eingangsklassen eingestuft werden. Die oben beschriebene automatische Klassifizierung des stochastischen Fair Queuing ist hier nicht hilfreich.

22.6.1 Fair Queuing und Bufferbloat

Fair Queuing bietet, zumindest theoretisch, einen alternativen Ansatz zur Lösung des Bufferbloat-Problems Abschnitt 21.5.1, »Bufferbloat«). In Abschnitt 21.5, »Aktives Warteschlangenmanagement«, haben wir erörtert, wie FIFO-Router eine übermäßige Warteschlangenauslastung reduzieren können. Würde ein Router jedoch statt der FIFO-Strategie jedem Datenstrom eine eigene Unterwarteschlange zuweisen, gäbe es für eine TCP-Implementierung keinen Anreiz mehr, wie TCP Reno und TCP Cubic so viel Warteschlangenkapazität wie möglich abzugreifen. Die Warteschlangenwettbewerbsregel aus Abschnitt 20.2.2, »Beispiel 2: Router-Wettbewerb«, würde einfach nicht mehr gelten. N Verbindungen durch den Router würden jeweils $1/N$ der Flaschenhals-Bandbreite erhalten, solange jeder Datenstrom zu jeder Zeit mindestens ein Paket in seiner Unterwarteschlange hält (WFQ mag vielleicht die Proportionen verändern, nicht aber das Prinzip).

Könnten sich die Endnutzer auf eine faire Warteschlangenbildung in den Routern verlassen, wäre die beste Lösung für die Übertragung so etwas wie TCP Vegas, das eine minimale Anzahl von Paketen in der Flaschenhals-Warteschlange hält. TCP Vegas wird heute kaum genutzt, weil es in FIFO-Warteschlangen schlecht mit TCP Reno konkurriert, aber all das würde sich mit Fair Queuing ändern. Abhängig von der maximalen Unterwarteschlangen-Kapazität könnten TCP-Reno-Benutzer in diesem neuen Routing-Regime nur 75 % ihres »fairen Anteils« über den Engpass-Router erhalten (Abschnitt 19.7, »TCP und Auslastung der Flaschenhalsverbindung«), aber die Verbindung selbst würde niemals ungenutzt bleiben, solange es aktive TCP-Vegas-Verbindungen gäbe. Bei UDP-Datenflüssen in Echtzeit (z. B. für VoIP-Traffic) ist die Verzögerung beim Einreihen in die Warteschlange ebenfalls vernachlässigbar, selbst wenn parallel große Dateiübertragungen stattfinden.

In der Praxis ist eine eigene Fair-Queuing-Unterwarteschlange für jede einzelne TCP-Verbindung kostspielig. Ein vernünftiger Kompromiss könnte jedoch der Einsatz von stochastischem Fair Queuing (SFQ) sein (siehe Abschnitt 22.5.6, »Stochastisches Fair Queuing«). Eine Dropping-Strategie, bei der Pakete aus der vollsten Unterwarteschlange verworfen werden, benachteiligt TCP Reno und TCP Cubic noch zusätzlich und begünstigt TCP Vegas.

Abbildung 22.4 zeigt ein Diagramm, in dem die Flaschenhals-Warteschlange von FIFO auf SFQ umgestellt wurde.

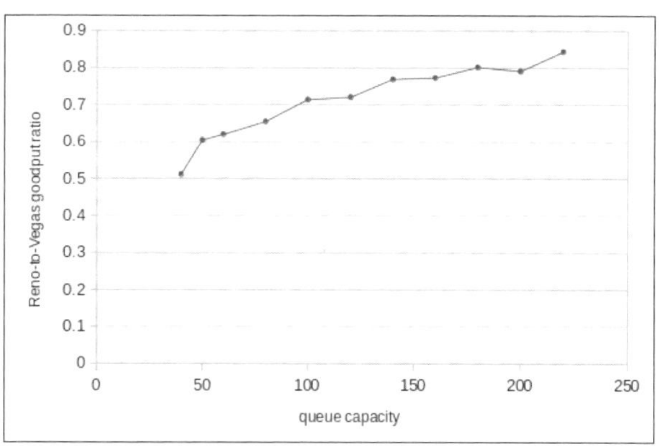

Abbildung 22.4 Goodput-Verhältnis Reno/Vegas zu Warteschlangenkapazität

In diesem Diagramm erhält TCP Vegas immer mehr Bandbreite als TCP Reno, obwohl Reno bei großen Warteschlangenkapazitäten auf 80 % herankommt. Die TCP-Reno-Verbindung hat immer noch Probleme mit Bufferbloat, aber die TCP-Vegas-Verbindung ist davon nicht betroffen. (Im ns-2-Simulator wird die Warteschlangen-Gesamtkapazität von SFQ z. B. mittels `Queue/SFQ set maxqueue_ 100` eingestellt).

Natürlich ermöglichen die meisten Router *kein* Fair Queuing, weder stochastisch noch anderweitig, zumindest nicht auf der Ebene einzelner Datenströme. Reno und Cubic gewinnen also immer noch, und Vegas bleibt eine unvorteilhafte Wahl. Fair Queuing kostet Geld, da mehr Pakete verarbeitet werden müssen. Hinzu kommt das Henne-Ei-Problem: Wenn ein ISP Fair Queuing implementieren würde, würden die Endbenutzer bei TCP Reno und TCP Cubic bleiben, weil diese überall sonst am besten funktioniert haben, und die Vorteile von Protokollen wie TCP Vegas würden ungenutzt bleiben.

22.7 Hierarchisches Queuing

Jedes Warteschlangenverfahren mit mehreren Eingangsklassen kann an einer *Hierarchie* teilnehmen: Das oberste Warteschlangenverfahren steht an der Spitze des Baums, und jede ihrer Eingangsklassen wird von einen separaten Warteschlangenverfahren auf einer niedrigeren Hierarchieebene versorgt.

Hierarchisches Queuing in heutiger Zeit

Hierarchische Warteschlangen sind zugegebenermaßen etwas aus der Mode gekommen. Eines ihrer ursprünglichen Ziele war die Unterstützung der komplexen gemeinsamen Nutzung einer einzigen Verbindung durch mehrere Datenströme mit unterschiedlichen Bandbreiten- und Laufzeitanforderungen; im heutigen Internet begegnen die Anbieter diesem Problem stattdessen oftmals mit dem brachialen Ansatz der Bereitstellung überschüssiger Bandbreitenkapazität. Hierarchisches Queuing stellt aber durchaus eine elegante und wirtschaftliche Alternative dar, und trotz der heutigen Trends ist nicht klar, ob die Bereitstellung von Überkapazitäten auch in Zukunft immer eine Option sein wird.

Das übliche Verständnis von hierarchischem Queuing ist, dass die Warteschlangenverfahrensknoten, die keine Blatt-Positionen einnehmen, »virtuell« sind: Sie speichern keine Daten, sondern treffen nur Entscheidungen darüber, welche Unterwarteschlange bedient werden soll. Die einzige physische Ausgangsschnittstelle befindet sich an der Wurzel, und alle physischen Warteschlangen sind mit den Blattknoten verbunden. Jeder Warteschlangenverfahrensknoten, der keine Blatt-Positionen einnimmt, kann sehen, ob und welche Pakete seine Unterwarteschlangen aus der Warteschlange nehmen *würden*, aber jeder Knoten nimmt nur dann ein Paket aus der Warteschlange, wenn es nicht sofort an die Wurzel weitergeleitet wird. Man könnte dies als eine Blattspeicherungshierarchie (*Leaf-Storage hierarchy*) bezeichnen.

Eine unmittelbare Folge davon ist, dass die Blattknoten, die jetzt alle physischen Pakete aufnehmen, auch komplett für das Verwerfen der Pakete zuständig sind.

Es ist zwar möglich, echte Warteschlangenobjekte so miteinander zu verketten, dass zusammengesetzte Warteschlangenstrukturen entstehen, bei denen die Pakete nicht nur in den Blattknoten gespeichert werden, aber die daraus resultierende Hierarchie der Speicherung auf inneren Knoten (*Internal-Node-Storage*) funktioniert dann oft nicht erwartungsgemäß. Ein Priority-Queuing-Knoten, der jedes ankommende Paket sofort an seinen übergeordneten Knoten weiterleitet, hat zum Beispiel jegliche Kontrolle über die Prioritätsreihenfolge der daraus resultierenden Paketübertragungen eingebüßt. Ähnlich verhält es sich, wenn wir versuchen, die Komplexität des hierarchischen Fair Queuing zu vermeiden, indem wir einzelne WFQ-Knoten zu einem Baum verbinden, sodass die internen Knoten sofort nach oben weiterleiten – dann stapeln sich entweder die Pakete einfach an der Wurzel, oder die internen Verbindungen werden zum Engpass. Einen Fall, in dem die Speicherung auf inneren Knoten funktioniert, finden Sie am Ende von Abschnitt 23.9.1, »Hierarchischer Token-Bucket«.

22.7.1 Generisches hierarchisches Queuing

Eine einfache Möglichkeit, ein Lazy Dequeuing zu ermöglichen, besteht darin, die folgenden Eigenschaften von den Warteschlangenverfahren der Hierarchiekomponente zu verlangen:

- jeder Knoten unterstützt eine `peek()`-Operation, um das Paket zurückzugeben, das er auf Anfrage aus der Warteschlange nehmen würde, und
- jeder Knoten, der keine Blatt-Position einnimmt, kann ermitteln, welches Paket er selbst aus der Warteschlange nehmen würde, indem er einfach `peek()` für jedem seiner Unterknoten aufruft

Wenn diese vorhanden sind, löst eine Dequeue-Operation am Wurzelknoten eine Traversierung des gesamten Baums in der Tiefe durch `peek()`-Aufrufe aus; schließlich wird ein Blattknoten sein Paket aus der Warteschlange nehmen und es an die Wurzel weiterleiten. Wir bezeichnen dies als *generisches* hierarchisches Queuing.

Beachten Sie: Wenn wir eine `peek()`-Operation an den Blattknoten und die zweite oben genannte Eigenschaft für die inneren Knoten haben, können wir `peek()` rekursiv an jedem Knoten definieren.

Viele homogene Warteschlangenverfahrenshierarchien unterstützen diesen generischen Mechanismus. Priorisierende Warteschlangen wie im folgenden Beispiel funktionieren, weil ein übergeordneter Knoten, wenn er ein Paket aus der Warteschlange nehmen muss, die nicht leere Unterwarteschlange mit der höchsten Priorität findet, ein Paket aus der Warteschlange nimmt und es den Baum hinauf schickt. In diesem Fall brauchen wir nicht einmal `peek()`; alles, was wir brauchen, ist `is_empty()`. Homogene FIFO-Warteschlangen funktionieren ebenfalls, vorausgesetzt, die Pakete sind mit ihrer Ankunftszeit gekennzeichnet, denn damit ein Knoten feststellen kann, welches Paket er aus der Warteschlange nehmen soll, muss er nur seine Unterknoten mit peek() abfragen und das am frühesten eintreffende Paket finden.

Als Beispiel dafür, wo die allgemeine hierarchische Warteschlangenbildung nicht funktioniert, stellen Sie sich eine Hierarchie vor, die aus einem Warteschlangenverfahrensknoten besteht, der das *kleinste* Paket zuerst sendet und von zwei FIFO-Unterknoten gespeist wird. Der übergeordnete Knoten müsste alle Pakete aus der Warteschlange der untergeordneten Knoten entfernen, um das kleinste Paket zu ermitteln.

Fair Queuing verhält sich im Hinblick auf generisches hierarchisches Queueing nicht *allzu* gutmütig. Es gibt kein Problem, wenn alle Pakete gleich groß sind; in diesem Fall können alle Knoten eine einfache Round-Robin-Auswahl durchführen, bei der sie ein Paket vom nächsten nicht leeren Unterknoten abrufen und es sofort den Baum hinaufschicken. Nehmen wir jedoch an, dass alle Knoten BBRR (oder GPS) verwenden, um Pakete unterschiedlicher Größe unterzubringen. Das Problem besteht darin, dass die inneren Knoten ohne rechtzeitige Benachrichtigung über das Eintreffen von Paketen bei den Blattknoten möglicherweise nicht genügend Informationen haben, um die richtigen Taktraten für ihre virtuellen Uhren zu bestimmen. Eine entsprechende Fair-Queuing-spezifische Modifikation des generischen Hierarchical-Queuing-Algorithmus ist weiter unten in Abschnitt 64, »Algorithmus für Hierarchical Weighted Fair Queuing«, beschrieben.

22.7.2 Hierarchische Beispiele

In unserem ersten Beispiel geht es um hierarchisches Priority Queuing, wobei aber in diesem Fall, wie wir gleich sehen werden, die Hierarchie zusammenbricht. Es kann aber dennoch zur Veranschaulichung einiger Prinzipien dienen. Als grundlegendes Warteschlangenverfahren dient Priority Queuing mit zwei Eingangsklassen, mit den Prioritäten 0 (hoch) und 1 (niedrig). Eine dieser Warteschlangen steht an der Wurzel und heißt QR. Auf der nächst tieferen Ebene befinden sich zwei solcher Warteschlangen (QA und QB im Diagramm), die jeweils eine der Eingangsklassen der Wurzelwarteschlange bedienen.

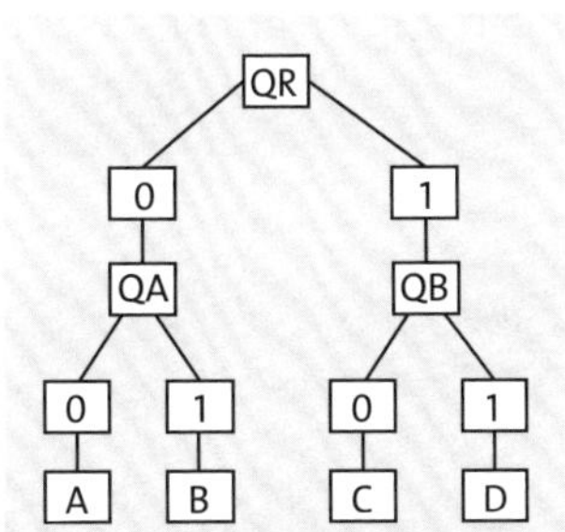

Abbildung 22.5 Grundlegendes hierarchisches Queuing

Wie bei jedem Warteschlangenverfahren mit mehreren Unterwarteschlangen benötigen wir nun einen Klassifzierer, der die Eingangspakete in einen der vier mit A, B, C und D bezeichneten Blattknoten einordnet; diese stellen wahrscheinlich FIFO-Warteschlangen dar. Sobald alles eingerichtet ist, lauten die Regeln für das Dequeuing wie folgt:

- am Wurzelknoten wird zunächst geprüft, ob Pakete in der linken (hoch priorisierten) Unterwarteschlange, QA, verfügbar sind. Wenn ja, wird das Paket von dort aus der Warteschlange entnommen; wenn nicht, wechseln wir zur rechten Unterwarteschlange QB.
- Bei QA oder QB wird zunächst geprüft, ob Pakete im linken, mit 0 gekennzeichneten Eingang, verfügbar sind; ist dies der Fall, wird das Paket von dort entnommen. Andernfalls wird geprüft, ob Pakete am rechten Eingang (1) verfügbar sind. Ist dies nicht der Fall, so ist die Unterwarteschlange leer.

Der Haken an der Sache ist, dass sich hierarchisches Priority Queuing auf eine einzige Ebene mit den vier Prioritätsstufen 00, 01, 10 und 11 (von hoch bis niedrig) reduziert:

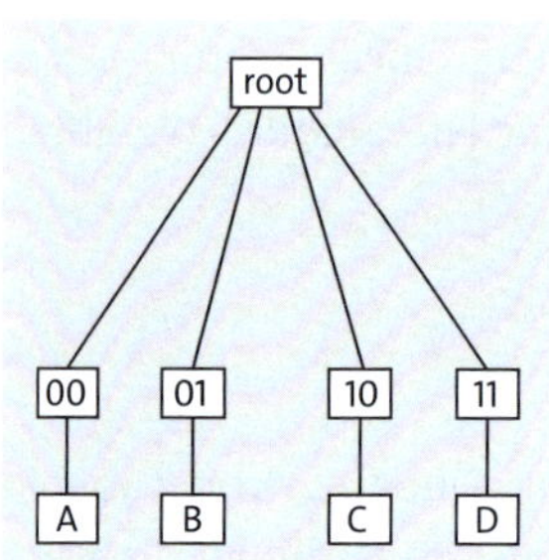

Abbildung 22.6 Priority-Queuing auf einer Ebene

Bei vielen anderen Warteschlangenverfahren kollabiert die Hierarchie jedoch nicht. Ein Beispiel hierfür wäre ein Wurzelwarteschlangenverfahren PQR mit Priority Queuing und zwei Blattknoten mit Fair Queuing, FQA und FQB. (Wie bereits erwähnt, verhält sich Fair Queuing ohne Abwandlungen als innerer Knoten nicht gut, aber als Blattknoten kann es problemlos an generischem hierarchischem Queuing teilnehmen).

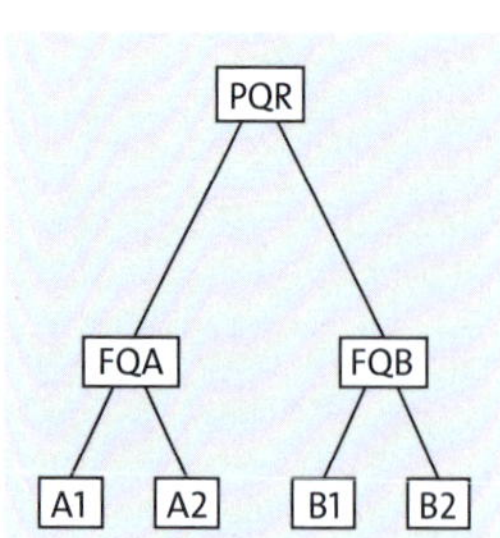

Abbildung 22.7 Priority/Fair-Queuing-Hierarchie

Die Sender A1 und A2 erhalten die gesamte Bandbreite, wenn einer von ihnen aktiv ist; ist dies der Fall, gehen B1 und B2 leer aus. Wenn sowohl A1 als auch A2 aktiv sind, erhalten beide den gleichen Anteil. Nur wenn keiner von beiden aktiv ist, erhalten B1 und B2 überhaupt etwas, in diesem Fall teilen sie die Bandbreite gerecht unter sich auf. Der Wurzelknoten prüft bei jeder `dequeue()`-Operation, ob FQA nicht leer ist; ist dies der Fall, wird ein Paket aus FQA in die Warteschlange gestellt, andernfalls aus FQB. Da der Wurzelknoten ein Paket erst dann aus FQA oder FQB übernimmt, wenn er es über seine eigene `dequeue()`-Operation zurückgeben will, müssen diese beiden Unterknoten nicht entscheiden, welche ihrer internen klassenspezifischen Warteschlangen genutzt werden soll, bis tatsächlich ein Paket benötigt wird.

22.8 Hierarchical Weighted Fair Queuing

Hierarchical Weighted Fair Queuing ist ein eleganter Mechanismus zur Behandlung naturgemäß hierarchischer Problemstellungen bei der Bandbreitenzuweisung, auch wenn er sich mit »generischen« Methoden zur Erstellung von Hierarchien aus Warteschlangenverfahren nicht richtig umsetzen lässt. Glücklicherweise gibt es spezielle Algorithmen für hierarchisches Fair Queuing.

Das Flüssigkeitsmodell bietet einen praktischen Bezugspunkt zur Bestimmung des Ziels von Hierarchical Weighted Fair Queuing. Jeder innere Knoten teilt seine Bandbreite nach dem üblichen einstufigen WFQ-Mechanismus auf: Wenn N ein innerer Knoten ist und wenn dem i-ten Unterknoten von N ein Anteil α_i der Bandbreite von N garantiert wird und A die Menge der derzeit aktiven Unterknoten von N ist, dann weist WFQ auf N dem aktiven Unterknoten j den Anteil β_j zu, der gleich α_j geteilt durch die Summe der α_i für i in A ist.

Nun können wir für jeden Blattknoten L die zugewiesene Bandbreite bestimmen. Angenommen, L befindet sich auf Ebene r (der Wurzelknoten liegt auf Ebene 0), und β_k sei der Anteil, der derzeit dem Knoten auf dem Pfad von der Wurzel zu L auf Ebene $0 < k \leq r$ zugewiesen ist. Dann sollte L Bandbreite im Verhältnis zu $\beta_1 \times \ldots \times \beta_r$, dem Produkt der Anteile entlang des Pfades von der Wurzel zu L, erhalten. Im nachfolgenden hierarchischen Modell sollte beispielsweise der Blattknoten L1 einen Anteil von 70 % × 40 % × 50 % = 14 % der Gesamtbandbreite erhalten.

Wenn jedoch der Knoten FQD inaktiv wird, weist FQA FQC 100 % zu. In diesem Fall erhält L1 70 % × 100 % × 50 % = 35 % der Bandbreite.

Alternativ können wir uns an reale Pakete halten, aber vereinfachend davon ausgehen, dass alle gleich groß sind *und* dass die Zuweisungen für die Unterknoten alle gleich sind; in diesem Fall *können* wir hierarchisches Fair Queuing über generisches Hierarchical Queuing implementieren. Jeder übergeordnete Knoten entlädt die Warteschlangen seiner Unterknoten nach dem Round-Robin-Prinzip, wobei leere Unterknoten übersprungen werden.

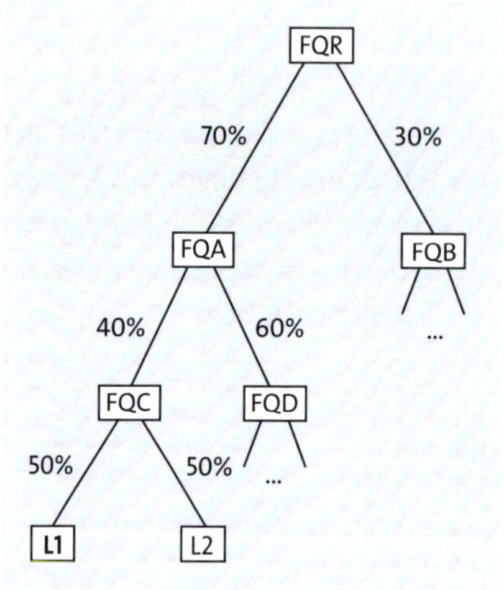

Abbildung 22.8 Hierarchical Weighted Fair Queuing;
L1 ist garantiert 70 % × 40 % × 50 % = 14 %.

Hierarchisches Fair Queuing kollabiert – im Gegensatz zu Priority Queuing – *nicht*; das hierarchische Warteschlangenverfahren ist also mit keinem einstufigen Warteschlangenverfahren gleichzusetzen. Ein Beispiel soll dies verdeutlichen. Wir bilden einen Baum mit drei Fair-Queuing-Knoten, die im Diagramm mit FQR, FQA und FQB bezeichnet sind. Jeder gewährt seinen beiden Eingangsklassen jeweils 50 % der Bandbreite.

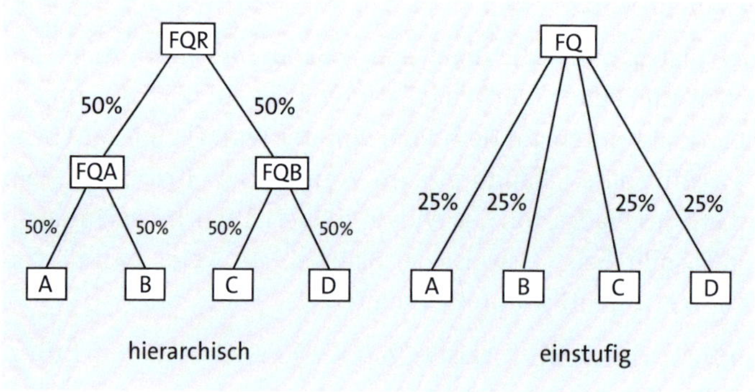

Abbildung 22.9 Ein Baum mit drei Fair-Queuing-Knoten

Wenn alle vier Eingangsklassen A, B, C und D in der hierarchischen Struktur aktiv sind, erhält jede 25 % der Gesamtbandbreite, genau wie bei einer flachen Fair-Queuing-Struktur mit vier Eingangsklassen. Betrachten wir jedoch, was passiert, wenn nur A, B und C aktiv sind und D untätig ist. Im flachen Modell erhalten A, B und C jeweils 33 %. Im hierarchischen Modell jedoch, erhalten FQA und FQB, solange sie beide aktiv sind, jeweils 50 %, d. h. A und B teilen sich den Anteil von FQA und erhalten jeweils 25 %, während C 50 % erhält.

Nehmen wir als Anwendungsbeispiel an, zwei Teams, Team Links und Team Rechts, teilen sich eine gemeinsame ausgehende Schnittstelle; jedes Team hat einen vertraglichen Anspruch auf mindestens 50 % der Bandbreite. Jedes Team teilt dann sein Kontingent unter seinen eigenen Mitgliedern auf, wiederum unter Verwendung von Fair Queuing. Wenn A, B und C die aktiven Sender sind, dann erwartet Team Rechts – mit dem aktiven Sender C – immer noch, die vertraglich vereinbarten 50 % zu erhalten. Team Rechts könnte sogar beschlossen haben, D gezielt stumm zu schalten, damit C die volle Zuteilung erhalten kann.

Hierarchisches Fair Queuing kann nicht durch die Berechnung einer Fertigstellungszeit für jedes Paket an seinem Ankunftsort implementiert werden. Betrachten wir zur Veranschaulichung das folgende Beispiel aus [BZ97] mit dem Wurzelknoten R und dem inneren Unterknoten C.

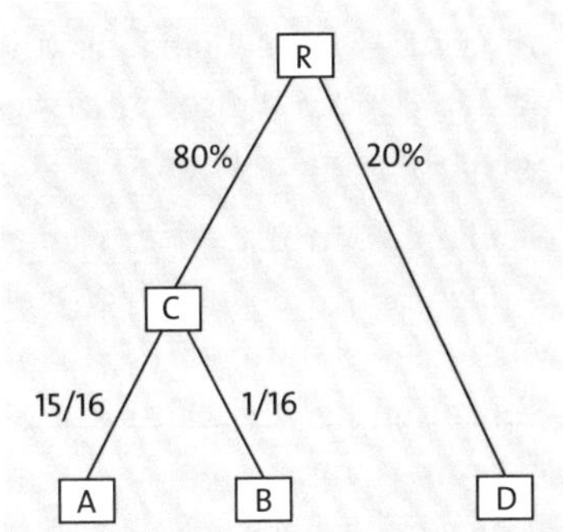

Abbildung 22.10 Wenn A im Leerlauf ist, erhält B das Vierfache der Bandbreite von D; wenn A aktiv ist, erhält B 1/4 der Bandbreite von D.

Wenn sich A im Leerlauf befindet, B und D aber aktiv sind, sollte B die vierfache Bandbreite von D erhalten. Nehmen wir einmal an, dass bei B und D jeweils eine große Anzahl von Paketen angekommen ist. Dann sollte B die gesamten 80 % des Anteils von C erhalten. Wenn die Übertragungsreihenfolge anhand des Eintreffens der Pakete bestimmt werden kann, dann sieht die Reihenfolge etwa so aus

$d_1, b_1, b_2, b_3, b_4,$

$d_2, b_5, b_6, b_7, b_8, \ldots$

Nehmen wir nun an, A wacht auf und wird aktiv. Zu diesem Zeitpunkt erhält B nicht mehr 80 % der gesamten Bandbreite, sondern nur noch 5 % = 80 % × $^1\!/_{16}$ – eine Reduktion vom Vierfachen der Bandbreite von D auf ein Viertel davon. Die neue relative b/d-Rate muss *ohne die Pakete von A* so aussehen

$b_1, d_1, d_2, d_3, d_4,$

$b_2, d_5, d_6, d_7, d_8, \ldots$

Die relative Häufigkeit von B- und D-Paketen hat sich durch das Eintreffen späterer A-Pakete umgekehrt. Die Paketreihenfolge für B und D hängt also von späteren Ankünften in einer ganz anderen Warteschlange ab und lässt sich daher zum Zeitpunkt des Eintreffens der Pakete nicht bestimmen.

Nach der Vorstellung des eigentlichen HWFQ-Algorithmus kehren wir in Unterabschnitt »Ein Beispiel für Hierarchical-WFQ«, zu diesem Beispiel zurück.

22.8.1 Algorithmus für Hierarchical Weighted Fair Queuing

Der GPS-basierte WFQ-Scheduling-Algorithmus eignet sich *fast* für den Einsatz im Rahmen der Generic Hierarchical Queuing; zwei Anpassungen sind jedoch erforderlich. Die erste besteht darin, dass jeder Knoten, der keine Blattposition einnimmt, benachrichtigt werden muss, wenn eine seiner zuvor leeren Unterwarteschlangen aktiv wird; die zweite Anpassung besteht in einer Änderung der Art und Weise – und vor allem des Zeitpunkts – der Berechnung der virtuellen Fertigstellungszeit eines Pakets.

Was die Benachrichtigung über die aktive Unterwarteschlange betrifft, so kann jeder Knoten, der keine Blattposition einnimmt, natürlich nach dem Abbau der Warteschlange mit Hilfe der Operation `is_empty()` prüfen, welche seiner Unterwarteschlangen aktiv ist. Dies kann jedoch deutlich nach dem Eintreffen des die Unterwarteschlange aktivierenden Pakets geschehen. Ein WFQ-Knoten muss den genauen Zeitpunkt kennen, zu dem eine Unterwarteschlange aktiv wird, um die GPS-Startzeit der virtuellen Uhr für die Unterwarteschlange aufzuzeichnen und um zu wissen, wann er die Taktrate seiner virtuellen Uhr ändern muss.

Diese Benachrichtigung über die Aktivierung der Unterwarteschlange lässt sich problemlos in das hierarchische Warteschlangensystem integrieren. Wenn ein zuvor leerer Blattknoten ein Paket empfängt, muss er eine Benachrichtigung an seinen übergeordneten Knoten senden. Jeder innere Knoten der Hierarchie muss seinerseits jede empfangene Benachrichtigung über die Aktivierung einer Unterwarteschlange an *seinen* übergeordneten Knoten weiterleiten, vorausgesetzt, dass keine seiner anderen untergeordneten Warteschlangen bereits aktiv war. Wenn der innere Knoten bereits andere aktive Unterwarteschlangen hatte, dann ist dieser Knoten selbst aktiv und es muss keine neue Benachrichtigung gesendet werden. Wenn also ein Blattknoten aktiv wird, wird die Nachricht in Richtung der Wurzel des Baums weitergegeben, bis entweder die Wurzel oder ein bereits aktiver innerer Knoten erreicht wird.

Um den hierarchischen WFQ-Algorithmus zu vervollständigen, beschreiben wir als Nächstes, wie der Algorithmus aus Abschnitt 22.5.4, »Das GPS-Modell«, so verändert werden kann, dass er Unterwarteschlangen *beliebigen* Typs (z. B. FIFO, Priorität oder in unserem Fall hierarchische Teilbäume) unterstützt, vorausgesetzt, inaktive Unterwarteschlangen benachrichtigen den übergeordneten WFQ-Knoten, wenn sie aktiv werden.

WFQ mit anderen Unterwarteschlangen

Nehmen wir an, wir wollen WFQ implementieren, bei dem die klassenspezifischen Unterwarteschlangen nicht dem FIFO-Prinzip folgen, sondern beliebige Warteschlangenverfahren sein können; auch hier sind wir an dem Fall interessiert, dass die Unterwarteschlange eine Unterhierarchie darstellt. Die Reihenfolge der Entnahme aus jeder Unterwarteschlange kann sich durch spätere Paketankünfte ändern (wie z. B. beim Priority Queuing), und Pakete in den Unterwarteschlangen können sogar verschwinden (wie beim Random-Drop Queuing). (Wir *gehen* davon *aus*, dass nicht leere Unterwarteschlangen nur durch eine Dequeuing-Operation geleert werden können; dies gilt für alle Fälle, die wir hier betrachten.) Der ursprüngliche WFQ-Algorithmus sah vor, jedes Paket P wie folgt mit seiner Fertigstellungszeit zu kennzeichnen:

$$F_P = \max(VC(now), F_{prev}) + S/\alpha_i$$

Diese Kennzeichnung jedes Pakets bei seiner Ankunft ist natürlich nicht mit Unterwarteschlangen vereinbar, die später eintreffende Pakete vor früher eintreffenden platzieren könnten. Der ursprüngliche Algorithmus muss abgeändert werden.

Es stellt sich jedoch heraus, dass ein WFQ-Knoten nur die Fertigstellungszeiten F_P für die Pakete P berechnen muss, die sich an der Spitze jeder seiner Unterwarteschlangen befinden, und selbst das muss nur zum Zeitpunkt des Aufrufs der `dequeue()`-Operation geschehen. Keines der wartenden Pakete muss gekennzeichnet werden. Tatsächlich könnte ein Paket P1 an der Spitze einer Unterwarteschlange stehen und in einer `dequeue()`-Operation wegen einer zu großen F_{P1} übergangen werden, nur um dann beim nächsten `dequeue()`-Aufruf durch ein anderes Paket P2 ersetzt zu werden.

Es reicht aus, wenn der WFQ-Knoten für jede seiner Unterwarteschlangen eine Variable `NextStart` unterhält, die die Zeit der virtuellen Uhr (gemäß der eigenen virtuellen Uhr des WFQ-Knotens) angibt, die als Startzeit für das nächste übertragene Paket dieser Unterwarteschlange zu verwenden ist. Der `NextStart`-Wert einer Unterwarteschlange dient als max(VC(now), Fprev) der obigen einschichtigen WFQ-Formel. Wenn der übergeordnete WFQ-Knoten aufgefordert wird, ein Paket aus der Warteschlange zu nehmen, ruft er die `peek()`-Operation für jede seiner Unterwarteschlangen auf und berechnet dann die Fertigstellungszeit FP für das Paket P, das sich *derzeit* an der Spitze jeder Unterwarteschlange befindet, als `NextStart` + size(P)/α, wobei α der der Unterwarteschlange zugeteilte Bandbreitenanteil ist.

22

Wenn eine zuvor inaktive Unterwarteschlange aktiv wird, benachrichtigt sie hypothetisch den übergeordneten WFQ-Knoten. Der übergeordnete Knoten zeichnet die Zeit auf seiner virtuellen Uhr als `NextStart`-Wert für diese Unterwarteschlange auf. Wann immer eine Unterwarteschlange aufgerufen wird, um ein Paket P abzulegen, wird ihr `NextStart`-Wert auf `NextStart` + size(P)/α, die Fertigstellungszeit gemäß der virtuellen Uhr für P, aktualisiert.

Die Benachrichtigung über aktive Unterwarteschlangen ist auch genau das, was der WFQ-Knoten benötigt, um seine virtuelle Uhr aufrechtzuerhalten. Wenn A die Menge der aktiven Unterwarteschlangen ist und die i-te Unterwarteschlange einen Bandbreitenanteil α_i hat, dann muss die Uhr mit einer Rate laufen, die dem Kehrwert der Summe der α_i für i in A entspricht. Diese Rate muss immer dann aktualisiert werden, wenn eine Unterwarteschlange aktiv oder inaktiv wird. Im ersten Fall wird der übergeordnete Knoten hypothetisch benachrichtigt, und der zweite Fall tritt nur nach einer `dequeue()`-Operation ein.

Für WFQ-Knoten, die keine Wurzelknoten sind, ist eine weitere Anpassung erforderlich: Wir müssen ihre virtuellen Uhren anhalten, wenn sie nicht »senden«, entsprechend der Argumentation am Ende von Abschnitt 22.5.4, »Das GPS-Modell«. Knoten, die keine Wurzelknoten sind, haben keine echten Schnittstellen und senden nicht physisch. Wir können jedoch sagen, dass ein innerer Knoten N *logisch sendet*, wenn der Wurzelknoten R gerade ein Paket vom Blattknoten L sendet und N auf dem Pfad von R nach L liegt. Wenn ein bestimmter Knoten N, der kein Wurzelknoten ist, zum Zeitpunkt T aufgefordert wird, ein Paket P aus der Warteschlange zu nehmen, sollte seine virtuelle Uhr während des *Wanduhrintervalls* von T bis T + size(P)/r laufen, wobei r die physische Bandbreite des Wurzelknotens ist. Die virtuelle Fertigstellungszeit von P muss keine direkte Entsprechung zu dieser tatsächlichen Fertigstellungszeit T + size(P)/r haben. Die Geschwindigkeit der virtuellen Uhr von N in dem Intervall von T bis T + size(P)/r hängt natürlich von der Anzahl der aktiven Unterknoten von N ab.

Es sei darauf hingewiesen, dass die oben beschriebene `dequeue()`)-Operation relativ ineffizient ist; jede `dequeue()`-Operation der Wurzel führt zu einer rekursiven Traversierung des gesamten Baums. Es hat mehrere Versuche gegeben, die Leistung des Algorithmus' zu verbessern. Es wurden auch andere Algorithmen verwendet; der hier beschriebene Mechanismus wurde aus [BZ97] übernommen.

Ein Beispiel für Hierarchical-WFQ

Betrachten wir noch einmal das Beispiel am Ende von Abschnitt 22.8, »Hierarchical Weighted Fair Queuing.

Nehmen wir an, dass alle Pakete die Größe 1 haben und R mit einer Rate von 1 Paket pro Sekunde sendet. Angenommen, die FIFO-Blattknoten B und D haben große Arbeitsrückstände (z. B. b_1, b_2, b_3, ...), aber A ist untätig. Beide Unterwarteschlangen von R sind aktiv, sodass die virtuelle Uhr von R mit Wanduhrgeschwindigkeit läuft. Die virtuelle Uhr von C läuft jedoch 16× so schnell. Die `NextStart`-Werte von R für seine beiden Unterwarteschlangen sind 0.

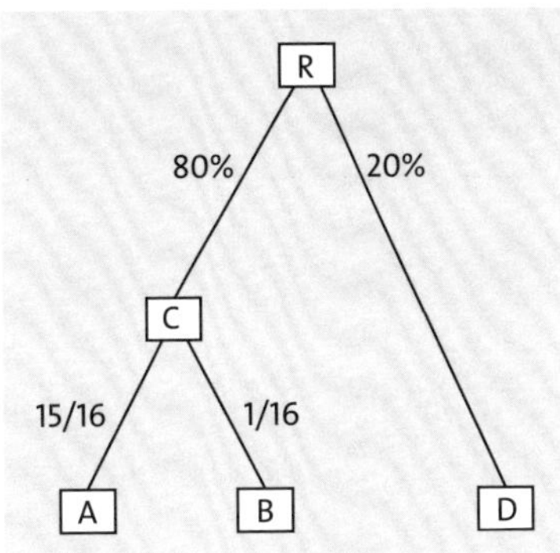

Abbildung 22.11 Wenn A im Leerlauf ist, erhält B das Vierfache der Bandbreite von D; wenn A aktiv ist, erhält B 1/4 der Bandbreite von D.

Die Fertigstellungszeit, die R d_i zuweist, ist 5_i. Immer wenn das Paket d_i die Spitze der Warteschlange D erreicht, wird R's `NextStart` für D $5_{(i-1)}$ sein. (Obwohl wir im vorherigen Abschnitt gesagt haben, dass hierarchische WFQ-Knoten keine Fertigstellungszeiten zuweisen sollten, die über die des aktuellen Hauptpakets hinausgehen, ist dies für FIFO-Unterwarteschlangen problemlos möglich.)

Wenn R die Unterwarteschlange von C überprüft, wird zumindest während der anfänglichen Wartezeit von A, wenn b_i das erste Paket ist, R's `NextStart` für C $1{,}25_{(i-1)}$ sein und die berechnete virtuelle Fertigstellungszeit beträgt $1{,}25_i$. Wenn die Entscheidung bei Gleichstand zugunsten von B ausfällt, sendet R in den ersten zehn Sekunden

$$b_1, b_2, b_3, b_4, \boldsymbol{d}_1, b_5, b_6, b_7, b_8, \boldsymbol{d}_2$$

Während der zehn Sekunden, die für die Übermittlung der zehn oben genannten Pakete benötigt werden, kommen alle Pakete, die C aus der Warteschlange entfernt hat, von B. Da C nur eine aktive Unterwarteschlange hat, befindet es sich in der Situation von Beispiel 2, sodass die berechneten Fertigstellungszeiten seiner Pakete genau mit dem Wert der virtuellen Uhr von C zum Zeitpunkt der tatsächlichen Fertigstellung übereinstimmen. C nimmt acht Pakete aus der Warteschlange, sodass seine virtuelle Uhr nur für jene 8 von 10 Sekunden läuft, in denen eines der Pakete bi übertragen wird. Folglich wird das Paket b_i zum Zeitpunkt 16i von C's virtueller Uhr fertiggestellt. Bei T=10 beträgt die virtuelle Uhrzeit von C 8 × 16 = 128.

Bei T=10, wenn das letzte der zehn oben genannten Pakete die Übertragung beendet, wird nun die Unterwarteschlange A mit a_1, a_2, a_3 usw. überlastet. C weist a_i eine Fertigstellungszeit von 128 + $1{,}0667_i$ zu (1,0667 = $^{16}/_{15}$); C hat b9 bereits eine virtuelle Fertigstellungszeit von 9 × 16=144 zugewiesen. Keine der virtuellen Fertigstellungszeiten, die C den übrigen b_i zugewiesen hat, verändert sich.

Zu diesem Zeitpunkt sehen die virtuellen Fertigstellungszeiten für die Pakete von C wie folgt aus:

Paket	C Fertigstellungszeit	R Fertigstellungszeit
a_1	128 + 1.0667	10 + 1.25
a_2	128 + 2×1.0667	10 + 2.50
a_3	128 + 3×1.0667	10 + 3.75
a_4	128 + 4×1.0667	10 + 5
...		
a_{15}	128 + 15×1.0667 = 144	10 + 15 × 1.25
b_9	144	10 + 16 × 1.25 = 30

Während der Zeit, in der die 16 Pakete in der obigen Tabelle von C gesendet werden, sendet R auch vier der Pakete von D, also insgesamt 20.

Die virtuellen Fertigstellungszeiten, die C den Paketen b_9 und b_{10} zugewiesen hat, haben sich nicht geändert, aber es ist zu beachten, dass die virtuellen Fertigstellungszeiten, *die R diesen Paketen zugewiesen hat*, jetzt ganz anders sind, als sie es gewesen wären, wenn A im Leerlauf geblieben wäre. Mit A im Leerlauf lägen diese Fertigstellungszeiten bei *F9* = 11.25 und *F10* = 12.50 usw. Jetzt, wo A aktiv ist, sind es a_1 und a_2, die zu den Zeitpunkten 11.25 und 12.50 fertig sind; b_9 wird nun von R eine Fertigstellungszeit von 30 und b_{10} eine Fertigstellungszeit von 50 zugewiesen. R weist den von C aus der Warteschlange genommenen Paketen immer noch abgestufte Fertigstellungszeiten in Schritten von 1.25 zu, aber die Beiträge von B zu diesem Paketstrom wurden weit nach hinten geschoben.

Rs Zuweisungen virtueller Fertigstellungszeiten an die d_i sind unveränderlich, ebenso wie die Zuweisungen virtueller Fertigstellungszeiten durch C, aber R kann *keinem* der Pakete von C (d. h. dem von A oder B) eine endgültige virtuelle Fertigstellungszeit zuweisen, bis das Paket den Anfang der Warteschlange von C erreicht hat. R weist den Paketen von C die Fertigstellungszeiten in der Reihenfolge zu, in der sie aus der Warteschlange genommen werden.

22.9 Epilog

Wenn wir die ausgehende Bandbreite zu 100 % nutzen, sie aber auch nach einem vorher festgelegten Verhältnis auf mehrere Absender aufteilen wollen, ist Fair Queuing das richtige Werkzeug. So können wir beispielsweise 25 % der ausgehenden Bandbreite dem VoIP-Verkehr widmen, ohne dass etwas verschwendet wird, wenn gerade niemand VoIP nutzt.

Ein Nachteil dabei ist, dass sich Fair Queuing schwieriger auf die *Eingangsbandbreite* anwenden lässt.

Fair Queuing findet auch bei der Weiterleitung gewöhnlicher Pakete Anwendung. Wenn Router beispielsweise Fair Queuing für TCP-Datenverkehr auf Verbindungsbasis implementieren, haben die Absender keinen Anreiz, die Auslastung der Warteschlangen zu maximieren, und TCP Reno verliert seinen Wettkampfvorteil. Natürlich wird die Implementierung von verbindungsbasiertem Fair Queuing schwierig, wenn es Tausende von Verbindungen gibt.

22.10 Übungen

1. Angenommen, ein Router nutzt Fair Queuing mit drei Eingangsklassen und verwendet den Quantenalgorithmus aus Abschnitt 22.5.2, »Virtuelle Fertigstellungszeiten«. Die erste Klasse sendet Pakete mit einer Größe von 900 Byte, die zweite sendet Pakete mit 400 Byte und die dritte sendet Pakete mit 200 Byte. Geben Sie an, was von jedem Datenfluss in jeder der ersten fünf Runden gesendet werden würde.
2. Angenommen, wir versuchen, BBRR wie folgt mit der folgenden Strategie zu simulieren, die wir als SBBRR bezeichnen wollen. Jede Unterwarteschlange hat eine Bitpositionsmarkierung, die für jedes Bit, das wir aus dieser Warteschlange senden können, um ein Bit nach vorne rückt. Wenn drei Warteschlangen aktiv sind, wird in der Zeit, die wir brauchen, um drei Bits zu senden, jeder Marker um ein Bit weitergeschoben. Sobald alle Bits eines Pakets durchlaufen sind, wird das Paket versendet.
   a) Erläutern Sie, warum dies nicht dasselbe ist wie BBRR Fair Queuing (auch nicht bei gleichen Paketgrößen).
   b) Ist es dasselbe wie BBRR, wenn alle Eingangswarteschlangen aktiv sind?
3. Angenommen, wir modifizieren die SBBRR-Strategie aus der vorherigen Übung so, dass wir, falls die ausgehende Verbindung jemals untätig ist und noch kein Paket alle seine Bits mit Hilfe des Bit-Positions-Markers durchlaufen hat, sofort das Paket mit den wenigsten verbleibenden Bits, die noch durch den Bit-Positions-Marker durchlaufen werden müssten, senden.

   Gehen Sie davon aus, dass in der Unterwarteschlange 1 die Pakete P1 mit der Größe 1000 und P2 mit der Größe 100 ankommen. Kurz nachdem P1 die Übertragung aufgenommen hat, trifft das Paket Q1 der Größe 400 in der Unterwarteschlange 2 ein. Fair Queuing sollte die Pakete in der Reihenfolge P1, Q1, P2 senden; zeigen Sie, dass der hier beschriebene Mechanismus dies nicht tut.

4. Angenommen, wir versuchen, Fair Queuing umzusetzen, indem wir die Fertigstellungszeit F_j für P_j, das j-te Paket in der Unterwarteschlange i, wie folgt berechnen.
   - $Start_{j+1} = max(F_j, now)$ (»now« gemessen in Wanduhrzeit)
   - $F_j = Start_j + N \times L_j$

   wobei N die Gesamtzahl der Unterwarteschlangen ist, unabhängig davon, ob diese aktiv sind oder nicht.

   a) Ein Router habe drei Unterwarteschlangen, also N=3. Die Ausgangsbandbreite beträgt 1 Größeneinheit / 1 Zeiteinheit. Bei T=0 treffen die Pakete P1, P2, P3, P4 und P5 für die Unterwarteschlange 1 ein, jedes mit der Größe 1 Einheit. Bei T=2 (zu diesem Zeitpunkt haben P1 und P2 die Übertragung beendet) treffen die Pakete Q1 und Q2 in der Unterwarteschlange 2 ein, ebenfalls mit der Größe 1. Welche Fertigstellungszeiten werden allen Paketen zugewiesen? In welcher Reihenfolge werden sie übertragen?

   b) Ist diese Strategie annähernd gleichwertig mit Fair Queuing, wenn wir davon ausgehen, dass alle Unterwarteschlangen des Routers ständig aktiv sind?

5. Angenommen, wir verändern die Strategie der vorherigen Übung, indem wir N als die Anzahl der aktiven Unterwarteschlangen zum Zeitpunkt des Eintreffens von Paket Pj betrachten. Was passiert, wenn wir drei Eingangs-Unterwarteschlangen haben und bei T=0 fünf Pakete für Unterwarteschlange 1 ankommen und bei T=1 fünf Pakete für Unterwarteschlange 2. Nehmen Sie an, alle zehn Pakete haben die Größe 1, und die Ausgangsbandbreite beträgt wiederum 1 Größeneinheit pro Zeiteinheit.

6. ◊ Angenommen, wir haben drei aktive Unterwarteschlangen. Die erste ist mit Paketen der Größe 190 gefüllt, die zweite mit Paketen der Größe 1000 und die dritte mit Paketen der Größe 1200.

   a) Geben Sie die Übertragungsreihenfolge an, wenn die Pakete nach dem Prinzip BBRR übertragen werden. Fahren Sie fort, bis drei Pakete mit einer Größe ≥ 1000 Byte gesendet wurden.

   b) Geben Sie die Übertragungsreihenfolge unter der Annahme an, dass die Pakete nach dem Defizit-Round-Robin-Verfahren mit einem Quantum von 1000 übertragen werden. Fahren Sie wie zuvor fort, bis drei Pakete mit einer Größe von ≥ 1000 Byte übertragen wurden.

7. Die folgenden Pakete treffen alle zum Zeitpunkt T=0 bei einem Router mit einer Ausgangsgeschwindigkeit von einer Größeneinheit pro Zeiteinheit ein.

   Unterwarteschlange 1: P1 der Größe 100, P2 der Größe 500, P3 der Größe 400

   Unterwarteschlange 2: Q1 der Größe 300, Q2 der Größe 200, Q3 der Größe 600

   Unterwarteschlange 3: R1 der Größe 400, R2 der Größe 500

a) Ermitteln Sie die virtuelle Fertigstellungszeit der einzelnen Pakete für das BBRR-Verfahren

b) Geben Sie die tatsächliche Fertigstellungszeit jedes Pakets an, wenn die Pakete über BBRR gesendet wurden

8. Zeigen Sie, dass Byte-by-Byte-Round-Robin zur gleichen Übertragungsreihenfolge führt wie Bit-by-Bit-Round-Robin (BBRR). Nehmen Sie wie bei BBRR an, dass beim Byte-by-Byte-Round-Robin virtuelle Fertigstellungszeiten berechnet und die Pakete auf der Grundlage dieser Zeiten gesendet werden.

9. Berechnen Sie die GPS-Fertigstellungszeiten für die folgenden Pakete, die alle bei T=0 vorliegen. Es gibt zwei Unterwarteschlangen, deren Bandbreitenanteile α und β betragen, wobei $\alpha = (\sqrt{5} - 1)/2 \simeq 0{,}618$ und $\beta = \alpha 2 = 1 - \alpha$. Die Paketgrößen für die beiden Unterwarteschlangen sind wie folgt (sie folgen der Fibonacci-Sequenz, außer dass die 2 doppelt vorkommt):

   α: 2, 3, 8, 21, 55, 144, 377, 987

   β: 1, 2, 5, 13, 34, 89, 233, 610

   Hinweis: Sie müssen α auf mehr Nachkommastellen auswerten, als hier gezeigt wird.

10. Angenommen, ein WFQ-Router hat zwei Unterwarteschlangen, jede mit einem Bandbreitenanteil von α=50%. Der Router überträgt 1 Byte pro ms. Zu Beginn sind die Unterwarteschlangen leer und T=0 und die virtuelle GPS-Uhr ist 0. Zu diesem Zeitpunkt trifft ein Paket P1 mit einer Größe von 1000 Bytes in der ersten Unterwarteschlange ein. Bei T=500 trifft ein Paket P2 mit der gleichen Größe in der zweiten Unterwarteschlange ein. Geben Sie für P1 und P2 jeweils folgendes an:

    a) Seine Fertigstellungszeit gemäß der virtuellen GPS-Uhr

    b) Seine Fertigstellungszeit gemäß Wanduhr

    c) Den Wert der virtuellen GPS-Uhr zum Zeitpunkt der Beendigung des WFQ.

11. Angenommen, ein Router hat drei Unterwarteschlangen und eine ausgehende Bandbreite von 1 Paket pro Zeiteinheit. Zwölf Pakete treffen bei oder nach T=0 ein, sodass der Router bis zur Fertigstellung der Pakete bei T=12 beschäftigt bleibt.

    a) Mit welchem Ablaufplan erfolgt die Paketübertragung gemäß BBRR-Uhr am schnellsten?

    b) Mit welchem Ablaufplan erfolgt die Paketübertragung gemäß BBRR-Uhr am langsamsten?

    c) Hinweis: Die Geschwindigkeit der BBRR-Uhr hängt nur von der Anzahl der aktiven Unterwarteschlangen ab.

12. Angenommen, Pakete aus drei Unterwarteschlangen werden mit dem Quantenalgorithmus aus Abschnitt 22.5.5, »Deficit Round Robin«, gesendet. Die Pakete sind unten für jede Unterwarteschlange in der Reihenfolge ihres Eintreffens auf-

gelistet, zusammen mit ihrer Länge L; die Pakete sind alle zum Zeitpunkt T=0 verfügbar. Das Quantum beträgt 1000 Bytes. Bestimmen Sie die Übertragungsreihenfolge.

Unterwarteschlange 1	Unterwarteschlange 2	Unterwarteschlange 3
P1, L=700	Q1, L=400	R1, L=500
P2, L=700	Q2, L=500	R2, L=600
P3, L=700	Q3, L=1000	R3, L=200
P4, L=700	Q4, L=200	R4, L=900

13. Besucher von Disneyland warten häufig in einer Schlange, die sich langsam durch einen großen Warteraum schlängelt, um sich dann in eine andere Warteschlange in einem anderen Raum einzureihen. Ist dies ein Beispiel für eine hierarchische Warteschlange, z. B. für eine nicht klassenbezogene FIFO-Warteschlange, die in eine andere mündet?

14. Zeigen Sie, dass eine generische Hierarchie von FIFO-Warteschlangenverfahren, wie sie in Abschnitt 22.7.1, »Generisches hierarchisches Queuing«, beschrieben ist, auf eine einzige FIFO-Warteschlange zusammenfällt.

Kapitel 23
Token-Bucket

Der Token-Bucket-Algorithmus bietet eine Alternative zu Fair Queuing (Abschnitt 22.5, »Fair Queuing«), um jeder von mehreren Gruppen Traffic zuzuordnen. Der wichtigste praktische Unterschied zwischen Fair Queuing und Token-Bucket besteht darin, dass bei Fair Queuing die Bandbreite eines Absenders auf die anderen Sender verteilt wird, wenn dieser nicht aktiv ist. Bei Token-Bucket ist das nicht der Fall: Dem Absender wird eine Bandbreitenobergrenze (*Bandwidth Cap*) zugewiesen.

Angenommen, die ausgehende Bandbreite beträgt 4 Pakete/ms und wir wollen einem bestimmten Absender, A, eine Bandbreite von 1 Paket/ms zuweisen. Wir könnten Fair Queuing verwenden und dem Absender A einen Bandbreitenanteil von 25 % zuweisen, aber nehmen wir an, wir wollen etwa nicht, dass A mehr Bandbreite als 1 Paket/ms erhält. Dies könnte zum Beispiel der Fall sein, wenn A einen reduzierten Tarif bezahlt und jede überschüssige verfügbare Bandbreite unter den *anderen* Absendern aufgeteilt werden soll.

Der Haken an der Sache ist, dass wir die Flexibilität wünschen, dass die Pakete von A in unregelmäßigen Abständen eintreffen. Wir könnten einfach 1 ms warten, nachdem jedes der Pakete von A mit der Übertragung begonnen hat, bevor das nächste beginnen kann, aber das wäre vielleicht zu streng. Angenommen, A hat pflichtbewusst Pakete in Abständen von 1 ms gesendet, und dann trifft das Paket, das bei T=6 ms ankommen sollte, stattdessen bei T=6,5 ein. Wenn das nächste Paket dann pünktlich bei T=7 eintrifft – sollte es nun bis T=7,5 zurückgehalten werden usw.? Oder erlauben wir A, ein verspätetes Paket bei T=6,5 und das nächste bei T=7 zu senden, da die *durchschnittliche* Rate immer noch 1 Paket/ms beträgt?

Normalerweise möchten wir Letzteres erreichen, und die Lösung besteht darin, die Quote von A in Form einer *Token-Bucket-Spezifikation* zu definieren, die sowohl die Angabe einer durchschnittlichen Rate als auch einer Burst-Kapazität ermöglicht. Die implementierte Token-Bucket-Spezifikation wird oft als Token-Bucket-*Filter* bezeichnet. 23

Wenn ein Paket nicht der Token-Bucket-Spezifikation entspricht, ist es *nicht konform*; wir können eine der folgenden Maßnahmen ergreifen:

- das Paket *verzögern*, bis der Bucket fertig ist
- das Paket *verwerfen*
- das Paket als nicht konform *kennzeichnen*

Die erste Option wird oft als *Shaping* bezeichnet, die zweite, strengere Option manchmal als *Policing*. Bei der Paketmarkierung werden die markierten Pakete manchmal mit einer niedrigeren Priorität gesendet, und manchmal werden sie von einem nachgeschalteten Router vorrangig verworfen.

Beachten Sie, dass von diesen drei Ansätzen das Verwerfen und Markieren am einfachsten zu implementieren ist. Die Verzögerung von Paketen erfordert einen Speicherorts und einen Algorithmus, um sie zum richtigen Zeitpunkt wieder erneut zu versenden.

Policing ist in der Regel nur an dem Punkt angebracht, an dem der Traffic in das Netz eintritt (z. B. an der Benutzer-/ISP-Schnittstelle), wo der Trafficerzeuger noch mehr oder weniger volle Kontrolle über die Paketabstände hat. Weiter stromabwärts können Überlastverzögerungen zu einer Paketbündelung führen, was zu Verletzungen der Token-Bucket-Spezifikation führen kann, die man nicht dem Trafficerzeuger anlasten kann.

Ein weiterer Verwendungszweck für Token-Bucket-Spezifikationen ist eine theoretische Traffic-Beschreibung anstatt einer einzuhaltenden Regel; in diesem Kontext spielt Konformität keine Rolle.

Ein Token-Bucket-Filter kann als Warteschlangenverfahren mit einer zugrunde liegenden FIFO-Warteschlange betrachtet werden. Wenn nicht konforme Pakete verzögert werden, ist dies nicht work-conserving. Das Verwerfen nicht konformer Pakete kann als Alternative zum Tail-Drop betrachtet werden. Die Definition der Warteschlangenverfahren in Abschnitt 22.4, »Warteschlangenverfahren«, sieht keine Markierung von Paketen vor, aber dies ist eine einfache Erweiterung

23.1 Token-Bucket – Definition

Die Idee hinter einem Token-Bucket ist, dass es ein fiktiver »Eimer« (engl. Bucket) ständig mit Token gefüllt wird (oder, wenn eine stärker Untergliederung benötigt wird, mit einer Flüssigkeit); jeder Überlauf aus dem Eimer wird verworfen. Um ein Paket zu senden, müssen wir in der Lage sein, ein Token aus dem Eimer zu nehmen; ist der Eimer leer, ist das Paket nicht konform und muss wie oben beschrieben behandelt werden. Ist der Eimer hingegen voll, kann der Absender eine der Eimerkapazität entsprechende Anzahl von Paketen senden (zu diesem Zeitpunkt ist der Eimer leer).

Eine gängige Variante besteht darin, ein Token pro Byte statt pro Paket zu verlangen, wobei die Füllrate entsprechend skaliert wird; so kann die Paketgröße berücksichtigt werden.

Genauer gesagt enthält eine Token-Bucket-Spezifikation TB(r,B_{max}) eine *Token-Füllrate* von r Token/Sekunde, Dies gibt die Rate an, mit der sich der Eimer mit Token füllt, sowie eine *Bucket-Kapazität* (oder Tiefe) $B_{max} > 0$. Der Bucket füllt sich mit der angegebenen Rate, bis zu einem Höchstwert von B_{max}; wir bezeichnen die aktuelle Kapazität mit B oder mit B(t), wenn wir die Zeit angeben müssen. Damit ein Paket der Größe S (eventuell S=1 für die Zählung der Größe in Einheiten ganzer Pakete) innerhalb der Spezifikation liegt, muss der Bucket mindestens S Token enthalten, d. h. $B \geq S$. Andernfalls ist das Paket nicht konform. Wenn das Paket gesendet wird, werden S Token aus dem Eimer entfernt, d. h. $B = B - S$. Es ist möglich, dass die Pakete eines bestimmten Datenflusses an einem Punkt (z. B. einem Router) im Netz alle mit einer bestimmten Token-Bucket-Spezifikation übereinstimmen, an einem anderen Punkt jedoch nicht; dies kann z. B. der Fall sein, wenn sich an einem Downstream-Router aufgrund einer momentanen Überlast mehr als B_{max}-Pakete ansammeln.

Abbildung 23.1 ist eine visuelle Token-Bucket-Darstellung. Die schwarzen und hellblauen Kurven ❶ und ❷ zeigen die kumulierten Bits, die in Abhängigkeit von der Zeit gesendet wurden, d. h. bits(t). Wenn bits(t) horizontal ist, ist der Sender im Leerlauf.

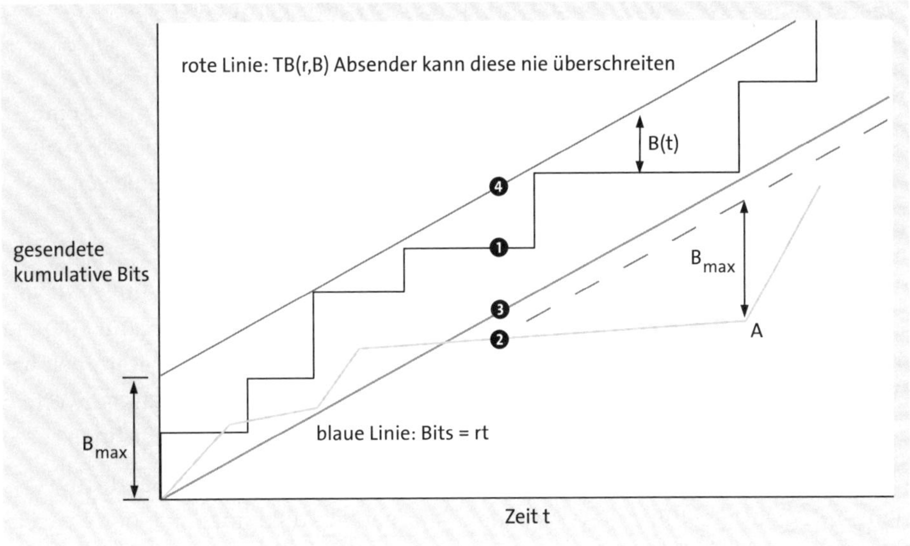

Abbildung 23.1 Visuelle Token-Bucket-Darstellung

Es werden zwei Token-Bucket-konforme Absender gezeigt ❶ und ❷. Absender ❶ sendet in einzelnen Paketen, und der Graph stellt eine Abfolge von Schritten dar; der Sender ❷ sendet kontinuierlich mit unterschiedlichen Raten in unterschiedlichen Intervallen. Die Linie ❸ stellt einen Sender dar, der kontinuierlich mit der Rate r sendet; die durchgezogene Linie ❹ ist das »Bucket-Limit«, das ein konformer Sender nicht überschreiten darf. Wenn der Sender ❷ die Linie ❸ unterschreitet, kann er nicht zur Linie ❹ zurückkehren. Tatsächlich kann die Linie ❷ die gestrichelte Linie nicht überschreiten, nachdem sie am Punkt A »in Verzug« geraten ist.

Die Linie ❸ stellt einen Sender dar, der linear und nicht stoßweise mit der Rate r sendet. Der vertikale Abstand B_{max} über der Linie ❸ ist Linie ❹. Graphen für konforme Absender können diese Linie nicht überschreiten, da dies eine Spitze von mehr als B_{max} über Linie ❸ bedeuten würde; weiter unten werden wir uns genauer damit beschäftigen. Wenn sich der Graph eines Absenders der Linie ❹ nähert, nimmt der aktuelle Bucket-Inhalt des Absenders ab; der momentane Bucket-Inhalt für den Absender ❶ ist an einem Punkt als B(t) dargestellt.

Der Sender ❷ ist an einem Punkt unter die Linie ❸ gefallen und kann sie daher nie wieder einholen. Tatsächlich kann der Graph ❷ nach dem Passieren des Scheitelpunkts bei Punkt A niemals die gestrichelte Linie überschreiten. Einen Beweis finden Sie in Abschnitt 23.6.1, »Auslastung der Token-Bucket-Warteschlange«, gefolgt von einigen Beispielen, die veranschaulichen, wie ein Token-Bucket-Filter funktioniert.

Satelliten-Token-Bucket

Als ich zum ersten Mal Satelliteninternet hatte, war der Dienst durch einen Token-Bucket-Filter mit einer Rate von 56 kbit/s und einem Bucket von 300 Megabyte begrenzt. Wenn der Bucket leer war, dauerte es 12 Stunden, bis er sich wieder gefüllt hatte. Die Idee war, dass jemand das Internet intensiv, aber relativ kurz nutzen konnte; ein Satellitenzugang ist teuer. Innerhalb eines Jahres stellte der Provider auf eine pauschale Obergrenze von 300 MB pro Tag um; die Token-Bucket-Regel wurde von den Kunden offenbar nicht gut aufgenommen.

Wenn ein Paket ankommt und nicht genügend Token im Bucket sind, um es zu versenden, gibt es, wie oben erwähnt, drei Möglichkeiten. Der Absender kann Shaping betreiben, d. h. er lässt das Paket warten, bis sich genügend Token angesammelt haben. Der Absender kann eine Überprüfung durchführen und das Paket verwerfen. Oder er kann das Paket sofort senden, es aber als nicht konform kennzeichnen.

Eine gängige Strategie besteht darin, nicht konforme Pakete – wie in der dritten Option – mit niedrigerer Priorität zu senden. Alternativ dazu können markierte Pakete mit höherer Wahrscheinlichkeit von einem Downstream-Router verworfen werden. In ATM-Netzwerken (Abschnitt 5.5, »Asynchronous Transfer Mode: ATM«) wird das Cell-Loss-Priority-Bit oft verwendet, um nicht-konforme Pakete zu markieren.

Token-Bucket-Spezifikationen bieten einen Rahmen für Entscheidungen über die *Zulassungskontrolle*: Ein Router kann auf der Grundlage der angeforderten Rate und der Anforderungen an den Bucket (die Warteschlange) entscheiden, ob er eine neue Verbindung (oder die QoS-Anforderung) der Verbindung annimmt.

Token-Bucket-Spezifikationen sind das spiegelbildliche Äquivalent zu *Leaky-Bucket-Spezifikationen*, bei denen die Flüssigkeit mit einer Rate r aus dem undichten Eimer austritt und zum Senden eines Pakets S Einheiten hinzugefügt werden müssen, ohne dass es zu einem Überlauf kommt. Beide Formen sind völlig gleichwertig.

Bisher haben wir Token-Bucket-Spezifikationen verwendet, um den Traffic zu beschreiben, z. B. den Traffic, der an einem Router *ankommt*. Es ist auch möglich, Token-Buckets zu verwenden, um den Router selbst zu beschreiben; in diesem Fall ist die Leaky-Bucket-Formulierung vielleicht klarer. Die Warteschlange des Routers stellt den Eimer dar, und die Paketübertragungen des Routers stellen Token dar, die aus dem Eimer laufen. Ankommende Pakete werden dem Bucket hinzugefügt; ein Überlauf des Buckets steht für verlorene Pakete. Mit dieser Interpretation werden wir uns nicht weiter beschäftigen.

23.2 Token-Bucket – Beispiele

Angenommen, die Token-Bucket-Spezifikation ist **TB(1/3 Paket/ms, 4 Pakete)**, und die Pakete kommen zu den folgenden Zeiten an, wobei der Bucket anfänglich voll ist:

0, 0, 0, 2, 3, 6, 9, 12

Nachdem alle T=0 Pakete verarbeitet wurden, enthält der Bucket 1 Token. Bis das vierte Paket bei T=2 eintrifft, ist das Bucket-Volumen auf 1 2/3 angestiegen; es sinkt sofort auf 2/3, wenn Paket 4 gesendet wird. Bei T=3 hat das Bucket-Volumen 1 erreicht und das fünfte Paket kann gesendet werden. Der Bucket ist nun leer, aber glücklicherweise kommen die restlichen Pakete in Abständen von 3 ms an und können alle gesendet werden.

Im nächsten Satz von Paketankunftszeiten, wieder mit TB(1/3,4), haben wir drei Bursts von je vier Paketen.

0, 0, 0, 0, 12, 12, 12, 12, 24, 24, 24, 24

Jeder Burst leert den Bucket, der dann 12 ms braucht, um sich wieder zu füllen. Alle Pakete sind regelkonform.

In der folgenden Reihe von Paketankunftszeiten, immer noch mit TB(1/3,4), entleert der Burst von vier Paketen bei T=0 den Bucket. Bei T=3 hat sich die Bucket-Größe wieder auf 1 erhöht, sodass das dann eintreffende Paket gesendet werden kann, aber auch der Bucket wieder geleert wird.

0, 0, 0, 0, 3, 6, 12, 12

Bei T=6 geschieht das Gleiche. Von T=6 bis T=12 steigt der Bucket-Inhalt von 0 auf 2, sodass die beiden Pakete, die bei T=12 ankommen, gesendet werden können.

Nehmen wir schließlich an, dass Pakete zu den folgenden Zeitpunkten bei unserem TB(1/3,4)-Filter ankommen:

0, 1, 2, 3, 4, 5

- Unmittelbar nach T=0 beträgt die Bucket-Größe 3; unmittelbar vor T=1 beträgt sie 3 1/3.
- Unmittelbar nach T=1 beträgt die Bucket-Größe 2 1/3; unmittelbar vor T=2 beträgt sie 2 2/3.
- Unmittelbar nach T=2 beträgt die Bucket-Größe 1 2/3; unmittelbar vor T=3 beträgt sie 2.
- Unmittelbar nach T=3 beträgt die Bucket-Größe 1; unmittelbar vor T=4 beträgt sie 1 1/3.
- Unmittelbar nach T=4 beträgt die Bucket-größe 1/3; unmittelbar vor T=5 beträgt sie 2/3.
- Bei T=5 beträgt die Bucket-Größe 2/3 und das ankommende Paket ist *nicht konform*.

Wir können dies auch in tabellarischer Form wie folgt darstellen; beachten Sie, dass für das nicht konforme Paket der Bucket nicht dekrementiert wird.

Paketankunft	0	1	2	3	4	5
Bucket unmittelbar davor	4	3 1/3	2 2/3	2	1 1/3	2/3
Bucket unmittelbar danach	3	2 1/3	1 2/3	1	1/3	2/3

23.3 Mehrere Token-Buckets

Oft ist es sinnvoll, von einem Absender die Einhaltung von zwei (oder mehr) separaten Token-Bucket-Spezifikationen zu verlangen. Man kann sich vorstellen, dass diese nacheinander auf den Datenverkehr angewendet werden. Oft wird ein Filter eine Spitzenrate mit einer kleinen Bucket-Größe vorgeben, während der andere eine Durchschnittsrate mit einer größeren Bucket-Größe vorgibt. Betrachten Sie zum Beispiel das folgende Paar:

- TB(1 Paket/ms, 1,5 Pakete)
- TB(1/5 Paket/ms, 6 Pakete)

Die erste Spezifikation, die für die Spitzenrate gelten soll, schreibt einen durchschnittlichen Abstand von 1 ms zwischen den Paketen vor, die Pakete dürfen jedoch nur 0,5 ms zu früh eintreffen, sonst sind sie nicht konform. Die zweite Spezifikation, die längerfristig gelten soll, besagt, dass *im Durchschnitt* 5 ms zwischen den Paketen liegen, bei einem Burst von 6. Das Folgende ist konform, vorausgesetzt, beide Buckets sind anfänglich voll:

0, 1, 2.5, 3, 4, 5, 6, 10, 15, 20

Die ersten sieben Pakete treffen im Abstand von 1 ms ein (die Rate des ersten Filters), mit Ausnahme des Pakets, das bei T=2,5 statt bei T=2 eintraf. Der Absender durfte bei T=3 erneut senden, anstatt bis T=3,5 zu warten, weil die Bucketgröße im ersten Filter 1,5 statt 1,0 betrug. Hier sind die ankommenden Pakete mit der aktuellen Größe der einzelnen Buckets *zum Zeitpunkt des Eintreffens des Pakets*, kurz bevor der Bucket dekrementiert wird. Bei T=2,0 wäre der Filter2-Bucket 4,4.

Ankunft:	T=0	T=1	T=2.5	T=3	T=4	T=5	T=6	T=10	T=15	T=20
Filter 1:	1.5	1.5	1.5	1.0	1.0	1.0	1.0	1.5	1.5	1.5
Filter 2:	6	5.2	4.5	3.6	2.8	2	1.2	1.0	1.0	1.0

Wenn wir jedes Paket zeitlich auf den ersten Punkt verschieben, an dem beide Buckets 1,0 erreicht haben, erhalten wir die *schnellste konforme Sequenz* für dieses Filterpaar. Dies ist die Sequenz, die von einem Token-Bucket-*Shaper* erzeugt wird, wenn ein ständiger Rückstau an Paketen besteht und jedes Paket gesendet wird, sobald die Bucket-Kapazität (oder gegebenenfalls Kapazitäten,) das Senden ermöglicht. Nach T=0 kehrt der Filter1-Bucket bei T=0,5 auf die Kapazität 1,0 zurück. Im weiteren Verlauf erlaubt der Filter1-Bucket weitere Übertragungen bei T=1,5, T=2,5, T=3,5, T=4,5 und T=5,5. An diesem Punkt wird Filter2 zum begrenzenden Faktor; sein Bucket liegt nach dem Senden des Pakets bei T=5,5 bei 0,1 und erreicht erst bei T=10,0 wieder 1,0 zurück. Wir erhalten Folgendes:

Ankunft:	T=0	T=0.5	T=1.5	T=2.5	T=3.5	T=4.5	T=5.5	T=10	T=15	T=20
Filter 1:	1.5	1.0	1.0	1.0	1.0	1.0	1.0	1.5	1.5	1.5
Filter 2:	6	5.1	4.3	3.5	2.7	1.9	1.1	1.0	1.0	1.0

23.4 GCRA

Eine andere Formulierung der Token-Bucket-Spezifikationen ist der *Generic Cell Rate Algorithm* (GCRA); dieser wird häufig bei der Klassifizierung von ATM-Traffic verwendet. Eine GCRA-Spezifikation benötigt zwei Parameter, eine mittlere Paketabstandszeit T und einen Toleranzparameter τ. Für jedes Paket wird eine *theoretische Ankunftszeit* (Theoretical Arrival Time, tat) berechnet, die zunächst null ist. Ein Paket darf höchstens um den Betrag τ früher ankommen. Wenn t der Zeitpunkt der tatsächlichen Ankunft ist, gibt es zwei Fälle:

- t ≥ tat-τ: Das Paket ist konform, und wir aktualisieren tat auf max(t,tat) + T
- t < tat-τ: Das Paket kommt zu früh und ist nicht konform; tat bleibt unverändert.

Ein Datenfluss, der GCRA(T,τ) erfüllt, ist äquivalent zu einer Token-Bucket-Spezifikation mit einer Rate von 1/T Paketen/Zeiteinheit und einer Bucket-Größe von (τ+1)/T; tat stellt den Zeitpunkt dar, zu dem der Bucket das nächste Mal voll sein würde. Die Zeit, um einen leeren Bucket zu füllen, ist τ+1; wenn der Bucket zum Zeitpunkt tat voll ist, dann ist er auch zum Zeitpunkt tat-τ voll genug, um ein Paket zu senden.

Bei Datenflüssen mit einer mehr oder weniger konstanten Rate stellt τ die Zeit dar, um die sich ein Paket verspäten kann, ohne dauerhaft hinter seine reguläre 1/T-Rate zurückzufallen. Die GCRA-Formulierung ist manchmal praktischer als die Token-Bucket-Formulierung, insbesondere wenn τ<T ist.

23.4.1 Anwendungen von Token-Bucket

Im Gegensatz zu Fair Queuing kann die Token-Bucket-Filterung am Downstream-Ende einer Verbindung implementiert werden, allerdings möglicherweise mit Ergebnissen, die nicht ganz den Erwartungen entsprechen. Kehren wir zum letzten Szenario von Abschnitt 22.6, »Anwendungen von Fair Queuing«, zurück:

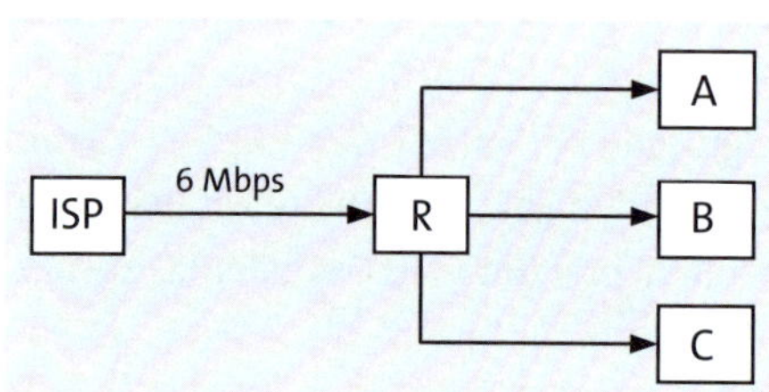

Zwar kann bei R keine faire Warteschlange angewendet werden, um gleiche Anteile für A, B und C zu erzwingen, aber wir *können* bei R einen Token-Bucket-Filter implementieren, der A, B und C auf 2 Mbit/s begrenzt.

Dies hat zwei Nachteile. Erstens ist der Filter nicht work-conserving: Wenn A untätig ist, erhalten B und C trotzdem nur 2 Mbit/s. Zweitens gibt es ohne Rückmeldung keine Garantie dafür, dass die Begrenzung des Datenverkehrs bei R letztendlich zu einer geringeren Auslastung der ISP⟶R-Verbindung führt. Während dies für TCP-Traffic gilt, ist es aufgrund der Selbsttaktungseigenschaft denkbar, dass ein Absender D irgendwo versucht, 8 Mbit/s Echtzeit-UDP-Traffic über ISP und R an A zu senden. Drei Viertel des Traffic wären dann nicht konform und könnten von R verworfen werden, aber solange D keine Rückmeldung von A erhält, dass nicht viel Traffic durchkommt und er seine Senderate reduzieren sollte, kann der Token-Bucket-Filter bei R das Gewünschte nicht erreichen. Die meisten Protokolle bieten diese Art von Rückmeldung, aber nicht alle.

23.5 Gewährleistung der VoIP-Bandbreite

Nehmen wir als Sonderfall der vorherigen Situation an, dass wir eine Internetverbindung von unserem ISP nutzen und VoIP für die Telefonie nutzen möchten. Wir möchten etwa 64 Kbit/s Bandbreite für eine VoIP-Leitung reservieren (plus Platz für Header), damit große Downloads die Sprachqualität nicht beeinträchtigen. Für die Upstream-Richtung lässt sich dies leicht bewerkstelligen, entweder mit Fair Queuing oder mit Priority Queuing; Priority Queuing führt nicht zu einer Verdrängung des anderen Traffic, da der gesamte VoIP-Traffic durch die Anzahl der Leitungen begrenzt ist.

Die Downstream-Richtung kann jedoch ein größeres Problem darstellen, wenn wir den ISP nicht dazu bewegen können, auf seiner Seite eine faire oder prioritäre Warteschlangenbildung anzuwenden. Wie wir in Abschnitt 22.6, »Anwendungen von Fair Queuing«, dargelegt haben, hat Fair Queuing am Downstream-Ende einer überlasteten Verbindung keine Wirkung. Eine Warteschlange auf der Seite des ISP bedeutet, dass der ankommende VoIP-Traffic mit dem Traffic von anderen Downloads warten muss und möglicherweise nie die erforderliche Bandbreite erhält. Und es ist mehr als wahrscheinlich, dass der Router auf der Seite des InternetProviders eine ziemlich große Warteschlange hat, was relativ lange Wartezeiten bedeutet. Wir müssen den gesamten Downstream-Traffic begrenzen, sind aber auf Trafficmanipulationen am Downstream-Ende beschränkt.

Token-Bucket kann hier eine Antwort geben. Die Idee besteht darin, die Gesamtbandbreite des Nicht-VoIP-Traffic, der in den Standort gelangt, zu begrenzen und etwas Raum für den VoIP-Traffic zu lassen. Wir erstellen am Downstream-Standorteingang (Knoten TBF im Diagramm unten) einen Token-Bucket-Filter, der nur für Nicht-VoIP-Traffic gilt (diese Funktion wird durch den gestrichelten »VoIP-Bypass« dargestellt). Die Ratenbegrenzung des Filters entspricht der gesamten Download-Bandbreite abzüglich einer Reservierung für VoIP. Wenn wir beispielsweise wissen, dass die Gesamtbandbreite 500 Bits/ms beträgt, könnten wir 100 Bits/ms für VoIP-Traffic reservieren, indem der Token-Bucket-Filter die Übertragung von Nicht-VoIP-Download-Traffic auf 400 Bits/ms begrenzt. Abbildung 23.2 wird der Token-Bucket-Filter durch den großen Punkt dargestellt; das kurze Segment dahinter stellt die virtuelle (nicht physische) »Flaschenhalsverbindung« für den Nicht-VoIP-Traffic dar.

Leider stoßen wir auf drei Probleme. Erstens wollen wir wahrscheinlich nicht, dass die 400 Bits/ms Obergrenze für anderen Traffic gilt, wenn kein VoIP-Verkehr fließt. Wir könnten dies erreichen, indem wir die Obergrenze nur dann anwenden, wenn das Gerät in Verwendung ist, oder indem wir einen so kleinen Teil der Bandbreite reservieren, dass er keinen wesentlichen Einfluss auf die Gesamtbandbreite hat. Das zweite Problem ist die im vorigen Beispiel erörterte Möglichkeit, dass der Absender trotzdem weitersendet, und zwar mit 500 Bits/ms; unser nachgeschalteter Token-Bucket-Filter kann so viele Bits verwerfen, wie er will, aber die Verbindung zwischen ISP und

Standort wird trotzdem gesättigt sein. Drittens ist es oft recht schwierig, die Bandbreite einer bestimmten Internetverbindung *genau* zu bestimmen – vor allem dann, wenn sie, wie es oft der Fall ist, gemeinsam genutzt wird, sich mit der Zeit ändert oder der ISP eine Obergrenze für große Token-Buckets festlegt.

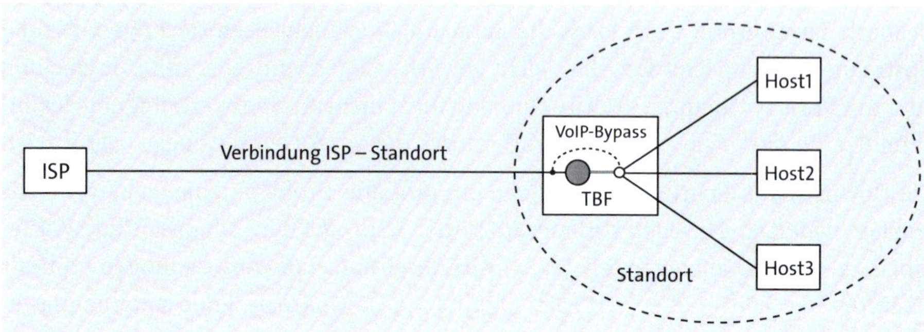

Abbildung 23.2 Ein Token-Bucket-Filter

Glücklicherweise ist der typische VoIP-Bandbreitenbedarf so gering, dass man sich oft überhaupt keine QoS-Garantien zu geben braucht. Dies ist jedoch ein gutes Beispiel für die Schwierigkeiten, mit denen der Echtzeit-Traffic häufig konfrontiert ist.

23.6 Verzögerung begrenzen

Wiederholen wir nun das vorherige Beispiel, aber anstatt uns an der Garantie der VoIP-Bandbreite zu versuchen, werden wir stattdessen versuchen, die gesamte Warteschlangenverzögerung zu begrenzen. Das kann bedeuten, dass der VoIP-Traffic bei großen Downloads nur 50 Bits/ms erhält, aber es sollte kaum oder gar keine Warteschlangen am Router des ISP geben.

Auch hier erstellen wir einen Token-Bucket-Filter am Eingang des Standorts und stellen ihn so ein, dass die *Gesamtrate* des eingehenden Datenverkehr knapp unter der Bandbreite der Downloadverbindung liegt. Wenn Pakete mit 1.000 kbit/s ankommen können, können wir die Token-Bucket-Rate auf 900 kbit/s oder vielleicht sogar etwas höher einstellen. Das bedeutet, dass die Flaschenhalsverbindung in der Downstream-Richtung nun die »virtuelle« Verbindung vom Downstream-Token-Bucket-Filter zum Rest des Standorts ist, der im Diagramm des vorherigen Abschnitts in rot dargestellt ist. An diesem Token-Bucket-Filter, dem Punkt im obigen Diagramm, wird sich dann eine Warteschlange bilden. Zumindest im stationären Zustand des TCP-Traffic wird die Warteschlange jedoch *nicht auf der Seite des ISP aufgebaut*.

Der nächste Schritt ist die Aktivierung von CoDel, Abschnitt 21.5.6, »CoDel«, um diese Warteschlange vor dem Token-Bucket-Filter zu verwalten. CoDel erreicht dies, indem es den Datenverkehr so lange unterbindet, bis die Warteschlange eine angemessene Größe erreicht hat. Das Endergebnis ist, dass der Downstream-Traffic auf der Seite des ISP auf keine Warteschlange stößt (wiederum unter der Annahme eines stationären TCP-Zustands) und auf der Seite des Standorts höchstens auf eine CoDel-regulierte Warteschlange von bescheidener Größe. Wir haben nicht nur die Wartezeit für den VoIP-Traffic begrenzt, sondern auch die Warteschlangenverzögerungen für den *gesamten* Traffic.

Im Gegenzug geben wir die 100%ige Nutzung der Downstream-Verbindung auf, aber wenn die Verzögerung erhebliche Probleme verursacht, kann dies ein vernünftiger Kompromiss sein. Es bedeutet auch, dass CoDel Datenverkehr verwirft, der bereits zu unserer Website gelangt ist, aber auf lange Sicht kann sich das durchaus lohnen.

Wenn der ISP die Download-Bandbreite über einen Token-Bucket-Filter mit einem erheblichen Bucket begrenzt, wie es viele tun, um Burstiness zu ermöglichen, können wir die Größe des Upstream-Buckets an unserem Downstream-Ende kopieren.

Wenn der ISP die Download-Bandbreite über einen Token-Bucket-Filter mit einem großen Bucket begrenzt, wie es bei vielen Anbietern der Fall ist, um eine hohe Auslastung zu erreichen, können wir die Größe des Upstream-Buckets an unserem Downstream-Ende kopieren.

23.6.1 Auslastung der Token-Bucket-Warteschlange

Angenommen, der Traffic, der die Token-Bucket-Spezifikation $TB(r,B_{max})$ erfüllt, kommt an einem Router R an, ohne dass er Konkurrenz durch anderen Traffic erfährt. Die Bucket-Füllrate r entspricht der Mindestbandbreite der abgehenden Verbindung, die R benötigt, um zu gewährleisten, dass sich der Traffic nicht staut; wir wollen nicht, dass der Traffic im Durchschnitt schneller ankommt als er abfließen kann.

Intuitiv entspricht die Bucket-Größe B_{max} dem *Platz in der Warteschlange* bei R, den der Trafficfluss beanspruchen kann. Um dies zu präzisieren, behaupten wir, dass die Anzahl der nicht übertragenen Bits, die bei R gespeichert werden, niemals größer als B_{max} ist, wenn die Ausgaberate von R mindestens r ist.

Dazu beginnen wir mit dem Beweis des »Rote-Linie-Lemma«, das in der Diskussion des Graphen in Abschnitt 23.1, »Token-Bucket – Definition«, oben, angedeutet ist und das besagt, dass der Sender niemals die obere Linie überschreiten kann. Konkret nehmen wir an, dass der Datenfluss $TB(r,B_{max})$ erfüllt und zum Zeitpunkt t=0 einen vollen Bucket hat. Bits(t) sei die kumulative Anzahl der gesendeten Bits (paketiert oder nicht) zum Zeitpunkt t. Die untere Linie ist der Graph bits = rt und die obere Linie ist der Graph bits = rt + B_{max}; wir zeigen Folgendes:

$$bits(t) <= rt + B_{max}$$

Wir beweisen dies zunächst, solange der Graph oberhalb der unteren Linie liegt, d. h. bits(t) >= rt. Wir behaupten, dass die rechte Seite minus die linke Seite oben, rt + B_{max} – bits(t), das Volumen B(t) der Flüssigkeit (oder der Token) im Eimer darstellt. Durch Gleichsetzung und leichtes Umstellen müssen wir zeigen, dass B(t) + Bits(t) – rt immer gleich B_{max} ist. Dies ist bei t=0 der Fall, wenn bits(t) = rt = 0 und der Bucket voll ist. Als Nächstes stellen wir fest, dass die Änderungsrate ebenfalls 0 und somit konstant ist.

Solange der Bucket nicht voll ist, wird B(t) immer mit der Rate r gefüllt. Dementsprechend nimmt rt mit der Rate r zu, sodass B(t) – rt nicht von der Füllrate beeinflusst wird. Ebenso wird B(t) genau mit der Rate reduziert, mit der bits(t) zunimmt. Wenn wir die Paketformulierung verwenden, wird B(t) beim Eintreffen eines Pakets um die Paketgröße reduziert und bits(t) erhöht sich um genau den gleichen Betrag.

Die Kalkülversion

Für Leserinnen und Leser, die mit der Infinitesimalrechnung vertraut sind, mag es hilfreich sein, sich zu vergegenwärtigen, dass dB(t)/dt = r – bits'(t) ist, zumindest wenn wir sozusagen von einem fluiden Bit-Eingangs-Modell ausgehen, bei dem bits(t) differenzierbar ist. Das bedeutet, dass das Bucket-Volumen B(t) mit der Rate r zunimmt und gleichzeitig mit der Rate der ankommenden Daten abnimmt. Daher ist die Änderungsrate von B(t) + bits(t) – rt einfach r – bits'(t) + bits'(t) – r = 0.

Dies trifft nicht ganz zu, wenn bits(t) unter die untere Linie fällt. Dann müssen wir jedoch nichts beweisen. Wenn bits(t) ein späteres Intervall oberhalb der unteren Linie aufweist, beginnend zum Zeitpunkt t_1, können wir das obige Argument erneut anwenden und die Uhr und den Bitzähler bei t= t_1 neu starten.

Tatsächlich können wir argumentieren, dass immer dann, wenn der Bits(t)-Graph einen Punkt unterhalb der unteren Linie durchläuft, wie z. B. Punkt A im obigen Diagramm, bits(t) künftig nicht über die (die gestrichelte rote Linie im Diagramm) B_{max}-Einheiten über Punkt A hinaus ansteigen kann.

23.7 Token-Bucket durch einen Router

Wir kommen nun auf die Behauptung zur Akkumulation bei einem Router R mit einem ausgehenden Datenfluss von mindestens r zurück; wie zuvor soll bits(t) die kumulierte Menge der empfangenen Daten darstellen. Solange bits(t) oberhalb der unteren Linie liegt, kann der Router kontinuierlich mit der Rate r senden, und die Anzahl der im Router gehaltenen Bits ist bits(r) – rt. Durch das obige Argument ist dies durch B_{max} begrenzt. Wenn bits(t) unter die untere Linie fällt, ist die Warteschlange des Routers leer und der Router kann eingehende Daten mindestens so schnell übertragen, wie sie ankommen.

R kann zwar nie mehr als B_{max} Bytes vorhalten, aber in dem Moment, in dem ein Paket die Übertragung beendet, kann er B_{max} Bytes in der Warteschlange halten, plus das gerade übertragende Paket, das noch einen ganzen Puffer einnimmt. In der Praxis kann es also sein, dass wir Platz in Höhe von B_{max} plus einem Paket benötigen.

Obwohl eine Token-Bucket-Spezifikation keine spezielle Laufzeitgrenze enthält, können wir eine Obergrenze für die Warteschlangenverzögerung an einem Router R als B_{max}/r berechnen; dies ist die Zeit, die für die Übertragung eines vollen Buckets an Paketen benötigt wird.

Wenn wir N Datenflüsse haben, von denen jeder für sich TB(r,B) erfüllt, dann erfüllt der gesamte Traffic TB(Nr, NB) (siehe Übung 1). Eine Bucket-Größe von NB wird jedoch nur dann benötigt, wenn alle N einzelnen Datenströme ihre Bursts zu einem bestimmten Zeitpunkt »bündeln«. Oft ist es möglich, sich theoretische oder empirische statistische Informationen zunutze zu machen und zu dem Schluss zu kommen, dass der kollektive Traffic »meistens« eine Token-Bucket-Spezifikation TB(Nr, B_N) für B_N erfüllt, die deutlich kleiner als NB ist.

23.8 Token-Bucket durch mehrere Router

Bei einem einzelnen TB(r,B_{max})-Trafficfluss durch N Router ist die Warteschlangenverzögerung *nicht* größer als bei einem einzelnen Router, wobei wiederum kein Wettbewerb angenommen wird. Genauer gesagt, nehmen wir an, dass der Trafficfluss bei Router R_1 ankommt, der TB(r,B) erfüllt, und dann über R_1 zu R_N gelangt. Jeder Router R_i hat eine abgehende Bandbreite, die mindestens so groß ist wie r. Dann bleibt die gesamte Warteschlangenverzögerung durch alle N Router B_{max}/r. Wenn sich die Pakete bis zur maximalen Größe B_{max} stapeln, tun sie dies nur einmal.

Um dies zu beweisen, vergleichen wir die TB-Paketfolge mit der gleichen Folge von Paketen, die mit einer konstanten Rate r durch dieselbe Reihe von Routern geschickt werden. Wenn das letzte Bit des Pakets k das N-te Bit seit Beginn ist, dann senden wir das Paket k zum Zeitpunkt N/r. Wir nehmen an, dass die Verbindungsraten alle auf r reduziert sind.

t=0 sei der Zeitpunkt, an dem wir mit dem Zählen der Bits beginnen. Für jedes n haben wir oben festgestellt, dass das n-te Bit des TB-Paketflusses höchstens B_{max}/r Sekunden vor dem n-ten Bit des Stroms übertragen werden kann, das zum Zeitpunkt n/r gesendet wird. Bei dem stetigen Strom von Paketen kommt es zu keinerlei Warteschlangenverzögerungen, da jeder Router immer das vorherige fertiggestellt hat. Die TB-Pakete können jeweils nicht später als die Pakete des stetigen Stroms eintreffen, da sie früher gesendet wurden und sich nicht kreuzen können. Daher ist die maximale Verzögerung für jedes TB-Paket B_{max}/r, genau wie beim Traffic über einen einzelnen Router.

23.9 Verzögerungsbedingungen

Wenn ein Trafficfluss, der an einem Router R ankommt, der Token-Bucket-Spezifikation TB(r,B) entspricht, dann ist, wie wir oben gezeigt haben, der von dem Fluss belegte Warteschlangenplatz von R durch B begrenzt, solange R dem Traffic des Flusses mindestens die Rate r zuweisen kann.

Fügen wir nun eine *Echtzeit-Verzögerungsbedingung* hinzu: Nehmen wir an, dass R keines der Pakete des Flusses um mehr als die Zeit D verzögern darf. Nehmen wir vorerst an, dass es über R keinen anderen Traffic gibt. Wir müssen nun sicherstellen, dass R über genügend Bandbreite verfügt, um einen Bucket der Größe B innerhalb des Zeitintervalls D weiterzuleiten. Um einen Burst der Größe B in der Zeit D zu senden, wird die Bandbreite B/D benötigt. Um die Echtzeit-Beschränkung zu erfüllen, benötigt R also die abgehende Bandbreite

$$s = \max(r, B/D)$$

- **Beispiel 1:** Nehmen wir an, die Trafficspezifikation lautet TB(1/3, 10), wobei die Rate in (gleich großen) Paketen/μsec angegeben ist und D 40 μsec beträgt. Dann ist B/D ¼ Pakete/μsec, und die erforderliche abgehende Bandbreite s ist einfach r=⅓.
- **Beispiel 2:** Nehmen wir nun an, dass die Laufzeitgrenze D im vorherigen Beispiel 20 μsec beträgt. In diesem Fall benötigen wir s = B/D = ½ Pakete/μsec.

Wenn es noch weiteren Traffic gibt, gilt die Verzögerungsbedingung weiterhin, vorausgesetzt, s stellt die Bandbreite dar, die R dem Fluss zugewiesen hat, die Pakete des Flusses werden bei R priorisiert und wir subtrahieren zuerst die Verzögerung des größten Pakets, wie bereits in Abschnitt 7.3.2, »Paketgröße und Echtzeit-Traffic«, beschrieben.

Berechnungen dieser Art spielen oft eine Rolle bei der Entscheidung eines Routers, ob er eine Reservierung für einen zusätzlichen TB(r,B)-Fluss mit einer entsprechenden Verzögerungsbedingung akzeptiert.

23.9.1 Hierarchischer Token-Bucket

Token-Bucket-Filter können auch verwendet werden, um eine Hierarchie zu bilden, wie in Abschnitt 22.7.1, »Generisches hierarchisches Queuing«, vorgestellt. In diesem Abschnitt gehen wir davon aus, dass Token-Bucket nur zum Shaping verwendet wird, d. h. zur Verzögerung von Paketen, bis der Bucket ausreichend gefüllt ist. Wie üblich verbleiben die Pakete in den Blatt-FIFO-Warteschlangen, bis sie zur Übertragung bereit sind.

Von zentraler Bedeutung für die Hierarchie ist die Zeit, zu der jeder interne Token-Bucket-Knoten sein nächstes Paket freigibt, d. h. in der Lage ist, seinem übergeordneten Knoten (auf Anfrage) mitzuteilen, dass ein Paket zum Senden bereitsteht, selbst wenn das Paket physisch in einer der Blatt-Warteschlangen wartet. Wenn ein Knoten N von einem untergeordneten Knoten darüber informiert wird, dass ein Paket freigegeben wurde, und der Bucket von N über genügend Kapazität verfügt, gibt N das Paket sofort an seinen übergeordneten Knoten weiter; andernfalls wartet N, bis sein Eimer ausreichend gefüllt ist, dass das Paket als konform betrachtet werden kann. Wenn ein Paket bei einem Blattknoten ankommt, wird es nach und nach von jedem Knoten entlang des Pfades zur Wurzel freigegeben; wenn es vom Wurzelknoten freigegeben wurde, kann es gesendet werden.

Damit Token-Bucket-Filter classful werden, gehen wir davon aus, dass jeder Knoten mehrere Eingangs-Unterwarteschlangen haben kann, diese aber so behandelt, als ob sie in einer einzigen FIFO-Subwarteschlange zusammengefasst wären. Das heißt, der Knoten gibt Pakete in der Reihenfolge, in der sie von seinen untergeordneten Knoten weitergegeben wurden, an seine übergeordneten Knoten frei.

Blattknoten können jedes Paket mit seiner Freigabezeit zum Zeitpunkt der Ankunft kennzeichnen. Innere Knoten können ihre Freigabezeiten nur für Pakete bestimmen, die von ihren untergeordneten Knoten freigegeben wurden.

Es ist nun einfach, die `peek()`-Operation von Abschnitt 22.7.1, »Generisches hierarchisches Queuing«, zu definieren: Ein Knoten prüft die Menge der Pakete an, die er freigegeben hat, und gibt dasjenige mit der frühesten Freigabezeit zurück.

In einer Token-Bucket-Hierarchie ist es sinnvoll, dass zwei untergeordnete Datenflüsse Bucket-Größen von 200 bzw. 300 haben, während der kombinierte Fluss auf eine Bucket-Größe von 400 begrenzt werden soll.

Abbildung 23.3 veranschaulicht ein Beispiel für eine Token-Bucket-Hierarchie. Die drei Token-Bucket-Filter TB1, TB2 und TB3 weisen Raten in Paketen/ms und Bucket-Größen in Paketen auf.

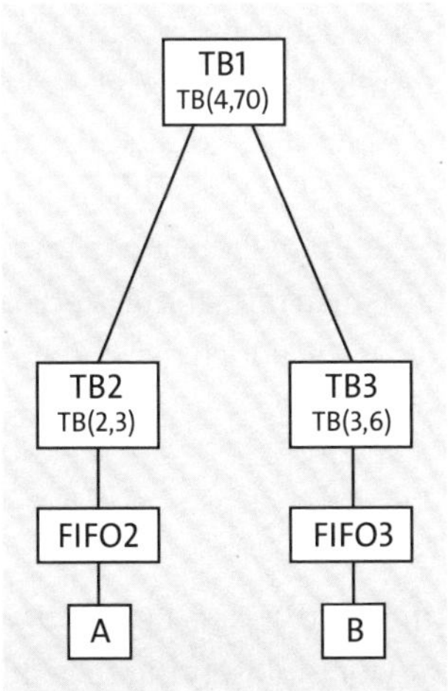

Abbildung 23.3 Token-Bucket-Hierarchie

Wenn die Rate von TB1, wie in diesem Fall, geringer ist als die Summe der Kind-Raten, dann erhalten die Kinder Bandbreite im Verhältnis zu ihren Token-Bucket-Raten, solange sie immer Pakete zum Senden bereithalten. Im obigen Beispiel beträgt die Rate von TB1 4 Pakete/ms und die Summe der Raten seiner Kinder ist 5 Pakete/ms. Jedes Kind erhält also 4/5 der vereinbarten Rate: TB2 sendet mit einer Rate von 2×(4/5) Paketen/ms, während TB3 mit einer Rate von 3×(4/5) Paketen/ms sendet.

Um dies zu verdeutlichen, nehmen wir an, dass FIFO2 und FIFO3 lange genug gefüllt bleiben, bis sich ihre Buckets leeren konnten. TB2 und TB3 geben dann jeweils Pakete an TB1 mit einer Geschwindigkeit von 2 Paketen/ms bzw. 3 Paketen/ms ab. In der folgenden Abfolge der Freigabezeiten an TB1 nehmen wir an, dass TB3 bei T=0 und TB2 bei T=0,01 beginnt. Pakete von A, die von TB2 freigegeben wurden, sind kursiv dargestellt:

`0,` *`0.01`*`, .33,` *`0.51`*`, .67, 1.0,` *`1.01`*`, 1.33,` *`1.51`*`, 1.67, 2.0,` *`2.01`*

Sie werden von TB1 mit 4 Paketen/ms abgefertigt, sobald der Bucket von TB1 leer ist. Langfristig hat TB3 drei Pakete in dieser Sequenz für jedes zweite TB2 freigegeben, sodass dem Sender B 3/5 Dequeuing und somit 3/5 der 4 Pakete/ms Root-Bandbreite zugewiesen wird.

Außerdem kann jeder Token-Bucket-Knoten freigegebene Pakete physisch an FIFO-Warteschlangen weiterleiten, die an die jeweiligen übergeordneten Knoten angeschlossen sind; wir haben dies in Abschnitt 22.7, »Hierarchisches Queuing«, eine interne Speicherhierarchie genannt. In diesem speziellen Fall funktionieren die Mechanismen der Blatt- und der inneren Speicherung identisch, vorausgesetzt die inneren Verbindungen sind unendlich schnell und die inneren Warteschlangen unendlich groß. Siehe Übung 6.

Ein Knoten, dessen Bucket größer ist als die Summe seiner Kind-Buckets und dessen Rate ebenfalls größer ist als die Summe seiner Kind-Raten, macht keinen Sinn. Im obigen Beispiel, in dem die Summe der Kind-Raten die Eltern-Raten übersteigt, wäre A in der Lage, mit einer dauerhaften Rate von 2 Paketen/ms zu senden, vorausgesetzt, B sendet ebenfalls mit nur 2 Paketen/ms; eine Reduzierung der Kind-Raten auf 2×(4/5) bzw. 3×(4/5) Pakete/ms ist nicht gleichbedeutend. Wenn die Rate eines Knotens größer ist als die Summe der Kind-Raten, kann er den Kind-Traffic ohne Verzögerung abwickeln, sobald die Kind-Buckets leer sind. Vorher kann jedoch der übergeordnete Bucket der begrenzende Faktor sein.

23.9.2 Kombinationen aus Fair Queuing und Token-Bucket

Auf den ersten Blick mag die Kombination aus Fair Queuing und Token-Bucket unwahrscheinlich erscheinen: Das Ziel von Fair Queuing ist es, work-conserving zu sein, indem die einer inaktiven Eingangsklasse zugewiesene Bandbreite unter den aktiven

Eingangsklassen aufgeteilt wird, und das Ziel von Token-Bucket ist es normalerweise, eine Klasse auf ihre im Token-Bucket definierte maximale Übertragungsrate zu begrenzen. Der übliche Ansatz für eine hierarchiebasierte Synthese besteht darin, dass der Administrator an jedem Knoten der Hierarchie entscheiden kann, ob der Knoten Bandbreite von inaktiven Geschwistern »ausleihen« kann (ohne Rückzahlung) oder nicht. Wenn ja, ähnelt die Geschwistergruppe mit gegenseitigen Ausleihrechten einem Fair-Queuing-Scheduler; wenn nicht, ähnelt der Knoten eher einem Token-Bucket-Scheduler.

23.10 CBQ

CBQ wurde in [CJ91] eingeführt und in [FJ95] analysiert. Es nutzte nicht den Token-Bucket-Mechanismus, sondern implementierte stattdessen Shaping, indem die durchschnittliche Leerlaufzeit (genauer gesagt, die Zeit, in der nicht gesendet wird) für eine bestimmte Eingangsklasse verzeichnete. Eingangsklassen, die versuchten, zu viel zu senden, wurden eingeschränkt, es sei denn, der Knoten durfte sich Bandbreite von einem Geschwisterknoten »leihen«. Wenn eine Eingangsklasse weniger sendete als erlaubt, sank ihre durchschnittliche Auslastung; wenn ein Burst eintraf, dauerte es einige Zeit, bis der Durchschnitt »aufgeholt« war, und der Knoten konnte kurzzeitig schneller senden als die ihm zugewiesene Rate. Die Größe des impliziten »Buckets« konnte jedoch nur indirekt kontrolliert werden.

23.11 Linux HTB

Das Linux-*HTB*-Warteschlangenverfahren, das Teil des Traffic Control (tc)-Systems ist, bietet die gleiche allgemeine Funktionalität wie CBQ, ersetzt aber die Berechnungen der durchschnittlichen Leerlaufzeit durch Token-Bucket-Filter. Dies ermöglicht eine direktere Kontrolle der Burst-Größen und vermeidet auch einige technische Timing-Probleme, auf die CBQ-Benutzer achten mussten. Aus Gründen der Effizienz verwendet HTB den Deficit-Round-Robin-Algorithmus für faire Warteschlangen; wie in Abschnitt 22.5.5, »Deficit Round Robin«, erwähnt, bedeutet dies eine weniger präzise Kontrolle über die Paketverzögerung.

Obwohl der Name HTB von »Hierarchical Token-Bucket« kommt, ist es am besten als eine Implementierung von Hierarchical Weighted Fair Queuing zu betrachten (Abschnitt 22.8, »Hierarchical Weighted Fair Queuing«). Tatsächlich implementiert HTB keinen »hierarchischen Token-Bucket«; Token-Buckets dienen dem Shaping, und HTB führt das Shaping nur an den Blattknoten der Hierarchie durch. Die übergeordneten oder inneren Knoten sind nur vorhanden, um die Hierarchie für Fair Queuing zu schaffen.

Jeder Knoten im Baum hat die folgenden Attribute:

- eine garantierte Rate r, die der Token-Bucket-Rate entspricht
- die Burst-Allowance B, die der Bucket-Größe entspricht
- eine Maximalrate r_{ceil}; Blatt-Knoten senden niemals schneller als mit dieser Rate.

In vielen Fällen kann r_{ceil} einfach die Ausgangsrate des Wurzelknotens sein. Wenn bei inneren Knoten die konfigurierte Höchstgeschwindigkeit geringer ist als die Summe der Raten der untergeordneten Knoten, können die untergeordneten Knoten weiterhin mit ihren vollen Raten senden; innere Knoten können keine Ratenbegrenzung vornehmen. Eine niedrige Obergrenze hat jedoch Auswirkungen auf den Ausleihmechanismus.

Das wichtigste Attribut eines jeden Knotens ist seine garantierte Rate. Die angeforderte Rate an jedem Knoten sollte mindestens so groß sein wie die Summe der Raten der untergeordneten Knoten. Abbildung 23.4 sind alle Raten in kbit/s angegeben; die Burst-Allowance wird nicht gezeigt. Wir gehen davon aus, dass die garantierte Root-Rate von 600 kbit/s auch die Höchstrate ist.

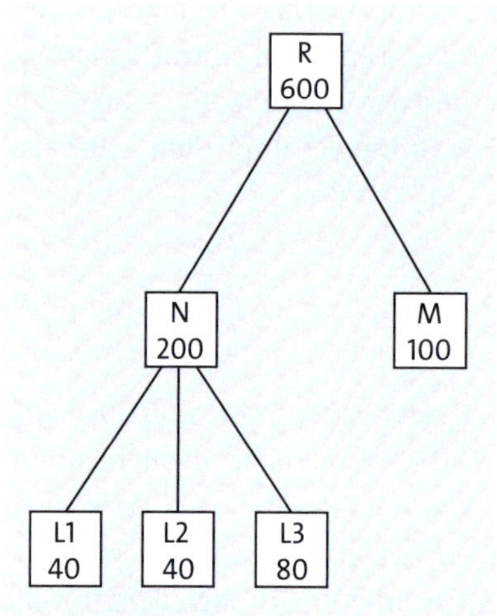

Abbildung 23.4 Linux HTB

Pakete werden je nach ihrer Situation *grün*, *gelb* oder *rot* markiert. Rote Pakete sind solche, die warten müssen; irgendwann werden sie gelb und dann grün.

Pakete gelten als *grün*, wenn sie jetzt (vielleicht nach einer Wartezeit) für einen der Blatt-Token-Bucket-Knoten konform sind; grüne Pakete werden so schnell wie möglich gesendet.

Nachdem L1, L2 und L3 ihre Buckets geleert haben, werden sie die Rate von Knoten N nicht ausschöpfen. Ebenso werden N und M, nachdem sie ihre Buckets geleert haben, nur die Hälfte der Rate von R nutzen. Knoten dürfen sich – ohne Rückzahlung – Bandbreite von den Raten ihrer Eltern »leihen«; Pakete, die von dieser geliehenen Bandbreite profitieren, werden *gelb* markiert und können auch sofort gesendet werden, wenn keine grünen Pakete warten. Der Ausleihvorgang erfolgt immer proportional zur garantierten Rate eines Knotens, in der Art einer fairen Warteschlange. Das heißt, die garantierten Raten der untergeordneten Knoten werden als unnormalisierte Fair-Queuing-Gewichtungen behandelt; normalisierte Anteile erhält man, indem man sie durch ihre Summe teilt. N hätte den normalisierten Anteil 200/(200+100) = ⅔.

Wenn L1, L2 und L3 von N ausleihen und jeweils Traffic zu senden haben, dann erhält jede eine Gesamtbandbreite von 50, 50 bzw. 100 kbit/s. Wenn L3 im Leerlauf ist, erhalten L1 und L2 jeweils 100 kbit/s. Wenn N und M abwechselnd von R leihen, kann jedes von ihnen mit 400 bzw. 200 kbit/s senden. In diesem Fall erhalten L1, L2 und L3 (wiederum unter der Annahme, dass alle aktiv sind) 100, 100 und 200 kbit/s. Wenn sich M nicht am Leihvorgang beteiligt, weil nichts zu senden ist, erhält N 600 kbit/s und L1, L2 und L3 erhalten 150, 150 und 300.

Wenn ein faires Warteschlangenverhalten nicht erwünscht ist, können wir $r_{ceil} = r$ setzen, sodass ein Knoten niemals schneller als seine garantierte Rate senden kann. Damit kann HTB die reine Token-Bucket-Hierarchie von Abschnitt 23.9.1, »Hierarchischer Token-Bucket«, modellieren.

23.12 Parekh-Gallager Theorem

Als letztes Beispiel für den Zusammenhang zwischen Token-Bucket-Spezifikationen und fairer Warteschlangenbildung stellen wir das Parekh-Gallager-Theorem vor, das eine genaue Laufzeitgrenze für den Verkehr in einem Netz mit einer Token-Bucket-Spezifikation TB(r,B) und einen garantierten gewichteten Fair-Queuing-Anteil an jedem Router entlang des Pfades bietet.

Nehmen wir konkret an, dass der Traffic vom Absender A zum Ziel B über N Router R_1 ... R_N geleitet wird. Die Ausgangsrate des i-ten Routers R_i ist r_i, wobei unser Fluss die garantierte Rate $f_i \leq r_i$ erhält. Es sei $f = \min \{f_i | i<N\}$. Angenommen, die maximale Paketgröße für Pakete in unserem Fluss ist S und die maximale Paketgröße einschließlich konkurrierenden Traffics ist S_{max}. Dann ist die Gesamtverzögerung, die die Pakete des Flusses erfahren, durch die Summe der folgenden Werte definiert:

- Ausbreitungsverzögerung (gesamte Einzelbit-Verzögerung entlang aller N+1 Verbindungen)
- B/f
- Die Summe von 1 bis N von S/f_i
- Die Summe von 1 bis N von S_{max}/r_i

Der zweite Term B/f stellt die Warteschlangenverzögerung dar, die durch einen einzelnen Burst der Größe B entsteht; wir haben in Abschnitt 23.8, »Token-Bucket durch mehrere Router«, gezeigt, dass diese Laufzeitgrenze unabhängig von der Anzahl der Router gilt.

Der dritte Term stellt die gesamte Store-and-Forward-Verzögerung an jedem Router für Pakete dar, die zu unserem Fluss unter GPS gehören; die Verzögerung bei R_i ist S/f_i.

Der letzte Term stellt den Grad dar, in dem Fair Queuing ein Paket über die theoretische GPS-Zeit hinaus verzögern kann, die im dritten Term ausgedrückt ist. Wenn die Router GPS verwenden würden, dann würden die ersten drei Terme die Paketverzögerung begrenzen; wir haben in Abschnitt 22.5.4, »Das GPS-Modell«, festgestellt, dass Router R_i über die GPS-Verzögerung hinaus eine zusätzliche Verzögerung von höchstens S_{max}/ri verursachen kann.

23.13 Epilog

Im vorigen Kapitel haben wir gesehen, dass Fair Queuing der richtige Weg ist, wenn wir die gesamte ausgehende Bandbreite nutzen, sie aber auf mehrere Absender aufteilen wollen. Wenn wir jedoch eher eine absolute als eine relative Obergrenze für den Datenverkehr festlegen wollen, ist Token-Bucket angebracht. Manchmal sind Obergrenzen aus geschäftlichen Gründen gerechtfertigt: Kunden, die mehr Bandbreite wollen, sollten mehr bezahlen. Aber manchmal, wie in Abschnitt 23.5, »Gewährleistung der VoIP-Bandbreite«, sind Token-Buckets auch dann von Vorteil, wenn wir eigentlich nicht an Obergrenzen interessiert sind; sie funktionieren im Gegensatz zu Fair Queuing gut auf dem Downstream-Router.

Bei Echtzeit-Traffic kommen jedoch Warteschlangenverfahren wie Fair Queuing, Token-Bucket und sogar Priority Queuing als grundlegende Bausteine zum Tragen. Mit diesen Werkzeugen können wir dem VoIP-Traffic einen Bandbreitenanteil garantieren oder es ermöglichen, dass dieser Traffic mit minimaler Verzögerung gesendet wird. Im nächsten Kapitel 24, »Quality of Service«, werden wir wiederholt auf Fair-Queuing- und Token-Bucket-Spezifikationen stoßen.

23.14 Übungen

1. Zwei Trafficströme erfüllen Token-Bucket-Spezifikationen von TB(r1,b1) bzw. TB(r2,b2). Stelle Sie dar, dass ihr gemischter Traffic TB(r1+r2,b1+b2) erfüllen muss. Hinweis: Stellen Sie sich einen gemeinsamen Bucket der Größe b1+b2 vor, der bei Rate r1 mit roten Token und bei Rate r2 mit blauen Token gefüllt ist.

2. Geben Sie für jede Abfolge von Ankunftszeiten an, welche Pakete mit der gegebenen Token-Bucket-Spezifikation konform sind. Wenn ein Paket nicht konform ist, fahren Sie mit dem nächsten ankommenden Paket fort, ohne den Bucket zu dekrementieren.
   a) TB(1/4,5): 0, 0, 0, 2, 3, 4, 5, 7, 9, 11, 15, 18
   b) TB(1/3,6): 0, 0, 0, 1, 2, 3, 4, 5, 6, 7, 8, 9
   c) TB(1/3,6): 0, 2, 4, 6, 8, 10, 12, 14, 16, 18
3. Finden Sie die schnellste Sequenz (siehe Ende von Abschnitt 23.3, »Mehrere Token-Buckets«) für die folgenden Flüsse. Beide beginnen bei T=0, und alle Buckets sind anfänglich voll.
   a) TB(1/4, 4); die Pakete können in einem Abstand von mindestens 1 Zeiteinheit abgesendet werden. Führen Sie die Sequenz bis mindestens T=10 fort.
   b) TB(1/2, 4) und TB(1/8, 8); mehrere Pakete können zum gleichen Zeitpunkt abgesendet werden. Fahren Sie bis mindestens T=25 fort.
4. Geben Sie die schnellste Paketsequenz an, die für alle drei der folgenden Token-Bucket-Spezifikationen zulässig ist. Führen Sie die Sequenz mindestens bis T=60 fort.
   - TB(1/2, 1)
   - TB(1/6, 4)
   - TB(1/12, 8)

   Hinweis: Die erste Spezifikation bedeutet, dass die Ankunftszeiten immer mindestens durch 2 getrennt sein müssen. Die mittlere Spezifikation sollte bei T=12 greifen.
5. Zeigen Sie, dass in jedem Zeitintervall $t_1 \leq t \leq t_2$ die Trafficmenge höchstens $B + r \times (t_2 - t_1)$ ist, wenn ein GPS-Trafficfluss (Abschnitt 22.5.4, »Das GPS-Modell«) eine Token-Bucket-Spezifikation TB(r,B) erfüllt Hinweis: Während des Zeitintervalls $t_1 \leq t \leq t_2$ beträgt die Menge der in den Eimer gefüllten Flüssigkeit genau $r \times (t_2 - t_1)$.
6. Zeigen Sie, dass die Blatt-Speicherhierarchie von Token-Bucket aus Abschnitt 23.9.1, »Hierarchischer Token-Bucket«, dasselbe Ergebnis liefert wie eine Hierarchie mit »internem Speicher«, bei der jeder Token-Bucket-Zwischenknoten eine echte FIFO-Warteschlange mit unendlicher Kapazität enthält und jeder Knoten jedes Paket sofort an die FIFO-Warteschlange des Elternknotens weiterleitet, sobald es freigegeben wird.

   Zeigen Sie, dass die Pakete von jeder Hierarchie zu den gleichen Zeiten übertragen werden. Hinweis: Zeigen Sie, dass jeder Knoten in der Blatt-Speicherhierarchie ein Paket zur gleichen Zeit »freigibt«, zu der die entsprechende interne Speicherhierarchie das Paket nach oben weiterleitet.

7. Die folgenden Linux-HTB-Hierarchien sind mit ihren garantierten Raten beschriftet. Gibt es einen Unterschied bei den Bandbreitenzuweisungen, die die Absender A und B erhalten würden?

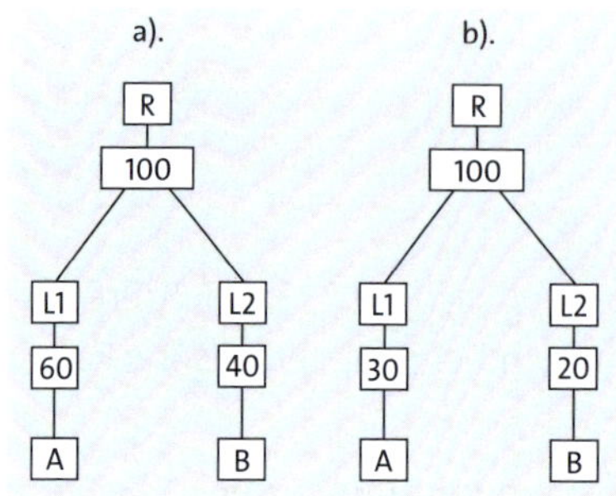

8. Angenommen, wir wissen, dass der Echtzeit-Traffic über einen bestimmten Router R höchstens 1 Mbit/s der Gesamtbandbreite von 10 Mbit/s nutzt. Betrachten Sie die beiden folgenden Möglichkeiten, den Echtzeitverkehr gesondert zu berücksichtigen:

   i. Verwendung von Priority Queuing, wobei dem Echtzeit-Traffic eine höhere Priorität eingeräumt wird.

   ii. Gewichtetes Fair Queuing, wobei der Echtzeit-Traffic einen Anteil von 10 % erhält.

   a) Angenommen, der Echtzeit-Traffic entspricht einer Token-Bucket-Spezifikation mit einer Rate von 1 Mbit/s und einer vernachlässigbaren Bucket-Größe. Zeigen Sie, dass dann beide Mechanismen in dem Sinne gleichwertig sind, dass sie tatsächlich mit den gleichen Raten senden, wenn der Echtzeit- und der Nicht-Echtzeit-Traffic mit den Anteilen α bzw. β der Ausgangsrate von 10 Mbit/s gesendet wird, wobei $\alpha + \beta = 1$ gelten soll (und $\alpha \leq 10\%$ ist).

   b) Welche Unterschiede sind zu erwarten, wenn die Bucketgröße *nicht* vernachlässigbar ist? Welcher Ansatz begünstigt den Echtzeitanteil?

9. Nehmen wir nun an, dass wir in der vorigen Übung *zwei* getrennte Echtzeitflüsse haben, wobei durch eine Token-Bucket-Spezifikation garantiert wird, dass keiner von beiden 1 Mbit/s überschreitet. Gibt es einen wesentlichen Unterschied zwischen einem der folgenden Paare?

   i. Senden der beiden Echtzeitströme mit Priorität 1 und des restlichen Traffic mit Priorität 2.

   ii. Senden des ersten Echtzeitflusses mit Priorität 1, des zweiten mit Priorität 2 und des restlichen Traffic mit Priorität 3.

   iii. Jedem Echtzeit-Trafficfluss wird ein WFQ-Anteil von 10 % und dem restlichen Traffic ein WFQ-Anteil von 80 % zugewiesen.

10. Angenommen, ein Router verwendet Priority Queuing. Es gibt einen Eingang mit niedriger Priorität und einen mit hoher Priorität. Die Ausgangsbandbreite ist r.

    a) Wie lange muss ein ankommendes Paket mit hoher Priorität maximal warten, wenn die Warteschlange mit hoher Priorität derzeit leer ist?

    b) Wie lange muss ein ankommendes Paket mit hoher Priorität maximal warten, wenn der hoch priorisierte Datenverkehr einer Token-Bucket-Beschreibung TB(rp,B) folgt (mit rp < r)? Tipp: Siehe Abschnitt 23.6.1, »Auslastung der Token-Bucket-Warteschlange«.

    Ihre Antwort kann schematische Darstellungen aller notwendigen zusätzlichen Parameter enthalten.

Kapitel 24
Quality of Service

Bisher wurde das Internet als ein Ort dargestellt, an dem der gesamte Datenverkehr nach dem *Best-Effort*-Prinzip gesendet wird und die Router jeglichen Datenverkehr gleichberechtigt abwickeln; dies wird oft als ein grundlegender Aspekt der IP-Schicht verstanden. Verzögerungen und Verluste aufgrund von Überlastung sind nahezu allgegenwärtig. Für Volumenübertragungen von Dateien ist dies in der Regel völlig ausreichend; eine mögliche Betrachtungsweise für TCP-Überlastungsverluste besteht darin, sie als Teil eines Mechanismus aufzufassen, der für eine optimale Ausnutzung der verfügbaren Bandbreite sorgt.

Aber manchmal wünschen wir uns auch, dass ein bestimmter Traffic ein gewisses Mindestmaß an Netzwerkleistung erhält. Wir können einzelnen Absendern gestatten, solche Garantien im Voraus auszuhandeln, oder wir können bestimmten Protokollen (z. B. VoIP) bevorzugt behandeln. Solche Vereinbarungen werden als *Quality-of-Service*-Garantien (QoS) bezeichnet und sie können Bandbreite, Laufzeit, Verlustraten oder eine beliebige Kombination aus diesen Faktoren betreffen. Selbst Volumenversender möchten mitunter vorab eine bestimmte Bandbreite aushandeln.

Es mag zwar jeder Versender an der Dienstgüte interessiert sein, aber trotzdem ist QoS natürlich besonders wichtig für all jene, die *Echtzeit-Traffic* wie Voice-over-IP oder Videokonferenzen senden und empfangen. Echtzeitversender haben wahrscheinlich nicht nur feste Bandbreitenanforderungen, sondern auch Mindestanforderungen hinsichtlich der Laufzeiten und Verlustraten. Darüber hinaus können Echtzeitanwendungen – zumindest vorübergehend – schlichtweg komplett ausfallen, wenn diese Bandbreiten-, Laufzeit- und Verlustanforderungen nicht erfüllt werden.

In jedem Netzwerk, egal ob groß oder klein, in dem Volumen-Traffic bisweilen so große Warteschlangen nach sich zieht, dass inakzeptable Verzögerungen entstehen, *müssen* die Router bei der Zusicherung der Dienstqualität mitwirken. Diese Router setzen dann die Queuing- und Scheduling-Mechanismen aus Kapitel 22, »Queuing und Scheduling«, ein, um Bandbreite für bestimmten Traffic zu reservieren. Damit weichen sie deutlich vom klassischen Internet-Modell der »zustandslosen« Router ab, die keine Informationen über bestimmte Verbindungen oder Datenströme haben, obwohl es sich dabei um ein natürliches Merkmal des Virtual-Circuit-Routing handelt.

In diesem Kapitel stellen wir einige Mechanismen zur Verbesserung der Dienstqualität im Internet vor. Wir erläutern zumindest die Theorie; einige dieser Mechanismen wurden seitens der Internetanbieter nicht gerade mit offenen Armen aufgenommen.

Manchmal ist es einfach ein Henne-Ei-Problem: Internetanbieter implementieren nicht gerne Funktionen, die niemand nutzt, aber oft nutzt sie auch keiner, weil die jeweiligen Internetanbieter sie nicht unterstützen. Häufig bescheren QoS-Optionen den Anbietern auch einfach ein Kostenproblem: Die Router müssen mehr Zustände verwalten und mehr Arbeit leisten, was Upgrades erfordert. Eigentlich sind es sogar zwei spezifische Kostenprobleme:

- es ist unklar, wie Endpunkten ihre QoS-Anforderungen (wie bei RSVP) in Rechnung gestellt werden können, insbesondere wenn die Endpunkte keine Direktkunden sind
- es ist unklar, wie spezieller Verkehr wie Multicast zum Zwecke der Preisgestaltung mit normalem Unicast-Verkehr verglichen werden kann

Nichtsdestotrotz wird VoIP zumindest in einer mittleren Größenordnung bestehen bleiben. Videostreaming wird bleiben und sich in großem Maßstab durchsetzen. Fragen der Dienstqualität können nicht mehr einfach ignoriert werden, zumindest nicht mehr so ohne weiteres.

Beachten Sie, dass ein grundlegender Bestandteil von Quality-of-Service-Anforderungen im Internet *die gemeinsame Nutzung durch mehrere Datenverkehrsklassen* ist, d. h. die Übertragung von »Best-Effort«- und verschiedenen »Premium« Datenverkehrsklassen *über dasselbe Netzwerk*. Man kann zwar eine SONET-Leitung anmieten und ein privates Premium-Netz aufbauen, aber so eine Vorgehensweise ist teuer. Die Unterstützung mehrerer Datenverkehrsklassen im selben Netzwerk wird manchmal allgemein unter dem Begriff *Integrated Services* zusammengefasst, ein Sonderfall des Traffic Engineering; siehe [CSZ92]. Dies ist nicht zu verwechseln mit der gleichnamigen IETF-Protokollfamilie IETF (Abschnitt 26.4, »Übungen«). In einem integrierten Netzwerk stellen sich zwei verschiedene Probleme:

- wie kann sichergestellt werden, dass Premium-Datenverkehr die benötigten Dienste erhält?
- wie können verschiedene Verkehrsklassen in ein und dasselbe Netz integriert werden?

Das erste Problem wird weitgehend durch die in Kapitel 22, »Queuing und Scheduling«, vorgestellten Techniken behandelt und gilt auch für Netzwerke mit nur einer einzigen Dienstebene. Das vorliegende Kapitel befasst sich hauptsächlich mit der zweiten Frage.

Quality-of-Service-Anforderungen können sowohl für TCP- als auch für UDP-Datenverkehr gestellt werden. Eine interaktive TCP-Verbindung könnte beispielsweise einen Pfad mit minimaler Verzögerung verlangen, während eine Volumenverbindung einen Pfad mit maximaler Bandbreite und eine Streaming-Video-Verbindung eine bestimmte garantierte Bandbreite verlangen könnte. Die Dienstgüte ist jedoch bei Echtzeit-Traffic wie Sprache und interaktivem Video besonders wichtig, da Verzögerungen hier ein großes Problem darstellen können. Derartiger Traffic nutzt eher UDP als TCP, da bei letzterem das Problem des Head-of-Line-Blockings besteht. Wir kommen darauf in Abschnitt 26.3.3, »SNMPv3-Engines«, zurück.

24.1 Netzneutralität

Eine bestimmte Denkschule verlangt, dass die Betreiber den gesamten Datenverkehr gleichberechtigt befördern müssen und dass es ihnen verboten sein sollte, zusätzliche Gebühren für Premiumdienste zu verlangen. Dies ist eine starke Formulierung des Grundsatzes der »Netzneutralität«, die die Umsetzung einiger der hier beschriebenen Dienste potenziell erschwert. Im Prinzip ist es dabei egal, ob der Premiumdienst eine Interaktion mit Routern beinhaltet, wie in einigen der unten beschriebenen Mechanismen beschrieben, oder ob er einfach einen verbesserten Zugang zur Beförderung nach dem Best-Effort-Prinzip beinhaltet.

Es gibt jedoch viele schwächere Formulierungen der Netzneutralität; eine davon besagt beispielsweise, dass die Beförderung von Datenverkehr »nicht diskriminierend« sein darf. Das bedeutet, dass ein Netzwerkbetreiber mehr für Premium-Dienste verlangen kann, solange er nicht einzelne Internetanbieter für eine Bandbreitendrosselung auswählt.

Ohne in der Netzneutralitätsdebatte Partei ergreifen zu wollen, gibt es gute Gründe, die dafür sprechen, dass zusätzliche Gebühren für bestimmte Dienste von Backbone-Routern angemessener sind als zusätzliche Gebühren zur Vermeidung von Bandbreitendrosselungen.

24.2 Wo die wilden Warteschlangen wohnen

Wir haben zuvor darauf hingewiesen, dass zur Sicherstellung von Dienstgütestandards die Mitwirkung derjenigen Router erforderlich ist, die einen erheblichen Rückstau in ihrer Warteschlange aufweisen. Es ist jedoch nicht immer klar, welche Router dies sind. In den späten 1990er Jahren wurde oft behauptet, dass es bei vielen (oder zumindest einigen) »Backbone«-Routern zu erheblichen Überlastungen kam, wobei das Wort hier in Anführungszeichen steht, um daran zu erinnern, dass der Begriff keine eindeutige technische Bedeutung hat. Es ist erwähnenswert, dass dies auch die Zeit war, als die meisten Privatanwender sich noch per 56-kbit/s-Modem einwählten.

Nur wenige Jahre später, im Jahr 2003, kam eine Analyse des Internets in [CM03] zu dem Schluss, dass »die Internet-Cloud nicht wesentlich zur Überlastung beiträgt«.

Zum Zeitpunkt der Erstellung dieses Berichts (2013) hat es den Anschein, dass der Internet-Backbone weiterhin Überkapazitäten aufweist und selten überlastet ist; Verzögerungen treten daher eher lokal auf. Eine Studie in [CBcDHL14], bei der Pings mit Zeitstempeln an jedem Ende der vermuteten Verbindungen verwendet wurden, ergab, dass die meisten Überlastungen in hochvolumigen Content-Delivery-Netzen (Abschnitt 1.12.2, »Content-Distribution Networks«), wie denen von Netflix und Google, und ihren Verbindungen zu Internetanbietern auftreten.

Konkret: Angenommen, der Datenverkehr von A nach B läuft über die Router R1, R2 und R3:

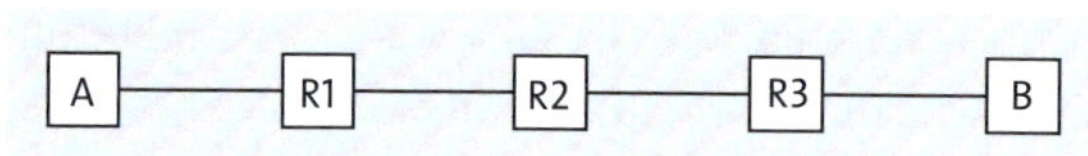

Wenn Verzögerungen (und Verluste) in der Warteschlange nur bei R1 und R3 auftreten, muss R2 nicht in ein System zur Reservierung von Bandbreite einbezogen werden; dasselbe gilt für R1 und R3, wenn die Verzögerungen nur bei R2 auftreten. Leider ist es nicht immer einfach, den Ort der Überlastung im Internet zu bestimmen, und wo heute noch ein Überfluss an Bandbreite besteht, kann morgen schon ein Mangel herrschen: Die Bandbreitennutzung wächst unweigerlich mit dem Angebot. Abgesehen davon gingen die frühen Modelle für QoS-Anforderungen davon aus, dass sich alle (oder zumindest die meisten) Router beteiligen müssten; es ist gut möglich, dass dies – aus praktischer Sicht – nicht mehr zutrifft. Eine weitere mögliche Konsequenz ist, dass ein angemessenes QoS-Niveau nur unter Beteiligung des eigenen unmittelbaren Internetanbieters erreicht werden könnte – *könnte*.

24.3 Echtzeit-Datenverkehr

Real-Time-Traffic ist Datenverkehr mit einer gewissen harten oder weichen Laufzeitobergrenze, die vermutlich oberhalb der einfachen Ausbreitungsverzögerung ohne Netzwerklast liegt. Ein solcher Traffic kann als *verzögerungsintolerant* bezeichnet werden. Bei Sprach- oder Videoübertragungen kann ein Datenpaket, das nach dem vorgesehenen Wiedergabezeitpunkt eintrifft, ebenso gut auch verloren gehen.

Glücklicherweise sind Sprach- und Videodaten zumindest bis zu einem gewissen Grad auch *verlusttolerant*: Ein verlorenes Sprachpaket führt lediglich zu einem kurzzeitigen Aussetzer in der Sprachübertragung; ein verlorenes Videopaket kann dazu führen, dass das vorangegangene Frame erneut abgespielt wird. Der Umgang mit Traffic, der sowohl verlust- als auch verzögerungs*intolerant* ist, ist sehr schwierig; wir werden diesen Fall nicht weiter betrachten.

Ein großer Teil des Echtzeitdatenverkehrs (aber nicht jeglicher) ist zudem *bandbreitenanpassungsfähig (rate-adaptive)*. Der Online-Videodienst hulu.com kann beispielsweise mit Auflösungen von 720p, 1080p und 4K Ultra HD senden, mit Bandbreiten von ungefähr 1,5 Mbps, 3 Mbps oder 6 Mbps. Die Software von Hulu kann dynamisch die passende Übertragungsrate wählen. (Hulu-Übertragungen, bei denen als Folge einer Netzwerkverzögerung eher eine Pause in der Videowiedergabe als ein Informationsverlust auftritt, erfolgen nicht notwendigerweise in »Echtzeit«; siehe Abschnitt 24.3.2, »Videostreaming«, unten).

Ein weiteres Beispiel für die Anpassung der Übertragungsrate ist der Audiokompressionscodec Opus (ein Nachfolger des älteren Speex-Codecs), der normalerweise eine Übertragungsrate von 64 kbit/s nutzt, jedoch einen mehr oder weniger kontinuierlichen Bereich von Übertragungsraten bis hinab zu 8 kbit/s unterstützt. Unter den geringeren Bandbreiten leidet zwar die Sprachqualität, sie können aber als Ausweichlösung genutzt werden, wenn die 64-kbit/s-Datenrate wegen Überlastung nicht einsetzbar ist.

Grundsätzlich muss der Echtzeitdatenverkehr trotz Bandbreitenanpassung so gesteuert werden, dass möglichst wenig Staus entstehen. Der Real-Time-Traffic sollte z. B. bei keinem Router schneller eintreffen, als er von dort abfließen kann. Dies lässt sich am ehesten durch eine Art Reservierungs- oder Zulassungskontrollmechanismus erreichen, bei dem neue Verbindungen nur dann angenommen werden, wenn Ressourcen verfügbar sind.

24.3.1 Wiedergabepuffer

Echtzeitanwendungen können Verzögerungen natürlich nicht vollständig vermeiden, sodass der Datenstrom mit einer leichten Verzögerung gegenüber dem Sendezeitpunkt bei der Empfängeranwendung eingeht (wo er dann im Falle eines Audio- oder Videostreams wiedergegeben wird). Anwendungen können diese Zeit absichtlich verlängern, indem sie einen *Wiedergabe-* oder *Jitter-Puffer* einrichten; dies ermöglicht die Glättung von Schwankungen in der Laufzeitverzögerung (auch bekannt als *Jitter*).

Nehmen wir zum Beispiel an, eine VoIP-Anwendung sendet alle 20 ms ein Paket (eine gängige Rate). Wenn die Laufzeit genau 50 ms beträgt, kommen die Pakete, die zu den Zeiten T=0, 20, 40 usw. gesendet werden, zu den Zeiten T=50, 70, 90 usw. an. Nehmen wir nun an, die Laufzeitverzögerung ist nicht ganz so gleichmäßig, sodass Pakete, die zu T=0, 20, 40, 60, 80 gesendet werden, zu den Zeiten 50, 65, 120, 125, 130 ankommen.

Paket	gesendet	erwartet	empfangen	(empfangen – erwartet)
1	0	50	50	0
2	20	70	65	–5
3	40	90	120	30
4	60	110	125	15
5	80	130	130	0

Das erste und das letzte Paket kamen rechtzeitig an, das zweite verfrüht, das dritte und vierte um 30 bzw. 15 ms verspätet. Wenn die Kapazität des Wiedergabepuffers auf 25 ms eingestellt wird, bedeutet dies, dass das dritte Paket nicht rechtzeitig für eine Wiedergabe empfangen wird und daher verworfen werden muss; wenn der Puffer auf einen Wert von mindestens 30 ms eingestellt wird, können dagegen alle Pakete entgegengenommen werden.

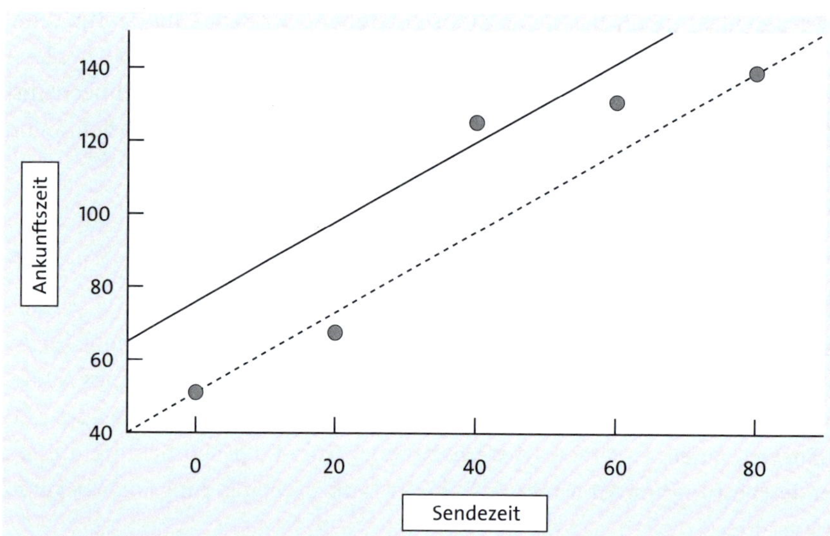

Abbildung 24.1 Verhältnis zwischen Ankunfts- und Sendezeit

Abbildung 24.1 sind die Datenpunkte der Tabelle eingezeichnet. Die gestrichelte Linie stellt die erwartete Ankunftszeit für die entsprechende Sendezeit dar; Pakete sind um den Betrag verspätet, den sie über dieser Linie liegen. Die durchgezogene Linie stellt einen Wiedergabepuffer von 25 ms dar; Pakete, die an Punkten oberhalb dieser Linie ankommen, gehen verloren. Je höher die Linie, desto größer die Wiedergabeverzögerung, aber desto eher können auch verspätete Pakete bei der Wiedergabe berücksichtigt werden.

Bei nicht-interaktiven Sprach- und Videoübertragungen hat ein verhältnismäßig langer Wiedergabepuffer im Prinzip keinen Nachteil. Wenn in einem Telefonat allerdings eine Person aufhört zu reden, während die andere beginnt, nehmen die Gesprächspartner eine Lücke wahr, die der RTT-Laufzeit zuzüglich der Verzögerung des Wiedergabepuffers entspricht. Bei Sprachübertragungen wird dies oberhalb von Verzögerungszeiten von 200–400 ms zusehends lästiger.

24.3.2 Videostreaming

Videostreaming ist eine Art Grauzone. Einerseits erfolgt es nicht wirklich in Echtzeit; den Zuschauern ist es nicht unbedingt wichtig, wie groß die Verzögerung durch den Wiedergabepuffer ist, solange sie konsistent bleibt. Verzögerungen im Wiedergabepuffer von zehn Sekunden bis zu einer Minute sind keine Seltenheit. Solange der Sender der Wiedergabeanwendung voraus sein kann, ist alles in Ordnung. Das eigentliche Problem ist die Bandbreite; eine Verzögerung des Wiedergabepuffers von Dutzenden von Sekunden liegt um zwei Größenordnungen höher als die Laufzeitgarantien, die eine echte Real-Time-Anwendung fordern könnte.

Bei sehr großen Videos stimmt sich der Sender wahrscheinlich mit der Wiedergabeanwendung ab, um die Vorlaufzeit zu begrenzen; dies läuft auf die Verwendung eines Wiedergabepuffers mit fester Größe hinaus. Dieser Wiedergabepuffer kann eine *gewisse* Schwankung der Übertragungsrate ausgleichen, aber langfristig muss die Übertragungsbandbreite mindestens so groß sein wie die Wiedergaberate. Bei kleineren Videos, z. B. herkömmlichen zehnminütigen YouTube-Clips, sendet der Sender so schnell wie möglich, ohne anzuhalten. Ist die Übertragungsbandbreite geringer als die Wiedergaberate, kann der Betrachter auf »Pause« drücken und warten, bis das gesamte Video heruntergeladen wurde.

Andererseits mögen die Zuschauer keine Pausen, vor allem nicht bei langen Videos. Wenn ein Zuschauer einen zweistündigen Film beginnt, kann sich die durchschnittliche Netzwerkauslastung während dieses Zeitraums mehrmals erheblich ändern. Der Zuschauer würde eine mehr oder weniger konstante Bandbreite bevorzugen, selbst wenn der konkurrierende Traffic ansteigt; eine anpassungsfähige Wiedergabe ist so lange in Ordnung, bis man ein Premium-Abo für HD-Qualität abgeschlossen hat. Hier will der Zuschauer eine Garantie für eine durchschnittliche Bandbreite. Dies kann durch Überdimensionierung des Netzwerks, durch die Implementierung einiger der in diesem Kapitel beschriebenen Mechanismen oder durch verschiedene dazwischen liegende Ansätze erreicht werden.

So könnte z. B. ein ausreichend großer Content-Anbieter N mit einem privaten Internet-Carrier C verhandeln, um eine ausreichende Langstreckenbandbreite von N zu den Zuschauenden zu erhalten. Wenn das Problem eine Überlastung des Backbone ist, könnte N den Traffic mit Hilfe der MED-Option von BGP (Abschnitt 15.7, »BGP und

Traffic-Engineering«) so weit wie möglich in seinem eigenen Netz transportieren; dies könnte auch die Einrichtung zahlreicher Austauschpunkte mit dem Netzwerk von C zur Folge haben (Abschnitt 14.4.1, »Internet Exchange Points«). Alternativ könnte C dazu gebracht werden, in seinem eigenen Backbone-Netz eine sehr grosse Traffic-Kategorie zu reservieren die nur dem Datenverkehr von N vorbehalten ist (zum Beispiel unter Verwendung von Abschnitt 24.7, »Differentiated Services«).

24.3.3 UDP und Echtzeitdatenverkehr

Das Hauptproblem beim Einsatz von TCP für Echtzeitdatenverkehr ist das *Head-of-Line-Blocking*: Bei einem Paketverlust hält die TCP-Schicht alle weiteren Daten zurück, bis das verlorene Segment eine Zeitüberschreitung erfährt und erneut übertragen wird. Selbst wenn die Empfangsanwendung in der Lage ist, das verlorene Paket einfach zu ignorieren, wird ihr diese Möglichkeit verwehrt.

Theoretisch darf das TCP-Timeout-Intervall nur geringfügig oberhalb der RTT liegen, die oft deutlich unter 100 ms beträgt. In der Praxis ist es jedoch oft viel größer, was zum Teil auf die Verwendung eines grob aufgelösten Takts zur Erfassung von Timeouts zurückzuführen ist. TCP-Implementierungen wird sogar vom Einsatz kleinerer Timeout-Intervalle abgeraten; der folgende Auszug stammt aus RFC 6298 (2011); RTO steht für Retransmission TimeOut: Wenn die berechnete RTO unter 1 Sekunde beträgt, *sollte* die RTO auf 1 Sekunde aufgerundet werden.

Durch eine derartige Regelung erweist sich TCP, außer in Umgebungen mit verschwindend geringen Verlustraten, als ungeeignet, wenn eine echte interaktive Reaktion erforderlich ist; hierzu gehören Telefonie, Videotelefonie und die meisten Formen von Videokonferenzen, die ein Echtzeit-Feedback zwischen den Teilnehmern erfordern. (TCP funktioniert allerdings sehr gut für Videostreaming.) Es stimmt zwar, dass die beliebte Videotelefonie-Software Skype tatsächlich TCP verwendet, aber nicht, weil Skype einen Weg gefunden hat, diese Beschränkung zu umgehen; Skype-Sitzungen werden nicht selten von Überlastungsproblemen geplagt. Der Einsatz von UDP gibt einer Anwendung die Möglichkeit, verlorene oder verspätete Daten einfach zu übergehen.

24.4 Integrated Services/RSVP

Integrated Services (kurz: *IntServ*) wurden von der IETF in den späten 1990er-Jahren als ein erster Versuch unternommen, Quality-of-Service-Garantien für ausgewählten Internet-Traffic zu bieten. Das IntServ-Modell ging von einer Teilnahme aller Router oder zumindest aller Router entlang des Verbindungspfads aus, obwohl dies nicht unbedingt erforderlich ist. Die Verbindungen sollten mit Hilfe des Resource ReSerVation Protocol *RSVP* reserviert werden.

Dies ist ein deutliches Abrücken vom Datagram-Routing-Modell mit zustandslosen Routern. Waren Virtual Circuits (Abschnitt 5.4, »Virtuelle Verbindungen«) von Anfang an das bessere Routing-Modell? Der Markt scheint diese Frage wohl oder übel mit einem eindeutigen »Nein« beantwortet zu haben; IntServ konnte sich im Kernbereich des Internet nur sehr begrenzt durchsetzen.

Viele der IntServ-Ideen lassen sich jedoch mit Hilfe eines geeigneten Content Distribution Networks im Internet umsetzen. Nach der Vorstellung von IntServ selbst beschreiben wir diese CDN-Alternative in Abschnitt 24.6.1, »Eine CDN-basierte Alternative zu IntServ«.

Bei IntServ behalten die Router ihren *Soft State* für eine Verbindung bei, d. h. dass Reservierungen vom Absender in regelmäßigen Abständen (z. B. alle 30 Sekunden) aufgefrischt werden müssen; andernfalls kann die Reservierung verworfen werden. Dies bedeutet auch, dass Reservierungen wiederhergestellt werden können, wenn der Router abstürzt (wenn auch mit einer gewissen Ausfallwahrscheinlichkeit). Herkömmliche Virtual Circuit Switches halten den *Hard State* aufrecht, d. h., wenn ein Sender aufhört zu senden, aber nicht ordnungsgemäß »auflegt«, bleibt die Verbindung bestehen (und wird möglicherweise in Rechnung gestellt), während ein Routerabsturz zum Verbindungsverlust führt.

IntServ wurde von der Backbone-ISP-Branche meist nicht unterstützt. Dies liegt zum Teil an praktischen Schwierigkeiten bei der Abrechnung für Reservierungen; wenn die Gebühr gleich Null ist, könnte jeder für jede Verbindung eine Reservierung vornehmen. Ein weiteres Problem besteht darin, dass ein stark ausgelasteter Router unter Umständen Tausende von Reservierungen vornehmen muß; IntServ bedeutet also einen echten Mehraufwand für die Infrastruktur des Diensteanbieters.

Als IntServ entwickelt wurde, hatte man vor allem Telekonferenzen im Sinn, bei denen der Audio-/Videostream eines Sprechers an eine große Zahl von Empfängern gesendet werden sollte. Aus diesem Grund stützte sich IntServ auf das *IP-Multicast*-Verfahren, dem wir uns im Folgenden zuwenden. Durch diese Entscheidung wurde IntServ etwas komplexer, als es für reines Punkt-zu-Punkt-VoIP notwendig gewesen wäre, und künftige Internet-Reservierungsmechanismen könnten auf die Multicast-Unterstützung verzichten (siehe Abschnitt 24.9, »NSIS«). Multicast und IntServ haben jedoch eine wesentliche Gemeinsamkeit: Beide erfordern die Beteiligung von zwischengeschalteten Routern und können nicht wirkungsvoll allein in Endsystemen implementiert werden.

24.5 Globales IP-Multicast

Das an Abschnitt 9.3.1, »Multicast-Adressen«, anknüpfende Konzept von IP-Multicast besteht darin, dass Sender A einen Stream von Paketen (in Echtzeit oder auch nicht) an eine Reihe von Empfängern {B1, B2, ..., Bn} sendet, und zwar so, dass kein einziges Paket des Streams auf einer beliebigen Verbindung häufiger als einmal übertragen wird. Dies bedeutet, dass es den Routern auf dem Weg obliegt, Pakete, die über mehrere ausgehende Verbindungen weitergeleitet werden müssen, zu *duplizieren*.

Nehmen wir zum Beispiel an, dass A im folgenden Diagramm an B1, B2 und B3 senden möchte:

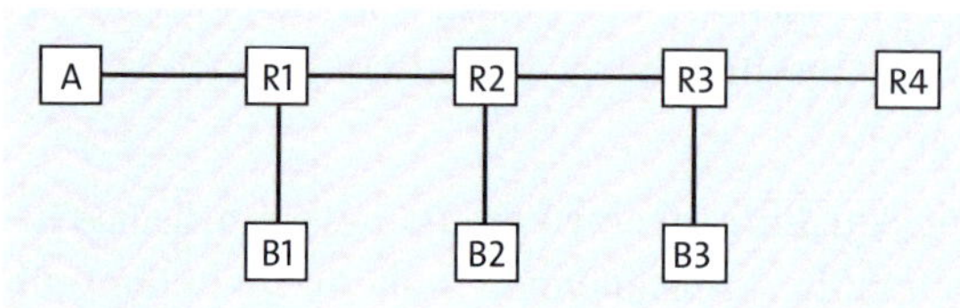

R1 empfängt dann Paket 1 von A und leitet es sowohl an B1 als auch an R2 weiter. R2 empfängt das Paket 1 von R1 und leitet es an B2 und R3 weiter. R3 leitet es nur an B3 weiter; R4 bekommt von dem Traffic überhaupt nichts mit. Die vom Multicast-Traffic genutzten Pfade vom Absender zu allen Zielen werden als *Multicast-Baum* bezeichnet; sie sind fett dargestellt.

Wir sollten von vornherein anerkennen, dass IP-Multicast zwar eine potentiell sehr nützliche Technologie ist, dass sie aber, ebenso wie IntServ, in der allgemeinen Internetanbieterbranche keine große Unterstützung findet. Die zentralen Probleme sind der Bedarf an Routern, die komplexe neue Informationen verwalten müssen, und die Problematik, diese Art von Traffic sinnvoll in Rechnung zu stellen. Im größeren Rahmen berechnen ISPs normalerweise das gesamte übertragene Datenvolumen. Nehmen wir nun an, ein ISP hat als Anteil an einem Multicast-Baum einen einzigen Pfad, der sich über den ganzen Kontinent erstreckt, aber der Baum verzweigt sich in der Nähe des Austrittspunktes in zehn verschiedene Pfade. Sollte der ISP dies als eine einzige Unicast-Verbindung betrachten oder eher als zehn?

Es war einmal ein idealer Kandidat für Multicast, nämlich die großflächige Übertragung von Fernsehsendungen. Ironischerweise hat der Ausbau des Internet-Backbones dazu geführt, dass die Bereitstellung von Videos in großem Maßstab jetzt mit einer eigenen Unicast-Verbindung für jeden Zuschauer umgesetzt wird. Dies ist das Modell von YouTube.com, Netflix.com und Hulu.com und fast jeder anderen Website, die Videos bereitstellt. Auch die Online-Lehre wäre früher ein naheliegender Kandidat für Multicast gewesen, und auch hier sind separate Unicast-Verbindungen inzwischen durchaus erschwinglich. Entscheidend für die Zukunft von Multicast ist also, ob es eine Anwendung gibt, die wirklich darauf angewiesen ist.

Beachten Sie, dass IP-Multicast innerhalb einer einzelnen großen (oder kleinen) Organisation potenziell einfach zu implementieren ist. In diesem Fall steht es der Organisation jedoch frei, ihre eigenen Budgetierungsregeln für die Nutzung von Multicast festzulegen.

Multicast-Traffic besteht aus UDP-Paketen; in der TCP-Spezifikation sind keine »Multicast-Verbindungen« vorgesehen. Bei großen Gruppen ist eine Bestätigung durch jeden Empfänger der Multicast-UDP-Pakete unpraktisch; die zurückkommenden ACKs könnten mehr Bandbreite verbrauchen als die ausgehenden Daten. Glücklicherweise sind vollständige Bestätigungen oft unnötig; das Paradebeispiel für Multicast-Traffic sind verlusttolerante Sprach- und Videoübertragungen. Das RTP-Protokoll (Abschnitt 24.11, »Real-time Transport Protocol (RTP)«) enthält einen Antwortmechanismus von Empfängern zu Sendern; die RTP-Antwortpakete sollen dem Sender zumindest eine Vorstellung von der Verlustrate geben. Im RTP-Protokoll (genauer gesagt im Begleitprotokoll RTCP) wird ein gewisser Aufwand betrieben, um sicherzustellen, dass diese Antwortpakete von mehreren Empfängern am Ende nicht mehr Traffic verursachen als die Nutzdaten selbst.

Im ursprünglichen Ethernet-Modell für Multicast auf LAN-Ebene einigen sich die Knoten auf eine physische Multicast-Adresse, und die Empfänger *abonnieren* diese Adresse, indem sie ihre Netzwerkschnittstellenkarten anweisen, alle Pakete mit dieser Adresse als Ziel an das Host-System weiterzuleiten. Von den Switches wiederum wird erwartet, dass sie Pakete, die an Multicast-Adressen adressiert sind, wie Broadcast-Pakete behandeln und an *alle* anderen Schnittstellen außer der eingehenden Schnittstelle weiterleiten.

Globales Broadcasting ist jedoch keine Option für das Internet als Ganzes. Router müssen spezifische Anweisungen zur Weiterleitung von Paketen erhalten. Selbst in großen geswitchten Ethernets versuchen neuere Switches in der Regel, nicht jedes Multicast-Paket weiterzuleiten, sondern stattdessen herauszufinden, wo sich die Teilnehmer der Multicast-Gruppe tatsächlich befinden.

Im Prinzip kann das IP-Multicast-Routing als Erweiterung des IP-Unicast-Routings betrachtet werden. Nach diesem Modell würden IP-Weiterleitungstabellen die üblichen ⟨udest,next_hop⟩-Einträge für jedes *Unicast*-Ziel und ⟨mdest,**set**_of_next_hops⟩-Einträge für jedes *Multicast*-Ziel aufweisen. Wenn im obigen Diagramm G die Multicast-Gruppe der Empfänger {B1,B2,B3} repräsentiert, dann hätte R1 einen Eintrag ⟨G,{B1,R2}⟩. Um Multicast-Routing zu ermöglichen, sind lediglich Ergänzungen der Distance-Vector-, Link-State- aud BGP-Routerupdatealgorithmen erforderlich, die auch Multicast-Ziele berücksichtigen. (Wir verwenden hier G, um sowohl die eigentliche Multicast-Gruppe als auch die Multicast-*Adresse* für die Gruppe zu bezeichnen; wir ignorieren auch vorerst, wie einer Gruppe eine tatsächliche Multicast-Adresse zugewiesen wird).

Diese Erweiterungen des Routing-Protokolls sind möglich (und im Fall von Link-State sogar recht einfach, da jeder Knoten seine lokale Netzwerkkarte verwenden kann, um den optimalen Multicast-Baum zu ermitteln), aber es gibt einige Probleme. Wenn jeder Internet-Host potenziell einer beliebigen Multicast-Gruppe beitreten kann, muss jeder Router einen separaten Eintrag für jede Multicast-Gruppe pflegen; es gibt keine Möglichkeiten zur Konsolidierung oder zum hierarchischen Routing. Außerdem gibt es für Multicast keinerlei Möglichkeit, die grundlegende Unicast-IP-Trennung von Adressen in Netzwerk- und Host-Anteile zu unterstützen, die für die weitergehende Skalierbarkeit des IP-Routings entscheidend war. Der Klasse-D-Multicast-Adressblock enthält 228 ≃ 270 Millionen Einträge, viel zu viele, um für jeden einen Eintrag in der Routing-Tabelle zu ermöglichen.

Das zweite Problem besteht darin, dass Multicast-Gruppen im Gegensatz zu Unicast-Zielen *vorübergehender Natur* sein können; dies würde eine zusätzliche Belastung für Router bedeuten, die versuchen, die Weiterleitung zu solchen Gruppen zu verfolgen. Ein Beispiel für eine temporäre Gruppe wäre eine solche, die nur für einen bestimmten Sprecher einer Videokonferenz verwendet wird.

Schließlich sind Multicast-Gruppen in der Regel auch nur für ihre Mitglieder von Interesse, da Hosts im Internet im Allgemeinen nicht an Multicast-Gruppen senden, zu denen sie keine enge Beziehung haben. Im obigen Diagramm ist der Absender A vielleicht nicht wirklich Mitglied der Gruppe {B1,B2,B3}, aber es besteht eine enge Verbindung. Es kann sein, dass es für R4 keinerlei Grund gibt, überhaupt etwas über diese Multicast-Gruppe zu wissen.

Wir müssen also anders über das Multicast-Routing nachdenken. Der vielleicht erfolgreichste Ansatz ist das *Abonnentenmodell*, bei dem Absender und Empfänger einer Multicast-Gruppe dynamisch beitreten und sie verlassen, und es keine Route zur Gruppe gibt, außer für diejenigen, die sie abonniert haben. Router aktualisieren den Multicast-Baum bei jedem Beitritts-/Austrittsereignis. Der optimale Multicast-Baum wird nicht nur durch die Empfängergruppe {B1,B2,B3}, sondern auch durch den *Absender* A bestimmt; wenn ein anderer Absender an die Gruppe senden wollte, könnte ein anderer Baum erstellt werden. In der Praxis werden absenderspezifische Bäume nur für Absender erstellt, die große Datenmengen übermitteln; weniger wichtige Absender nehmen ein gewisses Maß an Ineffizienz in Kauf.

Das für diese Zwecke am besten geeignete Multicast-Protokoll ist als PIM-SM bekannt und in RFC 2362. definiert. PIM steht für *Protocol-Independent Multicast*, wobei »protocol-independent« bedeutet, dass es nicht an ein bestimmtes Routing-Protokoll wie Distance-Vector oder Link-State gebunden ist. SM steht hier für *Sparse Mode*, was bedeutet, dass die Menge der Mitglieder weit über das Internet verstreut sein kann. Wir stellen erneut fest, dass PIM-SM zwar ein vernünftiger Ausgangspunkt für eine realistische Multicast-Implementierung ist, es aber schwierig sein kann, einen ISP zu finden, der es auch implementiert.

Der erste Schritt bei PIM-SM besteht bei einer vorhandenen Multicast-Zielgruppe G darin, einen Router zu bestimmen, der als *Rendezvous-Punkt* (RP) für G dient. Wenn die Multicast-Gruppe von einem bestimmten Absender eingerichtet wird, kann der RP ein Router in der Nähe dieses Absenders sein. Der RP dient als vorgegebene Wurzel des Multicast-Baums, bis absenderspezifische Multicast-Bäume erstellt werden. Die Absender senden Pakete an den RP, der sie über den Multicast-Baum an alle Gruppenmitglieder weiterleitet.

Auf der untersten Ebene wird das Internet Group Management Protocol (IGMP) eingesetzt, um es den Hosts zu ermöglichen, einen ihrer lokalen Router (ihren *designierten Router* oder DR) über die Gruppen zu informieren, denen sie beitreten möchten. Wenn ein solcher designierter Router erfährt, dass ein Rechner B der Gruppe G beitreten möchte, leitet er ein *join*-Request an den RP weiter.

Die Join-Anfrage wird vom DR zum RP über den üblichen IP-Unicast-Pfad von DR nach RP übertragen. Nehmen wir an, der Pfad für das folgende Diagramm ist ⟨DR,R1,R2,R3,RP⟩. Dann wird jeder Router in dieser Kette einen Eintrag für die Gruppe G erstellen (oder aktualisieren); jeder Router wird in diesem Eintrag vermerken, dass der Traffic zu G an den vorherigen Router in der Liste (beginnend mit dem DR) gesendet werden muss und dass Traffic *von* G vom nächsten Router in der Liste (letztendlich vom RP) kommen muss.

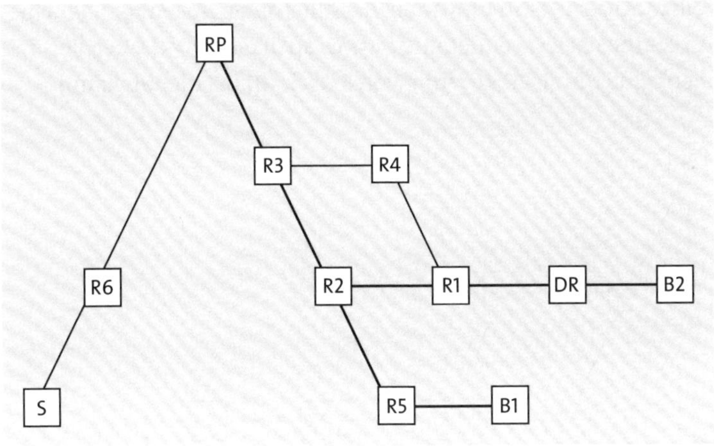

Im obigen Diagramm nehmen wir an, dass B1 als erster der Gruppe beitritt. Der designierte Router von B1 ist R5, und das Join-Paket wird auf der Route R5→R2→R3→RP versendet. R5, R2 und R3 haben nun Einträge für G. Der Eintrag von R2 legt zum Beispiel fest, dass an G adressierte Pakete *an* {R5} zu senden sind und *von* R3 kommen müssen. Diese Einträge sind alle mit ⟨*,G⟩ gekennzeichnet, um die Notation von RFC 2362 zu verwenden, wobei das »*« für »beliebiger Absender« steht; wir werden weiter unten darauf zurückkommen, wenn wir uns mit absenderspezifischen Bäumen beschäftigen.

Nun möchte B2 beitreten, und sein designierter Router DR sendet seine Beitrittsanfrage entlang des Pfads DR→R1→R2→R3→RP. R2 aktualisiert seinen Eintrag für G dahingehend, dass an G adressierte Pakete an die Menge {R5,R1} weitergeleitet werden sollen. Tatsächlich muss R2 das Join-Paket gar nicht an R3 weiterleiten.

An dieser Stelle kann ein Absender S an die Gruppe G senden, indem er ein Multicast-adressiertes IP-Paket erstellt und es in einem an RP adressierten Unicast-IP-Paket *verkapselt*. RP öffnet die Verkapselung und leitet das Paket in der Baumstruktur weiter, die oben durch die fettgedruckten Links dargestellt ist.

Beachten Sie, dass die von RP an DR gesendeten Datenpakete so wie oben beschrieben dem Pfad RP→R3→R2→R1 folgen, auch wenn der normale *Unicast*-Pfad von R3 nach R1 R3→**R4**→R1 wäre. Der Multicast-Pfad basierte auf dem bevorzugten next_hop von R1 zum RP, der als R2 angenommen wurde. Der Datenverkehr vom Absender zu einem bestimmten Empfänger nimmt hier genau den umgekehrten Weg, den ein Unicast-Paket von diesem Empfänger zum Absender nehmen würde; wie wir in Abschnitt 14.4.3, »Hierarchisches Routing über Provider«, gesehen haben, ist es üblich, dass Unicast-IP-Datenverkehr in jeder Richtung einen anderen Weg nimmt.

Der nächste Schritt besteht darin, *quellenspezifische* Bäume für Absender mit hohem Datenaufkommen einzuführen. Nehmen wir an, dass der obige Absender S eine beträchtliche Menge an Traffic nach G sendet und dass es auch eine R6–R2-Verbindung (unten hervorgehoben) gibt, die als Abkürzung von S nach {B1,B2} dienen kann:

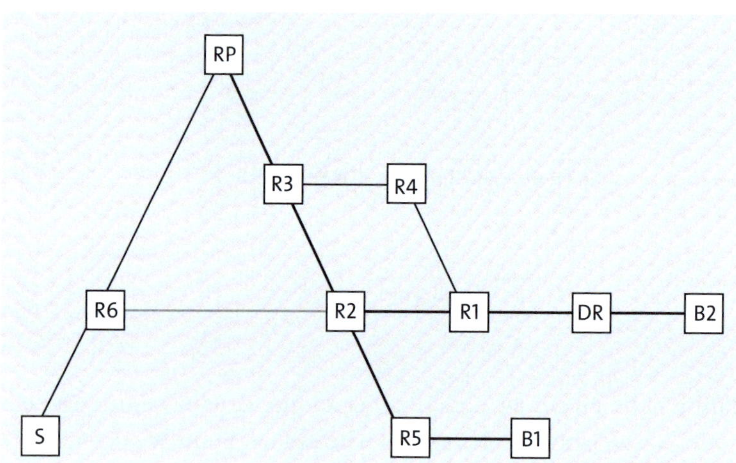

Wir nehmen weiterhin an, dass der Traffic von R2 über R3 und nicht über R6 zu RP gelangt. Wir wollen S jedoch erlauben, über den direkteren Pfad R6→R2 an G zu senden. RP würde dies durch spezielle Join-Nachrichten initiieren, die an R6 gesendet werden;

eine Nachricht würde dann von RP an die Gruppe G gesendet werden, die die Möglichkeit ankündigt, einen quellenspezifischen Baum für S zu erstellen (oder, besser gesagt, für den designierten Router von S, R6). diese Router erreichen RP und R6 über denselben next_hop-Router R2.

Nun empfängt R2 jedoch diese Nachricht und stellt fest, dass er R6 direkt erreichen kann (oder zumindest über einen anderen Pfad als den, den es zum Erreichen von RP verwendet), weshalb R2 eine Join-Nachricht an R6 sendet. R2 und R6 haben nun jeweils allgemeine Einträge für ⟨*,G⟩, aber auch einen quellenspezifischen Eintrag ⟨S,G⟩, was bedeutet, dass R6 den an G adressierten *und von S kommenden* Verkehr an R2 weiterleiten wird und R2 diesen akzeptieren wird. R6 kann diese Pakete auch an RP weiterleiten (da RP zur Gruppe G gehört), aber RP könnte dann auch einen ⟨S,G⟩-Eintrag haben, der besagt (sofern das obige Diagramm nicht erweitert wird), dass er nichts mehr weiterleiten soll.

Die Kennzeichnungen ⟨*,G⟩ und ⟨S,G⟩ markieren somit zwei verschiedene Bäume, von denen einer in RP und der andere in R6 verwurzelt ist. Die Router verwenden jeweils eine implizite »closest-match«-Strategie, wobei ein quellenspezifischer Eintrag verwendet wird, falls ein solcher vorhanden ist, und andernfalls der Platzhaltereintrag ⟨*,G⟩.

Wie schon mehrfach angesprochen, fehlt es bei all dem an der nötigen Kooperation der Internetanbieter. Als Überbrückungsmaßnahme wurde das Multicast-Backbone oder *Mbone* als bescheidene Teilmenge von Multicast-fähigen Routern geschaffen. Die meisten dieser Router befanden sich in den Kunden-(Blatt)-Internetdomänen und nicht bei den ISPs, geschweige denn bei den Backbone-ISPs. Um einer Multicast-Gruppe auf dem Mbone beizutreten, musste man zunächst den nächstgelegenen Mbone-Router ausfindig machen und sich dann per Tunneling mit ihm verbinden. Das Mbone verlor nach dem Jahr 2000 zunehmend an Bedeutung.

Wir haben noch nicht darüber gesprochen, wie eine Multicast-Adresse einer bestimmten Gruppe von Hosts zugewiesen wird, die eine Multicast-Gruppe bilden wollen. Es gibt mehrere große Blöcke von Klasse-D-Adressen, die von der IANA vergeben werden. Einige davon sind bestimmten Protokollen zugewiesen; die Multicast-Adresse für das Network Time Protocol lautet beispielsweise 224.0.1.1 (wobei man NTP auch ohne Multicast verwenden kann). Der Block 232.0.0.0/8 ist für quellenspezifisches Multicast reserviert, und der Block 233.0.0.0/8 wird durch den GLOP-Standard zugewiesen; wenn ein Standort über eine 16-Bit-AS-Nummer mit den Bytes x und y verfügt, erhält dieser Standort automatisch den Multicast-Block 233.x.y.0/24 zugewiesen. Ein umfassenderes Zuweisungsschema wartet auf die Entwicklung und Adoption einer breiteren IP-Multicast-Strategie. Dazu wird es vielleicht nie kommen.

24.6 RSVP

Als nächstes sehen wir uns das RSVP-(ReSerVation)-Protokoll an, das den Kern von IntServ bildet.

Ursprünglich sollte RSVP Multicast unterstützen, um Telekonferenzen zu ermöglichen. Deshalb werden Reservierungen nicht von Sendern, sondern von Empfängern angefordert, da ein Multicast-Sender möglicherweise nicht einmal alle Empfänger kennt. Reservierungen gelten auch nur in eine Richtung; für bidirektionalen Datenaustausch müssen zwei Reservierungen vorgenommen werden.

Wie Multicast erfordert auch RSVP im Allgemeinen die Mitwirkung von zwischengeschalteten Routern.

Reservierungen umfassen sowohl eine Datenstromspezifikation (*flowspec*), die den Datenstrom beschreibt (z. B. ein Unicast- oder Multicast-Ziel), als auch eine Filterspezifikation (*filterspec*), die beschreibt, wie die Pakete im Datenstrom identifiziert werden sollen. Wir gehen davon aus, dass Filterspezifikationen einfach unidirektionale Datenströme definieren, z. B. durch die Angabe von Quell- und Ziel-Sockets, aber es sind auch allgemeinere Filterspezifikationen möglich. Eine Komponente der Datenstromspezifikation ist die *Tspec* oder Traffic-Spezifikation; hier tritt die Token-Bucket-Spezifikation für den Datenstrom in Erscheinung. Tspecs enthalten keine Begrenzung der Gesamtlaufzeit; der Grad der *Warteschlangenverzögerung* an jedem Router kann jedoch anhand der Token-Bucket-Parameter $TB(r,B_{max})$ als B_{max}/r berechnet werden.

RSVP verwendet hauptsächlich zwei Nachrichten: *PATH*-Pakete, die vom Sender zum Empfänger gehen, und die nachfolgenden *RESV*-Pakete, die vom Empfänger zum Sender gehen.

Anfänglich verschickt der Sender (oder verschicken die Sender) eine PATH-Nachricht an den (oder die) Empfänger, entweder über eine einzelne Unicast-Verbindung oder an eine Multicast-Gruppe. Die PATH-Nachricht enthält die Tspec des Senders, welche die Empfänger kennen müssen, um ihre Reservierungen vorzunehmen. Die PATH-Nachrichten sind jedoch nicht nur für die endgültigen Empfänger bestimmt: Jeder Router auf dem Pfad prüft diese Pakete und erfährt die Identität des RSVP-Routers next_hop in *Upstream*-Richtung. Die PATH-Nachrichten informieren jeden Router entlang des Pfads über den Pfadzustand (*path state*) für den Absender.

Stellen Sie sich beispielsweise vor, dass Sender A eine PATH-Nachricht an Empfänger B sendet und dabei die normale Unicast-Übertragung verwendet. Nehmen wir an, die Route sei A→R1→**R2**→R3→B. Außerdem soll B einfach eine Unicast-Nachricht an A senden, allerdings ist die Route eine ganz andere: B→R3→**R4**→R1→A.

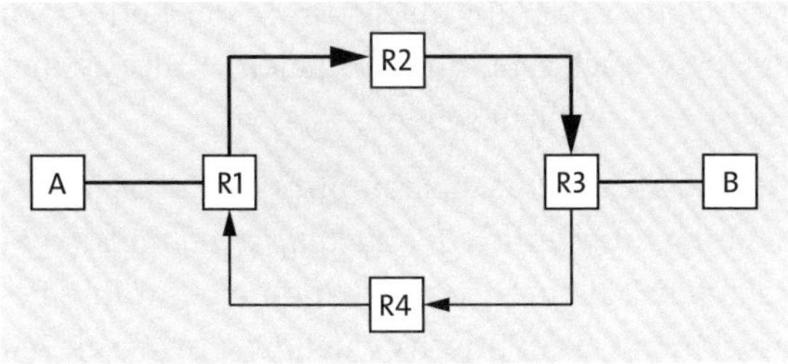

Abbildung 24.2 Die Pfeile zeigen den Weg des normalen Unicast-Verkehrs zwischen A und B. Der RSVP-Traffic folgt jedoch den fettgedruckten Verbindungen in beide Richtungen.

Auf dem Weg der PATH-Nachricht von A nach B muss R2 festhalten, dass R1 der nächste Hop zurück zu A auf diesem speziellen PATH ist, und R3 muss festhalten, dass R2 der nächste Reverse-Path-Hop zurück zu A ist, und sogar B muss registrieren, dass R3 der nächste Hop zurück zu A ist (R1 weiß dies vermutlich bereits, da er direkt mit A verbunden ist). Um diese Reverse-Path-Informationen zu übermitteln, fügt jeder Router an einer bestimmten Stelle im PATH-Paket seine eigene IP-Adresse ein, sodass der nächste Router, der das PATH-Paket empfängt, den nächsten Reverse-Path-Hop kennt. Dieser Pfadzustand, der bei jedem Router gespeichert wird, enthält nicht nur die Adresse des vorherigen Routers, sondern auch die Tspec des Absenders. Alle diese Angaben zum Pfadzustand gelten nur für dieses spezielle PATH.

Mit anderen Worten teilt das PATH-Paket dem Empfänger die Tspec mit und bereitet die Router entlang des Pfads auf zukünftige Reservierungen vor.

Der eigentliche Traffic vom Absender A zum Empfänger B wird schließlich über den Standard-Unicast-Pfad (oder Multicast-Baumzweig) von A nach B weitergeleitet, genau wie PATH-Nachrichten von A nach B. Router müssen jedoch weiterhin prüfen, ob jedes weitergeleitete Paket Teil einer Reservierung ist oder nicht, um reserviertem Traffic bessere Drop-Raten und geringere Wartezeiten einzuräumen und um die Reservierung zu überwachen und damit zu gewährleisten, dass der Absender nicht mehr reservierten Traffic als vereinbart sendet. Reservierter Datenverkehr wird durch Quell- und Ziel-IP-Adressen und -Portnummern identifiziert. Diese Kombination aus IP-Adresse und Port kann mit der VCI des Virtual-Circuit-Routing (Abschnitt 5.4, »Virtuelle Verbindungen«) verglichen werden, wobei sie aber entlang des Pfads konstant bleibt.

Nach dem Empfang der PATH-Nachricht vom Absender antwortet nun jeder Empfänger mit seiner RESV-Nachricht und fordert seine Reservierung an. Die RESV-Pakete werden nicht über die vorgegebene Unicast-Route zum Sender zurückgeschickt, sondern über den durch die PATH-Nachricht erzeugten Gegenpfad. Im obigen Beispiel würde das RESV-Paket B→R3→R2→R1→A durchlaufen. Jeder Router (und auch B) muss sich die RESV-Nachricht ansehen und den entsprechenden PATH-Datensatz nachschlagen, um herauszufinden, wie er die Reservierungsnachricht in der Kette nach oben weiterleiten kann. Wenn die RESV-Nachricht mit normalem Unicast über B→R3→R4→R1→A gesendet würde, würde R2 sie nicht sehen.

Jeder Router, der den RESV-Pfad sieht, muss auch entscheiden, ob er die Reservierung gewähren kann. Dies ist die Entscheidung hinsichtlich der *Zugangssteuerung. RSVP-konfor*me Router halten in der Regel einen Teil ihrer Gesamtbandbreite für ihre Reservierungen zurück und setzen wahrscheinlich auf Priority Queuing, um diesen Teil bevorzugt zu bedienen. Solange dieser Anteil jedoch deutlich unter 100 % liegt, wird der nicht reservierte Volumenverkehr nicht ausgesperrt. Es kann auch Fair Queuing zum Einsatz kommen.

Reservierungen müssen in regelmäßigen Abständen (z. B. alle 30 Sekunden) erneut gesendet werden, da sie sonst ablaufen und verschwinden; auf diese Weise bindet ein Empfänger, der abgeschaltet wird, ohne seine Reservierung zu stornieren, keine weiteren Ressourcen mehr.

Wenn sich die RESV-Nachrichten in einem Multicast-Baum nach oben und nicht rückwärts über einen Unicast-Pfad bewegen, erreichen sie wahrscheinlich einen Router, der bereits eine Reservierung mit gleicher oder größerer Kapazität vorgenommen hat. Im nachstehenden Diagramm hat Router R eine Reservierung für den Datenverkehr von A an Empfänger B1 gewährt, und zwar über die Schnittstelle 1 von R, und hat nun eine ähnliche Reservierung von Empfänger B2 über die Schnittstelle 2 von R.

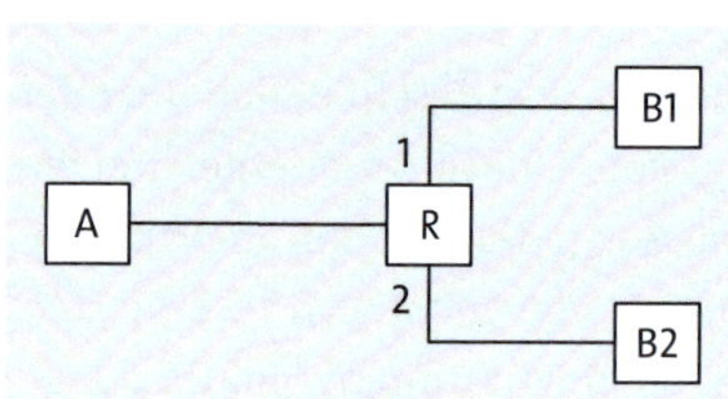

Unter der Annahme, dass Router R die Reservierung von B2 bewilligen kann, muss er das RESV-Paket nicht weiter in Upstream-Richtung senden (zumindest nicht als Anfrage für eine neue Reservierung); die Reservierung von B2 kann mit der von B1 *zusammengelegt* werden. R empfängt einfach Pakete von A und leitet sie nun über seine beiden Schnittstellen 1 und 2 an die beiden Empfänger B1 bzw. B2 weiter.

Es ist nicht notwendig, dass *jeder* Router entlang des Pfades RSVP-fähig ist. Angenommen, A sendet seine PATH-Nachrichten an B über A→R1→R2a→R2b→R3→B, wobei jeder Router aufgelistet ist, R2a und R2b aber Teil einer nicht-RSVP-»Cloud« sind. Dann speichern R2a und R2b keinen Pfadstatus, markieren aber auch die PATH-Pakete nicht mit ihren IP-Adressen. Wenn also ein PATH-Paket bei R3 ankommt, trägt es immer noch die IP-Adresse von R1, und R3 zeichnet R1 als den nächsten Reverse-Path-

Hop auf. Es ist nun möglich, dass, wenn R3 RESV-Pakete zurück an R1 sendet, diese einen anderen Pfad R3→R2c→R1 nehmen, aber das spielt keine Rolle, da R2a, R2b und R2c ohnehin keine Reservierungen annehmen. Für diese Router wird stattdessen die Best-Effort-Übertragung verwendet, aber zumindest ein Teil des Pfads wird durch Reservierungen abgedeckt. Wie wir in Abschnitt 24.2 dargelegt haben, ist es durchaus möglich, dass wir die Beteiligung der verschiedenen R2s zum Erreichen der gewünschten Dienstgüte nicht *benötigen*; vielleicht tragen nur R1 und R3 zu Verzögerungen bei.

Im Multicast-Modell mit mehreren Sendern und Empfängern muss nicht jeder Empfänger eine Reservierung für alle Sender vornehmen; einige Empfänger haben möglicherweise kein Interesse an manchen Sendern. Wenn Datenübertragungsprotokolle mit Ratenanpassung verwendet werden, können manche Empfänger für einen Sender eine niedrigere Übertragungsrate reservieren als die, mit der der Sender gerade sendet. Damit dies funktioniert, muss ein Knoten zwischen Sender und Empfänger bereit sein, die Daten auf eine niedrigere Datenrate zu transkodieren; das RTP-Protokoll bietet hierfür eine gewisse Unterstützung in Form von *RTP-Mixern* (Abschnitt 24.11.1, »RTP-Mixer«). Dies ermöglicht es verschiedenen Mitgliedern der Multicast-Empfängergruppe, denselben Audio-/Videostream in unterschiedlichen Qualitäten zu empfangen.

Aus Sicht eines Internetdienstanbieters bestehen die Probleme mit RSVP darin, dass es wahrscheinlich *viele* Reservierungen gibt und der Anbieter sich überlegen muss, wie er entscheidet, wer was reservieren darf. Ein Modell wäre, für Reservierungen eine Gebühr zu erheben, aber das ist kompliziert, wenn der Dienstanbieter, der die Gebühr erhebt, nicht identisch mit dem Dienstanbieter ist, der die betroffenen Empfänger bedient. Ein anderes Modell besteht darin, jedem die Möglichkeit zu geben, eine Reservierung zu beantragen, aber eine Obergrenze für die Anzahl der von einem bestimmten Standort aus vorgenommenen Reservierungen festzulegen.

Diese Arten von Problemen haben weitgehend verhindert, dass RSVP im Internet-Backbone eingesetzt wird. Allerdings ist RSVP in einigen Firmen-Intranets offenbar recht erfolgreich, wo es zur parallelen Unterstützung von Sprach- und Datenübertragung in denselben LANs eingesetzt werden kann.

24.6.1 Eine CDN-basierte Alternative zu IntServ

Die Kernkomponenten von IntServ sind

- IP-Multicast
- Traffic-Reservierungen

Während »echte« IntServ-Implementierungen vielleicht niemals weit verbreitet (oder auch nur eingeschränkt) Akzeptanz finden werden, kann ein *Content-Distribu-*

tion Network (Abschnitt 1.12.2, »Content-Distribution Networks«) häufig dieselben beiden Ziele (Multicasting und Reservierung) erreichen, ohne dass dafür eine Kooperation der Backbone-Routing-Infrastruktur erforderlich wäre.

CDN-basierte Strategien setzen nicht unbedingt echte Reservierungen um, sondern versuchen, entsprechende Datenverkehrsgarantien (oder Beinahe-Garantien) für die jeweilige Anwendung zu bieten. Für Videokonferenzen gehören dazu eine ausreichende Bandbreite und eine Obergrenze der Laufzeit. Bei Online-Spielen hingegen ist das Hauptziel in der Regel eine extrem geringe Latenzzeit in der Warteschlange, der so genannte »Lag«. Die Anforderungen an die Bandbreite zwischen den einzelnen Spielern sind oft recht bescheiden. Inzwischen stehen Spielern mehrere »private Gaming-Netzwerke« (oder »optimierte Gaming-Netzwerke«) zur Verfügung, die nach den hier beschriebenen Prinzipien funktionieren.

Stellen Sie sich einen Videokonferenzsprecher am Knoten A vor. Die Knoten B bis G sind Videoempfänger. Nach der IntServ-Strategie würden wir einen Multicast-Baum mit der Wurzel A erstellen, und dann würde die Videopräsentation von A per Multicast an die Knoten B bis G übertragen. Die einzelnen Verbindungen in diesem Multicast-Baum – sowohl die inneren als auch die gestrichelten Verbindungen in Abbildung 24.3 – würden alle (oder fast alle) eine entsprechende Traffic-Reservierung aufrechterhalten.

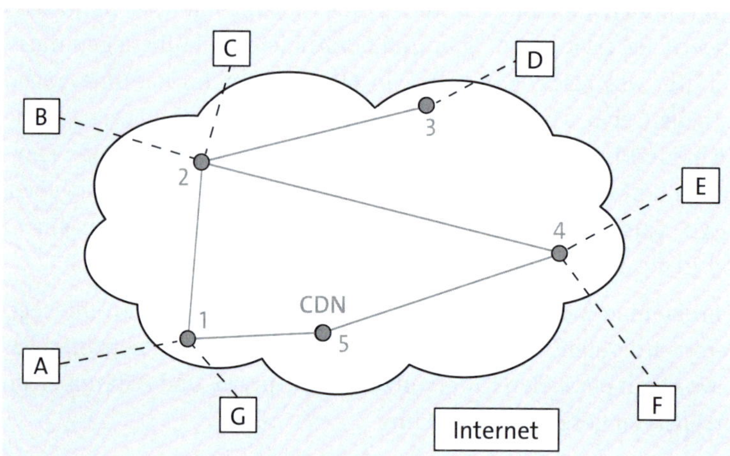

Abbildung 24.3 Ein Content-Delivery Network

Stellen Sie sich nun aber stattdessen vor, dass wir ein Netzwerk haben – ein CDN also – das aus mehreren öffentlich zugänglichen Knoten (sogenannten *Points of Presence* oder PoPs) besteht, die alle durch Hochgeschwindigkeitsverbindungen (virtuell oder physisch) miteinander verbunden sind. Diese Verbindungen zwischen den Knoten werden im obigen Diagramm durch die inneren Linien dargestellt. Jeder der Nutzer A-G verbindet sich dann mit dem CDN, indem er das normale öffentliche Internet nutzt; dies sind die gestrichelten Linien. Diese Verbindungen werden wahrscheinlich unter der Regie eines Videokonferenzanbieters aufgebaut, der die Dienste des CDN gemietet hat. Jeder Benutzer versucht – mit der Software des Anbieters – eine Verbindung zum nächsten oder zumindest zu einem einigermaßen nahe gelegenen Zugangspunkt des CDN herzustellen.

Dem CDN werden A als Datenquelle und B-G als Teilnehmer gemeldet, und es leitet die von A eingehenden Daten von 1 nach 2, 3 und 4 weiter. Die Daten von A werden im Sinne des Multicast-Gedankens nicht zweimal über eine Verbindung weitergeleitet. Diese Weiterleitung wird höchstwahrscheinlich innerhalb der Videokonferenz-Anwendungsschicht erfolgen und nicht durch Multicasting auf der IP-Schicht. Das heißt, CDN-Knoten 1 empfängt den Datenstrom von A und verteilt ihn innerhalb des CDN an die Knoten 2, 3 und 4 so, wie es das CDN für richtig hält. Mit anderen Worten: Multicasting auf der Anwendungsschicht lässt sich problemlos rein softwaremäßig implementieren.

In diesem Fall können Auslastung und Warteschlangenverzögerung bedarfsgerecht reguliert werden, und gegebenenfalls können echte Reservierungen (innerhalb des CDN) gewährt werden. Private Gaming-Netzwerke erfordern häufig private Verbindungswege, da es schwierig ist, Verzögerungen im öffentlichen Internet zu minimieren. Das interne Wide-Area-Network von Google (Stand 2017), auch bekannt als B4, besitzt eine solche Architektur; es befördert riesige Volumina an Datenverkehr. Siehe [JKMOPSVWZ13].

Auf der anderen Seite können diese Verbindungen einfach Pfade durch das öffentliche Internet sein, was das CDN zu einem »Overlay«-Netz macht, das ein vage Ähnlichkeit mit dem ursprünglichen Mbone hat. In diesem Fall konkurriert der Echtzeitdatenverkehr des CDN mit anderem Datenverkehr. Das ist jedoch nicht unbedingt schlecht, wenn die inneren Verbindungen – bei denen es sich wahrscheinlich um Internet-»Backbone«-Verbindungen handelt – eine hohe Kapazität aufweisen. Noch wichtiger ist vielleicht, dass ein CDN für die Internetdienstleister, an die es angeschlossen ist, ein großer Kunde ist, der wahrscheinlich eine enge Geschäftsbeziehung zu ihnen unterhält. Wenn eine Überlastung für das CDN ein geschäftliches Problem darstellt, weil es Videokonferenzanbieter als Kunden gewinnen will, so befindet es sich in einer starken Verhandlungsposition für angemessene Dienstgütegarantien und sogar eine teilweise Isolierung seiner Echtzeitdatenströme.

24

Netflix Open Connect

Das Netflix CDN zur Bereitstellung von Videostreams besteht größtenteils aus so genannten *Open Connect Appliances* (OCAs), die jeweils mehr als 100 TB fassen. Sie sind – ziemlich weitläufig – auf ISPs und IXPs verteilt. Jede OCA wird täglich (mit mehreren TB) über das öffentliche Internet aktualisiert. Es gibt keine privaten Verbindungen. Netflix braucht sie nicht, da es keine Inhalte in Echtzeit anbietet.

Wie auch immer die CDN-internen Verbindungen implementiert sind, der Datenfluss wird in unserem Multicast-Szenario wie folgt ablaufen:

- Von Quelle A zu CDN-Knoten 1 (über das Internet)
- nach Bedarf über die internen Verbindungen des CDN
- Von den CDN-Knoten 1, 2, 3 und 4 zu den Teilnehmern B bis G (unter Verwendung der Internet-Verbindungen der einzelnen Teilnehmer)

Viele Telekonferenz- und Gaming-Anbieter nutzen diese Art der Architektur. Für die Netzwerknutzung können Gebühren erhoben werden, wodurch das Problem der Multicast- und Reservierungsgebühren gelöst wird. Prinzipiell (in der Praxis jedoch sehr selten) kann den Teilnehmern bei starker Überlastung mitgeteilt werden, dass das Netz ausgelastet ist, wodurch das Problem der Reservierungsberechtigung gelöst wird. Wahrscheinlicher ist, dass der Anbieter in Zeiten hoher Auslastung eine Leistungsverschlechterung zulassen und gleichzeitig versuchen wird, das Netz so zu betreiben, dass es »die meiste« Zeit über angemessen ist.

Wenn das CDN »klein« ist – vielleicht mit einem Dutzend Points of Presence – dann könnten die gestrichelten normalen Internet-Verbindungen von den Nutzern zum CDN letztendlich den größten Teil des Verkehrsaufkommens bewältigen. Wenn die gestrichelten Verbindungen jedoch nicht die Quelle der Überlastung sind, kann ein kleines CDN immer noch einen großen Leistungsvorteil bringen. Ist das CDN allerdings recht groß, können die gestrichelten Verbindungen auf innerstädtische Entfernungen schrumpfen, während die durchgezogenen Verbindungsstrecken den Datenverkehr auf der Langstrecke übernehmen.

24.7 Differentiated Services

Differentiated Services oder DiffServ wurden als Alternative zu IntServ mit geringem Overhead entwickelt; in RFC 2475 finden Sie eine umfassende Einführung. Der Gedanke hinter DiffServ ist, die zahlreichen Reservierungen von IntServ durch eine kleine Anzahl von Service-Klassen zu ersetzen: eine einzige *regular*-Klasse (für den allgemeinen Volumen-Traffic) und einige wenige *premium*-Klassen (für das, was bei IntServ der reservierte Traffic gewesen wäre). Aus diesem Grund kann DiffServ als »grob abgestufte« Ressourcenverteilung im Gegensatz zu den »fein abgestuften« Zuweisungen für die einzelnen Datenströme bei RSVP beschrieben werden. Wie IntServ lässt sich DiffServ am einfachsten innerhalb eines einzelnen Internetdienstanbieters oder Autonomen Systems implementieren; DiffServ kann jedoch auch über die Grenzen von ISPs hinweg sinnvoll eingesetzt werden. Eine Gruppe von Routern, die sich auf eine gemeinsame DiffServ-Richtlinie einigen, wird als *DS-Domain* bezeichnet; eine DS-Domain kann aus einem einzigen ISP bestehen, aber auch aus einem größeren »Backbone«-ISP und einigen »regionalen« Kunden-ISPs, die eine einzige DiffServ-Richtlinie ausgehandelt haben.

Pakete werden an den Routern am Rand jeder DS-Domain (und nur dort) für Premium-Dienste gekennzeichnet, wenn der betreffende Verkehr in diese Domäne eintritt. Die internen Router der DS-Domain nehmen keine Kennzeichnung und keine Überwachung des Datenverkehrs vor. Bei diesen internen Routern wird in der Regel Priority Queuing genutzt, um den markierten Paketen eine bevorzugte Abwicklung zu bieten.

Nehmen wir als einfaches Beispiel für den DiffServ-Ansatz an, ein Internetdienstanbieter habe eintausend Kunden. Der i-te Kunde handelt eine Bandbreite r_i für den »Premium«-Anteil seines Datenverkehrs aus; der ISP stellt sicher, dass die Summe aller r_i kleiner ist als eine festgelegte maximale Datenrate r. Der ISP setzt für jeden Premium-Tarif eine Maximalgeschwindigkeit r_i am Anschlusspunkt des Kunden i durch und kennzeichnet auch den Premium-Verkehr dieses Kunden. Der ISP kann nun jedem seiner Kunden dessen individuellen Premium-Tarif garantieren, indem er einfach sicherstellt, dass in seinem gesamten Netz eine Bandbreite von mindestens r zur Verfügung steht, und indem er gekennzeichnete Premium-Pakete vorrangig behandelt. Trotz tausend verschiedener individueller Bandbreitengarantien wird nur eine interne Dienstklasse benötigt – Premium.

Die Pakete werden mit den sechs Bits des DS-Feldes im IPv4-Headers gekennzeichnet (Abschnitt 9.1, »Der IPv4-Header«); diese gehörten ursprünglich zu den IP Type-of-Service-Bits. DiffServ-Traffic-Klassen sind als Per Hop Behaviors (PHBs) bekannt; Der Name leitet sich aus der Identifizierung von Traffic-Klassen und der Art und Weise ab, wie jeder Router Pakete dieser Klasse zu behandeln hat. Das einfachste PHB ist die *default PHB*, d. h. das Paket wird nicht besonders behandelt. Alle anderen PHBs sorgen für eine gewisse Bevorzugung.

Das *Class Selector* PHB dient der Abwärtskompatibilität mit dem 3-Bit-Präzedenz-Unterfeld des alten IPv4 Type-of-Service-Feldes, das ursprünglich als 3-Bit-Priority-Feld vorgeschlagen wurde.

Das *Expedited Forwarding* (EF) PHB (Abschnitt 24.7.1, »Expedited Forwarding«) stellt wohl der leistungsfähigste Dienst dar. Es ist für Traffic gedacht, der zusätzlich zu den Geschwindigkeitsanforderungen auch Laufzeitanforderungen hat. Das neuere *Voice Admit* PHB ist damit eng verwandt und wurde als das bevorzugte PHB für Sprachtelefonie empfohlen. Wir werden uns dieses PHB weiter unten genauer ansehen.

Assured Forwarding, oder AF (Abschnitt 24.7.2, »Assured Forwarding«), besteht eigentlich aus vier separaten PHBs, die den vier *Klassen* 1 bis 4 entsprechen. Es dient dazu, (weiche) Leistungsgarantien zu geben, die davon abhängig sind, dass der Absender innerhalb einer bestimmten Geschwindigkeitsspezifikation bleibt. Jede AF-Klasse hat ihre eigene Geschwindigkeitsspezifikation; diese Geschwindigkeitsspezifikationen liegen ganz im Ermessen der implementierenden DS-Domain. AF nutzt die ersten drei Bits zur Kennzeichnung der AF-Klasse und die nächsten drei Bits zur Kennzeichnung der *Drop-Präzedenz*.

Hier sind die Sechs-Bit-Muster für die oben genannten PHBs; die Bits für die AF-Drop-Präzedenz sind mit »ddd« gekennzeichnet.

- 000 000: default-PHB (Best-Effort-Zustellung)
- 001 ddd: AF class 1 (niedrigste Priorität)
- 010 ddd: AF class 2
- 011 ddd: AF class 3
- 100 ddd: AF class 4 (die beste)
- 101 110: Expedited Forwarding
- 101 100: Voice Admit
- 11x 000: Network control traffic (RFC 2597)
- xxx 000: Class Selector (traditionell IPv4-Type-of-Service)

Ziel der Premium-PHBs wie EF und AF ist es, die DS-Domäne einige Regeln zur Zulassung von Premium-Paketen festlegen zu lassen und dann darauf zu hoffen, dass die Gesamtanzahl der an ein bestimmtes Ziel gerichteten klein genug ist, um die hochgesteckten Dienstanforderungen erfüllen zu können. Dies ist nicht unbedingt mit einer Garantie gleichzusetzen und hängt in hohem Maße von der Statistik ab. Die eigentlichen Spezifikationen sind als Verhaltensweisen für jeden einzelnen Hop geschrieben (daher der Name PHB, *per-hop*-behaviors); mit einer geeigneten Zugangskontrolle ergibt sich aus diesen per-hop-behaviors auch im größeren Maßstab das gewünschte Verhalten.

Ein mögliches Internet-Arrangement besteht darin, dass eine Blatt-Domäne oder ein Internetdienstanbieter RSVP unterstützt, den Traffic aber an einen größeren Betreiber weitergibt, der stattdessen DiffServ einsetzt. Der Datenverkehr mit RSVP-Reservierungen würde dann beim Übergang zum zweiten Netzbetreiber mit der entsprechenden DS-Klasse gekennzeichnet werden.

24.7.1 Expedited Forwarding

Ziel des EF-PHB ist es, den markierten Paketen eine niedrige Warteschlangenverzögerung zu ermöglichen; ein typisches Beispiel dafür ist VoIP-Datenverkehr, auch wenn dieser inzwischen über ein eigenes PHB verfügt. EF wird gemeinhin als die beste DS-Dienstqualität angesehen, obwohl dies davon abhängt, wie viel EF-Traffic die DS-Domain akzeptiert.

Jeder Router in einer DS-Domain, der EF unterstützt, wird mit einer festen Übertragungsrate R für EF-Traffic konfiguriert. Verschiedene Router können unterschiedliche Geschwindigkeitsfestlegungen haben. In RFC 3246 wird die Regel für die einzelnen Router folgendermaßen formuliert (beachten Sie, dass diese Regel tatsächlich ein Per-Hop-Behavior ausdrückt):

> *Intuitively, the definition of EF is simple: the rate at which EF traffic is served at a given output interface should be at least the configured rate R, over a suitably defined interval, independent of the offered load of non-EF traffic to that interface.*

Für den EF-Traffic sollte jede ausgehende Schnittstelle also den Anschein erwecken, dass sie Bandbreite R bietet, ohne dass es keinen Traffic außerhalb von EF gibt. Allgemein gesprochen bedeutet dies, dass das Netz den Anschein einer geringen Belastung erwecken sollte, obwohl dieser Eindruck sehr stark von der strikten Kontrolle des eingehenden EF-Traffics abhängt. Normalerweise liegt R deutlich unterhalb der physischen Bandbreiten der Routerschnittstellen.

In RFC 3246 wird weiter ausgeführt, wie dieser scheinbare Dienst funktionieren soll. Wenn EF-Pakete die Länge L haben, sollten sie grob gesagt im Abstand L/R gesendet werden. Trifft ein EF-Paket ein während kein anderer EF-Datenverkehr wartet, kann es in einer Warteschlange gehalten werden, aber es sollte ausreichend früh genug gesendet werden, dass nach Beendigung der physischen Übertragung insgesamt nicht mehr als L/R Zeit verstrichen ist. Beträgt L/R also 10µs, die physische Bandbreitenverzögerung beim Senden aber nur 2µs, so kann das Paket für bis zu 8µs zugunsten von anderem Traffic zurückgehalten werden.

Dies bedeutet *nicht*, dass EF-Traffic strikten Vorrang vor jeglichem anderen Datenverkehr hat (wenngleich Priority Queuing eine vernünftige Strategie für die Verarbeitung von EF-Traffic ist); allerdings muss die sendende Schnittstelle die EF-Warteschlange in Intervallen von maximal L/R bedienen; die EF-Rate R muss jeweils für den Zeitrahmen eines Pakets gelten. Es wäre unzulässig, zehn EF-Pakete in eine Warteschlange zu stellen und sie dann alle nach der Zeit 10L/R zu versenden. Anstelle von Priority Queuing kann auch Fair Queuing verwendet werden, aber im Falle des Einsatzes von Quantum Fair Queuing muss das Quantum ausreichend klein sein.

Die zugesicherte Übertragungsrate R eines EF-Routers besagt lediglich, dass der Router versprochen hat, die Bandbreite R für EF-Datenverkehr zu reservieren. Wenn dieser Traffic schneller als mit der Übertragungsrate R bei einem Router eintrifft, kann sich eine Warteschlange mit EF-Paketen bilden (obwohl der Router in der Lage sein *kann*, einen Teil seiner zusätzlichen Bandbreite zu nutzen, um dies zumindest bis zu einem gewissen Grad zu vermeiden). Verzögerungen im EF-Datenverkehr können dazu führen, dass die Anwendung eines Nutzers irgendwo schlecht funktioniert, aber der Router kann nicht dafür verantwortlich gemacht werden. Solange der gesamte an einem bestimmten Router ankommende EF-Traffic sich auf die EF-Datenrate R dieses Routers beschränkt, kann zumindest dieser Router eine gute Dienstqualität anbieten.

Wenn der eintreffende EF-Traffic einer Token-Bucket-Spezifikation TB(R,B) entspricht, dann ist die maximale Anzahl von EF-Paketen in der Warteschlange B und die maximale Dauer, die ein EF-Paket gehalten werden sollte B/R.

Bislang haben wir uns mit einzelnen Routern befasst. Eine DS-Domain kontrolliert den EF-Datenverkehr nur an ihrer Grenze. Wie kann sie dafür sorgen, dass für keinen ihrer Router der eingehende EF-Traffic dessen festgelegte Rate überschreitet?

Ein sehr konservativer Ansatz besteht darin, den *gesamten* EF-Datenverkehr, der in die DS-Domain gelangt, auf die gemeinsame zugesagte Übertragungsrate R zu begrenzen. Dies wird wahrscheinlich zur Folge haben, dass bei einzelnen Routern die EF-Datenverkehrslast nicht auch nur annähernd R entspricht.

Einen weniger konservativen, eher statistischen Ansatz zeigt das nachfolgende Diagramm. Angenommen, eine DS-Domain hat an ihrem Rand vier Router R1, R2, R3 und R4, über die der gesamte Traffic ein- und ausgehen muss:

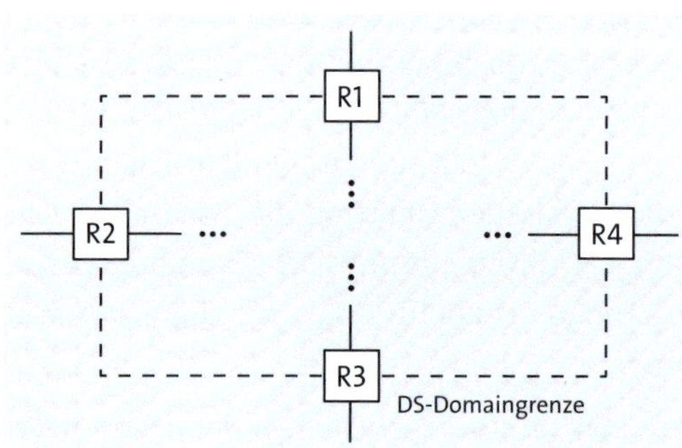

Gehen wir weiterhin davon aus. dass die Domain aus Erfahrung weiß, dass sich der abgehende EF-Datenverkehr im Allgemeinen gleichmäßig auf R1-R4 verteilt und dass diese am Rand befindlichen Router die Flaschenhälse sind. Dann könnte sie eine EF-Datenverkehrs-Eingangsrate von R an *jedem* der Router R1-R4 zulassen, was einem Gesamtvolumen des eingehenden EF-Traffics von 4×R entspricht. Würde natürlich der gesamte über R1, R2 und R3 eingehende EF-Traffic zufällig so adressiert, dass er über R4 ausgeht, erhielte R4 eine EF-Rate von 3×R, was aber hoffentlich nicht oft vorkommt.

Wenn ein einzelner ISP einen DiffServ-basierten VoIP-Dienst für Endnutzer anbieten möchte, könnte er eingehende VoIP-Pakete für den EF-Dienst markieren (oder sie vom Kunden markieren lassen, vorbehaltlich der Regulierung durch den ISP). Die Rate der markierten Pakete unterläge einer bestimmten Obergrenze, die mit dem Kunden als eine bestimmte Anzahl von Sprachleitungen ausgehandelt werden könnte. Diese markierten VoIP-Pakete würden dann innerhalb des ISP mittels eines EF-Dienstes weitergeleitet.

Für Anrufe, die auch innerhalb dieses Diensteanbieters enden – oder die an einer Schnittstelle innerhalb des Netzes dieses ISPs in das herkömmliche Telefonnetz weitergeleitet werden – wäre dies bereits ausreichend, aber einige Anrufe dürften wohl auch an Kunden anderer ISPs gerichtet sein. Für diesen Fall könnte der ursprüngliche ISP mit seinen benachbarten ISP über eine Fortsetzung des bevorzugten Dienstes verhandeln; ein solcher Dienst könnte eine andere DS-Dienstklasse (z. B. AF) beinhalten. Die Pakete müssten beim Verlassen des ursprünglichen ISPs und beim Eintritt in einen anderen ISP wahrscheinlich neu gekennzeichnet werden.

Der ursprüngliche ISP könnte selbst in einer Kundenbeziehung zu einem größeren ISP stehen. Der größere Internetdienstanbieter könnte mit seinem großen internen Netz keinen Bedarf an der Unterstützung eines Vorzugsdiensts haben, aber dennoch bereit sein, die EF-Kennzeichnung des ursprünglichen ISPs für die spätere Nutzung durch einen dritten ISP weiterzuleiten.

24.7.2 Assured Forwarding

Das in RFC 2597 dokumentierte AF ist einfacher als EF, bietet aber kaum eine Laufzeitgarantie. Das übergeordnete Ziel besteht darin, bestimmten Datenverkehrsklassen, z. B. dem Traffic einer bestimmten Kundengruppe, konkrete Bandbreitenzusagen zu machen. Unterschiedliche Datenverkehrsklassen werden durch verschiedene AF-Klassen repräsentiert, von denen es vier gibt. Wenn ein Teilnehmer mehr Traffic von einer bestimmten Klasse sendet, als ihm zusteht, wird der die Grenze überschreitende Traffic einfach mit einer höheren Drop-Präzendenz ausgezeichnet. Weiter hinten im Netzwerk kann dieser Datenverkehr dann unter Umständen verworfen werden oder auch nicht.

Die Drop-Präzedenzwerte für die zweiten drei Bits der AF-Klassen lauten wie folgt:

- 010: nicht verwerfen
- 100: mittel
- 110: hoch

24

Für die verschiedenen AF-Klassen können unterschiedliche Stufen von Priority Queuing verwendet werden; dadurch wird der gesamte Bandbreitenbedarf der AH-Klasse 4 vor der AH-Klasse 3 befriedigt, und weiter bis hin zur AH-Klasse 1 mit der niedrigsten AH-Priorität direkt oberhalb des Volumen-Traffics (Standard). Wenn die Traffic-Menge für jede Klasse sorgfältige begrenzt wird, braucht striktes Priority Queuing nicht zum »Verhungern« des Volumen-Traffics zu führen.

Der Einsatz von Priority Queuing ist nicht zwingend erforderlich; eine andere Möglichkeit ist Fair Queuing, bei dem die AH-Klassen mit höherer Priorität einen größeren Anteil der Gesamtbandbreite erhalten, zumindest im Verhältnis zu ihrem Datenverkehrsaufkommen.

Traffic mit unterschiedlichen Drop-Precedence-Werten innerhalb einer einzigen AF-Klasse wird jedoch *keinen* verschiedenen Unterwarteschlangen (egal, ob mit Priority-, Fair- oder sonstigem Queuing) zugewiesen. Dies würde mit ziemlicher Sicherheit zu einer erheblichen Umschichtung des Gesamtdatenverkehrs führen, und eine solche Neuordnung ist für TCP-Traffic meist ungesund. Würden hier verschiedene Ebenen des Priority Queuing eingesetzt, würden beispielsweise Pakete mit höherer Priorität so lange verzögert, bis die Warteschlangen mit niedrigerer Priorität geleert sind; fast jede Form des Queuings mit mehreren Warteschlangen für verschiedene ausgehende Schnittstellen würde wahrscheinlich zumindest zu einer gewissen Umordnung führen. Solange eine TCP-Verbindung in einer einzigen AF-Klasse verbleibt (z. B. weil der gesamte Datenverkehr zu oder von einem bestimmten Standort in einer einzigen AF-Klasse verbleibt), sollten die Pakete dieser Verbindung nicht neu geordnet werden.

Eine klassische Anwendung von AF erlaubt es einem ISP, verschiedenen Kunden unterschiedliche Leistungsstufen zu gewähren: Gold, Silber und Bronze (ebenfalls aus dem Anhang von RFC 2597). Die Kunden zahlen dem ISP dann entsprechend mehr dafür, dass ihr Datenverkehr in einer höheren Kategorie abgewickelt wird. Neben der AF-Ebene verhandelt jeder Kunde mit dem ISP über seine durchschnittliche Übertragungsrate sowie seine »zugesagten« und »überschüssigen« Burst-Kapazitäten (Buckets). Beim Eintritt in das Netzwerk trifft der Kunden-Traffic auf zwei Token-Bucket-Filter, deren Rate der vereinbarten Geschwindigkeit entspricht und die zwei unterschiedliche Bucket-Größen aufweisen: $TB(r,B_{committed})$ und $TB(r,B_{excess})$. Datenverkehr, der den Vorgaben der ersten Token-Bucket-Spezifikation entspricht, wird dann mit »nicht verwerfen« gekennzeichnet; Datenverkehr, der der ersten Spezifikation nicht entspricht, aber der zweiten Spezifikation, wird mit »mittel« gekennzeichnet und Datenverkehr, der keiner der beiden Spezifikationen entspricht, wird mit der Drop-Präzendenz »hoch« gekennzeichnet. (Die Verwendung von B_{excess} entspricht hier der Summe aus »committed burst size« und »excess burst size« aus dem Anhang von RFC 2597.)

Den Kunden steht es somit frei, schneller als zu ihrem vereinbarten Tarif zu senden, wobei der überschüssige Datenverkehr mit einer niedrigeren Drop-Präzedenz gekennzeichnet wird.

Durch diese Vorgehensweise kann ein ISP viele unterschiedliche Gold-Kunden mit sehr unterschiedlichen Tarifvereinbarungen haben, die alle in der gleichen AF-4-Klasse zusammengefasst sind. Die Tarife der einzelnen Kunden und sogar die Summe der Tarife haben möglicherweise nur einen schwachen Bezug zur tatsächlichen internen Kapazität des ISP, obwohl es nicht im langfristigen Interesse des ISP liegt, eine AF-Ebene zu überzeichnen.

Wenn der ISP den AF-Klasse-4-Traffic schlank genug hält, könnte er den EF-Datenverkehr in Bezug auf die Verzögerung übertreffen. Die EF-PHB-Regeln gehen jedoch ausdrücklich auf Laufzeitprobleme ein, während die AF-Regeln dies nicht tun.

24.8 RED with In and Out

Das Assured Forwarding (AF) von Differentiated Services passt gut zu *RIO*-Routern: RED with In and Out (oder In, Middle and Out); siehe Abschnitt 21.5.4, »RED«. In RIO-Routern unterliegt jeder Drop-Precedence-Wert (hier »In«, »Middle« und »Out«) einer anderen Verwerfungsschwelle. Pakete mit höheren Drop-Precedence-Werten würden bei entsprechend geringerer Auslastung der RED-Warteschlange RED-Signalisierungsverluste erfahren. Das bedeutet, dass TCP-Verbindungen mit einem signifikanten Anteil an höheren Drop-Precedence-Werten früher von RED-induzierten Verlusten betroffen wären – und somit ihr Überlastungsfenster früher verkleinern würden – als Verbindungen, die innerhalb ihrer zugesagten Rate blieben. Da jede AF-Klasse mit einer einzigen Priorität gesendet wird, sollten TCP-Verbindungen innerhalb einer einzelnen AF-Klasse keine anderen Probleme (z. B. Umordnung) als diese RED-Signalisierungsverluste erfahren. All dies hat den Effekt, dass die Kunden sanft dazu angehalten werden, innerhalb ihrer zugesagten Traffic-Limits zu bleiben.

RIO wird sich wahrscheinlich nur auf TCP-Verbindungen sinnvoll auswirken; Echtzeit-Traffic im UDP-Bereich ist möglicherweise nur geringfügig oder gar nicht von RED-Signalisierungsverlusten betroffen.

24.9 NSIS

Das praktische Problem mit RSVP besteht darin, dass die Router daran teilnehmen müssen. Ein Ansatz, um mehr Kooperation seitens der ISPs zu erreichen, könnte eine abgespeckte Version von RSVP sein, wobei dies aber spekulativ ist; Differentiated Services sollte genau das darstellen und konnte sich innerhalb des kommerziellen Internet-Backbones ebenfalls nicht wirklich durchsetzen.

Dennoch wird seit geraumer Zeit an alternativen Protokollpaketen gearbeitet. Ein Kandidat ist *Next Steps In Signaling* (*NSIS*), das in RFC 4080 und RFC 5974 dokumentiert wird.

24

NSIS schlüsselt den RSVP-Entwurf in zwei getrennte Schichten auf: die *Signalübertragungsschicht (signal transport layer)*, die dafür verantwortlich ist, herauszufinden, wie die zwischengeschalteten Router erreicht werden können, und die übergeordnete Anwendungsschicht (*signaling application layer)*, auf der die Anforderung der tatsächlichen Reservierungen erfolgt. Ein Vorteil dieses Zwei-Schichten-Konzepts besteht darin, dass NSIS für andere Signalisierungsarten angepasst werden kann, obwohl wir davon ausgehen können, dass die meisten NSIS-Signalisierungen mit einem bestimmten Netzwerk-Flow zusammenhängen. NSIS kann beispielsweise eingesetzt werden, um NAT-Router anzuweisen, den Zugang zu einem bestimmten internen Port zu öffnen, damit eine VoIP- oder eine sonstige Verbindung hergestellt werden kann.

Ganz allgemein verzichtet NSIS auch auf den multicast-zentrierten Ansatz von RSVP. Der Signalisierungs-Traffic wird Hop für Hop von einem *NSIS-Element* (NE) zum nächsten NE auf dem Pfad übertragen. In Fällen, in denen der Signalisierungsdatenverkehr demselben Pfad wie die Daten folgt (der »pfadgekoppelte« Fall), würde das Signalisierungspaket wahrscheinlich an das endgültige Ziel adressiert, aber von jedem NE-Router entlang des Pfads *erkannt*. Die NE-Router würden dem Paket dann etwas hinzufügen und vielleicht ihren eigenen internen Status aktualisieren. Nicht teilnehmende Router (solche, die kein NE darstellen) würden das Signalisierungspaket wie jedes andere IP-Paket einfach weiter an sein schlussendliches Ziel weiterleiten.

24.10 Comcast-System zu Überlaststeuerung

Der große ISP Comcast führte ein DiffServ-ähnliches System ein, um interne Überlastungen zu verringern; dies wurde schließlich in RFC 6057 dokumentiert. Die Wirkung des Systems besteht darin, die Bandbreite für diejenigen Teilnehmer zu verringern, die die größte Bandbreite nutzen; diese Verringerung erfolgt nur bei erheblichen Engpässen im lokalen Netz des ISP. Ziel ist es, eine Sättigung des ISP-Backbones zu vermeiden und damit möglicherweise die Fairness für andere Nutzer zu verbessern.

Durch die Drosselung des Volumen-Traffics im gesamten Netz vor Erreichen der Kapazitätsgrenzen kann diese Strategie potenziell die Leistung von Echtzeit-Protokollen ohne IntServ- oder DiffServ-artige Mechanismen verbessern.

Im Normalbetrieb ohne Überlastung wird der gesamte Benutzer-Traffic innerhalb des Comcast-Netzes als *Priority Best Effort* (PBE) gekennzeichnet. Dies ist vergleichbar mit einer mittleren Drop-Präzendenz für eine bestimmte DiffServ-Assured Forwarding-Klasse (Abschnitt 24.7.2, »Assured Forwarding«), obwohl RFC 6057 nicht festlegt, dass tatsächlich DiffServ zum Einsatz kommt. Bei Überlastung kann der Traffic einiger Benutzer mit hohem Datenaufkommen stattdessen als *Best Effort* (BE) gekennzeichnet werden, d. h. er hat eine niedrigere Priorität und eine höhere Drop-Präzedenz.

Der Mechanismus definiert zunächst einen nahezu ausgelasteten *Near-Congestion State* für Ports an Routern auf einer bestimmten Ebene des Comcast-Netzes. Diese Router sind als Cable Modem Termination Systems (CMTS) bekannt. Jeder CMTS-Knoten bedient etwa 5.000 Abonnenten. Der nahezu ausgelastete Zustand wird erklärt, wenn die Auslastung des Ports einen bestimmten Prozentsatz seines Maximums für eine bestimmte Zeitspanne überschreitet; in der Regel liegt die Auslastungsschwelle bei 70–80 % und das Zeitintervall bei 15 Minuten. Ein CMTS-Port bedient typischerweise 200–300 Kunden.

Wenn ein bestimmter CMTS-Port in den nahezu ausgelasteten Zustand eintritt, wird der Datenverkehr des Ports für jeden Teilnehmer überwacht, um festzustellen, ob sich ein Teilnehmer in einem *Extended High Consumption State* (EHCS) befindet, der auch wiederum dadurch ausgelöst wird, dass ein Teilnehmer einen bestimmten Prozentsatz seiner abonnierten Geschwindigkeit für eine bestimmte Anzahl von Minuten überschreitet. Der Schwellenwert für den Eintritt in den EHCS-Zustand liegt in der Regel bei 70 % der abonnierten Geschwindigkeit – sei es im Upstream oder im Downstream – für 15 Minuten.

Wenn sich der Switch-Port im Near-Congestion-Zustand befindet *und* der Traffic des Teilnehmers im EHCS, wird der gesamte Datenverkehr dieses Teilnehmers als *Best Effort* (BE) und nicht mehr als PBE markiert, was einer höheren AF-Drop-Präzedenz gleichkommt. Der Downstream-Traffic wird markiert wenn die Downstream-Auslastung des Benutzers hoch ist (am CMTS oder sogar noch weiter oben im Netzwerk); der Upstream-Traffic wird an der Verbindung des Benutzers zum Netzwerk markiert, wenn die Upstream-Auslastung hoch ist.

Andere Router können dann als BE-gekennzeichneten Datenverkehr gegenüber PBE-gekennzeichnetem Datenverkehr bevorzugt verwerfen. Dies geschieht nur bei Routern, die aktiv überlastet sind, beispielsweise mit einem Mechanismus wie RIO (Abschnitt 24.8, »RED with In and Out«), wobei RIO ursprünglich nur für TCP-Traffic gedacht war.

Ein Teilnehmer verlässt den EHCS-Zustand, wenn seine Bandbreite 15 Minuten lang unter 50 % der abonnierten Geschwindigkeit fällt, wobei diese 50 % vermutlich über einen sehr kurzen Zeitraum gemessen werden. Beachten Sie, dass ein Benutzer mit einem Sägezahnmuster von 30 % bis 60 % der TCP-Maximalauslastung somit auf unbestimmte Zeit im EHCS-Zustand verbleiben könnte.

Beachten Sie auch, dass der *gesamte* Datenverkehr des Teilnehmers als BE-Traffic gekennzeichnet wird, nicht nur der übertarifliche. Dadurch soll ein leichter Anreiz für eine dauerhafte Nutzung von weniger als 70 % der Höchstgeschwindigkeit des Teilnehmers geschaffen werden.

24

Token-Bucket-Spezifikationen werden nicht eingesetzt, außer vielleicht für sehr kleine Zeiträume, um Auslastungen von 50 % und 70 % zu definieren. Die (größer angelegte) Token-Bucket-Alternative könnte darin bestehen, für jeden Kunden eine Token-Bucket-Spezifikation TB(r,B) zu erstellen, wobei r ein Bruchteil der gebuchten Geschwindigkeit und B ein Bucket von moderater Größe ist. Der gesamte konforme Datenverkehr würde dann als PBE und der nicht konforme Datenverkehr als BE gekennzeichnet. Ein solcher Mechanismus könnte sich ganz anders verhalten, da nur der Traffic, der tatsächlich die Obergrenze überschreitet, gekennzeichnet würde.

24.11 Real-time Transport Protocol (RTP)

RTP ist gut zur Übertragung von Echtzeit-Traffic geeignet. Es setzt auf UDP auf, vor allem um Head-of-Line-Blocking zu vermeiden (Abschnitt 16.1, »User Datagram Protocol – UDP«), und bietet gegenüber reinem UDP gleich mehrere Vorteile. Es umfasst allerdings keine Interaktion mit den zwischengeschalteten Routern und kann daher keine Leistungsgarantien bieten.

Die RTP-Header enthalten eine Sequenznummer, einen von der Anwendung bereitgestellten Zeitstempel, der angibt, wann die beigefügten Daten aufgezeichnet wurden, sowie grundlegende Mechanismen für Behandlung von Datenverkehr, der sich aus verschiedenen Ursprungsquellen zusammenhängender Inhalte (»contributing sources«) zusammensetzt. RTP unterstützt auch Multicast-Übertragungen, z. B. für die Audio- und Videostreams, aus denen sich eine Telefonkonferenz zusammensetzt. Tatsächlich wurde RTP wohl für Telekonferenzen entwickelt, obwohl es auch häufig für Punkt-zu-Punkt-Anwendungen wie VoIP verwendet wird.

Am auffälligsten an RTP ist vielleicht das Fehlen häufiger Empfangsbestätigungen. Zwar sind Rückmeldungen der Empfänger durchaus vorgesehen, doch werden sie oft nur in Abständen von einigen Sekunden gesendet und häufig auch ganz weggelassen. Diese Antworten verwenden das zugehörige RTCP-Protokoll und das Format »receiver report«. RTCP-Receiver-Report-Pakete werden häufig weniger als Bestätigungen angesehen denn als Quelle von Statistiken über die Zustellung des RTP-Datenstroms; insbesondere enthalten die RTCP-Pakete eine Quote, die angibt, wie viele Senderpakete seit dem letzten RTCP-Report angekommen sind, die höchste empfangene Sequenznummer und ein Maß für den Jitter-Wert.

Im Fall von Multicast ergeben die seltenen Bestätigungen einen Sinn. Wenn jeder Empfänger einer Multicast-Gruppe Acknowledgments im Umfang von 3 % der Bandbreite für den empfangenen Inhalt sendet (das entspricht in etwa dem TCP-Verhältnis) und die Gruppe aus 100 Empfängern besteht (was für eine Telefonkonferenz nicht sehr viel ist), dann würde der gesamte beim Sender ankommende Acknowledgment-Traffic das Dreifache des Nutzdatenverkehrs betragen. Es gibt sogar Mechanismen, die die gesamte RTCP-Bandbreite auf maximal 5 % des ausgehenden Inhaltsstroms begrenzen; wenn ein Multicast-Stream Tausende von Empfängern hat, dann werden diese Empfänger relativ selten antworten (z. B. in Abständen von mehreren Sekunden, wenn nicht sogar von mehreren Minuten).

Aber auch bei einer Eins-zu-eins-Übertragung sendet RTP nicht unbedingt viele Bestätigungen. Viele VoIP-Systeme sind standardmäßig so konfiguriert, dass sie überhaupt keine RTCP-Antworten senden; wenn diese aktiviert sind, liegt die Rate normalerweise bei mindestens einer RTCP-Antwort pro Sekunde. Ein VoIP-Absender kann pro Sekunde 50 Pakete übertragen. Eine Erklärung dafür ist, dass die Gesprächsteilnehmer bei einer erheblich überlasteten Leitung eher von selbst auflegen, als die Verbindung offen zu halten.

Für Zwei-Wege-Sprachverbindungen wird häufig *symmetrisches RTP* verwendet (RFC 4961). Das bedeutet, dass jeder Teilnehmer denselben Anschluss zum Senden und Empfangen verwendet. Dies geschieht nur aus Bequemlichkeit und um NAT-Router zu umgehen; die beiden getrennten Richtungen sind völlig unabhängig voneinander und dienen nicht der gegenseitigen Bestätigung, wie es bei bidirektionalem TCP-Verkehr der Fall wäre. So kann man eine Richtung eines symmetrischen VoIP-RTP-Datenstroms blockieren, und das Telefonat läuft unbegrenzt weiter, wobei die Sprache nur in der anderen Richtung übertragen wird. Wenn die Blockierung aufgehoben wird, wird der blockierte Sprachfluss einfach wieder aufgenommen.

24.11.1 RTP-Mixer

Mixer sind Netzwerkknoten, die einen oder mehrere RTP-Quellströme aufnehmen und eine beliebige Kombination der folgenden Operationen durchführen:

- Konsolidierung mehrerer Datenströme in einen einzigen
- Konvertierung in ein anderes Audio- oder Videoformat
- Neukodierung in ein Format mit geringerer Bandbreite

Als Beispiel für eine Konsolidierung könnte das Video mehrerer Diskussionsteilnehmer zu einem einzigen Videobild zusammengefasst werden, in dem der aktuelle Sprecher ein größeres Fenster hat. Auf der Audioebene könnte ein Mixer die Streams mehrerer einzelner Mikrofone kombinieren. Wenn sich alle Teilnehmer am selben Ort befinden, kann diese Art der Konsolidierung vom ursprünglichen Absender durchgeführt werden, aber Mixer können auch nützlich sein, wenn die Konferenzteilnehmer geografisch verstreut sind. Was die Konvertierung betrifft, so bevorzugen einige Teilnehmer möglicherweise ein anderes Format.

Die vielleicht wichtigste Aufgabe für Mixer ist jedoch die Ratenanpassung. Wenn bei einer Unicast-Verbindung eine Überlastung auftritt, kann sich der Sender selbst darauf einstellen, indem er die Kodierung ändert. Bei Multicast-Verbindungen ist dies jedoch nicht möglich. Selbst wenn ein Empfänger Überlastungen erfährt, haben andere Empfänger wahrscheinlich keinerlei Probleme. Wenn also ein Multicast-Empfänger Empfangsprobleme bei einer hohen Datenrate hat, liegt es an ihm, einen Mixer zu finden, der eine niedrigere Kodierungsrate anbietet, und sein Abonnement bzw. seine Reservierung auf diesen Mixer umzustellen. Mixer, die unterschiedliche Datenraten anbieten, könnten in der Nähe des Senders (oder zumindest in logischer Nähe) eingerichtet werden; sie könnten auch geografisch verteilt sein, um näher an Gruppen von möglichen Empfängern zu sein. Ein Host könnte mehrere Mixer bereitstellen, die eine Reihe von Bandbreitenoptionen anbieten.

Was Mixer *nicht* machen, ist Audio und Video zusammenzumischen; Audio- und Videostreams sollten separat und von separaten RTP-Sitzungen übertragen werden. RTP-Pakete enthalten Zeitstempel, die es einem Empfänger ermöglichen, die Audio- und Videowiedergabe zu synchronisieren, sodass ein Mischen nicht notwendig ist. Wichtiger ist jedoch, dass die Vermischung von Audio und Video die Transkodierung in ein anderes Format erschwert, dass es für einen Empfänger dann schwieriger wäre, nur den Audiostream zu abonnieren, und dass es in den RTCP-Berichten Probleme bereiten würde, anzugeben, welcher ursprüngliche Stream mehr Verluste aufwies. Ein einzelner RTP-Sendepunkt wird zusammen mit den Timing-Informationen als Synchronisationsquelle (*synchronization source*, SSRC) bezeichnet.

Am Ausgangspunkt kann jede Kamera und jedes Mikrofon eine solche SSRC sein. SSRCs werden mit einer 32-Bit-Kennung gekennzeichnet. Die SSRC-Kennungen müssen pseudozufällig gewählt werden (und das Protokoll sieht vor, dass zwei verschiedene Quellen nicht dieselbe SSRC-Kennung wählen), aber für viele praktische Zwecke kann die SSRC als eine Host-Kennung wie eine IP-Adresse betrachtet werden.

Wenn ein Mixer mehrere SSRCs zu einem Stream kombiniert (oder auch, wenn ein Mixer nur eine einzige SSRC als Eingabe erhält), wird der Mixer zur neuen Synchronisationsquelle und erstellt eine neue SSRC-Kennung für alle seine Ausgabepakete; der Mixer erzeugt auch eine neue Abfolge von Synchronisationszeitstempeln. Die SSRC-Kennungen für die Streams, die der Mischer als Eingang verwendet hat, werden jedoch an alle RTP-Pakete des Mischers angehängt; jedes dieser Pakete wird nun als *contributing source* oder CSRC bezeichnet.

24.11.2 RTP-Paketformat

Der grundlegende RTP-Header hat das folgende Format gemäß RFC 3550 (siehe Abbildung 24.4).

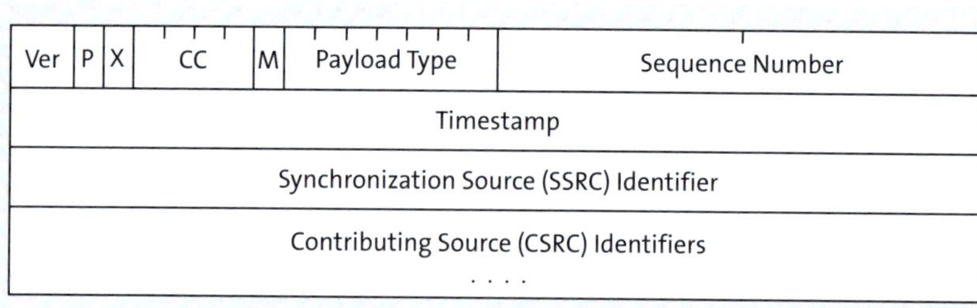

Abbildung 24.4 RTP-Header

Das **Ver**-Feld enthält die Version, aktuell 2. Das *P*-Bit zeigt an, dass das RTP-Paket mindestens ein Padding-Byte am Ende enthält; das letzte Padding-Byte enthält die genaue Anzahl.

Das **X-Bit** ist gesetzt, wenn dem Basis-Header ein Erweiterungs-Header folgt; dies wird hier nicht weiter berücksichtigt.

Das **CC-Feld** enthält die Anzahl der Contributing-Source-Kennungen (CSRC). Die Gesamtgröße des Headers in 32-Bit-Wörtern beträgt 3+CC.

Das **M-Bit** wird gesetzt, um beispielsweise die Markierung des ersten Pakets jedes neuen Video-Frames zu ermöglichen. Natürlich enthält auch die eigentliche Videokodierung diese Information.

Das Feld **Payload Type** ermöglicht (oder, genauer gesagt, ermöglichte ursprünglich) die Angabe des Audio-/Videokodierungsmechanismus (z. B. µ-law/G.711), wie in RFC 3551 beschrieben. Mittlerweile gibt es natürlich über 2^7 mögliche Kodierungen, sodass diese meist über andere Mechanismen angegeben werden, z. B. über einen Erweiterungsheader oder das separate Session Description Protocol (RFC 4566) oder als Teil des »Announcements« des RTP-Streams. In RFC 3551 wird dies so formuliert:

> *During the early stages of RTP development, it was necessary to use statically assigned payload types because no other mechanism had been specified to bind encodings to payload types.... Now, mechanisms for defining dynamic payload type bindings have been specified in the Session Description Protocol (SDP) and in other protocols....*

Das Feld **sequence-number** ermöglicht die Erkennung verlorener Pakete und den korrekten Wiederzusammenbau umgeordneter Pakete. Wenn Pakete verloren gehen, wird normalerweise erwartet, dass der Empfänger ohne sie auskommt; es gibt bei RTP keinen Timeout/Retransmission-Mechanismus.

Der **timestamp** dient der Synchronisierung der Wiedergabe. Dieser Zeitstempel sollte ausreichend fein aufgelöst sein, um nicht nur eine reibungslose Wiedergabe, sondern auch die Erfassung des *Jitters*, also der zeitlichen Schwankungen bei der Ankunft der Pakete, zu ermöglichen.

Jeder Kodierungsmechanismus wählt seine eigene Zeitstempelauflösung. Bei den meisten Sprachcodierungen in Telefonqualität wird der Zeitstempel beispielsweise mit der üblichen Abtastrate von 8kHz erhöht, was einem DS0-Kanal entspricht (Abschnitt 6.2, »Zeitmultiplexverfahren«). RFC 3551 schlägt für die meisten Videokodierungen eine Zeitstempeltaktrate von 90.000 Abtastungen pro Sekunde vor.

Viele VoIP-Anwendungen, die RTP verwenden, senden 20 ms Sprache pro Paket, was bedeutet, dass der Zeitstempel für jedes Paket um 160 inkrementiert wird. Die tatsächlich benötigte Datenmenge, um 20 ms Sprache zu senden, kann je nach verwendeter Kodierung von 160 Byte bis hinab zu 20 Byte variieren, aber der Zeitstempel wird stets mit der Rate 8.000/Sekunde, 160/Paket erhöht.

Die SSRC-Kennung (*SSRC identifier)* identifiziert die primäre Datenquelle (die »Synchronisationsquelle« oder *synchronization source*) des Streams. In den meisten Fällen ist dies entweder die Kennung der Kamera/des Mikrofons, von der/dem der Stream stammt, oder die Kennung des Mixers, der den Stream neu zusammengefügt hat.

Wenn der Datenstrom von einem Mixer verarbeitet wurde, kennzeichnet das SSRC-Feld den Mixer, und die SSRC-Kennungen der ursprünglichen Quellen werden nun im **CSRC**-Abschnitt (»contributing sources«) des Headers aufgeführt. Wenn kein Mixer beteiligt war, ist der CSRC-Abschnitt leer.

24.11.3 RTP Control Protocol

Das RTP Control Protocol (RTCP) bietet einen Mechanismus für den Austausch zahlreicher Zusatzinformationen zwischen RTP-Teilnehmern. Bei den RTCP-Paketen kann es sich um Sender Reports (SR-Pakete) oder Receiver Reports (RR-Pakete) handeln; wir interessieren uns hauptsächlich für die Letzteren.

Die RTCP-Empfängerberichte (Receiver Reports) sind die einzige Art von Rückmeldungen für RTP-Übertragungen. Sie unterscheiden sich jedoch von jeder anderen Form von Acknowledgment, die wir bisher betrachtet haben; zum einen steht eine erneute Übertragung verlorener Daten hier nicht zur Debatte. RTCP-RR-Pakete sollten vielleicht eher als statistische Zusammenfassungen über die Zustellung denn als Bestätigungen gesehen werden; in einigen Fällen übermitteln sie dem Absender vielleicht einfach nur die Information »Multicast funktioniert heute nicht«.

RTCP-Pakete enthalten eine Liste von mehreren SSRCs; für jede SSRC enthält die Nachricht

- den Anteil der RTP-Pakete, die im letzten Intervall verloren gegangen sind
- die kumulative Anzahl der seit Beginn der Sitzung verlorenen Pakete
- die höchste empfangene Sequenznummer
- ein Maß für den Jitter zwischen den Ankünften
- bei RR-Paketen Informationen über das letzte RTCP-SR-Paket

Jitter wird als mittlere Abweichung der tatsächlichen Ankunftszeiten von den theoretischen Ankunftszeiten gemessen und in Einheiten des RTP-Zeitstempels angegeben. Die konkrete Formel soll nachfolgend beschrieben werden. Für jedes Paket P_i können wir die tatsächliche Ankunftszeit in Einheiten des RTP-Zeitstempels als R_i aufzeichnen und den im Paket enthaltenen RTP-Zeitstempel als Si speichern. Wir berechnen zunächst die i-te Abweichung wie folgt:

$$Dev_i = (R_i - R_{i-1}) - (S_i - S_{i-1})$$

Bei gleichmäßigen Paketabständen ist die Abweichung gleich Null. Bei VoIP-Paketen ist $S_i - S_{i-1}$ wahrscheinlich genau 160; $R_i - R_{i-1}$ ist das tatsächliche Ankunftsintervall in Achtel Millisekunden.

Den kumulativen Jitter berechnen wir dann mit $\alpha = {}^{15}\!/_{16}$ wie folgt:

$$J_i = \alpha \times J_{i-1} + (1 - \alpha) \times Dev_i$$

Wenn ein RTP-Empfänger in einer Multicast-Umgebung mit übermäßigen Verlusten konfrontiert ist, besteht seine praktischste Option wahrscheinlich darin, einen Mixer zu finden, der eine Kodierung mit geringerer Bandbreite anbietet oder anderweitig einen wahrscheinlich überlastungsärmeren Dienst bereitstellt. RTCP-Pakete sind hierfür keine erforderlich.

In einer Unicast-Umgebung kann ein RTP-Sender – zumindest theoretisch – die von den RTCP-RRs gelieferten Informationen nutzen, um seine Übertragungsrate nach unten zu korrigieren und so die verfügbare Bandbreite besser zu nutzen. Ein Sender *könnte* auch TFRC (Abschnitt 21.3.1, »TFRC«) einsetzen, um eine TCP-freundliche Senderate zu berechnen; dazu gibt es Internet-Entwürfe ([GP11]), aber noch keine RFC. TFRC gestattet auch eine schrittweise Anpassung der Übertragungsrate an die neuen Gegebenheiten.

Natürlich kann TFRC nur dann zur Anpassung der Übertragungsrate genutzt werden, wenn die Übertragungsrate tatsächlich adaptiv ist, und zwar auf Anwendungsebene. Dies setzt natürlich eine ratenadaptive Kodierung voraus.

RFC 3550 spezifiziert einen Mechanismus, der sicherstellt, dass RTCP-Pakete nicht mehr als 5 % der gesamten RTP-Bandbreite verbrauchen, und dass von diesen 5 % nicht mehr als 75 % auf RTCP-RR-Pakete entfallen. Dies wird dadurch erreicht, dass jeder Empfänger über die RTCP-SR-Pakete erfährt, wie viele andere Empfänger es gibt und wie groß die gesamte RTP-Bandbreite ist. Daraus und aus einigen zugehörigen Informationen kann jeder RTP-Empfänger ein akzeptables RTCP-Meldeintervall berechnen. Dieses Intervall kann durchaus Hunderte von Sekunden betragen.

Mixer dürfen RTCP-Informationen von ihren direkten Teilnehmern konsolidieren und an die ursprünglichen Quellen weiterleiten.

24.11.4 RTP und VoIP

Voice-over-IP-Daten werden häufig mittels RTP übertragen, obwohl VoIP-Anrufe zunächst mit dem Session Initiation Protocol, SIP (RFC 3261), oder einem anderen Einrichtungsprotokoll wie H.323 aufgebaut werden. Im Rahmen des Verbindungsaufbaus tauschen die SIP-Knoten, die den Anruf organisieren, IP-Adressen und Portnummern für die eigentlichen Endpunkte aus. Jeder Endpunkt wird dann über die Adresse und den Port des anderen Endpunkts informiert, und die Endpunkte beginnen mehr oder weniger sofort, sich gegenseitig RTP-Pakete zu senden. Befindet sich ein Endpunkt hinter einer NAT-Firewall, muss der zugehörige SIP-Server möglicherweise auch weiterhin Pakete weiterleiten.

Bei VoIP-Anrufen werden Sprachdaten in der Regel portionsweise in Paketen mit 20 ms Audio-Input gesendet. Mit der standardmäßigen DSO-G.711-Kodierung werden pro Millisekunde Sprache 8 Byte benötigt, sodass jedes Paket 160 ms Daten enthält. Die G.711-Kodierung umfasst sowohl μ-law- als auch A-law-Kodierer; beide stützen sich auf den Grundsatz, die 8-Bit-Samples proportional zum Logarithmus des tatsächlichen Schalldrucks anzusetzen.

Andere Sprachcodecs bieten einen höheren Kompressionsgrad. Wenn beispielsweise die G.729-Sprachkodierung für VoIP verwendet wird, enthält jedes Paket 20 ms Sprache in 20 Datenbytes. Jedes dieser Pakete enthält in der Regel auch einen Header von 54 Byte Länge (14 Byte für den Ethernet-Header, 20 Byte für den IP-Header, 8 Byte für den UDP-Header und 12 Byte für den RTP-Header). Trotz einer Nutzdateneffizienz von gerade einmal 20/74 ≃ 27 % wird dies allgemein als akzeptabel, wenn auch nicht als ideal angesehen.

Bei VoIP-Verbindungen werden die Daten in den RTCP-Paketen oft kaum genutzt; es ist auch gar nicht ungewöhnlich, dass überhaupt keine RTCP-Pakete gesendet werden. Die allgemeine Annahme ist, dass die Gesprächsteilnehmer bei unzureichender Sprachqualität im Zweifelsfall einfach auflegen sollten. Die gebräuchlichsten Sprachcodierer (z. B. G.711 und G.729) sind nicht ratenadaptiv, sodass bei einer Netzwerküberlastung während des Anrufs nichts unternommen werden kann. Allerdings können RTCP-Pakete nützliche Informationen über das Jitter-Verhalten des Anrufs liefern. Wie bereits in Abschnitt 26.3, »SNMPv3«, erwähnt, unterstützen einige Sprachcodecs – wie Opus und Speex – eine Ratenanpassung.

24.12 Multi-Protocol Label Switching (MPLS)

Gegenwärtig ist MPLS eine Möglichkeit, bestimmte Datenverkehrsklassen zu kennzeichnen und sie möglicherweise ganz anders zu routen als andere Traffic-Klassen. Während IPv4 schon immer ein Routing auf der Grundlage gekennzeichneter QoS-Stufen ermöglichte, wurde diese Funktion nur selten genutzt, und sowohl für Integrated als auch für Differentiated Services ging man davon aus, dass der bevorzugte Datenverkehr im Wesentlichen die gleiche Route wie sämtlicher übriger Traffic nahm. Mit MPLS kann der priorisierte Datenverkehr hingegen eine völlig andere Route nehmen.

MPLS diente ursprünglich dazu, IP- und Nicht-IP-Traffic gemeinsam zu routen, und bot später auch eine Möglichkeit, die damals ineffiziente Ermittlung einer IP-Adresse bei jedem Router zu vermeiden. Inzwischen ermöglicht es jedoch die Unterstützung der folgenden Punkte:

- Erstellung *expliziter Routen* für IP-Traffic, entweder insgesamt oder nach bestimmten Klassen.
- groß angelegte virtuelle private Netzwerke (VPNs)

Wir interessieren uns in erster Linie wegen des ersten Punkts für MPLS, weil es eine alternative Möglichkeit zur Handhabung von Echtzeit-Traffic durch ISPs darstellt. Die expliziten Routen werden mit Hilfe von Virtual Circuits definiert (Abschnitt 5.4, »Virtuelle Verbindungen«).

In der Tat werden jedem Paket beim Eintritt in die Routing-Domäne Kennzeichnungen für Virtual-Circuit-Tags hinzugefügt, die es ermöglichen, die Pakete entlang eines vorbestimmten Pfads zu leiten. Die Virtual-Circuit-Pfade müssen nicht der gleichen Route folgen, die das normale IP-Routing verwenden würde, wobei zu beachten ist, dass Link-State-Routing-Protokolle wie OSPF bereits unterschiedliche Routen für verschiedene Dienstklassen zulassen.

Wir weisen auch darauf hin, dass der Traffic mit MPLS-Kennzeichnung sehr wohl dieselben internen Router wie der Volumen-Traffic benutzen könnte; Priority Queuing oder Fair Queuing wäre auf diesen Routern dann trotzdem erforderlich, um sicherzustellen, dass der MPLS-Traffic die gewünschte Dienstqualität erhält. Der Einsatz von MPLS vereinfacht jedoch zumindest das *Klassifizierungsproblem*: Interne Router brauchen nur das Tag zu betrachten, um die Priority- oder Fair-Queuing-Klasse zu bestimmen, eine tiefgehende Paketprüfung ist nicht erforderlich. MPLS würde auch die Möglichkeit bieten, dass ein Datenfluss mit hoher Priorität auf einem speziellen Pfad durch eine eigene Auswahl von Routern läuft, die *nicht* zugleich auch Datenverkehr mit niedriger Priorität bedienen.

MPLS wird in der Regel nur *innerhalb* einer Routing-Domäne oder eines administrativen Systems verwendet, d. h. innerhalb des Bereichs eines Internetdienstanbieters. Der ein- und ausgehende Verkehr sieht aus wie normaler IP-Verkehr, und die interne Nutzung von MPLS ist völlig unsichtbar. Dieser lokale Anwendungsbereich von MPLS hat jedoch zu einer relativ weiten Verbreitung geführt, zumindest im Vergleich zu RSVP und IP-Multicast: Es ist keine Koordinierung mit anderen Internetdienstanbietern erforderlich.

Zur Implementierung von MPLS beginnen wir mit einer Anzahl beteiligter Router, den so genannten *Label-Switching-Routern* oder LSRs. Edge-Router partitionieren (oder *klassifizieren*) den Datenverkehr in große Datenflussklassen; ein bestimmter Datenfluss (der z. B. dem gesamten VoIP-Verkehr entsprechen könnte) wird als *Forwarding Equivalence Class* (FEC) bezeichnet. Verschiedene FECs können unterschiedliche Dienstgütezielsetzungen haben. Volumen-Traffic, der keine spezielle MPLS-Behandlung erfährt, ist keiner FEC zugehörig.

Für jede FEC wird dann ein Virtual Circuit in eine Richtung erzeugt. Jedem IP-Paket wird ein MPLS-Header vorangestellt, wobei für den VCI ein auf den FEC bezogener *Label*-Wert verwendet wird Das MPLS-Label ist ein 32-Bit-Feld, aber nur die ersten 20 Bits sind Teil des eigentlichen VCI. Die letzten 12 Bits können zusätzliche Verbindungsinformationen enthalten, z. B. ATM-Virtual-Channel-Identifier und -Virtual-Path-Identifier (Abschnitt 5.5, »Asynchronous Transfer Mode: ATM«).

Es ist wahrscheinlich, dass ein Teil des Traffics (vielleicht sogar der Großteil) nicht in eine FEC aufgenommen wird; dieser Traffic wird dann über den normalen IP-Routing-Mechanismus weitergeleitet.

MPLS-fähige Router ergänzen ihre Weiterleitungstabellen dann um eine MPLS-Tabelle, die aus ⟨label_{in}, $\text{interface}_{\text{in}}$, $\text{label}_{\text{out}}$, $\text{interface}_{\text{out}}$⟩-Quadrupeln besteht, genau wie bei jedem Virtual-Circuit-Routing. Ein Paket, das mit dem Label label_{in} an der Schnittstelle $\text{interface}_{\text{in}}$ ankommt, wird an die Schnittstelle $\text{interface}_{\text{out}}$ weitergeleitet, nachdem das Label in $\text{label}_{\text{out}}$ geändert wurde.

Router können ihre MPLS-Tabellen auch inkrementell aufbauen, allerdings folgt der per MPLS geroutete Traffic dann demselben Pfad wie der mittels IP geroutete Datenverkehr. Zum Beispiel könnte der Downstream-Router R1 eine Verbindung zu zwei Kunden 200.0.1/24 und 200.0.2/24 herstellen. R1 könnte diesen Kunden die Labels 37 bzw. 38 zuweisen.

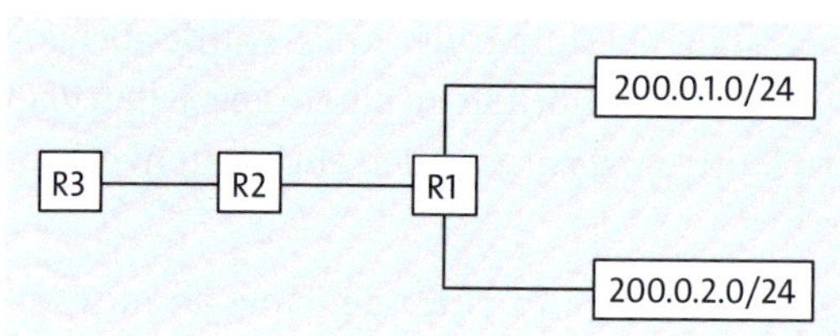

R1 könnte dann seinen Upstream-Nachbarn (z. B. dem obigen R2) mitteilen, dass jeder eingehende Datenverkehr für einen dieser Kunden mit dem entsprechenden Etikett versehen werden soll. R2 wird nun zum »Eintritts-Router« (Ingress-Router) für die aus R1 und R2 bestehende MPLS-Domäne.

R2 kann dies noch weiter in Richtung upstream verschieben (z. B. an R3), indem er seine eigenen Labels, z. B. 17 und 18, auswählt und R3 bittet, den 200.0.1/24-Traffic mit Label 17 und 200.0.2/24 mit Label 18 zu versehen. R2 würde dann die VCIs 17 und 18 mit 37 bzw. 38 umschreiben, bevor er sie an R1 weiterleitet, wie es beim Virtual-Circuit-Routing üblich ist. R2 ist möglicherweise nicht in der Lage, mit den Labels 37 und 38 fortzufahren, da er diese bereits für eingehenden Verkehr von einem anderen Standort verwendet. An diesem Punkt würde R2 eine MPLS-Weiterleitungstabelle für virtuelle Verbindungen haben, die wie folgt aussieht:

$interface_{in}$	$label_{in}$	$interface_{out}$	$label_{out}$
R3	17	R1	37
R3	18	R1	38

Ein Vorteil von MPLS ist, dass die Labels einen flachen Adressraum haben und daher leicht und einfach zu ermitteln sind, z. B. mit einem großen Array von 65.000 Einträgen für 16-Bit Labels.

MPLS lässt sich an Multicast anpassen, wobei es in diesem Fall mindestens zwei Kombinationen aus $Label_{out}$ und $Interface_{out}$ pro Input geben kann.

Manchmal wird Paketen, die bereits ein MPLS-Label haben, ein zweites (oder mehrere) Label vorangeschoben, wenn das Paket in eine bestimmte »Subdomain« der ursprünglichen Routing-Domain eintritt.

Wenn MPLS in einer Domäne verwendet wird, bringen die Eintritts-Router das anfängliche Label an; die Austritts-Router entfernen es. Jeder Netzknoten führt eine Label Information Base (LIB), in der alle notwendigen Informationen zur Paketverarbeitung (z. B. Warteschlangenpriorität) gespeichert sind. Die LIB wird durch die Kennzeichnungen indiziert und vereinfacht das Lookup im Vergleich zur Auswertung des kompletten IP-Headers.

MPLS passt sehr gut zu Differentiated Services (Abschnitt 24.7, »Differentiated Services«): So könnten die Eintritts-Router die DS-Klasse zuweisen und dann ein MPLS-Label anhängen; die internen Router müssten dann nur das MPLS-Label prüfen. Priorisierter Datenverkehr könnte über andere Routen geleitet werden als Volumen-Traffic.

Dank MPLS kann ein ISP auch mehrere, voneinander isolierte VPNs einrichten. Um die Isolierung zu gewährleisten, ist es lediglich erforderlich, dass sich keine Virtual Circuits von einem VPN zu einem anderen »überschneiden«. Wenn der ISP die beiden Kunden A und B mit jeweils mehreren Standorten hat, werden Virtual Circuits erstellt, die jedes Standortpaar von A und jedes Standortpaar von B miteinander verbinden. A und B haben wahrscheinlich jeweils mindestens ein Gateway zum gesamten Internet, aber A und B können nur über diese Gateways miteinander kommunizieren.

MPLS verhält sich manchmal etwas seltsam im Zusammenhang mit Traceroute (Abschnitt 10.4.1, »Traceroute und Time Exceeded«). Wenn die TTL eines Pakets an einem MPLS-Router 0 erreicht, generiert der Router normalerweise die entsprechende ICMP-Nachricht Time Exceeded, fügt ihr aber das gleiche MPLS-Label hinzu, das auch das ursprüngliche Paket trug. Infolgedessen wird die ICMP-Meldung an den *nachgeschalteten* Austritts-Router weitergeleitet, bevor sie an den ursprünglichen Absender zurückgeschickt wird. Dies führt zumindest zu einem ungewöhnlich großen gemeldeten RTT. Für den Absender von Traceroute sieht es so aus, als ob alle internen Router in der MPLS-Domäne genauso weit vom ihm entfernt sind wie der Austritts-Router.

24.13 Epilog

Quality-of-Service-Garantien für Echtzeit-Traffic und andere Datenverkehrsklassen sind seit über 20 Jahren ein aktives Forschungsgebiet im Internet, konnten sich aber noch nicht im Mainstream durchsetzen. Die Werkzeuge sind jedoch vorhanden. Protokolle, die eine globale Koordinierung durch ISPs erfordern – wie RSVP und IP Multicast – werden sich, wenn überhaupt, nur langsam durchsetzen, aber andere Protokolle wie Differentiated Services und MPLS können effektiv sein, wenn sie innerhalb eines einzelnen Internetdienstanbieters eingeführt werden.

Nach zwanzig Jahren ist es jedoch nicht vermessen zu fragen, ob integrierte Netze tatsächlich der richtige Ansatz sind. Eine Denkschule besagt, dass Echtzeit-Anwendungen (wie VoIP) gerade erst am Anfang ihrer Verbreitung stehen und integrierte Netze mit Sicherheit folgen werden, oder dass Videostreaming die einst für Echtzeit-Traffic vorgesehene Nische übernehmen wird. Vielleicht war IntServ einfach seiner Zeit voraus. Die andere Sichtweise ist, dass der Markt reichlich Gelegenheit hatte, sich eine Meinung zu bilden, und mit einem klaren »Nein« geantwortet hat, sodass es an der Zeit ist, weiterzuziehen. Vielleicht sind getrennte Netzwerke für Volumen-Traffic und Sprache doch nicht so unvernünftig oder ineffizient. Vielleicht wird sich das Internet aber auch zu einem Netz entwickeln, in dem der *gesamte* Datenverkehr über Echtzeit-Mechanismen abgewickelt wird. Das wird wie immer die Zeit zeigen, aber nicht unbedingt schnell.

24.14 Übungen

1. Angenommen, jemand schlägt TCP via Multicast vor, bei dem jeder Router die ACKs sammelt, die von den über ihn erreichten Gruppenmitgliedern zurückkommen, und sie zu einem einzigen ACK zusammenfasst. Dies bedeutet, dass, wie für den Multicast-Traffic selbst, keine der Einzelverbindungen ein ACK duplizieren wird.

   Welche Probleme sehen Sie bei diesem Vorschlag? (Hinweis: Wer sendet Wiederholungsübertragungen? Wie lange müssen die Pakete für eine mögliche erneute Übertragung gepuffert werden?)

2. Im folgenden Netzwerk wird angenommen, dass der Traffic von RP zu R3–R5 immer zuerst nach rechts und dann nach unten geleitet wird, während der Traffic von R3–R5 zu RP immer zuerst nach links und dann nach oben geleitet wird. Wie sieht der Multicast-Baum für die Gruppe G = {B1,B2,B3} aus?

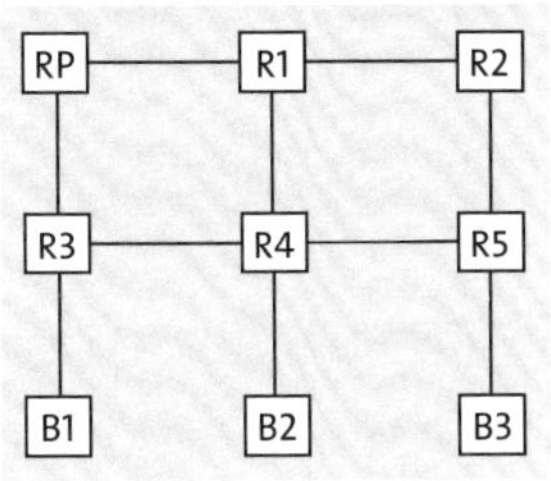

3. Was sollte ein RSVP-Router tun, wenn er ein PATH-Paket sieht, aber kein nachfolgendes RESV-Paket erhält?
4. In Abschnitt 24.7.1, »Expedited Forwarding«, gibt es ein Beispiel für einen EF-Router mit einer zugesagten Übertragungsrate R für Pakete mit der Länge L. Wenn L/R 10µs beträgt, die physische Bandbreitenverzögerung beim Senden aber nur 2µs, dann kann das Paket für bis zu 8µs für anderen Datenverkehr zurückgehalten werden.

   Wie viele Volumen-Traffic-Pakete kann dieser Router zwischen den EF-Paketen senden? In Ihrer Antwort wird L vorkommen.
5. Angenommen, im Diagramm in Abschnitt 24.7.1, »Expedited Forwarding«, wurde EF für die Sprachtelefonie verwendet und zu einem bestimmten Zeitpunkt wurden alle über R1, R2 und R3 eingehenden Anrufe tatsächlich an R4 weitergeleitet.
   a) Wie könnte das Problem von den Benutzern wahrgenommen werden?
   b) Wie könnte der Internetdienstanbieter reagieren, um das Problem abzumildern?

   Beachten Sie, dass der ISP keine Kontrolle darüber hat, wer wen anruft.

Kapitel 25
Netzwerkverwaltung und SNMP

Die Netzwerkverwaltung umfasst im weitesten Sinne alle administrativen Maßnahmen, die ergriffen werden, um ein Netzwerk effizient am Laufen zu halten. Dazu können eine Reihe nichttechnischer Aspekte gehören, z. B. die personelle Besetzung des Helpdesks und die Aushandlung von Verträgen mit Anbietern, aber wir beschränken uns hier ausschließlich auf die technischen Fragen der Netzwerkverwaltung.

Die ISO und die Internationale Fernmeldeunion haben ein formales Modell zur Telekommunikations- und Netzwerkverwaltung definiert. Das ursprüngliche Modell umfasste fünf Bereiche, die manchmal auch als FCAPS bezeichnet wurden, nach dem Anfangsbuchstaben des jeweiligen Bereichs:

- Fault Management (Fehlermanagement)
- Configuration Management (Konfigurationsmanagement)
- Accounting Management (Abrechnungsmanagement)
- Performance Management (Leistungsmanagement)
- Security Management (Sicherheitsmanagement)

Wenn es sich dabei nicht gerade um ISPs handelt, haben die meisten Organisationen nur wenig Interesse am Abrechnungsmanagement für Netzwerke (das A in FCAPS wird aus diesem Grund häufig durch »Administration« ersetzt, aber das ist eine ziemlich schwammige Kategorie). Die Netzwerksicherheit ist zweifellos ein ganz eigenes Thema. Für die Übrigen können wir einige wichtige Unterkategorien ausmachen:

- Fehlermanagement:
  - **Gerätemanagement**: Überwachung aller Switches, Router, Server und aller anderer Netzwerkhardware, um sicherzustellen, dass sie ordnungsgemäß funktionieren.
  - **Servermanagement**: Überwachung der Anwendungsschicht des Netzwerks, also aller netzwerkbasierten Softwaredienste, wie z. B. Anmeldeauthentifizierung, E-Mail, Webserver, Geschäftsanwendungen und Dateiserver.
  - **Verbindungsmanagement**: Überwachung von Langstreckenverbindungen, um sicherzustellen, dass sie funktionieren.
- Konfigurationsmanagement:
  - **Netzwerkarchitektur**: der übergeordnete Entwurf, einschließlich Topologie, Switching oder Routing und Layout von Subnetzwerken.

- **Konfigurationsmanagement**: die einheitliche Konfiguration einer großen Anzahl von Netzwerkgeräten umsetzen.
- **Veränderungsmanagement**: Wie führt ein Standort Veränderungen von neuen IP-Adressen bis hin zu Software-Updates und -Patches ein?

▶ Leistungsmanagement:
- **Datenverkehrsmanagement**: Zuweisung von Bandbreitenanteilen (und gegebenenfalls Bucket-Größen) an verschiedene interne oder externe Clients mit Hilfe der Techniken aus Kapitel 22, »Queuing und Scheduling«.
- **Dienstgütemanagement**: Sicherstellen, dass vereinbarte Vorgaben hinsichtlich der Dienstqualität – z. B. der Bandbreite – eingehalten werden (je nach Schwerpunkt ließe sich dies auch in die Kategorie »Fehlermanagement« einordnen).

All diese Aspekte sind zwar wichtig, aber die technische Netzwerkverwaltung im engeren Sinne konzentriert sich oft auf das Fehlermanagement und sein Begleitkonzept, das Zuverlässigkeitsmanagement: dafür Sorge zu tragen, dass nichts schief geht, und wenn es doch passiert, dieses Problem umgehend zu beheben. Einige Netzwerkanbieter erreichen durch Fehlermanagement das unglaubliche Verfügbarkeitsziel von 99,999 % Uptime.

Das bei weitem gebräuchlichste Protokoll zur Geräteüberwachung und der Hauptschwerpunkt dieses Kapitels ist das *Simple Network Management Protocol* oder *SNMP* (Abschnitt 25.2, »SNMP-Grundlagen«). Dieses Protokoll ermöglicht es einem Gerät, Informationen über seinen aktuellen Betriebszustand zu melden; so kann ein Switch oder Router beispielsweise die Konfiguration jeder Schnittstelle und die Gesamtzahl der über die einzelnen Schnittstellen gesendeten Bytes und Pakete melden.

SNMP und Management

SNMP ist zwar ein sehr wichtiges Werkzeug zur Netzwerkverwaltung, aber es ist eben nur ein Werkzeug. Bei der Netzwerkverwaltung geht es darum, Entscheidungen zu treffen, um die oben genannten Ziele zu erreichen, und zwar unter Berücksichtigung der beschränkten Ressourcen. SNMP liefert lediglich einen gewissen Input für diese Entscheidungen.

In diesem Kapitel beschreiben wir die Grundlagen von SNMP, insbesondere SNMP Version 1. Im nachfolgenden Kapitel beschreiben wir Version 2 und Version 3; letztere bietet dann schließlich auch eine angemessene Sicherheit.

Zu jeder Geräteüberwachungsstrategie gehört zunächst einmal eine *Geräteerkennung*: der Prozess, durch den der Überwachungsdienst von neuen Geräten erfährt. In diesem Zusammenhang ist das Ping-Protokoll (Abschnitt 10.4, »Internet Control Message Protocol«) gebräuchlich, obwohl es auch andere Möglichkeiten gibt; so ist es beispielsweise möglich, über den UDP-Port, der für SNMP verwendet wird – normalerweise 161 – nach fortlaufenden IPv4-Adressen zu scannen. Wie schon bei der Router-Konfiguration (Kapitel 13, »Routing-Update-Algorithmen«) stellt die manuelle Eingabe hier einfach keine realistische Alternative dar.

SNMP und die Anwendungsschicht

SNMP kann vollständig aus der Perspektive der Netzwerkverwaltung betrachtet werden, eignet sich aber auch hervorragend als eigenständige Fallstudie für die Anwendungsschicht. Wie fast alle Anwendungen definiert SNMP Regeln für Client- und Serverrollen und für das Format von Anfragen und Antworten. SNMP umfasst auch eigene Authentifizierungsmechanismen (Abschnitt 25.11, »SNMPv1-Communitys und -Sicherheit«, und Abschnitt 26.3, »SNMPv3«), die im Allgemeinen unabhängig von einer betriebssystembasierten Anmeldeauthentifizierung sind.

Schon bei kleinen Netzwerken ist es in der Praxis unumgänglich, automatische Kontrollmechanismen auf die ordnungsgemäße Funktion zu etablieren. Es ist keine Option, auf Beschwerden zu warten. Ein solches Überwachungssystem wird als *Netzwerkmanagementsystem (NMS)* bezeichnet; es gibt eine ganze Reihe sowohl proprietärer als auch quelloffener NMS. Im einfachsten Fall besteht ein NMS aus einer Bibliothek von Skripten zur Erkennung neuer Netzwerkgeräte und zur regelmäßigen Abfrage der einzelnen Geräte (möglicherweise, aber nicht zwangsläufig über SNMP). Normalerweise werden die eingehenden Daten aufgezeichnet und analysiert, und im Fehlerfall werden Alarmsignale ausgelöst.

Als SNMP ins Leben gerufen wurde, herrschte die Meinung vor, dass es bald durch das Common Management Interface Protocol der OSI ersetzt werden würde. *CMIP* ist im X.711-Protokoll der Internationalen Fernmeldeunion und den zugehörigen Protokollen definiert. CMIP verwendet dieselbe ASN.1-Syntax wie SNMP, verfügt aber über einen umfangreicheren Satz von Operationen. Es ist nach wie vor das bevorzugte Protokoll für die Netzwerkverwaltung in OSI-Netzen und galt einst als prädestiniert dafür, auch in der TCP/IP-Welt eingeführt zu werden

Aber es sollte nicht sein. Die Hersteller von TCP/IP-basierter Netzwerkhardware haben CMIP nie umfassend unterstützt, sodass jeder Netzwerkmanager zusätzlich auch SNMP unterstützen musste. Da die Unterstützung von SNMP im Wesentlichen durchgängig gegeben war, bestand für einen Standort zu keinem Zeitpunkt die Notwendigkeit, sich mit CMIP zu befassen.

Im Gegensatz zu SNMP wird CMIP über TCP unterstützt, wobei das Protokoll CMIP Over Tcp (*CMOT*) verwendet wird. Ein Vorteil bei der Verwendung von TCP ist der Wegfall der Unsicherheit, ob eine Anfrage oder eine Antwort empfangen wurde.

25.1 Netzwerkarchitektur

Bevor wir uns eingehend mit SNMP befassen, möchten wir einige Verweise auf andere Teile dieses Buches geben, die sich mit der Netzwerkarchitektur befassen. Auf den lokalen LAN- und Internet-Netzwerkschichten eines Standorts sind Redundanz, Bandbreite und Kosten vielleicht die wichtigsten Themen. Insbesondere die Verkabelung zwischen Gebäuden muss redundant ausgeführt werden. In Abschnitt 3.1, »Spanning-Tree-Algorithmus und Redundanz«, und Abschnitt 3.2, »Virtuelles LAN (VLAN)«, finden Sie einige Überlegungen auf Ethernet-Ebene, und beachten Sie weiterhin auch Abschnitt 9.6.3, »Subnetze versus Switching«.

Als nächstes muss ein Standort festlegen, welche Art von Internetverbindung er nutzen wird. ISP-Verträge unterscheiden sich stark in Bezug auf Bandbreite, Spitzenbandbreite und vereinbarte Reaktionen bei Ausfällen. Einige Aspekte der Diensgütespezifikation finden sich in Kapitel 23, »Token-Bucket«, und Abschnitt 24.7.2, »Assured Forwarding«.

Organisationen mit räumlich weit verteilten internen Netzwerken – ISPs und größere Unternehmen – müssen entscheiden, wie ihre internen Standorte miteinander verbunden werden sollen. Sollen sie über das öffentliche Internet kommunizieren? Soll ein VPN verwendet werden (Abschnitt 5.1, »Virtuelle private Netzwerke«)? Oder sollen private Leitungen (wie SONET, Abschnitt 6.2.2, »SONET«, oder Carrier Ethernet, Abschnitt 5.2, »Carrier-Ethernet«) zwischen den Standorten angemietet werden? Wenn private Leitungen eingesetzt werden, ist eine Überwachung der Verbindungen unerlässlich.

Eine zunehmend wichtige architektonische Entscheidung auf der Anwendungsebene ist das Ausmaß, in dem Netzwerk-Softwaredienste in die Cloud ausgelagert und auf von Dritten verwalteten Remote-Servern ausgeführt werden.

25.2 SNMP-Grundlagen

SNMP ist bei weitem das beliebteste Protokoll zum Monitoring von Netzwerkgeräten. In seiner einfachsten Form ermöglicht SNMP die Abfrage einzelner Geräteattribute, wie etwa des Systemnamens oder der Anzahl der über die Schnittstelle `eth0` empfangenen Pakete. Attribute können auch in Datensätzen, Sets und Tabellen organisiert werden. Tabellen können fortlaufend indiziert werden, wie ein Array – z. B. interface [1], interface[2], interface[3], usw. – oder punktuell – z. B. interface[1], interface[32767].

Während die einfachsten Router und Switches teilweise nur eine recht begrenzte SNMP-Unterstützung bieten, verfügen praktisch alle »ernstzunehmenden« Netzwerkgeräte über eine umfassende Unterstützung, sowohl für standardmäßige Sätze »grundlegender« Geräteattribute als auch für proprietäre Attribute. Geräte mit umfangreicher SNMP-Unterstützung werden manchmal auch als *Managed Devices* bezeichnet.

Ein SNMP-Knoten, der auf Informationsanfragen antwortet, wird als *SNMP-Agent* bezeichnet. Der Netzwerkknoten, der die SNMP-Abfrage durchführt, wird *Manager* genannt; er kann Teil eines NMS oder – einfacher – ein eigenständiges Tool sein, das als SNMP-Browser oder MIB-Browser bezeichnet wird (wobei MIB für Management Information Base steht, siehe unten). Während die meisten MIB-Browser über eine grafische Benutzeroberfläche verfügen, gibt es auch Befehlszeilen-Tools für SNMP-Abfragen, wie etwa die Befehle `snmpget` und `snmpwalk` aus dem Net-SNMP-Projekt. Diese können über Skriptsprachen aufgerufen werden, um ein einfaches, wenn auch rudimentäres NMS aufzubauen.

SNMP läuft ausschließlich über UDP. Die Wahl fiel auf UDP, um den Verbindungs-Overhead zu vermeiden, da hier ein einfaches Anfrage-Antwort-Protokoll angestrebt wurde. Wenn ein Manager 1.000 Geräte einmal pro Minute abfragt, sind das über UDP insgesamt 2.000 Pakete, während es mit TCP und den erforderlichen SYN/FIN-Paketen ohne Weiteres 8.000 Pakete sein könnten. Dies kann vor allem dann von Bedeutung sein, wenn das Netzwerk so stark überlastet ist, dass es kurz vor dem Zusammenbruch steht.

Der Einsatz von UDP wirft zwei Probleme auf: verlorene Pakete und zu große Datenmengen, die nicht in ein Paket passen. Im einfachsten Fall einer vom Manager angestoßenen Datenanforderung kann der Manager mit Paketverlusten umgehen, indem er ein Gerät so lange abfragt, bis er eine Antwort erhält. Wenn eine Antwort (oder sogar eine Anfrage) zu groß ist, besteht die übliche Strategie in einer Fragmentierung auf der IP-Schicht (Abschnitt 9.4, »Fragmentierung«, und Abschnitt 11.5.4, »IPv6-Fragment-Header«). Dies ist nicht ideal, aber da die meisten SNMP-Daten innerhalb lokaler und von einer Organisation betriebener Netzwerke bleiben, ist es zumindest praktikabel.

Eine weitere Folge der Verwendung von UDP ist, dass jedes SNMP-Gerät eine IP-Adresse benötigt. Für Geräte, die auf der IP-Schicht und darüber agieren, ist dies kein Problem, aber ein Ethernet-Switch oder -Hub benötigt für seine Grundfunktion keine IP-Adresse. Geräte wie Switches und Hubs, die SNMP nutzen sollen, müssen mit einer geeigneten IP-Schnittstelle und -Adresse ausgestattet werden. Manchmal werden diese IP-Adressen für die SNMP-Verwaltung aus Sicherheitsgründen in einem privaten, mehr oder weniger versteckten Subnetz untergebracht.

SNMP unterstützt auch das *Schreiben* von Attributen auf Geräte und implementiert somit einen Mechanismus zur Fernkonfiguration. Da das Schreiben von Attributen auf Geräte mehr Sicherheitsimplikationen hat als das Lesen, muss dieser Mechanismus mit Vorsicht verwendet werden. Aber auch bei reinem Lese-SNMP ist Sicherheit ein wichtiges Thema; siehe die Abschnitte 25.11, »SNMPv1-Communitys und -Sicherheit«, und 26.3, »SNMPv3«.

Das Schreiben auf Agents kann entweder erfolgen, um das Netzwerkverhalten des Geräts zu konfigurieren – z. B. um eine Schnittstelle hoch- oder runterzufahren oder um eine IP-Adresse festzulegen – oder um gezielt das SNMP-Verhalten des Agents zu konfigurieren.

Schließlich unterstützt SNMP über *Traps* auch asynchrone Benachrichtigungen: Ein Gerät kann so konfiguriert werden, dass es einen Fehler sofort meldet, anstatt zu warten, bis es dazu aufgefordert wird. Obwohl Traps an vielen Standorten sehr wichtig sind, werden wir sie hier weitgehend ignorieren.

SNMP wird manchmal sowohl zur Server- als auch zur Geräteüberwachung eingesetzt; alternativ können einfache Skripte Verbindungen zu Diensten herstellen und so zumindest etwas über deren Betriebsbereitschaft herausfinden. Es ist jedoch eine Sache, zu überprüfen, ob ein E-Mail-Server auf TCP-Port 25 lauscht und mit der nach RFC 5321 (ursprünglich RFC 821) korrekten EHLO-Nachricht antwortet; eine andere ist es, zu überprüfen, ob die Nachrichten angenommen und dann auch tatsächlich zugestellt werden.

25.2.1 SNMP-Versionen

SNMP hat drei offizielle Versionen: SNMPv1, SNMPv2 und SNMPv3. SNMPv1 erschien erstmals 1988 in einer Reihe von RFCs, beginnend mit RFC 1065 (aktualisiert in RFC 1155); die aktuelle Definition für die Meldung von »Core«-Attributen wurde 1991 als RFC 1213 veröffentlicht. Wir werden weiter unten in Abschnitt 25.10, »MIB-2«, darauf zurückkommen.

SNMPv2 wurde 1993 mit RFC 1441 eingeführt. SNMPv2 erweiterte die grundlegenden Informationen, die mit RFC 1442 (aktuell RFC 2578) eingeführt wurden, und führte außerdem verbesserte Techniken zur Tabellenverwaltung ein.

SNMPv2 enthielt auch den Vorschlag für einen Sicherheitsmechanismus, der jedoch vom Markt weitgehend abgelehnt wurde. Schließlich wurde eine Version von SNMPv2 eingeführt, die den SNMPv1-»Community«-Sicherheitsmechanismus (Abschnitt 25.11, »SNMPv1-Communitys und -Sicherheit«) verwendete; siehe RFC 1901. Diese Version mit »Community«-Sicherheit wurde als SNMPv2**c** bekannt.

SNMPv3 lieferte dann endlich ein Modell für einigermaßen wirkungsvolle Sicherheitsmaßnahmen. Das *User-based Security Model* oder *USM* wurde erstmals 1998 in RFC 2264 vorgeschlagen; die endgültige Version von 2002 ist in RFC 3414 enthalten.

25.3 Namen und OIDs unter SNMP

Ein zentraler Bestandteil des SNMP-Protokolls ist die einheitliche *Benennung* der einzelnen Geräteattribute. Als Namensschema wurde die *Object-Identifier-* oder *OID-*Hierarchie gewählt.

Vom Jahr 1985 an entwickelten die Internationale Organisation für Normung (ISO) und die Normungsabteilung der Internationalen Fernmeldeunion (ITU-T, damals CCITT) das Schema der Objektbezeichner (Object Identifier), um alles in der Welt zu benennen, was einen Namen braucht. Solche Namen oder OIDs bestehen aus Zeichenketten aus nicht negativen Ganzzahlen. In der Textdarstellung werden diese ganzen Zahlen oft durch Punkte getrennt geschrieben, z. B. 1.3.6.1; auch die Notation { 1 3 6 1 } wird ebenfalls verwendet. Das Schema ist in ITU-T X.660 genormt.

Alle von SNMP verwendeten OIDs beginnen mit dem Präfix 1.3.6.1. Zum Beispiel entspricht das Attribut `sysName` der OID 1.3.6.1.2.1.1.5. Das Präfix 1.3.6.1.2.1 wird als `mib-2` bezeichnet, und das um eine Stufe längere Präfix 1.3.6.1.2.1.1 ist `system`. Gelegentlich werden wir die Notation etwas zurechtbiegen und so tun, als ob sich die Namen auf einzelne zusätzliche Ebenen und nicht auf vollständige Präfixe beziehen, z. B. die beiden letztgenannten Namen in `mib-2.system.sysName`.

Die grundlegende SNMP-Leseoperation ist `Get()` (gesendet über die `GetRequest`-Protokollnachricht), und sie nimmt eine OID als Parameter entgegen. Der Agent, der die `Get`-Anfrage empfängt, gibt bei erfolgreicher Authentifizierung und wenn die OID einem gültigen Attribut entspricht ein Paar bestehend aus der OID und dem Attributwert zurück. Wir werden in Abschnitt 25.8, »SNMP-Operationen«, darauf zurückkommen und sehen, wie mehrere Attributwerte mit einer einzigen Operation angefordert werden können.

OIDs bilden einen Baum oder eine Hierarchie; die unmittelbaren Unterknoten von, sagen wir, 1.3.6.1 der Länge 4 sind alle Knoten 1.3.6.1.N der Länge 5. Der Wurzelknoten ist nach diesem Verständnis anonym; OIDs werden manchmal mit einem führenden Punkt dargestellt, um dies zu betonen: .1.3.6.1. Alternativ kann man sich die Zahlen auch als Bezeichnungen für die *Äste* des Baums und nicht für die Knoten vorstellen.

Es gibt keine Möglichkeit, innere OID-Knoten – Präfixe – von Blatt-OID-Knoten zu unterscheiden, die tatsächlich benannten Objekten entsprechen. Der Kontext ist hier entscheidend.

Es ist üblich, den numerischen Bezeichnungen jeder Ebene eine für Menschen lesbare Zeichenkette zuzuordnen. Die drei Knoten unmittelbar unterhalb der Wurzel sind, entsprechend ihrer standardmäßigen Zeichenketten-Äquivalente

- `itu-t(0)`
- `iso(1)`
- `joint-iso-itu-t(2)`

Die Zeichenketten-Äquivalente können als externe Daten betrachtet werden; bei der Kodierung von OIDs werden nur die numerischen Werte einbezogen.

Die OID-Benennung wurde auch in verschiedenen anderen Kontexten außerhalb von SNMP übernommen. Sowohl die ISO als auch die ITU-T verwenden OIDs zur Kennzeichnung offizieller Standarddokumente. Der X.509-Standard nutzt OID-Bezeichnungen in Verschlüsselungszertifikaten; siehe RFC 5280. Der X.500-Verzeichnisstandard verwendet ebenfalls OIDs; der zugehörige RFC 4524 definiert mehrere OID-Klassen mit dem Präfix 0.9.2342.19200300.100.1. Ein Beispiel von außerhalb der Computerbranche: Health Level Seven (*http://www.hl7.org*) benennt US-Gesundheitsinformationen beginnend mit dem OID-Präfix 2.16.840.1.113883.

Wie bereits erwähnt, verwendet SNMP OIDs, die mit 1.3.6.1 anfangen; im OID-Baum entsprechen diese Ebenen

- iso(1)
- org(3): Organisationen
- dod(6): Das US-Verteidigungsministerium, der ursprüngliche Sponsor des Internets
- internet(1), offenbar die einzige Unterebene des amerikanischen Verteidigungsministeriums

Hier ist ein Teil des OID-Baums, der einige weitere Zuweisungen im iso-Teilbaum zeigt und auf das obige Präfix 1.3.6.1 verweist. Weitere Einträge sind unter *http://oid-info.com/get* verfügbar.

```
itu-t(0)
iso(1)
standard(0)
registration-authority(1)
member-body(2)
identified-organization(3)
nist(5)
dod(6)
icd-ecma(12) (European Computer Manufacturers Association)
oiw(14) (OSE Implementers Workshop)
edifactboard(15)
ewos(16) (European Workshop on Open Systems)
osf(22) (Open Software Foundation)
nordunet(23)
nato(26)
icao(27) (International Civil Aviation Organization)
...
amazon(187) (der Autor hat keine Ahnung, ob Amazon dies aktuell nutzt)
joint-iso-itu-t(2)
```

DAs SNMP-Präfix 1.3.6.1 wird in RFC 1155 durch folgende Syntax ausgedrückt

```
internet        OBJECT IDENTIFIER ::= { iso org(3) dod(6) 1 }
```

was bedeutet, dass die Zeichenkette `internet` vom Typ `OBJECT IDENTIFIER` ist und ihr tatsächlicher Wert die Liste rechts von `::=` ist: 1.3.6.1. Die Verwendung von `iso` steht hier für das OID-*Präfix* .1, das sich konzeptionell von der Ebene iso(1) unterscheidet. Die formale Syntax ist hier *ASN.1*, so wie im ITU-T Standard X.680 definiert. Wir werden dies weiter unten in Abschnitt 25.6, »ASN.1-Syntax und SNMP«, erläutern, wenn auch eher informell. Weitere Details finden Sie unter *http://www.itu.int/en/ITU-T/asn1/Pages/introduction.aspx*.

Nach den obigen Ausführungen definiert RFC 1155 die OID-Präfixe für Management-Informationen, `mgmt`, und für die Verwendung durch private Anbieter, `private`, als

```
mgmt            OBJECT IDENTIFIER ::= { internet 2 }
private         OBJECT IDENTIFIER ::= { internet 4 }
```

Auch hier steht `internet` für das neu definierte Präfix 1.3.6.1. Die meisten SNMP-OIDs für allgemeine Zwecke beginnen mit dem Präfix `mgmt`. Das Präfix `private` ist für OIDs vorgesehen, die herstellerspezifische Informationen darstellen; so wurde beispielsweise das Präfix 1.3.6.1.4.1.9 an Cisco Systems, Inc. vergeben. RFC 1155 besagt, dass sowohl das Präfix `mgmt` als auch das Präfix `private` vom IAB an die IANA delegiert werden.

Die Verantwortung für die Zuweisung von Namen, die mit einem bestimmten OID-Präfix beginnen, kann leicht delegiert werden. Das Internet Activities Board ist beispielsweise für 1.3.6.1 zuständig. (Laut RFC 1155 wurde diese Übertragung durch das Verteidigungsministerium an das IAB nie offiziell vorgenommen; das IAB hat einfach damit begonnen, es zu verwenden).

25.4 MIBs

Eine *MIB* oder *Management Information Base* besteht aus einer Reihe von Definitionen, die OIDs mit bestimmten Attributen verknüpfen und dabei jede numerische Ebene der OIDs mit einem symbolischen Namen verknüpfen. Im Folgenden ist beispielsweise der Satz der so genannten `system`-Definitionen in der zentralen MIB nach RFC 1213 aufgeführt, die auch als MIB-2 bekannt ist (Abschnitt 25.10, »MIB-2«). Die `mib-2`- und `system`-Präfixe sind zunächst definiert als

```
mib-2           OBJECT IDENTIFIER ::= { mgmt 1 }
system          OBJECT IDENTIFIER ::= { mib-2 1 }
```

das entspricht 1.3.6.1.2.1 beziehungsweise 1.3.6.1.2.1.1. Die `system`-Definitionen, die konkrete Attribute darstellen, die abgefragt werden können, lauten wie folgt

25

```
sysDescr       { system 1 }
sysObjectID    { system 2 }
sysUpTime      { system 3 }
sysContact     { system 4 }
sysName        { system 5 }
sysLocation    { system 6 }
sysServices    { system 7 }
```

Bei den meisten dieser Attribute handelt es sich um Zeichenkettenwerte, die auf Verwaltungsebene definiert werden müssen; wir werden auf diese in Abschnitt 25.10, »MIB-2«, zurückkommen.

Die MIB enthält *nicht* die eigentlichen Attribute selbst; die Menge aller von einem SNMP-Manager gespeicherten ⟨OID,value⟩-Paare – vielleicht das Ergebnis einer einzelnen Abfrage, vielleicht das Ergebnis mehrerer Abfragen im Laufe der Zeit – wird manchmal als Management-Datenbank (MDB) bezeichnet, obwohl dieser Begriff nicht ganz so gebräuchlich ist.

Ganz allgemein kann eine MIB entweder die abstrakte Menge von OID-Definitionen oder eine bestimmte ASCII-Datei sein, die diese Menge definiert. Letztere muss erst einen *MIB-Compiler* durchlaufen, bevor sie von anderen Programmen verwendet werden kann. Benutzer eines MIB-Browsers finden die Informationen normalerweise sehr viel nützlicher, wenn die entsprechende MIB-Datei geladen wird, bevor sie SNMP-Abfragen durchführen. Einige RFCs können direkt vom MIB-Compiler gelesen werden, der dann alles, was nichts mit MIBs zu tun hat, weglassen kann.

Das Net-SNMP-Paket enthält SNMP-Agents für Linux- und Macintosh-Computer (Microsoft hat eine eigene SNMP-Agent-Software) sowie Befehlszeilen-Tools für SNMP-Abfragen; letztere sind auch für Windows verfügbar. Der Wert sysName kann zum Beispiel mit dem Befehl `snmpget` abgefragt werden

```
snmpget -v1 -c public localhost 1.3.6.1.2.1.1.5.0
```

Die OID entspricht hier { system 5 0 }; die abschließende 0 folgt einer SNMP-Konvention und zeigt an, dass es sich um einen skalaren Wert handelt und nicht um einen Teil einer Tabelle. Weitere Beispiele finden Sie in Abschnitt 25.9, »MIB-Browsing«.

MIBs sind Dokumentation und Daten zugleich. Als Dokumentation teilen sie dem Implementierer eines bestimmten SNMP-Agents mit, welche Informationen für die jeweilige OID-Anfrage zurückgegeben werden sollen. Als Daten dienen sie dazu, numerische OIDs in für Menschen verständliche Informationen zu übersetzen. Wenn der obige `snmpget`-Befehl beispielsweise die entsprechende MIB versteht (z. B. weil sich die MIB-Datei am richtigen Ort befindet), können wir Folgendes eingeben

```
snmpget -v1 -c public localhost sysName.0
```

Es ist nicht ungewöhnlich, dass eine Installation mehrere hundert verschiedene (sich möglicherweise überschneidende) MIBs umfasst, die jeweils einen anderen Teil des OID-Baums definieren. Dies gilt insbesondere für den `private`-Teilbaum 1.3.6.1.4.1, für den es für jeden Hersteller und jedes Gerät eine eigene MIB-Datei geben kann.

25.5 SNMPv1-Datentypen

SNMP verwendet OIDs als Indizes für den Abruf von Attributen. Die Attribute selbst können laut RFC 1155 die Typen aus Tabelle 25.1 haben.

Datentyp	Beschreibung
`INTEGER`	Ein 32-Bit Integer-Wert
`OCTET STRING`	Entweder eine Textzeichenkette oder eine Netzwerkadresse
`Counter`	Ein nicht-negativer INTEGER, der von 0 an aufsteigt und überspringen kann
`Gauge`	Ein INTEGER der ansteigen und abfallen aber niemals überspringen kann
`TimeTicks`	Ein INTEGER zur Zeitmessung in 1/100stel Sekunden
`OBJECT IDENTIFIER`	eine OID in Datenform
`IpAddress`	Eine IPv4-Adresse als OCTET STRING der Länge 4
`NetworkAddress`	Eine IpAdresse, wobei theoretisch später auch andere Adressentypen möglich sind
`Opaque`	Beliebige andere Daten, letztendlich ein OCTET STRING

Tabelle 25.1 Typen für SNMP-Attribute

Der Typ des Attributs `sysName` ist zum Beispiel `OCTET STRING`.

Wenn SNMP-Datenwerte von einem Agent zurückgegeben werden, werden sie mit ihrem Typ gekennzeichnet. So kann der Empfänger den tatsächlich übertragenen Typ bestimmen und die Daten dekodieren, auch wenn er die entsprechende MIB nicht installiert hat. Mehr dazu in Abschnitt 25.12, »SNMP und die ASN.1-Kodierung«.

Wenn der Typ INTEGER zur Darstellung eines Aufzählungstyps verwendet wird, darf der Wert 0 nicht verwendet werden; ein Beispiel ist der Zustandstyp `up(1)`, `down(2)`, `testing(3)`.

25.6 ASN.1-Syntax und SNMP

Wir haben die ASN.1-Definition einiger OBJECT IDENTIFIER bereits in Abschnitt 25.3, »Namen und OIDs unter SNMP«, gesehen.

Das Attribut, das einer einzelnen OID entspricht, ist immer ein skalarer Typ, z. B. einer der oben genannten. SNMP verwendet jedoch auch einige zusammengesetzte Typdefinitionen:

- SEQUENCE {*fieldname1 type1, fieldname2 type2, ...*}: Dies definiert einen Datensatztyp (*record*).
- SEQUENCE OF *type*: Dies definiert eine homogene Liste – ein Array oder eine Tabelle – von Objekten des Typs *type*. In den meisten Fällen steht *type* für einen SEQUENCE-Typ, sodass die Liste eine Liste von Datensätzen bzw. eine Tabelle im Sinne von Datenbanken ist.

Beachten Sie hier die Bedeutung des Schlüsselworts OF, mit dem Datensätze von Listen unterschieden werden.

Das OBJECT-TYPE-Makro wird häufig in MIB-Definitionen verwendet. Es folgt dem Format

```
objname OBJECT-TYPE
SYNTAX type
ACCESS read-write or read-only or write-only or not-accessible
STATUS mandatory or optional or obsolete
DESCRIPTION descriptive string
INDEX OID used for table indexing
::= OID assigned to objname
```

Der *objname*, manchmal auch `OBJECT DESCRIPTOR` genannt, sollte global eindeutig sein. Der Wert für `SYNTAX` muss eine gültige ASN.1-Syntax-Spezifikation sein; einige Beispiele dazu finden sich in Abschnitt 25.10, »MIB-2«. Die Werte für `ACCESS` und `STATUS` entsprechen jeweils einer der oben gezeigten Zeichenketten. Der Wert für `DESCRIPTION` ist optional.

Viele der so definierten Objekte stellen Tabellen oder andere übergeordnete Strukturen dar; in diesem Fall stellt die Objektkennung der letzten Zeile eher einen internen Knoten des OID-Baums als einen Blattknoten dar, und ACCESS steht auf `not-accessible`. Es ist nicht so, dass auf die Tabelle tatsächlich nicht zugegriffen werden kann, sondern dass die Attribute nur einzeln und nicht gemeinsam abgerufen werden können.

Hier ein konkretes, einfaches Beispiel; weitere Beispiele finden Sie im folgenden Abschnitt. Der OID-Wert von `ifEntry` ist hier 1.3.6.1.2.1.2.2.1.

```
ifInOctets OBJECT-TYPE
    SYNTAX  Counter
    ACCESS  read-only
    STATUS  mandatory
    DESCRIPTION
            "The total number of octets received on the
            interface, including framing characters."
    ::= { ifEntry 10 }
```

Die Datentypdefinitionen und die oben genannte ASN.1-Syntax werden als *Structure of Management Information* (*SMI*) bezeichnet. Die SMI definiert im Grunde alle Typen und Strukturen, die von den verschiedenen MIBs benötigt werden. Für SNMPv1 ist die SMI in RFC 1155 definiert.

25.7 SNMP-Tabellen

In Abschnitt 25.4, »MIBs«, haben wir gesehen, wie SNMP die OID-Namen für die `system`-Gruppe organisiert, die aus skalaren Werten besteht. Jedem Agent-Attribut wird ein permanenter OID-Name zugewiesen; z. B. ist { system 5 0 } die vollständige OID für das Attribut `sysName`. OIDs für skalare (nicht tabellarische) Attribute enthalten immer ein abschließendes ».0« .

Die meisten Agent-Daten liegen jedoch in Tabellenform vor, d. h. als Listen von Datensätzen. In SNMP werden sie manchmal als *Conceptual Tables* bezeichnet, da der SNMP-Agent, der die Tabelle anbietet, oft nicht für deren Speicherung oder physische Ausgestaltung verantwortlich ist. In diesem Sinne ähneln SNMP-Tabellen den »Ansichten« von Datenbanken.

Auf diese Tabellen kann durch lineare Suche oder Nachschlagen des Primärschlüssels zugegriffen werden; der Schlüssel kann ein einzelnes Attribut oder ein Satz von Attributen sein und wird als *Index* bezeichnet. SNMP unterstützt keine Sekundärschlüssel für Tabellen, obwohl es für einen Agent prinzipiell möglich wäre, dieselben Daten in zwei Tabellen mit jeweils unterschiedlichem Index darzustellen.

SNMP-Tabellen sind fast immer klein genug, dass der Agent alle Datensätze im Hauptspeicher behalten kann; datenbankmäßige Bedenken hinsichtlich der Organisation des Festplattenspeichers und der Indizierung sind kein Thema.

Wie in Datenbanken wirkt ein SNMP-Tabellenindex als *Zwangsbedingung*; zwei verschiedene Zeilen mit identischen Indexwerten sind nicht erlaubt. Wenn eine SNMP-Tabelle eine »echte« Tabelle widerspiegelt (z. B. die IP-Weiterleitungstabelle), treten manchmal Probleme auf, wenn der SNMP-Index zu »klein« ist, d. h. zu wenige Attribute hat, sodass die SNMP-Tabelle die Originaltabelle möglicherweise nicht genau wiedergibt. In Abschnitt 26.1.12, »IP-MIB und IP-Forward-MIB«, finden Sie dafür ein Beispiel.

In der Welt der Datenbanken kann es vorkommen, dass ein Schlüssel mit *zu vielen* Attributen eine wichtige Bedingung nicht erfasst; außerdem ist er möglicherweise weniger effizient. Beides trifft auf SNMP nicht zu, mit Ausnahme von Tabellen, die die Erstellung von Zeilen unterstützen, was wir als Sonderfall betrachten können. SNMP-Tabellenindizes können daher manchmal Attribute enthalten, die aus einer Datenbankperspektive wahrscheinlich aus dem Schlüssel weggelassen würden.

Wir betrachten hier drei Beispiele für SNMPv1-Tabellen, die jeweils Teil von MIB-2 sind. Ziel ist es jetzt, darzustellen, wie die Tabellenstruktur auf die zugrunde liegende OID-Baumstruktur abgebildet wird; wir werden auf die syntaktische Definition von Tabellen in Abschnitt 25.10.2, »Tabellendefinitionen und die interfaces-Gruppe«, und auf die Semantik der einzelnen Tabellen in Abschnitt 25.10, »MIB-2«, zurückkommen. Bei SNMPv2 gab es einige bescheidene Verbesserungen bei der Tabellendefinition.

Das erste Beispiel ist die *SNMP-Schnittstellentabelle*, `ifTable`. Für jede Netzwerkschnittstelle (z. B. Loopback, Ethernet 0, Ethernet 1, Wireless 0, Point-to-Point 0 usw.) wird eine Sammlung von Attributen erstellt, darunter der Gerätename, MTU, Bitrate, physische Adresse und die Anzahl der empfangenen und gesendeten Bytes und Pakete. Der Index ist hier (wie wir später sehen werden) eine abstrakt zugewiesene Schnittstellennummer, bekannt als ifIndex. Hier sind einige Beispieldaten, die nicht alle Spalten der eigentlichen MIB-2-Tabelle zeigen, und (noch) keine OIDs. Die Überschrift der Indexspalte, `ifIndex`, ist kursiv gedruckt; der Wert ist eine einzelne Ganzzahl. Die `eth0`-Schnittstelle hat einen höheren Wert für Pakete als für Bytes (Oktette), weil der 32-Bit-Wert von `inOctets` umgelaufen ist.

ifIndex	name	MTU	bitrate	inOctets	inPackets
1	lo	16436	10,000,000	171	3
2	eth0	1500	100,000,000	37155014	1833455677
3	eth1	1500	100,000,000	0	0
4	ppp0	1420	0	2906687015	2821825

Routen

Obwohl die Daten hier größtenteils eine Zusammenstellung von Einträgen aus verschiedenen Quellen sind, war die Route 10.38.0.0 unten eine VPN-Route, die den oberen `ppp0`-Tunnel verwendet. Ansonsten haben Weiterleitungstabellen von Arbeitsplatzrechnern oft nur zwei Einträge, für das lokale Subnetz und die Standardroute.

Die *SNMP-Routing-Tabelle*, `ipRouteTable`, die auf der IP-Weiterleitungstabelle aus Abschnitt 1.10, »IP – Internet Protocol«, basiert, hat eine Spalte für das Zielnetzwerk, eine Reihe von Status- und Informationsspalten (z. B. für RouteAge) und eine NextHop-Spalte; der Index ist das Zielnetzwerk-Attribut. Auch hier sind einige Beispieldaten zu sehen, wobei die Indexspalte wieder kursiv gedruckt ist. Der Index – eine IP-Adresse – ist hier ein zusammengesetztes Objekt: eine Liste mit vier ganzen Zahlen. Wir kommen weiter unten darauf zurück.

dest	mask	metric	next_hop	type
0.0.0.0	0.0.0.0	1	192.168.1.1	indirect(4)
10.0.0.0	255.255.255.0	0	0.0.0.0	direct(3)
10.38.0.0	255.255.0.0	1	192.168.4.1	indirect(4)

(Die `type`-Spalte gibt an, ob das Ziel lokal oder nicht lokal ist; der Host befindet sich im Subnetz 10.0.0.0/24, sodass der mittlere Eintrag eine lokale Zustellung umfasst. Die Verwendung von `indirect(4)` und `direct(3)` ist ein Beispiel für einen SNMP-Aufzählungstyp).

Die Indizierung der Schnittstellentabelle ist (in der Regel) *dichtbesetzt*: die Werte für `ifIndex` sind in der Regel fortlaufende Nummern. Die Routing-Tabelle hingegen hat einen *dünnbesetzten* Index: Die Indexwerte liegen wahrscheinlich nicht nahe beieinander.

Die *TCP-Verbindungstabelle* `tcpConnTable` listet wie in Abschnitt 17.8, »TCP-Zustandsdiagramm«, erläutert, jede TCP-Verbindung zusammen mit ihrem Verbindungsstatus auf; man kann sie auf den meisten Linux-, Windows- oder Mac-Systemen mit dem Befehl `netstat -a` erhalten. Der Index besteht in diesem Fall aus den vier Attributen des die Verbindung definierenden Socket-Paars: der lokalen Adresse, dem lokalen Port, der Remote-Adresse und dem Remote-Port. In dieser Tabelle ist das einzige Attribut, das nicht Teil des Indexes ist, eine ganze Zahl, die den Verbindungsstatus darstellt (wiederum durch einen SNMP-Aufzählungstyp repräsentiert).

localAddr	localPort	remoteAddr	remotePort	state
10.0.0.3	31895	147.126.1.209	993	established(5)
10.0.0.3	40113	74.125.225.98	80	timeWait(11)
10.0.0.3	20459	10.38.2.42	22	established(5)

SNMP hat Konventionen dafür eingeführt, wie tabellarische Daten wie die oben genannten im OID-Baum zu kodieren sind. Der erste Schritt dieser Strategie besteht darin, ein statisches OID-Präfix für den Teilbaum zu definieren, der die Tabelle repräsentiert; in diesem Abschnitt werden wir dies mit **T** bezeichnen (später, Abschnitt 25.10.2, »Tabellendefinitionen und die interfaces-Gruppe«, werden wir sehen, dass **T** oft zwei OID-Ebenen der Form Table.Entry oder T.E repräsentiert). Jedem Attribut der Tabelle (d. h. jeder Spalte) wird dann eine OID zugewiesen, der kein Blatt ist, indem an das Tabellenpräfix aufeinanderfolgende ganze Zahlen angehängt werden, beginnend bei 1. Das Wurzelpräfix für die Tabelle interfaces ist beispielsweise **T** = 1.3.6.1.2.1.2.2.1, auch bekannt als `ifEntry`. Die im obigen Ausschnitt der Schnittstellentabelle gezeigten Spalten haben die folgenden OIDs:

OID	Tabellenspalte
{ `ifEntry` 1 } oder **T.1**	Die Schnittstellennummer, `ifIndex`
{ `ifEntry` 2 } oder **T.2**	Der Schnittstellenname oder deren Beschreibung
{ `ifEntry` 4 } oder **T.4**	Die Schnittstellen-MTU
{ `ifEntry` 5 } oder **T.5**	Die Schnittstellen-Bitrate
{ `ifEntry` 10 } oder **T.10**	Die Anzahl eingehender Oktette (Bytes)
{ `ifEntry` 11 } oder **T.11**	Die Anzahl eingehende Unicast-Pakete

Der zweite Schritt ist die Festlegung einer Konvention zur Umwandlung der Indexattribute in eine Liste aus Ganzzahlen, die als *OID-Suffix* zur Identifizierung einer bestimmten Zeile verwendet werden können. Dieses Index-OID-Suffix wird dann an das OID-Präfix des Attributs (das die Spalte identifiziert) angehängt, um die vollständigen OID (diesmal ohne die nachgestellte 0) zu erhalten, die den Namen des Tabellendatenwerts darstellt.

Im Fall der Schnittstellentabelle wird die Schnittstellennummer als einfaches OID-Suffix verwendet. Der Wert `eth1` für `inOctets` hat also den OID-Namen **T**.10.3: 10 ist die der Spalte `inOctets` zugewiesene Nummer und 3 ist der `ifIndex`-Wert für die Zeile eth1. Vollständig geschrieben ergibt sich daraus 1.3.6.1.2.1.2.2.1.**10.3**. Beachten Sie, dass diese Nummerierung die Form **T**.col.row hat, die Umkehrung der in der Programmierung eher üblichen Konvention mit der Zeile an erster Stelle T[row][col].

Für das hier gezeigte Routing und die TCP-Tabellen werden IPv4-Adressen in punktierter Dezimalschreibweise geschrieben, z. B. 10.38.0.0, und dann in vier Ebenen von OID-Suffixen umgewandelt, z. B. .10.38.0.0. (Beachten Sie, dass 10.38.0.0 die gleiche *textliche* Darstellung als IPv4-Adresse und als vierstufiges OID-Suffix hat (obwohl hier ein führender . zu letzterem hinzugefügt wurde), aber *logisch* gesehen handelt es sich um völlig unterschiedliche Dinge).

Diese Kodierung als OID-Suffix mag offensichtlich erscheinen, aber das täuscht, und in Abschnitt 26.1.13, »TCP-MIB«, werden wir eine neuere Konvention kennenlernen, bei der die IPv4-Adresse 10.38.0.0 als OID-Suffix **.1.4.**10.38.0.0 kodiert wird, wobei die **1** eine IPv4-Adresse (2 für IPv6) und die **4** die Adresslänge als OCTET STRING angibt. Die vorliegende Regel für die vierstufige Kodierung .10.38.0.0 stammt aus RFC 2578, §7.7; der Typ `IpAddress` (nur für IPv4) ist (in RFC 1155) definiert als `IMPLICIT OCTET STRING (SIZE (4))` mit vorgegebener Länge. Eine IP-Adresse *hätte* sich auch als einzelne OID-Ebene kodieren lassen, wobei die Adresse als einzelne vorzeichenlose 32-Bit-Ganzzahl verwendet worden wäre, aber dieser Weg wurde nicht eingeschlagen.

In der obigen Routing-Tabelle ist der Spalte nextHop die Zahl 7 zugeordnet, der nextHop für 10.38.0.0 hat also die OID **T**.7.10.38.0.0.

Die für die Indizierung verwendete OID-Suffix-Kodierung hat nichts mit der für Datenwerte verwendeten ASN.1 BER-Kodierung zu tun, siehe Abschnitt 25.12, »SNMP und die ASN.1-Kodierung«.

Für die TCP-Verbindungstabelle werden die beiden beteiligten IP-Adressen wie in der Routing-Tabelle in vier OID-Abschnitte und die beiden Portnummern in einen Abschnitt übersetzt; das daraus resultierende OID-Suffix für den Status der ersten Verbindung in der obigen Tabelle wäre

```
.10.0.0.3.31895.147.126.1.209.993
```

wobei aus Gründen der Übersichtlichkeit die Ebenen der Portnummern kursiv dargestellt sind. Der Statusspalte wird die Kennung 1 zugewiesen, sodass dies alles an T.1 angehängt wird (es ist üblich, aber, wie wir hier sehen, nicht allgemeingültig, dass die Zuordnung der Spaltennummern mit den Indexspalten beginnt).

Abbildung 25.1 zeigt ein spaltenorientiertes Diagramm des Schnittstellentabellen-Fragments von oben. Wie bisher wird das Tabellenpräfix mit **T** bezeichnet, und die Knoten sind mit **T**.col.row beschriftet. Das oberste T und die erste Zeile (mit den **T**.col-OIDs) sind innere Knoten; diese sind mit den kräftigeren Kästen gezeichnet. Die unteren vier Zeilen mit den schwarzen Kästen sind Blattknoten.

Das Diagramm verdeutlicht die Anordnung in Spalten. Die tatsächliche OID-Baumstruktur entspricht jedoch Abbildung 25.2; alle Blattknoten in einer Spalte oben sind eigentlich Geschwisterknoten.

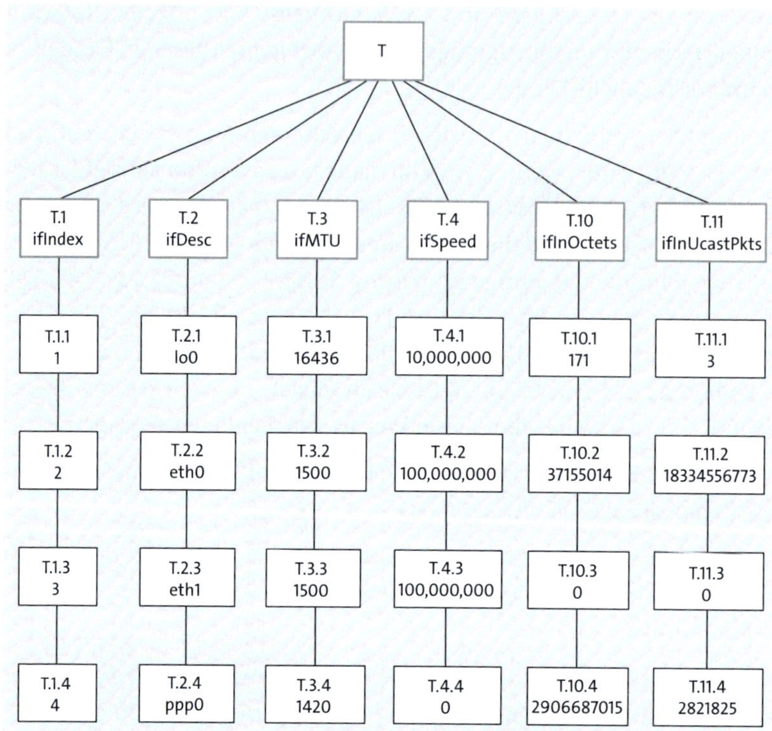

Abbildung 25.1 Baumdarstellung der Schnittstellentabelle

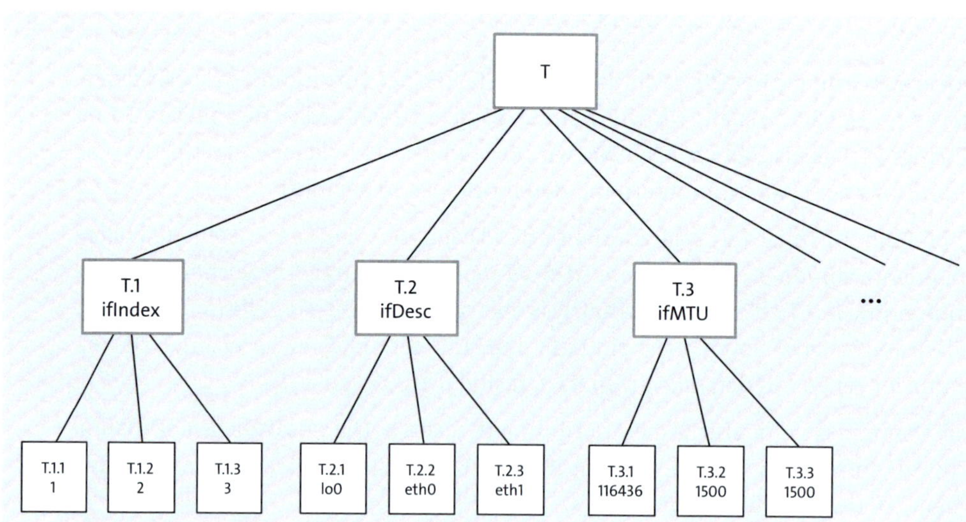

Abbildung 25.2 Alternative Darstellung der Schnittstellentabelle

In allen drei Tabellen hier gehören die Indexspalten zu den Tabellendaten. Dies ist unnötig; alle Indexspalten sind notwendigerweise innerhalb der vollständigen OID jedes Tabelleneintrags kodiert.

In SNMPv2 wird gefordert (wenn auch nicht immer durchgesetzt), die Indexspalten in der Tabellenpräsentation durch den Agent wegzulassen (obwohl diese dennoch deklariert werden); Abschnitt 26.1.4, »SNMPv2-Indizes«.

Wir weisen auch darauf hin, dass in allen drei Tabellen hier (und in den meisten SNMP-Tabellen, die nur als Informationsquellen dienen), keine neuen Zeilen über den SNMP-Manager hinzugefügt werden können. Einige SNMP-Tabellen unterstützen jedoch die Erstellung von Zeilen; siehe Abschnitt 26.2, »Erstellung von Tabellenzeilen«.

25.8 SNMP-Operationen

Wie bereits erwähnt, ist die grundlegende Leseoperation `Get()`; die Protokollnachricht selbst wird als `GetRequest` bezeichnet und beinhaltet auch die Authentifizierungsinformationen (d. h. den Community String für SNMPv1 und SNMPv2c). Eine Request-ID ist enthalten, damit mehrere ausstehende `GetRequests` nicht durcheinander gebracht werden.

Die `GetRequest`-Nachricht kann eine *Liste* von OIDs enthalten (kodiert als eine Liste von ⟨OID,null⟩-Paaren, die sogenannte `VarBind`-Liste). Ein Get für eine einzelne OID enthält einfach eine `VarBind`-Liste der Länge 1.

Der Agent, der die `GetRequest`-Anfrage erhält, überprüft die Authentifizierung und sucht dann, falls erfolgreich, in jeder OID der erhaltenen Liste nach dem entsprechenden Wert. Die ausgefüllte `VarBind`-Liste aller ⟨OID,value⟩-Paare wird zurückgegeben.

Falls irgendein Wert nicht gefunden werden kann, z. B. weil die OID einen inneren Knoten des OID-Baums anstelle eines tatsächlichen Wertes darstellt oder weil die OID außerhalb des Teils des OID-Baums liegt, auf den die Anfrage zugreifen durfte, werden bei SNMPv1 *keine* Werte zurückgegeben. Nur wenn jede OID in der Liste einem gültigen Wert entspricht, wird eine Liste mit allen ⟨OID,value⟩-Paaren zurückgegeben. Bei SNMPv2 wurde diese Regel später gelockert, um die Rückgabe aller erfolgreichen Einzelanfragen zu ermöglichen.

Wenn die genaue OID nicht bekannt ist – was bei tabellarischen Daten häufig vorkommt – kann die Operation `GetNext()` verwendet werden. Sie funktioniert wie `Get()`, mit dem Unterschied, dass der Agent für jede OID *oid* in der Anfrageliste die *nächste Blatt-OID* findet, die in lexikografischer Reihenfolge streng auf *oid* folgt; diese wollen wir hier *oid'* nennen. Der Agent nimmt dann das Paar ⟨*oid',value*⟩ in seine Antwort auf, wobei *value* der zu *oid'* gehörende Wert ist. Es ist zu beachten, dass *oid'* dem Manager im `GetNext()`-Fall vorher nicht bekannt ist. Beachten Sie außerdem, dass SNMP mit jedem Wert *immer* die entsprechende OID zurückgibt, die bei tabellarischen Daten den vollständigen Index für den Wert kodiert.

Mit der Operation `GetNext()` kann ein Manager einen beliebigen Teilbaum des OID-Baums *durchlaufen*. Wenn die Wurzel des Teilbaums das Präfix **T** ist, dann lautet der erste Aufruf GetNext(**T**). Dieser liefert ⟨oid_1,$value_1$⟩. Der nächste Aufruf von GetNext hat den Parameter oid_1; der Agent gibt ⟨oid_2,$value_2$⟩ zurück. Der Manager setzt die Reihe der GetNext-Aufrufe fort, bis der Teilbaum schließlich erschöpft ist und der Agent entweder einen Fehler oder (wahrscheinlicher) ein ⟨oid_N,$value_N$⟩ zurückgibt, für das oid_N keine Erweiterung des ursprünglichen Präfixes p mehr ist.

Beginnen wir zum Beispiel mit dem Präfix 1.3.6.1.2.1.1, dem Anfang der `system`-Gruppe. Der erste Aufruf von `GetNext()` liefert das Paar

```
⟨1.3.6.1.2.1.1.1.0, sysDescr_value⟩
```

Die OID 1.3.6.1.2.1.1.**1.0** ist der erste Blattknoten unterhalb des inneren Knotens 1.3.6.1.2.1.1.

Der zweite Aufruf von `GetNext()` verwendet die OID 1.3.6.1.2.1.1.**1.0** als Parameter und gibt Folgendes zurück

```
⟨1.3.6.1.2.1.1.2.0, sysObjectID_value⟩
```

Hier ist die zurückgegebene OID der nächste Blattknoten, der unmittelbar auf 1.3.6.1.2.1.1.**1.0** folgt. Der Prozess wird mit {system 3 0}, {system 4 0} usw. fortgesetzt, bis eine OID gefunden wird, die *nicht* Teil der system-Gruppe ist. Wie wir gesehen haben, wird dies wahrscheinlich der erste Eintrag der Schnittstellengruppe sein, `ifNumber.0`, mit der OID 1.3.6.1.2.1.2.1.0.

Die Aktion `GetNext()` ist besonders nützlich, wenn eine Tabelle abgerufen wird, wie z. B. die im vorangegangenen Abschnitt vorgestellte Schnittstellentabelle. In diesem Beispiel sind die Indexwerte fortlaufende Ganzzahlen, sodass ein SNMP-Manager sie wahrscheinlich erraten könnte. Die Indexwerte für die beiden anderen Tabellen – die IP-Weiterleitungstabelle und die TCP-Verbindungstabelle – zu erraten, wäre jedoch nahezu unmöglich. Und ohne die Indexwerte erhalten wir keine vollständige OID.

Betrachten wir noch einmal die Version der Schnittstellentabelle mit ausgewählten Spalten, wie sie in diesem Format dargestellt ist:

Rufen wir zunächst `GetNext(T)` auf. Der nächste Blattknoten ist der obere linke schwarze Kasten mit der OID **T**.1.1. Der Aufruf von `GetNext(T)` liefert das Paar ⟨**T**.1.1,1⟩. Wir fahren nun mit einem Aufruf von `GetNext(T.1.1)` fort; dieser gibt ⟨**T**.1.2,2⟩ zurück, was dem schwarzen Kasten direkt unter dem ersten entspricht. Die nächsten beiden Aufrufe von `GetNext()` liefern nacheinander ⟨**T**.1.3,3⟩ und ⟨**T**.1.4,4⟩.

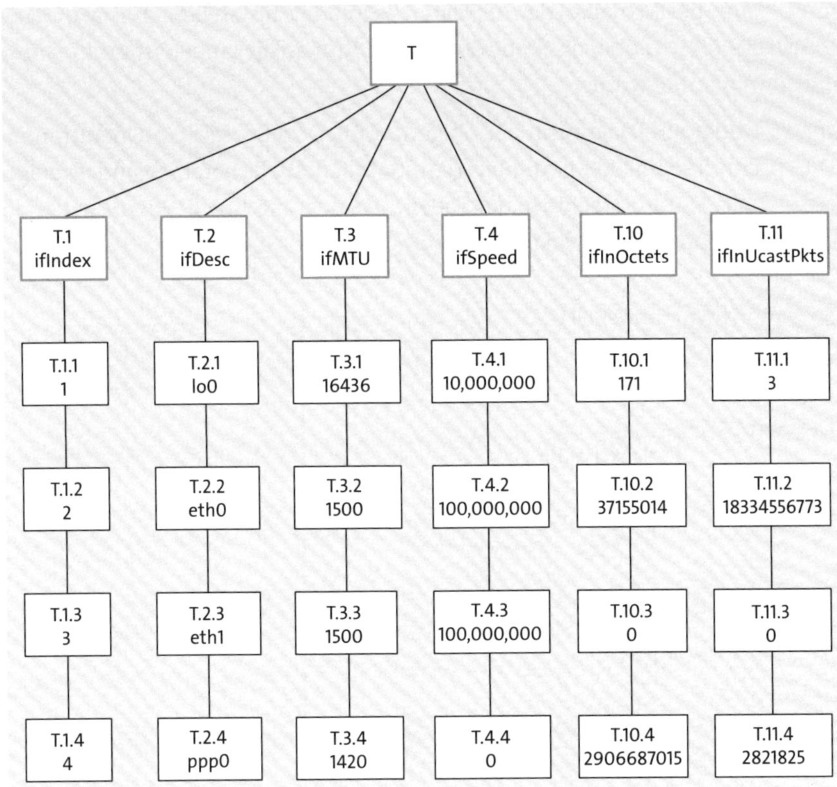

Abbildung 25.3 Die ausgewählten Spalten der Schnittstellentabelle

Nun rufen wir `GetNext(T.1.4)` auf. Der nächste Blattknoten ist der erste Blattknoten in der *zweiten* Spalte, T.2.1; der zurückgegebene Wert ist ⟨T.2.1, »lo« ⟩. Die nächsten drei Aufrufe von GetNext, bei denen jedes Mal der von der vorherigen Funktion `GetNext()` zurückgegebene Wert als Parameter übergeben wird, geben die nächsten drei Werte zurück, die die zweite Spalte der Tabelle (`ifDesc`) bilden.

Am Ende der zweiten Spalte gibt der Aufruf von `GetNext(T.2.4)` das Paar ⟨OID,value⟩ zurück, was dem ersten Blattknoten der dritten Spalte entspricht, ⟨T.3.1,16436⟩. Am Ende der dritten Spalte springt `GetNext()` zum Anfang der vierten Spalte, und so weiter. Auf diese Weise durchläuft `GetNext()` Spalte für Spalte die gesamte Tabelle. 25

Wenn wir schließlich zum letzten Blattknoten der Tabelle gelangen, hier unten rechts als T.11.4 dargestellt (obwohl die eigentliche `ifTable` zusätzliche Spalten hat), liefert der Aufruf von `GetNext(T.11.4)` etwas zurück, das außerhalb der Tabelle liegt. Entweder wird ein Fehler zurückgegeben – falls es keine nachfolgende OID gibt, die der Manager zu empfangen berechtigt ist – oder der nächste Blattknoten oben rechts von T. (In der normalen MIB-2-Auflistung wäre dies der erste Eintrag der Tabelle `atTable`).

In jedem Fall kann der Manager, der die Daten empfängt, feststellen, dass seine Anfrage für `GetNext(T.11.4)` über das Ende der Tabelle **T** hinausgegangen ist und **T** somit vollständig durchlaufen wurde.

Abbildung 25.4 zeigt ein Diagramm der obigen Abfolge von `GetNext()`-Operationen, die am Durchschreiten unserer partiellen Schnittstellentabelle beteiligt sind; es zeigt, dass `GetNext(T.11.4)` unten rechts in der Tabelle das über die Tabelle hinausgehende ⟨OID,value⟩-Paar ⟨**A**,avalue⟩ zurückliefert:

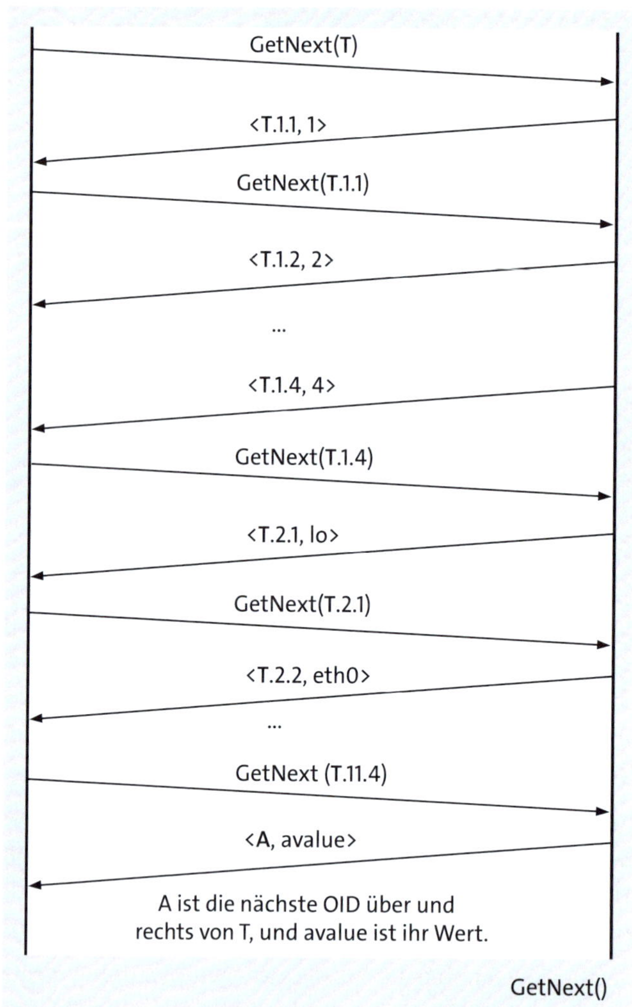

Abbildung 25.4 Durchschreiten der (partiellen) Schnittstellentabelle mit GetNext()

Einige Manager-Dienstprogramme, die diese – oftmals als »Walk« bezeichnete – Art des Tabellenabrufs durchführen, präsentieren die Daten in der Abrufreihenfolge,

Spalte für Spalte, und einige formatieren die Daten visuell so (vielleicht optional), dass sie mehr wie eine Tabelle aussehen. Siehe `snmpwalk` und `snmptable` aus Net-SNMP in Abschnitt 25.9, »MIB-Browsing«.

25.8.1 Get() mit mehreren Attributen

Eine einzelne `Get()`/`GetNext()`-Anfrage kann auch eine Liste von abzurufenden Attributen beeinhalten. Dies bietet eine effiziente Möglichkeit, ganze Tabellenzeilen abzufragen.

Ein Manager kennt normalerweise nicht alle Indexwerte einer Tabelle, *wohl aber* wahrscheinlich alle Spalten-OIDs (so wie oben in der blauen Zeile mit voller Länge). Der Manager kann den Abruf der Tabelle beschleunigen, indem er ganze Zeilen auf einmal abfragt. Das erste derartige `GetNext()` könnte wie folgt lauten

```
GetNext(T.1, T.2, T.3, T.4, T.10, T.11)
```

Dies sind die OIDs der blauen vollständigen Zeile; es handelt sich durchweg um OIDs, die keine Blattpositionen einnehmen. Das Ergebnis ist die Liste mit den Paaren

```
⟨T.1.1,1⟩, ⟨T.2.1,"lo"⟩, ⟨T.3.1,16436⟩, ⟨T.4.1,10000000⟩, ⟨T.10.1,171⟩, ⟨T.11.1,3⟩
```

Das heißt, die gesamte erste Tabellenzeile wird zurückgeliefert (wobei wir wieder davon ausgehen, dass 1, 2, 3, 4, 10 und 11 die einzigen Spalten sind). Der nächste Aufruf von `GetNext()` verwendet dann die oben zurückgegebenen OIDs:

```
GetNext(T.1.1, T.2.1, T.3.1, T.4.1, T.10.1, T.11.1)
```

Dies würde dann die gesamte zweite Tabellenzeile zurückgeben, und so weiter. Wenn wir bei der allerletzten Zeile angekommen sind, liefert der Aufruf

```
GetNext(T.1.4, T.2.4, T.3.4, T.4.4, T.10.4, T.11.4)
```

dann Folgendes zurück (unter der Annahme, dass die angezeigten Spalten die einzigen vorhandenen Spalten sind)

```
⟨T.2.1,"lo"⟩, ⟨T.3.1,16436⟩, ⟨T.4.1,10000000⟩, ⟨T.10.1,171⟩, ⟨T.11.1,3⟩, ⟨A,avalue⟩
```

wobei **A** die nächste Blatt-OID rechts oberhalb von **T** ist (falls kein Fehler vorliegt). Zu diesem Zeitpunkt weiß der Manager, wie im Fall von »single-attribute-get«, dass die gesamte Tabelle abgerufen wurde.

Es spielt keine Rolle, ob der Manager diese Form von `GetNext()` mit mehreren Attributen verwendet, um alle Spalten der betreffenden Tabelle zurückzugeben, oder nur die Teilmenge der Spalten, die für ihn von Interesse sind.

In Abschnitt 26.1.3, »SNMPv2-GetBulk()«, werden wir sehen, dass SNMPv2 die Operation `GetBulk()` eingeführt hat, die mehrere Zeilen mehrerer Spalten in einer einzigen Operation zurückliefern kann.

Die Tabellen sind nicht unbedingt statisch. Es können neue dynamische Schnittstellen hinzukommen, und es werden laufend neue Routen und TCP-Verbindungen eingefügt. Ein Manager, der eine Tabelle mit der Einzelattributform von `GetNext()` ausliest, stellt möglicherweise fest, dass nur der letzte Teil einer neuen Zeile abgerufen wird, oder aber auch der erste Teil einer gelöschten Zeile. Die `GetNext()`-Variante mit mehreren Attributen bietet ein wenig mehr Schutz vor diesem Problem.

25.8.2 Set()

SNMP erlaubt auch eine `Set()`-Operation. Natürlich sind nicht alle Attribute beschreibbar, und ein Manager muss Schreibrechte für die *beschreibbaren* Attribute haben. Außerdem gibt es kein `SetNext()`; die genaue OID eines jeden Wertes muss angegeben werden.

In der `system`-Gruppe ist das Attribut `sysName` beschreibbar. Es hat die OID 1.3.6.1.2.1.1.5.0; um es zu aktualisieren, benötigen wir folgenden Aufruf

```
Set(1.3.6.1.2.1.1.5.0, "newsysname")
```

Wie `Get()` lässt sich auch `Set()` mit mehreren Attributen aufrufen. Angenommen, die Tabelle **T** hat drei Spalten **T**.1, **T**.2 und **T**.3 und zwei Zeilen:

T.1	T.2	T.3
10	eth0	3.14159
11	eth1	2.71828

Wir können dann die zweite `eth1`-Zeile in ⟨11,ppp1,0.577216⟩ ändern mittels

```
Set( (T.2.11,ppp1), (T.3.11,0.577216) )
```

Wir können die Indizierung auf diese Weise nicht ändern, siehe aber auch Abschnitt 26.2, »Erstellung von Tabellenzeilen«.

Die Semantik für `Set()` mit mehreren Attributen erfordert ausdrücklich, dass entweder alle Zuweisungen erfolgreich sind oder alle Zuweisungen fehlschlagen; das heißt, `Set()`-Operationen mit mehreren Attributen sind *atomar*. (Der übliche Grund für ein Scheitern ist, dass der Manager, der die `Set()`-Operation ausführt, keine Schreibrechte für irgendein Element hat). SNMPv1 hatte die gleiche Alles-oder-Nichts-Regel für `Get()`-Operationen mit mehreren Attributen, aber diese Anforderung wurde in

SNMPv2 gelockert. Die Alles-oder-Nichts-Semantik von `Set()` hat zur Folge, dass bestimmte Aktualisierungen nicht nur »halbfertig« abgeschlossen werden können.

Die Semantik von `Set()` mit mehreren Attributen bedeutet jedoch nicht, dass annähernd gleichzeitige Zuweisungen durch verschiedene Manager *serialisiert* werden. Nehmen wir zum Beispiel an, dass zwei getrennte Manager jeweils versuchen, die durch die OIDs **X** und **Y** spezifizierten Attribute zu aktualisieren, der eine auf 10 und 100 und der andere auf 20 und 200. Wenn die Aktualisierungen etwa zur gleichen Zeit geplant sind,

```
Set((X,10), (Y,100))
Set((X,20), (Y,200))
```

dann ist es möglich, dass die Set()-Operationen in der Reihenfolge (**X**,20), (**X**,10), (**Y**,100), (**Y**,200) ausgeführt werden, wobei sich **X** = 10 und **Y** = 200 ergeben. Einen Workaround finden Sie in Abschnitt 26.1.5, »TestAndIncr«.

25.9 MIB-Browsing

Tools zum individuellen Auslesen von SNMP sind weithin verfügbar und sehr hilfreich, um zu sehen, was vor sich geht.

Wir haben bereits das Net-SNMP-Paket erwähnt. Der Befehl `snmpget` gibt eine einzelne (möglicherweise mehrere Attribute umfassende) `Get()`-Anfrage aus; der sehr ähnliche Befehl `snmpgetnext` gibt eine GetNext-Anfrage aus. Der Befehl `snmpwalk` nimmt eine OID entgegen, die die Wurzel eines Teilbaums darstellt, und gibt alles in diesem Teilbaum zurück. Das folgende Beispiel geht davon aus, dass der snmp Agent auf localhost auf die Verwendung des Community-Strings »tengwar« konfiguriert ist (Abschnitt 25.11, »SNMPv1-Communitys und -Sicherheit«):

```
snmpwalk -v 1 -c tengwar localhost 1.3.6.1.2.1.2.2
```

Die OID ist hier jene von `ifTable`. Für `snmpget` und `snmpgetnext` sind mehrere OIDs erlaubt, nicht aber für `snmpwalk`.

Wenn die entsprechenden MIB-Dateien geladen sind, kann der obige Befehl auch wie folgt eingegeben werden

```
snmpwalk -v 1 -c tengwar localhost ifTable
```

Dazu muss die RFC1213-MIB-Datei in ein spezielles Verzeichnis gelegt werden (z. B. *$HOME/.snmp/mibs*), und dann der Datei *snmp.conf* entweder eine Zeile wie

```
mibs +RFC1213-MIB
```

hinzugefügt werden, oder der MIB-Name mit in die Kommandozeile aufgenommen werden:

```
snmpwalk -v 1 -c tengwar -m RFC1213-MIB localhost ifTable
```

Beachten Sie, dass `RFC1213-MIB` der Identifier ist, der der MIB-Datei in der ersten Zeile zugewiesen wird, so wie unten dargestellt, und *nicht* unbedingt der Name der Datei, die die MIB enthält.

```
RFC1213-MIB DEFINITIONS ::= BEGIN
```

Wenn die entsprechende MIB-Datei geladen ist, werden die OIDs unter Umständen eher symbolisch als numerisch angezeigt, aber die Darstellung der Daten verändert sich nicht:

```
      iso.3.6.1.2.1.1.5.0 = STRING: "valhal"         ;; without MIB
RFC1213-MIB::sysName.0 = STRING: "valhal"            ;; with MIB
```

(Wenn die Daten vom Typ Objekt-ID sind, wird die OID ohne die MIB numerisch angezeigt, und mit der entsprechenden MIB kann sie ganz oder teilweise symbolisch angezeigt werden).

Schließlich enthält das Net-SNMP-Paket auch `snmptable`, das wie `snmpwalk` funktioniert, mit dem Unterschied, dass die Daten als Tabelle und nicht spaltenweise angezeigt werden. Für den Befehl `snmptable` muss die entsprechende MIB-Datei installiert sein. Net-SNMP enthält mit `tkmib` einen MIB-Browser mit einer grafischen Oberfläche.

Die Personal Edition des iReasoning MIB Browsers ist nicht quelloffen, aber kostenlos, und sie funktioniert gut unter Windows, Macs und Linux; SNMPv3 wird nicht unterstützt. Die Lizenz untersagt die Publikation von Benchmark-Tests ohne Zustimmung.

25.10 MIB-2

Wir können uns nun der MIB zuwenden, die das Herzstück der SNMPv1-Daten darstellt, die sogenannte MIB-2, die in RFC 1213 definiert ist. Die »2« – häufig auch mit einer römischen Zahl dargestellt: MIB-II – steht hier für die zweite Auflage der Definition, die aber immer noch Teil von SNMPv1 ist. Ihr Vorgänger MIB-1 wurde erstmals 1988 in RFC 1066 dokumentiert.

Wie wir in Abschnitt 25.4, »MIBs«, gesehen haben, lautet das OID-Präfix der MIB-2 1.3.6.1.2.1.

Die MIB-2 wurde inzwischen erweitert. Wir sehen uns einige Erweiterungen in Abschnitt 26.1 an. Im Allgemeinen sollte ein ernsthaft betriebenes Netzwerkmanagement auf diese neueren Versionen zurückgreifen. Die MIB-2 ist aber immer noch ein guter Einstieg, auch wenn sie teilweise veraltet ist.

Die ursprüngliche MIB-2 ist in zehn Gruppen unterteilt, von denen derzeit nicht alle verwendet werden:

- `system(1)`: siehe oben
- `interfaces(2)`: siehe oben, in Kurzfassung
- `at(3)`: der ARP-Cache, Abschnitt 10.2, »Address Resolution Protocol: ARP«
- `ip(4)`: einschließlich der oben als Beispiel verwendeten IP-Weiterleitungstabelle
- `icmp(5)`: Informationen über ICMP, Abschnitt 10.4, »Internet Control Message Protocol«
- `tcp(6)`: einschließlich der oben als Beispiel verwendeten TCP-Verbindungstabelle
- `udp(7)`: Informationen über UDP-Aktivität
- `egp(8)`: Informationen über das inzwischen obsolete EGP-Protokoll, das durch BGP abgelöst wurde
- `transmission(10)`: wird nie benutzt
- `snmp(11)`: über den SNMP-Agent selbst

Ursprünglich war Gruppe 9 für CMOT, siehe oben, aber dieser Eintrag ist in RFC 1213 auskommentiert (obwohl er in MIB-1 überhaupt nicht vorkommt).

Die Gruppe `at` ist offiziell veraltet; die gleichen ARP-Cache-Informationen sind auch innerhalb der Gruppe `ip` verfügbar. Das EGP-Protokoll wurde vollständig durch BGP ersetzt, und die Verwaltung von BGP-Routern ist hochspezialisiert; RFC 4273 enthält eine BGP-MIB, aber auch hier werden fast durchgängig private MIBs verwendet.

Die Gruppe `transmission` wurde in Erwartung des Tages aufgenommen, an dem »Definitionen für verwaltete Übertragungsmedien festgelegt werden«. Dieser Tag ist noch nicht gekommen.

Die Implementierung des Net-SNMP-Agents gibt für die Gruppen `egp` und `transmission` nichts zurück.

25

25.10.1 Die system-Gruppe

Wir haben uns damit bereits in Abschnitt 25.4, »MIBs«, befasst und werden hier lediglich darauf hinweisen, dass mehrere der Einträge in dieser Gruppe manuell konfiguriert werden müssen. Dies kann entweder durch Editieren der Konfigurationsdatei, z. B. `snmpd.conf`, oder (im Fall von `read-write`-Attributen) durch SNMP selbst erfolgen.

Der Wert `sysObjectID` stellt eine herstellerspezifische OID für den SNMP-Agent dieses bestimmten Systems dar. Das auf meinem System installierte Net-SNMP-Paket gibt zum Beispiel 1.3.6.1.4.1.8072.3.2.10 zurück. 1.3.6.1.4.1 ist die Wurzel des herstellerspezifischen (`private`) OID-Baums, und 8072 wurde dem Net-SNMP-Projekt zugewiesen. Auf diese Weise kann ein SNMP-Manager in der Praxis häufig den Hersteller eines Agents ermitteln und so feststellen, welche herstellerspezifischen Informationen er abfragen muss. Mit der hier gefundenen 8072 kann man nach dem Teilbaum 1.3.6.1.4.1.8072 fragen und allerlei Net-SNMP-spezifische Informationen erfahren. Ebenso lautet bei bei einer speziellen Windows XP-Installation mit installiertem Microsoft Network Monitoring der sysObjectID-Wert 1.3.6.1.4.1.**311**.1.1.3.1.1; 311 ist die OID-Ebene, die Microsoft im privaten Teilbaum 1.3.6.1.4.1 zugewiesen wurde.

Die system-Gruppe wurde in SNMPv2 um eine Objektressourcentabelle, `sysORTable`, erweitert; siehe Abschnitt 26.1.7, »MIB-Veränderungen in SNMPv2«.

25.10.2 Tabellendefinitionen und die interfaces-Gruppe

Die interfaces-Gruppe besteht aus einem einzigen INTEGER-Wert `ifNumber`, der die Anzahl der aktuellen Netzwerkschnittstellen (einschließlich solcher, die gerade »down« sind) angibt, und der bereits teilweise vorgestellten interfaces-Tabelle. An dieser Stelle möchten wir die Gelegenheit nutzen, um genau zu erläutern, wie MIB-Tabellendefinitionen – und Aufzählungstypen – mit ASN.1 strukturiert sind.

Einige der Definitionen der Gruppe interfaces wurden nachträglich überarbeitet. Siehe z. B. RFC 2863, in der die Gruppe zudem neu definiert wird, um Gebrauch von den SNMPv2-SMI-Zusatzfunktionen zu machen. Auf eine Erweiterung der interfaces-Gruppe werden wir in Abschnitt 26.1.9, »IF-MIB und ifXTable«, zurückkommen.

MIB-Tabellendefinitionen erfolgen fast immer zweistufig: Zunächst wird eine OID für die Tabelle definiert, und dann wird eine zweite OID für einen *Tabelleneintrag,* d. h. für eine Tabellenzeile, definiert. Diese zweite OID wird in der Regel durch Anhängen von ».1« aus der ersten generiert, und es ist diese zweite OID, die das Tabellenpräfix im Sinne von Abschnitt 25.7, »SNMP-Tabellen«, dort mit **T** bezeichnet, darstellt.

Der eigentliche ASN.1-Code, leicht kommentiert, lautet wie folgt:

```
ifTable OBJECT-TYPE
    SYNTAX  SEQUENCE OF IfEntry        -- grosses I bei IfEntry
    ACCESS  not-accessible
    STATUS  mandatory
    DESCRIPTION
            "A list of interface entries.  The number of
            entries is given by the value of ifNumber."
    ::= { interfaces 2 }               -- also 1.3.6.1.2.1.2.2
```

```
ifEntry OBJECT-TYPE                    -- kleines i bei ifEntry
    SYNTAX  IfEntry                    -- grosses I bei IfEntry
    ACCESS  not-accessible
    STATUS  mandatory
    DESCRIPTION
            "An interface entry containing objects at the
            subnetwork layer and below for a particular interface."
    INDEX   { ifIndex }
    ::= { ifTable 1 }                  -- also 1.3.6.1.2.1.2.2.1
```

Beide diese Einträge sind `not-accessible`, da sie keine Blattknoten darstellen. Die zweite Deklaration bezieht sich auf das `ifEntry` mit klein geschriebenem i; die nächste Definition in RFC 1213 bezieht sich auf die Version mit groß geschriebenem I. Letztere stellt die vollständige Liste aller Spalten eines ifEntry/IfEntry-Objekts dar, zusammen mit ihren Typen aus (in den meisten Fällen) Abschnitt 25.5, »SNMPv1-Datentypen«. Der Typ `PhysAddress` ist in RFC 1213 als Synonym für `OCTET STRING` definiert. Definitionen für die mit jeder Spalte verknüpfte OID folgen später.

Ein `ifEntry` stellt eine konkrete Zeile dar und enthält daher einen `INDEX`-Eintrag zur Spezifizierung des Attributs oder der Attribute, die den Primärschlüssel für diese Zeile bilden.

Wir definieren nun `IfEntry`:

```
IfEntry ::=
    SEQUENCE {
        ifIndex            INTEGER,
        ifDescr            DisplayString,
        ifType             INTEGER,
        ifMtu              INTEGER,
        ifSpeed            Gauge,
        ifPhysAddress      PhysAddress,
        ifAdminStatus      INTEGER,
        ifOperStatus       INTEGER,
        ifLastChange       TimeTicks,
        ifInOctets         Counter,
        ifInUcastPkts      Counter,
        ifInNUcastPkts     Counter,
        ifInDiscards       Counter,
        ifInErrors         Counter,
        ifInUnknownProtos  Counter,
        ifOutOctets        Counter,
        ifOutUcastPkts     Counter,
        ifOutNUcastPkts    Counter,
```

25

```
        ifOutDiscards        Counter,
        ifOutErrors          Counter,
        ifOutQLen            Gauge,
        ifSpecific           OBJECT IDENTIFIER
    }
```

Attribute

Einige der langen SNMP-Attributlisten, wie z. B. die, die sie gerade gesehen haben, können beim Lesen zu ganz glasigen Augen führen. Dies kann schnell in Panik umschlagen, wenn ein Problem auftritt und das richtige Attribut zur Diagnosestellung nirgendwo enthalten zu sein scheint.

Es wäre möglich gewesen, die obige Definition von `IfEntry` in die `SYNTAX`-Spezifikation des vorherigen `ifEntry` einzufügen, aber das ist umständlich. Die `IfEntry`-Definition ist kein eigenständiger `OBJECT-TYPE` und hat keine eigene OID.

Wenn wir nur die Schnittstellentabelle mit möglichst kurzen OIDs implementieren wollten, hätten wir keine separaten ifTable- und ifEntry-OIDs erstellt. Dies würde allerdings bedeuten, dass wir das `OBJECT-TYPE`-Makro nicht zur Definition von `ifTable` verwenden könnten, was nicht ganz so konsistent gewesen wäre (zumal die ASN.1-Syntax auch die Paketkodierung bestimmt, wie in Abschnitt 25.12, »SNMP und die ASN.1-Kodierung«, beschrieben). Im Grunde wird jedes Tabellenpräfix in SNMP so wie hier über zwei zusätzliche OID-Ebenen definiert, anstatt über eine.

Wir wenden uns nun den 22 konkreten Schnittstellenattributen zu. Hier ist die Definition für das erste, `ifIndex`; es definiert Spalte 1 der Schnittstellentabelle als ifEntry.1. Da es sich hier um einen Blattknoten handelt, steht der `ACCESS` nach dem Anhängen des OID-Suffixes, das den Index darstellt, nicht mehr auf `not-accessible`.

```
ifIndex OBJECT-TYPE
    SYNTAX  INTEGER
    ACCESS  read-only
    STATUS  mandatory
    DESCRIPTION
            "A unique value for each interface.  Its value ranges
            between 1 and the value of ifNumber.  The value for each
            interface must remain constant at least from one
            reinitialization of the entity's network management system
            to the next reinitialization."
    ::= { ifEntry 1 }
```

Die `DESCRIPTION` weist deutlich darauf hin, dass die Werte für `ifIndex`, die zur Angabe von Schnittstellen verwendet werden, fortlaufende Ganzzahlen sein müssen. Die Einhaltung dieser Regel wurde aus verschiedenen Gründen schon frühzeitig aufgegeben und in RFC 2863 formell zurückgezogen. Einige Anbieter nummerieren physische Schnittstellen schlichtweg nicht fortlaufend. In anderen Fällen gibt es ein Problem mit der fortlaufenden Nummerierung. Eines der Systeme des Autors, auf dem Net-SNMP läuft, liefert zum Beispiel `ifNumber` = 3 und dann die folgenden Tabellenwerte zurück:

ifIndex	ifName
1	lo
2	eth0
549	ppp0

Es stellt sich heraus, dass ppp0 eine virtuelle Schnittstelle ist, die einem VPN-Tunnel zugeordnet ist und dass der zugehörige Tunnel regelmäßig ausfällt und dann automatisch neu initialisiert wird. Jedes Mal, wenn dies geschieht, erhöht sich der `ifIndex` um 1.

Die Regel, dass Schnittstellen fortlaufend nummeriert werden müssen, wurde in RFC 2863, einer SNMPv2-Aktualisierung der Schnittstellengruppe, formell als überholt erklärt. Dadurch ist der `ifNumber`-Wert wiederum weniger nützlich als er sein könnte; die meisten SNMP-Tabellen sind mit keinem count-Attribut verbunden und scheinen gut zu funktionieren.

Die meisten SNMP-Datenwerte entsprechen direkt den von der Hardware und dem zugrunde liegenden Betriebssystem definierten Attributen. Für den `ifIndex`-Wert gilt das nicht, zumindest nicht unbedingt. Normalerweise muss der Agent zumindest einen gewissen Zustand beibehalten, um den `ifIndex`-Wert konsistent zu halten. In einigen Fällen kann der `ifIndex`-Wert aus der relativen Position der Schnittstelle in einer internen Tabelle des Betriebssystems entnommen werden. Dies ist jedoch nicht immer der Fall, wie das Beispiel mit dem `ifIndex`-Wert von 549 für ppp0 in der obigen Tabelle zeigt.

Der `ifIndex`-Wert wird in SNMP häufig verwendet und wird oft in anderen Tabellen referenziert. SNMPv2 definiert dafür sogar einen speziellen Typ (eine TEXTUAL CONVENTION) mit dem Namen `InterfaceIndex` (Abschnitt 26.1.1, »SMI und Datentypen von SNMPv2«).

Wie bereits erwähnt, gibt es keinen Grund, `ifIndex` als eigene Spalte in die Tabelle aufzunehmen; der Wert von `ifIndex` lässt sich immer aus der OID einer beliebigen Komponente der Zeile berechnen. Der Ansatz von SNMPv2, `ifIndex` grundsätzlich als `not-accessible` zu definieren, wird weiter unten in Abschnitt 26.1.4, »SNMPv2-Indizes«, beschrieben.

`ifDescr` ist eine Textbeschreibung der Schnittstelle; in der Regel handelt es sich um den Namen des mit der Schnittstelle verbundenen Geräts. RFC 1213 besagt, dass »diese Zeichenfolge den Namen des Herstellers, den Produktnamen und die Version der Hardwareschnittstelle enthalten sollte«, was jedoch nicht mit den Konventionen für die Benennung von Linux-Geräten vereinbar ist. Die derzeitige Regel besagt lediglich, dass sie eindeutig sein sollte.

Das Attribut `ifType` ist unser erstes Beispiel für den Umgang von ASN.1 mit *Aufzählungstypen*. Der Wert ist eine kleine Ganzzahl und der mit jeder Ganzzahl verbundene Hardwaretyp lautet wie folgt. Die meisten der in dieser Liste von 1991 aufgeführten Netzwerktechnologien sind mittlerweile weitgehend von der Bildfläche verschwunden und werden nicht mehr genutzt.

```
ifType OBJECT-TYPE
    SYNTAX  INTEGER {
                other(1),           -- keines der Nachfolgenden
                regular1822(2),
                hdh1822(3),
                ddn-x25(4),
                rfc877-x25(5),
                ethernet-csmacd(6),
                iso88023-csmacd(7),
                iso88024-tokenBus(8),
                iso88025-tokenRing(9),
                iso88026-man(10),
                starLan(11),
                proteon-10Mbit(12),
                proteon-80Mbit(13),
                hyperchannel(14),
                fddi(15),
                lapb(16),
                sdlc(17),
                ds1(18),            -- T-1
                e1(19),             -- Europ. Entsprechung von T-1
                basicISDN(20),
                primaryISDN(21),    -- proprietär seriell
                propPointToPointSerial(22),
                ppp(23),
                softwareLoopback(24),
                eon(25),             -- CLNP over IP [11]
                ethernet-3Mbit(26),
                nsip(27),            -- XNS over IP
                slip(28),            -- generic SLIP
```

```
                ultra(29),              -- ULTRA technologies
                ds3(30),                -- T-3
                sip(31),                -- SMDS
                frame-relay(32)
            }
    ACCESS  read-only
    STATUS  mandatory
    DESCRIPTION
            "The type of interface, distinguished according to
            the physical/link protocol(s) immediately 'below'
            the network layer in the protocol stack."
    ::= { ifEntry 3 }
```

Ein ernsthafteres Problem ist, dass hier über zweihundert neuere Technologien nicht aufgeführt sind. Um dieses Problem zu lösen, wurden die Werte für `ifType` unter die Kontrolle der IANA gestellt, so wie in `IANAifType` definiert, siehe RFC 2863 und *https://www.iana.org/assignments/ianaiftype-mib/ianaiftype-mib*. Die IANA kann dann neue Typen hinzufügen, ohne einen RFC formell zu aktualisieren.

Mehr zur Bedeutung von `ifMtu`, der MTU der Schnittstelle, finden Sie in Abschnitt 9.4, »Fragmentierung«. Der 32-Bit-Wert `ifSpeed` ist unbrauchbar, sobald die Geschwindigkeit 2 Gbit/s übersteigt; RFC 2863 definiert ein `ifHighSpeed`-Objekt, dessen Geschwindigkeit in Mbit/s gemessen wird. Dieser Eintrag ist Teil der `ifXTable`-Tabelle, Abschnitt 26.1.9, »IF-MIB und ifXTable«. RFC 2863 stellt auch klar, dass für virtuelle Schnittstellen, die eigentlich keine Bandbreite haben, der zu meldende Wert Null ist (obwohl im Beispiel zuvor die Loopback-Schnittstelle `lo` mit einer Bandbreite von 10 Mbps gemeldet wurde). Die `ifPhysAddress` entspricht in Ethernets der Ethernet-Adresse der Schnittstelle.

Die Attribute `ifAdminStatus` und `ifOperStatus` sind Aufzählungstypen: up(1), down(2), testing(3). Wenn der `ifAdminStatus` up(1) ist und der `ifOperStatus` nicht übereinstimmt, liegt wahrscheinlich eine Hardware-Fehlfunktion vor. Das Attribut `ifLastChange` gibt an, wann sich der `ifOperStatus` das letzte Mal geändert hat (in TimeTicks).

In den nächsten elf Einträgen werden Bytes, Pakete und Fehler gezählt. Die `ifInOctets` und `ifOutOctets` zählen empfangene und gesendete Bytes (einschließlich Framing-Bytes, Abschnitt 6.1.5, »Framing«, falls zutreffend). Das Problem bei diesen Werten ist, dass sie unter Umständen zu schnell umspringen: bei 1 Gbit/s schon nach 34 Sekunden. Die MIB-2-Werte werden weiterhin verwendet, aber im Allgemeinen durch 64-Bit-Zähler ergänzt, die in `ifXTable`, Abschnitt 26.1.9, »IF-MIB und ifXTable«, definiert sind.

Die Paketzähler sind für Unicast-Pakete, Nicht-Unicast-Pakete, verworfene Pakete, Fehler und – nur für eingehende Pakete, auch für Pakete mit unbekannten Protokollen. Die Zählung der Nicht-Unicast-Pakete wird in `ifXTable` in separate Zähler für Broadcast- und Multicast-Pakete unterteilt.

Die Warteschlangenlänge der Schnittstelle ist in `ifOutQLen` verfügbar. Es ist eine beträchtliche Menge an Datenverkehr erforderlich, um diesen Wert von 0 abweichen zu lassen. RFC 1213 sagt nichts über die Zeitspanne für die Mittelwertbildung der Warteschlangenlänge aus.

Der letzte Bestandteil der klassischen MIB-2-interfaces-Gruppe ist `ifSpecific` vom Typ ObjectID. Es sollte ursprünglich eine OID zurückgeben, die für zusätzliche ifType-spezifische Informationen über die Schnittstelle abgefragt werden kann. In RFC 2233 wurde es formell als veraltet eingestuft.

25.10.3 Die ip-Gruppe

Die Gruppe ip enthält mehrere skalare Attribute und drei Tabellen.

Die ersten beiden Attribute sind beschreibbar:

- `ipForwarding`: ein boolesches Attribut zur Aktivierung oder Deaktivierung der Weiterleitung
- `ipDefaultTTL`: die Standard-TTL für ausgehende Pakete (Abschnitt 9.1, »Der IPv4-Header«)

Die nächsten skalaren Attribute sehen folgendermaßen aus. Wir fassen sie hier und auch später unverbindlich zusammen.

- `ipInReceives`: die Anzahl der empfangenen IP-Pakete
- `ipInHdrErrors`: die Anzahl der offenbar mit Header-Fehlern empfangenen IP-Pakete
- `ipInAddrErrors`: die Anzahl der empfangenen IP-Pakete mit fehlerhaften Zieladressen
- `ipForwDatagrams`: die Anzahl der weitergeleiteten IP-Pakete
- `ipInUnknownProtos`: die Anzahl der empfangenen IP-Pakete mit unbekanntem Protokoll auf höherer Ebene
- `ipInDiscards`: die Anzahl der empfangenen IP-Pakete, die keine Fehler aufwiesen, aber dennoch aufgrund von Ressourcenbeschränkungen verworfen wurden
- `ipInDelivers`: die Anzahl der empfangenen IP-Pakete, die lokal zugestellt wurden
- `ipOutRequests`: die Anzahl der IP-Pakete, die von diesem Knoten zur Zustellung an einem anderen Ort verschickt wurden
- `ipOutDiscards`: die Anzahl der ausgehenden IP-Pakete, die aufgrund von Ressourcenbeschränkungen verworfen wurden

- `ipOutNoRoutes`: die Anzahl der ausgehenden IP-Pakete, für die keine Route in der IP-Weiterleitungstabelle eingetragen war
- `ipReasmTimeout`: der Wert des IP-Fragment-Reassembly-Timers in Sekunden
- `ipReasmReqds`: die Anzahl der empfangenen IP-eigenen Fragmente, die an diesem Knoten neu zusammengesetzt werden mussten (weitergeleitete Fragmente werden an ihrem Zielort neu zusammengesetzt)
- `ipReasmOKs`: die Anzahl der fragmentierten IP-Pakete, die erfolgreich wieder zusammengefügt wurden
- `ipReasmFails`: die Anzahl der fragmentierten IP-Pakete, die nicht erfolgreich wieder zusammengefügt wurden
- `ipFragFails`: in erster Linie Pakete, die hätten fragmentiert werden müssen, bei denen jedoch das Dont-Fragment-Bit (Abschnitt 9.4, »Fragmentierung«) gesetzt war
- `ipFragCreates`: die Anzahl der von diesem Knoten erzeugten IP-Fragmente
- `ipRoutingDiscards`: die Anzahl der Pakete, die hätten weitergeleitet werden sollen, die aber wegen begrenzter Ressourcen verworfen wurden

Die erste Tabelle ist die `ipAddrTable`, eine Liste aller IP-Adressen, die diesem Knoten zugewiesen sind, zusammen mit Schnittstellen und Netzmasken.

Die zweite Tabelle ist die `ipRouteTable`, also die Weiterleitungstabelle. Diese haben wir in Abschnitt 25.7, »SNMP-Tabellen«, kurz betrachtet. Beachten Sie, dass der Index nur aus der Ziel-IP-Adresse `ipRouteDest` besteht, was für eine CIDR-basierte Weiterleitung, bei der der Schlüssel der Weiterleitungstabelle das Paar ⟨dest,netmask⟩ ist, nicht ausreichend ist. Der Datenverkehr zu 10.38.0.0/16 könnte demnach anders geroutet werden als der Datenverkehr zu 10.38.0.0/24!

Diese Tabelle enthält die vier Attribute `ipRouteMetric1` bis `ipRouteMetric4`. Laut RFC 1213 sollten nicht verwendete Metriken auf –1 gesetzt werden, aber viele Agents lassen diese Spalten einfach ganz weg. Agents können ebenso auch `ipRouteAge` weglassen.

Die dritte Tabelle ist `ipNetToMediaTable`, die ARP-Cache-Tabelle, die eine ähnliche, inzwischen veraltete Tabelle in der at-Gruppe ersetzt. Die `ipNetToMedia`-Tabelle ergänzt die Spalte `ipNetToMediaType`, die in der at-Group-Tabelle nicht vorhanden ist; diese Spalte gibt an, ob eine Zuordnung von physischer Adresse zu IP-Adresse invalid(2), dynamic(3) oder static(4) ist. Die meisten ARP-Einträge sind dynamischer Natur.

Eine aktualisierte Version der ip-Gruppe finden Sie in Abschnitt 26.1.9 und Abschnitt 26.1.12.

25.10.4 Die icmp-Gruppe

Die icmp-Gruppe besteht aus 26 Zählern für verschiedene ICMP-Ereignisse. ICMP-Echo-Request-(ping request)-Pakete haben ihren eigenen Zähler.

25.10.5 Die tcp-Gruppe

Die tcp-Gruppe umfasst die folgenden Skalare:

- `tcpRtoAlgorithm`: die Methode zur Berechnung des Retransmission Timeout, normalerweise vanj(4) für den Jacobson-Karels-Algorithmus in Abschnitt 18.12, »Zeitüberschreitung und Neuübertragung bei TCP«.
- `tcpRtoMin`: die minimale TCP-Zeitüberschreitung für die Neuübertragung , in Millisekunden
- `tcpRtoMax`: die maximale TCP-Zeitüberschreitung für die Neuübertragung, wiederum in Millisekunden
- `tcpMaxConn`: Wenn das System eine feste Obergrenze für die Anzahl der zulässigen TCP-Verbindungen vorgibt, wird diese zurückgegeben. Die meisten Systeme haben jedoch keine statische Obergrenze und liefern –1 zurück.
- `tcpActiveOpens`: die Anzahl der TCP-Verbindungen, die von diesem Knoten aus geöffnet wurden; genauer gesagt, die Anzahl der TCP-Zustandsübergänge CLOSED → SYN_SENT
- `tcpPassiveOpens`: die Anzahl der TCP-Zustandsübergänge LISTEN → SYN_RECD
- `tcpAttemptFails`: die Anzahl der TCP-Verbindungen, die in den Zustand CLOSED übergingen, ohne vorher jemals ESTABLISHED gewesen zu sein
- `tcpEstabResets`: die Anzahl der TCP-Verbindungen, die mittels RST-Paketen von ESTABLISHED oder CLOSE_WAIT direkt in CLOSED übergegangen sind
- `tcpCurrEstab`: die Anzahl der TCP-Verbindungen, die sich aktuell entweder im Zustand ESTABLISHED oder im Zustand CLOSE_WAIT befinden
- `tcpInSegs`: die Anzahl der empfangenen TCP-Pakete, einschließlich Fehlern und Duplikaten (obwohl ein doppelter *Empfang* relativ selten ist)
- `tcpOutSegs`: die Anzahl der gesendeten TCP-Pakete, *ohne* Neuübertragungen
- `tcpRetransSegs`: die Anzahl der TCP-Pakete mit mindestens einem erneut übertragenen Byte; das Paket kann auch neue Daten enthalten
- `tcpInErrs`: die Anzahl der empfangenen TCP-Pakete mit Fehlern, einschließlich Prüfsummenfehler
- `tcpOutRsts`: die Anzahl der gesendeten RST-Pakete

Es ist vielleicht überraschend, dass kein Zähler für die Gesamtzahl der gesendeten oder empfangenen TCP-*Bytes* vorhanden ist. Es gibt auch keinen Eintrag für die Strategie zur Überlastungssteuerung, wie z. B. Reno oder NewReno oder TCP Cubic.

Zur tcp-Gruppe gehört auch die Tabelle `tcpConnTable`, die für jede Verbindung (gekennzeichnet durch ⟨localAddress,localPort,remoteAddress,remotePort⟩) den Verbindungsstatus auflistet. Wir haben uns dies bereits in Abschnitt 25.7, »SNMP-Tabellen«, angesehen. Die Tabelle ist insofern bemerkenswert, als dass vier ihrer fünf Spalten zum INDEX gehören. Dies hat zur Folge, dass ein Manager nur die Spalte `tcpConnState` abrufen muss, um alle Informationen aus der Tabelle zu extrahieren: Alle anderen vier Attribute sind im OID-Index kodiert, der mit jedem `tcpConnState`-Wert zurückgegeben wird.

Wir betrachten später in Abschnitt 26.1.13, »TCP-MIB«, den neueren SNMPv2-Ersatz.

25.10.6 Die udp-Gruppe

Die Gruppe udp enthält die folgenden Skalare:

- `udpInDatagrams`: die Anzahl der empfangenen und an einen Socket zustellbaren UDP-Pakete
- `udpNoPorts`: die Anzahl der empfangenen UDP-Pakete, die nicht zugestellt werden konnten, weil der Port nicht geöffnet war
- `udpInErrors`: die Anzahl der UDP-Pakete, die aufgrund eines anderen Fehlers nicht zugestellt werden konnten
- `udpOutDatagrams`: die Anzahl der gesendeten UDP-Pakete

Die udp-Gruppe enthält auch die Tabelle `udpTable`. Diese Tabelle listet die UDP-Ports auf, die der Knoten geöffnet hat. Die Tabellenzeilen haben die Form ⟨localAddr,localPort⟩, wobei beide Spalten im Index enthalten sind. Wenn ein UDP-Socket Verbindungen von überall her annimmt, erscheint die localAddr als 0.0.0.0.

25.10.7 Die snmp-Gruppe

Die SNMP-Gruppe besteht aus 28 SNMP-Status- und -Fehlerattributen, die von 1 bis 30 nummeriert sind, wobei 7 und 23 nicht verwendet werden.

25.11 SNMPv1-Communitys und -Sicherheit

Ein SNMPv1-Manager authentifiziert sich gegenüber einem Agent, indem er eine als *Community-String* bezeichnete Zeichenfolge angibt, die eine Kombination aus Userid und Passwort enthält. Das heißt, diese einzelne Zeichenfolge identifiziert den Manager (oder die Manager-Gruppe) und authentifiziert ihn auch zugleich.

Der Community-String kennzeichnet einen Manager also als Mitglied einer bestimmten Manager-»Community« im eigentlichen Wortsinn. Natürlich wird es an vielen Standorten nur einen Manager geben, der mit einem bestimmten Agent interagiert.

Community-Strings werden unverschlüsselt gesendet und sind daher anfällig für Sniffing. Nicht einmal Sniffing ist unbedingt erforderlich; der weitaus beliebteste Wert – der Standardwert für viele Agents – ist die Zeichenfolge »public«. Der Community-String kann zwar verschleiert und regelmäßig geändert werden, aber das reicht nicht aus; die einzige angemessene Sicherheitspraxis ist heutzutage, auf die SNMPv3-Authentifizierung (Abschnitt 26.3, »SNMPv3«) zurückzugreifen.

Wenn ein Manager einen falschen Community-String sendet, erfolgt bei SNMPv1 und SNMPv2c keine Antwort. SNMPv3 hat diese Regel etwas gelockert, siehe Abschnitt 26.3.3, »SNMPv3-Engines«.

Ein einzelner Agent kann mehrere Community-Strings unterstützen. Jede Community verfügt über eine zugehörige Teilmenge der MIB (eine Ansicht), die sie zulässt. So kann ein Agent beispielsweise so konfiguriert werden, dass der Community-String »system« dem Manager den Zugriff auf die `system`-Gruppe ermöglicht, der Community-String »tengwar« den Zugriff auf die gesamte MIB-2-Gruppe und der Community-String »galadriel« den Zugriff auf die vorgenannten und die `private`-Gruppe(n). Beim Einsatz von Net-SNMP (dem gebräuchlichsten Agent auf Linux- und Macintosh-Rechnern) ließe sich dies durch die folgenden Einträge in der Datei *snmpd.conf* erreichen:

```
rocommunity  system     default   1.3.6.1.2.1.1
rocommunity  tengwar    default   1.3.6.1.2.1
rocommunity  galadriel default   -V mib2+private

view   mib2+private included  1.3.6.1.2.1
view   mib2+private included  1.3.6.1.4.1
```

Damit die galadriel-Community zwei nicht miteinander verbundene OID-Teilbäume enthalten kann, musste das View-based Access Control Model (VACM) verwendet werden. Die galadriel-Community hat Zugriff auf die OID-Baumansicht mit dem Namen »mib2+private«; diese Ansicht ist wiederum oben in den letzten beiden Zeilen definiert.

Für unsere Zwecke hier kann das VACM als ein Implementierungsmechanismus angesehen werden, der festlegt, welcher Teil des OID-Baums für eine bestimmte Community zugänglich ist. Mit VACM können Lese- und Schreibberechtigungen für bestimmte OID-Bäume erteilt und auch von bestimmten Teilbäumen (z. B. Tabellenspalten) ausgeschlossen werden. Über den »Maskierungsmechanismus« lässt sich der Zugriff sogar auf bestimmte Zeilen einer Tabelle gewähren. Abschnitt 26.3.9, »VACM für SNMPv3«, geht später noch ganz kurz auf VACM für SNMPv3 ein.

Auf Microsoft-Betriebssystemen ist in der Regel ein SNMP-Agent enthalten, der jedoch aktiviert werden muss. Danach muss der Agent noch konfiguriert werden. Dies geschieht über den Dienstmanager (z. B. durch Ausführen von services.msc). Wählen Sie »SNMP-Dienst« aus und klicken Sie auf »Eigenschaften«. Dieses Applet erlaubt nur die Einstellung des Community-Namens und der Lese- bzw. Schreibberechtigungen; die Angabe von Sammlungen sichtbarer OID-Teilbäume (Views) wird hier nicht unterstützt (obwohl dies über SNMP selbst möglich ist).

Der Community-Mechanismus kann ein akzeptables Maß an Sicherheit bieten, wenn die Community-Namen häufig geändert werden und wenn keine Bedenken hinsichtlich des Abhörens bestehen. Das eigentliche Problem bei der Community-basierten Sicherheit ist vielleicht, dass nicht immer ganz klar ist, wie viele Informationen nach außen dringen können, wenn ein Angreifer den Community-String kennt. Der SNMP-Zugriff kann die gesamte Netzwerk- und Host-Struktur eines Standorts offenlegen, einschließlich VPNs, Subnetzen, TCP-Verbindungen, Host-zu-Host-Vertrauensbeziehungen und vielem mehr. Die meisten Standorte blockieren daher den SNMP-Port 161 in ihrer Firewall; einige gehen sogar so weit, SNMP nur in einem »versteckten« Netzwerk zu betreiben, das selbst innerhalb der Organisation weitgehend unsichtbar ist.

Das Ansichtsmodell für den Zugriff auf den OID-Baum ist in RFC 3415 als Teil von SNMPv3 formalisiert; es wird als View-based Access Control Model oder VACM bezeichnet. Es gestattet die Erstellung von benannten Ansichten. In der `vacmAccessTable` sind die einer bestimmten VACM-*Gruppe* zugewiesenen Ansichtsrechte festgelegt, was in etwa einer SNMPv1/SNMPv2c-Community entspricht. VACM unterstützt neben Ansichten, die aus disjunkten Vereinigungen von OID-Teilbäumen bestehen, auch Tabellenansichten, die den Zugriff auf einen bestimmten Satz von Spalten beschränken.

25.12 SNMP und die ASN.1-Kodierung

Wenn SNMP-Daten in ein Paket eingegeben werden, werden sie nach den ASN.1 Basic Encoding Rules (*BER*) kodiert. Dabei handelt es sich um eine hierarchische, syntaxgesteuerte binäre Kodierungsstrategie, bei der jeder atomare Wert (INTEGER, OCTET STRING, OBJECT IDENTIFIER usw.) mit seinem Typ *getaggt* und jede zusammengesetzte Struktur ebenfalls mit einem Tag versehen wird. Dies bedeutet, dass der Empfänger ein komplexes Paketformat *ohne* vorherige Kenntnis seiner Struktur verstehen kann. Die BER-Regeln sind Teil des ITU-Standards X.690 (*http://www.itu.int/ITU-T/studygroups/com17/languages/X.690-0207.pdf*). (ASN.1 unterstützt auch mehrere andere Formate für Kodierungsregeln, darunter die für Menschen lesbaren XML-Kodierungsregeln, aber SNMP setzt auf BER).

Die allgemeine Darstellung eines Objekts ist ein »Typ-Länge-Wert«-Tripel der folgenden Form; das `type`-Tag sorgt dafür, dass die Daten selbstidentifizierend sind.

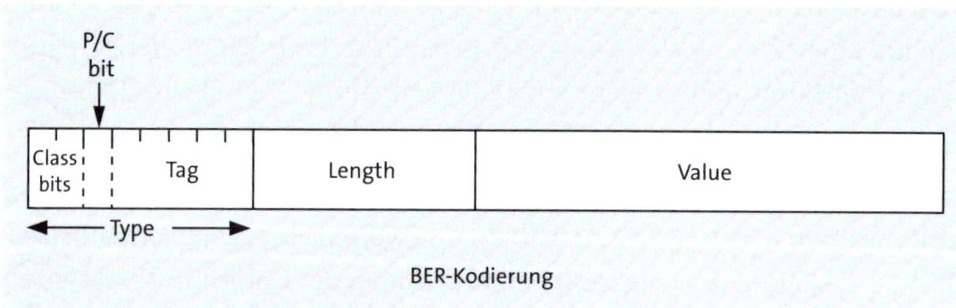

Abbildung 25.5 BER-Kodierung

Die ersten beiden Bits des `type`-Felds, die `class`-Bits, bezeichnen den Kontext. *Universelle* Typen wie INTEGER und OBJECT IDENTIFIER haben 00 als Klassenbits; *anwendungsspezifische* Typen wie Counter32 und TimeTicks haben die Klassenbits 01.

Das dritte Bit ist bei primitiven Typen 0 und bei konstruierten Typen wie STRUCTURE 1.

Der Rest des ersten Bytes ist das Typ-Tag. Wenn ein zweites Byte benötigt wird, sind die Tag-Bits des ersten Bytes 11111.

25.12.1 Primitive Typen

Die von SNMP standardmäßig für primitive universelle Typen verwendeten ASN.1-Tag-Werte lauten wie folgt:

00000	NULL
00010	INTEGER
00100	OCTET STRING
00110	OBJECT IDENTIFIER

SNMP definiert auch mehrere anwendungsspezifische Tags (die folgenden stammen aus RFC 2578):

00000	IpAddress
00001	Counter32
00010	Gauge32
00011	TimeTicks
00100	Opaque
00110	Counter64

Das zweite Feld in der Typ-Länge-Wert-Struktur ist die Länge des `value`-Teils in Bytes. Die meisten Längen von primitiven Typen passen in ein einziges Byte. Wenn ein Datenelement länger als 127 Byte ist (was bei vielen zusammengesetzten Typen der Fall ist), wird die nachstehende Multi-Byte-Integer-Kodierung verwendet.

Die eigentlichen Daten werden dann in das `value`-Feld kodiert. Bei nichtnegativen ganzen Zahlen wird die ganze Zahl in einen Bitstring mit Zweierkomplement umgewandelt und dann in so wenigen Bytes wie möglich kodiert, vorausgesetzt, es gibt mindestens ein führendes 0-Bit zur Darstellung des Vorzeichens. Ebenso müssen negative Zahlen mindestens ein führendes 1-Bit zur Darstellung des Vorzeichens haben.

Zum Beispiel kann 127 als INTEGER der Länge 1 mit dem `value`-Byte 0111 1111 kodiert werden, während 128 als integer der Länge 2 mit den `value`-Bytes 0000 0000 und 1000 0000 kodiert werden muss. Das zweite `value`-Byte steht für 128, aber das erste Byte steht für das Vorzeichen; ohne das erste Byte ist der INTEGER mit einer Länge von 1 und einem `value`-Byte von 1000 0000 –128. In ähnlicher Weise werden zur Kodierung von 10.000.000 (0x989680) vier `value`-Bytes benötigt, da sonst das führende Bit 1 wäre und die Zahl als negativ interpretiert würde. Bei OCTET STRINGs werden die String-Bytes in den `value`-Teil und die Anzahl der Bytes in den `length`-Teil gesetzt.

Objekt-IDs werden im Allgemeinen mit einem Byte pro Ebene kodiert; es gibt zwei Ausnahmen. Zunächst werden die ersten beiden Ebenen x.y der OID mit einer einzigen Ebene mit dem Wert 40×x + y kodiert; alle SNMP-OIDs beginnen mit 1.3 und das erste Byte ist somit 43 (0x2b). Ist eine Ebene größer als 127, wird sie als mehrere Bytes kodiert. Das erste Bit des letzten Bytes ist 0; das erste Bit jedes der vorangehenden Bytes ist 1. Die sieben verbleibenden Bits jedes Bytes enthalten die Bits der OID-Ebene. Zum Beispiel würde 1.3.6.1.2.1.**128**.9 eine `value`-Kodierung mit den folgenden Bytes in hexadezimaler Form haben:

2b 06 01 02 01 ***81 00*** 09

wobei **128** als zwei 7-Bit-Blöcke 0000001 0000000 dargestellt wird und dem ersten Block eine 1 und dem zweiten Block eine 0 vorangestellt wird. Beachten Sie, dass sich die Kodierung von 128 in einer OID deutlich von der Kodierung von 128 als INTEGER unterscheidet.

25.12.2 Zusammengesetzte Typen

Jetzt, da wir die Kodierungen der primitiven Typen haben, können wir Strukturen aufbauen. Bei zusammengesetzten Typen wird das P/C-Bit auf 1 gesetzt. Der einzige universelle zusammengesetzte Typ, den wir betrachten, ist

10000	SEQUENCE and SEQUENCE OF

Darüber hinaus gibt es mehrere anwendungsspezifische zusammengesetzte Typen; die ersten drei Bits des Tag-Felds lauten für diese 101.

00000	`Get-Request`
00001	`Get-Next-Request`
00010	`Get-Response`
00011	`Set-Request`
00100	`Trap`

Ein `VarBind`-Paar wird in SNMPv1 kodiert als

```
SEQUENCE { name OBJECT IDENTIFIER, value ObjectSyntax }
```

`ObjectSyntax` wird als `CHOICE` spezifiziert, das jeden der oben genannten SNMP-Primitivtypen enthalten kann; die `CHOICE`-Syntax fügt keine eigenen Bytes hinzu, sodass der Wert einfach wie oben kodiert wird. Das `VarBind`-Paar ⟨1.3.6.1.2.1.1.3.0, 8650000⟩ – die OID ist `sysUpTime` und der Wert beträgt 24 Stunden – würde dann in hexadezimalen Bytes wie unten dargestellt werden; die hexadezimale Darstellung von 8650000 ist 0x83d600.

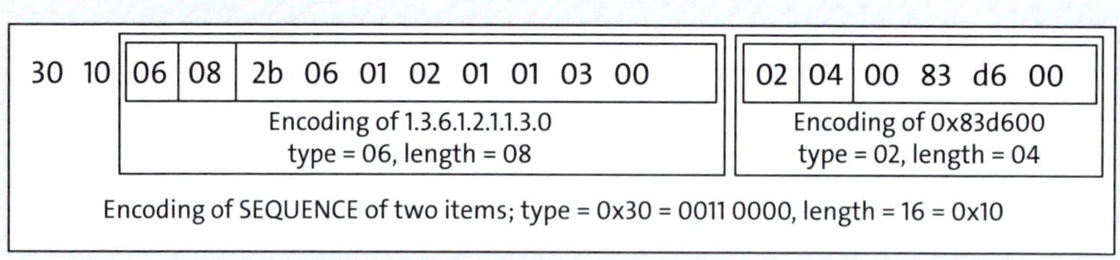

Abbildung 25.6 Kodierung einer SEQUENCE von zwei Elementen, Typ = 0×30 = 0011 0000, Länge = 16 = 0×10

Das erste Byte von 0x30 kennzeichnet dies als eine SEQUENCE; erinnern Sie sich, dass das `type`-Byte für eine SEQUENCE ein P/C-Bit von 1 und fünf Bits niedrigerer Ordnung von 10000 hat, was einem dezimalen Zahlenwert von 48 oder 0x30 entspricht.

Die `VarBindList` ist definiert als eine `SEQUENCE OF VarBind`. Wenn wir nur das obige einzelne `VarBind` haben, sieht die resultierende `VarBindList` wie folgt aus; das `length`-Feld ist 0x12 = 18.

30 12 30 10 06 08 2b 06 01 02 01 01 03 00 02 04 00 83 d6 00

Die BER-Kodierungsregeln enden nicht bei der `VarBindList`. Eine leicht vereinfachte ASN.1-Spezifikation für einen kompletten SNMPv1 Get-Request-Paketteil (oder eine »protocol data unit«) lautet

```
SEQUENCE {
        request-id   INTEGER,
        error-status INTEGER,
        error-index  INTEGER,
        variable-bindings VarBindList
}
```

Die Kodierung des gesamten Pakets würde ebenfalls nach den oben genannten BER-Regeln erfolgen.

Der BER-Kodierungsmechanismus verfolgt einen ganz anderen Ansatz als das Layout beispielsweise der IP- und TCP-Header mit festen Feldern (Abschnitt 9.1, »Der IPv4-Header«, und Abschnitt 17.2, »TCP-Header«). Der letztgenannte Ansatz ist im Allgemeinen etwas kompakter, da für eine größere Ganzzahl nur vier Bytes benötigt werden (gegenüber sechs bei BER) und keine Bytes für SEQUENCE-Spezifikationen aufgewendet werden. Der größte Vorteil des BER-Ansatzes von SNMP liegt jedoch darin, dass alle Objekte, von ganzen Paketen bis hin zu einzelnen Werten, *selbstbeschreibend* sind. Angesichts der Vielfalt der von SNMP verwendeten Typen, der Tatsache, dass viele von ihnen eine variable Länge haben, und dem Umstand, dass »Werteausleser« wie MIB-Browser oftmals zu Werke gehen, ohne dass alle typspezifischen MIBs geladen sind, ist dies ein sehr nützliches Merkmal.

25.13 Übungen

1. Betrachten Sie die folgende Tabelle (Abschnitt 25.7, »SNMP-Tabellen«). Die erste Spalte ist der Index.

   Geben Sie die OID für jeden Datenwert an, unter der Annahme, dass diese Tabelle in SNMP kodiert wäre. Angenommen, den Spalten werden der Reihe nach die OID-Ebenen 1, 2 und 3 zugewiesen (einschließlich der Indexspalte), und die Wurzel des

Teilbaums (die `tableEntry`-OID) wird durch **T** dargestellt. Beachten Sie, dass die Zeilen nicht fortlaufend nummeriert sind.

index	count	veggie
1	401	kale
3	523	kohlrabi
57	607	mâche
92	727	okra

2. Angenommen, eine Tabelle enthält Schnittstellendaten (Abschnitt 25.7, »SNMP-Tabellen«) wie folgt; fehlende Einträge sind einfach nicht vorhanden. Die vier Spalten sind mit 1, 2, 3 und 4 nummeriert. Nur physische Schnittstellen haben eine ifSpeed; Tunnelschnittstellen, die auf einer physischen Schnittstelle aufbauen, kennzeichnen Letztere in der Spalte physIface

ifIndex(1)	ifName(2)	ifSpeed(3)	physIface(4)
1	loopback		1
2	eth0	10000000	
37	ppp0		2
101	ipv6tun		2

Angenommen, wir durchlaufen diese Tabelle mit `GetNext()` sequentiell. Geben Sie die Reihenfolge der zurückgegebenen Werte und die OID für jeden Wert an. Wie oben steht T für die Wurzel-OID, sodass die Blatt-OIDs die Form T.col.row haben. Die ersten beiden Werte mit ihren OIDs lauten also wie folgt:

value	OID
1	T.1.1
2	T.1.2

3. Betrachten Sie das folgende `GetNext()` mit mehreren Attributen, wie in Abschnitt 25.8.1, »Get() mit mehreren Attributen«, beschrieben:

```
GetNext(T.1.4, T.2.4, T.3.4, T.4.4, T.10.4, T.11.4)
```

Die im Text gegebene Antwort ging ausdrücklich davon aus, dass nur die abgebildeten Spalten existieren: 1, 2, 3, 4, 10 und 11. Was wäre das Ergebnis, wenn alle Spalten von `ifTable` vorhanden wären? Nehmen Sie wie zuvor an, dass die vierte zugleich auch die letzte Zeile ist.

4. Angenommen, eine SNMP-Tabelle `identTable` soll ⟨idNum,userName⟩-Paare auflisten, wobei idnum ein INTEGER und username ein OCTET STRING sein soll. Der INDEX ist idnum. Geben Sie ASN.1-Definitionen für Folgendes an:
   - `identTable`
   - `identEntry`
   - `IdentEntry`
   - `idNum`
   - `userName`

   Halten Sie sich an die SNMPv1-Konvention, die Indexspalte in die regulären Tabellendaten aufzunehmen.

Kapitel 26

Die SNMP-Versionen 2 und 3

In diesem Kapitel gehen wir auf SNMPv2 und nachfolgend auf SNMPv3 ein. Dazwischen stellen wir einige nützliche zusätzliche MIBs vor.

26.1 SNMPv2

Mit SNMPv2 wurden mehrere evolutionäre Änderungen eingeführt: an der SMI, an diversen MIBs und an der grundlegenden Funktionsweise des Protokolls. Viele neue MIBs wurden hinzugefügt. SNMPv2 enthielt auch einen Vorschlag zur Verbesserung der Sicherheit, der jedoch nicht auf breiter Front umgesetzt wurde. Schließlich einigte sich der Großteil der SNMP-Community auf SNMPv2**c**, also jene Variante von SNMPv2, die weiterhin auf das Community-basierte Sicherheitsmodell setzt.

Die meisten Spezifikationen von SNMPv2c sind in RFC 1901 bis RFC 1909 zu finden.

Im Allgemeinen können SNMPv1- und SNMPv2c-Agents und -Manager recht einfach miteinander zusammenarbeiten. Im Wesentlichen unterstützen alle SNMPv2-Agents auch SNMPv1-Anfragen und antworten entsprechend der Version der empfangenen Anfrage. Zwischen SNMPv1- und SNMPv2-MIB-Dateien wird es etwas unübersichtlicher, aber fast alle Browser und Manager unterstützen beide Typen.

26.1.1 SMI und Datentypen von SNMPv2

Mit SNMPv2 wurde das `OBJECT-IDENTITY`-Makro eingeführt, das sich wie das `OBJECT-TYPE`-Makro verhält, außer dass es die SYNTAX-Klausel weglässt; es dient als Möglichkeit, OIDs getrennt von der Syntax zu definieren. Im `OBJECT-TYPE`-Makro wird das `ACCESS`-Attribut in `MAX-ACCESS` umbenannt, und eine neue Zugriffsoption `read-create` (zum Lesen inklusive Zeilenerzeugung) kommt hinzu.

SNMPv2 lieferte auch neue 64-Bit-Versionen einiger grundlegender Datentypen und führte einige neue Typen ein. Diese Definitionen sind in RFC 2578 (ursprünglich RFC 1442) enthalten. Ein sehr praktisches Problem von SNMPv1 ist beispielsweise, dass der 32-Bit-`inOctets`-Zähler bei 1 Gbit/s innerhalb von 34 Sekunden überlaufen kann.

Der INTEGER-Typ wurde beibehalten und gilt nun synonym für Integer32. Die SNMPv1-Typen Counter und Gauge wurden durch Counter32 und Gauge32 ersetzt, und es wurden die 64-Bit-Versionen Counter64 und Gauge64 hinzugefügt (Gauge64 wurde etwas später in RFC 2856 eingeführt).

Ein BITS-Typ, zur Darstellung einzelner Bits in einem Wort, wurde ebenfalls eingeführt.

Der Typ OBJECT IDENTIFIER wurde formell auf 128 Ebenen begrenzt.

Mit SNMPv2 kam auch das Makro `TEXTUAL-CONVENTION` hinzu, das einen alternativen Namen für einen Typ (oder einen primären Namen für einen Aufzählungstyp) zusammen mit einer Beschreibung dessen, was der Typ eigentlich darstellen soll, liefert. Beispiele hierfür sind `OwnerString`, ein OCTET STRING, der eine Management-Station und vielleicht deren menschlichen Betreiber beschreiben soll, EntryStatus, ein Aufzählungstyp, der zum Hinzufügen von Zeilen verwendet werden soll (Abschnitt 26.2.1, »RMON«), und `InterfaceIndex`, der die Nummer einer Schnittstelle bezeichnen soll, die in der MIB-2-`ifTable`, Abschnitt 25.10.2, »Tabellendefinitionen und die interfaces-Gruppe«, erscheint, aber in einer anderen Tabelle verwendet wird. Zum leichteren Verständnis der MIB können die textuellen Konventionen einfach als Typen betrachtet werden.

26.1.2 SNMPv2-Get-Semantik

Wenn ein SNMPv1-Agent eine Liste von OIDs als Teil einer `Get()`-Anfrage erhält und eine oder mehrere davon nicht verfügbar sind, wird daraufhin ein Fehler zurückgegeben. Unter SNMPv2 gibt der Agent eine Liste zurück, die den entsprechenden Wert für jede gültige OID enthält. Für Anfrage-OIDs, für die der Agent keinen aktuellen Wert zurückgeben kann, wird entsprechend der spezielle Wert `noSuchInstance` (für fehlende Tabelleneinträge mit gültigen Spaltenangaben) oder `noSuchObject` (für andere fehlende Werte) ersetzt.

Die Semantik von `Set()` bleibt unverändert: Ein SNMPv2-Agent aktualisiert keinen der OID-Werte in der Anfrage, wenn er nicht in der Lage ist, alle Werte zu aktualisieren.

26.1.3 SNMPv2-GetBulk()

Mit SNMPv2 wurde die Operation GetBulk als Erweiterung von GetNext eingeführt. Ein Manager fügt in seine Anfrage eine ganze Zahl N ein, woraufhin der Agent die Aktion von `GetNext()` N-mal durchläuft. Alle N Ergebnisse (die jeweils eine ganze Zeile darstellen können) können dann einfach in einer einzigen Operation zurückgegeben werden.

Angenommen zum Beispiel, eine Tabelle **T** hat fünf Zeilen, die mit 11–15 indiziert sind, und drei Spalten mit den OIDs **T**.1 bis **T**.3. Die OIDs für die Tabelle lauten wie folgt:

T.1.11	T.2.11	T.3.11
T.1.12	T.2.12	T.3.12
T.1.13	T.2.13	T.3.13
T.1.14	T.2.14	T.3.14
T.1.15	T.2.15	T.3.15

Dann liefert eine GetBulk-Anfrage für (**T**.1,**T**.2,**T**.3) bei einer Wiederholungszahl von 3 die ersten drei Zeilen mit den folgenden OIDs zurück:

T.1.11 *T*.2.11 *T*.3.11

T.1.12 *T*.2.12 *T*.3.12

T.1.13 *T*.2.13 *T*.3.13

Die nächste Anfrage würde anschließend die OIDs (**T**.1.13, **T**.2.13, **T**.3.13) enthalten, und das Ergebnis (wiederum unter der Annahme einer dreifachen Ausführung) würde aus Werten mit diesen OIDs bestehen:

T.1.14 *T*.2.14 *T*.3.14

T.1.15 *T*.2.15 *T*.3.15

T.2.11 *T*.3.11 ***A***

wobei **A** die nächste Blatt-OID oberhalb und rechts von **T** ist.

Beachten Sie die dritte Zeile der zweiten Anfrage: Die erste Blatt-OID nach **T**.1.15 – die letzte Zeile der Spalte 1 – ist **T**.2.11, d. h. die erste Zeile der Spalte 2. In ähnlicher Weise folgt **T**.3.11 auf **T**.2.15. Da **T**.3.15 die letzte Blatt-OID in der Tabelle ist, befindet sich die ihr nachfolgende Blatt-OID (**A**) außerhalb der Tabelle.

Das Abfrageformat von `GetBulk` unterteilt die Liste der angeforderten OIDs in zwei Teile: diejenigen OIDs, die nur einmal angefordert werden sollen, und diejenigen, für die die Abfrage wiederholt wird.

Neben der OID-Liste sind zwei weitere Parameter enthalten: `non-repeaters` zur Angabe der Anzahl der OIDs, die nur einmal angefordert werden sollen und `max-repetitions` zur Angabe der Abfrageanzahl für die übrigen OIDs.

Wie bei `GetNext` kann es vorkommen, dass eine Anfrage für Tabellenzeilen außerhalb der Tabelle liegende ⟨OID,value⟩-Paare zurückgibt, also solche, in der Struktur des OID-Baums auf die Tabelle folgen.

Wenn die Gesamtzahl der OIDs in der Anfrage N ≥ `non-repeaters` ist, dann enthält das zurückgegebene Paket eine Liste von ⟨OID,value⟩-Variablenbindungen mit einer Länge von bis zu

`non-repeaters` + (N – `non-repeaters`)×`max-repetitions`

Bei `GetBulk` besteht die eindeutige Tendenz, dass mehr Daten zurückgegeben werden, als Platz vorhanden ist, sodass ein Agent nach eigenem Ermessen auch eine geringere Anzahl von Durchläufen zurückliefern kann.

26.1.4 SNMPv2-Indizes

Wie wir in Abschnitt 25.7, »SNMP-Tabellen«, gesehen haben, waren bei SNMPv1 die Indexspalten in der Tabelle enthalten. Da jedes von einem Agent zurückgegebene Attribut mit der OID des Attributs gepaart ist und die OID eines Tabellenelements die Zeile und damit den Indexwert kodiert, sind Indexspalten bis auf seltene Fälle überflüssig (ein solcher Fall liegt beispielsweise vor, wenn *alle* Tabellenspalten Teil des Indexes sind, wie in `udpTable`).

SNMPv2 wird dem gerecht, indem es in der ASN.1 tableEntry-Definition die übliche INDEX-Klausel vorschreibt, aber bei der Definition des tableIndex-Attributs mit OBJECT-TYPE, wird diesem dann ein MAX-ACCESS vom Wert `not-accessible` zugewiesen. Hier ist ein Beispiel aus der sysORTable aus Abschnitt 26.1.7, »MIB-Veränderungen in SNMPv2«; das zweite `not-accessible` stellt die Änderung dar.

```
sysOREntry OBJECT-TYPE
    SYNTAX     SysOREntry
    MAX-ACCESS not-accessible
    STATUS     current
    DESCRIPTION
            "An entry (conceptual row) in the sysORTable."
    INDEX      { sysORIndex }
    ::= { sysORTable 1 }

...

sysORIndex OBJECT-TYPE
    SYNTAX     INTEGER (1..2147483647)
    MAX-ACCESS not-accessible
    STATUS     current
    DESCRIPTION ...
    ::= { sysOREntry 1 }
```

Das `INDEX`-Attribut erscheint wie üblich in der Deklaration von `sysOREntry`. Allerdings wird es jetzt als *Hilfsobjekt* klassifiziert, und die Zugriffsrechte für `sysORIndex` stehen auf `not-accessible`; in SNMPv1 wäre es `read-only` und damit eine gewöhnliche Spalte gewesen.

Wenn der direkte Zugriff auf Indexattribute dergestalt unterdrückt wird, sind die Indexdaten immer noch in der zugehörigen OID verfügbar, aber sie sind nicht mehr wie in Abschnitt 25.12, »SNMP und die ASN.1-Kodierung«, nach ihrem Typ gekennzeichnet. Der obige `sysORIndex`-Wert würde zum Beispiel als eine einzige OID-Ebene erscheinen, aber der Manager müsste die MIB verwenden, um festzustellen, dass er als INTEGER und nicht als TimeTicks oder Counter zu verstehen ist. Eine als Index verwendete IPv4-Adresse würde in der OID durch vier Ebenen repräsentiert und wäre leicht als IPv4-Adresse zu erkennen, *sofern* der Manager weiß, wonach er suchen muss. Wenn STRING-Werte im Index erscheinen, kann eine fehlende Indexspalte ein besonderes Ärgernis sein; zum Beispiel könnte der einzige Hinweis auf den Benutzernamen »alice« in der `usmUserTable` das OID-Fragment 97.108.105.99.101 sein, das den ASCII-Codes für die Buchstaben a.l.i.c.e entspricht.

Grundsätzlich sendet ein SNMPv2-Agent den besonderen Wert `noSuchObject` zurück (siehe Abschnitt 26.1.2, »SNMPv2-Get-Semantik«), wenn er nach einem Hilfsobjekt gefragt wird, welches `not-accessible` ist.

26.1.5 TestAndIncr

Mit SNMPv2 wurde die Textkonvention `TestAndIncr` eingeführt, die eine gewisse Abweichung von der üblichen Semantik von `Set()` mit sich bringt. Der zugrundeliegende Typ ist INTEGER, im Bereich $0..2^{31}–1$, und `Get()` funktioniert wie gewohnt. Wenn jedoch **TI** der OID-Name eines `TestAndIncr`-Objekts ist, dann setzt Set(**TI**,*val*) den Wert von **TI** niemals auf *val*. Wenn der Wert des Objekts *bereits* gleich *val* ist, hat `Set()` Erfolg und der Wert des Objekts wird erhöht, d. h. auf *val* + 1 gesetzt. Ist der Wert des Objekts nicht gleich *val*, tritt ein Fehler auf und es wird keine Änderung vorgenommen.

Ein `TestAndIncr`-Objekt verhält sich wie eine Art Semaphor, wenn auch nicht genau, da es keine Möglichkeit gibt, das Objekt zu dekrementieren (wobei der Wert von $2^{31}–1$ wieder auf 0 zurückspringt). Das Ziel ist hier, einen freiwilligen Mechanismus zur Durchsetzung einer *Serialisierung* bereitzustellen, wenn die Möglichkeit besteht, dass mehrere Manager in denselben Attributesatz schreiben.

Wie wir am Beispiel am Ende von Abschnitt 25.8.2, »Set()«, gesehen haben, ergibt sich eine solche Serialisierung nicht automatisch. Doch nun wollen wir dieses Beispiel in Zusammenhang mit `TestAndIncr` wieder aufgreifen. Erinnern Sie sich, dass zwei Manager Attribute mit den OIDs **X** und **Y** aktualisieren; dieses Mal vereinbaren sie jedoch, auch ein `TestAndIncr`-Objekt mit der OID **TI** einzubeziehen. Dann ist eine Serialisierung gewährleistet, solange beide Manager jedes Multi-Attribut-`Set()` in der nachfolgenden Form ausführen, wobei *val* := Get(**TI**) bedeutet, dass der Manager `Get()` verwendet, um den Wert von **TI** abzurufen und ihn in seiner eigenen lokalen Variablen *val* speichert.

val := Get(***TI***)
Set((***TI***,*val*), (***X***,*xval*), (***Y***,*yval*))

Um dies zu verdeutlichen, nehmen wir an, dass Get(**TI**) von Manager B erfolgt, nachdem das Set(**TI**,*val*) von Manager A *val* inkrementiert hat. Die `Set()`-Operationen von Manager B finden dementsprechend noch später statt, also nachdem A's `Set()` abgeschlossen ist. Die Alternative ist, dass beide Manager mit `Get()` denselben Wert *val* erhalten. A sei der Manager, der zuerst mit seinem Set(**TI**,*val*) Erfolg hat. Bei dem anderen Manager – B – wird Set(**TI**,*val*) fehlschlagen, da der in **TI** gespeicherte Wert nun *val*+1 ist. Somit werden *alle* `Set()`-Operationen von B fehlschlagen.

Dies hat zur Folge, dass Manager B es erneut versuchen muss, wahrscheinlich sofort. Die Konfliktwahrscheinlichkeit ist jedoch gering, und B kann mit einem baldigen Erfolg rechnen.

Normalerweise muss nur ein `TestAndIncr`-Objekt für eine ganze Tabelle bereitgestellt werden, nicht eines pro Zeile.

26.1.6 Table Augmentation

Mit SNMPv2 wurde ein Mechanismus eingeführt, mit dem eine bestehende Tabelle durch das Hinzufügen weiterer Spalten erweitert werden kann (so genannte *Augmentation*). In der neuen Definition von Tabelleneinträgen gibt es statt einer `INDEX`-Klausel eine `AUGMENTS`-Klausel, deren Argument ein Tabelleneintragsname für die zu erweiternde bestehende Tabelle ist. Die neue Tabellenzeile wird durch jene Attribute indiziert, die auch den Tabelleneintrag in der AUGMENTS-Klausel indiziert haben.

Zum Beispiel erweitert die `ifXTable` die MIB-2-`ifTable`, was im Grunde bedeutet, dass `ifXTable` automatisch durch den Index von `ifTable`, `ifIndex`, indiziert wird. Hier ist die `ifXEntry`-Definition, die dies festlegt:

```
ifXEntry         OBJECT-TYPE
   SYNTAX       IfXEntry
   MAX-ACCESS   not-accessible
   STATUS       current
   DESCRIPTION
           "An entry containing additional management information
           applicable to a particular interface."
   AUGMENTS     { ifEntry }
   ::= { ifXTable 1 }
```

Die Absicht dahinter ist, dass jede Zeile von ifTable nun um die neunzehn zusätzlichen Werte erweitert wird, die für `IfXEntry` definiert sind; das heißt, es gibt eine Eins-zu-Eins-Entsprechung zwischen den Zeilen von `ifTable` und `ifXTable`.

Erweitert die neue Tabelle dagegen nur einige Zeilen der ursprünglichen Tabelle, d. h. es handelt sich nur um eine *dünnbesetzte* (*sparse*) Erweiterung, dann sollte der neue Tabelleneintrag eine INDEX-Klausel haben, die diejenige der ursprünglichen Tabelle wiederholt. Ein Beispiel ist die EtherLike-MIB aus Abschnitt 26.1.10, »ETHERLIKE-MIB«, in der die `dot3StatsTable` die MIB-2- `ifTable` erweitert, indem sie zusätzliche Informationen für die Schnittstellen liefert, die sich wie Ethernets verhalten. Die Definition von `dot3StatsEntry` lautet

```
dot3StatsEntry OBJECT-TYPE
    SYNTAX      Dot3StatsEntry
    MAX-ACCESS not-accessible
    STATUS      current
    DESCRIPTION "Statistics for a particular interface
                 to an ethernet-like medium."
    INDEX       { dot3StatsIndex }
    ::= { dot3StatsTable 1 }
```

Der INDEX ist `dots3StatsIndex`, der dann wie folgt definiert wird; beachten Sie die Aussage in der DESCRIPTION (und der REFERENCE), dass der dot3StatsIndex dem `ifIndex` entsprechen soll.

```
dot3StatsIndex OBJECT-TYPE
    SYNTAX       InterfaceIndex
    MAX-ACCESS   read-only
    STATUS       current
    DESCRIPTION "An index value that uniquely identifies an interface
                 to an ethernet-like medium.  The interface identified
                 by a particular value of this index is the same interface
                 as identified by the same value of ifIndex."
    REFERENCE    "RFC 2863, ifIndex"
    ::= { dot3StatsEntry 1 }
```

Schließlich ist es möglich, dass eine neue Tabelle eine many-to-one (*dichtbesetzte*) Beziehung zu den Zeilen (oder einer Untermenge der Zeilen) einer vorhandenen Tabelle hat. In diesem Fall hat die neue Tabelle eine INDEX-Klausel, die die Indexattribute der ursprünglichen Tabelle und ein oder mehrere zusätzliche Attribute enthält. Ein Beispiel ist die EtherLike-MIB-`dot3CollTable`, die für jede Schnittstelle eine Reihe von Histogramm-Buckets enthält, die für jedes N die Anzahl der Pakete angeben, die vor der erfolgreichen Übertragung genau N Kollisionen erfahren haben. Die Definition von `dot3CollEntry` lautet wie folgt:

```
dot3CollEntry OBJECT-TYPE
    SYNTAX      Dot3CollEntry
    MAX-ACCESS  not-accessible
    STATUS      current
    DESCRIPTION ...
    INDEX       { ifIndex, dot3CollCount }
    ::= { dot3CollTable 1 }
```

Der `ifIndex`-Eintrag im INDEX stellt wie zuvor die ursprüngliche Tabelle dar, mit dem Unterschied, dass es hier mit `dot3CollCount` auch noch ein zweites, neues INDEX-Attribut.

26.1.7 MIB-Veränderungen in SNMPv2

Die grundlegende MIB für SNMPv2 – im Wesentlichen also die SNMPv2-Version der MIB-2 – entspricht RFC 3418, ursprünglich RFC 1450.

Einige Änderungen erscheinen unter dem MIB-2-OID-Präfix: 1.3.6.1.2.1. SNMPv2 definiert auch das Präfix 1.3.6.1.6 speziell für SNMPv2-Informationen.

Diese MIB fügt die Object Resource Table, `sysORTable`, zur system-Gruppe hinzu. Außerdem wird die Gruppe mib-2.snmp leicht verändert und eine neue Gruppe snmp unter dem SNMPv2-Präfix 1.3.6.1.6 eingerichtet.

26.1.8 sysORTable

Die ursprüngliche Systemgruppe enthielt das Attribut `sysObjectID`, das den Agent identifiziert und gleichzeitig einen privaten OID-Baum vorschlägt, der zusätzliche Informationen über den Agent liefern kann (Abschnitt 25.10.1, »Die system-Gruppe«).

Die `sysORTable`, 1.3.6.1.2.1.1.9 oder mib-2.system.9, ist ein Ansatz, dies zu erweitern. Sie besteht aus einer Liste von OIDs, aus der weitere Agent-Informationen abgefragt werden können; jede OID hat auch einen zugehörigen description-String und einen `sysORUpTime`-Wert, der die Zeit angibt, an der diese OID hinzugefügt wurde.

Mein System listet zum Beispiel Folgendes auf (wobei snmpModules = 1.3.6.1.6.3 und mib-2 = 1.3.6.1.2.1 gilt):

snmpModules.11.3.1.1	Message Processing MIB
snmpModules.15.2.1.1	User-based security MIB
snmpModules.10.3.1.1	SNMP management architecture
snmpModules.1	SNMPv2 information

mib-2.49	TCP
mib-2.4	IP
mib-2.50	UDP
snmpModules.16.2.2.1	VACM
snmpModules.13.3.1.3	SNMP notification
mib-2.92	SNMP notification logging

Auf jedes der oben genannten OID-Präfixe kann dann theoretisch für weitere Informationen zugegriffen werden. Leider sind auf meinem System einige davon nicht konfiguriert und eine Abfrage liefert nichts zurück, aber `sysORTable` weiß das nicht.

26.1.9 IF-MIB und ifXTable

RFC 2863 hat die Probleme mit `ifSpeed` und den Byte-Zählern durch die Einführung einer neuen Tabelle, `ifXTable` (ehemals `ifExtnsTable` mit der OID mib-2.31.1.2), gelöst. Als solche wird sie immer noch von der MIB-2-OID verwaltet, steht aber außerhalb der eigentlichen Interfaces-Gruppe. Sie verwendet das SNMPv2-SMI.

Die Tabelle `ifXTable` enthält Definitionen für 64-Bit-Zähler mit »hoher Kapazität« für eingehende und ausgehende Oktette, eingehende und ausgehende Unicast-Pakete, eingehende und ausgehende Multicast-Pakete sowie eingehende und ausgehende Broadcast-Pakete. Sie beinhaltet auch das `ifHighSpeed`-Attribut für die Schnittstellengeschwindigkeit, das immer noch eine 32-Bit-Größe ist, die nun aber in Einheiten von 1 Mbit/s gemessen wird.

Die vollständige Definition einer `ifXTable`-Zeile lautet wie folgt:

```
IfXEntry ::=
   SEQUENCE {
        ifName                  DisplayString,
        ifInMulticastPkts       Counter32,
        ifInBroadcastPkts       Counter32,
        ifOutMulticastPkts      Counter32,
        ifOutBroadcastPkts      Counter32,
        ifHCInOctets            Counter64,
        ifHCInUcastPkts         Counter64,
        ifHCInMulticastPkts     Counter64,
        ifHCInBroadcastPkts     Counter64,
        ifHCOutOctets           Counter64,
        ifHCOutUcastPkts        Counter64,
```

```
        ifHCOutMulticastPkts      Counter64,
        ifHCOutBroadcastPkts      Counter64,
        ifLinkUpDownTrapEnable    INTEGER,
        ifHighSpeed               Gauge32,
        ifPromiscuousMode         TruthValue,
        ifConnectorPresent        TruthValue,
        ifAlias                   DisplayString,
        ifCounterDiscontinuityTime TimeStamp
    }
```

Die ursprünglichen MIB-2-Schnittstellen fassen gezählte Multicast- und Broadcast-Pakete zusammen, z. B. in `ifInNUcastPkts`.

26.1.10 ETHERLIKE-MIB

RFC 3635 (ursprünglich RFC 1650) definiert eine MIB für »Ethernet-ähnliche« Schnittstellen. Das Hauptziel besteht darin, die Sammlung von Statistiken über Kollisionen und andere Ethernet-spezifische Verhaltensweisen zu ermöglichen. Es werden mehrere neue Tabellen definiert.

Die Tabelle `dot3StatsTable` enthält zusätzliche Attribute für die einzelnen Schnittstellen; der Name bezieht sich auf die IEEE-Bezeichnung für Ethernet nach 802.3. Die Tabelle stellt eine dünnbesetzte Erweiterung der ursprünglichen `ifTable` im Sinne von Abschnitt 26.1.6, »Table Augmentation«, dar (wo diese Tabelle als Beispiel verwendet wurde).

Die Tabellenzeilen bestehen größtenteils aus Zählern für verschiedene Fehler und andere beachtenswerte Zustände:

- Ausrichtungsfehler: die Anzahl der Bits im Frame ist nicht durch 8 teilbar
- CRC-Prüfsummenfehler
- Frames, bei denen genau eine Kollision auftrat
- Frames, bei denen mehrere Kollisionen auftraten
- Signalqualitätsfehler (SQE); gilt speziell für 10-Mbit/s-Ethernet
- Aufgeschobene Übertragungen; beim Sendeversuch der Station war die Leitung nicht frei
- Späte Kollisionen: Eine Kollision nach Ablauf der Slot-Zeit kann nur dann auftreten, wenn das physische Ethernet zu groß ist oder wenn die Kollisionserkennung versagt. Siehe Abschnitt 2.1.5, »Slot-Zeit und Kollisionen«.
- Übermäßige Kollisionen: der Frame hat 16 Kollisionen erfahren und der Absender hat aufgegeben

- Andere Hardwarefehler (`dot3StatsInternalMacTransmitErrors` und `dot3Stats-InternalMacReceiveErrors`)
- Carrier-Sense-Fehler (»Carrier Sense« bezieht sich auf den Kollisionserkennungs-mechanismus; es gibt keine echte Trägerfrequenz)
- Frames, die länger als 1500 Oktette sind
- Frames, die mit einem beschädigten Symbol ankommen (Bei Ethernets, die Daten als Symbole kodieren, wie z. B. 100-Mbit/s-Ethernet 4B/5B)

Außerdem gibt es ein Attribut zur Beschreibung des Ethernet-Chipsatzes.

Die `dot3HCStatsTable` entspricht der `dot3StatsTable`, außer dass die Zähler 64 Bit statt 32 Bit haben.

Die Tabelle `dot3CollTable` listet für jedes N auf, wie viele Pakete genau N Kollisionen erlebt haben, bevor sie erfolgreich übertragen oder verworfen wurden. Ethernet erlaubt im Allgemeinen ein maximales N von 16. Die Tabelle wird durch das Paar ⟨`ifIndex`,N⟩ indiziert. Die `dot3StatsTable` enthält diese Informationen für N=0,1,16.

Die Tabelle `dot3ControlTable` enthält Informationen über jene Ethernet-ähnlichen Schnittstellen, die auch die sogenannte MAC-Control-Subschicht unterstützen; die `dot3PauseTable` ist ähnlich.

26.1.11 BRIDGE-MIB

In RFC 1286 (jetzt RFC 4188) wurden grundlegende Verwaltungsinformationen für Ethernet-Switches definiert; diese werden häufig durch herstellerspezifische MIBs ergänzt.

Diese MIB enthält grundlegende Informationen über den Switch, wie z. B. die Portanzahl. Der Abschnitt `dot1dStp` enthält Informationen über das Spanning-Tree-Protokoll (Abschnitt 3.1, »Spanning-Tree-Algorithmus und Redundanz«). Das vielleicht interessanteste Element dieser MIB ist die Tabelle `dot1dTpFdb`, die die Weiterleitungstabelle enthält: die Zuordnung von MAC-Adressen zu Ports, die durch den Ethernet-Lernalgorithmus erstellt wird (Abschnitt 2.4.2, »Ethernet-Lernalgorithmus«). Der Name `dot1dTpFdb` ist eine Abkürzung des IEEE 802.1D-Standards (Transparent bridging protocol, Forwarding database).

Anhand dieser Tabelle kann ein Netzwerkmanager den Ursprung eines Pakets mit einer bestimmten MAC-Adresse zurückverfolgen. Wenn ein Switch S1 das Paket gesehen hat, zeigt die `dot1dTpFdb`-Tabelle den Switch-Port, über den das Paket angekommen ist. Wenn dieser Port zu einem anderen Switch, S2, führt, wird der Vorgang wiederholt; wenn der Port zu keinem Switch gehört, dann hat das Paket dort seinen Ursprung, wo das andere Ende des Kabels dieses Ports endet.

Auf diese Weise lässt sich meist das Büro, die Wohnung oder das Hotelzimmer ermitteln, in dem ein Gerät angeschlossen war. Diese Rückverfolgung ist ziemlich schwer zu umgehen, es sei denn, man bricht in den Kabelschrank ein oder kompromittiert den Switch selbst.

Diese Tabelle kann auch verwendet werden, um Netzwerkmanager zu alarmieren, wenn ein anderes Gerät in eine Ethernet-Buchse eines Büros eingesteckt wird, wobei sich eine Entdeckung hier allerdings mittels MAC-Adress-Spoofing (Ändern der MAC-Adresse des neuen Geräts, um mit der MAC-Adresse des ersten Geräts übereinzustimmen) vermeiden lässt.

Diese Strategie zur Identifizierung des physischen Gerätestandorts funktioniert bei Wi-Fi nicht ganz so gut, wenngleich sie sich zur Identifizierung des Zugangspunkts eignet. Für Wi-Fi sind jedoch in der Regel Anmeldeinformationen erforderlich; dies bietet einen alternativen Ansatz zur Nachverfolgung von Benutzern.

Die Bridge-MIB liefert *keine* Informationen darüber, ob interne Warteschlangen von Switches Pakete verwerfen mussten, allerdings können stattdessen auch diverse herstellerspezifische MIBs eingesetzt werden.

26.1.12 IP-MIB und IP-Forward-MIB

In der ip-Gruppe von MIB-2 geht es eigentlich um zwei verschiedene Dinge: streng lokale Informationen über IP-Pakete und deren Zustellung und die Weiterleitungstabelle, die eine viel größere Gruppe von Knoten betrifft. Alle Knoten verfügen über lokale IP-Informationen, aber nur Router leiten die Pakete in nennenswertem Umfang weiter. Es hat nicht lange gedauert, bis sich diese beiden Untergruppen aufgeteilt haben.

Die IP-Forward-MIB wurde in RFC 1354 eingeführt, etwas mehr als ein Jahr nach der ursprünglichen MIB-2 in RFC 1312; damit wurde ein neuer Ort für Weiterleitungstabelleninformationen geschaffen. Als die erste SNMPv2-MIB für die ip-Gruppe in RFC 2011 herauskam, wurde die `ipRouteTable`, die einst zu dieser Gruppe gehörte, für überholt erklärt.

IP-MIB

Die aktuelle Version der IP-MIB ist RFC 4293. Sie ermöglicht die Aktivierung oder Deaktivierung der Weiterleitung (`ipForwarding`), die Einstellung der Standard-TTL (`ipDefaultTTL`) und, nur für IPv4 (da dies kein konfigurierbarer Parameter für IPv6 ist), des Fragment-Reassembly-Timeouts (`ipReasmTimeout`).

Wenn IP-Adressen in diesen Tabellen erscheinen, wird dem definierenden Eintrag fast immer ein Objekt vom Typ InetAddressType vorangestellt, das die Werte ipv4(1) und ipv6(2) (und für Sonderfälle noch ein Reihe von anderen Werten) annehmen kann.

Zwei Tabellen widmen sich den IP-Statistiken: `ipSystemStatsTable` für systemweite IP-Informationen und `ipIfStatsTable` für schnittstellenspezifische Informationen. Jede Tabelle enthält in ihrem Index den IP-Adresstyp (d. h. die IP-Version), was bedeutet, dass für IPv4- und IPv6-Traffic gesonderte Statistiken erhoben werden. Die Systemtabelle wird nur durch den IP-Adresstyp indiziert; die Schnittstellentabelle wird zusätzlich noch durch die Schnittstellennummer (den `ifIndex` der MIB-2) indiziert.

Die Tabelle `ipIfStatsTable` enthält für jede Schnittstelle die Anzahl der ein- und ausgehenden Pakete (und Oktette) für Broadcast, Multicast und Unicast, die Anzahl der weitergeleiteten, neu zusammengesetzten und fragmentierten Pakete, die Anzahl der Pakete mit unterschiedlichen Fehlern und damit verknüpfte zusätzliche Zähler. Ein Eintrag für die Zähleraktualisierungsrate ist ebenfalls vorhanden. Wenn es angebracht ist, werden 64-Bit-Zähler bereitgestellt; normalerweise wird auch der entsprechende 32-Bit-Zähler bereitgestellt. Die Tabelle `ipSystemStatsTable` liefert Zusammenfassungen dieser Zähler für die gesamte Schnittstelle.

Die Tabellen `ipv4InterfaceTable` und `ipv6InterfaceTable` enthalten Informationen darüber, welche IP-Adressen den einzelnen Schnittstellen zugewiesen sind. Sie werden nur durch den Schnittstellenindex indiziert. Daraus folgt, dass die Tabellen eine Schnittstelle mit mehr als einer IP-Adresse desselben Typs nicht genau darstellen können.

Zusätzliche IP-Adressinformationen sind in `ipAddressPrefixTable` vor allem für IPv6 und in `ipAddressTable` sowohl für IPv4 als auch für IPv6 vorhanden. Diese Tabellen enthalten Informationen darüber, welche IP-Adressen welchen Schnittstellen zugewiesen sind und woher diese Adressen stammen (z. B. DHCP, Abschnitt 10.3, »Dynamic Host Configuration Protocol (DHCP)«, oder Prefix Discovery, Abschnitt 11.6.2, »Präfix-Ermittlung (Prefix discovery)«. Indiziert durch die IP-Adresse selbst (und auch den `ipAddressAddrType`), unterstützen diese Tabellen somit den Fall, dass eine Schnittstelle mehrere IP-Adressen hat (was insbesondere bei IPv6 üblich ist).

Die Tabelle `ipNetToPhysicalTable` stellt die Zuordnung von lokalen IP-Adressen zu physischen LAN-Adressen dar, wie sie entweder durch ARP für IPv4 oder per Neighbor Discovery für IPv6 erstellt wird. Neben der Schnittstelle, der IP-Adresse und der physischen Adresse enthält die Tabelle auch einen Zeitstempel, der angibt, wann ein bestimmter Eintrag zuletzt aktualisiert oder aufgefrischt wurde, eine Angabe, ob die Adresszuordnung dynamisch, statisch oder ungültig ist, und schließlich ein Attribut `ipNetToPhysicalState`. Die Werte für Letzteres sind `reachable(1)`, `stale(2)` für eine ausgelaufene Erreichbarkeit, `delay(3)` und `probe(4)`, die sich auf aktive Aktualisierungen der Erreichbarkeit beziehen, `invalid(5)`, `unknown(6)` und `incomplete(7)`, die anzeigen, dass gerade ARP im Gange ist. Siehe Abschnitt 10.2.1, »ARP-Feinheiten«.

Es gibt auch eine einfache Version der Weiterleitungstabelle, die so genannte Default Router Table. Sie enthält eine Liste der »Standard«- oder genauer gesagt der »anfänglich konfigurierten« Routen. Obwohl es sich hierbei um eine echte Weiterleitungstabelle handelt, ist sie für Knoten gedacht, die nicht als Router fungieren und keine Routing-Aktualisierungsprotokolle verwenden. Die Tabelle stellt eine Liste der »Standard«-Routen nach IP-Adresse und Schnittstelle dar und enthält auch Werte für die Lebensdauer und Präferenz der Routen.

Die Tabelle `ipv6RouterAdvertTable` dient der Festlegung von Timern und anderen Attributen von IPv6-Router-Advertisements, Abschnitt 11.6.1, »Router-Ermittlung (Router Discovery)«.

Schließlich enthält die IP-MIB noch zwei Tabellen für ICMP-Statistiken, `icmpStatsTable` und `icmpMsgTable`. Letztere hält z. B. fest, wie viele Pings (`ICMP Echo`) und andere ICMP-Nachrichten verschickt wurden, siehe Abschnitt 10.4, »Internet Control Message Protocol«.

IP-Forward-MIB

Informationen, die sich auf die Fähigkeit eines Hosts zur IP-Weiterleitung beziehen, wurden erstmals in RFC 1354 aus der MIB-2-ip-Gruppe ausgegliedert; sie wurde in RFC 2096 für SNMPv2 aktualisiert und die aktuelle Version ist RFC 4292. Die ursprüngliche MIB-2-ip-Gruppe endete bei der OID mib-2.ip.23; die neue IP-Forward-MIB beginnt bei mib-2.ip.24.

Seit der ursprünglichen `ipRouteTable` der ip-Gruppe aus RFC 1213 (mib-2.ip.21) gab es drei verschiedene Versionen einer mit SNMP einsehbaren IP-Weiterleitungstabelle. Hier sind alle vier:

- `ipRouteTable`
- `ipForwardTable`
- `ipCidrRouteTable`
- `inetCidrRouteTable`

Jede neue Version hat ihre Vorgängerversion offiziell abgelöst.

Der erste Ersatz war die in RFC 1354 beschriebene `ipForwardTable`. Darin wird die OID `ipForward` als mib-2.ip.24 definiert; die neue Tabelle befindet sich unter `ipForward.2`. Diese Tabelle führte mehrere neue Routing-Attribute ein, aber, was vielleicht noch wichtiger ist, auch die Indexierung wurde verändert. Der Index für `ipRouteTable` war allein das IP-Zielnetzwerk `ipRouteDest`. Der Index der neuen Tabelle enthält auch das Quality-of-Service-Attribut `ipForwardPolicy`, das normalerweise das IPv4-Feld »Type of Service« repräsentiert (heute meistens als DS-Feld bekannt, siehe Abschnitt 9.1, »Der IPv4-Header«). Durch diese Einbeziehung kann die `ipForwardTable` das Routing auf Grundlage von ⟨dest,QoS⟩ exakt darstellen, so wie bereits in Kapitel 13, »Routing-

Update-Algorithmen«, erläutert. Ein solches Routing wird manchmal als »Multipath«-Routing bezeichnet, da es mehrere Pfade zu einem bestimmten Ziel auf der Grundlage unterschiedlicher QoS-Werte zulässt. Die Maskenlänge ist allerdings *nicht* im Index enthalten, sodass `ipForwardTable` zur Darstellung von CIDR-Routing ungeeignet ist.

Der Index enthält auch den next_hop, was für die eigentliche Forwarding-Tabelle keinen Sinn ergibt – der next_hop ist das, was man nachschlägt, wenn man das Ziel kennt – für SNMP funktioniert das aber gut. Lesen Sie dazu auch die Kommentare zu SNMP-Indizes mit einer höheren Anzahl von Attributen als erwartet in Abschnitt 25.7, »SNMP-Tabellen«. Der Index enthält sogar ein Attribut `ipForwardProto`, das das Routing-Update-Protokoll darstellt, das die Quelle des Tabelleneintrags ist: `icmp(4)`, `rip(8)` (eine gängige Distance-Vector-Implementierung), `is-is(9)` und `ospf(13)` (zwei Link-State-Implementierungen) und `bgp(14)`.

Neben dem next_hop enthält diese Tabelle auch Attribute für `ipForwardType` (z. B. local oder remote), `ipForwardAge` (die Zeit seit der letzten Aktualisierung), `ipForwardInfo`, `ipForwardNextHopAS` und verschiedene Routing-Metriken. Der Zweck von `ipForwardInfo` ist es, eine OID bereitzustellen, auf die zugegriffen werden kann, um zusätzliche Informationen über den verwendeten Routing-Update-Algorithmus zu erhalten. `ipForwardNextHopAS` ermöglicht die Angabe der Autonomous-System-Nummer des nächsten Hops, die normalerweise nur im Zusammenhang mit BGP (Kapitel 15, »Border Gateway Protocol (BGP)«) von Bedeutung ist. (Ist die AS-Nummer nicht relevant, wird sie auf null gesetzt.)

Die zweite Iteration der mit SNMP einsehbaren IP-Weiterleitungstabelle ist `ipCidrRouteTable`, die in RFC 2096 aufgeführt ist und sich unter `ipForward`.4 befindet (und bei der nun auch wieder von einer »Routing«- statt von einer »Weiterleitungstabelle« gesprochen wird). Die zweite Iteration der mit SNMP einsehbaren IP-Weiterleitungstabelle ist ipCidrRouteTable, die in RFC 20961 aufgeführt ist und sich unter ipForward.4 befindet (und bei der man nun auch wieder von einer »Routing«- statt von einer »Weiterleitungs«-Tabelle gesprochen wird). Diese Tabelle fügt dem Index die Adressmaske `ipCidrRouteMask` hinzu und erlaubt damit endlich eindeutige Routen zu 10.38.0.0/16 und 10.38.0.0/24. Das Dienstgütefeld `ipCidrRouteTos` verbleibt im Index (ebenso wie das Ziel) und ist nun fest mit dem IPv4-Type-of-Service-Feld (DS) identifiziert. Der Routing-Update-Algorithmus wurde aus dem Index gestrichen.

Diese Tabelle enthält auch das Attribut `ipCidrRouteStatus` vom Typ `RowStatus`, das zum Erstellen und Löschen ganzer Zeilen (also von Weiterleitungstabelleneinträgen) per SNMP verwendet wird. Wir werden darauf in Abschnitt 26.2, »Erstellung von Tabellenzeilen«, zurückkommen.

Die dritte (und immer noch aktuelle) Version der IP-Weiterleitungstabelle ist `inetCidrRouteTable`, die in RFC 4292 eingeführt wurde und sich in `ipForward`.7 befindet.

26

Die wichtigste Änderung, die mit dieser Tabelle eingeführt wurde, ist die Unterstützung von IPv6: die IP-Adressenspalten (z. B. für destination und next_hop) haben nun Begleitspalten für den *Adresstyp*: `ipv4(1)` und `ipv6(2)`. Nähere Einzelheiten dazu finden Sie in Abschnitt 26.1.13, »TCP-MIB«.

Das next_hop-Attribut (jetzt bestehend aus zwei Spalten, zusätzlich mit Adresstyp) ist immer noch Teil des Index.

Die in der `ipCidrRouteTable` verwendete Adress*maske* entspricht nun einer Präfixlänge, `inetCidrRoutePfxLen`. Das Quality-of-Service-Feld `inetCidrRoutePolicy` ist eine Objekt-ID, die als »undurchsichtiges Objekt ohne klar definierte Semantik« deklariert ist, d. h. sie liegt vollständig im Ermessen des Implementierers. Das IPv4-ToS/DS-Feld hat sich in IPv6 zum Feld Traffic Class weiterentwickelt, siehe Abschnitt 11.1, »Der IPv6-Header«.

Schließlich brauchen Routen keine einzelnen zugehörigen Schnittstellen mehr aufzulisten. Die Tabelle verwendet die `InterfaceIndexOrZero`-Textkonvention aus RFC 2863, um genau diese Situation abzudecken.

26.1.13 TCP-MIB

RFC 4022 enthält einige Erweiterungen der tcp-Gruppe von MIB-2. Die in RFC 4022 eingebettete SNMPv2-basierte MIB wiederholt die tcp-Gruppe aus MIB-2 und fügt dann innerhalb des Baums mib-2.tcp (1.3.6.1.2.1.6) neue Funktionen hinzu. RFC 1213 endete bei mib-2.tcp.15; RFC 4022 definiert neue Objekte ab mib-2.tcp.17.

Die neue `tcpConnectionTable` ist in mib-2.tcp.19 definiert, im Gegensatz zur ursprünglichen `tcpConnTable` in mib-2.tcp.13. Die neuere Tabelle unterstützt IPv6; wie in der obigen `inetCidrRouteTable` hat jede IP-Adressspalte nun auch eine dazugehörige Adresstypspalte, und die Adressen selbst werden als OCTET STRINGs dargestellt, denen ein Längenbyte vorangestellt ist. Dies entspricht den Regeln für `InetAddressType` und `InetAddress` aus RFC 4001 und den OID-Suffix-Kodierungsregeln aus RFC 2851 §4.1. Da die Länge einer `InetAddress` nicht im Voraus bekannt ist, muss sie mit angegeben werden.

Für IPv4-Benutzer, die an die frühere `tcpConnTable` gewöhnt sind, bedeutet das, dass den IPv4-Adressen im Index zusätzliche 1.4. vorangestellt sind, wie in diesem Beispiel des Hosts 10.0.0.5, der eine Verbindung von Port 54321 zum Webserver 147.126.1.230 herstellt:

tcpConnectionState.***1.4***.10.0.0.5.54321.***1.4***.147.126.1.230.80

Die neue Tabelle enthält auch eine Spalte, die die Prozess-ID des Prozesses darstellt, der das lokale Ende der Verbindung geöffnet hat.

Diese Tabelle hält sich an die SNMPv2-Konvention, Indexspalten nicht mit in die Daten aufzunehmen – die Attribute sind als `not-accessible` gekennzeichnet. Es gibt nur zwei abrufbare Spalten, `tcpConnectionState` und `tcpConnectionProcess`.

TCP-MIB stellt *keine* schnittstellenbezogenen TCP-Statistiken zur Verfügung, wie etwa eine Anzahl der von `eth0` gesendeten TCP-Bytes. Ebenso wenig stellt sie verbindungsbezogene Statistiken zur Verfügung, wie z. B. die Anzahl der Paketverluste und Neuübertragungen oder die Gesamtzahl der in beide Richtungen übertragenen Bytes.

26.2 Erstellung von Tabellenzeilen

SNMPv2 hat auch die Mechanismen verfeinert, mit denen ein Manager eine Zeile zur Tabelle eines Agents hinzufügen kann. Im Prinzip wird eine Tabellenzeile mit der Operation `Set()` hinzugefügt. Stellen Sie sich eine Tabelle **T** mit drei Spalten `indexT`, `fruitT` und `primeT` vor, die **T**.1, **T**.2 und **T**.3 entsprechen. Nehmen wir außerdem an, dass die Tabelle im Moment drei Zeilen mit den `indexT`-Werten 10, 11 und 12 enthält:

`indexT`	`fruitT`	`primeT`
T.1	T.2	T.3
10	apple	37
11	blueberry	59
12	cantaloupe	67

Dann könnte die neue Zeile ⟨13,durian,101⟩ mit der folgenden `Set()`-Operation mit mehreren Attributen hinzugefügt werden. Die Einträge der neuen Zeile haben die OIDs **T**.1.13, **T**.2.13 und **T**.3.13, und alles, was wir tun müssen, um die Zeile zu erstellen, ist diesen etwas zuzuweisen. Beachten Sie, dass wir OIDs zuweisen, die in der aktuellen Datenbank des Agents noch nicht vorhanden sind

Set((***T***.1.13,13), (***T***.2.13,durian), (***T***.3.13,101))

Das wirft natürlich einige Fragen auf. Wird der Agent dies überhaupt zulassen? Was passiert, wenn diese `Set()`-Operationen einzeln und nicht im Verbund ausgeführt werden? Gibt es eine Möglichkeit, diese neu hinzugefügte Zeile wieder zu *löschen*? Und, was noch wichtiger ist, was passiert, wenn ein *anderer* Manager versucht, zur gleichen Zeit die Zeile ⟨13,feijoa,103⟩ einzufügen?

Wir wenden uns nun dem besonderen Zeilenerstellungsmechanismus von RMON zu.

26.2.1 RMON

RMON, oder Remote MONitoring erschien erstmals in RFC 1271, acht Monate nach dem RFC 1213 mit MIB-2. Damit war es ein frühzeitiger Versuch einen SNMP-Agenten zu veranlassen, selbst einige Überwachungsaufgaben zu übernehmen. Die aktuelle Version ist in RFC 2819 enthalten. Das ursprüngliche RMON, das heute oft als RMON1 bezeichnet wird, implementierte nur die Überwachung der LAN-Schicht, wurde aber später in RMON2 (RFC 4502) auf die IP- und Transportschicht ausgedehnt. Wir betrachten hier nur RMON1.

RMON implementiert nur eine passive Überwachung; der Remote Agent ist nicht in der Lage, eigene SNMP-Abfragen oder gar Pings zu senden (siehe jedoch Abschnitt 26.2.3, »PING-MIB«). Die Überwachung wird implementiert, indem die vorgesehene Schnittstelle in den Promiscuous-Modus versetzt wird (Abschnitt 2.1, »Klassisches 10-Mbit/s-Ethernet«) und der gesamte Verkehr aufgezeichnet wird. In modernen, vollständig geswitchten Ethernets sehen die Hosts den nicht an sie adressierten Traffic schlichtweg nicht, sodass RMON auf einem Switch oder Router implementiert werden müsste, um einen praktischen Nutzen zu bringen.

Die RMON-Aktivität eines Agents wird von einem SNMP-Manager durch das Einfügen neuer Zeilen in verschiedene *Control-Tabellen* gesteuert. Der Mechanismus dazu interessiert uns hier besonders.

Die RMON-Statistiken sind in zehn Gruppen unterteilt, von denen wir nur die Folgenden betrachten werden:

- **statistics**: Anzahl der Fehler und Anzahl der Pakete in den Größenbereichen 0–64, 65–127, 128–255, 255–511, 512–1023 und 1024–1518 Oktette.
- **history**: Die in regelmäßigen Abständen erhobenen Daten aus der Gruppe statistics
- **hosts**: Die Ethernet-Sender und -Empfänger, die eine Schnittstelle sehen kann
- **host top N**: Die Top-N der Absender oder Empfänger
- **matrix**: Traffic-Informationen nach ⟨Sender,Empfänger⟩-Paar

Statistics (und die Verwendung von EntryStatus)

Die Tabelle `etherStatsTable` ist standardmäßig leer und wird durch den opaken INTEGER-Wert `etherStatsIndex` indiziert. Die Spalte `etherStatsDataSource` stellt die OID einer bestimmten Schnittstellennummer dar, wie sie durch `ifTable` definiert ist; zum Beispiel würde die Schnittstelle mit `ifNumber` = 6 durch mib-2.2.2.1.1.6 repräsentiert werden. Eine Spalte, `etherStatsStatus`, hat dabei den Typ `EntryStatus`:

```
valid(1),
createRequest(2),
underCreation(3),
invalid(4)
```

Die Attribute `etherStatsDataSource` und `etherStatsStatus` hatten ursprünglich den Status `read-write`, der später in `read-create` geändert wurde, da sie nur beim Erstellen einer neuen Zeile beschrieben werden können. Es gibt ein weiteres `read-create`-Attribut, `etherStatsOwner`, das eine vom Manager gelieferte Zeichenkette ist, die diesen bestimmten Manager identifiziert (vielleicht durch IP-Adresse und Hostname und, falls ein Mensch beteiligt ist, eine angemessene Zusatzkennzeichnung).

Um das Sammeln statistischer Daten zu ermöglichen, erstellt der SNMP-Manager eine Zeile in der `etherStatsTable` des Agents, indem er die drei Attribute `Status`, `DataSource` und `Owner` setzt (wobei wir aus Gründen der Lesbarkeit das Attribut-Namenspräfix `etherStats` weggelassen haben). Sobald dies geschehen und der `Status` auf `valid` gesetzt ist, beginnt der Agent mit der Sammlung von Daten über die gewünschte Schnittstelle. Der Manager kann die Daten nach Belieben auslesen, indem er auf diese bestimmte Zeile zugreift. Die Datensammlung endet, wenn der Manager den `etherStatsStatus` für die Zeile auf `invalid` setzt, wobei es dem Agent überlassen bleibt, ob die Zeile zu diesem Zeitpunkt tatsächlich gelöscht wird.

Die Spalte `etherStatsIndex` ist eigentlich nicht beschreibbar, aber der Manager muss trotzdem einen Wert für den Index auswählen. Ein Ansatz ist, die gesamte Tabelle zu lesen und den ersten unbenutzten Indexwert zu identifizieren. Es kann jedoch sein, dass andere Manager zur gleichen Zeit neue Zeilen im Agent erstellen, sodass ein Zeilenindex, der kurz zuvor noch verfügbar war, jetzt nicht mehr verfügbar ist. Wir kommen weiter unten darauf zurück, wie sich solche Konflikte verhindern lassen. Eine gängige Strategie zur Verringerung der Kollisionsgefahr bei der Zeilenerstellung ist die zufällige Auswahl eines Indexwerts.

Oft ist es für einen Manager möglich, die gewünschte Zeile mit einer einzelnen `Set()`-Operation zu erzeugen. RFC 2819 schreibt jedoch vor, dass das `Status`-Attribut in einer Anforderung zur Erstellung einer neuen Zeile `createRequest` sein muss, und daher ist immer eine zweite `Set()`-Operation erforderlich, um den Übergang zu `valid` zu vollziehen.

Wenn **T** die Baum-OID `etherStatsEntry` und 157 der vom Manager gewählte Index ist und der Manager `ifIndex` = 6 überwachen will, könnte er folgendes als eine einzelne Operation senden:

```
Set((T.Status.137,createRequest), (T.DataSource.137,mib-2.2.2.1.1.6),
(T.Owner.137,owner))
```

26

Der Agent erstellt dann die Zeile mit dem Status `underCreation`. Der Wert `createRequest` wird nur in Manager-Anfragen verwendet und erscheint nie in tatsächlichen Zeilen auf dem Agent. Der Manager antwortet dann mit

```
Set(T.Status.137,valid)
```

Wenn der Manager den Eintrag stückchenweise erstellen will oder muss, kann er dies folgendermaßen tun:

```
Set(T.Status.137, createRequest)
Set(T.DataSource.137, mib-2.2.2.1.1.6)
Set(T.Owner.137, owner)
...
Set(T.Status.137, valid)
```

Unmittelbar nach dem ersten `Set(T.Status.137, createRequest)` erstellt der Agent die Zeile neu und kennzeichnet sie als `underCreation`, aber der neuen Zeile fehlen dieses Mal mehrere Spalten.

Das `Status`-Attribut muss in der allerersten `Set()`-Operation für die Zeile angegeben werden.

Für bestehenden Zeilen darf `Status` nicht auf `createRequest` gesetzt werden. Die wichtigsten zulässigen Zustandsübergänge sind wie folgt:

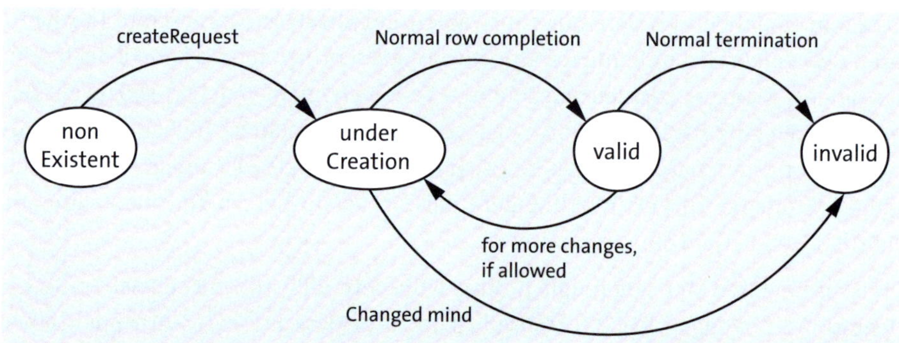

Abbildung 26.1 Diagramm der Zustandsübergänge für »EntryStatus«. Bei »createRequest« wird die betreffende Zeile auf »underCreation« gesetzt.

In einigen Fällen kann eine Zeile vom Manager bearbeitet werden, indem der Status von `valid` zurück auf `underCreation` geändert wird. Viele spezielle Implementierungen der Zeilenerstellung schreiben jedoch vor, dass nach der Kennzeichnung einer Zeile als `valid` keine Änderungen mehr vorgenommen werden können. Um eine bestehende Zeile in einem solchen Fall zu ändern, sollte die Zeile als `invalid` markiert und eine neue Zeile erstellt werden.

Diese Übergangsregeln für createRequest verhindern, dass zwei Manager gleichzeitig Zeilen mit demselben Index erstellen. Nehmen wir zum Beispiel an, dass die Manager M_A und M_B jeweils versuchen, eine neue Zeile 137 zu erstellen, indem sie Folgendes ausführen

```
Set(T.Status.137, createRequest)
```

Wenn zuerst auf die Set()-Anfrage von M_A reagiert wird, erhält die Zeile 137 den Status underCreation. Später, wenn die Set()-Anfrage von M_B verarbeitet wird, ist die Zeile nicht mehr nicht existent. Aus dem obigen Diagramm geht hervor, dass der eingehende createRequest von M_B ungültig ist: Es gibt keinen createRequest-Bogen von irgendeinem anderen Knoten als nonexistent. Die obige Set()-Operation von M_B und damit auch alle anderen Set()-Operationen von M_B schlagen fehl.

Diese Strategie soll nur versehentliche Konflikte bei der Erstellung von Zeilen verhindern; sie verhindert nicht, dass M_B die Zeile von M_A kapert oder sie als invalid markiert (und damit effektiv löscht). Aber das wird meist als ein geringfügiges Risiko angesehen; legitime Manager sollten vertrauenswürdig sein.

Jeder autorisierte SNMP-Manager kann alle etherStatsTable-Datensätze lesen; es gibt keine Vorschrift, dass nur der Ersteller einer Zeile diese dann auch wieder lesen kann.

Es ist durchaus möglich, dass mehrere Zeilen erstellt werden, die sich alle auf dieselbe Schnittstelle beziehen, z. B. von mehreren Managern. Obwohl es nicht verboten ist, gibt es keinen Grund für einen Manager, zwei Zeilen für dieselbe Schnittstelle zu erstellen.

Der EntryStatus-Typ mit vier Zuständen wurde in der ursprünglichen SNMPv1-RFC 1271 eingeführt. Aktualisierungen von RMON auf SNMPv2 haben keine Änderungen an EntryStatus gebracht, aber SNMPv2 hat auch den RowStatus-Typ mit sechs Zuständen eingeführt, der eher von neuen MIBs verwendet werden dürfte. Wir werden uns diesem in Abschnitt 26.2.2, »SNMPv2 RowStatus«, zuwenden.

History

Die History-Gruppe ermöglicht das Sammeln von Datenstichproben aus der obigen Statistik-Gruppe in regelmäßigen Abständen. Die Gruppe besteht aus zwei Tabellen, der historyControlTable, in der der Manager Zeilen zur Verwaltung des Ablaufs erstellt, und der etherHistoryTable mit den eigentlichen Daten.

Die historyControlTable enthält die Einträge (wiederum unter Aussparung des historyControl-Präfixes in den Attributnamen) DataSource, die die zu untersuchende Schnittstelle repräsentiert, sowie die Attribute Status und Owner, so wie oben. Wie bei der etherStatsTable gibt der Manager beim Anlegen einer neuen Zeile einen Wert für den Index mit dem vollständigen Namen historyControlIndex an, der wiederum zufällig gewählt werden kann.

Der Manager muss außerdem zwei zusätzliche Attribute angeben: `Interval`, das die Zeit in Sekunden zwischen den Datenerfassungsereignissen angibt, und `BucketsRequested`, das die *angeforderte* Höchstzahl von Schnittstellendatensätzen angibt, die vom Agent aufbewahrt werden sollen. Wenn der Agent die Höchstzahl erreicht hat, ersetzt jeder neue Datensatz den ältesten vorherigen Datensatz.

Die Control Table enthält ein vom Agent erstelltes Attribut: `BucketsGranted`, das die tatsächliche Höchstzahl der zu speichernden Schnittstellendatensätze angibt.

Sobald die Zeile der Control Table als `valid` markiert ist, beginnt der Agent, alle `Interval` Sekunden einen Statistiksatz für die angegebene Schnittstelle zu sammeln. Diese Datensätze werden fortlaufend nummeriert; die Nummer eines bestimmten Datensatzes ist sein `SampleIndex`. Der Agent speichert nur `BucketsRequested` an Datensätzen, d. h. sobald `SampleIndex` diesen Wert erreicht hat, wird bei jedem Hinzufügen eines Datensatzes N der Datensatz N – `BucketsRequested` gelöscht.

All diese vom Agent gesammelten Daten werden in der Tabelle `etherHistoryTable` gespeichert, die Spalten für alle Statistiken in der Tabelle `etherStatsTable` enthält, mit Ausnahme der Anzahl der Pakete in den verschiedenen Größenbereichen. Die Tabelle wird durch das Wertepaar `Index`, das dem `etherControlIndex` entspricht, und die Datensatznummer `SampleIndex` indiziert. Als solche ist diese Tabelle die disjunkte Vereinigung mehrerer unabhängiger Reihen von fortlaufend nummerierten Datensätzen, eine Reihe für jeden `Index`-Wert in der Control Table, d. h. eine Reihe pro Manager-Anfrage.

Nehmen wir beispielsweise an, dass der Manager angefragt hat, dass für eine bestimmte Schnittstelle einmal pro Minute Verlaufsstatistiken geführt werden sollen, dass der `BucketsGranted`-Wert 70 ist und dass der Kontrollindexwert für diese Anfrage 491 beträgt. Nach einer Stunde enthält die Tabelle Datensätze mit den Stichprobenindizes 1–60; die vollständigen Zeilenindexwerte sind ⟨491,1⟩ bis ⟨491,60⟩. Nach einer Stunde und elf Minuten ersetzt der Datensatz ⟨491,71⟩ den Datensatz ⟨491,1⟩. Nach zwei Stunden sind Datensätze mit Stichprobenindizes von 51–120 verfügbar. Der Manager könnte nun einmal stündlich die letzten 60 Datensätze abrufen.

Ein Manager könnte auch zwei Control Tables erstellen, eine mit 25 Datensätzen in Abständen von einer Stunde und eine andere mit 60 Datensätzen in Minutenabständen. Wenn alles in Ordnung ist, könnte der Manager die erste Tabelle einmal täglich herunterladen und die zweite Tabelle komplett ignorieren. Bei Bedarf stehen ihm aber auch immer die 1-Minuten-Datensätze der letzten Stunde zur Verfügung, und wenn ein Problem auftritt (das vielleicht durch etwas ganz anderes angezeigt wird), kann er darauf zugreifen.

Ein Manager kann problemlos nur seine eigenen Zeilen aus der `etherHistoryTable` abrufen. Sei **T** die Wurzel der `etherHistoryTable`, die die Spalten 1–15 hat. Nehmen wir wieder an, ein Manager hat seine controlTable-Zeile mit einem `historyControlIndex`-Wert von 491 erstellt; der Manager kann dann die erste seiner Datenzeilen wie folgt abrufen; beachten Sie, dass jede OID die Spaltennummer und einen *Teil* des Zeilenindex enthält.

```
GetNext(T.1.491, T.2.491, …, T.15.491)
```

Wenn die Zeilen mit 491 assoziierten Zeilen der History-Tabelle Sample-Index-Werte zwischen 37 und 66 haben, gibt die obige Funktion `GetNext()` die durch ⟨491,37⟩ indizierte Zeile zurück, d. h. die mit den nachfolgenden OIDs gepaarten Werte:

```
T.1.491.37, T.2.491.37, …, T.15.491.37
```

Nachfolgende `GetNext()`-Anfragen geben die darauf folgenden Zeilen zurück, die mit dem Control-Eintrag 491 verknüpft sind: Zeile ⟨491,38⟩, Zeile ⟨491,39⟩, usw. Wäre die `etherHistoryTable` in umgekehrter Reihenfolge indiziert worden, d. h. mit dem Stichprobenindex an erster und dem `historyControlIndex` an zweiter Stelle, wäre eine umfangreiche lineare Suche erforderlich, um die erste Zeile mit einem bestimmten Wert für den Control-Index zu finden.

Hosts

Mit der Host-Gruppe kann ein Agent verfolgen, welche anderen Hosts – in RMON1 werden sie durch ihre Ethernet-Adresse identifiziert – gerade aktiv sind.

Wie die `historyControlTable` erlaubt auch die `hostControlTable` dem Manager die Angabe von `DataSource`, `Status` und `Owner`; der Manager legt auch `TableSize` fest.

Sobald der Control-Tabellen-Eintrag `valid` ist, beginnt der Agent mit der Aufzeichnung von Hosts in der `hostTable`, die durch den Index der Control-Tabelle und die Ethernet-Adresse des Hosts indiziert ist. Der Agent zeichnet auch den `CreationOrder`-Wert jedes neuen Hosts auf, eine ganzzahlige Datensatznummer, die bei 1 beginnt.

Die `CreationOrder` enthält auch Zähler für die folgenden Host-Attribute; diese werden immer dann aktualisiert, wenn der Agent ein anderes Paket von oder zu diesem Host sieht. Wir werden diese in der `hostTopNTable` im Folgenden wieder aufgreifen.

- InPackets
- OutPackets
- InOctets
- OutOctets
- OutErrors
- OutBroadcastPkts
- OutMulticastPkts

Wenn die Anzahl der Host-Einträge für einen bestimmten Indexwert der Control-Tabelle `TableSize` übersteigt – d. h. die `CreationOrder` des neuen Hosts würde `TableSize` übersteigen – werden alte Einträge entfernt *und alle Hosts in der Tabelle erhalten aktualisierte* `CreationOrder`-*Werte*. Wenn die Tabelle der Größe drei also Einträge für die Hosts A, B und C mit `creationOrder`-Werten von 1, 2 und 3 enthält und Host D hinzukommt, dann wird A gelöscht und B, C und D erhalten jeweils `creationOrder`-Werte von 1, 2 und 3. Dies unterscheidet sich deutlich von den Datensatznummernzuweisungen in der `etherHistoryTable`, wo die `SampleIndex`-Datensatznummern unveränderlich sind.

Dies hat zur Folge, dass die `CreationOrder`-Werte stets fortlaufende Ganzzahlen sind, und zwar beginnend bei 1.

Die Einträge werden in der Reihenfolge der Erstellung gelöscht, nicht in der Reihenfolge der letzten Aktualisierung. Die `hostTable` hat nicht einmal ein Attribut, das angibt, zu welchem Zeitpunkt der Eintrag (oder die Einträge) eines bestimmten Hosts zuletzt aktualisiert wurde(n).

Der Einfachheit halber werden die Daten in `hostTable` auch in `hostTimeTable` zur Verfügung gestellt, aber dort durch den Index der Control-Tabelle und die `CreationOrder`-Zeit indiziert. Dies ermöglicht ein schnelleres Nachschlagen; so weiß der Manager beispielsweise immer, dass der Datensatz mit `CreationOrder` = 1 der älteste Datensatz ist. Noch wichtiger ist, dass dieser alternative Index es dem Manager ermöglicht, die neuesten Einträge in einem einzigen Schritt herunterzuladen.

Immer wenn ein Host gelöscht wird, weil die Tabelle voll ist, ändern sich die `CreationOrder`-Werte, die anderen Hosts zugewiesen sind, und damit auch die Indizierung von `hostTimeTable`. Daher muss ein Manager, der eine Zeile nach der anderen aus `hostTimeTable` herunterlädt, auf die Möglichkeit vorbereitet sein, dass das, was vorher Zeile 3 war, jetzt Zeile 2 ist, und dass ein Host möglicherweise dupliziert oder übersprungen wird. Um den Managern den Umgang damit zu erleichtern, gibt es in der *Control*-Tabelle einen Eintrag `LastDeleteTime`, der den Zeitpunkt – in TimeTicks seit dem Systemstart – der letzten Löschung und damit der Umnummerierung der `CreationOrder` angibt. Stellt ein Manager fest, dass sich dieser Wert ändert, kann er z. B. die Datenabfrage von vorne beginnen.

Host Top N

Bei der `hostTopN`-Tabelle handelt es sich um einen vom Agent erstellten Bericht über die obersten N Einträge in der `hostTable` in einem bestimmten Zeitintervall (N wird vom Manager vorgegeben). Der Manager spezifiziert in der Control-Tabelle die Attribute `Status` und `Owner`, den `HostIndex`-Indexwert der Control-Tabelle aus `hostControlTable` sowie die `Duration` (in Sekunden) und die `RateBase`, die angeben, welche der nachfolgenden Statistiken aus `hostTable` für das Ranking verwendet werden sollen:

- InPackets
- OutPackets
- InOctets
- OutOctets
- OutErrors
- OutBroadcastPkts
- OutMulticastPkts

Der Wert von N steht im Attribut `RequestedSize`; der Agent *kann* diesen Wert verringern und teilt jede Änderung (oder das Fehlen einer Änderung) über das Attribut `GrantedSize` mit.

Sobald die Zeile der Control-Tabelle `valid` wird, beginnt der Agent mit der Zählung aller Einträge in dem durch `HostIndex` indizierten Teil von `hostTable`, sortiert die Daten am Ende der `Duration` und legt die Top-N Ergebnisse in der Tabelle `hostTopN` ab. Wenn während des Intervalls einige Hosts aus der `hostTable` entfernt wurden, weil die Tabelle voll war, sind die Ergebnisse möglicherweise ungenau. Alle Ergebnisstatistiken sind `inaccessible`, bis die `Duration` verstrichen ist und der jeweilige `hostTopN`-Bericht abgeschlossen wurde, woraufhin die Ergebnisse dann `read-only` werden.

Matrix

Die Matrix-Gruppe gestattet es einem Agent, Informationen über den Datenverkehrsfluss zu sammeln, die anhand der Quell- und Zieladressen indiziert sind. Der Manager stößt den Prozess an, indem er Attribute für `Status`, `Owner`, das übliche `Index`, die Schnittstellen-`DataSource` und die maximale Tabellengröße angibt.

Sobald die Zeile gültig ist, beginnt der Agent damit, für jedes ⟨Quelle-Ziel-Paar⟩ die Anzahl der Pakete, Oktette und Fehler zu erfassen. Der Datensatz für ⟨A,B⟩ erfasst diese Dinge, die von A gesendet wurden; der entsprechende Datensatz für ⟨B,A⟩ erfasst die entgegengesetzte Richtung. Die eigentliche `matrixSDTable` wird durch den vom Manager bereitgestellten `Index`-Wert und die Quell- und Ziel-Ethernet-Adressen indiziert (in dieser Reihenfolge).

Außerdem wird eine weitere Tabelle (oder Ansicht) mit der Bezeichnung `matrixDSTable` geführt, die dieselben Informationen auflistet, aber zuerst nach dem Ziel und dann nach der Quelle indiziert ist. Diese Ansicht dient nicht dazu, Informationen über die entgegengesetzte Richtung zu liefern; diese würde man erhalten, indem man Quelle und Ziel in der `matrixSDTable` umkehrt. Vielmehr ermöglicht die `matrixDSTable` einem Manager, alle Informationen über ein einzelnes Ziel D mit einer einzigen SNMP-Tree-Walk-Operation des Präfixes `matrixDSTable.Index`.D zu extrahieren. Dies ist vergleichbar mit der Diskussion über die Indizierung am Ende von Abschnitt »History«. Siehe auch Übung 7.

26.2.2 SNMPv2 RowStatus

RMON begnügte sich mit vier Werten für sein EntryStatus-Attribut: createRequest, underCreation, valid und invalid. SNMPv2 unterstützt zwar auch weiterhin EntryStatus, aber die bevorzugte Form ist RowStatus gemäß RFC 2579 mit seinen sechs Optionen:

- active: wie valid
- notReady: der Agent weiß, dass die Zeile nicht vollständig ist
- notInService: die Zeile ist vollständig, wurde aber noch nicht aktiviert
- createAndGo: wie createRequest gefolgt von valid
- createAndWait: wie createRequest
- destroy: wie invalid

Mit der Option createAndGo kann ein Manager eine einzige Anfrage für eine neue Zeile an den Agent stellen, und der Agent setzt den den Status der Zeile im Erfolgsfall sofort auf active. Der Einsatz von EntryStatus erfordert zwei Schritte: zuerst wird die neue Zeile auf underCreation und dann auf valid gesetzt.

Der Manager kann einen beliebigen Status außer notReady anfordern. Jede erstellte Zeile wird jedoch beim Agent mit notReady, notInService oder active gekennzeichnet.

Wie bei EntryStatus muss der Manager auch hier einen Indexwert wählen. In vielen Fällen ist eine pseudozufällige Auswahl weiterhin angemessen, aber der Agent kann auch ein recommendedNextIndex-Attribut bereitstellen, wenn die MIB-Datei dies unterstützt.

Abbildung 26.2 zeigt ein vereinfachtes Diagramm der RowStatus-Zustandsübergänge. Es werden nicht alle Links zu destroy oder von einem Knoten zurück auf sich selbst gezeigt. Siehe RFC 2579, S. 9, für weitere Einzelheiten.

Nachdem der Manager ein createAndWait abgesetzt hat, füllt der Agent die vom Manager zur Verfügung gestellten Attribute und alle anderen für ihn verfügbaren Standardattribute aus. Der Manager kann nun, falls gewünscht, mit Get() die gesamte Zeile abfragen und herausfinden, welche Werte noch fehlen. Diese Werte werden als noSuchInstance gemeldet. Alternativ weiß der Manager vielleicht auch einfach, dass er weitere Attribute setzen muss.

Wenn der Agent weiß, dass der Zeile die für die Aktivierung erforderlichen Attribute fehlen, setzt er den RowStatus auf notReady, andernfalls auf notInService. Eine notInService-Zeile kann natürlich immer noch undefinierte read-only-Attribute haben, die der Agent später nach der Aktivierung setzen wird. Eine notInService-Zeile kann außerdem auch enthalten, die der Manager vor der Aktivierung zu setzen beabsichtigt, die der Agent aber zwischenzeitlich mit Standardwerten belegt hat.

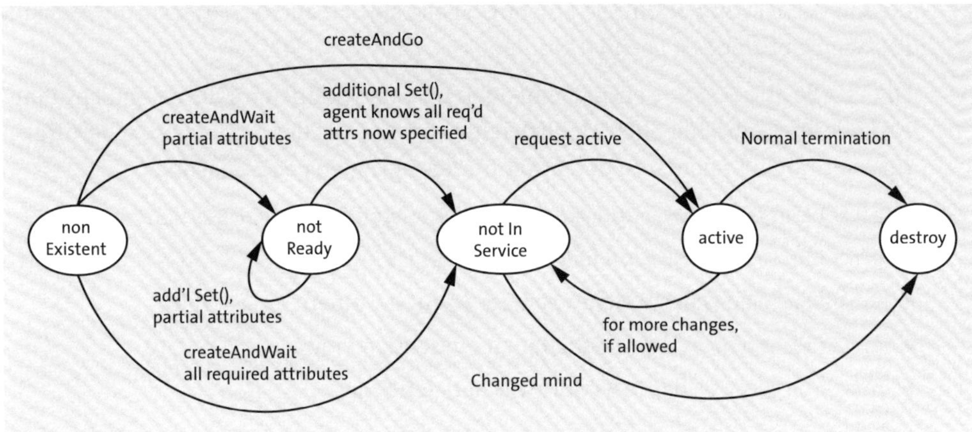

Abbildung 26.2 Vereinfachtes Diagramm der Zustandsübergänge für »RowStatus«

Nachdem der Manager alle zur Aktivierung erforderlichen Attribute gesetzt hat, setzt er `RowStatus` auf `active`, und der Agent kann seine Aktivität aufnehmen.

Wie bei `EntryStatus` können zwei Manager nicht gleichzeitig dieselbe Zeile erstellen. Sollten sie dies versuchen, würde der zweite Manager probieren, den `RowStatus` für einen bereits existierenden Zeileneintrag auf `createAndWait` oder `createAndGo` zu setzen, aber laut unserem Diagramm ist ein solcher Übergang nicht zulässig.

26.2.3 PING-MIB

Die Idee hinter der ping-MIB ist es, einem Manager zu ermöglichen, einen Agenten aufzufordern, ein Ziel wiederholt anzupingen, Abschnitt 10.4, »Internet Control Message Protocol«, und dann die Erfolgsrate zu melden. Wir werden hier die IETF-Ping-MIB aus RFC 2925 bzw. RFC 4560 verwenden, die offiziell DISMAN-PING-MIB heißt (DISMAN ist die Abkürzung für DIStributed MANagement). Eine frühere Ping-MIB ist CISCO-PING-MIB.my, die inzwischen von Cisco als deprecated markiert wurde, aber immer noch im Internet verfügbar ist. Beide Ping-MIBs verwenden die `RowStatus`-Konvention aus dem vorherigen Abschnitt.

Der Manager kann das Ziel selbst anpingen, *falls* keine Firewalls im Weg sind, aber das Ergebnis wird sich wahrscheinlich von dem des Agents unterscheiden.

Die MIB unterstützt neben dem üblichen ICMP Echo Request auch mehrere `ping`-Typen, aber wir werden nur Ersteren betrachten.

Die DISMAN-Version hat mit `pingCtlTable` eine Control-Tabelle und die Ergebnisse erscheinen in `pingResultsTable`; in der Cisco-Version wird dieselbe Tabelle sowohl für die Steuerung als auch für die Ergebnisse verwendet. Die Ergebnisse umfassen die minimale, maximale und durchschnittliche RTT, die Anzahl der gesendeten Pings und die Anzahl der Antworten. Die Ergebnistabelle enthält auch ein `OperStatus`-Attribut, das angibt, ob der Test beendet wurde.

Die Tabelle `pingCtlTable` enthält eine Vielzahl von Optionen für die eigentliche Ping-Anforderung, einschließlich Möglichkeiten zur Angabe der ausgehenden IP-Adresse für Multihomed-Agents. Zu den bekannteren Optionen gehören jedoch

- `pingCtlTargetAddress`: und Adresstyp, das auch IPv6 unterstützt wird
- `pingCtlDataSize`: wie groß jedes Ping-Paket ist
- `pingCtlTimeout`: nach welcher Zeit der Agent bei einem Ping aufgibt
- `pingCtlProbeCount`: die Anzahl der zu sendenden Pings
- `pingCtlFrequency`: das Intervall zwischen den Pings

Die Tabelle enthält auch `pingCtlRowStatus` vom Typ `RowStatus` (s. o.) und `pingCtlOwnerIndex` vom Typ `SnmpAdminString`, was eine ausgefeiltere Art zur Identifizierung des Managers als die `Owner`-Attribute von RMON darstellt und bei Bedarf einige SNMPv3-Berechtigungsnachweise enthalten kann.

Die neue Zeile wird erstellt, `RowStatus` wird auf `active` gesetzt (vielleicht mittels `createAndGo`), und der Test beginnt.

Ein Manager kann versuchen, eine laufende Ping-Abfolge zu stoppen, indem er der `RowStatus` der Control-Tabelle auf `destroy` setzt.

26.3 SNMPv3

SNMP Version 3 ergänzte SNMPv2c um Authentifizierung und Verschlüsselung, nahm aber außer an der Nomenklatur nur relativ geringfügige Änderungen vor. Die ursprünglichen Definitionen finden sich in RFC 3410 bis RFC 3415; RFC 3410 erschien zuerst als RFC 2570. Mit SNMPv3 wurde das benutzerbasierte Sicherheitsmodell (User-based Security Model, *USM*) eingeführt, bei dem Agents dem Manager nur dann Zugriff gewähren, wenn dieser einen geeigneten Schlüssel vorgelegt hat, der letztlich von einer Passphrase abgeleitet ist. Die Antwort des Agents kann je nach Wunsch entweder digital signiert oder verschlüsselt werden.

Mit SNMPv3 wurden mehrere Begriffsänderungen vorgenommen. Alle SNMP-Knoten – egal ob Manager oder Agents – werden nun als SNMP-*Entität* bezeichnet. Eine Entität besteht aus zwei Teilen: Einmal der SNMP-*Engine*, die sich aus dem Message Dispatcher, dem Message Processor und den Untersystemen für Sicherheit und Zugriffskontrolle zusammensetzt. Der zweite Teil besteht aus den verschiedenen SNMP-*Anwendungen*, bei den Agents in erster Linie aus dem Command Responder

(der auf `Get()` und `GetNext()` usw. antwortet). Ein Ziel bei dieser architektonischen Aufteilung ist es, die Anwendungen von den Authentifizierungsmechanismen zu trennen. Ein weiteres Ziel ist es, ein Grundgerüst zu schaffen, das zukünftige neue Anwendungen mühelos unterstützen kann.

Alle neuen Sicherheitsmaßnahmen müssen zwingend von der SNMP-Engine umgesetzt werden.

26.3.1 What Could Possibly Go Wrong?

RFC 3414 analysiert die Risiken ungenügender SNMP-Sicherheit und identifiziert zwei primäre und zwei sekundäre Bedrohungen. Die primären Bedrohungen sind die Folgenden:

- Unbefugte *Veränderung* von Informationen auf der Übertragungsstrecke: *Man-in-the-Middle*-Angriffe also, bei denen die Nachricht von A an B von einem Zwischenknoten M abgefangen und verändert wird.
- *Maskerade*: unbefugte Operationen durch einen Manager (oder Agent), der sich als autorisierte Entität ausgibt. Die Verwendung erratener oder geknackter Passwörter fällt in diese Kategorie.

Die sekundären Bedrohungen sind die Folgenden:

- *Modifizierung des Nachrichtenstroms*: Dazu gehören das Umordnen von Nachrichten und, was vielleicht am wichtigsten ist, *Replay-Attacken*. Selbst wenn keine Schlüssel aufgedeckt werden, könnte ein Angreifer beispielsweise herausfinden, dass eine bestimmte Nachricht den Neustart eines bestimmten Servers auslöst. Ein erneutes Ausspielen dieser Nachricht könnte schwerwiegende Folgen haben.
- *Offenlegung*: Mitlesen von Management-Informationen während der Übertragung im Zuge eines Lauschangriffs.

Allen Bedrohungen, bis auf die Letzte, die Offenlegung, kann durch geeignete digitale Signaturen und Zeitstempel begegnet werden; Verschlüsselung ist nur erforderlich, wenn die berechtigte Sorge der Offenlegung besteht. Weil dies nicht immer der Fall ist und vielleicht auch, weil zum Zeitpunkt der Erstellung von RFC 2574 im Jahr 1999 der unberechtigte Export von Verschlüsselungstechnologien aus den Vereinigten Staaten illegal war, definiert SNMPv3 zwei separate neue Sicherheitsstufen:

- reine Authentifizierung, um Veränderungen, Maskerade und Replay-Attacken zu begegen
- Verschlüsselung, um den oben genannten Punkten sowie einer möglichen Offenlegung zu begegnen

Diese entsprechen drei Werten der `snmpSecurityLevel`-Textkonvention (wobei »priv« die Abkürzung für »privacy« ist):

- `noAuthNoPriv`: keine Authentifizierung
- `authNoPriv`: Authentifizierung, aber keine Verschlüsselung
- `authPriv`: Verschlüsselung aller Nachrichten

Verschlüsselung (privacy) umfasst immer auch die Authentifizierung; verschlüsselte Nachrichten enthalten auch die unten beschriebenen Authentifizierungssignaturen.

26.3.2 Kryptografische Grundlagen

Die SNMPv3-Authentifizierung basiert auf *kryptografischen Hash-Funktionen*: Funktionen, die eine Datenkette beliebiger Länge nehmen und einen Hash-Wert fester Länge zurückgeben, und zwar in einer Weise, dass

- Die Kenntnis des Hash-Wertes keinen Aufschluss über die Originaldaten liefert
- Es für einen bekannten Hash-Wert keine praktikable Möglichkeit gibt, eine Nachricht zu finden, die diesen Hashwert liefert

Weitere Details finden Sie in Abschnitt 27.6, »Sichere Hashes«.

Die Internet-Prüfsumme aus Abschnitt 7.4, »Fehlererkennung«, eignet sich beispielsweise nicht als kryptografischer Hash, da sich für eine gegebene Nachricht m und einem Hash-Wert h' hash(m) = h berechnen und dann an m eine zwei Byte lange Zeichenkette auf der Grundlage von h'–h anhängen lässt, was eine Nachricht m' ergibt, für die hash(m') = h' gilt.

Die beiden kryptografischen Hash-Funktionen, die ursprünglich von SNMPv3 in RFC 3414 unterstützt wurden, sind MD5, das einen 128-Bit-Hash erzeugt, und SHA-1, das einen 160-Bit-Hash erzeugt. Seit der Veröffentlichung von RFC 3414 im Jahr 2002 wurden Schwachstellen in beiden diesen Hash-Funktionen entdeckt. Das SNMP-Framework ermöglicht im Prinzip eine problemlose Ersetzung durch neue Hash-Funktionen, aber RFC 7860, die den Einsatz der SHA-2-Familie standardisiert, erschien bis 2013 nicht einmal als Entwurf.

Wenn zwei Parteien einen geheimen Schlüssel k teilen, besteht die grundlegende, auf Hashes beruhende Methode zum Signieren einer Nachricht m darin, an diese den Wert hash(m⁀k) anzuhängen, wobei sich m⁀k durch Anhängen von k an m ergibt. Ein Lauscher sieht zwar m und hash(m⁀k), erhält dadurch aber keine Informationen über k, und ebensowenig kann ein Angreifer aus einer Nachricht m den Wert hash(m⁀k) erzeugen, ohne k zu kennen. Da einige Hash-Funktionen bei dieser Art der Verwendung für eine so genannte »Length-Extension-Attacke« anfällig sind, ist die eigentliche Signatur oft etwas aufwendiger (siehe Abschnitt 26.3.5, »Passwörter und Schlüssel«, und Abschnitt 27.6.1, »Sichere Hashes und Authentifizierung«), aber hash(m⌒k) ist ein gutes Beispiel für das Grundkonzept.

Der SNMP-Verschlüsselungsmechanismus basiert außerdem auf gemeinsamen Geheimschlüsseln (Abschnitt 27.7, »Verschlüsselung mit gemeinsamem Schlüssel«), d. h. es wird keine Public-Key-Verschlüsselung verwendet. RFC 3414 beschreibt die Verwendung der Data-Encryption-Standard-Chiffre (DES), die eine Schlüssellänge von 56 Bit verwendet. Später wurde mit RFC 3826 die Verwendung des Advanced Encryption Standard (AES) eingeführt, der in SNMP einen 128-Bit-Schlüssel verwendet. (Sowohl DES als auch AES werden kurz in Abschnitt 27.7.2, »Blockverschlüsselung«, behandelt). DES ist aufgrund der begrenzten Schlüssellänge sogar noch anfälliger als MD5 und SHA-1; AES ist eine viel bessere Wahl.

Die Verschlüsselung mit gemeinsamen Schlüsseln beruht grundsätzlich auf einer Verschlüsselungsfunktion E(p,k), die eine Klartextbotschaft p und einen Schlüssel k entgegennimmt und den verschlüsselten Text zurückgibt. Analog dazu gibt es eine Entschlüsselungsfunktion D(c,k), die eine verschlüsselte Textnachricht c und den Schlüssel k entgegennimmt und den ursprünglichen Klartext zurückliefert.

26.3.3 SNMPv3-Engines

Die SNMPv3-Engine ist jene Komponente einer SNMP-Entität, die für die Sicherheit sorgt. Jede SNMPv3-Engine – egal ob Manager oder Agent – hat eine Kennung, die *snmpEngineID*. Dabei handelt es sich um eine Zeichenfolge, die standardmäßig die IP- oder Ethernet-Adresse des Knotens und zusätzliche Standardinformationen enthält. Obwohl diese Standardeinstellung meist unverändert bleibt, kann sie auch durch ein standortbezogenes Namensschema ersetzt werden, das vielleicht den Namen der Organisation und eine lokal zugewiesene fortlaufende Nummer umfasst; siehe RFC 3411.

Bei jedem SNMPv3-Austausch wird eine SNMPv3-Engine als *autoritativ* ausgewiesen. Bei einer `Get()`- oder `Set()`-Anfrage oder einer anderen Anfrage, die eine Antwort erfordert, ist immer der Agent autoritativ. Es ist die Aufgabe der autoritativen Engine, die von der anderen Engine erhaltene Nachricht zu validieren.

Für Sicherheitsstufen mit Authentifizierung oder Verschlüsselung muss die nicht autoritative Engine folgendes Wertepaar vorlegen:

- `userName`: eine menschenlesbare Zeichenkette, die eine Person oder einen Manager-Computer identifiziert
- `authParameters`: eine Zeichenkette mit konkreten Daten für den verwendeten Authentifizierungs-/Verschlüsselungsmechanismus, die zur Authentifizierung des Benutzers dienten. Dies könnte man sich wie eine Passphrase vorstellen, außer dass Passphrasen natürlich niemals im Klartext gesendet werden sollten.

Die autoritative Engine muss eine Tabelle mit allen von ihr akzeptierten `userName`-Werten mit dem entsprechenden Schlüssel zur die Validierung des jeweiligen Benutzers führen.

Jede SNMPv3-Engine speichert darüber hinaus zwei 32-Bit-Attribute

- `snmpEngineTime`: die Anzahl der Sekunden seit dem letzten Neustart der Engine
- `snmpEngineBoots`: die Anzahl der Neustarts der Engine

Diese beiden von uns als ⟨Time,Boots⟩ abgekürzten Attribute definieren für eine Entität auf die Sekunde genau einen eindeutigen Zeitpunkt. Sie werden genutzt, um Replay-Attacken zu verhindern; zwei Nachrichten, die im Abstand von mehr als einer Sekunde gesendet werden, haben niemals denselben ⟨Time,Boots⟩-Zeitstempel.

Beachten Sie, dass die Aufzeichnung von `snmpEngineBoots` voraussetzt, dass die Entität über irgendeine Art von dauerhaftem Speicher verfügt.

Wenn eine nicht autoritative Engine (in unserem Fall der Manager) eine Anfrage an eine autoritative Engine (den Agent) senden möchte, muss zunächst die `snmpEngineID` des Agents und dann sein aktueller ⟨Time,Boots⟩-Wert ermittelt werden. Dies geschieht durch einen anfänglichen zweistufigen Erkennungsprozess. Die erste Anfrage enthält eine leere `varBindList`, eine leere `engineID`, einen Benutzernamen in Form einer leeren Zeichenkette und die Sicherheitsstufe noAuthNoPriv. Die autoritative Seite sendet eine Antwort mit ihrer engineID. Im zweiten Schritt wird eine Anfrage gesendet, wieder mit einer leeren `varBindList`, aber jetzt mit einem gültigen ⟨Benutzername-Schlüssel-Paar⟩. Der Wert für ⟨Time,Boots⟩ ist ⟨0,0⟩. Die autoritative Engine antwortet nun mit einer Meldung, die ihre tatsächlichen Werte für ⟨Time,Boots⟩ enthält.

26.3.4 Authentifizierung von Nachrichten

Nachdem sie die ⟨Time,Boots⟩ der autoritativen Engine ermittelt hat, speichert die nicht-autoritative Engine die `snmpEngineBoots` der autoritativen Engine und auch die Differenz zwischen der `snmpEngineTime` der autoritativen Engine und ihrer eigenen Uhrzeit. Anhand dieser Differenz kann sie nun die `snmpEngineTime` der autoritativen Engine zu einem beliebigen Zeitpunkt in der Zukunft annähern. Jede Nachricht der nicht-autoritativen Engine beinhaltet deren Schätzung des aktuellen ⟨Time,Boots⟩-Werts der autoritativen Engine. Aufgrund der relativen Abweichung zwischen den Uhren der beiden Engines wird diese Schätzung irgendwann fehlschlagen, aber wie wir sehen werden, kann man davon ausgehen, dass sie eine ganze Weile lang ausreichend genau ist.

Die autoritative Engine akzeptiert eine nicht leere Anfrage nur dann, wenn alle drei der folgenden Punkte zutreffen, wobei Time und Boots die von der nicht-autoritativen Engine übermittelten Werte sind und `snmpEngineTime` und `snmpEngineBoots` die eigenen Werte der autoritativen Engine:

- Boots = `snmpEngineBoots`
- `snmpEngineBoots` < $2^{31} - 1$
- Time und `snmpEngineTime` unterscheiden sich um weniger als 150 Sekunden

Die maximal zulässige Abweichung der Uhren beträgt also 150 Sekunden. Wenn die beiden Uhren stärker voneinander abweichen, muss die nicht-autoritative Seite erneut den am Ende des vorherigen Abschnitts beschriebenen Synchronisierungsprozess durchlaufen.

Die eigentliche Signierung der Nachricht basiert auf einem gemeinsamen geheimen Schlüssel, `authKey`, der zuvor zwischen Benutzer und Agent ausgehandelt wurde. Da der Schlüssel in der Regel spezifisch für den Agent ist, wird er manchmal als *lokaler* Schlüssel (*key local*, `kl`) bezeichnet.

26.3.5 Passwörter und Schlüssel

Benutzer werden durch `userName`-Werte identifiziert und haben (normalerweise) auch menschenlesbare Passwörter. Diese Passwörter müssen zunächst in Schlüssel umgewandelt werden, und zwar so, dass jedes ⟨user,agent⟩-Paar seinen eigenen eindeutigen Schlüssel hat. Wir beginnen mit einem Mechanismus, der üblicherweise für die reine Authentifizierungssicherheit verwendet wird; er ist sowohl für MD5- als auch für SHA-1-Hashes ähnlich. Wir bezeichnen die Hash-Funktion (entweder MD5 oder SHA-1) mit `hash()`.

Der erste Schritt besteht darin, einen *Hashwert* (oder *Digest*) auf Grundlage des Kennworts zu erstellen. Im Prinzip würde es ausreichen, den Hashwert auf hash(password) zu setzen. Um jedoch die Umwandlung von Passwort zu Schlüssel von Kennwort und Schlüssel relativ langsam zu gestalten und Brute-Force-Angriffe zu erschweren, empfiehlt von RFC 3414, das Kennwort (zumindest logisch) zu wiederholen, um einen Puffer von 2^{20} Byte Länge zu füllen. Die `hash()`-Funktion wird dann auf diese Megabyte-Zeichenkette angewendet. (Eine weitere Betrachtung zu bewusst langsamen Passwortoperationen finden Sie in Abschnitt 27.6.2, »Passwort-Hashes«).

Der nächste Schritt besteht darin, die EngineID des Agents zu nehmen, für den der Benutzer diesen speziellen Schlüssel erzeugt, und den Hash der Verkettung von Digest, EngineID und nochmals Digest zu berechnen:

```
kl = hash(digest⁀engineID⁀digest)
```

Dies ist nun der ⟨user,agent⟩-Shared-Key oder *lokale* Schlüssel. Er muss auf dem Agent eingegeben (oder generiert) und dort gespeichert werden. Bei MD5 ist er 16 Byte lang, bei SHA-1 ist er 20 Byte lang.

Dieser Mechanismus ist streng genommen optional; ein Agent weiß nicht, wie die Manager-Schlüssel erzeugt wurden, und kann daher keinen bestimmten Mechanismus erzwingen, wenn der Schlüssel eines Managers wie unten beschrieben später geändert wird. Jede sichere Möglichkeit, einen eindeutigen Schlüssel `kl` für jeden Benutzer und jeden Agenten zu erzeugen, wäre ausreichend. Der hier vorgestellte Mechanismus hat jedoch den Vorteil, dass jeder Manager-Knoten den lokalen Schlüssel eines Benutzers direkt aus dem Passwort und der EngineID des Agents berechnen kann; der Manager braucht keine Schlüssel zu speichern. Dies ermöglicht es einem Manager, ein Passwort für mehrere Agents zu verwenden; die Kompromittierung eines Agents und seines zugehörigen lokalen Schlüssels `kl` sollte die Sicherheit der anderen Agents oder des ursprünglichen Passworts nicht beeinträchtigen.

26.3.6 Signieren von Nachrichten

Eine SNMP-Nachricht `mesg` wird nun mit einem lokalen Schlüssel `kl` unter Verwendung des *Hash Message Authentication Code* oder HMAC (RFC 2104) wie folgt signiert:

- `kl` wird durch Auffüllen mit Nullen zu einem `ek` mit 64 Byte erweitert.
- Eine String-Konstante `ipad` wird durch 64-malige Wiederholung des Oktetts 0x36 gebildet.
- Eine String-Konstante `opad` wird durch 64-malige Wiederholung von 0x5c gebildet.
- Setze `k1 = ek XOR ipad`.
- Setze `k2 = ek XOR opad`.

Das Feld `authParameter` – die eigentliche digitale Signatur – wird nun gesetzt auf die ersten 12 Bytes von

```
hash(k2⁀hash(k1⁀mesg))
```

Dies ist ein klein wenig komplizierter als der in Abschnitt 26.3.2, »Kryptografische Grundlagen«, vorgeschlagene `hash(mesg⁀kl)`-Mechanismus, sodass eine höhere Resistentz gegen potenzielle Schwachstellen in der Hash()-Funktion erreicht wird; siehe Abschnitt 27.6.1, »Sichere Hashes und Authentifizierung«.

Der Empfänger kann diese Berechnung von `authParameter` reproduzieren und überprüfen, ob sie mit dem im Paket übertragenen Wert übereinstimmt.

26.3.7 Veränderung des Schlüssels

Angenommen, ein Benutzer möchte sein Passwort und damit den Schlüssel `k` ändern. Der Manager muss dem Agent den neuen Schlüssel so mitteilen, dass er für Lauscher nicht sichtbar wird. Dazu kommt folgender Mechanismus zum Einsatz, wobei auch hier als `hash()` entweder MD5 oder SHA-1 verwendet wird; N bezeichnet die Länge des Ergebnisses von `hash()` in Bytes (entweder 16 oder 20).

Den ursprünglichen Schlüssel nennen wir `oldkey` und den neuen Schlüssel `newkey`.

Der Manager erzeugt zunächst die Zeichenkette `random` von N Byte Länge, die so zufällig wie möglich gewählt wird. Ein zweiter String `delta` von N Byte Länge wird dann wie folgt berechnet:

```
temp = hash(oldkey⁀random)
delta = temp XOR newkey
```

An dieser Stelle werden `random` und `delta` vom Manager an den Agent gesendet – und zwar unverschlüsselt. Der Agent kann `temp` aus `random` und `oldkey` berechnen, und somit ist `newkey = delta XOR temp`. Ein Lauscher kann mittels `random` nichts über `temp` herausfinden, ohne `oldkey` zu kennen, und auch aus `delta` kann er nichts Brauchbares herausholen, solange weder `newkey` noch `temp` bekannt sind.

Für die eigentliche Berechnung werden `random` und `delta` zu einer einzigen *keyChange*-Zeichenkette von 2N Byte Länge kombiniert, die in eine der Key-Change-Spalten der `usmUserTable` geschrieben wird.

Beachten Sie, dass `newkey` leicht berechnet werden kann, wenn ein Mithörer `random` und `delta` speichert und später den `oldkey` des Benutzers herausfindet. In der Sprache von Abschnitt 28.2 versagt die vorwärtsgerichtete Geheimhaltung kläglich. Wenn der Lauscher jedoch nachträglich `newkey` entdeckt, gibt es keine offensichtliche Möglichkeit, `oldkey` zu finden; siehe Übung 8.

Um die Forward Secrecy zu verbessern und die massenhafte Erzeugung von Schlüsseln insgesamt zu vereinfachen, beschreibt RFC 2786 einen experimentellen Mechanismus zum Einsatz des Diffie-Hellman-Merkle-Schlüsselaustauschs (Abschnitt 27.8, »Diffie-Hellman-Merkle-Schlüsselaustausch«) zur Erzeugung und Änderung von Schlüsseln anstelle des oben beschriebenen Verfahrens.

26.3.8 Zusätzliche Nutzer anlegen

Angenommen, wir wollen den Benutzer »Alice« zu einem Agent hinzufügen, zusammen mit dem lokalen Schlüssel `kl` von Alice. Das Problem ist, dass es keinen bereits existierenden gemeinsamen Schlüssel gibt und somit keine Möglichkeit, `kl` über SNMP an den Agent zu übermitteln, ohne dass die Gefahr des Abhörens besteht.

Eine Lösung besteht darin, einen *Out-of-Band*-Zugang zur Kontenerstellung zu verlangen, d. h. Alice muss sich z. B. über eine SSH- oder direkte serielle Verbindung beim Agent anmelden und dort ihren Namen und ihr Passwort eingeben. Das funktioniert, ist in einem großen Netzwerk allerdings umständlich.

In der Regel wird ein Konto für Alice durch *Klonen* eines anderen Kontos auf dem Agent erstellt. Wir gehen davon aus, dass ein erstes Konto wie in Abschnitt 26.3.5, »Passwörter und Schlüssel«, für den Benutzer »master« erstellt wurde. Beim Klonen des Kontos müssen nur die Namen »master« und »alice« angegeben werden; es brauchen keine Schlüssel übertragen zu werden. Der zweite Schritt besteht darin, das Passwort für das neue »alice«-Konto zu aktualisieren, was über den Schlüsseländerungsmechanismus des vorherigen Abschnitts erfolgt. Auf die Details des Klonverfahrens gehen wir im nächsten Abschnitt ein.

26.3.9 VACM für SNMPv3

Bei SNMPv1 und SNMPv2c erzeugte VACM Assoziationen zwischen Community-Strings und Sicherheitsgruppen und weiterhin auch zwischen Sicherheitsgruppen und zulässigen Ansichten des OID-Baums. Bei SNMPv3 werden die Community-Strings durch Benutzernamen ersetzt.

Es gibt drei primäre VACM-Tabellen, die in RFC 3415 definiert werden. Die erste ist `vacmSecurityToGroupTable`, indiziert durch das »security model« und den »security name«. Für SNMPv3 ist das Model 3 und der Security Name entspricht dem Benutzernamen; die SNMPv3-Zeilen der Tabelle werden also effektiv durch den Benutzernamen indiziert. Es ist durchaus sinnvoll, für jeden Benutzer eine eigene Sicherheitsgruppe zu haben, z. B. »grppld« für den Benutzer »pld«.

Die zweite Tabelle ist die nach Security Group, Security Model (Community oder SNMPv3) und Security Level (z. B. `authNoPriv`) indizierte `vacmAccessTable`. Die Tabelle kann verwendet werden, um eine benannte Ansicht für jedes »read«- und »write«-Privileg nachzuschlagen (falls gewünscht, auch für »trap«-Privilegien). (Diese Tabelle wird auch durch »contextName« indiziert, aber oft gibt es nur einen einzigen default-contextName).

Schließlich werden die benannten Ansichten selbst in der Tabelle `vacmViewTreeFamilyTable` gespeichert, indiziert durch den Namen der Ansicht und ein OID-Präfix, das einen OID-Teilbaum darstellt. Eine bestimmte Ansicht v besteht aus allen OID-Präfixen *op*, für die ⟨*v*,*op*⟩ in der Tabelle erscheint. Einige Präfixe können eine zugehörige »Maske« haben, typischerweise um den Zugriff auf eine bestimmte Tabellen*zeile* zu ermöglichen, und einige Präfixe können den Ausschluss dieses Teilbaums aus der Ansicht darstellen. Typische View-Namen sind »_all_«, »_none_« und »systemonly«; wir haben in Abschnitt 25.11, »SNMPv1-Communitys und -Sicherheit«, eine Ansicht namens »mib2+private« erstellt.

Die usmUserTable

Nun ist es an der Zeit, einen Blick auf die eigentliche Tabelle zu werfen, in der die Agents Benutzernamen und die zugehörigen Authentifizierungsdaten speichern:

usmUserTable. Sie hat die Attribute aus Tabelle 26.1, denen alle das Präfix usmUser vorangestellt werden sollte; die Indexattribute sind die beiden ersten, EngineID und Name. Wir betrachten hier nur die Attribute, die sich auf die reine Authentifizierungssicherheit beziehen.

Wert	Beschreibung
EngineID	normalerweise die eigene engineID des Agents
Name	z. B. »alice«
SecurityName	normalerweise identisch mit Name
CloneFrom	Angabe der Zeile, aus der dieser Eintrag geklont wird
AuthProtocol	MD5 oder SHA-1
AuthKeyChange	das ⟨random, delta⟩-keyChange.Objekt aus Abschnitt 26.3.7, »Veränderung des Schlüssels«
OwnAuthKeyChange	dasselbe, aber mit anderen Zugriffsrechten
PrivProtocol	wird zur Verschlüsselung verwendet
PrivKeyChange	wird zur Verschlüsselung verwendet
OwnPrivKeyChange	wird zur Verschlüsselung verwendet
Public	wird zur Bestätigung von Schlüsseländerungen verwendet
StorageType	hoffentlich permanent, damit die Werte auch Neustarts überdauern
Status	vom Typ RowStatus, zum Einfügen von Zeilen

Tabelle 26.1 Die usmUserTable

Man kann sich auch vorstellen, dass die Tabelle ebenfalls über eine implizite authKey-Spalte verfügt, die für den zu Name passenden lokalen Schlüssel steht und niemals direkt les- oder beschreibbar ist. RFC 3414 besagt ganz platt, dass »der authKey nicht über SNMP zugänglich ist«. Dennoch muss der Agent den authKey irgendwo aufbewahren und mit dem Name verknüpfen, damit er einen bestimmten Benutzer anhand des Name und der in einer Anfrage angegebenen authParameter validieren kann.

Da EngineID in der Regel die EngineID des Agents selbst ist, wird die Tabelle de facto nur durch Name indiziert.

Wie in Abschnitt 26.1.4, »SNMPv2-Indizes«, erläutert, sind die Indexattribute EngineID und Name nicht direkt zugänglich, sondern werden in der OID kodiert, die mit jedem anderen abgerufenen Attribut verbunden ist. Der Benutzername »alice« wird also unter Verwendung der ASCII-String-Kodierung als 97.108.105.99.101 kodiert, was für an der Verwaltung beteiligte Menschen nicht unbedingt leicht lesbar ist.

Wir sind nun in der Lage, die Abläufe des Klonens und der Schlüsseländerung in dieser Tabelle zu erklären.

Eine besondere Semantikregel für diese Tabelle ist, dass der Gebrauch von `Set()` zur Zuweisung eines ⟨random, delta⟩-keyChange-Objekts an `AuthKeyChange` oder `OwnAuthKeyChange` dazu führt, dass der versteckte `authKey` dieses Benutzers über den Ablauf aus Abschnitt 26.3.7, »Veränderung des Schlüssels«, aktualisiert wird. Der Benutzer kann nicht direkt bestätigen, dass diese Änderung erfolgreich war, da das Lesen dieser keyChange-Attribute die leere Zeichenkette zurückgibt. Die übliche empfohlene Strategie ist daher auch, in das `Public`-Attribut einen Zufallswert zu schreiben. Da `Set()`-Operationen atomar sind, bedeutet eine Änderung des `Public`-Attributs, dass auch die vorangegangene Änderung erfolgreich war.

Da es vorkommen kann, dass mehrere Manager die Tabelle gleichzeitig aktualisieren, kann mit Hilfe eines einzelnen `TestAndIncr`-Objekts namens `usmUserSpinLock` eine Serialisierung erzwungen werden, so wie in Abschnitt 26.1.5, »TestAndIncr«. Die vollständige empfohlene Abfolge für die Aktualisierung eines Schlüssels lautet also wie folgt, wobei *keyChange* das keyChange-Objekt ⟨random, delta⟩ ist und *index* die `EngineID` und den `Name` codiert:

```
rand = random value chosen by the manager
val := Get(usmUserSpinLock)
Set((usmUserSpinLock, val), (AuthKeyChange.index, keyChange),
   (Public.index, rand))
```

Dies wird so lange wiederholt, bis `Get(Public)` *rand* zurückgibt, was bedeutet, dass alle `Set()`-Operationen erfolgreich waren.

Das oben Gesagte gilt für eine Schlüsseländerung, die mit Schreibrechten für die `AuthKeyChange`-Spalte der Tabelle `usmUserTable` vorgenommen wird.

Eine Alternative dazu, normalen Benutzern Schreibzugriff auf die Spalte `AuthKeyChange` zu gewähren, besteht darin, sie stattdessen in die Spalte `OwnAuthKeyChange` schreiben zu lassen. Jeder Benutzer kann versuchen, in diese Spalte zu schreiben, aber der Schreibvorgang wird nur dann erfolgreich sein, wenn der Benutzername, mit dem die Anfrage authentifiziert wird, gleich dem `Namen` ist, der den Index für diesen bestimmten keyChange darstellt. Mit anderen Worten: Jeder, der Schreibzugriff auf die Spalte `OwnAuthKeyChange` hat, kann seinen *eigenen* Schlüssel ändern, und *nur* seinen eigenen Schlüssel. Der Schreibzugriff auf diese Spalte muss allerdings noch gewährt werden. In der Praxis hat diese Sicherheitsoption nur relativ wenig Bedeutung.

Um einen neuen Benutzer aus einem bestehenden zu klonen, muss zunächst die zu klonende Zeile ausgewählt werden, die durch die OID eines Indexwertes dargestellt wird. Rufen Sie *cloneRow* auf, und lassen Sie *index* wiederum die `EngineID` und den `Name` kodieren:

```
val := Get(usmUserSpinLock)
Set((usmUserSpinLock, val), (CloneFrom.index, cloneRow),
   (Status.index, createAndWait))
```

Normalerweise wird die Schlüsseländerung dann ausgeführt und nachfolgend der `Status` auf `active` gesetzt, obwohl dies nicht erforderlich ist.

Benutzerkonten in Net-SNMP anlegen

Die Einrichtung eines ersten Kontos erfolgt über die Konfigurationsdateien. Bei der Net-SNMP-Installation des Autors, Version 5.7.x (2016), liegt die administrativ erstellte Konfigurationsdatei unter */etc/snmp/snmpd.conf* und die vom System erstellte Konfigurationsdatei unter */var/lib/snmp/snmpd.conf*; letztere enthält `snmpEngineBoots` und weitere persistente SNMP-Daten. Die nachfolgende Zeile wird bei abgeschaltetem SNMP in die zweite dieser Dateien eingefügt (bei einigen früheren Versionen von Net-SNMP musste sie in */var/net-snmp/snmpd.conf* eingefügt werden). Sie bewirkt, dass ein SNMPv3-Benutzer namens »master« mit dem MD5-Authentifizierungskennwort »saskatchewan« angelegt wird.

```
createUser master MD5 saskatchewan
```

Wenn SNMP dann gestartet wird, wird die obige Zeile durch so etwas wie das Folgende (auf einer einzigen Zeile) in */var/lib/snmp/snmpd.conf* ersetzt:

```
usmUser 1 3 0x80001f8880889cb038b1aca650 "master" "master" NULL \
.1.3.6.1.6.3.10.1.1.2 0x7293f49a82fc950f5c344efd94dbb7db .1.3.6.1.6.3.10.1.2.1
0x 0x
```

Der neue lokalisierte Schlüssel lautet 0x7293f49a82fc950f5c344efd94dbb7db; die erste Hex-Zeichenkette, die mit 0x80001 beginnt, ist die engineID.

Damit dieses neue Konto berechtigt ist, irgendetwas zu tun, müssen wir der Datei */etc/snmp/snmpd.conf* den folgenden Berechtigungseintrag hinzufügen:

```
rwuser master
```

Er bewirkt, dass (beim Neustart von SNMP) ein Eintrag in der Tabelle `vacmSecurityToGroupTable` erstellt wird, der den Benutzer »master« mit seiner eigenen Security-Gruppe assoziiert (Net-SNMP nennt sie »grpmaster«). Anschließend wird noch ein Eintrag in der Tabelle `vacmAccessTable` erstellt, der dieser neuen Gruppe SNMPv3-

Lese- und Schreibzugriff auf den gesamten OID-Baum gewährt. (Grundsätzlich hätten wir auch »rouser« verwenden können, aber hier brauchen wir »master«, um neue Benutzer erstellen zu können).

Nachdem die Berechtigungen (zumindest die Leseberechtigungen) aktiviert sind, sollte das folgende snmpget funktionieren

```
snmpget -v 3 -u master -l authNoPriv -a MD5 -A saskatchewan localhost
1.3.6.1.2.1.1.4.0
```

Der Hostname ist »localhost«, wenn dies auf demselben Rechner ausgeführt wird, auf dem auch der Net-SNMP Agent läuft; natürlich kann der Aufruf auch remote ausgeführt werden.

Wir können dies noch etwas abkürzen, indem wir die benutzerezogene Konfigurationsdatei des Net-SNMP-Managers *$HOME/.snmp/snmp.conf* bearbeiten und um die folgenden Zeilen ergänzen:

```
defSecurityName master
defAuthType MD5
defSecurityLevel authNoPriv
defAuthPassphrase saskatchewan
```

Jetzt lässt sich der `snmpget`-Befehl verkürzen zu

```
snmpget -v 3 localhost 1.3.6.1.2.1.1.4.0
```

Wenn wir das Kennwort »saskatchewan« nehmen und es über 2^{20} Bytes hinweg wiederholen, lautet die MD5-Prüfsumme 0x3da9dbfc3a78acb675e436746e1f4f8a; dies ist das »digest« aus Abschnitt 26.3.5, »Passwörter und Schlüssel«. Aus der Datei */var/lib/snmp/snmpd.conf* (oder aus dem oben erstellten `usmUser`-Eintrag) erfahren wir, dass die engineID 0x80001f8880889cb038b1aca650 lautet. Wenn wir diese beiden Zeichenfolgen in Binärdaten umwandeln, sie als digest⁀engineID⁀digest verketten und die MD5-Prüfsumme nehmen, erhalten wir schließlich

```
7293f49a82fc950f5c344efd94dbb7db
```

was genau dem Schlüsseleintrag in der Datei */var/lib/snmp/snmpd.conf* entspricht.

Klonen in Net-SNMP

Wir können dieses Konto nun bei laufendem SNMP mit Hilfe des Befehlszeilenprogramms `snmpusm` *klonen*. Die folgende Zeile erstellt ein von »master« geklontes Konto »pld«. Dazu wird der Master-Account verwendet (vorausgesetzt natürlich, master ist ein rwuser und kein rouser); mit auth abgekürzt lauten die vollständigen Anmeldedaten `-u master -l authNoPriv -a MD5 -A saskatchewan`. Statt »localhost« verwenden wir nun *HOST*, um zu verdeutlichen, dass dies auch remote ausgeführt werden kann.

```
snmpusm -v3 auth HOST create pld master
```

Anschließend ändern wir das Kennwort in »ramblers«, weiterhin mit den Berechtigungen des Benutzers »master«; die Option `--Ca` weist `snmpusm` an, nur den Authentifizierungsschlüssel zu ändern.

```
snmpusm -v3 auth -Ca HOST passwd saskatchewan ramblers pld
```

Bevor der neue Benutzer pld jedoch etwas tun kann, müssen wir ihm Zugang gewähren. Wir können */etc/snmp/snmpd.conf* auf dem Rechner, auf dem der Net-SNMP Agent läuft, nochmals anpassen, die Direktive `rouser pld` hinzufügen (und dieses Mal nur Lesezugriff gewähren) und dann SNMP neu starten. Wir können jedoch auch die VACM-Tabellen von Abschnitt 26.3.9, »VACM für SNMPv3«, mit dem Net-SNMP-Befehl `snmpvacm` manipulieren, der remote ausgeführt wird:

```
snmpvacm -v3 auth HOST createSec2Group 3 pld grppld
snmpvacm -v3 auth HOST createAccess grppld 3 2 0 _all_ _none_ _none_
```

Diese beiden Befehle erstellen Einträge in der Tabelle `vacmSecurityToGroupTable` bzw. in der Tabelle `vacmAccessTable`. Die im zweiten Befehl auf `grppld` folgenden Parameter umfassen das USM-Security-Model (3), das Security-Level authNoPriv (2), einen Platzhalter (0) für das von uns nicht verwendete `contextmatch`-Flag und die von Net-SNMP vordefinierten Views `_all_` und `_none_`. Der Befehl gibt `grppld` Lesezugriff auf alles bei keinerlei Schreibzugriff (das zweite `_none_` verweigert den Zugriff für die Erstellung von Benachrichtigungen wie etwa Traps).

Nach diesem Vorgehen kann der Benutzer pld ein `snmpget` mit seinen eigenen Anmeldedaten auslösen:

```
snmpget -v 3 -u pld -l authNoPriv -a MD5 -A ramblers HOST 1.3.6.1.2.1.1.4.0
```

Wenn ein Benutzer pld in der Lage sein soll, sein Passwort (Schlüssel) zu ändern, muss ihm zumindest für die Spalte `usmUserAuthKeyChange` in der Tabelle `usmUserTable` Schreibzugriff gewährt werden. Dies geschieht durch Hinzufügen der entsprechenden OID zur Write-View für den Benutzer pld. Views werden in der `vacmViewTreeFamilyTable` als Assoziation zwischen dem View-Namen und einer Liste von OIDs verwaltet.

Im ersten Schritt wird die Spalte `usmUserAuthKeyChange`, 1.3.6.1.6.3.15.1.2.2.1.6, zur Ansicht des Benutzers pld hinzugefügt. Der unten stehende Befehl kann allein angewendet werden, sodass die Spalte `usmUserAuthKeyChange` das *einzige* Objekt ist, in das der

Benutzer pld schreiben kann, oder als Teil einer Reihe von createView-Anweisungen, die eine Reihe von OID-Teilbäumen zu pldwriteview hinzufügen. (Eine OID kann mit der Option deleteView aus einer Ansicht entfernt werden.) Für die folgenden Befehle verwenden wir weiterhin das ursprüngliche master-Konto für *auth*.

```
snmpvacm -v3 auth HOST createView pldwriteview 1.3.6.1.6.3.15.1.2.2.1.6
```

Nun wenden wir diese neue Ansicht, pldwriteview, auf die Gruppe von pld, grppld, an. Zuerst müssen wir den zuvor gewährten Zugriff aufheben.

```
snmpvacm -v3 auth HOST deleteAccess grppld 3 2
snmpvacm -v3 auth HOST createAccess grppld 3 2 0 _all_ pldwriteview _none_
```

Das Passwort kann nun wie folgt von »ramblers« in »ignatius« geändert werden:

```
snmpusm -v3 -u pld -l authNoPriv -a MD5 -A ramblers
  -Ca HOST passwd ramblers ignatius pld
```

Wir haben pld hier Zugriff auf die gesamte Spalte usmUserAuthKeyChange gewährt. Grundsätzlich könnte dies ein Risiko bergen, da es dem Benutzer pld erlaubt, für *jeden* Benutzer in die Schlüsseländerungsspalte zu schreiben. Ein möglicher Ansatz besteht darin, dem Benutzer pld nur Zugriff auf seine eigene Zeile in der Spalte usmUserAuthKeyChange zu gewähren; diese hat die folgende, recht umständliche OID (deren letzte vier Ebenen 3.112.108.100 die aus drei Bytes bestehende Zeichenkette »pld« als ASCII-Code wiedergeben):

```
1.3.6.1.6.3.15.1.2.2.1.6.17.128.0.31.136.128.22.41.105.105.47.232.188.86.0.0.0
.0.3.112.108.100
```

Ein anderer möglicher Ansatz gewährt pld Schreibzugriff auf die Spalte usmUserOwnAuthKeyChange. Die Semantik dieser Spalte ist so beschaffen, dass Schlüsseländerungsanfragen nur für den Benutzer akzeptiert werden, der die Anfrage signiert hat. Dies würde den Benutzer pld daran hindern, überhaupt zu versuchen, das Kennwort eines anderen Benutzers zu ändern.

Das Risiko eines vollständigen Zugriffs auf usmUserAuthKeyChange ist jedoch minimal: Eine vom Benutzer pld authentifizierte Anfrage kann das Kennwort eines anderen Benutzers, z. B. bob, nur dann ändern, wenn pld das vorherige Kennwort von bob bekannt ist, da Keychange-Objekte den alten Schlüssel/das alte Kennwort enthalten müssen. Ist das Kennwort jedoch bekannt, kann das Kennwort ebenso einfach über eine als Benutzer bob und nicht als Benutzer pld durchgeführte Authentifizierung geändert werden. In jedem Fall unterstützt der Net-SNMP-Befehl snmpusm keine Schreibzugriffe auf usmUserOwnAuthKeyChange.

Der Befehl snmpusm erlaubt keine allgemeine Änderungen; wenn ein USM-Eintrag hier falsch vorgenommen wird, muss er gegebenenfalls gelöscht und neu erstellt werden.

26.4 Übungen

1. Denken Sie daran, dass `GetBulk()` wie eine wiederholtes `GetNext()` funktioniert. Warum gibt es kein `GetBulk()`-Äquivalent zu `Get()`?
2. Was passiert, wenn wir eine dreireihige, dreispaltige Tabelle haben und mit `GetBulk()` mit einer Wiederholungszahl von vier nach den ersten beiden Spalten fragen? Was wird abgefragt? Angenommen, die Einträge haben die Form **T**.col.row, wobei col und row jeweils von 1 bis 3 reichen.
3. Angenommen, Sie möchten, dass eine SNMP-Tabelle `identTable` wie in Übung 4 aus dem vorherigen Kapitel ⟨idNum,userName⟩-Paare enthält, wobei idnum ein INTEGER und username ein OCTET STRING sein soll. Der INDEX ist idnum. Geben Sie ASN.1-Definitionen für Folgendes an:
   - `identTable`
   - `identEntry`
   - `IdentEntry`
   - `idNum`
   - `userName`

   Folgen Sie diesmal der SNMPv2-Konvention, die Indexspalte *nicht* in die eigentlichen Tabellendaten aufzunehmen, Abschnitt 26.1.4, »SNMPv2-Indizes«.
4. a) Was kann ein SNMP-Agent tun, um zu erkennen, dass ein Manager eine Zeile im Zustand `underCreation` erstellt hat und dann abgestürzt ist, sodass die Zeile fortan nicht mehr beachtet wurde?

   b) Was kann ein SNMP-Agent tun, um zu erkennen, dass ein Manager eine gültige (`valid`) Zeile erstellt hat und später abgestürzt ist?
5. In der RMON-Tabelle `hostTopN` (Abschnitt 26.2.1, »RMON«, Unterabschnitt »Host Top N«) übernimmt der Agent die gesamte Berichterstellung. Wäre es möglich, dass der Manager diese Aufgabe übernimmt? Wenn nicht, warum nicht? Wenn ja, warum, glauben Sie, stellt RMON diese Tabelle zur Verfügung?
6. In der RMON-Tabelle `matrixSDTable` (Abschnitt 26.2.1, »RMON«, Unterabschnitt »Matrix«) sammelt die konstruierte Tabelle nur Daten von einer einzigen Schnittstelle des Agents (die durch `DataSource` angegebene Schnittstelle). Könnten wir zusätzliche Matrixinformationen erhalten, indem wir andere Schnittstellen berücksichtigen? Warum oder warum nicht?
7. Die matrix-Gruppe von RMON (Abschnitt 26.2.1, »RMON«, Unterabschnitt »Matrix«) bietet zwei Tabellen mit den gleichen Informationen, `matrixSDTable` und `matrixDSTable`.

a) Angenommen, wir wollen alle Tabellendaten über ein bestimmtes Ziel D und haben nur die `matrixSDTable`. Erklären Sie, warum dann jede Zeile von `matrixSDTable` untersucht werden muss.

b) Nehmen wir nun an, wir wiederholen die Untersuchung von (a), wobei der Manager dieses Mal die vollständige Liste aller Hosts im LAN zuvor mit Hilfe der RMON-Hosts-Tabellen heruntergeladen hat. Wenn N die Anzahl der Hosts im LAN ist, erklären Sie, wie sich alle Hosts, die mit D kommuniziert haben, mit nur N Anfragen feststellen lassen.

c) Erläutern Sie, wie man alle Hosts S, die Pakete an D gesendet haben, mit Hilfe der `matrixDSTable` noch schneller finden kann. Wenn M≤N die Anzahl solcher S ist, sollte Ihre Antwort N+1 Suchanfragen beinhalten.

8. In der Keychange-Operation aus Abschnitt 26.3.7, »Veränderung des Schlüssels«, wird angenommen, dass der Manager einfach `delta2` = `oldkey` XOR `newkey` an den Agent übermittelt hat.

   a) Angenommen, ein Lauscher entdeckt `delta2` und kennt auch ein paar Bits von `oldkey`. Was kann der Abhörende über newkey erfahren? Würde die gleiche Schwachstelle auch für den Mechanismus aus Abschnitt 26.3.7, »Veränderung des Schlüssels«, gelten?

   b) Angenommen, ein Lauscher findet später `newkey` heraus. Erklären Sie, wie `oldkey` wiederhergestellt werden kann und warum dies nicht funktioniert, wenn der Mechanismus aus Abschnitt 26.3.7, »Veränderung des Schlüssels«, verwendet wird.

9. Führen Sie die OID-Präfixe auf, für die ein Manager eine Schreibberechtigung benötigen würde, wenn er in der Lage sein sollte, alle Einstellungen in .1.3.6.1.2.1 und .1.3.6.1.4.1 sowie seinen eigenen lokalen Schlüssel zu ändern, *ohne* dabei aber Zugriff auf Spalten in `usmUserTable` zu haben, die eine Änderung anderer Manager-Konten ermöglichen würden. (Die VACM-Tabelle hat eine »exception«-Option, um dies zu erleichtern).

10. Angenommen, ein Manager hat nur eine Schreibberechtigung für die Spalte `usmUserOwnAuthKeyChange` in der Tabelle `usmUserTable`, die nur die Änderung des Passworts dieses Managers erlaubt. Der Manager hat jedoch vollen Schreibzugriff auf die VACM-Tabellen. Erläutern Sie, wie der Manager die lokalen Schlüssel der anderen Manager ändern kann.

11. Verwenden Sie Wireshark, um den Localhost-Traffic zu überwachen, während Sie mit dem Net-SNMP-Befehl `snmpusm` den eigenen lokalen Schlüssel eines Managers ändern. Nutzt der Befehl dann die Spalte `usmUserAuthKeyChange` oder die Spalte `usmUserOwnAuthKeyChange`?

Kapitel 27
Sicherheit

Wie halten wir Eindringlinge von unseren Computern fern? Wie verhindern wir, dass sie sich für uns ausgeben, unsere Kommunikation mitschneiden oder unsere Daten herunterladen? Probleme mit der Computersicherheit sind fast täglich in den Nachrichten zu finden. In diesem und dem nachfolgenden Kapitel werfen wir einen Blick auf einige der Themen, die beim Aufbau sicherer Netzwerke eine Rolle spielen. Dieses Kapitel konzentriert sich auf allgemeine Prinzipien und auf Ansätze zur Authentifizierung und Verschlüsselung mit geheimen Schlüsseln; das nächste Kapitel behandelt die Verschlüsselung mit öffentlichen Schlüsseln.

Für unseren kurzen Überblick teilen wir die Angriffe in drei Kategorien ein:

- Angriffe, die den Code des Eindringlings auf dem Zielcomputer ausführen
- Angriffe, die ohne Code-Injektion Daten vom Zielcomputer abziehen
- Abhören oder Beeinflussung der Kommunikation zwischen Computern

Die erste Kategorie wiegt wohl am schwersten; solche Attacken haben in der Regel auf eine vollständige Systemübernahme zur Folge, auch wenn der Code des Angreifers mitunter durch die Berechtigungen des Betriebssystems eingeschränkt ist. Wir besprechen diese Angriffe gleich in Abschnitt 27.1, »Einbruch mit Ausführung von Code«. Die vielleicht einfachste Form eines solchen Angriffs ist ein gestohlenes oder erratenes Kennwort für ein System, das eine Fernanmeldung bei Command-Shell-Konten ermöglicht. Technisch anspruchsvollere Angriffsmethoden können ein Virus, einen Pufferüberlauf (Abschnitte 27.2, »Stapelüberlauf«, und 27.3, »Heap-Überlauf«), einen Protokollfehler (Abschnitt 27.1.2, »Christmas-Day-Attacke«) oder einen anderen Software-Schwachpunkt (Abschnitt 27.1.1, »Der Morris-Wurm«) beinhalten.

Zur zweiten Kategorie gehören Einbrüche, die keine Ausführung von Remote-Code beinhalten; eine Serveranwendung kann so manipuliert werden, dass sie Daten auf eine Weise preisgibt, die von ihren Entwicklern nicht vorhergesehen war.

So verschaffte sich David Kernell im Jahr 2008 Zugang zum Yahoo-E-Mail-Konto der damaligen Vizepräsidentschaftskandidatin Sarah Palin, indem er die Antworten auf die »Passwort vergessen«-Sicherheitsfragen für das Konto erriet oder nachschlug. Eine Frage war nach Palins Geburtsdatum. Eine andere Frage lautete: »Wo haben Sie Ihren Ehepartner kennengelernt?«, und nach einigen Recherchen und Versuchen konnte Kernell erraten, dass es sich um die »Wasilla High« handelte; Palin wuchs in Wasilla, Alaska, auf und war dort zeitweise Bürgermeisterin. Seither ist die Erkenntnis gereift, dass die Antworten auf viele Sicherheitsfragen in sozialen Netzwerken zu finden sein könnten.

Ein zweites Beispiel aus dieser Kategorie: 2010 wurden Andrew »weev« Auernheimer und Daniel Spitler im Rahmen des »AT&T iPad-Hacks« angeklagt. Bei iPad-Besitzern, die sich für einen Internetzugang über AT&T angemeldet hatten, wurde die ICC-ID ihres iPads zusammen mit ihrer E-Mail-Adresse gespeichert. Wenn einer dieser Besitzer später die Option »Benutzerkonto anzeigen« in der Einstellungen-App des iPads verwendete, wurde eine HTTP-GET-Anfrage an einen AT&T-Server gesendet, die die ICC-ID enthielt; der Server gab dann die entsprechende E-Mail-Adresse zurück, die dann in der App angezeigt wurde. Um sich tatsächlich anzumelden, mussten die Benutzer auch weiterhin ein Passwort eingeben.

Dieselbe HTTP-Transaktion ließ sich auch in einem vollwertigen Browser (oder mittels curl) durchführen: Angabe einer ICC-ID und Rückgabe der E-Mail-Adresse. Wenn der AT&T-Website eine zufällig ausgewählte ICC-ID vorgelegt wurde, die zufällig mit einem echten Benutzerkonto übereinstimmte, wurde die E-Mail-Adresse dieses Benutzers zurückgegeben. ICC-ID-Strings enthalten zwar über 20 Dezimalstellen, aber der gerätebezogene Teil der Kennung ist viel kleiner. Bei diesem Angriff wurden die E-Mail-Adressen von 114.000 Benutzerkonten ermittelt, wobei die Accounts selbst jedoch nicht geknackt wurden.

Diese Attacke ähnelt oberflächlich betrachtet dem Erraten eines Kennworts durch Brute-Force-Methoden, außer, dass hier die Erfolgsquote weitaus höher ist. Vielleicht eine von zehn erratenen ICC-IDs war gültig, während zum Erraten von Passwörtern mittlerer Stärke etwa eine Million Versuche erforderlich waren. Aus diesem Grund bezeichneten Auernheimers Strafverteidiger dessen Vorgehensweise als »durch eine offene Tür gehen«.

Auernheimer wurde im November 2012 wegen dieses »Einbruchs« verurteilt, aber das Urteil wurde im April 2014 im Berufungsverfahren aufgehoben. Auernheimers Verurteilung ist nach wie vor umstritten, da die AT&T-Website nie ein Passwort im üblichen Sinne verlangte, die Website aber zweifellos Informationen preisgab, die von ihren Entwicklern so nicht vorgesehen waren.

Die dritte Kategorie beinhaltet schließlich jede Form des Abhörens. Wenn auf diese Weise das Passwort für ein Login-Shell-Konto in Erfahrung gebracht wird, kann ein Angriff der ersten Kategorie folgen. Zur Prävention wird meist eine *Verschlüsselung* eingesetzt. Verschlüsselung steht in engem Zusammenhang mit der *sicheren Authentifizierung*; Verschlüsselung und Authentifizierung werden weiter unten in den Abschnitten 27.6, »Sichere Hashes«, bis 28.5, »SSH und TLS«, behandelt.

Die Verschlüsselung funktioniert nicht immer wie gewünscht. Im Jahr 2006 erbeuteten Eindringlinge 40 Millionen Kreditkartendatensätze von *TJX Corp.*, indem sie die von dem Unternehmen verwendete WEP-Wi-Fi-Verschlüsselung (Abschnitt 27.7.7, »Versagen der WEP-Verschlüsselung für Wi-Fi«) knackten und sich so Zugang zu Kontodaten und Dateiservern verschafften. Albert Gonzalez bekannte sich 2009 dieses

Einbruchs für schuldig. Bis zum Target-Hack Ende 2013 war dies der größte Vorfall im Zusammenhang mit Kreditkartendaten im Einzelhandel.

27.1 Einbruch mit Ausführung von Code

Die schwerwiegendsten Attacken sind in der Regel solche, bei denen ein Angreifer aufgrund einer Sicherheitslücke Code auf dem Zielsystem ausführen kann.

Das klassische *Computervirus* gehört im Grunde zu dieser Form, allerdings in den meisten Fällen ohne Netzwerkschwachstelle: Der Benutzer wird – oft durch eine Art Social Engineering – dazu gebracht, das Programm des Angreifers auf dem Zielcomputer auszuführen; das Programm nistet sich dann mehr oder weniger dauerhaft ein. Bei einer Variante dieses Angriffs erhält der Benutzer eine Datei `interessantes_bild.jpg.exe` oder `zahlungsaufforderung_finanzamt.pdf.exe`. Etwas erleichtert wird der Angriff durch die Standardeinstellung von Windows, die Dateiendung `.exe` nicht anzuzeigen.

Frühe Viren mussten komplett eigenständig sein, aber bei Zielen im Netzwerk kann ein Angreifer, sobald er in der Lage ist, eine kleine ausführbare Datei aufzurufen, weitere Malware nachladen. Das Ziel kann außerdem auch noch weitergehend über das Netzwerk kontrolliert werden.

Der Wirkungsbereich eines Einbruchs mit ausführbarem Code kann durch die Privilegien auf dem Zielsystem begrenzt sein. Wenn ich auf meinem Computer einen Browser als Benutzer »pld« betreibe und ein Eindringling eine Schwachstelle in diesem Browser ausnutzt, dann wird der Code des Eindringlings auch als »pld« und nicht als »root« oder »Administrator« ausgeführt. Das mag den Eindringling daran hindern, meinen Kernel neu zu schreiben, aber das nützt mir wenig, wenn meine Dateien verschlüsselt wurden und ein Lösegeld gefordert wird.

Auf Servern ist es gängige Praxis, Netzwerkdienste mit den geringstmöglichen Privilegien auszuführen, siehe jedoch Abschnitt 27.2.3, »Schutzmaßnahmen gegen Pufferüberläufe«.

Es fällt überraschend schwer zu sagen, was genau unter »ausführbarem Code« zu verstehen ist. Skriptsprachen zählen meist dazu. Im Jahr 2000 begann sich das ILOVEYOU-Virus auf Windows-Systemen zu verbreiten; Nutzer erhielten eine Datei `LOVE-LETTER.TXT.vbs` (oft mit einer vielversprechenden Betreffzeile wie »love letter for you«). Die .vbs-Erweiterung, die standardmäßig ebenfalls nicht angezeigt wird, bewirkte, dass die Datei beim Öffnen automatisch als Visual-Basic-Script ausgeführt wurde. Der ILOVEYOU-Virus wurde später den Philippinern Reonel Ramones und Onel de Guzman zugeschrieben, wobei sie nie strafrechtlich verfolgt wurden. Im Jahr zuvor verbreitete sich das Melissa-Virus als Microsoft-Word-Mail-Anhang; die ausführbare Komponente war ein Word-Makro.

Unter Windows sind manche Konfigurationsdateiformate tatsächlich ausführbar; dazu gehören etwa das Format .PIF für Programminformationsdateien und das Format .SCR für Bildschirmschoner.

27.1.1 Der Morris-Wurm

Der klassische Morris-Wurm wurde 1988 von Robert Tappan Morris im noch jungen Internet eingeführt. Sobald ein Rechner infiziert war, startete er Angriffe auf andere Rechner, die sich entweder im selben LAN oder weit entfernt befinden konnten. Der Wurm verwendete eine Reihe von Techniken, darunter die Ausnutzung von *Implementierungsfehlern* durch Stapelüberläufe (Abschnitt 27.2, »Stapelüberlauf«). Zwei der Techniken des Wurms hatten jedoch nichts mit Code-Injektion zu tun. Ein Wurm-Modul enthielt ein Wörterbuch mit gängigen Passwörtern, mit denen verschiedene wahrscheinliche Systemkonten angegriffen wurden. Ein anderes Modul stützte sich auf eine andere Art von Implementierungsschwachstelle: eine (defekte) Diagnosefunktion des E-Mail-Servers `sendmail`. Jemand konnte eine Verbindung zum `sendmail`-TCP-Port 25 herstellen und den Befehl `WIZ <password>` senden; diese Person erhielt dann eine Shell und konnte beliebige Befehle ausführen. Es war beabsichtigt, ein berechtigtes `sendmail`-spezifisches Passwort zu verlangen, aber ein Fehler in der Verarbeitung des frozen-configuration-file von sendmail führte dazu, dass oftmals ein leeres Passwort funktionierte.

27.1.2 Christmas-Day-Attacke

Die »Christmas-Day«-Attacke aus dem Jahr 1994 (Abschnitt 18.3, »Der dreifache Handshake – erneut betrachtet«) nutzte eine *Schwäche des TCP-Protokolls* in Verbindung mit gängigen Vertrauensregelungen für Computer, um sich privilegierten Login-Zugang zu mehreren Computern an der UCSD zu verschaffen. Implementierungen können sofort abgesichert werden, sobald das Problem einmal erkannt wurde, aber Protokolländerungen erfordern umfangreiche Absprachen und Revisionen.

Die Vertrauensregel für rlogin besagte, dass Computer A so konfiguriert werden konnte, dass er Anfragen zur Ausführung von Remote-Befehlen von Computer B, der sich häufig im selben Teilnetz befand, vertraute. Der ISN-Spoofing-Angriff bedeutete jedoch, dass ein Angreifer M eine Befehlsanforderung an A senden konnte, die vom vertrauenswürdigen Peer B zu kommen schien, zumindest so lange, bis es zu spät war. Dabei konnte es sich um so einen simplen Befehl wie »Öffne eine Shell-Verbindung zu M« handeln. Irgendwann würde die gefälschte Verbindung fehlschlagen, aber bis wurde der schädliche Befehl dann bereits ausgeführt. Die einzige Abhilfe besteht darin, rlogin nicht mehr zu verwenden. (Ironischerweise wurde der ISN-Spoofing-Angriff von Morris entdeckt, aber nicht in dem obigen Morris-Wurm verwendet; siehe [RTM85]).

Beachten Sie, dass diese Attacke, wie auch der Sendmail-WIZ-Angriff des Morris-Wurms, keine Netzwerk-Übertragung eines ausführbaren Fragments (»Shellcode«) umfasst.

27.2 Stapelüberlauf

Der Stapelüberlauf (*Stack Buffer Overflow*) ist vielleicht *die* klassische Angriffsmethode, um ein kurzes Stück Maschinencode auf einem Remote-Rechner auszuführen und ihn dadurch zu kompromittieren. Solche Angriffe sind immer auf einen Implementierungsfehler zurückzuführen. Eine Serveranwendung liest vom Angreifer gelieferte Daten in einen Puffer `buf` der Länge `buflen`. Aufgrund des Fehlers liest der Server jedoch mehr als `buflen` Datenbytes und die überschüssigen Daten werden über das Ende von `buf` hinaus in den Speicher geschrieben, wodurch dessen Integrität beschädigt wird. In der Sprache C gibt es bei nativen Arrays keine Überprüfung der Begrenzungen, sodass ein solcher Überlauf bei seinem Auftreten nicht sofort erkannt wird. Frühe Beispiele dafür finden Sie in [AO96].

In den meisten Speicher-Layouts wächst der Stack nach unten, d. h. ein Funktionsaufruf erzeugt eine neues Stack-Frame mit einer numerisch niedrigeren Adresse. Die Array-Indizierung wächst jedoch nach oben: `buf[i+1]` befindet sich an einer höheren Adresse als `buf[i]`. Folglich kann durch Überschreiben des Puffers die letzte Rücksprungadresse auf dem Stack neu geschrieben werden. Ein häufiges Ziel des Angreifers ist es, einen überlaufenden Puffer zu erzeugen, der zwei Eigenschaften erfüllt:

- er enthält einen *Shellcode* – einen kleinen Fetzen Maschinencode, der, sobald er ausgeführt wird, etwas Schlimmes tut (üblicherweise, aber nicht unbedingt, indem er eine Shell startet, über die der Angreifer beliebige Befehle aufrufen kann).
- er überschreibt die Stapelrücksprungadresse, sodass beim Beenden der aktuellen Funktion die Kontrolle nicht an die aufrufende Funktion, sondern an den bereitgestellten Shellcode zurückgegeben wird.

Im Abbildung 27.1 zeigt die linke Seite das normale Layout: Das aktuelle Stack-Frame hat einen Puffer, in den die Nachricht des Angreifers eingelesen wird. Wenn die aktuelle Funktion beendet wird, wird die Kontrolle an die in `return_address` gespeicherte Adresse zurückgegeben.

Die rechte Seite zeigt das Ergebnis, nachdem der Angreifer Shellcode in den Puffer geschrieben und durch einen Überlauf auch das Feld `return_address` auf dem Stapel überschrieben hat, sodass es nun auf den Shellcode verweist. Beim Beenden der Funktion wird die Kontrolle an den Code an der `return_address` übergeben, also an den Shellcode und nicht an die ursprüngliche aufrufende Funktion. Der Shellcode befindet sich hier im Speicher unterhalb von `return_address`, er kann sich aber auch oberhalb davon befinden.

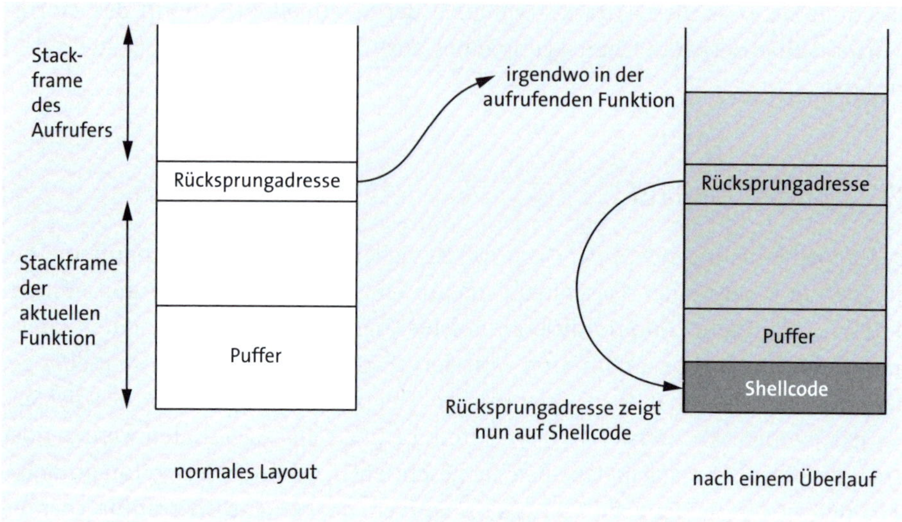

Abbildung 27.1 Ein Buffer Overflow

27.2.1 Return to libc

Bei einer anderen Angriffsvariante verzichtet der Angreifer auf den Shellcode und überschreibt stattdessen die Stapelrücksprungadresse mit der Adresse einer bekannten Bibliotheksprozedur. Die libc-Bibliothek ist hier sehr beliebt, sodass dieser Ansatz auch als *return-to-libc* bekannt ist. Ziel des Angreifers ist es, eine Bibliotheksprozedur zu finden, die im aktuellen Kontext des angegriffenen Serverprozesses etwas tut, was ihm nützlich erscheint.

Eine Variante dieses Angriffs besteht darin, die Stapeladresse mit der Adresse des `system()`-Aufrufs zu überschreiben und auf dem Stapel direkt über dieser Rücksprungadresse einen Zeiger auf die Zeichenkette »/bin/sh« (die oft in den Environment-Strings des angegriffenen Prozesses enthalten ist) zu platzieren. Wenn die aktuelle Funktion beendet wird, wird die Kontrolle an `system()` weitergegeben, das nun denkt, es sei mit dem Parameter `/bin/sh` aufgerufen worden. Eine Shell wird gestartet.

Return-to-libc-Angriffe enthalten oft gar keinen Shellcode. Der Angriff in Abschnitt 27.3.2, »Eine Heap-Sicherheitslücke in Zusammenhang mit JPEG«, verwendet einige Return-to-Libc-Elemente, beinhaltet aber auch injizierten Shellcode.

Ein praktisches Problem bei jeder Form von Stack-Overflow-Angriffen besteht darin, genug über das Speicherlayout des Zielcomputers in Erfahrung zu bringen, um genau zu wissen, wohin der Shellcode geladen werden muss. Standardisierte Windows-Versionen, bei denen viele Bibliotheksroutinen an festen, wohlbekannten Adressen liegen, vereinfachen dies.

27.2.2 Ein konkretes Beispiel für einen Stapelüberlauf

Warum bringen wir den Code?

In vielen Berichten über Computer-Sicherheitslücken besteht ein verständlicher Widerwille, die zugrundeliegenden Mechanismen zu erklären, damit ein Angreifer nicht erfährt, wie er die Schwachstelle ausnutzen kann. Diese Geheimniskrämerei hat jedoch manchmal den unglücklichen Nebeneffekt, dass Schwachstellen dadurch fast wie Zauberei erscheinen. Das Ziel bei der detaillierten Darstellung dieses über zwanzig Jahre alten Beispiels besteht einfach darin, die geheimnisvolle Aura, die viele Sicherheitslücken umgibt, zu zerstören.

Für ein konkretes Beispiel modifizieren wir eine in der Sprache C geschriebene Version von TCP Simplex-Talk (Abschnitt 17.6, »TCP-Simplex-Talk«). Auf der Serverseite müssen wir nur die Eingabe mit dem berüchtigten `gets(char * buf)` lesen, das Daten bis zu einem Zeilenumbruch (oder NUL) ohne Größenbeschränkung in das Array `buf` einliest. Um `gets()` auf diese Weise nutzen zu können, müssen wir dafür sorgen, dass der Standard-Eingabestrom des Leseprozesses die Netzwerkverbindung ist. Es gibt eine Version von `gets()`, die von einem beliebigen Input Stream liest, nämlich `fgets(char * buf, int bufsize, FILE *stream)`, aber `fgets()` ist nicht so anfällig wie `gets()`, da es höchstens `bufsize` Zeichen in `buf` einliest. (Natürlich könnte ein Programmierer einen `bufsize`-Wert angeben, der viel größer ist als die tatsächliche Größe von `buf[]`).

Ein Nachteil der Verwendung von `gets()` ist, dass die Shellcode-Zeichenkette keine NULL-Bytes (Nullen) enthalten darf. Im folgenden Beispiel enthält der Shellcode die Zeichenkette `"/bin/shNAAAABBBB"`; das `N` und das `BBBB` werden vom injizierten Code selbst durch Nullen ersetzt, nachdem er eingelesen wurde.

Alternativ können wir auch den Server die Daten auch mit diesem Aufruf auslesen lassen

```
recv(int socket, char * buf, int bufsize, int flags)
```

dabei aber einen *falschen* (und viel zu großen) Wert für den Parameter `bufsize` angeben. Dieser Ansatz hat den praktischen Vorteil, dass der Angreifer einen Puffer mit NUL-Zeichen (null-Bytes) und mit zusätzlichen eingebetteten Zeilenumbrüchen liefern kann.

Auf der Client-Seite – dort, wo der Angreifer sitzt – müssen wir uns einen geeigneten Shellcode ausdenken und einen übergroßen Puffer zurechtbasteln, der an der richtigen Stelle die Adresse für den Beginn des Shellcodes enthält. Früher war es einfach, diese Adresse zu erraten, als jeder Prozess immer mit der gleichen Adresse im virtuellen Speicher begann. Heute ist das viel schwieriger, und zwar genau, um diese Art von Pufferüberlaufangriff zu erschweren; wir schummeln hier ein wenig und lassen unseren Server beim Start eine Adresse ausgeben, die wir dann an den Client weiterreichen können.

Für eine derartige Attacke ist es erforderlich, etwas über das Zielbetriebssystem, die Ziel-CPU-Architektur (zur Bereitstellung eines ausführbaren Shellcodes), das Speicherlayout des Ziels und über die Implementierung des Zielservers zu wissen (damit der Angreifer weiß, wann er welchen Überlauf einsetzen muss). Mit Ausnahme des letzten Punkts sind diese leider alle leicht zu erraten. Früher wurden Schwachstellen in Server-Implementierungen beim Lesen von Quellcode aufgedeckt, aber inzwischen ist es längst möglich, nur anhand des ausführbaren Binärcodes nach Überlaufmöglichkeiten zu suchen.

Der hier vorgestellte Shellcode setzt voraus, dass auf dem Serversystem 32-Bit-Code läuft. 64-Bit-Linux-Systeme können auch für die Ausführung von 32-Bit-Code konfiguriert werden, obwohl eine einfachere Alternative oft darin besteht, eine virtuelle 32-Bit-Maschine zur Ausführung der Serverseite zu erstellen. Es wäre auch möglich, den Shellcode in ein 64-Bit-Format zu migrieren.

Der Server

Bei dem überlaufanfälligen Server, *oserver.c*, handelt es sich mehr oder weniger um eine C-Implementierung des TCP-Simplex-Talk-Servers aus Abschnitt 17.6, »TCP-Simplex-Talk«. Damit der folgende 32-Bit-Shellcode funktioniert, muss der Server als 32-Bit-Programm ausgeführt werden.

Der Server enthält einen expliziten Aufruf von `bind()`, der in der Java-Version implizit durch den `ServerSocket()`-Konstruktor behandelt wurde.

Für jede neue Verbindung wird mit `fork()` ein neuer Prozess erzeugt, der diese verwaltet; dieser neue Prozess ruft dann `process_connection()` auf. Die Funktion `process_connection()` liest dann Zeile für Zeile vom Client in einen Puffer `pcbuf` mit 80 Bytes Länge. Leider kann der Server weit mehr als 80 Bytes in `pcbuf` lesen.

Damit der Stapelüberlauf funktioniert, muss die Funktion, die übermäßig viele Daten in den Puffer liest und damit den Stapel beschädigt, unbedingt zurückspringen. Daher wurde das Protokoll so geändert, dass `process_connection()` zurückspringt, wenn die eingehende Zeichenkette mit »quit« beginnt.

Wir müssen auch darauf achten, dass der Stapelüberlauf keine lokalen Variablen so stark beschädigt, dass der Code danach nicht mehr weiterlaufen kann, auch nicht vor dem Rücksprung. Alle lokalen Variablen in `process_connection()` werden durch den Überlauf überschrieben, daher speichern wir den Socket selbst in der globalen Variable `gsock`.

Wir rufen auch `setstdinout(gsock)` auf, sodass die Standardeingabe und Standardausgabe innerhalb von `process_connection()` die Netzwerkverbindung ist. Dies ermöglicht die Verwendung des bekanntermaßen anfälligen `gets()`, das von der Standardeingabe liest (alternativ können auch `recv()` oder `fgets()` mit einem falschen Wert für `bufsize` verwendet werden). Durch den Aufruf von `setstdinout()` wird auch sichergestellt, dass die vom Shellcode gestartete Shell über eine korrekt eingerichtete Standardein- und -ausgabe verfügt. Wir könnten natürlich die entsprechenden `dup()`/`fcntl()`-Aufrufe auch im Shellcode durchführen, aber das würde dessen Komplexität und Größe erhöhen.

Da die Standardausgabe des Servers jetzt die TCP-Verbindung ist, gibt er eingehende Zeichenfolgen über den Standard-Error-Stream an das Terminal aus.

Beim Start gibt der Server eine Adresse (die von `mbuf[]`) in seinem Stack-Frame aus; wir bezeichnen dies als `mbuf_addr`. Der angreifende Client muss diesen Wert kennen. Kein echter Server ist so entgegenkommend, dass er seine internen Adressen ausgibt, aber in den Tagen vor der Adress-Randomisierung, Abschnitt 27.2.3, »Schutzmaßnahmen gegen Pufferüberläufe«, Unterabschnitt »ASLR«, war die Stack-Adresse des Servers meist einfach zu erraten.

Jedes Mal, wenn eine Verbindung hergestellt wird, gibt der Server hier auch den Abstand in Bytes zwischen dem Anfang von `mbuf[]` in `main()` und dem Anfang von `pcbuf` – dem Puffer, der den Überlauf erhält – in `process_connection()` aus. Diese von uns als `addr_diff` bezeichnete Zahl ist konstant und muss in das Exploit-Programm hineinkompiliert werden (sie ändert sich, wenn neue Variablen zu `main()` oder `process_connection()` des Servers hinzugefügt werden). Die tatsächliche Adresse von `pcbuf[]` ist also `mbuf_addr - addr_diff`. An dieser Adresse befindet sich der Shellcode, und diese Adresse wollen wir auf dem Stapel überschreiben. Darauf kommen wir weiter unten in Abschnitt 27.2.2, »Ein konkretes Beispiel für einen Stapelüberlauf«, Unterabschnitt »Der Exploit«, zurück, wo wir ein »NOPslide« einführen, damit der Angreifer die Adresse von `pcbuf[]` nicht exakt treffen muss.

Linux bietet einen gewissen Schutz gegen Überlaufattacken (Abschnitt 27.2.3, »Schutzmaßnahmen gegen Pufferüberläufe«), daher muss der Server diese deaktivieren. Wie oben erwähnt, wird ein Schutz, die Adressrandomisierung, dadurch umgangen, dass der Server eine Stack-Adresse ausgibt. Der Server muss außerdem mit der Option `-fno-stack-protector` kompiliert werden, um den Stack-Canary-Schutz aus Unterabschnitt »Stack Canary« in Abschnitt 27.2.3, »Schutzmaßnahmen gegen Pufferüberläufe«, zu deaktivieren, und ebenso mit der Option `-z execstack`, um die Ausführbarkeit des Stapels und anderer Datenbereiche zu gewährleisten, siehe Abschnitt 27.2.3, »Schutzmaßnahmen gegen Pufferüberläufe«, Unterabschnitt »Die Ausführbarkeit des Stapels deaktivieren«.

```
gcc -fno-stack-protector -z execstack -o oserver oserver.c
```

Selbst dann werden wir sowohl vom Compiler als auch vom Linker noch pflichtbewusst gewarnt:

```
warning: 'gets' is deprecated ....
warning: the 'gets' function is dangerous and should not be used.
```

Mit anderen Worten: Damit diese Sicherheitslücke auch heute noch funktioniert, muss man sich schon ein wenig anstrengen.

Der Server funktioniert zusammen mit dem Simplex-Talk-Client aus Abschnitt 17.6, »TCP-Simplex-Talk«, aber mit der aktivierten Option `#USE_GETS` behandelt er einen Abbruch des Clients nicht ordnungsgemäß, es sei denn, der Client sendet »quit«.

Der Shellcode

Der Shellcode muss auf das Betriebssystem und die CPU-Architektur abgestimmt sein; wir gehen davon aus, dass Linux auf einem 32-Bit Intel x86 läuft. Unser Ziel ist es, einen Shellcode zu erstellen, der `/bin/sh` startet. Der Ansatz ist aus [SH04] übernommen.

Der Shellcode muss eine vollständig in sich geschlossene Folge von Maschinenbefehlen sein; die Adressauflösung von Datenreferenzen darf nicht vom Linker abhängen. Der Code muss nicht nur positionsunabhängig sein, sondern er muss zusammen mit seinen Daten positionsunabhängig sein.

In diesem Beispiel wird die so genannte »Intel-Syntax« verwendet, bei der der Zieloperand an erster Stelle steht, z. B. `mov eax,37`. Der Assembler nasm ist einer von vielen, die dieses Format unterstützen.

Direkte Systemaufrufe in Linux erfolgen über Interrupts, wobei der Opcode und der Parameter `int 0x80` verwendet werden. Die x86-Architektur hat vier Allzweckregister `eax`, `ebx`, `ecx` und `edx`; bei einem über ein Interrupt ausgelösten Systemaufruf enthält das erste dieser Register einen Code für die aufzurufende Systemroutine und die anderen enthalten bis zu drei Parameter. (Unten, in Abschnitt 27.3.2, »Eine Heap-Sicherheitslücke in Zusammenhang mit JPEG«, werden wir auch das Register `edi` verwenden). Der von uns beabsichtigte Systemaufruf ist

```
execve(char * filename, char *argv[], char *envp[])
```

`eax` muss den numerischen Wert 11 enthalten, den 32-Bit-Linux-Syscall-Wert für `execve` (möglicherweise definiert in `/usr/include/i386-linux-gnu/asm/unistd_32.h`). (64-Bit-Linux verwendet 59 als Syscall-Wert für `execve`.) Wir laden dies mit `mov al 11`; `al` ist eine Abkürzung für das niederwertige Byte des Registers `eax`. Wir setzen `eax` zunächst auf null, indem wir es von sich selbst subtrahieren. Wir können natürlich auch `mov eax 11` verwenden, aber dann dehnt sich die 11 auf die vier Bytes 0x0b000000 aus, und wir wollen NUL-Bytes in unserem Code vermeiden.

Außerdem muss ebx auf die NUL-terminierte Zeichenkette /bin/sh zeigen. Das Register ecx sollte auf ein Array von Zeigern ["/bin/sh", 0] im Speicher zeigen (das null-terminierte argv[ ]), und edx sollte auf ein null-Wort im Speicher zeigen (das null-terminierte envp[ ]). Wir fügen in den Shellcode die Zeichenkette »/bin/shNAAAABBBB« ein und lassen den Shellcode ein NUL-Byte einfügen, um das »N« zu ersetzen, und ein null-Wort, um das »BBBB« zu ersetzen, da der Shellcode keine NUL-Bytes enthalten darf, wenn er von gets() eingelesen wird. Der Shellcode ersetzt auch das »AAAA« durch die Adresse von »/bin/sh«. Dann beladen wir ecx mit der Adresse von »AAAA« (die jetzt die Adresse von »/bin/sh« gefolgt von einem null-Wort enthält) und edx mit der Adresse von »BBBB« (jetzt nur ein null-Wort).

Eine String-Adresse zu laden ist in der x86-Architektur nicht ganz einfach. Wir wollen diese Adresse relativ zum gegenwärtigen Instruktionspointer IP berechnen, aber ein direkter Zugriff auf IP ist nicht vorgesehen. Die Abhilfe im folgenden Code besteht darin, nahe an das Ende von shellstring zu springen, dann aber call start aufzurufen, wobei start: die Bezeichnung für unseren Hauptcode von oben ist. call start hat zur Aufgabe, die Adresse des auf call start folgenden Bytes auf den Stack zu schieben; dies ist zufällig die Adresse von shellstring:. Wieder zurück oben bei start: holt pop ebx diese Adresse vom Stapel und hinterlässt sie in ebx, wo wir sie haben wollen.

Unser vollständiger Shellcode sieht wie folgt aus (den eigentlichen Code finden Sie in *shellcode.s*):

```
jmp short shellstring
start:
pop ebx                  ;Adresse des Strings in ebx ermitteln
sub eax, eax             ;eax auf 0 setzen durch Subtraktion von sich selbst
mov [ebx+7 ], al         ;ein NUL-Byte anstelle des N in den String setzen
mov [ebx+8 ], ebx        ;String-Adresse an die Stelle von AAAA setzen
mov [ebx+12], eax        ;ein 0-(NULL)-Wort an die Stelle von BBBB setzen
mov al, 11               ;execve ist syscall 11
lea ecx, [ebx+8]         ;die ehemalige Adresse von AAAA laden
lea edx, [ebx+12]        ;die ehemalige Adresse von BBBB laden, jetzt NULL
int 0x80                 ;den Kernel aufrufen. WIR HABEN EINE SHELL!
shellstring:
call start               ;Adresse des unteren Strings pushen, zu start springen:
db '/bin/shNAAAABBBB'    ;der String. AAAA und BBBB werden wie oben eingesetzt
```

27

Damit lassen wir folgende Befehle laufen

```
nasm -f elf shellcode.s
ld -o shellcode shellcode.o
objdump -d shellcode
```

und dann erstellen wir eine Zeichenkette aus den erzeugten Bytes und erhalten folgendes Ergebnis:

```
char shellcode[] =
        "\xeb\x16\x5b\x29\xc0\x88\x43\x07\x89\x5b\x08\x89"
        "\x43\x0c\xb0\x0b\x8d\x4b\x08\x8d\x53\x0c\xcd\x80"
        "\xe8\xe5\xff\xff\xff/bin/sh/NAAAABBBB";
```

Dies können wir (auf einem 32-Bit-System) mit einem einfachen C-Programm testen, das die obige Variable definiert und Folgendes enthält

```
int main(int argc, char **argv) {
    void (*func)() = (void (*)()) shellcode;
    func();
}
```

Mit den Befehlen env und set können wir zeigen, dass die resultierende Shell nicht die übergeordnete Umgebung geerbt hat.

Weitere Shellcode-Beispiele finden Sie in [AHLR07].

Der Exploit

Jetzt können wir den eigentlichen Angriff zusammenstellen. Wir beginnen mit einer C-Implementierung des Simplex-Talk-Clients und fügen eine Funktion hinzu, sodass der Client für den Eingabe-String »doit« folgendes unternimmt:

- sendet den übergroßen Puffer mit dem Shellcode, der mit einem Newline-Steuerzeichen abgeschlossen wird, damit `gets()` zufrieden ist
- sendet außerdem »quit«, gefolgt von einem Zeilenvorschub, um `process_connection()` des Servers zur Rückkehr zu zwingen und so die Kontrolle an den Code zu übergeben, auf den das nun überschriebene `return_address`-Feld des Stapels verweist
- startet die Schleife `copylines()`, um die Standardeingabe des lokalen Terminals auf die Netzwerkverbindung zu kopieren (jetzt hoffentlich mit einer Shell am anderen Ende), und um die Netzwerkverbindung auf die Standardausgabe des lokalen Terminals zu kopieren

Beim Start akzeptiert der Client einen Befehlszeilenparameter, der die Adresse (in Hexadezimal-Schreibweise) einer Variablen nahe dem Anfang des `main()`-Stack-Frames des Servers angibt. Wenn der Server startet, gibt er diese Adresse aus; wir kopieren sie einfach, wenn wir den Client starten. Ein zweiter Befehlszeilenparameter ist der Hostname des Servers.

Den vollständigen Client-Code finden Sie in *netsploit.c*.

Nun muss nur noch das Layout des bösartigen übergroßen Puffers beschrieben werden, der von `buildbadbuf()` erzeugt wird. Zunächst berechnen wir unsere Vermutung für die Startadresse des angreifbaren Puffers `pcbuf` in der Serverfunktion `process_connection()`: Wir nehmen die in der Befehlszeile übergebene Adresse, die eigentlich die Adresse von `mbuf` in der Serverfunktion `main()` ist, und addieren dazu die bekannte Konstante (`pcbuf – mbuf`). Dieser Wert, in der von mir getesteten Version 147, wird in `BUF_OFFSET` von *netsploit.c* gespeichert.

Diese Berechnung der Adresse des `pcbuf` des Servers sollte punktgenau sein; wenn wir nun unseren Shellcode am Anfang von `pcbuf` speichern und dafür sorgen, dass der Server zu unserer berechneten Adresse springt, sollte der Shellcode laufen. Die Realität ist allerdings nicht immer so entgegenkommend, also führen wir einen *NOPslide* ein: Wir stellen unserem Shellcode eine Reihe von NOP-Anweisungen voran. Ein Sprung an beliebiger Stelle in den NOPslide sollte direkt in den Shellcode führen. In unserem Beispiel ist der NOPslide 20 Bytes lang, und wir fügen einen Fudge-Faktor zwischen 0 und 20 zu unserer berechneten Adresse hinzu (`FUDGE` beträgt im tatsächlichen Code 10).

Der Angriffspuffer muss groß genug sein, um das Rücksprungadressfeld des Stapels zu überschreiben, aber klein genug, damit der Server beim Überfüllen seines Puffers keinen Segmentierungsfehler erleidet. Wir entscheiden uns für eine `BADBUFSIZE` von 161 (160 plus 1 Byte für ein abschließendes Newline-Zeichen); sie sollte vergleichbar, aber vielleicht etwas größer als der `BUF_OFFSET`-Wert sein (der in unserem Fall 147 beträgt).

Der Angriffspuffer besteht nun aus

- 25 Bytes mit NOPs
- Shellcode (46 Byte in der obigen Version)
- 90 Bytes mit Wiederholungen der berechneten Adresse (`baseaddr-BUF_OFFSET+FUDGE` im Code)
- 1 Byte Zeilenumbruch, da die `gets()`-Funktion des Servers einen mit Newline abgeschlossenen String erwartet

Abbildung 27.2 ist ähnlich wie die vorangegangene, aber für diesen speziellen Angriff beschriftet. Nicht alle Speicherbereiche sind maßstabsgetreu gezeichnet, und zwischen den beiden Stack-Frames befinden sich neben der `return address` noch weitere Adressen.

Wir überprüfen den bösartigen Puffer erneut, um sicherzustellen, dass er keine NUL-Bytes und keine weiteren Newline-Zeichen enthält.

Wenn wir ein längeres NOPslide wollten, müssten wir hoffen, dass *oberhalb* des Rücksprungadressfeldes des Stapels noch genügend Platz ist. In diesem Fall bestünde der

Angriffspuffer aus einer Wiederholung der geschätzten Adresse, dann dem NOPslide und schließlich dem Shellcode.

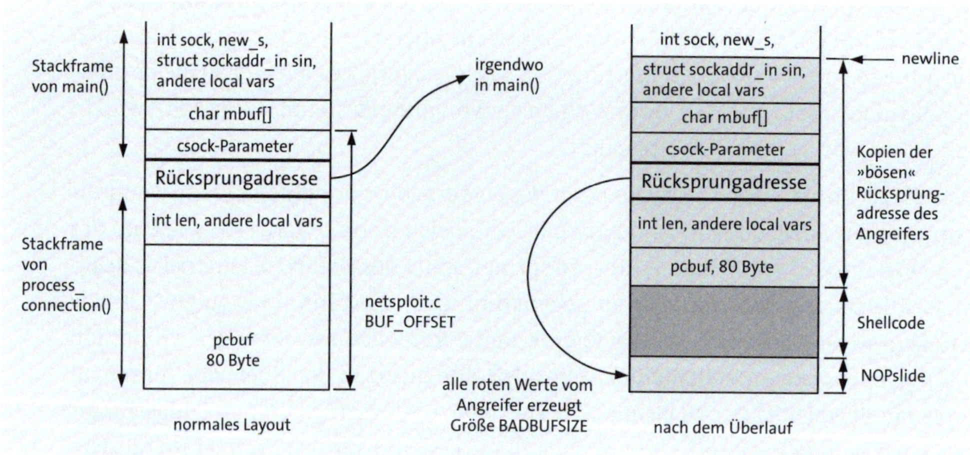

Abbildung 27.2 Der Angriff auf unseren Server

Nach dem Befehl »doit« ändert sich die Eingabeaufforderung des netsploit-Clients in `1>`. Wir können dann `ls` eingeben, und wenn der Shellcode erfolgreich gestartet wurde, erhalten wir eine Liste der auf dem Server gespeicherten Dateien zurück. Wie zuvor können wir auch `env` und `set` eingeben, um zu bestätigen, dass die Shell ihre Umgebung nicht von einer »normalen« Shell geerbt hat. Beachten Sie, dass alle Shell-Befehle, die in den Stream stderr schreiben müssen, fehlschlagen, da dieser Stream nicht eingerichtet wurde; dies gilt auch für falsch eingegebene Befehle.

27.2.3 Schutzmaßnahmen gegen Pufferüberläufe

Wie kann man diese Art von Angriffen verhindern? Grundsätzlich muss zunächst sichergestellt werden, dass *Array-Grenzen* niemals überschritten werden (das gilt auch für ähnliche Regeln im Zusammenhang mit dynamisch zugewiesenem Speicher, z. B. dass ein Block nicht verwendet wird, nachdem er freigegeben wurde). Einige Sprachen erzwingen dies automatisch durch eine »memory-safe«-Semantik. Damit ist zwar nicht garantiert, dass die Programme sicher sind, aber eine wichtige Klasse von Schwachstellen wird eliminiert. In C lassen sich speicher- und überlaufbedingte Fehler durch sorgfältige Programmierung beseitigen, aber diese Vorgehensweise ist bekanntermaßen fehleranfällig.

Ein weiterer grundlegender Abwehransatz gegen fast alle Angriffsmethoden zur Ausführung von Remote-Code ist dafür zu sorgen, dass der Server mit den geringstmöglichen *Berechtigungen* läuft. Der Server darf keine Schreibrechte für irgendetwas Wesentliches haben und kann sogar in einer so genannten »chroot«-Umgebung betrieben werden, in der auf den Großteil des Dateisystems des Servers keinerlei Zugriff besteht.

Ein Problem bei dieser Vorgehensweise ist, dass ein Serverprozess auf einem Unix-artigen System, der einen Port unterhalb von 1024 abhören will, spezielle Privilegien benötigt, um diesen Port zu öffnen. Normalerweise würde der Prozess mit Root-Rechten starten und, sobald der Socket geöffnet ist, seine Privilegien mit Aufrufen von `setgid()` und `setuid()` herabstufen. Grundsätzlich ist das sicher, erfordert aber eine sorgfältige Beachtung der `man`-pages; der Einsatz von `seteuid()` zum Beispiel erlaubt es dem Shellcode, die ursprünglichen Privilegien wiederherzustellen. Linux-Systeme unterstützen jetzt die Zuweisung von mehreren »capabilities« an einen unprivilegierten Prozess (siehe `man capabilities`). Am relevantesten ist hier `CAP_NET_BIND_SERVICE`, die, wenn sie gesetzt ist, einem Prozess erlaubt, privilegierte Ports zu öffnen. Die Zuweisung dieser Fähigkeiten erfordert jedoch immer noch entsprechende Benutzerrechte beim Starten des Prozesses.

Stack Canary

Das zugrundeliegende System kann auch einige Schutzmechanismen bieten. Einer davon, der in der Regel im Compiler implementiert ist, ist der *Stack Canary*: ein zusätzliches Wort auf dem Stack in der Nähe der Rücksprungadresse, das auf einen Pseudozufallswert gesetzt wird. Eine Kopie dieses Worts wird an anderer Stelle gespeichert. Wenn die Funktion `return` aufruft (entweder explizit oder implizit), wird dieses Wort überprüft, um sicherzustellen, dass der Wert auf dem Stapel noch mit der an anderer Stelle gespeicherten Kopie übereinstimmt; eine Diskrepanz signalisiert dagegen (wie der sprichwörtliche Kanarienvogel in der Kohlemine), dass der Stapel überschrieben wurde.

Im `gcc`-Compiler lässt sich mit der Option `-fstack-protector` ein Stack Canary aktivieren. Zur Kompilierung des Stack-Exploits aus Abschnitt 27.2.2, »Ein konkretes Beispiel für einen Stapelüberlauf« mussten wir die Option `-fno-stack-protector` wählen.

ASLR

Eine weitere Verteidigungsmaßnahme auf Betriebssystemebene ist die *Address-Space Layout Randomization* (ASLR). In der einfachsten Form bedeutet dies, dass der Stack bei jedem Neustart des Server-Prozesses eine andere Startadresse erhält. Wird das oben genannte oserver-Programm fünfmal neu gestartet, ergeben sich beispielsweise die Hex-Adressen bf8d22b7, bf84ed87, bf977d87, bfcc5cb7 und bfa302d7. Die Entropie beträgt mindestens vier Hex-Ziffern (16 Bits). Würde der Server seine Stapeladresse nicht preisgeben, bräuchte der Angreifer bis zu 2^{16} Versuche, um erfolgreich zu sein.

Aber auch 2^{16}-mal raten könnte für einen Angreifer weit unter einer Stunde dauern. Schlimmer noch, der Angreifer könnte einfach einen Stack-Buffer-Overflow-Angriff mit einem sehr langen NOPslide durchführen; je länger der NOPslide ist, desto mehr Spielraum für Fehler beim Erraten der Shellcode-Adresse. Bei einem NOPslide der Länge $2^{10} = 1024$ Bits sind nur $2^6 = 64$ Versuche nötig, um die richtige Stack-Adresse zu erraten. (Einige Implementierungen holen 19 Bits Adressraum-Entropie heraus, was bedeutet, dass zum Erraten der richtigen Adresse dann bis zu $2^9 = 512$ Versuche nötig sein).

Auf 64-Bit-Systemen ist ASLR allerdings wesentlich effektiver. Simples Erraten der Stack-Adresse mittels Brute-Force dauert viel zu lang.

ALSR verändert auch das Heap-Layout und den Speicherort der Bibliotheken bei jedem Neustart des Server-Prozesses. Dadurch sollen Return-to-libc-Angriffe verhindert werden, Abschnitt 27.2.1, »Return to libc«. Ein konkretes Beispiel dafür, wie ein Angreifer nicht-zufällige Bibliotheksadressen ausnutzen könnte, findet sich in Abschnitt 27.3.2, »Eine Heap-Sicherheitslücke in Zusammenhang mit JPEG«.

Auf Linux-Systemen lässt sich ASLR deaktivieren, indem eine 0 in */proc/sys/kernel/randomize_va_space* geschrieben wird; die Werte 1 und 2 entsprechen einer teilweisen beziehungsweise vollständigen Randomisierung.

Windows-Systeme unterstützen ASLR seit Vista (2007), wobei frühere Versionen des Linkers den Entwickler aufforderten, ASLR mit dem Schalter `/DYNAMICBASE` anzufordern.

Die Ausführbarkeit des Stapels deaktivieren

Eine ausgefeiltere Idee, sofern die Hardware für virtuellen Speicher dies unterstützt, besteht darin, die dem Stack zugewiesenen Speicherseiten als nicht ausführbar zu kennzeichnen, sodass, wenn das Befehlsregister des Prozessors mit einer Adresse auf diesen Seiten beladen wird (aufgrund einer Verzweigung zu auf dem Stack befindlichem Shellcode), sofort eine Ausnahme auf Hardwareebene ausgelöst wird. Dies verhindert unmittelbar Angriffe, die einen Shellcode auf dem Stack platzieren, wobei Return-to-libc-Angriffe (Abschnitt 27.2.1, »Return to libc«) allerdings weiterhin möglich sind.

In der x86-Welt führte AMD in seiner x86-64-Architektur das seitenbasierte NX-Bit (für No eXecute) ein; CPUs mit dieser Architektur kamen 2003 auf den Markt. Intel folgte mit seinem XD-Bit (für eXecute Disabled). Im Wesentlichen bieten nun alle x86-64-CPUs hardwaremäßige NX/XD-Unterstützung; bei 32-Bit-CPUs ist für die Unterstützung im Allgemeinen der so genannte Physical-Address-Extension-Modus erforderlich.

Das NX-Konzept gilt für alle Speicherseiten, nicht nur für Stapelseiten. Dies führt manchmal zu Problemen bei Anwendungen wie der Just-in-Time-Kompilierung, bei der die Codeseite geschrieben und dann sofort ausgeführt wird. Deshalb ist es üblich, eine softwaremäßige Deaktivierung von NX-Bits zu gestatten. Auf Linux-Systemen deaktiviert die Compiler-Option `-z execstack` den NX-Bit-Schutz. Unter Windows gibt es mit `/NXCOMPAT` eine ähnliche Option zur Anforderung des NX-Schutzbits.

Während ein nicht ausführbarer Stack den oben beschriebenen Stack-Overflow-Angriff verhindert, ist das Einschleusen von Shellcode in den Heap potenziell immer noch möglich. Das Betriebssystem OpenBSD führte 2003 `write or execute` ein; dies wird mit **W^X** abgekürzt, in Anlehnung an den XOR-Operator »^« in C. Eine Speicherseite kann entweder beschreibbar oder ausführbar sein, aber nicht beides. Dies bietet einen starken Schutz gegen praktisch alle Shellcode-Injection-Angriffe, die Anfälligkeit für einige Return-to-libc-Angriffe (Abschnitt 27.2.1, »Return to libc«) bleibt jedoch bestehen.

Siehe [AHLR07] in Kapitel 14 für einige mögliche Angriffsstrategien gegen Systeme mit nicht ausführbaren Speicherseiten.

27.3 Heap-Überlauf

Genau wie Stapelüberläufe beruhen auch Heap-Overflows auf einem Softwarefehler, der das Schreiben von Daten über die vorgesehenen Puffergrenzen hinaus ermöglicht. Ein Puffer auf dem Heap kann genauso und mit ebensolchen Folgen wie ein Puffer auf dem Stack aufgrund eines Software-Fehlers überlaufen. Ein wichtiger Unterschied besteht jedoch darin, dass sich auf dem Heap befindliche Pufferspeicher nicht in unmittelbarer Nähe zu einer offensichtlichen Rücksprungadresse befinden. Trotz dieses Unterschieds können Heap-Überläufe ebenfalls für Angriffe zur Ausführung von Remote-Code genutzt werden.

Der einfachste Angriffsvektor besteht vielleicht darin, sich die Tatsache zunutze zu machen, dass einige Heap-Seiten ausführbaren Code in Form von von der Anwendung geladenen Bibliotheksseiten enthalten. Wenn `p` auf die Seite mit dem überlaufgefährdeten Puffer verweist und `q` auf die nachfolgende Seite im Speicher, die Code enthält, dann muss ein Angreifer nur dafür sorgen, dass der Überlauf die Seite `q` mit einem langen NOPslide und einem Shellcode auffüllt. Wird dann irgendwann der Code aufgerufen, auf den `q` verweist, wird stattdessen der Shellcode ausgeführt. Ein Problem bei dieser Attacke ist, dass das Layout solcher Heap-Seiten nur selten bekannt ist. Andererseits enthalten Heap-Seiten bisweilen berechtigterweise ausführbaren Code, sodass eine einheitliche Kennzeichnung des gesamten Heaps als nicht ausführbar, so wie es beim Stack üblich ist, nicht unbedingt praktikabel ist.

27.3.1 Eine Heap-Sicherheitslücke unter Linux

Wir beschreiben nun eine reale Verwundbarkeit des Linux-Heaps aus dem Jahr 2003, in Anlehnung an [AB03] und bezogen auf Version 2.2.4 der glibc-Bibliothek. Der verwundbare Server-Code ist einfach folgender:

```
char *p = malloc(1024);
char *q = malloc(1024);
gets(p);              // Eingaben des Angreifers lesen
free(q);              // Block q wird zuletzt alloziert und zuerst freigegeben
free(p);
```

Wie beim Beispiel des Stapelüberlaufs bewirkt `gets(p)` einen Überlauf von Block p in Block q, wobei nicht nur die Daten in Block q, sondern auch die von `malloc()` verwalteten Block-Header überschrieben werden. Zwar gibt es grundsätzlich keine Garantie dafür, dass Block `q` im Speicher unmittelbar auf Block `p` folgt, doch in der Praxis ist dies meist der Fall, es sei denn, es gab zuvor umfangreiche Allokations- und Freigabeaktivitäten.

Die Schwachstelle beruht auf einigen Merkmalen von `malloc()` aus dem Jahr 2003 (glibc-2.2.4). Sämtliche Blöcke werden entweder dem Benutzer zugewiesen oder sind frei; freie Blöcke werden in einer doppelt verknüpften Liste geführt. Wir nehmen an, dass der Datenanteil jedes Blocks immer einer Zweierpotenz entspricht; für jede Blockgröße gibt es eine eigene Liste freier Blöcke. Wenn zwei benachbarte Blöcke frei sind, fasst `malloc()` sie zusammen und verschiebt den zusammengefügten Block in die Liste der freien Blöcke der nächsthöheren Größe.

Allen Blöcken ist ein Vier-Byte-Feld vorangestellt, das die Größe enthält. Wir nehmen an, dass es sich dabei um die tatsächliche Größe von 1032 einschließlich Header und Ausrichtung handelt und nicht um die für den Benutzer verfügbare Größe von 1024. Da die drei niederwertigen Größenbits immer null sind, wird eines davon als Flag verwendet, um anzuzeigen, ob der Block zugewiesen oder frei ist. Ein weiteres Bit zeigt an, ob der *vorherige* Block zugewiesen oder frei ist.

Neben dem Feld für die Größe und die Flags sind die ersten beiden 32-Bit-Wörter eines freien Blocks die Vorwärts- und Rückwärtszeiger, die den Block in die doppelt verkettete Liste der freien Blöcke einbinden; das Feld für die Größe und die Flags wird außerdem auch als letztes Wort des Blocks wiederholt.

Die Strategie des Angreifers besteht kurz gesagt darin, den Block `p` so zu überschreiben, dass `malloc()`, wenn der Block `q` freigegeben wird, denkt, dass der Block `p` ebenfalls frei ist, und daher versucht, die beiden zusammenzuführen, wobei die Verkettung von Block `p` aufgehoben wird. Aber `p` war in Wirklichkeit gar nicht frei, und die `forward`- und `backward`-Zeiger, die von `malloc()` als Teil des Freigabeprozesses manipuliert werden, stammen in Wirklichkeit vom Angreifer. Wie wir sehen werden, ermöglicht dies das Schreiben von zwei vom Angreifer festgelegten 32-Bit-Wörtern an zwei vom Angreifer festgelegte Speicherstellen; wenn eine der Stellen eine Rücksprungadresse enthält und so aktualisiert wird, dass sie auf einen vom Angreifer bereitgestellten Shellcode zeigt, der sich ebenfalls im Block p befindet, wurde das System erfolgreich kompromittiert.

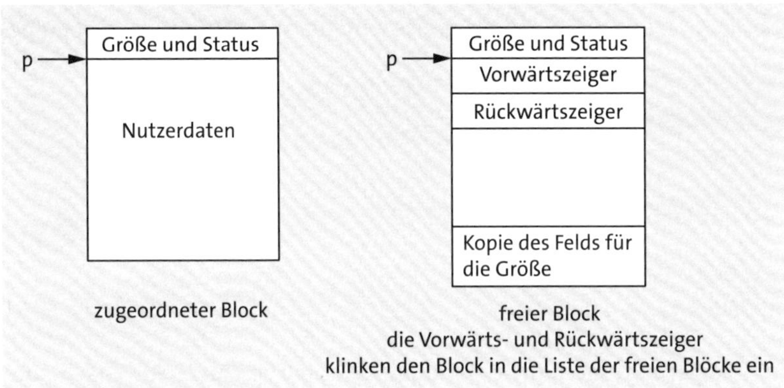

Abbildung 27.3 Prinzip des Heaps

Die normale Funktionsweise von `free(q)` für einen beliebigen Block q läuft so ab:

- Frage die Blockgröße (`size`) und Flags an Adresse `q-4` ab
- Prüfe, ob der nachfolgende Block an Adresse `p+size` frei ist; wenn ja, führe beide Blöcke zusammen (dieser Fall interessiert uns nicht)
- Prüfe anhand der Flags, ob der *vorhergehende* Block frei ist; wenn ja, lade seine Größe `prev_size` von Adresse `q-8`, der Adresse des `copy of size`-Felds im obigen Diagramm; berechne daraus über `p = q - prev_size` einen Zeiger auf den vorhergehenden Block; hebe dann die Verkettung von Block `p` auf (da der zusammengeführte Block in eine andere Liste freier Blöcke aufgenommen wird).

Bei unserem speziellen Block `q` kann der Angreifer jedoch das endgültige `size`-Feld von Block `p`, das obige `prev_size`, überschreiben und ebenso das Flag an Adresse `q-4`, das anzeigt, ob Block `p` frei ist oder nicht. Den Header Angreifer kann den Header von Block `p` nicht überschreiben, der ordnungsgemäß anzeigen würde, dass Block `p` noch in Gebrauch ist, aber der `free()`-Code hat dies nicht nochmals überprüft.

Wir nehmen an, dass der Angreifer den Block `p` so überschrieben hat, dass er Folgendes enthält:

- Das Flag »previous-block-is-free« im Header von Block `q` wird auf true gesetzt
- Das endgültige `size`-Feld von Block `p` wird auf einen gewünschten Wert `badsize` gesetzt

- Der Wert ADDR_F wird an der Adresse q-badsize platziert; an dieser Stelle vermutet free() den Vorwärtszeiger des vorherigen Blocks
- Der Wert ADDR_B wird an der Adresse q-badsize+4 platziert; an dieser Stelle vermutet free() den Rückwärtszeiger des vorherigen Blocks

Wenn nun die Operation free(q) ausgeführt wird, errechnet das System die Position des vorherigen Blocks als die Adresse p1 = q-badsize und versucht, die Verkettung des falschen »Blocks« p1 aufzuheben. Normalerweise wird die Verkettung wie folgt aufgehoben

```
(p->backward) -> forward  = p->forward;
(p->forward)  -> backward = p->backward;
```

Im Fall von p1 ist das Ergebnis nun aber leider

```
*ADDR_B       = ADDR_F
*(ADDR_F + 4) = ADDR_B
```

wobei wir für das Zeigerinkrement in der zweiten Zeile als Typ von ADDR_F char * oder void * annehmen.

An diesem Punkt ist die Sache schon so gut wie gelaufen. Wenn wir ADDR_B als Position einer Rücksprungadresse auf dem Stack und ADDR_F als Position unseres Shellcodes betrachten, wird der Shellcode ausgeführt, wenn der aktuelle Stack-Frame zurückspringt. Um daraus ein funktionierendes Beispiel zu machen, gilt es noch einige Details zu beachten; siehe [AB03].

Ein wichtiges Detail ist, dass die Daten, die wir zum Überschreiben von Block p verwenden, in der Regel keine NUL-Bytes enthalten dürfen, wobei bereits eine kleine positive Zahl für badsize mehrere NUL-Bytes enthalten wird. Ein Workaround besteht darin, badsize eine kleine *negative* Zahl zuzuweisen, was bedeutet, dass der falsche Zeiger p1 auf den vorherigen Block im Speicher tatsächlich hinter q liegt.

27.3.2 Eine Heap-Sicherheitslücke in Zusammenhang mit JPEG

Im Jahr 2004 veröffentlichte Microsoft die Sicherheitslückenwarnung MS04-028 (inklusive Patch) bezüglich eines Heap-Pufferüberlaufs in Windows XP SP1. Microsoft hatte zuvor eine Standardbibliothek namens GDI (*Graphics Device Interface*) zur Anzeige von JPEG-Bildern bereitgestellt. Wenn ein besonders geartetes JPEG-Bild über die GDI-Bibliothek geöffnet wurde, kam es zu einem Überlauf im Heap, der einen Shellcode startete. Zwar verfügten die meisten Browser über eigene, davon nicht betroffene Subroutinen zur JPEG-Wiedergabe, doch war es oft nicht schwer, Benutzer davon zu überzeugen, eine JPEG-Datei zu öffnen, die als E-Mail-Anhang oder über einen Download-Link via HTML bereitgestellt wurde.

Das Problem trat bei der Verarbeitung des »comment«-Abschnitts in der JPEG-Datei auf, der normalerweise für den Benutzer nicht sichtbar ist. Der Abschnitt beginnt mit dem Flag 0xFFFE, gefolgt von einem Feld von zwei Byte Länge (in Netzwerk-Bytereihenfolge), das seine eigenen zwei Bytes in die Gesamtlänge einbeziehen sollte. Beim Laden der Bilddatei wurde von der Länge 2 subtrahiert, um die berechnete Länge der tatsächlichen Daten zu erhalten. Hätte das Längenfeld z. B. 1 enthalten, wäre die berechnete Länge –1, was als vorzeichenloser Wert $2^{32} - 1$ interpretiert würde. Die Bibliothek, die dachte, sie verfüge über diese Menge an Speicherplatz, versuchte dann munter, so viele Kommentar-Bytes in die nachfolgende Heap-Seite zu schreiben, was diese überlaufen ließ. Diese Bytes stammten tatsächlich aus dem Bildteil der JPEG-Datei; der Angreifer konnte hier ein NOPslide, etwas Shellcode und, wie wir noch sehen werden, einige weitere sorgfältig konstruierte Werte unterbringen.

Wie beim in Abschnitt 27.3.1 beschriebenen Linux-Heap bilden die Blöcke auf dem WinXP-Heap eine doppelt verknüpfte Liste mit Vorwärts- und Rückwärtszeigern mit den Bezeichnungen `flink` und `blink`. Wie zuvor wird der Allokator versuchen, die Verkettung eines Blocks wie folgt aufzuheben

```
blink -> forward  = flink;
flink -> backward = blink;
```

Die erste Zeile vereinfacht sich zu `*blink = flink`, da der Offset zum `forward`-Feld 0 ist; diese Aktion ermöglicht es dem Angreifer, ein beliebiges Wort aus dem Speicher (an der Adresse `blink`) mit einem beliebigen Wert zu beschreiben.

Die JPEG-comment-overflow-Operation führt letztendlich zu einem Segmentierungsfehler, woraufhin der Heap-Manager versucht, weitere Blöcke zuzuweisen. Die Liste der freien Blöcke wurde jedoch bereits überschrieben, sodass dieser Versuch der Blockzuweisung stattdessen `*blink = flink` ausführt, so wie oben beschrieben.

Das konzeptionelle Ziel des Angreifers besteht darin, in `flink` eine Anweisung unterzubringen, die zum Shellcode weiterverzweigt, und in `blink` die Adresse einer Anweisung, die in Kürze ausgeführt wird, oder, anders ausgedrückt, in `flink` die Adresse des Shellcodes und in `blink` einen Ort, der in Kürze geladen und als Ziel einer Verzweigung verwendet wird. Der Haken an der Sache ist, dass der Angreifer nicht genau weiß, wo sich der Heap befindet, sodass eine Variante des in Abschnitt 27.2.1, »Return to libc«, beschriebenen Ansatzes notwendig ist. Die im restlichen Teil dieses Abschnitts beschriebene Strategie, die auch [JA05] erläutert wird, ist einer von mehreren möglichen Ansätzen.

In Windows XP SP1 befindet sich an der Speicherposition `0x77ed73b4` ein Zeiger auf den Einstiegspunkt des *Undefined Exception Filter* Handlers; wenn eine anderweitig nicht behandelte Programmausnahme auftritt, erstellt Windows eine `EXCEPTION_POINTERS`-Struktur und verzweigt zu der hier gespeicherten Adresse. Diese Adresse, die wir als *UEF* bezeichnen, wird durch den Angriff überschrieben, indem `blink = UEF` gesetzt wird. Nachfolgend wird durch einen geeigneten Programmabsturz ein Aufruf des Undefined Exception Filter ausgelöst.

Wenn die Ausnahme auftritt (typischerweise durch die zweite oben beschriebene Operation, `flink -> backward = blink`), wird vor der Verzweigung zu der von UEF geladenen Adresse die Struktur `EXCEPTION_POINTERS` auf dem Heap angelegt, wobei ein Teil des JPEG-Kommentarpuffers überschrieben wird. Die Adresse dieser Struktur wird im Register `edi` gespeichert.

Es zeigt sich, dass es in einigen Standardbibliotheken an bekannten Adressen ein halbes Dutzend Anweisungen der Form `call DWORD [edi+0x74]` gibt, also »Rufe das Unterprogramm an der 32-Bit-Adresse `edi` + 0x74 auf« ([AHLR07], S. 186). Alle diese `call`-Befehle sind für Kontexte gedacht, in denen das Register `edi` durch unmittelbar vorangegangene Befehle so eingerichtet wurde, dass es auf etwas Passendes verweist. Im Kontext unseres Angreifers zeigt `edi` jedoch auf die `EXCEPTION_POINTERS`-Struktur; 0x74 Bytes nach edi befinden wir uns bereits im übergelaufenen JPEG-Puffers des Angreifers, von dem sicher gewährleistet ist, dass er hinter dieser Struktur liegt und nicht von ihr überschrieben wurde. Eine solche Aufrufanweisung befindet sich zufällig an der Adresse `0x77d92a34` in `user32.dll`. Diese Adresse ist der Wert, den der Angreifer in `flink` speichern wird.

Wenn nun also die Ausnahme eintritt, wird zu der in UEF gespeicherten Adresse gesprungen. Diese Adresse zeigt nun auf den oben genannten `call DWORD [edi+0x74]`, also erfolgt der Sprung diesmal in den vom Angreifer kontrollierten Puffer. An diesem Punkt landet der Prozessor auf dem NOPslide und führt schließlich den Shellcode aus (je nach Layout ist manchmal noch eine kurze Sprunganweisung erforderlich).

Diese Attacke stützt sich auf den Umstand, dass eine bestimmte Anweisung, `call DWORD [edi+0x74]`, an einer bestimmten, festen Adresse, `0x77d92a34`, gefunden werden kann. Eine Randomisierung des Adressraum-Layouts (Abschnitt 27.2.3, »Schutzmaßnahmen gegen Pufferüberläufe«, Unterabschnitt »ASLR«) hätte dies verhindert; sie wurde von Microsoft 2007 in Windows Vista eingeführt.

27.3.3 Cross-Site-Scripting (XSS)

In seiner einfachsten Form platziert ein Angreifer beim Cross-Site-Scripting bösartigen JavaScript-Code auf der Website eines Drittanbieters, die von den Nutzern gepostete Inhalte zulässt; dieser Javascript-Code wird dann auf dem Zielcomputer ausgeführt, wenn das Opfer die Website besucht. Der Angreifer könnte auf der Website einen Kommentar der folgenden Form hinterlassen:

```
Ich bin ganz der Meinung meiner Vorkommentatorin!
<script> tu_was_boeses() </script>
```

Wenn die betreffende Website nicht sorgfältig filtert, was die Benutzer hochladen, wird das Skript `tu_was_boeses()` für jeden anderen Besucher der Website, der diesen Kommentar auch nur betrachtet, in dessen Browser ausgeführt. Das Skript könnte Informationen über den Zielbenutzer per E-Mail an den Angreifer senden oder versuchen, eine Browserschwachstelle auf dem Zielsystem auszunutzen, um es komplett zu übernehmen. Das Skript und die umschließenden Tags erscheinen dabei nicht in der Bildschirmansicht des Opfers.

Der Code-Block `tu_was_boeses()` enthält in der Regel sowohl Funktionsdefinitionen als auch Funktionsaufrufe in Javascript.

Generell kann der Angreifer die gleiche Wirkung erzielen, wenn das Opfer direkt seine eigene Website besucht. In der Praxis spielt jedoch die Beliebtheit (und vermeintliche Sicherheit) der Website des Drittanbieters eine wichtige Rolle; außerdem ist es üblich, dass bei dem Angriff private Informationen aus dem Benutzerkonto des Opfers auf der betreffenden Website erlangt werden.

27.3.4 SQL-Injektion

SQL ist die fast schon universelle Abfragesprache für Datenbanken; bei einer SQL-Injection-Attacke platziert der Angreifer ein sorgfältig ausgewähltes SQL-Fragment in ein Website-Formular, sodass es ausgeführt wird. Websites konstruieren SQL-Abfragen in der Regel auf der Grundlage von Formulardaten; das Ziel des Angreifers ist es, dass seine Daten als zusätzliches SQL behandelt werden. Dies *sollte* sich durch sorgfältige Maskierung von Metazeichen vermeiden lassen, aber leider ist diese nicht immer sorgfältig *genug*. Einem erfolgreichen Angreifer ist es gelungen, SQL-Code auf dem Server auszuführen, der ihn mit nicht vorgesehenen Rechten oder Informationen ausstattet.

Nehmen wir beispielsweise an, dass das Formular aus zwei Feldern besteht, `username` und `password`. Das System führt dann die folgende Unterabfrage aus, die einen leeren Datensatz zurückgibt, wenn das Paar ⟨username,password⟩ nicht gefunden wird; andernfalls gilt der Benutzer als authentifiziert:

```
select * from PASSWORDS p
where p.user = 'username' and p.password = 'password';
```

Die Strings *username* und *password* werden aus dem Webformular entnommen und eingefügt; beachten Sie, dass beide in einfachen Anführungszeichen stehen, die *der Server hinzufügt*. Ziel des Angreifers ist es, die Werte für den Benutzernamen und das Kennwort so einzugeben, dass ein nicht leerer Datensatz, wodurch der Angreifer au-

27

thentifiziert wird. Die folgenden Werte führen zum Erfolg, wobei die Anführungszeichen in *username* vom Angreifer stammen:

```
username: ' OR 1=1 OR 'x'='y
password: foo
```

Die vom Server zusammengesetzte Abfrage lautet nun:

```
select * from PASSWORDS p
where p.user = '' OR 1=1 OR 'x'='y' and p.password = 'foo';
```

Beachten Sie, dass von den acht Anführungszeichen in der Where-Klausel vier (das erste, sechste, siebte und achte) vom Server und vier (alle vom zweiten bis zum fünften) vom Angreifer stammen.

Die `where`-Klausel erscheint für SQL als die Disjunktion dreier OR-Klauseln (die letzte davon ist `'x'='y' and p.password = 'foo'`). Die mittlere ODER-Klausel ist `1=1`, was immer wahr ist. Daher ist die Anmeldung erfolgreich.

Damit dieser Angriff funktioniert, muss der Angreifer eine ziemlich gute Vorstellung davon haben, welche Abfrage der Server aus den Benutzereingaben erstellt. Zwei Dinge kommen ihm dabei zugute: Erstens sind diese Abfragen oft relativ standardisiert, und zweitens kann der Angreifer aus den bei fehlerhaften Eingaben zurückgegebenen Fehlermeldungen oft eine Menge herausfinden. In vielen Fällen geben diese Fehlermeldungen sogar Aufschluss über die verwendeten Tabellennamen (siehe auch *http://xkcd.com/327*).

27.4 Network Intrusion Detection

Hinter der *Network Intrusion Detection* steckt der Gedanke, das eigene Netzwerk auf Anzeichen von Angriffen zu überwachen. Viele neuere Netzwerk-Intrusion-Detection-Systeme (NIDS) versuchen zudem, den Angriff zu stoppen, aber auch die Bedeutung einer einfacher Überwachungs- und Meldefunktionen ist nicht zu unterschätzen. Viele Attacken (wie z. B. das Erraten von Passwörtern oder Pufferüberläufe bei aktiviertem ASLR) benötigen mehrere (Tausende oder Millionen) Versuche, und ein NIDS kann entsprechend frühzeitig davor warnen.

Es gibt auch Host-basierte Intrusion-Detection-Systeme (HIDS), die auf einem bestimmten Host laufen und diesen überwachen; diese werden wir hier nicht weiter betrachten.

Die meisten NIDS erkennen Eindringlinge entweder anhand von *Anomalien im Datenverkehr* oder aufgrund von musterbasierten *Signaturen*. Als Beispiel für Erstere könnten etwa einige wenige einzelne Pings (Abschnitt 10.4, »Internet Control Message Protocol«) akzeptabel sein, eine große Anzahl oder eine bescheidene Anzahl, die an nicht existierende Hosts gerichtet sind, könnten jedoch einen Grund zur Beunruhigung abgeben.

Was die Signaturen betrifft, so lässt sich der Angriff in Abschnitt 27.3.2, »Eine Heap-Sicherheitslücke in Zusammenhang mit JPEG«, durch die Hexadezimalzeichenfolgen 0xFFFE0000 oder 0xFFFE0001 identifizieren. Was ist mit der Attacke in Abschnitt 27.2.2, »Ein konkretes Beispiel für einen Stapelüberlauf«? Der Shellcode selbst taugt eher nicht als Signatur, da er leicht variiert werden kann. Auch der NOPslide lässt sich durch eine Vielzahl anderer Befehle ersetzen, die im aktuellen Kontext nichts bewirken, wie z. B. `sub eax,eax`. Eine der gebräuchlichsten Signaturen, die von NIDS für Überlaufangriffe herangezogen werden, ist die bloße Existenz überlanger Zeichenketten; die Rate an falsch-positiven Erkennungen ist relativ gering. Im Allgemeinen ist es jedoch nicht immer trivial, ausreichend spezifische Signaturen zu entwickeln. Ein Angriff, der sich immer wieder relativ unbedeutend verändert, nur um einer Erkennung aufgrund von Signaturen zu entgehen, wird manchmal als *polymorph* bezeichnet.

Umgehung

Das NIDS muss TCP-Ströme (und manchmal auch Sequenzen von UDP-Paketen) neu zusammensetzen, um die Signaturen abgleichen zu können. Dadurch ergibt sich die Möglichkeit der Umgehung (*Evasion*): Der Angreifer könnte die Pakete so anordnen, dass das NIDS sie auf eine Weise neu zusammensetzt und das Ziel auf eine andere. Die Möglichkeiten zur NIDS-Umgehung werden in [PN98] sehr detailliert untersucht; siehe auch [SP03].

Eine einfache Möglichkeit hierfür bieten sich überlappende TCP-Segmente. Was passiert, wenn ein Paket die Bytes 1–6 einer TCP-Verbindung als »help« enthält und ein zweites Paket die Bytes 2–7 als »armful«?

```
h e l p
  a r m f u l
```

Diese lassen sich nun entweder als »helpful« oder als »harmful« zusammenfügen. Die TCP-Spezifikation legt nicht fest, welche Variante bevorzugt wird, und verschiedene Betriebssysteme fügen diese Pakete routinemäßig auf unterschiedliche Weise neu zusammen. Wenn das NIDS die Pakete auf die eine und das Ziel auf die andere Weise neu zusammensetzt, bleibt der Angriff unentdeckt. Wenn sich der Angriff über mehrere Pakete erstreckt, gibt es möglicherweise mehr als zwei Möglichkeiten, die Pakete neu zusammenzufügen, was die Wahrscheinlichkeit erhöht, dass sie sich für das NIDS und das Ziel unterscheiden.

Eine andere Möglichkeit ist, dass eines der überlappenden Segmente eine Unregelmäßigkeit im Header aufweist (entweder im IP- oder im TCP-Header), die dazu führt, dass es vom Ziel abgelehnt wird, nicht aber vom NIDS, oder andersherum. Wenn die Pakete

```
h e l p
h a r m f u l
```

sind, und beide Systeme normalerweise Daten aus dem ersten empfangenen Segment bevorzugen, dann würden beide als »helpful« neu zusammengesetzt. Wenn jedoch das erste Paket vom Ziel aufgrund eines Header-Fehlers zurückgewiesen wird, erhält das Ziel »harmful«. Wird der Fehler vom NIDS nicht erkannt, bleibt auch das Sicherheitsproblem vom NIDS unentdeckt.

Ein sehr ähnliches Problem tritt beim Wiederzusammensetzen von IPv4-Fragmenten auf, obwohl IPv4-Fragmente an dieser Stelle schon von Haus aus verdächtig sind.

Ein Ansatz zur Verhinderung von Umgehungen besteht darin, das NIDS mit Informationen darüber zu konfigurieren, wie das eigentliche Ziel seine Fragmente neu zusammensetzt, sodass das NIDS dies abgleichen kann. Eine noch sicherere Methode besteht darin, sämtliche überlappenden Pakete vom NIDS neu zusammensetzen zu lassen und das Ergebnis dann an das potenzielle Ziel weiterzuleiten.

27.5 Ziele der Kryptografie

Im weiteren Verlauf dieses Kapitels befassen wir uns mit dem Einsatz kryptografischer Techniken in Netzwerken, um Paketinhalte zu schützen. Verschiedene Techniken behandeln unterschiedliche Probleme; es gibt drei klassische Ziele:

- **Vertraulichkeit** der Nachricht: Abhörer sollten nicht in der Lage sein, den Inhalt zu lesen.
- **Integrität** der Nachricht: Der Empfänger sollte in der Lage sein, zu überprüfen, ob die Nachricht korrekt empfangen wurde, selbst wenn es auf dem Übertragungsweg einen entschlossenen Angreifer gibt.
- **Authentifizierung** des Absenders: Der Empfänger sollte in der Lage sein, die Identität des Absenders zu überprüfen.

Kurz gesagt wird die Vertraulichkeit durch Verschlüsselung (Abschnitt 27.7, »Verschlüsselung mit gemeinsamem Schlüssel«, und Kapitel 28, »Verschlüsselung mit öffentlichem Schlüssel«), die Integrität durch sichere Hashes (Abschnitt 27.6, »Sichere Hashes«) und die Authentifizierung durch sichere Hashes und Public-Key-Signaturen gewährleistet.

Die Verschlüsselung allein gewährleistet noch nicht die Integrität der Nachricht. In Abschnitt 27.7.4, »Stromverschlüsselung«, bringen wir ein Beispiel anhand der Nachricht »Transfer $ 02000 to Mallory«. Sie wird durch XOR-Verknüpfung mit der entsprechenden Anzahl von Bytes des Schlüsselstroms verschlüsselt und durch erneute XOR-Verknüpfung entschlüsselt. Wendet der Angreifer eine erneute XOR-Verknüpfung der beiden fettgedruckten Bytes mit dem Byte (`'0' XOR '2'`) an, so wird die Nachricht zu »Transfer $ **2**0000 to Mallory«.

Ebenso gewährleistet die Integrität nicht automatisch die Authentifizierung. Zwei Parteien können einen temporären Schlüssel aushandeln, um die Integrität einer Nachricht zu gewährleisten, ohne jemals die Identität der anderen Partei festzustellen, wie es für die Authentifizierung erforderlich ist. Wenn Alice beispielsweise eine Verbindung zu einer Website über SSL/TLS herstellt, die Website jedoch nie ein SSL-Zertifikat erworben hat (Abschnitt 28.5.2, »TLS«, und Unterabschnitt »Zertifizierungsstellen«) oder Alice der Zertifizierungsstelle der Website nicht vertraut (Abschnitt 28.5.2, »TLS« und Unterabschnitt »Zertifizierungsstellen«), dann verfügt Alice zwar für ihre Sitzung über Nachrichtenintegrität, aber über keine Authentifizierung.

Zur obigen Liste könnten wir die Resistenz gegen das *erneute Ausspielen* von Nachrichten hinzufügen. Man denke an Nachrichten wie die folgende:

- »Ich, Alice, autorisiere die Zahlung von 1000 Dollar an Bob von meinem Konto«.
- Mein facebook.com-Authentifizierungs-Cookie lautet Zg8yPCDwbzJ-59Hc-DvHt67qrS

Alice möchte nicht, dass ihre Bank die erste Nachricht von mehrfach ausführt, obwohl dies gegen keine der drei oben genannten Regeln verstoßen würde. Der Eigentümer der zweiten Nachricht könnte sie gerne mehrfach wiederholen, möchte aber nicht, dass jemand *anderes* dies tun kann. Eine einfache Möglichkeit, Wiederholungsangriffe zu verhindern, ist die Einführung eines Zeitstempels oder eines Zählers für die Nachricht.

Wir könnten uns auch einen Schutz gegen Denial-of-Service-Angriffe wünschen. Solche Angriffe hängen meist mit Implementierungsfehlern zusammen. Angriffe, bei denen SSL-Benutzer am Ende eine sehr frühe Version des Protokolls und damit einen viel weniger sicheren Verschlüsselungsmechanismus aushandeln, gehören wohl zu dieser Kategorie; siehe die POODLE-Seitenleiste in Abschnitt 28.5, »SSH und TLS«.

Wir könnten uns auch einen Schutz gegen *Denial-of-Service-Angriffe* wünschen. Solche Angriffe hängen meist mit Implementierungsfehlern zusammen. Angriffe, bei denen SSL-Benutzer am Ende eine sehr frühe Version des Protokolls und damit einen viel weniger sicheren Verschlüsselungsmechanismus aushandeln, gehören wohl zu dieser Kategorie; siehe der POODLE-Kasten in Abschnitt 28.5, »SSH und TLS«.

Schließlich wird manchmal auch die *Unleugbarkeit von Nachrichten (Message Non-Repudiation*) als Ziel genannt. Im technischen – im Gegensatz zum juristischen – Bereich können wir jedoch niemals beweisen, dass Alice selbst eine Nachricht signiert hat; das Beste, was wir tun können, ist zu beweisen, dass Alices *Schlüssel* zum Signieren der Nachricht verwendet wurde. An dieser Stelle ist die Unleugbarkeit für unsere Zwecke der Authentifizierung recht ähnlich. Siehe jedoch das letzte Beispiel in Abschnitt 27.6.1, »Sichere Hashes und Authentifizierung«.

Alice und Bob

Kryptografen verwenden in der Regel Alice und Bob anstelle von A und B als Namen der Parteien, die sich gegenseitig verschlüsselte Nachrichten schicken. Diese Tradition geht mindestens bis auf [RSA78] zurück. Andere Parteien sind manchmal Eve, die Lauscherin, und Mallory, der aktive Angreifer (und Initiator von Man-in-the-Middle-Angriffen). (In diesem Artikel werden die Namen Aodh und Bea eingeführt, wenn auch nicht speziell für die Kryptografie: *http://www.maa.org/external_archive/columns/colm/cardcolm200502.html*. Der irische Name Aodh wird in etwa wie »Eh« ausgesprochen).

27.6 Sichere Hashes

Wie lässt sich feststellen, ob eine Datei geändert wurde? Eine Möglichkeit besteht darin, die Prüfsumme der Datei aufzuzeichnen, zum Beispiel unter Verwendung der Internet-Prüfsumme aus Abschnitt 7.4, »Fehlererkennung«. Wenn die potenzielle Dateibeschädigung zufällig ist, bleibt Veränderung der Datei nur mit einer Wahrscheinlichkeit von 1 zu 2^{16} unentdeckt.

Wenn die Änderung jedoch *absichtlich* erfolgt, ist es leider recht einfach, die Datei so zu modifizieren, dass sie die gleiche Prüfsumme wie das Original hat. Wenn die Originaldatei die Prüfsumme c_1 hat und die Prüfsumme nach der anfänglichen Änderung nun c_2 ist, dann müssen wir nur die 16-Bit-Menge $c_2 - c_1$ anhängen, um eine Datei mit der Prüfsumme c1 zu erstellen (wobei die Subtraktion mittels Einerkomplement erfolgt; dieses Verfahren müssen wir leicht abändern, wenn die Anzahl der Bytes in der ursprünglich veränderten Datei ungerade ist). Die CRC-Prüfsummenfamilie der Prüfsummen ist fast genauso leicht zu überlisten.

Das Ziel eines *kryptografisch sicheren Hashes* ist es, eine Hash-Funktion zu schaffen – wir wollen sie nicht als »Prüfsumme« bezeichnen, da auf einfachen Summen basierende Hashes alle die oben erwähnte Unsicherheit aufweisen – die sich auf diese Weise nahezu unmöglich austricksen lässt. Konkret sollte unsere Hash-Funktion folgende Bedingungen erfüllen:

- Die Kenntnis des Hashes sollte keinen praktischen Aufschluss über die Nachricht geben
- Für einem gegebenen Hash-Wert sollte es keine praktikable Möglichkeit geben, eine Nachricht zu finden, die diesen Hash liefert

Ein etwas einfacheres Problem als das zweitgenannte besteht darin, zwei Nachrichten zu finden, die denselben Hash-Wert haben; dies wird manchmal als *Kollisionsproblem* bezeichnet. Wenn das Kollisionsproblem für eine Hash-Funktion gelöst wurde, ist es (höchste) Zeit, sie als potenziell unsicher zu betrachten und aufzugeben.

Wird auch nur ein einziges Bit in der Eingabe geändert, ist die Ausgabe der Secure-Hash-Funktion in der Regel eine völlig andere.

In den 1990er Jahren waren 128-Bit-MD5 (RFC 1321, basierend auf MD4, [RR91]) und das von der NSA entwickelte 160-Bit-SHA-1 beliebte Hash-Funktionen; SNMPv3 (Abschnitt 26.3, »SNMPv3«) hat ursprünglich beide unterstützt (Abschnitt 26.3.2, »Kryptografische Grundlagen«). MD5-Kollisionen (zwei Nachrichten mit demselben Hash-Wert) wurden 2004 bekannt, und Kollisionen, bei denen beide Nachrichten aussagekräftig waren, im Jahr 2005; solche *Kollisionsattacken* führen dazu, dass dem Verfahren in puncto Sicherheit nicht mehr vertraut werden kann.

Zu den derzeit (2014) als sicher geltenden Hash-Funktionen gehört die SHA-2-Familie mit ihren Varianten von 224 Bit bis 512 Bit (jeweils einzeln als SHA-224 bis SHA-512 benannt).

Ein gängiges Verfahren zur Gestaltung sicherer n-Bit-Hash-Funktionen ist die Merkle-Dåmgard-Konstruktion ([RM88], [ID89]); MD5, SHA-1 und SHA-2 basieren ebenfalls darauf.

Zunächst wird der n-Bit-Ausgangszustand festgelegt. Auf diesen wird dann eine Reihe von Transformationen $H_i(x,y)$ angewendet, die jeweils einen n-Bit-Block x und einige zusätzliche Bits y verarbeiten und einen aktualisierten n-Bit-Block zurückgeben.

Diese Transformationen ähneln gewöhnlich den *Rundenfunktionen* einer Blockchiffre; ein typisches Beispiel dafür finden Sie in Abschnitt 27.7.2, »Blockverschlüsselung«. Bei der Verschlüsselung wird der Parameter y für den Schlüssel oder eine Teilfolge des Schlüssels verwendet; bei Secure-Hash-Funktionen enthält der Parameter y eine Teilfolge der Eingabenachricht. Dieser Satz von Transformationen wird wiederholt angewendet, während der Prozess über die gesamte Eingabenachricht iteriert; das Ergebnis des Hashes ist der abschließende n-Bit-Zustand.

Bei der MD5-Hash-Funktion wird die Eingabe in Blöcken zu je 64 Byte verarbeitet. Jeder Block ist in sechzehn 32-Bit-Wörter unterteilt. Ein solcher Eingabeblock führt zu 64 Iterationen aus einer Reihe von sechzehn Rundenfunktionen H_i, von denen jede insgesamt viermal angewendet wird.

Jedes 32-Bit-Eingabewort wird viermal als »Schlüssel«-Parameter für eine der H_i-Funktionen verwendet. Wenn die Gesamtlänge der Eingabe kein Vielfaches von 512 Bit ist, wird diese entsprechend aufgefüllt; das Padding enthält ein Längenattribut, sodass zwei Nachrichten, die sich nur durch die Padding-Länge unterscheiden, nicht denselben Hash-Wert ergeben sollten.

Obwohl dieses Verfahren im Allgemeinen als sicher gilt und auch von der SHA-2-Familie verwendet wird, leidet es unter einem Problem, das manchmal als *Length-Extension*-Schwachstelle bezeichnet wird. Wenn h = hash(m), dann ist der Wert h einfach der Endzustand, nachdem der obige Mechanismus die Nachricht m verarbeitet hat. Ein Angreifer, der nur h kennt, kann dann den obigen Algorithmus mit h initialisieren und ihn fortsetzen, um den Hashwert h' = hash(m⁀m') für eine beliebige Nachricht m' zu finden, die an das Ende von m angehängt wird, *ohne m zu kennen*. Wenn die ursprüngliche Nachricht m zu Nachricht m_p aufgefüllt wurde, findet der Angreifer h' = hash(m_p⁀m'), aber das ist oft genug. Diese Schwachstelle muss daher beim Einsatz von Secure-Hash-Funktionen zur Authentifizierung von Nachrichten berücksichtigt werden.

Die SHA-3-Familie von Hash-Funktionen verwendet nicht die Merkle-Dåmgard-Konstruktion und gilt auch nicht als anfällig für Length-Extension-Angriffe.

27.6.1 Sichere Hashes und Authentifizierung

Sichere Hash-Funktionen können zur Authentifizierung von Nachrichten verwendet werden. Angenommen, Sender und Empfänger teilen sich einen geheimen, im Voraus vereinbarten »Schlüssel« K, eine zufällige Zeichenfolge mit einer vergleichbaren Länge wie jener des Hash-Werts. Dann kann der Absender im Prinzip den Wert h = hash(K⁀m) an die Nachricht m anhängen. Der Empfänger, der K kennt, kann diesen Wert neu berechnen und überprüfen, ob das an die Nachricht angehängte h korrekt ist. Theoretisch könnte nur jemand, der K kennt, h berechnen.

Diese spezielle Implementierung mit hash(K⁀m) wird durch die im vorangegangenen Abschnitt beschriebene Schwachstelle der Längenausdehnung untergraben. Wenn die Hash-Funktion diese Schwachstelle aufweist und der Absender die Nachricht m zusammen mit hash(K⁀m) überträgt, dann kann ein Angreifer dies in Nachricht m⁀m' mit hash(K⁀m⁀m') umändern, ohne K zu kennen.

Dieses Problem kann durch Umkehrung der Reihenfolge und Verwendung von hash(m⁀K) umgangen werden, aber daraus ergibt sich nun eine potenzielle Kollisionsanfälligkeit: Wenn die Hash-Funktion die Length-Extension-Schwachstelle aufweist und zwei Nachrichten m_1 und m_2 denselben Hash-Wert ergeben, dann gilt dies auch für m_1⁀K und m_2⁀K.

Unter Berücksichtigung dieser Schwachstellen definiert RFC 2104 den *Hash Message Authentication Code* (HMAC) wie folgt; er kann mit jeder Secure-Hash-Funktion verwendet werden, unabhängig davon, ob sie die Length-Extension-Schwachstelle aufweist oder nicht. Die Länge von 64 Byte ist hier von der typischen Länge des Eingabeblocks vieler Secure-Hash-Funktionen geschuldet; sie kann bei Bedarf erhöht werden.

- Der gemeinsame Schlüssel K wird durch Auffüllen mit Nullen auf 64 Byte verlängert.
- Die String-Konstante ipad wird durch 64-malige Wiederholung des Oktetts 0x36 (0011 0110) gebildet.
- Die String-Konstante opad wird durch 64-malige Wiederholung von 0x5c (0101 1100) gebildet.
- Wir setzen K1 = K XOR ipad.
- Wir setzen K2 = K XOR opad.

Der HMAC-Wert ergibt sich schließlich aus

```
HMAC = hash(K2 ⁀ hash(K1⁀mesg))
```

Die Werte 0x36 (0011 0110) und 0x5c (0101 1100) sind nicht entscheidend, aber die XOR-Verknüpfung dieser Werte ergibt bewusst eine angemessene Anzahl von 0-Bits und 1-Bits; siehe [BCK96].

Der HMAC-Algorithmus gilt überraschenderweise auch dann als sicher, wenn die zugrunde liegende Hash-Funktion anfällig für bestimmte Kollisionsattacken ist; siehe [MB06] und RFC 6151. Allerdings kann eine für Kollisionsangriffe anfällige Hash-Funktion auch andere Schwachstellen aufweisen, sodass HMAC-MD5 trotzdem abgelöst werden sollte.

Die Vereinbarung des gemeinsamen Schlüssels K kann ein erhebliches Hindernis darstellen, genau wie bei Verschlüsselungsverfahren mit vorher vereinbarten Schlüsseln (Abschnitt 27.7, »Verschlüsselung mit gemeinsamem Schlüssel«). Wenn Alice und Bob sich persönlich treffen, um den Schlüssel K auszutauschen, dann kann Alice HMAC zur Authentifizierung von Bob verwenden, solange K nicht kompromittiert ist: Wenn Alice eine mit K signierte Nachricht erhält, weiß sie, dass sie von Bob stammen muss.

Manchmal wird K jedoch auf Sitzungsbasis ausgehandelt, ohne dass eine endgültige »persönliche« Authentifizierung der anderen Partei erfolgt. Dies ist vergleichbar mit Alice und jemandem, der behauptet, »Bob« zu sein, die einen Kodierungsschlüssel unter Verwendung des Diffie-Hellman-Merkle-Mechanismus (Abschnitt 27.8) auswählen; eine solche Schlüsselauswahl ist sicher und erfordert nicht, dass Alice oder Bob einander vorher kennen. In der HMAC-Umgebung kann Alice sicher sein, dass jede HMAC-signierte Nachricht von demselben »Bob« gesendet wurde, der den Schlüssel ausgehandelt hat, und nicht von einem Dritten (vorausgesetzt, keine der beiden Seiten hat den Schlüssel K weitergegeben). Dies gilt selbst dann, wenn Alice nicht sicher ist, dass »Bob« der echte Bob ist, oder keine Ahnung hat, wer »Bob« sein könnte. Die Signatur garantiert die *Integrität* der Nachricht, dient aber auch zur *Authentifizierung*, dass der Absender derselbe ist, der die vorherigen Nachrichten aus derselben Reihe gesendet hat.

Wenn Alice schließlich eine Nachricht von Bob erhält, die mit HMAC unter Verwendung eines vorher vereinbarten geheimen Schlüssels K signiert wurde, kann Alice der Signatur zwar selbst vertrauen, aber sie kann niemandem sonst beweisen, dass K zum Signieren der Nachricht verwendet wurde, ohne K preiszugeben. Sie kann auch niemandem sonst beweisen, dass Bob die einzige andere Partei ist, die K kennt. Daher bietet dieser Signaturmechanismus zwar eine Authentifizierung, aber keine Unleugbarkeit.

27.6.2 Passwort-Hashes

Benutzerpasswörter werden auf Servern grundsätzlich nicht direkt gespeichert, sondern in Form eines Hashes, h(p). Die oben genannten kryptografischen Hash-Funktionen, z. B. MD5 und SHA-n, funktionieren gut, solange die Passwortdatei selbst nicht gefährdet ist. Diese Funktionen laufen jedoch alle (gewolltermaßen) sehr schnell ab, sodass ein Angreifer, der die Passwortdatei in die Hände bekommt, in der Regel Passwörter extrahieren kann, indem er einfach den Hash jedes möglichen Passworts berechnet. Es gibt etwa 2^{14} englische Wörter mit sechs Buchstaben und somit etwa 2^{38} Kennwörter, die aus zwei solchen Wörtern und drei Ziffern bestehen. Derartige Passwörter werden im Allgemeinen als relativ stark angesehen, aber die Brute-Force-Berechnung von h(p) für 2^{38} mögliche Werte von p ist für die bisher betrachteten Hash-Algorithmen durchaus machbar. Pro Sekunde lassen sich selbst mit alter und nicht besonders schneller Hardware durchaus 10^8 MD5-gehashte Passwörter überprüfen; das bedeutet, dass $2^{38} = 256 \times 2^{30} \simeq 256 \times 10^9$ Passwörter in weniger als 45 Minuten überprüft werden können. Beim Einsatz einer GPU erhöht sich die Geschwindigkeit um mindestens das 10-Fache. In der Cloud können Sie besonders ausgestattete Modelle mieten, die diese Aufgaben in Sekunden bewältigen können.

Um dieses Problem zu lösen, wurden spezielle Hash-Verfahren entwickelt. Zwei bekannte Beispiele sind scrypt ([CP09] und *https://tools.ietf.org/html/draft-josefsson-scrypt-kdf-00*) und bcrypt. Ein neuerer Vertreter ist Argon2, während PBKDF2 schon ein Klassiker ist. Ziel ist es, eine Hash-Funktion zu entwickeln, deren Berechnung – im Idealfall – etwa eine Sekunde dauert und die sich nicht durch große vorberechnete Tabellen beschleunigen lässt. Typischerweise sind sie etwa tausend- bis millionenfach langsamer als herkömmliche Hash-Funktionen wie MD5 und die SHA-2-Familie; eine millionenfach langsamere Hash-Funktion entspricht einer Passwortverlängerung um 20 Zufallsbits ($10^6 \simeq 2^{20}$). [ACPRT16] liefert eine theoretische Analyse zur Effektivität von scrypt in diesem Zusammenhang. Siehe auch RFC 2898, Abschnitt 4.2, obwohl der dortige Vorschlag nur um das Tausendfache langsamer ist.

Gute Kennworttabellen enthalten auch ein *Salt* oder eine *Nonce*: eine zufällige Zeichenfolge s wird ausgewählt und vor dem Hashing an das Passwort angehängt; der Passwortdatensatz wird als das Paar ⟨s,h(p⁀s)⟩ gespeichert. Das bedeutet, dass das

Knacken des Passworts eines Benutzers einen zweiten Benutzer, der genau dasselbe Passwort gewählt hat, nicht enttarnt, solange der zweite Benutzer ein anderes Salt s hat. Die oben genannten Szenarien ändern sich durch das Salting allerdings nicht.

27.6.3 CHAP

Sichere Hashes können auch verwendet werden, um eine sichere passwortbasierte Anmeldeauthentifizierung unter den Bedingungen eines Lauschangriffs zu ermöglichen. Zu den konkreten Implementierungen gehören CHAP, das Challenge-Handshake Authentication Protocol (RFC 1994) und MS-CHAP von Microsoft (Version 1 in RFC 2433 und Version 2 in RFC 2759). Die Grundidee ist, dass der Server eine zufällige Zeichenfolge (die »Challenge«) sendet und der Client dann eine Antwort erstellt, die aus einem sicheren Hash der Challenge-Zeichenfolge besteht, die mit dem Benutzerkennwort (und möglicherweise weiteren Informationen) verkettet ist. Unter der Annahme, dass der sichere Hash tatsächlich sicher ist, kann nur jemand, der im Besitz des Benutzerkennworts ist, diese Antwort erstellt haben. Aus demselben Grund kann ein Lauscher das Kennwort nicht aus der Antwort herauslesen.

Während solche Protokolle recht sicher sein können, wenn es darum geht, dem Server zu bestätigen, dass der Client das Kennwort kennt, weist die CHAP-Strategie eine grundlegende Schwachstelle auf: Der Server muss das Passwort im Klartext speichern, statt nur einen sicheren Hash davon zu erstellen (wie im vorherigen Abschnitt). Ein Angreifer, der sich mit der Passwortdatei des Servers aus dem Staub macht, hat dann alles in der Hand; ein Brute-Forcing des Passworts ist nicht erforderlich. Aus diesem Grund bauen neuere Authentifizierungsprotokolle oft zuerst einen verschlüsselten Kanal auf (z. B. mit TLS, Abschnitt 28.5.2, »TLS«) und verwenden dann diesen sicheren Kanal für den Austausch von Anmeldedaten. Dazu gehört unter Umständen die Übermittlung des Passworts im *Klartext*, was es dem Server dann natürlich erlaubt, nur gehashte Passwörter zu speichern. Wie das nächste Beispiel zeigt, *ist* es jedoch möglich, sich zu authentifizieren, ohne dass der Server Passwörter im Klartext speichert und ohne dass das Passwort überhaupt im Klartext übertragen wird.

27.6.4 SCRAM

SCRAM (*Salted Challenge-Response Authentication Mechanism*), RFC 5802, ist ein Authentifizierungsprotokoll mit folgenden Merkmalen:

- Das Client-Passwort wird nicht im Klartext übertragen
- Der Server speichert das Client-Passwort nicht im Klartext
- Wenn die gehashten Anmeldeinformationen des Servers kompromittiert werden, kann sich ein Angreifer trotzdem nicht authentifizieren

Wir stellen eine stark abgespeckte Version des Protokolls vor: Das Salting des Passworts wurde aus Übersichtlichkeitsgründen weggelassen, und der Austausch selbst wurde stark vereinfacht. Der ClientKey ist eine gehashte Version des Passworts; was der Server speichert, ist ein sicherer Hash des *ClientKey*, genannt *StoredKey*:

```
StoredKey = hash(ClientKey)
```

Der Austausch beginnt damit, dass der Server einen zufälligen *nonce*-String an den Client sendet. Der Client berechnet nun die *ClientSignature* wie folgt:

```
ClientSignature = hash(StoredKey, nonce)
```

Nur ein Angreifer, der diesen Austausch mitgehört hat, kann die ClientSignature replizieren, der Server kann sie jedoch berechnen. Der Client sendet dann Folgendes an den Server:

```
ClientKey XOR ClientSignature
```

Da der Server ClientSignature berechnen kann, kann er ClientKey extrahieren und verifizieren, dass h(ClientKey) = StoredKey ist. Ein Angreifer, der StoredKey vom Server erhalten hat, kann zwar ClientSignature generieren, nicht aber ClientKey.

Ein Angreifer, der sowohl den StoredKey vom Server erbeutet als auch einen Austausch zwischen Client und Server belauscht hat, kann jedoch die ClientSignature erzeugen und damit den ClientKey extrahieren. Der Angreifer kann sich dann zu einem späteren Zeitpunkt mit ClientKey authentifizieren. Aus diesem Grund wird für die Authentifizierung immer noch ein sicherer Tunnel benötigt. In Anbetracht des Vorhandenseins eines solchen Tunnels scheint der SCRAM-Ansatz eine relativ bescheidene Sicherheitsverbesserung gegenüber dem Senden des Passworts im Klartext zu bieten. Beachten Sie jedoch, dass der Server bei SCRAM das Passwort überhaupt nicht sieht, d. h., wenn sich der Client versehentlich mit dem falschen Server verbindet, wird das Passwort nicht preisgegeben.

Eine weitere Form der gegenseitigen Passwortauthentifizierung finden Sie weiter unten in Abschnitt 27.8.2, »Simultaneous Authentication of Equals«.

27.7 Verschlüsselung mit gemeinsamem Schlüssel

Sichere Hashes können eine Authentifizierung bieten, aber um einen Abhörschutz zu gewährleisten, brauchen wir eine Verschlüsselung. Die *Public-Key-Verschlüsselung* (Kapitel 28, »Verschlüsselung mit öffentlichem Schlüssel«) mag vielleicht etwas glamouröser sein, aber das Arbeitstier in der der Verschlüsselungswelt ist immer noch die *Shared-Key-Verschlüsselung*, die auch als *symmetrische Verschlüsselung* bezeichnet wird. Hierbei ist jede Partei im Besitz eines Schlüssels K, der sowohl zur Verschlüsselung als auch zur Entschlüsselung dient.

Verschlüsselungsverfahren mit gemeinsamem Schlüssel sind oft recht schnell; die Verschlüsselung mit öffentlichem Schlüssel ist im Allgemeinen um mehrere Größenordnungen langsamer. Wenn zwei Parteien, die keinen gemeinsamen Schlüssel haben, miteinander kommunizieren wollen, verwenden sie daher die Public-Key-Verschlüsselung fast immer nur zum Austausch eines Schlüssels für eine Shared-Key-Verschlüsselung, die dann für die eigentlichen Nachrichten verwendet wird.

Typische Schlüssellängen für als sicher erachtete Shared-Key-Verfahren liegen zwischen 128 Bit und 256 Bit. Für die meisten Shared-Key-Verschlüsselungsalgorithmen sind keine Angriffe bekannt, die wesentlich schneller als Brute Force-Angriffe wären, und $2^{256} \simeq 10^{77}$ ist eine ziemlich große Zahl.

Verschlüsselungsverfahren mit geteiltem Schlüssel können entweder als *Blockverschlüsselung* ausgelegt sein, bei der die Daten in Blöcken von typischerweise 8 Byte Länge verschlüsselt werden, oder als *Stream-Verschlüsselung*, bei der ein pseudozufälliger *Keystream* erzeugt wird. Jedes Byte (oder sogar Bit) der Nachricht wird dann (üblicherweise) durch eine XOR-Verknüpfung mit dem entsprechenden Byte dieses Schlüsselstroms verschlüsselt.

27.7.1 Sitzungsschlüssel

Je mehr Nachrichten mit einem Schlüssel verschlüsselt werden, desto mehr Informationen hat ein potenzieller Abhörer, um einen Angriff zum Knacken des Codes zu starten. Wenn Alice und Bob einen im Voraus vereinbarten gemeinsamen geheimen Schlüssel K haben, ist es daher durchaus üblich, dass sie den Großteil ihres Nachrichtenaustauschs mit temporären *Sitzungsschlüsseln* (Session Keys) verschlüsseln, die jeweils für einen Zeitraum von Minuten bis Tagen verwendet werden. Der geheime Schlüssel K wird dann möglicherweise nur zum Austausch neuer Sitzungsschlüssel und zur Verhinderung von Man-in-the-Middle-Angriffen (Abschnitt 28.3, »Vertrauen und der Mann in der Mitte«) verwendet, indem damit wichtige Nachrichten signiert werden. Wenn der Diffie-Hellman-Merkle-Schlüsselaustausch verwendet wird, ist K möglicherweise *ausschließlich* für das Signieren von Nachrichten reserviert.

Manchmal handelt es sich bei den Sitzungsschlüsseln um gänzlich andere und zufällig gewählte Schlüssel; wenn ein solcher Schlüssel entdeckt wird, erfährt der Angreifer nichts über den geheimen Schlüssel K. In anderen Fällen ist der Sitzungsschlüssel eine Kombination aus K und einigen zusätzlichen Informationen (z. B. einem Initialisierungsvektor), die im Klartext übertragen wird. Der Sitzungsschlüssel könnte dann die Verkettung von K und dem Initialisierungsvektor oder das XOR der beiden sein. Bei diesen beiden Ansätzen hat ein Lauscher, der den Sitzungsschlüssel herausfindet, auch den geheimen Schlüssel K, aber die Verwendung solcher Sitzungsschlüssel kann trotzdem jeglichen Versuch zum Knacken des Codes erheblich erschweren.

In Abschnitt 28.2, »Vorwärts gerichtete Geheimhaltung«, betrachten wir das umgekehrte Problem, wie Alice und Bob einen Sitzungsschlüssel geheim halten können, selbst wenn der geheime Schlüssel kompromittiert ist.

27.7.2 Blockverschlüsselung

Wie bereits erwähnt, verschlüsselt eine Blockchiffre Daten blockweise, in der Regel mit einer Schlüssellänge, die die Blockgröße übersteigt. Eine typische Blockverschlüsselung erfolgt durch die iterative Anwendung einer Reihe von *Rundenfunktionen*, die jeweils den Block aktualisieren und eine rundenabhängige Teilfolge des Schlüssels als Hilfseingabe verwenden. Wenn wir mit einem Klartextblock P beginnen und alle Rundenfunktionen der Reihe nach anwenden, ist das Ergebnis der verschlüsselte Textblock $C = E(P,K) = E_K(P)$. Der Prozess kann umgekehrt werden, sodass $P = D(C,K) = D_K(C)$.

Ein gängiges Verfahren ist das *Feistelnetzwerk*. In einer solchen Anordnung wird der Block in zwei oder mehr Wörter unterteilt, die entsprechend der Maschinenarchitektur dimensioniert sind; ein 8-Byte-Block wird typischerweise in zwei 32-Bit-Wörter unterteilt, die wir L und H für Low und High nennen können. Eine typische Rundenfunktion hat nun die folgende Form, wobei K der Schlüssel ist und F(x,K) ein Wort x und den Schlüssel K entgegennimmt, um ein neues Wort zurückzugeben:

$\langle L,H \rangle \longrightarrow \langle H, L \text{ XOR } F(H,K) \rangle$

Grafisch wird dies oft wie in Abbildung 27.4 dargestellt:

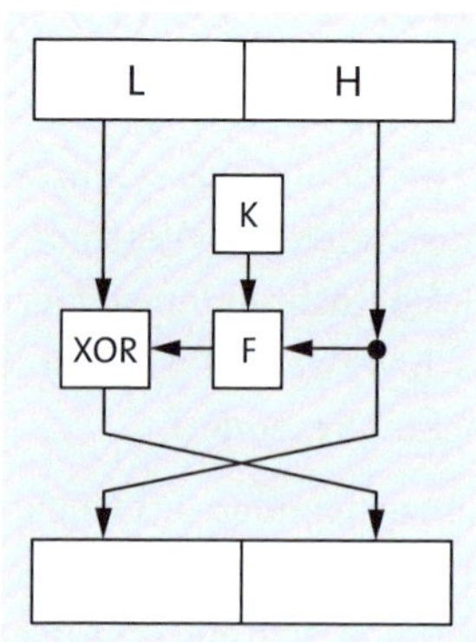

Abbildung 27.4 Feistelnetzwerk

In einer Runde wird hier nur die Hälfte des Blocks verschlüsselt, aber die andere Hälfte wird in der nächsten Runde verschlüsselt (aus diesem Grund wird der obige Vorgang manchmal auch als Halbrunde bezeichnet). Die gesamte Rundenanzahl liegt normalerweise zwischen 10 und 50. Die Kunst bei der Entwicklung hochwertiger Blockverschlüsselungen besteht vor allem darin, Rundenfunktionen zu entwickeln, die insgesamt sehr schnell ausgeführt werden können, ohne dass dabei Schwachstellen entstehen. Je mehr Runden, desto langsamer.

Die interne Funktion F, die oft für jede Runde unterschiedlich ist, kann nur eine bestimmte Teilmenge der Bits im Schlüssel K betrachten. Beachten Sie, dass die obige Operation unabhängig von F invertierbar ist, d. h. entschlüsselt werden kann; angesichts der rechten Seite kann der Empfänger F(H,K) berechnen und somit durch XOR-Verknüpfung mit L XOR F(H,K) L wiederherstellen. Dies gilt auch dann, wenn die XOR-Verknüpfung, wie es manchmal der Fall ist, durch eine normale Addition ersetzt wird.

Krypto-Gesetze

Die erwähnte Salsa20-Verschlüsselung gehört zur von Daniel Bernstein entwickelten »Snuffle«-Familie, die auf Secure-Hash-Funktionen basiert. Im vorigen Jahrhundert verbot die US-Regierung die Ausfuhr von Verschlüsselungsalgorithmen, nicht aber die von Secure-Hash-Funktionen. Auch die Ausfuhr (und damit die Veröffentlichung) einer von Bernsteins Arbeiten wurde einmal verboten; er klagte dagegen. 1999 entschied das US-Berufungsgericht für den neunten Bezirk zu seinen Gunsten. Das Gerichtsurteil ist die einzige mir bekannte Berufungsentscheidung, die (in ihren Fußnoten) nicht nur Codebeispiele in C, sondern auch in Lisp enthält: *http://epic.org/crypto/export_controls/bernstein_decision_9_cir.html*

Eine einfache Funktion F könnte das Ergebnis der XOR-Verknüpfung von H und einer Teilmenge der Bits von K zurückgeben. Dies ist aber meist etwas zu einfach. Eine normale Modulo-32-Addition von H und einer Teilmenge von K funktioniert oft gut; das Zusammenspiel von Addition und XOR-Operationen führt zu einer beträchtlichen Bitverschiebung (oder *Diffusion*, um in der Sprache der Kryptografie zu bleiben). Andere in F(H,K) verwendete Operationen sind boolesche UND- und ODER-Operationen. Eine 32-Bit-Multiplikation führt zu einer beträchtlichen Bitverschiebung, ist aber häufig rechenintensiver. Die *Salsa20*-Chiffre aus [DB08] setzt nur auf XOR und Addition, um schneller zu sein.

Es ist nicht ungewöhnlich, dass die Rundenfunktion auch eine *Bitrotation* von L und/oder H durchführt; das Ergebnis einer Bitrotation von 1000 **11**10 um zwei Stellen nach links ist etwa 0011 1010.

Wenn größere Blöcke gewünscht sind, z. B. 128 Bit, wir aber trotzdem die Effizienz von 32-Bit-Operationen nutzen wollen, lässt sich der Block in ⟨A,B,C,D⟩ unterteilen. Die Rundenfunktion könnte dann lauten

⟨A,B,C,D⟩ ⟶ ⟨B,C,D, (A XOR F(B,C,D,K)) ⟩

Wie bereits erwähnt, verwenden viele Secure-Hash-Funktionen Blockverschlüsselungsrundenfunktionen, die anstelle des Schlüssels aufeinanderfolgende Teile der zu hashenden Nachricht verwenden. Beim MD5-Algorithmus wird der obige Block A in die 32-Bit-Summe des Eingabe-Nachrichtenfragments M, einer Konstante K und G(B,C,D) umgewandelt, welches einer beliebigen von mehreren booleschen Kombinationen aus B, C und D entsprechen kann.

Eine Alternative zu den Feistelnetzwerken für Blockverschlüsselungen ist die Nutzung sogenannter Substitutions-Permutations-Netzwerke.

Die erste weit verbreitete Blockverschlüsselung war der staatlich anerkannte Datenverschlüsselungsstandard *DES* (üblicherweise als »dies« ausgesprochen). Er wurde bis 1974 bei IBM entwickelt und dann vom US National Bureau of Standards (NBS) als US-Standard ausgewählt, nachdem die National Security Agency (NSA) einige Änderungen empfohlen hatte. Eine der Empfehlungen der NSA lautete, dass eine Schlüsselgröße von 56 Bit ausreichend sei; dies war zu einer Zeit, als die US-Regierung sehr besorgt über die Verbreitung starker Verschlüsselungstechnologien war. Viele Menschen gingen jahrelang davon aus, dass die NSA absichtlich noch weitere Schwachstellen in DES eingebaut hatte, um das Abhören durch die Regierung zu erleichtern, aber nach vierzig Jahren wurde keine derartige Schwachstelle mehr entdeckt, und dies scheint daher nicht mehr so wahrscheinlich. Der Verdacht, dass die NSA in den 1970er Jahren bereits über die Mittel verfügte, um DES per Brute-Force zu cracken ist jedoch recht plausibel.

Im Jahr 1997 startete ein akademisches Team einen erfolgreichen Brute-Force-Angriff auf DES. Im darauffolgenden Jahr baute die Electronic Frontier Foundation (EFF) für rund 250.000 US-Dollar einen Hardware-Cracker, der DES in wenigen Tagen knacken konnte.

In einem Versuch, die Sicherheit von DES zu verbessern, wurde Triple-DES oder *3DES* eingeführt. Es wurde erst in den späten 1990er Jahren zu einem offiziellen Standard, aber eine Form mit zwei Schlüsseln wurde bereits 1978 vorgeschlagen. 3DES umfasst drei Anwendungen von DES mit den Schlüsseln $\langle K1,K2,K3\rangle$; die Verschlüsselung eines Klartextes P zu einem Chiffretext C erfolgt durch $C = E_{K3}(D_{K2}(E_{K1}(P)))$. Die mittlere Entschlüsselungsoption D_{K2} bedeutet, dass der Algorithmus auf DES reduziert wird, wenn $K1 = K2 = K3$ sind; sie reduziert auch die Anfälligkeit für eine besondere, als »meet in the middle« bekannte Schwachstelle (ohne Bezug zu »man in the middle«). In [MH81] wird geschätzt, dass 3DES mit drei verschiedenen Schlüsseln eine Stärke hat, die ungefähr $2 \times 56 = 112$ Bit entspricht. In der gleichen Arbeit wird auch der »meet-in-the-middle«-Angriff eingesetzt, um zu zeigen, dass eine reine Doppel-DES-Verschlüsselung $C = E_{K2}(E_{K1}(P))$ lediglich eine effektive Schlüsselstärke von nur 56 Bit hat – also nicht besser als ein einfaches DES –, wenn ausreichende Mengen an Klartext und zugehörigem Chiffretext bekannt sind.

Da die Bedenken hinsichtlich der Sicherheit von DES immer größer wurden, begann das US National Institute of Standards and Technology (NIST, der neue Name für die NBS) mit der Suche nach einem Ersatz.

Das Ergebnis war der Advanced Encryption Standard (*AES*), der im Jahr 2001 offiziell verabschiedet wurde. AES unterstützt Schlüssellängen von 128, 192 und 256 Bit. Der Algorithmus ist in [DR02] beschrieben und basiert auf der Rijndael-Verschlüsselungsfamilie; der Name Rijndael (»rain-dahl«) ist eine Kombination der Namen der Autoren.

Zu den früheren Verschlüsselungsalgorithmen neben DES gehören *IDEA*, der in [LM91] beschriebene International Data Encryption Algorithm und *Blowfish*, beschrieben in [BS93]. Beide nutzen 128-Bit-Schlüssel. Der IDEA-Algorithmus wurde patentiert; Blowfish wurde absichtlich nicht patentiert. Ein Nachfolger von Blowfish ist Twofish.

27.7.3 Verschlüsselungsmodi

Der einfachste »Verschlüsselungsmodus« für eine Blockchiffre besteht darin, jeden Eingabeblock separat zu verschlüsseln. Das heißt, wenn P_i der i-te Klartextblock ist, dann ist der i-te verschlüsselte Textblock C_i $E(P_i,K)$. Dieses Verfahren wird als Electronic-Codebook- oder *ECB*-Modus bezeichnet.

ECB ist anfällig für Angriffe mit bekanntem Klartext. Angenommen, der Angreifer weiß, dass die Nachricht die folgende Form hat, wobei die vertikalen Linien die Blockgrenzen darstellen:

```
Bank Transfer   |  to MALLORY   |  Amount $1000
```

Wenn der Angreifer auch den verschlüsselten Text für »Amount $100,000« kennt und in der Lage ist, die Nachricht umzuschreiben (oder eine neue Nachricht einzuschleusen), dann kann der Angreifer die ersten beiden Blöcke oben mit dem dritten $100,000-Block kombinieren, um eine doch recht anderslautende Nachricht zu erstellen, ohne den Schlüssel zu kennen. Auf Wikipedia findet sich ein bemerkenswertes Beispiel dafür, wie ECB daran scheitert, ein verschlüsseltes Bild wirksam zu verbergen: *http://en.wikipedia.org/wiki/Block_cipher_mode_of_operation*

Unterm Strich wird ECB daher nur selten verwendet. Eine gängige Alternative ist der Cipher-Block-Chaining- oder *CBC*-Modus. In diesem Modus erfährt jeder Klartextblock vor der Verschlüsselung eine XOR-Verknüpfung mit dem vorhergehenden verschlüsselten Textblock:

$$C_i = E(K, C_{i-1} \text{ XOR } P_i)$$

Zum Entschlüsseln verwenden wir

$$P_i = D(K, C_i) \text{ XOR } C_{i-1}$$

Wenn wir es dabei belassen würden, hieße dies, dass, wenn zwei Nachrichten mit mehreren identischen Klartextblöcken beginnen, auch die verschlüsselten Nachrichten mit identischen Blöcken beginnen würden. Um dies zu verhindern, besteht der erste verschlüsselte Textblock C_0 aus einer zufälligen Zeichenfolge, dem so genannten *Initialisierungsvektor* (IV). Der Klartext beginnt dann erst ab Block P_1. Der IV wird im Klartext gesendet, enthält aber keine vertraulichen Informationen.

CBC funktioniert gut, wenn zuverlässige Datenströme verschlüsselt werden, die etwa über TCP eingehen. Schwieriger wird es mit CBC, wenn einige Pakete verloren gehen, wie es etwa bei UDP-Übertragungen vorkommen kann. Wenn ein verschlüsselter Block verloren geht, sagen wir C_{i-1}, dann können wir C_i nicht entschlüsseln, weil wir den verlorenen Block mit XOR in unseren endgültigen Mix einbeziehen müssen. Wir *können* C_{i+1} und die nachfolgenden verschlüsselten Blöcke entschlüsseln, aber wenn C_i einen Paketanfang markiert, dann ist dieses Paket effektiv verloren, und so führt die Nichtzustellung eines Pakets im Endeffekt zum Verlust von Zweien. (Siehe Übung 5.)

27.7.4 Stromverschlüsselung

Konzeptionell verschlüsselt eine Stromchiffre ein Byte nach dem anderen. Das Verschlüsselungsverfahren generiert einen pseudozufälligen Schlüsselstrom oder *Keystream*. Wenn K_i das i-te Byte des Schlüsselstroms ist, dann wird das i-te Klartextbyte P_i als $C_i = P_i$ XOR K_i verschlüsselt. Eine Stromchiffre kann als eine spezielle Form eines Pseudozufallszahlengenerators (PRNG) betrachtet werden, wobeo PRNGs, die für numerische Methoden und Simulationen verwendet werden, in den wenigsten Fällen sicher genug für die Kryptografie sind.

Eine einfache XOR-Verknüpfung des Klartextes mit dem Keystream mag unsicher erscheinen, aber wenn der Schlüsselstrom wirklich zufällig ist, lässt sich diese Verschlüsselung nicht brechen: Für einen Angreifer sind alle möglichen Klartexte gleich wahrscheinlich. Ein wirklich zufälliger Schlüsselstrom bedeutet, dass der gesamte Schlüsselstrom im Voraus bekannt gegeben werden muss und kein Teil davon jemals wiederverwendet werden darf; ein derartiges Verfahren wird auch als *Einmalverschlüsselung* oder *One-Time-Pad* bezeichnet.

Stromverschlüsselungsverfahren gewährleisten für sich alleine genommen noch keine Authentizität. Ein Angreifer kann etwas mit der verschlüsselten Nachricht per XOR-verknüpfen, um diese zu verändern. Wenn zum Beispiel die folgende Nachricht bekannt ist

```
Transfer $ 02000 to Mallory
           ^^
```

dann kann der Angreifer die beiden Bytes über dem ^ mit `'0' XOR '2'` XOR verknüpfen, wodurch das Zeichen 0 zu einer 2 und die 2 zu einer 0 wird. Der Angreifer verändert zwar den verschlüsselten Datenstrom, aber der entschlüsselte Klartextstrom behält diese Änderung bei. Verhindern lässt sich dies durch Anhängen eines Authentifizierungscodes wie HMAC, Abschnitt 27.6.1, »Sichere Hashes und Authentifizierung«.

Stromchiffren eignen sich theoretisch gut für die Verschlüsselung byteweise gesendeter Daten, wie z. B. Daten aus einer Telnet-Sitzung. Das ssh-Protokoll (Abschnitt 28.5.1, »SSH«) nutzt jedoch in der Regel Blockchiffren; wenn es ein einzelnes Byte senden muss, füllt es den Block mit Zufallsdaten auf.

RC4

Die RC4-Datenstromverschlüsselung war recht weit verbreitet. Sie wurde 1987 von Ron Rivest von RSA Security entwickelt, aber nie offiziell veröffentlicht. Der Code ist allerdings durchgesickert, sodass die internen Details allgemein zugänglich sind. »Inoffizielle« Implementierungen werden manchmal *ARC4* oder ARCFOUR genannt, wobei das »A« für »Alleged« (»Angebliches«) steht.

RC4 wurde für sehr schnelle softwaremäßige Ausführungsgeschwindigkeiten konzipiert; aus diesem Grund beziehen sich alle Operationen auf ganze Bytes. RC4 erzeugt einen Schlüsselstrom aus pseudozufälligen Bytes, von denen jedes mit dem entsprechenden Klartextbyte XOR-verknüpft wird. Der Schlüsselstrom ist völlig unabhängig vom Klartext.

Die Schlüssellänge kann zwischen 5 und 256 Byte betragen. Das inoffizielle Protokoll enthält keinen expliziten Mechanismus zur Einbindung eines Initialisierungsvektors, aber ein IV ist für Stromchiffren nahezu unverzichtbar, da ansonsten jedes Mal ein identischer Keystream erzeugt wird. Ein einfacher Ansatz ist die Erstellung eines Sitzungsschlüssels durch Verkettung des IV und des geheimen RC4-Schlüssels; als (möglicherweise sicherere) Alternative können der IV und der RC4-Schlüssel mittels XOR verknüpft werden.

RC4 war die Grundlage für das unselige Wi-Fi-Verschlüsselungsverfahren WEP, siehe Abschnitt 27.7.7, »Versagen der WEP-Verschlüsselung für Wi-Fi«. Dessen Misserfolg ist zum Teil auch darauf zurückzuführen, dass der IV von 3 Byte Länge bei WEP dem RC4-Schlüssel von 5 Byte Länge vorangestellt werden muss. Die Schwachstelle wirkte sich nicht auf andere Anwendungen von RC4 aus, aber jüngere Angriffe legen es nahe, RC4 doch besser auslaufen zu lassen.

Intern verwaltet eine RC4-Implementierung die folgenden Zustandsvariablen:

- ein Array `S[]`, das eine Permutation `i->S[i]` aller Bytes darstellt
- zwei 8-Bit-Integer-Indizes für `S[]`, `i` und `j`

`S[]` stellt garantiert eine Permutation dar (d. h. es handelt sich garantiert um eine 1-1-Abbildung), da sie mit der Identität initialisiert wird und dann alle Aktualisierungen Transpositionen sind (wobei `S[i]` und `S[j]` vertauscht werden).

Zu Beginn setzen wir für alle i S[i] = i und führen dann 256 Transpositionen ein. Dies ist der sogenannte *Key-Scheduling-Algorithmus*. `keylength` steht im Folgenden für die Länge des Schlüssels `key[]` in Bytes.

```
J=0;
for I=0 to 255:
    J = J + S[I] + key[I mod keylength];
    swap S[I] and S[J]
```

Wie wir in Abschnitt 27.7.7, »Versagen der WEP-Verschlüsselung für Wi-Fi«, sehen werden, reichen 256 Umsetzungen offensichtlich nicht aus.

Nach der Initialisierung werden `I` und `J` auf 0 zurückgesetzt. Dann wird für jedes benötigte Keystream-Byte Folgendes ausgeführt, wobei `I` und `J` ihre Werte zwischen den Aufrufen beibehalten:

```
I = (I+1) mod 256
J = J + S[I] mod 256
swap S[I] and S[J]
return S[ S[I] + S[J] mod 256 ]
```

Für `I = 1` ist das erste zurückgelieferte Byte `S[ S[1] + S[S[1]] ]`.

27.7.5 Auf Blockverschlüsselung basierende Stromverschlüsselungsverfahren

Es ist möglich, eine Blockverschlüsselungsverfahren zur Stromverschlüsselung umzufunktionieren. Als erste Technik wollen wir den sogenannte *Counter-* oder *CTR-Mode* betrachten. Der Sender und der Empfänger einigen sich auf einen Anfangsblock, B, der einem Initialisierungsvektor sehr ähnlich ist. Der erste Block des Keystreams, K_0, ist einfach der verschlüsselte Block E(B,K). Der i-te Keystream-Block, für i>0, ist K_i = E(B+i,K), wobei »B+i« das Ergebnis der Behandlung von B als lange Zahl und der Ausführung herkömmlicher Arithmetik ist.

Beim Übergang von B+1 zu B+(i+1) werden in der Regel nur ein oder zwei Bits vor der Verschlüsselung geändert, aber es wurde deswegen bislang noch keine nennenswerte Schwachstelle aufgedeckt, und diese Form des Counter-Mode gilt inzwischen gemeinhin als ebenso sicher wie die zugrunde liegende Blockchiffre.

Beachten Sie, dass sich E(B+i) für verschiedene i auch parallel berechnen lässt; bei der CBC-Verschlüsselung ist eine Parallelisierung hingegen nicht möglich. Wenn der verschlüsselte Block j nie eintrifft, braucht auch niemals E(B+j) berechnet zu werden.

Bei einer ähnlichen Technik wird der Schlüsselstrom erzeugt, indem man mit einem geheimen Schlüssel K beginnt und von jeder der aufeinanderfolgenden Verkettungen K⁀1, K⁀2 usw. einen sicheren Hash-Wert nimmt. Der Nachteil dieses Ansatzes ist, dass viele Secure-Hash-Funktionen nicht für diesen Zweck entwickelt wurden und daher unvorhergesehene Schwachstellen bestehen könnten.

Stromchiffren haben grundsätzlich ein Problem mit der Fehlerkorrektur, wenn der zugrunde liegende Übertragungsweg unzuverlässig ist und Blöcke verloren gehen könnten. Die Neusynchronisierung nach Paketverlusten ist jedoch trivial, wenn jedes Paket die Blocknummer i des ersten verschlüsselten Blocks des Pakets enthält; in einigen Fällen reicht es aus, die Paketnummer anzugeben. Der Empfänger kann dann leicht E(B+i,K) usw. berechnen und das Paket entschlüsseln.

Diese Technik wird bei Wi-Fi-Verschlüsselungstechnik WPA2 verwendet. Natürlich gehen recht häufig einzelne Wi-Fi-Pakete verloren, aber jedes Paket enthält eine 6-Byte-Paketnummer, die eine Entschlüsselung auch ohne die vorhergehenden Pakete ermöglicht. Die Paketnummern bringen einen Lauscher nicht weiter, da sie ohne Paketverluste durch einfaches Mitzählen ermittelt werden können.

Der im Counter-Modus berechnete Keystream ist völlig unabhängig vom Klartext. Dies ist jedoch nicht immer der Fall. Im *Cipher-Feedback-Modus* (CFB) wird C_0 mit dem Initialisierungsvektor initialisiert, und dann werden die Keystream-Blöcke K_i für i>0 wie folgt definiert:

$$K_i = E_K(C_{i-1})$$

Wie üblich entspricht für i>0 $C_i = P_i$ XOR K_i, sodass die rechte Seite oben $E_K(P_{i-1}$ XOR $K_{i-1})$ ist. Die Fortschreibung des Schlüsselstroms hängt also vom vorangegangenen Klartext ab. Wenn jedoch ein verschlüsselter Block verloren geht, hat der Empfänger nun Probleme mit der Neusynchronisierung.

27.7.6 Verschlüsselung und Authentifizierung

Wenn der verschlüsselte Text während der Übertragung verändert wird, können die meisten Entschlüsselungsalgorithmen ihn trotzdem noch »entschlüsseln«, wenn auch vielleicht zu Kauderwelsch; die Verschlüsselung bietet keine implizite Gültigkeitsprüfung. Schlimmer noch, manchmal ist es einem Angreifer möglich, den verschlüsselten Text so zu verändern, dass eine sinnvolle, vorsätzliche Veränderung des resultierenden Klartextes entsteht. Beispiele hierfür finden Sie oben in Abschnitt 27.7.4, »Stromverschlüsselung«; siehe auch Übung 5 für CBC-Blockverschlüsselungsverfahren.

Deshalb ist es gängige Praxis, jeder verschlüsselten Nachricht eine HMAC-Authentifizierungssignatur beizufügen; die Nutzung von HMAC anstelle einer einfachen Prüfsumme stellt sicher, dass ein Angreifer die Nachrichten nicht verändern kann und diese auch weiterhin als gültig erscheinen. HMAC identifiziert den Absender zwar nicht so eindeutig wie digitale Signaturen mit öffentlichen Schlüsseln, Abschnitt 28.1.1, »RSA und digitale Signaturen«, aber es kennzeichnet den Absender eindeutig als *dieselbe Entität*, mit der der Empfänger den Schlüssel ausgehandelt hat. Mehr braucht es auch nicht.

Das Anhängen einer HMAC-Signatur beugt nicht nur verstümmelten Nachrichten vor; manche Angriffe erlauben es in Abwesenheit solcher Signaturen sogar, Nachrichten vollständig zu entschlüsseln (besonders wenn der Abgreifer selbst mehrere verschlüsselte Texte erstellen kann und herausfindet, welchen davon der Empfänger erfolgreich entschlüsseln konnte). In [SV02] finden Sie ein Beispiel dafür.

Es gibt drei Möglichkeiten, um Verschlüsselung mit HMAC zu kombinieren; für eine bessere Übereinstimmung mit der Literatur ersetzen wir hier HMAC durch das allgemeinere MAC (für Message Authentication Code):

- MAC-then-encrypt: berechne die MAC-Signatur des Klartextes, hänge sie an und verschlüssele das Ganze
- Encrypt-and-MAC: berechne die MAC-Signatur des Klartextes, verschlüssele die Nachricht und hänge dann den MAC daran an
- Encrypt-then-MAC: verschlüssele den Klartext und berechne den MAC des verschlüsselten Textes; füge diesen an den verschlüsselten Text an

In [BN00] werden diese Varianten analysiert, wobei bewiesen wird, dass *Encrypt-then-MAC* grundsätzlich einige stärkere kryptografische Eigenschaften als die anderen aufweist, obwohl diese Eigenschaften in speziellen Fällen auch für die anderen gelten können. Encrypt-then-MAC führt bei einer gefälschten oder von einem falschen Absender eingeschleusten Nachricht keinen Entschlüsselungsversuch durch.

27.7.7 Versagen der WEP-Verschlüsselung für Wi-Fi

Der WEP-Mechanismus (*Wired-Equivalent Privacy*) war die erste Wi-Fi-Verschlüsselungsoption, die 1999 eingeführt wurde; siehe Abschnitt 4.2.5, »Wi-Fi-Sicherheit«. Er setzte auf die RC4-Verschlüsselung mit einem 5 oder 13 Byte langen Geheimschlüssel, der immer an einen 3 Byte langen Initialisierungsvektor angehängt wurde, welcher notwendigerweise im Klartext übertragen wurde. Der RC4-Sitzungsschlüssel war also entweder 8 oder 16 Byte lang, wobei meist der kürzere Schlüssel zum Einsatz kam.

An sich ist an dieser Strategie nichts auszusetzen, aber die Entwickler von WEP trafen einige Entscheidungen, die im Nachhinein betrachtet unglücklich waren:

- der geheime Schlüssel wurde an den IV angehängt (und nicht etwa mittels XOR mit ihm verknüpft)
- der IV war nur drei Byte lang
- für jedes Paket wurde ein neuer RC4-Keystream und ein neuer IV verwendet

Die dritte Designentscheidung war vielleicht die folgenschwerste. Sie wurde jedoch dadurch gerechtfertigt, dass andernfalls verlorene Pakete (die bei Wi-Fi häufig vorkommen) Lücken im empfangenen Datenstrom erzeugen würden und der Empfänger Probleme haben könnte, die Größe der Lücke herauszufinden und somit die nachfolgend eingehenden Pakete zu entschlüsseln.

Dazu trägt auch bei, dass das erste Byte im Klartext – ein Header-Byte aus dem Wi-Fi-Paket – im Prinzip bekannt ist. Dieses erste Byte stammt in der Regel aus dem Logical-Link-Control-Header und enthält denselben Wert wie das Feld Ethernet Type (siehe Abschnitt 4.2.4, »Zugangspunkte«). Alle IP-Pakete weisen hierbei den gleichen Wert auf. Somit kennt ein Angreifer durch einen Blick auf das erste Byte des verschlüsselten Pakets bereits das erste Byte des Keystreams.

In [FMS01] wurde eine theoretische WEP-Schwachstelle veröffentlicht, die sich in der Realität als nur allzu praktisch erwies. Es sei K[] der 8-Byte-Schlüssel, wobei K[0], K[1],K[2] den 3-Byte-Initialisierungsvektor und K[i] für 3≤i<8 den *geheimen* Schlüssel darstellen. Der Angreifer sucht im Funkverkehr nach IVs einer bestimmten Form; nachdem er etwa 60 dieser IVs gesammelt hat, kann er K[3] mit großer Wahrscheinlichkeit erraten. Nun wird eine etwas andere Gruppe von IVs gesammelt, wodurch K[4] erraten werden kann und so weiter. Die Bytes des geheimen Schlüssels versagen also der Reihe nach. Der Angriff benötigt zur Entdeckung jedes Schlüsselbytes etwa die gleiche (bescheidene) Zeit, sodass ein Schlüssel mit einer gesamtlänge von 16 anstelle von 8 Bytes die Sicherheit nicht wesentlich erhöht.

Da der IV nur drei Bytes lang ist, ist der Zeitaufwand zum Sammeln von Paketen, die die erforderlichen besonderen IV-Werte enthalten, überschaubar.

Wir skizzieren den Angriff auf das erste geheime Byte, K[3]. Die von uns gesuchten IVs haben die Form

$$\langle 3,-1,X\rangle$$

wobei für 8-Bit-Bytes –1 = 255 gilt; diese werden manchmal als *schwache IVs* bezeichnet. Einer von 2^{16} IVs entspricht dieser Form, aber eine gründlichere Analyse (die wir hier auslassen) kann den nutzbaren Anteil der IVs erheblich erhöhen.

Um zu sehen, warum diese Initialisierungsvektoren nützlich sind, müssen wir auf den RC4-Schlüsselverschlüsselungsalgorithmus im Unterabschnitt »RC4« des Abschnitt 27.7.4, »Stromverschlüsselung«, zurückkommen. Wir beginnen mit einem Beispiel, in dem die ersten sechs Bytes des Schlüssels wie folgt lauten

```
K[] = [3,-1,5,4,-14,3]
```

Der IV ist hier ⟨3,–1,5⟩.

Denken Sie daran, dass das Array S mit S[i] = i initialisiert wird; dies entspricht $S = S_0$. Zu diesem Zeitpunkt sind I und J ebenfalls 0. Wir führen nun die folgende Schleife aus, wobei wir pro Iteration eine Transposition in S vornehmen:

```
for I=0 to 255:
    J = J + S[I] + K[I mod keylength];
    swap S[I] and S[J]
```

Der erste Wert von `J` für `I` = 0 ist `K[0]`, also 3. Nach der ersten Transposition sieht S wie folgt aus, wobei die vertauschten Werte fett gedruckt sind:

0	1	2	3	4	5	6	7	8	9	10	11	12	13	14	15	16	17	18	19	20
3	1	2	**0**	4	5	6	7	8	9	10	11	12	13	14	15	16	17	18	19	20

Bei dem nächsten Durchlauf ist `I` gleich 1 und `J` ist wieder 3 + 1 + (–1) = 3. Nach dem Vertauschen ist S

0	1	2	3	4	5	6	7	8	9	10	11	12	13	14	15	16	17	18	19	20
3	**0**	2	**1**	4	5	6	7	8	9	10	11	12	13	14	15	16	17	18	19	20

Nachfolgend ist `I` dann 2 und `J` ist 3 + 2 + 5 = 10. Für einen IV von ⟨3,–1,X⟩ wäre `J` dann also 5 + X.

0	1	2	3	4	5	6	7	8	9	10	11	12	13	14	15	16	17	18	19	20
3	0	**10**	1	4	5	6	7	8	9	**2**	11	12	13	14	15	16	17	18	19	20

An dieser Stelle haben wir den IV der Länge von drei Byte abgearbeitet; der nächste Durchgang betrifft das erste geheime Byte von `K`. `I` ist 3 und `J` wird zu 10 + 1 + `K[3]` = 15:

0	1	2	3	4	5	6	7	8	9	10	11	12	13	14	15	16	17	18	19	20
3	0	10	**15**	4	5	6	7	8	9	2	11	12	13	14	**1**	16	17	18	19	20

Erinnern Sie sich, dass das erste Byte, das im Keystream zurückgegeben wird, `S[ S[1] + S[S[1]] ]` ist. Zu diesem Zeitpunkt wäre das `S[0+3]` = 15.

Aus diesem Wert, 15, und dem IV ⟨3,–1,5⟩, kann der Angreifer durch Wiederholung des obigen Vorgangs berechnen, dass `K[3]` = 4 ist.

Für einen IV ⟨3,–1,X⟩ hätten wir, wie oben erwähnt, im Schritt `I` = 2 dann `J` = 5 + X und im Schritt `I` = 3 wäre `J` = 6 + X + `K[3]`. Wenn Y der Wert des ersten Keystream-Bytes ist und ab diesem Zeitpunkt `S[]` verwendet wird, dann ist `K[3]` = Y – X – 6 (unter der Annahme, dass X nicht –5 oder –4 ist, sodass `S[0]` und `S[1]` in Schritt 3 nicht geändert werden).

Wenn in den verbleibenden 252 Durchläufen keiner der Werte `S[0]`, `S[1]` und `S[3]` geändert wird, wäre der von uns nach drei Iterationen vorhergesagte Wert – z. B. 15 – tatsächlich das erste Byte des Keystreams. Betrachtet man zukünftige Auswahlmöglichkeiten für den Wert `J` als zufällig, so liegt die Wahrscheinlichkeit, dass in einem Durchlauf `J` *nicht* aus der Menge {0,1,3} ausgewählt wird – und damit diese Werte unverändert bleiben – bei 253/256. Die Wahrscheinlichkeit, dass die verbleibenden Iterationen diese Werte in `S[ ]` nicht ändern, beträgt somit etwa $(253/256)^{252} \simeq 5\%$.

Eine Erfolgsquote von 5 % erscheint auf den ersten Blick nicht sonderlich beeindruckend. Aber in 5 % der Fälle ermitteln wir `K[3]` richtig, und in den anderen 95 % der Fälle sind die (falschen) Werte, die wir für `K[3]` berechnen, gleichmäßig und zufällig im Bereich von 0 bis 255 verteilt. Bei 60 Schätzungen dürften wir etwa drei Treffer erzielen. Die anderen 57 Werte sind breit verteilt, wobei höchstwahrscheinlich nicht mehr als zwei Schätzungen auf einen Einzelwert entfallen. Wenn wir nach dem am häufigsten geratenen Wert suchen, ist es wahrscheinlich, dass es sich dabei um den tatsächlichen Wert von `K[3]` handelt; eine Erhöhung der Anzahl von IVs der Form ⟨3,-1,X⟩ sorgt hier für noch mehr Gewissheit.

Der Vollständigkeit halber entspricht in den nächsten beiden Durchläufen `I` dem Wert 4 bzw. 5 und `J` dem Wert 15 + 4 + (–14) = 5 bzw. 5 + 4 + 3 = 12. Die entsprechenden Inhalte von `S[ ]` sind

0	1	2	3	4	5	6	7	8	9	10	11	12	13	14	15	16	17	18	19	20
3	0	10	15	**5**	**4**	6	7	8	9	2	11	12	13	14	1	16	17	18	19	20

0	1	2	3	4	5	6	7	8	9	10	11	12	13	14	15	16	17	18	19	20
3	0	10	15	5	**12**	6	7	8	9	2	11	**4**	13	14	1	16	17	18	19	20

Nachdem wir nun `K[3]` kennen, besteht der nächste Schritt darin, `K[4]` zu finden. Hier suchen wir im Datenverkehr nach IVs der Form ⟨4,–1,X⟩ und ansonsten gilt die gleiche allgemeine Strategie wie oben.

Der in [FMS01] beschriebene Angriff erfordert im Durchschnitt etwa 60 schwache IVs für jedes geheime Schlüsselbyte, und ein schwacher IV taucht etwa alle 216 Pakete auf. Jedes Schlüsselbyte erfordert jedoch einen anderen IV, sodass jeder IV für jedes Schlüsselbyte die Chance hat, als schwacher IV zu gelten. Zum Erraten eines Schlüssels sind also $60 \times 65536 \simeq 4$ Millionen Pakete erforderlich.

Aber das geht noch um einiges besser. In [TWP07] genügen sogar schon durchschnittlich etwa 40.000 Pakete. Damit ist der Angriff absolut praktikabel.

Diese Schwachstelle wurde bei dem eingangs erwähnten Angriff auf TJX Corp. genutzt.

27.8 Diffie-Hellman-Merkle-Schlüsselaustausch

Wie einigen sich zwei Parteien auf einen geheimen Schlüssel K? Sie können sich persönlich treffen, was aber mitunter teuer oder sogar unmöglich sein wird. Wir möchten z. B. Transaktionen beim Online-Shopping verschlüsseln können, die oft spontan erfolgen.

Diffie, Hellman und Merkle

Die Arbeit von Diffie und Hellman [DH76] erschien 1976, verweist aber auf die erst später veröffentlichte Arbeit von Merkle [RM78] mit dem Status »eingereicht«. In [MH04] schlug Hellman vor, dass der Name des Algorithmus für den Schlüsselaustausch die Namen aller drei Autoren tragen sollte. Der Algorithmus wurde offenbar bereits 1974 von Malcolm Williamson beim britischen GCHQ entdeckt, aber seine Arbeit unterlag der Geheimhaltung.

Ein Ansatz ist die Verschlüsselung mit öffentlichen Schlüsseln, die aber erst zwei Jahre später eingeführt wurde. Der Diffie-Hellman-Merkle-Ansatz aus [DH76] und [RM78] ermöglicht den Austausch privater Schlüssel ohne öffentliche Schlüssel.

Ziel ist es hier, dass Alice und Bob über ein öffentliches Netzwerk Informationen austauschen, sodass Alice und Bob am Ende einen gemeinsamen Schlüssel festgelegt haben, den kein Lauscher ohne extremen Rechenaufwand herausbekommen kann.

Zum Aufwärmen beginnen wir mit einem einfachen Beispiel. Alice und Bob wählen jeweils eine Zahl; sagen wir, Alice wählt 7 und Bob wählt 9. Alice sendet an Bob den Wert $A = 3^7 = 2187$, und Bob sendet an Alice den Wert $B = 3^9 = 19683$. Alice berechnet dann $B^7 = 3^{9\times7}$, und Bob berechnet $A^7 = 3^{7\times9}$. Wenn sie beide mit 32-Bit-Arithmetik arbeiten, kommen sie jeweils auf 2111105451 (der genaue Wert ist 1144561273430837494885949696427).

Der Haken an der Sache ist, dass jeder mit einem Taschenrechner ausgestattete Eindringling durch Faktorisierung die 7 aus A und die 9 aus B ermitteln kann. Aber wenn wir die Berechnungen etwas komplizierter gestalten, wird das extrem schwierig.

Im eigentlichen Protokoll einigen sich Alice und Bob öffentlich auf eine große Primzahl p (in der Regel mit mehreren hundert Ziffern) und einen kleinen Wert g, der weiter unten erläutert wird. Alice wählt dann $a < p$ und sendet an Bob den Wert $A = g^a \bmod p$. Analog dazu wählt Bob $b<p$ und sendet an Alice den Wert $B = g^b \bmod p$.

Wie zuvor berechnen Alice und Bob nun $B^a \bmod p$ und $A^b \bmod p$, die beide gleich $g^{a\times b} \bmod p$ sind. Dies wird ihr gemeinsames Geheimnis, aus dem ein Schlüssel abgeleitet werden kann.

Die Frage ist, ob ein Lauscher, der A und B und g kennt, a und b berechnen kann. Dies ist das Problem des *diskreten Logarithmus*, denn im Sinne von mod-p ist $a = \log_g(A)$.

Tatsächlich gilt es als rechnerisch unlösbar, sofern die *Ordnung* von g – also das kleinste k>0, für das g^k = 1 modulo p ist – groß ist. Beim Diffie-Hellman-Merkle-Schlüsselaustausch ist g eine so genannte *Primitivwurzel* modulo p, was bedeutet, dass seine Ordnung dem größtmöglichen Wert p–1 entspricht. Ein naiver Versuch, a aus A zu berechnen, besteht darin, jedes g^i für i<p auszuprobieren, bis man eine Übereinstimmung findet; dies ist jedoch viel zu langsam für eine praktische Anwendung.

Es ist etwas Arbeit, eine geeignete Primitivwurzel g für ein gegebenes p zu finden, aber dies kann öffentlich stattfinden und ist normalerweise nicht *zu* zeitaufwendig; siehe nächster Abschnitt. Bislang galt die Wiederverwendung von p und g als sicher; beliebte (p,g)-Paare für verschiedene Längen von p wurden sogar in RFC 2409 und RFC 3526 veröffentlicht und wurden (und werden) weithin eingesetzt. Die Wiederverwendung von (p,g) muss allerdings mit Bedacht erfolgen; insbesondere muss p groß genug sein. Andernfalls könnte eine Anfälligkeit für den in [ABDGHSTVWZ15] beschriebenen Logjam-Angriff bestehen. Für eine feste Primzahl p ist nämlich eine relativ schnelle Berechnung des diskreten Logarithmus – d. h. die Ermittlung von a aus g^a, modulo p – möglich, wenn ein Angreifer die Möglichkeit hat, eine sehr umfangreiche Tabelle im Voraus zu berechnen. Für 512-Bit-Primzahlen betrug die durchschnittliche Berechnungszeit für den Logarithmus in [ABDGHSTVWZ15] 90 Sekunden, nachdem die Tabelle erstellt worden war. Für die Berechnung der Tabelle selbst wurden fast 10^5 Prozessorstunden benötigt, wobei sich diese Zeit mit hochgradig parallelisierter Hardware auf nur eine Woche komprimieren ließ. Zum Vergleich: Den Autoren gelang es, 512-Bit-RSA-Schlüssel in rund 5.000 Prozessorstunden zu faktorisieren; siehe Abschnitt 28.1.2, »RSA-Schlüssel faktorisieren«.

Die Autoren von [ABDGHSTVWZ15] mutmaßen, dass die NSA für einige bekannte (und häufig verwendete) 1024-Bit-Primzahlen eine solche Tabelle erstellt hat. Für diejenigen, die über weniger Rechenressourcen verfügen, umfasst der Logjam-Angriff jedoch auch Strategien, um gängige Serverimplementierungen durch Schwachstellen in der TLS-Implementierung zur Verwendung von 512-Bit-Primzahlen zu zwingen; siehe den Kasten zum POODLE-Angriff in Abschnitt 28.5, »SSH und TLS«).

Der Diffie-Hellman-Merkle-Austausch ist verwundbar für einen *Man-in-the-Middle-Angriff*, der in Abschnitt 28.3, »Vertrauen und der Mann in der Mitte«, näher erläutert wird. Wenn Mallory Alices g^a abfängt und Bob sein eigenes $g^{a'}$ sendet und in ähnlicher Weise auch Bobs g^b abfängt und durch sein eigenes $g^{b'}$ ersetzt, dann handelt die Verbindung Alice-Mallory den Schlüssel $g^{a \times b'}$ und die Verbindung Mallory-Bob den Schlüssel $g^{a' \times b}$ aus. Mallory bleibt dann in der Mitte und fängt jede Nachricht zwischen Alice und Bob ab, entschlüsselt sie, verschlüsselt sie erneut und leitet sie weiter. Die übliche Lösung besteht darin, dass Alice und Bob jeweils ihr g^a und g^b *signieren*; siehe Abschnitt 28.2, »Vorwärts gerichtete Geheimhaltung«.

27.8.1 Schnelle Arithmetik

Es ist wichtig zu beachten, dass die grundlegenden arithmetischen Operationen – z. B. die Berechnung von ga mod p – in Bezug auf die Anzahl der binären Ziffern in p, auch Bitlänge von p genannt, in *Polynomialzeit* durchgeführt werden können. Dies ist nicht ganz offensichtlich, denn der naive Ansatz, g×g×...×g a-mal auszumultiplizieren, benötigt O(p) Schritte, wenn a≃p exponentiell zur *Bitlänge* von p ist. Der Trick besteht in der wiederholten Quadrierung: Um g^{41} zu berechnen, notieren wir 41 = 101001 im Binärformat, also $41 = 2^5 + 2^3 + 1$, und somit gilt

$$g^{41} = ((((g^2)^2)^2)^2)^2 \times ((g^2)^2)^2 \times g$$

Eine einfache Python3-Implementierung dieses Verfahrens findet sich in Abschnitt 28.8, »Beispiele mit RSA-Schlüssel«.

Es ist auch erwähnenswert, dass selbst die *Suche* nach großen Primzahlen nicht offensichtlich polynomial zur Anzahl der Ziffern ist. Wir können jedoch schnelle probabilistische Primzahltests verwenden und beachten, dass der Primzahlsatz besagt, dass die Anzahl der Kandidaten, die wir testen müssen, um eine Primzahl in der Nähe einer bestimmten Zahl n zu finden, O(log n) ist.

Schließlich gibt es im Allgemeinen keinen schnellen Algorithmus, um eine Primitivwurzel g modulo p zu finden – eine Zahl, die so beschaffen ist, dass $g^k = 1$ mod p für k=p–1, nicht aber für ein kleineres k. Der einfachste Ansatz besteht darin, p–1 zu faktorisieren, und im Allgemeinen gilt die Faktorisierung großer Zahlen als ziemlich schwierig. Die Suche nach primitiven Wurzeln kann jedoch für »spezielle« Primzahlen erfolgen, z. B. für Primzahlen p der Form p = 2q+1 für eine zweite Primzahl q. In diesem Fall ist g<p ein Generator, wenn $g^2 \neq 1$ mod p und $g^q = -1$ mod p gilt. Solche speziellen Primzahlen sind einfach zu finden, indem man zunächst nach der Primzahl q sucht und dann prüft, ob 2q+1 ebenfalls eine Primzahl ist. Dieser Vorgang wird jedoch oft als zu langsam angesehen, um ihn bei Bedarf im Rahmen eines interaktiven Austauschs durchzuführen; stattdessen werden p und g im Voraus berechnet.

27.8.2 Simultaneous Authentication of Equals

Das *SAE*-Protokoll (Simultaneous Authentication of Equals) ist ein Ansatz zur *gegenseitigen* Authentifizierung von Passwörtern: Jede Seite hat das Passwort, und jede Seite bestätigt der anderen, dass sie das Passwort kennt. Beachten Sie, dass dies durch einen Austausch von Passwörtern nicht erreicht werden kann. Das Verfahren kann mit dem vierfachen WPA2-Handshake verglichen werden, der bei Wi-Fi verwendet wird, Abschnitt 4.2.5, »Wi-Fi-Sicherheit«, Unterabschnitt »WPA2-Vier-Wege-Handshake«. Tatsächlich ersetzt SAE im WPA3-Standard teilweise den vierfachen Handshake. Das SAE-Protokoll wurde in [DH08] eingeführt; eine spätere Variante, bekannt als Dragonfly, wird in RFC 7664 beschrieben. Die in WPA3 verwendete Version ist in der IEEE-Norm 802.11-2016 definiert. Bei allen handelt es sich im Wesentlichen um dasselbe Protokoll, wobei spätere Versionen verschiedene technische kryptografische Verfeinerungen beinhalten.

Über die gegenseitige Authentifizierung hinaus erzeugt jede Seite bei SAE als Nebeneffekt ein gemeinsames Geheimnis, das als Kodierungsschlüssel verwendet werden kann. In diesem Sinne wirkt SAE wie ein Schlüsselaustauschprotokoll; vgl. Abschnitt 27.8, »Diffie-Hellman-Merkle-Schlüsselaustausch«, und tatsächlich ähneln Teile von SAE stark dem Diffie-Hellman-Merkle-Schlüsselaustausch.

Das SAE-Protokoll wird hier anhand des Modulo einer großen Primzahl vorgestellt, wobei aber auch elliptische Kurven (siehe Abschnitt 28.1, »RSA«) zum Einsatz kommen können.

Beide Seiten, Alice und Bob, kennen anfangs ein Passwort, wahrscheinlich eine Zeichenkette, und beide Seiten einigen sich auf eine große Primzahl p. Beide Seiten einigen sich zudem auf eine Zahl g (den sogenannten Generator), sodass die Ordnung von g modulo p – das kleinste k>0, für das $g^k = 1$ modulo p – groß ist. Für die meisten Zwecke reicht eine Primitivwurzel modulo p aus, obwohl RFC 7664 (aber nicht [DH08]) verlangt, dass die Ordnung von g modulo p ein großer Primteiler q von p–1 ist. (Wenn p=2q+1 für die Primzahl q ist, dann kann g das Quadrat einer Primitivwurzel modulo p sein). Die Anforderung, dass q eine Primzahl sein muss, wird in der vorliegenden Analyse nicht angewendet.

Beide Seiten ermitteln zunächst aus dem Passwort im String-Format einen numerischen Wert PW < p. Dies beginnt mit einem Hash des Passworts, modulo p, woraus ein Seed-Wert gebildet wird. PW wird dann als $seed^{(p-1)/q}$ mod p berechnet. Dadurch wird sichergestellt, dass PW^q mod p = 1 ist.

Die Authentifizierung beginnt damit, dass jede Seite Zufallswerte `rand` und `mask` wählt, die jeweils kleiner sind als der Wert von q. Alices Werte sind `randA` und `maskA`, und das gleiche gilt entsprechend für Bob. Beide Seiten berechnen dann die folgenden Werte:

`scal` = (`rand` + `mask`) mod q
`elem` = PW^{-mask} mod p

Die Namen spiegeln hier die Tatsache wider, dass `scal` ein Einzelwert und `elem` ein Element der von g erzeugten Gruppe ist, obwohl diese Unterscheidung in der mod-p-Arithmetik nur eine Frage der Konvention ist. Der negative Exponent in der zweiten Formel bezieht sich hier auf die multiplikative Umkehrung mod p; PW^{-mask} steht für die (einzige modulo p) Zahl X, bei der X × PW^{mask} mod p = 1 ist.

Die Werte `scal` und `elem` von Alice werden als `scalA` und `elemA` bezeichnet, die von Bob als `scalB` und `elemB`. Im ersten Schritt des Protokolls tauschen Alice und Bob ihre `scal`- und `elem`-Werte aus.

27

Dies kann so verstanden werden, dass der Wert von `rand` auf beiden Seiten den Beitrag der jeweiligen Seite zum Schlüssel darstellt, und dass dieser Wert mit `mask` verborgen oder »maskiert« wird.

Beide Seiten berechnen nun wie folgt ein Geheimnis K. Alice berechnet

$$K = (PW^{scalB} \times \texttt{elemB})^{randA} \bmod p$$

und Bob berechnet

$$K = (PW^{scalA} \times \texttt{elemA})^{randB} \bmod p$$

Wir zeigen nun, dass diese beiden Werte von K tatsächlich gleich sind. Da `scal = rand+mask` mod q ist, können wir N so finden, dass `scal = rand+mask+Nq` in gewöhnlicher Ganzzahlarithmetik ist. Wir beginnen nun mit Alices Wert von K:

$$K = (PW^{scalB} \times elemB)^{randA}$$
$$= (PW^{(randB+maskB+Nq)} \times PW^{-maskB})^{randA}$$
$$= (PW^{randB})^{randA} \quad (\text{weil } PW^{q} \bmod p = 1)$$
$$= PW^{randB \times randA}$$

Dieser letzte Wert ist für Alice und Bob derselbe. Im Vergleich mit dem Diffie-Hellman-Merkle-Schlüsselaustausch ist anzumerken, dass Alice und Bob dort zum gleichen gemeinsamen Geheimnis $g^{a \times b}$ gelangen.

Der zweite und letzte Schritt des Protokolls umfasst den Austausch von Verifikations-Token. Dabei handelt es sich um die Passwortüberprüfung. Alice sendet an Bob einen Wert wie den nachfolgenden, wobei Hash() eine geeignete sichere Hash-Funktion ist.

Hash(K⁀elemA⁀scalA⁀elemB⁀scalB)

Bob sendet etwas Ähnliches. Alice und Bob haben sich nun gegenseitig bestätigt, dass sie das Passwort kennen. Wenn Alice PW nicht wirklich kannte und stattdessen einen falschen Wert verwendet hat, erhält sie ein anderes K, und Bob erkennt dies, wenn im zweiten Schritt die Token ausgetauscht werden.

Noch wichtiger ist vielleicht, dass ein Angreifer, der den Austausch zwischen Alice und Bob abhört, keine brauchbaren Erkenntnisse gewinnt; es gibt keinen bekannten Offline-Wörterbuchangriff. In dieser Hinsicht ist SAE viel abhörsicherer als beispielsweise der WPA2-Handshake für Wi-Fi. Der zweite Schritt von SAE ist durch eine sichere Hash-Funktion geschützt, und im ersten Schritt sagt die Kenntnis von `scal` und `elem` nichts über PW aus, was zum großen Teil auf die Schwierigkeit zurückzuführen ist, das Problem des diskreten Logarithmus zu lösen.

Das SAE-Protokoll sieht vor, dass Alice und Bob jeweils eine Kennwortkopie im Klartextes aufbewahren, jedoch keine Kopie des Kennwort-Hashes. Dies scheint unvermeidlich, da sich Bob und Alice gegenseitig authentifizieren müssen.

27.9 Übungen

1. Ändern Sie das Programm *netsploit.c* aus Abschnitt 27.2.2, »Ein konkretes Beispiel für einen Stapelüberlauf«, Unterabschnitt »Der Exploit«, so ab, dass der NOPslide etwa 1024 Bytes lang ist und NOPslide und Shellcode nun *oberhalb* der überschriebenen Rücksprungadresse im Speicher liegen.
2. Deaktivieren Sie ASLR auf einem Linux-System, indem Sie den entsprechenden Wert in `/proc/sys/kernel/randomize_va_space` schreiben. Bringen Sie nun den Netsploit-Angriff zum Laufen, *ohne* dass der angegriffene Server eine Stack-Adresse ausgibt. Sie dürfen vorab einen Server-Testlauf durchführen, der seine Adresse ausgibt.
3. Im Folgenden werden vier mögliche Regeln für die Wiederzusammensetzung von TCP-Segmenten aufgeführt. Diese Regeln (und weitere) erscheinen in [SP03]. Erinnern Sie sich daran, dass, sobald Werte für alle Positionen j≤i empfangen wurden, diese Werte bestätigt und für die Anwendung freigegeben werden; es muss zuvor eine »Lücke« geben, damit die Segmente überhaupt wieder zusammengesetzt werden.
   1. Akzeptiere immer den ersten für jede Position empfangenen Wert.
   2. Akzeptiere immer den letzten für jede Position empfangenen Wert, bis der Wert an die Anwendung freigegeben wird.
   3. [»BSD«] Verwirf für jedes neue Segment jede Position aus diesem Segment, wenn diese Position von einem früheren Paket stammt, dessen linker Rand kleiner oder gleich dem des neuen Pakets ist. Werte in eventuell verbleibenden Positionen ersetzen alle zuvor empfangenen Werte.
   4. [»Linux«] Wie die vorherige Regel, mit dem Unterschied, dass nur Positionen verworfen werden, die von einem früheren Paket mit einem linken Rand stammen, der *unbedingt kleiner* als der des neuen Pakets ist.

   Geben Sie für beide der folgenden Gruppen von ankommenden Paketen das wieder zusammengesetzte Paket an. Werte in derselben Spalte haben dieselbe Position. Die neu zusammengesetzten Pakete beginnen alle mit »daa« bzw. »ebb«.

   a)
   ```
   | |a a a a
   | |    b b b b b b
   | |    c c c c
   |d|
   ```

   b)
   ```
   | |    a a a a a
   | |b b b b b
   | |    c c c c c c
   | |      d d d
   |e|
   ```

4. Angenommen, ein System zur Erkennung von Eindringlingen in ein Netzwerk ist 10 Hops vom Angreifer entfernt, aber das Ziel ist 11 Hops entfernt und liegt hinter einem weiteren Router R. Skizzieren Sie eine Strategie, um das TTL-Feld so zu verändern, dass das NIDS den TCP-Stream »helpful« und das Ziel den Stream »harmful« empfängt. Die Segmente sollten entweder disjunkt sein oder genau den gleichen Byte-Bereich abdecken; Sie können davon ausgehen, dass das Ziel für jeden gegebenen Byte-Bereich das erste Segment annimmt.
5. Angenommen, Alice verschlüsselt die Blöcke P1, P2 und P3 im CBC-Modus (Abschnitt 27.7.3, »Verschlüsselungsmodi«). Der Initialisierungsvektor ist C0. Die Verschlüsselungs- und Entschlüsselungsoperationen sind E(P) = C und D(C) = P. Wir haben

   - C1 = E(C0 XOR P1)
   - C2 = E(C1 XOR P2)
   - C3 = E(C2 XOR P3)

   Angenommen, Mallory fängt C2 während der Übertragung ab und ersetzt es durch C2' = C2 XOR M; C1 und C3 werden normal übertragen, d. h. Bob erhält [C1',C2',C3'], wobei C1' = C1 und C3' = C3. Bob versucht nun zu entschlüsseln; C1' wird normal zu P1 entschlüsselt, während die Entschlüsselung von C2' zu Kauderwelsch führt.

   Zeigen Sie, dass C3' zu P3 XOR M entschlüsselt wird. (Dies wird manchmal bei Angriffen verwendet, um ein bestimmtes Bit oder Byte umzuschalten, in Fällen, wo ein vorheriges Kauderwelsch keine Rolle spielt).
6. Angenommen, Alice verwendet eine blockbasierte Stromverschlüsselung (Abschnitt 27.7.5, »Auf Blockverschlüsselung basierende Stromverschlüsselungsverfahren«); Block i des Schlüsselstroms ist Ki und Ci = Ki XOR Pi. Alice sendet C1, C2 und C3 wie in der vorherigen Übung, und Mallory ersetzt wiederum C2 durch C2 XOR M. Welche drei Klartextblöcke entschlüsselt Bob?
7. Zeigen Sie, dass, wenn p und q Primzahlen mit p = 2q + 1 sind, g eine Primitivwurzel mod p ist, wenn $g \neq 1$, $g^2 \neq 1$ und $g^q \neq 1$. (Diese Übung erfordert Vertrautheit mit modularer Arithmetik und Primitivwurzeln.)
8. Angenommen, wir haben eine *kurze* Nachricht m, z. B. eine Bank-PIN-Nummer. Alice möchte Bob eine Nachricht M senden, die, ohne m sofort preiszugeben, später verwendet werden kann, um zu überprüfen, ob Alice m zum Zeitpunkt des Sendens von M kannte. Bei dieser späteren Überprüfung kann Alice m selbst preisgeben.

   a) Angenommen, Alice sendet einfach M = hash(m). Erklären Sie, wie Bob m rasch wiederherstellen kann.

   b) Wie kann Alice M mit Hilfe einer sicheren Hash-Funktion konstruieren, um das Problem aus (a) zu vermeiden? Hinweis: Im Rahmen der späteren Überprüfung kann Alice Bob zusätzliche Informationen liefern.

9. Im Beispiel aus Abschnitt 27.7.7, »Versagen der WEP-Verschlüsselung für Wi-Fi«, nehmen wir an, der IV sei ⟨4,–1,5⟩ und die ersten beiden Bytes des Schlüssels seien ⟨10,20⟩. Wie lautet das erste Keystream-Byte `S[ S[1] + S[S[1]] ]`?

Kapitel 28
Verschlüsselung mit öffentlichem Schlüssel

Die Verschlüsselung mit gemeinsamem Schlüssel ist schnell und effizient, und sichere temporäre Schlüssel können mit dem Diffie-Hellman-Merkle-Algorithmus ausgehandelt werden (Abschnitt 27.8, »Diffie-Hellman-Merkle-Schlüsselaustausch«). Aber wie authentifiziert man die andere Seite? Wie kann Alice sicher sein, dass sie einen Schlüssel mit Bob und nicht mit der NSA ausgehandelt hat? Die Signaturen in Abschnitt 27.6.1, »Sichere Hashes und Authentifizierung«, hängen vom zuvor ausgehandelten Schlüssel ab; wie authentifiziert man neue Kommunikationspartner?

Nehmen wir alternativ an, Alice möchte eine sichere Nachricht an Bob senden, aber die Umstände verhindern, dass sie gegenseitig einen Schlüssel aushandeln können. Dies wäre der Fall, wenn Alice zum Beispiel eine verschlüsselte E-Mail an Bob senden möchte. Wie kann Alice ihre Nachricht verschlüsseln?

In beiden Fällen ist die Antwort die Verschlüsselung mit *öffentlichem* Schlüssel, bei der alle kommunizierenden Parteien den öffentlichen Teil ihres (öffentlich/privaten) Schlüsselpaars veröffentlichen können. Diese Public-Key-Verschlüsselung ist Gegenstand dieses Kapitels.

Bei der Verschlüsselung mit öffentlichem Schlüssel hat jede Partei einen öffentlichen Verschlüsselungsschlüssel K_E und einen privaten Entschlüsselungsschlüssel K_D. Alice kann ihren K_E weltweit veröffentlichen, ohne dass ein Lauscher dadurch die Möglichkeit erhält, K_D zu ermitteln. Wenn Bob im Besitz von Alices K_E ist, kann er eine Nachricht damit verschlüsseln und an sie senden; nur jemand, der im Besitz von Alices K_D ist, kann sie lesen. Der Grundgedanke hinter der Verschlüsselung mit öffentlichem Schlüssel ist, dass die Kenntnis von K_E keine aussagekräftigen Informationen über K_D bieten sollte.

28.1 RSA

Die Public-Key-Verschlüsselung wurde in [DH76] beschrieben, aber die bekannteste Technik ist wohl der RSA-Algorithmus aus [RSA78]. (Der RSA-Algorithmus wurde 1973 von Clifford Cocks beim GCHQ entdeckt, aber geheim gehalten.) RSA beruht auf der Idee, dass die meisten arithmetischen Operationen auf eine große Zahl N eine Zeit benötigen, die polynomial zur Anzahl der Bits in N ist, die *Faktorisierung* einer großen Zahl N allerdings einen Zeitaufwand exponentiell zur Anzahl der Bits in N erfordert.

Zur Erstellung von RSA-Schlüsseln müssen zunächst zwei sehr große Primzahlen p und q gefunden werden, zum Beispiel mit jeweils 1024 Binärziffern. Diese Primzahlen sollten zufällig gewählt werden, indem man zufällige n im richtigen Bereich wählt und sie dann einem Primzahltest unterzieht, bis dieser erfolgreich ist. Sei n = p×q.

Aus dem kleinen Fermatschen Satz folgt nun, dass für jede ganze Zahl m $m^{(p-1)(q-1)} = 1$ mod n gilt (es genügt zu zeigen, dass $m^{(p-1)(q-1)} = 1$ mod p und $m^{(p-1)(q-1)} = 1$ mod q ist).

Dann sucht man positive Ganzzahlen e und d, für die e×d = 1 mod (p–1)(q–1) ist; bei einem beliebigen e, das zu p–1 und q–1 teilerfremd ist, kann man d mit dem erweiterten Euklidischen Algorithmus finden (eine einfache Python-Implementierung finden Sie weiter unten in Abschnitt 28.8, »Beispiele mit RSA-Schlüssel«). Aus der Behauptung im vorigen Abschnitt wissen wir nun, dass $m^{e \times d} = (m^e)^d = m$ mod p.

Wenn wir m nun als unsere Nachricht betrachten (d. h. als Bitfolge mit einer Länge kleiner der Bitlänge von n, und nicht als ganze Zahl), verschlüsseln wir es als $c = m^e$ mod n. Wir können c entschlüsseln und m wiederherstellen, indem wir c^d mod n = $m^{e \times d}$ mod n = m berechnen.

Der öffentliche Schlüssel ist das Paar ⟨n,e⟩; der private Schlüssel ist d.

Elliptische-Kurven-Kryptografie

Eine der Befürchtungen bei RSA ist, dass ein schnellerer Faktorisierungsalgorithmus die Verschlüsselung eines Tages unbrauchbar machen könnte. Eine neuere Methode ist die Verwendung *elliptischer Kurven*, z. B. die Menge der Lösungen modulo einer großen Primzahl p der Gleichung y2 = x3 + ax + b. Diese Menge hat eine natürliche (aber nicht offensichtliche) Produktoperation, die nichts mit der modulo-p-Multiplikation zu tun hat, und wie bei der modulo-p-Arithmetik scheint es ziemlich schwierig zu sein, mit dieser Produktoperation n für B = An zu finden.

Mehrere auf elliptischen Kurven basierende kryptografische Protokolle wurden bereits vorgeschlagen; eine gute Zusammenfassung finden Sie in der Wikipedia: *http://en.wikipedia.org/wiki/Elliptic_curve_cryptography*.

Wie bei Diffie-Hellman-Merkle (Abschnitt 27.8.1, »Schnelle Arithmetik«) lassen sich alle obigen Operationen in Polynomialzeit bezüglich der Bitlängen von p und q durchführen.

Die Theorie zur Sicherheit von RSA besagt, dass die einzige Möglichkeit, d für einen bekannten öffentlichen Schlüssel in der Praxis zu finden, in der Faktorisierung von n besteht, und Faktorisierung ist schon seit jeher ein schwieriges Problem. Es gibt zwar Faktorisierungsmethoden, die viel schnellller sind, als jeden Kandidaten, kleiner als $\sqrt{n}$ auszuprobieren, aber es wird dafür im Allgemeinen immer noch ein zur Bitlänge von n exponentieller Zeitbedarf angenommen. Siehe Abschnitt 28.1.2, »RSA-Schlüssel faktorisieren«, weiter unten.

Die RSA-Verschlüsselung ist in der Regel tausendmal langsamer als vergleichbar sichere Verschlüsselungsverfahren mit gemeinsamem Schlüssel. RSA muss jedoch nur verwendet werden, um einen geheimen Schlüssel für ein Verschlüsselungsverfahren mit gemeinsamem Schlüssel zu verschlüsseln; es ist dieser letztere Schlüssel, der dann tatsächlich das Dokument schützt.

Aus diesem Grund ist eine Nachricht, die für mehrere Empfänger verschlüsselt wird, in der Regel nicht viel größer, als wenn sie nur für einen Empfänger verschlüsselt wird: Der zusätzliche Platz, der für jeden weiteren Empfänger benötigt wird, beschränkt sich lediglich auf den verschlüsselten Schlüssel für das Verschlüsselungsverfahren mit gemeinsamem Schlüssel.

Ebenso muss Alice zum Zweck der digitalen Signatur nicht die gesamte Nachricht mit ihrem privaten Schlüssel verschlüsseln; es ist ausreichend (und viel schneller), einen sicheren Hash der Nachricht zu verschlüsseln.

Wenn Alice und Bob einen Sitzungsschlüssel per Verschlüsselung mit öffentlichem Schlüssel aushandeln wollen, genügt es, wenn Alice Bobs öffentlichen Schlüssel kennt; Alice benötigt nicht einmal einen öffentlichen Schlüssel. Alice kann einen Sitzungsschlüssel wählen, ihn mit Bobs öffentlichem Schlüssel verschlüsseln und ihn dann an Bob senden.

In Abschnitt 28.8, »Beispiele mit RSA-Schlüssel«, werden wir uns eine konkrete Berechnung eines RSA-Schlüssels und dann eine verschlüsselte Nachricht ansehen.

28.1.1 RSA und digitale Signaturen

RSA kann auch für starke digitale Signaturen verwendet werden (wie jedes System mit öffentlichen Schlüsseln, bei dem die Rollen der Verschlüsselungs- und Entschlüsselungsschlüssel symmetrisch sind und umgekehrt werden können). Angenommen, Alices öffentlicher Schlüssel ist das Paar ⟨n,e⟩ und ihr privater Schlüssel ist der Exponent d. Wenn Alice eine Nachricht m an Bob signieren will, verschlüsselt sie diese einfach mit dem Exponenten d ihres *privaten* Schlüssels, d. h. sie berechnet $c = m^d$ mod n. Bob und alle anderen Menschen auf der Welt können dann den resultierenden Geheimtext c mit Alices *öffentlichem* Exponenten e (d. h. c^e) entschlüsseln. Wenn dies eine gültige Nachricht ergibt, dann muss Alice (oder jemand, der im Besitz ihres Schlüssels ist) die Nachricht versendet haben.

Im Allgemeinen verschlüsselt Alice zu Signaturzwecken nicht ihre gesamte Nachricht, sondern nur einen sicheren Hash davon, und dann sendet sie sowohl die Nachricht als auch den RSA-verschlüsselten Hash. Bob entschlüsselt den verschlüsselten Hash, und anhand der Signatur wird geprüft, ob das Ergebnis mit dem Hash der zugehörigen Nachricht übereinstimmt.

Der Vorteil einer Public-Key-Signatur gegenüber einer HMAC-Signatur besteht darin, dass erstere einen Schlüssel verwendet, der langfristig gültig ist und zur Identifizierung des *Individuums*, das die Nachricht versendet hat, verwendet werden kann. Der Nachteil ist, dass HMAC-Signaturen viel schneller sind.

Es ist üblich, dass Alice ihre Nachricht an Bob signiert und dann die Nachricht und die Signatur – vielleicht mit Bobs öffentlichem Schlüssel – verschlüsselt, bevor sie das Ganze an Bob sendet.

Genau wie Alice es wahrscheinlich vorzieht, undatierte Dokumente nicht mit ihrer eigenhändigen Unterschrift zu versehen, wird sie wahrscheinlich auch ihre digitale Signatur lieber nur auf Dokumente mit Zeitstempel anwenden. Dies hilft, Wiederholungsangriffe zu vermeiden.

28.1.2 RSA-Schlüssel faktorisieren

Die Sicherheit von RSA hängt weitgehend von der Schwierigkeit ab, den Absolutbetrag des Schlüssels n = pq zu faktorisieren (obwohl es theoretisch möglich ist, dass eine RSA-Schwachstelle existiert, die keine Faktorisierung erfordert). Mit Stand 2015 scheint für größere Schlüssel das sogenannte Zahlkörpersieb der schnellste Faktorisierungsalgorithmus zu sein; eine frühe Version dieser Technik wurde in [JP88] vorgestellt.

Eine heuristische Schätzung der zur Faktorisierung einer Zahl n mit diesem Algorithmus benötigten Zeit ist $\exp(1{,}923 \times \log(n)^{1/3} \times \log(\log(n))^{2/3})$, wobei $\exp(x) = e^x$ und log(x) der natürliche Logarithmus ist. In erster Näherung ist dies $\exp(k \times L^{1/3})$, wobei L die Bitlänge von N ist. Dies ist zwar subexponentiell (wegen des Exponenten 1/3), aber immer noch extrem langsam.

Seitenkanäle

Wer ernsthaftes Vertrauen in die hier skizzierten relativen Sicherheitsniveaus setzt, sollte sich auch der Existenz sogenannter Seitenkanalangriffe bewusst sein, bei denen z. B. elektromagnetische Abstrahlungen eines Computers genutzt werden, um auf einen Schlüssel zu schließen.

Die erste Faktorisierung eines RSA-Absolutbetrags mit 512 Bits erfolgte 1999 und wurde in [CDLMR00] veröffentlicht; sie war Teil der RSA Factoring Challenge. Die Berechnung dauerte sieben Monate, wobei bis zu 300 Prozessoren parallel zum Einsatz kamen. Fünfzehn Jahre später berichtete [ABDGHSTVWZ15], von einer erfolgreichen Faktorisierung innerhalb von acht Tagen auf einer Maschine mit 24 Kernen (~5.000 Prozessorstunden) oder in sieben Stunden mit 1800 Rechenkernen. Die Beschleunigung ist zum Teil auf Verbesserungen in der Software-Implementierung zurückzuführen, größtenteils aber auf die schnellere Hardware.

Wenn wir die Zahlkörpersieb-Faktorisierungszeit für ein n von 512 Bit Länge auf 1 normalisieren, erhalten wir die folgende Tabelle mit den geschätzten relativen Kosten für die Faktorisierung größerer n:

Schlüssellänge in Bits	relative Faktorisierungsdauer
512	1
1024	8,000,000
1536	8×10^{11}
2048	8×10^{15}
3072	3×10^{22}
4096	8×10^{27}

Daraus können wir schließen, dass 1024-Bit-Schlüssel von einem *sehr* entschlossenen und finanzkräftigen Angreifer möglicherweise geknackt werden können, während eine Schlüssellänge von 2048 Bits wesentlich sicherer erscheint. Im Jahr 2011 wurde die vom NIST empfohlene Schlüssellänge für die RSA-Verschlüsselung auf 2048 Bits erhöht (Veröffentlichung 800–131A, Tabelle 6, *http://csrc.nist.gov/publications/nistpubs/800-131A/sp800-131A.pdf*). Das ist zwar um einiges länger als die empfohlenen 128 bis 256 Bits für Verschlüsselungsverfahren mit gemeinsamem Schlüssel, aber RSA-Factoring-Angriffe sind eben *wesentlich* schneller als das Durchprobieren aller Schlüssel im Brute-Force-Verfahren.

Beachten Sie, dass einige Teile des Faktorisierungsalgorithmus hochgradig parallelisierbar sind, andere dagegen weniger; die relativen Faktorisierungszeiten beim Einsatz hochgradig paralleler Hardware können daher recht unterschiedlich sein. Siehe auch Abschnitt 28.8, »Beispiele mit RSA-Schlüssel«.

28.2 Vorwärts gerichtete Geheimhaltung

Angenommen, Alice und Bob tauschen mit ihren RSA-Schlüsseln einen gemeinsamen Schlüssel K_S zur Verschlüsselung ihrer Sitzung aus. Später werden ihre RSA-Schlüssel kompromittiert. Wenn der Angreifer die vorherige Kommunikation von Alice und Bob aufbewahrt hat, kann er zurückgehen und K_S entschlüsseln und dann mit Hilfe von K_S die gesamte durch K_S geschützte Sitzung entschlüsseln.

Dies ist jedoch nicht der Fall, wenn Alice und Bob den Diffie-Hellman-Merkle-Schlüsselaustausch verwendet haben. In diesem Fall wird bei der Aushandlung von K_S keine Verschlüsselung verwendet, sodass eine spätere Kompromittierung der Verschlüsselung K_S nicht aufdecken kann.

Diese Eigenschaft wird als *Forward Secrecy* (vorwärts gerichtete Geheimhaltung) oder manchmal auch als *Perfect* Forward Secrecy bezeichnet (in anderen Fällen stellt Perfect Forward Secrecy die zusätzliche Anforderung, dass die Kompromittierung eines beliebigen anderen von Alice und Bob ausgehandelten Sitzungsschlüssels ebenfalls keine Informationen über K_S preisgibt).

Der Vorteil der Verschlüsselung mit öffentlichem Schlüssel in Verbindung mit dem Diffie-Hellman-Merkle-Schlüsselaustausch besteht also darin, dass Alice den Schlüssel K_S, den sie an Bob sendet, signieren kann. Wenn Bob sicher ist, dass er den echten öffentlichen Schlüssel von Alice hat, wird ein Man-in-the-Middle-Angriff (Abschnitt 28.3, »Vertrauen und der Mann in der Mitte«) unmöglich.

Heutzutage ist es üblich, dass alle Transaktionen, die Teil des Diffie-Hellman-Merkle-Austauschs sind, mit öffentlichen Schlüsseln verschlüsselt werden. Auf diese Weise erhalten Alice und Bob sowohl vorwärts gerichtete Geheimhaltung *als auch* Schutz vor Man-in-the-Middle-Angriffen.

Ein Nachteil der hier beschriebenen vorwärts gerichteten Geheimhaltung ist, dass der Diffie-Hellman-Merkle-Schlüsselaustausch normalerweise einen synchronen Austausch erfordert. Wenn Alice eine E-Mail-Nachricht an Bob verschlüsselt, ist ein synchroner Austausch wahrscheinlich keine Option, da Bob zu diesem Zeitpunkt offline sein könnte.

Ein vom X3DH-Protokoll (*https://signal.org/docs/specifications/x3dh/*) genutzter Ansatz zur vorwärts gerichteten Geheimhaltung bei asynchroner Kommunikation ist die Erzeugung sogenannter *Prekeys* durch Alice und Bob. Bei dem oben in Abschnitt 27.8, »Diffie-Hellman-Merkle-Schlüsselaustausch«, beschriebenen Schlüsselaustausch einigen sich Alice und Bob auf eine Primzahl p und einen Generator g und wählen die Zufallswerte a bzw. b. Dann tauschen sie g^a mod p und g^b mod p aus. Ein Prekey für Bob ist einfach ein vorberechnetes g^b, das an einen Server weitergegeben und von Bob signiert wird. Um eine Wiederverwendung zu vermeiden, erzeugt Bob normalerweise viele Prekeys (und gibt sie weiter). Wenn Alice ihre asynchrone Nachricht senden will, fragt sie den Server einfach nach einem von Bobs Prekeys. Mit diesem und ihrem eigenen g^a kann sie dann den Sitzungsschlüssel K_S berechnen und die Nachricht verschlüsseln. Alices g^a muss dann zusammen mit ihrer verschlüsselten Nachricht gesendet werden, damit Bob ebenfalls K_S berechnen und die Nachricht entschlüsseln kann. Dieser Prekey-Ansatz scheint recht sicher zu sein, obwohl er entweder jeden dazu verpflichtet, dieselbe Primzahl p und denselben Generator g für den Schlüsselaustausch zu verwenden (der übliche Ansatz), oder aber die Erzeugung eines Prekey-Satzes für jeden potenziellen Kommunikationspartner erfordert.

Abschließend ist anzumerken, dass die vorwärts gerichtete Geheimhaltung am besten mit flüchtigen Datenströmen funktioniert, wie z. B. Browser-Sitzungen oder Sprachanrufen, bei denen die Daten nur in den empfangenen, verschlüsselten Paketen vorhanden sind. Bestehen die Daten jedoch aus archivierten Mitteilungen, ist es wahrscheinlich, dass eine Kompromittierung des Geräts, auf dem sie archiviert wurden, sie alle preisgibt; selbst wenn sie verschlüsselt sind, kann ein Keylogger auf dem Gerät die notwendigen lokalen Passwörter preisgeben. Alices Schlüssel könnte zwar auch im Brute-Force-Verfahren geknackt werden, aber die häufigste Methode, an diese Schlüssel zu gelangen, ist wahrscheinlich die Kompromittierung ihres Computers. Wenn einem Angreifer dies gelingt, hat er wahrscheinlich auch Zugriff auf alle Nachrichten, die Alice auf diesem Computer archiviert hat, und das ganz ungeachtet der vorwärts gerichteten Geheimhaltung.

28.3 Vertrauen und der Mann in der Mitte

Angenommen, Alice möchte Bob eine Nachricht schicken. Wo findet sie Bobs öffentlichen Schlüssel E_B?

Wenn Alice ein öffentliches Verzeichnis konsultiert, das nicht absolut sicher und vertrauenswürdig ist, könnte sie dort einen Schlüssel finden, der in Wirklichkeit Mallory gehört. Alice könnte nun Opfer eines *Man-in-the-Middle-Angriffs* werden, wie dem am Ende von Abschnitt 27.8, »Diffie-Hellman-Merkle-Schlüsselaustausch«, beschriebenen:

- Alice verschlüsselt Bobs Nachricht mit Mallorys öffentlichem Schlüssel E_{Mal}, weil sie glaubt, es sei der von Bob.
- Mallory fängt die Nachricht ab und entschlüsselt sie mit seinem eigenen Entschlüsselungsschlüssel D_{Mal}
- Mallory verschlüsselt die Nachricht erneut mit Bobs echtem öffentlichen Schlüssel E_{Bob}
- Bob entschlüsselt die Nachricht mit D_{Bob}

Obwohl Mallory RSA nicht direkt knacken kann, hat er die Nachricht von Alice gelesen (und möglicherweise sogar verändert).

Alice kann Bobs Schlüssel natürlich auch direkt von Bob erhalten. Wenn Alice sich mit Bob trifft, können die beiden natürlich auch einen Schlüssel für ein Verschlüsselungsverfahren mit gemeinsamem Schlüssel austauschen.

Wi-Fi in the Middle

Einer der einfachsten Schauplätze für einen Man-in-the-Middle-Angriff ist ein öffentlicher Wi-Fi-Hotspot, entweder durch den Hotspot-Betreiber oder durch die Einrichtung eines betrügerischen Zugangspunkts, mit dem sich einige Nutzer dann fälschlicherweise verbinden.

Wir betreten nun die geheimnisvolle Welt des Vertrauens. Alice könnte Charlie im Hinblick auf Bobs Schlüssel vertrauen, aber nicht Dave. Alice muss sich nicht mit Charlie treffen, um Bobs Schlüssel zu erhalten; alles, was sie braucht, ist

- eine vertrauenswürdige Kopie von Charlies öffentlichem Schlüssel
- eine Kopie von Bobs öffentlichem Schlüssel, zusammen mit Bobs Namen, beides *signiert* von Charlie

Gleichzeitig vertraut Alice vielleicht Dave, aber nicht Charlie im Hinblick auf den Schlüssel von Evan. Und Bob könnte weder Charlie noch Dave in Bezug auf Alices Schlüssel vertrauen. Mathematisch gesehen ist die Vertrauensbeziehung weder symmetrisch noch transitiv. Um die Möglichkeit zu berücksichtigen, dass das Vertrauen mit der Zeit schwinden könnte, haben signierte Schlüssel oft ein Ablaufdatum.

Im kleinen Rahmen werden manchmal *Key-Signing-Partys* veranstaltet, bei denen die Teilnehmer einige Schlüssel direkt und andere indirekt durch Signieren austauschen. Dieser Ansatz wird manchmal als *Web of Trust* bezeichnet. Im großen Maßstab sind *Zertifizierungsstellen* (Abschnitt 28.5.2, »TLS«, Unterabschnitt »Zertifizierungsstellen«) Teil des TLS-Frameworks (Abschnitt 28.5.2, »TLS«), die überprüfen, ob der öffentliche Schlüssel einer Website den Angaben entspricht; sie vertrauen diesen Zertifizierungsstellen stillschweigend, sobald Ihr Browser-Anbieter ihnen vertraut. Sowohl das »Web of Trust« als auch die Zertifizierungsstellen sind Beispiele für eine »Public-Key-Infrastruktur« oder *PKI*, d. h. im weitesten Sinne für einen Mechanismus zur zuverlässigen Zuordnung öffentlicher Schlüssel zu ihren Besitzern. Verschlüsselungsanwendungen mit öffentlichen Schlüsseln, bei denen die Notwendigkeit einer PKI durch die Verwendung *kryptografisch erzeugter Adressen* vermieden wird, behandeln wir in Abschnitt 11.6.4, »Sicherheit und Nachbarschaftserkennung«, und in der Diskussion über .onion-Adressen am Ende von Abschnitt 10.1, »DNS«.

28.4 Ende-zu-Ende-Verschlüsselung

Viele Kommunikationsanwendungen beruhen auf dem Modell der Verschlüsselung zwischen den einzelnen Endnutzern und einem zentralen Server. Zum Beispiel könnten Alice und Bob beide https (auf der Grundlage von TLS, Abschnitt 28.5.2, »TLS«) verwenden, um ihre Interaktionen mit ihrem E-Mail-Anbieter zu verschlüsseln. Alice und Bob vertrauen nun also diesem Anbieter, der die Nachrichten von Alice entschlüsselt, speichert und bei der Übermittlung an Bob erneut verschlüsselt.

Dieses Modell schützt Alice und Bob vor Lauschern im Internet, die die Sicherheitsmaßnahmen des E-Mail-Anbieters nicht durchbrochen haben. Allerdings könnten staatliche Behörden den E-Mail-Anbieter auch dazu auffordern, die Korrespondenz von Alice und Bob herauszugeben.

Wenn Alice und Bob weder einer zwischengeschalteten Instanz noch ihrer (oder irgendeiner anderen) Regierung vertrauen wollen, müssen sie auf *Ende-zu-Ende-Verschlüsselung* setzen. Das heißt, Alice und Bob müssen einen Schlüssel aushandeln, diesen Schlüssel verwenden, um die Nachrichten zwischen ihnen zu verschlüsseln, und den Schlüssel nicht an andere weitergeben. Das ist ein ziemlicher Mehraufwand für Alice und Bob und es wird sogar noch komplizierter, wenn Alice die Ende-zu-Ende-Verschlüsselung mit einer großen Anzahl von Kommunikationspartnern nutzen möchte.

Natürlich kann Alice auch bei einer Ende-zu-Ende-Verschlüsselung per Zwangsverfügung gezwungen werden, ihre Korrespondenz mit Bob herauszugeben, aber das ist ein anderes Thema. Der private Schlüssel von Alice kann auch im Rahmen eines Durchsuchungsbefehls beschlagnahmt werden. Es ist üblich (wenn auch nicht allgemein verbindlich), private Schlüssel mit einem Kennwort zu schützen; dies ist eine vernünftige Praxis, aber einen Schlüssel mit einer effektiven Länge von 256 Bit durch ein Kennwort mit einer effektiven Länge von 32 Bit zu schützen, ist nicht ganz optimal. Die Mechanismen aus Abschnitt 27.6.2, »Passwort-Hashes«, schaffen auch nur bedingt Abhilfe. Der Mechanismus aus Abschnitt 27.6.2, »Passwort-Hashes«, könnte hier von größerem Nutzen sein, vorausgesetzt, Alice kann Bob mitteilen, dass ihr bisheriger Schlüssel nun kompromittiert ist; siehe auch Abschnitt 28.2, »Vorwärts gerichtete Geheimhaltung«.

28.5 SSH und TLS

Wir sehen uns nun zwei Verschlüsselungsmechanismen an, die im Internet häufig zum Einsatz kommen. Der erste ist die Secure Shell (*SSH*), die die Anmeldung an Remote-Systemen, die Ausführung von Remote-Befehlen, die Dateiübertragung und sogar einige Formen von VPN-Tunneling ermöglicht. Eine Public-Key-Verschlüsselung ist dabei optional; wenn sie verwendet wird, werden die öffentlichen Schlüssel meist manuell übertragen.

POODLE

Die POODLE-Attacke (*https://www.openssl.org/~bodo/ssl-poodle.pdf*) von 2014 basierte zum Teil auf einer seit langem bekannten Schwachstelle in SSL 3.0. SSL 3.0 ist jedoch seit fünfzehn Jahren überholt (obwohl es erst 2015 offiziell als veraltet eingestuft wurde); die zweite bei dem Angriff ausgenutzte Schwachstelle war eine fehlerhafte Implementierung der Versionsaushandlung, bei der die Störung einiger weniger Pakete durch einen Angreifer sowohl den Client als auch den Server zwingen konnte, sich auf SSL 3.0 zu einigen, selbst wenn beide die neueste TLS-Version unterstützten. Siehe Abschnitt 28.5.2, »TLS«.

Das zweite Beispiel ist das Transport Layer Security-Protokoll (*TLS*), ein Nachfolger des Secure Sockets Layer (*SSL*). Viele Menschen bezeichnen TLS immer noch als SSL, obwohl SSL bereits im Jahr 1999 durch TLS ersetzt wurde. Fairerweise muss man jedoch sagen, dass TLS im Grunde eine Aktualisierung von SSL ist und TLS v1.0 auch SSL v4.0 hätte heißen können. TLS wird zur Verschlüsselung des Datenverkehrs für das HTTP-Secure-Protokoll (*https*) verwendet; auch zur Verschlüsselung des Datenverkehrs für verschiedene andere Anwendungen wird es herangezogen und *kann* mit entsprechender Programmierung für jede Anwendung eingesetzt werden.

Wenn Alice einen Server S über SSH oder TLS kontaktieren will, muss sie irgendwann einem öffentlichen Schlüssel vertrauen, der angeblich von S stammt. Ein üblicher Ansatz bei SSH ist, dass Alice den Schlüssel beim ersten Mal akzeptiert, ihn dann aber für alle weiteren Überprüfungen speichert. Unter TLS wird der Schlüssel von S, den Alice erhält, von einer Zertifizierungsstelle signiert (Abschnitt 28.5.2, »TLS«, Unterabschnitt »Zertifizierungsstellen«); Alice vertraut mutmaßlich dieser Zertifizierungsstelle. (SSH unterstützt jetzt auch Zertifizierungsstellen, aber im Zusammenhang mit SSH scheint deren Verwendung noch unüblich zu sein).

Sowohl SSH als auch TLS handeln letztendlich einen gemeinsamen geheimen Sitzungsschlüssel aus, der dann für den Großteil der eigentlichen Datenverschlüsselung genutzt wird.

28.5.1 SSH

Das SSH-Protokoll baut einen verschlüsselten Kommunikationskanal zwischen zwei Hosts auf, nachdem die Identitäten der beiden Endpunkte festgestellt wurden. Sein Hauptzweck besteht darin, die sichere Ausführung von Remote-Befehlen mit Ein- und Ausgabe über den sicheren Kanal zu ermöglichen; dies schließt die Remote-Ausführung einer interaktiven Shell mit ein, die im Grunde eine verschlüsselte Terminalanmeldung im Stil von Telnet ist. Das Begleitprogramm `scp` nutzt das SSH-Protokoll für eine sichere Dateiübertragung. Schließlich unterstützt SSH die sichere Weiterleitung von Ports von einem Rechner (und Port) zum nächsten; Anwendungen, die nicht mit dem Rechner verbunden sind, können so eine Verbindung zu einem Rechner herstellen und sich sicher mit einem anderen unterhalten. Die aktuelle Version des SSH-Protokolls ist 2.0 und wird ist in RFC 4251 beschrieben. Die Unterprotokolle zur Authentifizierung und für die Übertragung sind in RFC 4252 bzw. RFC 4253 definiert.

Einer der ersten Schritte bei einer SSH-Verbindung besteht darin, dass die Endpunkte aushandeln, welche Verschlüsselungsmethode (und welchen Modus) sie für ihren geheimen Schlüssel verwenden wollen. Die Unterstützung der folgenden Verschlüsselungsverfahren wird »empfohlen«, und es gibt eine viel längere Liste »optionaler«

Verschlüsselungsverfahren (einschließlich RC4 und Blowfish); Tabelle 28.1 enthält die in RFC 4344 hinzugefügten Optionen.

Verschlüsselung	Modi	nominelle Schlüssellänge
3DES	CBC, CTR	168 bits
AES	CBC, CTR	192 bits
AES	CTR	128 bits
AES	CTR	256 bits

Tabelle 28.1 Neue Optionen aus RFC 4344

SSH unterstützt ein besonderes Namensformat zur Einbindung neuer Verschlüsselungsverfahren für den lokalen Gebrauch.

Das SSH-Protokoll ermöglicht es den Endpunkten auch, einen Mechanismus zur Verschlüsselung mit öffentlichem Schlüssel, eine sichere Hash-Funktion und sogar einen Algorithmus für den Schlüsselaustausch auszuhandeln, wobei allerdings nur kleinere Abwandlungen des Diffie-Hellman-Merkle-Schlüsselaustauschs implementiert sind.

Wenn Alice sich mit einem Server S verbinden will, möchte der Server natürlich die Identität von Alice überprüfen. Dies geschieht entweder über ein Passwort oder mit anderen Mitteln. Genauso wichtig ist es aber auch, dass Alice die Identität von S überprüft, um Man-in-the-Middle-Angriffe und die Möglichkeit zu verhindern, dass ein Angreifer, der sich als S ausgibt, einfach Alices Passwort zum späteren Gebrauch abgreift.

Das SSH-Protokoll ist nicht darauf ausgelegt, die Anzahl der Paketumläufe zu minimieren, weshalb der Verbindungsaufbau über SSH um einiges langsamer ist als über TLS (Abschnitt 28.5.2, »TLS«). Eine Verbindung kann eine ganze Reihe von Roundtrips beinhalten: den dreifachen TCP-Handshake, den Austausch der Protokollversion, den »Key Exchange Init«-Austausch, den eigentlichen Diffie-Hellman-Merkle-Schlüsselaustausch, den »NewKeys«-Austausch und den »Service Request«-Austausch (alle außer dem ersten sind in RFC 4253 dokumentiert). Verzögerungen von mehreren Sekunden lassen sich jedoch normalerweise durch Leistungsoptimierung verringern; die Aktivierung von Diagnosemeldungen (z. B. mit der Option `-v`) ist dabei oft hilfreich. Eine häufige Ursache für Verzögerungen ist ein serverseitiger DNS-Lookup des Clients, der sich durch die serverseitige Konfigurationseinstellung `UseDNS no` oder vergleichbar beheben lässt.

In den folgenden Unterabschnitten konzentrieren wir uns auf die »gewöhnliche« SSH-Konfiguration und ignorieren einige erweiterte Optionen.

Server-Authentifizierung

Zu diesem Zweck besteht einer der ersten Schritte bei der Aushandlung einer SSH-Verbindung darin, dass der Server die öffentliche Hälfte seines *Host-Schlüssels* an Alice sendet. Alice prüft diesen Schlüssel, der sich normalerweise in ihrer `known_hosts`-Datei befindet. Alice fordert S außerdem auf, mit seinem Host-Schlüssel etwas zu signieren. Wenn Alice dies mit dem öffentlichen Host-Schlüssel von S entschlüsseln kann, kann sie sich sicher sein, mit dem echten S zu sprechen.

Wenn dies jedoch der erste Versuch von Alice ist, eine Verbindung zu S herzustellen, sollte sie eine Meldung wie die folgende erhalten:

```
The authenticity of host 'S (10.2.5.1)' can't be established.
RSA key fingerprint is da:2e:e3:94:84:6b:bf:6d:2f:e4:c3:76:68:72:a5:a0.
Are you sure you want to continue connecting (yes/no)?
```

Wenn Alice vorsichtig ist, kann sie den Administrator von S kontaktieren und den Fingerabdruck des Schlüssels überprüfen. Wahrscheinlicher ist jedoch, dass sie einfach »ja« wählt, wodurch der Host-Schlüssel von S zu ihrer eigenen `known_hosts`-Datei hinzugefügt wird; diese letztgenannte Strategie wird manchmal als *trust on first use* bezeichnet.

Wenn sie später erneut eine Verbindung zu S herstellt, nachdem der Host-Schlüssel von S geändert wurde, erhält sie eine etwas unangenehmere Meldung, und in der Standardkonfiguration wird ihr nicht erlaubt, die Verbindung fortzusetzen, bis sie den alten, jetzt falschen, Host-Schlüssel für S manuell aus ihrer `known_hosts`-Datei entfernt hat.

Siehe auch das ARP-Spoofing-Szenario in Abschnitt 10.2.2, »ARP-Sicherheit«, und den dortigen Kommentar hinsichtlich SSH.

SSH v2.0 unterstützt nun auch einen Mechanismus zur Verifizierung von Server-Host-Schlüsseln durch eine Zertifizierungsstelle, der die `known_hosts`-Datei ersetzt.

Schlüsselaustausch

Im nächsten Schritt handeln der Computer von Alice und S einen Sitzungsschlüssel aus. Nachdem der Verschlüsselungs- und Schlüsselaustauschalgorithmus ausgehandelt wurde, verwenden Alices Computer und S den gewählten Schlüsselaustauschalgorithmus, um sich auf einen Sitzungsschlüssel für die gewählte Verschlüsselung zu einigen.

Für beide Richtungen der Verbindung gelten in der Regel unterschiedliche Sitzungsschlüssel. Sie können dabei sogar unterschiedliche Verschlüsselungsalgorithmen verwenden.

Von diesem Zeitpunkt an ist der Kanal verschlüsselt.

Client-Authentifizierung

Der Server fordert Alice nun auf, sich zu authentifizieren. Bei der Passwortauthentifizierung gibt Alice ihr Passwort ein, das zusammen mit ihrem Benutzernamen über die nun verschlüsselte Verbindung an den Server gesendet wird. Dies macht den Server anfällig für Brute-Force-Angriffe durch Ausprobieren von Passwörtern und wird daher nicht selten deaktiviert.

Alice kann auch eine *RSA-Authentifizierung* eingerichtet haben (andere Formen der Authentifizierung mit öffentlichen Schlüsseln sind ebenfalls möglich). Dazu muss Alice ein öffentlich/privates Schlüsselpaar erstellen (oft in den Dateien `id_rsa.pub` und `id_rsa`), und der öffentliche Schlüssel muss zuvor auf S installiert worden sein. Auf Unix-basierten Systemen wird er oft auf S in der Datei `authorized_keys` im Unterverzeichnis `.ssh` von Alices Heimatverzeichnis installiert. Wenn Alice nun eine mit ihrem privaten Schlüssel signierte Nachricht an S sendet, ist S in der Lage, die Signatur zu überprüfen. Wenn dies gelingt, kann sich Alice anmelden, ohne S ein Passwort zu geben.

Es ist üblich, wenn auch nicht durchgängige Praxis, die private Schlüsseldatei von Alice (auf ihrem eigenen Computer) durch ein Kennwort zu schützen. Ist dies der Fall, muss Alice dieses Passwort angeben, aber es wird nur auf Alices Seite der Verbindung verwendet. (Die standardmäßige Hash-Funktion für das Passwort ist MD5, was nicht unbedingt eine gute Wahl ist; siehe Abschnitt 27.6.2, »Passwort-Hashes«).

Die Authentifizierung mit öffentlichem Schlüssel wird vor der Passwort-Authentifizierung versucht. Wenn Alice einen öffentlichen Schlüssel erstellt hat, wird dieser wahrscheinlich ausprobiert, auch wenn sie ihn nicht nach S kopiert hat.

Wenn S so eingerichtet ist, dass eine Authentifizierung mit öffentlichem Schlüssel *erforderlich* ist, hat Alice möglicherweise keine direkte Möglichkeit, ihren öffentlichen Schlüssel selbst auf S zu installieren, und ist auf die Zusammenarbeit mit den Administratoren von S angewiesen. Es kann sein, dass letztere Alice ein öffentliches/privates Schlüsselpaar schicken, das sie speziell für S ausgewählt haben. In diesem Fall kann Alice also kein eigenes Schlüsselpaar wählen. Die standardmäßige Benutzerkonfiguration von SSH unterstützt unterschiedliche private Schlüssel für verschiedene Server.

In mehreren ssh-Implementierungen für die Kommandozeile lassen sich die verschiedenen Stufen der Authentifizierung von der Client-Seite aus beobachten, wenn man den `ssh`- oder `slogin`-Befehl mit der Option `-v` verwendet.

Die Sitzung

Sobald eine SSH-Verbindung aufgebaut ist, wird regelmäßig ein neuer Sitzungsschlüssel ausgehandelt. RFC 4253 empfiehlt dies nach einer Stunde oder nachdem 1 GB an Daten ausgetauscht wurde.

Die Daten werden dann in Paketen gesendet, deren Größe im Allgemeinen ein Vielfaches der Verschlüsselungsblockgröße beträgt. Stehen nicht genügend Daten zur Verfügung, weil z. B. nur ein einziger Tastendruck (Byte) gesendet wird, wird das Paket bei Bedarf mit zufälligen Daten aufgefüllt. *Jedes* Paket muss mit mindestens vier Byte an Zufallsdaten aufgefüllt werden, um Angriffe zu vereiteln, die auf bekannten Paarungen aus Klartext und verschlüsseltem Text basieren. Der *verschlüsselte* Teil des Pakets enthält ein Byte, das die Länge der aufgefüllten Strecke angibt.

28.5.2 TLS

Transport Layer Security (TLS) ist eine IETF-Erweiterung des ursprünglich von Netscape entwickelten SSL-Protokolls (Secure Socket Layer). SSL durchlief die Versionen 2.0 und 3.0; letztere wurde 1996 eingeführt und 2015 mit RFC 7568 offiziell für veraltet erklärt (siehe der POODLE-Kasten oben in Abschnitt 28.5, »SSH und TLS«). TLS 1.0 wurde 1999 eingeführt, als die IETF die Verantwortlichkeiten für diese Spezifikation von Netscape übernahm. Die aktuelle TLS-Version ist 1.2, definiert in RFC 5246 (plus die dort aufgeführten Aktualisierungen). Ein Entwurf von TLS 1.3 ist in Arbeit (Stand 2018); siehe *https://tools.ietf.org/html/draft-ietf-tls-tls13*.

Die ursprüngliche und nach wie vor wichtigste Aufgabe von TLS ist die Verschlüsselung von Webverbindungen und die Überprüfung der Authentizität des Servers für den Client. TLS kann jedoch auch in jede beliebige Netzwerkanwendung eingebettet werden.

Anders als bei SSH ist eine Authentifizierung des *Clients* zwar möglich, aber unüblich; Webserver haben oftmals keine zuvor bestehende Beziehung zum Client. Ebenfalls anders als bei SSH beruhen die Public-Key-Mechanismen alle auf etablierten Zertifizierungsstellen (*Cerificate Authorities*, oder kurz: CAs), während der Host-Schlüssel eines SSH-Servers in der Regel nur dann auf einem Client landet, wenn er vom Benutzer bei der ersten Verbindung akzeptiert wurde. Browser (und ggf. andere TLS-Anwendungen) verfügen über eingebettete Listen von Zertifizierungsstellen, die als *Trust Stores* bezeichnet werden und denen der Browserhersteller vertraut. SSH erfordert kein solches zentralisiertes Vertrauen.

Wenn Bob auf seinem Webserver S_{Bob} TLS verwenden möchte, muss er zunächst eine Zertifizierungsstelle, z. B. CA1, damit beauftragen, sein *Zertifikat* zu signieren. Ein Zertifikat enthält den vollständigen DNS-Namen von S_{Bob}, z. B. *bob.int*, einen öffentlichen Schlüssel K_S, der von S_{Bob} verwendet wird, und auch ein Ablaufdatum. TLS verwendet das ITU-T X.509-Zertifikatsformat.

Die .int-Domain

Dass Bob tatsächlich einen Domänennamen in der Top-Level-Domäne `.int` erhält, wie in diesem Beispiel, muss Bobs Organisation durch einen internationalen Vertrag sicherstellen.

Stellen Sie sich nun vor, dass Alice über TLS eine Verbindung zu Bobs Server S_{Bob} herstellt. Anfangs sendet S_{Bob} ihr sein signiertes Zertifikat, das den öffentlichen Schlüssel K_S enthält. Alices Browser wird feststellen, dass das Zertifikat von CA_1 signiert ist, und wird CA_1 in seiner Liste der vertrauenswürdigen Zertifizierungsstellen nachschlagen. Wird CA_1 gefunden, verwendet der Browser im nächsten Schritt den öffentlichen Schlüssel von CA_1, der ebenfalls auf der Liste steht, um die Signatur des von S_{Bob} gesendeten Zertifikats zu überprüfen.

Wenn alles korrekt durchgeführt wird, weiß Alices Browser nun, dass CA_1 den öffentlichen Schlüssel K_S von *bob.int* zertifiziert hat. Da S_{Bob} diesen Schlüssel K_S vorgelegt hat und nachweisen kann, dass er den passenden privaten Schlüssel besitzt, ist dies der Beweis, dass S_{Bob} der rechtmäßige Server mit dem Domainnamen bob.int ist.

Vorausgesetzt natürlich, dass CA_1 legitim ist.

Sobald Alice den öffentlichen Schlüssel K_S von S_{Bob} akzeptiert hat, wird wie bei SSH ein Verschlüsselungsverfahren mit geheimem Schlüssel ausgehandelt und der Rest des Austauschs entsprechend verschlüsselt.

Certificate Authorities

Zertifizierungsstellen (*Cerificate Authorities*, oder kurz: CAs), sind lediglich Instanzen, die sich darauf spezialisiert haben, Zertifikate zu signieren: Nachrichten, die einen Namen S_{Bob} und einen verifizierten öffentlichen Schlüssel K_S enthalten. Zweck der Zertifizierungsstelle ist es, Man-in-the-Middle-Angriffe zu verhindern (Abschnitt 28.3, »Vertrauen und der Mann in der Mitte«); Alice möchte sicher sein, dass sie in Wirklichkeit nicht mit S_{Bad} anstatt mit S_{Bob} verbunden ist.

Die Certificate Authority besiegelt, dass der spezifische öffentliche Schlüssel KS zur Domain bob.int gehört, genauso wie Charlie möglicherweise Bobs öffentlichen Schlüssel auf individueller Basis signieren könnte. Der Unterschied besteht darin, dass es sich bei der CA wahrscheinlich um eine große Organisation handelt und dass der öffentliche Schlüssel der CA wahrscheinlich irgendwo in die Netzwerkanwendungs-Software eingebettet ist. (Die Schlüsselsignatur echter Zertifizierungsstellen ist in der Regel zweistufig: Bobs öffentlicher Schlüssel wird von einem der Unterschlüssel der CA signiert, aber das Ergebnis ist das gleiche).

Ein Zertifikat für bob.int funktioniert nicht für **www.***bob.int*, auch wenn beide DNS-Namen möglicherweise auf denselben Server S_{Bob} verweisen. Wenn S_{Bob} einem

Browser, der über die URL www.bob.int zu S_{Bob} gelangt ist, ein Zertifikat für *bob.int* vorlegt, sollte beim Benutzer eine Warnung erscheinen. Der Server kann aber problemlos entweder zwei Zertifikate unterstützen oder (wenn die Zertifizierungsstelle dies unterstützt) ein einziges Zertifikat für *www.bob.int* mit einem Subject Alternative Name, der auch auf dem Zertifikat für *bob.int* – ohne www. – eingetragen ist. Es ist auch möglich, »Platzhalter«-Zertifikate für **.bob.int* zu erhalten (wobei diese dann nicht auf bob.int passen, und ebenso wenig auf Namen mit zwei zusätzlichen Ebenen wie *www.foo.bob.int*). RFC 6125, §7.2, rät von derartigen Wildcard-Zertifikaten ab, obwohl sie nach wie vor weit verbreitet sind.

Firefox-Zertifikate

Momentan finden Sie die Zertifizierungsstellen im beliebten Firefox-Browser unter EINSTELLUNGEN • DATENSCHUTZ & SICHERHEIT • ZERTIFIKATE ANZEIGEN. Die Liste ist sehr interessant, und sei es nur, weil nur wenige Menschen von mehr als einer Handvoll dieser hoch vertrauenswürdigen Organisationen jemals gehört haben. Die Richtlinien, um eine Firefox-CA zu werden, finden Sie unter *https://www.mozilla.org/en-US/about/governance/policies/security-group/certs/policy/*.

Gängige Browser verwenden allesamt vordefinierte Listen von Zertifizierungsstellen, die entweder vom Browserhersteller oder vom Anbieter des Host-Betriebssystems bereitgestellt werden (und denen diese vermutlich vertrauen). *Falls* Alice bereit ist, diesen Zertifizierungsstellen zu vertrauen, kann sie den erhaltenen Schlüssel bedenkenlos zum Versand privater Nachrichten an Bob verwenden. Dieses »falls« ist jedoch manchmal umstritten. Nur weil Alice ihrem Browser und ihrem Betriebssystem vertraut (z. B. dass sie keine Schadsoftware enthalten), bedeutet das *nicht* automatisch, dass sie auch dem Urteil dieser Anbieter folgen sollte, wenn es um CAs geht.

Auf den ersten Blick signiert Bobs Zertifizierungsstelle CA_1 nur, dass der Domänenname *bob.int* über den öffentlichen Schlüssel K_S verfügt. Das ist jedoch nicht ganz dasselbe wie die Bestätigung, dass die Anfrage zur Signierung des Zertifikats tatsächlich von Bob stammt. Alles hängt davon ab, wie gründlich CA_1 die Identität ihres Kunden überprüft, und da diese Kunden in der Regel die günstigste Zertifizierungsstelle wählen, bestehen mitunter Anreize, an der falschen Stelle zu sparen.

Wenn eine Zertifizierungsstelle die Identität des Antragstellers nicht verifiziert, kann dies einen Man-in-the-Middle-Angriff ermöglichen (Abschnitt 28.3, »Vertrauen und der Mann in der Mitte«). Nehmen wir zum Beispiel an, dass es Mallory gelingt, ein signiertes Zertifikat von einer anderen Zertifizierungsstelle CA_2 zu erhalten, das bob.int mit dem von Mallory kontrollierten Schlüssel K_{bad} koppelt. Wenn Mallory nun seinen Server S_{Bad} mittig zwischen Alice und S_{Bob} positionieren kann,

Alice ---- S_{Bad} ---- S_{Bob}

dann kann Alice dazu gebracht werden, sich mit S_{Bad} statt mit S_{Bob} zu verbinden. Alice fordert ein Zertifikat an, allerdings von S_{Bad} statt von S_{Bob}, und erhält Mallorys Zertifikat von CA_2 anstelle von Bobs eigentlichem Zertifikat von CA_1. Mallory öffnet eine zweite Verbindung von S_{Bad} zu S_{Bo}b (dies ist einfach, da Bob keinen Versuch unternimmt, Alices Identität zu überprüfen) und leitet Informationen von einer Verbindung zur anderen weiter. In Sachen TLS scheint somit alles in Ordnung zu sein. Aus Alices Sicht bürgt Mallorys falsches Zertifikat für den Schlüssel K_{bad} von S_{Bad}, CA_2 hat dieses Zertifikat signiert, und CA_2 wird von Alices Browser als vertrauenswürdig eingestuft. Es findet zu keinem Zeitpunkt eine »Suche« bei den anderen CAs statt, um zu sehen, ob bei einer davon gegenteilige Informationen über S_{Bob} vorliegen. Tatsächlich gibt es noch nicht einmal unbedingt einen Kontakt mit CA_2, siehe aber auch Abschnitt 28.5.2, »TLS«, weiter unten.

Zertifikatsfehler

Manchmal können Signaturen von Zertifikaten nicht verifiziert werden, weil sie entweder abgelaufen sind, nicht ordnungsgemäß signiert wurden oder weil die Zertifizierungsstelle nicht erkannt wird. Der Browser erhält dann die entsprechende TLS-Fehlermeldung und teilt dem Benutzer das Problem mit. Beispiele finden Sie unter *https://badssl.com/*; klicken Sie dort auf die Schaltflächen, um verschiedene Fehlermeldungen zu erhalten.

Wenn die Zertifizierungsstelle CA_1 zugleich auch der Domain-Registrar wäre, bei dem Bob den DNS-Namen bob.int registriert hat, wäre sie in einer besonders guten Position, um zu überprüfen, ob Bob wirklich der Inhaber der Domain *bob.int* ist. Dies ist jedoch nicht immer der Fall. Häufig besteht die primäre Überprüfungsmethode der Zertifizierungsstelle darin, eine E-Mail z. B. an *bob@bob.int* (oder vielleicht an den in der WHOIS-Datenbank für die Domäne *bob.int* aufgeführten DNS-Verwaltungskontakt) zu senden. Wenn jemand auf diese E-Mail antwortet, wird davon ausgegangen, dass er rechtmäßig mit der Domain bob.int verbandelt ist. Eine andere Strategie zur Authentifizierung besteht darin, dass CA_1 eine spezielle Datei sendet, die z. B. unter *bob.int/foo/bar/special.html* abgelegt werden soll; auch hier geht man davon aus, dass nur der Eigentümer der Domain in der Lage ist, dies zu tun. Beachten Sie jedoch, dass es bei dem obigen Man-in-the-Middle-Angriff nicht darauf ankommt, was CA_1 tut, sondern auf die von CA_2 verwendete Überprüfungsstrategie.

Wenn Alice sehr vorsichtig ist, kann sie auf das »Schloss«-Symbol in ihrem Browser klicken und sehen, dass die Zertifizierungsstelle, die ihre Verbindung zu S_{Bad} signiert, CA_2 und nicht CA_1 ist. Aber wenn Alice eine sichere Möglichkeit hat, Bobs »echte« Zertifizierungsstelle zu finden, kann sie diese auch nutzen, um Bobs Schlüssel K_S zu ermitteln. Da dies häufig nicht der Fall ist, ist dies in der Praxis von begrenztem Nutzen.

Bei der zweiten Zertifizierungsstelle CA_2 könnte es sich um eine legitime Zertifizierungsstelle handeln, die durch Täuschung, Zwang oder Bestechung dazu gebracht wurde, Mallorys Zertifikat zu signieren. Es könnte sich dabei aber auch um Mallorys Eigenkreation handeln, die er über eine andere Schwachstelle in den Browser von Alice einschleust.

Superfish

Die »Superfish«-Schwachstelle aus dem Jahr 2015 betraf ein Betriebssystemmodul (basierend auf LSP, WFP oder im Grunde genommen iptables), das sämtliche TLS-Verbindungen von Browsern abfangen konnte (und somit als »Man in the Middle« agierte), zusammen mit einer Software, die als Zertifizierungsstelle fungieren und im Handumdrehen neue Zertifikate (wie jenes von Mallory von CA_2) generieren konnte. Ziel war es offenbar, Werbung in TLS-gesicherte Verbindungen einzuschleusen.

Für Mallorys Machenschaften sind hier sowohl der Man-in-the-Middle-Angriff als auch das falsche Zertifikat erforderlich. Wenn Alice in der Lage ist, eine direkte Verbindung mit S_{Bob} herzustellen, wird letzterer seinen echten, von CA_1 signierten Schlüssel K_S übermitteln.

Als weiteren Angriff könnte Mallory ein Zertifikat für bOb.int erhalten und hoffen, dass Alice den Unterschied in der Schreibweise zwischen BOB und BOB nicht bemerkt. In diesem Fall schickt Mallory Alice oft auch einen getarnten Link zu *bOb.int*, in der Hoffnung, dass sie darauf klickt. Unicode-Domänennamen machen dies noch einfacher, da Unicode viele Zeichenpaare bietet, die unterschiedlich sind, aber identisch aussehen.

Zertifikate sind meist mit einer Reihe von Beschränkungen verbunden. Zunächst einmal sind die meisten Zertifikate, die von Zertifizierungsstellen für Endnutzer (Unternehmen oder Einzelpersonen) ausgestellt werden, mit dem Vermerk »not a certificate authority« versehen, was bedeutet, dass das Zertifikat nicht zum Signieren weiterer Zertifikate verwendet werden kann. Das heißt, die Vertrauensbeziehung zwischen den Zertifikaten ist *nicht transitiv*. Wenn Bob ein Zertifikat für *bob.int* erhält, kann er damit kein Zertifikat für Alice oder gar Google signieren. Die zweite große Einschränkung betrifft die Namen: Ein Zertifikat ist fast immer an einen bestimmten DNS-Namen gebunden. Wie oben beschrieben, können mehrere Namen über das Attribut »subject alternative name« oder durch Verwendung eines »Wildcard«-Namens wie **.foo.com* akzeptiert werden. Schließlich enthalten Zertifikate im Attribut »extended key usage« häufig Einschränkungen bezüglich ihrer Verwendung. Ein typischer Eintrag ist »TLS web server authentication«, ausgedrückt als OID (siehe Abschnitt 25.3, »Namen und OIDs unter SNMP«). Diese Einschränkungen werden von der TLS-Bibliothek erzwungen; außerhalb dieser Bibliothek können die Schlüssel in den Zertifikaten für alles Mögliche eingesetzt werden.

Sogenannte *Extended-Validation*-Zertifikate wurden 2007 eingeführt, um die Sicherheit zu erhöhen, dass das für *bob.int* ausgestellte Zertifikat tatsächlich durch eine Anfrage von Bob selbst generiert wurde; Mallory sollte es theoretisch viel schwerer haben, ein EV-Zertifikat für *bob.int* von CA_2 zu erhalten. Desktop-Browser, die eine TLS-Verbindung mit einem EV-Zertifikat abgesichert haben, fügen in der Regel den Namen des Domänenbesitzers in grüner Farbe und/oder mit einem grünen Vorhängeschloss-Symbol in die Adressleiste ein. Finanzinstitute verwenden häufig EV-Zertifikate. Gleiches gilt auch für mozilla.org.

Wenn Alice nicht weiß, dass Bob ein EV-Zertifikat verwendet, kann sie natürlich trotzdem wie oben beschrieben von Mallory ausgetrickst werden. Vielleicht verwendet Alice aber auch ein Mobilgerät; die meisten mobilen Browser zeigen EV-Zertifikate kaum bis gar nicht visuell an. Da heutzutage mehrheitlich auf mobilen Geräten gesurft wird, schränkt dies den Nutzen dieser Zertifikate stark ein.

Certificate Pinning

Eine andere Strategie, die auf eine etwas direktere Verhinderung von Man-in-the-Middle-Angriffen abzielt, ist das *Certificate Pinning*. Alice (oder ihr Browser) notiert beim ersten Verbindungsaufbau zu S_{Bob}, dass die Zertifizierungsstelle CA_1 oder Bobs öffentlicher Schlüssel K_S ist, oder beides. Bei künftigen Verbindungen zu S_{Bob} muss mindestens eine dieser Angaben übereinstimmen. Für diese Form des Pinnings muss sichergestellt sein, dass Alice bei der ersten Verbindung den echten S_{Bob} erreicht hat, was auch als »Trust on First Use« bezeichnet wird. Eine ähnliche Trust-on-First-Use-Strategie kommt häufig (wenn auch nicht immer) bei SSH zum Einsatz, siehe Abschnitt 28.5.1, »SSH«, Unterabschnitt »Server-Authentifizierung«.

In dem in RFC 7469 beschriebenen Pinning-Protokoll initiiert S_{Bob} das Pinning, indem es eine »Pin-Direktive« in seine erste HTTP-Verbindung einfügt. Dadurch wird der Browser von Alice aufgefordert, die gewünschten Zertifikate anzuheften, wobei die angeheftete Korrespondenz zwischen einer Website und ihren Schlüsseln immer auf der Browserseite beibehalten wird. Die Pin-Direktive gibt auch an, welche Schlüssel (K_S oder CA_1 oder beide) gepinnt werden und wie lange.

Wenn S_{Bob} eine Pin-Direktive für K_S sendet, dann merkt sich Alices Browser K_S, und jegliches neue Zertifikat bei S_{Bob} passt nicht mehr dazu. Wenn S_{Bob} CA_1 anheftet, kann S_{Bob} CA_1 einen neuen Schlüssel ausstellen lassen und dieser wird die Pinning-Validierung trotzdem bestehen. Wenn CA_1 jedoch nachfolgend kompromittiert wird, ist S_{Bob} nicht gegen neue gefälschte Zertifikate geschützt, die CA_1 ausstellt. (Dies ist meist nicht so problematisch, da eine Kompromittierung von CA_1 immer auch bedeutet, dass *neue* Besucher von S_{Bob} für Man-in-the-Middle-Angriffe anfällig sind).

Bob kann zusammen mit K_S auch ein Backup-Zertifikat $K_{S\text{-backup}}$ erhalten und beide mit Hilfe von S_{Bob}s Pin-Direktiven anheften. Wenn K_S kompromittiert wird, ist $K_{S\text{-Backup}}$

einsatzbereit. Hoffentlich kommt es nur selten zu einer Kompromittierung des Schlüssels, sodass die Wahrscheinlichkeit, dass sowohl K_S als auch $K_{S\text{-Backup}}$ während der Lebensdauer des Pins kompromittiert werden, sehr gering ist. Wenn Eindringlinge in den Server gelangen, kann $K_{S\text{-Backup}}$ erst dann in Betrieb genommen werden, wenn Bob sicher ist, dass der Standort wieder gesichert wurde. Das kann einige Zeit dauern.

Wenn sowohl K_S als auch $K_{S\text{-Backup}}$ kompromittiert sind und CA_1 nicht angeheftet wurde, kann S_{Bob} für wiederkehrende Besucher schlichtweg unzugänglich werden. Eine automatische Aufhebung des Pinnings von widerrufenen Zertifikaten würde helfen, aber der Widerruf von Zertifikaten (siehe folgender Abschnitt) bringt seine eigenen Schwierigkeiten mit sich. Der Benutzer hat zwar die Möglichkeit, die Pinning-Validierung für diese bestimmte Website zu deaktivieren, aber das sollte nicht so einfach sein, wie ein bloßer Klick auf »ok« – und wenn es sich bei der Website um Ihre Bank handelt, würden Sie das vielleicht ohnehin nur ungern tun.

Widerruf von Zertifikaten

Angenommen, der Schlüssel r, auf dem das Zertifikat für bob.int basiert, wurde kompromittiert, und Mallory hat den privaten Schlüssel. Wenn Mallory Alice dazu bringen kann, sich mit S_{Bad} statt mit S_{Bob} zu verbinden, validiert die ursprüngliche CA_1 die Verbindung. S_{Bad} kann Alice beweisen, dass er den geheimen Schlüssel hat, der zu K_S gehört, und das Zertifikat bescheinigt lediglich, dass bob.int den Schlüssel K_S hat. Mallorys Täuschung funktioniert auch dann, wenn Bob die Preisgabe bemerkt und den Schlüssel von S_{Bob} auf K_2 aktualisiert hat; der Punkt ist, dass Mallory immer noch den ursprünglichen Schlüssel hat und das Zertifikat von CA_1, das diesen ursprünglichen Schlüssel beglaubigt, immer noch gültig ist.

Es gibt einen Mechanismus, mit dem ein Zertifikat widerrufen werden kann. Die Informationen über den Widerruf müssen jedoch in irgend einem zentralen Verzeichnis aufbewahrt werden; ein Server stellt möglicherweise weiterhin ein widerrufenes Zertifikat bereit, und solange die Clients dies nicht aktiv überprüfen, bemerken sie nichts davon. Aus diesem Grund haben Zertifikate ein *Ablaufdatum*.

Der ursprüngliche Widerrufsmechanismus war die globale *Certificate Revocation List*. Eine neuere Alternative ist das Online Certificate Status Protocol, *OCSP*, das in RFC 6960 beschrieben wird. Wenn Alice ein von CA_1 signiertes Zertifikat erhält, kann sie die Seriennummer des Zertifikats an einen bestimmten OCSP-Responder senden, der von oder im Namen von CA_1 betrieben wird. Wenn das Zertifikat noch gültig ist, sendet die Responder-Site eine signierte Bestätigung dazu zurück.

Natürlich weiß ein Lauscher, der den beim OCSP-Responder eingehenden Datenverkehr von Alice beobachtet – und der OCSP-Responder selbst – nun, dass Alice bob.int besucht. Ein Abhörer, der sich näher bei Alice befindet, weiß dies jedoch ohnehin.

Schlimmer noch: Jemand, der einen Man-in-the-Middle-Angriff in der Nähe von Alice durchführt, kann wahrscheinlich die OCSP-Anfrage von Alice abfangen und blockieren. Was soll Alice tun, wenn sie keine Antwort erhält? Vielleicht gibt es ein Problem, vielleicht ist aber auch die Website des Responders einfach nicht erreichbar oder das Internet ist einfach langsam. Die meisten Browser, die Widerrufsprüfungen durchführen, gehen vom letzteren Fall aus – dem so genannten *Soft Fail* –, weshalb diese Überprüfungen von zweifelhaftem Wert sind. Die Alternative, den Zugriff auf die ursprüngliche Website zu verweigern (*Hard Fail*), führt zu zahlreichen Fehlalarmen.

Seit 2016 gibt es keine allgemein akzeptierte Lösung mehr. Ein Minimalansatz besteht darin, im Falle eines OCSP-Soft-Fail mit EV-Zertifikaten einen Hard-Fail zu verwenden oder zumindest EV-Zertifikate bei OCSP-Non-Response auf normale Zertifikate herabzustufen. Ein anderer Ansatz ist das *OCSP-Stapling*, bei dem die Server-Site in regelmäßigen Abständen (vielleicht täglich) eine signierte und datierte Aktualisierung vom OCSP-Server ihrer CA anfordert, die angibt, dass das Zertifikat der Site noch gültig ist. Dieser OCSP-Bericht wird dann an die `ServerHello`-Nachricht »angeheftet«, wenn der Client dies wünscht. Auf diese Weise kann der Client überprüfen, ob das Zertifikat vor kurzem noch gültig war.

Wenn der Client natürlich einem Man-in-the-Middle-Angriff zum Opfer *fällt*, wird der (gefälschte) Server keinen OCSP-Gültigkeitsbericht anheften, und der Client muss auf den regulären OCSP-Lookup-Prozess zurückgreifen. Dieser Fall dürfte aber eher selten eintreten, sodass ein Hard Fail nach OCSP-Non-Response eine vernünftige Option ist.

Der Chrome-Browser von Google implementiert *CRLSets* anstelle der hier beschriebenen Überprüfung von OCSP-Servern: *https://dev.chromium.org/Home/chromium-security/crlsets*. Dabei handelt es sich um eine Liste der widerrufenen Zertifikate, die regelmäßig in den Browser geladen wird. Leider ist die vollständige Liste viel zu umfangreich, sodass CRLSets auf Notfallwiderrufe und Zertifikatswiderrufe aufgrund von Schlüsselkompromittierungen beschränkt sind; und selbst diese Liste ist dann nicht vollständig.

Verbindungsaufbau bei TLS

Ein typischer Benutzer auf der Client-Seite von TLS möchte eine Webseite so schnell wie möglich sehen. Deshalb ist es wichtig, dass die TLS-Verbindung schnell ausgehandelt wird. Würden Websites durch den Einsatz von Verschlüsselung merklich langsamer geladen, würde die Verschlüsselung möglicherweise nicht mehr standardmäßig eingesetzt. Deshalb ist der Verbindungsaufbau, das so genannte TLS-*Handshake-Protokoll*, auf die Abwicklung innerhalb von zwei RTTs ausgelegt. Mit dem Handshake-Protokoll werden die zu verwendenden Verschlüsselungs- und Authentifizierungsmechanismen vereinbart, bei Bedarf eine Authentifizierung durchgeführt und die

Verschlüsselungsschlüssel ausgehandelt. Nachfolgend erhalten Sie einen Überblick über einen typischen Austausch, wobei wir einige Optionen weggelassen haben:

Client (Alice)	Server (Bob)
`ClientHello` bevorzugte TLS-Version session ID (ist bei neuen Verbindungen leer) Liste der für den Client akzeptablen Verschlüsselungen ServerName (optionale Erweiterung) Beginn des Schlüsselaustauschs (optional)	
	`ServerHello` gewählte Version gewählte Verschlüsselung Server-Schlüsselaustausch (optional) Server-Zertifikat (separate Nachricht)
(der Client kennt jetzt den Schlüssel) optionales Client-Zertifikat optional weitere Daten (eventuell verschlüsselt) `Finished`-Nachricht	
	`Finished`-Nachricht (verschlüsselt)

Der Client initiiert die Verbindung durch Senden seiner `ClientHello`-Nachricht, die seine bevorzugte TLS/SSL-Protokollversionsnummer, eine Session-ID, einige Zufallsbytes (eine kryptografische Nonce) und eine Liste von *Cipher Suites* enthält: Tupel, die aus einem Schlüsselaustauschalgorithmus, einem Shared-Key-Verschlüsselungsalgorithmus und einem Secure-Hash-Algorithmus bestehen. Die Liste der Cipher Suites ordnet der Client nach seiner eigenen Präferenz.

Viele große Server beherbergen mehrere Websites durch »virtuelles Hosting«. Jede Website hat ihr eigenes Zertifikat, und der Server muss wissen, welches er in seiner Antwort senden muss. Bei solchen Einstellungen fügt der Client den DNS-Namen des Servers in eine ServerName-Extension ein; die Server Name Indication (*SNI*) ist in RFC 6066 definiert.

Einen Verschlüsselungsalgorithmus wählen

Theoretisch kann jeder TLS-Client wählen, welche Cipher Suites er akzeptiert. In der Praxis ist dies allerdings für die meisten Softwareanwendungen nicht trivial. Siehe `about:config` im Firefox-Browser unter security.ssl3 (ja, ssl3 ist theoretisch nicht dasselbe wie tls).

Der Server antwortet dann mit seinem `ServerHello`. Dieses enthält die endgültige Protokollversionsnummer, im Allgemeinen die höchste vom Client vorgeschlagene Version und zugleich vom vom Server unterstützte Version. Das `ServerHello` enthält zudem die vom Server gewählte Cipher Suite aus der Liste des Clients und einige weitere Zufallsbytes (die Nonce des Servers). Der Server sendet auch sein Zertifikat, wenn er dazu aufgefordert wird (was fast immer der Fall ist). Welches Zertifikat genau gesendet wird, kann vom Servernamen abhängen, der vom Client in der optionalen Erweiterung ServerName gesendet wird. Das Zertifikat wird auf der TLS-Protokollebene als separate »Nachricht« betrachtet, nicht als Teil des `ServerHello`, aber alles wird zusammen gesendet.

Nachdem die Client-Anwendung das Server-Zertifikat erhalten hat, besteht der nächste Schritt darin, dieses Zertifikat zu validieren, indem die Signatur mit der Liste der vertrauenswürdigen Zertifizierungsstellen des Clients, dem »Trust Store« des Clients, abgeglichen wird. Dieser Schritt erfordert keine Netzwerkkommunikation. Während die meisten Betriebssysteme eine Liste mit allgemein vertrauenswürdigen Zertifikaten führen, kann die Client-Anwendung allen, einigen oder keinem dieser Zertifikate vertrauen; der Client kann auch anwendungsspezifische Zertifikate laden. Wird das Zertifikat *nicht* akzeptiert, kann der Client die Verbindung fortsetzen und eventuell eine Pause einlegen, um das Serverzertifikat zu seinem Trust-Store hinzuzufügen (hoffentlich erst nach einer Benutzerinteraktion, die diesen Vorgang bestätigt).

Der Client sendet daraufhin seine Antwort auf den Schlüsselaustausch und gegebenenfalls sein eigenes Zertifikat (was selten der Fall ist). Unmittelbar darauf folgt mit der `Finished`-Nachricht die erste mit der soeben ausgehandelten Cipher Suite verschlüsselte Nachricht. Der Server antwortet dann mit *seiner* verschlüsselten `Finished`-Nachricht, und die verschlüsselte Kommunikation auf der Anwendungsebene kann beginnen.

Bei den meisten Browsern kann der Benutzer auf das Vorhängeschloss-Symbol für die TLS-gesicherte Verbindung klicken, um herauszufinden, welche Cipher Suite tatsächlich festgelegt wurde.

Ein Client, der eine neue Verbindung aufbaut, lässt das Feld Session ID in der `ClientHello`-Nachricht leer. Wenn ein Client jedoch eine frühere Sitzung fortsetzen möchte, gibt er hier die Sitzungsnummer der früheren Sitzung an. Der Server muss diese Sitzung natürlich ebenfalls erkennen.

Es war einmal, dass einige defekte TLS-Server nicht richtig reagierten, wenn ein Client eine Versionsnummer vorschlug, die größer war als die vom Server unterstützte; der Server schloss dann die Verbindung, statt eine niedrigere Versionsnummer zurückzugeben. Infolgedessen waren viele Clients so programmiert, dass sie es im Falle *jeglichen* fehlgeschlagenen Verbindungsaufbaus mit der nächstniedrigeren Version erneut versuchten. Dadurch konnte ein Angreifer einen Client zwingen, eine veraltete Version (z. B. SSL 3.0) vorzuschlagen, indem er einfach die vorherigen Versuche zum Verbindungsaufbau unterbrach, vielleicht mit einem TCP-RST-Paket. Daraus resultierte die POODLE-Schwachstelle, die im Kasten in Abschnitt 28.5, »SSH und TLS«, erwähnt wird.

Wenn eine Anwendung TSL (anstelle einer unverschlüsselten Kommunikation) bevorzugt, wird dies oft durch die Nutzung einer bestimmten Port-Nummer signalisiert, z. B. ist der Standard-HTTP-Port 80, während der Standard-HTTPS-Port 443 ist. Im SMTP-E-Mail-Protokoll (RFC 5321) ist es beispielsweise üblich, dass der Client eine unverschlüsselte Verbindung zum Server über den Standard-Port 25 herstellt, dann aber die Verwendung von TLS über die STARTTLS-Erweiterung für SMTP (RFC 3207) aushandelt. Dadurch entstehen zwar mehrere zusätzliche RTTs, aber bei interaktionsfreien Protokollen ist dies meist eher unkritisch.

Gelegentlich kommen Anwendungen bei der Frage, ob TLS im Einsatz ist, durcheinander. Webbrowser, die eine Verbindung zu Port 80 (HTTP) oder Port 443 (HTTPS) herstellen, erkennen dies in der Regel richtig, auch wenn der URL das vorangestellte »http://« oder »https://« fehlt. Browser, die eine Verbindung zu nicht standardisierten Webservern herstellen, die auf nicht standardisierten Ports laufen, erhalten jedoch ohne das URL-Präfix »https://« möglicherweise eine sehr kryptische binäre Antwort, wenn TLS verlangt wurde.

Domain Fronting

Staatliche Zensur von Websites und anderen Internetdiensten – wie verschlüsselten Nachrichten – ist in vielen Teilen der Welt an der Tagesordnung. Wir haben oben gesehen, dass viele `ClientHello`-Nachrichten die Extension ServerName enthalten, um das richtige Zertifikat anzufordern. Diese wird unverschlüsselt gesendet und kann von Zensoren verwendet werden, um ausgewählten Datenverkehr zu blockieren.

Eine Umgehung der Zensur, das so genannte *Domain Fronting*, besteht darin, in der ServerName-Extension in `ClientHello` nach einem Hostnamen, z. B. `alice.org`, zu fragen, dann aber im Protokoll der Anwendungsschicht, nach erfolgrich eingerichteter Verschlüsselung, einen zweiten, anderen Hostnamen, `badbob.net`, zu verlangen. Ein HTTP-GET-Request enthält zum Beispiel fast immer einen `HOST:`-Header; hier könnte man dann `badbob.net` angeben. Das funktioniert natürlich nur, wenn `alice.org` und badbob.net unter der gleichen IP-Adresse gehostet werden, aber große HTTP-Server verwalten oft mehrere Websites auf einem einzigen Server, indem sie einen als virtuelles Hosting bekannten Mechanismus verwenden (Abschnitt 10.1.2, »nslookup und dig«). Um badbob.net zu blockieren, muss eine Zensurstelle nun auch alice.org blockieren. Die Hoffnung ist, dass die Zensoren hierzu nicht bereit sind.

Domain Fronting ist noch einfacher, wenn CDNs (Abschnitt 1.12.2, »Content-Distribution Networks«) beteiligt sind; dann braucht es auch kein virtuelles Hosting. Ein CDN akzeptiert an jedem *Edge-Server* seines Netzwerks Verbindungen zu den Websites zahlreicher Kunden (oft viel mehr, als ein einzelner Server mit virtuellem Hosting unterstützen kann). Die Edge-Server verfügen über Zertifikate für jeden Kunden und erscheinen den Benutzern daher als legitim. Nach dem Verbindungsaufbau kann der Edge-Server einige Anfragen mit zwischengespeicherten Daten beantworten, andere Anfragen werden jedoch an den eigentlichen Webserver weitergeleitet. Für ein erfolgreiches Domain Fronting in dieser Umgebung muss badbob.net lediglich Kunde desselben CDN werden wie alice.org.

CDNs und große Hosting-Anbieter halten manchmal nicht besonders viel von Domain Fronting, zumal einige Zensoren durchaus ihre Bereitschaft gezeigt haben, wichtige Domains wie google.com zu sperren, nur um eine unerwünschte Anwendung zu blockieren. Google und Amazon Web Services haben das Domain Fronting für ihre CDN-Kunden im Jahr 2018 deaktiviert.

Vor der ersten Verbindung zum Server stellt der Client normalerweise eine DNS-Anfrage, um die IP-Adresse des Servers zu erhalten. Auch diese Anfragen können blockiert oder überwacht werden, aber es gibt Umgehungsmöglichkeiten.

Schlüsselaustausch bei TLS

Der vielleicht wichtigste Teil des TLS-Handshakes ist die Aushandlung der Verschlüsselungsschlüssel. Die Schlüssel selbst werden alle aus dem TLS-*Master-Geheimnis* abgeleitet. Die Schlüsselableitungen erfolgen auf deterministische Weise (z. B. unter Verwendung sicherer Hashes oder eines Stromverschlüsselungsalgorithmus) und können von beiden Seiten durchgeführt werden, sobald das Master-Geheimnis bekannt ist.

Der Client sollte in jedem Fall das Master-Secret kennen, nachdem er das ServerHello und damit verbundene Pakete erhalten hat. Zu diesem Zeitpunkt – nach einer RTT – kann der Client beginnen, verschlüsselte Nachrichten an den Server zu senden. Der Client kann dann sogar schon verschlüsselte Daten senden, auch wenn er möglicherweise noch nicht vollständig am Server authentifiziert ist.

Die Aushandlung des Hauptgeheimnisses hängt von der gewählten Cipher Suite ab. Bei der *RSA-Schlüsselaustauschmethode* wählt der Client ein zufälliges *Pre-Master-Secret* aus. Dieses Geheimnis wird in der dritten Phase des Austauschs an den Server gesendet, nachdem der Client in der `ServerHello`-Phase das Zertifikat des Servers erhalten hat. Das Pre-Master-Secret wird mit dem öffentlichen RSA-Schlüssel aus dem Server-Zertifikat verschlüsselt und auf diese Weise sicher an den Server übermittelt. Beide Seiten berechnen das Master-Secret aus dem Pre-Master-Secret und den kryptografischen Nonces beider Seiten, wobei ein sicherer Hash oder der pseudozufällige Schlüsselstrom einer Stromchiffre verwendet wird (Abschnitt 27.7.4, »Stromverschlüsselung«). Die Einbeziehung der Server-Nonce gewährleistet, dass der Client den Schlüssel nicht einseitig festlegt.

Beim *Diffie-Hellman-Merkle*-Schlüsselaustausch (Abschnitt 27.8, »Diffie-Hellman-Merkle-Schlüsselaustausch«) schlägt der Server in der `ServerHello`-Phase die Primzahl p und die Primitivwurzel g als Teil seiner Auswahl einer der im `ClientHello` aufgeführten Cipher Suites vor. Der Server (Bob) gibt auch g^b mod p an. Der Client wählt seinen Exponenten a und sendet g^a mod p an den Server. Das Pre-Master-Secret ist $g^{a \times b}$ mod p, das der Client, wie im Fall von RSA, bereits nach der ersten RTT kennt. Das ga mod p des Klienten kann nicht mit dem Hauptschlüssel verschlüsselt werden, aber alles andere, was der Klient zu diesem Zeitpunkt sendet, lässt sich verschlüsseln. Es gibt auch eine Version des Diffie-Hellman-Merkle-Austauschs, die kryptografisch auf elliptischen Kurven basiert.

TLS Version 1.3

Die Version 1.3 von TLS aus RFC 8446 enthält zahlreiche Verbesserungen des Protokolls. Unter anderem werden alle als nicht mehr sicher geltenden Verschlüsselungsalgorithmen aus der Liste der akzeptablen Cipher Suites gestrichen, ebenso wie sämtliche Schlüsselaustauschalgorithmen, die keine Forward Secrecy unterstützen (Abschnitt 28.2, »Vorwärts gerichtete Geheimhaltung«). Der Ablauf der Versionsaushandlung wurde ebenfalls verbessert, um Angriffe durch Versionsherabstufungen zu verhindern, und der 0-RTT-Modus ermöglicht eine schnellere Initialisierung der Verbindung.

Von den beiden im vorigen Abschnitt beschriebenen Schlüsselaustauschmethoden unterstützt Diffie-Hellman-Merkle eine vorwärts gerichtete Geheimhaltung, während dies bei RSA je nach Auswahl des Pre-Master-Secrets nicht der Fall ist.

Der Vorschlag, den RSA-Schlüsselaustausch abzuschaffen, hat in einigen Unternehmen Bedenken ausgelöst, insbesondere im Bankensektor, wo häufig Middleboxen eingesetzt werden, die in der Lage sind, interne TLS-Verbindungen zu entschlüsseln und zu überwachen (d. h. Verbindungen, bei denen beide Endpunkte unter der Kontrolle desselben Unternehmens stehen). Diese Überwachung erfolgt aus verschiedenen Gründen, z. B. um regulatorische Anforderungen zu erfüllen und Malware zu erkennen.

Um eine solche Überwachung mit TLS v1.2 zu ermöglichen, enden alle TLS-Verbindungen zwischen dem Unternehmen und dem Internet an der Standortgrenze bei einer speziellen TLS-Proxy-Appliance. Von dort aus werden die Verbindungen zu den internen Systemen erneut verschlüsselt, allerdings unter Verwendung eines statischen RSA-Pre-Master-Geheimnisses, das auch der Überwachungsausrüstung zur Verfügung gestellt wird. Das Gleiche gilt für alle TLS-Verbindungen, die ausschließlich innerhalb des Unternehmens stattfinden.

Ein Ansatz, um diese Art der Überwachung unter TLS v1.3 zu ermöglichen, besteht darin, die Überwachung in der TLS-Proxy-Appliance vorzunehmen, wodurch das Gerät allerdings deutlich größer, komplizierter und teurer wird; außerdem hilft es nicht bei rein internen TLS-Verbindungen. Bei einer anderen Alternative müssen der TLS-Proxy und mindestens ein Endpunkt der internen TLS-Verbindungen alle Sitzungsschlüssel an die Überwachungsinstanz weitergeben. Dies wirft wiederum zusätzliche Sicherheitsbedenken auf. Zwei Änderungsvorschläge zum ursprünglichen Vorschlag für TLS v1.3 sind in den Internet-Entwürfen *draft-rhrd-tls-tls13-visibility* und *draft-green-tls-static-dh-in-tls13* zu finden:

- *https://tools.ietf.org/html/draft-rhrd-tls-tls13-visibility*
- *https://tools.ietf.org/html/draft-green-tls-static-dh-in-tls13*

TLS v1.3 verlangt, dass alle auf das `ServerHello` folgenden Nachrichten verschlüsselt werden (mit Ausnahme einer letzten Schlüsselaustauschnachricht zwischen Client und Server, die von sich aus sicher sein sollte). Der Client kennt zu diesem Zeitpunkt das Master Secret, und der Server erfährt es, sobald er vom Client hört.

0-RTT-Modus bei TLS v1.3

Schließlich bietet TLS v1.3 einen so genannten *0-RTT*-Modus, in dem der Client von Anfang an verschlüsselte Nachrichten senden kann, vorausgesetzt, bei einer früheren Verbindung wurde ein entsprechendes Master-Secret ausgehandelt. Bei HTTPS-Interaktionen kommt dies häufig vor. Der 0-RTT-Modus ermöglicht es dem Client insbesondere, sichere *Daten* zusammen mit seinem `ClientHello` zu senden. Der Server kann mit 0-RTT-geschützten Daten zusammen mit seinem `ServerHello` antworten, wenn er dies möchte. Danach sollte alles mit dem Master-Secret der neuen Sitzung geschützt werden; dies wird dann als *1-RTT*-Schutz bezeichnet.

Zum Senden von 0-RTT-Daten muss der Client die frühere Sitzung wieder aufnehmen, indem er die vorherige Sitzungs-ID in seine `ClientHello`-Nachricht übernimmt. Der Server *kann* 0-RTT-Daten ablehnen und 1-RTT-Schutz verlangen, tut dies aber in der Regel nicht.

Der Vorteil von 0-RTT-Daten ist, dass, wenn der Server sie akzeptiert, eine Antwort in einem einzigen RTT an den Client zurückgesendet werden kann. Dies ist besonders wichtig bei QUIC (Abschnitte 16.1.1, »QUIC«, und 18.15.4, »Ein neuerlicher Blick auf

QUIC«), bei dem der TLS-Handshake parallel zum QUIC-Verbindungshandshake (ein Ersatz für den dreifachen TCP-Handshake) durchgeführt wird. Das heißt, dass die Antwort nur eine RTT nach der allerersten Nachricht vom Client kommt. QUIC erfordert TLS v1.3 (oder höher).

Der 0-RTT-Schutz ist nicht ganz so stark wie der 1-RTT-Schutz. Zum einen entfällt die vorwärts gerichtete Geheimhaltung. Schwerer wiegt jedoch, dass ein Teilnehmer, der 0-RTT-Daten empfängt, für Replay-Attacken anfällig ist. Ein Angreifer kann eine zuvor abgefangene 0-RTT-Nachricht zwar nicht abändern (ohne die Verschlüsselung zu knacken), er kann sie aber ein weiteres Mal senden.

Zumindest sollte der Empfänger einer 0-RTT-Anfrage diese nur akzeptieren, wenn sie *idempotent* ist, d. h. wenn sie die gleichen Ergebnisse und Nebeneffekte liefert, egal ob sie einmal oder zweimal ausgeführt wird (Abschnitt 16.5.2, »Sun RPC«). Bei einfachen HTTP-GET-Anfragen ist dies im Allgemeinen automatisch der Fall. Idempotenz ist an sich keine Sicherheitsgarantie – schließlich ist auch die Anfrage »delete all files« idempotent. Der Punkt ist jedoch, dass die betreffende Anfrage, wenn sie Teil einer Replay-Attacke ist, schon einmal ausgeführt worden sein muss, und wenn sie einmal sicher war, *sollte* sie auch zweimal sicher sein. Ein TLS-Server kann auch andere Schutzmechanismen gegen Replay-Attacken unterstützen, z. B. eine Datenbank mit zurückliegenden Anfragen.

Eine weitere Konsequenz der Vermischung von 0-RTT- und 1-RTT-Daten ist, dass der Empfänger in der Lage sein muss, zu erkennen, welche Anfragen einen 0-RTT-Schutz und welche einen vollständigen 1-RTT-Schutz erhalten haben.

28.5.3 Ein TLS-Programmierbeispiel

In diesem Abschnitt stellen wir zwei einfache Programme vor, *tlsserver.c* und *tlsclient.c*, die über TLS miteinander kommunizieren. Sie ähneln in gewisser Weise dem Simplex-Talk-Programm in Abschnitt 17.6, »TCP-Simplex-Talk«, außer dass keines von beiden von der Kommandozeile liest. Stattdessen sendet der Client eine Nachricht an den Server (der sie möglicherweise ignoriert), woraufhin der Server eine Nachricht zurücksendet. Dank dieser Struktur können wir später den Client statt auf `tlsserver` auf einen »echten« Webserver verweisen, der TLS (d. h. HTTPS) verwendet, und den Client eine HTTP-GET-Anfrage senden lassen (Abschnitt 17.7.1, »Noch einmal netcat«), um dann eine Reaktion des Webservers zu erhalten.

Beide Programme sind in C geschrieben, um die OpenSSL-Bibliothek zu verwenden, die sich aus der ursprünglichen SSL-Implementierung von Netscape ableitet. Das openssl-Paket enthält auch einige wichtige Befehlszeilen-Dienstprogramme für die Erstellung von Zertifikaten. Obwohl die Dokumentation der OpenSSL-Bibliothek notorisch spärlich ist, wurden Teile der Bibliothek inzwischen auditiert, und OpenSSL ist nach wie vor die am weitesten verbreitete TLS-Implementierung.

Der hier gezeigte Code dient lediglich der Veranschaulichung; er sollte nicht als Modell zur Implementierung sicherer Verbindungen angesehen werden.

Ein Zertifikat erstellen

Der erste Schritt besteht darin, ein entsprechendes Anwendungszertifikat zu erstellen und eine eigene Zertifizierungsstelle zu schaffen, die es signiert. Für beide Schritte verwenden wir den Befehl `openssl`, der auch weiter unten in Abschnitt 28.8, »Beispiele mit RSA-Schlüssel«, mit zusätzlichen Erklärungen verwendet wird. Wir beginnen mit der Zertifizierungsstelle. Zunächst erstellen wir den Schlüssel, den unsere Zertifizierungsstelle verwenden wird; dies erreichen wir mit der unten angegebenen Option `genrsa`. Wir wählen eine Schlüssellänge von 4096 Bit.

```
openssl genrsa -out CAkey.pem 4096
```

In der resultierenden Datei heißt es, es handele sich um einen »Private Key«, tatsächlich haben wir aber ein öffentlich/privates Schlüsselpaar vor uns.

Im nächsten Schritt erstellen wir ein *selbstsigniertes Zertifikat*. Die Option `req` verlangt ein Signier-»Request«, die Option `-new` zeigt an, dass es dies eine neue Anfrage ist, und die Option `-x509` weist openssl an, nun doch kein »Request« zu stellen, sondern ein selbstsigniertes Zertifikat zu generieren. X.509 ist im Grunde ein Formatstandard.

```
openssl req -new -x509 -key CAkey.pem -out CAcert.pem -days 10000
```

Das Zertifikat hier läuft in 10.000 Tagen ab; echte Zertifikate sollten nicht länger als etwa drei Jahre gültig sein. Der Signiervorgang (ob selbstsigniert oder nicht) fragt eine Reihe von Attributen ab, die den »Distinguished Name« des Zertifikats bilden:

```
Country Name (2 letter code): US
State or Province Name (full name): Illinois
Locality Name (eg, city): Shabbona
Organization Name (eg, company): An Introduction to Computer Networks
Organizational Unit Name (eg, section): Security
Common Name (e.g. server FQDN or YOUR name): Peter L Dordal
Email Address []:
```

Würden wir ein Zertifikat für einen Webserver anfordern, würden wir den Hostnamen als Common Name verwenden, aber das tun wir nicht. Die Ausgabe, *CAcert.pem*, stellt die Verkettung der oben genannten Informationen mit dem öffentlichen Schlüssel aus *CAkey.pem* dar und wird dann mit dem privaten Schlüssel aus *CAkey.pem* signiert. Der private Schlüssel selbst ist jedoch *nicht* in *CAcert.pem* enthalten; dies ist die Datei, die der TLS-Client als seine Zertifizierungsstelle erhält. Wir können die Informationen aus dieser Datei wie folgt auslesen:

```
openssl x509 -in CAcert.pem -text
```

Es ergibt sich die Ausgabe aus Listing 28.1, die wir aus Platzgründen etwas bearbeitet haben. Wir können sehen, dass das Zertifikat selbstsigniert ist, da `Issuer:` und `Subject` identisch sind:

```
Certificate:
    Data:
        Version: 3 (0x2)
        Serial Number: 14576542390929842281 (0xca4a481320cbe069)
    Signature Algorithm: sha256WithRSAEncryption
        Issuer: C=US, ST=Illinois, L=Shabbona, O=An Introduction to Computer
                  Networks, OU=Security, CN=Peter L Dordal
        Validity
            Not Before: Jan 10 20:17:55 2017 GMT
            Not After : May 28 20:17:55 2044 GMT
        Subject: C=US, ST=Illinois, L=Shabbona, O=An Introduction to Computer
                 Networks, OU=Security, CN=Peter L Dordal
        Subject Public Key Info:
            Public Key Algorithm: rsaEncryption
                Public-Key: (4096 bit)
                Modulus:
                    00:b0:70:06:7e:38:1d:29:35:a7:ca:40:bf:fd:6e:
                    e5:26:7b:ee:0d:e7:d7:c2:61:8e:42:5f:b9:85:8c:
                    ...
                    d4:12:cf
                Exponent: 65537 (0x10001)
        X509v3 extensions:
            X509v3 Subject Key Identifier:
              D1:74:15:F5:31:CB:DD:FA:D6:AE:81:7A:40:AA:64:7A:55:96:2E:08
            X509v3 Authority Key Identifier:
              keyid:D1:74:15:F5:31:CB:DD:FA:D6:AE:81:7A:40:AA:64:7A:55:96:2E:08

            X509v3 Basic Constraints:
                CA:TRUE
    Signature Algorithm: sha256WithRSAEncryption
         2a:d2:35:43:c2:5d:1c:5d:e2:88:ed:4e:aa:d2:b5:d6:e9:26:
         60:f0:37:ea:29:56:14:62:58:01:78:b0:6f:ee:ab:40:17:36:
         ...
         eb:3d:da:79:5c:90:4d:c9
```

```
-----BEGIN CERTIFICATE-----
MIIF8TCCA9mgAwIBAgIJAMpKSBMgy+BpMA0GCSqGSIb3DQEBCwUAMIGOMQswCQYD
VQQGEwJVUzERMA8GA1UECAwISWxsaW5vaXMxETAPBgNVBAcMCFNoYWJib25hMS0w
...
ywhRBNE01XXB7bFrkkv93q4G3Re2zyw2/5BDEn7rPdp5XJBNyQ==
-----END CERTIFICATE-----
```

Listing 28.1 CAcert.pem

Wir erstellen nun den Application Key und dann die *Application Signature Request*. Diese Anforderung wird dann mit dem oben genannten Zertifikat *CAfile.pem* signiert, um das Anwendungszertifikat zu erzeugen.

```
openssl genrsa -out appkey.pem 2048
openssl req -new -key appkey.pem -out appreq.pem -days 10000
```

Diese Zertifikatsanforderung erfordert auch hier die Eingabe eines Distinguished Name. Diesmal geben wir Folgendes ein (der Organisationsname muss mit der obigen *CAcert.pem* übereinstimmen):

```
Country Name (2 letter code): US
State or Province Name (full name): Illinois
Locality Name (eg, city): no fixed abode
Organization Name (eg, company): An Introduction to Computer Networks
Organizational Unit Name (eg, section): TLS server
Common Name (e.g. server FQDN or YOUR name): Odradek
Email Address []:
```

Wir werden auch nach einem »Challenge Password« gefragt, das wir aber leer lassen.

Nun kommen wir zum letzten Schritt: dem eigentlichen Signieren. Im Gegensatz zu den vorherigen openssl-Befehlen erfordert dieser Schritt Root-Rechte. Außerdem wird die globale openssl-Konfigurationsdatei */etc/ssl/openssl.cnf* verwendet, die unter anderem auf eine Datei »serial« verweist, um dem Zertifikat eine Seriennummer zuzuweisen. (Für die Erstellung des *selbstsignierten* Zertifikats mussten wir nichts von all dem tun).

```
openssl ca -in appreq.pem -out appcert.pem -days 10000
  -cert CAcert.pem -keyfile CAkey.pem
```

Wir haben nun unser Anwendungszertifikat in *appcert.pem*, das wir in den Anwendungsbereich einfügen. Wenn wir es mit `openssl x509 -in appcert.pem -text` lesen, stellen wir fest, dass der Issuer derselbe ist wie in *CAfile.pem*, aber das Subject ist so wie oben, mit dem Common Name = Odradek.

TLSserver

Der komplette Server findet sich in der Datei *tlsserver.c*, zusammen mit den Zertifikats- und Schlüsseldateien *appcert.pem* und *appkey.pem* (beide mit einem zusätzlichen `.text`-Suffix gespeichert, um zu verhindern, dass sie durch einen versehentlichen Klick direkt in einen Browser geladen werden). Um den Server unter Linux zu kompilieren (wobei die OpenSSL-Bibliothek an der üblichen Stelle installiert ist), verwenden wir

```
gcc -o tlsserver tlsserver.c -lssl -lcrypto
```

Der Server sollte im gleichen Verzeichnis wie seine Zertifikats- und Schlüsseldateien ausgeführt werden.

Im Folgenden gehen wir die wichtigsten Zeilen des vollständigen Programms (ohne jegliche Fehlerprüfung) durch. Die meisten Methoden der OpenSSL-Bibliotheke geben im Erfolgsfall 1 und bei einem Fehler 0 zurück. Verschiedene Arten von Fehlern können verschiedene Fehlermeldungsbibliotheken erfordern.

```
SSL_library_init();
```

Tut das, wonach es klingt: das SSL-Subsystem wird initialisiert. Das Laden von Error-Strings kann ebenfalls nützlich sein. Mit den nächsten Schritten legen wir uns auf die SSL-Versionen fest, die wir akzeptieren wollen.

```
method = SSLv23_server_method();
ctx = SSL_CTX_new(method);
SSL_CTX_set_options(ctx, SSL_OP_NO_SSLv2 | SSL_OP_NO_SSLv3 |
   SSL_OP_NO_TLSv1 | SSL_OP_NO_TLSv1_1);
```

Es ist etwas paradox, aber `SSLv23_server_method()` akzeptiert tatsächlich *sämtliche* SSL- und TLS-Versionen. In der dritten Zeile oben deaktivieren wir dann alles, was älter als TLS Version 1.1 ist. In OpenSSL-Version 1.1.0 (die Nummerierung hat nichts mit der TLS-Versionierung zu tun) kann `SSLv23_server_method()` durch die passendere `TLS_server_method()` ersetzt werden.

Die Variable `ctx` stellt einen *TLS-Kontext* dar, der einen Satz von TLS-Statusinformationen enthält. Unser Server nutzt denselben Kontext für alle eingehenden Verbindungen.

Als nächstes laden wir das Serverzertifikat und die Schlüsseldateien in unseren neu erstellten TLS-Kontext. Erinnern Sie sich, dass die Serverseite unser Anwendungszertifikat `appcert.pem` erhält; die Clientseite erhält unser Zertifikat der Zertifizierungsstelle `CAcert.pem`.

```
int cfile_result = SSL_CTX_use_certificate_file(ctx, "./appcert.pem",
   SSL_FILETYPE_PEM);
int kfile_result = SSL_CTX_use_PrivateKey_file (ctx, "./appkey.pem",
   SSL_FILETYPE_PEM);
```

Der Server benötigt die Schlüsseldatei, um Nachrichten zu signieren. Als nächstes erstellen wir einen normalen TCP-Socket, der auf Port 4433 lauscht; `createSocket()` ist am Ende der Datei *tlsserver.c* definiert.

```
sock = createSocket(4433);
```

Schließlich kommen wir zur Hauptschleife. Wir akzeptieren eine TCP-Verbindung, erstellen ein neues verbindungsspezifisches SSL-Objekt aus unserem Kontext und verknüpfen das neue SSL-Objekt mit dem Socket.

```
while(1) {
    int childsock = accept(sock, (struct sockaddr*)&addr, &len);
    SSL* ssl = SSL_new(ctx);
    SSL_set_fd(ssl, childsock);
    SSL_accept(ssl);
    SSL_write(ssl, reply, strlen(reply));
}
```

Mit `SSL_accept()` findet das in Abschnitt 28.5.1, »SSH«, beschriebene Handshaking statt. An diesem Punkt schreibt der Server seine `reply`-Nachricht über den nun verschlüsselten Kanal und ist damit fertig.

In Abschnitt 1.15, »IETF und OSI«, haben wir argumentiert, dass TLS in gewisser Weise als echte Präsentationsschicht betrachtet werden kann. Beachten Sie jedoch, dass die Anwendungsschicht (also *tlsserver.c*) hier für die Annahme von `childsock` und die Übergabe an TLS durch `SSL_set_fd()` verantwortlich ist; die Anwendungsschicht interagiert also direkt mit TCP.

TLSclient

Der vollständige Client befindet sich in *tlsclient.c*; sein Zertifikat ist *CAcert.pem* (wiederum mit der Endung `.text`). Auch hier gehen wir die Abfolge der SSL-Bibliotheksaufrufe durch, wobei die Fehlerprüfung entfernt wird. Wie beim Server beginnen wir mit der Initialisierung; dieses Mal laden wir auch Error-Strings:


```
SSL_library_init();    // "SSL_library_init() always returns '1'
ERR_load_crypto_strings();
SSL_load_error_strings();
```

Als Nächstes wählen wir wieder aus, welche TLS-Versionen wir zulassen wollen, und beginnen dieses Mal mit `SSLv23_client_method()`:

```
method = SSLv23_client_method();
ctx = SSL_CTX_new(method);
SSL_CTX_set_options(ctx, SSL_OP_NO_SSLv2 | SSL_OP_NO_SSLv3|SSL_OP_NO_
TLSv1|SSL_OP_NO_TLSv1_1);
```

Wenn wir stattdessen `method = TLSv1_1_client_method()` verwenden, sollte die Verbindung fehlschlagen, da dieser Aufruf *nur* TLS Version 1.1 erlaubt und der Server TLS Version 1.2 oder höher benötigt.

Der nächste Schritt besteht darin, den *Trust Store* zu laden, d. h. die Zertifikate der Zertifizierungsstellen, denen wir vertrauen wollen. Wenn wir nichts tun, ist der Trust Store leer. Zunächst laden wir ein Standard-Zertifikatsverzeichnis (Verzeichnisse werden `SSL_CTX_load_verify_locations()` als dritter Parameter und einzelne Dateien als zweiter Parameter übergeben). Die Zertifikate in einem Verzeichnis müssen (möglicherweise mit symbolischen Links) nach ihren Hash-Werten benannt werden; siehe das Dienstprogramm *c_rehash* (*https://www.openssl.org/docs/man3.0/man1/c_rehash.html*). Wenn wir nur in der Lage sein wollten, dem `appcert.pem` unseres eigenen Servers zu vertrauen, könnten wir einfach unser eigenes Zertifikat `CAcert.pem` laden, aber wir brauchen das Standard-Zertifikatsverzeichnis, wenn wir `tlsclient` auf einen echten HTTPS-Server und nicht auf `tlsserver` verweisen wollen.

```
SSL_CTX_load_verify_locations(ctx, NULL, "/etc/ssl/certs")
```

Als nächstes laden wir unser eigenes Zertifikat `CAcert.pem`, das dann zusätzlich zu den Standardzertifikaten dem Truststore *hinzugefügt* wird. Wir können mehrere Einzelzertifikate hinzufügen, indem wir mehrere Aufrufe machen, oder indem wir alle Zertifikate in eine einzige Datei verketten. Die Zertifikate müssen durch die Zeilen `BEGIN CERTIFICATE` und `END CERTIFICATE` getrennt werden.

```
SSL_CTX_load_verify_locations(ctx, "CAcert.pem", NULL);
```

Jetzt sind wir bereit, eine Verbindung zum Server herzustellen. Die letzte Zeile unten leitet den TLS-Handshake ein, angefangen mit `ClientHello`.

```
sock = openConnection(hostname, port);
ssl = SSL_new(ctx);
SSL_set_fd(ssl, sock);
SSL_connect(ssl);
```

Als nächstes ruft der Client das vom Server bereitgestellte Zertifikat ab (und gibt es in unserem Fall aus). Wenn es sich beim Server um `tlsserver` handelt, ist dies normalerweise `appcert.pem` mit `CN=Odradek`.

```
cert = SSL_get_peer_certificate(ssl);
certname = X509_get_subject_name(cert);
// print certname
```

Der ausgegebene Zertifikatname zeigt tatsächlich `CN=Odradek` aus `appcert.pem`. Wenn wir einen Webbrowser eingeben würden, müssten wir an dieser Stelle überprüfen, ob der Hostname der Website mit dem `CN`-Feld des Zertifikats übereinstimmt.

Nachdem der Client das Anwendungszertifikat erhalten hat, muss er dessen Signatur mit dem folgenden Aufruf *verifizieren*. Hier verwendet der Client seinen Trust Store.

```
ret = SSL_get_verify_result(ssl);
```

Wenn eine der Zertifizierungsstellen im Trust Store für die Signatur des Anwendungszertifikats bürgt, lautet der Rückgabewert `X509_V_OK`, und alles ist gut. Wenn wir jedoch das Laden von `CAcert.pem` auskommentieren, erhalten wir »unable to get local issuer certificate«. Wenn tlsclient immer noch nicht `CAcert.pem` lädt und wir den *Server* veranlassen, `CAcert.pem` (und `CAkey.pem`) anstelle seines eigenen Zertifikats zu senden, erhalten wir die Fehlermeldung »self-signed certificate«. Eine vollständige Liste der Fehler bei der Zertifikatsüberprüfung gibt der Befehl `verify` aus (*https://www.openssl.org/docs/man3.0/man1/verify.html*).

Wenn die Validierung fehlschlägt, ist die Verbindung zwar immer noch verschlüsselt, aber anfällig für einen Man-in-the-Middle-Angriff. Unabhängig davon, was während der Validierung passiert ist, schreibt unser `tlsclient` eine HTTP-GET-Anfrage an den Server und liest dann die Antwort des Servers (das Begleitprogramm `tlsserver` liest die GET-Anfrage tatsächlich nicht). Grundsätzlich ist es jedoch keine gute Idee, die TLS-Sitzung nach einer fehlgeschlagenen Zertifikatsvalidierung fortzusetzen.

```
SSL_write(ssl, request, req_len);      // ignored by tlsserver program
do {
    bytesread = SSL_read(ssl, buf, sizeof(buf));
    fwrite(buf, bytesread, 1, stdout);
} while(bytesread > 0);
```

Die hier geschriebene Anfrage wird von `tlsserver` ignoriert; es ist eine HTTP-GET-Anfrage der Form `GET / HTTP/1.1\r\nHost:` *hostname*`\r\n\r\n`. Wenn wir `tlsclient` auf einen echten Webserver verweisen, zum Beispiel

```
tlsclient google.com 443
```

dann sollten wir Ergebnis der Verifizierung wiederum ein `X509_V_OK` erhalten, da wir die standardmäßige Certificate-Authority-Bibliothek geladen haben.

28

Wir können auch den eingebauten openssl-Client auf `tlsserver` verweisen; standardmäßig verbindet er sich über Port 4433 mit `localhost`:

```
openssl s_client
```

Natürlich schlägt die Überprüfung fehl. Das liegt daran, dass `s_client` unsere Certificate Authority nicht kennt. Wir können sie jedoch über die Befehlszeile hinzufügen:

```
openssl s_client -CAfile CAcert.pem
```

Jetzt ist die Verifizierung erfolgreich.

28.6 IPsec

Das SSH-Softwarepaket wurde von Grund auf zur Umsetzung des SSH-Protokolls entwickelt. Alle modernen Webbrowser verfügen über TLS-Bibliotheken, die sichere Webverbindungen ermöglichen. Doch was können Sie tun, wenn Sie eine Netzwerkanwendung mit Verschlüsselung (oder Authentifizierung) ausstatten möchten, die nicht über diese Funktion verfügt? Wie können Sie als Systemadministrator sicherstellen, dass der Datenverkehr aller Benutzer geschützt ist, egal, welche Software diese verwenden?

Eine Antwort auf diese Fragen liefert *IPsec*, das für »IP-Security« steht. Dabei handelt es sich um ein allgemeines Sicherheitsprotokoll, das sich in der Regel wie eine Netzwerk-Subschicht unterhalb der IP-Schicht (oder im Transportmodus unterhalb der Transportschicht) verhält. In dieser Hinsicht ähnelt es Wi-Fi (Abschnitt 4.2.5, »Wi-Fi-Sicherheit«), das eine Verschlüsselung innerhalb der LAN-Schicht implementiert; sowohl bei Wi-Fi als auch bei IPsec ist die Verschlüsselung für die kommunizierenden Anwendungen transparent. In der konkreten Umsetzung wird es meist in die IP-Schicht integriert, kann aber auch als externe Netzwerk-Appliance implementiert werden.

IPsec kann zum Schutz von einzelnen TCP- (oder UDP-) Verbindungen bis hin zum gesamten Datenverkehr zwischen zwei Routern genutzt werden. Es wird häufig eingesetzt, um einen VPN-ähnlichen Zugang von »externen« Hosts zu privaten Subnetzen hinter NAT-Routern zu realisieren. IPsec lässt sich leicht anpassen, um beliebige Verschlüsselungs- oder Authentifizierungsmechanismen zu unterstützen. Das System unterstützt zwei Paketformate: den *Authentication Header* (AH), der nur der Authentifizierung dient, und der *Encapsulating Security Payload* (ESP), die entweder der Authentifizierung oder der Verschlüsselung oder beiden dient. Das ESP-Format ist viel verbreiteter und wird hier als einziges betrachtet. Das AH-Format stammt aus der Zeit, als der Export von Verschlüsselungssoftware aus den Vereinigten Staaten größtenteils verboten war (siehe Abschnitt 27.7.2, »Blockverschlüsselung«), und das ESP-

Format kann natürlich auch nur zur reinen Authentifizierung verwendet werden. Das ESP-Paketformat sehen Sie in Abbildung 28.1.

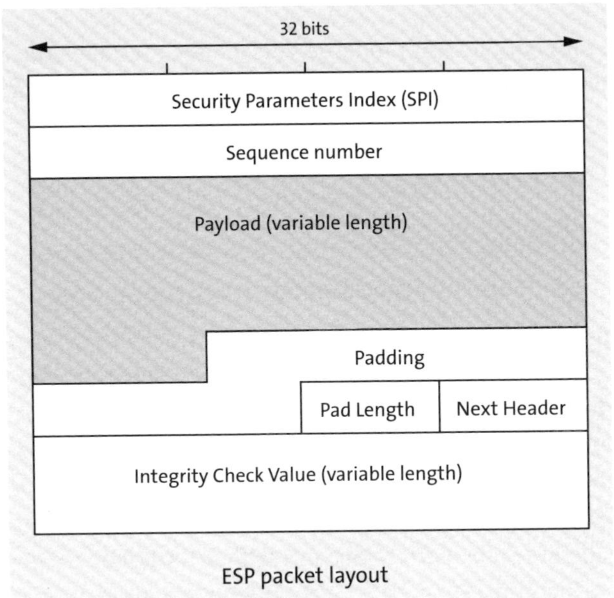

Abbildung 28.1 Das ESP-Paketformat

Der SPI identifiziert die Sicherheitsverbindung. Die Sequenznummer soll Replay-Attacken verhindern. Die Absender müssen sie bei jeder Übertragung erhöhen, aber die Empfänger interessieren sich nur dann dafür, wenn die empfangenen Zahlen nicht streng aufsteigend sind; Lücken aufgrund von Paketverlusten spielen keine Rolle. Beim Verbindungsaufbau werden der auf den Payload angewandte kryptografische Algorithmus und der Algorithmus zur Integritätsprüfung ausgehandelt. Mit Hilfe des Padding-Felds wird die Payload-Länge zunächst auf ein Vielfaches der jeweiligen Verschlüsselungsblockgröße gebracht und dann auf ein Vielfaches von vier Bytes aufgerundet. Das Feld Next Header beschreibt die *im* Payload enthaltenen Nutzdaten, z. B. TCP oder UDP für den Transportmodus oder IP für den Tunnelmodus. Es entspricht dem Protocol-Feld aus Abschnitt 9.1, »Der IPv4-Header«, oder dem Next-Header-Feld aus Abschnitt 11.1, »Der IPv6-Header«.

IPsec kennnt zwei Hauptbetriebsarten: *Transport* und *Tunnel*. Im Transportmodus sind die IPsec-Endpunkte in der Regel auch die Endpunkte des Traffics, und nur die Header der Transportschicht (z. B. TCP-Header) und die Daten werden verschlüsselt oder geschützt. Im gebräuchlicheren Tunnelmodus ist einer der IPsec-Endpunkte oft ein Router (oder »Sicherheits-Gateway«); die Verschlüsselung oder der Schutz umfasst die ursprünglichen IP-Header, sodass ein Lauscher nicht unbedingt die tatsächlichen Endpunkte des Traffics identifizieren kann.

IPsec ist in einer Vielzahl von RFCs dokumentiert. Eine gute Übersicht über die architektonischen Grundsätze findet sich in RFC 4301. Das ESP-Paketformat wird in RFC 4303 beschrieben.

Ein Wort der Warnung: IPsec unterstützt zwar moderne Verschlüsselung, aber auch weiterhin veraltete Algorithmen; die Benutzer müssen darauf achten, dass die ausgehandelte Verschlüsselung ausreichend ist. IPsec hat in den letzten Jahren auch weniger Aufmerksamkeit von der Security-Community erhalten als SSH oder TLS, und »viele Augen sehen mehr«. Oder zumindest *einige* Bugs mehr.

28.6.1 Sicherheitsverbindungen (Security Associations)

Damit eine bestimmte Verbindung oder ein Pfad von Knoten zu Knoten durch IPsec geschützt werden kann, müssen zunächst zwei *Security Associations* (Sicherheitsverbindungen) eingerichtet werden. Eine Sicherheitsverbindung besteht aus allen erforderlichen Verschlüsselungs-/Authentifizierungsattributen – Algorithmen, Schlüsseln, Regeln für die Neuverschlüsselung usw. – sowie einer Reihe von *Selektoren* zur Beschreibung des erfassten Datenverkehrs. Eine gegebene Sicherheitsverbindung deckt nur den Traffic in einer Richtung ab; bidirektionaler Traffic erfordert eine eigene Security Association für jede Richtung. Für ausgehenden Datenverkehr – d. h. Traffic, der vom ungeschützten (internen) in den IPsec-geschützten Status übergeht – besteht der Selektor aus der Ziel-IP-Adresse (oder einer Reihe von Adressen) und möglicherweise auch der Quell-IP-Adresse (oder einer Reihe von Quelladressen) sowie Port- oder Protokollwerten. Eingehende ESP-Pakete tragen einen 32-Bit-Sicherheitsparameter-Index (SPI), der bei Unicast-Verkehr die Sicherheitsverbindung identifiziert. Diese Sicherheitsverbindung muss jedoch noch mit dem Paket auf eine tatsächliche Übereinstimmung abgeglichen werden.

Die Ziel- und Quell-IP-Adressen müssen nicht identisch mit den IP-Adressen der IPsec-Endpunkte sein. Betrachten Sie als Beispiel die folgende Tunnelmodus-Anordnung, in welcher der reisende Host A über Sicherheitsgateway B eine Verbindung zum privaten Subnetz 10.1.2.0/24 herstellen möchte. Hier werden IPv4-Adressen gezeigt, aber die gleiche Anordnung kann auch mit IPv6 erstellt werden.

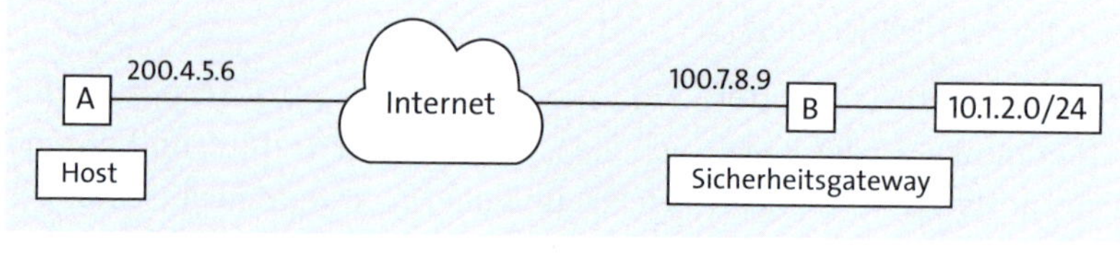

Der Selektor der IPsec-Security-Association zwischen A und B schließt das gesamte Teilnetz 10.1.2.0/24 in die Menge der Zieladressen ein. Ein Paket von A nach 10.1.2.3, das an der IPsec-Schnittstelle von A ankommt, passt auf diesen Selektor, und daher wird es verkapselt und (über normales Internet-Routing) an B nach 100.7.8.9 gesendet. B entkapselt das Paket wieder und leitet es dann über seine normale IP-Weiterleitungstabelle an 10.1.2.3 weiter. B könnte tatsächlich der NAT-Router seines Standorts *sein*, mit der externen Adresse 10.7.8.9 und dem internen Subnetz 10.1.2.0/24, oder es könnte sich dabei einfach um einen öffentlich sichtbaren Host an diesem Standort handeln, der zufällig eine Route zum privaten Subnetz 10.1.2.0/24 hat.

Die Weiterleitung des verkapselten Pakets von A nach B ähnelt stark dem IP-Forwarding, ist aber nicht ganz dasselbe. Es ist unwahrscheinlich, dass A überhaupt einen echten Eintrag für 10.1.2.0/24 in der Weiterleitungstabelle hat; sehr wahrscheinlich hat A nur eine einzige Standardroute zu seiner lokalen ISP-Verbindung. Die Paketzustellung lässt sich nicht durch bloße Betrachtung der IP-Weiterleitungstabelle von A nachvollziehen. A könnte für 10.1.2.0/24 sogar einen Eintrag an ein anderes Ziel in der Weiterleitungstabelle haben, und trotzdem wird dann die IPsec-»Pseudo-Route« zu Bs 10.1.2.0/24 gewählt. Dies kann schnell Verwirrung stiften; bei komplexen Konstellationen mit mehreren sich überschneidenden Sicherheitsverbindungen ergeben sich daraus mitunter beträchtliche Schwierigkeiten, wenn es darum geht, herauszufinden, wie ein Paket weitergeleitet wird.

Ein zweites Routing-Problem besteht auf Seiten von B. Der Host 10.1.2.3 sieht das Paket von A mit der Adresse 200.4.5.6 ankommen. Seine Antwort an A wird nur dann über den Tunnel an A zugestellt, wenn die Routing-Infrastruktur des Standorts von B das Paket nach B zurückleitet. Wenn B der NAT-Router ist, wird dies selbstverständlich geschehen, aber andernfalls müssen möglicherweise gezielte Maßnahmen ergriffen werden, um zu vermeiden, dass der Verkehr von 10.1.2.3 nach A eine ungesicherte Route nimmt. Außerdem muss die Security Association von B nach A die 10.1.2.0/24 in ihrer Liste der *Quelladressen* führen. Die IPsec-»Pseudo-Route« ähnelt nun dem regelbasierten Routing aus Abschnitt 13.6, »Routing nach anderen Attributen«, wobei das Routing sowohl anhand von Ziel- als auch von Quelladressen erfolgt. Ein Paket für A, das bei B mit der Quelladresse 10.**2.4**.3 ankommt, sollte *nicht* den IPsec-Tunnel nehmen. (Erschwerend kommt noch hinzu, dass Linux-IPsec-Pseudo-Routen nicht in den regelbasierten Linux-Routing-Tabellen auftauchen).

Sicherheitsverbindungen werden über ein *Management-Interface* erstellt, z. B. über den Linux-Befehl `ipsec` (*https://wiki.strongswan.org/projects/strongswan/wiki/IpsecCommand*) und die zugehörige Konfigurationsdatei *ipsec.conf*. Möglicherweise fordert eine Anwendung die Erstellung der erforderlichen Sicherheitsverbindungen an, aber in der Regel werden diese eingerichtet, *bevor* die mittels IPsec geschützte Anwendung überhaupt startet.

Die Anforderung einer neuen Sicherheitsverbindung löst in der Regel den Aufruf des *Internet Key Exchange* (IKE)-Protokolls aus; die aktuelle Version 2 wird häufig mit IKEv2 abgekürzt. IKEv2 wird in RFC 7296 beschrieben. IKEv2 benutzt in der Regel öffentliche Schlüssel zur Aushandlung eines Sitzungsschlüssels (Abschnitt 27.7.1,

»Sitzungsschlüssel«); IKEv2 kann dann den Sitzungsschlüssel in regelmäßigen Abständen neu aushandeln. Im einfachsten (und nicht sehr sicheren) Fall wurden beide Seiten manuell mit einem Sitzungsschlüssel konfiguriert, und IKEv2 muss nur überprüfen, ob beide Seiten den gleichen Schlüssel haben.

Die NAT-Traversierung von IPsec-Paketen ist besonders heikel. Bei AH-Paketen ist dies unmöglich, da der kryptografische Authentifizierungscode im Paket die ursprünglichen IP-Adressen sowie die Transportdaten des Pakets abdeckt. Bei ESP-Paketen ist das kein Problem, aber auch hier muss das eingehende Paket mit dem Selektor für die Sicherheitsverbindung des Empfängers übereinstimmen, was nicht gewährleistet ist, wenn dieser unter Verwendung der ursprünglichen IP-Adresse des Absenders ausgehandelt wurde. Ein weiteres Problem ist, dass viele NAT-Router Pakete außerhalb der Protokolle ICMP, UDP und TCP nicht (oder nicht korrekt) weiterleiten.

Daher verfügt IPsec über einen eigenen Mechanismus zur NAT-Traversierung, der in RFC 3715, RFC 3947 und RFC 3948 beschrieben wird. IPsec-Pakete werden in UDP-Paketen verkapselt, und zwar samt ihrer ursprünglichen Header. Nach der Entkapselung auf der IPsec-Empfangsseite werden diese ursprünglichen Header zur Überprüfung der Sicherheitsverbindung verwendet. Zusätzlich ist ein Keepalive-Mechanismus festgelegt, bei dem die IPsec-Knoten regelmäßig kleine Pakete senden, um sicherzustellen, dass das NAT-Mapping für die Verbindung nicht ausläuft.

28.7 DNSSEC

Die DNS-Security-Extensions (DNSSEC) ermöglichen es autoritativen Nameservern, mit Hilfe von *digitalen Signaturen* authentifizierte Antworten auf DNS-Anfragen zu geben. Das Hauptziel von DNSSEC ist es, Cache Poisoning (Abschnitt 10.1.4, »DNS Cache Poisoning«) zu verhindern, indem Resolver die Möglichkeit erhalten, alle empfangenen DNS-Einträge zu verifizieren.

DNSSEC ist in RFC 4033, RFC 4034, RFC 4035 und den entsprechenden Aktualisierungen dokumentiert. RFC 6891 beschreibt einen allgemeinen Rahmen für Erweiterungen zu DNS, bekannt als EDNS; diese Extensions beinhalten neue Record-Typen. EDNS definiert insbesondere das DNSSEC OK- oder DO-Flag, mit dem signalisiert wird, dass der empfangende Nameserver eine DNSSEC-konforme Antwort zurücksenden sollte.

Die Grundidee von DNSSEC besteht darin, dass jede Zone, einschließlich der Root-Zone, alle ihre RRsets – Gruppen von DNS-Ressourcendatensätzen, die einem bestimmten Namen (z. B. `cs.luc.edu`) und Typ (z. B. A-Datensätze, AAAA-Datensätze oder MX-Datensätze) entsprechen – mit einer Public-Key-Signatur digital signiert. Jede Zone *außer* der Root-Zone lässt dann ihren öffentlichen Schlüssel von der übergeordneten Zone signieren. Der öffentliche Schlüssel der Root-Zone muss vorab in den Resolver oder das Endsystem geladen werden, ebenso wie die IP-Adressen der Root-Zone. Diese Art verknüpfter Verifizierungsabfolge digitaler Signaturen wird häufig als Vertrauenskette (*Chain of Trust*) bezeichnet. Die Root-Schlüssel werden als Vertrauensanker (*Trust Anchors*) bezeichnet; sie sind vergleichbar mit *Certificate Authorities*, Abschnitt 28.5.2, »TLS«, Unterabschnitt »Zertifizierungsstellen«.

Die Root-Zone hat die Unterstützung für DNSSEC im Jahr 2010 eingeführt, nach .gov und der .org-Zone; andere Top-Level-Domains wie .com, .net und .edu wurden im darauffolgenden Jahr DNSSEC-fähig.

Um all diese signierten Einträge und Schlüssel zu unterstützen, führte DNSSEC mehrere zusätzliche DNS-Eintragstypen ein:

- `RRSIG`: eine Signatur für ein RRset.
- `DNSKEY`: die öffentliche Hälfte des Schlüsselpaares, das zum Signieren von Zone-Records verwendet wird.
- `DS`: ein »Delegation Signer«-Datensatz in einer übergeordneten Zone, der eine Signatur für den Zonensignaturschlüssel einer untergeordneten Zone enthält.
- `NSEC` und `NSEC3`: der nächste DNS-Name, der in der Abfolge verwendet wird, um sicher zu bestätigen, dass ein bestimmter Hostname *nicht* existiert.

Etwas ausführlicher gesagt, erstellt jeder autoritative Nameserver unter DNSSEC für jede Zone einen Zone Signing Key (ZSK). Für jedes mögliche RRset erstellt der Nameserver einen `RRSIG`-Signatureintrag, der mit dem ZSK signiert ist. Die öffentliche Hälfte des ZSK der Zone ist in einem Eintrag vom Typ `DNSKEY` verfügbar, dessen DNS-Name dem Zonennamen entspricht. Schließlich wird ein Hash des öffentlichen ZSK vom ZSK der *übergeordneten* Zone signiert und in der übergeordneten Zone als Eintrag vom Typ `DS` zur Verfügung gestellt, dessen Name wiederum dem Namen der untergeordneten Zone entspricht.

Wenn eine DNSSEC-fähige Abfrage für ⟨*name,type*⟩ eingeht, gibt der Nameserver sowohl dieses RRset als auch den RRSIG-Eintrag für diesen Namen und Typ zurück. Wenn wir zum Beispiel den `A`-Eintrag für isc.org mit Hilfe des dig-Tools abfragen und dabei das `+dnssec`-Flag für DNSSEC-fähige Ergebnisse verwenden (`dig isc.org A +dnssec`), erhalten wir (auszugsweise und mit geänderter Formatierung)

```
isc.org. 52 IN A     149.20.64.69
isc.org. 52 IN RRSIG A 5 2 60 20190328000617 20190226000617 19923 isc.org.
                     KrBysOlbe4L6sJJOJNbJhfAuNt11q+6A2cQTnr3CXeFwxYJTXdqAkSwg
                     QzGHpIrVfOw2dn6GdqXQ6umqU1cnFNtXumdvUp45+XSCoZC6YciR4xNs
                     f8YMR5F66LIcMZewP11ofWOV6/m9rSfR38FRnDkPf3Jg+O2+qvSKQ+Mq
                     lV8=
```

28

Beachten Sie, dass RRSIG-Einträge immer huckepack in die ursprüngliche Abfrage eingefügt werden müssen, da es keine unabhängige Möglichkeit gibt, RRSIG-Einträge, die dem Typ *type* entsprechen, anzufordern. DNS-Anfragen dürfen nur einen Typ enthalten. Die RRSIG-Records sind Teil des DNS ANSWER-Abschnitts, nicht des ADDITIONAL-Abschnitts; diese Einträge sind ein wesentlicher Bestandteil der Antwort.

Wir können den öffentlichen ZSK der Zone `isc.org` erhalten, indem wir den Eintrag mit dem Namen `isc.org` anfordern und DNSKEY eingeben. Wir können diesen Schlüssel verifizieren, indem wir den Eintrag mit dem Namen `isc.org` und dem Typ DS vom `.org`-Nameserver anfordern.

Um den A-Record für `www.example.com` abzurufen, würde ein DNSSEC-Resolver, der oft auch als *validierender Resolver* bezeichnet wird (wenn nichts zwischengespeichert wurde) zunächst die Root-Zone nach dem entsprechenden NS-Record fragen, genau wie beim normalen DNS (Abschnitt 10.1.2, »nslookup und dig«). Die Root-Zone antwortet mit dem NS-Record (und dem A-Record), der auf den autoritativen Nameserver `.com` zeigt, und, da das DNSSEC-OK-Bit in der Anfrage gesetzt wurde, auch mit dem entsprechenden RRSIG-Record. Der Resolver kann die RRSIG-Signatur validieren, da er den KSK der Root-Zone kennt.

Der Resolver fragt den Root-Nameserver auch nach dem DS-Eintrag für `.com`. Dabei handelt es sich um eine Signatur für den KSK, den der `.com`-Nameserver verwendet, signiert vom Root-Key. Sie wird im nächsten Schritt verwendet.

Der Resolver schickt nun seine Anfragen an den autoritativen Nameserver für die `.com`-Zone. Er fragt nach dem NS-Eintrag für `example.com` und erhält die entsprechenden NS- und A-Einträge. Da DNSSEC im Spiel ist, erhält er auch die entsprechenden RRSIG-Einträge. Letztere sind mit dem KSK für `.com` signiert. Der Resolver erhält diesen KSK, indem er den DNSKEY-Eintrag vom `.com`-Nameserver anfordert. Dieser KSK kann dann mit Hilfe des signierten DS-Eintrags, den er zuvor von der Root-Zone erhalten hat, validiert werden, und der validierte KSK kann dann wiederum zur Validierung der RRSIG-Einträge verwendet werden.

Beachten Sie, dass die DNSKEY- und DS-Einträge für den `.com`-DNS-Namen ein Paar bilden, wobei Letzterer Ersteren signiert (oder einen Hash des Ersteren). Der DNSKEY-Eintrag wird jedoch vom `.com`-Nameserver bezogen, während der entsprechende DS-Eintrag vom übergeordneten Nameserver (in diesem Fall Root) stammt.

Der Resolver fordert vom `.com`-Nameserver auch den DS-Eintrag für `example.com` an; dieser kommt im nächsten Schritt zum Einsatz.

In der letzten Phase sendet der Resolver seine Anfragen an den Namserver von `example.com`. Dieses Mal fordert er den A-Record für `www.example.com` an. Diese Adresse wird zusammen mit der entsprechenden RRSIG zurückgegeben. Der Resolver erhält den ZSK von `example.com`, indem er den DNSKEY-Eintrag anfordert. Der Resolver hat eine Signatur für diesen ZSK im vorherigen DS-Eintrag erhalten (den er vom `.com`-Nameserver bezogen hat) und kann daher diesen example.com-ZSK validieren, was wiederum die Validierung des RRSIG für den Adresseintrag für www.example.com ermöglicht.

Die damit verbundenen DNS-Anfragen sind Abbildung 28.2 zusammengefasst. Jede Anfrage zeigt das ⟨*name,type*⟩-Paar. Um zu betonen, dass RRSIG-Einträge enthalten sind, wurden nur Antworten für Anfragen angegeben, die auch das herkömmliche DNS ohne DNSSEC durchführen würde. Diese Abfragen sind mit schwarzen Pfaden dargestellt. Die DS/DNSKEY-Anfragen für die .com-Zone sind mit blauen Pfaden dargestellt; die DS/DNSKEY-Anfragen für die example.com-Zone sind darunter dargestellt.

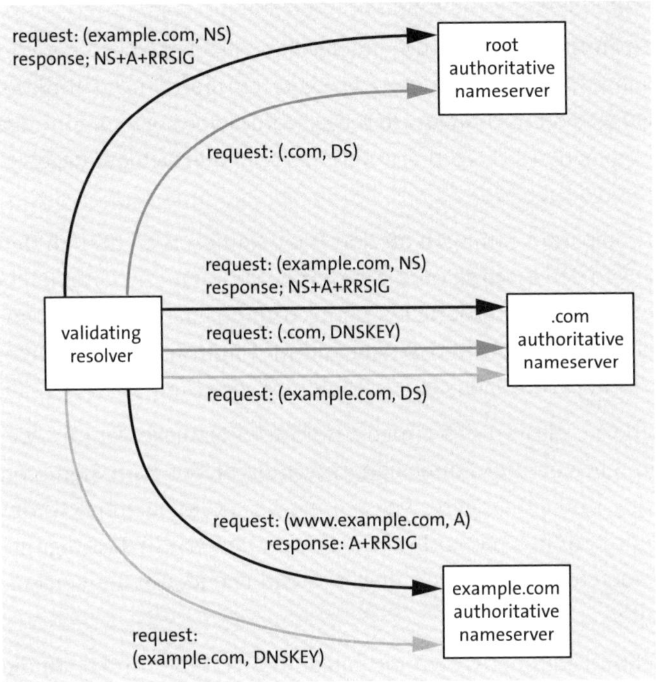

Abbildung 28.2 DNS-Anfragen mit DNSSEC

Die Schlüsselvalidierungskette lässt sich wie folgt zusammenfassen:

- Der bekannte Root-ZSK validiert den .com-ZSK über das DNSKEY/DS-Paar für den DNS-Namen .com
- Der .com-ZSK validiert den example.com-ZSK und wird selbst über das DNSKEY/DS-Paar für den DNS-Namen .com validiert
- Der ZSK von example.com validiert den A-Record für www.example.com und wird selbst über das DNSKEY/DS-Paar für den DNS-Namen example.com validiert

Es kann sein, dass der Resolver die IP-Adresse des Nameservers example.com kennt, und zwar wahrscheinlich durch Zwischenspeicherung. Wenn in diesem Fall die RRSIG- und DS-Anmeldeinformationen nicht ebenfalls in den Cache geschrieben wurden, könnte der Resolver den oben beschriebenen Prozess von unten nach oben (von `example.com` über `.com` zu root) durchlaufen, um die Information zu validieren.

Wenn `example.com` noch keine DNSSEC-Unterstützung implementiert hat, eine Subdomain `cs.example.com` aber schon, dann wäre die Vertrauenskette zwischen der Subdomain und der Root-Zone unterbrochen. In diesem Fall könnte ein Resolver DNSSEC nur dann zur Validierung von Einträgen für `cs.example.com` verwenden, wenn er bereits über den ZSK für diese Domain verfügt, der, wie bei den Root-Zonen, als *Trust Anchor* bekannt ist. Vertrauensanker für solche isolierten Zonen oder *Islands of Security* werden häufig durch manuelle Konfiguration bereitgestellt.

Jeder der oben genannten Einträge kann vom validierenden Resolver nach einer vorherigen Abfrage zwischengespeichert werden. Die Zwischenspeicherung funktioniert bei DNSSEC genauso wie bei normalem DNS. Die schlüsselbezogenen Einträge haben wie alle DNS-Einträge einen TTL-Wert (Time-to-live), an den sich der Resolver halten muss.

Abbildung 28.2 zeigt zwei separate Anfragen an den Root-Nameserver, drei an den `.com`-Nameserver und zwei an den `example.com`-Nameserver. Das ist ineffizient. Glücklicherweise ist das nicht zwingend erforderlich: Clients können alles auf einmal anfordern. Außerdem ist es wahrscheinlich, dass viele dieser Datensätze zwischengespeichert werden (insbesondere Anfragen an den Root- und `.com`-Nameserver).

Zur Verbesserung der Sicherheit lassen sich einige autoritative Nameserver mit zwei Schlüsseln konfigurieren: ein kürzerer Zonensignaturschlüssel, der zum Signieren der RRSIGs verwendet wird, und ein längerer *Key-signing-Key* (KSK); letzterer ist der im DS-Eintrag der übergeordneten Zone signierte Schlüssel. Die DNSKEY-Einträge geben sowohl den ZSK als auch den KSK zurück; dies ist ausreichend, um die Vertrauenskette aufrechtzuerhalten.

Als Beispiel für ein ZSK/KSK-Paar senden wir die folgende DNSKEY-Anfrage an die `.com`-Domäne (nachdem wir zuvor im NS-Eintrag die IP-Adresse des `.com`-Nameservers, 192.12.94.30, ermittelt haben)

```
dig @192.12.94.30 com DNSKEY +dnssec
```

Wir bekommen zwei Schlüssel zurück. Der kürzere ist, wie unten erklärt, der ZSK und der längere der KSK (die Ausgabe wurde nachträglich formatiert, um die Schlüsseldaten sauber auszurichten).

```
com.    86400   IN      DNSKEY  256 3 8 AQO+kWUV3rtj/Vi6FLBfxMRcFoz69Go6xVwa9
                                        9AWzENDi98y9CIJfx6wn9aROSWsCk/oY+hreX
                                        6egC7nyyxQ5bxq52aovlZI34Cn+hpy/YGGO2H
                                        Sb44AWONsjuZTAfGYLBdaJi2Wg+ZOIVqPw/Lp
                                        OYsu9I8orc2KyNIPQGA/rTgXOw==
```

```
com.    86400   IN      DNSKEY  257 3 8 AQPDzldNmMvZFX4NcNJOuEnKDg7tmv/F3MyQR
                                        OlpBmVcNcsIszxNFxsBfKNW9JYCYqpik8366L
                                        E7VbIcNRzfp2h9OO8HRl+H+EO8zauK8k7evWE
                                        mu/6od+2boggPoiEfGNyvNPaSI7FOIroDsnw/
                                        taggzHRX1Z7SOiOiPWPNIwSUyWOZ79VmcQ1GL
                                        kC6NlYvG3HwYmynQv6oFwGv/KELSw7ZSdrbTQ
                                        OHXvZbqMUI7BaMskmvgm1G7oKZ1YiF7O9ioVN
                                        cO+7ASbqmZN7Z98EGU/Qh2K/BgUe8HsOXVcdP
                                        KrtyYnoQHd2ynKPcMMlTEih2/2HDHjRPJ2ayw
                                        IpKNnv4oPo/
```

Die Zahlen 256 und 257 unmittelbar nach der Typbezeichnung DNSKEY stellen ein 16-Bit-Flag-Feld dar. Bei beiden ist das Bit in der Position 256 gesetzt, was anzeigt, dass die Schlüssel allgemein für die Zonensignierung vorgesehen sind. Der längere Schlüssel hat auch das Bit an Position 1 gesetzt; dies ist das »Secure Entry Point«-Flag und zeigt grob gesagt an, dass es sich hierbei um einen KSK-Schlüssel handelt. Genauer gesagt dient das SEP-Flag zur Kennzeichnung eines Schlüssels, für den ein DS-Eintrag in der übergeordneten Zone erstellt wird. Weitere Einzelheiten finden Sie in RFC 3757.

Nach den Zahlen 256/257 folgt eine 3 und dann eine 8. Die 8 weist darauf hin, dass die Schlüssel und Signaturen RSA und SHA-256 verwenden, so wie in RFC 5702 vorgegeben.

Die Schlüssel sind in base64 (siehe RFC 4648) kodiert. Der erste Schlüssel hat 176 kodierte Bytes (3 Zeilen zu je 56 Byte, plus 8 Byte). Dekodiert man ihn mit der Python-Funktion `b64decode` aus der `base64`-Bibliothek, erhält man eine Byte-String der Länge 130. Das erste Byte ist 0x01, mit sieben führenden 0-bits; die Anzahl der Bits vom ersten Bit ungleich 0 bis zum Ende beträgt 1033. Das zweite Byte hat 344 Bytes oder 2057 Bits nach Abzug der führenden 0-Bits. Im allgemeinen Sprachgebrauch handelt es sich hierbei um 1024-Bit- bzw. 2048-Bit-Schlüssel. Eine 1024-Bit-RSA-Schlüssellänge ist nicht außerordentlich sicher, sondern für eine relativ kurzfristige Verwendung (~30 Tage) gedacht. Der 2048-Bit-KSK bietet eine ausgezeichnete Sicherheit.

Jeder RRSIG-Eintrag enthält ein `Key Tag`-Feld, das aus einem 16-Bit-Hash mit Informationen über den Schlüssel besteht. Dies macht es viel einfacher, bei mehreren DNSKEY-Einträgen herauszufinden, welcher davon zur Erstellung der RRSIG-Signatur verwendet wurde. Falls erforderlich, muss die Signatur mit jedem verfügbaren Schlüssel neu berechnet werden, um festzustellen, welcher Schlüssel mit dem RRSIG übereinstimmt. Mehrere DNSKEY-Einträge gibt es dann, wenn separate ZSK- und KSK-Schlüssel erstellt wurden. Sie treten auch immer dann auf, wenn ein Schlüssel gerade aktualisiert wird, wie im nächsten Absatz beschrieben.

Um den KSK für den Nameserver von `example.com` zu ändern, müssen Sie zunächst den neuen Schlüssel und dann neue RRSIGs für jedes RRset erstellen. Es wird auch ein neuer DNSKEY-Eintrag erstellt. Der neue öffentliche KSK-Schlüssel muss dann an die übergeordnete Zone übermittelt werden, damit diese den entsprechenden DS-Eintrag erstellen kann. Eine Zeit lang enthalten die zurückgegebenen RRSIG- und DNSKEY-Records (und DS auf dem übergeordneten Nameserver, wenn der KSK geändert wird) Einträge für *beide* KSKs; der empfangende Resolver kann anhand des `Key Tag`-Felds herausfinden, welcher Schlüssel zu welchem RRSIG gehört. Irgendwann läuft der alte KSK aus, z. B. wenn seine TTL erreicht ist, und die älteren Einträge können entfernt werden.

Das Signieren von Fehlerantworten für nicht existente DNS-Namen ist ebenfalls wichtig, aber etwas komplizierter. Erstens ist das betreffende RRset leer. Ein leeres Set lässt sich zwar signieren, aber die signierte Antwort kann nun erneut gesendet werden, vielleicht um später jemanden davon zu überzeugen, dass ein existierender DNS-Name ungültig ist. Dies ließe sich verhindern, indem man den nicht existierenden DNS-Namen in die signierte Antwort aufnimmt, was allerdings voraussetzen würde, dass der zum private Schlüssel für die Signatur jederzeit verfügbar ist. Eines der Ziele der obigen RRset/RRSIG-Strategie besteht jedoch darin, die Vorab-Signierung aller Datensätze zu ermöglichen, sodass der eigentliche private Schlüssel dann offline gesichert werden kann.

Um dies zu umgehen, war die ursprüngliche Strategie zur Authentifizierung des Nichtvorhandenseins die Rückgabe eines Eintrags, der den vorherigen legitimen DNS-Namen enthielt, und dann eines *NSEC*-Eintrags, der den nachfolgenden legitimen DNS-Namen in alphabetischer Reihenfolge auflistete. Der NSEC-Eintrag, der einem gültigen DNS-Hostnamen entspricht, ist der nächste gültige DNS-Name in der Reihenfolge. Werden beispielsweise Informationen über den nicht existierenden Host `foo.example.com` abgefragt, könnte als Ergebnis der DNS-Name `erl.example.com` und dann der NSEC-Eintrag für `erl` zurückgegeben werden, der anzeigt, dass der nachfolgende Eintrag `gateway.example.com` ist. Der Nameserver kann Signaturen für solche Einträge im Voraus für jedes aufeinanderfolgende DNS-Namenpaar vorbereiten. Der NSEC-Eintrag, der dem letzten gültigen Hostnamen entspricht, wird auf den ersten übertragen, in der Regel auf den Zonennamen selbst.

Der Nachteil dieser Vorgehensweise ist, dass es leicht möglich ist, alle gültigen DNS-Namen in einer Zone durch aufeinanderfolgende Abfragen ausfindig zu machen. Um dies zu verhindern, wurde der NSEC-Ansatz zu *NSEC3* aktualisiert, der im Wesentlichen das Gleiche tut, nur dass stattdessen kryptografische Hashes der einzelnen Hostnamen zurückgegeben werden, wobei als Reihenfolge die Hash-Werte verwendet werden. Ein Angreifer kann nun die *Hash*-Werte der einzelnen DNS-Namen ermitteln, was jedoch nicht dabei hilft, ohne erheblichen Zusatzaufwand die tatsächlichen Hostnamen herauszufinden. Die erforderlichen Signaturen können, wie beim NSEC-Ansatz, allesamt im Vorfeld erstellt werden.

28.7.1 DNSSEC verwenden

Wenn Sie einen autoritativen Nameserver, z. B. für Ihre eigene Website, betreiben, müssen Sie zur Aktivierung von DNSSEC einige bewusste Schritte unternehmen. Die Nameserver-Software muss dafür so konfiguriert werden, dass sie DNSSEC-fähig ist, Sie müssen die Schlüssel erstellen und den entsprechenden DS-Record an die übergeordnete Zone weiterleiten.

Für Standorte, die dies getan haben, besteht allerdings keine Garantie, dass die Vorteile der DNSSEC-Validierung tatsächlich an einem bestimmten Benutzerarbeitsplatz zur Verfügung stehen; dies hängt vom Resolver ab, den der Arbeitsplatzrechner verwendet. Wenn dieser DNSSEC unterstützt, werden DNS-Ergebnisse von DNSSEC-fähigen autoritativen Nameservern gemäß dem DNSSEC-Prozess validiert.

Die meisten Workstations sind so konfiguriert, dass sie den vom lokalen ISP bereitgestellten Site-Resolver verwenden. Einige von ihnen unterstützen DNSSEC, viele hingegen nicht. Auch der manuelle Wechsel zu einem DNSSEC-validierenden Resolver, z. B. einem öffentlichen DNS-Server, ist grundsätzlich möglich, wird aber von den meisten Benutzern nicht vorgenommen. Typische »Stub Resolver« auf Arbeitsplatzrechnern führen standardmäßig keine DNSSEC-Validierung durch; der beliebte Linux-Resolver dnsmasq kann durch Einfügen des Befehlszeilenflags `--dnssec` in die entsprechende Startdatei so konfiguriert werden, dass er DNSSEC verwendet.

Existiert dnssec-failed.org?

Wenn der DNS-Resolver Ihres Standorts die DNSSEC-Validierung vornimmt, schlägt ein Klick auf den Link *www.dnssec-failed.org* einfach fehl. Um zu überprüfen, ob die Website tatsächlich existiert, ohne den Resolver zu wechseln, rufen Sie zunächst den NS-Eintrag für `dnssec-failed.org` vom `.org`-Nameserver ab; 2019 war dies `dns101.comcast.net` unter 69.252.250.103. `dig @69.252.250.103 www.dnssec-failed.org` sollte dann die gewünschten A-Records liefern (im Jahr 2019 waren es zwei Stück: 68.87.109.242 und 69.252.193.191).

Ob ein Resolver DNSSEC unterstützt und die erhaltenen DNSSEC-Antworten validiert, lässt sich am einfachsten feststellen, indem man einen von mehreren bewusst falsch konfigurierten DNS-Namen nachschlägt. Einer dieser Namen ist www.dnssec-failed.org, verwaltet von Comcast. Ein validierender Resolver liefert die Fehlermeldung NXDOMAIN (Non-eXistent DOMAIN) (oder, mit anderen Worten, keine Einträge im ANSWER-Abschnitt); ein Klick auf den Link sollte eine Browser-Fehlermeldung wie »Hmm. We're having trouble finding that site« ergeben. Ein Resolver, der keine DNSSEC-Überprüfung durchführt, gibt einen A-Record zurück, und der Link sollte normal funktionieren. Einige teilweise DNSSEC-fähige (aber nicht validierende) Resolver können trotzdem eine Adresse zurückgeben.

Eine weitere Möglichkeit, den Grad der DNSSEC-Unterstützung durch den Resolver zu ermitteln, ist der Einsatz des `dig`-Befehls (Abschnitt 10.1.2, »nslookup und dig«). Im folgenden Beispiel sollte *dns_server* die IP-Adresse des Resolvers sein; wenn das `@`-Zeichen weggelassen wird, wird der Standardresolver verwendet. Das Argument `+dnssec` setzt in der Anfrage das `DNSSEC OK`-Flag.

```
dig @dns_server isc.org A +dnssec
```

Dieser Befehl gibt etwa Folgendes zurück, wenn der Resolver gar kein DNSSEC unterstützt (dies gilt mit Stand 2019 für den OpenDNS-Resolver unter 208.67.222.222.

```
;; ->HEADER<<- opcode: QUERY, status: NOERROR, id: 15612
;; flags: qr rd ra; QUERY: 1, ANSWER: 1, AUTHORITY: 0, ADDITIONAL: 1
;; OPT PSEUDOSECTION:
; EDNS: version: 0, flags:; udp: 4096
;; QUESTION SECTION:
;isc.org.                     IN      A
;; ANSWER SECTION:
isc.org.             60       IN      A        149.20.64.69
```

Es gibt keinen RRSIG-Eintrag, die `flags` in der zweiten Zeile enthalten *kein* `ad`-Flag (für »authenticated data«), und die EDNS-Zeile enthält kein `do`-Flag (für »DNSSEC OK«).

Für Resolver, die DNSSEC verstehen, könnte folgendes erscheinen (diese Antwort stammt vom Google-Resolver unter 8.8.8.8):

```
;; ->HEADER<<- opcode: QUERY, status: NOERROR, id: 60302
;; flags: qr rd ra ad; QUERY: 1, ANSWER: 2, AUTHORITY: 0, ADDITIONAL: 1
;; OPT PSEUDOSECTION:
; EDNS: version: 0, flags: do; udp: 512
;; QUESTION SECTION:
;isc.org.                     IN      A
;; ANSWER SECTION:
isc.org.    59    IN    A       149.20.64.69
isc.org.    59    IN    RRSIG   A 5 2 60 20190403233441 20190304233441 28347
                                isc.org. KlUPLww/FO3rOV3rDiuEH2ttUDSA/PtpCaH
                                TGTSyHMaIGlOU3YoHn8hP FJtCkhoopF/Z6dFXPxAq1L
                                pwtEP9KqU+PxQYGSsZESg1KkEWIaoiE2MB hHsGqDnJG
                                2GJhyBfCESIt21QY9Q28+nraTGOOUHiKwE8H2cO/PM2V
                                TXP clQ=
```

Beachten Sie den RRSIG-Eintrag, das ad-Flag in der zweiten Zeile und das do-Flag in der vierten Zeile.

Ohne das Argument +dnssec sollten wir eine normale DNS-Antwort erhalten, also ohne RRSIG, ad oder do.

Gelegentlich können auch dazwischen liegende Ergebnisse erscheinen, z. B. mit RRSIG-Eintrag und do-Flag, aber ohne ad-Flag.

Wenn wir dieselbe Anfrage für den Domänennamen www.dnssec-failed.org versuchen, liefern einige Resolver keine Antwort zurück (also NXDOMAIN), während andere A- und RRSIG-Einträge zurückgeben. Kein Resolver sollte jedoch das ad-Flag zurückgeben, da die Daten in diesem Fall aufgrund eines künstlich herbeigeführten Schlüsselfehlers nicht authentifiziert werden können.

28.7.2 DNS-based Authentication of Named Entities

Der Gedanke hinter *DNS-based Authentication of Named Entities* (*DANE*) ist, dass DNSSEC nicht nur die üblichen DNS-Einträge, sondern auch TLS-Zertifikate signiert. So macht DANE die TLS-Zertifizierungsstellen überflüssig (Abschnitt 28.5.2, »TLS«, Unterabschnitt »Zertifizierungsstellen«). Siehe RFC 6698 und Aktualisierungen.

Die Grundidee hinter DANE ist, dass ein Domain-Inhaber seine öffentlichen TLS-Schlüssel auf seinem autoritativen DNS-Nameserver verfügbar machen kann. Die gleiche Vertrauenskette, die A-Records von diesem Nameserver authentifiziert, authentifiziert auch die Zertifikate. Das heißt, die Zertifikate werden von lokalen KSKs signiert, die wiederum von übergeordneten KSKs signiert werden, bis hin zur Root-Zone. Die lange Liste der in Browsern gespeicherten Schlüssel der Certificate Authorities würde sich auf die viel kürzere Liste der DNSSEC-Schlüssel der Root-Zone reduzieren.

Zertifikate werden als DNS-Objekte vom Typ TLSA gespeichert. Zertifikate sind anwendungsspezifisch, daher werden dem Domänennamen (z. B. www.example.com) der Port und das Transportprotokoll vorangestellt, jeweils mit einem führenden Unterstrich »_« (443 ist die Portnummer für https-Datenverkehr):

```
_443._tcp.www.example.com
```

DANE löst eine ganze Reihe von Problemen. Erstens macht es teure Zertifizierungsstellen überflüssig (oder könnte sie überflüssig machen). Zweitens müssen die Zertifizierungsstellen überprüfen, ob jemand, der ein Zertifikat für eine bestimmte Domain beantragt, auch tatsächlich der Eigentümer dieser Domain ist; bei DANE wird dies dadurch gelöst, dass der autoritative Nameserver der Domain sowohl für die Domain als auch für die Schlüssel verantwortlich ist.

Schließlich vereinfacht DANE das Hinzufügen neuer Zertifikate auch in Eigenregie. Sobald die Eigentümer einer Domain einen Zonensignaturschlüssel erstellt haben und diesen im DS-Eintrag der übergeordneten Zone signieren lassen, können sie so viele zusätzliche Zertifikate erstellen, wie sie wollen. Die von den Clients verwendete Validierungsbibliothek (unabhängig davon, ob sie in die TLS-Bibliothek integriert ist oder nicht) wäre in der Lage, sicherzustellen, dass die so ausgestellten Zertifikate für die betreffende Domäne oder eine Subdomäne bestimmt sind, und auch die oben genannten Port- und Protokolleinschränkungen zu überprüfen. Jedes solche DANE-Zertifikat wäre über die DNSSEC-Vertrauenskette überprüfbar. Die flexiblere Zertifikatserstellung würde den Bedarf an »privaten« (selbstsignierten) Zertifikaten beseitigen, die häufig zur Validierung des Zugangs zu VPNs und E-Mail-Servern verwendet werden. Unter DANE könnten Zertifikate zu leichtgewichtigen Objekten werden, die jederzeit kurzfristig erstellt werden können. (Natürlich unterstützt derzeit kein Browser diese Funktionen.)

DANE ist zwar zur Erstellung von TLS-Zertifikaten (X.509) vorgesehen, doch wären auch andere Formen von überprüfbaren öffentlichen Schlüsseln möglich. Siehe RFC 6394 für weitere Beispiele.

Die Kompromittierung eines autoritativen Nameservers, der DANE verwendet, kann zwar falsche TLS-Zertifikaten nach sich ziehen, jedoch ist dies auch bei herkömmlichen Zertifikatsausstellern möglich, die in der Regel die Kontrolle über die Domäne als Beleg dafür ansehen, dass die Entität, die das Zertifikat beantragt, tatsächlich auch Eigentümerin dieser Domäne ist.

Eine Kompromittierung des `.com`-Nameservers würde die Verbreitung falscher DANE-basierter TLS-Zertifikate für jede `.com`-Domäne ermöglichen. Aber wenn das passiert, haben wir alle noch ganz andere Schwierigkeiten, unabhängig von DANE.

Es gibt einen feinen Unterschied, nämlich den des Vertrauens. Im Rahmen des herkömmlichen Systems der Certificate Authorities können die Nutzer *im Prinzip* entscheiden, welchen CAs sie vertrauen. Diese Option nehmen Browser-Benutzer zwar nur selten in Anspruch, aber es ist immerhin möglich. Unter DANE bedeutet das Vertrauen in das Zertifikat für `example.com`, dass man zugleich auch dem Nameserver von `.com` und dem Root-Nameserver vertraut; es gibt keine Wahl.

Für einige ist die Tatsache, dass die `.com`- und Root-Nameserver unter der Kontrolle der Regierung der Vereinigten Staaten stehen (durch die IANA und Abkommen mit der IANA) ein Grund zur Sorge. Andere Regierungen haben es leicht, ihre eigene Hierarchie zu erstellen, beginnend mit der aus zwei Buchstaben bestehenden länderspezifischen Domain und einem zugehörigen Trust-Anchor-Key, aber trotzdem ist es dann noch eine Regierung, die das Sagen hat. Da es sich bei den Zertifizierungsstellen jedoch um private Einrichtungen handelt, ist nicht klar, inwieweit sie sich staatlichen Aufforderungen zur Ausstellung irreführender Zertifikate widersetzen könnten oder würden.

28.7.3 Warum ist DNSSEC nicht weiter verbreitet?

SSH und TLS wurden von System- und Website-Administratoren mit Begeisterung angenommen. Sogar SNMPv3 (Abschnitt 26.3, »SNMPv3«) hat sich nach anfänglichen Bedenken über Schwierigkeiten bei der Ausrollung weitgehend durchgesetzt. Doch während viele Regierungen (z. B. die Vereinigten Staaten) DNSSEC für ihre eigenen Websites vorgeschrieben haben und Organisationen, die mit der Internet-Verwaltung in Verbindung stehen, zu den frühen Anwendern gehören (insbesondere ICANN, siehe diese Erklärung: *https://www.icann.org/news/announcement-2019-02-22-en*), ist die Akzeptanz von DNSSEC bei großen Internet-Firmen verschwindend gering. Mit dem `dig`-Tool lässt sich leicht feststellen, dass keine der in der folgenden Tabelle aufgeführten Domains DNSSEC unterstützt (keine der Domains liefert mit Stand 2019 RRSIG-Records zurück, wenn A-Records mit dem Flag `+dnssec` angefordert werden):

- apple.com
- alibaba.com
- amazon.com
- ebay.com
- expedia.com
- facebook.com
- google.com microsoft.com
- netflix.com
- salesforce.com
- tencent.com
- twitter.com
- uber.com
- yahoo.com
- youtube.com.

Google unterstützt DNSSEC seit 2013 auf seinem öffentlichen Resolver 8.8.8.8, nicht aber auf seinen autoritativen Nameservern. Paypal.com ist eine der wenigen großen Websites, die DNSSEC eingeführt haben.

Diese Unternehmen sind ernsthaft an der Internetsicherheit interessiert. Warum wenden sie sich also von DNSSEC ab?

Die wichtigste Antwort lautet: Wenn eine Website DNSSEC aktiviert und *ein Dritter* einen bestimmten Fehler bei der DNSSEC-Konfiguration macht, wird die Website für zumindest einige Nutzer unerreichbar. Sie wird dunkel. Sie verschwindet im Nichts.

Und diese Benutzer erhalten dabei keine Fehlermeldung.

Bei einem fehlerhaften TLS-Zertifikat erhält der Endanwender zumindest eine Meldung in seinem Browser; siehe der Kasten »Zertifikatsfehler« im Abschnitt 28.5.2, »TLS«, Unterabschnitt »Zertifizierungsstellen«. Der Browser verwaltet die TLS-Verbindung direkt, und wenn etwas schief läuft, erfährt der Browser, was das war, und kann den Benutzer informieren. Die meisten Zertifikatsfehler haben mit Rechtschreibfehlern, Ablaufdaten, Aktualisierungen und anderen Dingen zu tun, die der Domaininhaber beeinflussen kann; so ziemlich die einzige andere wichtige Quelle für TLS-Fehler ist die Zertifizierungsstelle, und diese kann der Domaininhaber im Auge behalten.

Aber bei DNS lagern die meisten Browser die Lookups an eine System-Resolver-Bibliothek aus; diese Bibliothek gibt sehr wahrscheinlich nichts an den Browser zurück, was DNSSEC-Validierungsfehler von NXDOMAIN-Fehlern unterscheiden könnte. Die Website oder der öffentliche Resolver, an den das lokale System seine DNS-Anfragen sendet, geben wahrscheinlich auch keine unterschiedlichen Ergebnisse für Validierungsfehler und NXDOMAIN zurück. Und während ein Fehler bei der DNSSEC-Validierung auf Root-Ebene auftreten kann, kann er sich auch auf jeder niedrigeren Ebene in der DNS-Hierarchie ereignen. Für Domaininhaber ist es unmöglich, potenzielle Probleme bei jedem möglichen Resolver zu verfolgen.

Ein zweiter Grund, warum Standorte auf DNSSEC verzichten, ist, dass es oft als unnötig empfunden wird. Wenn ein Benutzer eine beschädigte Adresse über DNS erhält, sollte das Problem durch das Scheitern der TLS-Zertifikatssignierung erkannt werden. Es gab bemerkenswert wenige DNS-basierte Angriffe, bei denen DNSSEC entscheidend zur Erkennung beigetragen hätte.

Bei einer groß angelegten Serie von DNS-Angriffen im Jahr 2018 wurden die über das DNS abgerufenen IP-Adressen ausgewählter Hostnamen in die Adressen von Servern, die sich unter der Kontrolle der Angreifer befanden, geändert, genau wie es bei Cache-Poisoning-Angriffen der Fall ist (Abschnitt 10.1.4, »DNS Cache Poisoning«). Diese Angriffe erforderten jedoch die Kompromittierung der beteiligten *autoritativen Nameserver*; die Angriffe wurden durch gestohlene DNS-Administrator-Anmeldeinformationen (und möglicherweise durch Fehlfunktionen in der DNS-Konfigurationssoftware bei einigen Domain-Registraren) erreicht. Weitere Einzelheiten finden Sie im FireEye-Blog: *https://www.fireeye.com/blog/threat-research/2019/01/global-dns-hijacking-campaign-dns-record-manipulation-at-scale.html.*

DNSSEC schützt *nicht* vor einem Angreifer, der den autoritativen Nameserver einer Zone kompromittieren kann. Die Anmeldedaten für Nameserver (eigentlich alle Anmeldedaten) müssen sorgfältig geschützt werden.

Das Gegenargument lautet, dass DNSSEC durchaus das Potenzial hat, einige Angriffe abzuwehren, und dass mehr Sicherheit immer besser ist als weniger. Die letztgenannte *Verzögerungstaktik* wird auch als »Defense-in-Depth«-Prinzip bezeichnet. Auf abstrakter Ebene ist es schwer zu widerlegen. In der Praxis kommt es allerdings immer darauf an. DNSSEC ist komplex und bringt seine eigenen Risiken mit sich. Das Defense-in-Depth-Prinzip wurde als Argument für die regelmäßige Änderung von Passwörtern angeführt, aber diese Vorgehensweise scheint den paradoxen Effekt zu haben, dass die Benutzer dann eher dazu neigen, kürzere, leichter zu merkende Passwörter zu wählen. Die eigentliche Frage ist, ob DNSSEC die Sicherheit im Internet stark genug erhöht, als dass sich die Umstellung lohnt.

Letztendlich, wenn die meisten öffentlichen DNS-Server und ISP-basierten Site-Resolver Erfahrungen mit DNSSEC sammeln konnten, wird der serverseitige Umstieg auf DNSSEC immer sicherer werden. Das Risiko, im Dunkeln zu sitzen, wird wahrscheinlich irgendwann als vernachlässigbar angesehen werden. An diesem Punkt beginnt DNSSEC dann sehr viel Sinn zu machen, auch wenn der zusätzliche Nutzen bescheiden ist.

Ein weiteres Problem besteht darin, dass DNSSEC veraltet ist und immer noch viele alte 1024-Bit-RSA-Schlüssel verwendet werden. Nach heutigen Maßstäben sind diese nicht mehr lang genug für eine längerfristige Nutzung. DNSSEC zwingt jedoch niemanden zu solch kurzen Schlüsseln. Wie wir in einem Beispiel weiter oben gesehen haben, betrug die Länge des `.com`-Schlüssels 2048 Bit; Ähnliches gilt für Root-Schlüssel und andere KSKs der obersten Ebene.

Es bleibt immer noch das Problem, dass die Domain-Hierarchie strenger von Regierungen kontrolliert wird, aber während einige einzelne Benutzer darüber vielleicht in Sorge sind, muss dies nicht unbedingt für große Internet-Unternehmen gelten.

28.7.4 DNS over HTTPS

Einen völlig anderen Ansatz zur Sicherung von DNS – oder zumindest zur Verringerung von DNS-Problemen – hat Mozilla mit seinem Firefox-Browser verfolgt. Der Grundgedanke hinter DNS over HTTPS – *DoH* – besteht darin, die Verwendung von Site-Resolvern aufzugeben und Firefox DNS-Anfragen an einen zentralen DNS-Resolver senden zu lassen, der durch TLS gesichert ist. Die Einzelheiten sind in RFC 8484 beschrieben.

Ein erklärtes Ziel ist es, DNS-Cache-Poisoning-Angriffe zu verhindern, indem Firefox-Benutzer auf einen großen, äußerst sicheren Resolver (einen *Trusted Recursive Resolver* oder *TRR*) umgestellt werden, der alle Daten direkt von autoritativen Nameservern bezieht. Ein weiteres Ziel besteht darin, das Abhören (und sogar die Störung) von DNS-Anfragen zu verhindern, die an lokale, vom ISP bereitgestellte Resolver gesendet werden. Natürlich wird die Besorgnis über das Abhören durch den ISP einfach durch die Bedenken ersetzt, dass der zentrale DNS-Resolver DNS-Anfragen sammeln könnte.

Der von Mozilla ausgewählte TRR-Partner ist Cloudflare, Betreiber eines großen CDN. Zwischen Mozilla und Cloudflare wurde vereinbart, dass persönlich zuordenbare Daten in DNS-Anfragen nach 24 Stunden verworfen und niemals an Dritte weitergegeben werden.

Die Nutzung von DoH durch Firefox wird durch die `about:config`-Einstellung `network.trr.mode` gesteuert; ein Wert von 0 bevorzugt den normalen Systemresolver und ein Wert von 5 deaktiviert DoH komplett. Man kann auch den Resolver selbst einstellen, z. B. auf einen anderen Resolver als Cloudflare, wobei dieser aber in jedem Fall DNS-over-HTTP-Anfragen verstehen muss.

Die DoH-Spezifikation legt fest, wie DNS-Anfragen auf HTTP-GET-Anfragen abzubilden sind; herkömmliche DNS-Anfragen und -Antworten haben nichts mit HTTP gemein.

Es gibt einen separaten Ansatz, DNS over TLS; er wird in RFC 7858 beschrieben. Ziel ist es einfach, das Abhören des DNS-Traffics von Hosts zu ihren jeweiligen Resolvern zu verhindern.

28.8 Beispiele mit RSA-Schlüssel

In diesem Abschnitt erstellen wir einen kurzen RSA-Schlüssel mit dem für Windows, Macs und Linux verfügbaren `openssl`-Paket. Anschließend brechen wir ihn durch Faktorisierung.

Der erste Schritt besteht darin, einen RSA-Schlüssel mit einer Länge von 96 Bit zu erstellen; diese Länge wurde gewählt, um die Faktorisierung zu erleichtern.

```
openssl genrsa -out key96.pem 96
```

Die resultierende Datei sieht wie folgt aus:

```
-----BEGIN RSA PRIVATE KEY-----
MFICAQACDQCo1hzP6/gTzbNAEHcCAwEAAQINAJzcEHi8aYSOOiizgQIHANkzC28P
jwIHAMb/VQH8mQIHALc+9ZqRyQIHAKkfQ43msQIGJxhmMMOs
-----END RSA PRIVATE KEY-----
```

Dies ist das sogenannte PEM-Format, bei dem die beiden Zeilen in der Mitte die base64-Kodierung der ASN.1-Kodierung (Abschnitt 25.12, »SNMP und die ASN.1-Kodierung«) der eigentlichen Daten sind. Trotz der Bezeichnung `PRIVATE KEY` enthält die Datei in Wirklichkeit sowohl den privaten als auch den öffentlichen Schlüssel. Private SSH-Schlüssel, die normalerweise mit dem Befehl `ssh-keygen` erzeugt werden, liegen ebenfalls im PEM-Format vor.

Die Daten aus der PEM-Datei können wir mit dem nächsten Befehl extrahieren:

```
openssl rsa -in key96.pem -text
```

Wir erhalten folgende Ausgabe:

```
Private-Key: (96 bit)
modulus:
    00:a8:d6:1c:cf:eb:f8:13:cd:b3:40:10:77
publicExponent: 65537 (0x10001)
privateExponent:
    00:9c:dc:10:78:bc:69:84:8e:d2:28:b3:81
prime1:
    00:d9:33:0b:6f:0f:8f
prime2:
    00:c6:ff:55:01:fc:99
exponent1:
    00:b7:3e:f5:9a:91:c9
exponent2:
    00:a9:1f:43:8d:e6:b1
coefficient:
    27:18:66:30:c3:ac
```

Der standardmäßige OpenSSL-Verschlüsselungsexponent, in Abschnitt 28.1, »RSA«, ist $65537 = 2^{16} + 1$. (Früher war der Standardexponent 3, aber siehe Übung 10)

Als Nächstes wandeln wir alle diese Hex-Werte in Dezimalzahlen um; die entsprechende Notation aus Abschnitt 28.1, »RSA«, steht in Klammern.

modulus (n)	52252327837124407964427358327
privateExponent (d)	48545702997494592199601992577
prime1 (p)	238813258387343
prime2 (q)	218799945153689
exponent1	201481036403145
exponent2	185951742453425
coefficient	42985747170220

Wir überprüfen nun einige arithmetische Berechnungen mit einem beliebigen Tool, das große Ganzzahlen unterstützt (z. B. unser hier verwendetes Python3 oder der Unix-Befehl bc). Zuerst überprüfen wir $n = pq$:

```
>>> 238813258387343 * 218799945153689
52252327837124407964427358327
```

Als Nächstes prüfen wir, ob ed = 1 mod (p–1)(q–1):

```
>>> e=65537
>>> d=4854570299749459219960l992577
>>> p=238813258387343
>>> q=218799945153689
>>> (p-1)*(q-1)
52252327837123950351223817296
>>> e*d % 52252327837123950351223817296
1
```

Um eine Nachricht m zu verschlüsseln, *müssen* wir effiziente mod-n-Berechnungen verwenden; hier ist eine Implementierung der wiederholten Quadrierung (oben in Abschnitt 27.8.1, »Schnelle Arithmetik«, erwähnt) in Python3. (Diese Funktion ist in Python als `pow(x,e,n)` integriert):

```
def power(x,e,n):  # berechnet x^e mod n
    pow = 1
    while e>0:
       if e%2 == 1: pow = pow*x % n
       x = x*x % n
       e = e//2    # // bezeichnet eine ganzzahlige Division
    return pow
```

Sei m die Zeichenkette »Rivest«. In hexadezimaler Schreibweise ist dies 0x526976657374; in dezimaler Schreibweise 90612911403892.

```
>>> m=0x526976657374
>>> c=power(m,e,n)
>>> c
38571433489059199500953769621
>>> power(c,d,n)
90612911403892
```

Was ist mit den letzten drei Zahlen in der PEM-Datei, `exponent1`, `exponent2` und `coefficient`? Dies sind vorberechnete Werte, um die Entschlüsselung zu beschleunigen. Ihre Werte sind

- `exponent1` = d mod (p–1)
- `exponent2` = d mod (q–1)
- `coefficient` ist die Lösung von coefficient × q = 1 mod p

Den Schlüssel knacken

Nun wollen wir diesen 96-Bit-Schlüssel knacken und die Nachricht mit dem obigen Geheimtext c entschlüsseln. Der schwierige Teil ist die Faktorisierung von n; wir verwenden den Gnu/Linux-Befehl `factor`:

```
> factor 52252327837124407964427358327
52252327837124407964427358327: 218799945153689 238813258387343
```

Die Faktoren entsprechen in der Tat den Werten von p und q. Die Faktorisierung dauerte auf meinem Laptop 2,584 Sekunden. Natürlich waren 96-Bit-RSA-Schlüssel niemals sicher; erinnern Sie sich daran, dass die aktuelle Empfehlung lautet, 2048-Bit-Schlüssel zu verwenden.

Der Gnu/Linux-Befehl `factor` verwendet den Pollard-Rho-Algorithmus und ist zwar brauchbar, aber nicht besonders gut geeignet, um das Produkt zweier großer Primzahlen zu faktorisieren. Ich war in der Lage, mit dem Programm msieve (*http://sourceforge.net/projects/msieve/*), einem von mehreren im Internet verfügbaren Programmen zur Faktorisierung großer Zahlen, einen 200-Bit-Absolutbetrag in knapp über 5 Sekunden zu faktorisieren. msieve implementiert eine Version des in Abschnitt 28.1.2, »RSA-Schlüssel faktorisieren«, erwähnten Zahlkörpersieb-Algorithmus.

Jetzt haben wir es fast geschafft; wir brauchen nur noch den Entschlüsselungsschlüssel d zu finden, e, p–1 und q–1 kennen wir ja bereits. Dazu benötigen wir eine Implementierung des erweiterten euklidischen Algorithmus; die folgende Python-Implementierung habe ich aus WikiBooks (*https://en.wikibooks.org/wiki/Algorithm_Implementation/Mathematics/Extended_Euclidean_algorithm*) entnommen:

```
def egcd(a, b):
    if a == 0:
        return (b, 0, 1)
    else:
        g, y, x = egcd(b % a, a)
        return (g, x - (b // a) * y, y)
```

Der Aufruf von `egcd(a,b)` liefert ein Tripel (g,x,y), wobei g der größte gemeinsame Teiler von a und b ist und x und y Lösungen von g = ax + by sind. Aus Abschnitt 28.1, »RSA«, geht hervor, dass d positiv sein muss und die Bedingung 1 = de + (p–1)(q–1)y erfüllen muss. Der x-Wert (der zweite Wert), der von `egcd(e, (p-1)*(q-1))` zurückgegeben wird, erfüllt den zweiten Teil der Bedingung, aber er kann auch negativ sein. In diesem Fall müssen wir (p–1)(q–1) addieren, um einen positiven Wert zu erhalten, der kongruent mod (p–1)(q–1) ist. Dieser x-Wert ist –3706624839629358151621824719; nach Addition von (p–1)(q–1) erhalten wir d=48545702997494592199601992577.

Dies ist der Wert von d, mit dem wir begonnen haben. Wenn c der verschlüsselte Text ist, berechnen wir nun m = pow(c,d,n) wie zuvor, was m–90612911403892 ergibt, oder, in hexadezimaler Schreibweise, 52:69:76:65:73:74, »Rivest«.

28.9 Übungen

1. Angenommen, Alice nutzt RSA, um Nachrichten an drei Freunde, Bob, Charlie und Deborah, zu senden, die jeweils die öffentlichen Schlüssel (n_B,3), (n_C,3) und (n_D,3) besitzen; beachten Sie, dass alle drei Freunde denselben Verschlüsselungsexponenten e=3 verwenden. Nehmen wir an, dass n_B, n_C und n_D relativ prim sind (wenn das nicht der Fall ist, haben die Freunde von Alice ein viel größeres Problem). Alice sendet jedem von ihnen die Nachricht m, verschlüsselt als
   - $C_B = m^3 \bmod n_B$
   - $C_C = m^3 \bmod n_C$
   - $C_D = m^3 \bmod n_D$

   Erklären Sie, wie Mallory m effizient entschlüsseln kann, wenn er alle drei verschlüsselten Nachrichten abfängt. Hinweis: Der Chinesische Restsatz impliziert, dass Mallory einen Wert $C < n_B n_C n_D$ finden kann, für den gilt
   - $C = C_B \bmod n_B$
   - $C = C_C \bmod n_C$
   - $C = C_D \bmod n_D$

   (Eine einfache Möglichkeit, dieses Risiko zu vermeiden, besteht darin, dass Alice jeder Nachricht einen Zeitstempel und den Namen des Empfängers beifügt, um sicherzustellen, dass sie niemals genau dieselbe Nachricht zweimal sendet. Eine andere Möglichkeit ist die Wahl eines größeren Exponenten e.)
2. Wiederholen Sie die Schlüsselerstellung aus Abschnitt 28.8, »Beispiele mit RSA-Schlüssel«, mit einem 110-Bit-Schlüssel. Extrahieren Sie den Absolutbetrag aus der Schlüsseldatei, wandeln Sie ihn in Dezimalzahlen um und versuchen Sie, ihn zu faktorisieren. Schaffen Sie die Berechnung in weniger als einer Minute?
3. Im Folgenden finden Sie eine Reihe von öffentlichen RSA-Schlüsseln und verschlüsselten Nachrichten; die verschlüsselte Nachricht ist c und der Absolutbetrag ist n=pq. Ermitteln Sie jeweils die ursprüngliche Nachricht mit den Methoden aus Abschnitt 28.8; Sie müssen n faktorisieren und dann d finden. Für einige Schlüssel reicht der Gnu/Linux-Befehl `factor` aus; für größere Schlüssel sollten Sie msieve oder einen anderen schnellen Faktorisierer verwenden.

   Jede Nachricht besteht aus einer ASCII-Zeichenkette, d. h. nachdem die numerische Nachricht in eine Zeichenkette umgewandelt wurde, liegen die Byte-Werte jeweils im Bereich 32–127 (in der Praxis wird RSA nie direkt auf Nachrichten, sondern auf Sitzungsschlüssel angewendet). Die folgende Python-Funktion kann bei der Umwandlung von numerischen Nachrichten in Zeichenketten von Nutzen sein:

```
def int2ascii(n):
    if n==0: return ""
    return int2ascii(n // 256) + chr(n % 256)
```

a) [64 bits]

c=13467824835325843134

n=15733922878520524621

b) [96 bits]

c=80077514711561367640292757 27

n=57644199986835279860947893727

c) [104 bits]

c=6642328489179330732282037747645

n=17058317327334907783258193953123

d) [127 bits]

c=95651949760509273124353927897611145475

n=122096824047754908887766043915630626757

Obergrenze für Gnu/Linux-factor-Befehl ohne GMP Library

e) [185 bits]

c=14898070767615435522751082309577192810119252877170446296

n=36881105206579952723396854897336450502002018818436622611

f) [210 bits]

c=1030865591241775131254813948981782525558772082616950184904917 7362

n=1089313781487492651628882855744766776820791642308868127824231021

g) [280 bits]

c=96179292918042393004297591330080253176577536121834944043335841655 76
20430721970697783

n=12653650112609076584839843289953616951810008680138518786206859436 48
084220336740539017

h) [304 bits]

c=17860252858059565448950681133486824440185752167054796213786228492 65
8586864179401029486173539

n=26294146550372428669569992924076340150116542153388301312743129088 6007
4988442088904368550 2979

Bibliografie

- [AKSLYZ21] – Anubhavnidhi Abhashkumar, Kausik Subramanian, Alexey Andreyev, Hyojeong Kim, Nanda Kishore Salem, Jingyi Yang, Petr Lapukhov, Aditya Akella and Hongyi Zeng, »Running BGP in Data Centers at Scale«, 18th USENIX Symposium on Networked Systems Design and IMplementation (NSDI 21), April 2021.
- [ABDGHSTVWZ15] – David Adrian, Karthikeyan Bhargavan, Zakir Durumeric, Pierrick Gaudry, Matthew Green, J. Alex Halderman, Nadia Heninger, Drew Springall, Emmanuel Thomé, Luke Valenta, Benjamin VanderSloot, Eric Wustrow, Santiago Zanella-Béguelin, Paul Zimmermann, »Imperfect Forward Secrecy: How Diffie-Hellman Fails in Practice«, preprint at weakdh.org, May 2015.
- [AEH75] – Eralp Akkoyunlu, Kattamuri Ekanadham and R V Huber, »Some constraints and tradeoffs in the design of network communications«, SOSP '75: Proceedings of the fifth ACM symposium on Operating systems and principles, November 1975.
- [AO96] – Aleph One (Elias Levy), »Smashing The Stack For Fun And Profit«, Phrack volume 7 number 49, 1996, available at *http://insecure.org/stf/smashstack.html*.
- [AGMPS10] – Mohammad Alizadeh, Albert Greenberg, David Maltz, Jitendra Padhye, Parveen Patel, Balaji Prabhakar, Sudipta Sengupta and Murari Sridharan, »Data Center TCP (DCTCP)«, Proceedings of ACM SIGCOMM 2010, September 2010.
- [AP99] – Mark Allman and Vern Paxson, »On Estimating End-to-End Network Path Properties«, Proceedings of ACM SIGCOMM 1999, August 1999.
- [ACPRT16] – Joël Alwen, Binyi Chen, Krzysztof Pietrzak, Leonid Reyzin and Stefano Tessaro, »Scrypt is Maximally Memory-Hard«, Cryptology ePrint Archive, Report 2016/989, 2016, available at *https://eprint.iacr.org/2016/989*.
- [AHLR07] – Chris Anley, John Heasman, Felix »FX« Linder and Gerardo Richarte, »The Shellcoder's Handbook«, second edition, Wiley, 2007.
- [AKM04] – Guido Appenzeller, Isaac Keslassy and Nick McKeown, »Sizing Router Buffers«, ACM SIGCOMM Computer Communication Review, October 2004.
- [JA05] – John Assalone, »Exploiting the GDI+ JPEG COM Marker Integer Underflow Vulnerability«, Global Information Assurance Certification technical note, January 2005, available at www.giac.org/paper/gcih/679/exploiting-gdi-plus-jpeg-marker-integer-underflow-vulnerability/106878.
- [PB62] – Paul Baran, »On Distributed Computing Networks«, Rand Corporation Technical Report P-2626, 1962.
- [BCL09] – Steven Bauer, David Clark and William Lehr, »The Evolution of Internet Congestion«, Telecommunications Policy Research Conference (TPRC) 2009, August 2009, available at ssrn.com/abstract=1999830.

- [MB06] – Mihir Bellare, »New Proofs for NMAC and HMAC: Security without Collision-Resistance«, Advances in Cryptology – CRYPTO '06 Proceedings, Lecture Notes in Computer Science volume 4117, Springer-Verlag, 2006.
- [BCK96] – Mihir Bellare, Ran Canetti and Hugo Krawczyk, »Keying Hash Functions for Message Authentication«, Advances in Cryptology – CRYPTO '96 Proceedings, Lecture Notes in Computer Science volume 1109, Springer-Verlag, 1996.
- [BN00] – Mihir Bellare and Chanathip Namprempre, »Authenticated Encryption: Relations among notions and analysis of the generic composition paradigm«, Advances in Cryptology — ASIACRYPT 2000 / Lecture Notes in Computer Science volume 1976, Springer-Verlag, 2000; updated version July 2007.
- [BZ97] – Jon Bennett and Hui Zhang, »Hierarchical Packet Fair Queueing Algorithms«, IEEE/ACM Transactions on Networking, volume 5, October 1997.
- [DB08] – Daniel Bernstein, »The Salsa20 family of stream ciphers«, Chapter, New Stream Cipher Designs, Matthew Robshaw and Olivier Billet, editors, Springer-Verlag, 2008.
- [JB05] – John Bickett, »Bit-rate Selection in Wireless Networks«, MS Thesis, Massachusetts Institute of Technology, 2005.
- [BCTCU16] – Timm Böttger, Felix Cuadrado, Gareth Tyson, Ignacio Castro and Steve Uhlig, »Open Connect Everywhere: A Glimpse TLS Connection Setupat the Internet Ecosystem through the Lens of the Netflix CDN«, ARXIV, arXiv e-print (arXiv:1606.05519), June 2016.
- [BP95] – Lawrence Brakmo and Larry Peterson, »TCP Vegas: End to End Congestion Avoidance on a Global Internet«, IEEE Journal on Selected Areas in Communications, volume 13 number 8, 1995.
- [BBGO08] – Vladimir Brik, Suman Banerjee, Marco Gruteser and Sangho Oh, »Wireless Device Identification with Radiometric Signatures«, Proceedings of the 14th ACM International Conference on Mobile Computing and Networking (MobiCom '08), September 2008.
- [AB03] – Andreis Brouwer, »Hackers Hut«, *http://www.win.tue.nl/~aeb/linux/hh/hh.html*, April 1, 2003.
- [CF04] – Carlo Caini and Rosario Firrincieli, »TCP Hybla: a TCP enhancement for heterogeneous networks«, International Journal of Satellite Communications and Networking, volume 22, pp 547–566, 2004.
- [CGYJ16] – Neal Cardwell, Yuchung Cheng, C. Stephen Gunn, Soheil Hassas Yeganeh and Van Jacobson, »BBR Congestion-Based Congestion Control«, ACM Queue, volume 14 number 5, September-October 2016.

- [CM03] – Zehra Cataltepe and Prat Moghe, »Characterizing Nature and Location of Congestion on the Public Internet«, Proceedings of the Eighth IEEE International Symposium on Computers and Communication, 2003.
- [CDLMR00] – Stefania Cavallar, Bruce Dodson, Arjen K Lenstra, Walter Lioen, Peter Montgomery, Brian Murphy, Herman te Riele, Karen Aardal, Jeff Gilchrist, Gerard Guillerm, Paul Leyland, Joel Marchand, François Morain, Alec Muffett, Craig Putnam, Chris Putnam and Paul Zimmermann, »Factorization of a 512-bit RSA Modulus«, Advances in Cryptology — EUROCRYPT 2000, Lecture Notes in Computer Science volume 1807, Springer-Verlag, 2000.
- [CK74] – Vinton G Cerf and Robert E Kahn, »A Protocol for Packet Network Intercommunication«, IEEE Transactions on Communications, volume 22 number 5, May 1974.
- [CJ89] – Dah-Ming Chiu and Raj Jain, »Analysis of the Increase/Decrease Algorithms for Congestion Avoidance in Computer Networks«, Journal of Computer Networks volume 17, pp. 1–14, 1989.
- [CJ91] – David Clark and Van Jacobson, »Flexible and efficient resource management for datagram networks«, Presentation, September 1991.
- [CSZ92] – David Clark, Scott Shenker and Lixia Zhang, »Supporting Real-Time Applications in an Integrated Services Packet Network: Architecture and Mechanism«, Proceedings of ACM SIGCOMM 1992, August 1992.
- [CBcDHL14] – David Clark, Steven Bauer, KC Claffy, Amogh Dhamdhere, Bradley Huffaker, William Lehr, and Matthew Luckie, »Measurement and Analysis of Internet Interconnection and Congestion«, Telecommunications Policy Research Conference (TPRC) 2014, September 2014.
- [DR02] – Joan Daemen and Vincent Rijmen, »The Design of Rijndael: AES – The Advanced Encryption Standard.«, Springer-Verlag, 2002.
- [DS78] – Yogen Dalal and Carl Sunshine, »Connection Management in Transport Protocols«, Computer Networks 2, 1978.
- [ID89] – Ivan Dåmgard, »A Design Principle for Hash Functions«, Advances in Cryptology – CRYPTO '89 Proceedings, Lecture Notes in Computer Science volume 435, Springer-Verlag, 1989.
- [DBCP97] – Mikael Degermark, Andrej Brodnik, Svante Carlsson, and Stephen Pink, »Small forwarding tables for fast routing lookups«, Proceedings of the ACM SIGCOMM '97 conference on Applications, Technologies, Architectures, and Protocols for Computer Communication, September 1997.
- [DKS89] – Alan Demers, Srinivasan Keshav and Scott Shenker, »Analysis and Simulation of a Fair Queueing Algorithm«, ACM SIGCOMM Proceedings on Communications Architectures and Protocols, 1989.

- [DH76] – Whitfield Diffie and Martin Hellman, »New Directions in Cryptography«, IEEE Transactions on Information Theory, volume IT-22, November 1976.
- [EGMR05] – Mihaela Enachescu, Ashish Goel, Yashar Ganjali, Nick McKeown and Tim Roughgarden. »Part III: Routers with Very Small Buffers«, ACM SIGCOMM Computer Communication Review, volume 35 number 2, July 2005.
- [FF96] – Kevin Fall and Sally Floyd, »Simulation-based Comparisons of Tahoe, Reno and SACK TCP«, ACM SIGCOMM Computer Communication Review, July 1996.
- [FRZ13] – Nick Feamster, Jennifer Rexford and Ellen Zegura, »The Road to SDN: An Intellectual History of Programmable Networks«, ACM Queue, December 2013.
- [FGMPC02] – Roberto Ferorelli, Luigi Grieco, Saverio Mascolo, G Piscitelli, P Camarda, »Live Internet Measurements Using Westwood+ TCP Congestion Control«, IEEE Global Telecommunications Conference, 2002.
- [F91] – Sally Floyd, »Connections with Multiple Congested Gateways in Packet-Switched Networks, Part 1«, ACM SIGCOMM Computer Communication Review, October 1991.
- [FJ92] – Sally Floyd and Van Jacobson, »On Traffic Phase Effects in Packet-Switched Gateways«, Internetworking: Research and Experience, volume 3, pp 115–156, 1992.
- [FJ93] – Sally Floyd and Van Jacobson, »Random Early Detection Gateways for Congestion Avoidance«, IEEE/ACM Transactions on Networking, volume 1, August 1993.
- [FJ95] – Sally Floyd and Van Jacobson, »Link-sharing and Resource Management Models for Packet Networks«, IEEE/ACM Transactions on Networking, volume 3, June 1995.
- [FP01] – Sally Floyd and Vern Paxson, »Difficulties in Simulating the Internet«, IEEE/ACM Transactions on Networking, volume 9, August 2001.
- [FMS01] – Scott Fluhrer, Itsik Mantin and Adi Shamir, »Weaknesses in the Key Scheduling Algorithm of RC4«, SAC '01 Revised Papers from the 8th Annual International Workshop on Selected Areas in Cryptography, Springer-Verlag, 2001.
- [FL03] – Cheng Fu and Soung Liew, »TCP Veno: TCP Enhancement for Transmission over Wireless Access Networks«, IEEE Journal on Selected Areas in Communications, volume 21 number 2, February 2003.
- [LG01] – Lixin Gao, »On Inferring Autonomous System Relationships in the Internet«, IEEE/ACM Transactions on Networking, volume 9, December 2001.
- [GR01] – Lixin Gao and Jennifer Rexford, »Stable Internet Routing without Global Coordination«, IEEE/ACM Transactions on Networking, volume 9, December 2001.
- [JG93] – Jose J Garcia-Lunes-Aceves, »Loop-Free Routing Using Diffusing Computations«, IEEE/ACM Transactions on Networking, volume 1, February 1993.

- [GP11] – L Gharai and C Perkins, »RTP with TCP Friendly Rate Control«, Internet Draft, http://tools.ietf.org/html/draft-gharai-avtcore-rtp-tfrc-00.
- [GV02] – Sergey Gorinsky and Harrick Vin, »Extended Analysis of Binary Adjustment Algorithms«, Technical Report TR2002-39, Department of Computer Sciences, University of Texas at Austin, 2002.
- [GM03] – Luigi Grieco and Saverio Mascolo, »End-to-End Bandwidth Estimation for Congestion Control in Packet Networks«, Proceedings of the Second International Workshop on Quality of Service in Multiservice IP Networks, 2003.
- [GM04] – Luigi Grieco and Saverio Mascolo, Performance Evaluation and Comparison of Westwood+, New Reno, and Vegas TCP Congestion Control, ACM SIGCOMM Computer Communication Review, volume 34 number 2, April 2004.
- [GG03] – Marco Gruteser and Dirk Grunwald, »Enhancing Location Privacy in Wireless LAN Through Disposable Interface Identifiers:A Quantitative Analysis«, Proceedings of the 1st ACM International Workshop on Wireless Mobile Applications and Services on WLAN Hotspots (WMASH '03), September, 2003.
- [HRX08] – Sangtae Ha, Injong Rhee and Lisong Xu, »CUBIC: A New TCP-Friendly High-Speed TCP Variant«, ACM SIGOPS Operating Systems Review – Research and developments in the Linux kernel, volume 42 number 5, July 2008.
- [SH04] – Steve Hanna, »Shellcoding for Linux and Windows Tutorial«, *http://www.vividmachines.com/shellcode/shellcode.html*, July 2004.
- [DH08] – Dan Harkins, »Simultaneous Authentication of Equals: A Secure, Password-Based Key Exchange for Mesh Networks«, 2008 Second International Conference on Sensor Technologies and Applications (Sensorcomm 2008), August 2008.
- [MH04] – Martin Hellman, »Oral history interview with Martin Hellman«, Charles Babbage Institute, 2004. Retrieved from the University of Minnesota Digital Conservancy, http://purl.umn.edu/107353.
- [JH96] – Janey Hoe, »Improving the Start-up Behavior of a Congestion Control Scheme for TCP«, ACM SIGCOMM Symposium on Communications Architectures and Protocols, August 1996.
- [HVB01] – Gavin Holland, Nitin Vaidya and Paramvir Bahl, »A rate-adaptive MAC protocol for multi-Hop wireless networks«, MobiCon '01: Proceedings of the 7th annual International Conference on Mobile Computing and Networking, 2001.
- [CH99] – Christian Huitema, Routing in the Internet, second edition, Prentice Hall, 1999.
- [HBT99] – Paul Hurley, Jean-Yves Le Boudec and Patrick Thiran, »A Note on the Fairness of Additive Increase and Multiplicative Decrease«, Proceedings of ITC-16, 1999.

- [JK88] – Van Jacobson and Michael Karels, »Congestion Avoidance and Control«, Proceedings of the Sigcomm '88 Symposium, volume 18(4), 1988.
- [JKMOPSVWZ13] – Sushant Jain, Alok Kumar, Subhasree Mandal, Joon Ong, Leon Poutievski, Arjun Singh, Subbaiah Venkata, Jim Wanderer, Junlan Zhou, Min Zhu, Jonathan Zolla, Urs Hölzle, Stephen Stuart and Amin Vahdat, »B4: Experience with a Globally-Deployed Software Defined WAN«, Proceedings of the ACM SIGCOMM 2013 conference on SIGCOMM, August 12–16, 2013.
- [JWL04] – Cheng Jin, David Wei and Steven Low, »FAST TCP: Motivation, Architecture, Algorithms, Performance«, IEEE INFOCOM 2004 Proceedings, March 2004.
- [KM97] – Ad Kamerman and Leo Monteban, »WaveLAN-II: A high-performance wireless LAN for the unlicensed band«, AT&T Bell Laboratories Technical Journal, volume 2 number 3, 1997.
- [SK88] – Srinivasan Keshav, »REAL: A Network Simulator« (Technical Report), University of California at Berkeley, 1988.
- [KKCQ06] – Jongseok Kim, Seongkwan Kim, Sunghyun Choi and Daji Qiao, »CARA: Collision-Aware Rate Adaptation for IEEE 802.11 WLANs«, IEEE INFOCOM 2006 Proceedings, April 2006.
- [LK78] – Leonard Kleinrock, »On Flow Control in Computer Networks«, Proceedings of the International Conference on Communications, June 1978.
- [LH06] – Mathieu Lacage and Thomas Henderson, »Yet Another Network Simulator«, Proceedings of WNS2 '06: Workshop on ns-2: the IP network simulator, 2006.
- [LM91] – Xuejia Lai and James L. Massey, »A Proposal for a New Block Encryption Standard«, EUROCRYPT '90 Proceedings of the workshop on the theory and application of cryptographic techniques on Advances in cryptology, Springer-Verlag, 1991.
- [LKCT96] – Eliot Lear, Jennifer Katinsky, Jeff Coffin and Diane Tharp, »Renumbering: Threat or Menace?«, Tenth USENIX System Administration Conference, Chicago, 1996.
- [LSL05] – DJ Leith, RN Shorten and Y Lee, »H-TCP: A framework for congestion control in high-speed and long-distance networks«, Hamilton Institute Technical Report, August 2005.
- [LSM07] – DJ Leith, RN Shorten and G McCullagh, »Experimental evaluation of Cubic-TCP«, Extended version of paper presented at Proc. Protocols for Fast Long Distance Networks, 2007.
- [LBS06] – Shao Liu, Tamer Basar and R Srikant, »TCP-Illinois: A Loss and Delay-Based Congestion Control Algorithm for High-Speed Networks«, Proceedings of the 1st international conference on performance evaluation methodologies and tools, 2006.

- [AM90] – Allison Mankin, »Random Drop Congestion Control«, ACM SIGCOMM Symposium on Communications Architectures and Protocols, 1990.
- [MCGSW01] – Saverio Mascolo, Claudio Casetti, Mario Gerla, MY Sanadidi, Ren Wang, »TCP westwood: Bandwidth estimation for enhanced transport over wireless links«, MobiCon '01: Proceedings of the 7th annual International Conference on Mobile Computing and Networking, 2001.
- [McK90] – Paul McKenney, »Stochastic Fairness Queuing«, IEEE INFOCOM '90 Proceedings, June 1990.
- [MABPPRST08] – Nick McKeown, Tom Anderson, Hari Balakrishnan, Guru Parulkar, Larry Peterson, Jennifer Rexford, Scott Shenker and Jonathan Turner, »OpenFlow: Enabling innovation in campus networks«, ACM SIGCOMM Computer Communications Review, April 2008.
- [RM78] – Ralph Merkle, »Secure Communications over Insecure Channels«, Communications of the ACM, volume 21, April 1978.
- [RM88] – Ralph Merkle, »A Digital Signature Based on a Conventional Encryption Function«, Advances in Cryptology — CRYPTO '87, Lecture Notes in Computer Science volume 293, Springer-Verlag, 1988.
- [MH81] – Ralph Merkle and Martin Hellman, »On the Security of Multiple Encryption«, Communications of the ACM, volume 24, July 1981.
- [MB76] – Robert Metcalfe and David Boggs, »Ethernet: Distributed Packet Switching for Local Computer Networks«, Communications of the ACM, volume 19 number 7, 1976.
- [MW00] – Jeonghoon Mo and Jean Walrand, »Fair End-to-End Window-Based Congestion Control«, IEEE/ACM Transactions on Networking, volume 8 number 5, October 2000.
- [JM92] – Jeffrey Mogul, »Observing TCP Dynamics in Real Networks«, ACM SIGCOMM Symposium on Communications Architectures and Protocols, 1992.
- [MM01] – Jeffrey Mogul and Greg Minshall, »Rethinking the TCP Nagle Algorithm«, ACM SIGCOMM Computer Communication Review, January 2001.
- [MM94] – Mart Molle, »A New Binary Logarithmic Arbitration Method for Ethernet«, Technical Report CSRI-298, Computer Systems Research Institute, University of Toronto, 1994.
- [RTM85] – Robert T Morris, »A Weakness in the 4.2BSD Unix TCP/IP Software«, AT&T Bell Laboratories Technical Report, February 1985.
- [MEGK10] – Andreas Müller, Nathan Evans, Christian Grothof and Samy Kamkar, »Autonomous NAT Traversal«, IEEE Tenth International Conference on Peer-to-Peer Computing, August 2010.

- [NJ12] – Kathleen Nichols and Van Jacobson, »Controlling Queue Delay«, ACM Queue, May 2012.
- [OKM96] – Teunis Ott, JHB Kemperman and Matt Mathis, »The stationary behavior of ideal TCP congestion avoidance«, Technical Report, 1996.
- [PFTK98] – Jitendra Padhye, Victor Firoiu, Don Towsley and Jim Kurose, »Modeling TCP Throughput: A Simple Model and its Empirical Validation«, ACM SIGCOMM conference on Applications, technologies, architectures, and protocols for computer communication, 1998.
- [PG93] – Abhay Parekh and Robert Gallager, »A Generalized Processor Sharing Approach to Flow Control in Integrated Services Networks – The Single-Node Case«, IEEE/ACM Transactions on Networking, volume 1 number 3, June 1993.
- [PG94] – Abhay Parekh and Robert Gallager, »A Generalized Processor Sharing Approach to Flow Control in Integrated Services Networks – The Multiple Node Case«, IEEE/ACM Transactions on Networking, volume 2 number 2, April 1994.
- [VP97] – Vern Paxson, »End-to-End Internet Packet Dynamics«, ACM SIGCOMM conference on Applications, technologies, architectures, and protocols for computer communication, 1997.
- [PWZMTQ17] – Changhua Pei, Zhi Wang, Youjian Zhao, Zihan Wang, Yuan Meng, Dan Pei, Yuanquan Peng, Wenliang Tang and Xiaodong Qu, »Why It Takes So Long to Connect to a WiFi Access Point«, IEEE International Conference on Computer Communications, May 2017.
- [CP09] – Colin Percival, »Stronger Key Derivation Via Sequential Memory-Hard Functions«, BSDCan – The Technical BSD Conference, May 2009.
- [PB94] – Charles Perkins and Pravin Bhagwat, »Highly Dynamic Destination-Sequenced Distance-Vector Routing (DSDV) for Mobile Computers«, ACM SIGCOMM Computer Communications Review, volume 24 number 4, October 1994.
- [PR99] – Charles Perkins and Elizabeth Royer, »Ad-hoc On-Demand Distance Vector Routing«, Proceedings of the Second IEEE Workshop on Mobile Computing Systems and Applications, February 1999.
- [RP85] – Radia Perlman, »An Algorithm for Distributed Computation of a Spanning Tree in an Extended LAN«, ACM SIGCOMM Computer Communication Review 15(4), 1985.
- [RP04] – Radia Perlman, »Rbridges: Transparent Routing«, IEEE INFOCOM 2004 Proceedings, March 2004.
- [JP88] – John M Pollard, »Factoring with Cubic Integers«, unpublished manuscript circulated 1988; included in »The Development of the Number Field Sieve«, Lecture Notes in Mathematics volume 1554, Springer-Verlag, 1993.

- [PDG12] – Balaji Prabhakar, Katherine N Dektar and Deborah M Gordon, »The Regulation of Ant Colony Foraging Activity without Spatial Information«, PLoS Computational Biology 8(8), *http://journals.plos.org/ploscompbiol/article?id=10.1371/journal.pcbi.1002670*.
- [PN98] – Thomas Ptacek and Timothy Newsham, »Insertion, Evasion, and Denial of Service: Eluding Network Intrusion Detection«, Technical report, Secure Networks Inc, January 1998.
- [RJ90] – Kadangode Ramakrishnan and Raj Jain, »A Binary Feedback Scheme for Congestion Avoidance in Computer Networks«, ACM Transactions on Computer Systems, volume 8 number 2, May 1990.
- [RX05] – Injong Rhee and Lisong Xu, »Cubic: A new TCP-friendly high-speed TCP variant,« 3rd International Workshop on Protocols for Fast Long-Distance Networks, February 2005.
- [RR91] – Ronald Rivest, »The MD4 message digest algorithm«, Advances in Cryptology – CRYPTO '90 Proceedings, Springer-Verlag, 1991.
- [RSA78] – Ronald Rivest, Adi Shamir and Leonard Adleman, »A Method for Obtaining Digital Signatures and Public-Key Cryptosystems«, Communications of the ACM, volume 21, February 1978.
- [SRC84] – Jerome Saltzer, David Reed and David Clark, »End-to-End Arguments in System Design«, ACM Transactions on Computer Systems, volume 2 number 4, November 1984.
- [BS93] – Bruce Schneier, »Description of a New Variable-Length Key, 64-Bit Block Cipher (Blowfish)«, Fast Software Encryption, Cambridge Security Workshop Proceedings (December 1993), Springer-Verlag, 1994.
- [SM90] – Nachum Shacham and Paul McKenney, »Packet recovery in high-speed networks using coding and buffer management«, IEEE INFOCOM '90 Proceedings, June 1990.
- [SP03] – Umesh Shankar and Vern Paxson, »Active Mapping: Resisting NIDS Evasion without Altering Traffic«, Proceedings of the 2003 IEEE Symposium on Security and Privacy, 2003.
- [SV96] – M Shreedhar and George Varghese, »Efficient Fair Queuing Using Deficit Round Robin«, IEEE/ACM Transactions on Networking, volume 4 number 3, June 1996.
- [JS05] – John Ivan Simon, »John Simon on Music: Criticism, 1979–2005«, Applause Books, 2005.
- [SKS06] – Rade Stanojević, Christopher Kellett and Robert Shorten, »Adaptive Tuning of Drop-Tail Buffers for Reducing Queuing Delays«, IEEE Communications Letters, volume 10 number 7, August 2006.

- [TSZS06] – Kun Tan, Jingmin Song, Qian Zhang and Murari Sidharan, »Compound TCP: A Scalable and TCP-friendly Congestion Control for High-speed Networks«, 4th International Workshop on Protocols for Fast Long-Distance Networks (PFLD-Net), 2006.
- [TWHL05] – Ao Tang, Jintao Wang, Sanjay Hegde and Steven Low, »Equilibrium and Fairness of Networks Shared by TCP Reno and Vegas/FAST«, Telecommunications Systems special issue on High Speed Transport Protocols, 2005.
- [TWP07] – Erik Tews, Ralf-Philipp Weinmann and Andrei Pyshkin, »Breaking 104-bit WEP in less than 60 seconds«, WISA'07 Proceedings of the 8th International Conference on Information Security Applications, Springer-Verlag, 2007.
- [VMCCP16] – Mathy Vanhoef, Célestin Matte, Mathieu Cunche, Leonardo Cardoso and Frank Piessens, »Why MAC Address Randomization is not Enough: An Analysis of Wi-Fi Network Discovery Mechanisms«, ACM Asia Conference on Computer and Communications Security, May 2016.
- [VP17] – Mathy Vanhoef and Frank Piessens, »Key Reinstallation Attacks: Forcing Nonce Reuse in WPA2«, Proceedings of the 2017 ACM SIGSAC Conference on Computer and Communications Security, October 2017.
- [VGE00] – Kannan Varadhan, Ramesh Govindan and Deborah Estrin, »Persistent Route Oscillations in Inter-domain Routing«, Computer Networks, volume 32, January, 2000.
- [SV02] – Serge Vaudenay, »Security Flaws Induced by CBC Padding – Applications to SSL, IPSEC, WTLS...«, EUROCRYPT '02 Proceedings, 2002.
- [WJLH06] – David Wei, Cheng Jin, Steven Low and Sanjay Hegde, »FAST TCP: Motivation, Architecture, Algorithms, Performance«, ACM Transactions on Networking, December 2006.
- [WM05] – Damon Wischik and Nick McKeown, »Part I: Buffer Sizes for Core Routers«, ACM SIGCOMM Computer Communication Review, volume 35 number 2, July 2005.
- [YW19] – Christopher S Yoo and David Wishnick, »Lowering Legal Barriers to RPKI Adoption«, U of Penn Law School, Public Law Research Paper No. 19-02, January 8, 2019. Available at SSRN: *https://ssrn.com/abstract=3308619*.
- [LZ89] – Lixia Zhang, »A New Architecture for Packet Switching Network Protocols«, PhD Thesis, Massachusetts Institute of Technology, 1989.
- [LZ91] – Lixia Zhang, »VirtualClock: A New Traffic Control Algorithm for Packet-Switched Networks«, ACM Transactions on Computer Systems, volume 9 number 2, May 1991.
- [ZSC91] – Lixia Zhang, Scott Shenker and David Clark, »Observations on the Dynamics of a Congestion Control Algorithm: The Effects of Two-Way Traffic«, ACM SIGCOMM Symposium on Communications Architectures and Protocols, 1991.

Index

C

D

E

F

G

H

J

K

L

M

N

O

P

Q

R

S

T

X

Z